Keilschriftrecht zwischen Theorie und Praxis

Episteme in Bewegung

Beiträge zu einer transdisziplinären Wissensgeschichte

Herausgegeben von Gyburg Uhlmann
im Auftrag des Sonderforschungsbereichs 980
„Episteme in Bewegung.
Wissenstransfer von der Alten Welt
bis in die Frühe Neuzeit"

Band 43

2026
Harrassowitz Verlag · Wiesbaden

Keilschriftrecht zwischen Theorie und Praxis

Herausgegeben von
Eva Cancik-Kirschbaum und Ingo Schrakamp

2026
Harrassowitz Verlag · Wiesbaden

Die Reihe „Episteme in Bewegung“ umfasst wissensgeschichtliche Forschungen mit einem systematischen oder historischen Schwerpunkt in der europäischen und nicht-europäischen Vormoderne. Sie fördert transdisziplinäre Beiträge, die sich mit Fragen der Genese und Dynamik von Wissensbeständen befassen, und trägt dadurch zur Etablierung vormoderner Wissensforschung als einer eigenständigen Forschungsperspektive bei.
Publiziert werden Beiträge, die im Umkreis des an der Freien Universität Berlin angesiedelten Sonderforschungsbereichs 980 „Episteme in Bewegung. Wissenstransfer von der Alten Welt bis in die Frühe Neuzeit“ entstanden sind.

Gefördert durch die Deutsche Forschungsgemeinschaft (DFG) –
Projektnummer 191249397 – SFB 980.
Die Publikation wurde ermöglicht durch eine Ko-Finanzierung für Open-Access-Bücher der Freien Universität Berlin.

Abbildung auf dem Umschlag:
Autographie der ältesten und vollständig erhaltenen Fassung der sogenannten „Reformtexte“ des Urukagina von Lagasch, ca. 2325 v. Chr. (Ausschnitt). de Sarzec, Ernest: Partie Épigraphique et Planches. Découvertes en Chaldée 2, Ouvrage Accompagné de Planches, publié par les soins de L. Heuzey, avec le concours de A. Amiaud et F. Thureau-Dangin pour la Partie Épigraphique sous les auspices du Ministère de l'Instruction publique et des Beaux-Arts, Paris, 1884–1912, S. 51.

Bibliografische Information der Deutschen Nationalbibliothek
Die Deutsche Nationalbibliothek verzeichnet diese Publikation in der Deutschen Nationalbibliografie; detaillierte bibliografische Daten sind im Internet über https://www.dnb.de/ abrufbar.

Informationen zum Verlagsprogramm finden Sie unter
https://www.harrassowitz-verlag.de

Verlegt durch Otto Harrassowitz GmbH & Co. KG, Wiesbaden 2026
Kreuzberger Ring 7c–d, 65205 Wiesbaden, produktsicherheit.verlag@harrassowitz.de
Gedruckt auf alterungsbeständigem Papier.
Druck und Verarbeitung: Memminger MedienCentrum AG
Printed in Germany

ISSN 2365-5666
eISSN 2701-2522
DOI 10.13173/2365-5666

ISBN 978-3-447-12452-2
eISBN 978-3-447-39744-5
DOI 10.13173/9783447124522

Zum Geleit

Andrew James Johnston und Gyburg Uhlmann

Der an der Freien Universität Berlin angesiedelte Sonderforschungsbereich 980 „Episteme in Bewegung. Wissenstransfer von der Alten Welt bis in die Frühe Neuzeit", der im Juli 2012 seine Arbeit aufgenommen hat, untersucht anhand exemplarischer Problemkomplexe aus europäischen und nicht-europäischen Kulturen Prozesse des Wissenswandels vor der Moderne. Dieses Programm zielt auf eine grundsätzliche Neuorientierung wissensgeschichtlicher Forschung im Bereich der Vormoderne ab. Sowohl in der modernen Forschung als auch in den historischen Selbstbeschreibungen der jeweiligen Kulturen wurde das Wissen der Vormoderne häufig als statisch und stabil, traditionsgebunden und autoritätsabhängig beschrieben. Dabei waren die Stabilitätspostulate moderner Forscherinnen und Forscher nicht selten von der Dominanz wissensgeschichtlicher Szenarien wie dem Bruch oder der Revolution geprägt sowie von Periodisierungskonzepten, die explizit oder implizit einem Narrativ des Fortschritts verpflichtet waren. Vormodernen Kulturen wurde daher oft nur eine eingeschränkte Fähigkeit zum Wissenswandel und vor allem zur – nicht zuletzt historischen – Reflexion dieses Wandels zugeschrieben. Demgegenüber will dieser SFB zeigen, dass vormoderne Prozesse der Wissensbildung und -entwicklung von ständiger Bewegung und auch ständiger Reflexion geprägt sind, dass diese Bewegungen und Reflexionen aber eigenen Dynamiken unterworfen sind und in komplexeren Mustern verlaufen, als es eine traditionelle Wissensgeschichtsschreibung wahrhaben will.

Um diese Prozesse des Wissenswandels fassen zu können, entwickelte der SFB 980 einen Begriff von ‚Episteme', der sich sowohl auf ‚Wissen' als auch ‚Wissenschaft' bezieht und das Wissen als ‚Wissen von etwas' bestimmt, d. h. als mit einem Geltungsanspruch versehenes Wissen. Diese Geltungsansprüche werden allerdings nicht notwendigerweise auf dem Wege einer expliziten Reflexion erhoben, sondern sie konstituieren sich und werden auch reflektiert in Formen der Darstellung, durch bestimmte Institutionen, in besonderen Praktiken oder durch spezifische ästhetische oder performative Strategien.

Zudem bedient sich der SFB 980 eines speziell konturierten Transfer-Begriffs, der im Kern eine Neukontextualisierung von Wissen meint. Transfer wird hier nicht als Transport-Kategorie verstanden, sondern vielmehr im Sinne komplex verflochtener Austauschprozesse, die selbst bei scheinbarem Stillstand iterativ in Bewegung bleiben. Gerade Handlungen, die darauf abzielen, einen erreichten

DOI: 10.13173/9783447124522.V

Wissensstand zu tradieren, zu kanonisieren, zu kodifizieren oder zu fixieren, tragen zum ständigen Wissenswandel bei.

Gemeinsam mit dem Harrassowitz Verlag hat der SFB die Reihe „Episteme in Bewegung. Beiträge zu einer transdisziplinären Wissensgeschichte" ins Leben gerufen, um die Ergebnisse der Zusammenarbeit zu präsentieren und zugänglich zu machen. Die Bände, die hier erscheinen, werden das breite Spektrum der Disziplinen repräsentieren, die im SFB vertreten sind, von der Altorientalistik bis zur Mediävistik, von der Koreanistik bis zur Arabistik. Publiziert werden sowohl aus der interdisziplinären Zusammenarbeit hervorgegangene Bände als auch Monographien und fachspezifische Sammelbände, die die Ergebnisse einzelner Teilprojekte dokumentieren.

Allen ist gemeinsam, dass sie die Wissensgeschichte der Vormoderne als ein Forschungsgebiet betrachten, dessen Erkenntnisgewinne von grundsätzlichem systematischen Interesse auch für die wissensgeschichtliche Erforschung der Moderne sind.

Memento

Johannes „Jo“ Renger
*18. September 1934 †12. März 2023

Inhalt

DOI: 10.13173/9783447124522.IX

Vorwort

Der von 2012 bis 2024 durch die Deutsche Forschungsgemeinschaft geförderte Sonderforschungsbereich 980 *Episteme in Bewegung* hat sich der Erforschung vormoderner Wissenskulturen verschrieben. In diesem interdisziplinären Forschungsverbund hat das altorientalistische Teilprojekt A01 (Leitung E. Cancik-Kirschbaum) programmatisch *Episteme als Konfigurationsprozess* untersucht. Auf der Ebene der Textzeugnisse wurde gezeigt, wie in den Keilschriftkulturen Mesopotamiens Wissensbestände permanent Veränderungen unterliegen und in immer neuen Konfigurationen eingestellt und verhandelt werden. Am Beispiel der „Liste", die wohl *das* wichtigste Format für die schriftliche Darstellung und Ausgestaltung von Wissensbeständen in den Keilschriftkulturen darstellt, ging es um die Herausforderungen, die sich durch sozialen, kulturellen und politischen Wandel für epistemische Wissensbestände ergeben.[1] Eine zentrale Rolle spielt dabei Wissen über Sprache(n) und über Schrift(en). Sprach- und Schriftwissen wurde über die Jahrtausende in den von Mehrsprachig- und zunehmend auch von Mehrschriftigkeit geprägten Räumen des Alten Orients in Listen gefasst und reflektiert. Diese Wissensbestände spiegeln ihrerseits gesamtgesellschaftliche Veränderungsprozesse in den ihnen jeweils eigenen Formen, z.B. in Veränderungen von Sprachen, Dialekten, Sprachregistern, Schriften, Schreibweisen, Phrasierungen und Übersetzungen.[2] Die Rolle von Versprachlichung und Verschriftlichung von Wissen, das Verhältnis dieser unterschiedlichen und doch verbundenen Medialisierungen von Inhalten, führt zu der Frage, wie eigentlich unterschiedliche Gebrauchskontexte von Wissen seine Darstellung (in Sprache und Schrift), seine Handhabung (Performanz und Reaktion) sowie die Beziehungen zwischen unterschiedlichen Gebrauchshorizonten beeinflussen. Als geeignetes Untersuchungsfeld bietet sich hier für den Alten Orient das Recht an, das vom 3.–1. Jt. v. Chr. in einer Vielzahl von Textsorten und -formaten schriftlich gefasst erscheint. Rechtswissen liegt einerseits in systematischen Sammlungen von Rechtssätzen vor, die als erweiterte Listen gestaltet sind.[3] Andererseits sind die Umsetzung und die Ausgestaltung von Recht und rechtlichem Wissen in einer Vielzahl von Rechtsurkunden und Zeugnissen der Rechtspraxis belegt. An der Schnittstelle zwischen diesen beiden Textgruppen stehen einerseits jene Materialien systematisierten

1 Cancik-Kirschbaum/Traninger 2015.
2 Cancik-Kirschbaum/Schrakamp 2022a; 2022b.
3 Cancik-Kirschbaum/Schrakamp 2024.

DOI: 10.13173/9783447124522.XI

Wissens, die der Vermittlung theoretischen Rechtswissens für die praktische Anwendung dienten, und andererseits Textzeugnisse wie Herrschererlasse, die als politische Machtbekundungen zwischen Rechtssammlungen und Rechtspraxis stehen. Wie erfolgte die Aushandlung von rechtsbezogenen Wissensbeständen zwischen ‚Theorie' und ‚Praxis'?

Im Rahmen der internationalen Tagung „*Keilschriftrecht zwischen Theorie und Praxis*" im September 2023 wurde diese Thematik in einer *longue durée*-Perspektive mit Blick auf die vielen unterschiedlichen altorientalischen Gesellschaften aus drei Jahrtausenden diskutiert. Das Ziel der Tagung war es, in thematisch zugespitzten Beiträgen zu den wichtigsten und vielversprechendsten Überlieferungsstrecken mögliche Verbindungswege zwischen unterschiedlichen Textgruppen aufzuzeigen und die Bedingungen für die Konfigurationsprozesse der juridischen Wissensbestände zu konkretisieren. Der hier vorgelegte Band versammelt die Beiträge und Ergebnisse dieser Tagung. Nach einer Einführung der Herausgeber stellen die einzelnen Beiträge in diachron und diatop diversifizierten Fallstudien unterschiedliche Perspektiven auf das in schriftlichen Zeugnissen dokumentierte Rechtswissen vor.

Die hier veröffentlichten Beiträge gehen teilweise deutlich über die ursprünglichen Vorträge hinaus und reflektieren die ausführlichen Diskussionen während der Tagung, die durch Sophie Démare-Lafont, Guido Pfeifer und Gebhard J. Selz moderiert wurde. Das wichtigste Ergebnis der Tagung ist die Beobachtung, dass sich zwischen allen drei oben genannten Gruppen von Textzeugnissen zu Recht und Rechtswissen bedeutende Verbindungen ergeben. So zeigen die Urkunden aller Perioden, dass die in Rechtssammlungen und Erlassen formulierten Rechtssätze und Verfügungen in der einen oder anderen Form Anwendung gefunden haben, und dass curricular situierte Texte immer auch mit Blick auf die aktuelle Rechtspraxis ausgestaltet wurden. Die hier vorgelegten Studien repräsentieren zwar nur einen begrenzten Ausschnitt der heute verfügbaren Dokumentation zum Rechtswesen aus mehr als drei Jahrtausenden. Dennoch deutet sich an, wie sehr ‚Recht' einerseits durch die Wechselwirkungen zwischen praktischer Ausgestaltung und Formen der Reflexion in die Wissenskulturen der altorientalischen Gesellschaften eingebettet war und wie sehr sich doch andererseits eine eigene epistemische Kultur auf diesem zentralen Bereich der Gesellschaft entwickelt.

Wir danken den Sprechern Gyburg Uhlmann, Anne Eusterschulte und Andrew James Johnston sowie dem Vorstand des Sonderforschungsbereiches 980 für die Unterstützung der Tagung und die Aufnahme des Bandes in die Reihe *Episteme in Bewegung. Beiträge zu einer transdisziplinären Wissensgeschichte*. Kristiane Hasselmann, Sofie Mörchen und ihrem Team sowie Luise Chaplar, Franziska Küster und Stefanie Schrakamp danken wir für ihre tatkräftige Unterstützung bei der Vorbereitung und Durchführung der Tagung und Luise Chaplar und Franziska Küster für ihre unschätzbare Hilfe bei der Redaktion des Manuskriptes.

Wir widmen diesen Band dem Andenken an Johannes M. Renger (*18. September 1934 †12. März 2023), Emeritus des Institutes für Altorientalistik der Freien Universität Berlin. Wir alle haben Jo bei dieser Tagung vermisst.

Berlin im März 2025 Eva Cancik-Kirschbaum & Ingo Schrakamp

Bibliographie

Cancik-Kirschbaum/Traninger 2015
Cancik-Kirschbaum, E. / Traninger, A. (Hrsg.): Wissen in Bewegung. Institution – Iteration – Transfer. Episteme in Bewegung. Beiträge zu einer transdisziplinären Wissensgeschichte 1, Wiesbaden.

Cancik-Kirschbaum/Schrakamp 2022a
Cancik-Kirschbaum, E. / Schrakamp, I. (Hrsg.): Transfer, Adaption und Neukonfiguration von Schrift- und Sprachwissen im Alten Orient. Episteme in Bewegung. Beiträge zu einer transdisziplinären Wissensgeschichte 25, Wiesbaden.

Cancik-Kirschbaum/Schrakamp 2022b
Cancik-Kirschbaum, E. / Schrakamp, I.: Transfer, Adaption und Neukonfiguration von Schrift- und Sprachwissen in den Keilschriftkulturen Vorderasiens: Eine Annäherung. In: Cancik-Kirschbaum, E. / Schrakamp, I. (Hrsg.): Transfer, Adaption und Neukonfiguration von Schrift- und Sprachwissen im Alten Orient. Episteme in Bewegung. Beiträge zu einer transdisziplinären Wissensgeschichte 25, Wiesbaden, 1–79.

Cancik-Kirschbaum/Schrakamp 2024
Cancik-Kirschbaum, E. / Schrakamp, I.: Die Liste als epistemisches Format in den Keilschriftkulturen Vorderasiens. In: Becker-Sawatzky, M. / Dadaş, Ş. / Eusterschulte, A. / Hasselmann, K. / Johnston, A. J. / Pissis, N. / Quenstedt, F. / Reufer, C. / Trauer, H. Z. / Vogel, Chr. / Wächter, J. / Wendt, H. (Hrsg.): Logbuch Wissensgeschichte. Episteme in Bewegung. Beiträge zu einer transdisziplinären Wissensgeschichte 36, Wiesbaden, 110–130.

Keilschriftrecht zwischen Theorie und Praxis
Eine Einleitung

Eva Cancik-Kirschbaum & Ingo Schrakamp

1 Einführung

Im Bereich Altvorderasiens – also dem Gebiet, das sich vom Schwarzen Meer im Norden bis zum Golf im Süden und von der Mittelmeerküste im Westen bis in das Hochland des heutigen Iran erstreckt – lassen sich anhand archäologischer Funde die wichtigsten Etappen der Menschheitsgeschichte von Jäger- und Sammler-Kulturen über die ersten ständigen Siedlungen bis zu den ersten Städten nachverfolgen. In all diesen Gesellschaften muss es verbindliche Bräuche, formalisierte Rechtsakte und komplexe Regelwerke gegeben haben, die als soziale Konstitute die Beziehungen zwischen Individuen, Gruppen und Institutionen geregelt haben, jedoch lassen sie sich anhand archäologischer Befunde und ethnohistorischer Parallelen bestenfalls in Ansätzen greifen.

Dies ändert sich mit dem Beginn von Schriftlichkeit. Im ausgehenden 4. Jt. v. Chr. führten zunehmende soziale Dichte, Ausdifferenzierung, Hierarchisierung und Stratifizierung der Gesellschaft zu bedeutenden Neuerungen, unter denen die Keilschrift die folgenreichste darstellt.[1] Sie diente zunächst der Informationsspeicherung in administrativ-ökonomischem Kontext, wurde aber im Laufe ihrer Weiterentwicklung schrittweise auf andere Nutzungshorizonte übertragen, so dass im Laufe des 3. Jt. v. Chr. neben Herrscherinschriften, gelehrter und erzählender Literatur sowie Korrespondenz erstmals auch rechtliche Inhalte verschriftet werden. Dabei entstehen mit Rechtsurkunden, Erlassen und Rechtssammlungen von der Mitte bis zum Ende des 3. Jt. v. Chr. die wichtigsten Textsorten aus dem Bereich des Rechtes, die in der 1. Hälfte des 2. Jt. v. Chr. durch vielfältige curriculare – also in der Ausbildung verortete – Texte rechtlichen Inhaltes ergänzt werden.

Der Eingang der Schrift in das Rechtswesen bedeutete gewaltige Veränderungen, denn er ermöglichte es, rechtliche Verbindlichkeiten über zeitliche und räumliche Distanzen zu setzen und zu verwalten. Dies setzt einen hohen Anteil struktureller und inhaltlicher Gestaltung voraus. Es erfordert eine kontinuierliche Ausbildung entsprechend geschulter Personen (die Texte bezeichnen sie generalisierend sumerisch d u b - s a r bzw. akkadisch *ṭupšarru(m)*, im Deutschen lexikalisch zutreffend, aber inhaltlich ungenau mit „Schreiber, Schriftkundiger" übersetzt), eine Infrastruktur zur Beglaubigung und Verwahrung von Urkunden, zur Pro-

1 Cancik-Kirschbaum/Schrakamp 2022b.

DOI: 10.13173/9783447124522.001

mulgation mündlich formulierter Rechtsakte und anderes mehr. Darüber hinaus müssen äußere wie innere Form der Rechtsakte, d.h. ihre performativen, sprachlichen und symbolischen Anteile, dem Medium Schrift angepasst und schriftlich verbalisiert oder anderweitig verdauert, die Identifizierung und Autorisierung der beteiligten Personen und Institutionen müssen über den Moment des Rechtsaktes hinaus sichergestellt werden. Rechtswissen wird somit zunehmend zu Expertenwissen, was sich wiederum auf die Ausbildung, soziale Position und die Verantwortung der damit betrauten Mitglieder der Gesellschaft auswirkt.

2 Wissen um das Recht und Rechtswissen

Rechtlichkeit, das Schaffen von Recht, die Wahrung und Umsetzung von Recht galt in den Gesellschaften des Alten Orients als zentrale Aufgabe von Herrschaft.[2] Theologisch manifestiert je nach Kulturraum in einer oder mehreren Gottheiten – in Mesopotamien beispielsweise in der Gestalt des Sonnengottes, dem Hüter von Recht und Gerechtigkeit – oblag es dem König bzw. regelhaft bestellten Personen oder Kollegien, diese Anforderung umzusetzen und das Recht der Gesellschaft zu gestalten. Rechtsurkunden, juristische Werke, Texte der Ausbildung sowie Verwaltungstexte und Korrespondenz dienen heute der Forschung als Quellen zum Recht dieser Gesellschaften.

Die von dem Rechtshistoriker Martin David im Jahr 1937 geforderte historische Phänomenologie des Rechtslebens der altorientalischen Gesellschaften sah die Aufgabe der keilschriftlichen Rechtsgeschichte vor allem in der *Beschreibung* von Rechtspraktiken und übergreifenden Rechtsnormen.[3] Tatsächlich stehen bis heute jenseits der nach wie vor bedeutsamen primären Editionsarbeit vor allem epochen-, themen- und gattungsspezifische Untersuchungen im Zentrum der Forschungen zum Keilschriftrecht, das innerhalb der Altorientalistik eine eigene Teildisziplin darstellt. Diese ist bis heute stark durch die Forschung von Romanisten mit rechtsgeschichtlichen Interessen geprägt. Demgegenüber stand und steht die Frage, wie sich „Fortschritt" oder, neutraler, „Weiterentwicklungen" im Rechtswesen in den altvorderasiatischen Gesellschaften vollzogen, d.h. wie sich Normenbildungen und Normenanpassungen zu Rechtspraktiken verhalten, eher im Hintergrund, denn eine „Rechtswissenschaft" im strengen Sinne der Romanistik wurde und wird den Keilschriftkulturen in der Regel nicht zuerkannt.[4]

Fraglos können begrenzte Taxonomien wie die der Romanistik für die Betrachtung anderer Rechtskulturen in heuristischer Hinsicht hilfreich sein. Die Dominanz der romanistischen Perspektive gerade in den Anfängen der keilschriftlichen Rechtsgeschichte hat forschungsgeschichtliche Gründe: die Geschichte der Entzifferung und Erschließung der Keilschrift fand im 19. und weiten Teilen des 20. Jahrhunderts wesentlich in Europa statt. Es sind die dort vorzufindenden

2 Maul 1999; Neumann 2006.
3 David 1937.
4 Siehe dazu beispielsweise die Beiträge von Otto 2008 und vor allem Pfeifer 2019.

zeitgenössischen Rechtskulturen, welche die Forschung prägen, nicht etwa die Rechtskulturen Vorderasiens. In globalhistorischer Perspektive sind solche begrenzten Perspektiven jedoch allenfalls bedingt produktiv; ihr größter Nachteil ist die Hermetik, die Isolierung, die Ausgrenzung von ganzen Kulturräumen (nicht nur) der Vergangenheit. So wird man kaum bestreiten wollen, dass es eine Wissenschaft vom Recht, eine systematisierte Auseinandersetzung mit den Gegenständen des Rechtes auf unterschiedlichen Ebenen (praxisnäher vs. eher abstrahierend) auch in anderen Gesellschaften gab als denjenigen, die in irgendeiner Weise dem *ius* und seinen Traditionen verpflichtet sind. Und damit stellt sich die Frage, welche Formen dieses dritte Element einer theoretischen Reflektion über Rechtsstrukturen, Normen und Institutionen des sozialen Verbandes in den altorientalischen Gesellschaften gehabt haben könnte. Wie hat man sich das Verhältnis von Rechtspraxis zu den vorgehaltenen, den gelebten Normen und damit auch die Entwicklung juridischer Wissensbestände vorzustellen? Auf welche Weise wurde ein „Ist" gegenüber früheren und zukünftigen Rechtszuständen verhandelt, oder konkreter: Wie verhalten sich die keilschriftlichen Rechtssammlungen in Bezug auf das Normativitätswissen der jeweiligen Gesellschaft? Welches Verhältnis besteht zwischen Rechtssammlungen einerseits und Rechtsurkunden als Dokumenten der Rechtspraxis andererseits? Und schließlich, wie sind die unterschiedlichen keilschriftlich überlieferten Textsorten im Spannungsfeld zwischen theoretischem Rechtswissen und Rechtspraxis zu bewerten?

Konzepte von Recht und Gerechtigkeit, Anwendung und Auslegung, Anpassung und Weiterentwicklung von Regelungen einer gegebenen Gesellschaft sind eine wichtige Domäne gesellschaftlicher Episteme.[5] Diese, das heißt präziser, die darin versammelten Wissensbestände sind nie statisch, sondern befinden sich permanent „in Bewegung". Emergenz, Veränderung, Weitergabe, Verschwinden und Neukontextualisierung sind typische Phänomene für Bewegungen, die sämtliche Formen von Wissen und damit auch das Wissen vom Recht betreffen. Die Erforschung der damit verbundenen Prozesse, ihrer Rahmenbedingungen und Dynamiken, der Rolle von Akteuren und Materialität(en), von Strukturen und Formaten ist in hohem Maße abhängig von der Natur und Qualität der erhaltenen Zeugnisse einer Kultur. Untersuchungen zu diesen so unterschiedlichen Facetten und Perspektiven des Rechts verstehen sich daher weniger als Teil einer traditionell eher teleologisch gedachten Rechtsgeschichte im abendländischen Sinne, sondern verorten sich im weiteren Sinne in einer Geschichte des Normativitätswissens,[6]

5 Der Begriff *Episteme* darf freilich gerade nicht im engen aristotelischen und dann auch abendländischen Sinn als „wahres Wissen" verstanden werden, das den Gesetzen rationaler Logiken folgt und mit Hilfe strukturierter Beweissysteme erschlossen wird, denn dies würde den größten Teil vormoderner Gesellschaften ausschließen. Stattdessen ist *Episteme* als ‚relativer' Begriff aufzufassen und bezeichnet Wissen, das innerhalb einer Gesellschaft Gültigkeit beansprucht. Die in der begriffsgeschichtlichen Tradition angelegte Eurozentrik des Begriffes *Episteme* wird auf diese Weise überwunden.

6 Zu den Begriffen „Normativitätswissen" und „Normerzeugung" samt Ableitungen vgl. die

die in zweifacher Hinsicht komparatistisch angelegt sein kann, nämlich einerseits mit Blick auf Begründung, Ausprägung und Praxis von Normativität, und andererseits im Hinblick auf die Geschichte von Wissen, seine Systematiken, Taxonomien, Strukturen, Institutionen, Praktiken und Interaktionen mit anderen gesellschaftlichen Wissensbeständen.

Als juristische Episteme „agiert" dieses Normativitätswissen im Spannungsverhältnis zwischen dem Stabilitätsanspruch systematisierten Rechtswissens und der Kontingenz historischer und damit auch rechtlicher Praxis, oder – allgemeiner ausgedrückt – zwischen Episteme und Techne. Die Arbeit am Normativitätswissen folgt Regeln, findet vor dem Hintergrund einer curricularen Ausbildung statt, nutzt und erweitert eine Fachsprache, baut Wissensbestände auf und tradiert, kommentiert und erweitert diese Bestände.

Das heuristische Potenzial der hier vorgeschlagenen Betrachtungsweise liegt in einer neuen Perspektive auf die keilschriftlichen Rechtsdenkmäler Altvorderasiens, denn sie erstreckt sich von der theoretischen Ausgestaltung von Wissen bis zu seiner praktischen Anwendung; sie deckt ein breites Spektrum von Nutzungshorizonten und Textsorten ab, in und zwischen denen Episteme ausgehandelt wird; sie ist in Überlieferungssituationen dokumentiert, welche die Beschreibung der politisch-historischen und sozioökonomischen Rahmenbedingungen dieser Aushandlungsprozesse ermöglichen; und schließlich, eröffnet ihre etwa drei Jahrtausende umfassende, soziokulturell vielfältige Überlieferung eine *longue durée*-Perspektive.

3 Altorientalische Rechtskulturen

Textzeugnisse aus dem Bereich von Recht und Rechtswissen im weiteren Sinne sind in Südmesopotamien bereits um die Wende vom 4. zum 3. Jt. v. Chr. bezeugt. Zusammen mit administrativen Texten, die ökonomische Transaktionen institutioneller Großhaushalte dokumentieren und damit in gewisser Weise ebenfalls „Rechtscharakter" besitzen, und den sogenannten lexikalischen Listen, die im Rahmen der Schriftentwicklung und -vermittlung grundlegend waren, zählen im weitesten Sinne dem Keilschriftrecht zuzuordnende Texte nicht nur zu denjenigen Schriftzeugnissen mit der längsten Überlieferungsdauer, sondern auch zu den ältesten.

Ausführungen von Duve 2021. Duve 2021, 42–43 Anm. 2 definiert als Normativitätswissen die „(...) Gesamtmenge der Propositionen, die die Mitglieder einer epistemischen Gemeinschaft für wahr halten bzw. die eine hinreichende Anzahl von Texten als wahr setzt. Es kann sowohl implizites als auch explizites Wissen umfassen und sich auf als gesichert geltende Fakten, begriffliche und theoretische Konstruktionen sowie kulturelle Denk-, Orientierungs- und Handlungsmuster erstrecken und ist in der Regel auf eine Vielzahl unterschiedlicher Medien, Akteure und Institutionen verteilt; auch Werte gehören dazu. Wissen wird dabei zu Normativitätswissen, wenn und soweit es auf das Handlungsfeld ‚Normativität' bezogen ist; ‚Normativität' wird dabei verstanden als die Eigenschaft, verpflichtend zu sein."

Tausende von Rechtsurkunden, zahlreiche Erlasse und eine Reihe von Rechtssammlungen vom 3. bis 1. Jt. v. Chr. dokumentieren eine vielfältige altorientalische Rechtskultur, die sich durch kulturell, räumlich und zeitlich bedingte Spezifika, Unterschiede und Entwicklungen auszeichnet, die keineswegs linear-teleologisch zu verstehen sind. Neben den in Keilschrift abgefassten Schriftzeugnissen werden auch Textzeugnisse in aramäischer oder hieroglyphenluwischer Schrift sowie bspw. die hebräische Bibel zum altorientalischen Rechtskreis gerechnet. Die Verwendung des Griechischen (Sprache und Schrift) in Vorderasien spielt seit der Eroberung durch Alexander und die Herrschaft seiner Nachfolger ebenfalls eine Rolle, ist aber nicht in vergleichbaren Umfängen dokumentiert wie bspw. in Ägypten. Ungeachtet seiner enormen zeitlichen und räumlichen Erstreckung und seiner zumindest punktuellen Tiefenschärfe wirft das auf uns gekommene Quellenmaterial nur ein Schlaglicht auf die altorientalischen Rechtskulturen, denn es ist durch antike Praktiken des Verwahrens und Aussonderns sowie durch Erhaltungs- und Fundzufälle begrenzt und spiegelt lediglich die schriftlich gefassten Aspekte von Recht, während mündliche und performative Anteile weitestgehend verborgen bleiben.

Das frühe Einsetzen von Textzeugnissen zum Keilschriftrecht resultiert aus seinen weltanschaulich-religiösen und politisch-ideologischen Grundlagen. Der mesopotamischen Eigenbegrifflichkeit zufolge waren „Recht" und „Gerechtigkeit" (sumerisch niĝ$_2$-si-sa$_2$, niĝ$_2$-ge-na, akkadisch *mīšarum, kittum*) Grundlage des Kosmos. Ihre Wahrung oblag dem Herrscher, der als göttlich berufen galt und damit die höchste irdische Instanz von Rechtsetzung und Rechtsprechung verkörperte. Da das Recht eine „politische Überbauerscheinung staatlich organisierter und sozial differenzierter Gesellschaften" darstellt,[7] gehörte es sicherlich zu den katalytischen Faktoren der Schriftnutzung, so dass keilschriftrechtliche Textzeugnisse bereits aus frühstaatlicher Zeit überliefert sind.

Veränderungen der politisch-ideologischen und sozioökonomischen Verhältnisse führten zu neuen Regelungsbedarfen, die wiederum neue Normen und deren staatliche Sanktionierung erforderten. Im dynamischen Gefüge von Staat und Recht lassen sich derartige Veränderungen deshalb als Impulse verstehen, die *Bewegungen von* und *in Recht* und *Rechtswissen* anstoßen. Diese Bewegungen schlagen sich unter anderem in den Textzeugnissen zum Keilschriftrecht nieder.

Die Textzeugnisse zum Keilschriftrecht werden in der Altorientalistik konventionell in formal, funktional und inhaltlich definierte Quellengruppen unterteilt. (1) Die erste Gruppe bilden die sogenannten *Rechtssammlungen*, *Codices* oder *Gesetze*. Sie aggregieren kasuistisch stilisierte Rechtssätze in einer der Liste verpflichteten Form und gelten als die ältesten bezeugten systematisierten Sammlungen von *theoretischem Rechtswissen*. (2) Die *Rechtsurkunden* als zweite Gruppe dokumentieren demgegenüber die konkrete Anwendung von Rechtswissen und belegen damit jene Bereiche der praktischen Ausgestaltung von Rechtlichkeit, die

7 Neumann 2003.

Schriftform gefunden haben. *Rechtssammlungen* und *Rechtsurkunden* sind in ihrer Ausgestaltung, in ihren Anwendungshorizonten und in ihrer Beziehung zum Recht(ssystem) selbst völlig unterschiedlich aufgestellt, aber dennoch in demselben Rechtssystem situiert. Ihr Verhältnis zueinander ist freilich noch immer nicht systematisch erforscht: So galt lange die Annahme, dass sich die Urkunden der Rechtspraxis kaum je mit den systematisierten Rechtssammlungen korrelieren ließen; es ist nach wie vor unklar, was die Inhalte der Rechtssammlungen bestimmt und strukturiert; und schließlich ist nur ansatzweise überdacht, welche formalen, soziopolitischen und historischen Bedingungen die Ausformung systematisierter Rechtssammlungen anstoßen. Die durch die romanistische Prägung der Forschungen zu den altorientalischen Rechtskulturen postulierte *Dichotomie von Theorie und Praxis* kennzeichnet lediglich einen – und womöglich unzureichenden – Ansatz zweier für das Keilschriftrecht nicht unbedingt zentral gesetzter Extreme. Und diese Dichotomie wird zudem durch eine dritte, weniger scharf umrissene Gruppe von Texten aufgelöst, die an der Schnittstelle zwischen Theorie und Praxis stehen. Dabei handelt es sich zum einen um Textzeugnisse, die ihren Sitz im Leben in der Schreiberausbildung haben und curricular geformte und genormte Inhalte und Strukturen vermitteln. Hierzu zählen beispielsweise die sogenannten *Model Contracts*, die als Musterverträge Eingang in das Schreibercurriculum gefunden haben.[8] Zum anderen sind auch Texte zu dieser Gruppe zu zählen, die als herrscherliche Machtbekundungen inhaltlich zwischen politisch-propagandistischen Inschriften und Rechtssammlungen oszillieren und in der Forschung als *Edikte, Erlasse, Verfügungen* oder *Verordnungen* bezeichnet werden – hier liefern die sogenannten *„Reformtexte" des Urukagina* oder die *Erlasse des Ammisaduqa* prominente Beispiele. Als staatliche Machtbekundungen können schließlich auch *Instruktionen* oder *Dienstanweisungen*, wie sie das hethitische Schrifttum überliefert, diesem Bereich zugeordnet werden.

Die physische Überlieferung von keilschriftlichen Rechtssammlungen ist ein wichtiger Aspekt für die Untersuchung des epistemischen Potenzials solcher Texte. Die Überlieferung eines juristischen Werkes, wie es die Rechtssatz-Sammlungen oder auch die sogenannten *„Reformtexte"*, Rechtsspiegel oder Ediktsammlungen darstellen, wird in den altorientalischen Gesellschaften durch Abschreiben des Textes gewährleistet. Abschriften können dabei unterschiedlichen Zwecken dienen: (1) der Vervielfältigung, (2) dem Bewahren und (3) dem Überliefern, d.h. einerseits die zeitnahe oder zeitgenössische, „synchrone" Abschrift und andererseits die zeitüberschreitende, „diachrone" Abschrift. Beide Formen sind gut belegt. Als Beispiel für das fortgesetzte Verfügbarmachen eines Rechtsbuches durch Abschrift mag ein zeitgenössisches Manuskript der *Neubabylonischen Gesetzesfragmente* dienen. Hier sind die einzelnen Rechtssätze fortlaufend von oben nach unten in drei Kolumnen und von links nach rechts angeordnet. In der rechten oberen Ecke, zu Beginn der dritten Kolumne, findet sich ein textfreier Ab-

8 Siehe die Beiträge von G. Spada und H. Neumann in diesem Band.

schnitt, in den der Schreiber den Vermerk „abgebrochen" (*ḫepi*) hineinschrieb. Da die Vorlage an dieser Stelle nicht erhalten war, konnte er den entsprechenden Rechtssatz nicht abschreiben.[9]

Für einige juristische Werke lassen sich Wirkungs-, Rezeptions- und Traditionsgeschichte nachweisen. Dazu gehören einfache redaktionelle Überarbeitungen, Neueditionen, archaisierende Rekonstruktionen sowie Exzerpte. Das sicher prominenteste Beispiel für Mesopotamien sind die Rechtssätze des *Codex Hammurabi,* zu dem sich im Gegensatz zu den übrigen keilschriftlichen Rechtssammlungen eine große Stele (und mögliche Reste weiterer Stelen) erhalten hat. Die Stele selbst repräsentiert jedoch nicht die ursprüngliche Ausgabe, sondern eine monumentalisierte Fassung, in der die Rechtssätze in eine Herrscherinschrift eingebettet sind, die anders als die Rechtssätze selbst ein literarisches Sprachregister zeigt. Dieses Komposit, in dem sich Herrscherlob und Tatenbericht, Vergangenheit, Gegenwart und Zukunft verbinden, beansprucht durch das Darbietungsformat eine Bedeutung, die weit über die strenge rechtswissenschaftliche Systematik hinausweist: Das monumentale Format, das Material, die archaisierende Dekorschrift, das einleitende Bildmotiv sind Merkmale einer gezielten Inszenierung. Dass ähnliche Stelen an verschiedenen Orten des Reiches aufgestellt worden waren, dass in besonderer Weise eine Sichtbarkeit, ja „Öffentlichkeit" geschaffen wurde, ist nicht nur ein Aspekt zeitgenössischer Machtpolitik. Es fügt sich mit dem Anspruch einer zukünftigen Verfügbarkeit und einem zukünftigen Gültigkeitsanspruch in die lange Tradition der Selbstdarstellung altorientalischer Herrscher, die ihre Großtaten – erfolgreiche Kriegszüge, Tempelbauten und eben auch die Wahrung von Recht und Gerechtigkeit – für die Nachwelt überhöhen und dokumentieren. Die Zerstörung dieses Monuments ist entsprechend unter Strafe gestellt. Für die Sammlung der Rechtssätze müssen Vorläufer existiert haben. Das Mindeste sind Vorlagen für die monumentalen Texte in Stein, aber man muss annehmen, dass zumindest die Rechtssätze auf vorlaufende Kollektionen zurückgehen. Inzwischen konnten Fragmente zeitgenössischer Fassungen auf Tontafeln identifiziert werden.[10]

Die Rechtssätze des *Codex Hammurabi* haben aber zudem – im Unterschied zu den anderen Rechtsbüchern der keilschriftlichen Tradition – auch eine diachrone Historie, die einen Zeitraum von knapp anderthalb Jahrtausenden überspannt. Keineswegs lückenlos, aber doch mit einer relativ gesehen eindrucksvollen Beleglage lassen sich Exzerpte, Teilabschriften, Übungstafeln, archaisierende Ausführungen sowie Spuren einer diskursiven Auseinandersetzung mit dieser Überlieferung in Gelehrtenkreisen des späteren zweiten und des ersten Jahrtausends nachweisen.[11] Die Rechtssätze des Hammurabi wurden nicht nur als Gesamttext überliefert, er wurde auch in andere Verwendungszusammenhänge übertragen und im Rahmen der juristischen Ausbildung repliziert. Kataloge von Textkol-

9 Oelsner 2022, 65.
10 Oelsner 2022.
11 Siehe beispielsweise Maul 2012.

lektionen in Tempeln und Palästen führen Hammurabis Rechtssammlung unter dem „Originaltitel" *dinanātū ša Hammurabi* „Rechtssprüche des Hammurabi" auf, Gelehrte fertigten neue Abschriften für königliche Textkollektionen an und erarbeiteten Kommentierungen. Derartige Traditionsgeschichten sind nicht nur von größtem Wert für die Erforschung antiker philologischer und rechtswissenschaftlicher Auseinandersetzungen mit solchen Textzeugnissen. Sie unterrichten auch darüber, dass der Rechtssammlung des Hammurabi ursprünglich *ṣimdātū šarrim*, „königliche Erlasse", zu Grunde lagen. Sie sind auch für die Frage, wie sich Rechtswissen im Spannungsfeld zwischen Rechtssammlungen und Rechtspraxis bewegt, von großer Bedeutung.

Die beiden Beispiele, das *Neubabylonische Gesetzesfragment* und der sogenannte *Codex Hammurabi*, galten im Altertum als abgeschlossene Texteinheiten, die als solche überliefert werden. Die Frage ist, wie kommen diese eigentlich zustande?

4 Körperlichkeit des Rechts

Aus der Verschriftung des Rechtswesens und den damit einhergehenden Veränderungen ergibt sich also auch ein methodisch interessantes Problem: in welchem Umfange bewahrt oder transformiert dieser Prozess Rechtsformen, in welchem Umfange kreiert er neue Formen und Formate? Eine wichtige Rolle kommt hier dem sprachlichen Befund zu. In dem Moment, in dem Schrift zur Aufzeichnung von gesprochener Sprache, besser von Sprechakten verwendet wird, besteht die Möglichkeit, ‚Handlungen' narrativ zu verbalisieren, so dass Gesten und Gebärden, die unter Umständen keine eigenbezügliche Repräsentation in der Lexik haben, umschrieben werden. Zum Beispiel wird der Gestus des „Besitz-Ergreifens" als sprachliche Repräsentation des eigentlichen performativen Aktes in einen geschriebenen Text überführt.

Diese Möglichkeit wird im Bereich des Keilschriftrechts extensiv genutzt, so dass eine ganze Reihe von Formeln der Rechtssprache – insbesondere solche im Bereich der Kontrakte – auf solche performativen Akte referiert. Mit „Körperlichkeit" des Rechts soll der Blick auf eine spezielle Topik des Rechtswesens gelenkt werden, eine Semantik in juridischer Sprache, Brauch und juristischem Dokumentationswesen, die eine direkte, eine unmittelbare Beziehung zwischen Mensch und Recht konstituiert. Die entsprechenden Rechtsakte sind fest im Rechtsalltag der Gesellschaft verwurzelt, jedoch lässt sich ein konzeptionelles Spannungsverhältnis zu der zunehmenden Formalisierung und der Entkörperlichung von Rechtsformen und Formaten, die offenbar mit der Schriftlichkeit des Rechtes einhergehen, beobachten. In sprachlichem Ausdruck, symbolischer Handlung und physischer Realisierung wird hier ein freilich flüchtiger Einblick in die Entwicklung jenes Konzeptes vermittelt, das wir heute sehr allgemein mit dem Begriff „Person" umschreiben.

Die körperbezogene Begrifflichkeit in der Rechtssprache ist ausführlich von Malul untersucht worden.[12] Die semantische Bandbreite lässt erahnen, in welchem Umfang das Rechtshandeln jener Gesellschaften von einer auf die Person, das konkrete Individuum bezogenen Symbolik geprägt war. So bezieht sich z.B. der Ausdruck „seinen Fuß auf eine Sache stellen" bzw. das Gegenteil „seinen Fuß von einer Sache heben" auf die rechtmäßige Inbesitznahme bzw. das rechtmäßige Freigeben von Immobilien. Ähnlich verhält es sich mit „in die Hand von jemandem gegeben sein" oder „den Kopf eines Sklaven ergreifen". Dabei ist oft unklar, ob die sprachlichen Ausdrücke eine noch geübte oder, als erstarrte Formeln, eine ältere Praxis reflektieren. Diese Frage ist für das Spannungsverhältnis zwischen Tradition und Neuerung, für den Übergang von mündlicher zu schriftverbundener Rechtskultur bedeutend.

Die Verbindung von Rechtsakt und Person ist ein zentraler Aspekt des Körpers als Referenzebene. Neben diese in sprachlichen Akten und möglicherweise damit verbundenen symbolischen Gesten realisierten Metaphern tritt als zweite Form die dokumentierte physische Realität von Körpersymbolik, die physisch greifbaren Referenzobjekt und Person verbindet. Dabei sind nicht nur performative Sprech- und Handlungsakte, sondern als Artefakte materialisierte, rechtsfähige Repräsentationen des Individuums zu berücksichtigen. Vier Beispiele seien an dieser Stelle benannt:

(1) Die älteste Form der entpersonalisierten Beglaubigung ist das Siegel. Bereits lange vor der Entwicklung von Schrift im ausgehenden vierten Jahrtausend verwendet man in Vorderasien Siegel, um Besitzverhältnisse anzuzeigen und die Unversehrtheit von Waren und Räumen zu garantieren. Die Siegelung symbolisierte Autorität, Zugriffsrechte, ja schließlich die Person selbst. Sie spielt als Beglaubigungszeichen in der weiteren, schriftgebundenen Rechtsgeschichte eine zentrale Rolle.

(2) Bereits im zweiten Jahrtausend findet sich neben dem Siegel eine andere Form der Beglaubigung von Rechtsdokumenten, nämlich der Eindruck des Fingernagels. In allen Regionen des Vorderen Orients ist – in unterschiedlicher Häufigkeit – die Beglaubigung mit Hilfe des Fingernageleindruckes im zweiten und im ersten Jahrtausend belegt, etwa in Form von verbalisierten Beglaubigungsprotokollen, wie der Formel „Sie setzten ihre Nagelmarken anstelle der Siegel hierher", die sich als Einleitung von Verträgen in neuassyrischer Zeit vielfach findet. Die Keilschriftdokumente weisen dann tatsächlich solche Nagelmarken auf; die Namen der Besitzer des Abdruckes sind – je nach Funktion – ob als Vertragsnehmer, -geber oder Zeuge danebengeschrieben oder im Text genannt.

(3) Ebenfalls bereits früh bezeugt ist die Verwendung des Gewandsaumes – akkadisch als *sissiktu* bezeichnet – zur symbolischen Vertretung der teilnehmenden Personen in einem juristischen Akt. Im Rahmen zwischenstaatlicher Vertragsschlüsse verknoten die Parteien die Säume des Gewandes, wie z.B. in einem Ver-

12 Malul 1988.

trag zwischen dem König von Aleppo und dem König von Babylon überliefert: „es ist gut, dass mein Herr (der König von Jamhad) Männer nach Babylon gesandt und seinen Gewandsaum mit meinem Bruder (d. i. der König von Babylon) verknotet hat."[13] Die Vasallen eines Herrschers ergreifen seinen „Gewandsaum" beim Treueid. Umgekehrt zählte das Abschneiden des Gewandsaumes zu den typischen Strafen bei zivilrechtlichen Verstößen. So verwundert es also nicht weiter, wenn auch der Gewandsaum an die Stelle des Siegels oder ergänzend zur Siegelung auf Tontafeln Einwilligung und Zustimmung der Vertragsnehmer signalisiert. Gewöhnlich steht dann ergänzend dabei „Gewandsaum des Personennamens" – wie bei den Nageleindrücken auch. Gelegentlich wird sogar explizit gesagt „seinen Gewandsaum anstelle seines Siegels" *(sissiktašu kīma kunukkašu)*.

(4) Körperteile, namentlich Hand, Fuß, Mund und Kopf sind repräsentative Elemente einer metaphorischen Rechtssprache. Sie stehen neben Gewandsaum, Fingernagel, Haarlocke und Fußabdruck als Vertreter einer objektgebundenen Rechtssymbolik, die verbalisiert oder durch physische Repräsentation in die Dokumentation des jeweiligen Rechtsaktes Eingang findet. Das folgende Beispiel mag die Querverbindungen zwischen Textgenres und Performanz im Bereich des Rechtswissens illustrieren.[14] In der dritten Tafel der Serie *Ana ittišu*, einer unter anderem als Lehrbuch genutzten Sammlung juristischer Formulierungen,[15] findet sich im Abschnitt zum Personenrecht folgende Passage:

> *ina maḫar šībī šēpšu ilqe mindat šēpīšu ina kunuk šībūti ibrumū*
>
> „In Anwesenheit der Zeugen ergriff er seinen Fuß. (Dann) siegelten sie den Umriss seines Fußes mit dem Siegel der Zeugen."[16]

Der Passus ist – wie alle anderen Abschnitte in dieser Sammlung – ein Textbaustein, der in ein Vertragsformular eingebaut werden konnte. Gemeint ist, dass im Rahmen eines Rechtsaktes ein Fußumriss durch Siegelung beglaubigt wurde. Der Kontext der hier beschriebenen Handlung ist das Personenrecht. Die unmittelbar vorangehenden Textbausteine machen deutlich, dass es sich um eine ganz bestimmte Gruppe von Personen handelte, nämlich um solche, die keine eindeutige familiäre Abstammung hatten. Dabei werden genannt:

> „einer, der Vater und Mutter nicht kennt, einer der im Brunnen gefunden wurde, einer, der von der Straße aufgelesen wurde, einer, der dem Maul eines Hundes entrissen wurde; einer, der aus dem Schnabel eines Raben fallengelassen wurde."[17]

---

13 *ARM* 2, 71: 10–15.

14 Zu dieser Praxis vgl. die Ausführungen von Leichty 1989, Zaccagnini 1994, Malul 2001, Cohen 2005, insbesondere aber die ausführliche Behandlung durch Wunsch 2004.

15 Zur Serie *Ana ittišu* und ihrer Rolle in der Ausbildung siehe den Beitrag von H. Neumann in diesem Band.

16 *Ana ittišu* Tafel 3 iii 38–44, siehe *MSL* 1, 44–45: 38–44 sowie *KAL* 11/1, 128 Rs. iii 14′–19′.

17 *Ana ittišu* Tafel 3 iii 30–37; siehe *MSL* 1, 44: 30–37 sowie *KAL* 11/1, 128 Rs. iii 5′–13′.

Schon früh hatte man vermutet, dass die hier beschriebene Handlung der Siegelung eines Fußabdruckes einen konkreten Hintergrund haben müsste. Offenbar geht es hier um die rechtliche Bestätigung einer Person. Tatsächlich findet sich in § 20 des *Codex Lipitištar* an beschädigter Stelle folgende Formulierung:

> „Wenn ein Mann ein Kind aus einem Brunnen rettet, soll er dessen Fuß nehmen und <ergänzt: eine Tafel mit dem Fußabdruck siegeln>."[18]

Auch hier ist die Rede von einem Menschen ohne familiären Kontext, d. h. von einem ausgesetzten Kind. Vor diesem Hintergrund meint man auch die oben genannten Spezifikationen zu verstehen – zumindest ein Teil der Formulierungen kann sich nur auf Säuglinge, Klein- bzw. Kleinstkinder beziehen.

Gut 1400 Jahre jünger ist eine Urkunde aus Babylon, in der es um die Feststellung der Identität einer Person geht und hier findet sich nun der akkadische Ausdruck für den symbolischen Akt, der in den Zeugnissen aus *Ana ittišu* und dem *Codex Lipitištar* erwähnt wird. Es geht darin um den Status eines jungen Mädchens namens Šepitaja, das als Teil der Aussteuer einer gewissen Siraja übergeben wurde:

> „Den Vertrag zwischen Siraja und ihrem Manne betreffend das Mädchen Šepitaja, das Siraja auf der Straße fand und aufzog, nachdem sie seinen Fuß in Ton gestellt hatte, verlas man."[19]

„Den Fuß in den Ton drücken", *šēpa ina titti šakānu*, ist offenbar ein über viele Jahrhunderte in Südmesopotamien üblicher, rechtssymbolischer Akt, mit dem die Adoption eines Findlings beglaubigt wird. Es ist sicher kein Zufall, dass das Findelkind in diesem Falle den Namen „Füßchen" trägt.

Diese Praxis hat Spuren hinterlassen – und zwar nicht nur in Form von Vertragsklauseln, Rechtssätzen und Zitierung von Rechtsakten, sondern eben auch in Form von konkreten Rechtsurkunden in Gestalt von Fußabdrücken. Aus Emar stammen drei Fußabdrücke, die Abrollungen bzw. Eindrücke von Siegeln tragen.[20] Insoweit also herrscht Übereinstimmung mit den Angaben, die wir aus den bereits beschriebenen Textzeugnissen, den Codices bzw. dem Ausbildungsmaterial kennen. Es besteht ein Unterschied zu den standardisierten Fällen – in diesem Falle handelt es sich nicht um namenlose Findelkinder, sondern Identität und Herkunft der Kinder sind bekannt. Festgehalten ist in jedem Fußabdruck der Name des Kindes, es handelt sich um das Mädchen Baal-abija und die Jungen Išme-dagan und Adad-belu. Das verwendete Formular lautet wie folgt: Name des Kindes, Sohn/Tochter des Zadamma, seinerseits Sohn des Karbu, aus Šatappa. Der Fundzufall will es, dass das Umfeld dieser Adoption in diesem Fall rekonstruiert werden kann. Hierbei hilft eine zugehörige Adoptionsurkunde, die eben-

---

18 Roth 1997, 29.

19 Joannès 1989, 81 zu *VS* 6, 116: 9, siehe aber Wunsch 2004, 181–182.

20 Cohen 2005.

falls in Emar gefunden wurde.[21] Die drei Kinder, das etwa zweijährige Mädchen Baal-abija, die einjährigen Zwillinge Išme-dagan und Adad-belu sowie ein viertes Mädchen, ein noch nicht entwöhnter Säugling, von dem sich kein Fußabdruck gefunden hat, wurden von ihren Eltern in einem Not-Jahr verkauft. Gekauft wurden sie durch eine einflussreiche Familie in Emar, die dort seit mehreren Generationen höchste Priesterämter wahrnahm, für den Preis von 60 Scheqel Silber. Über das weitere Schicksal der Mädchen ist nichts bekannt; die Spur der beiden Jungen lässt sich weiterverfolgen. Yoram Cohen hat nachgewiesen, dass diese beiden offenbar zu Schreibern ausgebildet wurden: mindestens drei Texte von ihrer Hand haben sich im Archiv der Familie gefunden.

Es wurde bereits darauf hingewiesen, dass – im Unterschied zu den Zeugnissen aus Zentralmesopotamien – hier nicht ein namenloses, ausgesetztes, elternloses Kind anerkannt wurde, sondern ein regulärer geschäftlicher Übergang stattfand. Tatsächlich ist die Notveräußerung von Familienmitgliedern in den altorientalischen Rechtskulturen nicht unüblich. Personen jeden Alters können davon betroffen sein. Es gibt dafür ein festes Formular und gewöhnlich wird hierüber eine Rechtsurkunde aufgesetzt. Und doch fand in Emar in einem solchen relativ „normalisierten" Kontext der Modus des „einen Fuß in den Ton Setzens" Anwendung – eine lokale Praxis? Aus demselben Raum – wohl etwas weiter östlich – stammt ein anderes Beispiel, diesmal in Gestalt eines kleinen Fußes mitsamt Unterschenkel.[22] Der darauf in Keilschrift eingeschriebene Text lautet:

> „Ḫuti-remanni, die Dienerin der Kursibtu, Herrin im Palast des Assur-iddin, die den Nabu-eriba, das ‚Affenkind', aus dem Fluss gezogen hat, hat ihn aufgezogen. Er ist ihr Sohn. Wer immer Anspruch auf ihn erhebt, soll sechs Söhne stellen und ihn dann erhalten. Bei den Göttern – niemand darf das ‚Affenkind' mit Gewalt fortnehmen!"[23]

Anders als bei den Fußabdrücken aus Emar handelt es sich hier um die Nachbildung eines Fußes. Auch hier werden die Identität des Kindes und der Rechtsanspruch der jetzigen Besitzerin durch die Urkunde festgestellt. Es handelt sich hier um ein Findelkind, ein Kind ohne Herkunft – so wie es die zentralmesopotamischen Texte nahelegten. Kann also mit „Fuß in den Ton setzen" möglicherweise auch die Herstellung eines solchen Dokuments gemeint sein? Auffällig wäre dann freilich das Fehlen von Siegelungen, was den Charakter einer Rechtsurkunde zumindest problematisch erscheinen lässt.

Die Tradition der Adoptionsurkunde in Verbindung mit einem Fußabdruck ist auch in einer Fassung in aramäischer Sprache und Schrift bezeugt. Das Beispiel

21 Cohen 2005.
22 Franke/Wilhelm 1984.
23 Franke/Wilhelm 1984, bes. S. 20 Abb. 2–6.

stammt aus Magdala (Tall Šēḫ Ḥamad) und ist nach Wolfgang Röllig in „einer recht eleganten aramäischen Kursive des 7./6. Jh. v. Chr. abgefasst."[24]

Damit liegt hier ein konkretes Beispiel für eine in den unterschiedlichen Textsorten reflektierte, diachron gepflegte und regional unterschiedlich ausgestaltete Rechtspraxis vor. Es illustriert die ganz unterschiedlichen Bewegungen innerhalb rechtlicher *Episteme* – nicht nur die Bezüge zwischen unterschiedlichen dem Recht verpflichteten Textsorten, sondern auch den Spielraum der Ausgestaltung in den jeweiligen performativen Akten.

Die metaphorische Sprache wird mit bestimmten performativen Akten etwa der Inbesitznahme oder des Weggebens und damit mit expliziten Gesten in Verbindung gebracht. Entsprechende Rechtsgestik und -metaphorik sind auch aus anderen Kulturen gut bekannt. Sie werden, folgt man Piaget, Hallpike, Landmann und anderen, als „*conceptual realism*" bezeichnet.[25] Dieser *konzeptionelle Realismus* ist das Ergebnis einer physischen Aneignung, einer An-Körperung („*embodiment*"), seitens des Menschen – Zeugnis ursprünglichster Auseinandersetzung mit Umgebung und Gesellschaft. In der juristischen Formensprache haben sich diese alltäglichsten Formen des rechtlichen Umgangs gewissermaßen als Fossile sehr viel älterer, schriftloser Phasen erhalten.

5 Arbeit am Recht

Auf welche Weise werden im Zweistromland Rechtsmaterialien jenseits der rechtlichen Praxis aufgesetzt? Wie entstehen jene großen Corpora von überwiegend kasuistisch formulierten Rechtssätzen, die so charakteristisch für die altorientalische Rechtskulturen sind? Es geht hier zunächst weder um Systematik noch um Redaktionsgeschichte dieser Corpora, sondern vielmehr um das Problem, wie man sich das Verhältnis von Rechtspraxis zu den vorgehaltenen Normen und die Entwicklung der juridischen Wissensbestände konkret vorstellen kann. Dass es eine solche Interdependenz von Gesetzgebung und Rechtspraxis gibt, ist unbestritten – bildet sie sich doch nicht zuletzt über die Zeiten auch im Wandel der großen Sammlungen von Rechtssätzen ab.

Beispiele sind als grundlegend einfache Form der Anschauung für den Aufbau von Wissensbeständen unerlässlich. Sammlungen von Fallbeispielen stimulieren Taxonomien, machen Generalisierungen sichtbar, trennen das Regelhafte von den Ausnahmeerscheinungen. In den altvorderasiatischen Schriftkulturen spielt der (mehr oder weniger generalisierte) „Fall" eine wichtige Rolle in den Beständen epistemischen Wissens. Disziplinen wie die Divination, die Medizin, die Mathematik, die Astronomie und auch das Recht zeichnen sich durch das Vorhandensein umfangreicher Fallkollektionen aus. Es greift zu kurz, wenn man die in diesem Zuge entstehenden Korpora als intellektuell primitiv auffasst, weil eben kaum oder nicht

24 Röllig 2014, 226. Ausführliche Diskussion des Textes auf den S. 226–232 unter Berücksichtigung älterer Literatur.
25 Landmann 1969; Hallpike 1979.

abstrahierende Ausprägungen des Reflektierens vorliegen.[26] Es gilt vielmehr, das phänomenologische Sammeln und die damit einhergehende Auseinandersetzung mit Sachverhalten in der Gestalt des „Falles", das Denken in Fällen also, als epistemisches Format *sui generis* zu betrachten. Das Verhältnis zur verallgemeinerten Regel bis hin zum „Gesetz" wäre an anderer Stelle genauer zu untersuchen. Dies gilt auch für den Unterschied zwischen dem Anschauungscharakter des Exemplums (im Sinne von *Storytelling*) und den Prozessen der Vereinfachung, die vom konkreten Beispiel zu einer verallgemeinerten Fallkonstellation führen. In jedem Falle scheint uns folgende, von Markus Asper formulierte methodische Beobachtung Gültigkeit zu haben:

> „(…) the case, understood as a knowledge-transmitting narrative about particulars, allows for both epistemic and aesthetic approaches."[27]

Mit den Worten von Guido Pfeifer geht es letztlich um die Frage nach der „intellektuellen Infrastruktur des Rechts".[28]

Die Eigenarten dieser Infrastruktur wiederum sind stets im gesamtgesellschaftlichen Kontext zu reflektieren, denn sie existieren nicht als isolierte Denksysteme. Ein solcher Ansatz wiederum ist es, den Martin David in dem bereits eingangs zitierten Aufsatz anmahnt. Für die Rechtsgeschichte als eine Phänomenologie des Rechtslebens führt er aus:

> „Jedoch, auch auf sich selbst gestellt, das heißt ohne Zusammenhang mit der Geschichte der klassischen Rechte, dürften die neuen Quellen ihren ungeschmälerten Wert besitzen. Ihre Erschließung bedeutet nicht nur eine Erweiterung unseres Wissens über das Rechts- und Wirtschaftsleben antiker Völker. Sie führt uns auch dem fernsten Ziele der Rechtsgeschichte näher, eine Phänomenologie des Rechtslebens zu schaffen, das Recht somit in der Fülle seiner Erscheinungen und Gedanken zu erfassen. (…) Vielmehr muß das Recht als unser Erkenntnisobjekt, als in dem Leben der allgemeinen Geschichte wurzelnd, in unlöslichem Zusammenhang mit den übrigen Gebieten der menschlichen Kultur behandelt werden."[29]

6 Überblick zu den Beiträgen

Der vorliegende Band möchte zur Frage nach dem „Recht" als genuinem Erkenntnisobjekt, nach der Verhandlung seiner vielen Facetten, seiner historisch so vielfältigen Ausprägungen im Alten Orient beitragen. Versammelt sind insgesamt 14 Beiträge. Ihre Gegenstände gehen auf Vorträge und Diskussionen im Rahmen der Tagung „Keilschriftrecht zwischen Theorie und Praxis" im September 2023

---

26 Zu dieser Problematik vgl. z.B. die Einleitung in Cancik-Kirschbaum/Kahl/Lee 2021.
27 Asper 2019, V.
28 Pfeifer 2019.
29 David 1937, 13–14.

in Berlin zurück, deren Themenstellungen durch die Herausgeber bewusst auf bestimmte Überlieferungsstrecken und Textgruppen ausgerichtet wurden. Die Beiträge sind weitgehend in chronologischer Reihung angeordnet. Die Dominanz von Beiträgen zum dritten und zweiten Jahrtausend v. Chr. ist den Schwerpunkten der Tagung geschuldet. Auch ist den Herausgebern bewusst, dass der Band in hohem Maße eklektisch ist und nicht nur für Mesopotamien ganze Epochen (z.B. die altassyrische und die neuassyrische Zeit) nicht vertreten sind, sondern dass viele weitere Rechtskulturen – z.B. Ugarit, Emar oder auch die Traditionen Elams oder Altpersiens, um nur einige zu nennen – keine Berücksichtigung finden.[30]

Der folgende Überblick soll der allgemeinen thematischen Orientierung innerhalb des Bandes dienen. Die Nummerierung schließt an die Einleitung (1) an.

(2) Joachim Schaper beleuchtet die Ursprünge des rechtsgeschichtlich zentralen Konzeptes von „Gerechtigkeit" aus komparatistischer Perspektive und nimmt das sumerische Südmesopotamien der 2. Hälfte des 3. Jt. v. Chr. sowie den Bereich von Israel und Juda im 1. Jt. v. Chr. in den Blick. Dabei gelangt er zu dem wichtigen Befund, dass „soziale Gerechtigkeit" trotz des Fortwirkens als rechtsgeschichtlicher Topos über drei Jahrtausende hinweg ursprünglich nicht dem modernen Verständnis von sozialer Gerechtigkeit im Sinne sozialer Gleichheit entspricht, sondern die Konnotation von Ordnung hat, die in kosmologischen Vorstellungen einer natürlichen Ordnung begründet liegt und aus der soziale Gerechtigkeit als „Nebenprodukt" hervorgeht (vgl. Schrakamp/Zólyomi).

(3) Massimo Maiocchi untersucht die aus dem Palastarchiv von Ebla überlieferten „Kanzleitexte" juridischen Inhaltes und nimmt damit eine lange vernachlässigte, aber frühe und bedeutende Überlieferungsstrecke des Keilschriftrechts in den Blick. Die Kanzleitexte umfassen internationale Verträge, lokale Rechtsverfahren sowie die bislang älteste Sammlung kasuistisch formulierter Rechtssätze, die beispielsweise das Straf-, Ehe- und Erbrecht umfassen und in späteren keilschriftlichen Rechtssammlungen Parallelen finden. Die Texte oszillieren zwischen theoretischem Rechtswissen und Rechtspraxis und decken zudem ein Spektrum vom Entwurf bis hin zum gut ausgearbeiteten Vertrag ab. Maiocchi verbindet dies mit einem selbstbewussten Umfeld von Schreibern und Schriftgelehrten, in dem normative und theoretische Texte koexistierten und Rechtswissen gelernt und gelehrt wurde. Maiocchis Befund unterstreicht zudem die Annahme, dass Erlasse als herrscherliche Machtbekundungen den Rechtssammlungen zeitlich vorausgehen.

(4) Ingo Schrakamp und Gábor Zólyomi untersuchen die sogenannten „*Reformtexte*" des Urukagina vor dem Hintergrund der zeitgenössischen archivalischen Texte. Sie stellen die „*Reformtexte*" an den Beginn der Überlieferung altorientalischer Erlasse und argumentieren, dass Urukagina keine restaurative oder reformatorische Maßnahme, sondern aus emischer Perspektive das *readjustment* einer urtümlichen Ordnung proklamiert (vgl. Schaper). Dabei stellen vertikale Solidarität und Reziprozität ein zentrales Charakteristikum von Recht und Ge-

30 Vgl. Westbrook 2003 oder auch Liverani/Mora 2008.

rechtigkeit dar. Sie weisen am Beispiel des maškim-Beamten nach, dass die von Urukagina proklamierten Maßnahmen wie die Absetzung bestimmter Funktionäre tatsächlich umgesetzt wurden. Zudem bieten sie eine Neuinterpretation der bis heute kontroversesten Schlüsselpassage, die unter anderem die Grundlage für das Modell der ‚Tempelstadt' bildete, und schlagen hierfür eine historische Kontextualisierung vor. Damit bieten Schrakamp und Zólyomi unter anderem den ersten anhand archivalischer Quellen erbrachten sicheren Beleg für die tatsächliche Umsetzung der proklamierten Maßnahmen, die in der Forschung bislang als sozialpolitische Topoi oder Herrscherpropaganda abgetan wurden.

(5) Felix Rauchhaus analysiert die in den *„Reformtexten"* des Urukagina proklamierten Maßnahmen aus der Perspektive der gleichzeitigen archivalischen Texte der als „Frauenhaus" bzw. „Tempel der Bau" bezeichneten Wirtschaftseinheit. Anhand von Rationenlisten und Felderzuteilungen vergleicht er die diachrone Einkommensentwicklung verschiedener gesellschaftlicher Gruppen und argumentiert, dass Urukagina als ungerecht empfundene Verhältnisse korrigierte. Während sich die Einkommensverhältnisse der unteren und mittleren Gesellschaftsschichten nicht wesentlich veränderten und lediglich das Militär zeitweise begünstigt wurde, sanken demgegenüber die Einkommensverhältnisse der administrativen Elite deutlich. Da sich andererseits für die Gattin des Herrschers eine erhebliche Einkommenssteigerung nachweisen lässt, folgert Rauchhaus, dass Urukaginas Maßnahmen in erster Linie dem Machterhalt des Herrscherpaares dienten, das unter Urukagina direkten Zugriff auf die als „Tempel der Bau" bezeichnete Wirtschaftseinheit besaß.

(6) Gebhard Selz stellt ebenfalls die *„Reformtexte"* ins Zentrum seines Beitrages. Er nähert sich ihnen aus einer rechtsanthropologischen Perspektive, kommentiert die Beiträge von Schrakamp und Zólyomi sowie Rauchhaus und erörtert den politischen, historischen und rechtlichen Hintergrund. Er verortet Urukaginas Erlasse in einem dynamischen politisch-historischen Kontext, der durch das Entstehen differenzierter rechtlicher Konzepte von Besitz und Eigentum, ein damit verbundenes Erstarken privatwirtschaftlichen, profitorientierten Handelns und konkurrierender politischer Konzeptualisierungen gekennzeichnet war. Vor diesem Hintergrund deutet er die *„Reformtexte"* als Erlasse, die auf eine vielschichtige Krisensituation reagierten, und betont die Rolle historischer Kontingenz (vgl. Cancik-Kirschbaum).

(7) Manuel Molina untersucht mit dem *Codex Urnamma* die bislang älteste keilschriftliche Rechtssammlung, vergleicht ihre Rechtssätze mit den etwas jüngeren, Ur III-zeitlichen Urkunden der Rechtspraxis und liefert damit den ersten systematischen Vergleich von Texten theoretischen Rechtswissens und jenen der Rechtspraxis. Seine Auswertung zeigt, dass die Urkunden der Rechtspraxis im Wesentlichen dieselben inhaltlichen Bereiche und gesellschaftlichen Gruppen betreffen wie die Rechtssätze des *Codex Urnamma*. Dabei sind die Entsprechungen zwischen *Codex Urnamma* und Urkunden der Rechtspraxis am deutlichsten im Bereich des Privatrechts. Dass im Bereich des Steuer- oder Abgaberechts die Urkun-

den der Rechtspraxis besonders deutlich vom *Codex Urnamma* abweichen, erklärt sich durch die zeitlich dazwischen liegende administrativ-rechtliche Neuordnung des Staates unter Šulgi und veranschaulicht, dass Rechtssammlungen oft ältere Rechtszustände widerspiegeln als die Urkunden der Rechtspraxis, und dass die Weiterentwicklungen des Rechts zuerst in den Urkunden greifbar werden (vgl. Démare-Lafont).

(8) Nele Ziegler untersucht in ihrem Beitrag diejenigen Rechtssätze des *Codex Hammurabi,* die die Rechte und Pflichten von Witwen und Frauen, deren Ehemänner in Kriegsgefangenschaft geraten waren, das Erbrecht von Frauen und Kindern sowie die Wiederherstellung des Eigentums des abwesenden Ehemannes und Vaters betreffen. In zwei auf Alltagstexten basierenden Fallstudien weist sie nach, dass die Witwen und „Strohwitwen" über ihre Rechte und Pflichten bestens informiert waren, entsprechend agieren konnten, und dass die zugehörigen Rechtssätze des *Codex Hammurabi* praktische Anwendung fanden. Damit liefert Nele Ziegler nicht nur einen wichtigen Nachweis, dass Rechtssätze keilschriftlicher Rechtssammlungen tatsächlich zur Anwendung kamen (vgl. Schrakamp/Zólyomi, Molina, Kleber), sondern belegt auch die weite Verbreitung entsprechenden Rechtswissens jenseits gelehrter Kreise (vgl. Démare-Lafont).

(9) Dominique Charpin diskutiert die altbabylonischen *mīšarum*-Erlasse, durch die Herrscher Schulden zahlungsfähiger Untertanen annullierten, vor dem Hintergrund gleichzeitiger archivalischer Texte. Er zeigt, dass schuldenbedingte Zwangsverkäufe von Land per Erlass annulliert wurden, belegt damit eine Rechtspraxis, auf die der *Ammisaduqa-Erlass* keinen Bezug nimmt, und diskutiert weitere, zum Teil bisher unerkannte Belege für die Anwendung dieser Rechtspraxis unter Rimsin, Hammurabi, Apilsin und Samsuiluna (vgl. Schrakamp/Zólyomi, Molina, Ziegler).

(10) Sophie Démare-Lafont untersucht auf der Grundlage altbabylonischer Korrespondenz von Palastfunktionären und lokal tätigen Vertretern des Rechtes die Frage, wie weit theoretisches Rechtswissen verbreitet war und in welchem Maße es die Rechtspraxis prägte. Auf der Grundlage von Briefen, in denen die Wendung *warkatam parāsum* „eine Angelegenheit untersuchen" in rechtlichen Kontexten das Sammeln von Evidenz zum Zwecke einer Entscheidungsfindung bezeichnet, stellt sie fest, dass insbesondere Palast-, aber auch lokale Beamte über ein hohes Maß von theoretischem Rechtswissen verfügten, das im Wesentlichen dem der altbabylonischen Rechtssammlungen entsprach. Sie kommt zu dem Schluss, dass theoretisches Rechtswissen über den Kreis gelehrter Schreiber hinaus weit verbreitet war und die Grundlage für die geübte Rechtspraxis bildete. Der Beitrag zeigt, dass die Rechtpraxis ihrerseits auf theoretischem Rechtswissen gründete (vgl. Ziegler, Neumann, Cancik-Kirschbaum).

(11) Hans Neumann zeigt anhand curricular verankerter Texte juridischen Inhaltes wie z.B. den *Model Contracts, Model Court Cases, Legal Phrasebooks* sowie den mit ihnen verbundenen einschlägigen Tafeln der lexikalischen Serien *Ana ittišu* und Ur$_5$-ra = *ḫubullu* die Bedeutung des Schreibercurriculums für spätere rechts-

theoretische bzw. rechtspraktische Tätigkeiten. Er argumentiert, dass die Inhalte vor allem den Anforderungen vorwiegend ökonomisch-administrativer Tätigkeiten in Palast und Tempel, dem privaten Rechts- und Wirtschaftsverkehr sowie der staatlichen Rechtsprechung und -setzung auf Provinz- und Reichsebene entsprachen (vgl. Démare-Lafont). Damit erweist Neumann einmal mehr die Stellung curricularer Texte im Spannungsfeld zwischen Theorie und Praxis (vgl. Spada).

(12) Gabriella Spada geht mit den altbabylonischen *Model Contracts* auf eine dieser „zwischen Theorie und Praxis" angesiedelten Textsorten ein. Sie zeigt, dass sich die *Model Contracts* an realen Vertragsurkunden orientieren und die Formulare zum Abfassen typischer Urkundenformate über Darlehen, Eheschließung, Pacht, Adoption vermitteln. Sie weist darauf hin, dass die *Model Contracts* inhaltliche Überschneidungen mit anderen curricular situierten Texten aus dem Bereich des Rechts wie den *Legal Phrasebooks, Model Court Cases,* den lexikalischen Serien *Ana ittišu* und Ur$_5$-ra = *ḫubullu,* aber auch mit den Rechtssammlungen aufweisen. Sie untermauert das Konzept der in diesem Band untersuchten Wissensbewegungen zwischen den unterschiedlichen Textsorten und Rechtsbereichen, indem sie die *Model Contracts* als Lehrwerke deutet, die den ‚Schreiberschülern' theoretisches Rechtswissen vermitteln und sie damit für Tätigkeiten in der Rechtspraxis befähigten (vgl. Neumann).

(13) Eva Cancik-Kirschbaum zeigt, wie die Erforschung der unter dem *misnomer „Mittelassyrische Gesetze"* bekannten Sammlung(en) von Rechtssätzen aus dem spätbronzezeitlichen Assyrien durch die frühe Forschungsgeschichte determiniert ist. Sie argumentiert, dass es sich hierbei nicht um ein redaktionell abgeschlossenes Werk handelt, sondern dass hier ein weit fortgeschrittenes Stadium juristischer Arbeit am Recht vorliegt. Sie verbindet dies mit ersten Überlegungen zum Verhältnis dieses Textes zu den Erlassen der mittelassyrischen Könige einerseits und den Urkunden der Rechtspraxis andererseits und weist Verschränkungen zwischen systematisiertem Rechtswissen und juristischer Praxis nach (vgl. Schrakamp/Zólyomi, Molina, Selz, Démare-Lafont, Ziegler, Charpin).

(14) Jörg Klinger nimmt mit den *Hethitischen Gesetzen* eine außerhalb Mesopotamiens angesiedelte Rechtskultur in den Blick. Er evaluiert die bislang als junghethitische Abschriften zweier Versionen angesprochenen Textzeugen der *Hethitischen Gesetze* im Hinblick auf Paläographie und Formular und kommt zu der nüchternen Feststellung, dass die bisher vertretenen Deutungsvorschläge den Texten nicht gerecht werden. Da eine verlässliche philologisch-editorische Grundlage bislang fehlt, können Genese, Versionen, Tradierung und Zweck dieser Texte noch nicht abschließend beurteilt werden.

(15) Kristin Kleber stellt das *Neubabylonische Gesetzesfragment* in den Fokus ihrer Untersuchung. Sie identifiziert den noch in neubabylonischer Zeit abgeschriebenen *Codex Hammurabi,* das *Neubabylonische Gesetzesfragment* und königliche Erlasse als die normativen Rechtstexte neubabylonischer und achämenidischer Zeit. Obwohl das *Neubabylonische Gesetzesfragment* Traditionen des *Codex Hammurabi* bewahrt, zeigt es Neuerungen, die sich in einer abweichenden Terminologie für

bestimmte Rechtsinstitute niederschlagen. Anhand von Urkunden bestätigt sie die Auffassung, dass Abschnitte des *Neubabylonischen Gesetzesfragmentes* die zeitgenössische Rechtspraxis widerspiegeln. Sie zeigt, dass die neubabylonische und achämenidische Gesetzgebung mit den zeitgenössischen Schultraditionen verbunden werden kann, und weist auf gelegentliche Bezugnahmen auf königliche Gesetzgebung in Urkunden hin. Damit bestätigt Kleber den bereits für die früheren Perioden ermittelten Befund, dass die urkundlich dokumentierte Rechtspraxis der in Rechtssammlungen und Erlassen promulgierten Rechtsetzung entspricht (vgl. Schrakamp/Zólyomi, Molina, Démare-Lafont, Charpin, Ziegler, Cancik-Kirschbaum).

Texte und Texteditionen

ARM 2
Siehe Jean 1941.

KAL 11/1
Siehe Weiershäuser/Hrůša 2020.

MSL 1
Siehe Landsberger 1937.

VS 6
Siehe Ungnad 1908.

Bibliographie

Asper 2019
Asper, M.: Thinking in Cases. Ancient Greek and Imperial Chinese Case Narratives. Science, Technology, and Medicine in Ancient Cultures 11, Berlin / Boston.

Cancik-Kirschbaum 2015
Cancik-Kirschbaum, E.: Stabilität, Change Management und Iteration: das Beispiel der mesopotamischen Listenwissenschaft. In: Cancik-Kirschbaum, E. / Traninger, A. (Hrsg.): Wissen in Bewegung. Institution – Iteration – Transfer. Episteme in Bewegung. Beiträge zu einer transdisziplinären Wissensgeschichte 1, Wiesbaden, 289–305.

Cancik-Kirschbaum/Kahl/Lee 2021
Cancik-Kirschbaum, E. / Kahl, J. / Lee, E. (Hrsg.): Collect and Preserve. Institutional Contexts of Epistemic Knowledge in Pre-modern Societies. Episteme in Bewegung. Beiträge zu einer transdisziplinären Wissensgeschichte 9, Wiesbaden.

Cancik-Kirschbaum/Schrakamp 2022a
Cancik-Kirschbaum, E. / Schrakamp, I. (Hrsg.): Transfer, Adaption und Neukonfiguration von Schrift- und Sprachwissen im Alten Orient. Episteme in Bewegung. Beiträge zu einer transdisziplinären Wissensgeschichte 25, Wiesbaden.

Cancik-Kirschbaum/Schrakamp 2022b
Cancik-Kirschbaum, E. / Schrakamp, I.: Transfer, Adaption und Neukonfiguration von Schrift- und Sprachwissen im Alten Orient. Eine Annäherung. In: Cancik-Kirsch-

baum, E. / Schrakamp, I. (Hrsg.): Transfer, Adaption und Neukonfiguration von Sprach- und Schriftwissen im Alten Orient. Episteme in Bewegung. Beiträge zu einer transdisziplinären Wissensgeschichte 25, Wiesbaden, 1–79.

Cancik-Kirschbaum/Traninger 2015
Cancik-Kirschbaum, E. / Traninger, A. (Hrsg.): Wissen in Bewegung. Institution – Iteration – Transfer. Episteme in Bewegung. Beiträge zu einer transdisziplinären Wissensgeschichte 1, Wiesbaden.

Cohen 2005
Cohen, Y.: Feet of Clay at Emar: A Happy End? Orientalia Nova Series 74, 165–170.

David 1937
David, M.: Der Rechtshistoriker und seine Aufgabe, Leiden.

Duve 2021
Duve, T.: Rechtsgeschichte als Geschichte von Normativitätswissen? Rechtsgeschichte. Legal History 29, 41–68.

Franke/Wilhelm 1985
Franke, S. / Wilhelm, G.: Eine mittelassyrische fiktive Urkunde zur Wahrung des Anspruchs auf ein Findelkind. Jahrbuch des Museums für Kunst und Gewerbe Hamburg 4, 19–26.

Hallpike 1979
Hallpike, C. M.: The Foundation of Primitive Thought, Oxford.

Jean 1941
Jean, C.-F.: Lettres. Archives Royales de Mari 2, Paris.

Joannès 1989
Joannès, F.: šêpê ina ṭiṭṭi šakânu. Nouvelles Assyriologiques Brèves et Utilitaires 1989, 81–82 Nr. 109.

Johnson 2015
Johnson, J. C. (Hrsg.): In the Wake of the Compendia: Infrastructural Contexts and the Licensing of Empiricism in Ancient and Medieval Mesopotamia. Science, Technology, and Medicine in Ancient Cultures 3, Boston / Berlin.

Landmann 1969
Landmann, M.: Philosophische Anthropologie. Menschliche Selbstdeutung in Geschichte und Gegenwart. Dritte, überarbeitete und erweiterte Auflage. Sammlung Göschen 156/156a, Berlin.

Landsberger 1937
Landsberger, B.: Die Serie ana ittišu. Materialien zum sumerischen Lexikon 1, Rom.

Leichty 1989
Leichty, E.: Feet of Clay. In: Behrens, H. / Loding, D. / Roth, M. T. (Hrsg.): DUMU-E$_2$-DUB-BA-A. Studies in Honor of Åke W. Sjöberg, Philadelphia, 349–356.

Liverani/Mora 2008
Mora, C. / Liverani, M. (Hrsg.): I diritti del mondo cuneiforme (Mesopotamia e regioni adiacenti, ca. 2500–500 a. C.), Pavia.

Malul 1988
Malul, M.: Studies in Mesopotamian Legal Symbolism. Alter Orient und Altes Testament 221, Neukirchen-Vluyn / Kevelaer.

Malul 2001
Malul, M.: Foot Symbolism in the Ancient Near East: Imprinting Foundlings' Feet in Clay in Ancient Mesopotamia. Zeitschrift für Altorientalische und Biblische Rechtgeschichte 7, 353–367.

Maul 1999
Maul, S. M.: Der assyrische König – Hüter der Weltordnung. In: Watanabe, K. (Hrsg.): Priests and Officials in the Ancient Near East. Papers of the Second Colloquium on the Ancient Near East – The City and Its Life, Held at the Middle Eastern Culture Center in Japan, March 22–24, 1996, Heidelberg, 201–214.

Maul 2012
Maul, S. M.: Tontafelabschriften des Kodex Hammurapi in altbabylonischer Monumentalschrift. Zeitschrift für Assyriologie und Vorderasiatische Archäologie 102, 77–99.

Neumann 2003
Neumann, H.: Recht im antiken Mesopotamien. In: Manthe, U. (Hrsg.): Die Rechtskulturen der Antike. Vom Alten Orient bis zum Römischen Reich, München, 55–122, 322–327.

Neumann 2006
Neumann, H.: Schuld und Sühne. Zu den religiös-weltanschaulichen Grundlagen und Implikationen altmesopotamischer Gesetzgebung und Rechtsprechung. In: Hengstl, J. / Sick, U. (Hrsg.): Recht gestern und heute. Festschrift zum 85. Geburtstag von Richard Haase. Philippika. Altertumskundliche Abhandlungen 13, Wiesbaden, 27–43.

Oelsner 2022
Oelsner, J.: Der Kodex Ḫammu-rāpi. Textkritische Ausgabe und Übersetzung. dubsar 4, Münster.

Otto 2008
Otto, E.: Recht ohne Religion. Zur „Romanisierung" der altorientalischen Rechtsgeschichte im „Handbuch der Orientalistik". In: Otto, E. (Hrsg.): Altorientalische und biblische Rechtsgeschichte. Gesammelte Studien. Beihefte zur Zeitschrift für Altorientalische und Biblische Rechtsgeschichte 8, Wiesbaden, 185–191.

Pfeifer 2019
Pfeifer, G.: Zur intellektuellen Infrastruktur des Rechts im Alten Orient. Sitzungsberichte der Wissenschaftlichen Gesellschaft an der Johann Wolfgang Goethe-Universität Frankfurt am Main 56/1, Stuttgart.

Röllig 2014
Röllig, W.: Die aramäischen Texte aus Tall Šēḫ Ḥamad / Dūr-Katlimmu / Magdalu, Wiesbaden.

Ungnad 1908
Ungnad, A.: Neubabylonische Kontrakte. Vorderasiatische Schriftdenkmäler der Königlichen Museen zu Berlin 6, Leipzig.

Weiershäuser/Hrůša 2020
Weiershäuser, F. / Hrůša, I.: Lexikalische Texte 2. Wortlisten, Formularbücher, grammatikalische Texte. Teil 1: Einleitung, Katalog, Textbearbeitungen, Verzeichnisse. Wissenschaftliche Veröffentlichungen der Deutschen Orient-Gesellschaft 157/1. Keilschrifttexte aus Assur literarischen Inhalts 11/1, Wiesbaden.

Westbrook 2003
Westbrook, R. (Hrsg.): A History of Ancient Near Eastern Law. Handbook of Oriental Studies 72, Leiden.

Wunsch 2004
Wunsch, C.: Findelkinder und Adoption nach neubabylonischen Quellen. Archiv für Orientforschung 50, 174–244.

Zaccagnini 1994
Zaccagnini, C.: Feet of Clay at Emar and Elsewhere. Orientalia Nova Series 63, 1–4.

The Genesis of Concepts of Justice in the Third Millennium

Seen from Philological, Archaeological and Cognitive Angles

Joachim Schaper

Abstract

This paper attempts to illuminate the problem of the genesis of a centrally important notional concept – i.e., that of 'justice' – in Sumer and its later permutations in Israel and Judah.[1] Unlike Gaul, it consists of five parts: (1) Artefacts of 'justice', (2) 'Justice' as a problem, (3) Conceptualising 'justice' in the third and in the first millennium BCE, (4) Abstract nouns, notional tools, compact concepts and (5) Conclusion. It will be shown just how historically contingent conceptualisations of 'justice' are, that 'social justice' was not at the heart of the earliest such conceptualisations, and that they were instead based on certain material practices and the cosmology that went with them.

1 Artefacts of 'justice'

The equal-arm balance has been, across many diverse cultures and for nearly five millennia, the most powerful symbol of justice. It has been pointed out by Christopher Monroe in his study *Scales of Fate* that "[f]or the image of the balance-pan scale to have become an enduring icon of justice and truth implies that these ideals and the practice of weighing must have been connected on a profound, yet everyday level. Truth and justice are traditional, moral ideals that society cannot function without".[2]

This sounds good and is true, but does not explain much. The key question is, of course, *how* truth and justice could *become* "traditional, moral ideals". In the Sumerian language, abstract nouns denoting concepts like truth and justice did not exist before the middle of the third millennium.[3] In order to explore some of the reasons why and how such abstract nouns *did* arise, and why they denote compact concepts that cannot easily be grasped by modern terminology, a look at a key 'artefact of justice' (to coin a term) – that is, the afore-mentioned equal-arms balance – will help.

---

1 My thanks go to Eva Cancik-Kirschbaum and Ingo Schrakamp for their invitation to speak at the conference and to contribute this paper to the present volume. I am grateful to the *Deutsche Forschungsgemeinschaft* (KFG 2615) and the Leverhulme Trust for their support of my work on the paper.

2 Monroe 2009, 48.

3 Cf. Selz 2018, *passim*.

DOI: 10.13173/9783447124522.023

The balance, and the weights needed to operate it, first appeared on the scene in the first half of the third millennium, as Lorenz Rahmstorf points out:

> "Somewhere during the earlier third millennium weight measures came to be used in Mesopotamia. Some ground stone tools from Fara/Shuruppak were described as grinding or polishing stones but some from contexts of ED I at Fara have one or two flattened sides, which makes them possible balance weights, even if they have not been weighed so far. Only from ED III A, i.e. the middle of the third millennium, do we have definitive evidence of the usage of balance weights through the findings of balances scales from various sites in Mesopotamia [...]. There are also depictions of weighing scenes on sealings from the Akkadian period onwards. In contrast, actual balance weights do not seem to have been published from many contexts of the ED and Akkadian periods. Only with the easily identifiable duck weights from the Ur III period onwards do such artefacts get illustrated more frequently."[4]

Another type of object related to metrological practices is the image of the "rod and coil". It plays a significant role in Sumerian and Old Babylonian iconography and is inspired by actual *measuring tools*. S. A. Clegg points out that "the image of the rod and coil presented to the king is first attested on the stele of Ur-Namma, suggesting direct continuity of this ideology from the Ur III period into the Old Babylonian",[5] when the same image is used on the Hammurapi stele.[6]

The material culture of weighing and measuring thus clearly had an effect on the artistic imagination. We shall now explore the ways in which it shaped cognitive processes, such as the conceptualisation of justice. In order to put those ancient conceptualisations in sharper relief, we shall first contrast them with an important contemporary way of thinking about justice.

2 'Justice' as a problem

In twentieth- and twenty-first century Western societies, dialogues about justice are typically concerned with aspects of *social* justice and its application. In his classic exposition, *A Theory of Justice*, published in 1971, the best-known and probably most important contribution to the conceptualisation of justice in the political philosophy of Western liberalism, John Rawls postulates two principles of justice:

(1) "Each person is to have an equal right to the most extensive total system of equal basic liberties compatible with a similar system of liberty for all."

4 Rahmstorf 2006, 20–21.

5 Clegg 2016, 31. I thank the Syndics of the Cambridge University Library for giving me access to the unpublished thesis and permission to quote from it.

6 Cf. Slanski 2007, *passim* and Robson 2008, 120.

(2) "Social and economic inequalities are to be arranged so that they are both:
(a) to the greatest benefit of the least advantaged, consistent with the just savings principle, and
(b) attached to offices and positions open to all under conditions of fair equality of opportunity."[7]

It will have become clear what is at the centre of the two principles of justice: the concept of equality. It drives Rawls's conceptualisation of justice. 'Justice' is seen as the sophisticated version of fairness, and fairness is perceived as being grounded in a form of equality, more specifically: in equal opportunity. Rawls's position is the refined version of a position shared by very many citizens of the so-called Western world today. Who would dare to disagree? Surely, one of the defining characteristics – if not *the* defining characteristic – of justice is (social) equality? But, as we shall see, such definitions of justice are not timeless, and they are not even uniform in the same time periods in the same geographical areas. Other concepts of justice and fairness are, of course, thinkable: they do not necessarily entail *equality* as an ingredient, let alone as the driving-force.

Rawls, being a political philosopher, presumably did not care too much about the historical genesis of concepts of justice and their subsequent development. And in any case, it is not a philosopher's prime task to relativise his or her own thinking by exploring its historical roots.

But it helps. Therefore, it is helpful when a historical sociologist, like Günter Dux, actually explores the history of the conceptualisation of justice. Dux's starting-point is the observation that 'justice' indeed has a history, and a complicated and often counter-intuitive one at that. Dux points out that justice was always ontologised: in ancient Mesopotamia and elsewhere in the ancient world, people could not conceptualise it without having recourse to its supposed divine origin. At the same time, according to Dux, the origins of the conceptualisation of justice are found in the reaction against the violent treatment received at the hands of the ruling classes.[8]

Throughout the ancient Western Asian societies we know of, the conceptualisation of justice is twofold, as Günter Dux has rightly stressed: justice is perceived as both ontological, on the one hand, and practical (and thus including human social relations), on the other. The two are considered to be inseparable and interdependent. The former is thought to be the foundation of the latter, and the social order is *therefore* assumed to be a *just* social order. While some problems were solvable within this system, along the lines of its concept of justice, others were and remained unsolvable because key aspects and institutions of the social order (e.g.,

7 Rawls 1999, 266.
8 Dux 2008, 90–91.

kingship) were assumed to be unassailable, precisely because they were thought to be anchored in and justified by the cosmic order.[9]

3 Conceptualising 'justice' in the third and in the first millennium BCE

Considering what Dux has to say about justice in Mesopotamia, it is indeed interesting to see that, in the relevant texts, cosmic justice and social justice always seem to occur together. This is true also of much later time periods in, and other areas of, the ancient Near East. Israel and Judah provide significant examples of concepts of justice that are virtually identical with those of third-millennium Mesopotamia, in texts like *Psalm 19* and *Psalm 72*, of which more later. The correlation between what one might call cosmic justice, on the one hand, and social justice, on the other, is crucial to understanding the various conceptualisations of justice and other notional concepts[10] across all kinds of ancient Near Eastern texts, from the mid-third millennium all the way to the youngest books of the Hebrew Bible and early Jewish literature.

3.1 Mesopotamian texts

I should like to have a look at the *Laws of Ur-Namma*,[11] which contain abstract nouns related to 'justice', such as niŋ$_2$-si-sa$_2$,[12] explore how they are correlated with 'artefacts of justice', and compare them with similar texts from ancient Israel and Judah.

The *Laws of Ur-Namma* mention niŋ$_2$-si-sa$_2$ in lines 41 and 112 and niŋ$_2$-ge-na in line 42. Lines 41–42 speak of Nanna's principles of niŋ$_2$-si-sa$_2$ and niŋ$_2$-ge-na, and lines 104–113, of Ur-Namma establishing niŋ$_2$-si-sa$_2$ in the land:

> (31–35) After An and Enlil had turned over the kingship of Ur to Nanna, (36–40) then did Ur-Nammu, son born of Ninsun, for his beloved mother

9 Dux 2008, 121–22. Warburton 2023, 527–546 raises some relevant questions with regard to the history of 'justice' from a comparativist perspective, which I shall address in Schaper in preparation a.

10 On notional concepts/notional tools, a category established by Miriam Haidle *et al.*, cf. the following statement: "Notional concepts are mentally constructed and socially shared entities and relationships that can be represented in a) the signification of objects/signs (e.g. cross, crescent, and Star of David as symbols of religions), b) systems of ideas (e.g. myths, religious beliefs, philosophical questions, constitutions of states), c) normative definitions (e.g., metric and value systems), or d) virtual beings (e.g. angels) and characters (e.g. protecting capacities of an amulet). […] It is now based on non-physical concepts, which can be manipulated only in the mind or through imagination, and their effects on real or other notional modules" (Haidle *et al.* 2015, 59). Also see Löffler 2019, 171–172.

11 On the *Laws of Urnamma*, see the contribution of Manuel Molina in this volume. For a recent edition, see Wilcke 2014.

12 The *Reform Texts of Urukagina* are the oldest such texts; on their significance, see most recently Schrakamp/Zólyomi 2024 and the contributions of Ingo Schrakamp and Gábor Zólyomi, Felix Rauchhaus and Gebhard Selz in this volume.

who bore him, (41–42) in accordance with his (i.e. Nanna's) principles of equity and truth ...[13]

(104–113) Then did Ur-Nammu the mighty warrior, king of Ur, king of Sumer and Akkad, by the power of Nanna, lord of the city (of Ur), and by the true command of Utu, verily establish equity in the land, (and) (114–116) verily did banish malediction, violence and strife.[14]

The establishment of niŋ₂-si-sa₂ and niŋ₂-ge-na takes place in the overall context of Ur-Namma establishing the "freedom of Sumer and Akkad" (lines 123–124). Part of that freedom is the definition and standardisation of measures. In lines 135–142, seven items "fixed" – i.e., 'standardised' – by the king are referred to, and it is not clear what they are. Most likely lines 135–142 "refer to the establishment of 'true' and uniform standards for measuring seven commodities, for the lines – each devoted to a single item – are exactly seven".[15] Lines 143–149 deal with the king's fashioning of the *sila*-measure and the standardisation of the *mina*-weight as well as that of the silver and stone shekel *"in relation to* the mina".[16] Ur-Namma attempted to provide new ideological foundations for the organisation of society and its economy and, hand in hand with that, to take metrological standardisation further.[17]

3.2 Israelite and Judahite texts: Psalm 72

The conceptualisation of justice and order as given by the gods was ubiquitous in the ancient Near East, across all kinds of political and cultural borders. It was modified but not essentially changed even when central religious parameters changed, for example when monotheism arose in Judah from the later seventh

13 Finkelstein 1968–1969, 67.

14 Finkelstein 1968–1969, 67.

15 Finkelstein 1968–1969, 73.

16 Finkelstein 1968–1969, 67.

17 The use of the terms 'standard' and 'standardisation' in the context of metrology requires great caution: "Le concept de 'standard' se retrouve en particulier dans le vocabulaire des poids et mesures à propos des étalons métriques. Avant l'établissement du système métrique, il n'existait en Europe aucune institution nationale qui eût la charge de mettre en place étalons de poids et mesures techniques en en permettant le calcul, la réduplication et la conservation. Les étalons de mesure de capacités, de surfaces, de longueurs et de poids variaient d'une région à un autre, parfois d'une localité à sa voisine, et étaient choisis pour répondre au besoin nouveaux qui accompagnaient les évolutions de la société, de l'économie et de la politique. Les marchands arrivaient alors, par des jeux d'équivalence, à s'entendre entre eux sans l'usage de normes à un niveau supra-régional" (Chambon 2011, 44–45). Chambon rightly comments on the relevant passage in the Ur-Namma inscription as follows: "Au cœur de l'interprétation du passage concernant les unités de mesure réside le sens prêté à la forme verbale sumérienne 'hé-ge-en', composée du préfixe he- qui sert à souligner une affirmation et de la racine verbale ge.en (ou gi.in). Bien que les traductions des commentateurs du Codex d'Ur-Namma varient légèrement sur le sens de la racine – 'to regulate', to standardize', 'festlegen' – ce passage a été le plus souvent perçu comme illustrant une tentative pour imposer un système officiel de mesures standard" (Chambon 2011, 39).

century onwards. In Israel and Judah, from the ninth to the sixth century, there was much reasoning about social justice and its foundations. What is of particular interest to us here is the conceptualisation of justice in the pre-exilic period, i.e., before 597 BC. From that period dates an important psalm in the Psalter of the Hebrew Bible, *Psalm* 72. It is a prime example of the view of kingship and justice that one finds documented in Sumerian and Akkadian texts from the time of Ur-Namma onwards.

אֱלֹהִים מִשְׁפָּטֶיךָ לְמֶלֶךְ תֵּן וְצִדְקָתְךָ לְבֶן־מֶלֶךְ
יָדִין עַמְּךָ בְצֶדֶק וַעֲנִיֶּיךָ בְמִשְׁפָּט
יִשְׂאוּ הָרִים שָׁלוֹם לָעָם וּגְבָעוֹת בִּצְדָקָה
יִשְׁפֹּט עֲנִיֵּי עָם יוֹשִׁיעַ לִבְנֵי אֶבְיוֹן וִידַכֵּא עוֹשֵׁק

> 1 Give the king thy justice, O God, / and thy righteousness to the royal son!
> 2 May he judge thy people with righteousness, / and thy poor with justice!
> 3 Let the mountains bear prosperity for the people, / and the hills, in righteousness!
> 4 May he defend the cause of the poor of the people, / give deliverance to the needy, / and crush the oppressor![18]

In v. 1, *mišpāṭ* and *ṣᵊḏāqâ* are used as a *hendiadys*, imitating *kittum u mīšarum*,[19] and are then repeated, in reverse order (*ṣeḏeq* is now used instead of *ṣᵊḏāqâ*), in v. 2. They are described as being divine gifts to the king, making him a divinely appointed judge (see v. 2). In v. 2, the king judges "your [i.e., Elohim's] people" *with* (the *beth instrumentalis* is used) *ṣeḏeq* and *mišpāṭ*, which are used in parallel: V. 1 and 2 together constitute a chiastic parallelism. V. 3 refers to *šālôm* and *ṣᵊḏāqâ* in parallel, thus stressing how both hang together and that *šālôm* is the consequence of the correct administration of *ṣᵊḏāqâ*.

These three verses alone already give us a sense of the semantic range of the terms, and especially of *mišpāṭ* and *ṣᵊḏāqâ*. There are different facets to the concept expressed by means of this hendiadys: justice as the gift entrusted to the king by the deity, in order for the king to be able to pronounce legal decisions; the act of being led by justice in the process of pronouncing in judgment; justice as the 'medium' of peace. These I should like to call the *perspectival uses* of *ṣᵊḏāqâ*-related terminology.

3.3 Israelite and Judahite texts: Psalm 19

Psalm 19 is, in some ways, quite similar to *Psalm* 72, and in other ways, is radically different from it.[20] It will be helpful to look at the justice-related terminology in the context of the whole psalm. Terms printed in italics are related either directly

---

18 The translations of this psalm and of *Psalm* 19 (see below) are taken from the Revised Standard Version.

19 See Weinfeld 1995, 25–44.

20 See Schaper 2023 for an earlier version of this sub-section and relevant secondary literature.

to the conceptualisation and administration of justice or to illuminating creation (as well as the characteristics and administration of justice) by referring to natural phenomena, using them as similes or metaphors.

> 2 The heavens are telling the glory of God;
> and the firmament proclaims his handiwork.
> 3 Day to day pours forth *speech*,
> and night to night declares *knowledge*.
> 4 There is no *speech*, nor are there *words*;
> their *voice* is not heard;
> 5 yet their *voice* goes out through all the earth,
> and their *words* to the end of the world.
> In them he has set a tent for the sun,
> 6 which comes forth like a bridegroom leaving his chamber,
> and like a strong man runs its *course* with joy.
> 7 Its rising is from the end of the heavens,
> and its *circuit* to the end of them;
> and there is nothing hid from its heat.
>
> 8 The *law* of the Lord is perfect, reviving the soul;
> the *testimony* of the Lord is sure, making wise the simple;
> 9 the *precepts* of the Lord are right, rejoicing the heart;
> the *commandment* of the Lord is pure, enlightening the eyes;
> 10 the fear of the Lord is clean, enduring forever;
> the *ordinances* of the Lord are true, and righteous altogether.
> 11 More to be desired are they than gold, even much fine gold;
> sweeter also than honey and drippings of the honeycomb.
> 12 Moreover by them is thy servant warned; in keeping them there is great reward.
>
> 13 But who can discern his errors? Clear thou me from hidden faults.
> 14 Keep back thy servant also from presumptuous sins; let them not have dominion over me!
> Then I shall be blameless, and innocent of great transgression.
> 15 Let the *words* of my mouth and the *meditation* of my heart be acceptable in thy sight,
> O Lord, my rock and my redeemer.

Vv. 2–7 and 8–13 illuminate each other: the order of the Law mirrors the order of nature; the Torah mirrors the cosmos; the testimony of the Torah mirrors the handiwork of the creator; the precepts of the Torah mirror the knowledge of the heavens; and so on. Note especially the significance of the sun and of Yahweh, who is active through his Torah: nothing can remain "hidden" from the heat of the sun, and, similarly, Yahweh can clear the person from "hidden" sins, that is, nothing can remain undetected by him and his Torah. The order of nature, conceptualised as creation, is demonstrated with reference to the perceived revolutions of the heavenly bodies, especially that of the sun. The terminology used to describe those revolutions is significant – v. 7 especially stresses the regularity of the sun's supposed celestial course.

Again and again, the sun prescribes its complete course, and on its way nothing in creation can hide from it – while *šemeš*, in *Psalm* 19 and elsewhere in the Bible, is of course a *demoted* deity, a mere celestial body, the imagery of the victorious sun god is very much alive, and the psalmist delights in that imagery. So *šemeš* establishes and guarantees order through the leadership that he gives to the other celestial bodies and the whole course of nature, and the pre-Yahwistic pantheon still is very visible underneath the Yahwistic varnish. The order of nature is then juxtaposed with that of society, that is, the order of the Torah, and the latter order is evidenced in the effect it has on human life. Both forms of order, that of nature and that of the Law, or Instruction, are actualisations of the all-pervasive cosmic order established by the creator; within the same overarching cosmic order they mirror and illuminate each other.

Underlying this, however, divine law and nature are conceptualised as different entities, related to each other but separate from each other. This is very different from the way in which divine justice is conceptualised in *Psalm* 72 and in the Sumerian inscriptions in which justice is inherent to the cosmos as a whole and not separable from it.[21]

4 Abstract nouns, notional tools, compact concepts

As we have seen, abstract nouns referring to notional concepts like 'justice' and 'truth' were built by prefixing /niŋ-/ or /nam-/ to an adjective, such as si-sa$_2$. This shows that there was a concept of the 'essence' of a behaviour, a practice, an

21 Cf. Rochberg 2016, 186 on the Sumerian concept of law in relation to the cosmos, which encompasses both (what we call) 'nature' and 'culture': "The target domain for the legal metaphor in Mesopotamia was not nature, that is to say, physical phenomena qua phenomena, but rather phenomena qua signs of divine will and intent. The divine-human relation, whether effected by means of divinatory techniques to obtain knowledge directly or indirectly from the gods, or by means of virtual acts of entreaty to gain a response from a divinity, is what was described juridically, not the phenomena themselves (i.e., not nature itself). However, insofar as phenomena were taken as signs of divine communication, the legal metaphor was extended to them as well, as in Esarhaddon's use of the word *kittu* to denote the regular path of the stars, and in the formulation of omen statements as 'laws.'" What exactly does it mean, then, that the divine-human relation and 'natural' phenomena were "described juridically"? It seems that the 'legal metaphor' was extended to the human-divine relation and to the phenomena of what we call 'nature' (when these phenomena could be seen as divine communications, typically in astronomy/astrology) because the 'legal metaphor' was found to be helpful in conceptualising the *relations between humans and anyone or anything non-human* (e.g., gods, demons and the course of the stars). *All* relations in the cosmos can be expressed with the help of the 'legal metaphor'. This shows, from yet another perspective, that the Sumerians did not distinguish between 'nature' and 'society'. They had no such concept, and the whole of their universe was undivided and, so to speak, cross-referential.

institution, as discussed by Gebhard J. Selz and others.[22] Some of these abstract nouns denote *compact concepts* in the sense of E. Voegelin's analysis in his *Order and History*.[23] The category of the 'compact concept' can, in my view, help us to arrive at a deeper understanding of the conceptualisation of justice in Mesopotamia and other ancient Near Eastern cultures.

Assmann has used Voegelin's category in order to get a grip on the concept of *ma'at* in Egyptian culture:

> "Ma'at ist der Prototyp eines kompakten Begriffs. Da er zugleich ‚Wahrheit' und ‚Gerechtigkeit' bezeichnet, setzt er die Sphären des Seins und des Sollens, der Natur und der Gesellschaft, der kosmischen und der menschlichen Ordnung in eins und bringt dadurch genau jene All-Einheit zum Ausdruck, die dem ‚kosmologischen Mythos' zugrunde liegt."[24]

Exactly the same is true of the Sumerian niŋ2-si-sa2 and niŋ2-ge-na. They are compact concepts,[25] and the same is true of *ṣeḏeq* and *ṣᵊḏāqâ*. Such compact concepts are the products of *abstraction* in the context of an overarching concept of *undivided reality* where there is no differentiation between nature and culture, cosmos and society, etc. – cf. Assmann's excellent summary of Voegelin's view:

> "Die Kompaktheit der mythischen Begrifflichkeit beruht auf der Nichtunterscheidung bzw. programmatischen Ineinssetzung von Kosmos und Gesellschaft, Natur und Kultur und vor allem: Herrschaft und Heil."[26]

The parallels between niŋ2-si-sa2 and niŋ2-ge-na, on the one hand, and *ma'at*, on the other, go far. niŋ2-si-sa2 and niŋ2-ge-na were deified, just like *ma'at*. All of the three abstract nouns cover very similar semantic ranges, and the Sumerian and Egyptian deities whom they designate have very similar 'portfolios'. Walter Burkert has drawn attention to the virtually identical functions of *ma'at* and *mīšarum*/niŋ2-si-sa2, and Jan Assmann sees the parallel between *ma'at* and *kittum u mīšarum*, but also detects a difference.[27] I think that the key to understanding the

22 See Selz 2018.

23 Voegelin 1956, 5, 79–80; cf. Assmann 1990, 30.

24 Assmann 1990, 30.

25 With regard to potential similarities between nam tar-ra and *ma'at*, this is what Schrakamp and Zólyomi have to say (Schrakamp/Zólyomi 2024, 14): "We do not suggest that the Egyptian concept *ma'at* corresponds to Sumerian nam tar-ra. The nearest to *ma'at* in Sumerian is niŋ2-ge-na and niŋ2-si-sa2, "law and order" (Akkadian *kittum* and *mīšarum*). Instead, we suggest that, just as the divine order in Egypt involved *ma'at* with all its consequences, nam tar-ra, the divine order brought about at the creation of the world, also had a similar ethical aspect, expressed in Sumerian with the words niŋ2-ge-na and niŋ2-si-sa2."

26 Assmann 1990, 30.

27 Burkert 1999, 45–46. Assmann 1990, 242: "Vor allem müssen wir die drei Aspekte […] als Einheit denken, um der archaischen Vorstellung gerecht zu werden: Sinn, Moral und Recht bilden ein ungeschiedenes Ganzes. Diese Kompaktheit gilt aber voll und ganz auch noch für den Begriff Ma'at, im Gegensatz zu der im engeren Sinne auf ‚Gerechtigkeit' bezogenen Begrifflichkeit des Vorderen Orients (*kittu* und *mešaru*, *ṣedeq* und *ṣᵉdaqah*)." There is, in fact, no

functions of those deities is to take into account that the abstract nouns used as their names express compact concepts that need to be appreciated in their compactness. Those terms all express compact concepts that do not differentiate between nature and culture, cosmos and society, heaven and earth. Their underlying worldview is that of an undivided reality in which niŋ2-si-sa2, niŋ2-ge-na or *ma'at* are never just exclusively cosmic or social. Just like *ma'at,* niŋ2-si-sa2 and niŋ2-ge-na stand for several aspects of the same thing: some of them are cosmic and others are social.[28] From the point of view of the Mesopotamians and the Egyptians, they were indissolubly intertwined, but, from today's perspective, they are *related but separate*: justice, order and truth. To the Mesopotamians, they were not separate. Rather, they were inseparable. The abstract nouns niŋ2-si-sa2 and niŋ2-ge-na referred, very much like *ma'at*:

(1) with regard to the cosmos, to *order,*
(2) with regard to the relation between the cosmos and human society as well as to human society in itself, to *justice,*
(3) with regard to human relations, to *truth,*
(4) with regard to the divine word, to *deities.*[29]

The abstract nouns, by referring to niŋ2-si-sa2 and niŋ2-ge-na, thus refer to something for which our contemporary languages do not have a single, unified term. In different contexts – cosmic, societal, inter-personal, religious – they emphasise *different facets* of what the Mesopotamians saw as essentially the same 'thing'. What to us has become rent asunder, to them belonged together. If *justice* ruled in society, this was seen as reflecting the *order* of the cosmos. From one perspective, niŋ2-si-sa2 and niŋ2-ge-na refer to order, from another perspective, to justice, from yet another, to truth or to law, and from another still, to the gods. For example, a human being making a truthful statement acts in harmony with the order of the cosmos. The truth of the statement is the human individual's answer or *Entsprechung* to the order of the cosmos and to the justice operative in society: *Entsprechung* in the deepest sense of the German term, and also simply in the sense of analogy. This is why, in modern dictionaries, we find such an astonishing range of meanings for, say, niŋ2-ge-na: 'truth, justice, correct procedures, loyalty, fidelity, correctness, normal state, treaty', 'Stetigkeit, Wahrheit, Treue'.[30]

---

such *Gegensatz,* see the discussion in Schaper in preparation b. For a discussion of the earliest history of some of these concepts in Sumerian literature and how they compare to the concept of *ma'at,* see Schrakamp/Zólyomi 2024, 12–14.

28 Cf. Neumann 2003, 61–63; 2006, 29–32 on niŋ2-si-sa2, niŋ2-ge-na, *kittum* and *mīšarum* in relation to the *Laws of Ur-Namma* and the *Laws of Hammurapi,* as well as Maul 1999, 202–203 with reference to the Assyrian ruler.

29 Voegelin 1956, 79 on *ma'at*: "The symbol is too compact to be translated by a single word in a modern language. As the Maat of the cosmos it would have to be rendered as order; as the Maat of society, as good government and justice; as the Maat of true understanding of ordered reality, as truth."

30 *CAD* K 468b, *AHw.* 494. For an in-depth discussion, see Schaper in preparation b.

So there are many overlaps between the conceptualisations of justice found in the Sumerian texts and in some biblical psalms, such as *Psalm* 72 – but not in others, such as *Psalm* 19. There seems to be a crucial difference, apart from the obvious one between the Mesopotamian pantheon and Yahweh, the one and only deity. It is the difference between the rather general references to justice and order in the Sumerian texts – general and very compendious, of course, given that they are abstract nouns expressing compact concepts – and the multitude of terms referring to justice and law in all its manifestations in *Psalm* 19: they are manifestations expressed in written and spoken language, and they are in harmony with the regular movements of the celestial bodies. However, the underlying conceptualisation of the cosmos is very different from the Sumerian one. While *Psalm* 72 is indeed, in its view of justice and order in relation to the king, very similar to Mesopotamian royal inscriptions, *Psalm* 19 is not. There is no use of compact concepts.

5 Conclusion

It will have become clear by now just how contingent upon certain historical constellations a seemingly timeless concept such as 'justice' really is. Rawls's theory is a case in point: his definition of justice would literally have been unthinkable without the preceding two-hundred years of Western political liberalism and the way in which it linked the ideal of the formal equality of citizens with the concept of property rights, as has been pointed out by Kondylis.[31] In Rawls's theory, it is of key importance that "[s]ocial and economic inequalities are to be arranged so that they are to the greatest benefit of the least advantaged" and "attached to offices and positions" to which all citizens have access, "under conditions of fair equality of opportunity".[32] Thus, while Rawls – unlike socialist thinkers – does not advocate a radical concept of social and political equality, his concept of justice is, according to his second principle of justice, nevertheless centred on equality – equality of *access*. With regard to his first principle, "the equal right to the most extensive total system of equal basic liberties", he is more radical and postulates an unconditional equal right for 'each person'. It is easy to see that liberal concepts of justice, like Rawls's, and socialist ones, like those of Marx and others, derive from the same roots in Enlightenment philosophy: they are all ultimately focussed on equality.

The contrast between such modern conceptualisations of justice and the Sumerian and pre-exilic Israelite ones is striking. The latter are not at all concerned with equality. They are driven by a concern with *order*.[33] As we have seen, niŋ2-si-sa2 and the related Sumerian abstract nouns are basically about order, not about justice in the modern sense. The conceptualisation of justice is thus clearly and inextricably linked with, and rooted in, metrological practices and the resultant

31 Kondylis 2023, 31–32.

32 Rawls 1999, 266.

33 Our results demonstrate, amongst other things, that the intuition that drove Voegelin to write *Order and History* is vindicated by the archaeological and literary evidence, if interpreted correctly and comprehensively.

concept of *order*. 'Social justice' was a secondary application of the concept of order, which originated in metrology and related endeavours, such as astronomy, to human social relations. Originally, 'justice' had nothing to do with concepts of 'fairness', let alone social equality. Specifically, its genesis was not triggered by the violent oppression exercised by the ruling classes.

Social justice was, so to speak, a side effect of the understanding and interpretation of order as perceived in (what we moderns see as) 'nature', an understanding and interpretation guided by the use of physical and notional tools very different from our own. As we have seen, the ways in which justice was conceptualised were inextricably bound up with measuring, weighing and other such practices, as well as with the actual use of the tools used to conduct them with.

The use of tools has cognitive consequences: a fact which was first noticed in the nineteenth century[34] but has attracted a certain amount of attention, across a range of subjects, since the beginnings of the 1970's, picking up significantly in recent years.[35] Renn and Büttner have pointed out that "[c]ognitive structures based on foregoing actions with physical objects are externally represented by artifacts, language or writing."[36] This enables further innovation to take place: "The exploration of actions with these external representations such as the fabrication and usage of new devices or the composition of texts opens up new possibilities for a reflective abstraction leading to new cognitive structures."[37] Amongst the results of such continuous processes of recursive and cumulative abstraction[38] was the genesis of the notional tool 'justice', a compact concept which was assigned its place in the undivided reality of the Sumerian cosmos and used with regard to the observation of 'nature', the ordering of society, the conduct of inter-personal relations and cultic practice. A fine example of the way in which they all converged is the significance of weights and measures in the context of Sumerian religious practice.[39]

34 See Kapp 2015/1877, *passim*.

35 See, for example, Damerow/Lefèvre 1981, Löffler 2019 and Renn 2020.

36 Büttner/Renn 2016, 757.

37 Büttner/Renn 2016, 757.

38 See Löffler 2019, 243.

39 Cf. Clegg 2016, 39: "However, as well as this iconographic representation of a god giving the king measures, more practical connections between gods, measures and kings are also evidenced. Eight of the nine surviving weights of the Ur III period [...] are dedicated to gods. In three cases, this dedication is to the god Nanna, in one to the god Ningal, and in four cases the inscription is too abraded to make out the name of the deity. On one royal weight dedicated to Nanna the symbol of the god – the crescent moon – is inscribed. Furthermore, as discussed above, the three weights with a known find spot were discovered in temple contexts. These royal weights further emphasise the ties between measures, kingship and gods. They suggest a co-opting of the divine into confirming the 'just-ness' of the royal measures, similar to the cross cultural examples given above."

Bibliography

Assmann 1990
Assmann, J.: Ma'at: Gerechtigkeit und Unsterblichkeit im alten Ägypten, München.

Bartash 2019
Bartash, V.: Establishing Value: Weight Measures in Early Mesopotamia. Studies in Ancient Near Eastern Records 23, Boston / Berlin.

Burkert 1999
Burkert, W.: Da Omero ai Magi: La tradizione orientale nella cultura greca, Venice.

Büttner/Renn 2016
Büttner, J. / Renn, J.: The Early History of Weighing Technology from the Perspective of a Theory of Innovation. In: Graßhoff, G. / Meyer, M. (eds.): Space and Knowledge. Topoi Research Group Articles. eTopoi Special Volume 6, Berlin, 757–776.

Chambon 2011
Chambon, G.: Normes et pratiques. L'homme, la mesure et l'écriture en Mésopotamie. I. Les mesures de capacité et de poids en Syrie Ancienne, d'Ebla à Émar. Berliner Beiträge zum Vorderen Orient 21, Gladbeck.

Clegg 2016
Clegg, S. A.: Capturing the Standards: Capacity Systems in Their Social and Economic Context in Third Millennium BC Mesopotamia. PhD Dissertation University of Cambridge.

Damerow/Lefèvre 1981
Damerow, P. / Lefèvre, W. (eds.): Rechenstein, Experiment, Sprache: Historische Fallstudien zur Entstehung der exakten Wissenschaften, Stuttgart.

Dux 2008
Dux, G.: Von allem Anfang an: Macht, nicht Gerechtigkeit. Studien zur Genese und historischen Entwicklung des Postulats der Gerechtigkeit, Weilerswist.

Finkelstein 1968–69
Finkelstein, J. J.: The Laws of Ur-Nammu. Journal of Cuneiform Studies 22, 66–82.

Haidle *et al.* 2015
Haidle, M. N. / Bolus, M. / Collard, M. / Conard, N. J. / Garofoli, D. / Lombard, M. / Nowell, A. / Tennie, C. / Whiten, A.: The Nature of Culture: An Eight-Grade Model for the Evolution and Expansion of Cultural Capacities in Hominins and other Animals. Journal of Anthropological Sciences 93, 43–70.

Kapp 2015/1877
Kapp, E.: Grundlinien einer Philosophie der Technik. Zur Entstehungsgeschichte der Kultur aus neuen Gesichtspunkten, Hamburg.

Kondylis 2023
Kondylis, P.: In konkreter Lage: Gespräche, Berlin.

Lämmerhirt 2010
Lämmerhirt, K.: Wahrheit und Trug: Untersuchungen zur altorientalischen Begriffsgeschichte. Alter Orient und Altes Testament 348, Münster.

Löffler 2019
Löffler, D.: Generative Realitäten I: Die Technologische Zivilisation als neue Achsenzeit und Zivilisationsstufe. Eine Anthropologie des 21. Jahrhunderts, Weilerswist.

Maul 1999
Maul, S. M.: Der assyrische König – Hüter der Weltordnung. In: Watanabe, K. (ed.): Priests and Officials in the Ancient Near East. Papers of the Second Colloquium on the Ancient Near East – The City and its Life, Held at the Middle Eastern Culture Center in Japan (Mitaka, Tokyo), March 22–24, 1996, Heidelberg, 201–214.

Monroe 2009
Monroe, C. M.: Scales of Fate: Trade, Tradition, and Transformation in the Eastern Mediterranean ca. 1350–1175 BCE. Alter Orient und Altes Testament 357, Münster.

Neumann 2003
Neumann, H.: Recht im antiken Mesopotamien. In: Manthe, U. (ed.): Die Rechtskulturen der Antike. Vom Alten Orient bis zum Römischen Reich, München, 55–122, 322–327.

Neumann 2006
Neumann, H.: Schuld und Sühne. Zu den religiös-weltanschaulichen Grundlagen und Implikationen altmesopotamischer Gesetzgebung und Rechtsprechung. In: Hengstl, J. / Sick, U. (eds.): Recht gestern und heute. Festschrift zum 85. Geburtstag von Richard Haase. Philippika. Altertumskundliche Abhandlungen 13, Wiesbaden, 27–43.

Rahmstorf 2006
Rahmstorf, L.: In Search of the Earliest Balance Weights, Scales and Weighing Systems from the East Mediterranean, the Near and Middle East. In: Alberti, M. E. / Ascalone, E. / Peyronel, L. (eds.): Weights in Context. Bronze Age Weighing Systems of Eastern Mediterranean: Chronology, Typology, Material and Archaeological Contexts. Proceedings of the International Colloquium, Rome 22–24 November 2004. Studi e Materiali 13, Rome, 9–45.

Rawls 1999
Rawls, J.: A Theory of Justice (Revised Edition), Cambridge.

Renn 2020
Renn, J.: The Evolution of Knowledge: Rethinking Science for the Anthropocene, Princeton / Oxford.

Robson 2008
Robson, E.: Mathematics in Ancient Iraq: A Social History, Princeton / Oxford.

Rochberg 2016
Rochberg, F.: Before Nature: Cuneiform Knowledge and the History of Science, Chicago.

Schaper 2022
Schaper, J.: The Weight of Justice: Counting, Weighing, and Measuring in Ancient Is-

rael's Social and Intellectual Worlds. In: Maier, C. M. / Macaskill, G. / Schaper, J. (eds.): Congress Volume Aberdeen 2019. Supplements to Vetus Testamentum, Leiden, 1–16.

Schaper 2023
Schaper, J.: Cultural Patterns in the Old Testament. In: Wagner, A. / van Oorschot, J. / Allolio-Näcke, L. (eds.): Archaeology of Mind in the Hebrew Bible/Archäologie alttestamentlichen Denkens, Berlin, 361–371.

Schaper in preparation a
Schaper, J.: The Weight of Justice and the Balance of Power (research monograph).

Schaper in preparation b
Schaper, J.: Towards a Hermeneutic of 'Justice' in Sumerian Texts. In: Cancik-Kirschbaum, E. / Klinger, J. (eds.): Contributions to the 16th Melammu Symposium on "Concepts of Governance and the Study of Ancient Near Eastern Societies", Berlin, July 12–14, 2023.

Schrakamp/Zólyomi 2024
Schrakamp, I. / Zólyomi, G.: Reevaluating the So-called "Reforms of Urukagina" (1). Social Justice, Vertical Solidarity and Reciprocity. Zeitschrift für Altorientalische und Biblische Rechtsgeschichte 30, 1–26.

Selz 2018
Selz, G. J.: A Mesopotamian Path to Abstraction? On Sumerian "Ontologies" – Introduction. In: Rollinger, R. (ed.): Conceptualising Past, Present and Future: Proceedings of the Ninth Symposium of the Melammu Project Held in Helsinki / Tartu May 18–24, 2015. Melammu Symposia 9, Münster, 409–433.

Slanski 2007
Slanski, K. E.: The Mesopotamian 'Rod and Ring': Icon of Righteous Kingship and Balance of Power between Palace and Temple. In: Crawford, H. (ed.): Regime Change in the Ancient Near East and Egypt: From Sargon of Agade to Saddam Hussein. Proceedings of the British Academy 136, Oxford, 39–57.

Voegelin 1956
Voegelin, E.: Order and History. Volume One: Israel and Revelation, Baton Rouge.

Warburton 2023
Warburton, D. A.: Ancient Urban Globalisation and Economic Development, Newcastle upon Tyne.

Weinfeld 1995
Weinfeld, M.: Social Justice in Ancient Israel and in the Ancient Near East, Jerusalem.

Wilcke 2014
Wilcke, C.: Gesetze in sumerischer Sprache. In: Koslova, N. / Vizirova, E. / Zólyomi, G. (eds.): Studies in Sumerian Language and Literature. Festschrift für Joachim Krecher. Babel und Bibel 8, Winona Lake, 455–612.

Legal Regulations at Ebla – An Overview

Massimo Maiocchi *

Abstract

This article provides an overview of legal practice at Ebla as evidenced by selected chancery texts from the central archive and the adjacent vestibule within the palace complex (ca. 2360–2310 BC). A wealth of information on the primary archaeological settings of the tablets is available, allowing a better understanding of the role of legal materials within the local scribal milieu. International law and local legal procedures are well attested in the form of treaties and casuistic collections of legal provisions. Draft materials alongside well-formed documents suggest a complex intellectual environment in which normative and theoretical texts coexisted as part of a larger, coherent whole.

1 Introduction

Legal practices at Ebla have been studied in the past, thanks to significant contributions from Fronzaroli and Catagnoti in their *ARET* volumes.[1] Catagnoti, in particular, has authored several articles on the subject.[2] International law received most scholarly attention, triggered by the edition of the famous Ebla-Abarsal treaty.[3] In addition, scattered articles have focused on key figures involved in the administration of justice, including the king, the vizier, and the judges.[4] The primary source of information consists of a group of 52 tablets commonly referred to as 'chancery texts'. This umbrella term encompasses various textual typologies, such as letters, royal decrees, treaties, political dossiers, etc. Their content is therefore most intimately related to the topic under present inquiry, as they provide substantial insights into legal practices and political affairs within the Ebla royal court. Upon re-evaluating selected material,[5] it becomes evident that the Ebla archives serve as an excellent case study for exploring legal developments during the third millennium BCE. However, accessing the content of these texts remains

* This contribution is a result from the DFG Kolleg-Forschungsgruppe 2615 fellowship (September 2023), within the frame of the project Rethinking Oriental Despotism, led by Eva Cancik-Kirschbaum and Jörg Klinger.

1 Fronzaroli 2003; Catagnoti/Fronzaroli 2010; 2020.

2 Catagnoti 2003; previously Catagnoti 1997a; 1997b.

3 Sollberger 1980; Picchioni 1981; Pettinato 1986, 353–364; Lambert 1987; Edzard 1992; Milano 1994; Kienast 1988; most recently Altman 2010; Huddleston 2017; Winters 2019, 155–183.

4 On the elusive judges of Ebla see Viganò 1991, 306–310; Archi/Biga/Milano 1988, 264; Catagnoti 2003, 230, 233–234; Sommerfeld 2006.

5 Maiocchi 2023; 2025.

DOI: 10.13173/9783447124522.039

challenging due to the extensive use of naked logographic roots to express Eblaic, paired with a still incomplete understanding of the language.

2 The sources in their archaeological context

Before delving further into our discussion, it is essential to briefly consider the archival context of the legal materials from Ebla, as it affects their overall interpretation. In fact, the Ebla legal evidence is unique in that substantial archaeological information on its primary setting is available. Consequently, we can confidently explore the *Sitz im Leben* of these documents. The texts stem from the so-called Central Archive (L.2769) and the adjacent vestibule (L.2875), located beneath the portico of the so-called audience hall within the very heart of the palace area.[6] An extensive fire impacted the city, leading to the collapse of the archive room and sealing its content. The wooden shelves lining three sides of the room once held roughly 3,000 or 4,000 tablets,[7] dating back to the first half of the 24th century BCE. Interestingly, the archive room was not part of the original palace construction. From the architectural point of view, the room is in fact intrusive relative to the portico of the audience hall. Most likely, it was built under king Irkab-Damu, when the vizier was Arrukum, approximately 40 years before Ebla's destruction. Notably, a few chancery documents – prosopographically dated to the period just before the central archive room's construction – were transferred there from their original location, which remains unknown.[8] Among these texts are the international treaty of Ebla and Abarsal mentioned above, along with the famous letter of Enna-Dagan, king of Mari, and selected administrative records (including annual accounts of livestock, as well as deliveries of textiles and precious metals). This evidence underscores a sustained interest in administration, politics and legal practices spanning roughly four decades. Within the central archive, legal texts don't exist in isolation. Instead, they form part of a larger textual and meta-textual entity. The archive is predominantly composed of administrative texts, but it also contains lexical lists, ritual and literary texts, incantations, a king list, metro-mathematical exercises, chancery documents, etc. As for the latter typology, the documents are organized in two distinct archival dossiers. The first dossier is located on the shelves of the northern wall, near the upper corner adjacent to the western wall. The second dossier is situated roughly at the center of the eastern wall. The rationale behind this arrangement is not immediately apparent, but it may be related to chronology. Generally, the texts from the northern wall seem more recent, with many tablets dating back to the final phase of the archive, when Ibbi-Zikir served as vizier. Conversely, the eastern wall group appears to be older, dating back to the viziers Arrukum and Ibrium. However, the publication of new

6 Archi 2015; cf. Archi 1986; Matthiae 1986; Archi 1996; 2003.

7 Apparently, the western wall hosted no tablets, but this is not relevant for the discussion.

8 Archi 2015, 80.

chancery texts in recent years[9] suggests that the material may not be as neatly organized as previously thought. This observation likely applies to other archival sections as well. A comprehensive understanding of the arrangement will emerge once the find-spots of all textual fragments are available.[10] Evidence within the documents indicates that local scribes frequently interacted with the archival materials, possibly on a daily basis. The Central archive is indeed active, with some sections potentially more active than others. It has been argued that the archive should not be viewed merely as a storage place for tablets. Instead, it should be seen as the tangible result of a local *scriptorium*.[11] If this vision is correct, the documents within the archive do not cease to serve their immediate function once they are archived. Rather, they continue to serve as practice or reference texts. They are studied, checked, and copied as part of scribal training, which includes the administrative and legal texts described below.

Recently, Archi demonstrated that the process of producing, selecting, and subsequently discarding unwanted tablets was ongoing at the time of destruction.[12] However, the primary criterion for selecting tablets to be preserved is not clear. For example, several administrative sectors are underrepresented or entirely absent, such as a significant portion of cattle management from the archive's early period.

As for chancery documents as a whole and legal texts in particular, we certainly don't have at hand the full range of texts produced in antiquity. As we shall see, only a portion of the legal material appears well formed in terms of writing, grammar, and overall textual structure. Most of it seems to be the result of juxtaposing primary sources that were later discarded, or draft material exhibiting inconsistencies and aberrant writings. It must be stressed that due to steady progress in the field of Eblaitology in recent years, Ebla chancery material as a whole is now in urgent need of revision, because of cascading effects in the interpretation of the relevant lexicon.[13] Such a task requires a tremendous effort that is beyond the scope of the present work. Therefore, the reader should be aware that the following discussion is merely a preliminary sketch, and much work remains to be done on the subject.

3 Epigraphic evidence

Within the group of chancery texts, many show a legal flavor. However, nine tablets, in particular, appear to be most closely related to the subject of law and legal regulations, as illustrated in the following table:[14]

9 Catagnoti/Fronzaroli 2020, which provide the edition of 21 new chancery texts.
10 On find spots and joins see the discussion in Scarpa 2023.
11 Maiocchi 2024.
12 Archi 2015.
13 See in general Kogan/Krebernik 2021. New interpretations of individual chancery texts, which have broad implications for the entire corpus, are presented in Arkhipov/Kogan 2022; Arkhipov/Kogan/Markina 2023. See also Maiocchi 2023; 2025.
14 Cf. Huddleston 2017, 99.

Table 1: Selected legal materials from Ebla

Edition	Legal parties	Genre (modern)	Genre (ancient)	Notes
ARET 13, 20	king of Ebla and king of Martu + list of PNs (as representatives?)	Treaty	dub nidba2 i3-ĝiš	Eblaic (*ap* statements)
ARET 13, 21	king of Ebla and king of Dulu	Treaty	dub nidba2 i3-ĝiš	Eblaic (*ap* statements)
ARET 13, 5	king of Ebla and king of Abarsal	Treaty	Not stated, but note i3 a-e3 formula	"Akkadian" (*šumma* statements)
ARET 13, 18	king of Ebla and king of Armi	Treaty excerpt (school exercise?)	Not stated, but note nidba2 … i3-ĝiš	Eblaic (*ap* statements)
ARET 13, 6	king of Ebla and Yinḫar-Ḫalab king of Burman	Unclear (treaty excerpt or letter? Probably school exercise; unfinished)	Not stated	Unclear (*šumma* and *ap šumma* statements)
ARET 13, 10	king of Mari and Ḥenna-Damu, king of Manuwat	Letter concerning sworn agreements and territorial status quo	*en-ma*	"Akkadian" (*šumma* statements)
ARET 16, 30	(king of Ebla and king of Mari)	Treaty	Not stated? (fragmentary)	Eblaic (*ap* statements)
ARET 16, 1	(Ebla)	Collection of legal regulations	Not stated? (fragmentary)	Eblaic (*ap* statements)
ARET 18, 21	(Ebla)	Unclear (collection of legal regulations?)	Not stated? (fragmentary)	Unclear (*šumma* and *ap* statements)

A more detailed examination to both international law and local legal procedures is in order.

3.1 International law

By the mid-24th century BCE, the kingdom of Ebla emerges as a prominent power within an intricate network of regional political entities. The geographical scope delineated by the Ebla texts spans in fact a vast area, encompassing Anatolia, the Levant, Mesopotamia and Iran.[15] It is therefore not surprising that the local archives address international matters, including dossiers concerned with geo-political developments, dynastic marriages, as well as formalized alliances. The technical term for treaty, dub nidba2 i3-ĝiš, literally translates to "tablet of the oil offering", with reference to the ceremony that sealed the binding agreement. With-

15 Milano 1995; Bonechi 2016; Winters 2019, 13–16; Steinkeller 2021. The possible identification of the term for Egypt in the Ebla text remains controversial, but this is not relevant for the present discussion. See Biga 2023, *contra* Archi 2022 with previous references.

in the Ebla archives, only two tablets are formally labelled as "treaties", namely *ARET* 13, 20 (Ebla and Martu) and *ARET* 13, 21 (Ebla and Dulu). Two additional texts, namely the treaty of Ebla and Abarsal (*ARET* 13, 5) and of Ebla and Armi (*ARET* 13, 18), do not explicitly state their textual genre, but they do include the idiomatic expression i_3 a-e_3, literally meaning "to let the oil go away" (or similar), which is understood as "to break the oath". Two other texts do not provide any indication of their potential status as treaties: the treaty of Ebla and Burman (*ARET* 13, 6) is probably to be considered a school exercise, while the treaty of Mari and Manuwat (*ARET* 13, 10) takes the form of a letter. From this cursory overview, it appears that the Ebla legal tradition is not a monolithic entity, especially when it comes to classify the available evidence within pre-conceived textual typologies.

The documents indeed exhibit a remarkable degree of variation in terms of phraseology, orthography, and grammar. A multitude of variables contribute to this diversity, including the dating of individual tablets, the provenance of individual texts and/or the scribe who authored them – with some chancery documents potentially originating from Mari,[16] the scribal proficiency in legal matters, and the length, nature, and purpose of the documents, among others. These factors play a pivotal role in bestowing individual texts with their unique character. As a shared feature, all tablets in our list contain one or more legal regulations, which often take the form of conditional sentences. However, the actual structure varies significantly within the corpus: some texts introduce the protasis with the Akkadian term *šumma* "if",[17] others feature instead Eblaic *ap*, or even an in-between form "*ap šumma*", while others do not mark the protasis at all – a factor that complicates the analysis (see examples below).[18] As for the apodosis, it is occasionally introduced by *wa*, especially if the protasis contains *ap*, but such patterns necessitate further study beyond the scope of this contribution. Let us consider some examples here:

> [1] Treaty of Ebla and Mari (*ARET* 16, 30) obv. vi 10–14 (= § 16):
> šu-ra / *1* igi / *1* lu_2 / *10* ku_3:bar_6 / TAR
> "(Shall a man) strike the eye (of another) man, the judgement?[19] is 10 shekels of silver"

16 Establishing a reliable list of "Mariote" features in Ebla texts is not an easy task. While copying a foreign text, Ebla scribes could in fact modify it to align with local standards and conventions (Kogan/Krebernik 2021, 667–668 with note 10). It goes without saying that such a practice adds complexity to the analysis. The most transparent example of a chancery text originating from outside the Ebla scribal milieu is the famous Enna-Dagan's letter (*ARET* 13, 4, see most recently Winters 2019, 30–66). The Ebla archives certainly include tablets of southern Mesopotamian origin, such as monolingual lexical lists, incantations, as well as literary compositions.

17 In some texts *su-ma* may be an Akkadogram, but this requires more study.

18 On *ap* see Fronzaroli 1981; Maiocchi 2025; cf. also Cohen 2007.

19 Reading and meaning of TAR remain difficult. For a possible connection with di ku_5 "to judge" see the comments in Catagnoti/Fronzaroli 2010, 193 (tentatively accepted here).

> [2] Treaty of Ebla and Abarsal (*ARET* 13, 5) rev. vii 8–16:
> iti *i-si* / *su-ma* / *ib-la*^{ki} / *a-bar*-SAL$_4$^{ki} / šu šu-ra / ug$_7$ / *du-tum* / 50 udu:nita / ḫi-na-sum
> "(In) the month of Isi, if (a man of) Ebla kills (a man of) Abarsal (in a) brawl, he shall give 50 rams as *blood money*[20]"

> [3] Collection of legal regulations (*ARET* 16, 1)[21] obv. iv 2–22:
> 1 ⸢*NA-SE*$_{11}$⸣-*ma* / 1 *NA-SE*$_{11}$ / ug$_7$ / *wa* / du$_{11}$-ga / ugula ka$_2$ / *si-in* / en / *wa* / KA.UNKEN / ⸢ka$_2$⸣ / [...] / mu-[x] / ze$_2$-*S*[*U*$_3$] / ugula ka$_2$ / *ap* / dumu-nita / ug$_7$ / ki / a-mu-*SU*$_3$ / inim ĝar
> "Shall a man kill another man, the gate supervisor shall report (it) to the king, then *the gate* will assemble, the gate supervisor ... ; if (his) son (later?) dies(?), his father shall claim (back) the landholding."

Given the diverse nature of the available evidence, differences in procedural aspects are expected. On the contrary, stylistic and lexicographic differences are perhaps more surprising. Remarkably, well-formed documents coexist with draft and excerpt texts. An example of the latter category is the above-mentioned *ARET* 13, 6. The text is written on a relatively small tablet, recording several regulations concerning Ebla and Burman. It is noteworthy that the name of the foreign king is explicitly stated – an uncommon feature in the extant treaty materials. The document is clearly unfinished: the last readable textual box contains the word *šumma,* followed by an erased case. The final column is blank. These facts suggest that the document may have been a scribal exercise. The apparent goal was to familiarize the scribe with legal terminology and formulations. This impression is further reinforced by the frequent use of phonetic forms, as opposed to logographic ones. This could potentially be a result of dictation, or an integral part of the exercise, although this remains speculative.

Conversely, the treaties of Ebla and Abarsal (*ARET* 13, 5), as well as that of Ebla and Mari (*ARET* 16, 30) serve as examples of formulaic texts structured in rigid logical blocks. The former is perhaps the most complex chancery document of all. Its structure is schematically represented in the following table:

20 On *du-tum* as blood money see Fronzaroli 2002; 2003, 60.

21 On this text see the comments below 3.2.

Table 2: Text structure of ARET 13, 5

Textual unit	§	Content	Notes
Introduction	1–19	List of all cities and territories that are in the hands of Ebla and Abarsal respectively	
Legal prov. (1)	20–24	Insults against the gods, the king, or the country	
	27	Regulations for caravans travelling abroad	
Statement (1)	28	"If you speak, the king of Ebla will listen; if you don't, you have failed the oath"	Statement (1) likely refers to §§ 20–27
Legal prov. (2)	29	Water provisions for travelers	+ Counterfactual conditional
	30–31	Regulations on dead oxen	+ Counterfactual conditional
	32	Issues with purchases	+ Counterfactual conditional
	33–34	Issues with revenues	+ Counterfactual conditional
Statement (2)	36	"Thus says the king of Ebla to Abarsal"	
Legal prov. (3)	37	Travel restrictions (to Ebla via Abarsal)	+ Counterfactual conditional
Statement (2)	38	"Thus says the king of Ebla to Abarsal"	+ Counterfactual conditional
Legal prov. (4)	39	Travel permissions (to Ebla via Abarsal from allied countries)	Special cases of regulations in § 37
	40–41	Evil rumors	+ Counterfactual conditional
	42–45	River trade	
	46	Cultic provisions	+ Counterfactual conditional
	47–50	Murder and physical injuries(?)	
	51–52	Slave(?) redemption	
	53–54	Oxen and sheep	
	55–56	Hospitality customs	+ Counterfactual conditional
	57	Murder (Abarsal only)	Special cases for regulations in § 47
	58–59	Hospitality(?)	
	59	Theft	
	60–63	Illicit sexual intercourse	
	1′	Unclear	

Textual unit	§	Content	Notes
Statement (2)	2′	"Thus says the king of Ebla to Abarsal"	
Legal prov. (5)	3′–4′	Illicit acquisition of property of dead travelers	
End	5′	Curse formula	

The text is in fact very difficult to understand. A thorough analysis would require more space, but one notes its apparent redundancy and weak internal structure. For instance, the counterfactual conditional clause, which takes the form "If you don't do such-and-such, you will break the oath" is very frequent, especially in the central portion of the text. However, it does not seem to be a systemic feature. The same applies to the statement "Thus says the king of Ebla to Abarsal", which appears to be distributed almost randomly within the text. Furthermore, certain topics resurface more than once: travel permissions are addressed in § 37, but special cases are appended in § 39, after the king's speech formula; murder is discussed in § 47, but special cases pertaining solely to Abarsal are introduced in § 57. Let us consider the following example:

> [4] Treaty of Ebla and Abarsal (*ARET* 13, 5) rev. ii 8–iv 4:
> en / *ib-la*^{ki} / *ʾa*$_5$*-na* / *a-bar-*SAL$_4$^{ki} / *ba-li* / *ʾa*$_5$*-na* / KALAM-*TIM* / *ma-na-ma* / nu-kas$_4$-kas$_4$ / *an-da-*[*ma*] / [kas$_4$-kas$_4$] / i$_3$ a-e$_3$ / *an-na-ma* / du$_{11}$-ga / kas$_4$-kas$_4$ / *en-ma* / en / *ib-la*^{ki} / *ʾa*$_5$*-na* / *a-bar-*SAL$_4$^{ki} / *kak-mi-um*^{ki} / *ḫa-zu-wa-an*^{ki} / NI-*ra-ar*^{ki} / *in-i* / šeš-šeš / 2 ud / 3 ud / *me-na-*⌈*ma*⌉ / [*ʾa*$_5$*-na*] / [KALAM-*TIM*] / kas$_4$-kas$_4$ / *ʾa*$_3$*-na-sa* / nu-kas$_4$-kas$_4$ / i$_3$ a-e$_3$
> "Thus (says) the king of Ebla to Abarsal: You shall not allow anyone to travel to (my) country without my permission. If you do allow (anyone) to travel, you will be unfaithful to the oath. But if I say so, they shall travel (to my country). Thus (says) the king of Ebla to Abarsal: Shall the lands of Kakmium, Hassuwan, (and) NIrar turn into my allies, (after) two (or) three days you shall let whatever (goods) travel to my country. If you don't let, you will be unfaithful to the oath."

The mention of specific toponyms here is undoubtedly dictated by the actual geopolitical situation. However, the formulation is not general in nature (i.e. it does not concern allies *tout court*). This fact may suggest the sentence in [4] is taken straight out of diplomatic correspondence – now lost – tied to specific events. Similar considerations apply to other textual segments as well. The overall impression is that of a juxtaposition of blocks copied from different sources. As for the ductus of *ARET* 13, 5, it appears highly calligraphic – perhaps the finest example of a piece of writing within the Ebla archives.[22] This fact suggests that the sources might

22 As already noted by Winters 2019, 167 with note 409.

have been incorporated as is, without significant effort to harmonize the content into a coherent whole. The dual nature of this document —almost rough content versus careful execution— could be explained by considerations of both legal and sacred nature. On the one hand, the scribe may have been unwilling to alter the original binding agreement(s). On the other hand, the sworn statements were undoubtedly performed in front of the gods, who served as ultimate guarantors. Any deviation from the original might have been perceived as potentially fraudulent, therefore prompting divine intervention.

3.2 Local legal procedures: further remarks on ARET 16, 1 and ARET 18, 21

Going back to Table 1, the last two items listed there – namely *ARET* 16, 1 and *ARET* 18, 21 – require further comments. Their status as texts containing legal provisions is in fact not firmly established. A comprehensive analysis of these challenging texts lies beyond the scope of the present contribution. For brevity, the following analysis is limited to macroscopic features and selected points of interest, which suffice to draw certain conclusions. Both documents are exceedingly difficult to understand due to their archaic nature. As a shared feature, the text appears structured in segments with an impersonal character, employing lexicon typically associated with legal matters. P. Fronzaroli, the editor of these texts, understood them as a collection of exemplary administrative episodes involving unnamed individuals facing various issues (such as field management, murder, inheritance, etc.).[23] Drawing on parallels from later law collections (such as the *Laws of Hammurapi*, the *Middle Assyrian Laws*, etc.), it is however possible to understand the content of *ARET* 16, 1 in terms of well-formed legal regulations, arranged in casuistic forms. The same interpretation may apply to most of *ARET* 18, 21. This new perspective suggests that law collections as a genre are likely attested well before the *Laws of Ur-Namma*.[24] This is not surprising, given that institutional regulations of legal nature existed at least from the Late Uruk period onward. Evidence from the so-called ancient Kudurru inscriptions supports this view, and urbanization during the late Early Dynastic period is certainly mature enough to produce such documents.[25] However, caution is necessary when comparing these texts to later law collections.

23 Fronzaroli describes the content of *ARET* 16, 1 as follows: "In conclusione il documento può essere considerato come una raccolta di episodi esemplificativi di comportamenti dell'amministrazione (e anche di comportamenti fraudolenti ai quali i funzionari avrebbero dovuto porre attenzione), molto vicina per la sua spersonalizzazione alle raccolte di leggi più tarde" (Catagonti/Fronzaroli 2010, 11). As for *ARET* 18, 21, Fronzaroli states that "Nei limiti della conservazione molto frammentaria, questo testo sembra costituito da una raccolta di episodi esemplari, senza che sia possibile stabilirne l'origine." (Catagnoti/Fronzaroli 2020, 103).

24 On the *Laws of Ur-Namma*, see most recently Wilcke 2014 with previous literature and the contribution by Manuel Molina in this volume.

25 See remarks in Westbrook 2003, 1. See also Wilcke 2007, 18–21 on legal evidence from the Late Uruk and Early Dynastic periods.

While some parallels exist, unexpected deviations also occur. Additionally, comparing the content of these two texts to local royal decrees presents interpretative challenges. Likewise, comparing them to later court records remains difficult due to inherent complexities in interpreting Ebla material. The issue here is both philological and methodological in nature, as it is hard to establish how reliable a candidate parallel is, and in case of multiple possible interpretations, what parallel should be given priority. Let us consider for instance the following textual sections:[26]

[5] Collection of legal regulations (*ARET* 16, 1) obv. iv 23–vi 5:
1 *NA-SE*$_{11}$*-ma* / *al*$_{6}$ / 1 dam-*SU*$_{3}$ / 1 *NA-SE*$_{11}$ / šu-du$_{8}$ / [*w*]*a* / keš$_{2}$-da-*SU*$_{3}$ / *wa* / e$_{3}$-*SU*$_{3}$ / *bar-ʾa*$_{3}$*-ti-iš* / 1 uru^{ki} / *wa* / maškim-e-[gi$_{4}$-*SU*$_{3}$$^{?}$] / [...] / [...] / [...] / [...] / [...] / [...]-*ma* / ug$_{7}$ / 2 ug$_{7}$ / *ap* / *su-wa-ma* / ti-la / *wa* / 2 ti-⸢la⸣ / *ap* / ⸢ug$_{7}$⸣ / *ba-li* / dug$_{3}$ / *wa* / ug$_{7}$ / ug$_{7}$-*SU*$_{3}$ / 1 dam
"(Shall) a man hold (or capture/seize etc.) another man upon his woman (or wife): he shall bind them and he shall take them out in the middle of the town and he shall send(?) [them$^{?}$] [...] [...] [...] [...] [...] [...] he (= the husband) shall kill both of them. If (instead) he allows (her) to live, then both of them shall live; (but) if he kills (him) without mercy, then he shall also kill her, the woman."[27]

[6] Collection of legal regulations (*ARET* 16, 1) obv. vii 9–ix 13:
1 dumu-mi$_{2}$ / 1 *NA-SE*$_{11}$ / 1 *NA-SE*$_{11}$ / niĝ$_{2}$-kar / *in* / ki / niĝ$_{2}$-kar / ⸢dam$^{!}$⸣-*SU*$_{3}$ / ḫi-mu-DU / ug$_{7}$-*ma* / 1 dam / ki-*SU*$_{3}$ / *1* dumu-nita-

26 As a special convention, transliteration distinguishes between numerals written with cuneiform signs, which appear in italics, and numerals written in curviform, which appear in Roman type. On the use of cuneiform versus curviform numerals in Early Dynastic sources see most recently Gori 2024, 133–134, 160–161, 200, 207.

27 See the discussion in Maiocchi 2025. Parallels in *Middle Assyrian Laws* A § 15 "If a man should seize another man upon his wife and they prove the charges against him and find him guilty, they shall kill both of them; there is no liability for him (= husband). If he should seize him and bring him either before the king or the judges, and they prove the charges against him and find him guilty – if the woman's husband kills his wife, then he shall also kill the man; if he cuts off his wife's nose, he shall turn the man into a eunuch and they shall lacerate his entire face; but if [he wishes to release] his wife, he shall [release] the man" (Roth 1997). A similar treatment for the two lovers, which are either to be both spared or both killed, is found in the *Laws of Hammurapi* § 129: "If a man's wife should be seized lying with another male, they shall bind them and cast them into the water; if the wife's master allows his wife to live, then the king shall allow his subject (i.e. the other male) to live" (Roth 1995; 1997). Further variations of the same practice are attested in *Hittite Laws* § 198: "If he (= the husband) brings them to the palace gate and says: 'Let my wife not be put to death', and spares his wife, he must also spare the lover" (Hoffner 1997). The theme of binding the lover to the bed is found also in a court record from Nippur, namely IM 28051 (thanks go to Sophie Démare-Lafont for pointing this out to me, see her comments in Lafont 1999, 308–309, 494–495). Previous interpretation in *ARET* 16, 1 obv. iv 17–vi 5 (= §§ 10–14, Catagnoti/Fronzaroli 2010, 3–4).

SU$_3$ / inim ĝar / *wa* / *bar-ʾa*$_3$*-ti* / šeš-šeš-*SU*$_3$ / uz[u]-*SU*$_3$ / inim ĝar / *ap* / nu ĝal$_2$ / *1* dumu-nita / *1* dam / ki / ⸢*si*⸣*-in* / BAD-*SU*$_3$ / gi$_4$ / gu$_4$-gu$_4$ / udu-udu / lu$_2$ ku-li / niĝ$_2$-kar / a-mu / *1* dumu-mi$_2$ / šu-du$_8$ / di-ku$_5$ / *2* di-ku$_5$ / di-ku$_5$ / *wa* / *i-sa-gur* / 1 *NA-SE*$_{11}$ / ⸢1 gu$_4$⸣-*3* / [(x$^?$)] ⸢^{d}⸣*ʾa*$_3$*-da* / i$_3$-na-sum / *ap* / en / *si-in* / SI / GIŠGAL-*SU*$_3$ / *ap* / ki-*SU*$_3$ / SA.Z[A$_x$] ⸢^{ki}⸣ / inim ĝar

"Shall a man (forcibly) drag away the daughter of (another) man, he shall hand over his wife in the (very) spot (where) he dragged (her) away, and shall (his) wife (later?) die, her son may claim her *landholding*, and then within his brothers he may *claim his meat*. If however there is no son-of-a-wife, the *landholding* shall revert to its owner; the father shall drag away oxen (and) sheep of the 'best man'; he (= the distrainer) shall hold the daughter; the judge will give a second judgement and (the judgement) says 'the man shall give a three year old ox [(…)] (to) Hadda'. If however the king … then(!?) the palace shall claim her landholding."[28]

[7] Collection of legal regulations (*ARET* 16, 1) obv. ix 14–x 11:
1 nu-zuḫ / 1 e$_2$ / 1 *NA-SE*$_{11}$ / nu-zuḫ / *wa* / ug$_7$-*SU*$_3$ / BAD e$_2$ / gu$_4$-gu$_4$-*SU*$_3$ / udu-udu-*SU*$_3$ / BAD e$_2$ / šu-du$_8$ / *ap* / ti-la / nu-zuḫ / *si-in* / SI / en / ḫi-mu-DU-*SU*$_3$ / *ap* / ki / nu-zuḫ / *1* dumu-nita-*SU*$_3$ / inim ĝar

"Shall a thief steal (something in) the house of another man, the owner of the house shall kill him/her. Then the owner of the house shall seize his/her oxen and sheep. But if he makes the thief live, he shall bring him/her to the … of the king, then(?) his/her son shall claim the landholding of the thief."[29]

In addition to addressing murder and abduction, *ARET* 16, 1 deals with regulations concerning barley and sesame, fornication/adultery, theft, loss of animals, an unclear topic, and the purchase of animals. Both *ARET* 16, 1 and *ARET* 18, 21

28 See Maiocchi 2023. Parallel in *Middle Assyrian Laws* A § 55, although the formulation there is richer in details: "If a man forcibly seizes and rapes a maiden who is residing in her father's house, […] who is not betrothed(?), whose [womb(?)] is not opened, who is not married, and against whose father's house there is no outstanding claim whether within the city or in the countryside, or at night whether in the main thoroughfare, or in a granary, or during the city festival — the father of the maiden shall take the wife of the fornicator of the maiden and hand her over to be raped; he shall not return her to her husband, but he shall take (and keep?) her; the father shall give his daughter who is the victim of fornication into the protection of the household of her fornicator. If he (the fornicator) has no wife, the fornicator shall give "triple" the silver as the value of the maiden to her father; her fornicator shall marry her; he shall not reject(?) her. If the father does not desire it so, he shall receive "triple" silver for the maiden, and he shall give his daughter in marriage to whomever he chooses".

29 The editor of the text offers a different segmentation and interpretation, which rests on the understanding of obv. x 11 *et passim* as {1} nu inim "non vi fu un ordine". The sequence is to be read 1 nu-zuḫ, which undoubtedly means "thief", requiring no emendation.

are fragmentary, complicating their analysis. More in detail, the very beginning of *ARET* 16, 1 (one or perhaps two textual cases) is broken away, with scattered sections throughout the body and most of the final column also broken or entirely missing. Conversely, the beginning of *ARET* 18, 21 is preserved up to the middle of the first column, but significant breaks occur in both the obverse and reverse, particularly at the end. Despite their poor condition, it is evident that the extant portions of the tablets do not allow for a prologue-epilogue structure that would frame the content within a clear ideological framework. While it is not entirely ruled out that the missing parts at the end of both *ARET* 16, 1 and *ARET* 18, 21 may have originally included a colophon identifying the text as provisions of the king, this remains speculative. *ARET* 18, 21 is in fact most challenging. The tablet is one of the largest within the chancery document group.[30] Selected portions of the text appear to use terminology found in *ARET* 16, 1 and *ARET* 13, 5 as well.[31] This fact, along with the segmentation into protasis and apodosis blocks, the absence of personal names, and the overall archival context, strongly suggests that *ARET* 18, 21 falls between *ARET* 16, 1 and *ARET* 13, 5 in terms of textual typology. However, a proper understanding of it remains problematic.[32]

4 Conclusions

The paper showed that the Ebla legal evidence is highly diverse and complex. Accordingly, it is crucial to evaluate the documents with textual criticism in mind and on a case-by-case basis to avoid unwarranted generalizations. Methodological issues in establishing reliable parallels, along with inherent philological problems, suggest caution in comparative analysis, especially when it comes to study possible variations in individual legal cases.

Despite these limitations, it is possible to draw some conclusions about the nature of the texts and their function within their primary archival and social settings. Some texts, such as the treaty of Ebla and Abarsal, provide substantial ev-

30 As Catagnoti/Fronzaroli 2020, 103 remark, the tablet originally had 26 columns on both sides, each having 22 textual cases.

31 A provisional and by no means complete list of the shared terminology include: 2 di-ku$_5$ "second judge/judgment", a-mu-*SU*$_3$ "his father", BAD "owner" (written BAD e$_2$ in *ARET* 16, 1), dumu-mi$_2$ "daughter", dumu-nita "son", GIŠ-sur$_x$ "oath", ki "landholding", KI:LAM$_7$ "market", ku$_2$ "to have the usufruct" (possibly to be read inim ĝar "to claim"), *NA-SE*$_{11}$ "man", niĝ$_2$-sa$_{10}$ "to purchase", šeš-*SU*$_3$ "his brother", šu-du$_8$ "to seize", ti-la "to live" (likely in the sense of "to make someone live"), ug$_7$ "to die" (likely in the sense of "to have someone killed"), uzu "meat" (likely in the sense of "movable assets within the inheritance share"). Peculiar to *ARET* 16, 21 is the term al-bu$_{15}$ "to harvest" (Catagnoti/Fronzaroli 2020, 25, 103, 105). See also provisional remarks in Catagnoti/Fronzaroli 2020, 103, stressing possible connections at the level of terminology between *ARET* 18, 21 and other chancery documents, namely *ARET* 7, 152, *ARET* 13, 12, *ARET* 16, 28, and *ARET* 16, 27. The entire matter clearly deserves further study.

32 As a mere guess, the text may concern marriage regulations, including agreements and procedures preceding the actual wedding (note the mention of niĝ$_2$-mu-sa$_2$ in reduplicated form in v i 3), with details on bride price, usufruct on landholding, and inheritance.

idence on international law. However, upon closer examination, it becomes clear that we are missing a piece of the puzzle. Are such texts final? Is the Ebla chancery at odds in producing a coherent document of substantial length? Is coherence even relevant to ancient scribes? On a different note, some texts clearly have the character of draft material, such as the treaty of Ebla and Burman. This does not imply that their content is a mere invention of the local scribal milieu, but rather that we should bear in mind their nature for the purpose of historical reconstruction. Regardless of these issues, the collections of legal regulations provide more theoretical reflections, which seem to have already matured by the mid-third millennium BCE. This is evident from the internal structure of such texts, arranged in casuistic formulations, as well as from the adopted phraseology. As for the role played by legal documents within the chancery document group, and more generally within the rest of the archive, it seems likely that legal sources also served the purpose of scribal education. Notably, several chancery documents address local situations that closely resemble those in legal collections: murder, theft, physical injuries, marriage, inheritance issues, ownership rights, penalties, residence permits, etc.[33] Therefore, the legal texts presented here would serve as an excellent means for scribes to acquire the knowledge necessary to write down these texts. From this perspective, a more nuanced interpretation of the Ebla legal material may be put forward, as many documents seem to live somewhere between theory and praxis, between scribal education and normative texts.

Texts and text editions

ARET 7
See Archi 1988.

ARET 13
See Fronzaroli 2003.

ARET 16
See Catagnoti/Fronzaroli 2010.

ARET 18
See Catagnoti/Fronzaroli 2020.

Bibliography

Altman 2010
Altman, A.: How Many Treaty Traditions Existed in the Ancient Near East? In: Cohen, Y. / Gilan, A. / Miller, J. L. (eds.): Pax Hethitica. Studies on the Hittites and Their Neighbours in Honour of Itamar Singer. Studien zu den Boğazköy-Texten 51, Wiesbaden, 17–36.

33 Maiocchi 2025.

Archi 1986
Archi, A.: The Archives of Ebla. In: Veenhof, K. R. (ed.): Cuneiform Archives and Libraries. Papers Read at the 30e Rencontre Assyriologique Internationale, Leiden 4–8 July 1983. Publications de l'Institut historique-archéologique néerlandais de Stamboul 57, Leiden, 72–86.

Archi 1988
Archi, A.: Testi amministrativie: registrazione di metalli e tessuti (archivio L.2769). Archivi reali di Ebla Testi 7, Rome.

Archi 1996
Archi, A.: Gli Archivi di Ebla (ca. 2400–2350 a.C.). In: Matthiae, P. (ed.): Gli archivi dell'Oriente Antico. Archivi e Cultura 29, Rome, 57–85.

Archi 2003
Archi, A: Archival Record-Keeping at Ebla, 2400-2350 BC. In: Brosius, M. (ed.): Ancient Archives and Archival Traditions: Concepts of Record-Keeping in the Ancient World, Oxford, 17–36.

Archi 2015
Archi, A: The Archives of Ebla. In: Archi, A. (ed.): Ebla and Its Archives: Texts, History, and Society. Studies in Ancient Near Eastern Records 7, Boston / Berlin, 77–88.

Archi 2022
Archi, A.: Minima Eblaitica 27: Sumerian KA-ma, Eblaite *bù-gú-um* "monkey". Nouvelles Assyriologiques Brèves et Utilitaires 2022, 176–178 no. 80.

Archi/Biga/Milano 1988
Archi, A. / Biga, M. G. / Milano, L.: Studies in Eblaite Prosopography. In: Archi, A. (ed.): Eblaite Personal Names and Semitic Name-Giving. Papers of a Symposium Held in Rome July 15–17, 1985. Archivi Reali di Ebla Studi 1, Rome, 205–306.

Arkhipov/Kogan 2022
Arkhipov, I. / Kogan, L.: The Ebla Chancery Texts in the Light of Recent Linguistic Research. Altorientalische Forschungen 49, 183–196.

Arkhipov/Kogan/Markina 2023
Arkhipov, I. / Kogan, L. / Markina, E.: Corruption and Violence in Early Dynastic Mari (As Seen from Ebla): A New Attempt at *ARET* 13, 15. Journal of the American Oriental Society 143, 537–544.

Biga 2023
Biga, M. G. 2023: The Relationships between Egypt and Syria in the 24th century BCE According to the Texts of the City of Ebla, Syria. Journal of Ancient Egyptian Interconnections 37, 71–84.

Bonechi 2016
Bonechi, M.: Thorny Geopolitical Problems in the Palace G Archives. The Ebla Southern Horizon, Part One: The Middle Orontes Basin. In: Parayre, D. (ed.): Le fleuve rebelle. Géographie historique du moyen Oronte d'Ebla a l'époque médiévale. Syria Supplément 4, Beyrouth, 29–87.

Catagnoti 1997a
Catagnoti, A.: Sul lessico dei giuramenti a Ebla: nam-ku$_5$. Miscellanea Eblaitica 4, 111–137.

Catagnoti 1997b
Catagnoti, A.: Les serments nam-ku$_5$ à Ebla. In: Démare-Lafont, S. (ed.): Jurer et maudire : pratiques politiques et usages juridiques du serment dans le Proche-Orient ancien. Table ronde du samedi 5 octobre 1996. Méditerranées 10–11, Paris, 49–55.

Catagnoti 2003
Catagnoti, A.: Ebla. In: Westbrook, R. (ed.): A History of Ancient Near Eastern Law. Handbook of Oriental Studies 72, Leiden / Boston, 227–240.

Catagnoti/Fronzaroli 2010
Catagnoti, A. / Fronzaroli, P.: Testi di cancelleria. Il re e i funzionari. Vol. 1 (L.2769). Archivi Reali di Ebla Testi 16, Rome.

Catagnoti/Fronzaroli 2020
Catagnoti, A. / Fronzaroli, P.: Testi di cancelleria. Il re e i funzionari. Vol. 2 (L.2875). Archivi Reali di Ebla Testi 18, Wiesbaden.

Cohen 2007
Cohen, E. Z.: Neo-Aramaic and Old Babylonian Akkadian: The (Concessive-)Conditional Pattern. In: Bar, T. / Cohen, E. (eds.): Studies in Semitic and General Linguistics in Honor of Gideon Goldenberg. Alter Orient und Altes Testament 334, Münster, 159–177.

Edzard 1992
Edzard, D. O.: Der Vertrag von Ebla mit A-bar-QA. In: Fronzaroli, P. (ed.): Literature and Literary Language at Ebla. Quaderni di Semitistica 18, Florence, 187–217.

Fronzaroli 1981
Fronzaroli, P.: La congiunzione eblaita *ap*. Studi Eblaiti 4, 167–176.

Fronzaroli 2002
Fronzaroli, P.: Per un'interpretazione dell'ebl. *du-tum*. In: De Martino, S. / Pecchioli Daddi, F. (eds.): Anatolia antica: studi in memoria di Fiorella Imparati. Eothen 11, Florence, 285–287.

Fronzaroli 2003
Fronzaroli, P.: Testi di cancelleria: I rapporti con le città (Archivio L.2769). Archivi reali di Ebla Testi 13, Rome.

Gori 2024
Gori, F.: Numeracy in Early Syro-Mesopotamia. A Study of Accounting Practices from Fāra to Ebla. PhD Dissertation Università di Verona.

Huddleston 2017
Huddleston, N. A.: Arbitrating the Ebla Treaty Tradition: A Discourse Analytic Approach. Studia Eblaitica 3, 97–140.

Kienast 1988
Kienast, B.: Der Vertrag Ebla-Assur in rechtshistorischer Sicht. In: Hauptmann, H. / Waetzoldt, H. (eds.): Wirtschaft und Gesellschaft von Ebla. Heidelberger Studien zum Alten Orient 2, Heidelberg, 231–243.

Kogan/Krebernik 2021
Kogan, L. / Krebernik, M.: Eblaite. In: Vita, J.-P. (ed.): History of the Akkadian Language. Handbook of Oriental Studies 152, Leiden / Boston, 664–989.

Hoffner 1997
Hoffner, H. A.: The Laws of the Hittites. A Critical Edition. Documenta et Monumenta Orientis Antiqui 23, Leiden / New York / Köln.

Lafont 1999
Lafont, S.: Femmes, droit et justice dans l'antiquité orientale. Orbis Biblicus et Orientalis 165, Fribourg / Göttingen.

Lambert 1987
Lambert, W. G.: The Treaty of Ebla. In: Cagni, L. (ed.): Ebla 1975–1985. Dieci anni di studi linguistici e filologici: Atti del convegno internazionale (Napoli, 9–11 ottobre 1985). Istituto Universitario Orientale di Napoli. Dipartimento di Studi Asiatici. Series Minor 27, Naples, 353–364.

Maiocchi 2023
Maiocchi, M.: Legal Regulations at Ebla – Part II: Abduction of an Unmarried Girl (*ARET* XVI 1 obv. vii 9–ix 13). Kaskal. Rivista di storia, ambienti e culture del Vicino Oriente Antico 20, 1–14.

Maiocchi 2024
Maiocchi, M.: Complexity and the Ebla Archives. In: Bonechi, M. (ed.): Of Numbers and Magnitudes: Measure and Value in Pre-Sargonic Ebla. Documenta Asiana 12, Rome, 89–100.

Maiocchi 2025
Maiocchi, M: Legal Regulations at Ebla – Part I: Toward a New Understanding of *ARET* XVI 1. Studia Eblaitica 11, 107–128.

Matthiae 1986
Matthiae, P.: The Archives of the Royal Palace G of Ebla. Distribution and Arrangement of the Tablets According to the Archaeological Evidence. In: Veenhof, K. R. (ed.): Cuneiform Archives and Libraries. Papers Read at the 30e Rencontre Assyriologique Internationale, Leiden 4-8 July 1983. Publications de l'Institut Historique-Archéologique Néerlandais de Stamboul 57, Leiden, 53–71.

Milano 1994
Milano, L.: Ancora sulla lettura di Abarsal nei testi di Ebla. Nouvelles Assyriologiques Brèves et Utilitaires 1994, 86 no. 75.

Milano 1995
Milano, L.: Ebla: A Third-Millennium City-State in Ancient Syria. In: Sasson, J. M. (ed.): Civilizations of the Ancient Near East, New York, 1219–1230.

Pettinato 1986
Pettinato, G.: Ebla: Nuovi orizzonti della storia, Milan.

Picchioni 1981
Picchioni, S.: Ricostruzione segmentale del testo storico TM.75.G.2240. Oriens Antiquus 20, 187–190.

Roth 1995
Roth, M.: Mesopotamian Legal Traditions and the Laws of Hammurabi. Chicago-Kent Law Review 71, 13–39.

Roth 1997
Roth, M.: Law Collections from Mesopotamia and Asia Minor. Second edition. Society of Biblical Literature Writings from the Ancient World 6, Atlanta.

Scarpa 2023
Scarpa, E.: The Digitization Process of the Spatial Data on the Epigraphic Discoveries from the Central Archive L.2769 (Palace G, Ebla): A Comprehensive Overview. Studia Eblaitica 9, 1–63.

Sollberger 1980
Sollberger, E.: The So-Called Treaty between Ebla and 'Ashur'. Studi Eblaiti 3, 130–155.

Sommerfeld 2006
Sommerfeld, W.: Der Beginn des offiziellen Richteramtes im Alten Orient. In: Hengstl, J. / Sick, U. (eds.): Recht gestern und heute. Festschrift zum 85. Geburtstag von Richard Haase. Philippika. Altertumskundliche Abhandlungen 13, Wiesbaden, 3–20.

Steinkeller 2021
Steinkeller, P.: International Trade in Greater Mesopotamia during Late Pre-Sargonic Times: The Case of Ebla as Illustrated by her Participation in the Euphratean Timber Trade. In: Barjamovic, G. / Ialongo, N. (eds.): Merchants, Measures and Money. Understanding Technologies of Early Trade in a Comparative Perspective. Weight & Value 2, Kiel / Hamburg, 173–197.

Viganò 1991
Viganò, L: Judges at Ebla. Liber Annuus Studii Biblici Franciscani 41, 303–310.

Westbrook 2003
Westbrook, R.: The Character of Ancient Near Eastern Law. In: Westbrook, R. (ed.): A History of Ancient Near Eastern Law. Handbook of Oriental Studies 72, Leiden / Boston, 1–90.

Wilcke 2007
Wilcke, C.: Early Ancient Near Eastern Law. A History of its Beginnings. The Early Dynastic and Sargonic Periods. Revised Edition, Winona Lake.

Wilcke 2014
Wilcke, C.: Gesetze in sumerischer Sprache. In: Koslova, N. / Vizirova, E. / Zólyomi, G. (eds.): Studies in Sumerian Language and Literature: Festschrift für Joachim Krecher. Babel und Bibel 8, Winona Lake, 455–616.

Winters 2019
Winters, R. D.: Negotiating Exchange: Ebla and the International System of the Early Bronze Age. PhD Dissertation Harvard University.

Untersuchungen zu den „Reformtexten" des Urukagina

Die „Reformtexte" des Urukagina im Spiegel der archivalischen Texte

Ingo Schrakamp & Gábor Zólyomi *

Abstract

Die „*Reformtexte*" des Urukagina sind trotz ihrer einhundert Jahre umfassenden Forschungsgeschichte in fast jeder Hinsicht kontrovers. Dieser Beitrag diskutiert ihre Stellung innerhalb des frühen Keilschriftrechts, erörtert das ihnen zu Grunde liegende Verständnis von Recht und Gerechtigkeit, geht der Frage der praktischen Umsetzung der geschilderten Maßnahmen nach, interpretiert eine für die historische Interpretation entscheidende Schlüsselpassage neu und eröffnet damit weitere Forschungsperspektiven.

1 Einführung

Unsere Kenntnisse über Sumer in der Frühdynastisch IIIb- oder präsargonischen Zeit (2475–2300 v. Chr.)[1] basieren im Wesentlichen auf den Texten aus dem Stadt- oder Kleinstaat von Lagasch, die mit rund 150 Herrscherinschriften und etwa 1800 archivalischen Texten bis heute das größte zeitgenössische Textcorpus aus dem sumerischen Südmesopotamien darstellen.[2] Während die Herrscherinschriften die Kriegszüge, Tempelbauten, Kanalanlagen und Weihungen der 1. Dynastie von Lagasch glorifizieren und damit den historischen, politischen und ideologischen Hintergrund beleuchten, dokumentieren die archivalischen Texte die sozioökonomischen Verhältnisse. Die Masse der archivalischen Texte datiert aus den Regierungszeiten des Enentarzi, Lugalanda und Urukagina (eri-enim-ge-na), umfasst damit etwa den Zeitraum von ca. 2335 bis 2315 v. Chr., und stammt aus dem Archiv einer Wirtschaftseinheit, die in Texten aus der Zeit des Enentarzi und Lugalanda als „Frauenhaus" (e2-mi2),[3] unter Urukagina aber als „Haushalt" oder

* G. Zólyomis Arbeit erfolgte im Rahmen des Projektes Nemzeti Kutatási, Fejlesztési és Innovációs Hivatal (National Research, Development and Innovation Office): A Dictionary of the Sumerian Royal inscriptions of the Third Millennium, Projekt-Nr. NKFI-135325.

1 Daten nach Sallaberger/Schrakamp 2015 und Schrakamp 2015a. Herrscherjahre werden folgendermaßen abgekürzt: Enz.: Regierungsjahr des Enentarzi, Lug.: Regierungsjahr des Lugalanda, Ukg. E: Regierungsjahr des Urukagina als ensi2, Ukg. L: Regierungsjahr des Urukagina als lugal.

2 Zum Textbestand siehe Selz 1995a, 9–10; Schrakamp 2015a, 303 Anm. 1; Balke 2017, 469–472.

3 Zur Lesung e2-mi2 „Frauenhaus" anstelle von e2-munus siehe Marchesi 2011, 192 Anm. 15; Bartash 2014, 10–13; Schrakamp 2015a, 334–335 Anm. 248; Attinger 2021, 168 Anm. 280; 2023, 206–207 Anm. 526 mit Diskussion bisheriger Lesungsvorschläge und weiterer Literatur.

DOI: 10.13173/9783447124522.057

„Tempel der Bau“ (e$_{2}$ ^{d}ba-bu$_{11}$) erscheint.[4] Sie unterstand der Herrschergemahlin und beschäftigte unter Urukagina rund 1000 Personen in Landwirtschaft, Viehzucht, Fischerei und Handwerk, zog sie für öffentliche Arbeiten und Kriegsdienst heran und stellte ihre Versorgung je nach Rang und Status durch Zuteilungen von Naturalrationen und Zuweisungen von institutionellem Ackerland sicher. Da Herrscherinschriften und archivalische Dokumente etwa 20 anscheinend gleichartig organisierte, aber meist kleinere Tempelhaushalte erwähnen, wird diese Institution oft als Paradigma für alle Tempelhaushalte des Staates betrachtet. Sie betrieben Subsistenzwirtschaft und beschäftigten und versorgten den größten Teil der Bevölkerung, unterstanden aber letztlich dem Palast, über den der Herrscher strategische Ressourcen, den Fernhandel und das Militär kontrollierte und als irdischer Stellvertreter der Götter auf die Tempel zugriff.[5]

2 Die sogenannten „Reformtexte“ des Urukagina

Für die Erforschung der politischen, ideologischen, sozioökonomischen und rechtlichen Verhältnisse besitzen die sogenannten *„Reformtexte“* des Urukagina eine herausragende Bedeutung.[6] Sie sind auf Tonkegeln, -gefäßen und Plaketten in verschiedenen Versionen unterschiedlichen Datums überliefert, stehen formal zwischen Herrscherinschrift, Rechtssammlung und Erlass und berichten, dass die Bevölkerung unter Urukaginas Vorgängern unter diversen Missständen litt und die Herrscherfamilie sich die Tempelhaushalte der Götter angeeignet hatte. Urukagina rühmt sich, diese Missstände beseitigt, die Götter wieder als Eigentümer der Tempel eingesetzt, eine Amnestie und eine Lastenbefreiung verfügt und mit Ningirsu die Vereinbarung getroffen zu haben, „Waise und Witwe dem Starken nicht preiszugeben“, die als Topos in späteren Rechtsammlungen und Erlassen fortwirkt. Vor diesem Hintergrund werden diese Inschriften allgemein als *„Reformtexte“* bezeichnet und nicht nur in Kramers vielzitierter Zusammenstellung der *Twenty-Five Firsts in Man's Recorded History*,[7] sondern auch über das Fach der Altorientalistik hinaus als die ersten schriftlich dokumentierten Sozialreformen angeführt.[8]

Die Bedeutung der sogenannten *„Reformtexte“* kann kaum hoch genug eingeschätzt werden. Zunächst bilden sie neben den archivalischen Texten eine von zwei Säulen des zwischen 1920 und 1954 formulierten Modells der *Sumerischen Tempelstadt*, das die Tempel als alleinige Eigner allen Ackerlandes und als Zentren der wirtschaftlichen sowie politischen Macht betrachtet.[9] Dieses Modell

4 Zur Lesung ^{d}ba-bu$_{11}$ siehe Keetman 2018; Schrakamp 2019; Keetman 2024.

5 Vgl. Prentice 2010; Schrakamp 2013a sowie Magid 2001, 316.

6 Siehe auch die Beiträge von Felix Rauchhaus und Gebhard Selz in diesem Band.

7 Kramer 1956; Foster 1995. Für entsprechende Bewertungen in der älteren Fachliteratur siehe Edzard 1974, 145.

8 Siehe beispielsweise Everest-Philipps 2018 sowie Jany 2020, die allerdings die praktische Umsetzung der geschilderten Maßnahmen nicht hinterfragen.

9 Schneider 1920; Deimel 1931; Falkenstein 1974.

wird mittlerweile weitestgehend abgelehnt, ist aber noch immer einflussreich.[10] Darüber hinaus nehmen die „*Reformtexte*" einen herausragenden Platz innerhalb des Keilschriftrechtes ein. Sie sind das älteste ausführliche Zeugnis einer herrscherlichen Machtbekundung, unterrichten über die Vorstellungen von Recht und Gerechtigkeit, stehen formal zwischen Herrscherinschrift, Rechtssammlung und Erlass und markieren den Anfang einer Tradition, die in der Ur III- und altbabylonischen Zeit die ersten Rechtssammlungen und königliche Erlasse hervorbringt und diverse Topoi aufgreift, die in den „*Reformtexten*" erstmals aufscheinen.[11] Da die „*Reformtexte*" zudem auf dieselben Wirtschaftsbereiche, Institutionen und Berufsgruppen Bezug nehmen wie die archivalischen Texte, eröffnen sie eine zweifache Perspektive auf die sozioökonomischen und rechtlichen Verhältnisse Sumers am Ende der Frühdynastisch IIIb- bzw. präsargonischen Zeit. Damit liefern sie einen vielversprechenden Forschungsgegenstand zum Verhältnis von Theorie und Praxis im Bereich des Keilschriftrechts.

2.1 Versionen und Textvertreter

Die „*Reformtexte*" sind durch ein gutes Dutzend Textvertreter auf Tonkegeln, -gefäßen und einer Plakette bekannt, die nach heutigem Kenntnisstand fünf verschiedene Versionen unterschiedlichen Datums belegen, die sich teilweise ergänzen.[12] Die einzige vollständig erhaltene Version ist auf mehreren Tonkegeln überliefert (*FAOS* 5/1 Ukg. 4/5, Ukg. 60 = *RIME* 1.9.9.1). Sie stellt zugleich die älteste Fassung dar, denn sie verbindet die Verkündung von Urukaginas Maßnahmen mit seiner Inthronisation zum König von Lagasch durch Ningirsu und lässt sich damit auf Urukaginas erstes Königs- bzw. zweites Regierungsjahr datieren (Ukg. L 1).[13] Der Schlussteil des Textes bestätigt diese Datierung, denn er berichtet, dass Urukagina im Rahmen eines Kanalbauprojektes dem „kleinen Kanal" (i$_7$ tur) den Namen „Ningirsu besitzt Autorität von Nippur" (^{d}nin-ŋir$_2$-su-ta-nibru^{ki}-ta-nir-ŋal$_2$) verlieh. Während der „kleine Kanal" in Texten des dritten und fünften Jahres von Urukaginas Vorgänger Lugalanda erscheint, wird der Kanal „Ningirsu besitzt Autorität von Nippur" urkundlich in Urukaginas erstem Königsjahr erwähnt. Die vollständig erhaltene und älteste Version lässt sich damit präzise datieren.[14]

10 Schrakamp 2013a; Cancik-Kirschbaum 2018.

11 Vgl. z.B. Hruška 1974, 152–153; Beld 2002, 82–84; Neumann 2003, 60; Sallaberger 2009, 7–8, 11.

12 Zu den verschiedenen Versionen und ihrer Datierung siehe Schrakamp 2015a, 335–337 mit weiterführender Literatur. Aus Girsu stammen drei weitere, jüngst durch Maiocchi/Husain/Rey 2025 veröffentlichte Fragmente. Ein weiteres fragmentarisches Exemplar im Besitz des Oriental Institute Chicago, A27909, wird durch Colton Siegmund veröffentlicht (Siegmund in Vorbereitung).

13 Urukagina folgte Lugalanda nach dem ersten Monat von Lugalandas siebentem Regierungsjahr (Lug. 7/1) auf den Thron und trug zunächst den Titel ensi$_2$, so dass das Jahr Lug. 7 mit dem Jahr Ukg. E 1 identisch ist, und nahm erst im folgenden Jahr den Titel lugal an, siehe Sallaberger/Schrakamp 2015, 73; Schrakamp 2015a, 312–313.

14 Schrakamp 2015a, 335–337.

Die übrigen Versionen (*FAOS* 5/1 Ukg. 1–3, 62 = *RIME* 1.9.9.2; *FAOS* 5/1 Ukg. 6 = *RIME* 1.9.9.3; *CUSAS* 11, 352 = *RA* 102, 5–8 [„Ukg. 63"] und *RA* 79, 104 AO 27621 iii 1'–6' [„Ukg. 64"]) sind jünger und nur fragmentarisch erhalten. Neben Regelungen, die auch in der ältesten Version vorkommen und sich entsprechend ergänzen lassen, enthalten sie auch Regelungen, die in dieser Fassung nicht bezeugt sind, und weichen in ihrer Phraseologie mitunter von ihr ab.[15] Eine nur auf einer Plakette überlieferte Fassung nimmt in Retrospektive auf den Konflikt zwischen Lagasch und Umma Bezug und wird daher allgemein in die Kriegsjahre (Ukg. L 4–6) datiert (*FAOS* 5/1 Ukg. 6 = *RIME* 1.9.9.3). Die jüngste Fassung (*FAOS* 5/1 Ukg. 1–3, 62 = *RIME* 1.9.9.2) lässt sich anhand von Urukaginas Titel „König von Girsu" in die Zeit nach seiner Niederlage gegen Lugalzagesi von Umma bzw. Uruk datieren, also in oder nach seinem siebenten Königs- bzw. achten Regierungsjahr (Ukg. L 7), so dass Urukaginas Maßnahmen nicht nur anlässlich seiner Krönung zum König von Lagasch, sondern in den darauf folgenden Jahren abermals proklamiert wurden. Im Folgenden soll jedoch die älteste und vollständig erhaltene Version im Fokus stehen.[16]

2.2 Struktur und Inhalt der ältesten und vollständig erhaltenen Version FAOS *5/1 Ukg. 4/5* = RIME *1.9.9.1*

Die älteste und vollständig erhaltene Version lässt sich in sieben Abschnitte gliedern (Tabelle 1).[17] Sie beginnt mit einem Baubericht (Abschnitt 1). Dann wird geschildert, dass die Bevölkerung von Lagasch „seit jenen Tagen, seit frühesten Tagen" (u_4 ul-li_2-a-ta nuŋun e_3-a-ta) unter Übergriffen durch staatliche Funktionäre und überhöhten Abgaben zu leiden hatte, dass die Herrscherfamilie die Tempelhaushalte in Besitz genommen hatte – so die allgemein anerkannte, sachliche Deutung dieser Schlüsselpassage –, und die tempeleigenen Liegenschaften säkularisiert worden waren. Diese Missstände werden als be_6-lu_5-da u_4-be_2-ta, also etwa als „*die irdischen Herrschaftsverhältnisse* (wörtlich: ‚Regelungen') von früher", bezeichnet, wobei be_6-lu_5-da ein seltenes akkadisches Lehnwort im südlichen Altsumerischen darstellt (Abschnitt 2). Nachdem Ningirsu Urukagina das Königtum von Lagasch verliehen hatte, „ersetzte er (= Urukagina) sie (= die *irdischen Herrschaftsverhältnisse*) durch *die ursprüngliche, göttlich verfügte Ordnung* (wörtlich ‚setzte er das entschiedene Schicksal von früher dafür hin')" von nam tar-ra u_4-be_2-ta e-$še_3$-ŋar – und „erhörte die Worte, die sein Herr Ningirsu zu ihm gesprochen hatte" (Abschnitt 3). Der folgende Abschnitt schildert die zur Beseitigung der zuvor beschriebenen Missstände erlassenen Neuregelungen wie die Absetzung bestimmter Funktionäre, unter denen die Einsetzung der Götter als Eigentümer der Tempelhaushalte hervorsticht. Das Verb i_3-du_{11}, „dies erklärte er (Urukagina)", beschließt die Proklamation der Neuregelungen (Abschnitt 4).

15 Für eine knappe Charakterisierung der Unterschiede siehe Wilcke 2007a, 21–22 Anm. 16.

16 Schrakamp 2015a, 337.

17 Siehe Schrakamp/Zólyomi 2024, vgl. teilweise abweichend Hruška 1973; 1974; Molina 1995; Seminara 2015.

Tabelle 1: Struktur und Inhalt der ältesten und vollständig erhaltenen Version FAOS 5/1 Ukg. 4/5 = RIME 1.9.9.1

1	Baubericht	^{d}nin-ŋir$_2$-su ur-saŋ ^{d}en-lil$_x$(E$_2$)-la$_2$-ra eri-enim-ge-na lugal lagas$_x$(NU$_{11}$.BUR)$^{la.ki}$-ke$_4$ e$_2$-gal ti-ra-AŠ$_2$ mu-na-du$_3$ (…)[18]	Für Ningirsu, den Helden des Enlil, errichtete Urukagina, der König von Lagasch, das Egaltirasch (…)
2	Beschreibung früherer Regelungen als „Herrschaftsverhältnisse von früher“	u$_4$ ul-li$_2$-a-ta nuŋun e$_3$-a-ta u$_4$-be$_2$-a lu$_2$ ma$_2$-DU.DU-ke$_4$ ma$_2$ e-dab$_5$ (…) be$_6$-lu$_5$-da u$_4$-be$_2$-ta e-me-am$_6$/a[19]	Seit jenen Tagen, seit frühesten Tagen, *in diesen Tagen* hatte der *Mann der Bootstransporte* die Boote übernommen (…) Dies waren *die irdischen Herrschaftsverhältnisse* (wörtlich: „Regelungen“) von früher.
3	Krönung Urukaginas zum König von Lagasch, Ersetzung durch das „entschiedene Schicksal von früher“	u$_4$ ^{d}nin-ŋir$_2$-su ur-saŋ ^{d}en-lil$_x$(E$_2$)-la$_2$-ke$_4$ eri-enim-ge-na-ra nam-lugal lagas$_x$(NU$_{11}$.BUR)$^{la.ki}$ e-na-šum$_2$-ma ša$_3$ lu$_2$ šar'u-ta šu-ne$_2$ e-ma-ta-dab$_5$-ba-a nam tar-ra u$_4$-be$_2$-ta e-še$_3$-ŋar enim lugal-ne$_2$ ^{d}nin-ŋir$_2$-su-ke$_4$ e-na-du$_{11}$-ga ba-dab$_5$	Als Ningirsu, der Held des Enlil, dem Urukagina das Königtum von Lagasch verliehen (und) ihn aus der Mitte von 36.000 Menschen an seiner Hand genommen hatte, da ersetzte er (= Urukagina) sie durch *die ursprüngliche, göttlich verfügte Ordnung* (wörtlich: „setzte das entschiedene Schicksal von früher dafür hin“) und erhörte die Worte, die sein Herr Ningirsu zu ihm gesprochen hatte.
4	Proklamation der Neuregelungen	ma$_2$-ta lu$_2$ ma$_2$-DU.DU e-ta-ru (…) i$_3$-du$_{11}$[20]	Er entfernte den *Mann der Bootstransporte* von den Booten. (…) Dies hat er (=Urukagina) erklärt.
5	Generalamnestie und Lastenbefreiung	dumu lagas$_x$(NU$_{11}$.BUR)$^{la.ki}$ ur$_5$-ra til$_3$-la (…) e$_2$ eše$_2$-be$_2$ e-luḫ ama-ge$_4$-be$_2$ e-ŋar	Er leerte die Gefängnisse von den Bürgern von Lagasch, die in Schuldknechtschaft lebten, (…) und verfügte ihre Freiheit.
6	vertragliche Abmachung zwischen Urukagina und Ningirsu	nu-siki nu-ma-kuš lu$_2$ a$_2$ tuku nu-na-ŋa$_2$-ŋa$_2$-a ^{d}nin-ŋir$_2$-su-da eri-enim-ge-na-ke$_4$ enim-be$_2$ zu$_2$ e-da-keše$_2$	Urukagina schloss eine vertragliche Abmachung mit Ningirsu, Waise und Witwe nicht dem Mächtigen preiszugeben.
7	Baubericht	ša$_3$ mu-ba-ka i$_7$ tur ŋir$_2$-su^{ki} i$_3$-tuku-a ^{d}nin-ŋir$_2$-su-ra al mu-na-du$_3$ mu u$_4$-be$_2$-ta-be$_2$ e-še$_3$-ŋar (i$_7$) ^{d}nin-ŋir$_2$-su nibru(EN.E$_2$)^{ki}-ta nir-ŋal$_2$ eri-enim-ge-na-ke$_4$ mu mu-na-se$_{21}$	In der Mitte dieses Jahres hackte Urukagina den „Kleinen Kanal“, der zu Girsu gehörte, für Ningirsu. Er setzte seinen früheren Namen für ihn (= den „Kleinen Kanal“) hin (und) benannte ihn für ihn (= Ningirsu) (Kanal:) „Ningirsu hat Autorität von Nippur“.

18 Zur Lesung eri-enim-ge-na und zur Deutung „die Stadt ist die des feststehenden Wortes“ siehe Schrakamp 2015a, 304–310 mit Diskussion bisheriger Lesungsvorschläge und weiterer Literatur; zur Lesung lagas$_x$(NU$_{11}$.BUR)$^{la.ki}$ siehe Bauer 1972, 66; Attinger 2007, 37; Bauer 2009, 252; Marchesi/Marchetti 2011, 298.

19 Zu Lesung von lu$_2$ ma$_2$-DU.DU siehe Schrakamp/Zólyomi 2024, 20.

20 Zur Lesung e-ta-ru siehe Schrakamp/Zólyomi 2025, 104 Anm. 91.

Die folgenden Abschnitte berichten, dass Urukagina eine Generalamnestie und eine Lastenbefreiung erließ (Abschnitt 5) und mit Ningirsu vertraglich vereinbarte, „Waise und Witwe dem Mächtigen nicht auszuliefern" – hier findet sich der älteste Beleg eines in späteren Rechtssammlungen und Erlassen häufigen Topos (Abschnitt 6). Ein zweiter Baubericht, der das im Zusammenhang mit der Textdatierung erwähnte Kanalbauprojekt schildert, beschließt den Text (Abschnitt 7).[21]

3 Zur Forschungsgeschichte

Trotz einer mehr als einhundert Jahre langen Forschungsgeschichte stellen die *„Reformtexte"* die Forschung noch immer vor zahlreiche Probleme. Obwohl die *„Reformtexte"* in mehreren modernen Editionen und Übersetzungen vorliegen,[22] lassen sich zahlreiche Regelungen noch immer nicht befriedigend verstehen.[23] Eine systematische Untersuchung, die die tatsächliche Abschaffung der als missbräuchlich beschriebenen Regelungen und die Umsetzung der proklamierten Maßnahmen belegen würde, steht noch aus.[24] Das Verhältnis der unterschiedlichen Versionen zueinander ist noch nicht hinreichend geklärt, über den historischen Hintergrund der *„Reformtexte"* bestehen unterschiedliche Auffassungen, und auch eine allgemein anerkannte Interpretation von Grund und Zweck der *„Reformtexte"* bleibt nach wie vor ein Desiderat. Bis heute äußern sich zahlreiche Gelehrte mit ganz unterschiedlichen Ergebnissen zu den verschiedensten historischen, politischen, ideologischen, sozioökonomischen, rechtlichen und kultischen bzw. religiösen Aspekten der *„Reformtexte"*, von denen die wichtigsten nachfolgend referiert werden.[25] Auf die zahlreichen Deutungsvorschläge, die verschiedene Gelehrte zu einzelnen Regelungen vorgelegt haben, wird an dieser Stelle nicht eingegangen.[26]

3.1 Bisherige Interpretationsvorschläge

Einer der bis heute einflussreichsten Deutungsvorschläge stammt von Deimel, der 1920 bzw. 1931 den ersten Versuch einer umfassenden Interpretation der *„Reformtexte"* unternahm und auf dieser Grundlage das Modell der *Sumerischen Tempelstadt* begründete. Unter der Annahme, dass Urukagina ein Usurpator war, argumentiert Deimel, dass Urukagina im Rahmen seiner „Reformen" korrupte Funktionäre beseitigte, überhöhte Abgaben abschaffte, die Götter als Eigentümer

21 Für eine ausführliche Diskussion der Textstruktur siehe Schrakamp/Zólyomi 2024.

22 Steible 1982 (= *FAOS* 5/1); Cooper 1986; Molina 1995; 2000; Frayne 2008 (= *RIME* 1).

23 Für eine Auswahl unterschiedlicher Übersetzungs- und Interpretationsvorschläge einiger Missbräuche und Neuregelungen siehe Foster 1981, 231–233; Steinkeller 1991, 227–228; Molina 1995, 51; Steiner 1998; 1999.

24 Vukosavović 2009, 14 Anm. 5 Schrakamp 2015a, 341.

25 Für bisherige Deutungsvorschläge siehe zusammenfassend Schrakamp 2015a, 335–342, der den Forschungsstand jedoch unter dem Aspekt der Geschichte von Lagasch zur Zeit des Urukagina zusammenfasst und daher nicht auf die rechtsgeschichtlich einschlägige Literatur eingeht, sowie Seminara 2015; Steinkeller 2023; Schrakamp/Zólyomi 2024; 2025.

26 Eine Neuedition und Auswertung der *„Reformtexte"* durch die Autoren des vorliegenden Beitrags ist in Vorbereitung.

der Tempelhaushalte, die sich Urukaginas Vorgänger widerrechtlich angeeignet hatten, wieder einsetzte, herrscherliche Eingriffe in die Tempelwirtschaften beendete und die ursprüngliche Ordnung wieder herstellte. Dadurch, so Deimel, diskreditierte Urukagina seine Vorgänger, legitimierte seine Machtübernahme und sicherte sich gleichzeitig die Unterstützung von Priesterschaft und Bevölkerung. Da sich die proklamierte Wiedereinsetzung der Götter als Eigentümer der Tempel mit Urukaginas Regierungsantritt in den Schlussvermerken der Urkunden niederschlägt, indem die zuvor noch als „Eigentum“ (u2-rum) des „Frauenhauses“ bzw. der Herrschergemahlin bezeichneten Liegenschaften und Ressourcen als Eigentum der Göttin Bau ausgewiesen werden, zieht Deimel die praktische Umsetzung der Maßnahmen nirgends in Zweifel.[27]

In der Folge schlossen sich die meisten Gelehrten der Auffassung von Deimel an.[28] In einem der Regentschaft des Urukagina gewidmeten Aufsatz sieht Sollberger in Urukaginas Maßnahmen ebenfalls eine Restauration ursprünglicher Verhältnisse.[29] Diakonoff, der einige Regelungen der *„Reformtexte“* einer erneuten Analyse unterzieht, vermutet, dass die ursprüngliche Machtposition der Priesterschaft unter Urukaginas Vorgängern immer weiter ausgehöhlt wurde, sieht in Urukaginas Maßnahmen den Versuch ihrer Wiederherstellung und bezeichnet Urukagina sogar als eine „creature of the priests“.[30]

Finkelstein geht im Zusammenhang mit dem *Ammisaduqa-Erlass* auf die *„Reformtexte“* ein. Er weist darauf hin, dass sich Urukagina im Schlussteil der ältesten Fassung rühmt, die Befreiung der Bürger von Lagasch und eine Schuldentilgung verfügt zu haben, verweist auf Parallelen in den Prologen des *Codex Urnamma* und des *Codex Lipitischtar*, argumentiert, dass Urukagina seine Maßnahmen unmittelbar nach seinem Regierungsantritt verkündete, und stellt die *„Reformtexte“* damit an den Beginn einer Tradition königlicher Erlasse, die über die Rechtssammlungen des Urnamma und Lipitischtar bis hin zu den *mīšarum*-Erlassen der altbabylonischen Zeit führt und sich neben Topoi von Recht und Gerechtigkeit durch einen apologetischen Charakter auszeichnet.[31]

Hruška untersucht die *„Reformtexte“* mit Blick auf ihre Struktur und ihre politische und sozioökonomische Bedeutung, stellt Beobachtungen zu ihrer rechtsgeschichtlichen Stellung an und interpretiert sie in ihrem historischen Kontext. Er spricht ihnen die Systematik und sprachliche Klarheit späterer Rechtssammlungen ab, vermutet aber in der Abfolge bestimmter Missbräuche bzw. Neuregelungen der ältesten Fassung das Vorbild für einige Passagen im Prolog des *Codex Urnamma*, betont das Fortleben ihrer rechtsgeschichtlichen Topoi in späteren Rechtssammlungen sowie Erlassen, und stellt die *„Reformtexte“* insbesondere

27 Deimel 1920; 1931, 75–78.

28 Entsprechende Hinweise auf die ältere Fachliteratur bieten Korošec 1964, 63; Hruška 1973, 7 Anm. 11; Edzard 1974, 145; Foster 1981, 230–231 Anm. 15.

29 Sollberger 1957, 31.

30 Diakonoff 1958, 12–13.

31 Finkelstein 1961, 103–104.

aufgrund der geschilderten Amnestie und Lastenbefreiung an den Beginn ihrer Überlieferung.[32] In den Neuregelungen sieht Hruška eine Kombination tempelfreundlicher und sozialer Maßnahmen, die Urukagina unter Berufung auf das göttliche Wort des Ningirsu zwar proklamierte, aber wohl nicht umsetzte. Dabei deutet er die Einsetzung der Götter als Eigentümer der Tempel und die Unterbindung herrscherlicher Übergriffe auf die götter- bzw. tempeleigenen Liegenschaften als den Kern der Maßnahmen und sieht in ihnen die nominelle Restauration ursprünglicher, göttlicher Eigentumsrechte gegenüber dem Palast. Da aber die archivalischen Texte auch zur Zeit des Urukagina noch Eingriffe durch Herrscher bzw. Palast in die Tempelwirtschaften dokumentieren, bezweifelt er die tatsächliche Umsetzung der proklamierten Maßnahmen. Stattdessen betrachtet er die *„Reformtexte"* als ein Mittel herrscherlicher Propaganda, das der Legitimation des mutmaßlichen Usurpators diente und ihm den Rückhalt von Volk und Priesterschaft sichern sollte, um den in eine Krise geratenen Staat vor dem Hintergrund des Krieges zwischen Lagasch und Umma zu konsolidieren.[33]

Edzard diskutiert die *„Reformtexte"* im Zusammenhang mit der Frage, ob „Sozialreformen" im Alten Orient eine gesellschaftliche Realität oder lediglich einen literarischen Topos darstellten. Er vermutet den Hintergrund der *„Reformtexte"* in einem Konflikt zwischen Palast und Tempel bzw. Herrscher und Priesterschaft, in dem der Palast die Oberhand gewonnen hatte, und deutet die Einsetzung der Götter als Eigentümer der Tempel sowie die Abschaffung bestimmter Funktionäre als Maßnahmen zur Restauration einer älteren Ordnung, nach der der Herrscher zwar als Stellvertreter der Gottheit fungierte, aber nicht berechtigt war, auf Tempeleigentum zuzugreifen. Da die *„Reformtexte"* darüber hinaus nicht nur diverse Sozialmaßnahmen wie die Senkung bestimmter Gebühren und Regelungen zum Schutz wirtschaftlich Schwächerer gegen Nötigung enthalten, sondern auch eine Schuldentilgung und die „Befreiung" (ama-ge$_4$) der Bürger von Lagasch proklamieren und den ältesten Nachweis des Topos vom Schutz der Witwen und Waisen liefern, der in späteren Rechtssammlungen und Erlassen fortwirkt, vergleicht Edzard die *„Reformtexte"* mit späteren Erlassen, wie sie die Prologe des *Codex Urnamma* und *Codex Lipitischtar* sowie der *Ammisaduqa-Erlass* überliefern. Edzard bleibt skeptisch, ob die geschilderten Sozialmaßnahmen tatsächlich umgesetzt wurden, hält aber angesichts späterer Parallelen eine Schuldentilgung für wahrscheinlich. Daher hält er es unter Hinweis auf Hruška für denkbar, dass die *„Reformtexte"* bzw. die darin proklamierten Maßnahmen der Legitimation des Usurpators dienen und ihm den Rückhalt von Volk und Priesterschaft verschaffen sollten.[34]

Maekawa beurteilt die *„Reformtexte"* vor dem Hintergrund der Entwicklung der als „Frauenhaus" (e$_2$-mi$_2$) bzw. „Haushalt" oder „Tempel der Bau" (e$_2$ ^{d}ba-bu$_{11}$) bezeichneten Wirtschaftseinheit, die er anhand der archivalischen Texte

32 Hruška 1973, 106, 128; 1974, 152–153.
33 Hruška 1973; 1974.
34 Edzard 1974, 145–149, bes. 148–149 Anm. 17, 155–156.

nachzeichnet. Ausgehend von Enentarzi-zeitlichen Urkunden bestimmt er diese Institution als eine Wirtschaftseinheit, die der Stadtfürstengemahlin unterstand, zum Herrscherhaushalt gehörte, unter Lugalanda und Urukagina auf Kosten des Personals des Ningirsu-Tempels – oder des Palastes – beträchtlich vergrößert wurde und unter Urukagina schließlich in „Haushalt" oder „Tempel der Bau" umbenannt wurde. Da diese Institution Personal beschäftigte, das zuvor Teil des „Frauenhauses" war, und noch immer der Herrschergemahlin unterstand, betrachtet Maekawa auch den „Tempel der Bau" als Teil des Herrscherhaushaltes und bezweifelt, dass es sich überhaupt um einen Tempel handelt. Maekawa weist ferner darauf hin, dass archivalische Texte aus Urukaginas erstem Königsjahr zudem eine kurzlebige, als „Kindschaft" (nam-dumu) der Göttersöhne Schulschagana und Igalim bezeichnete Organisation belegen, deren Personal unter Urukaginas Vorgängern den Stadtfürstenkindern unterstand, in den Folgejahren von Urukaginas Regentschaft aber durch die als „Tempel der Bau" bezeichnete Wirtschaftseinheit mitverwaltet wurde. Vor diesem Hintergrund interpretiert Maekawa die in den *„Reformtexten"* geschilderte Einsetzung der Götter Ningirsu, Bau und Schulschagana als Eigentümer der zuvor durch die Herrscherfamilie kontrollierten Haushalte nicht als eine Restauration ursprünglich göttlichen Tempelbesitzes, sondern als die Implementierung einer Ideologie, die die Herrscherfamilie als die irdischen Repräsentanten der Stadtgötter betrachtete, ihre Kontrolle der Tempelwirtschaften legitimierte, somit die Machtposition der Herrscherfamilie auf Kosten der Priesterschaft zementierte und sich in der Abschaffung des Amtes des „Tempelverwalters des Ningirsu" unter Enentarzi andeutete.[35]

Foster geht im Rahmen seiner Kritik am *Tempelstadt*-Modell auf die *„Reformtexte"* ein, diskutiert die Schlüsselpassagen und interpretiert sie vor dem Hintergrund der archivalischen Texte aus dem e_2-mi_2 bzw. e_2 ^{d}ba-bu_{11}. Aufgrund einer abweichenden Analyse und Übersetzung mehrerer Schlüsselpassagen sieht Foster in der von Urukagina proklamierten Einsetzung der Götter als Eigentümer der zuvor durch die Herrscherfamilie kontrollierten Haushalte nicht die Restauration ursprünglicher Herrschaftsverhältnisse, sondern ihre Beseitigung und die Etablierung einer neuen Ordnung. Dabei bezweifelt er unter Hinweis auf Maekawa, dass die nach Urukaginas „Reform" als e_2 ^{d}ba-bu_{11} bezeichnete Institution wirklich ein Tempel war, weist darauf hin, dass e_2 ursprünglich den „Haushalt" im Sinne einer Wirtschaftseinheit bezeichnet, und dass die Institution überwiegend Angehörige säkularer Berufsgruppen, aber nur eine geringe Anzahl Kultbedienstete beschäftigte. Auf dieser Grundlage bestimmt er den „Tempel der Bau" als eine von Urukagina im Rahmen seiner „Reformen" geschaffene, kurzlebige administrative Fiktion, deren moderne Interpretation als Tempel im Wesentlichen auf

35 Maekawa 1973–1974, bes. 119–131, 136–140, vgl. zusammenfassend und mit ergänzenden Bemerkungen Maekawa 1996, 171–172 sowie die Zusammenfassung in Foster 2005, 73 Anm. 6.

den Präkonzeptionen von Deimel beruht, und vermutet hinter den „*Reformtexten*" nicht restaurative, sondern reformatorische Maßnahmen.[36]

Im Zusammenhang mit der proklamierten Amnestie betont Steinkeller den progressiven, humanen Charakter der von Urukagina verkündeten Maßnahmen, bezweifelt aber, dass sich ihre tatsächliche Umsetzung belegen lässt.[37]

Foxvog veröffentlicht eine bis dato unbekannte Verwaltungsurkunde aus der Zeit des Lugalanda und argumentiert, dass die dort dokumentierte Verwaltungspraxis einem der Missbräuche entspricht, deren Abschaffung Urukagina sich in den „*Reformtexten*" brüstet.[38]

Steinkeller geht in einem dem Grundeigentum und seinen ökologischen wie ökonomischen Grundlagen in Nord- und Südbabylonien gewidmeten Aufsatz auf die „*Reformtexte*" ein. Er weist darauf hin, dass sumerische Tempel des 3. Jt. v. Chr. im Wesentlichen säkulare Wirtschaftseinheiten darstellten, die als Eigentum der Götter galten, und hält die von Foster am *Tempelstadt*-Modell geübte Kritik für fehlgeleitet. In Anlehnung an Deimel sieht er in den „*Reformtexten*" die Proklamation einer restaurativen Maßnahme, die die urtümliche Ordnung der Tempelstadt nominell wieder herstellte. Da die Herrscherfamilie jedoch auch zur Zeit des Urukagina noch auf tempeleigene Liegenschaften zugriff, vermutet Steinkeller hierin eine propagandistische Maßnahme, die den Usurpator legitimieren und ihm die Unterstützung des Volkes sichern sollte, dabei aber die Machtposition des Herrschers durch die Vergrößerung der fortan als „Tempel der Bau" bezeichneten Wirtschaftseinheit stärkte.[39]

Selz diskutiert die „*Reformtexte*" in einer Reihe von Arbeiten zu den politischen, sozioökonomischen und rechtlichen Verhältnissen des 3. Jt. v. Chr. Er verortet die „*Reformtexte*" am Beginn der Tradition altorientalischer Herrschererlasse und bezeichnet sie als „Edikte". Ihren Hintergrund vermutet er in einer Wirtschafts-, Legitimations- und Staatskrise, deren Ursache er im Aufkommen einer Differenzierung von Besitz und Eigentum und dem mit dem Eigentumskonzept aufkommenden profitorientierten Wirtschaften sieht. Er bestimmt die Einsetzung der Götter als Eigentümer der von seinen Vorgänger als ihr Privateigentum behandelten Tempel als den Kern von Urukaginas Edikten und sieht darin wie auch in Maßnahmen zur Beseitigung bestimmter Funktionäre, gegen Amtsmissbrauch und Nötigung sowie der Senkung überhöhter Gebühren den Versuch, das aufkommende profitorientierte, private Wirtschaften und die damit einhergehende Vermischung von institutionellem und privatem Eigentum unter Rückgriff auf eine ältere Ideologie zu unterbinden, die Kontrolle des Herrschers über die Wirtschaft wieder herzustellen und damit Staat und Gesellschaft zu sta-

36 Foster 1981, bes. 235–241, vgl. Foster 1995, 169; 2005, 73 Anm. 6.

37 Steinkeller 1991.

38 Foxvog 1994. Siehe hierzu Schrakamp/Zólyomi 2025. Vgl. Steiner 1998, bes. 406–407, der ebenfalls eine Verwaltungsurkunde auf Regelungen der „*Reformtexte*" bezieht, aber einschränkt, dass die fehlende Datierung definitive Schlussfolgerungen verbietet.

39 Steinkeller 1999, 297–298, 315 Anm. 25.

bilisieren. Aufgrund der unterschiedlichen Entstehungsdaten der verschiedenen Versionen schließt er auf wiederholte Proklamationen und folgert zugleich, dass die Maßnahmen der ältesten Fassung nicht vollständig umgesetzt wurden.[40]

Molina geht in seiner Darstellung sumerischer Textzeugnisse des Keilschriftrechts auf die *„Reformtexte"* ein. Er betrachtet die *„Reformtexte"* als Erlasse, die in Herrscherinschriften eingebettet sind, stellt sie an den Anfang der entsprechenden Überlieferung und erörtert ihre Bedeutung im Zusammenhang mit dem *Tempelstadt*-Modell. Unter Verweis auf Maekawa argumentiert er, dass die Wiedereinsetzung der Götter als Eigentümer der Tempel lediglich proklamiert, aber faktisch niemals umgesetzt wurde, sondern lediglich die Umbenennung der Wirtschaftseinheit der Herrschergemahlin, des „Frauenhauses" (e$_2$-mi$_2$), in „Tempel der Bau" (e$_2$ ^{d}ba-bu$_{11}$) und die Schaffung einer kurzlebigen, als „Tempel des Igalim" bezeichneten Wirtschaftseinheit bedeutete. Gemäß einer Ideologie, die die Götter als Eigentümer des Staates begriff, übertrug Urukagina die genannten Wirtschaftseinheiten nominell der Götterfamilie, beließ ihre tatsächliche Kontrolle aber in den Händen der Herrscherfamilie.[41]

Magid geht am Rande eines Aufsatzes über die Organisation von Arbeit auf die *„Reformtexte"* ein. Er hält Ursache und Zweck der in den *„Reformtexten"* geschilderten Einsetzung der Götter als Eigentümer der Tempel für unklar. Er weist darauf hin, dass die Göttin Bau bereits unter dem Dynastiebegründer Urnansche verehrt wurde, vermutet, dass das e$_2$-sila des Urnansche der Bau gewidmet war, gibt aber zu bedenken, dass der Ursprung des e$_2$-mi$_2$ überlieferungsbedingt unbekannt und es unklar ist, ob diese Organisation bereits vor Enentarzi existierte.[42]

Wu betrachtet die *„Reformtexte"* wiederum aus der Perspektive der archivalischen Quellen. Er weist wie Maekawa darauf hin, dass das „Frauenhaus" (e$_2$-mi$_2$) der Zeit des Lugalanda und der „Tempel der Bau" (e$_2$ ^{d}ba-bu$_{11}$) der Zeit des Urukagina ein und dieselbe Wirtschaftseinheit darstellten, die der Herrschergemahlin unterstand, und erkennt keinerlei Unterschiede zwischen den archivalischen Texten aus der Zeit des Lugalanda und denen der Zeit des Urukagina. Wu folgert, dass die Verwaltung dieser Institution auch nach Urukaginas Thronbesteigung bruchlos weiterlief und argumentiert, dass Urukagina kein Usurpator, sondern Lugalandas legitimer Nachfolger war. Da Lugalanda das „Frauenhaus" auf Kosten des Ningirsu-Tempels beträchtlich vergrößerte, seine Regierungszeit neue Urkundenformate hervorbrachte und Urukagina den Personalbestand der Institution weiter erhöhte, sieht Wu nicht Urukagina, sondern Lugalanda als den eigentlichen „Reformer" und betrachtet die von Urukagina proklamierte Einsetzung der Götter als Eigentümer der Tempel lediglich als eine ideologisch motivierte Umbenennung im Rahmen einer unter Lugalanda begonnenen administrativen Neugestaltung. Die durch die *„Reformtexte"* gegen Lugalanda vorgebrachte Anklage versteht

40 Selz 1999–2000, bes. 15–23; ferner Selz 1998a, 323–325, zusammenfassend Selz 2002, 178–180.
41 Molina 2000, 24–26, 45–46, vgl. Molina 1995, 55–56.
42 Magid 2001, 313–314.

Wu vor diesem Hintergrund als Propaganda, durch die Urukagina während des Krieges zwischen Lagasch und Umma um den Rückhalt von Volk und Priesterschaft oder gar um göttliche Hilfe ersuchte.[43]

In seiner Monographie über die ökonomischen, politischen und rituellen Grundlagen des Staates Lagasch verortet auch Beld die *„Reformtexte"* in einem Konflikt innerhalb der Elite und begreift sie als Maßnahmen zur Stabilisierung des Staates. Er deutet die Einsetzung der Götter als Eigentümer der Tempel als eine Maßnahme, durch die Urukagina die Haushalte der Herrscherfamilie nominell den Göttern übereignete, die Herrscherfamilie zu den irdischen Stellvertretern der Götter machte und damit ihre Kontrolle über die Tempel und ihre Liegenschaften legitimierte. Er interpretiert die Abschaffung bestimmter staatlicher Funktionäre als Maßnahme gegen die Aneignung institutionellen Eigentums, sieht im Verbot der Nötigung herrscherlicher Gefolgsleute durch höhergestellte Individuen Maßnahmen zur Sicherung herrscherlicher Macht und erkennt in den *„Reformtexten"* das Bestreben, die herrscherliche Kontrolle über die Wirtschaft zu legitimieren, sicherzustellen und damit den Staat zu stabilisieren. Da die *„Reformtexte"* zudem einen Schuldenerlass schildern und sich die älteste Fassung auf Urukaginas erstes Königsjahr datieren lässt, stellt Beld die *„Reformtexte"* an den Beginn einer Überlieferung von Rechtssammlungen und Erlassen, die über den *Codex Urnamma* zu den altbabylonischen *mīšarum*-Erlassen hinleitet, die üblicherweise zu Beginn der Regentschaft altbabylonischer Herrscher verfügt wurden, betont aber zugleich ihre religiös-kosmologischen Implikationen.[44]

Neumann betrachtet die *„Reformtexte"* in seinem Überblick des altorientalischen Rechts als die früheste, ausführliche Verordnung staatlicher Gewalt, die als Reaktion auf bestehende wirtschaftliche, soziale und rechtliche Missstände der Stabilisierung des Staates diente. Er sieht in der Einsetzung der Götter als Eigentümer der Tempel eine restaurative Maßnahme gegen die Säkularisierung von Tempeleigentum, verweist auf weitere Maßnahmen gegen Amtsmissbrauch durch staatliche Funktionäre, Nötigung sowie Senkungen bestimmter Gebühren und betont die besondere rechtsgeschichtliche Bedeutung des proklamierten Schuldenerlasses, der die *„Reformtexte"* an den Anfang altorientalischer Erlasse stellt.[45]

Wilcke diskutiert die *„Reformtexte"* in seiner monographischen Darstellung des vor-Ur III-zeitlichen Rechts als den bislang ältesten ausführlichen Herrschererlass. Er betrachtet die Wiederherstellung der ursprünglichen Eigentumsrechte der Götter einerseits und Maßnahmen zum Schutz unterprivilegierter Bevölkerungsschichten, Amnestie und Schuldentilgung andererseits als den Kern der Maßnahmen. Während er die Einsetzung der Götter als Eigentümer der Tempel als restaurative Maßnahme gegen ein ausuferndes Pfründenwesen interpretiert, erkennt

43 Wu 2001, bes. 111–116. Wus Ausführungen beruhen teilweise auf schwer begründbaren Annahmen und lassen die Datierung der *„Reformtexte"* außer Acht; vgl. Schrakamp 2015a, 319–320.

44 Beld 2002, 79–84.

45 Neumann 2003, 69.

er in den Sozialmaßnahmen ein von Rang und Status unabhängiges grundsätzliches Streben nach Recht und Gerechtigkeit. Dass Urukagina die proklamierten Maßnahmen tatsächlich durchsetzte, hält Wilcke unter Verweis auf Hruška und Edzard für fraglich, betont aber, dass die Formulare der archivalischen Texte die Wiedereinsetzung der Götter als Eigentümer der Tempel und ihrer Liegenschaften mit Urukaginas Regierungsantritt widerspiegeln.[46]

In einem Aufsatz zur Rolle des Rechts im politischen Denken deutet Wilcke die *„Reformtexte"* aufgrund der zwischen Urukagina und Ningirsu getroffenen Vereinbarung, Waise und Witwe nicht dem Mächtigen preiszugeben, als Vertrag zwischen Herrscher und Gott und stellt sie an den Beginn einer Überlieferung, die in altbabylonischer Zeit in den *ṣimdat šarrim*-Erlassen kulminiert.[47]

Sallaberger geht am Rande seiner Bearbeitung des Prologs des *Codex Lipitischtar* auf die *„Reformtexte"* ein. Er stellt sie an den Beginn der Tradition königlicher Erlasse, vergleicht Urukaginas Maßnahmen mit jenen der Prologe des *Codex Urnamma* und *Codex Lipitischtar*, betont dabei, dass diese sich phraseologisch von den jeweiligen Gesetzen unterscheiden, und betrachtet Urukaginas Maßnahmen als Reaktion auf aktuelle Probleme. Da der Begriff „Reform" Sallaberger zufolge die Revision bestehender Gesetze impliziert, bezeichnet er Urukaginas Maßnahmen als „Verordnungen" und grenzt sie von den altbabylonischen *mīšarum*-Edikten ab, die individuelle Rechtsansprüche betreffen.[48]

Prentice erwähnt die *„Reformtexte"* in der Einführung ihrer auf den archivalischen Texten basierenden Beschreibung der Wirtschaft des e$_2$-mi$_2$ / e$_2$ ^{d}ba-bu$_{11}$. In der proklamierten Einsetzung der Götter als Eigentümer sieht sie eine restaurative Maßnahme, die sich unmittelbar in den Schlussvermerken der archivalischen Texte niederschlägt. Sie argumentiert, dass die archivalischen Texte keinerlei weitere Neuerungen zeigen, sich stattdessen durch eine deutliche Kontinuität auszeichnen und zudem keine Nachweise für einen „Tempelverwalter" (saŋŋa) der Bau liefern, und sieht in der besagten Neuregelung daher nicht mehr als eine Umbenennung der Wirtschaftseinheit, die möglicherweise mit der Annahme des Königstitels durch Urukagina und der konsequenten Übernahme der Tempelhaushalte durch die Herrscherfamilie in Zusammenhang stand. Aufgrund ihrer ideologischen Färbung und ihres nicht-dokumentarischen Charakters geht sie nicht weiter auf die *„Reformtexte"* ein.[49]

Schrakamp diskutiert die *„Reformtexte"* im Rahmen einer Evaluation des *Tempelstadt*-Modells und im Zusammenhang mit der Geschichte des Urukagina. Er sieht in Urukaginas Maßnahmen eine Verwaltungsreform restaurativen Charakters, die die ursprünglichen Eigentumsrechte der Götter durch ihre Einsetzung als Eigentümer der Tempel wieder herstellte, Missbräuche durch staatliche Funk-

46 Wilcke 2003, 21–25; 2007a, 21–25.

47 Wilcke 2007b, 210, 215.

48 Sallaberger 2009, 7–8, 11, 27.

49 Prentice 2010, 3–4.

tionäre eindämmte und überhöhte Abgaben beseitigte. Er nimmt unter Verweis auf Selz an, dass die Maßnahmen zudem der Eindämmung einer erstarkenden Privatwirtschaft dienten und somit die Kontrolle der Wirtschaft durch den Herrscher sicherstellen sollten. Dabei weist er darauf hin, dass die Machtbasis des Herrschers davon unberührt blieb, da dieser über den Palast den Verkehr strategischer Ressourcen, den Fernhandel und das Militär kontrollierte und, legitimiert durch seine Rolle als irdischer Stellvertreter der Götter, auf die Tempelwirtschaften zugriff.[50] Dabei betont er, dass sich die von Maekawa, Foster, Selz und Beld im Einzelnen unterschiedlich begründeten Auffassungen, dass die *„Reformtexte"* der Sicherstellung herrscherlicher Kontrolle über die Wirtschaft dienten, in Einklang bringen lassen: Neben der nominellen Einsetzung der Götter als Eigentümer der Tempel, die sich in den Urkundenschlussvermerken niederschlägt, vermutet Schrakamp, dass die archivalischen Texte vereinzelt die tatsächliche Umsetzung weiterer Maßnahmen andeuten.[51]

Seminara untersucht die älteste Fassung der *„Reformtexte"* aus textwissenschaftlicher Perspektive, klassifiziert sie als Herrscherinschrift und bestimmt die Schilderung der unter Urukaginas Vorgängern herrschenden Missstände und die Proklamation von Urukaginas Neuregelungen, die er als Rückgriff auf uranfängliche Verhältnisse versteht, als den Kern des Textes. Er bezweifelt, dass sich Missbräuche oder Neuregelungen mit gleichzeitigen Urkunden korrelieren lassen, und vermutet hinter den Neuregelungen den Ausdruck einer Herrscherideologie, durch die sich Urukagina von seinem Rivalen Lugalzagesi abzugrenzen suchte.[52]

Steinkeller nimmt in einer Arbeit über die Priesterschaft im 3. Jt. v. Chr. nochmals auf die *„Reformtexte"* Bezug. Er verortet sie im Rahmen eines Konfliktes innerhalb des Staates, in dem die Priesterschaft eine bedeutende Machtposition besaß, die sich beispielsweise in den Inschriften des Dudu manifestiert. Da Enentarzi vor seinem Regierungsantritt als „Tempelverwalter" (saŋŋa) des Ningirsu amtierte, folgert Steinkeller, dass die „säkulare" Herrscherfamilie zu dieser Zeit die Kontrolle über das bedeutendste Heiligtum gewonnen hatte. Da dieses Amt aber unter Lugalanda und Urukagina nicht mehr nachzuweisen ist, schließt er, dass Lugalanda dieses Amt abschaffte, den Tempel des Ningirsu in einen rein säkularen „Palast" (e$_2$-gal) umwandelte und die Machtbasis der Herrscherfamilie stärkte. In Urukagina sieht er einen Usurpator, dessen „Reformen" der Legitimation dienten, nur vorgeblich klerusfreundlich waren und faktisch seine Machtbasis stärkten.[53]

Karahashi argumentiert, dass sich die in den *„Reformtexten"* verkündeten Maßnahmen auf die Kultpraxis auswirkten. Ausgehend von Maekawas Beobachtung, dass Urukagina die unter seinen Vorgängern noch als „Frauenhaus" (e$_2$-mi$_2$) bezeichnete Wirtschaftseinheit der Herrschergemahlin in „Tempel der Bau" (e$_2$ ^{d}ba-

50 Schrakamp 2013a, 445–457; 2014–2016, 496–497.
51 Schrakamp 2015a, 337–341.
52 Seminara 2015.
53 Steinkeller 2019, 122–131.

bu$_{11}$) umbenannte und vergrößerte, erkennt Karahashi Änderungen im Formular von Listen über Opfergaben anlässlich des Festes der Göttin Bau. Während Opferlisten der Zeit des Lugalanda mit Aufwendungen für Lugalandas Vater Enentarzi und Dudu beginnen und dann das oberste Götterpaar nennen, erscheinen unter Urukagina mit Ningirsu, Bau, Schulschagana und Igalim jene Götter an erster Stelle, die Urukagina den *„Reformtexten“* zufolge als Eigentümer der zuvor durch die Stadtfürstenfamilie kontrollierten Haushalte einsetzte. Diese Umstellung der Opferpraxis interpretiert sie als einen unmittelbaren Reflex der von Urukagina proklamierten Maßnahmen auf kultisch-religiöser Ebene.[54]

In einem Aufsatz zu Urukaginas Aufstieg zur Macht diskutiert Steinkeller die *„Reformtexte“* erneut. Da Urukagina seine Vorgänger in den *„Reformtexten“* diverser Missbräuche bezichtigt, hält er eine verwandtschaftliche Verbindung zu Lugalanda für ausgeschlossen, betrachtet Urukagina als einen Usurpator und vermutet in seinen *„Reformen“* ein Propagandamittel, mit dem Urukagina die öffentliche Meinung zu seinen Gunsten zu beeinflussen suchte – womöglich durch öffentliche Proklamation vor seiner eigentlichen Thronbesteigung. In den proklamierten Neuregelungen sieht er einerseits Maßnahmen, die der Restauration einer egalitären, ursprünglichen Tempelgemeinschaft dienten und die Übergriffe der Herrscherfamilie, des Palastes und herrscherlicher Funktionäre auf die Tempelwirtschaften und die Priesterschaft unterbinden sollten, und andererseits „populistische“ Maßnahmen, die durch die Beseitigung von Amtsmissbrauch, die Senkung von Gebühren sowie eine Generalamnestie und eine Schuldentilgung dem Schutz der Bevölkerung einschließlich unterprivilegierter Gruppen dienten, vorgeblich aber von einem idealisierten Verständnis von Recht und Gerechtigkeit zeugen. Da Steinkeller den archivalischen Texten keinerlei Indizien für die tatsächliche Implementierung der proklamierten Maßnahmen entnehmen kann, folgert er, dass Urukaginas Maßnahmen allein seiner Legitimation und Machtergreifung dienten, und sieht in dem Umstand, dass der nach der nominellen Einsetzung der Götter geschaffene „Tempel des Igalim“ nur eine kurzlebige Organisation war, eine Bestätigung dieser Annahme. Tatsächlich, so Steinkeller, vergrößerte Urukagina seine Machtfülle gegenüber seinen Vorgängern und brachte sie durch die Annahme des Königstitels deutlich zum Ausdruck.[55]

In zwei jüngst veröffentlichten Aufsätzen äußern sich die Autoren des vorliegenden Beitrages zu den *„Reformtexten“*, jedoch werden ihre Resultate weiter unten zusammengefasst.[56]

54 Karahashi 2020.
55 Steinkeller 2023, 12–18.
56 Schrakamp/Zólyomi 2024; 2025.

3.2 *Der derzeitige Forschungsstand*

Nach dem oben gegebenen Überblick ist nach wie vor kontrovers, ob die *„Reformtexte"* die Restauration älterer Verhältnisse oder die Etablierung einer neuen Ordnung proklamieren, ob die proklamierten Maßnahmen tatsächlich umgesetzt wurden oder als Herrscherpropaganda Urukaginas Legitimation dienten, und worin ihr Hintergrund und ihre Ziele bestanden. Darüber hinaus besteht keine Einigkeit darüber, wie die als *„Reformtexte"* bezeichneten Inschriften anzusprechen und rechtsgeschichtlich zu verorten sind, und über das Urukagina oft attestierte fundamentale Interesse an sozialer Gerechtigkeit hinaus sind die den *„Reformtexten"* zu Grunde liegenden Konzepte von Recht und Gerechtigkeit noch nicht hinreichend nuanciert.[57]

Der folgenden Diskussion einiger dieser Aspekte sollen zwei Vorbemerkungen vorangehen. Erstens ist es fraglich, ob man die hier diskutierten Inschriften überhaupt als *„Reformtexte"* bezeichnen sollte.[58] Zum einen ist es umstritten, ob die *„Reformtexte"* die Restauration älterer Verhältnisse oder die Errichtung einer neuen Ordnung proklamieren. Zum anderen impliziert der Begriff „Reform" die Revision geltender Gesetze.[59] Die *„Reformtexte"* formulieren jedoch keine Rechtssätze, sondern ersetzen exemplarisch als falsch oder missbräuchlich empfundene Praktiken durch neue Vorschriften.[60] Darüber hinaus proklamieren sie mit Amnestie, Schuldentilgung und Lastenbefreiung *ad hoc* formulierte Maßnahmen, die als Reaktion auf aktuelle gesellschaftliche Probleme der Stabilisierung von Staat und Gesellschaft dienten,[61] und schildern Maßnahmen, die mit jenen altbabylonischer Erlasse zu vergleichen sind.[62] Da die zu unterschiedlichen Zeitpunkten entstandenen Versionen zudem auf wiederholte Proklamationen hindeuten und damit an altbabylonische Schuldentilgungen erinnern,[63] werden sie im Folgenden als das früheste ausführliche Beispiel herrscherlicher Erlasse angesprochen.[64] Dass sie formal in Herrscherinschriften eingebettet sind, ist durch ihre zeitliche Stellung am Beginn dieser keilschriftrechtlichen Überlieferung zu erklären und erinnert beispielsweise an den *Codex Hammurabi*.[65]

Zweitens ist bedeutend, dass zahlreiche Gelehrte Urukagina als Usurpator betrachten, da Urukagina und nicht Lugalandas Sohn Ursilasirsira dessen Nachfolge antrat, und da Urukagina keinerlei genealogische Selbstauskunft gibt, die auf eine

---

57 Vgl. Schrakamp 2015a, 338; Seminara 2015, 406; Steinkeller 2023, 14; Schrakamp/Zólyomi 2024, 5.

58 Der Begriff „Reform" erscheint zuerst bei Thureau-Dangin 1907, xv.

59 Sallaberger 2009, 10–11. Für ein abweichendes Verständnis des Begriffs „Reform" siehe den Beitrag von Felix Rauchhaus in diesem Band.

60 Wilcke 2003, 20–21.

61 Neumann 2003, 69.

62 Finkelstein 1961, 103–104; Selz 1999–2000, 26–27; Molina 2000, 24–25; Selz 2002, 187–188.

63 Finkelstein 1961, 103–104; Selz 1999–2000, 18; Wilcke 2003, 22 Anm. 16.

64 Vgl. Finkelstein 1961, 103–104; Wilcke 2003, 21.

65 Vgl. Wilcke 2007b, 211–212 mit weiterer Literatur zur Frage, ob der *Codex Hammurabi* als Rechtsbuch oder Herrscherinschrift („Kommemorativinschrift") anzusprechen ist.

Verwandtschaft mit seinem Vorgänger hindeutet. Vor diesem Hintergrund wird dann angenommen, dass die *„Reformtexte"* – unter anderem – der Legitimation des mutmaßlichen Usurpators dienten. Mit größter Wahrscheinlichkeit war Urukagina jedoch Lugalandas legitimer Nachfolger: Unter Lugalanda war er ein ranghoher militärischer Befehlshaber und zählte zum inneren Kreis des Herrschers bei Hofe. Prosopographischen Beobachtungen zufolge hatte er in die Herrscherfamilie eingeheiratet und war wahrscheinlich sogar Lugalandas Schwiegervater. Da Ursilasirsira tatsächlich jedoch der Sohn des Enentarzi war und Lugalanda keinen männlichen Nachkommen hatte,[66] trat Urukagina als Mitglied des Hofes und über die weibliche Linie legitimiert dessen Nachfolge an.[67] Die Annahme, dass die *„Reformtexte"* allein der Legitimation eines mutmaßlichen Usurpators dienten, hat daher keine Grundlage mehr.

4 Zu einer Neubewertung der „Reformtexte" des Urukagina

Im Folgenden sollen die ersten Schritte auf dem Weg zu einer Neubewertung der *„Reformtexte"* unternommen werden.

4.1 Die Schlüsselbegriffe be$_6$-lu$_5$-da u$_4$-be$_2$-ta, nam tar-ra u$_4$-be$_2$-ta und ihre sozialen, ethischen und juridischen Implikationen

In einem jüngst veröffentlichten Aufsatz argumentieren die Verfasser des vorliegenden Beitrages, dass die Frage, ob die *„Reformtexte"* die Restauration früherer Verhältnisse oder die Errichtung einer neuen Ordnung proklamieren, von der Interpretation der beiden kontroversen Schlüsseltermini be$_6$-lu$_5$-da u$_4$-be$_2$-ta, etwa *„Herrschaftsverhältnisse* von früher", nam tar-ra u$_4$-be$_2$-ta, wörtlich „das entschiedene Schicksal von früher", und der kontroversen Verbalform e-še$_3$-ŋar, wörtlich „er hat es dafür hingesetzt", abhängt. Da die Argumentation an entsprechender Stelle nachzulesen ist, werden nachfolgend lediglich die Ergebnisse zusammengefasst.[68]

Bislang war es umstritten, ob es sich bei be$_6$-lu$_5$-da u$_4$-be$_2$-ta und nam tar-ra u$_4$-be$_2$-ta um Synonyme oder Antonyme handelt.[69] Die Verfasser begründen anhand der Textstruktur, dass zwei Antonyme vorliegen.[70] be$_6$-lu$_5$-da u$_4$-be$_2$-ta fasst die in Abschnitt 2 geschilderten Missstände unter Urukaginas Vorgängern rückblickend zusammen:

---

66 Siehe bereits Maekawa 1973–1974, 122 Anm. 65, Schrakamp 2015a, 321–324; Selz 1995b; Selz 2014–2016, 438–439.

67 Schrakamp 2015a, 314–329; 2015b; 2014–2016, 494–495 mit Diskussion weiterer Literatur, vgl. Sallaberger/Schrakamp 2015, 71–73 sowie mit abweichenden Argumenten Wu 2001, 111–114 sowie Selz 2004a, 241; 2004b, 170. Steinkeller 2023, 6 Anm. 9, 17 Anm. 50 schließt jegliche Verwandtschaft aus, da Urukagina seine Vorgänger diverser Missbräuche bezichtigt und diskreditiert, ignoriert dabei aber die prosopographische Evidenz und überzeugt nicht.

68 Schrakamp/Zólyomi 2024.

69 Für bisherige Deutungsvorschläge siehe Schrakamp/Zólyomi 2024, 10.

70 Schrakamp/Zólyomi 2024, 8–10.

> u4 ul-li2-a-ta nuŋun e3-a-ta u4-be2-a lu2 ma2-DU.DU-ke4 ma2 e-dab5 (...) be6-lu5-da u4-be2-ta e-me-am6/a
> „Seit fernen Tagen, seit uranfänglichen Tagen, in diesen Tagen hatte der *Mann der Bootstransporte* die Boote übernommen (...) Dies waren *die (irdischen) Herrschaftsverhältnisse* (wörtlich: ‚Regelungen') von früher." (*RIME* 1.9.9.1 iii 2–6, vii 26–28)

nam tar-ra u4-be2-ta bezieht sich hingegen auf die in Abschnitt 4 beschriebenen Neuregelungen, die Urukagina nach der Verleihung des Königtums durch Ningirsu auf dessen Weisung hin proklamierte:[71]

> u4 ^{d}nin-ŋir2-su ur-saŋ ^{d}en-lil$_{x}$(E2)-la2-ke4 eri-enim-ge-na-ra nam-lugal lagas$_{x}$(NU11.BUR)$^{la.ki}$ e-na-šum2-ma ša3 lu2 šar'u-ta šu-ne2 e-ma-ta-dab5-ba-a nam tar-ra u4-be2-ta e-še3-ŋar enim lugal-ne2 ^{d}nin-ŋir2-su-ke4 e-na-du11-ga ba-dab5 ma2-ta lu2 ma2-DU.DU e-ta-ru (...) i3-du11
> „Als Ningirsu, der Held des Enlil, dem Urukagina das Königtum von Lagasch verliehen (und) ihn aus der Mitte von 36.000 Menschen an seiner Hand genommen hatte, an diesem Tag setzte er *die ursprüngliche (göttliche) Ordnung* (wörtlich: „das entschiedene Schicksal") von früher dafür hin und erhörte die Worte, die sein Herr Ningirsu zu ihm gesprochen hatte. Den *Mann der Bootstransporte* entfernte er von den Booten. (...) Dies erklärte er." (*RIME* 1.9.9.1 vii 29–viii 13, xii 12)

be6-lu5-da ist aufgrund von Form und Orthographie als eines der seltenen akkadischen Lehnwörter im Südaltsumerischen zu bestimmen, aus *bēlūtum* „Herrschaft" entlehnt, und wird meist im Sinne von „Macht, Herrschaft, Stellung als Herr", „göttliche Anordnung, Ritual, Regel" wiedergegeben.[72] Gudea-Inschriften, Ur III-zeitliche Verwaltungsurkunden und Schulgi-Hymnen zeigen, dass be6-lu5-da in zwei Bedeutungsnuancen vorkommt und je nach Kontext (1) Vorschriften, die Herrscher im Dienste der Götter zu befolgen hatten („regulations to be observed by the ruler in the service of gods") oder (2) Vorschriften, die Untergebene im Dienste des Herrschers zu befolgen hatten („regulations imposed by the ruler to be observed by subordinates") bezeichnet. Da nam tar-ra in Anlehnung an Steinkeller[73] hingegen als die ursprüngliche, durch die Götter mit der Schöpfung verfügte Ordnung zu verstehen ist, stellen die *„Reformtexte"* mit be6-lu5-da als Bezeichnung der unter Urukaginas Vorgängern herrschenden, missbräuchlichen Herrschaftsverhältnisse auf der einen und nam tar-ra als Bezeichnung für Urukaginas Neuregelungen auf der anderen Seite die *„irdischen Herrschaftsverhältnis-*

71 Schrakamp/Zólyomi 2024, 8–10.
72 Steinkeller 1987, 58.
73 Steinkeller 2017a, 12 („the original establishing of fates, a kind of a big-bang event, which laid down the operations of the universe and set the whole system in motion").

se" (*„the regulations (imposed by rulers) of former times"*) der *„ursprünglichen(, durch die Götter verfügten) Ordnung"* (*„the primeval (divine) regulations of former times"*) gegenüber.[74] Da nam tar-ra dem Kontext zufolge bedeutende soziale, ethische und juridische Implikationen besitzen muss, bietet sich als Vergleich das ägyptische Konzept der *Ma'at* an,[75] das Morschauser folgendermaßen charakterisiert:

> „The Egyptian word most often translated into English as 'justice' is the term *'ma'at.'* It is used in connection with the promulgation and execution of laws; the suppression of criminal activity; and the correction of official abuses. *Ma'at*, however, also had a far wider application than reference to legal practices alone; but denotes the basic 'ordering' of Egyptian life. (...) *Ma'at* defined the divine ordinances by which the universe was originally set into motion and properly maintained (...) *ma'at* encompassed specific ethical requirements, characterized as both the official and personal responsibilities of the socially advantaged toward their inferiors, as well as the obligations of subjects toward the state – which was embodied in the figure of the king. (...) The monarch, as recipient of the office of kingship, and earthly representative of the gods, was required to uphold the 'order' bequeathed to Egypt at the creation of the world, in a manner that was requisite with 'divine law' – or, perhaps better, 'divine intention.'"[76]

nam tar-ra bezieht sich im Rahmen der *„Reformtexte"* offenbar auf ganz ähnliche soziale, ethische und juridische Aspekte der mit der Schöpfung verfügten, göttlichen Ordnung, die auch das Konzept der *Ma'at* auszeichnen, und beinhaltete demnach auch ein Verständnis von Recht und Gerechtigkeit.

Bei Urukaginas Thronbesteigung waren die irdische und die göttliche Ordnung aus dem Gleichgewicht geraten, denn „,Recht und Gerechtigkeit' im Sinne einer politisch-sozialen Ordnung, die zu erhalten Aufgabe des Königs war, sind nur dann möglich, wenn sie im Einklang stehen mit der Ordnung des Kosmos".[77] Damit oblag es Urukagina, die ursprüngliche, göttlich verfügte Ordnung wieder herzustellen und aufrechtzuerhalten. Aus der Perspektive des Historikers könnte man argumentieren, dass die *„Reformtexte"* die Wiederherstellung früherer Verhältnisse proklamieren und in ihnen restaurative Maßnahmen vermuten. Aus emischer Sicht bedeuten sie hingegen die Harmonisierung irdischer und göttlicher Ordnung, die sich als *readjustment* fassen lässt.[78]

---

74 Schrakamp/Zólyomi 2024, 10–11, unter anderem mit Diskussion einschlägiger Belege in den Gudea-Statuen *RIME* 3/1.1.7 St.E und *RIME* 3/1.1.7 St.R, Verweis auf die Diskussion einschlägiger Belege in den Ur III-Urkunden *AUCT* 1, 959, *OrSP* 47–49, 129 sowie *TIM* 6, 37 durch Paoletti 2012, 207 und weiterer Literatur.

75 Vgl. hierzu auch den Beitrag von Joachim Schaper im vorliegenden Band.

76 Morschauser 1995, 101–102.

77 Maul 1999, 202–203.

78 Wir verdanken den Begriff *„readjustment"* der während der Tagung „Keilschriftrecht zwischen Theorie und Praxis" geführten Diskussion mit Joachim Schaper und Guido Pfeifer.

Dass die göttlich verfügte Ordnung mit dem sumerischen nam tar-ra, die *„irdischen Herrschaftsverhältnisse"* unter Urukaginas Vorgängern mit be$_6$-lu$_5$-da hingegen unter einem Lehnwort aus dem Akkadischen zusammengefasst werden, ist bemerkenswert und lässt sich durch den zunehmenden Einfluss des akkadisch geprägten Nordbabylonien zurückführen, das sich gegenüber dem sumerischen Süden durch gänzlich anders geartete politische, ideologische und sozioökonomische Charakteristika auszeichnete, die das Aufkommen eines Königtums (nam-lugal) beförderten und in der Akkade-Zeit zu bedeutenden Umwälzungen führten.[79]

Rechtsgeschichtlich noch bedeutender ist jedoch, dass die *„Reformtexte"* damit den ersten Beleg einer Vorstellung liefern, nach der es dem Herrscher als der höchsten irdischen Rechtsinstanz oblag, eine durch Konzepte von Recht und Gerechtigkeit charakterisierte, durch die Götter verfügte Weltordnung aufrecht zu erhalten und wieder herzustellen. Neumann führt dazu aus:

> „Gemäß dem religiös-politischen Gesellschaftsdenken im alten Mesopotamien kam dem König daher die herausragende Rolle im Bereich der Proklamierung, Wahrung und Durchsetzung ordnungs- und damit auch rechtspolitischer Maßnahmen zu. Durch entsprechende Legitimation, sei es durch göttliche Berufung bzw. Bestätigung, Gotteskindschaft und/oder eigene Göttlichkeit war der Herrscher für die Aufrechterhaltung, den Schutz und die Erneuerung bzw. Ausweitung der (durch die Götter geschaffenen) Ordnung im Land zuständig. Teil dieses Aufgabenspektrums bildeten die Sorge um Gerechtigkeit (*mīšaru*) und die Wahrung des Rechts (*kittu*) – *mīšaru* und *kittu* im oben genannten Sinne zu verstehen eben auch als zentrale Begriffe altmesopotamischen *Rechtsdenkens*. Die Sorge um Gerechtigkeit und die Wahrung des Rechts durch den König wurden in den (erhaltenen) nichtjuristischen Bestandteilen der entsprechenden Rechtssammlungen, d. h. in den Pro- und Epilogen, wie auch in Königshymnen immer wieder proklamiert und thematisiert. Die Vorstellung vom Recht als Mittel der Aufrechterhaltung bzw. Wiederherstellung einer göttlichen Ordnung, in der die durch göttlichen Willen bestimmten Kausalverhältnisse im Rahmen eines geschlossenen Weltbildes einen zentralen Platz einnahmen, begründete die königliche Rechtssetzung und Rechtsprechung."[80]

Die Analyse der Verbalform e-še$_3$-ŋar bestätigt die vorgeschlagene Deutung.[81] Bisherige Bearbeitungen interpretieren die Phrase nam tar-ra u$_4$-be$_2$-ta e-še$_3$-ŋar als einen Verbalsatz, der mit Urukagina (oder Ningirsu) als Agens und nam

79 Zum Aufkommen des Königtums und den Unterschieden zwischen den politischen, ideologischen und sozioökonomischen Verhältnisse in Nord- und Südbabylonien siehe Selz 1999–2000, 20; Marchesi/Marchetti 2011, 103–118; Steinkeller 2013, 146; Schrakamp 2017b, 88–89; Steinkeller 2017b, 28–39; zur Signifikanz von Urukaginas Königstitel siehe Schrakamp 2015a, 342–347.

80 Neumann 2003, 62–63, vgl. Neumann 2006, 29–32; 2008, 39.

81 Schrakamp/Zólyomi 2024, 14–15.

tar-ra u$_4$-be$_2$-ta als direktem Objekt im Absolutiv lediglich zwei Satzteilnehmer besitzt, und übersetzen „the fate decided from former times he set aside", „hat er das entschiedene Schicksal von früher ersetzt", „he replaced the customs of former times", „restableció los destinos de esos tiempos", „he restored the customs of former times", „die alten Bestimmungen setzte er wieder ein" – soweit nur eine Auswahl entsprechender Übersetzungsvorschläge.[82]

Das Terminativinfix -še- verdeutlicht jedoch, dass die Phrase nam tar-ra u$_4$-be$_2$-ta e-še-ŋar einen dritten Satzteilnehmer involviert, und präsargonische bis Ur III-zeitliche Rechtsurkunden zeigen, dass das Verbum ŋar mit Terminativ-Infix wörtlich „A (= Absolutiv) für B (= Terminativ) setzen", also etwa „B durch A ersetzen" wiederzugeben ist und sinngemäß mit „eintauschen, ersetzen" übersetzt werden kann.[83] In dieser Bedeutung erscheint ŋar mit Terminativ-Infix nicht nur in der oben wiedergegebenen Schlüsselpassage, sondern auch im abschließenden Baubericht in Abschnitt 7 der ältesten Version der *„Reformtexte"*:

> ša$_3$ mu-ba-ka i$_7$ tur ŋir$_2$-su^{ki} i$_3$-tuku-a ^{d}nin-ŋir$_2$-su-ra al mu-na-du$_3$ mu u$_4$-be$_2$-ta-be$_2$ e-še$_3$-ŋar (i$_7$.) ^{d}nin-ŋir$_2$-su nibru(EN.E$_2$)^{ki}-ta nir-ŋal$_2$ eri-enim-ge-na-ke$_4$ mu mu-na-se$_{21}$
> „In der Mitte dieses Jahres hackte Urukagina den ‚Kleinen Kanal', der zu Girsu gehörte, für Ningirsu. Er setzte seinen früheren Namen für ihn (den ‚Kleinen Kanal') hin (und) benannte ihn für ihn (=Ningirsu) (Kanal:) ‚Ningirsu hat Autorität von Nippur'." (*RIME* 1.9.9.1 xii 29–38)

Da der Passus über die Umbenennung dieses Kanals syntaktisch dem „Dafür-Hinsetzen" (e-še-ŋar) der *„irdischen Herrschaftsverhältnisse* von früher" (be$_6$-lu$_5$-da u$_4$-be$_2$-ta) durch die *„ursprüngliche, göttliche verfügte Ordnung* von früher" (nam tar-ra u$_4$-be$_2$-ta) entspricht, und da der „Kleine Kanal" in Lugalanda-zeitlichen Verwaltungstexten belegt ist (*VS* 25, 64 = *AWAB* 159 Rs. iii 1; *RTC* 42 Rs. ii 7), der Kanal „Ningirsu hat Autorität von Nippur" hingegen in einer Urukagina-zeitlichen Kanalbauurkunde (*TSA* 23 Rs. v 2) erscheint, lässt sich die hier vorgeschlagene Deutung nicht nur syntaktisch-grammatikalisch, sondern auch sachlich begründen.[84]

---

82 Foster 1981, 236–237; Steible 1982/1, 298–299; Cooper 1986, 71; Molina 2000, 52; Frayne 2008, 261–262; Seminara 2015, 418.

83 Siehe dazu und mit weiteren Literaturhinweisen Schrakamp 2013a, 455–456 Anm. 56 und Schrakamp/Zólyomi 2024, 14–16. Die besagte Konstruktion findet sich beispielsweise in der sargonischen Tauschurkunde *BIN* 8, 35 = *SRU* 21 Rs. i 2–7 4.0.0 ^{ŋeš}kiri$_6$ (…) ab-ši-ŋar „4 iku Garten (…) sind dafür eingetauscht", in der Haftungsklausel der sargonischen Feldkaufurkunde *MAD* 4, 151 = *NSRU* 6 Vs. 10–Rs. 2 u$_4$ aša$_5$-ga ⸢lu$_2$⸣ u$_3$-ma-a-du$_3$-a 0.0.2 ^{GANA2}aša$_5$-be$_2$-še$_3$ 0.0.4 ^{GANA2} aša$_5$ ab-ši-ŋa$_2$-ŋa$_2$ „Wenn jemand das Feld zurückhält, wird er diese 2 iku Feld durch 4 iku Feld ersetzen", sowie in der Ur III-zeitlichen Darlehensurkunde *NATN* 17 Vs. 1–3 2 ½ giŋ$_4$ ku$_3$-babbar 1.1.4 še gur-ta ab-ši-ŋa$_2$-ar „2 ½ Schekel Silber, 1.1.4 Kor Gerste sind dafür eingetauscht".

84 Schrakamp 2015a, 335–336.

Die eingangs wiedergegebene Schlüsselpassage der *„Reformtexte“* schildert folglich, dass Urukagina die unter seinen Vorgängern herrschenden *„irdischen Herrschaftsverhältnisse* von früher“ (be$_6$-lu$_5$-da u$_4$-be$_2$-ta) durch die *„ursprüngliche, göttlich verfügte Ordnung* von früher“ (nam tar-ra u$_4$-be$_2$-ta) ersetzte und liefert damit – rechtsgeschichtlich bedeutend – den ersten Hinweis auf die Rolle des Herrschers als Hüter einer ursprünglichen, durch die Götter geschaffenen Weltordnung, in der Recht und Gerechtigkeit wesentliche Elemente darstellten. Diese Feststellung leitet über zur Frage, welches Verständnis von Recht und Gerechtigkeit den *„Reformtexten“* zu Grunde liegt.

4.2 Das Konzept von Recht und Gerechtigkeit

Für das den *„Reformtexten“* zu Grunde liegende Konzept von Recht und Gerechtigkeit sind die Abschnitte 5 und 6 der ältesten Version der *„Reformtexte“* entscheidend. Sie schildern die Verfügung einer Generalamnestie und einer „Befreiung“ der Bürger von Lagasch und berichten zudem, dass Urukagina mit Ningirsu die vertragliche Vereinbarung traf, Waise und Witwe dem Mächtigen nicht preiszugeben:

> dumu lagas$_x$(NU$_{11}$.BUR)$^{la.ki}$ ur$_5$-ra til$_3$-la (...) e$_2$ eše$_2$-be$_2$ e-luḫ ama-ge$_4$-be$_2$ e-ŋar nu-siki nu-ma-kuš lu$_2$ a$_2$ tuku nu-na-ŋa$_2$-ŋa$_2$-a ^{d}nin-ŋir$_2$-su-da eri-enim-ge-na-ke$_4$ enim-be$_2$ zu$_2$ e-da-keše$_2$
> „Er leerte die Gefängnisse von den Bürgern von Lagasch, die in Schuldknechtschaft lebten, (...) und verfügte ihre Freiheit. Urukagina schloss eine verbindliche Abmachung mit Ningirsu, Waise und Witwe nicht dem Mächtigen preiszugeben.“ (*RIME* 1.9.9.1 xii 13–28)[85]

Diese Passage folgt unmittelbar auf die durch das Verbum i$_3$-du$_{11}$, „dies verkündete er“, beschlossene Proklamation der Neuregelungen in Abschnitt 4 und kann damit auf die Gesamtheit von Urukaginas neuen Regelungen bezogen werden. Darüber hinaus bezieht der Passus mit den „Bürgern von Lagasch“ die gesamte Bevölkerung des Staates ein, erwähnt dabei auch marginalisierte und sozial niedriggestellte Bevölkerungsgruppen und stellt sie den „Mächtigen“, also der gesellschaftlichen Elite, gegenüber. Da der Passus also gewissermaßen die Essenz von Urukaginas Erlassen zusammenfasst und sich auf die gesamte Gesellschaft bezieht, darf man in ihm ein den *„Reformtexten“* zu Grunde liegendes Prinzip vermuten, das sich unter dem Terminus *vertikale Solidarität* fassen lässt.[86] In diesem Zusammenhang sei auf J. Assmann verwiesen, der *vertikale Solidarität* als zentrales Charakteristikum der *Ma'at* begreift und ausführt:

---

85 Siehe Schrakamp/Zólyomi 2024, 16. Zur Lesung und Deutung dieser Abschnitte siehe außerdem Steinkeller 1991; Wilcke 2003, 22; 2007a, 22 sowie Wilcke 2007b, 210, 215 zur rechtsgeschichtlichen Einordnung.

86 Vgl. beispielsweise Westbrook 1995, 149–150; Wilcke 2003, 22 sowie Steinkeller 2023, die den *„Reformtexten“* ein fundamentales Interesse an der Durchsetzung von Recht und Gerechtigkeit unabhängig von Rang und Status attestieren.

„Ma'at verkörpert (…) das Prinzip der Solidarität, Gegenseitigkeit und Vergeltung (…), einer eminent zivilisatorischen Sozialordnung, einer Ordnung des Aneinander-Denkens und Füreinander-Handelns. (…) Die *Ma'at* wirkt von oben nach unten und von unten nach oben. (…) Stellt man den Begriff der Reziprozität in diese Perspektive einer ‚vertikalen Solidarität', dann bildet die Gottheit die Spitze, und der König (…) und jeder andere der Ma'at zum Durchbruch verhelfende Rechtspfleger bilden die göttliche Ma'atverwirklichung nach unten hin ab. (…) Der ägyptische Begriff des ‚Füreinander-Handelns' bezieht sich auf das Prinzip der Reziprozität, deren Charakter einer soziogenen Energie *par excellence* wohl als erster M. Mauss in seiner berühmten Schrift *Die Gabe* hervorgehoben hat."[87]

4.2.1 Vertikale Solidarität

Im Folgenden soll veranschaulicht werden, dass das Prinzip der *vertikalen Solidarität* respektive ihre Verletzung nicht nur dem soeben diskutierten Schlussteil, sondern auch den einzelnen Regelungen der *„Reformtexte"* zu Grunde liegt. Mehrere Regelungen erwähnen eine als RU-lugal bezeichnete Personengruppe. RU-lugal bezeichnet keinen Beruf, sondern einen herausgehobenen Status und wird aufgrund der unklaren Etymologie und Bedeutung oft im Sinne von „Gefolgsleute des Königs" paraphrasiert.[88] Den archivalischen Texten aus dem e$_{2}$-mi$_{2}$ bzw. e$_{2}$ ^{d}ba-bu$_{11}$ zufolge zählten die RU-lugal zu den „Leuten, die ein Versorgungslos übernommen haben" (lu$_{2}$ šuku dab$_{5}$-ba) bzw. „(Arbeits-)Truppen" (sur$_{x}$), erhielten Parzellen institutionellen Landes für ihre Versorgung zugeteilt und genossen innerhalb der „(Arbeits-)Truppen" die höchsten Naturalrationen. Organisiert in Gruppen von 15–20 Mann unter der Führung von „Aufsehern" (ugula) stellten sie bis zu 50 % der „(Arbeits-)Truppen", trugen die Hauptlast der öffentlichen Arbeiten, wurden im Kriegsfall als erste zu den Waffen gerufen, formten den Kern des Heeres und bildeten damit das Rückgrat von Staat und Gesellschaft. Die etwas älteren archivalischen Texte der Frühdynastisch IIIb- bzw. präsargonischen Zeit aus Nabada (Tell Beydar) erwähnen mit den lu$_{2}$-ŋeš-DU eine vergleichbare Personengruppe,[89] und der Protagonist der Fara-zeitlichen Dichtung *Der Rat des Schuruppag* wird derselben Gruppe von „Wehrbauern" zugerechnet.[90] Dass die *„Reformtexte"* den RU-lugal mehrere Regelungen widmen,[91] ist angesichts ihrer Bedeutung für Staat und Gesellschaft nicht verwunderlich und erinnert etwa an den *Codex Hammurabi* und altbabylonische Erlasse, die den „Soldaten" ähnlich

87 Assmann 1990, 66, 68.

88 Zu den RU-lugal siehe ausführlich Schrakamp 2010, 170–190; 2014.

89 Sallaberger 1996, 93–94, 101–102; 2018b, xvi; Schrakamp 2014, 724.

90 Sallaberger 2018b, xiii–xvii.

91 Siehe Schrakamp 2010, 188–190; 2014, 721–723 mit weiterführender Literatur sowie Sallaberger 2018b, xv–xvi und Steinkeller 2023, 17–18, 20–21 Anm. 62

großen Raum widmen.[92] Da sie in den *„Reformtexten“* nicht nur als Opfer missbräuchlichen Verhaltens, sondern auch als Täter erscheinen, bieten sie sich für eine Fallstudie vertikaler Solidarität an.

Die folgende Regelung der ältesten Version der *„Reformtexte“* schützt die RU-lugal vor Nötigung zum Verkauf ihrer Esel durch die aus den archivalischen Texten als ihre Vorgesetzten bekannten „Aufseher“ (ugula):

> RU-lugal-ra anše sa$_{6}$-ga u$_{3}$-na-du$_{2}$ ugula-ne$_{2}$ ga-še$_{3}$-sa$_{10}$ u$_{3}$-na-du$_{11}$ u$_{4}$-da/u$_{3}$-da mu-še$_{3}$-sa$_{10}$-sa$_{10}$ ku$_{3}$ ša$_{3}$-ŋa$_{2}$ a-sa$_{6}$-ga la$_{2}$-ma u$_{3}$-na-du$_{11}$ u$_{4}$-da nu-še$_{3}$-sa$_{10}$-sa$_{10}$/u$_{4}$ nu-še$_{3}$-sa$_{10}$-sa$_{10}$-a ugula libiš(AB$_{2}$.ŠA$_{3}$)-be$_{2}$ na-na-ta$_{3}$-ge
>
> „Wenn einem RU-lugal ein guter Esel geboren wird (und) sein Aufseher zu ihm sagt: ‚Ich will ihn von dir kaufen!‘ – ob der RU-lugal zu ihm sagt ‚Wenn du ihn von mir kaufst, dann zahle mir das Silber, das mich zufriedenstellt!‘, (oder) ob er ihm (den Esel) nicht verkauft, der Aufseher soll ihn den Zorn darüber nicht spüren lassen!“ (*RIME* 1.9.9.1 xi 20–31)

Eine ähnliche Regelung schützt den RU-lugal vor der Nötigung zum Verkauf seines Hauses durch einen „Großen“ (lu$_{2}$ gu-la):

> e$_{2}$ lu$_{2}$ gu-la-ke$_{4}$ e$_{2}$ RU-lugal-ka a-us$_{2}$-sa/ab-us$_{2}$-sa lu$_{2}$ gu-la-be$_{2}$ ga-še$_{3}$-sa$_{10}$ u$_{3}$-na-du$_{11}$ u$_{4}$-da/u$_{3}$-da mu-še$_{3}$-sa$_{10}$-sa$_{10}$ ku$_{3}$ ša$_{3}$-ga a-sa$_{6}$-ga la$_{2}$-ma e$_{2}$-ŋu$_{10}$ šen-nam še si-ma-ni u$_{3}$-na-du$_{11}$ u$_{4}$-da/u$_{3}$-da nu-še$_{3}$-sa$_{10}$-sa$_{10}$ lu$_{2}$ gu-la-be$_{2}$ RU-lugal-ra libiš-be$_{2}$ na-na-ta$_{3}$-ge
>
> „Wenn das Haus eines RU-lugal an das Haus eines ‚Großen‘ angrenzt (und) dieser ‚Große‘ zu ihm sagt: ‚Ich will es von dir kaufen!‘ – ob der RU-lugal zu ihm sagt: ‚Wenn du es von mir kaufst, dann zahle mir das Silber, das mich zufriedenstellt. Mein Haus ist eine Truhe, füll sie mir mit Gerste!‘, (oder) ob er ihm (das Haus) nicht verkauft, dieser ‚Große‘ soll den RU-lugal den Zorn darüber nicht spüren lassen!“ (*RIME* 1.9.9.1 xi 32–xii 11)

Da die RU-lugal die Masse der „(Arbeits-)Truppen“ (sur$_{x}$) und den Kern des Heeres bildeten und damit eine staatstragende Bedeutung hatten, könnte man vermuten, dass sich Urukagina durch diese Neuregelungen den Rückhalt dieser Gruppe sichern wollte, darauf verweisen, dass Urukagina zur Zeit des Lugalanda als ranghoher militärischer Befehlshaber selbst mit dieser Gruppe verbunden war, und hierin Regelungen zum Schutz der „königlichen Gefolgsleute“ sehen, die letztlich der Festigung von Urukaginas Machtposition dienten.[93] Der folgende Passus benennt die RU-lugal hingegen nicht als die Opfer, sondern als die Täter missbräuchlichen Verhaltens und zeigt, dass das den RU-lugal-Regelungen zu

92 Zu den *rēdûm* and *bā’irum* im *Codex Hammurabi* und in altbabylonischen Erlassen siehe Stol 2004, 787–788, 789–790, 796, 820.

93 Schrakamp 2015a, 311; Schrakamp/Zólyomi 2024, 18.

Grunde liegende Prinzip in der vertikalen Solidarität respektive ihrer Verletzung bestand. Der besagte Missbrauch lautet folgendermaßen:

> RU-lugal-ke$_4$ saŋ aša$_5$-ga-na-ka pu$_2$ i$_3$-ni-du$_3$ igi-nu-du$_8$ ba-dab$_5$ a-muš-ša$_4$ aša$_5$-ga ŋal$_2$-la-a igi-nu-du$_8$ ba-dab$_5$
> „Wenn ein RU-lugal an der Schmalseite seines Feldes einen *Brunnen* errichtet hatte, nahm er für sich einen *Blinden*. An den *Schlangenwasserkanälen*, die auf den Feldern lagen, nahm er (ebenso) für sich einen *Blinden*." (*RIME* 1.9.9.1 vii 17–25)

Hier erscheint der RU-lugal im Gegensatz zu einem Angehörigen der – sekundär – als „Blinde" (igi-nu-du$_8$) bezeichneten Gruppe. Den archivalischen Texten zufolge waren die „Blinden" unspezialisierte Arbeitskräfte, die niedrige Rationen erhielten, verkauft werden konnten und daher am unteren Ende der sozialen Leiter standen.[94] Der eigentliche Missbrauch bestand wohl darin, dass der RU-lugal den niedriggestellten „Blinden" zur Arbeit auf seinem Subsistenzfeld heranzog, das eigentlich er selbst hätte bewirtschaften müssen.[95] Der entsprechenden, aber leicht abweichenden und nicht vollständig erhaltenen Passage einer jüngeren Fassung der *„Reformtexte"* zufolge bestand der Missbrauch anscheinend darin, dass der RU-lugal dem „Blinden" das Trinkwasser und womöglich den Lohn der geleisteten Arbeit vorenthielt (*FAOS* 5/1 Ukg. 6 = *RIME* 1.9.9.3 ii 0′–9′).[96] Da einige „Aufseher" (ugula) der RU-lugal zu der höheren Schicht von Funktionären gehörten, die als „Männer, die den Blick umherschweifen lassen" (lu$_2$ igi-niĝen$_2$) summiert werden, könnte man darin ein Antonym zu den „Blinden" (igi-nu-du$_8$) und damit einen ähnlichen Gegensatz wie in „Waise und Witwe" (nu-siki nu-ma-kuš) gegenüber dem „Mächtigen" (lu$_2$ a$_2$ tuku) vermuten, der in Abschnitt 6 der *„Reformtexte"* das Prinzip vertikaler Solidarität nuanciert.[97]

Da Urukagina sich verpflichtet, „Waise und Witwe" (nu-siki nu-ma-kuš) vor dem „Mächtigen" (lu$_2$ a$_2$ tuku) zu schützen, und da die drei vorangegangenen Beispiele mit den *„Blinden"* (igi-nu-du$_8$), den *„Gefolgsleuten des Königs"* (RU-lugal), ihren „Aufsehern" (ugula) und „Großen" (lu$_2$ gu-la) ebenfalls Angehörige der niedrigsten bis höchsten Schichten nennen, lässt sich *vertikale Solidarität* als Grundgedanke der *„Reformtexte"* bestimmen.

4.2.2 Habgier

Nachdem *vertikale Solidarität* anhand von Schlussteil und Einzelregelungen als Grundprinzip von Urukaginas Erlassen identifiziert wurde, sei erneut auf Assmann verwiesen, der *Habgier* als das Gegenteil vertikaler Solidarität bestimmt:

94 Zu den igi-nu-du$_8$ siehe Selz 1995a, 51, 57–58, 82 sowie Prentice 2010, 22–29, zu igi-nu-du$_8$ als sekundäre Bezeichnung eines sozialen Status siehe Schrakamp 2014, 721–722 Anm. 112 mit Literatur.

95 Schrakamp 2017a, 64–65; 2018, 180.

96 Schrakamp/Zólyomi 2024, 18–19

97 Schrakamp/Zólyomi 2024, 19.

> „Wenn Ma'at eine positive ‚soziogene' Energie darstellt, die Kohärenz und Einklang stiftet (…) auf den (…) Ebenen (…) der Gesellschaft und der Person, dann ist Habgier das destruktive Prinzip (…) , das (…) zerstörerisch wirkt. Habgier zerstört die sozialen Bindungen (…)".[98]

Der Gegensatz zwischen *vertikaler Solidarität* und *Habgier* eröffnet eine weitere vielversprechende Perspektive auf die *„Reformtexte"* und verhilft zu einem nuancierten Verständnis verschiedener Missbräuche, deren Behebung Urukagina proklamiert. Der erste Missbrauch der ältesten Version benennt einen als lu$_{2}$ ma$_{2}$-DU.DU bezeichneten Funktionär als Übeltäter:

> lu$_{2}$ ma$_{2}$-DU.DU-ke$_{4}$ ma$_{2}$ e-dab$_{5}$
> „der *Mann der Bootstransporte* hatte die Boote übernommen." (*RIME* 1.9.9.1 iii 5–6)

Lesung und Bedeutung dieser Berufsbezeichnung sind kontrovers, jedoch erwägt Selz aufgrund der Variante lu$_{2}$ ma$_{2}$-DU.DU-da-ke$_{4}$ in einer späteren Fassung der *„Reformtexte"* (*FAOS* 5/1 Ukg. 1–3 = *RIME* 1.9.9.2 iv 10–11) in Anlehnung an das spätere lu$_{2}$ ma$_{2}$-gid$_{2}$ die Lesung lu$_{2}$ ma$_{2}$-gid$_{x}$(DU.DU) und eine Deutung im Sinne von *„Mann des Boote-Ziehens"*.[99] Auf eine solche Funktion deutet auch eine Urkunde aus Urukaginas erstem Regierungsjahr (Ukg. E 1), nach der der lu$_{2}$ ma$_{2}$-DU.DU die Verladung von Hölzern aus einem Hain des Bau-Tempels beaufsichtigte:

> 2,21 ^{ŋeš}ŋušur enim-du$_{11}$-ga lu$_{2}$ ma$_{2}$-DU.DU-da-ke$_{4}$ ter abbar^{ki} ^{d}ba-bu$_{11}$-ta ma$_{2}$-a e-me-ŋar en-ig-gal NU-banda$_{3}$[100] mu-na-šid eri-enim-ge-na ensi$_{2}$ lagas$_{x}$(NU$_{11}$.BUR)$^{la.ki}$ 1C+AŠ
> „141 Holzbalken hat Enimduga, der *Mann der Bootstransporte,* aus dem Terabbar(-Hain) der Bau auf Boote verladen. Eniggal, der Generalverwalter, hat sie ihm vorgezählt. Urukagina, Stadtfürst von Lagasch. Jahr 1." (*DP* 435, Ukg. E 1)

Den übrigen Urkundenbelegen zufolge zählte der lu$_{2}$ ma$_{2}$-DU.DU zu den ranghöchsten Funktionären, gehörte aber nicht dem e$_{2}$-mi$_{2}$ bzw. e$_{2}$ ^{d}ba-bu$_{11}$ an und war daher wahrscheinlich ein ranghoher Palastbeamter:[101] Im ersten Jahr des Lugalanda erscheint der lu$_{2}$ ma$_{2}$-DU.DU neben Angehörigen der Herrscherfamilie und Würdenträgern anderer Institutionen unter den Empfängern von „Gerste-, Emmer- und Gemüsezuteilungen am Fest der Bau" (še-ba ziz$_{2}$-ba niŋ$_{2}$-sa-ḫa-ba izim ^{d}ba-bu$_{11}$-ka) und damit in einem Personenkreis, der ausschließ-

98 Assmann 1990, 87.
99 Selz 1998b, 255–259; Schrakamp/Zólyomi 2024, 20.
100 Zur Lesung siehe Bauer 2009, 252; Attinger 2021, 816 Anm. 2461; 2023, 1058–1059 Anm. 3760.
101 Da der lu$_{2}$ ma$_{2}$-DU.DU wie etwa die „Tempelverwalter" (saŋŋa) meist nur durch seine Berufsbezeichnung bzw. seinen Titel identifiziert wird, existierte wohl nur ein einziger Funktionär in dieser Stellung; vgl. Foxvog 2014, 11 und Balke 2017, 192.

lich hochgestellte Individuen umfasste (*RTC* 61 Rs. v 14).[102] In Lugalandas viertem Jahr bringt seine Ehefrau (dam lu$_2$ ma$_2$-DU.DU-ka) zum Anlass der Geburt einer Tochter durch die Stadtfürstengemahlin ein Schaf als maš-da-re-a dar – eine Abgabe, die von Funktionären und Individuen mittleren und hohen Ranges zu entrichten war (*Nik.* 1, 157 = *AWEL* 157 Vs. i 1–3).[103] Im selben Jahr empfängt sie „reine Milch und reines Malz" (ga ku$_3$ munu$_4$) als Gaben, die die als „Leute, die den Blick umherschweifen lassen" (lu$_2$ igi-niŋen$_2$) bezeichneten, hochrangigen Aufseher des e$_2$-mi$_2$ bzw. e$_2$ ^{d}ba-bu$_{11}$ den Ehefrauen auswärtiger Würdenträger darbrachten, und erscheint damit ebenfalls als Teil eines Personenkreises, der auf die Elite beschränkt war (*VS* 14, 173 = *AWL* 73 Rs. ii 13–14).[104] In diesem Kontext erscheint sie nochmals im vierten und fünften Jahr des Lugalanda (*DP* 132 Rs. iii 15; *DP* 226 Rs. ii 9, Lug. 4 und 5), in Urukaginas Akzessionsjahr (*DP* 133 Rs. v 12, Ukg. E 1) und zuletzt in seinem zweiten Jahr als König (*TSA* 5 Rs. iv 3). Der lu$_2$ ma$_2$-DU.DU und seine Frau zählten demnach zur Elite und waren in ein Netzwerk des Gabentauschs eingebunden, der als Form der Reziprozität, die Prentice neben Redistribution und kommerziellem Austausch als einen der drei grundlegenden Mechanismen der Wirtschaft des Staates identifiziert, zum Zusammenhalt von Gesellschaft und Staat beitrug.[105]

Während vertikale Solidarität respektive Reziprozität soziale Bindungen stärken, zerstört Habgier diese Bindungen – eine Opposition, die diverse weitere Neuregelungen erklären dürfte. Da der lu$_2$ ma$_2$-DU.DU der oben zitierten Verwaltungsurkunde zufolge für die Verschiffung tempeleigener Hölzer verantwortlich war (*DP* 435), bestand der in den *„Reformtexten"* durch ihn verübte Verstoß vermutlich in der unrechtmäßigen Aneignung von Booten und/oder Ladung und damit in der Unterschlagung institutionellen Eigentums, so dass Urukagina die Absetzung dieses Funktionärs proklamiert:

> ma$_2$-ta lu$_2$ ma$_2$-DU.DU e-ta-ru
> „Er entfernte den *Mann der Bootstransporte* von den Booten." (*RIME* 1.9.9.1 viii 14–16)

Dass der jüngste Beleg für den lu$_2$ ma$_2$-DU.DU aus Urukaginas Akzessionsjahr (Ukg. E 1), also dem Jahr vor der Proklamation seiner Erlasse (Ukg. L 1) datiert – lediglich seine Gattin wird im Folgejahr ein letztes Mal erwähnt – deutet die tatsächliche Absetzung dieses Funktionärs an. Dies leitet über zur Frage, ob die proklamierten Maßnahmen als bloße Propaganda abzutun sind oder tatsächlich umgesetzt wurden.

---

102 Zur Textgruppe siehe Selz 1995a, 70–72; Prentice 2010, 178–179.

103 Zur Textgruppe siehe Prentice 2010, 187–197; Paoletti/Schrakamp 2012–2014, 163; Sallaberger 2018a.

104 Zur Textgruppe siehe Selz 1995a, 70–72; Prentice 2010, 178–179.

105 Prentice 2010, bes. 212–213.

4.3 Herrscherpropaganda oder tatsächliche Umsetzung?

Die Frage, ob die von Urukagina verkündeten Maßnahmen als bloße Propaganda abzutun sind oder tatsächlich umgesetzt wurden, ist für die historische wie rechtsgeschichtliche Bewertung der *„Reformtexte"* zentral (siehe oben 3.). Während die frühe Forschung die Umsetzung der proklamierten Neuregelungen im Anschluss an Deimels Arbeit kaum hinterfragt, betrachtet sie die jüngere Forschung in Anlehnung an Hruška und Edzard zumeist mit Skepsis und vermutet das zentrale Anliegen der *„Reformtexte"* in legitimatorischen und ideologischen Aspekten. Überraschenderweise steht eine systematische Auswertung der *„Reformtexte"* vor dem Hintergrund der gleichzeitigen archivalischen Texte noch aus.[106] Da bisherige Versuche, die beschriebenen Missbräuche und Neuregelungen mit den archivalischen Texten zu korrelieren, selten über die allgemeine Feststellung hinausgehen, dass beide Textgruppen auf dieselben Wirtschaftsbereiche, Institutionen und Berufsgruppen Bezug nehmen und ein überzeugender Nachweis für die Implementierung der Maßnahmen noch fehlt,[107] wird die tatsächliche Umsetzung auch in der jüngsten Forschung zumeist bezweifelt.[108] Da die *„Reformtexte"* jedoch in die Tradition der altorientalischen Erlasse gehören und Urukagina der rechtmäßige Nachfolger Lugalandas war, können legitimatorische oder propagandistische Zwecke kaum ihr zentrales Anliegen gewesen sein. Da zudem vereinzelte archivalische Texte Praktiken dokumentieren, die Urukagina den *„Reformtexten"* zufolge abschaffte, untersuchen die Verfasser des vorliegenden Beitrages die Frage, ob Urukagina die proklamierten Maßnahmen tatsächlich umsetzte, in einem rezenten Aufsatz, dessen wichtigste Punkte nachfolgend zusammengefasst werden.[109]

4.3.1 Der Text JCS 46, 11

Den Ausgangspunkt bildet die von Foxvog veröffentlichte Urkunde *JCS* 46, 11 aus dem vierten Jahr von Urukaginas Vorgänger Lugalanda. Diesem Text zufolge erhob der Stadtfürst von zwei „Hirten der Wollschafe" (sipa uda_x siki-ka), die bei der Schafschur als ḫa-ad bezeichnete „Wollschafe" (uda_x siki ḫa-ad) ablieferten, eine Zahlung in Höhe von fünf Schekel Silber pro Tier. Da mehrere Passagen der *„Reformtexte"* davon berichten, dass die „Hirten der Wollschafe" sowie weitere Funktionäre zur Zeit von Urukaginas Vorgängern eine Gebühr in Höhe von fünf Schekeln Silber für jedes als $ḫad_2$ qualifizierte Tier zu leisten hatten, wenn sie Wollschafe für die Schur zum Palast brachten, und Urukaginas Neuregelungen die Absetzung der offenbar zuständigen maškim-Beamten proklamieren, sieht Foxvog in *JCS* 46, 11 die Dokumentation einer den *„Reformtexten"* zufolge abgeschafften Verwaltungspraxis. Da Foxvog das nur im Zusammenhang mit der Schafschur bezeugte ḫa-ad/$ḫad_2$ als Bezeichnung besonders reiner Wolle deutet,

106 Vukosavović 2009, 14 Anm. 5; Schrakamp 2015a, 341.
107 Die ausführlichsten Zusammenstellungen liefern Hruška 1973 und Beld 2002, 79–84, 91–95.
108 So zuletzt Wilcke 2003, 24; 2007a, 24; Seminara 2015, 427–428; Steinkeller 2023, 18.
109 Schrakamp/Zólyomi 2025.

vermutet er, dass der Missbrauch in einer überhöhten oder unrechtmäßig erhobenen Gebühr bestand.[110] Steinkeller schließt sich Foxvogs Deutung an, vermutet in ḫa-ad/ḫad$_2$ über die spätere lexikalische Gleichung UD(.DA) = *ṣētu* „Hitze, Fieber" jedoch eine Bezeichnung für Tiere, die an Dehydrierung bzw. Hyperthermie verendet waren, und betrachtet den zu leistenden Silberbetrag als Straf- oder Kompensationszahlung, bei deren Erhebung der maškim eine Rolle spielte.[111] Der Frage, ob Urukagina diese Praxis tatsächlich abschaffte, gehen Foxvog und Steinkeller nicht nach.[112]

JCS 46, 11 stammt aus dem Bereich der Woll- und Textilproduktion, die einen wichtigen Wirtschaftszweig des e$_2$-mi$_2$ bzw. e$_2$ ^{d}ba-bu$_{11}$ bildete. Da Wolle als Ration an die Beschäftigten der Institution ausgegeben wurde und ein bedeutendes Exportgut im Austausch gegen strategische Ressourcen darstellte, unterhielt das e$_2$-mi$_2$ bzw. e$_2$ ^{d}ba-bu$_{11}$ Herden von „Wollschafen" (uda$_x$ siki-ka), die unter der Obhut mehrerer „Hirten der Wollschafe" (sipa uda$_x$ siki-ka) namens Lugaldanumea, Nigarmud und Ururindua samt „Assistenten" (gab$_2$-ra) standen, und beschäftigte gruppenweise unter Aufsehern (ugula ki siki-ka) organisierte Wollarbeiterinnen (ki-siki), die Wolle verarbeiteten und Textilien produzierten.

Obwohl die Tiere regelmäßig als „Eigentum" der Herrschergemahlin (uda$_x$ u$_2$-rum para$_{10}$-nam-tar-ra) bzw. der Göttin Bau (uda$_x$ u$_2$-rum ^{d}ba-bu$_{11}$) und damit als Eigentum von „Frauenhaus" (e$_2$-mi$_2$) bzw. Bau-Tempel (e$_2$ ^{d}ba-bu$_{11}$) ausgewiesen werden, zeigen Urkunden über Lieferungen von Wollschafen für die Schur (*CST* 1; *DP* 88; *DP* 258; *RTC* 40; *VS* 14, 73; *VS* 25, 55), dass die Kontrolle über die Wolle in den Händen des Herrschers lag. Sie nennen Zahlen von 40 bis 80 Tieren und dokumentieren, dass der Herrscher die durch die „Hirten der Wollschafe" abgelieferten Tiere im Palast raufte (ensi$_2$-ke$_4$ e$_2$-gal-la e-ur$_4$, *VS* 14, 73 Rs. ii 2–4, vgl. *DP* 258 Vs. ii 6–iii 2; *RTC* 40 Vs. ii 1–4; *VS* 25, 55 Rs. ii 2–4), und benennen den Palast in Übereinstimmung mit den „*Reformtexten*" (*RIME* 1.9.9.3 i 16′–19′) als den Ort, an dem die Herrschergemahlin Herdeninspektionen vornahm (sa$_6$-sa$_6$ dam eri-enim-ge-na lugal lagas$_x$(NU$_{11}$.BUR)$^{la.ki}$-ka-ke$_4$ e$_2$-gal-la gurum$_2$-be$_2$ e-a$_5$, *DP* 88 Rs. iii 1–6). Die Schafschurtexte zeigen somit, dass die Produktion von Wolle und Textilien in den Händen des „Frauenhauses" bzw. „Tempels der Bau", die Kontrolle über die Produkte aber in den Händen von Herrscher und Palast lag, und zeichnen Wolle und Textilien – wie in den präsargonischen Texten aus Nabada und Ebla – als Palastgüter aus.[113]

JCS 46, 11 bezieht sich auf das „Raufen" (ur$_4$) von „Wollschafen" (uda$_x$ siki) aus den Herden der bekannten „Hirten der Wollschafe" (sipa uda$_x$ siki-ka) Nigarmud, Ururindua und Lugaldanumea im „Palast" (e$_2$-gal), nennt mit „ḫa-

110 Foxvog 1994.
111 Steinkeller 2023, 15, 29–33.
112 Siehe dazu Schrakamp/Zólyomi 2025.
113 Schrakamp 2013a; Sallaberger 2013; 2014; Schrakamp/Zólyomi 2025, 97–98.

ad/ḫad$_2$-Wollschafen" (uda$_x$ siki ḫa-ad) einen nur in den Schafschur- und den *„Reformtexten"* belegten Begriff und gehört in denselben Kontext:

> 4 uda$_x$[114] siki ḫa-ad, niŋar$_3$-mud, 1 u[d]a$_x$ ˹ur˺-u[ri$_3$-du$_3$]-˹a˺, ensi$_2$-[k]e$_4$, uda$_x$ ˹siki u$_4$˺ ur$_4$-r[a], ˹za$_3$˺ š[u$_4$-a], ku$_3$ 5 giŋ$_4$-ta, gu$_2$-ne-ne-a, e-ne-˹ŋar˺, para$_{10}$-n[am-tar]-ra, dam lugal-an-da, ensi$_2$, lagas$_x$(NU$_{11}$.BUR)$^{la.ki}$-ka 4c+AŠ
>
> „4 … Wollschafe: Nigarmud, 1 (… Woll-)Schaf: Ururindua. Als die Wollschafe gerauft und markiert wurden, hat der Stadtfürst ihnen dies(e Schuld), jeweils fünf Schekel Silber (pro Schaf), auf ihre Sollkonten gesetzt. Baranamtara, die Gemahlin des Lugalanda, des Stadtfürsten von Lagasch. Jahr 4." (*JCS* 46, 11, Lug. 4)[115]

Da der Buchhaltungsterminus gu$_2$-…-a – ŋar „auf das Sollkonto setzen" nur im Kontext mit Defiziten und der Nichterfüllung von Lieferungsverpflichtungen erscheint,[116] dokumentiert *JCS* 46, 11 offenbar die Festsetzung einer Ersatzzahlung. Die Schafschurtexte *DP* 258 und *VS* 14, 73 bestätigen diese Schlussfolgerung. Sie summieren 63 bzw. 68 Tiere unter drei Buchhaltungskategorien: (1) „Schafe der Tafel" (uda$_x$ dub-kam) umfasst bis zu 90 % der Tiere, erscheint z.B. auch in Getreidelieferungen (še-ŋar ziz$_2$-ŋar) im Zusammenhang mit Futtergetreide (*DP* 156 Vs. vi 9), fehlt aber, wenn keine anderen Kategorien ausgewiesen sind (*VS* 14, 73 Vs. iii 5–6) und bezeichnet daher die planmäßig einzuliefernde Anzahl von Tieren. (2) Einzelne Tiere werden als maš-da-re-a-Abgaben der jeweiligen Hirten bezeichnet. (3) Stückzahlen von ein bis zwei Tieren erscheinen unter dem Vermerk „Wollschafe, es ist geleisteter Ersatz für ḫad$_2$-Wolle" (uda$_x$ siki lu$_5$-gu aka siki ḫa-ad/ḫad$_2$-kam, *DP* 258 Vs. i 3–5; *VS* 14, 73 Vs. i 2–3, ii 6–7).[117] *VS* 14, 73 lautet:

> 20 uda$_x$ siki, uda$_x$ dub-kam, 2 uda$_x$ siki, lu$_5$-gu aka siki ḫad$_2$-kam, 1 uda$_x$ siki, maš-da-re-a-ne$_2$, ba-ŋar, niŋar-mud, 23 uda$_x$ siki, uda$_x$ dub-kam, 1 uda$_x$ siki, lu$_5$-gu aka siki ḫad$_2$-kam, 1 uda$_x$ siki, maš-da-re-a-ne$_2$, ba-ŋar, ur-urin-du$_3$-a, 20 uda$_x$ siki, lugal-da-nu-me-a, šu-niŋen$_2$ 1,08 uda$_x$ siki, uda$_x$ u$_2$-rum, para$_{10}$-nam-tar-ra, dam lugal-an-da, ensi$_2$, lagas$_x$(NU$_{11}$.BUR)$^{la.ki}$-ka, ensi$_2$-ke$_4$, e$_2$-gal-la, e-ur$_4$ 5c+AŠ
>
> „20 Wollschafe: es sind Schafe der Tafel, 2 Wollschafe: sie sind geleisteter Ersatz für ḫa-ad/ḫad$_2$-Wolle, 1 Wollschaf: es ist seine maš-da-re-a(-Lieferung), … Nigarmud. 23 Wollschafe: es sind Schafe der Tafel, 2 Wollschafe: sie sind geleisteter Ersatz für ḫa-ad/ḫad$_2$-Wolle, 1 Wollschaf: es

114 Zur Lesung uda$_x$, uřa im 3. Jt. v. Chr. siehe de Maaijer/Jagersma 1997–1998, 286; Jagersma 2010, 44 Anm. 10; Meyer-Laurin 2010, 3 Anm. 9; Attinger 2011, 109–110.

115 Siehe die ausführlich kommentierte Bearbeitung in Schrakamp/Zólyomi 2025, 96–103.

116 Englund 1990, 93 Anm. 294; Selz 1993, 403; 1996, 41–42; 2011, 281–282, vgl. Foxvog 1994, 14–15.

117 Zu lu$_5$-gu aka siehe die ausführliche Diskussion und weiterführenden Literaturverweise in Schrakamp/Zólyomi 2025, 99–101.

ist seine maš-da-re-a(-Abgabe), … Ururindua. 20 Wollschafe: Lugaldanumea. Insgesamt 68 Wollschafe. Eigene Schafe der Baranamtara, der Gemahlin des Lugalanda, des Stadtfürsten von Lagasch. Der Stadtfürst hat sie im Palast gerauft. Jahr 5." (*VS* 14, 73 = *AWL* 174, Lug. 5)

Dieser Befund schließt die von Foxvog vorgeschlagene Deutung von ḫa-ad/ḫad₂ als Bezeichnung für besonders reine Wolle aus und stützt Steinkellers Vorschlag, dass ḫa-ad/ḫad₂ eine Krankheit bezeichnet. Da sich ḫa-ad/ḫad₂ jedoch nicht auf die Tiere, sondern ihre Wolle bezieht, und da die *„Reformtexte"* zeigen, dass als ḫa-ad/ḫad₂ qualifizierte Tiere zuerst zum Palast gebracht und dann gerauft wurden (*RIME* 1.9.9.3 i 16′–19′), kann Steinkellers Annahme, dass ḫa-ad/ḫad₂ in Anlehnung an UD(.DA) = *ṣētu* „Hitze, Fieber" an Dehydrierung bzw. Hyperthermie verendete Tiere bezeichnet, nicht zutreffen. Stattdessen muss eine Krankheit gemeint sein, die den Wollertrag drastisch verschlechterte, aber nicht unbedingt zum Tod der Tiere führte, so dass unter Berücksichtigung gleichzeitiger archivalischer Texte aus Nippur und späterer medizinischer Texte an die Hautkrankheit UD(.DA) = *ṣītu* zu denken ist. Für Schafe „mit beschädigtem Vlies" (bar tub₂-ba) waren demgegenüber deutlich niedrigere Ersatzzahlungen von ¼ bis ½ Schekel zu leisten (siehe unten 4.3.3).[118]

Nach *JCS* 46, 11 hatten Nigarmud und Ururindua zum Zeitpunkt der Schur offenbar keine gesunden Wollschafe als Ersatz für ḫa-ad/ḫad₂-Wolle beigebracht, wie sie die oben genannten Schafschurtexte verbuchen, so dass der Stadtfürst sie mit einer Gebühr von fünf Schekel Silber pro Tier belastete. Dass auch Angehörige anderer Hirtenberufe beschädigte und verlorengegangene Häute und verendete Tiere dem „Frauenhaus" bzw. „Tempel der Bau" gegenüber zu „erstatten" hatten (šu-a – gi₄) und diese Erstattungen nach *DP* 103 wie im Fall einer Färse in Form von Silber geleistet werden konnten, bestätigt diese Deutung.[119] *JCS* 46, 11 dokumentiert folglich die Erhebung einer Erstattungszahlung für nicht ersetzte Wollschafe bzw. Wolle, die nicht verwertbar war.

Ersatzleistungen bei Nichterfüllung von Lieferungsverpflichtungen sind für die Ur III-Zeit gut dokumentiert,[120] und dem *Codex Hammurabi* (§§ 266–267) sowie altbabylonischen Herdenverträgen zufolge hatten Hirten für verendete Tiere ihren Eigentümern Ersatz zu leisten.[121]

4.3.2 Die „Reformtexte" im Licht von JCS 46, 11

Vor dem administrativen Hintergrund von *JCS* 46, 11 lassen sich die entsprechenden Passagen der *„Reformtexte"* interpretieren. Die älteste Version der *„Reformtexte"* nimmt folgendermaßen auf die in *JCS* 46, 11 dokumentierte Praxis Bezug:

118 Schrakamp/Zólyomi 2025, 104.
119 Sallaberger 2005, 243, 244, 249–250.
120 Waetzoldt/Sigrist 1993, 275–276; Wilcke 2005.
121 Stol 2004, 951; Steinkeller 2023, 30–31 Anm. 65; Oelsner 2022, 377 Anm. 4.

sipa uda$_x$ siki-ka-ke$_4$-ne bar uda$_x$ ḫad$_2$-ka ku$_3$ be$_2$-ŋar-re$_2$-eš$_2$[122] lu$_2$ eše$_2$ gid$_2$ gala-maḫ agrig lu$_2$-babir$_3$ ugula-ugula-ne bar sila$_4$ gaba-ka-ka ku$_3$ be$_2$-ŋar-re$_2$-eš$_2$
„Die Hirten der Wollschafe *zahlten* wegen eines …-Schafes Silber *als Entschädigung*. Die Feldvermesser, die Klagesänger, die Verwalter, die Brauer (und) alle Aufseher *zahlten* wegen eines (fehlenden oder …) Opferlamms Silber *als Entschädigung*." (*FAOS* 5/1 Ukg. 4–5 = *RIME* 1.9.9.1 iii 18–iv 8)[123]

Der entsprechende Passus einer jüngeren Version der „*Reformtexte*" lässt sich nach Foto entsprechend ergänzen:

[sipa *u]da$_x$ [siki-ka-ke$_4$-ne] [lu$_2$ eše$_2$ gid$_2$-ke$_4$-ne (?)] [agrig-ge-n]e ugula-ne gala-e-ne engar-re$_2$-ne lu$_2$-babir$_3$-ke$_4$-ne uda$_x$ siki u$_3$-mu-de$_6$ e$_2$-gal-la u$_3$-ur$_4$ u$_4$-da uda$_x$ e-ḫad$_2$ siki-be$_2$ e$_2$-gal-la a-ba-ku$_x$ ku$_3$ giŋ$_4$ 5-am$_6$ e-ŋa$_2$-ŋa$_2$-ne
„Wenn die Hirten der Wollschafe, Feldvermesser, Verwalter, Aufseher, Klagesänger, Bauern (und) Brauer Wollschafe gebracht hatten (und) sie im Palast gerauft wurden – wenn ein Schaf … war, nachdem es in den Palast eingeliefert wurde, *zahlten* sie fünf Schekel Silber *als Entschädigung*." (*RIME* 1.9.9.3 i 10'–21')[124]

Urukaginas Neuregelung verbindet diese Praxis mit dem maškim:

bar uda$_x$ ḫad$_2$-ka bar sila$_4$ gaba-ka-ka ku$_3$ a-ŋa$_2$-ŋa$_2$-da maškim-be$_2$ e-ta-ru
„Er (= Urukagina) setzte den dafür, dass wegen eines … Wollschafes (und) wegen eines (fehlenden oder …) Opferlammes Silber *als Entschädigung zu zahlen* war, (verantwortlichen) Bevollmächtigten ab." (*RIME* 1.9.9.1 viii 28–ix 1)

Die „*Reformtexte*" beklagen ferner, dass im ganzen Land Leute als maškim fungieren (ki-sur-ra ^{d}nin-ŋir$_2$-su-ka-ta a-ab-še maškim di e-ŋal$_2$-lam, *RIME* 1.9.9.1 vii 12–16),[125] und proklamieren ihre Absetzung (ki-sur-ra ^{d}nin-ŋir$_2$-su-ka-ta a-ab-še maškim lu$_2$ nu-e, *RIME* 1.9.9.1 ix 22–25),[126] ohne aber die Funktion des maškim zu spezifizieren. Da die „*Reformtexte*" aber zudem die Absetzung eines maškim im Kontext mit dubsig-Abgaben proklamieren, die alle Tempelverwalter an den Palast zu entrichten hatten (dubsig saŋŋa-saŋŋa-ne e$_2$-gal-še$_3$ mu-IL$_2$-a maškim-be$_2$ e-ta-ru, *RIME* 1.9.9.1 ix 2–6),[127] ist an-

122 Zu be$_2$-ŋar-re$_2$-eš$_2$ „sie *zahlten als Entschädigung*" siehe Schrakamp/Zólyomi 2025, 100–101
123 Zu sila$_4$ gaba „Opferlamm" siehe die Diskussion in Schrakamp/Zólyomi 2025, 103 Anm. 81.
124 Zur Lesung und Deutung siehe Schrakamp/Zólyomi 2025, 104.
125 Zur Lesung und Deutung siehe Schrakamp/Zólyomi 2025, 105.
126 Zur Lesung und Deutung siehe Schrakamp/Zólyomi 2025, 105 mit Anm. 95.
127 Zur Lesung und Deutung siehe Schrakamp/Zólyomi 2025, 105 mit Anm. 93.

zunehmen, dass er für die Erhebung dieser Abgaben zuständig war.[128] Vor diesem Hintergrund ist zu vermuten, dass die in den mit *JCS* 46, 11 zu verbindenden Passagen der *„Reformtexte"* genannten maškim für die Autorisierung, Erhebung oder Eintreibung der erhobenen Entschädigung verantwortlich waren. Dass *JCS* 46, 11 keinen maškim erwähnt, erklärt sich dadurch, dass der Herrscher die Gebühr selbst erhob und daher keines Repräsentanten bedurfte.

4.3.3 Die Umsetzung der proklamierten Maßnahmen im Fall des maškim

Nachfolgend wird anhand von archivalischen Texten mit Nennung des maškim im Zusammenhang mit Lieferungsrückständen und Silberzahlungen untersucht, ob die in den *„Reformtexten"* proklamierte Absetzung dieses Beamten tatsächlich erfolgte. Dabei ist wichtig, (1) dass maškim keinen Beruf, sondern eine auf eine bestimmte Verwaltungs- oder Rechtssache beschränkte, temporäre Funktion bezeichnet, auf die Vermerke wie „Galatur, der Soldat, war der zuständige maškim" Bezug nehmen (*VS* 14, 20 Rs. ii 1–3), (2) dass die Funktion des maškim nicht spezifiziert wird,[129] und (3) dass maškim-Beamte unter Enentarzi und Lugalanda vergleichsweise häufig, unter Urukagina hingegen seltener erscheinen.[130] In sargonischen Texten tragen maškim in der Regel akkadische Namen, greifen als Repräsentanten der Krone in die Provinzverwaltung ein und werden bisweilen als „königliche maškim" (maškim lugal) bezeichnet. Ur III-Texte belegen neben ihrer Rolle bei Gericht vergleichbare Funktionen.[131]

DP 278 und *VS* 14, 20 nennen maškim-Beamte im Kontext der Fischerei. Das e₂-mi₂ bzw. e₂ ᵈba-bu₁₁ unterhielt rund 50 Fischer, die in Gruppen unter „Aufsehern" (ugula) organisiert waren und ihren Fanggründen entsprechend als „Meeresfischer" (šukud₂ ab-ba), „Süßwasserfischer" (šukud₂ a du₁₁-ga) etc. bezeichnet werden. Da Meerestiere frei verfügbar waren, unterlagen die Fischer Lieferungsverpflichtungen, unter denen der „Fisch der Tafel" (ku₆ pansur) und der „dubsig-Fisch" (ku₆ dubsig) die wichtigsten waren.[132] *VS* 14, 20, prosopographisch auf das erste Jahr von Urukaginas Vorgänger Lugalanda (Lug. 1) zu datieren, dokumentiert, dass Schubur, der „Generalverwalter" (NU-banda₃) der Institution, die Sollkonten von drei bekannten „Aufsehern" (ugula) Nesag, Schubur und Lugalschalatuku wegen Nichterfüllung ihrer Lieferungsverpflichtung mit Beträgen von 15, 10 und 5 Schekel Silber belastete, und benennt Galatur, den „Soldaten" (aga₃-us₂), der aus anderen Texten zudem als „Aufseher" (ugula) bekannt ist, als maškim:

128 So beispielsweise auch Selz 1996, 71–72; Beld 2002, 81, 93; Wilcke 2003, 24; 2007a, 24; Steinkeller 2023, 16.

129 Edzard/Wiggerman 1987–1990, 450–451; Englund 1990, 100 Anm. 320; Selz 1996, 56, 71–72, 420; Wilcke 2003, 40; 2007a, 40; Schrakamp 2014, 719–720.

130 Beld 2002, 92, 94.

131 Molina 2013, 127–128; 2014, 61; Schrakamp 2017b, 91–92, 97, 114; Culbertson 2018; Schrakamp 2020, 625, 654.

132 Englund 1990, 91–96; Selz 1996, 52–53; Bauer 1998, 543–544.

> 15 giŋ$_4$ ku$_3$, ne-saŋ, 10 subur, 10 lugal-ša$_3$-la-tuku, 5 nam-maḫ-ne$_2$, šukud$_2$ ab-ba-me, ku$_6$ bešeŋ ŋar-ra-še$_3$ nu-mu-de$_6$-a-ka-nam, subur, NU-banda$_3$, gu$_2$-ne-ne-a, e-ne-ŋar, gala-tur, aga$_3$-us$_2$, maškim-be$_2$ 1c+AŠ
>
> „15 Schekel Silber: Nesag, 10 (Schekel Silber): Lugalschalatuku, 5: Nammahne. Sie sind Meeresfischer. Weil sie den Fisch nicht gemäß dem *festgesetzten Korb* hergebracht haben, hat Schubur, der Generalverwalter, dies(e Schuld) auf ihre Sollkonten gesetzt. Galatur, der Soldat, war der zuständige maškim. Jahr 1." (*VS* 14, 20 = *AWL* 183).[133]

DP 278 aus dem zweiten Jahr des Lugalanda ist vergleichbar und nennt einen gewissen Damdingirmu als maškim, der vor dem Hintergrund von *VS* 14, 20 höchstwahrscheinlich mit dem bekannten „Aufseher" (ugula) der „Soldaten" (aga$_3$-us$_2$) bzw. RU-lugal zu identifizieren ist.

maškim-Beamte werden außerdem in einer Gruppe prosopographisch zusammengehöriger Texte aus dem Bereich der Kleinviehwirtschaft erwähnt. Sie zeichnen sich durch den Verwaltungsterminus bar tub$_2$-ba aus, der wörtlich „beschädigtes Vlies" bedeutet und entweder „Mutterschafe" bzw. „Schafböcke mit beschädigtem Vlies" (u$_8$ bar tub$_2$-ba, uda$_x$ ninta bar tub$_2$-ba) (VAT 4450 = *OrSP* 20, 28; *Genava* 26, 48–72 Nr. 7) oder aber „bar tub$_2$-ba-Silber" (ku$_3$ bar tub$_2$-ba), eine für Tiere mit beschädigtem Vlies zu entrichtende Ersatzzahlung, bezeichnet (*DP* 519; *Nik.* 1, 295–296 = *AWEL* 296–296; *RTC* 27; *VS* 14, 65 = *AWL* 183).[134] VAT 4450 dokumentiert, dass Eniggal, der Generalverwalter der Institution, 10 Mutterschafe und 5 Schafböcke mit beschädigten Vliesen „übernahm" (e-dab$_5$), „den Hirten auf ihre Sollkonten setzte" (sipa-de$_3$-ne gu$_2$-ne-ne-a e-ne-ŋar), und benennt Dingirbad als den zuständigen maškim (diŋir-bad$_3$ maškim-be$_2$):

> 1 u$_8$ bar tub$_2$-ba, 1 uda$_x$ ninta bar tub$_2$-ba, ur-saŋ, am-ma, 1 u$_8$, 1 uda$_x$ ninta, il$_2$, 1 u$_8$, ur-^{d}ba-bu$_{11}$, sipa maš, 1 u$_8$, lugal-me$_3$-tur-še$_3$-nu-še$_{27}$-ge, 1 u$_8$, ur-^{d}ba-bu$_{11}$, zur-zur, 1 uda$_x$ ninta, e-ta-e$_{11}$, lugal-teš$_2$-ŋu$_{10}$, 1 u$_8$, e-[ta-e$_{11}$], lu$_2$ [dub-ka], 1 u$_8$, lugal-šu$_{12}$-du$_{10}$-ga, 1 u$_8$, diŋir-i$_3$-kušu$_2$, 1 uda$_x$ ninta, lugal-nam-gu$_2$-su$_3$, 1 uda$_x$ ninta, [ur-saŋ], [dumu lugal-bad$_3$], [1 u$_8$], [lu]gal-sa$_6$-ga, 1 uda$_x$ ninta, amar-^{d}ezinan, šu-niŋen$_2$ 10$^{!}$ u$_8$ bar tub$_2$-ba, 5 uda$_x$ ninta bar tub$_2$-ba, zu$_2$-si uda$_x$ gal-gal-ka, en-ig-gal, NU-banda$_3$, e-dab$_5$, sipa-de$_3$-ne, gu$_2$-ne-ne-a, e-ne-ŋar, para$_{10}$-nam-tar-

133 Zur Lesung und Übersetzung siehe Jagersma 2010, 615, vgl. Bauer 1972, 526; Englund 1990, 99–100.

134 Zu bar tub$_2$-ba „beschädigtes Vlies" siehe grundlegend Hruška 1995, 86, 89 und Jagersma 1997, 510–511 sowie zusammenfassend und mit weiterführender Literatur Schrakamp 2013a, 448–449 Anm. 16 und Schrakamp/Zólyomi 2025, 107–108.

ra, dam lugal-an-da, ensi$_2$, lagas$_x$(NU$_{11}$.BUR)$^{la.ki}$-ka, diŋir-bad$_3$, maškim-be$_2$ 4C+AŠ

„1 Mutterschaf mit beschädigtem Vlies, 1 Schafbock mit beschädigtem Vlies: Ursag (von) Amma, 1 Mutterschaf, 1 Schafbock: Il, 1 Mutterschaf: Urbau, der Ziegenhirte, 1 Mutterschaf: Lugalmeturnuschege; 1 Mutterschaf: Urbau, der Tierpfleger, 1 Schafbock: Etae (von) Lugalteschmu; 1 Mutterschaf: Etae, der des ‚Mannes der Tafel' (?); 1 Mutterschaf: Lugalschuduga; 1 Mutterschaf: Dingirikusch; 1 Schafbock: Lugalnamgusu; 1 Schafbock: Ursag, Sohn des Lugalbad; 1 Mutterschaf: Lugalsaga; 1 Schafbock: Amaraschnan. Insgesamt 10 Mutterschafe mit beschädigtem Vlies, 5 Schafböcke mit beschädigtem Vlies. Bei der Schur der ausgewachsenen Schafe hat Eniggal, der Generalverwalter, sie übernommen. Dies(e Schuld) hat er den Hirten auf ihre Sollkonten gesetzt. Baranamtara, die Gemahlin des Lugalanda, des Stadtfürsten von Lagasch. Dingirbad war der zuständige maškim. Jahr 4." (VAT 4459 = *OrSP* 20, 28, Lug. 4)[135]

Der bar tub$_2$-ba-Text *RTC* 27 ordnet den in VAT 4459 genannten Hirten Beträge von Silber zu, die bei einer Relation von ¼ Schekel pro Mutterschaf und ½ Schekel pro Schafbock den in VAT 4459 registrierten Tieren entsprechen,[136] summiert diese Beträge als „bar tub$_2$-ba-Silber der Hirten" (ku$_3$ bar tub$_2$-ba sipa-de$_3$-ne-kam) und gibt an, dass „Dingirbad, der Aufseher", der in VAT 4459 als maškim erscheint, das Silber „einsammelte" (diŋir-bad$_3$ ugula e-ta-e$_{11}$). Vor dem Hintergrund von *VS* 14, 20 und *DP* 278 ist er höchstwahrscheinlich mit dem gleichnamigen „Aufseher" (ugula) der „Soldaten" (aga$_3$-us$_2$) bzw. RU-lugal gleichzusetzen. Der Text schließt mit dem Vermerk, dass Eniggal, der Generalverwalter der Institution, es der Herrschergemahlin „erstattete" (šu-na i$_3$-ni-gi$_4^!$(GI)):

1 giŋ$_4$ la$_2$ igi 4c-ŋal$_2$ ku$_3$ luḫ-ḫa, ur-saŋ, am-ma, 1 giŋ$_4$ la$_2$ igi 4c-ŋal$_2$ il$_2$, igi 4c-ŋal$_2$ ur-^{d}ba-bu$_{11}$, sipa maš, igi 4c-ŋal$_2$ lugal-me, igi 4c-ŋal$_2$ ur-^{d}ba-[bu$_{11}$], zur-zur, ½ giŋ$_4$ e-ta-e$_{11}$, lugal-teš$_2$-ŋu$_{10}$, igi 4c-ŋal$_2$, e-ta-e$_{11}$, lu$_2$ dub-ka, igi 4c-ŋal$_2$, lugal-šu$_{12}$-du$_{10}$-ga, en, igi 4c-ŋal$_2$ diŋir-i$_3$-kušu$_2$, ½ giŋ$_4$ ku$_3$, lugal-nam-gu$_2$-su$_3$, ½ giŋ$_2$ ur-saŋ, dumu lugal-bad$_3$, igi 4c-ŋal$_2$ lugal-sa$_6$-ga, ½ giŋ$_4$ amar-^{d}ezinam, kurušda, šu-niŋen$_2$ 5 giŋ$_4$ igi 4c-ŋal$_2$ ku$_3$ luḫ-ḫa, ku$_3$ bar tub$_2$-ba, sipa-de$_3$-ne-kam, diŋir-bad$_3$, ugula, e-ta-e$_3$, en-ig-gal, nu-banda$_3$, iti izim ^{d}ba-bu$_{11}$-ka, e$_2$-mi$_2$-a, e-la$_2$, para$_{10}$-nam-tar-ra, dam lugal-an-da, ensi$_2$, lagas$_x$(NU$_{11}$.BUR)$^{la.ki}$-ra, šu-na i$_3$-ni-gi$_4^!$(GI) 4C+AŠ

„1 Schekel minus ¼ (Schekel) gereinigtes Silber: Ursag (von) Amma; 1 Schekel minus ¼ (Schekel): Il; ¼ (Schekel): Urbau, der Ziegenhirte; ¼ (Schekel): Lugalme; ¼ (Schekel): Urbau, der Tierpfleger; ¼ (Schekel): Etae (von) Lugal-

135 Lesung nach Selz 1996, 417–421 und Jagersma 1997, 511.

136 Jagersma 1997, 511.

teschmu; ¼ (Schekel): Etae, der des ‚Mannes der Tafel‘ (?); ¼ (Schekel): Lugalschuduga, der en; ¼ (Schekel): Dingirikusch; ½ Schekel gereinigtes Silber: Lugalnamgusu; ½ Schekel: Ursag, der Sohn des Lugalbad; ¼ (Schekel): Lugalsaga; ½ Schekel: Amaraschnan, der Mäster. Insgesamt 5 Schekel (und) ¼ Schekel gereinigtes Silber. Es ist Silber (für) beschädigte Vliese. Es ist das Silber (für) beschädigte Vliese der Hirten. Dingirbad, der Aufseher, hat es eingesammelt (wörtlich ‚hat es herausgehen lassen‘).[137] Eniggal, der Generalverwalter, hat es im ‚Frauenhaus‘ gewogen. Er hat es der Baranamtara, der Gemahlin des Lugalanda, des Stadtfürsten von Lagasch, erstattet. Jahr 4.“ (*RTC* 27, Lug. 4)

Damit wird die Funktion des maškim deutlich: VAT 4459 dokumentiert, dass die Sollkonten der Hirten für Schafe mit beschädigten Vliesen belastet werden und Dingirbad als maškim fungiert. *RTC* 27 zeigt, dass Dingirbad die als Ersatz zu leistenden Silberbeträge einsammelte. Da die beiden übrigen bar tub$_2$-ba-Texte *VS* 14, 65 und *Genava* 26, 48–72 Nr. 7 einen vergleichbaren Befund zeigen – *Genava* 26, 48–72 Nr. 7 nennt mit Dɪutu eine weitere Person als maškim, die höchstwahrscheinlich als „Soldat“ (aga$_3$-us$_2$) zu identifizieren ist – , bestand die Aufgabe des maškim im Eintreiben ausstehender Zahlungen. Die durch den „Generalverwalter“ (ɴᴜ-banda$_3$) gegenüber der Herrschergemahlin vorgenommene „Erstattung“ (šu-a – gi$_4$) der ausstehenden Silberbeträge kennzeichnet den letzten Schritt einer administrativen *chaîne opératoire*, wie sie die oben im Kontext von *JCS* 46, 11 diskutierten Schafschurtexte dokumentieren. Dass *JCS* 46, 11 keinen maškim benennt, resultiert offenbar aus dem Umstand, dass der Stadtfürst den dokumentierten Verwaltungsvorgang selbst zeichnete und keinerlei Repräsentanten bedurfte.

Die „*Reformtexte*“ und archivalische Texte zeigen, dass der maškim zwischen dem Herrscherpaar bzw. ihren institutionellen Haushalten und den durch sie beschäftigten Fischern, Hirten usw. vermittelte, Buchungen von Rückständen autorisierte und entsprechende Ersatzzahlungen einzog. Dabei ist erstens bedeutend, dass sich die als maškim fungierenden Personen als „Aufseher“ (ugula) der „Soldaten“ (aga$_3$-us$_2$) bestimmen lassen. Dies entspricht den vermuteten polizeilichen Funktionen dieser Gruppe, deutet auf eine enge Bindung zum Herrscher und passt zu dem Befund, dass in anderen Kontexten bezeugte maškim „Adjutanten“ (sugal$_7$), „Ärzte“ (a-zu), „Köche“ (muḫaldim) und „Mundschenke“ (sagi) und folglich mit dem Hof assoziiert waren. Zweitens fällt auf, dass alle Belege für maškim im Kontext von Rückständen und entsprechenden Ersatzzahlungen aus der Zeit von Urukaginas Vorgänger Lugalanda datieren (*DP* 278; *Genava* 26, 48–72 Nr. 7; *RTC* 27; *VS* 14, 20; *VS* 14, 65; VAT 4459 = *OrSP* 20, 28). Dies stützt

137 Zu e-ta-e$_3$ „er hat es eingesammelt“, wörtlich „hat es herausgehen lassen“, siehe Jagersma 2010, 691 sowie Schrakamp/Zólyomi 2025, 108 mit Anm. 121. Sargonisch-akkadisch hat der Š-Stamm von *waṣûm*, *u$_2$-se$_{11}$-zi* /*yusēṣi*/ in *BIN* 8, 144, dieselbe Bedeutung.

Urukaginas Behauptung, dass nach der Proklamation seiner Maßnahmen „vom Grenzgebiet des Ningirsu bis zum Meer kein Mann (mehr) als maškim fungiert“ (*RIME* 1.9.9.1 ix 5–6, siehe oben 4.3.2).

Vergleichstexte aus der Zeit des Urukagina bestätigen diese Schlussfolgerung. Sie dokumentieren dieselben Verwaltungspraktiken und zeigen dieselben Urkundenformulare wie die Lugalanda-zeitlichen Texte, nennen jedoch keine maškim-Beamten mehr:[138] Die Duplikate *DP* 280//*DP* 281 dokumentieren, dass der „Generalverwalter“ der Institution die Sollkonten der „Meeresfischer“ aufgrund von Rückständen belastete. Sie entsprechen *VS* 14, 20 und *DP* 278, benennen aber keinen maškim:

> la$_2$-a ku$_6$, dubsig šukud$_2$ ab-ba-ke$_4$-ne-kam, iti izim munu$_4$ gu$_7$, ^{d}nin-ŋir$_2$-su-ka-ka, en-ig-gal, NU-banda$_3$, dub-be$_2$ e-neda(PI)-bala, gu$_2$-ne-ne-a, e-ne-ŋar
>
> „Es sind Fehlbeträge von dubsig-Fisch der Meeresfischer. Im Monat Fest: ‚Malzessen des Ningirsu‘ hat Eniggal, der Generalverwalter, sie auf ihre Tafel übertragen und ihnen auf ihren Sollkonten gesetzt.“ (*DP* 280//*DP* 281 Rs. i 1–ii 2, Ukg. L 3)[139]

DP 519 gehört zu den bar tub$_2$-ba-Texten. Der Text zeigt das gleiche Formular wie *RTC* 27 und *VS* 14, 65, nennt dieselbe Gruppe von Hirten und dokumentiert, dass Eniggal, der „Generalverwalter“ der Institution, der Herrschergemahlin bar tub$_2$-ba-Silber „erstattete“ (šu-na i$_3$-ni-gi$_4$). Im Gegensatz zu *RTC* 27 und *VS* 14, 65 konstatiert der Schlussvermerk jedoch, dass nicht die zuvor als maškim bestimmten Personen, sondern Eniggal selbst das Silber „einsammelte“ (e-ta-e$_3$). Dies bestätigt, dass die maškim unter Lugalanda zwischen dem „Frauenhaus“ (e$_2$-mi$_2$) und seinen Beschäftigten vermittelten, und zeigt, dass Urukagina diese Praxis abschaffte:

> šu-niŋen$_2$ ⅓-ša ma-na 1 giŋ$_4$ igi 4c-ŋal$_2$ ku$_3$ luḫ-ḫa, ku$_3$ bar tub$_2$-ba 5c+aš 6c+aš-kam,[140] en-ig-gal, NU-banda$_3$ e-ta-e$_3$, zu$_2$-si uda$_x$ gal-gal-ka, sa$_6$-sa$_6$, dam eri-enim-ge-na, ensi$_2$, lagas$_x$(NU$_{11}$.BUR)$^{la.ki}$-ka-ra, šu-na i$_3$-ni-gi$_4$ 1c+AŠ
>
> „Insgesamt ⅓ Mine 1 ¼ Schekel gereinigtes Silber. Es ist bar tub$_2$-ba-Silber von Jahr 5 (und) Jahr 6. Eniggal, der Generalverwalter, hat es eingesammelt. Bei der Schur der ausgewachsenen Schafe hat er es Sasa, der Gemahlin des Urukagina, des Stadtfürsten von Lagasch, erstattet. Jahr 1.“ (*DP* 519 Rs. iii 1–iv 9, Ukg. E 1)

---

138 Schrakamp/Zólyomi 2025, 109–110.

139 Siehe die Bearbeitung in Englund 1990, 91–93.

140 Zur Deutung Bauer 1972, 509; Schrakamp/Zólyomi 2025, 109.

Da auch vergleichbare Lugalanda-zeitliche Texte bisweilen keinen maškim nennen, ist noch undeutlich, was sein Auftreten bedingte;[141] das vollständige Fehlen Urukagina-zeitlicher Belege für maškim-Beamte im Kontext mit Lieferungsrückständen und Ersatzzahlungen zeigt jedoch zweifelsfrei, dass Urukagina die proklamierte Absetzung dieser Funktionäre tatsächlich umsetzte. Da die Praxis, Erstattungszahlungen zu erheben, jedoch dieselbe blieb, stellt sich die Frage, warum Urukagina die maškim-Beamten absetzte. Man könnte vermuten, dass sich die maškim-Beamten durch ihre Machtstellung bereicherten, dass sie wie in der Akkade-Zeit für ihr Amt eine Zahlung erhielten und zusätzliche Kosten bedeuteten (niŋ$_2$-nam-maškim, niŋ$_2$-ŋiri$_3$-na),[142] oder dass Urukagina sie absetzte, da sie aufgrund ihrer Funktion überhöhte Abgabenbelastungen durch den Staat für die Bevölkerung gewissermaßen verkörperten – nicht umsonst wurde der maškim in altbabylonischer Zeit als dämonische Gestalt wahrgenommen.[143] In jedem Falle entspricht die Abschaffung des maškim dem Anspruch, „Waise und Witwe dem Mächtigen nicht preiszugeben", und passt zu der Schlussfolgerung, dass vertikale Solidarität eines der leitenden Prinzipien von Urukaginas Erlassen war (siehe oben 4.2.1), sowie zu der Annahme, dass Urukaginas Erlasse dem Herrscher eine direktere Kontrolle über Staat und Wirtschaft sichern sollten.

4.4 Die Haushalte der Herrscherfamilie und die Einsetzung der Götter als Eigentümer der Tempel

Nachdem verdeutlicht wurde, dass Urukaginas Proklamationen nicht als bloße Propaganda abzutun sind, sollen abschließend zwei Schlüsselstellen der *„Reformtexte"* erörtert werden. Sie beklagen allgemeiner Auffassung zufolge die missbräuchliche Inbesitznahme der Tempelhaushalte durch die Familien von Urukaginas Vorgängern, proklamieren die Wiedereinsetzung der Götter als Eigentümer dieser Tempelhaushalte, bilden das zentrale Element des Modells der *Sumerischen Tempelstadt* und zählen zu den meistzitierten Passagen der *„Reformtexte"* (siehe oben 3.2). Die archivalischen Texte bestätigen diese Auffassung insofern, als die durch die Herrschergemahlin geleitete Wirtschaftseinheit in den Schlussvermerken der archivalischen Texte aus der Zeit des Lugalanda als „Frauenhaus" (e$_2$-mi$_2$) und alle ihre Liegenschaften und Ressourcen als „Eigentum" (u$_2$-rum) der Herrschergemahlin erscheinen, in Texten aus der Zeit des Urukagina aber als Eigentum der Göttin Bau ausgewiesen werden.

Die Autoren des vorliegenden Beitrages gehen diesem Passus in einem separaten Aufsatz nach, dessen wichtigste Punkte nachfolgend zusammengefasst werden.[144]

141 Schrakamp/Zólyomi 2025, 110 mit Belegen.
142 Wilcke 2007a, 39.
143 Edzard/Wiggerman 1987–1990, 453.
144 Schrakamp/Zólyomi in Vorbereitung.

Die Schilderung dieses Missbrauchs in Abschnitt 2 der ältesten Version der „*Reformtexte*" lautet nach der Interpretation der Autoren des vorliegenden Beitrages wie folgt:

> e2 ensi2-ka aša3 ensi2-ka-ke4 e2 e2-mi2 aša3 e2-mi2-ke4 e2 nam-dumu aša3 nam-dumu-ke4 za3 i3-us2-us2-am
> „Der Haushalt des Stadtfürsten (und) die Felder des Stadtfürsten, der Haushalt des ‚Frauenhauses' (und) die Felder des ‚Frauenhauses', der Haushalt der ‚Kindschaft' (und) die Felder der ‚Kindschaft' waren *jeweils beiseite gestellt/getrennt gehalten* (‚*were set apart*')." (*RIME* 1.9.9.1 vii 5–11)

Allgemein wird angenommen, dass das idiomatische Verbum za3 – us2 sinngemäß „aneinander grenzen", „angrenzen", „Seite an Seite liegen", „nebeneinander liegen" bedeutet.[145]

Dabei vermuten manche Autoren, dass die Haushalte der Mitglieder der Herrscherfamilie jeweils an ihre Felder angrenzten. Stellvertretend sei auf Steible verwiesen, der „Es grenzten das Anwesen des Stadtfürsten an die Felder des Stadtfürsten, das Anwesen des ‚Frauenhauses' an die Felder des ‚Frauenhauses', das Anwesen der Kinder an die Felder der Kinder" übersetzt,[146] sowie auf Selz, dessen Übersetzung „Es lagen beieinander: das Anwesen des Stadtfürsten bei den Feldern des Stadtfürsten, das Anwesen des ‚Frauenhauses' bei den Feldern des ‚Frauenhauses', das Anwesen der ‚Kindschaft' bei den Feldern der ‚Kindschaft'" lautet.[147]

Derartige Übersetzungen sind grammatikalisch schwierig zu rechtfertigen: Da mit za3 ein direktes Objekt im Absolutiv vorliegen müsste (im Direktiv/Lokativ 3 wäre za3-ge zu erwarten), müssten die „Haushalte" als Subjekte eines transitiven Verbums bzw. als Agens im Ergativ erscheinen, so dass die Schreibungen *e2 ensi2-ka-ke4 und *bi2-us2-us2-am6 zu erwarten wären. Tatsächlich ist i3-us2-us2-am6 ein intransitives Präteritum bzw. Imperfektiv, za3 das intransitive Subjekt im Absolutiv, und e2 ensi2-ka aša3 ensi2-ka-ke4, e2 e2-mi2 aša3 e2-mi2-ke4 und e2 nam-dumu aša3 nam-dumu-ke4 sind koordinierte Nominalphrasen im Direktiv/Lokativ 3, der jeweils nur nach der zweiten koordinierten Nominalphrase markiert wird.

Diese Analyse liegt beispielsweise den Übersetzungen von Cooper und Jagersma zu Grunde; sie übersetzen:

> „The ruler's estate and ruler's field, the estate of the woman's organization and fields of the woman's organization, and the children's estate and children's fields all abutted one another."

---

145 Für eine Auswahl diverser Lesungs- und Interpretationsvorschläge siehe Schrakamp 2013a, 454–455, ausführlich Schrakamp/Zólyomi in Vorbereitung.

146 Steible 1982/1, 297.

147 Selz 1995a, 30; 1999–2000, 16.

bzw.

> „It was (the case) that the ruler's buildings and the ruler's fields, the queen's buildings and the queen's fields, as well as the prince's buildings and the prince's fields, each one of them was adjoining the other."[148]

Obwohl diesen Übersetzungen unterschiedliche Analysen zu Grunde liegen, gelangen beide Gruppen von Übersetzern zu ganz ähnlichen sachlichen Interpretationen der Passage. Während Cooper hier ein „hyperbolic statement" für den Umstand vermutet, dass „the ruling family's properties expanded to the point where there was room for none other, or it means that they were all administered together",[149] nimmt Selz an, „dass die Besitzungen des Stadtfürsten und seiner Familie so gross geworden waren, dass für die Götter (und die Priesterschaft der Tempel) kaum mehr Platz blieb".[150]

Problematisch ist erstens, dass diese Deutungen nicht befriedigend erklären, wie die in Abschnitt 4 der ältesten Fassung der *„Reformtexte"* beschriebene Neuregelung zur Behebung dieses Missstandes beigetragen haben könnte. Sie schildert die Einsetzung der Götter als Eigentümer der durch die Herrscherfamilie kontrollierten Haushalte und impliziert, dass diese Institutionen zuvor nicht den Göttern unterstanden:

> e$_{2}$ ensi$_{2}$-ka aša$_{3}$ ensi$_{2}$-ka-ka ^{d}nin-ŋir$_{2}$-su lugal-ba ni-ku$_{x}$(DU) e$_{2}$ e$_{2}$-mi$_{2}$ aša$_{3}$ e$_{2}$-mi$_{2}$-ka ^{d}ba-bu$_{11}$ nin-ba ni-ku$_{x}$(DU) e$_{2}$ nam-dumu aša$_{3}$ nam-dumu-ka ^{d}sul-ša$_{3}$-ga-na lugal-ba ni-ku$_{x}$(DU)
> „Er (= Urukagina) machte Ningirsu zum Eigentümer [oder: i$_{3}$-ku$_{x}$ ‚Ningirsu wurde'] usw.) des Haushaltes des Stadtfürsten (und) der Felder des Stadtfürsten, er machte Bau zur Eigentümerin des Haushaltes des ‚Frauenhauses' (und) der Felder des ‚Frauenhauses', (und) er machte Schulschagana zum Eigentümer des Haushaltes der ‚Kindschaft' (und) der Felder der ‚Kindschaft'." (*RIME* 1.9.9.1 ix 7–21)[151]

Dies gilt insbesondere für die entsprechende, aber abweichend stilisierte Neuregelung in jüngeren, fragmentarisch erhaltenen Versionen der *„Reformtexte"*, in denen es heißt „von den Haushalten und den Gütern, soviel der Stadtfürst hatte, ist Ningirsu der Eigentümer (…)" etc. (⸢e$_{2}$ ensi$_{2}$⸣-ke$_{4}$ niŋ$_{2}$ ensi$_{2}$-ke$_{4}$ en-na tuku-a ^{d}nin-ŋir$_{2}$-su lugal-be$_{2}$ e$_{2}$ e$_{2}$-mi$_{2}$ […]) (…), *RIME* 1.9.9.2 v 1''–6'' = *RA* 79, 104 AO 27621 [„Ukg. 64"]; ähnlich [aša$_{5}$] e$_{2}$-mi$_{2}$ en-na tuku-a ^{d}ba-bu$_{11}$ nin-be$_{2}$ e$_{2}$ nam-dumu aša$_{5}$ nam-dumu en-na t[uku-a …], *CUSAS* 11, 352 = *RA* 102, 5–8 ii' 1'–6' [= „Ukg. 63"]).[152] Da zweitens die *„Reformtexte"* die Semantik „angren-

148 Cooper 1986, 71; Jagersma 2010, 72.
149 Cooper 1986, 73 Anm. 13.
150 Selz 1995a, 31; 1999–2000, 16 Anm. 88.
151 Zu Lesung und Bedeutung siehe Schrakamp/Zólyomi in Vorbereitung.
152 Zu Lesung und Deutung siehe Jagersma 2010, 655; Schrakamp 2013b, 227, zu den Textvertretern Cooper 1985; Vukosavović 2008; 2009; 2010.

zen“ im Kontext von Gebäuden durch das einfache Verbum us$_2$ ausdrücken, das in einer Regelung zum Schutz der RU-lugal erscheint (siehe oben 4.2.1), muss za$_3$ – us$_2$ eine andere Bedeutung besitzen als gemeinhin vermutet.

4.4.1 Das Schlüsselverbum za$_3$ – us$_2$ und seine Semantik

za$_3$ – us$_2$ „die Seite anlehnen“ besitzt zwei Grundbedeutungen, die davon abhängen, ob za$_3$ ein Possessivenklitikon trägt oder nicht. Folgt ein Enklitikon, so lässt sich za$_3$ – us$_2$ (1) mit „sich anlehnen, anvertrauen, Schutz suchen“ und (2) „jemandem entgegentreten, jemandem entgegensetzen“ wiedergeben.

Die erste Bedeutung wird besonders deutlich in einer Gudea-Inschrift, die za$_3$ – us$_2$ mit der „großen Dornenhecke“ assoziiert, die Schutz versinnbildlicht (^{ŋeš}kišeg-gal-ŋu$_{10}$-me za$_3$-ŋu$_{10}$ mu-us$_2$ „Du bist meine große Dornenhecke, *die mich schützt* (wörtlich ‚meine Seite lehnt an dir‘)“, *RIME* 3/1.1.7.Cyl.A iii 11),[153] sowie in einer Lugalbanda-Erzählung, deren Kontext die vorgeschlagene Deutung ebenfalls stützt (ša-du$_{11}$-ga-ta zi-ŋu$_{10}$ mu-ri-de$_6$ za$_3$-ŋu$_{10}$ mu-ri-us$_2$ „Seit gestern habe ich Dir mein Leben anvertraut, habe *bei dir Schutz gesucht*“, *Lugalbanda und Anzu* = *ETCSL* 1.8.2.2 Z. 125).[154] Die zweite Bedeutung findet sich – ebenfalls in einem Kontext, der den Interpretationsansatz sichert – beispielsweise in *Lugale* „Oh mein Held! Ich will mich ihm wie ein Wildstier entgegensetzen!“, *Lugale* = *ETCSL* 1.6.2 Z. 32).[155]

za$_3$ – us$_2$ ohne Possessivenklitikon lässt sich hinsichtlich seiner Konstruktion mit za$_3$ – ta$_3$ vergleichen, das akk. *sakāpum* entspricht, etwa „beiseite stoßen“. Die wörtliche Bedeutung von za$_3$ – us$_2$ ohne Possessivenklitikon veranschaulichen zwei Rechtssätze, die die in Silber zu zahlenden Bußen festlegen, die dann zu entrichten waren, wenn ein Mann eine Frau (versehentlich) in die Seite stieß (za$_3$ – us$_2$) oder sie (absichtlich) schlug (sag$_3$) und sie darauf hin ihr Kind verlor (tukum-be$_2$, dumu-munus lu$_2$ za$_3$ an-us$_2$, niŋ$_2$-ša$_3$-ga-ne$_2$, a im-šub-šub, 10 giŋ$_4$ ku$_3$-babbar i$_3$-la$_2$-e „Wenn ein Mann die Tochter eines Mannes in die Seite stößt (und) sie verliert ihre Leibesfrucht, dann soll er 10 Schekel Silber darwägen“; tukum-be$_2$, dumu-<munus> lu$_2$ ba-an-sag$_3$, niŋ$_2$-ša$_3$-ga-ne$_2$, a im-šub-šub, ⅓ ma-na ku$_3$-babbar i$_3$-la$_2$-e „Wenn ein Mann die Tochter eines Mannes schlägt und sie verliert ihre Leibesfrucht, dann soll er 20 Schekel Silber darwägen“, *YOS* 1, 28).[156]

Mit der Konnotation „verstoßen“ erscheint za$_3$ – ta$_3$ in der *Klage über die Zerstörung von Sumer und Ur* (^{d}nin-tur$_5$-re niŋ$_5$ dim$_2$-dim$_2$-ma-ne$_2$ za$_3$ bi$_2$-in-ta$_3$-ga-a-ba „Nachdem Nintu alle ihre Geschöpfe zurückgestoßen hatte“, *Klage über*

153 Zur Lesung und Deutung von ^{ŋeš}UL$_4$-gal siehe Attinger 2021, 633 mit Anm. 1801; 2023, 824–825 mit Anm. 2835 mit weiterführender Literatur, zur Konnotation „Schutz“ siehe Krebernik 2002, 22 Anm. 90.

154 Wilcke 2015, 259, mit abweichender Übersetzung von za$_3$ – us$_2$ „habe ich mich dir zugesellt“

155 Vgl. Simkó 2014, 115; abweichend beispielsweise van Dijk 1983, 55; Seminara 2001,54; Feldt 2011, 150.

156 Roth 1997, 43.

die Zerstörung von Sumer und Ur = *ETCSL* 2.2.3 Z. 24). Wie in der oben erörterten Passage der „*Reformtexte*" erscheint za$_3$ hier im Absolutiv, so dass das semantische Objekt durch einen obliquen Kasus gekennzeichnet wird.

Vor diesem Hintergrund lässt sich für za$_3$ – us$_2$ (ohne Possessivenklitikon) die Bedeutung „beiseite legen", „beiseite stellen", „to set aside" ansetzen. Dabei hat insbesondere das deutsche „beiseite stellen" die Konnotation, dass das, was beiseite gestellt wird, für einen bestimmten Zweck vom Rest getrennt wird.

Eine Ur III-zeitliche Gerichtsurkunde, in der es um den Verbleib der Ehefrau geht, verwendet za$_3$ – us$_2$ in einem Sinne, in dem „beiseite stellen" zunächst den Aspekt des Trennens betont (nin-enim-ge-na-ke$_4$ e$_2$ lu$_2$-^{d}nanna ab-ba-na-ka ur-^{d}ba-bu$_{11}$-ra za$_3^!$ in-na-us$_2$-sa-am$_3$ „Ninkagina verblieb für Urbau getrennt (wörtl. ‚beiseite gestellt') im Hause des Lunanna, ihres Vaters", *Fs. Greenfield* 614 Nr. 4).[157] Mit der Konnotation „(für einen bestimmten Zweck) beiseite stellen" erscheint za$_3$ – us$_2$ in einer Ur III-zeitlichen Briefanweisungen, die šum$_2$ „geben" und za$_3$ – us$_2$ „beiseite legen" im Sinne von „zurückhalten" von Getreide- und Wollzuteilungen kontrastiert (siki-ba-be$_2$ ḫa-ba-ab-šum$_2$-mu še-ba-a za$_3$ ḫa-ab-us$_2$-e „Er soll ihnen ihre Wollzuteilungen geben, (aber) er soll die Getreidezuteilungen beiseite legen", *TCS* 1, 86 Rs. 1–2).[158]

Es ist genau diese Bedeutung, in der za$_3$ – us$_2$ nicht nur in den „*Reformtexten*", sondern auch in den archivalischen Quellen des e$_2$-mi$_2$ bzw. e$_2$ ^{d}ba-bu$_{11}$ verwendet wird. Hier erscheint das Verb in Musterungslisten, die die Bereitstellung wehrpflichtiger Beschäftigter für den Kriegsdienst durch den Herrscher dokumentieren (*DP* 135; *DP* 136; *Nik.* 1, 3 = *AWEL* 3; *OrSP* 26, 39–40 Wengler 2 = *AWAB* 153).[159] Das Verb za$_3$ – us$_2$ fasst die Musterung der zuvor genannten Soldaten im Schlussvermerk folgendermaßen zusammen:

> eri-enim-ge-na, lugal, lagas$_x$(NU$_{11}$.BUR)$^{la.ki}$, e$_2$-gal-la, za$_3$ bi$_2$-us$_2$ „Urukagina, der König von Lagasch, hat sie im Palast *beiseite gestellt.*" (*DP* 135 Rs. vii 7–11, Ukg. L 6)

Darüber hinaus erscheint za$_3$ – us$_2$ in einer Urkunde in einem Kontext mit Nutztieren, in dem üblicherweise vom „Markieren" (za$_3$ – šu$_4$) die Rede ist. Dem Schlussvermerk zufolge „stellte" der Stadtfürst die Kälber „beiseite", nachdem sie durch die Hirten erstattet (šu-a – gi$_4$) worden waren:

---

157 nin-enim-ge-na-ke$_4$ zeigt die in Ur III-zeitlichen Texten häufiger zu beobachtende Verwechslung von Dativ und Direktiv; vgl. Attinger 1993, 240 und Zólyomi 2000, 38; zum rechtlichen Hintergrund und seiner Interpretation siehe Sigrist 1995, 614; Civil 2011, 270; Wilcke 2014, 512–513, zum Befund Ur III-zeitlicher Gerichtsurkunden siehe den Beitrag von Manuel Molina in diesem Band.

158 Ähnlich Sollberger 1966, 29 („let him set aside").

159 Zu diesen Texten siehe Schrakamp 2010.

ensi2-⌜ke4⌝, e2-gal-la, amar šu-a ⌜bi2⌝-gi4-⌜a⌝, za3 bi2-us2
„Nachdem sie (= die Hirten) die Kälber im Palast erstattet hatten, hat der Stadtfürst sie *beiseite gestellt.*" (*VS* 25, 25 Rs. i 2-ii 1, Lug. 3)

Bisherige Übersetzungsvorschläge geben diese Semantik nicht wieder, sondern übersetzen die Phrase eri-enim-ge-na (...) e2-gal-la za3 bi2-us2 mit „a passé en revue dans le palais", „hat sie im Palast gereiht", „inspiziert (wörtlich: in einer Reihe aufstellen lassen)" etc. und vermuten damit eine Semantik, der das Aufstellen von Soldaten in Reih' und Glied zu Grunde liegt.[160] Vor dem Hintergrund des oben Gesagten ist jedoch die zuerst von Deimel vertretene Deutung vorzuziehen, der (unter Verweis auf die oben angeführten Rechtssätze) kommentiert: „*zag-uš* heisst wörtlich ‚in die Seite stossen' (...) Hier ist es die ‚Musterung', die der Aufnahme in die Soldatenliste vorherzugehen hatte".[161] Dass sich die dem idiomatischen za3 – us2 zu Grunde liegende Bedeutung und Semantik „beiseite stellen", „auswählen" in dem „künstlichen" Sumerogramm ZA3.US2 erhalten hat, das als Bezeichnung für Soldaten im Diyala-Gebiet, in Mari und in Ebla bezeugt ist, bestätigt die hier vorgeschlagene Deutung.[162]

Die eingangs vorgestellte Schlüsselstelle der „*Reformtexte*" besagt also nicht, dass die Haushalte und Liegenschaften des Herrschers, der Herrschergemahlin und ihrer Kinder aneinander grenzten, sondern meint das genaue Gegenteil – „Der Haushalt des Stadtfürsten (und) die Felder des Stadtfürsten, der Haushalt des ‚Frauenhauses' (und) die Felder des ‚Frauenhauses', der Haushalt der ‚Kindschaft' (und) die Felder der ‚Kindschaft' waren *jeweils beiseite gestellt/getrennt gehalten* (‚*were set apart*')."

4.4.2 Das Schlüsselverbum za_3 – us_2 in den „*Reformtexten*"

Die für das Verbum za3 – us2 ermittelte Semantik eröffnet eine weitere Perspektive auf die Interpretation der „*Reformtexte*". Indem die Herrscherfamilie unter Urukaginas Vorgängern die Tempelhaushalte „beiseite stellte", sie wie ihre eigenen Privathaushalte behandelte und somit von den übrigen Tempeln separierte und gleichsam säkularisierte, verstieß sie nicht nur gegen die ursprünglichen Eigentumsrechte der Götter, sondern auch gegen das Prinzip von vertikaler Solidarität und Reziprozität, das Urukaginas Verständnis von Recht und Gerechtigkeit im Sinne einer uranfänglichen Ordnung (nam tar-ra u4-be2-ta) zu Grunde liegt (siehe oben 4.2.1). Die Schilderung anderer Missbräuche, nach denen die Herrscherfamilie die götter- oder tempeleigenen Felder, Zwiebelpflanzungen und Nutztiere in Besitz genommen hatte und wirtschaftlich ausnutzte, stützt diese Deutung (*RIME* 1.9.9.1 iv 9–v 18).

160 Lambert 1966, 55; Hruška 1973, 10 Anm. 17; Balke 2017, 50; für bisherige Interpretationen siehe Schrakamp 2010, 279.
161 Deimel 1927, 56.
162 Schrakamp 2022.

Tatsächlich belegen vereinzelte archivalische Texte, dass auch unter Urukaginas Vorgänger Lugalanda noch eine Vielzahl unterschiedlicher Tempelhaushalte existierte. Ein Text aus dem ersten Jahr des Lugalanda weist Ressourcen als „Eigentum des Enki von Pasir" aus (*VS* 27, 47, Lug. 1), auf den auch Urukagina-zeitliche Texte Bezug nehmen (*DP* 98, Ukg. L 4).[163] Man könnte einwenden, dass die archivalischen Texte außer dem Enki-Heiligtum von Pasir keine direkten Nachweise für weitere Tempelhaushalte liefern, jedoch mag dies der Umstand erklären, dass diese Institution – mutmaßlich aufgrund ihrer geringen Größe – zur Zeit des Urukagina durch den „Tempel der Bau" mitverwaltet wurde, denn die wenigen im Kriegsfall durch diese Organisation aufgebotenen Soldaten wurden regelmäßig den Kontingenten des Bau-Tempels angeschlossen (*DP* 136; Nik. 1, 3 = *AWEL* 3).[164] Lieferungen von maš-da-re-a-Abgaben aus der Zeit des Lugalanda verzeichnen Abgaben durch eine Vielzahl von Tempelverwaltern (*DP* 84, Lug. 5),[165] und Urkunden über Schenkungen von „reiner Milch und reinem Malz" (ga ku$_3$ munu$_4$ ku$_3$) erwähnen unter den zahlreichen Würdenträgern, die nicht dem Betriebspersonal des e$_2$-mi$_2$ angehörten, die Ehefrauen weiterer „Tempelverwalter" (saŋŋa) (*DP* 132).[166] Die Heiligtümer anderer Gottheiten waren von der widerrechtlichen Inbesitznahme durch Urukaginas Vorgänger demnach nicht betroffen.

Bedeutend ist, dass trotz der proklamierten und nach den Schlussvermerken der archivalischen Texte nominell umgesetzten Wiederherstellung der göttlichen Eigentumsrechte in den archivalischen Texten aus der Zeit des Urukagina ebensowenig Tempelverwalter von Ningirsu und Bau erwähnt werden wie in den Texten der Zeit des Enentarzi und Lugalanda. Dass dies vor Enentarzi und Lugalanda noch anders war, zeigt eine auf das 20. Jahr eines ungenannten Stadtfürsten datierte Verwaltungsurkunde, die der Regierungszeit des Enmetena zugewiesen wird und in jedem Falle älter als die Masse der Texte des e$_2$-mi$_2$ bzw. e$_2$ ^{d}ba-bu$_{11}$ ist.[167] Sie erwähnt einen „Tempelverwalter der Bau" im Zusammenhang mit der Lieferung einer vermutlich größeren Getreidemenge ([… g]ur-[saŋ-ŋal$_2$] s[aŋŋa(?) GU]R.SAR^{ki}-ta […] saŋŋa ^{d}ba-bu$_{11}$-ka še-ŋar ki-aŋ$_2$ lu$_2$-BABIR 20c, *ITT* 5, 9421 Vs. i 2–Rs. i 1); damit liefert sie den bisher deutlichen Hinweis, dass ein „Tempel der Bau" auch vor Urukagina schon Bestand hatte.[168] Dafür spricht wohl auch, dass Bau in den sich über einen Zeitraum von einer Generation erstreckenden Texten des e$_2$-mi$_2$ bzw. e$_2$ ^{d}ba-bu$_{11}$ die in theophoren Namen bei weitem am häufigsten genannte Gottheit darstellt,[169] denn derartige Namen deuten oft die Be-

163 Selz 1995a, 121.

164 Bauer 1998, 487; Schrakamp 2010, 182, 263.

165 Prentice 2010, 187–197; Paoletti/Schrakamp 2012–2014, 163; Sallaberger 2018a.

166 Vgl. die Übersicht in Selz 1995a, 70–72 sowie Prentice 2010, 178–179.

167 Zum Text siehe Gomi *apud* Maekawa 1973–1974, 138, 139 Anm. 88; Marchesi 2006, 258 Anm. 201; Sallaberger/Schrakamp 2015, 69 mit weiterführender Literatur.

168 Vgl. auch Magid 2001, 314 Anm. 5, der den Kult der Bau in die Anfangszeit der 1. Dynastie von Lagasch datiert und erwägt, dass es sich beim e$_2$-sila um einen Tempel der Bau gehandelt haben könnte.

169 Selz 1995a, 98.

ziehung der Nameströger (bzw. ihrer Eltern) zum Tempel an.[170] Dass Bau auch unter Urukaginas Vorgänger eine nicht unbedeutende Rolle im Kult spielte, zeigen dabei Lugalanda-zeitliche Urkunden über Zuteilungen von „Gerste- und Emmer-“ bzw. „Gerste-, Emmer- und Gemüsezuteilungen am Fest der Bau“ (še-ba ziz₂-ba niŋ₂-sa-ḫa-ba izim ᵈba-bu₁₁-ka), also Texte, die einen hochstehenden Personenkreis erfassen, und dabei als erste Empfängerin der Zuteilungen eine „Hohepriesterin“ der Bau nennen (ereš-diŋir ᵈba-bu₁₁, *DP* 127 Vs. i 3, Lug. 1; *RTC* 61 Vs. i 6, Lug. 1).[171] Hinzu kommt, dass Bau auch in Lugalanda-zeitlichen Opferlisten an prominenter Stelle vorkommt, wenngleich Urukagina ihre Bedeutung im Kult noch vergrößerte.[172]

Vor diesem Hintergrund ist bedeutend, dass vor dem Einsetzen der Masse der archivalischen Texte mit Dudu und Enentarzi zwei „Tempelverwalter“ des Ningirsu bekannt sind, die eigene Inschriften abfassen ließen, Bauten ausführen ließen und neben dem Herrscher in den Datierungsformeln der vereinzelten älteren Rechts- und Verwaltungskunden erwähnt werden.[173] Dass Enentarzi vor seinem Amtsantritt selbst das Amt des „Tempelverwalters“ (saŋŋa) des Ningirsu innehatte, ab diesem Zeitpunkt aber keine Tempelverwalter des obersten Götterpaares mehr belegt sind, gilt als Hinweis, dass er als erster Herrscher dieses Amt mit dem des Stadtfürsten in seiner Person vereinte, oder dass Lugalanda das Amt des Tempelverwalters des Ningirsu abschaffte,[174] und als Ausdruck einer sich entwickelnden Ideologie, die den Herrscher und seine Frau als die irdischen Repräsentanten des obersten Götterpaares ansah. Urukaginas Maßnahmen lassen sich in diesem Rahmen auch als eine konsequente Fortführung dieses Herrschaftskonzeptes betrachten. Die weitere historische Interpretation dieses Befundes geht über den Rahmen des vorliegenden Beitrages jedoch hinaus und soll an anderer Stelle erfolgen.

5 Zusammenfassung

Im Folgenden werden die zentralen Punkte zusammengefasst. (1) Die „*Reformtexte*“ stehen am Beginn der Überlieferungen altorientalischer Erlasse. (2) Sie proklamieren keine restaurative Maßnahme oder die Etablierung einer neuen Ordnung, sondern aus emischer Perspektive das *readjustment* einer urtümlichen Ordnung, in der vertikale Solidarität und Reziprozität ein zentrales Charakteristikum von Recht und Gerechtigkeit darstellen. (3) Am Beispiel des maškim-Beamten lässt sich anhand archivalischer Texte eindeutig nachweisen, dass die von Urukagina proklamierten Maßnahmen wie etwa die Absetzung bestimmter Funktionäre tatsächlich umgesetzt wurden. (4) Die kontroverse Schlüsselpassage der „*Reformtex-*

170 Schrakamp 2013a, 457–458 mit weiterführender Literatur.
171 Foxvog 2014, 11.
172 Karahashi 2020.
173 Für die entsprechenden Texte und ihre Datierungsvermerke siehe beispielsweise Sallaberger/Schrakamp 2015, 69–70.
174 Maekawa 1973–1974; Steinkeller 2019.

te", die die Wiedereinsetzung der Götter als Eigentümer der zuvor durch die Herrscherfamilie usurpierten Tempelhaushalte proklamiert, lässt sich aus emischer Perspektive im Sinne des Prinzips der vertikalen Solidarität als Korrektur einer widerrechtlichen Aneignung von Göttereigentum verstehen, aus etischer Perspektive hingegen als Maßnahme gegen eine zunehmende Privatwirtschaft und als mögliche Fortsetzung einer sich entwickelnden Ideologie, die das Herrscherpaar als irdische Repräsentanten der Götter betrachtet.

Texte und Texteditionen

AO
Signatur, Antiqués orientales, Musée du Louvre (Paris).

AUCT
Siehe Sigrist 1984.

AWAB
Siehe Selz 1996.

AWEL
Siehe Selz 1989.

AWL
Siehe Bauer 1972.

BIN 8
Siehe Hackman 1958.

CST
Siehe Fish 1932.

CUSAS 11
Siehe Visicato/Westenholz 2010.

DP
Siehe Allotte de la Fuÿe 1908–1920.

FAOS 5/1
Siehe Steible 1982.

Fs. Greenfield
Siehe Zevit/Gitin/Sokoloff 1995.

ITT 5
Siehe de Genouillac 1922.

MAD 4
Siehe Gelb 1970.

NATN
Siehe Owen 1982.

Nik. 1
Siehe Nikol'skij 1908.

NSRU
Siehe Krecher 1973.

RIME 1
Siehe Frayne 2008.

RIME 3/1
Siehe Edzard 1997.

RTC
Siehe Thureau-Dangin 1903.

SRU
Siehe Edzard 1968.

TCS 1
Siehe Sollberger 1966.

TIM 6
Siehe Reschid 1971.

TSA
Siehe de Genouillac 1909.

VAT
Signatur, Vorderasiatische Abteilung, Staatliche Museen zu Berlin.

VS 14
Siehe Förtsch 1916.

VS 25
Siehe Marzahn 1991.

VS 27
Siehe Marzahn 1996.

YOS 1
Siehe Clay 1915.

Bibliographie

Allotte de la Fuÿe 1908–1920
Allotte de la Fuÿe, F. M.: Documents présargoniques, Paris.

Assmann 1990
Assmann, J.: Ma'at. Gerechtigkeit und Unsterblichkeit im Alten Ägypten, München.

Attinger 1993
Attinger, P.: Eléments de linguistique sumérienne. La construction de du$_{11}$/e/di 'dire'. Orbis Biblicus et Orientalis Sonderband, Freiburg (Schweiz) / Göttingen.

Attinger 2007
Attinger, P.: Addenda et Corrigenda à Attinger dans Mittermayer 2006. Nouvelles Assyriologiques Brèves et Utilitaires 2007, 37–39 Nr. 37.

Attinger 2011
Attinger, P.: Rezension zu M. P. Streck (Hrsg.): Reallexikon der Assyriologie und Vorderasiatischen Archäologie 11, 7.–8. Lieferung, Berlin / New York 2009, Reallexikon der Assyriologie und Vorderasiatischen Archäologie 12, 1.–2. Lieferung, Berlin / New York. Bibliotheca Orientalis 68, 103–106, 106–111.

Attinger 2021
Attinger, P.: Glossaire sumérien-français, principalement des textes littéraires paléobabyloniens, Wiesbaden.

Attinger 2023
Attinger, P.: Glossaire sumérien-français, principalement des textes littéraires paléobabyloniens. Deuxième édition, revue et augmentée, Bern. <https://zenodo.org/records/8369441>

Balke 2017
Balke, T. E.: Das altsumerische Onomastikon. Namengebung und Prosopographie nach den Quellen aus Lagas. dubsar 1, Münster.

Bartash 2014
Bartash, V.: E$_2$-mi$_2$ – 'Women's Quarters': The Earliest Written Evidence. In: Buccellati, F. / Helms, T. / Tamm, A. (Hrsg.): House and Household Economies in 3rd Millennium B.C.E. Syro-Mesopotamia. BAR International Series 2682, Oxford, 9–20.

Bauer 1972
Bauer, J.: Altsumerische Wirtschaftstexte aus Lagasch. Studia Pohl 9, Rom.

Bauer 1998
Bauer, J.: Der vorsargonische Abschnitt der mesopotamischen Geschichte. In: Attinger, P. / Wäfler, M. (Hrsg.): Mesopotamien. Späturuk-Zeit und Frühdynastische Zeit. Orbis Biblicus et Orientalis 160/1, Freiburg (Schweiz) / Göttingen, 429–585.

Bauer 2009
Bauer, J.: Rezension zu Mittermayer, C.: Altbabylonische Zeichenliste der sumerisch-literarischen Texte. Orbis Biblicus et Orientalis Sonderband. Die Welt des Orients 39, 247–256.

Beld 2002
Beld, S. G.: The Queen of Lagash: Ritual Economy in a Sumerian State. PhD Dissertation University of Michigan.

Cancik-Kirschbaum 2018
Cancik-Kirschbaum, E.: "The Sumerian Tempelstadt": The Modern Making of an Ancient Urban Concept. In: Berking, H. / Steets, S. / Schwenk, J. (Hrsg.): Religious Pluralism and the City. Inquiries into Postsecular Urbanism. Bloomsbury Studies in Religion, Space and Place, London, 185–198.

Civil 2011
Civil, M.: The Law Collection of Ur-Namma. In: George, A. R. (Hrsg.): Cuneiform Royal Inscriptions and Related Texts in the Schøyen Collection. Cornell University Studies in Assyriology and Sumerology 17, Bethesda, 221–286.

Clay 1915
Clay, A. T.: Miscellaneous Inscriptions in the Yale Babylonian Collection. Yale Oriental Series, Babylonian Texts 1, New Haven.

Cooper 1985
Cooper, J. S.: Medium and Message. Revue d'Assyriologie et d'Archéologie Orientale 79, 97–114.

Cooper 1986
Cooper, J. S.: Sumerian and Akkadian Royal Inscriptions 1: Presargonic Inscriptions. The American Oriental Society Translations Series 1, New Haven.

Culbertson 2018
Culbertson, L.: The maškim in Ur III Legal Documents. In: Garcia-Ventura, A. (Hrsg.): What's in a Name? Terminology Related to the Work Force and Job Categories in the Ancient Near East. Alter Orient und Altes Testament 440, Münster, 169–187.

Deimel 1920
Deimel, A.: Die Reformtexte Urukaginas. Orientalia Series Prior 2, 3–31.

Deimel 1927
Deimel, A.: Listen über das Betriebspersonal des Tempels. Orientalia Series Prior 26, 29–62.

Deimel 1931
Deimel, A.: Šumerische Tempelwirtschaft zur Zeit Urukaginas und seiner Vorgänger. Abschluss der Einzelstudien und Zusammenfassung der Hauptresultate. Analecta Orientalia 2, Rom.

Diakonoff 1958
Diakonoff, I. M.: Some Remarks on the "Reforms" of Urukagina. Revue d'Assyriologie et d'Archéologie Orientale 52, 1–15.

Edzard 1968
Edzard, D. O.: Sumerische Rechtsurkunden des III. Jahrtausends aus der Zeit vor der III. Dynastie von Ur. Abhandlungen der Bayerischen Akademie der Wissenschaften, Philosophisch-Historische Klasse, Neue Folge 67, München.

Edzard 1974
Edzard, D. O.: „Soziale Reformen“ im Zweistromland bis ca. 1600 v. Chr.: Realität oder literarischer Topos? In: Harmatta, J. (Hrsg.): Wirtschaft und Gesellschaft im Alten Vorderasien. Internationale Tagung der Keilschriftforscher der sozialistischen Länder, 23.–25. April, 1974. Acta Antiqua Scientiarum Hungaricae 22, Budapest, 145–156.

Edzard 1997
Edzard, D. O.: Gudea and His Dynasty. The Royal Inscriptions of Mesopotamia Early Periods 3/1, Toronto / Buffalo / London.

Edzard/Wiggerman 1987–1990
Edzard, D. O. / Wiggerman, F. A. M.: maškim (rābiṣu) „Kommissar, Anwalt". Reallexikon der Assyriologie und Vorderasiatischen Archäologie 7, 449–455.

Englund 1990
Englund, R. K.: Organisation und Verwaltung der Ur III-Fischerei. Berliner Beiträge zum Vorderen Orient 10, Berlin.

Everest-Philipps 2018
Everest-Philipps, M.: The Passionate Bureaucrat: Lessons for 21st Century from 4,500 Years of Public Service Reform, Singapur.

Falkenstein 1974
Falkenstein, A.: The Sumerian Temple City. Introduction and Translation by Maria de J. Ellis. Monographs on the Ancient Near East 1/1, Malibu.

Feldt 2011
Feldt, L.: Monstrous Identities: Narrative Strategies in Lugale and Some Reflections on Sumerian Religious Narrative. In: Hagen, F. / Johnston, J. / Monkhouse, W. / Piquette, K. / Tait, J. / Worthington, M. (Hrsg.): Narratives of Egypt and the Ancient Near East. Orientalia Lovaniensia Analecta 189, Leuven, 123–163.

Finkelstein 1961
Finkelstein, J. J.: Ammiṣaduqa's Edict and the Babylonian "Law Codes". Journal of Cuneiform Studies 15, 91–104.

Fish 1932
Fish, T.: Catalogue of Sumerian Tablets in the John Rylands Library, Manchester.

Förtsch 1916
Förtsch, W.: Altbabylonische Wirtschaftstexte aus der Zeit Lugalanda's und Urukagina's. Vorderasiatische Schriftdenkmäler der Königlichen Museen zu Berlin 14, Berlin.

Foster 1981
Foster, B. R.: A New Look at the Sumerian Temple State. Journal of the Economic and Social History of the Orient 24, 225–241.

Foster 1995
Foster, B. R.: Social Reform in Ancient Mesopotamia. In: Irani, K. D. / Silver, M. (Hrsg.): Social Justice in the Ancient World, London, 165–177.

Foster 2005
Foster, B. R.: Shuruppak and the Sumerian City State. In: Kogan, L. / Koslova, N. / Loesov, S. / Tishchenko, S. (Hrsg.): Memoriae Igor M. Diakonoff. Babel und Bibel 2, Winona Lake, 61–88.

Foxvog 1994
Foxvog, D. A.: A New Lagaš Text Bearing on Uruinimgina's Reforms. Journal of Cuneiform Studies 46, 11–15.

Foxvog 2014
Foxvog, D. A.: Old Sumerian Occupations. A Handlist of Terminology Found in Presargonic Lagash Texts. Unveröffentlichtes Manuskript, Berkeley.

Frayne 2008
Frayne, D. R.: Pre-Sargonic Period (2700–2350 BC). Royal Inscriptions of Mesopotamia Early Periods 1, Toronto / Buffalo / London.

Gelb 1970
Gelb, I. J.: Sargonic Texts in the Louvre Museum. Materials for the Assyrian Dictionary 4, Chicago.

de Genouillac 1909
de Genouillac, H.: Tablettes sumériennes archaiques. Máteriaux pour server à l'histoire de la société sumérienne, Paris.

de Genouillac 1922
de Genouillac, H.: Époque présargonique, époque d'Agadé, époque d'Ur. Inventaire des tablettes de Tello conservées au Musée Impérial Ottoman 5, Paris.

Hruška 1973
Hruška, B.: Die innere Struktur der Reformtexte Urukaginas von Lagaš. Archiv Orientální 41, 4–13, 104–132.

Hruška 1974
Hruška, B.: Die Reformtexte Urukaginas. Der verspätete Versuch einer Konsolidierung des Stadtstaates von Lagaš. In: Garelli, P. (Hrsg.): Le Palais et la royauté (Archéologie et civilisation). XIXe Rencontre Assyriologique Internationale organisée par le groupe François Thureau-Dangin, Paris, 29 juin – 2 juillet 1971, Paris, 151–161.

Hruška 1995
Hruška, B.: Sumerian Agriculture: New Findings. Max-Planck-Institut Preprint 26, Berlin.

Jagersma 1997
Jagersma, B.: Rezension zu B. Hruška, Sumerian Agriculture: New Findings. Max-Planck-Institut Preprint 26, Berlin 1996. Orientalistische Literaturzeitung 92, 508–512.

Jagersma 2010
Jagersma, A. H.: A Descriptive Grammar of Sumerian. Dissertation Universität Leiden. <https://hdl.handle.net/1887/16107>.

Jany 2020
Jany, J.: Cuneiform Law. In: Janos, J. (Hrsg.): Legal Traditions in Asia. Ius Gentium: Comparative Perspectives on Law and Justice 80, Cham, 21–48.

Karahashi 2020
Karahashi, F.: On the Cultic Aspect of the "Reforms of Urukagina": Some Changes in the Festival of the Goddess Baba. Orient. Bulletin of the Society for Near Eastern Studies in Japan 55, 63–70.

Keetman 2018
Keetman, J.: The Names of the Gods ^{d}ba-bu$_{11}$ and ^{d}ab-bu$_{11}$ and the Possibilities for Approximants in Sumerian. Revue d'Assyriologie et d'Archéologie Orientale 112, 15–22.

Keetman 2024
Keetman, J.: ^{d}ab-ba-bu$_{11}$ in Ur-Klage 24f. und ^{d}AB-bu$_{11}$. Nouvelles Assyriologiques Brèves et Utilitraires 2024, 87–89 Nr. 52.

Korošec 1964
Korošec, V.: Keilschriftrecht. In: Spuler, B. (Hrsg.): Orientalisches Recht. Handbuch der Orientalistik. Erste Abteilung. Der Nahe und der Mittlere Osten. Ergänzungsband 3, Leiden / Köln, 49–219.

Kramer 1956
Kramer, S. H.: From the Tablets of Sumer. Twenty-Five Firsts in Man's Recorded History, Pennsylvania.

Krebernik 2002
Krebernik, M.: Zur Struktur und Geschichte des älteren sumerischen Onomastikons. In: Streck, M. P. / Weninger, S. (Hrsg.): Altorientalische und semitische Onomastik. Alter Orient und Altes Testament 296, Münster, 1–74.

Krecher 1973
Krecher, J.: Neue sumerische Rechtsurkunden des 3. Jahrtausends. Zeitschrift für Assyriologie und Vorderasiatische Archäologie 63, 145–271.

Lambert 1966
Lambert, M.: La guerre entre Urukagina et Lugalzaggesi. Rivista degli studi orientali 41, 29–66.

de Maaijer/Jagersma 1997–1998
de Maaijer, R. / Jagersma, B.: Rezension zu Å. W. Sjöberg, The Sumerian Dictionary of the University Museum of the University of Pennsylvania A/1–2, Philadelphia 1992–1994. Archiv für Orientforschung 44/45, 277–288.

Maekawa 1973–1974
Maekawa, K.: The Development of the É-MÍ in Lagash During Early Dynastic III. Mesopotamia. Rivista di archeologia, epigrafia e storia orientale antica 8–9, 77–144.

Maekawa 1996
Maekawa, K.: The Governor's Family and the "Temple Households" in Ur III Girsu. In: Veenhof, K. R. (Hrsg.): Houses and Households in Ancient Mesopotamia. Papers Read at the 40th Rencontre Assyriologique Internationale, Leiden, July 5–8, 1993. Publications de l'Institut Historique-Archéologique Néerlandais de Stamboul 78, Leiden, 171–179.

Magid 2001
Magid, G.: Micromanagement in the é-mí/^{d}Ba-ú: Notes on the Organization of Labor at Early Dynastic Lagash. In: Abusch, T. / Beaulieu, P.-A. / Huehnergard, J. / Machinist, P. / Steinkeller, P. (Hrsg.): Proceedings of the 45th Rencontre Assyriologique Internationale. Part 1: Historiography in the Cuneiform World, Bethesda, 313–328.

Marchesi 2006
Marchesi, G.: LUM-ma in the Onomasticon and Literature of Ancient Mesopotamia. History of the Ancient Near East Studies 10, Padua.

Marchesi 2011
Marchesi, G.: Goods from the Queen of Tilmun. In: Barjamovic, G. / Dahl, J. / Goodnick Westenholz, J. / Koch, U. S. / Sommerfeld, W. (Hrsg.): Akkade is King. A Collection of Papers by Friends and Colleagues Presented to Aage Westenholz on the Occasion of his 70th Birthday 15th of May 2009. Uitgaven van het Nederlands Instituut voor het Nabije Oosten te Leiden 118, Leiden, 189–199.

Marchesi/Marchetti 2011
Marchesi, G. / Marchetti, N.: Royal Statuary of Early Dynastic Mesopotamia. Mesopotamian Civilizations 14, Winona Lake.

Marzahn 1991
Marzahn, J.: Altsumerische Verwaltungstexte aus Girsu/Lagaš. Vorderasiatische Schriftdenkmäler der Staatlichen Museen zu Berlin Neue Folge 9 (Heft 25), Berlin.

Marzahn 1996
Marzahn, J.: Altsumerische Verwaltungstexte und ein Brief aus Girsu/Lagaš. Vorderasiatische Schriftdenkmäler der Staatlichen Museen zu Berlin Neue Folge 11 (Heft 27), Berlin.

Maul 1999
Maul, S. M.: Der assyrische König – Hüter der Weltordnung. In: Watanabe, K. (Hrsg.): Priests and Officials in the Ancient Near East. Papers of the Second Colloquium on the Ancient Near East – The City and Its Life, Held at the Middle Eastern Culture Center in Japan, March 22–24, 1996, Heidelberg, 201–214.

Meyer-Laurin 2010
Meyer-Laurin, V.: Die *marû*-Basen der sumerischen Verben túm „hin-, wegführen“ und ře$_6$ / de$_6$ „bringen, liefern“. Zeitschrift für Assyriologie und Vorderasiatische Archäologie 100, 1–14.

Molina 1995
Molina, M.: Las "reformas de Urukagina". In: Blanco Gonzalez, A. / Conde Guerri, E. / Molina Martos, M. / González Fernández, R. (Hrsg.): Lengua e historia: Homenaje al Profesor Dr. D. Antonio Yelo Templado al cumplir 60 años. Antigüedad e cristianismo 12 / Scripta Fulgentina 5/9–10, 47–80.

Molina 2000
Molina, M.: La ley más antigua. Textos legales sumerios. Pliegos de Oriente Textos 5, Madrid / Barcelona.

Molina 2013
Molina, M.: Court Officials at Umma in Ur III Times. Zeitschrift für Assyriologie und Vorderasiatische Archäologie 103, 125–148.

Molina 2014
Molina, M.: Sargonic Cuneiform Tablets in the Real Academia de La Historia: The Carl

L. Lippmann Collection. With the collaboration of M. E. Milone and E. Markina. Catálogo Del Gabinete de Antigüedades, I.1.6, Madrid.

Morschauser 1995
Morschauser, S. N.: The Ideological Basis for Social Justice/Responsibility in Ancient Egypt, in: Irani, K. D. / Silver, M. (Hrsg.): Social Justice in the Ancient World, Westport / London, 101–113.

Neumann 2003
Neumann, H.: Recht im antiken Mesopotamien. In: Manthe, U. (Hrsg.): Die Rechtskulturen der Antike. Vom Alten Orient bis zum Römischen Reich, München, 55–122, 322–327.

Neumann 2006
Neumann, H.: Schuld und Sühne. Zu den religiös-weltanschaulichen Grundlagen und Implikationen altmesopotamischer Gesetzgebung und Rechtsprechung. In: Hengstl, J. / Sick, U. (Hrsg.): Recht gestern und heute. Festschrift zum 85. Geburtstag von Richard Haase. Philippika. Altertumskundliche Abhandlungen 13, Wiesbaden, 27–43.

Neumann 2008
Neumann, H.: Göttliche Gerechtigkeit und menschliche Verantwortung im alten Mesopotamien im Spanungsfeld von Normen(durch)setzung und narrativer Formulierung. In: Barta, H. / Rollinger, R. / Lang, M. (Hrsg.): Recht und Religion. Menschliche und göttliche Gerechtigkeitsvorstellungen in den antiken Welten. Philippika. Altertumskundliche Abhandlungen 24, Wiesbaden, 37–48.

Nikol'skij 1908
Nikol'skij, M. V.: Dokumenty chozjajstvennoj otčetnosti drevnejššej epochi Chaldei iz sobranija N. P. Lichačeva. Drevnosti Vostočnyja. Trudy Vostočnoj Komisii Imperatorskago Moskovskago Archeologiceskago Obščestva 3/II, St. Petersburg.

Oelsner 2022
Oelsner, J.: Der Kodex Ḫammu-rāpi. Textkritische Ausgabe und Übersetzung. dubsar 4, Münster.

Owen 1982
Owen, D. I.: Neo-Sumerian Archival Texts Primarily from Nippur in the University Museum, the Oriental Institute and the Iraq Museum, Winona Lake.

Paoletti 2012
Paoletti, P.: Der König und sein Kreis: Das staatliche Schatzarchiv der III. Dynastie von Ur. Biblioteca del Próximo Oriente Antiguo 10, Madrid.

Paoletti/Schrakamp 2012–2014
Paoletti, P. / Schrakamp, I.: Steuer. A. Mesopotamien im 3. Jahrtausend. Reallexikon der Assyriologie und Vorderasiatischen Archäologie 13, 161–164.

Prentice 2010
Prentice, R.: The Exchange of Goods and Services in Pre-Sargonic Lagash. Alter Orient und Altes Testament 368, Münster.

Reschid 1971
Reschid, F.: Administrative Texts from the Ur III Dynasty. Texts in the Iraq Museum 6, Baghdad.

Roth 1997
Roth, M. T.: Law Collections from Mesopotamia and Asia Minor. Second Edition. Society of Biblical Literature Writings from the Ancient World 6, Atlanta.

Sallaberger 1996
Sallaberger, W.: Grain Accounts and Expenditure Documents. In: Ismail, F. / Sallaberger, W. / Talon, P. / Van Lerberghe, K. (Hrsg.): Administrative Documents from Tell Beydar (Seasons 1993–1995). Subartu 2, Turnhout, 81–106.

Sallaberger 2005
Sallaberger, W.: The Sumerian Verb na de$_5$(-g) "to clear". In: Sefati, Y. / Artzi, P. / Cohen, C. / Eichler, B. L. / Hurowitz, V. A. (Hrsg.): "An Experienced Scribe Who Neglects Nothing". Ancient Near Eastern Studies in Honor of Jacob Klein, Bethesda, 229–253.

Sallaberger 2009
Sallaberger, W.: Der Prolog des Codex Lipit-Ištar. In: Achenbach, R. / Arneth, M. (Hrsg.): „Gerechtigkeit und Recht zu üben" (Gen 18,19). Studien zur altorientalischen und biblischen Rechtsgeschichte, zur Religionsgeschichte Israels und zur Religionssoziologie. Festschrift für Eckart Otto zum 65. Geburtstag. Beihefte zur Zeitschrift für Altorientalische und Biblische Rechtsgeschichte 13, Wiesbaden, 7–33.

Sallaberger 2013
Sallaberger, W.: The Management of Royal Treasure. Palace Archives and Palatial Economy in the Ancient Near East. In: Hill, J. A. / Jones, Ph. / Morales, A. J. (Hrsg.): Experiencing Power, Generating Authority. Cosmos, Politics, and the Ideology of Kingship in Ancient Egypt and Mesopotamia, Philadelphia, 119–255.

Sallaberger 2014
Sallaberger, W.: The Value of Wool in Early Bronze Age Mesopotamia. On the Control of Sheep and the Handling of Wool in the Presargonic to the Ur III Periods (c. 2400 to 2000 BC). In: Breniquet, C. / Michel, C. (Hrsg.): Wool Economy in the Ancient Near East and the Aegean. From the Beginnings of Sheep Husbandry to Institutional Textile Industry. Ancient Textiles 17, Oxford / Philadelphia, 94–114.

Sallaberger 2018a
Sallaberger, W.: Festival Provisions in Early Bronze Age Mesopotamia. Kaskal. Rivista di storia, ambienti e culture del Vicino Oriente Antico 15, 171–200.

Sallaberger 2018b
Sallaberger, W.: Updating Primeval Wisdom: The Instructions of Šuruppak in Its Early Dynastic and Old Babylonian Contexts. In: Cogan, M. (Hrsg.): In the Lands of Sumer and Akkad: New Studies. A Conference in Honor of Jacob Klein on the Occasion of His Eightieth Birthday, Jerusalem, vii–xxviii.

Sallaberger/Schrakamp 2015
Sallaberger, W. / Schrakamp, I.: Historical and Epigraphical Sources for a Chronology of the Third Millennium. In: Sallaberger, W. / Schrakamp, I. (Hrsg.): History & Philolo-

gy. Associated Regional Chronologies for Ancient Near East and the Eastern Mediterranean 3, Turnhout, 1–136.

Schrakamp 2010
Schrakamp, I.: Krieger und Waffen im frühen Mesopotamien. Organisation und Bewaffnung des Militärs in frühdynastischer und sargonischer Zeit, Marburg. <http://archiv.ub.uni-marburg.de/diss/z2010/0486>.

Schrakamp 2013a
Schrakamp, I.: Die ‚Sumerische Tempelstadt' heute. Die sozioökonomische Rolle eines Tempels in frühdynastischer Zeit. In: Kaniuth, K. / Löhnert, A. / Miller, J. L. / Otto, A. / Roaf, M. / Sallaberger, W. (Hrsg.): Tempel im Alten Orient. 7. Internationales Colloquium der Deutschen Orient-Gesellschaft 11.-13. Oktober 2009, München. Colloquien der Deutschen Orient-Gesellschaft 7, Wiesbaden, 445–465.

Schrakamp 2013b
Schrakamp, I.: Rezension zu Visicato, G. / Westenholz, A.: Early Dynastic and Early Sargonic Tablets from Adab in the Cornell University Collections. Cornell University Studies in Assyriology and Sumerology 11, Bethesda. Journal of Cuneiform Studies 65, 201–228.

Schrakamp 2014
Schrakamp, I.: Krieger und Bauern. RU-lugal und aga$_3$/aga-us$_2$ im Militär des altsumerischen Lagaš. In: Neumann, H. / Dittmann, R. / Paulus, S. / Neumann, G. / Schuster-Brandis, A. (Hrsg.): Krieg und Frieden im Alten Vorderasien. 52e Rencontre Assyriologique Internationale. International Congress of Assyriology and Near Eastern Archaeology, Münster, 17.–21. Juli 2006. Alter Orient und Altes Testament 401, Münster, 691–724.

Schrakamp 2015a
Schrakamp, I.: Urukagina und die Geschichte von Lagaš am Ende der präsargonischen Zeit. In: Dittmann, R. / Selz, G. J. (Hrsg.): It's a Long Way to a Historiography of the Early Dynastic Period(s). Altertumskunde des Vorderen Orients 15, Münster, 303–386.

Schrakamp 2015b
Schrakamp, I.: Urukagina, Sohn des Engilsa, des Stadtfürsten von Lagaš. Zur Herkunft des Urukagina, des letzten Herrschers der 1. Dynastie von Lagaš. Altorientalische Forschungen 42, 15–23.

Schrakamp 2014–2016
Schrakamp, I.: Urukagina. Herrscher der 1. Dyn. von Lagaš. Reallexikon der Assyriologie und Vorderasiatischen Archäologie 14, 494–497.

Schrakamp 2017a
Schrakamp, I.: Das Bewässerungssystem des präargonischen Staates von Lagaš (ca. 2475–2310 v. Chr.), Habilitationsschrift Freie Universität Berlin.

Schrakamp 2017b
Schrakamp, I.: Ressourcen und Herrschaft im Reich von Akkade – RessourcenKulturen im frühen Mesopotamien. In: Scholz, A. K. / Bartelheim, M. / Hardenberg, R. /

Staecker, J. (Hrsg.): Resource Cultures. Sociocultural Dynamics and the Use of Resources –Theories, Methods, Perspectives. RessourcenKulturen 5, Tübingen, 81–132.

Schrakamp 2018
Schrakamp, I.: Irrigation in 3rd Millennium Southern Mesopotamia: Cuneiform Evidence from the Early Dynastic IIIb City-State of Lagash (2475–2315 BC). In: Berking, J. (Hrsg.): Water Management in Ancient Civilizations. Proceedings of the Topoi Water Management Workshop 2016. Berlin Studies of the Ancient World 53, Berlin, 117–194.

Schrakamp 2019
Schrakamp, I.: Die Lesungen der Götternamen ^{d}ba-U$_{2}$ und ^{d}ab-U$_{2}$. Bemerkungen zu J. Keetman. Revue d'Assyriologie et d'Archéologie Orientale 112, 2018, 15–22. Nouvelles Assyriologiques Brèves et Utilitaires 2019, 6–8 Nr. 4.

Schrakamp 2020
Schrakamp, I.: The Kingdom of Akkad: a View from Within. In: Radner, K. / Moeller, N. / Potts, D. T. (Hrsg.): The Oxford History of the Ancient Near East 1, New York, 612–685.

Schrakamp 2022
Schrakamp, I.: Sumerogramme in Ebla und ihr schriftgeschichtlicher Hintergrund. In: Cancik-Kirschbaum, E. / Schrakamp, I. (Hrsg.): Transfer, Adaption und Neukonfiguration von Schrift- und Sprachwissen im Alten Orient. Episteme in Bewegung. Beiträge zu einer transdisziplinären Wissensgeschichte 25, Wiesbaden, 81–113.

Schrakamp/Zólyomi 2024
Schrakamp, I. / Zólyomi, G.: Reevaluating the So-Called "Reforms of Urukagina" (1) Social Justice, Vertical Solidarity and Reciprocity. Zeitschrift für Altorientalische und Biblische Rechtsgeschichte 30, 1–26.

Schrakamp/Zólyomi 2025
Schrakamp, I. / Zólyomi, G.: Reevaluating the So-Called "Reforms of Urukagina" (2). Their Actual Implementation in the Case of Maškim. Altorientalische Forschungen 52, 93–114.

Schrakamp/Zólyomi in Vorbereitung
Schrakamp, I. / Zólyomi, G.: Reevaluating the So-Called "Reforms of Urukagina" (3). The Verb z a$_{3}$ – u s$_{2}$ and the Households of the Ruling Family.

Selz 1989
Selz, G. J.: Altsumerische Verwaltungstexte aus Lagaš Teil 1. Die altsumerischen Wirtschaftsurkunden der Eremitage zu Leningrad. Freiburger Altorientalische Studien 15/1, Stuttgart.

Selz 1993
Selz, G. J.: Altsumerische Verwaltungstexte aus Lagaš Teil 2. Altsumerische Wirtschaftsurkunden aus amerikanischen Sammlungen. Freiburger Altorientalische Studien 15/2, Stuttgart.

Selz 1995a
Selz, G. J.: Untersuchungen zur Götterwelt des altsumerischen Stadtstaates von Lagaš. Occasional Publications of the Samuel Noah Kramer Fund 13, Philadelphia.

Selz 1995b
Selz, G. J.: Kontinuität und Diskontinuität im altsumerischen Lagaš, oder zu Leben und Sterben des Ur-sila(sirsir(a)), des Sohnes des En-entarzi und Bruder des Lugalanda. Nouvelles Assyriologique Brèves et Utilitaires 1995, 13–14 Nr. 16.

Selz 1996
Selz, G. J.: Altsumerische Verwaltungstexte aus Lagaš Teil 3. Die altsumerischen Wirtschaftsurkunden aus Berlin. Unveröffentlichtes Manuskript, Freiburg.

Selz 1998a
Selz, G. J.: Über mesopotamische Herrschaftskonzepte. Zu den Ursprüngen mesopotamischer Herrschaftsideologie im 3. Jahrtausend. In: Dietrich, M. / Loretz, O. (Hrsg.): dubar anta-men. Studien zur Altorientalistik. Festschrift für Willem H. Ph. Römer zur Vollendung seines 70. Lebensjahres mit Beiträgen von Freunden, Schülern und Kollegen. Alter Orient und Altes Testament 253, Münster, 281–344.

Selz 1998b
Selz, G. J.: Von Treidlern, Schiff(bau)ern und Werftarbeiten. Archiv Orientální 66, 255–264.

Selz 1999–2000
Selz, G. J.: „Wirtschaftskrise – Legitimationskrise – Staatskrise": Zur Genese mesopotamischer Rechtsvorstellungen zwischen Planwirtschaft und Eigentumverfassung. Archiv für Orientforschung 46/47, 1–44.

Selz 2002
Selz, G. J.: „Streit herrscht, Gewalt droht" – Zu Konfliktregelung und Recht in der frühdynastischen und altakkadischen Zeit. Wiener Zeitschrift für die Kunde des Morgenlandes 92, 155–203.

Selz 2004a
Selz, G. J.: Familiäres: me-an-né-si šeš-munus. In: Waetzoldt, H. (Hrsg.): Von Sumer nach Ebla und zurück: Festschrift Giovanni Pettinato zum 27. September 1999 gewidmet. Heidelberger Studien zum Alten Orient 9, Heidelberg, 237–241.

Selz 2004b
Selz, G. J.: „Wer sah je eine königliche Dynastie (für immer) in Führung!" Thronwechsel und gesellschaftlicher Wandel im frühen Mesopotamien als Nahtstelle von microstoria und longue durée. In: Sigrist, Chr. (Hrsg.): Macht und Herrschaft. Alter Orient und Altes Testament 316, Münster, 157–214.

Selz 2011
Selz, G. J.: Reconstructing the Old Sumerian Administrative Archives of the é-mí – é-^{d}ba-ba$_{6}$-Institution. In: Barjamovic, G. / Dahl, J. / Koch, U. S. / Sommerfeld, W. / Goodnick Westenholz, J. (Hrsg.): Akkade is King. A Collection of Papers by Friends and Colleagues Presented to Aage Westenholz on the Occasion of his 70th Birthday 15th of May 2009. Publications de l'Institut historique-archéologique néerlandais de Stamboul 118, Leiden, 273–286.

Selz 2014–2016
Selz, G. J.: Ur-silasirsira. Reallexikon der Assyriologie und Vorderasiatischen Archäologie 14, 438–439.

Seminara 2001
Seminara, S.: La versione accadica del Lugal-e. La tecnica babilonese della traduzione dal sumerico e le sue regole. Materiali per il vocabolario sumerico 8, Rom.

Seminara 2015
Seminara, S.: Die Rede des Königs. Die sogenannten ‚Reformen' UruKAginas zwischen Politik und Theologie. In: Dittmann, R. / Selz, G. J. (Hrsg.): It's a Long Way to a Historiography of the Early Dynastic Period(s). Altertumskunde des Vorderen Orients 15, Münster, 405–431.

Siegmund in Vorbereitung
Siegmund, C.: A New Exemplar of Iri-KA-gina's "Reform" Texts (First Recension).

Sigrist 1984
Sigrist, M.: Neo-Sumerian Account Texts in the Horn Archaeological Museum. Andrews University Cuneiform Texts 1, Berrien Springs.

Sigrist 1995
Sigrist, M.: Some di-til-la Tablets in the British Museum. In: Zevit, Z. / Gitin, S. / Sokoloff, M. (Hrsg.): Solving Riddles and Untying Knots. Biblical, Epigraphic, and Semitic Studies in Honor of Jonas C. Greenfield, Winona Lake, 609–618.

Simkó 2014
Simkó, K.: Überlegungen zu den symbolischen Rollen der Steine in Mesopotamien. Altorientalische Forschungen 41, 112–124.

Sollberger 1957
Sollberger, E.: Urukagina, roi de Girsu. In: Togan, Z. V. (Hrsg.): Twenty-Second Congress of Orientalists Held in Istanbul September 15th to 22nd Bd. 2, Leiden, 29–35.

Sollberger 1966
Sollberger, E.: The Business and Administrative Correspondence Under the Kings of Ur. Texts from Cuneiform Sources 1, Locust Valley.

Steible 1982
Steible, H.: Die altsumerischen Bau- und Weihinschriften. Freiburger Altorientalische Studien 5, Wiesbaden.

Steiner 1998
Steiner, G.: Der „Sohn eines Armen" und seine Fische (Uruinimgina 6 ii 10′-14′ und iii 6′-9′). In: Balke, Th. E. / Dietrich, M. / Loretz, O. (Hrsg.): dubsar anta-men. Studien zur Altorientalistik. Festschrift für Willem H. Ph. Römer zur Vollendung seines 70. Lebensjahres mit Beiträgen von Freunden, Schülern und Kollegen. Alter Orient und Altes Testament 253, Münster, 397–413.

Steiner 1999
Steiner, G.: Was geschah im Garten der ama.ukùr? In: Klengel, H. / Renger, J. (Hrsg.): Landwirtschaft im Alten Orient. Ausgewählte Vorträge der 41. Rencontre Assyriologique Internationale Berlin, 4.–8.7. 1994. Berliner Beiträge zum Vorderen Orient 18, Berlin, 115–136.

Steinkeller 1987
Steinkeller, P.: Rezension zu Sjöberg, Å. W.: The Sumerian Dictionary of the University Museum of the University of Pennsylvania. Volume 2 B, Philadelphia 1984. Journal of Near Eastern Studies 46, 55–59.

Steinkeller 1991
Steinkeller, P.: The Reforms of UruKAgina and the Early Sumerian Term for "Prison". Aula Orientalis. Revista de estudios del Próximo Oriente Antiguo 9, 227–233.

Steinkeller 1999
Steinkeller, P.: Land-Tenure Conditions in Third-Millennium Babylonia: The Problem of Regional Variation. In: Hudson, M. / Levine, B. A. (Hrsg.): Urbanization and Land Ownership in the Ancient Near East. A Colloquium Held at New York University, November 1996, and the Oriental Institute, St. Petersburg, Russia, May 1997. Peabody Museum Bulletin 7, Cambridge, 289–329.

Steinkeller 2013
Steinkeller, P.: An Archaic "Prisoner Plaque" from Kiš. Revue d'Assyriologie et d'Archéologie Orientale 107, 131–157.

Steinkeller 2017a
Steinkeller, P.: Luck, Fortune and Destiny in Ancient Mesopotamia – Or How the Sumerians and Babylonians Thought of Their Place in the Flow of Things. In: Drewnowska, O. / Sandowicz, M. (Hrsg.): Fortune and Misfortune in the Ancient Near East. Proceedings of the 60th Rencontre Assyriologique Internationale at Warsaw 21–25 July 2014, Winona Lake, 5–24.

Steinkeller 2017b
Steinkeller, P.: History, Texts and Art in Early Babylonia. Three Essays. Studies in the Ancient Near Eastern Record 15, Boston / Berlin.

Steinkeller 2019
Steinkeller, P.: Babylonian Priesthood During the Third Millennium BCE: Between Sacred and Profane. Journal of Ancient Near Eastern Religions 19, 112–151.

Steinkeller 2023
Steinkeller, P.: Urukagina's Rise to Power. In: Cohen, Y. / Gilan, A. / Wasserman, N. / Cerqueglini, L. / Sheyhatovitch, B. (Hrsg.): „Drought Will Drive You Even Toward Your Foe". Israel Oriental Studies Annual 23, Leiden / Boston, 3–36.

Stol 2004
Stol, M.: Wirtschaft und Gesellschaft in altbabylonischer Zeit. In: Attinger, P. / Sallaberger, W. / Wäfler, M. (Hrsg.): Mesopotamien. Die altbabylonische Zeit. Annäherungen 4. Orbis Biblicus et Orientalis 160/4, Freiburg (Schweiz) / Göttingen, 641–975.

Thureau-Dangin 1903
Thureau-Dangin, F.: Recueil de tablettes chaldéennes, Paris.

Thureau-Dangin 1907
Thureau-Dangin, F.: Die sumerischen und akkadischen Königsinschriften. Vorderasiatische Bibliothek 1, Leipzig.

van Dijk 1983
van Dijk, J. J. A.: lugal ud me-lám-bi nir-ĝál. Le récit épique et didactique des Travaux de Ninurta, du Déluge et de la Nouvelle Création, Leiden.

Visicato/Westenholz 2010
Visicato, G. / Westenholz, A.: Early Dynastic and Early Sargonic Tablets from Adab in the Cornell University Collections. Cornell University Studies in Assyriology and Sumerology 11, Bethesda.

Vukosavović 2008
Vukosavović, F.: A New "Reform Text" of Uruinimgina: Ukg 63. Revue d'Assyriologie et d'Archéologie Orientale 102, 5–8.

Vukosavović 2009
Vukosavović, F.: Reforms of Uruinimgina. PhD Dissertation Hebrew University Jerusalem.

Vukosavović 2010
Vukosavović, F.: A Short Note on the Publication of Ukg 63. Nouvelles Assyriologiques Brèves et Utilitaires 2010, 109 Nr. 90.

Waetzoldt/Sigrist 1993
Waetzoldt, H. / Sigrist, M.: Haftung mit Privatvermögen bei Nichterfüllung von Dienstverpflichtungen. In: Cohen, M. E. / Snell, D. C. / Weisberg, D. B. (Hrsg.): The Tablet and the Scroll. Near Eastern Studies in Honor of William W. Hallo, Winona Lake, 271–280.

Westbrook 1995
Westbrook, R.: Social Justice in the Ancient Near East. In: Irani, K. D. / Silver, M. (Hrsg.): Social Justice in the Ancient World, Westport, 149–163.

Wilcke 2003
Wilcke, C.: Early Ancient Near Eastern Law. A History of Its Beginnings. The Early Dynastic and Sargonic Periods. Bayerische Akademie der Wissenschaften, Philosophisch-Historische Klasse, Sitzungsberichte Jahrgang 2003, Heft 2, München.

Wilcke 2005
Wilcke, C.: The Liability of Superiors for Deficits of Their Subordinates. Nouvelles Assyriologiques Brèves et Utilitaires 2005, 79–81 Nr. 74.

Wilcke 2007a
Wilcke, C.: Early Ancient Near Eastern Law. A History of Its Beginnings. The Early Dynastic and Sargonic Periods. Revised Edition, Winona Lake.

Wilcke 2007b
Wilcke, C.: Das Recht: Grundlage des sozialen und politischen Diskurses im Alten Orient. In: Wilcke, C. (Hrsg.): Das geistige Erfassen der Welt im Alten Orient. Beiträge zu Sprache, Religion, Kultur und Gesellschaft. Nach Vorarbeiten von Joost Hazenbos und Annette Zgoll. Wiesbaden, 209–244.

Wilcke 2014
Wilcke, C.: Gesetze in sumerischer Sprache. In: Koslova, N. / Vizirova, E. / Zólyomi, G.

(Hrsg.): Studies in Sumerian Language and Literature. Festschrift für Joachim Krecher. Babel und Bibel 8, Winona Lake, 455–616.

Wilcke 2015
Wilcke, C.: Vom klugen Lugalbanda. In: Volk, K. (Hrsg.): Erzählungen aus dem Land Sumer, Wiesbaden, 203–272.

Wu 2001
Wu, Y.: Lugalanda's Economic Reform in House of Lady in Girsu. Journal of Ancient Civilizations 16, 101–116.

Zevit/Gitin/Sokoloff 1995
Zevit, Z. / Gitin, S. / Sokoloff, M. (Hrsg.): Solving Riddles and Untying Knots. Biblical, Epigraphic, and Semitic Studies in Honor of Jonas C. Greenfield, Winona Lake.

Zólyomi 2000
Zólyomi, G.: About a Found Donkey and the 'Local' Prefix. Nouvelles Assyriologiques Brèves et Utilitaires 2000, 36–38 Nr. 34.

Rectifications of Economic Injustices in Urukagina's Reforms

Felix Rauchhaus

Abstract

This paper argues that the reforms of Urukagina not only proclaimed but also aimed to rectify several perceived injustices of economic flows. The contemporary administrative material of the Emunus gives the unique possibility of investigating the tangible economic outcomes of these proclaimed reforms. The reforming ruler, Urukagina, directly controlled the organization and could implement the changes as he saw fit. As a result, various profiteers and losers can be identified, and the effectiveness of the reforms in practice can be analyzed.

1 Introduction

Reforms are commonly understood as legal arrangements that change conditions to better the circumstances, at least for some sections of society.[1] Mostly, the goals are supposed to improve economic conditions, lessen poverty, and increase stability, security, and freedom.[2] The so-called Reforms of Urukagina[3] are the earliest

1 For example, Edzard 1974, 145; Foster 1995, 165 when considering "reform" for Urukagina's royal inscriptions.

2 For example, Foster 1995, 166. Dictionary entries, such as Merriam-Webster, similarly describe "reform" as [1]"amendment of what is defective, vicious, corrupt, or depraved" and [2]"removal or correction of errors or of an abuse or a wrong.", see Merriam-Webster: reform, available at: https://www.merriam-webster.com/dictionary/reform, accessed 24 January 2024.

3 So far, five different versions of Urukagina's reforms have been preserved to different degrees, according to Vukosavović 2009, 15–44. Most studies, like Molina 1995, 48 and Frayne 2008, 248, considered the reforms to have existed in three different versions. For a complete list of the discussion, see Schrakamp 2015, 335 n. 254. Selz 1995, 29 pointed out that the reforms themselves are only subsections of dedicatory royal inscriptions to the chief god Ninĝirsu. The four sections comprise an introduction with a description of Urukagina's construction activities, the abuses, their rectifications, and an epilogue. For a detailed description of the structure, see, e.g., Molina 1995, 51–52; Vukosavović 2009, 19–26, Schrakamp 2015, 337–338, and Seminara 2015, 408 who preferred six sections, and Schrakamp/Zólyomi 2024 and the contribution of Schrakamp and Zólyomi in this volume with seven sections. This study will only regard the middle sections, the abuses and the rectifications, as they contain the supposedly undertaken reforms. This study will also not consider all the different versions of the reforms but will adhere to *RIME* 1.9.9.1 = *FAOS* 5/1 Ukg. 4/5 centrally. It is the only completely intact version and can be dated confidently close to Urukagina's succession. For the discussion on the datings of the versions, see Schrakamp 2015, 335–337. Concerning the reform versions' count: *RIME* 1.9.9.1 of Frayne 2008 is the URU-KA-gina 01 of http://oracc.museum.upenn.edu/etcsri/corpus, *FAOS* 5/1 Ukg. 4/5 of Steible 1982, and Ukg. 4, Ukg. 5, Ukg. 60 (Group B) of Vukosavović 2009. For a history of the reforms' study, see Vukosavović 2009, 9–11.

DOI: 10.13173/9783447124522.119

genre representative studied in this context, containing various stipulations about perceived abuses and injustices that Urukagina, the king of Lagash, claims to have rectified.[4] Especially Urukagina's declaration of freeing people from debt and slavery (ama-ar-gi$_4$) has repeatedly drawn attention to the text from the perspective of social reform and injustices.[5] However, the implementation and effective practice of the reforms' intent has been questioned.[6]

This paper endeavors to metrically investigate the socioeconomic beneficiaries of Urukagina's reforms – who a change reached in practice – by evaluating diachronic developments in the remuneration levels of the queen's communal organization called Emunus. Did Urukagina really improve the circumstances of the lives of his subordinates? Did he increase their material well-being? Did he strive for more justice, or were his proclamations only propagandistic wind?[7]

2 The Reforms's Focus on Economic Misconduct

From an economic perspective, it can be determined that most stipulations in the reforms thematize financial issues.[8] Two categories are especially abundant in version *RIME* 1.9.9.1. The first common topic is the illicit appropriation of goods – unjust income – and the second motif is the adjustment of payment levels for several services and government fees.[9] While such thematically connected stipulations commonly occur side by side, a consistent sequence is not recognizable. The slight chaos in their order is illustrated by the fact that the misconducts in the first section do not reappear in the same order as the rectifications Urukagina executed.[10] A clear division that classified different types of economic misconduct is not visible either. Nevertheless, the economic core motive becomes directly apparent.

4 Similarly, e.g., Foster 1995, 169; Vukosavović 2009, 9, 12. For an overview of which author evaluated the reforms to which degree, see Schrakamp 2015, 338–341 and the contribution of Schrakamp/Zólyomi in this volume.

5 Discussions of the freedom edict in Sumerian times can be found in Edzard 1974, 145–149; Molina 1995, 66–67; Westbrook 1995, 155; Hudson 2002, 33; Wilcke 2007a, 21, among others.

6 For example, by Edzard 1974, 148–149.

7 For example, Pollock 1999, 120 who considered the reforms just a distraction to gain time.

8 Selz 1999–2000, 18–19 reflected that most stipulations concern appropriated goods, often institutional property. The summary of various scholarly evaluations of the reforms' intent by Schrakamp 2015, 340–341 also highlights the position that Urukagina primarily wished to intensify economic control with his reforms.

9 The government fees, like the payment a man had to make when he divorced (lu$_2$ dam u$_3$-taka$_4$ | ku$_3$ 5 giĝ$_4$-am$_6$ | ensi$_2$-ke$_4$ | ba-de$_6$ | ku$_3$ 1 giĝ$_4$-am$_6$ | sugal$_7$-maḫ-e | ba-de$_6$) are not found on *RIME* 1.9.9.1, but another version (*RIME* 1.9.9.3; Vukosavović 2009, Ukg. 6, Group C; *FAOS* 5/1 Ukg. 6 ii 15'–31'). This study does not present them, as it focuses on the reforms directly at the beginning of Urukagina's reign from version *RIME* 1.9.9.1.

10 The following may exemplify the difference in sequence between abuses and rectifications. The stipulation of an official who illicitly entered the garden of a poor mother to cut wood was placed before the section on false payment levels for undertakers and others (*RIME* 1.9.9.1 v 22–vi 3) but occurs after the payment corrections for the undertakers *et al.* in the rectification section (*RIME* 1.9.9.1 xi 17–19).

The stipulations start with klephtic appropriations straightaway. The abuse section stated that the boatmen's inspectors,[11] flock administrators,[12] and fish inspectors took boats and livestock.[13] They were supposed to care for the watercrafts and animals, not embezzle them.[14] Consequently, Urukagina stated that "he removed" (e-ta-ru)[15] these responsible officials to prevent further unjust enrichment from his point of view.[16]

RIME 1.9.9.1 iii 5–10: The First Misconducts – Appropriated Goods

lu$_2$ ma$_2$-laḫ$_5$-ke$_4$ ma$_2$ e-dab$_5$	"The one of the boatmen[17] took boats.
anše u$_2$-du-le e-dab$_2$	The flock administrators took donkeys.
udu u$_2$-du-le e-dab$_5$	The flock administrators took sheep.
$^{u3\text{-}mu2}$u$_2$-mu$_{11}$ enku-re$_6$ e-dab$_5$	The fish inspectors took fish tanks."[18]

The reforms continued that the "cult priests" (gudu$_4$)[19] paid their barley share of the field rent[20] in Ambar,[21] the most basic staple food often used as money, pay, and salary.[22] While the reforms do not explicitly state the misconduct committed, the financial context clearly suggests more appropriations.[23] Again, Urukagina react-

11 Deimel 1920, 19 recognized that the accused were not the sailors themselves but their inspectors, who likely controlled and taxed harboring boats.

12 For the managing activities of the "flock administrator" (u$_2$-du.l), see Waetzoldt 1982.

13 The embezzlement accusation has been argued for the "fish inspectors" (enku) by, e.g., Alster 1991, 5–6. According to the thorough studies of Greco 2021, 108–112; 2022, the "fish inspectors" (enku) were intermediary actors between the taxing or due expecting communal organizations and the fishers out in the marshes. Similarly, Englund 1990, 185 n. 587.

14 Argued similarly by, e.g., Diakonoff 1958, 3; Steinkeller 2023, 14.

15 e-ta-ru, not e-ta-šub, following Schrakamp/Zólyomi in this volume.

16 *RIME* 1.9.9.1 viii 14–21.

17 Concerning the difficulties in reading DU.DU = laḫ$_5$ or gid$_x$ if a -d coda is written, see Selz 1998b, 255–259. Since *RIME* 1.9.9.1 did not voice a -d coda, *malaḫ* is assumed. Note however that *RIME* 1.9.9.2 wrote gid$_x$-da for the exact same abuse. Possibly a consequent differentiation was not undertaken due to the homonymous usage.

18 Reading and identification by Alster 1991, 5–6.

19 "Cult priests" (gudu$_4$) primarily cared for the physical temple buildings, the daily and festival-bound offerings, and cultic purity, as Sallaberger/Huber-Vulliet 2005, 630; Sallaberger 2019 described.

20 For the composition of field rent payments, 5/6 in barley with harvest and 1/6 beforehand in silver, see Maekawa 1977.

21 *RIME* 1.9.9.1 iii 14–17. *RIME* 1.9.9.3; Vukosavović 2009, Ukg. 6, Group C; *FAOS* 5/1 Ukg. 6 i 7'–9' states that the cult priests additionally had to build the houses of the field rent (gudu$_4$-be$_2$-ne | e$_2$ še gub-ba-be$_2$ | ambar^{ki}-a i$_3$-du$_3$-du$_3$).

22 For the financial importance of barley in the third millennium economy, see, e.g., Ebeling 1957–1971, 211; Cripps 2017; Widell 2005.

23 Deimel 1920, 20 assumed that this abuse consisted of bypassing the usual official to collect the field rent, the "farmer" (engar), which incurred higher production costs for the cult priest, and possibly the "granary supervisor" (ka-guru$_7$) also took an extra share. Diakonoff 1958, 4 argued similarly.

ed by removing the officials in question, in this case, the supervisors of the granaries (ka-guru$_7$).[24] Furthermore, Urukagina dismissed officials (maškim) who had burdened shepherds and various other professionals with liabilities when they could not deliver perished sheep or, in effect, their wool (bar udu ḫad$_2$/bar sila$_4$ gaba-ka) in silver[25] – which is none other than money, especially in long-distance trade.[26] As another example, it was criticized that an official stole wood from the poor mothers' gardens (ŠID.ĜAR-ke$_4$ kiri$_6$ ama ukur$_3$-ra$_2$ ĝeš na ba-ni-de$_5$-de$_5$),[27] and the official was prohibited from entering those gardens again (ŠID-ĜAR kiri$_6$ ama ukur$_3$-ra$_3$ nu-ku$_x$(DU)-ku$_x$(DU)) and taking the garden's produce.[28]

Urukagina not only had to correct illicit appropriations of income by his subjects. He also had to amend contested appropriations committed by the palace, the organization he had just taken over when ascending the throne, and other organizations the ruling couple controlled. The palace had received the *dubsig* tax[29]

24 *RIME* 1.9.9.1 viii 24–27. In the Ur III period, the office of the "granary supervisor" (ka-guru$_7$) was so important that the office at Umma was continuously held by the family of Umma's governor, according to Dahl 2006, 82. These supervisors controlled the governor's grain and signed various deliveries for fodder, salaries, and other occasions as Dahl 2007, 115–121 described.

25 *RIME* 1.9.9.1 iv 2–8, viii 28–ix 1. This abuse had been a mystery for a long time. Then, Foxvog 1994 presented the administrative document *JCS* 46, 11–15, year Lug. 4, that specifies the administrative process, and he connected it to the reforms. It records that for the four ḫad$_2$-sheep that had been "branded" (za$_2$ šu$_4$-[a]), five shekels per (sheep) were placed on the account (ku$_3$ 5 giĝ$_4$-ta | gu$_2$-ne-ne-a | e-ne-ĝar) of the responsible herders Nigarmud and Lugaldanumea. While the reform text *RIME* 1.9.9.1 does not name the owed silver amount per sheep, one of the other versions (*RIME* 1.9.9.3; Vukosavović 2009, Ukg. 6, Group C; *FAOS* 5/1 Ukg. 6 i 16') specifies that five shekels were the abuse. In comparison with the Ur III period, Steinkeller 2023, 30–33 concluded the discussion that these were payments for animals that had "dried up" (ḫad$_2$), so perished in the heat. In Ur III sources, the practice of indebting herders for animals that had fallen to the heat, were collected, and had to be replaced was called de$_5$-de$_5$-ga. Perhaps, the abuse consisted of a too-high, disproportionate payment, as sheep should only have cost around half a shekel compared to the Ur III period. For a collection of sheep and goat prices, see Snell 1982, 145–146. Schrakamp/Zólyomi 2025 add that the silver was not only to be paid to compensate the animals, which were not in a proper state, but also their wool at the time of plucking. Additionally, they demonstrate that the "commissioners" (maškim) were not appointed anymore or recalled from their commissioner-duties as they do not appear in the documentation from Urukagina's reign in this function.

26 On the role of silver as money in third-millennium long-distance trade and various dues, see, e.g., Paoletti 2008; Prentice 2010, 150–152; Schrakamp 2013, 448–450.

27 *RIME* 1.9.9.1 v 22–vi 3. For the reading of na-de$_5$ and its meaning "to clean out" in Presargonic documents, see Sallaberger 2005.

28 *RIME* 1.9.9.1 xi 17–19. Another version of the reforms (*RIME* 1.9.9.2; Vukosavović 2009, Ukg. 1, Group A; *FAOS* 5/1 Ukg. 1 v 1'–5') specifies that this official did not cut timber anymore (ĝeš na nu-ba-ni-de$_5$-de$_5$) and he did not put together fruit baskets (ge-lam nu-ta-keše$_2$-ra$_2$). Steinkeller 2023, 15 similarly argued that the official abused the garden of the poor mother by cutting down trees and taking fruit.

29 According to the reforms, the *dupsig* tax was paid in various forms, primarily garments, metal objects, and a few extraordinary items like "cumin" (ku-mul). Conspicuously, silver and barley, common monies for dues, are missing from this list.

from the "temple lords" (saĝĝa) *via* the palace's "commissioners" (maškim).[30] Urukagina again reacted by removing the commissioners.[31] Urukagina did not address whether the *dubsig* tax was still to be paid or changed in its composition.[32] Perhaps the tax was abolished, or at least the gains by the commissioners, which could have cost the temple lords extra, were dropped.[33] Also, the previous ruler, Lugalanda, had cultivated his plants on the temples' fields and used the temple lords' capital in the form of draft animals.[34] In this manner, the ruler and his family had encroached on the temples' holdings[35] and surely reduced the temples' revenues. Urukagina claimed to remedy this misconduct by making the local chief god Ninĝirsu's lord over the organization and holdings of the ruler (e2/aša5 ensi2), by giving the organization and estate of the queen (e2/aša5 e2-munus) to the goddess Bau, and transferring the princes' organizations (e2/aša5 nam-dumu) to Ninĝirsu and Bau's son, Šulšagana.[36] While the preserved documentation does not enlighten whether this reform was actually practiced in the ruler's holdings, the data for the queen's organization is sufficient to date the reforms' execution to have started with his succession.[37] During Lugalanda's reign, the Emunus ("house of the lady/queen"), renamed to E-Bau ("house of the (goddess) Bau"), provided for the queen. The evaluation of how this reform affected the income of the new queen, Sasa, is discussed below.[38]

Adjustments to charges for services involve several occurrences. For example, the payment levels to service providers in deathcare (the uruḫx (KUŠU2.MUŠ3) and the lu2-umum-ma), "lamentation singers" (gala), priests, and artisans (ĝeš-

30 *RIME* 1.9.9.1 v 4–21. The function of being a "commissioner" (maškim) encompassed collecting payments, preparing court trials, and acting as an institutional witness of former trials, as representative of institutional organizations or officials as Molina 2013, 127–128; Culbertson 2018 compiled.

31 *RIME* 1.9.9.1 ix 2–6.

32 Hruška 1973, 110.

33 Deimel 1920, 22–23 assumed the forced bribes were eliminated.

34 *RIME* 1.9.9.1 iv 9–18. Hruška 1973, 109 even called this practice a "Zwangsenteignung."

35 Edzard 1974, 147; Steinkeller 2023, 14.

36 *RIME* 1.9.9.1 ix 7–21. By investigating the sacrifice documents, Karahashi 2020 found that Bau's role increased with Urukagina's reforms.

37 Deimel 1920, 23; Bauer 1972, 63; Maekawa 1973–1974, 120–136; Selz 1995, 53 placed the timepoint of the actual reforms, independent of when the texts were written, at the beginning of Urukaginas's reign, when he reorganized the "princely organizations" (nam-dumu) into organizations of the gods Šulšagana and renamed the Emunus into the organization of Bau, according to the documents' subscripts. Maekawa 1973–1974, 120–136 argued the reforms continued with a significant increase in staff from the year Ukg. E until Ukg. L 2. That the reforms were a continuous endeavor can be seen that the organization of Šulšagana was not in place from day one of Urukagina's reign, as Selz 1995, 278 stressed. Schrakamp 2015, 335–336 additionally found that one of Urukagina's building projects mentioned in his reform texts is recorded on administrative documents to have taken place in Urukagina's first lugal year (Ukg. L 1). Steinkeller 2023, 13 even considered that Urukagina tried to sway public opinion in his favor by announcing the reforms before he assumed power. Cf. Wu 2001, 115.

38 See below section 8.

kiĝ$_2$-ti) were reformed.[39] Mainly, Urukagina determined a specific number of diverse breads, a certain amount of beer, and sometimes unprocessed barley. While changes in beer and bread are difficult to measure, two cases are apparent fee reductions.[40] First, the lu$_2$-umum-ma were reduced from six *ban* of barley to only three "when a corpse was brought to the graveyard" (ad$_6$ ki-maḫ-še$_3$ de$_6$).[41] Second, Urukagina "revoked" (enim i$_3$-gi$_4$) the payments to the artisans concerning the šu-il$_2$-la-prayer.[42] Other professions, like the "lamentation singers" (gala), were just added to the rectification section, but they do not appear among the abuses.[43] Perhaps Urukagina first set their fee levels, which had been freely negotiable before.

Also, Urukagina reworked the charges of unskilled laborers, called "poor-sighted people" (igi-nu-du$_8$),[44] concerning irrigation tasks.[45] While the best-preserved text, *RIME* 1.9.9.1, does not name the abuse, another version explicitly states that the royal dependents (ru-lugal) had uncontrolled exploited the unskilled workers' labor and left them to toil without nourishment.[46] To prevent this, Urukagina determined they should have one "available" (gub-ba) loaf of bread while working and several other loaves of bread at dawn (ĝe$_6$-ba-a), *between dawn and nightfall* (u$_4$-sa$_2$), and at nightfall (ĝe$_6$-an-na).[47]

---

39 *RIME* 1.9.9.1 vi 4–vii 4, ix 26–x 33.

40 Hruška 1973, 112 considered that the fees for burials were reduced overall as the reforms postulate.

41 *RIME* 1.9.9.1 vi 13–14, 25–26, ix 33–34, x 7–9. As Civil 1987, 5 noted, the titles of workers in deathcare (uruḫ$_x$(KUŠU2.MUŠ3) and lu$_2$-umum-ma) are not attested outside of Urukagina's reforms, their tasks remain unknown, and it is impossible to translate their professions.

42 *RIME* 1.9.9.1 xi 14–16.

43 *RIME* 1.9.9.1 x 14–30; see also Schretter 1990, 126. Concerning funerals at which lamentation singers (gala) are documented receiving beer and bread, see, e.g., Bauer 1998, 559 for the Presagonic attestations and Michalowski 2006, 54–55; Huber-Vulliet 2019, 414–420 for Ur III attestations. According to Kramer 1981, 1–2; Shehata 2010, 173, among others, lamentation singers primarily played music to calm the hearts of potentially dangerous deities.

44 Taking Akkadian equations like *amāru*, *naṭālu*, or *naplusu* of Sumerian igi-du$_8$ into consideration, Bauer 1972, 194 argued that igi-nu-du$_8$ should mean "blind" literally. However, Bauer 1998, 537 interjected that it is commonly difficult to imagine completely blind workers. Following the identification of Ur III SIG$_7$-a with the Presargonic igi-nu-du$_8$ by Heimpel 2009, 44–45, both occupations are primarily found in water-providing circumstances. However, Heimpel 2009, 44 noted that they also worked as plowmen, shepherds, and fishermen, tasks unthinkable when completely blind. Several studies, such as Renger 1972, 171–172 n. 17; Selz 1995, 51 n. 230; Schrakamp 2014, 721, understand poor-sighted people as socially insignificant and economically the poorest. However, Hruška 1991, 418 pointed out that their barley salary levels are actually the highest. Their income levels should be considered mediocre, following Rauchhaus 2025b.

45 *RIME* 1.9.9.1 vii 17–25, x 38–xi 6.

46 *RIME* 1.9.9.3; Vukosavović 2009, Ukg. 6, Group C; *FAOS* 5/1 Ukg. 6 ii 1'–7': "… took a poor sighted person for himself. A royal dependent would not even give him water to drink as wage until he finished work" (… igi-nu-du$_8$ | a-ba-dab$_5$ | ru-lugal-ke$_4$ | addir en-na ak | a na$_8$-na$_8$ | nu-na-šum$_2$-mu). Krispijn 2001, 259 assumed that the poor-sighted people were rented from organizations, and they should have cared for their provisions.

47 For the identification of daytimes, also in Urukagina's reforms, see Sallaberger 2021, 4–5.

The diversity in bread and beer products makes a metric evaluation of their income changes basically impossible with the available data.[48] Thus, while it is evident that the poor-sighted workers' circumstances should have improved with the reforms, the precise impact cannot be investigated. Furthermore, several professions, like the workers in deathcare, are small, specialized occupations that do not represent broader reaches of society. Consequently, additional data must be consulted to investigate the reforms' general impact on everyday economic conditions.

3 The Emunus and its Administrative Record

To determine income changes initiated with the reforms, the following will investigate the administrative documentation from the Emunus, dating to the reigns of primarily Lugalanda and Urukagina, contemporary to the reforms.[49] The Emunus as an organization was constructed to provide for the queen's personal needs and her role in society. To meet these requirements, the Emunus had a broad economic base. It was active in agriculture, horticulture, forestry, animal husbandry, and fishing, from resource extraction to textile, craft, and food production, and it even provided various services in care, administration, and logistics.[50] Being self-sufficient,[51] the Emunus embodies a communal organization in the third Millennium that employed a representative, economically self-supportive section of the Presargonic society.[52]

The composition of the Emunus's staff, comprising 450 to 670 employees, is well known. Multiple documents have been preserved that record the workers name-by-name and profession-by-profession over eight years.[53] In addition, summary documents of the total grain staff and material costs confirm that the salary documents list the workforce in its entirety.[54]

These salary cost documents are preserved in such a density and were composed with such detail that it is possible to observe various salary increases, de-

48 For the variety of bread types and sizes and how much flour was needed per bread, see Brunke 2011, 100–101.

49 The entire preserved documentation from Ĝirsu, mostly about the Emunus, consists of approximately 1750 tablets, as estimated by, e.g., Selz 1995, 9–11. Similarly, Prentice 2010, 2 assessed 1800 documents; see more recently Schrakamp 2015, 303 n. 1. Concerning the contemporaneity of the administrative material and the reforms, see below.

50 See also Bauer 1998, 535–555; Schrakamp 2013, 447.

51 Bauer 1998, 534.

52 Rauchhaus 2025b. Concerning other less well-documented communal organizations, see, e.g., Sallaberger/Pruß 2015, 74.

53 Other figures, such as the 600–800 people depending on the organization from Sallaberger/Pruß 2015, 74, include children and staff from the organizations of the princes. Suppose it is considered that the land allotment holding (lu₂ šuku dab₅-ba) section working for the Emunus were only men and their wives and children stayed home. The total number of people, depending upon the organization economically, may be conservatively estimated at a peak of approximately 1300 individuals. For the number of barley salary documents, see Bauer 1998, 532; Prentice 2010, 19.

54 Rauchhaus 2025b. See also Selz 1995, 65–69.

creases, staff arrivals, and departures almost from one month to the next[55] in the eight years from Lugalanda's final year until Urukagina's seventh year, when Lagash was about to lose everything besides the capital Ĝirsu itself.[56] Thus, it is possible to analyze the impact the reforms had on the income situation of society as represented by the Emunus's staff.

The following will not go through one profession after the other but adhere to the groupings made by the ancient scribes as they divided the staff upon three distinct "barley salary" (še-ba) documents throughout most of the eight years.[57] Two groups, the "poor sighted ones, carriers, single listed ones" (igi-nu-du$_8$, il$_2$, ša$_3$ dub dili-dili, Group II) and the "maids (and their) children" (geme$_2$ dumu, Group III) were summed up as the "monthly ones" (lu$_2$ iti-da).[58] They were recorded on separate documents, and together, they comprised the menial staff with no access to "land allotments" (šuku) and connected benefits and obligations. The third group, the "land allotment holders" (lu$_2$ šuku dab$_5$-ba, Group I), only received barley salaries for four to five months annually and relied primarily on the harvests from their plots.[59] They not only worked for the Emunus in their primary profession but also had to perform corvée labor, including military service.[60] Since the reforms mention a core occupation from this group, the "royal dependents" (ru-lugal), the military serving section of the society was likely affected in practice.

4 The Land Allotment Holding Military's Meager Benefits

Predynastic societies were almost permanently at war,[61] and hereby, a tremendous burden fell upon the annually drafted fighters. These were primarily the "soldiers" (aga$_3$-us$_2$) and the "royal dependents" (ru-lugal) who were combined as the troops (sur$_x$), principally corresponding to the "land allotment holders" (lu$_2$ šuku

55 See also Prentice 2010, 21.

56 Naming staff in the lists and the frequency of preserved documents, almost every third monthly payment, allows an investigation that can separate income raises or decreases from staff fluctuations. If only totals were preserved and the staff were not named, it would be unclear who obtained the higher or lower barley salaries, for example. Whether a veteran employee received a raise or a new, higher-paid worker joined the workforce is clear as the staff is named. Therefore, the difference between personal income increases and staff composition can be distinguished. This concept of being able to follow single units, in this case, the Emunus's workers, over time is called panel data. The possibility of acquiring panel data is rare in Ancient Near Eastern studies. For Lagash's fall to Lugalzagesi, see e.g., Bauer 1998, 478–493; Sallaberger/Schrakamp 2015, 85–90; Schrakamp 2015, 355–371.

57 This division of the Emunus's workforce into four groups goes back to Deimel 1928, 1–2, and is derived from the documents' subscripts. This division is followed by, e.g., Maekawa 1973–1974; Prentice 2010. Selz 1995, 50 developed his own system of classifying documents.

58 For overviews of the menial staff at the Emunus, see mostly Selz 1995, 57–62; Prentice 2010, 22–69; Sallaberger/Pruß 2015, 76–79.

59 Overviews of the corvée working employees are given by, e.g., Selz 1995, 55–57; Prentice 2010, 69–82; Sallaberger/Pruß 2015, 76–78.

60 Maekawa 1987, 53–62; Prentice 2010, 74–76; Schrakamp 2010, 6–7; 2014, 717–720.

61 Garcia-Ventura 2013, 18; Karahashi/Garcia-Ventura 2016, 13.

dab$_5$-ba, Group I).[62] In the reforms, Urukagina criticized that the ruler's troops, now his troops, had redistributed (or received) barley.[63] This grain was the capital of the "temple lords" (saĝĝa), perhaps the supreme office in Lagash, second to being ruler.

This misconduct was embedded between two further abuses against the "temple lords" (saĝĝa). The first transgression that donkeys and oxen were bound for the "temple lords" (saĝĝa)[64] cannot be interpreted in detail without a resolution in the rectification section.[65] The second misconduct was that "temple lords" (saĝĝa) had to turn in taxes in kind,[66] and in consequence, the "commissioners" (maškim) of these taxes were removed.[67] These adjacent stipulations imply that the "temple lords" (saĝĝa) were the victims, and the military appropriated their barley.[68]

RIME 1.9.9.1 v 1–3: Misdemeanor – Troops Embezzled the Temple Lords' Barley

v 1	še saĝĝa-saĝĝa-ne	"The ruler's troops distributed[69] the temple lords' barley."
v 2	sur$_x$(ERIN2) ensi$_2$-ka-ke$_4$	
v 3	e-ba	

62 Schrakamp 2010, 62–65; 2014, 710.

63 Similarly, Steinkeller 2023, 15.

64 *RIME* 1.9.9.1 iv 19–22.

65 Since right before this paragraph on the donkeys and oxen for the temple lords, it was criticized that the temple's oxen plowed the ruler's onion plot in section *RIME* 1.9.9.1 ix 9–12, perhaps the temple lords should not have utilized the draft animals either?

66 *RIME* 1.9.9.1 v 4–21.

67 *RIME* 1.9.9.1 ix 2–6.

68 Hruška 1974, 157; Edzard 1974, 147; Steinkeller 2023, 17 argued similarly. Deimel 1920, 22 also understood the temple lords as the victims, but because Urukagina was supposed to have placed the royal dependents on the temple land, even though neither Urukagina nor temple land is mentioned in this stipulation. Commonly, the sections are understood as a move of Urukagina to gain the support of the mighty temple lords, e.g., by Diakonoff 1958, 12; Hruška 1974, 157. Alternatively, in the context of draft teams, this section could also criticize that the ruler's draft teams consumed the temple lords' barley as fodder and seed. However, in the Emunus's administrative documents, the transfer of barley as fodder was always termed "to supply" (ĝar), also when grain amounts were rededicated to a new purpose. For example, *VS* 14, 39: "45 *gur* of barley, barley of a land allotment, of a man of Amarki, the team leader, who had died. Eniggal, the general manager, supplied it as seed and fodder for bulls to Lugalkeš, the plowman of (the princess) Gemesilasirsira, 4th (year)" (45.0.0 še gur saĝĝal | še šuku-ra$_2$ | lu$_2$ amar-ki | ugula | ba-ug$_7$-ge-a-kam | en-ig-gal | nu-banda$_3$ | še-nuĝun še gud-re$_6$ gu$_7$-de$_3$ | lugal-keš$_3^{ki}$ | saĝ-apin geme$_2$-sila-sir$_2$-sir$_2$-ka-ra | e-na-ta-ĝar 4^{c}×AŠ).

69 Paoletti 2012, 31 described that the Sumerian verb *ba* is constructed in two different ways: With an agent, a direct object, and an indirect object, the agent *ba*-ed the direct object to the indirect object. The indirect object is the recipient of the object. A Presargonic example may be "1 cow of 0 years: … . The ruler gave it (the cow) to Ayaenragub" (1 gud mu ø | … | ensi$_2$-ke$_4$ | aia$_2$-en-ra-gub-ra | e-na-ba, *TSA* 33 i 1, ii 1–3). However, with just an agent and direct object, the agent becomes the recipient of the object according to Paoletti 2012, 31. For a Presargonic example: "1 male sheep, which wool Paranamtara took/received, was slaughtered in the kitchen, Amargirida, the cook, was its commissioner" (1 udu-ninta | para$_{10}$-nam-tar-ra | siki e-ba-a | e$_2$-muḫaldim-ma ba-sa$_6$ | amar-giri$_{16}^{ki}$-da | muḫaldim | maškim-be$_2$, *Nik.* 1, 149 i 1–7). The construction is extremely explicit in the

Barley was a valuable resource at the time, almost a money of sorts, and Urukagina did not reveal how he stopped the misconduct in his reforms. How were the barley capital flows readjusted? Whereas the income levels of the "temple lords" (saĝĝa) are not recorded on the preserved documents, the soldiers' earnings are. The Emunus maintained several teams of "soldiers" (aga_3-us_2) and the "royal dependents" (ru-lugal) that had to perform military service.[70] With them also, various other staff active in agriculture, animal husbandry, crafts, and services[71] who received land allotments were called to arms,[72] altogether termed "the ones who held land allotments" (lu_2 šuku dab_5-ba) by the Emunus's administration.[73] At the Emunus, they were all paid four to five monthly "barley salaries" (še-ba) per year, annual "wool salaries" (siki-ba), an annual festive gift of emmer (ziz_2-ba), and they received a "land allotment" plot (šuku), which harvest they could keep for themselves. This combination yielded most of the soldiers' above-average, mediocre income levels.[74] The wool and emmer did not constitute a significant part of their income, is not documented consistently in the years around the reforms, and did not concern the barley the reforms addressed.

The soldiers' "barley salaries" (še-ba) constituted almost 10 % of their income.[75] In the year Ukg. E, the salaries were increased directly after Urukagaina's succession, and this payment raise is undoubtedly connected to the reforms.[76] In most cases, the barley salary levels were doubled. For example, eleven men of Enimanezi's "royal dependents" (ru-lugal) team received twelve *ban* of barley in the year Lug. 6 but twenty-four in Ukg. E, while only one person remained at twelve *ban*, likely the team leader (ugula).[77]

Ur III example: "Tūram-ilī, the merchant, the man of Uruk, took/received 2 *ban* of sesame oil" (0.0.2 i_3-ĝeš | tu-ra-am-i_3-li_2 dam-$gara_3$ lu_2 unu^{ki}-ga-ke_4 | in-ba). Also, the word order of the misdemeanor section Object—Subject—Verb, (še…ø—sur_x…e—ba) is frequently found in Urukagina's reforms. For example, *RIME* 1.9.9.1 iii 9–10: "[2]the herd administrator [3]took [1]sheep ([1]udu [2]u_2-du-le [3]e-dab_5). In addition, for the Ur III usage, Paoletti 2012, 31 argued *inba* meant "he/she received it as a present." *ba* is a complex verb with various connected meanings of an object being transferred from one person to another. Gifting is clearly the context in the treasury and shoe archives of Puzriš-Dagān, or also in the Presargonic documents of gifts to the Emunus's neighbors at the festivities of Bau. In other contexts, such as the supply of fodder to animals or deities, "ration" is more fitting, as Gelb 1965, 230–231 argued. Furthermore, when the transferred materials are connected to professions and the compensation of work are the context, "salary" is more fitting, as, e.g., Steinkeller 2004, 96; Prentice 2010, 92–94; Sallaberger/Pruß 2015, 80; Steinkeller 2015, 30 established. This broad semantic field is reflected with *ba* being equated to Akkadian *qâšum*, "to gift," and *zâzum*, which has many meanings, "to share, divide, separate, distribute," among others. Thus, the context is vital.

70 For example, Schrakamp 2014, 699.

71 For a list of all the professions, see Selz 1995, 83–96 "Typ A_{1-5}" and Rauchhaus 2025b.

72 Schrakamp 2014, 710.

73 For example, Selz 1995, 55–56.

74 See Rauchhaus 2025b. The data is already accessible under Rauchhaus 2025c.

75 See Rauchhaus 2025b. The data is already accessible under Rauchhaus 2025c.

76 Maekawa 1973–1974, 135–136; 1987, 59.

77 *RTC* 54 i 5–7, Lug. 6; *HSS* 3, 6 i 7–9, Ukg. E.

Table 1: Changes in Soldiers' Barley Salaries

***RTC* 54 i 6–7**		***HSS* 3, 6 i 7–9**		***TSA* 20 ii 3–4**	
Lug. 6:2=10th month		Ukg. E:2=10th? month		Ukg. L 1:4=11th month	
		11 lu2	1.0.0 (= 0.4.0)		
12 lu2	0.2.0	1 lu2	0.2.0	12 lu2	0.2.0
še-be2 6.0.0	enim-ma-ne2-zi	še-be2 11.2.0	enim-ma-ne2-zi	še-be2 6.0.0	enim-ma-ne2-zi

Analogous, the "sweet water fishermen" (šukud2 a du10-ga) were raised from six *ban* of barley to twelve per month.[78] In the succeeding year, Ukg. L 1, the monthly barley salary levels were reduced to the standard of Lugalanda's reign again. However, this increase did not affect all land allotment holders. For example, Nigarmud, Endu, and Lugaldanumea, the "wool sheep herders" (sipa udu siki-ka), received twelve *ban* of barley per month before and after Urukagina's succession.[79]

Even though the barley salaries in the year Ukg. L 1 were reduced to their original monthly levels from Lug. 6, the income value from barley salaries for the soldiers was still higher than before Urukagina's succession. Land allotment holders were not paid with barley all year round but only in the last months of the year.[80] While they received four payments under Lugalanda, they were upgraded to five payments from Ukg. L 1 onwards.

This change in payment rhythm can be deducted from short summary tablets. These documents only included the total amounts of barley spent for the staff and the supply of fodder and resources for the kitchen and brewery.[81] In contrast to the grain salary (še-ba) and supply (še-ĝar ziz2-ĝar) documents, the summary texts do not unravel the details of who was paid and where the materials were consumed. Both the single salary and the summary documents noted which payment of the year was recorded. According to these summary texts, the fourth payment of land allotment holders coincided with the twelfth payment for staff who were paid barley salaries all year during Lugalanda's reign. Thus, soldiers were capped at four payments. From the year Ukg. L 1 onwards, the fifth payment for land allotment holders now coincided with the twelfth payment of menials.[82] The soldiers received an additional payment.

78 *RTC* 54 rev. ii 4–8, Lug. 6; *HSS* 3, 6 rev. iii 8–iv 1, Ukg. E.
79 *RTC* 54 vii 7–12, Lug. 6; *HSS* 3, 6 rev. ii 5–9, Ukg. E.
80 For example, Maekawa 1987, 51–52; Prentice 2010, 69–70.
81 See also Selz 1995, 65–69.
82 For example, *HSS* 3, 3.

Table 2: The Salary Rhythm at the Emunus According to Summary Documents

Document (Year)	Land allotment holder salary number	Menial salary number	Annual number of salaries
VS 25, 12 (Lug. 5)	1st	9th	4/12 salaries
VS 14, 101 (Lug. 6)	1st	9th	4/12 salaries
VS 25, 23 (Lug. 6)	2nd	10th	
None (Ukg. E)	–	–	?
VS 25, 73 (Ukg. L 1)	4th	11th	5/12 salaries
DP 154 (Ukg. L 2)	1st	8th	5/12 salaries
HSS 3, 3 (Ukg. L 2)	5th	12th	

4/12: fourth salary of land allotment holders and twelfth salary of menials. ? unclear whether four or five land allotment holder salaries were paid out that year.

In conclusion, in the year Ukg. E, most soldiers received double the payment levels[83] they had obtained under Lugalanda, and from Ukg. L 1 onwards, they still benefited from a 25 % higher barley salary income (median in Figure 1).

The mean (in Figure 1) that diverges from the median demonstrates that not all land allotment holders were affected in the exact same way. The lower mean in the year Ukg. E highlights that not all staff received the doubled salaries, as described above. The slightly higher mean in the years from Ukg. L 1 onwards reflects that single land allotment holders could receive pay increases, perhaps due to increased responsibility or experience. Those raises were not undertaken systematically but occasionally, unconnected to the reforms.

"Barley salaries" (še-ba) were only one significant pillar of the troops' income. The most crucial income type was harvests from the "land allotments" (šuku). On average, these harvests were almost ten times as valuable as the barley salaries, amounting to slightly under 90 % of a soldier's income.[84]

83 Under the assumption that the number of payments to land allotment holders was not increased in the year Ukg. E yet.

84 Commonly, land allotment holders such as the "royal dependents" (ru-lugal) received five months of twelve *ban* of barley as "barley salaries" (še-ba, e.g., *HSS* 3, 7 i 1–ii 10), thus annually a total of sixty *ban*. The average "land allotment" (šuku) had a size of four *iku*. For example, the document *VS* 25, 70 records "land allotments" (šuku) that Eniggal, the Emunus's highest manager, was to give to all the organization's land allotment holders (mu-ne-šum₂-mu). Commonly, a team was not unraveled, but the leader was noted as the recipient of the team's entire plots. Additional data from a contemporary "barley salary" (še-ba) document, e.g., *TSA* 20, year Ukg. L 1, needs to be consulted to obtain the plot sizes per person. For example, Emelamsu's royal dependents team (ru-lugal) comprised nine workers according to *TSA* 20

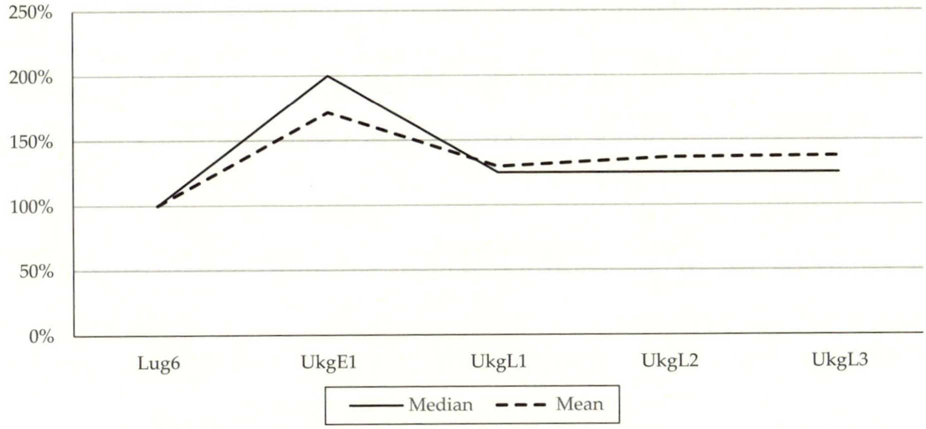

Figure 1: Development of the Soldiers' Barley Salary Income.[85]

The land allotment distributions are not as consistently documented as the barley salaries before and after the reforms. The plots during the final years of Lugalanda are almost not recorded.[86] Thus, the direct transition cannot be tracked. The land allotment distributions at the beginning of both reigns from Lugalanda and Urukagina, though, are available and enable an evaluation of whether plots changed from one ruler to the next. The three documents *Nik.* 1, 44, *VS* 14, 156, both Lug. 1, and *HSS* 3, 38, from the year Ukg. E, recorded "land allotments" (šuku) that the Emunus's general manager gave to the staff (nu-banda$_3$| mu-ne-šum$_2$), reflecting actual plot distributions on fields. On the other hand, *VS* 25, 70, Ukg. L 1, records land parcels to be distributed by the manager (nu-banda$_3$| mu-ne-šum$_2$-mu), thus an ideal distribution of land in the planning stage.[87] All four documents were written shortly after a new king took power and could influence the distribution of land allotments.

ii 1–2. Thus, the total of 36 *iku* from *VS* 25, 70 i 11–13 that Emelamsu received contained plots for nine people of four *iku* per person. For the Presargonic estimated gross harvest rate of 6 ⅓ *gur*/*iku* (= 152 *ban*/*iku*), see Maekawa 1974, 5–6; Jacobsen 1982, 41. Costs of land allotments only concern the seed of two *ban* per iku as Deimel 1931, 82 analyzed. The net harvest supplied a land allotment holder with about 600 *ban*.

85 Data principally derived from the barley salary documents *RTC* 54 Lug. 6:2; *HSS* 3, 6 Ukg. E:2; *TSA* 20 Ukg. L 1:4; *HSS* 3, 7 Ukg. L 2:2; *HSS* 3, 10 Ukg. L 3:4. The data consist of 126 land allotment holders that worked for the Emunus from Lug. 6 to Ukg. L 3 and their personal diachronically traceable barley salary levels (panel data, which is available under Rauchhaus 2025c). Figure 1 presents the mean and median barley salary development of these 126 workers. For additional data background, see Rauchhaus 2025b.

86 Just *VS* 14, 72 and *VS* 14, 170 document a few plots from the year Lug. 4.

87 Karahashi 2020, 65 also identified documents from the planning stage, in her case, documents about offerings (e-ta$_3$-ge).

Table 3: The Development of Allotment Plot Sizes

	Lug. 1→2 ***Nik.* 1, 44, VS 14, 156**	**Ukg. E→L 1** ***HSS* 3, 38**	**Ukg. L 1→2** ***VS* 25, 70**
Donkey herders (sipa anše)	$^{1\times}$2 *iku*	$^{2\times}$4 *iku*	$^{2\times}$4 *iku*[88]
Scribes (dub-sar)	$^{2\times}$6, $^{1\times}$3 *iku*	$^{3\times}$6 *iku*	$^{1\times}$6, $^{2\times}$4 *iku*
Plowmen (saĝ-apin)	$^{3\times}$4 *iku*	–	$^{3\times}$6 *iku*
Cowherds (unu$_3$)	$^{1\times}$6 *iku*	$^{2\times}$4 *iku*	$^{2\times}$6 *iku*[89]
Merchant (dam-gara$_3$)	$^{1\times}$18 *iku*	–	$^{1\times}$18 *iku*
Potters (baḫar$_2$)	$^{1\times}$2 *iku*	$^{2\times}$2 ⅛ *iku*	$^{4\times}$2 *iku*[90]
Farmers (engar)	$^{1\times}$18 *iku*	$^{2\times}$18 *iku*[91]	–[92]
Royal dependents (ru-lugal)		$^{(36\times)}$4 *iku* p.p.[93]	$^{(ca.71\times)}$4 *iku* p.p.[94]
Lummašatam's team	$^{(18\times)}$4 *iku* p.p.		
Lugalmušengal's team	$^{(6\times)}$5.17 *iku* p.p.		
Eme's team	$^{(16\times)}$4.2 *iku* p.p.		

$^{number\times}$: frequency of attested levels; - : not included on that document; *YearX→Y*: Documented fields in *yearX* were harvested in *yearY*, see, e.g., Powell/LaPlaca 1990.

As Table 3 illustrates, no systematic increase in land allotments occurred. Most recorded professions received the same-sized plots during Lugalanda's and also Urukagina's reign. Centrally, the "royal dependent" (ru-lugal) teams remained at about four *iku* per person.

88 That Zaĝu and Lugalmudakuš were "donkey herders" (sipa anše) is known from, e.g., the barley salary document *TSA* 20 rev. iv 1–3, Ukg. L 1, 4th salary for land allotment holders = 11th salary of the year.

89 Likely, the entry of 17 *iku* in *VS* 25, 70 iv 5–6 recorded the land allotments of two "cattle herders" (unu$_3$) and one "herder of small cattle" (sipa gud tur-tur) together, six and five *iku* per person respectively. The contemporary barley salary document *TSA* 20 iv 9–13 lists the two unu$_3$ with twelve *ban* of barley monthly, but the sipa gud only had eight *ban*.

90 The four "potters" (baḫar$_2$), according to the barley salary document *TSA* 20 v 11, Ukg. L 1, held a total of eight *iku* of land allotments on *VS* 25, 70 v 14–15.

91 Urdam and Lugalmassu were "farmers" (engar) as, e.g., *VS* 25, 101 rev. i 2–4, a document about corvée construction work in the field Datirambar records.

92 Urdam's plot of 36 *iku* on *VS* 25, 70 ii 9–11 is not a typical size for a "farmer" (engar) at the time. Likely, it reflects his position as "field measurer" (lu$_2$-eše$_2$-gid$_2$), the chief farmer, see Rauchhaus 2025a.

93 For example, Enimanezi's team of twelve men, according to *HSS* 3, 6 i 7–9, Ukg. E:2=10?, received 48 *iku* on *HSS* 3, 38 i 5, so four per person.

94 For an example, see above about Emelamsu's royal dependents team. The number of royal dependents is derived from the barley salary document section *TSA* 20 i 1–ii 6, Ukg. L 1:4=11.

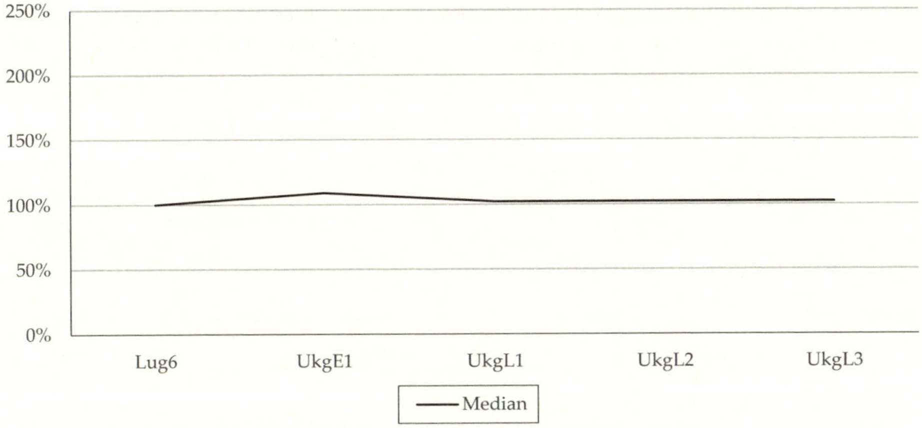

Figure 2: Development of the Soldiers' Total Income.[95]

With the changes in barley salaries and the consistency in land allotments known, it is possible to approximate a net income increase that Urukagina's reforms caused by observing the median land allotment holder. The median is not biased by a sporadic, rare personal salary increase. In the year Lug. 6, the median soldier's income consisted of four times twelve *ban* monthly, in total 48 *ban*, plus the harvests from his mediocre four *iku* of land allotments, which amounted to an estimated 592 *ban* annually. Thus, the majority of their income was 640 *ban* of barley. With Urukagina's reforms and the barley salaries' doubling, the median soldier's income rose to 698 *ban*, so by ca. nine percent. From the year Ukg. L 1, when the salaries were reduced to their original levels, but their number was increased from four to five payments, their total barley income constituted 652 *ban*, just about two percent more than during Lugalanda's reign. In conclusion, the soldiers profited from Urukagina's reform,[96] but just very little.

5 The Ignored Menials

The increase due to the reforms just affected the incomes of workers serving in the military. The Emunus's entire staff was not considered, and as a result of this, the raise was not a universal occurrence.

The observed payment increase was not executed for the menials, the remaining men and women working for the Emunus who had no access to land allotments. These workers received their barley salaries (še-ba) all year round instead of allotment plots.[97] Due to the different payment rhythms, the Emunus adminis-

95 The median values of Figure 2 are constructed as: 0.91 (share of land allotment income) *1 (stable) +0.09 (share of barley salaries)*$median_{year}$ of Figure 1.

96 The military-serving professions have long been considered the profiteers of the reform, as already noted by Deimel 1920, 5.

97 For example, Prentice 2010, 22.

tered the menials' barley salaries in separate documents, distinct from the land allotment holders.[98] Most of the time, the scribes also put the female and male staff on two separate documents.[99]

Table 4: No Changes in Menials' Barley Salaries

***VS* 25, 11 ii 6–8**		***DP* 227 ii 3–5**		***DCS* 4 ii 4–6**	
Lug. 6:10		Ukg. E:10		early Ukg. L 1, date damaged	
10 la$_2$ 1 igi-nu-du$_8$	0.2.4	10 la$_2$ 1 igi-nu-du$_8$	0.2.4	8 4^c igi-nu-du$_8$	0.2.4
še-be$_2$ 6.0.0	ur-sul azlag$_3$	še-be$_2$ 6.0.0	ur-sul azlag$_3$	še-be$_2$ 5.1.2	ur-sul azlag$_3$

These menials' payments were not increased in number, and their levels also stayed constant. For example, the Ur-Sulpae's team of "poor-sighted people" (igi-nu-du$_8$) who worked in textile fulling always received sixteen *ban* of barley p.p. every month, independent of the year, the succession, and the reforms.

No temporary or permanent barley salary increase can be found from the early years of Urukagina's reign onwards, perfectly reflected by the stagnating median income development. The slight mean salary increase in Figure 3 reflects a minority of personal increases here or there, which could also be observed for the land allotment holders above. For example, Galatur, a "carrier" (il$_2$) in Enku's team, is first documented with a monthly salary of six *ban* and received this amount month by month afterward. In the middle of the year Ukg. E, his barley amount was suddenly doubled to twelve *ban*. The rest of the team was not considered for a raise. Such salary increases that only affected a single employee of the Emunus occur infrequently here and there. They are not connected to the reforms of Urukagina.

Both soldiers and menials were staff in the Emunus, an organization Urukagina, the king, controlled directly (see below). Here, Urukagina could exert the ideas of his reforms directly. The "troops" (sur$_x$) were specifically mentioned in the passage *RIME* 1.9.9.1 v 1–3, but the menials were not. The soldiers received a pay increase, but the menials did not. The absence of an increase for the menials confirms the effect of the reforms on the soldiers' income. With their diverging income compositions, the menials perfectly act as a control group to the military serving staff.

98 For example, Selz 1995, 55–62.

99 Their barley salary document subscripts classify the male menials as "poor sighted ones, carriers, single listed ones" (igi-nu-du$_8$, il$_2$, ša$_3$ dub dili-dili, Type II) and the women as "maids (and their) children" (geme$_2$ dumu, Type III). For more details about the menials' barley salary documents, see Selz 1995, 57–62; Prentice 2010, 17–70.

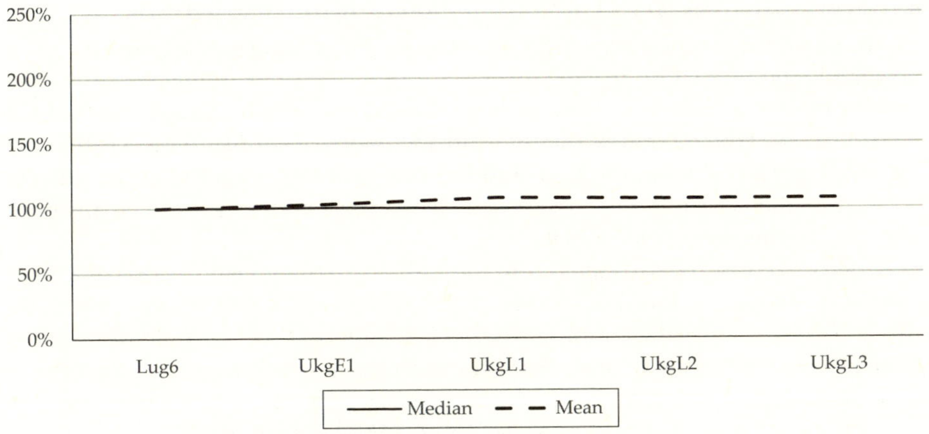

Figure 3: Development of the Menials' Total Income.[100]

Table 5: Galatur's Personal Barley Salary Raise

Lug. 6:10	Ukg. E:6	Ukg. E:8	[Ukg. L 1]:10	Ukg. L 2:8
VS 25, 11 ii 9–12	*HSS* 3, 16 ii 9–12	*Nik.* 1, 9 ii 10–iii 1	*FAOS* 15/2, 123 iii 4–7	*DP* 113 iv 13–16
0.1.0 gala-tur	0.1.0 gala-tur	0.2.0 gala-tur	0.2.0 gala-tur	0.2.0 gala-tur
0.1.0 en-ku$_4$	0.1.0 en-ku$_4$	0.1.0 en-ku$_4$	0.1.0 en-ku$_4$	0.1.0 en-kur-ra-a-ra$_2$-nu$_2$
0.1.0 ^{d}mes-an-du-lu$_2$-sa$_6$-ga	0.1.0 ^{d}mes-an-du-lu$_2$-sa$_6$-ga	0.1.0 ^{d}mes-an-du-lu$_2$-sa$_6$-ga	0.1.0 ^{d}mes-an-du-lu$_2$-sa$_6$-ga	0.1.0 ^{d}mes-an-du-lu$_2$-sa$_6$-ga
0.1.0 ^{d}nin-ĝir$_2$-su-igi-du	0.1.0 ^{d}nin-ĝir$_2$-su-igi-du	0.1.0 ^{d}nin-ĝir$_2$-su-igi-du	0.1.0 ^{d}nin-ĝir$_2$-su-igi-du	0.1.0 ^{d}nin-ĝir$_2$-su-igi-du
…	…	…	…	…

100 Data principally derived from (mostly male menials (type II)/mostly female menials (type III)): *VS* 25, 11/*TSA* 10 Lug. 6:10/12; *Nik.* 1, 9/*HSS* 3, 20 Ukg. E:8/8; *FAOS* 15/2, 123 Ukg. L. 1:10 (both); *DP* 113/*HSS* 3, 21 Ukg. L 2:8/9; *HSS* 3, 17/*CTNMC* 4 Ukg. L 3:10/12$^?$. The data consist of 182 menials that worked for the Emunus from Lug. 6 to Ukg. L 3 and their personal diachronically traceable barley salary levels (panel data). Figure 3 presents the mean and median barley salary development of these 182 workers. For further data background, see Rauchhaus 2025b. Technically, the menials did have slightly higher incomes in the year Ukg. E. The year Ukg. E included an intercalary month; the year was longer, with thirteen months, as is argued by Rauchhaus 2025b. Such intercalary months also occurred in the years Ukg. L 4 and Ukg. L 5. They are a repeated occurrence to keep the solar and administrative calendar in accordance. On a month-to-month and an annual 365-day basis, like for the land allotment holders' salaries and harvests, a thirteenth payment of one calendrical year does not have an impact. Technically, in 365 days, a menial received around 12.37 sala-

6 Securing the Military's Loyalty and Protecting the Temple Lords

In summary, the reforms stated that the "temple lords" (saĝĝa), some of the most powerful men in the Presargonic society at Ĝirsu, lost some of their barley to the "ruler's troops" (sur$_x$ ensi$_2$-ka). In other words, the military stole from the religious leaders. This section of the reforms documents a conflict between some of the elites, powerful religious men, and the troops of the ruler, the military backbone, and otherwise middle-class men. If Urukagina's reform mentioned any popular unrest, this section records it.

Urukagina himself also came from the military, having held the title of a commander (gal-uĝ$_3$) before his succession.[101] When Urukagina rose to power, he surely had to promise the temple lords for their support that he would resolve this issue as he stated in the reforms, keep the military in check, and leave the temple lords unmolested. His removal of the "commissioners" (maškim) who had collected the dues of the temple lords also points in this direction.

Nonetheless, the reforms do not explain how Urukagina stopped this misconduct. While the income development of the temple lords cannot be followed, the Emunus's data attest that the troops' barley income was increased, if only slightly, and non-military service staff at the Emunus was not considered for the raise. As a former commander, Urukagina did not reprimand the soldiers in his reforms.[102] Rather, he increased their income, even though they were the culprits. In contrast, Urukagina had "deposed" (e-ta-ru) many other officials who had embezzled funds and capital. Likely, this was not possible in the military. As they had already shown themselves to act on their behalf and possibly had the defacto monopoly on the use of force, the soldiers could not be reprimanded or even deposed in the same way to keep Ĝirsu-Lagash combat-ready in a strained political environment. Urukagina tried to win them over through financial incentives, surely also to secure the military's loyalty. With higher incomes at the end of the year, when barley could go short before harvest kicked in, they were likely to face financial difficulties and less prone to continue appropriating the temple lords' barley.[103]

ries. The thirteenth salary was excluded from the graph to avoid confusion. Its origin is the administration of the different lengths of the calendrical and solar year, not the reforms of Urukagina. For intercalary months of Presargonic Ĝirsu, see already Englund 1988, 140–147. Cf. Selz 2011. For an understanding of early month names at Presargonic Ĝirsu, see Sallaberger 2021.

101 Selz 1992, 35; 1998, 325; Bauer 1998, 477; Schrakamp 2015, 310–311.

102 The "royal dependents" (ru-lugal), the most numerous military men, were mentioned twice more in the reforms. Once, their conduct with "poor-sighted people" (igi-nu-du$_8$) who worked in the royal dependents' fields was criticized, and a minimum wage was specified in *RIME* 1.9.9.1 vii 17–25, x 38–xi 6. Second, the royal dependents were protected from more powerful people in price negotiations about their property, *RIME* 1.9.9.1 xi 20–xii 12. For an interpretation of these stipulations, their significance, and further literature, see Selz 1999–2000, 19; Schrakamp 2010, 170–198; 2014, 721–723.

103 The Ur III institutional loan system similarly tried to stabilize the communal workforce's income situation right before harvests could be brought in, as Notizia 2022, 165–168 described.

7 Keeping the Managers and Officials in Check

In the reforms, several officials were deposed or reprimanded for appropriating goods. Collectively, Urukagina stated that meddling officials were all over the state of Lagash, from Ninĝirsu's border to the sea (ki-sur-ra | dnin-ĝir2-su-ka-ta | a-ab-še3 | maškim di | e-ĝal2-lam) and he got rid of them (ki-sur-ra | dnin-ĝir2-su-ka-ta | a-ab-še3 | maškim lu2 nu-e).[104] Several of the culprits were explicitly denounced. Urukagina complained that several officials had appropriated capital. For example, the "flock administrators had taken sheep and donkeys" (anše u2-du-le | e-dab5 | udu u2-du-le | e-dab5).[105] Urukagina acted decisively and deposed them from their position (anše-ta | udu-ta | u2-du-be2 | e-ta-ru).

This removal of employees is actually recorded in the Emunus's administrative material. According to the barley salary document *RTC* 54 rev. i 3–4, Lug. 6:2=10, the Emunus maintained one land allotment holding flock administrator (u2-du). However, in the next preserved document from Urukagina's reign, *HSS* 3, 6, Ukg. E:2=12?, he is missing and does not appear on any of the following documents either. Following his proclamation of the reforms, Urukagina removed the flock administrator in the organizations he controlled.[106]

The Emunus's administrative material also confirms further actions on how Urukagina restricted managers and other officials. As discussed above, a large section of the land allotment holding staff received a doubling of their "barley salaries" (še-ba) with Urukagina's succession in the year Ukg. E and a fifth salary annually from Ukg. L 1 onwards. The fifth salary affected all land allotment holders, increasing their income by 25 %. In contrast, the barley salaries were not doubled for all potential beneficiaries in the year Ukg. E. Urukagina distinguished very precisely whose salary he doubled temporarily. The following graph (Figure 4) presents all individuals whom the Emunus maintained economically according to their approximated net incomes converted in shekels of silver for the

104 *RIME* 1.9.9.1 vii 12–16, ix 22–25. Deimel 1920, 24 explicitly connected the "speaking commissioners" (maškim di) with "finished spoken" = law cases (di-til-la) and connected this misdemeanor to the law courts.

105 The other misconducts of officials Urukagina listed were inspectors of sailors taking boats, fishery inspectors seizing fish, embezzled barley rents, silver fees for perished sheep, and dues of the temple lords to be paid to the palace in *RIME* 1.9.9.1 iii 5–iv 8, v 4–21. He deposed all of the ones he considered responsible, stated in *RIME* 1.9.9.1 viii 14–ix 6.

106 In contrast, Hruška 1973, 107; 1974, 156 n.32 argued that a fish inspector (enku) who was also deposed according to the reforms is attested on *DP* 313 (*no ruler, year 5*) and that this document is from the year Ukg. L 5, likely because he is classified as a fisher of Bau (šukud2 dba-u2-ka-kam). Lugalšalatuku, the fisher, is otherwise attested to delivering fish during the reigns of both Lugalanda and Urukagina, e.g., *VS* 25, 47, Lug. 4 and *VS* 27, 60, Ukg. L 6. The second document Hruška cites, *Nik.* 1, 307, cannot be dated at all. Hruška 1974, 156 concluded that Urukagina replaced the officials and did not abolish their offices. Also, the profession of boat inspector (lu2 ma2-laḫ5) still existed during Urukagina's reign, e.g., on *DP* 435, Ukg. E. Urukagina's political line seems ambiguous (see also below). Cf. Hruška 1973, 106 n. 25–26 that the *Urnamma Code* had parallel stipulations.

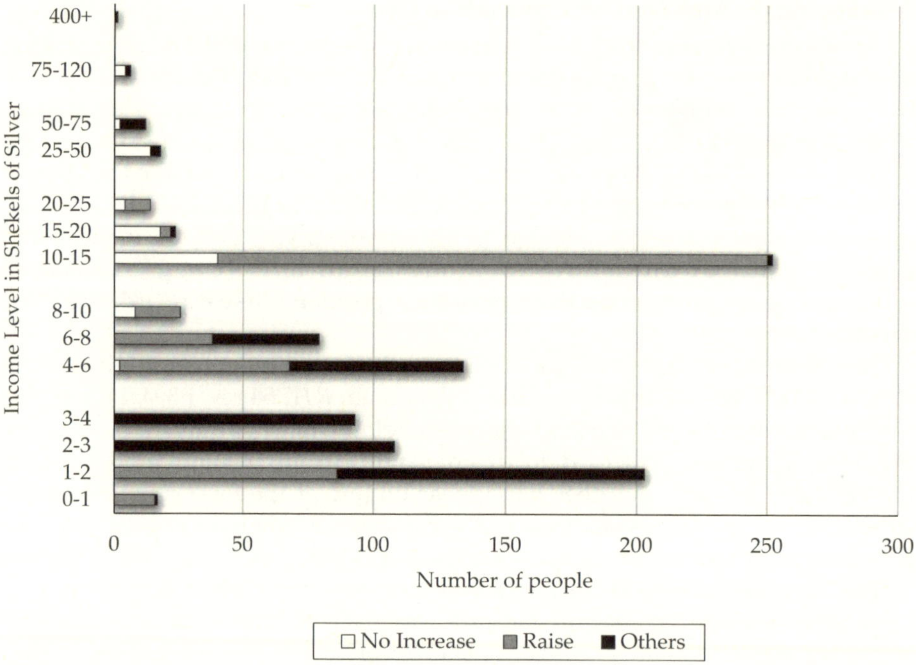

Figure 4: Distribution of the Beneficiaries and Disregarded Ones of Urukagina's Reforms According to Their Incomes. Land allotment holders, the military serving staff whose incomes were doubled in the year Ukg. E in gray ■; land allotment holders without increases in white □; and other staff and the queen's family in black ■.[107]

year Ukg. L 2.[108] It includes the menials who received barley salaries all year round and had no access to land allotments (lu₂ iti-da), "the land allotment holders" (lu₂ šuku dab₅-ba) with their barley salaries at the end of the year, a few other officials and royal family without barley salaries but frequently extensive land allotments, and finally the queen herself. Figure 4 only differentiates between the

107 Figure 4 depicts the 987 workers and other dependents of the Emunus in the year Ukg. L 2 according to their total incomes, that consist of barley, wool, and garment salaries, harvests of land allotments and vegetables furrows, and (festive) gifts. The income data of the year Ukg. E is insufficient to plot the staff according to their total incomes. The access to the barley salary income raise of Ukg. E that divides the staff is illustrated in white, gray, and black. For further data background, see Rauchhaus 2025b.

108 This entire workforce the Emunus maintained includes the wives of the land allotment holders who do not appear on the barley salary documents themselves but lived off their husbands' income as a single household (see further Rauchhaus 2025b). The data from the year Ukg. L 2 is chosen since all main income types – barley salaries, wool salaries, festive gifts, and land allotments – are recorded in detail for this year. This is not the case for other years, e.g., the wool salaries are not documented again for the Emunus in the period from Lug. 6 to Ukg. L 6, for which the barley salary documents name the organization's entire staff.

land allotment holders whose barley salaries were doubled in the year Ukg. E (the gray bars), the land allotment holders who received the same barley salary as in the preceding and succeeding years without an increase (the white bars), and the other staff and family the Emunus maintained untouched by this specific reform (the black bars).

Land allotment holders whose salaries were not doubled chiefly belonged to the high-income section (more than fifteen shekels of silver) and high-mediocre earners (between ten and fifteen shekels) of the Emunus's staff. Their average income of around 22 shekels of silver significantly exceeds the most frequent levels for land allotment holders with values of about eleven shekels. These managers Urukagina disregarded in his reforms' barley salary increase comprised various team "leaders/supervisors" (ugula) and other leading staff in agriculture, horticulture, and animal husbandry, often with land allotments larger than the average four *iku*. The workers who benefited from doubled salaries in the year Ukg. E were predominantly middle-income earners[109] of various professions, with an income value between four and fifteen shekels of silver, mainly due to their two or four *iku* plots. Therefore, Urukagina primarily considered ordinary soldiers and other military serving staff entitled to an increase in income. At the same time, he did not favor the managers and other officials in this manner.

A unique case among the land allotment holders is Eniggal, the "general manager" (NU-banda₃). He can be considered the chief manager who is noted in the subscripts of many documents from about Lug. 1[110] into the year Ukg. L 5, only missing temporarily in the year Ukg. E when Urukagina managed the organization,[111] as the administrative official who carried out or administered the recorded task. He is last attested as a managing official in the year Ukg. L 7.[112] Eniggal, as "general manager" (NU-banda₃), was the highest administrative authority at the Emunus.[113] The central documents under his responsibility also include the various barley salary and land allotment documents.

Like many other managers, Eniggal did not receive a doubled barley salary in the year Ukg. E with Urukagina's reform. Instead, afterward, it was even halved from 1 *gur* of barley monthly to just twelve *ban* in Ukg. L 1.[114] He was the only worker whose barley salary level was halved from Lug. 6 to Ukg. L 1. Urukagina

109 The land allotment holders who received the raise but exhibit an income value under two shekels of silver only technically appear among the poor. They comprise staff that moved to the Emunus in the year Ukg. L 2. However, the most lucrative income form by far, harvests from land allotments, were reaped in the calendary year after cultivation as argued by, e.g., Powell/LaPlaca 1990. Therefore, since they were not at the Emunus in the year Ukg. L 1, they had no harvests in the year Ukg. L 2 from the Emunus's parcels. They likely harvested fields at their sending organization and should thus also have obtained mediocre income levels.

110 Bauer 1972, 64; Balke 2017, 153 n. 381.

111 Maekawa 1973–1974, 134–135.

112 Bauer 1972, 64.

113 Bauer 1972, 64–65.

114 Lug. 6: *RTC* 54 iv 5–6; Ukg. E: *HSS* 3, 6 v 3–4; Ukg. L 1: *TSA* 20 vi 1–2.

did not restrict himself to decreasing Eniggal's barley salary. More importantly, Eniggal's extensive "land allotments" (šuku), which surpassed those of any other employee at the Emunus considerably, were also decreased.

Enigal's plots are documented five times. During the reign of the old king Lugalanda, he had almost 150 *iku* of land allotments at his disposal annually. Three different fields harbored his plots. *VS* 14, 72 from the year Lug. 4 records this distribution. The subscript classifies the information on the plots as "measured land allotmented with grown barley of several people" (šuku še mu-a2 gid2-a | lu2 dili-dili). The document was thus composed from the perspective of the landholders, signifying that the recorded data were all of the land allotments each listed person had.[115]

After Urukagina's succession, only one plot is attested for Eniggal per year. However, the documents mostly focused only on single fields. *HSS* 3, 38, Ukg. E exclusively listed the plots of the Emunus's staff in the Urindua field.[116] *HSS* 3, 40, Ukg. L 1, equally only administered plots on the Sagatur field,[117] and *DP* 589 (Ukg. L 4) was restricted to allotments from the Du-Abu field.[118] Only *VS* 25, 70, Ukg. L 1, was composed to administer plots on seven distinct fields. Furthermore, it listed the Emunus's entire land allotment holding staff, from the military core, the "royal dependents" (ru-lugal), "soldiers" (aga3-us2), professionals in agriculture, horticulture, and herding, the craftsmen, food producers like the "cooks" (muḫaldim), and the "brewers" (^{lu2}lunga$_x$(BI×ĜAR)), various "supervisors" (ugula), and the diverse staff in services such "cupbearers" (sagi) or the "secretary" (sugal7). Furthermore, the document reflected the plots still in planning as Eniggal "was to give (the plots) to them" (mu-ne-šum2-mu). The distribution had not taken place. Therefore, *VS* 25, 70 likely recorded Eniggal's entire plots of the year Ukg. L 1.

115 *VS* 14, 72 did not include all of the Emunus's staff but only a subsection and mentions in the subscripts that there were two tablets originally (dub-be2 2^{c}).

116 The subscript of *HSS* 3, 38 rev. iii reads: "in total 531.75 *iku*: watered land, field Urindua, Enigal, the general manager, gave$^{?}$ it to them as land allotment$^{?}$" (šu-niĝen2 30.0.0 la2 0.1.2 ¼ GAN2 šuku ki durus5 | GAN2 urin-du3-a | en-ig-gal | nu-banda3 | GA[N2 šuku-še3$^{?}$] ⌜e⌝-[ne-šum2(-mu)$^{?}$] // see *DP* 581 rev. iii).

117 "Eniggal, the general manager, measured the field Sagatur, the field of Bau" (GAN2 sa6-gatur | GAN2 ^{d}ba-u2 | en-ig-gal | nu-banda3 | mu-gid2, *HSS* 3, 40 rev. vi 4–8).

118 "In total, 136 *iku* land allotments with grown barley; Eniggal measured the field Du-Abu, the field of Bau and Sasa, the wife of Urukagina, the king of Lagash. Urdam is its farmer, (year) 4" (šu-niĝen2 7.1.4 GAN2 šuku še mu2-a | GAN2 du6 ^{d}ab-u2 | GAN2 u2-rum | ^{d}ba-u2 | sa6-sa6 | dam eri-enim-ge-na | lugal | $^{la:}$lagas(NU11.BUR)^{ki}-ka | en-ig-gal | mu-gid2 | ur-dam | engar-be2 4^{c}×AŠ, *DP* 589 rev. i–ii). Reading of $^{la:}$lagas(NU11.BUR)^{ki}: Bauer 1972, 66 and Attinger 2007, 37 identified the coda as -s. Bauer 2009, 252 added that LA must be understood as a phonetical complement.

Table 6: Eniggal's Shrinking Land Allotments (šuku)

		Date		
Field:	**Lug. 4**	**Ukg. E1**	**Ukg. L1**	**Ukg. L4**
da-kiši$_{17}$	64 *iku*			
ge-bu$_x$(PAD)-ra$_2$	45 *iku*			
du$_6$-^{d}ab(-u$_2$)	39.75 *iku*			18 *iku*
urin-du$_3$-a		26 *iku*		
sa$_6$-ga-tur			43/44 *iku*	

Lug. 4: *VS* 14, 72 i 6–ii 2; Ukg. E1: *HSS* 3, 38 iv 1–2; Ukg. L1: *HSS* 3, 40 rev. ii 11–12/*VS* 25, 70 vi 2–3; Ukg. L4: *DP* 589 i 1–3

Therefore, it is clear that Eniggal's ca. 150 *iku* of *VS* 14, 72 were all of his annual land allotments in the year Lug. 4. On the contrary, the 26 *iku* in Ukg. E and the 18 *iku* in the year Ukg. L 4 could just be one of several plots of the year. The 43 actual *iku*, planned as 44 *iku*, though, were probably his entire land allotment in Ukg. L 1, only on one field. While it cannot be conclusively argued that his plots reduced in number, their size definitely decreased with Urukagina's succession. His three plots in Lug. 4 were each larger than 35 *iku*, and on average, they had a size of ca. 50 *iku*. Only the land allotment from Ukg. L 1 is comparable in size. The other two plots from Ukg. E and Ukg. L 4 were decisively smaller, around half the size, both under 30 *iku*. Overall, the three plots during Urukagina's reign only averaged 29 *iku*.[119]

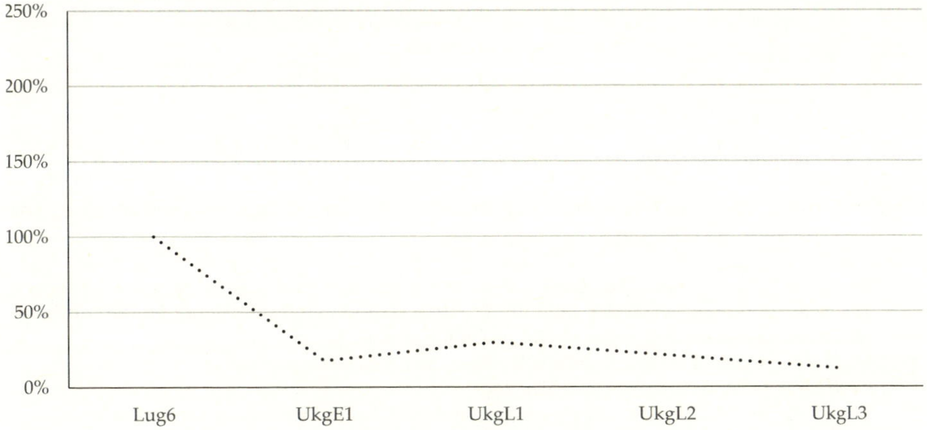

Figure 5: Development of Eniggal's Primary Source of Income, His Land Allotments.[119]

119 Data from Table 6.

Likely, Eniggal had fewer plots at his disposal under Urukagina than when Lugalanda reigned. Clearly, his plots decreased in size. While it cannot be measured precisely how much his income plummeted, it is evident that the sums were enormous, probably by more than 50 %.

In conclusion, Urukagina removed officials and managers who had appropriated goods Urukagina considered not theirs. Additionally, Urukagina also restricted the income of officials and chief managers when he considered their earnings too high, at the expense of their organizations. In contrast to their direct subordinates, who profited from the reforms, the managers were curtailed in their escalating opulence and can be considered the reforms' losers.[120]

8 Passing the Emunus from one Queen to the Next

According to Urukagina's reforms, the ruler, queen, and princeship organizations were all kept separate from the institutional temple organizations and increasingly considered private property.[121] They were used to support the king, queen, and other royalty's social roles and lifestyle and constituted a significant economic power.[122] As owners, they had free rein and could forge the organizations to their will.

RIME 1.9.9.1 1 vii 5–11: Misdemeanor – Personalized Organizations

vii 5	e2 ensi2-ka	"The ruler's house and fields, the house and fields of the Emunus (his wife), and the house and fields of the princeship (his children) were each set aside."[123]
vii 6	aša5 ensi2-ka-ke4	
vii 7	e2 e2-munus	
vii 8	aša5 e2-munus-ke4	
vii 9	e2 nam-dumu	
vii 10	aša5 nam-dumu-ke4	
vii 11	za3 i3-us2-us2-am6	

The reforms of Urukagina stated that this situation was not appropriate.[124] Urukagina reformed the three organizations by making deities the owners of these organizations. He gave the ruler's organization to Ninĝirsu, Ĝirsu's chief god, and

120 Also, the "mighty men" (lu2 gu-la) were restricted from using force to reach reasonable prices for goods of "royal dependents" (ru-lugal) and can be considered losers of the reforms as argued by, e.g., Deimel 1920, 4. Cf. Hruška 1974, 158.

121 Selz 1995, 31; Bauer 1998, 532–533; Selz 1999–2000, 16; Prentice 2010, 3–4.

122 Deimel 1920, 24; Bauer 1998, 532–533.

123 The translation of za3 – us2 follows the paper of Schrakamp/Zólyomi in this volume.

124 Concerning discussion and literature about the restorative character of the reforms, that the Emunus was remade into a temple, see, e.g., Selz 1995, 29; 1998, 324; Seminara 2015, 422, 427–429, and summarizing Schrakamp 2015, 338–341. Since neither the Emunus, renamed to E-Bau, nor the temple of Ninĝirsu received a new temple lord (saĝĝa), which would have led the organizations under the ruler Urukagina, no restoration took place in practice. Similarly, Bauer 1998, 533; Wu 2001, 114. See below for more details on how the Emunus continued to be used.

perhaps he included it in the temple's domain. Also, Urukagina transferred the organizations of the princes and princesses to the god Sulšagana. Third, the queen's organization, the Emunus, was given to the goddess Bau. However, no provisions for Bau's daily needs, the sa$_2$-du$_{11}$, are recorded in the Emunus' documents of monthly grain expenditures. Thus, the Emunus did not function as a temple to provide for the daily temple service that benefited the goddess Bau.[125] The renaming from Emunus to E-Bau (Bau's organization), one practical result of Urukagina's reforms, should not mislead to understand the Emunus as a temple of Bau during Urukagina's reign.[126]

As the reforms postulated, the ownership of the organization changed together with the organization's name. Who owned the Emunus was written in the subscripts of many of the Emunus administrative documents.

RIME 1.9.9.1 ix 7–21: Reform – Reincorporating the Organizations in the Institutional System

ix 7	e$_2$ ensi$_2$-ka	"He made Ninĝirsu the lord of the ruler's house and fields.
ix 8	aša$_5$ ensi$_2$-ka-ka	
ix 9	^{d}nin-ĝir$_2$-su	
ix 10	lugal-ba	
ix 11	ni-ku$_x$(DU)	
ix 12	e$_2$ e$_2$-munus	He made Bau the lady of the Emunus's house and fields.
ix 13	aša$_5$ e$_2$-munus-ka	
ix 14	^{d}ba-u$_2$	
ix 15	nin-ba	
ix 16	ni-ku$_x$(DU)	
ix 17	e$_2$ nam-dumu	He made Sulšagana the lord of the princeship's house and fields."
ix 18	aša$_5$ nam-dumu-ka	
ix 19	^{d}sul-ša$_3$-ga-na	
ix 20	lugal-ba	
ix 21	ni-ku$_x$(DU)	

125 Personal communication Walther Sallaberger. Furthermore, the only regular offerings to a deity in these lists were for MesanDU, an underworld deity, to be seen in context with the offerings for the deceased ancestors as Selz 1995, 65 noted. They are attested from the document *RTC* 51, year Lug. 5:8 to *DP* 156, Ukg. E:5, so utterly unrelated to the succession and Urukagina's reforms. Similarly, Schrakamp 2013, 457 considered the property rights to have been transferred to the temples, but the defacto access remained with the ruling couple.

126 Maekawa 1996, 172.

The most important were the monthly "barley salary" (še-ba)[127] documents, which include the Emunus' complete staff, and the grain supply (še-ĝar ziz$_2$-ĝar)[128] documents that record material for the brewery, the kitchen, and fodder for livestock in the vicinity of the Emunus itself. The subscripts of these documents included a date, often a note on the physical place the grains were expended at, the official carrying out the documented transaction in question, and also a remark on the organization's owner (depicted schematically in table 7). The possession was expressed by stating that the documents were composed to record the "barley salaries of people *of the lady Paranamtara/the goddess Bau* and later of people *who belonged to* (u$_2$-rum) *Bau* (*and the lady Sasa*)."[129] The owner and the official who carried out the task of giving the salaries to the staff (e-ne-ba) are clearly distinguished in the subscript. The owner is named first. The official is recorded second, after the temporal and geographic phrases that separate owner and official.[130]

This subscript structure clearly underwent diachronic developments. At the end of Lugalanda's reign, the subscripts name the queen Paranamtara as owner and Eniggal, the "general manager" (nu-banda$_3$), as the official in charge.[131] This formula has been in use since the beginning of Lugalanda's reign.[132] With Urukagina's accession, the new queen's name did not move into the subscript, but Urukagina himself was inserted.[133] Also, the name of the goddess Bau was introduced in the formula, and she occurs as the owner, the place formerly reserved for the queen.[134] Urukagina was only listed as a secondary owner after Bau, even though he should not be understood as such (see below).

127 For a thorough discussion of the "barley salary" (še-ba) document type, see Selz 1995, 50–62 and for the count "land allotment holders" (lu$_2$ šuku dab$_5$-ba, type I), male menials (igi-nu-du$_8$ ša$_3$ dub dili-dili, type II), and "maids and their children" (geme$_2$ dumu, type III), see Deimel 1928, 1–2; Prentice 2010, 17–19.

128 For a description of the "supply" (ĝar) document type, see Selz 1995, 63–65.

129 See also Deimel 1920, 23; Hruška 1973, 116; Maekawa 1973–1974, 134–135; Selz 1995, 29–31; 53, who pointed to the change in the subscript formula. The supply documents rather call the expended material of the owner: "barley supply, emmer supply, monthly consignments *of Paranamtara/Bau(/and Sasa).*" Cursive is the information that underwent changes diachronically.

130 Furthermore, the official appears in the ergative case: en-ig-gal nu-banda$_3$(=**a**), eri-enim-ge-na ensi$_2$ $^{la:}$lagas^{ki}-ke$_4$. When Urukagina was actively involved in the Emunus affairs and Eniggal, the general manager, did not fill the position of active official, he incorporated both roles. Urukagina appears above the temporal and geographical phrases but is marked as the agent by the ergative.

131 For example, Maekawa 1973–1974, 134–135; Selz 1995, 39–40.

132 The general ownership remark on various was already in use in the times of Lugalanda's predecessor, Enetarzi, as Selz 1995, 39–40 showed. However, the barley salary document subscript's detailed and consistent format really begins with Lugalanda.

133 Maekawa 1973–1974, 134–135.

134 For example, Selz 1995, 39–40.

Table 7: The Emunus's Ownership Description in Document Subscripts

Phase	Lug. 1:10[a]-7:1[b]	Ukg. E:1–1:7	Ukg. E:8–L1:3[d]	Ukg. L 1:X-12[e]	Ukg. L 2:4–6[f]	Ukg. L 2:8–9[g]	Ukg. L 2:10[g]-5:13[h]
	še-ba …	še-ba …	še-ba …	še-ba …	še-ba …	še-ba …	še-ba …
Ownership				e$_2$	lu$_2$	lu$_2$ u$_2$-rum	lu$_2$ u$_2$-rum
		^{d}ba-u$_2$	^{d}ba-u$_2$	^{d}ba-u$_2$-ka	^{d}ba-u$_2$-ke$_4$-ne	^{d}ba-u$_2$	^{d}ba-u$_2$
	para$_{10}$-nam-tar-ra						sa$_6$-sa$_6$
	dam lugal-an-da						dam eri-enim-ge-na
	ensi$_2$						lugal
	$^{la:}$lagas^{ki}-ka						$^{la:}$lagas^{ki}-ka
(Official)		eri-enim-ge-na	eri-enim-ge-na	eri-enim-ge-na			
		ensi$_2$	ensi$_2$/lugal	lugal			
		$^{la:}$lagas^{ki} (-ke$_4$)[c]	$^{la:}$lagas^{ki}-ke$_4$	$^{la:}$lagas^{ki}-ke$_4$			
Temporal and geographic specifications such as the month or the granary/storehouse in question							
Official	en-ig-gal	(en-ig-gal			en-ig-gal	en-ig-gal	en-ig-gal
	nu-banda$_3$	nu-banda$_3$)[c]			nu-banda$_3$	nu-banda$_3$	nu-banda$_3$
Activity	e-ne-ba	e-ne-ba	e-ne-ba	e-ne-ba	e-ne-ba	e-ne-ba	e-ne-ba
Extra Naming					sa$_6$-sa$_6$	sa$_6$-sa$_6$	
					dam eri-enim-ge-na	dam eri-enim-ge-na	
					lugal	lugal	
					$^{la:}$lagas^{ki}-ka	$^{la:}$lagas^{ki}-ka	

The table presents the vital information from the subscripts of "barley salary = BSa" (še-ba) documents in the order on the tablet. The datings, month names, and distribution that the subscripts additionally exhibit are not presented. "Grain supply documents = Gsu" (še-ĝar ziz$_2$-ĝar) overall follow the picture illustrated by the salary documents with minor deviations. [a]The GSu *VS* 14, 77, Lug. 1:10, has the earliest attestation of this formula. [b]Last attestation from the GSu document *HSS* 3, 30. [c]While the male yearly paid staff salary (še-ba igi-nu-du$_8$ … = II) and GSu documents still list Eniggal as official, the female yearly paid staff salary (še-ba geme$_2$ dumu = III) did not feature him but already only Urukagina. [d]The latest attestation of this formula is the GSu document *HSS* 3, 32. Afterwards, until close to the end of Ukg. L 1 no datable documents are available to determine when the next change took place. [e]Only two documents: *DCS* 7 (GSu, Ukg. L 1:X) and *TSA* 20 (BSa of "land allotment holders" (lu$_2$ šuku dab$_5$-ba = I), Ukg. L 1: their fourth salary = twelfth salary of the monthlies). [f]Only two documents: *DP* 158 (GSu, UkgL. 2:4) and *Christie's Erlenmeyer* no. 57 (BSa II, Ukg. L 2:6). [g]The GSu *Erm.* 8379 + *Erm.* 8405 (Ukg. L 2:9) already follows the next formula from Ukg. L 2:10 onwards. [h]Latest in the year Ukg. L 6, Eniggal is substituted with Enšugigi, the manager (aĝrig), but the ownership section remains untouched.

From the eighth salary of Ukg. E onwards,[135] Eniggal is not mentioned as the official in charge, but Urukagina's name was placed as the distributing agent.[136] From this time onwards, the subscript structure underwent constant developments for about two and a half years, in contrast to the time before. First, Urukagina's name being introduced above the temporal and geographical nominal phrases led to the ambiguity that Urukagina appeared grammatically as an owner of the organization in the period Ukg. E:1–L 1:3. To remove this unclarity, the staff was explicitly defined as the "(people) of the house of Bau" (e$_2$ ^{d}ba-u$_2$-ka), at least in the months Ukg. L 1:X-12. Then, the scribes rewrote the subscript again and more fittingly described the staff as "the people of Bau" (lu$_2$ ^{d}ba-u$_2$-ke$_4$-ne), from at least Ukg. L 2:4–6 and amended the ownership clause once more to end with "the people that belonged to Bau" (lu$_2$ u$_2$-rum ^{d}ba-u$_2$).

With the start of Ukg. L 2, in the middle of all these changes to Bau's identification as the organization's owner, Urukagina was removed as the active agent in the subscript. He was reduced to the affiliation of his wife, Sasa, who, in turn, was introduced. She was neither placed in the position of owner nor official carrying out the task but simply added at the very end of the subscript after the verbal form "he/she gave it to them" (e-ne-ba) marked the end of the clause. Her status was not clear yet. Only around Ukg. L 2:10 was she placed as a second owner after the goddess Bau, now separated by the temporal and geographical nominal phrases from the official carrying out the task at hand.[137] In this position, Eniggal, the general manager, was reintroduced with Urukagina's withdrawal at the beginning of the year Ukg. L 2.

135 According to the documents of "barley salaries of the poor sighted people and single noted ones" (še-ba igi-nu-du$_8$ ša$_3$ dub dili-dili, type II) as well as the "supply" (ĝar) documents. The only barley salary document of "maids and their children" (geme$_2$ dumu, type III) *CT* 50, 33, Ukg. E:4, already omits Eniggal.

136 Maekawa 1973–1974, 134–135.

137 See also Bauer 1998, 533.

In conclusion, between the stable periods where the Emunus clearly belonged to the queen Paranamtara (Lug. 1:10-7:1) and to Bau and Queen Sasa (Ukg. L 2:9–6:12), the subscripts underwent constant change fluidly. At that time, the scribes readjusted their subscripts to specify that the goddess was the owner, and others took care of distributing the barley. When Queen Sasa took over the Emunus and her status was not resolved yet, they struggled to integrate her properly into the formula. With the end of the year Ukg. L 2, almost three years after Urukagina's succession, she was finally included in the subscript in a position that also reflected the position Sasa had wanted from the beginning, the ownership of the prosperous Emunus.

Overall, the name (and ownership) change did not significantly impact the structure and the staff number at the Emunus.[138] However, a few developments can be observed that are connected to when the queen could call herself the Emunus' owner. Possession of the Emunus and naming of the queen in the subscript are mirrored in the appearance/absence of the lady's most personal staff in the salary lists: the "chambermaids" (ur$_5$-du$_2$ munus) and the "valets" (lu$_2$ e$_2$ ša$_3$-ga).

Table 8: The Emunus' Ownership and Staff Changes

Period	**Until Lug. 6**	**Ukg. E–Ukg. L 2:6**	**After Ukg. L 2:8**
Chambermaids and valets	Present	Absent	Present
Other service staff like cupbearers and doorkeepers		Decreased	Increased
Ownership of Emunus	Paranamtara	Bau	Bau and Sasa

These personal attendants, the "chambermaids" (ur$_5$-du$_2$ munus) and the "valets" (lu$_2$ e$_2$ ša$_3$-ga), were taken entirely out of the Emunus salary lists with the succession of Urukagina.[139] Likely, they continued working for the former queen Paranamtara. She died almost three years later in Ukg. L 2.[140] These professions of

138 Maekawa 1996, 171; Bauer 1998, 533; Prentice 2010, 4. See also similarly Wu 2001, 114.

139 The barley salary document for male menials (type II) *VS* 25, 11, Lug. 6:10, exhibits the sequence "carriers" (il$_2$, ii 9–v 14), the valet and chambermaids (v 15–vi 9), "cupbearers" (sagi, vi 10–vii 7). The first document after the succession *MVN* 3, 2, though, lists the carriers (iii 2–vii 1) and the cupbearers (vii 2–10) successively. The valet and chambermaids do not occur again. In the salary document *RA* 71, 102 (Lug. 6:12), the sequence is damaged and needs supplements but follows *VS* 25, 11. Prentice 2010, 31–33 also noted that the chambermaids and valets were missing over this period but drew no further conclusions.

140 Beld 2002, 76; Mayerová 2015, 263. After the succession, until her death in the year Ukg. L 2, at least two full years (Lug. 7/Ukg. E and Ukg. L 1) passed. Cf. Bauer 1989–1990, 111. The two documents *TSA* 9 and *VS* 14, 137 document bread and beer that were given to "lamentation singers" (gala) and mourning "maids" (geme$_2$) at the funeral ritual (ki-ḫulu) of Paranamtara according to Bauer 1998, 558–560. Both are dated to the year Ukg. L 2.

personal attendants remained absent until the end of Ukg. L 2, so approximately for the same period. To be precise, these professions reappeared in the salary lists, either in Ukg. L 2:7 or, at the latest, in Ukg. L 2:8.[141] According to their names, they were (mostly) new attendants and not the staff that had cared for Paranamtara.[142] In both cases, one chambermaid, the chief attendant with the highest salary, was called Emete. Perhaps she was the same person. The others, though, must have been Sasa's personal workforce, which she likely already maintained at least since Urukagina's succession.[143]

The queen's royal attendants were not the only professions that fluctuated with the succession and Sasa's takeover of the Emunus.[144] When Paranamtara left the Emunus and Urukagina succeeded Lugalanda, also several cooks, cupbearers, people of the storehouse, a water heater, a singer, guards, and doorkeepers – service staff – disappeared from the salary lists.[145] Likely, they followed Paranamtara and continued to care for her. These professions, of which people departed the Emunus, were still attested in the first years of Urukagina but in a much-reduced number. The organization upheld its possibilities to provide services but to a lesser degree. With the seventh or eighth month of the year Ukg. L 2, new service staff arrived at the Emunus, from one document to the next. Besides the personal attendants (ur$_5$-du$_2$ munus and lu$_2$ e$_2$ ša$_3$-ga), who were reintroduced into the lists,

141 The barley salary document Christie's Erlenmeyer no. 57, Ukg. L 2:6, for male menials (type II) exhibits the sequence of "secretaries" (sugal$_7$, vii 7–8), "people of the storehouse" (lu$_2$ e$_2$ niĝ$_2$-ka, vii 9–10), "water heaters" (lu$_2$ a kum$_2$, vii 11–13), and "scribes" (dub-sar, vii 14–viii 1). The following barley salary document *DP* 113, Ukg. L 2:8, inserts the valets and chambermaids between the people of the storehouse and the water heaters. The new sequence was secretaries (viii 3–5), people of the storehouse (viii 6–8), valets (viii 9–11), chambermaids (viii 12–18), water heaters (ix 1–3), and scribes (ix 4–7).

142 The "chambermaids" (ur$_5$-du$_2$ munus) of Queen Paranamtara were called Emete, Nineridakuš, Ninmudakuš, Bautešĝu, Sesdagaldi, Damziĝu, and Aksi in the year Lug. 6. The names of Queen Sasa's maids were Emete, Ninalsa, Ninsisa, Baulusaga, and Bauamaĝu in the year Ukg. L 2.

143 The new care staff, including cooks, cupbearers, valets, and chambermaids, are first recorded *Nik.* 1, 18 iii 5–v 5. *Nik.* 1, 18 documents the barley salaries for the organization of Prince Ursilasirsira, already called E-Igalim, as Maekawa 1973–1974, 120–135 described. Whom they served after Ursilasirsira had passed and whether the E-Igalim provided Sasa before she moved to the Emunus is not documented but evident since they worked for her afterward. For Ursilasirsira and that the timepoint of his death lay before the end of Ukg. L 1, see Schrakamp 2015, 321–324.

144 Cf. Selz 1995, 58.

145 On the final preserved salary lists from Lugalanda's reign *RA* 71, 102, Lug. 6:12 (menials II) and *RTC* 54, Lug. 6:2=10 (corvée workers type I), the staff that does not occur again on *MVN* 3, 2, Ukg. E:2 (menials II) and *HSS* 3, 6, Ukg. E:2=10[?] (corvée workers I) are the "cooks" (muḫaldim) En-Nanše-mudud, Ene, Ziĝuandaĝal, Urbau, and Hamatil, one "singer" (nar) whose name is not preserved, the two guards (aga$_3$-us$_2$) Sesludu and Niĝirenimgena, the "water heater" (lu$_2$ a kum$_2$) Lugalagazi, the three "people of the storehouse" (lu$_2$ e$_2$ niĝ$_2$-ka) Enšu, Ninĝumadaĝ, and Enlu, the two "doorkeepers" (i$_3$-du$_8$) Amaršuba and Urinana, and the three "cupbearers" (sagi) Muneurin, Kinum, and Ĝirnunzišaĝa.

also new cooks, cupbearers, people of the storehouse, cleaners, a secretary, and the first female doorkeeper with her daughter joined the Emunus.[146]

In conclusion, the subscripts of the important grain expenditure documents and the staff movements clearly show that with Urukagina's succession, the Emunus temporarily belonged to the goddess Bau,[147] not the new queen. She did not have access to the organization's wealth. With the further changes in the documents' subscripts and a new wave of service staff, the Emunus partly went over into the possession of the new queen Sasa, and now she did have access to the riches.

Additionally, perhaps Paranamtara's death and Sasa's introduction into the Emunus are related since the two events can be dated to the year Ukg. L 2. When Paranamtara was still officially queen, technically, the Emunus still belonged to her personally. Likely, the concept of a queen dowager did not exist in Presargonic Ĝirsu. Only with Urukagina's reforms was control of the organization wrestled from Paranamtara's hands and at least theoretically given to the goddess Bau.[148] Temporarily, Urukagina stewarded the organization as the subscripts record. With Paranamtara's death, the Emunus could go over into the possession of the new queen Sasa. At this point, the reforms blocked a complete takeover, and Bau remained the primary owner of the organization. Thus, in theory, the reforms should have enabled a new queen to gain access to the organization. Probably, the Emunus could not be inherited anymore, and Sasa had lost it with Urukagina's demise.

Having access to the Emunus's wealth or not greatly influenced the income level of both queens. Before the value of losing the organization's luxury can be approximated, the following must first briefly describe what a queen's income resembled with or without the Emunus.[149]

With possession of an organization like the Emunus, the owner did not receive a classical income of a certain number of dollars, euros, silver, or even barley and wool but was supplied with finished goods and services.[150] These goods and

146 From the barley salary documents *Christie's Erlenmeyer* no. 57, Ukg. L 2:6 (menials II) and *TSA* 20, Ukg. L 1:4=12? (corvée workers type I), the newly inserted staff in the documents *DP* 113, Ukg. L 2:8 (menials type II) and *HSS* 3, 7, Ukg. L 2:2=9 (corvée workers I) were the three "cupbearers" (sagi) Aiatešĝu, Hamatil, Anamugub, two "cooks" (muḫaldim) Muneurin and Ninĝirsuluĝu, the "secretary" (sugal7) Ninsuburamaĝu, the "doorkeeper" (i3-du8) Namšitaĝubidu and her infant daughter, and three unnamed "cleaners" (gab2-dan5).

147 Cf. Wu 2001, 113.

148 For breaches of the theoretical ownership of Bau and Sasa's early access to the Emunus's wealth, see Hruška 1973, 116. Selz 1995, 39 speculated similarly that Urukagina's *irregular* takeover of the throne led to this reform.

149 For a detailed investigation of the lady's income, see Rauchhaus 2025b.

150 Simply taking the Emunus's total income would overestimate the income of a queen, as many of the organization's funds were required to cover production costs. For example, the Emunus "carpenters" (naĝar) produced and repaired "plow shares" (ĝešeme) for the Emunus's farmers, e.g., *TSA* 27. These plow shares were an investment into the organization's capital, used to produce barley and other grains. The lady did not profit from the plow shares directly. By excluding the internal production costs, a net income can be approximated for the queen, which is comparable to the staff's income.

services can be estimated by approximating the costs they incurred. However, the Emunus did not exclusively serve the queen's needs. Several "consumption" (gu7-a) documents record when the Emunus expended animals, beer, and bread. Remarks on the occasion can be classified into three categories: cultic, for the ruler or palace, and for the lady or the Emunus. The first example of such a consumption document, *DP* 201, records that one sheep was slaughtered and sacrificed to the god Mesandu by Paranamtara, thus cultic consumption.

DP 201, Lug. 5: Consumption Document A

o. i 1	1 udu	Paranamtara sacrificed 1 sheep to Mesandu after the barley-eating festivities of Nanše.
o. i 2	dmes-an-du-še3	
o. i 3	para10-nam-tar-ra	
o. ii 1	egir4 izim še gu7	
o. ii 2	dnanše-ka-ta	
o. ii 3	ĝeš be2-ta3	
r. i 1	gu7-a	It is a consumption of Enku, the animal fattener.
r. i 2	en-ku3	
r. i 3	gurušta-kam 5c×aš	

The second example shows that another sheep was slaughtered in the Emunus's kitchen (e2-muḫaldim-ma) in connection with Queen Paranamtara.[151] Its consumption can be attributed to the queen and whomever she considered at the moment.

Nik. 1, 149, Lug. 5: Consumption Document B

o. i 1	1 udu ninta	1 male sheep whose wool Paranamtara took/received was slaughtered in the kitchen.
o. i 2	para10-nam-tar-ra	
o. i 3	siki e-ba-a	
o. i 4	e2-muḫaldim-ma ba-sa6	
	…	…
r. ii 3	gu7-a	It is a consumption of Enku, the animal fattener.
r. ii 4	en-ku3	
r. ii 5	gurušta-kam 5c×aš	

151 When an animal was slaughtered in the palace kitchen, the locality of the palace was remarked. For example, *DP* 218 rev. ii 2–4, rev. iv 4–6: "1 lamb was slaughtered in the palace's kitchen. … It is a consumption of Enku, the animal fattener" (1 sila4 | e2-muḫaldim e2-gal-ka | ba-sa6 | … | udu gu7-a | en-ku3 | gurušta-kam).

In total, approximately 86 % of the consumed (gu$_7$-a) cattle, sheep, goats, and gazelles were sacrificed, 5.5 % went to the ruler/palace, another 5.5 % to the queen/Emunus, and the remaining 3 % to others. For beer, the distribution constituted 36 % to cultic events, 42 % for the ruler/palace, 20 % for the queen/Emunus, and the remainder to others, according to the preserved documentation. These shares for the lady's consumption can be applied to the costs in production: spent materials and labor costs. Hereby, the approximation of the lady's income consists of several components. 5 % of the fodder for the fattened animals on the "supply" (ĝar) documents and the salaries of the herders, and 20 % of the grains supplied to the brewer and kitchen (again from the supply documents). In the same manner, 5 % of the herders' salaries and 20 % of the other service and food-producing staff, like the cooks, are included. The salaries of the personal chambermaids (ur$_5$-du$_2$ munus) and valets (lu$_2$ e$_2$ ša$_3$-ga) are even counted in full since the organization did not support them when the Emunus did not belong to a queen. These spent material and salary shares totaled 8630 *ban* (86,300 liters) of barley.

However, this approximation still lacks many goods like clothing, jewelry, furniture, vegetables, fruit, fish, and fragrant fats that can be considered the queen's net income. Thus, the approximation must be adjusted once more.

Other heads of organizations, like the Ur III temple lords (saĝĝa), obtained double the income of their highest managing subordinates.[152] At the Emunus, the second wealthiest individual was Eniggal, the general manager (NU-banda$_3$), who obtained a value of about 7000 *ban* of barley in the year Ukg. L 2 from his extensive land allotments (šuku), onion plots (ki-šum$_2$-ma), barley salary (še-ba), wool salary (siki-ba), and festive gift in emmer (ziz$_2$-ba).[153] Double his income amounts to a 14,000 *ban* of barley for the year Ukg. L 2 as the queen's income. This

152 The Ur III document *HSS* 4, 4 likely records grain amounts that were correlated with the highest offices of the important temples in the province Ĝirsu-Lagaš, interpreted as "land allotment" (šuku) harvests as argued by Sallaberger 1999, 285–299, and see also Gelb 1979, 12–15; Englund 1990, 60–63; Wilcke 2007b, 100–101. Since the amounts were completely even, these are likely target values, and the document does not record actual grain transfers but an intention in the planning phase. Concerning the double income of temple lords, the "temple lord/steward" (saĝĝa/šabra) of Ninĝirsu was noted with 200 *gur* of barley, the next highest offices, the "accountant" (bešeĝ-dub-ba), the "head of the land register" (saĝ-du$_5$), "supervisor of the granary" (ka-kuru$_{13}$), and the "general manager of the troops" (NU-banda$_3$ erin$_2$-na) each were noted with 100 *gur*. At other temples these figures were lower. Still the "temple lord/steward" (saĝĝa/šabra) was noted with double the value of the next highest offices.

153 The central component of Eniggal's income was his harvests from his "land allotment" (šuku) plot. According to *VS* 25, 70 vi 2–4 – a document about nearly all the šuku that Eniggal was to distribute (mu-ne-šum$_2$-mu) among the Emunus's entire staff – his lands had a size of 44 *iku* in the year Ukg. L 1. For this document, see also above. This plot brought forth an estimated net harvest of 6512 *ban* in the following year Ukg. L 2. For the Presargonic estimated gross harvest rate of 6 ⅓ *gur/iku* (= 152 *ban/iku*), see Maekawa 1974, 5–6; Jacobsen 1982, 41. Costs of land allotments only concern the seed of two *ban* per *iku*, as Deimel 1931, 82 determined. For the more complicated vegetable harvests from "onion plots" (ki šum$_2$-ma), see Rauchhaus 2025b. The other income types are negligible in Eniggal's case.

figure can be considered to include measurable and undocumented income sources. It serves as the lady's ultimate income approximation.

In the years that the queens did not have access to the Emunus, their income cannot be estimated by the organization's services and production costs. Paranamtara's income levels from the year Ukg. E onwards, after she left the Emunus, are impossible to estimate. The data is simply insufficient. Her new household/organization is undocumented. Only the number of staff that moved with her and their income levels at the Emunus are known. Whether other people joined her, the leavers retained their income levels, and whether they could be considered a complete draft of Paranamtara's new staff is unknown. With her departure from the Emunus, she surely had fewer riches at her disposal than when Lugalanda was king.

Luckily, the income of the new queen, Sasa, is more accessible between Urukagina's succession and her takeover of the Emunus. A sizable plot that the Emunus provided her is recorded. It must have constituted her primary income source. This plot is attested in *Nik.* 1, 31 from the year Ukg. E, a record on the Emunus's land, now belonging to Bau, that Urukagina measured.[154] Primarily, the document lists several fields of the Emunus regarding their condition. They had grown barley (še), were "covered in water" (a-ĝar), unworked (dag), and "saline" (mun). The flooded field Dagḫia was further split into two entries.[155] The larger section, with a size of 852 *iku*, was otherwise unspecified and must have constituted domain land. The second piece of 42 *iku* was reserved for Sasa.[156] These 42 *iku* are comparable in size to the plots Sasa and Paranamtara provided their family. A sibling of the queen usually obtained 18 *iku*,[157] and the mother 36 *iku*.[158] In contrast, the organization's staff most commonly obtained four or only two *iku* per person.[159] With an average harvest rate of 6 ⅓ *gur* of barley per *iku*,[160] Sasa's income can be approximated at 6216 *ban* of barley for the years when she could not access

154 *Nik.* 1, 31 rev. ii 5–iii 6: "The field belonged to Bau; Urukagina, the ruler of Lagash, measured the field that is situated in the marshes, (year) 1" (GAN2 u2-rum | ^{d}ba-u2 | GAN2 ambar-ra ĝal2-la | eri-enim-ge-na | ensi2 | $^{la:}$lagas^{ki}-ke4 | mu-gid2 1^{c}×AŠ).

155 *Nik.* 1, 31 ii 4–iii 1.

156 Cf. Steinkeller 1999, 295 and Karahashi 2016, 57. They interpreted the whole field, both entries, as belonging to Sasa.

157 For example, Meanesi, the brother of the queen, received a "land allotment" (šuku) with a size of eighteen *iku* from the Emunus. It was situated on the field Urindua in the year Ukg. E, *HSS* 3, 38 rev. ii 1–2.

158 For example, Gemeubkuga, Paranamtara's mother, received 36 *iku* according to *VS* 14, 72 ii 4–5, Lug. 4. This document lists "measured land allotment plots with grown barley of several people" (šuku še mu2-a gid2-da | lu2 dili-dili, *VS* 14, 72 rev. iv 1–2), that "Eniggal, the general manager (of the Emunus), measured" (en-ig-gal | nu-banda3 | mu-gid2, *VS* 14, 72 rev. v 1–3).

159 For example, the document *VS* 25, 70 records "land allotments" (šuku) that Eniggal, the Emunus's highest manager, was to give to all the organization's land allotment holders (mu-ne-šum2-mu). Commonly, a team was not unraveled, but the leader was noted as the recipient of the team's entire plots. Additional data from a contemporary "barley salary" (še-ba) document, such as *TSA* 20, Ukg. L 1, must be consulted to obtain the plot sizes per person. For example, Emelamsu's royal dependents team (ru-lugal) comprised nine

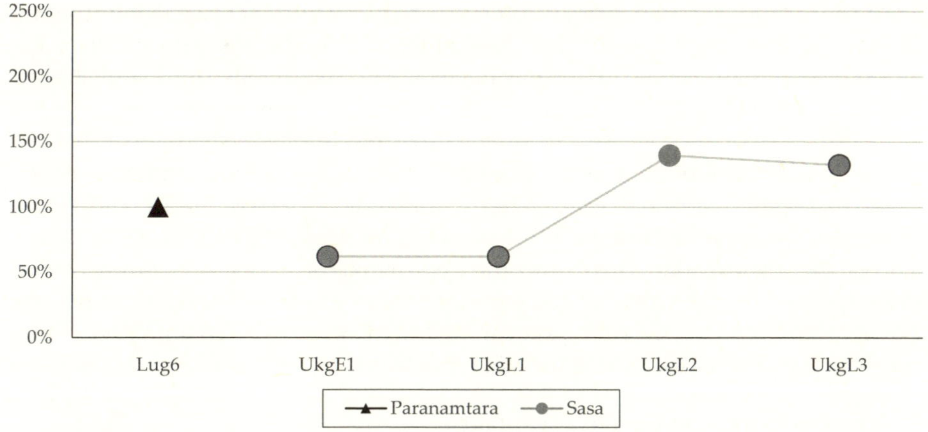

Figure 6: Development of Eniggal's Primary Source of Income, His Land Allotments.[161]

the Emunus's riches. Thus, these 6216 *ban* are only 44 % of the 14,000 *ban* that represented her income in the year Ukg. L 2. Conversely, Sasa's income increased by about 125 % with access to the Emunus.

The value of the queen's income fluctuated depending on the number of staff the Emunus paid salaries for and the amount of expended material costs. Over the years Ukg. L 2–4, the costs remained relatively stable, and Sasa did not increase the organization further to increase her wealth. Paranamtara's value in the year Lug. 6, approximated by the organization's labor and material costs, is 30–40 % lower than Sasa's approximation of the year Ukg. L 2. While the salaries for the herders, brewers, cooks, and her service staff are relatively comparable, the material costs, the fodder for animals, the grains for brewing, and the kitchen increased drastically.[162] Thus, Sasa profited from more material wealth than Paranamtara had previously.

workers in *TSA* 20 ii 1–2. Thus, the total of 36 *iku* of *VS* 25, 70 i 11–13 that Emelamsu received contained plots for nine people of four *iku* per person.

160 For example, Maekawa 1974, 5–6.

161 Data as described in this section.

162 Considering the brewery and kitchen as an example, after the departure of Paranamtara and with the inclusion of Sasa, the monthly "consignment of *sig* beer" (sa2-du11 kas sig15-kam, *Nik.* 1, 60 iii 11–iv 5, Ukg. L 2:9) costing 350 *ban* of grain and the "consignment of the storehouse" (sa2-du11 e2-niĝ2-ka-kam, *Nik.* 1, 60 v 3–7) of 210 *ban* were introduced. The "consignment of dark beer" (sa2-du11 kas gegge-kam, *HSS* 3, 30 iii 4–9, Lug. 7:1; *Nik.* 1, 60 iii 7–10, Ukg. L 2:9) of the brewer Ilī-bēlī and the "consignment of the kitchen" (sa2-du11 e2 muḫaldim-kam, *HSS* 3, 30 iii 10–iv 5; *Nik.* 1, 60 iv 6–v 2, Ukg. L 2:9) were increased from 240 to 413 *ban* respectively 315 ⅓ to 482 *ban* of grain. The two supplies for Amargiri, the brewer, the grains for the "ruler's drink" (naĝ ensi2-ka-kam, *HSS* 3, 30 ii 5–10, Lug. 7:1; *Nik.* 1, 60 ii 6–11, Ukg. L 2:9) and the "consignment" of the donkeys (sa2-du11 anše-kam, *HSS* 3, 30 ii 11–iii 3, Lug. 7:1; *Nik.* 1, 60, ii 12–iii 6, Ukg. L 2:9) did not change. Likewise, the in-

In conclusion, Paranamtara's income was reduced with her expulsion from the Emunus, even though it is not clear how much.[163] If Sasa's new values were taken as a substitute, her income value may have fallen by about one-third, and she was clearly disadvantaged. Sasa cannot be considered a winner at the beginning of Urukagina's reform either. Her income value from the harvests of her extraordinarily large land allotment plot lay at about two-thirds of Paranamtara's income value in Lugalanda's final year. When Paranamtara passed, Sasa could finally move into the Emunus and gain full access to its riches.[164] With a further expansion of the organization, Sasa's income approximation surpassed Paranamtara's value by far. She had thirty to forty percent more goods and services at her disposal. From Ukg. L 2 onwards, Sasa can definitely be considered a profiteer of the reforms, even if the reform text did not voice this at all.

9 The Profiteers and the Disadvantaged

The preceding analysis illustrated the reforms' socioeconomic beneficiaries and the practical extent of their impact. Urukagina utterly ignored the people with the lowest income employed at the Emunus. At least their income, which often did not exceed subsistence significantly, was not reduced further. In contrast, the corvée working and military-serving middle class experienced measurable income increases. The additional amounts the Emunus had to expend annually were a

crease in staff at the Emunus led Steinkeller 1999, 298 to interpret the situation as Urukagina exploiting the system more intensely instead of actually changing the ownership of the organization for good. Nonetheless, far more changes took place during Lugalanda's reign, as most of these expenditure positions were just created then as Wu 2001, 103–108 showed.

163 Paranamtara and her family have long been considered the central disadvantaged party by Urukagina and his reforms by, e.g, Deimel 1920, 4. However, she was not impoverished by Urukagina's succession. In *TSA* 2 from Ukg. L 1, Paranamtara is noted with the highest amount of grain, about 15 *gur* of barley, a small fortune as Wu 2001, 113 noted.

164 Similarly, Steinkeller 1999, 298. The documents that Steinkeller 2023, 5–12 discussed recently – *VS* 27, 33, *DP* 128, *DP* 129 – record festive grain gifts to the neighbors of Urukagina while he was still a "commander of the army" (gal-uĝ₃) and then the neighbors of the princes and princesses (nam-dumu/di₄-di₄-la), Urukagina and Sasa's children. The neighbors remained predominately the same, as also Steinkeller 2023, 8–9 remarked. Thus, these three documents record the same physical localities. Similarly, Steinkeller 2023, 10–11. The house in which Urukagina lived before his succession was used as the house of his children while he reigned. Furthermore, the first document about barley salaries for these princely organizations is just attested from the year Ukg. L 2 onwards, so probably with the demise of Paranamtara, just like Sasa's come to power at the Emunus. Since the Emunus paid the staff at the princely organizations, which were Urukagina's personal house before, Urukagina additionally used the Emunus's revenues, which officially should have belonged to the goddess Bau, to provide for his old estate, which his children inhabited now. This practice would surely be considered corruption in the eyes of many of Urukagina's contemporaries affected by or at least knowing his reforms as of modern scholarship.

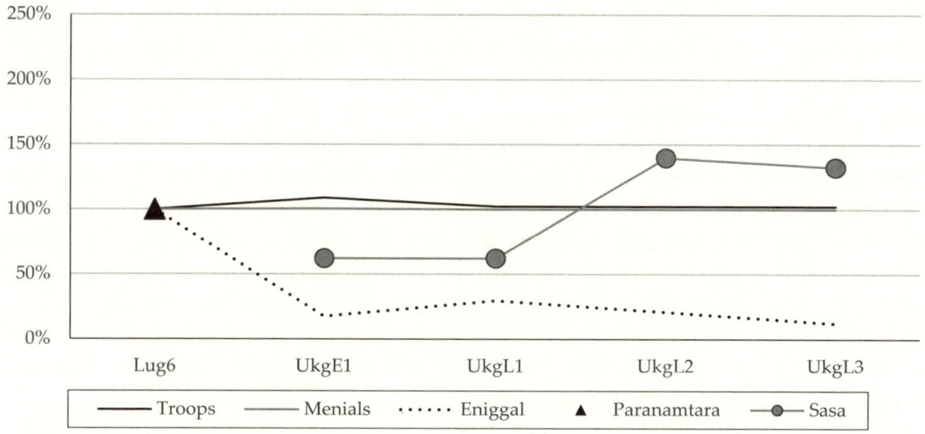

Figure 7: The Profiteers and the Disadvantaged Ones.[165]

considerable fortune with around 120 *gur* of barley,[166] a value of several houses.[167] For the individual beneficiary, the barley salary (še-ba) increase was only minor. Their primary source of income, their land allotments (šuku), remained untouched. Conversely, the various team leaders, managers, and officials with higher incomes did not obtain any increase. Instead, as the case of Eniggal, the highest administrator at the Emunus, could illustrate, several bureaucrats were retained considerably. For Eniggal himself, the income cuts must have been drastic, as his land allotments were severely reduced in size, albeit maintaining an economic elite position among the top 1 % at the Emunus and in society. The central beneficiary of the reforms was the ruling couple who took hold of the Emunus's riches, wrestling its control from the former queen Paranamtara, Urukagina's daughter, under religious excuses.[168] This pretense was partly dropped with Paranamtara's death, and Sasa could openly call herself the owner of the Emunus. However, the official ownership of the goddess Bau remained. Likely, the theological justification had found so much backing and loosened the conception of a personal bond between a person like Dimtur or Paranamtara and the organization to such a degree that it could not be gotten rid of anymore.

165 Data compiled from Figures 2, 3, 5, 6.

166 For example, the sum of the monthly barley salary document *HSS* 3, 7 rev. vii 2 for the payment Ukg. L 2:2=10 comprised ca. 118 *gur* of barley.

167 Houses cost up to twenty shekels of silver/*gur* of barley according to the list of Presargonic houses by Gelb/Steinkeller/Whiting 1991, 270–272.

168 Schrakamp 2015, 329–333. At first, it may seem strange that Urukagina ousted his own daughter. However, since Paranamtara's mother was a Gemeubkuga, Urukagina's wife when he was ruler Sasa, family drama should not be excluded, and a conflict between Paranamtara and Sasa could be possible.

In conclusion, Urukagina did not significantly improve the income conditions of his subjects. The impoverished remained poor. Just a few menials, such as the poor-sighted people who constructed irrigation networks without even water to drink, may have profited from less detrimental conditions. The middle class's circumstances remained more or less the same as before his reforms. Whether the changes served more justice than before likely depended on the affected's perspective. The soldiers surely felt at least some appreciation, even though the minor increase may have also led to disappointment. In contrast, the reduced incomes of the curtailed managers likely elicited discontent. Perhaps the reduction of some of the highest incomes lessened income inequality on paper. Nevertheless, Urukagina changed circumstances with his reforms, even if they may seem like details in the grand scheme of things. Ultimately, the enormous riches of the Emunus were neither fundamentally consecrated nor institutionalized for the community's good. Instead, Urukagina gained control of it until he could safely pass it on to his wife, attempting to consolidate his power and enrich his lineage.

Texts and text editions

Christie's Erlenmeyer
See Anonymous 1988.

CT 50
See Sollberger 1972.

DCS
See Charpin/Durand 1981.

DP
See Allotte de la Fuÿe 1908–1920.

Erm.
Tablet signature, Eremitage St. Petersburg.

FAOS 5/1
See Steible 1982.

FAOS 15/2
See Selz 1993.

HSS 3
See Hussey 1912.

HSS 4
See Hussey 1915.

MVN 3
See Owen 1975.

Nik. 1
See Nikol'skij 1908.

RIME 1
See Frayne 2008.

RTC
See Thureau-Dangin 1903.

TSA
See Genouillac 1909.

VS 14
See Förtsch 1916.

VS 25
See Marzahn 1991.

VS 27
See Marzahn 1996.

Bibliography

Allotte de la Fuÿe 1908–1920
Allotte de la Fuÿe, F. M.: Documents présargoniques, Paris.

Alster 1991
Alster, B.: Contributions to the Sumerian Lexicon. Revue d'Assyriologie et d'Archéologie Orientale 85, 1–11.

Anonymous 1988
Ancient Near Eastern Texts from the Erlenmeyer Collection, which will be sold at Christie's Great Rooms on Tuesday 13 December 1988, London.

Attinger 2007
Attinger, P.: Addenda et corrigenda à Attinger dans Mittermayer 2006. Nouvelles Assyriologiques Brèves et Utilitaires 2007, 37–39 no. 37.

Balke 2017
Balke, T. E.: Das altsumerische Onomastikon. Namengebung und Prosopografie nach den Quellen aus Lagas. dubsar 1, Münster.

Bauer 1972
Bauer, J.: Altsumerische Wirtschaftstexte aus Lagasch. Studia Pohl 9, Rome.

Bauer 1987–1990
Bauer, J.: Lugalanda. Reallexikon der Assyriologie und der Vorderasiatischen Archäologie 7, 111.

Bauer 1998
Bauer, J.: Der vorsargonische Abschnitt der mesopotamischen Geschichte. In: Attinger, P. / Wäfler, M. (eds.): Mesopotamien. Späturuk-Zeit und Frühdynastische Zeit. Orbis Biblicus et Orientalis 160/1, Fribourg / Göttingen, 429–585.

Bauer 2009
Bauer, J.: Review of Mittermayer, C.: Altbabylonische Zeichenliste der sumerisch-

literarischen Texte. Orbis Biblicus et Orientalis Sonderband. Die Welt des Orients 39, 247–256.

Beld 2002
Beld, S. G.: The Queen of Lagash. Ritual Economy in a Sumerian State. PhD Dissertation University of Michigan.

Brunke 2011
Brunke, H.: Essen in Sumer. Metrologie, Herstellung und Terminologie, München.

Charpin/Durand 1981
Charpin, D. / Durand, J.-M.: Documents cunéiformes de Strasbourg, conservés à la Bibliothèque Nationale et Universitaire, Paris.

Civil 1987
Civil, M.: KBo 26 53 and Funerary Personnel. Nouvelles Assyriologiques Brèves et Utilitaires 1987, 4–5 no. 9.

Cripps 2017
Cripps, E. L.: The Structure of Prices in the Neo-Sumerian Economy (I). Barley:Silver Price Rations. Cuneiform Digital Library Preprints 7, 1–54.

Culbertson 2018
Culbertson, L.: The maškim in Ur III Legal Documents. In: Garcia-Ventura, A. (ed.): What's in a Name? Terminology Related to the Work Force and Job Categories in the Ancient Near East. Alter Orient und Altes Testament 440, Münster, 169–187.

Dahl 2006
Dahl, J. L.: Revisiting Bala. Journal of the American Oriental Society 126, 77–88.

Dahl 2007
Dahl, J. L.: The Ruling Family of Ur III Umma. A Prosopographical Analysis of an Elite Family in Southern Iraq 4000 Years Ago. Publications de l'Institut Historique-Archéologique Néederlandais de Stamboul 108, Leiden.

Deimel 1920
Deimel, A.: Die Reformtexte Urukaginas. Orientalia Series Prior 2, 3–31.

Deimel 1928
Deimel, A.: Die Lohnlisten aus der Zeit Urukaginas und seines Vorgängers. Orientalia Series Prior 34/35, 1–122.

Deimel 1931
Deimel, A.: Šumerische Tempelwirtschaft zur Zeit Urukaginas und seiner Vorgänger. Abschluss der Einzelstudien und Zusammenfassung der Hauptresultate. Analecta Orientalia 2, Rome.

Diakonoff 1958
Diakonoff, I. M.: Some Remarks on the "Reforms" of Urukagina. Revue d'Assyriologie et d'Archéologie Orientale 52, 1–15.

Ebeling 1957–1971
Ebeling, E.: Gerste. Reallexikon der Assyriologie und der Vorderasiatischen Archäologie 3, 211–212.

Edzard 1974
Edzard, D. O.: „Soziale Reformen" im Zweistromland bis ca. 1600 v. Chr.: Realität oder literarischer Topos? In: Harmatta, J. (ed.): Wirtschaft und Gesellschaft im Alten Vorderasien. Internationale Tagung der Keilschriftforscher der sozialistischen Länder, 23.–25. April, 1974. Acta Antiqua Scientiarum Hungaricae 22, Budapest, 145–156.

Englund 1988
Englund, R. K.: Administrative Timekeeping in Ancient Mesopotamia. Journal of the Economic and Social History of the Orient 31, 121–185.

Englund 1990
Englund, R. K.: Organisation und Verwaltung der Ur III-Fischerei. Berliner Beiträge zum Vorderen Orient 10, Berlin.

Förtsch 1916
Förtsch, W.: Altbabylonische Wirtschaftstexte aus der Zeit Lugalanda's und Urukagina's. Vorderasiatische Schriftdenkmäler der Königlichen Museen zu Berlin 14, Berlin.

Foster 1995
Foster, B. R.: Social Reform in Ancient Mesopotamia. In: Irani, K. D. / Silver, M. (eds.): Social Justice in the Ancient World, Westport, 165–177.

Foxvog 1994
Foxvog, D. A.: A New Lagaš Text Bearing on Uruinimgina's Reforms. Journal of Cuneiform Studies 46, 11–15.

Frayne 2008
Frayne, D. R.: Presargonic Period (2700–2350 BC). The Royal Inscriptions of Mesopotamia Early Periods 1, Toronto / Buffalo / London.

Garcia-Ventura 2013
Garcia-Ventura, A.: Trabajar en tiempos de guerra en Mesopotamia. In: Vidal, J. / Antela, B. (eds.): Más allá de la batalla. La violencia contra la población en el Mundo Antiguo, Zaragoza, 1–25.

Gelb 1965
Gelb, I. J.: The Ancient Mesopotamian Ration System. Journal of Near Eastern Studies 24, 230–243.

Gelb 1979
Gelb, I. J.: Household and Family in Early Mesopotamia. In: Lipinski, E. (ed.): State and Temple Economy in the Ancient Near East. Proceedings of the International Conference organized by the Katholieke Universiteit Leuven from the 10th to the 14th of April 1978. Orientalia Lovaniensia Analecta 5, Leuven, 1–97.

Gelb/Steinkeller/Whiting 1991
Gelb, I. J. / Steinkeller, P. / Whiting, R. M.: Earliest Land Tenure Systems in the Near East. Ancient Kudurrus. Oriental Institute Publications 104, Chicago.

de Genouillac 1909
de Genouillac, H.: Tablettes sumériennes archaiques. Máteriaux pour servir à l'histoire de la société sumérienne, Paris.

Greco 2021
Greco, A.: Neglected Source of Prosperity. Marsh Resources and the Role of the enku in Third Millennium BC Southern Mesopotamia. In: Notizia, P. / Rositani, A. / Verderame, L. (eds.): ^{d}Nisaba za$_{3}$-mi$_{2}$. Ancient Near Eastern Studies in Honor of Francesco Pomponio. dubsar 19, Münster, 95–115.

Greco 2022
Greco, A.: Some Considerations on Workers and Officials Involved in the Circulation of Fish in the Ur III Umma Province. In: Coppini, C. / Cyrus, G. / Golestaneh, H. (eds.): Bridging the Gap: Disciplines, Times, and Spaces in Dialogue 3. Sessions 4 and 6 from the Conference Broadening Horizons 6 Held at the Freie Universität Berlin, 24–28 June 2019. Broadening Horizons 6, Oxford, 193–206.

Heimpel 2009
Heimpel, W.: Blind Workers in Ur III Texts. Kaskal. Rivista di storia, ambiente e culture del Vicino Oriente Antico 6, 43–48.

Hruška 1973
Hruška, B.: Die innere Struktur der Reformtexte Urukaginas von Lagaš. (Fortsetzung). Archiv Orientální 41, 104–132.

Hruška 1974
Hruška, B.: Die Reformtexte Urukaginas. Der verspätete Versuch einer Konsolidierung des Stadtstaates von Lagaš. In: Garelli, P. (ed.): Le Palais et la royauté (Archéologie et civilisation). XIXe Rencontre Assyriologique Internationale organisée par le groupe François Thureau-Dangin, Paris, 29 juin – 2 juillet 1971, Paris, 151–161.

Hruška 1991
Hruška, B.: Die altsumerischen Nikol'skij-Texte aus der Leningrader Eremitage. Archiv Orientální 59, 414–426.

Huber-Vulliet 2019
Huber-Vulliet, F.: Le personnel cultuel à l´époque néo-sumérienne (ca. 2160–2003 av. J.-C.). Biblioteca del Próximo Oriente Antiguo 14, Madrid.

Hudson 2002
Hudson, M.: Reconstructing the Origins of Interest-Bearing Debt and the Logic of Clean Slates. In: Hudson, M. / Van De Mieroop, M. (eds.): Debt and Economic Renewal in the Ancient Near East. A Colloquium Held at Columbia University, November 1998. International Scholars Conference on Ancient Near Eastern Economies 3. Bethesda, 7–58.

Hussey 1912
Hussey, M. I.: Sumerian Tablets in the Harvard Semitic Museum 1. Chiefly from the Reigns of Lugalanda and Urukagina of Lagash. Harvard Semitic Series 3, Cambridge.

Hussey 1915
Hussey, M. I.: Sumerian Tablets in the Harvard Semitic Museum 2. From the Time of the Dynasty of Ur. Harvard Semitic Series 4, Cambridge.

Jacobsen 1982
Jacobsen, T.: Salinity and Irrigation Agriculture in Antiquity. Diyala Basin Archeological Projects: Report on Essential Results, 1957–58. Bibliotheca Mesopotamica 14, Malibu.

Karahashi 2016
Karahashi, F.: Women and Land in the Presargonic Lagaš Corpus. In: Lion, B. / Michel, C. (eds.): The Role of Women in Work and Society in the Ancient Near East. Studies in Ancient Near Eastern Records 13, Boston / Berlin, 57–70.

Karahashi 2020
Karahashi, F.: On the Cultic Aspect of the "Reforms of Urukagina". Some Changes in the Festival of the Goddess Baba. Orient. Bulletin of the Society for Near Eastern Studies in Japan 55, 63–70.

Karahashi/Garcia-Ventura 2016
Karahashi, F. / Garcia-Ventura, A.: Overseers of Textile Workers in Presargonic Lagash. Kaskal. Rivista di storia, ambiente e culture del Vicino Oriente Antico 13, 1–19.

Kramer 1981
Kramer, S. N.: BM 29616 – The Fashioning of the *gala*. Acta Sumerologica 3, 1–11.

Krispijn 2001
Krispijn, T. J. H.: The Sumerian Lexeme *urum, a Lexico-Etymological Approach. In: van Soldt, W. H. (ed.): Veenhof Anniversary Volume. Studies Presented to Klaas R. Veenhof on the Occasion of His Sixty-Fifth Birthday, Leiden, 251–261.

Maekawa 1973–1974
Maekawa, K.: The Development of the É-MÍ in Lagash during Early Dynastic III. Mesopotamia. Rivista di archeologia, epigrafia e storia orientale antica 8–9, 75–144.

Maekawa 1974
Maekawa, K.: Agricultural Production in Ancient Sumer. Chiefly from Lagash Materials. Zinbun 13, 1–60.

Maekawa 1977
Maekawa, K.: The Rent of the Tenant Field (gán-APIN.LAL) in Lagash. Zinbun 14, 1–54.

Maekawa 1987
Maekawa, K.: Collective Labor Service in Girsu-Lagash. The Presargonic and the Ur III Periods. In: Powell, M. A. (ed.): Labor in the Ancient Near East. American Oriental Series 68, New Haven, 49–71.

Maekawa 1996
Maekawa, K.: The Governor's Family and the "Temple Households" in Ur III Girsu. In: Veenhof, K. R. (ed.): Houses and Households in Ancient Mesopotamia. Papers Read at the 40th Rencontre Assyriologique Internationale, Leiden, July 5–8, 1993. Publications de l'Institut Historique-Archéologique Néerlandais de Stamboul 78, Leiden, 171–179.

Marzahn 1991
Marzahn, J.: Altsumerische Verwaltungstexte aus Girsu/Lagaš. Vorderasiatische Schriftdenkmäler der Staatlichen Museen zu Berlin Neue Folge 9 (Heft 25), Berlin.

Marzahn 1996
Marzahn, J.: Altsumerische Verwaltungstexte und ein Brief aus Girsu/Lagaš. Vorderasiatische Schriftdenkmäler der Staatlichen Museen zu Berlin Neue Folge 11 (Heft 27), Berlin.

Mayerová 2015
Mayerová, H.: The Queens of Lagash in the Early Dynastic Period. Especially the Last Three Royal Couples. In: Dittman, R. / Selz, G. J. (eds.): It's a Long Way to a Historiography of the Early Dynastic Period(s). Altertumskunde des Vorderen Orients 15, Münster, 259–265.

Michalowski 2006
Michalowski, P.: Love or Death? Observations on the Role of the Gala in Ur III Ceremonial Life. Journal of Cuneiform Studies 58, 49–61.

Molina 1995
Molina, M.: Las "reformas de Urukagina". In: Blanco González, A. / Conde Guerri, E. / Molina Martos, M. / González Fernández, R. (eds.): Lengua e historia: Homenaje al Profesor Dr. D. Antonio Yelo Templado al cumplir 60 años. Antigüedad e cristianismo 12. Scripta Fulgentina 5/9–10, 47–80.

Molina 2013
Molina, M.: Court Officials at Umma in Ur III Times. Zeitschrift für Assyriologie und Vorderasiatische Archäologie 103, 125–148.

Nikol'skij 1908
Nikol'skij, M. V.: Dokumenty chozjajstvennoj otèetnosti drevnejšsej epochi Chaldei iz sobranija N. P. Lichaèeva. Drevnosti Vostoènyja. Trudy Vostočnoj Komisii Imperatorskago Moskovskago Archeologiceskago Obščestva 3/II, St. Petersburg.

Notizia 2022
Notizia, P.: Institutional Lending Practices in the Ur III Period (ca. 2110–2003 BCE). The še ur$_5$-ra-Loans from Ĝirsu-Lagaš. Zeitschrift für Assyriologie und Vorderasiatische Archäologie 112, 154–183.

Owen 1975
Owen, D. L.: The John Frederick Lewis Collection. Materiali per il Vocabolario Neosumerico 3, Rome.

Paoletti 2008
Paoletti, P.: Elusive Silver? Evidence for the Circulation of Silver in the Ur III State. Kaskal. Rivista di storia, ambiente e culture del Vicino Oriente Antico 5, 127–158.

Paoletti 2012
Paoletti, P.: Der König und sein Kreis. Das staatliche Schatzarchiv der III. Dynastie von Ur. Biblioteca del Próximo Oriente Antiguo 10, Madrid.

Pollock 1999
Pollock, S.: Ancient Mesopotamia. The Eden that Never Was, Cambridge.

Powell/LaPlaca 1990
Powell, M. A. / LaPlaca, P. J.: The Agricultural Cycle and the Calendar at Pre-Sargonic Girsu. Bulletin on Sumerian Agriculture 5, 75–104.

Prentice 2010
Prentice, R.: The Exchange of Goods and Services in Pre-Sargonic Lagash. Alter Orient und Altes Testament 368, Münster.

Rauchhaus 2025a
Rauchhaus, F. M.: Creditors and Private Loans in Presargonic Sumer. Altorientalische Forschungen 52, 54–65.

Rauchhaus 2025b
Rauchhaus, F. M.: The Rich and the Poor. A Study on Income Inequality of Presargonic Girsu and Ur III Umma. Dissertation Ludwig-Maximilians-Universität München.

Rauchhaus 2025c
Rauchhaus, F. M.: Income Levels from Presargonic Ĝirsu. 21. November 2025. Open Data LMU. 10.5283/ubm/data.724. <https://data.ub.uni-muenchen.de/724/>.

Renger 1972
Renger, J.: Flucht als soziales Problem in der Altbabylonischen Gesellschaft. In: Edzard, D. O. (ed.): Gesellschaftsklassen im Alten Zweistromland und in den angrenzenden Gebieten. XVIII. Rencontre assyriologique internationale, München, 29. Juni bis 3. Juli 1970. Abhandlungen der Bayerischen Akademie der Wissenschaften, Philosophisch-Historische Klasse, Neue Folge 75, Munich, 167–182.

Sallaberger 1999
Sallaberger, W.: Ur III-Zeit. In: Attinger, P. / Wäfler, M. (eds.): Mesopotamien. Akkade-Zeit und Ur III-Zeit. Orbis Biblicus et Orientalis 160/3, Fribourg / Göttingen, 121–390.

Sallaberger 2005
Sallaberger, W.: The Sumerian Verb na de_5(-g) "to clear". In: Sefati, Y. / Artzi, P. / Cohen, C. / Eichler, B. L. / Hurowitz, V. A. (eds.): "An Experienced Scribe Who Neglects Nothing". Ancient Near Eastern Studies in Honor of Jacob Klein, Bethesda, 229–253.

Sallaberger 2019
Sallaberger, W.: The Cupbearer and the Cult-Priest in the Temple. External and Internal Cultic Practitioners in Early Bronze Age Mesopotamia. Journal of Ancient Near Eastern Religions 19, 90–111.

Sallaberger 2021
Sallaberger, W.: The Emergence of Calendars in the Third Millennium BCE. Deities, Festivals, Seasons, and the Cultural Construction of Time. In: Shibata, D. / Yamada, S. (eds.): Calendars and Festivals in Mesopotamia in the Third and Second Millennia BC. Studia Chaburensia 9, Wiesbaden, 1–34.

Sallaberger/Huber-Vulliet 2005
Sallaberger, W. / Huber-Vulliet, F.: Priester. A. I. Reallexikon der Assyriologie und der Vorderasiatischen Archäologie 10, 617–640.

Sallaberger/Pruß 2015
Sallaberger, W. / Pruß, A.: Home and Work in Early Bronze Age Mesopotamia. "Ration Lists" and "Private Houses" at Tell Beydar/Nabada. In: Steinkeller, P. / Hudson, M. (eds.): Labor in the Ancient World. International Scholars Conference on Ancient Near Eastern Economies 5, Dresden, 69–136.

Sallaberger/Schrakamp 2015
Sallaberger, W. / Schrakamp, I.: Philological Data for a Historical Chronology of Mesopotamia in the 3rd Millennium. In: Sallaberger, W. / Schrakamp, I. (eds.): History & Philology. Associated Regional Chronologies for the Ancient Near East and the Eastern Mediterranean 3, Turnhout, 1–136.

Schrakamp 2010
Schrakamp, I.: Krieger und Waffen im frühen Mesopotamien. Organisation und Bewaffnung des Militärs in frühdynastischer und sargonischer Zeit, Marburg. <https://doi.org/10.17192/z2010.0486>.

Schrakamp 2013
Schrakamp, I.: Die „Sumerische Tempelstadt" heute. Die sozioökonomische Rolle eines Tempels in frühdynastischer Zeit. In: Kaniuth, K. / Löhnert, A. / Miller, J. L. / Otto, A. / Roaf, M. / Sallaberger, W. (eds.): Tempel im Alten Orient. 7. Internationales Colloquium der Deutschen Orient-Gesellschaft 11.–13. Oktober 2009, München. Colloquien der Deutschen Orient-Gesellschaft 7, Wiesbaden, 445–465.

Schrakamp 2014
Schrakamp, I.: Krieger und Bauern. RU-lugal und aga$_3$/aga-us$_2$ im Militär des altsumerischen Lagaš. In: Neumann, H. / Dittmann, R. / Paulus, S. / Neumann, G. / Schuster-Brandis, A. (eds.): Krieg und Frieden im Alten Vorderasien. 52e Rencontre Assyriologique Internationale. International Congress of Assyriology and Near Eastern Archaeology, Münster, 17.–21. Juli 2006. Alter Orient und Altes Testament 401, Münster, 691–724.

Schrakamp 2015
Schrakamp, I.: Urukagina und die Geschichte von Lagaš am Ende der präsargonischen Zeit. In: Dittman, R. / Selz, G. J. (eds.): It's a Long Way to a Historiography of the Early Dynastic Period(s). Altertumskunde des Vorderen Orients 15, Münster, 303–386.

Schrakamp/Zólyomi 2024
Schrakamp, I. / Zólyomi, G.: Reevaluating the So-Called "Reforms of Urukagina" (1). Social Justice, Vertical Solidarity and Reciprocity. Zeitschrift für Altorientalische und Biblische Rechtsgeschichte 30, 1–26.

Schrakamp/Zólyomi 2025
Schrakamp, I. / Zólyomi, G.: Reevaluating the So-Called "Reforms of Urukagina" (2). Their Actual Implementation in the Case of the Maškim Official. Altorientalische Forschungen 52, 93–114.

Schretter 1990
Schretter, M. K.: Emesal-Studien. Sprach- und literaturgeschichtliche Untersuchungen zur sogenannten Frauensprache des Sumerischen. Innsbrucker Beiträge zur Kulturwissenschaft Sonderheft 69, Innsbruck.

Selz 1992
Selz, G. J.: Zum Namen des Herrschers URU-INIM-GI-NA(-K). Ein neuer Deutungsvorschlag. Nouvelles Assyriologiques Brèves et Utilitaires 1992, 34–36 no. 44.

Selz 1993
Selz, G. J.: Altsumerische Verwaltungstexte aus Lagaš Teil 2. Altsumerische Wirt-

schaftsurkunden aus amerikanischen Sammlungen. Freiburger Altorientalische Studien 15/2, Stuttgart.

Selz 1995
Selz, G. J.: Untersuchungen zur Götterwelt des altsumerischen Lagaš. Occasional Publications of the Samuel Noah Kramer Fund 13, Philadelphia.

Selz 1998
Selz, G. J.: Über Mesopotamische Herrschaftskonzepte. Zu den Ursprüngen mesopotamischer Herrscherideologie im 3. Jahrtausend. In: Dietrich, M. / Loretz, O. (eds.): dubsar anta-men. Studien zur Altorientalistik. Alter Orient und Altes Testament 253, Münster, 281–344.

Selz 1998b
Selz, G. J.: Von Treidlern, Schiff(bau)ern und Werftarbeitern. Archiv Orientální 66, 255–264.

Selz 1999–2000
Selz, G. J.: Wirtschaftskrise – Legitimationskrise – Staatskrise. Zur Genese mesopotamischer Rechtsvorstellungen. Archiv für Orientforschung 46/47, 1–44.

Selz 2011
Selz, G. J.: Zum Problem spätfrühdynastischer Schaltmonate in Lagas-Girsu. Nouvelles Assyriologiques Brèves et Utilitaires 2011, 85–86 no. 71.

Seminara 2015
Seminara, S.: Die Rede des Königs. Die sogenannten ‚Reformen' UruKAginas zwischen Politik und Theologie. In: Dittman, R. / Selz, G. J. (eds.): It's a Long Way to a Historiography of the Early Dynastic Period(s). Altertumskunde des Vorderen Orients 15, Münster, 405–431.

Shehata 2010
Shehata, D.: Klagesänger und ihr Gesangsrepertoire. Überlegungen zu den Überlieferungswegen altbabylonischer Kultliturgie. In: Pruzsinszky, R. / Shehata, D. (eds.): Musiker und Tradierung. Studien zur Rolle von Musikern bei der Verschriftlichung und Tradierung von literarischen Werken. Wiener Offene Orientalistik 8, Vienna, 171–198.

Snell 1982
Snell, D. C.: Ledgers and Prices. Early Mesopotamian Merchant Accounts. Yale Near Eastern Researches 8, New Haven.

Sollberger 1972
Sollberger, E.: Presargonic and Sargonic Economic Texts. Cuneiform Texts from Babylonian Tablets in the British Museum 50, London.

Steible 1982
Steible, H.: Die Altsumerischen Bau- und Weihinschriften I. Inschriften aus ‚Lagaš'. Freiburger altorientalische Studien 5/1, Wiesbaden.

Steinkeller 1999
Steinkeller, P.: Land-Tenure Conditions in Third-Millennium Babylonia. The Problem of Regional Variation. In: Hudson, M. / Levine, B. A. (eds.): Urbanization and Land Ownership in the Ancient Near East. A Colloquium Held at New York University,

November 1996, and the Oriental Institute, St. Petersburg, Russia, May 1997. Peabody Museum Bulletin 7, Cambridge, 289–329.

Steinkeller 2004
Steinkeller, P.: Toward a Definition of Private Economic Activity in Third Millennium Babylonia. In: Rollinger, R. / Ulf, C. (eds.): Commerce and Monetary Systems in the Ancient World. Means of Transmission and Cultural Interaction. Oriens et Occidens 6, Stuttgart, 91–111.

Steinkeller 2015
Steinkeller, P.: Labor in the Early States. An Early Mesopotamian Perspective. In: Steinkeller, P. / Hudson, M. (eds.): Labor in the Ancient World. International Scholars Conference on Ancient Near Eastern Economies 5, Dresden, 1–35.

Steinkeller 2023
Steinkeller, P.: Urukagina's Rise to Power. In: Cohen, Y. / Gilan, A. / Wasserman, N. / Cerqueglini, L. / Sheyhatovitch, B. (eds.): "Drought Will Drive You Even Toward Your Foe". Israel Oriental Studies Annual 23, Leiden / Boston, 3–36.

Thureau-Dangin 1903
Thureau-Dangin, F.: Recueil de tablettes chaldéennes, Paris.

Vukosavović 2009
Vukosavović, F.: Reforms of Uruinimgina. PhD Dissertation Hebrew University Jerusalem.

Waetzoldt 1982
Waetzoldt, H.: Das Amt des *utullu*. In: van Driel, G. / Krispijn, T. J. H. / Stol, M. / Veenhof, K. R. (eds.): Zikir Šumim. Assyriological Studies Presented to F. R. Kraus on the Occasion of his Seventhieth Birthday, Leiden, 386–397.

Westbrook 1995
Westbrook, R.: Social Justice in the Ancient Near East. In: Irani, K. D. / Silver, M. (eds.): Social Justice in the Ancient World, Westport, 149–163.

Widell 2005
Widell, M.: Some Reflection on Babylonian Exchange during the End of the Third Millennium BC. Journal of the Economic and Social History of the Orient 48, 388–400.

Wilcke 2007a
Wilcke, C.: Early Ancient Near Eastern Law. A History of Its Beginnings. The Early Dynastic and Sargonic Periods. Revised Edition, Winona Lake.

Wilcke 2007b
Wilcke, C.: Markt und Arbeit im Alten Orient am Ende des 3. Jahrtausends v. Chr. In: Reinhard, W. / Stagl, J. (eds.): Menschen und Märkte. Studien zur historischen Wirtschaftsanthropologie. Veröffentlichungen des Instituts für historische Anthropologie e. V. 9, Vienna / Cologne / Weimar, 71–132.

Wu 2001
Wu, Y.: Lugalanda's Economic Reform in House of Lady in Girsu. Journal of Ancient Civilizations 16, 101–128.

Zur Entwicklung von Regeln und Normen um die Mitte des 3. Jahrtausends v. Chr.

Gebhard J. Selz *

Abstract

Rules and norms are rightly seen as the basis for any definition of law. Since there is no universal definition of 'law', we begin with a brief discussion of the formalization of 'ought' and 'will' from a legal anthropological perspective. In doing so, we assume that their development goes hand in hand with all kinds of ideological and political changes. We focus on the evidence of the Late Early Dynastic period, the phase of considerable unrest before the first centralized Mesopotamian state, the Sargonic Empire, was established with its evidence of standardization and centralization. As a result, we attempt to consider and clarify the emic concepts behind the surviving legal documents. At the center of our argumentation is the *Edict of Urukagina*, in which emic theoretical considerations become accessible for the first time. It will be shown that, despite its metaphysical foundation, the edict aims to maintain economic and social stability and provides the justification for a law that develops from customs and norms. The edict intertwines in a unique way theoretical knowledge with legal practice and had salient socio-political consequences. It documents systemically relevant changes. The emerging law ties in with historical developments and leads to rapidly developing and differentiating legal systems. With its aim to preserve the socio-political homeostasis, the *Edict of Urukagina* becomes a source for later legal thought, especially the edicts and the codices of the Old Babylonian kings.

* Mein Dank gilt zunächst den Organisatoren des Workshops „Keilschriftrecht zwischen Theorie und Praxis" (FU Berlin, 28.–29. September 2023), Eva Cancik-Kirschbaum und Ingo Schrakamp, aber auch den anderen Mitwirkenden für die sehr anregenden Diskussionen. Besonderen Dank schulde ich Ingo Schrakamp und Gábor Zólyomi, die mir nicht nur die beiden ersten Teile ihrer Studien zu den sog. „*Reformtexten*" des Urukagina vorab zugänglich machten, sondern mir auch das ihrem Beitrag im vorliegenden Bande zugrundeliegende Vortragsmanuskript überließen. Felix Rauchhaus schulde ich Dank für die frühzeitige Übersendung eines Entwurfs seines Beitrages in diesem Band. Den „*Reformtexten*" des Urukagina – nachfolgend als ‚Edikt' bezeichnet – kommt bei allen Forschungen zur Rechtsgeschichte des 3. Jt. v. Chr. aufgrund ihres Abstraktionsniveaus eine besondere Bedeutung zu; vgl. den Überblick in Schrakamp/Zólyomi 2024 und Schrakamp/Zólyomi 2025. Im Folgenden wird daher auch auf Einzelheiten dieser Diskussionen – insbesondere auf die Arbeiten von Schrakamp/Zólyomi – eingegangen werden. Der hier vorgelegte Beitrag knüpft an meine Überlegungen zu Konfliktlösungsstrategien (Selz 2002) sowie zur historischen Umbruchsituation vor der Akkade-Zeit in „Wirtschaftskrise – Legitimationskrise – Staatskrise" (Selz 1999–2000) an. Für allfällige Wiederholungen wird um Nachsicht gebeten. Datierungen: Ent: Regierungsjahr des Enmetena; Enz.: Regierungsjahr des Enentarzi; Lug.: Regierungsjahr des Lugalanda; Ukg. E: Regierungsjahr des Urukagina als énsi; Ukg. L: Regierungsjahr des Urukagina als lugal. o. H. bezeichnet nur nach Jahr, aber ohne Angabe des Herrschernamens datierte Urkunden. Auf die drei zeitlich unterschiedlichen Versionen des Edikts von Urukagina wird nachfolgend wie folgt verwiesen: F(rühe Version) (*FAOS* 5/1 Ukg. 4 = *RIME* 1.9.9.1; M(ittlere Version (?)) (*FAOS* 5/1 Ukg. 6 = *RIME* 1.9.9.3) und S(päte Version) (*FAOS* 5/1 Ukg. 1 = *RIME* 1.9.9.2). Dank der kritischen Lektüre der Herausgeber konnten mehrere Fehler berichtigt werden. Die verbleibenden sind mir anzukreiden.

DOI: 10.13173/9783447124522.167

1 Der Begriff Recht

Im ersten Satz des von ihm herausgegebenen monumentalen Werks *A History of Ancient Near Eastern Law* bemerkt Raymond Westbrook: „Law has existed as long as an organized human society (...) It was not until the advent of writing that lawmaking could leave durable traces".[1] Geschichtlich betrachtet können wir dabei zwei Sorten von Quellen unterscheiden: Dokumente, „from which historians obtain evidence of legal rules and institutions"[2] und „those norms, written or unwritten, from which the courts drew authority for their decisions".[3] Wilcke spricht in seinem Beitrag zu jenem Bande dann von einer „long but undocumented history of public and private law".[4] Bereits Radcliffe-Brown definierte ‚Recht' als „social control throughout systematic application of the force of the politically organized society",[5] eine Auffassung, die in der für diese Konferenz gewählten Definition von Hans Neumann widerhallt: Recht sei eine „*politische* Überbauerscheinung staatlich organisierter und sozial differenzierter Gesellschaften".[6] Während die erste Definition die mit ‚Recht' verbundene soziale Kontrolle und den Sanktionsaspekt in den Blick nimmt, verweist die zweite auf das für die marxistische Philosophie zentrale Oppositionspaar von Basis und Überbau, vereinfacht gesagt, auf die Gesamtheit der materiellen Produktionsverhältnisse, die realen Grundlagen, auf der sich der politische, juridische und letztlich metaphysische Überbau erhebt. Während die verschiedenen Akzentuierungen und die Rolle der Bewusstseinsformen in dieser Theorie historisch ganz unterschiedlich bestimmt sind, scheinen doch zwei Punkte für die nachfolgenden Erörterungen zentral: Zum einen ist auf die dialektische Beziehung zwischen Basis und Überbau zu verweisen,[7] zum anderen

1 Westbrook 2003, 1.

2 Seit dem umfassenden Überblick und Diskussion durch Wilcke 2003a bzw. der überarbeiteten zweiten Auflage Wilcke 2007a haben sich die rechtsrelevanten Quellen aus der frühdynastischen und der Akkade-Zeit beträchtlich vermehrt; neben verschiedenen Einzelpublikation sind hier vor allem zu nennen Visicato/Westenholz 2010; Bartash 2013; Lecompte 2013; Westenholz 2014; Milano/Westenholz 2015; Notizia/Visicato 2016; Bartash 2017.

3 Westbrook 2003, 4. Oder wie es Eva Cancik-Kirschbaum und Ingo Schrakamp in der Einleitung zum Workshop formulierten: „Die Forschung unterteilt die Texte zum Keilschriftrecht üblicherweise in zwei formal, funktionell und inhaltlich definierte Quellengruppen: Die sog. Rechtssammlungen, Codices oder Gesetze akkumulieren kasuistisch stilisierte Rechtssätze in einer der Liste verpflichteten Form und gelten als systematisierte Sammlungen von theoretischem Rechtswissen. Die Rechtsurkunden dokumentieren hingegen die konkrete Anwendung von Rechtswissen im Einzelfall und belegen damit die Rechtspraxis." Beschrieben wird ferner eine dritte Gruppe von Texten „wie die sog. ‚*Reformtexte*' des Urukagina oder die Erlasse des Ammī-ṣaduqa, die zwischen politisch-narrativen Selbstzeugnissen der Herrscher und Rechtssammlungen oszillieren und als Erlasse, Edikte oder Verfügungen bezeichnet werden." Ihre nähere Bestimmung ist ein zentrales Anliegen dieses Beitrags.

4 Wilcke 2003b, 141.

5 Radcliffe-Brown 1952, 212; vgl. Niehaus 2021.

6 Neumann 2006, 28.

7 So schreibt Engels 1890: „Wenn nun jemand das dahin verdreht, das ökonomische Moment sei das *einzig* bestimmende, so verwandelt er jenen Satz in eine nichtssagende, abstrakte, absurde Phrase" (Friedrich Engels: *Brief an Joseph Bloch* vom 21.–22. September 1890, Engels 1967,

kommt der Entwicklung der Eigentumsverhältnisse, innerhalb derer sich (historisch) die Produktivkräfte entfalten, herausragende Bedeutung zu. Auf die Grenzen dieser Begrifflichkeiten muss dabei ausdrücklich hingewiesen werden: Das Verständnis von Entwicklung als mehr oder minder unilineare Aufeinanderfolge gesellschaftlicher Zustände ist ebenso problematisch wie die Anwendung des Begriffs ‚Staat' auf die unterschiedlichsten frühen Zivilisationen.[8]

1.1 Rechtsanthropogische Vorüberlegungen

Mit den unterschiedlichen Bestimmungen von ‚Recht' haben sich unzählige Arbeiten von Ethnologen, Kulturanthropologen und Rechtshistorikern befasst. Im Hintergrund der nachfolgenden Darlegungen steht eine Auffassung, die „Recht als *regelhafte* Vermittlung zwischen Sollen und Wollen" begreift, unabhängig von der Identität der Akteure. Eine Konsequenz, die sich daraus ergibt, zeigt Recht als die Summe der Regeln, die das soziale Miteinander von Einzelnen und Gruppen zur Identitätsbegründung und zur Konfliktvermeidung bestimmt.[9] Staaten bzw. staatsähnliche Strukturen haben wohl seit der Wende vom 4. zum 3. Jt. v. Chr. in Mesopotamien bestanden, auch wenn sie im Detail (noch) schwer zu fassen sind.[10] Heinz Barta hat hier den Terminus ‚nomologisches Wissen' eingeführt, worunter er „die noch ungeschiedenen Sozialnormen der Frühzeit/Archaik" versteht, „das früh der Gesellschaftserhaltung und Gesellschaftsteuerung dient".[11] Hier soll noch auf zwei Werke verwiesen werden: Zum einen auf das schmale Buch von Leopold J. Pospisil, *The Ethnology of Law*[12] und auf den von Wolfgang Fikentscher, Herbert Franke und Oskar Köhler herausgegeben Band *Entstehung und Wandel rechtlicher*

462–465). Mit anderen Worten, die ‚Bewusstseinsformen' (Ideologie, Metaphysik, Recht) finden sich im Überbau institutionalisiert und wirken auf die ökonomischen Verhältnisse zurück.

8 Vgl. Wilcke 2003a, 19 Anm. 8: „'state' is used here for a sovereign body politic ruled by a 'king' (lugal = *šarrum*) and of unknown internal structure." Von enormer Bedeutung scheinen hier die Ausführungen von Yoffee 2005, ohne diese hier im Einzelnen erörtern zu können. Zentral für die nachfolgenden Ausführungen ist dabei seine Feststellung: „The evolution of a new civilizational ideology, namely that there should be a state, was critical, because the state constituted and stipulated the orderly function of the cosmos, especially by requiring rulers to intercede with the gods and to represent the rest of society in such intercession." (Yoffee 2005, 17).

9 Vgl. Westbrook 2003, 1 und zustimmend Wilcke 2003a, 15–16; ferner Selz 2002; vgl. unten Anm. 17 und Anm. 29 die Zitate aus Bartash 2019, 230 und 5.

10 Die (generelle) Warnung von Yoffee (1995, 284) scheint mir noch immer bedeutsam: „The evolution of states (…) cannot be modeled as a layer cake, with the state as the highest layer atop a stable and unchanging social base."

11 Barta 2008, 15.

12 Nach Pospisil (1978, 13) sind „legal phenomena by their outward, overall form", also durch unsere ‚Regelhaftigkeit'), bestimmt, der weitere wesentliche Attribute inhärent seien: „authority", „intention of universal application", „*obligatio*" („the legal tie between the two parties") und „sanction" (Pospisil 1978, 30–51). Zu einer kritischen Bewertung der Bestimmungen siehe Fikentscher 1980, 104–110.

Traditionen.[13] Erwähnt werden müssen ferner die Werke von North und seine Darlegungen zur Verbindung von Wirtschaftsformen und Verfügungsrechten.[14],[15]

1.2 Zu Frühformen des Rechts

Rechtliche Beziehungen finden sich sicher nicht nur in ‚staatlich' organisierten Gesellschaften. Solche ‚Frühformen des Rechts' – ein Begriff, den Wilcke nicht zu Unrecht als „somewhat eurocentric"[16] kritisiert – bleiben gleichwohl einflussreich auch in den sozial differenzierten und politisch organisierten Gesellschaften im Mesopotamien des 3. Jt. v. Chr.[17] Insgesamt ist zu unterstreichen, dass die Art politischer Organisationformen – mindestens bis zur Akkade-Zeit – weitgehend undeutlich bleiben, wenngleich die beginnende schriftliche Dokumentation wichtige neue Einsichten ermöglicht. Nachstehend werden wir aufzuzeigen versuchen, dass die Herausbildung der Schrift – zunächst im Bereich der Wirtschaftsverwaltung – die Entwicklung von Rechtsnormen affiziert. Genau an diesem Punkt lässt sich die Herausbildung von Rechtsvorstellungen als zunehmend eigenständigem gesellschaftlichen Subsystem deutlich machen.[18] Gleiches gilt für die Wirtschafts-

13 Besonders wichtig war mir hier der Beitrag von W. Fikentscher „Synepeik und eine synepeische Definition des Rechts" (in Fikentscher 1980, 53–120), insbesondere sein „Versuch Rechtdefinitionen zu systematisieren" (98–104), unter besondere Berücksichtigung vergleichender und nicht vergleichender theoretischer Positionen. Nach einer Kritik bisheriger Positionen (104–111) fasst er seinen Standpunkt wie folgt zusammen: „Recht ist, synepeisch betrachtet ein 1) autorisierendes, 2) sanktionierendes 3) Sollen, gestützt auf eine 4) Wertung, die 5) methodisch in 6) System und 7) Zeit vollzogen wird", wobei die vier letztgenannten Faktoren ganz unterschiedlich gewichtet sein können. (Fikentscher 1980, 118).

14 North 1988; 1992. Sie stehen im Hintergrund für meine Arbeit in 1999–2000, auf die nachfolgend öfters rekurriert wird. Vgl. auch Montenbruck ^{2}2010.

15 Die als Motto für meine Arbeit (Selz 1999–2000) gewählten Zitate umreißen die Sachlage lange vor der Etablierung der Rechtsanthropologie als eigenem Forschungsfeld treffend: „Where there is no property there is no injustice" (Locke, 1689, IV. 3 § 18) und „Das Eigenthum giebt nur gewisse Verfügungsbedürfnisse und gewisse Ausschlussbefugnisse Anderen gegenüber. Das Maass dieser Befugnisse wechselt (…). Oder wenn eine Beschränkung der Verfügungs- und Ausschlussbefugnisse des Eigenthümers als Widerspruch gegen den Eigenthumsbegriff gilt, so muss statt von ‚Eigenthum' eben von einem ‚Inbegriff gewisser Verfügungs- und Ausschlussrechte' gesprochen werden, wenn dafür auch ein anderer Gesammtname fehlt." (Wagner ^{3}1892, 310–311).

16 Wilcke 2003a, 15.

17 Den Begriff ‚Staat' wird man nur zögerlich für die frühen organisierten Gesellschaften in Anspruch nehmen; entsprechend problematisch bleibt er für eine Betrachtung der Entwicklung früher Rechtssysteme. Nicht von ungefähr bemerkt Bartash bei seiner abschließenden Betrachtung zur Entwicklung der (Gewichts-)Maßsysteme: „The earliest definitely documented standardization of the weight measures in Mesopotamia was directly related to the rise of the first 'real' state during the Sargonic period. This indicates that writing as an administrative tool did not necessarily correlate with the standardization of weights or the 'state'." (Bartash 2019, 230).

18 Vereinfacht formuliert, wenn man so will, eine Selbstverständlichkeit, ist die These, dass die durch die Schrift ermöglichte präzise Informationsübermittlung – unabhängiger von Zeit und Raum – neue Möglichkeiten eröffnete, seien es historische, weltanschauliche oder wirtschaftliche und rechtliche Informationen. Ihre Objektivierung in der Schrift ermöglicht – so

verfassung: Die der Schrift inhärente Objektivierung und Rekursivität, ihre Bedeutung als bi-modales, raum- und zeitübergreifendes System der Informationsvermittlung, kann in ihrer folgenreichen Bedeutung kaum überschätzt werden. Schrift als sekundäres System verändert zunächst Wirtschaft und in der Folge auch das Recht.[19]

1.3 Soziale Organisation und Verfügungsrechte

Die frühesten rechtsrelevanten Dokumente beziehen sich denn auch auf die Verfügungsrechte sowohl im öffentlichen Bereich wie im ‚Zivilrecht'. Dabei behandelt die Masse des überkommenen Materials die Übertragung von solchen Verfügungsrechten (Eigentum) an Immobilien wie auch an Personen (Sklaven) und Sachen. Die Fixierung solcher Übertragungen auf Steindokumenten[20] (sog. *Kudurrus* im engeren Sinne) und Sammeltafeln zeigen deutlich die durch Verschriftlichung geschaffenen Veränderungen im Recht: Publizität, Rekursivität[21] und Formalisierung.

Unter historischen Gesichtspunkten kann nicht bezweifelt werden, dass wir – beginnend wohl bereits mit dem Neolithikum – in der realen ökonomischen Basis dieser Gesellschaften eine fortschreitende Arbeitsteilung, ökonomisch gesprochen eine Spezialisierung in Produktion und Konsumption, antreffen, deren Organisation aber nicht unbedingt einem autokratischen Modell folgen muss, wie es in Teilen der modernen Geschichtsschreibung (‚Königtum' oder ‚Monarchie') oft vorausgesetzt wird. Veränderungen der ökonomischen Grundlagen spiegeln sich zunächst in der daraus resultierenden sozialen Differenzierung („elitism"[22]). Die Entwicklung beruht selbstverständlich auf ganz unterschiedlichen Faktoren: Veränderung der Umweltbedingungen, technologischer ‚Fortschritt', Spezialisierun-

---

meine Auffassung – neue Möglichkeiten der Rekursivität; vgl. z.B. Kienast 1994; Weitzel 1994; Camassa 1994; Kienast 1996; Selz 1999; Steinkeller 2004b und Koller 2024; ferner z.B. Glassner 2014 sowie die nachfolgende Anmerkung.

19 Grundlegend hier ist noch immer Goody 1986, insbesondere 127–170 („The Letter of Law"). Was hier ‚Objektivierung' und ‚Rekursivität' genannt wird, beschreibt Goody als Differenz zwischen „implicit and explicit reasoning". Das letztere beinhaltet a) das Konzept der Publizität, es wird b) Gegenstand weiterer Ausarbeitung und hat c) Universalisierung und Generalisierung als mögliche Folge (Goody 1986, 16–69).

20 Beschriftete Steindokumente sind geradezu ein exemplarischer Ausdruck für die durch die Schrift bewirkten Veränderungen im Rechtssystem. Es kann nicht bezweifelt werden, dass damit einhergehende Schriftfunktionen dem Rechtskonzept im Alten Mesopotamien inhärent waren. Soweit erkennbar, waren sie in Tempeln platziert, und ihre Funktion war „to afford them the protection of gods and, at the same time, to make them accessible to public scrutiny, and, therefore, to publicize the deed of purchase or donation of land by or to an individual" (Gelb/Steinkeller/Whiting 1991, 23). Die Tontafel eines spätfrühdynastischen Hauskaufvertrags (?) aus Adab, *CUSAS* 35, 6 (Bartash 2017, 67–69) imitiert sogar eine Steintafel.

21 Dabei besitzen solche Urkunden nicht nur Beweisfunktion, sondern auch Dispositivcharakter. Bemerkenswert scheint, dass die archivarisch gesammelten Ur III-zeitlichen Urkunden bei Neuverhandlungen – nach den Gerichtsurkunden dieser Zeit zu urteilen – nicht als Beweismittel herangezogen wurden; vgl. Falkenstein 1956a, 73; siehe dazu Kienast 1996, 121–130.

22 Vgl. etwa die Arbeiten von Saunders 1989 oder von John Higley; zum letzteren siehe Pakulski 2012.

gen (einschließlich Handwerk und ‚Militär', Bürokratie und ‚Religion') – *dauerhafte* Arbeitsteilungen bis hin zur *Professionalisierung* – führen direkt zu Elitenbildung, zu einer selbsternannten Meritokratie, die in Teilen durchaus heterarchisch organisiert gewesen sein mag.[23] Solche ‚Verdienste' bestimmen wohl von Anfang an auch die Höhe der Bezüge, die auch im redistributiven Sektor ganz unterschiedlich gewesen sind. Redistribution schließt gesellschaftliche Stratifizierung nicht aus. Soziale Organisationsformen sind damit zwar ‚pfadabhängig', aber nicht unmittelbar kausal verbunden – erinnert sei hier nur an die Rolle, die erweiterte Familien- und Klanstrukturen für die politische Organisation einer Gesellschaft besessen haben mögen, wie Veränderungen in den Verfügungsrechten des 3. Jt. v. Chr. erkennen lassen. Die Entwicklung zentralisierter Autoritäten – sie wird nach der hier vertretenen Hypothese am Ausgang der spätfrühdynastischen Zeit schlagend – bedingt weitreichende Strukturveränderungen und etabliert neue Formen gesellschaftlicher Subsysteme. Dahinter steht die alles überwölbende Frage nach dem Verhältnis von Herrschaft und sozialen Normen, letztlich die Frage nach der Funktion und Entwicklung von Regeln und den Formen ihrer Durchsetzbarkeit im Rahmen eines zivilisatorischen Prozesses.[24]

1.4 Sitten, Bräuche und Regeln

Den Unterschied von Sitten und Gebräuchen hat man in den verschiedenen rechtsanthropologischen Schulen zu Recht im Zusammenhang mit allfälligen Sanktionen erörtert. Nun kann es aber kaum einen Zweifel geben, dass Sanktionen nicht in jedem Falle auf *personaler* Autorität beruhen.[25] Der (partielle) Ausschluss aus dem Netz gegenseitiger Abhängigkeiten ist im Zweifelsfalle folgenreicher als eine ausformulierte Strafandrohung. Entsprechend formulierte Wesel:

> „Warum gibt es diesen Unterschied zwischen Recht und Sitte? Nun, es ist letztlich die Frage nach der Wichtigkeit. Es kommt darauf an, wie wichtig eine Norm für das Funktionieren einer Gesamtgesellschaft ist. Ist sie sehr wichtig, dann gehört sie zum Recht. Andernfalls nicht."[26]

Bei dieser, wie mir scheint, etwas unscharfen Beschreibung bleibt aber ein wesentlicher Aspekt unerwähnt: In Wirtschaft und Recht ist es die durch die Schrift

23 Das Modell impliziert eine größere Zahl von ‚Mitherren', die besondere Rechte, insbesondere Verfügungsrechte für sich beanspruchen. Historisch erfolgt diese Schichtung entlang arbeitsteiliger Spezialisierung, Professionalisierung und der damit einhergehenden sozialen Stratifizierung.

24 Vgl. Pospisil 1978; Wesel 1985, 334–337; mit dem Fokus auf akephale segmentäre Gemeinschaften vgl. Gulliver 1969, ^{2}1997; zur Ausformung von Institutionen siehe Okruch 1999 und North 1988; 1992. Soweit erkennbar, scheint die Frühgeschichte Mesopotamiens durch einen Antagonismus zwischen segmentär und heterarchisch organisierten Gesellschaftsformen gekennzeichnet.

25 Vgl. dazu die überzeugenden Ausführungen zu Gewalt und Recht in Montenbruck ^{2}2010, 143–224.

26 Wesel 1985, 335.

ermöglichte Formalisierung der regelhaften Abläufe, die beide Bereiche aus dem sozialen Gesamtzusammenhang isoliert.

Regeln und Normen sind ubiquitär. Sie finden sich in allen Gesellschaften, nicht zuletzt im ungeschriebenen Gewohnheitsrecht. Die Akzeptanz und Geltung von Normen und Regeln wird zunächst durch die unterschiedlichsten Bräuche und Riten befördert. Beides ist gekennzeichnet durch Wiederholung und Wiederholbarkeit, die ihre öffentliche (politische) Funktion konstituieren. In der mesopotamischen Frühgeschichte – ganz unabhängig vom Postulat vorausgehender segmentärer Gesellschaftsformen – finden wir ausgeprägt hierarchisch strukturierte Gemeinwesen: Es entwickeln sich die unterschiedlichsten ‚Ämter', die die vorgängigen Bindungen mehr und mehr zurücktreten lassen. Zur Durchsetzung von solchen Strukturen und ihren Normen scheint seit der Frühzeit auch physische Gewalt angewendet worden zu sein.[27]

1.5 Streit und Normen

Der Streit um Ressourcen hat eine gewiss in die Vorgeschichte zurückreichende Tradition. Gerade hier kommt allen Formen von Konfliktlösungen besondere Bedeutung zu. Konflikte entwickeln sich dabei nicht nur im Streit um alle Arten von Gütern, sondern in der Nachfolge der Sesshaftwerdung auch insbesondere um das Produktionsmittel ‚Land', von zentraler Bedeutung in allen Ackerbaugesellschaften.[28]

Aus rechtlicher Perspektive handelt es sich also um Verfügungsrechte, deren Verbindlichkeit und Durchsetzung – abseits von physischer Gewalt – einer spezifischen Form von Normierung bedürfen, die Ansprüche vergleichbar macht. Es entsteht ein neuer Regelungsbedarf, und in der Folge treten Sitten und Gebräuche in den Hintergrund. In stratifizierten Gesellschaften wird die Durchsetzung von Anspruchsrechten zunehmend mit hierarchisierter Sanktionsgewalt verwoben. Vergleichbarkeit aber beruht in erheblichem Umfang auf der Entwicklung von ‚Maßen und Gewichten',[29] Sanktionsgewalt auf Legi-

---

27 Ein augenfälliges Beispiel hierfür bieten die sogenannten ‚Gefangenen-Siegel' aus den frühen Uruk-Fundschichten, wenngleich deren präzise Bedeutung nur schwer fassbar ist; vgl. Vogel 2017. Zur juristisch-rechtsanthropologischen Sicht vgl. Montenbruck ²2010, 143–224.

28 Entsprechend umfangreich wird diese Frage für Mesopotamien in der Sekundärliteratur diskutiert. Nur exemplarisch sei hier verwiesen auf Neumann 1988; Renger 1988; Steinkeller 1988; Gelb/Steinkeller/Whiting 1991; Foster 1994; Glassner 1995; van Driel 1995; Buccellati 1996; Edzard 1996; Haring/De Maajier 1998 (dazu von Dassow 1999–2000); van Driel 1998; Neumann 1999; Steinkeller 1999; Cripps 2007; Schrakamp 2017b. Für eine vorsichtige Evaluation müssen wir dabei immer in Rechnung stellen, dass unsere Dokumentation *notwendigerweise* selektiv ist; siehe dazu van Driel 1998.

29 Das schließt nicht aus, dass sich deren Entwicklung zuerst im Rahmen des überregionalen Austauschs beobachten lässt; so schreibt Bartash 2019, 5 „Obviously, the 'state' was the agent that pursued this aim. This should not lead to the conclusion that weighing as an economic activity should be linked to central political authorities. The evidence suggests that the emergence of weighing should be linked in the first place to the advancement of metalworking and the international trade of metals."

timität.[30] Dabei bleibt ein wesentliches Element emergenter Regelungssysteme ihre Formalisierung, deren Ursprung in ritualisierten Handlungen allgegenwärtig bleibt.

1.6 Recht und Ritual: formalisierte Regeln

Die Bedeutung von Ritualen durchzieht die ganze Rechtsgeschichte, deren ‚symbolische' Funktion konstituiert Wirklichkeit, Gültigkeit. Gekennzeichnet sind solche Rituale durch zweierlei: Wiederholbarkeit und Öffentlichkeit – auch wenn letztere auch gruppenspezifisch limitiert sein mag. Rituale sind also standardisierte Handlungen (‚Bräuche'), wesentlich für die gesellschaftliche Kohäsion. Dabei können einzelne Symbolhandlungen, Riten, in ganz unterschiedlichen Kontexten Verwendung finden; sie bleiben zwar einem gemeinsamen Bedeutungszusammenhang, einer ‚Semiosphäre', verhaftet, ihre fallweise spezifische Bedeutung gewinnen sie aber meist nur *in praxi*, d.h. aus dem Kontext ihres Vollzugs, ggf. auch als Teil komplexer Rituale. Solche Bräuche und Riten gewinnen besondere Bedeutung eben dann, wenn in spezifischen Fällen die Gültigkeit einer Norm nicht fraglos vorausgesetzt werden kann, oder wenn diese Normen sich ändern. Ihr Beitrag für die Entwicklung öffentlicher wie ‚privater' Rechtsnormen kann daher kaum überschätzt werden.

1.6.1 Rechtliche Symbolhandlungen

Seit der grundlegenden Untersuchung von Malul[31] ist m.W. keine zusammenhängende Behandlung der im engeren Sinne *rechtlichen Symbolhandlungen* mehr erfolgt. Solche (nun) mit einem spezifischen Rechtsgeschäft verbundenen Handlungen sind mit Maluls Worten „a sine qua non for an agreement to be valid and legally binding". Dahinter steht offensichtlich die Publizitäts-Absicht, und „the binding power of these acts seems to have been rooted in tradition and convention, backed by public or social pressure",[32] ganz ähnlich wie wir es für die oben skizzierten Riten postuliert haben. Zu den in der Frühzeit wichtigsten Symbolhandlungen gehören: Erstens, das kak – řú, das „Einschlagen eines Pflockes" in eine Wand, üblich bei Immobilien-, aber auch bei Sklavenkäufen – offensichtlich, um somit die Publizität des Rechtsgeschäftes herzustellen. Damit steht der in seiner Semantik nicht klare ì zag(-ge) aka-Ritus „Öl auftragen" in Zusammenhang.[33] Zweitens, das ĝiš-gan(-na) bala „Überschreiten des Stampfers/Stabes"

30 Solche Standardisierungsbemühungen hat Bartash bei der auffälligen spätfrühdynastischen Differenzierung der na₄-túg „Textilgewichte" und den na₄-si-sá „genormte/ korrekte Gewichtssteine" (*DP* 509 (Ukg. L 1) und *VS* 27, 43 =*AWAB* 64 (o.H. 4/3)) diskutiert, wobei er darauf hinweist, dass die letzteren spätfrühdynastisch häufig zum Wägen von Metallen verwendet wurden und sich in der Folge als genereller Standard durchsetzten (Bartash 2019, 129–130).

31 Malul 1988.

32 Malul 1988, 445.

33 Zu diesen symbolischen Handlungen siehe Malul 1985; 1987 und vgl. Gelb/Steinkeller/ Whiting 1991, 240–242; Wilcke 2003a, 89 mit Anm. 273. Mir scheint der Publizitätsaspekt die wichtigste Funktion; siehe auch *CUSAS* 35, 1 Rs. v 4–7// *CUSAS* 35, 2 Rs. ii 5–6: gag-bi

(Akk. *bukannam šūtuqu)*[34] bzw. das „Vorbeibringen eines Gegenstandes am Stampfer"[35] bezeichnet bei Personenkaufverträgen die Überstellung einer Person in die *potestas* eines Dritten.[36] Das túg – si „Gewand einfüllen" hat offensichtlich eine ähnliche Bedeutung wie das später gut bezeugte túg – ùr „das Gewand über etwas hinwegstreifen lassen" und scheint einen Verzicht zu symbolisieren.[37] Weitere früh bezeugte Symbolhandlungen sind munsub – kud^{r} „Haare schneiden", šembi – dé „Ausgießen einer Antimonlösung"[38] und a – dé „Wasser ausgießen", bezeugt in unterschiedlichen Zusammenhängen, aber auch ganz reales zag – šuš „(Brand-)Marken" zur Bezeichnung des Tierbesitzes (von Menschen und Göttern)[39] kann man hier erwähnen. Von besonderer Bedeutung ist die Eidesleistung z. B. in der „Geierstele" des E'anatum beim Leben der aufgeführten großen Götter (Enlil, Ninḫursaĝa, Enki und Su'en), die im Falle der Vertragsverletzung[40] ihre großen

egar$_x$(SIG$_4$)-ra ab-dù / ì-bi zag-ge / ab-ak / inim-bi al-til „its nail has been driven into the wall. Its oil on the side has been spread. The matter is settled." (Bartash 2017, 51, 56). Als Ort dieser ‚Veröffentlichung' möchte man das Stadttor vermuten. Dort werden ‚herrenlose' Fundgegenstände ausgehängt; es ist auch als Ort einer anderen Bekanntmachung bezeugt; vgl. *FAOS* 5/1 Ukg. 6 = *RIME* 1.9.9.3 iii 12'–19', die zweite Passage bleibt undeutlich: „eine Frau hat einem Manne in der Wohnung(?) x gesagt; Die Äußerungen dieser Frau bedecken LAK 742 (= Ziegel(?)) (und) dieser LAK 742 wird im Stadttor aufgehängt".

34 *ePSD2*: „'to pass someone or something over the pestle', to conclude a sale."

35 So Wilcke 2003a, 79. Die Phrase ist parallel zu ĝiš-a bala „(Sklaven) über das Holz steigen lassen" in den Sklavenkaufurkunden des 3. Jt. v. Chr. (Edzard 1968, 221). Betreffend der Auslösung zweier Personen (aus dem Sklavenstande(?)) aus einer Bürgschaft heißt es in *CUSAS* 19, 165 Vs. 10–Rs. 2 (klassisch-sargonisch): „(Sie) überschritten das Holz (giš-a ab-ta-[b]al), beim Namen des Königs [schwören sie]: sie werden diese Sache nicht strittig stellen (dafür) wurde Wasser auf einen Ziegel ausgegossen (a alur$_x$(SIG$_4$)-ra ab-ta-bal)."

36 Im Zusammenhang mit der Formularänderung beim Kauf von Mobilien am Ausgang der frühdynastischen Zeit siehe Wilcke 2003a, 91, der bemerkt: „Its introduction into the canon of recorded operative clauses gave possession a new importance in the transfer of ownership, pointing to a differentiation between ownership and possession".

37 Falkenstein 1957, 167; Steinkeller 1989, 76 Anm. 217; ähnliches schlägt Wilcke 2003a, 81 für munsub (am$_6$-)ku$_5$ „das Haareschneiden" vor: „a symbolic act of separation".

38 Vermischt mit „Zedernöl"? Vgl. šembi$_x$(TA×IGI^{g}) erin-na in CDLI P275528 (unpubliziert). Zur Antimonpaste vgl. šembi-zid(-da), akk. *amamû; egû; šimbizidû* „Kohl". Antimonlösungen dienten sowohl kosmetischen als auch medizinischen Zwecken. Wenn E'anatum je zwei Tauben als Garanten für den promissorischen Eid des ‚Mannes von Umma' zu den Heiligtümern der respektiven Schwurgottheiten entsendet, legitimiert er sie als Überbringer der Nachricht, indem er an ihren Augen Kohl aufträgt und ihre Köpfe mit Zedern(öl) bestreicht; vgl. Behrens/Steible 1983, 313.

39 Siehe de Maaijer 2001; Selz 2023.

40 In seiner Weisheit lässt der Herrscher E'anatum den Vertragspartner aus Umma Folgendes beeiden: lú-GIŠ.KUŠ[Ú^{k}]^{i}-ra / é-an-na-túm-me / sa-šuš-gal- / ^{d}en-líl-lá / e-na-šúm / nam e-na-ta-kud lú-GIŠ.KUŠÚ^{ki}-ke$_4$ / é-an-na-túm-ra / nam mu-na-kud-re$_6$ / zi-^{d}en-líl / lugal-an-ki-ka / a-šag$_4$-^{d}nin-ĝír-sú-ka / ur$_5$-šè ì-gu$_7$ / ⸢ég⸣ idim-šè na-e / d[a-rí-da-gal-la-šè] / [ki-sur-ra]- / [^{d}nin-ĝír-sú-ka-ke$_4$] / [ba-ra-mu-bal-e] / [ég-pa$_5$-bi] / [šu-bal ba-ra-ak-ke$_4$] / [na-rú-a-bi] / [ba-ra-bu$_x$(PAD)-re$_6$] / [ud-da mu-bal-e] / [sa-šuš-gal]- / [^{d}en-líl] / [lugal-an-ki-ka] / [nam e-ta-kud-rá] / [GIŠ.KUŠÚ^{ki}-a] / [an-ta ḫé-šuš] „Dem ‚Mann (von) Umma' gab E'anatum das große Fangnetz des Enlil und ließ ihn dabei schwören. Der ‚Mann (von) Umma'

Fangnetze auf den Übeltäter werfen sollen; nur im Falle der danach genannten Unterweltsgöttin Ereški(gala) soll die Sanktion durch Schlangen erfolgen, die den Vertragsbrüchigen in die Füße beißen und ihm so den Boden entziehen.[41]

1.6.2 Ankindungsrituale

Komplex, und an dieser Stelle daher nur erwähnt, ist die göttliche Ankindung einer Person, nicht nur des Herrschers.[42] Ein wichtiger, speziell altsumerischer Aspekt ist die Säugung des Herrschers durch eine Gottheit (oder auch durch Tiere).[43] Die leibliche Herrscherkindschaft (dumu-tu-da-GN)[44] ist wohl von diesem Ansatz her verallgemeinert. Das erst später belegte emische Konzept der Adoption im Rahmen der Herrscherlegitimation zeigen lexikalische Texte. Nach einigen Termini für „Findlinge" liest man in der mittelbabylonischen Rezension von ur$_5$-ra = *ḫubullu* Taf. 2 Seg. 1, 7–12:[45]

^{ur}úr	*su-u-nu*	„Schoß"
úr-bi	*su-un-nu-šu*	„sein Schoß"
úr-bi-šè	*i-na su-ni-šu*	„auf seinem Schoß"
úr-bi-šè in-ĝar	*i-na su-ni-šu* ⸢*iš*⸣-[*ku-un*]	„er setzte auf seinen Schoß"
⸢$^{iš-še}$⸣énsi	*eš-ša-ak-ku*	„(Stadt-)Fürst"
⸢$^{ša-ag}$⸣saĝĝa	*ša-gu-u*	„oberster Verwalter (eines Tempels)"
$^{⸢šab⸣-ra}$⸢šabra⸣	*ša-pi-ru*	„oberster Verwalter"

Diese erbrechtlichen Konnotationen dürften sich allerdings erst langsam im Rahmen der zunehmenden Bedeutung patrilinearer Erbfolge herauskristallisiert ha-

---

schwört (nun) dem E'anatum: ‚Beim Leben des Enlil, des Königs von Himmel und Erde, das Feld des Ninĝirsu nutze ich (nur) auf Darlehensbasis! Den Graben *ziehe* ich bis zur Grundwassertiefe! Für immer und ewig werde ich den Grenzgraben keinesfalls überschreiten. Die (Grenz)stelen dort werde ich nicht ausreißen! Wenn ich (ihn doch) überschreite, soll das große Fangnetz des Enlil, des Königs von Himmel und Erde, bei dem ich geschworen habe, von oben auf Umma fallen!'" *FAOS* 5/1 Ean. 1 = *RIME* 1.9.3.1 xvi 12–40 (Ergänzungen nach den Parallelen). Durch Senden von Tauben zu Enlil nach Nippur wird dann dieser Vertrag publiziert und seine Unanfechtbarkeit durch Wiederholung der Sanktionsdrohung garantiert. Die übrigen Eide sind analog stilisiert.

41 Der zweite bekannte Staatsvertrag, der ‚Bruderschaftsvertrag' zwischen Enmetena und Lugalkinešdudu (*FAOS* 5/1 Ent. 45+ = *RIME* 1.5.9.3), nennt keine solchen die rechtliche Bindung konstituierenden Elemente. Auch wahrscheinlich begleitende Symbolhandlungen können nur erschlossen werden; siehe unten S. 179–180.

42 Hier liegen für die altbabylonische Zeit mehrere Untersuchungen vor: vgl. die Zusammenfassung bei Westbrook 2003, 391–393 (mit Literatur) und der Verweis auf *ana mārūtim /mārtūtim leqûm* und die dazugehörenden *verba solemnia*. Vgl. ferner Obermark 1991; in unserem Zusammenhang auch Couto-Ferreira 2016, 30–32.

43 Vgl. Selz 2018.

44 Auch von der männlichen Gottheit ^{d}lugal-URUxKÁR^{ki} belegt; siehe Selz 1995a, 164.

45 Vgl. *MSL* 5, 51: 6–12 und den Katalog in *MSL SS* 1, 60, zitiert nach oracc.museum.upenn.edu//dcclt/ (Aufruf 15.1.2025).

ben. Noch im ganzen 3. Jt. v. Chr. überwiegt die sakrale Begründung des Königtums: So beobachtete Wilcke:

> „Die Vorstellung von der göttlichen Abstammung scheint bei ihm [Gudea] und bei den Königen von Ur auch nach Šulgi trotzdem so bedeutsam, daß (…) keiner (…) jemals seinen leiblichen Vater namentlich nennt."[46]

Insgesamt lässt sich daher für die Frühzeit der Aspekt dynastischer Legitimation – er ist bereits ab Ur-Nanše in der Lagaš I-Dynastie belegt – nicht abschließend beurteilen. Jedoch lässt sich ein Nebeneinander zweier Legitimationsstrategien schon zu dieser Zeit annehmen: Zur sakral-transzendentalen tritt die anscheinend erbrechtliche Begründung. Letztere scheint aber, wie noch zu zeigen sein wird, aufs engste mit der Übertragung von Verfügungsrechten korreliert.

1.6.3 Legitimierung und Gültigkeit

Der Bereich der Legitimierung von Herrschaft auf der einen Seite und die Übertragung von Verfügungsrechten auf der anderen Seite bieten historisch gute Beispiele für solche ‚symbolischen Rechtshandlungen': In der Tat gehören entsprechende komplexe Rituale zur Autoritätsbegründung oder zur Übertragung von Verfügungsrechten zu den frühesten Rechtsquellen Mesopotamiens. Ihre Erwähnung korreliert dabei oft mit dem Abfassungszeitpunkt der jeweiligen Texte. Die Verschriftlichung stelle also einen Publizitätsakt[47] dar: was verschriftet ist, gilt, es transzendiert den Handlungsmoment. Bei Rechtsgeschäften wird die Verbindlichkeit (gegenüber Dritten) durch die schriftliche Nennung von Zeugen unterstrichen. Dadurch wird im Streitfalle aber der sicher in die Frühgeschichte zurückreichende Zeugenbeweis tendenziell durch den Dokumentenbeweis ergänzt.[48]

1.6.4 Herrscherliche Legitimationsbegründungen

Herrscherliche Legitimationsbegründungen finden sich schriftlich zuerst in den sogenannten Epithetaketten von Weihinschriften, insbesondere der altsumerischen Herrscher aus dem Kleinstaat Lagaš kurz nach der Mitte des 3. Jt. v. Chr.[49]

---

46 Wilcke 2002, 75, 79.

47 Vgl. auch die Rolle des Herolds (niĝir) bzw. des „Stadtschreiers" niĝir-sila-k in den Hauskaufverträgen aus Fāra; siehe Krecher 1973, 174–177.

48 Zu dieser Frage – auch zur Abgrenzung von Geschäftsnotizen – siehe bereits Krecher 1973, 146–147.

49 Einen Überblick über die in den einzelnen Inschriften der altsumerischen Herrscher genannten religiösen Epitheta bietet Selz 1995a, 360–361 Tabelle IX). Die meisten sind sicher mit dem Regierungsantritt der Herrscher zu verbinden, wobei durch die genannten Gottheiten lokale und überregionale Legitimationsebenen deutlich werden. Um es deutlich zu sagen (und ohne es hier nochmals auszuführen), ich vertrete die These, dass die entsprechenden Aussagen konkret in bestimmten Riten wurzeln. Eine nur metaphorisch-figurative Funktion gewinnen sie erst im Laufe der Zeit. Auch eine zunächst undeutliche Aussage wie die, dass dem Herrscher durch Enlil Kraft/Macht verliehen wurde (á-šúm-ma-^{d}en-líl-lá, E'anatum, Enanatum I. und Enmetena), bezieht sich auf dem Hintergrund von ĝidri-šúm-ma-^{d}en-líl-lá „dem das Zepter verliehen wurde von Enlil" (*FAOS* 5/1 Ent. 28–29 = *RIME* 1.9.5.1 v

Die namentlich Berufung durch Gottheiten (mu-pà-da-GN, mu-du₁₀-sa₄-a-GN) bzw. der Einführung in den Tempel (šag₄(-ge)-pà-da-GN) war dabei sicher rituell mit der Verleihung der Macht(insignien) begleitet.[50] Dabei ist es wahrscheinlich, dass beide Ritualteile eine politische Approbation oder Akklamation durch Teile der Elite implizierten.[51] Ob der in den gleichen Quellen sich findende Hinweis auf die Abstammung (Vatersname) bereits eine Tradition erblicher Sukzession aufgrund verwandtschaftlicher Strukturen bezeugt, oder ob eine solche – wie fast einhellig postuliert wird,[52]– neu von anderen zivilisatorischen Strukturen übernommen wurde, lässt sich derzeit nicht abschließend klären.

Die Rechtmäßigkeit des Herrschers wird verbunden mit göttlichem Handeln – modern gesprochen, erhält sie eine transzendentale Begründung im Rahmen dieser Weihinschriften. Reziprok sind diese immer verbunden mit ‚frommen Taten' des Weihenden. Die Form dieser Taten erscheint als eher sekundär: Weihungen von Objekten, Bauten, Kriegszügen und konkludente oder explizite Verträge sind hier gut belegt.[53]

1.6.5 Legitimationsstrategien: Hintergründe und Wandel

Zwei Beobachtungen sind hier festzuhalten: *Zum einen* zeigt sich dieser Legitimationsprozess nicht als einmalig und abgeschlossen; der speziell unter E'anatum sich findende Vermerk (kur-gú-ĝar-ĝar-ᵈnin-ĝír-su-ka) „der die Fremd-

---

22–23) deutlich auf das entsprechende Ritual. Bereits *FAOS* 5/1 Ean. 69 = *RIME* 1.9.3.10 variiert: Während es in der Epithetakette noch á-šúm-ma-ᵈnin-ĝír-su-ka heißt, wird das Thema in der Textunterschrift als ĝidri-šúm-ma-ᵈnin-ĝír-su-ka formuliert, das dann in nur wenig veränderter Form unter Lugalanda in die Epithetakette übernommen wird (*FAOS* 5/1 Lug. 15 = *RIME* 1.9.8.2). Ausformuliert als Ritual findet sich bereits unter Enmetena „Als [Ninĝirsu] ihn aus der Menge zahlreicher Menschen bei der Hand gepackt hatte, hat ihm Enlil von Nippur her das erhabene Zepter gemäß der Schicksalsentscheidung ([ĝidri]-maḫ-nam-tar-ra) verliehen." (*FAOS* 5/1 Ent. 32 = *RIME* 1.9.5.18 i 2″–8″). Steinkeller 2023, 7 vermutet einen Zusammenhang dieses Rituals mit der Opferschau. Inhaltlich sicher dasselbe bezeichnet ĝidri-inim-gi-na „Zepter gemäß dem feststehenden Wort / dem Recht" bei Gudea, *RIME* 3/1.1.7.StE viii 7 (bei Edzard 1997 fehlen diese Zeilen). nam-tar-ra ≈ inim-gi-na – rituell zu erneuern – markiert in beiden Fällen die Götter als transzendente Rechtsquelle!

50 Vgl. die vorstehende Anm.

51 Bemerkenswerterweise findet sich die Aussage, dass eine Gottheit „aus der Mitte von 36000 Menschen seine Hand ergriffen hatte" (*FAOS* 5/1 Ent. 32 = *RIME* 1.9.5.18 i 1″–3″) mit Bezug auf den Staatsgott Ninĝirsu noch in *FAOS* 5/1 Ukg. 4 = *RIME* 1.9.9.1 vii 29–viii 5–6 und *FAOS* 5/1 Ukg. 1 = *RIME* 1.9.9.2 iv 8(?) und zwar unmittelbar vor den Abschnitten über die Wiederherstellung der alten göttlichen Ordnung (nam-tar-ra-ud-bi-ta-k, siehe dazu unten S. 203–208).

52 Vgl. z.B. Steinkeller 1993 (grundlegend); Selz 1998b, besonders 283 mit Anm. 4; Steinkeller 2017, 35–36, 121; Wilcke 2002.

53 So verschiedentlich vom Vf. argumentiert; vgl. Selz 2005, 28–29; siehe ähnlich Steinkeller 2023, 3. Zum Charakter der altmesopotamischen ‚Codices' als Weihinschriften siehe bereits Kienast 1994, 22–23 und Renger 1994a; vgl. Seminara 2015. Eine gewisse Ausnahme ist vielleicht der Text *FAOS* 5/1 Urn. 49 = *RIME* 1.9.31, der nach einer Hypothese von Keetman 2021 ‚literarische' Elemente mit dem Genre der Weihinschriften verbindet. Er diskutiert dies im Zusammenhang mit Abbildungen und Text der ‚Figure aux Plumes'.

länder dem (Staatsgott) Ninĝirsu untertan gemacht hat"[54] verweist darauf, dass eine *sekundäre* Legitimation mit erfolgreicher Herrschaft korreliert blieb. Mit anderen Worten, das ‚Mandat des Himmels', der korrekte Vollzug des Regierens (níĝ-si-sá) und die Beauftragung durch die Götter (inim-ma sè-ga-GN)[55] bleiben herrschaftsbegründend jenseits der Inauguration. Herrschaft ist also nur übertragen, ein von den Göttern anvertrautes Amt, eine Funktion, die auch widerrufen werden kann.[56]

Welches Ritual mit dieser erneuerten Legitimation verbunden war, lässt sich der Geierstele (*FAOS* 5/1 Ean. 1 = *RIME* 1.9.3.1) entnehmen: Die *Abbildungen* der *Rückseite* verweisen in historischer Anordnung auf die Auseinandersetzung mit dem Feind aus Umma, die in der Vernichtung der Feinde gipfelt: Die der *Vorderseite* zeigen eine Prozession, die in der Präsentation der im Netz gefangenen Feinde vor Ninĝirsu bzw. E'anatum kumuliert. Gegenläufig dazu ist der auf der Vorderseite beginnende *Text*, der zunächst von der mythisierten Herrschergeburt berichtet und dann in der Folge die Etappen der historischen Auseinandersetzungen aufzählt. Nach erfolgtem Sieg lässt E'anatum auf der *Rückseite* den Feind an die überregionalen Gottheiten adressierte promissorische Eide leisten: den Grenzgraben (zwischen beiden Gemeinwesen) fürderhin nicht zu überschreiten. Die Funktion von Text *und* Bild der Geierstele ergibt sich aus ihrer Kombination: Der Siegreiche Held, hier der Herrscher E'anatum, erweist sich als Vollstrecker eines mythisch präfigurierten Topos; der durchaus brutale Krieg befestigt die rechtmäßige Ordnung und damit die Legitimität seiner Herrschaft.

In vergleichbarer Weise nennt sein Enkel Enmetena „das feststehende Wort" (inim-gi-na) des Enlil als Rechtsquelle, wonach dieser Gott für die Stadtgötter Ninĝirsu (Lagaš) und Šara (Umma) die Grenze beider Staaten festgelegt habe. Die historische Realisierung sei dann durch Mesalim von Kiš auf Anordnung seines Gottes Ištaran vollzogen und durch Grenzstelen markiert worden (*FAOS* 5/1 Ent. 28–29 = *RIME* 1.9.5.1 i 1–12). Auch die sog. ‚Standarte von Ur' fügt sich in dieses Bild: Nach den Kriegsdarstellungen der Rückseite zeigt die Friedensseite das Einlangen der Beute und kulminiert in eine Bankettszene, die den Kriegsherren als *primus inter pares* im Kreise seiner Verbündeten(?) zeigt. Anzuschließen sind hier

54 Vgl. Selz 1995a, 224–225.

55 Vgl. dazu Steible 2000, 451, nach dem das „feststehende Wort (der Götter)" durch „Offenbarung (vgl. unten Abschnitt 3) übermittelt wird. Zu inim(a)-sè-ga „ins Wort gesetzt" > „beauftragt" und in ähnlicher Bedeutung inim-diĝir-ré-ne dab$_5$-ba „der das Wort / den Auftrag ergriffen hat", siehe bereits Selz 1995a, 109 mit Anm. 396, 110–111, 398. Theologisch gesprochen bleibt das ‚feststehende Wort' immer transzendental verortet. Den Menschen (oder der Stadt) ist es (*qua functione*) nur übertragen. Siehe auch Selz 1998c.

56 Siehe dazu meine Darlegungen in Selz 2004a; 2010, 12–13. Der praktische Herrschaftsmisserfolg des Urukagina – seine militärische Niederlage – hat daher weitreichende Folgen: In *FAOS* 5/1 Ukg. 16 = *RIME* 1.9.9.5) bestreitet der Herrscher jegliche Verfehlung (nam-dag/ tág), weshalb die Göttin Nisaba diese auf das Konto (Nacken) seines Widersachers Lugalzagesi legen solle; vgl. Powell 1996. Konsequenterweise erneuert er sogar sein Edikt; siehe unten S. 209.

vergleichbare Symposiumsszenen – ein Zentralthema der frühsumerischen Ikonographie. Sicher nicht ausschließlich[57] – Riten sind ja in hohem Maße adaptiv –, aber doch häufig sind solche Bankette ein wesentlicher Bestandteil von Vertragsabschlüssen, so gewiss auch beim ‚Bruderschaftsvertrag' zwischen Enmetena und Lugalkinešdudu (*FAOS* 5/1 Ent. 45+ = *RIME* 1.5.9.3).[58] Sie waren wohl auch ein konstitutiver Bestandteil von Heiraten.[59] Auch bei den Hauskaufverträgen dürfte ein Teil des Kaufpreises für solche Bankette verwendet worden sein, die den Vertragsabschluss damit öffentlich dokumentieren.[60]

In der Gudea- und der Ur III-Zeit wird dagegen die Einführungsszene ein dominantes Bildmotiv. Die Überreichung von Ring[61] und Stab, bzw. Messleine und Messstab, verschiebt den Akzent: Es ist nicht mehr die Legitimation in einer Gemeinschaft, sondern die unmittelbare persönliche göttliche Belehnung, die veröffentlicht wird. Beides ist wohl sichtbares Zeichen für das Übertragen der Normierungsgewalt an den Herrscher.

Zum anderen ist auffällig, wenngleich bislang kaum beachtet, dass der letzte Herrscher des altsumerischen Lagaš, Urukagina,[62] in seinen Inschriften auf die traditionellen ‚religiösen Epithetaketten' verzichtet. Stattdessen verweist der aus dem

57 Wahrscheinlich spiegeln solche ritualisierten Bankette auch bei den kultbezogenen Festen eine wichtige Rolle; speziell „the *mašdaria* festival provisions has become a key element in the understanding of how the population was involved in large festivals. Goods from *mašdaria* deliveries were used in feasts of the state, both in the large temple festivals and in the palace", so Sallaberger 2018b, 198. Zur vermuteten Bedeutung dieser *do ut des*-Gaben (‚Gabentausch') vgl. auch Selz in Vorbereitung.

58 Dabei handelt es sich um eine Tonkegelinschrift mit mindestens 39 Exemplaren, die zahlenmäßig die am besten dokumentierte Weihinschrift des altsumerischen Textkorpus darstellt (Steible 1982a, 260–262; Frayne 2008, 200–201). Nur ein Exemplar kommt gesichert aus Badtibira, halbwegs zwischen Ĝirsu und Larsa gelegen und offensichtlich der Vertragsort. Wohl zumindest ein Exemplar von *FAOS* 5/1 Ent. 79 = *RIME* 1.9.5.4 (Gründungstafel und Gründungsnagel) stammt ebenfalls aus Badtibira und berichtet vom Bau des Tempels é-mùš für die Gottheit Lugal-Emuš (siehe Selz 1995a, 161–162), wobei der Herrscher u.a. die Entlassung der für den Bau Dienstverpflichteten aus Uruk, Larsa und Badtibira verfügt; siehe unten S. 214–215.

59 Vgl. Wilcke 2003a, 64–65 zur Deutung der ‚Blau'schen Steine' sowie zu den Geschenken an Braut und Bräutigam; zu Bild und Text siehe jetzt auch Keetman 2025.

60 Ähnlich bereits der Vorschlag von Krecher 1976–1980, 492–493 („Vermutung (…), daß es sich dabei um einen Beitrag zu einem gemeinschaftlichen Mahl und – bei Kleidung usw. – um Gastgeschenke handelt."), zustimmend Wilcke 1996, 16; Wilcke 2003a, 80–81. Zur Problematik der Bestimmung des níĝ-ba-Kaufpreisanteils vgl. Krecher 1973, 158–160; 1974; ferner Wilcke 1996, 9–16; Wilcke 2003a, 82, 84.

61 Die Deutung des Rings wird man kaum von der expliziten Darstellung als Messleine im Belehnungskontext der Bauszene auf der Ur-Namma-Stele isolieren können (so auch Suter 2005). Oder handelt es sich bei „Stab" und „Ring" um Lineal und ‚Zirkel'?

62 Zur nach wie vor nicht ganz gesicherten Lesung und Deutung des Namens siehe die gründliche Evaluation von Schrakamp 2015a, 304–310, wo er die von Marchesi (2014, 149) vorgeschlagene Deutung „unter Annahme eines Nominalsatzes mit regenslosem Genetiv" favorisiert: „The City is (someone) of Reliable Word" und siehe jetzt Schrakamp/Zólyomi 2024, 2 Anm. 7 und Schrakamp/Zólyomi 2025, 93 Anm. 3: „the city is the one of the reliable word." Zu dieser Sekundärinterpretation – sie kann für alle genitivisch gefügten Namen angenommen werden – siehe unten Anm. 199.

Bereich der Milizen aufgestiegene *homo novus*[63] darauf, dass der Staatsgott Ninĝirsu „seine Hand aus einer Vielzahl von Menschen ergriffen hat“[64], und der göttliche Auftrag erfolgt dann ganz präzise (nur) durch den Staatsgott Ninĝirsu.[65] Über die Implikate dieser veränderten Legitimationsstrategien wird weiter unten gehandelt.

Insgesamt besitzen diese Riten also staatsrechtliche, genauer verfassungsrechtliche Bedeutung.

1.7 Tausch, redistributive Planwirtschaft und das Paradigma des Proto-Marktes

Die Redistribution wird allgemein als die im frühen Mesopotamien vorherrschende Wirtschaftsform betrachtet. Jede Wiederverteilung zentral gesammelter Güter ist aber mit zweierlei verbunden: Sie setzt arbeitsteilig differenzierte Produktionsverhältnisse sowie Planwirtschaft voraus.[66] Auch wenn die Verhältnisse für die

---

63 Auch wenn die Herrschaft des Ukg. nicht der patrilinearen Line folgte, war er kein Usurpator, vgl. bereits Beld 2002, 75–78, 170–171. Wahrscheinlich – auch wenn nicht zweifelsfrei bewiesen – erwarb er seine dynastische Legitimation durch die Heirat mit Sasa; Selz 2004a; 2004b; Schrakamp 2015a, 328–334, insbesondere 333–334; und vgl. Schrakamp 2015b; jetzt ohne weitere Begründung als Spekulation abgelehnt von Steinkeller 2023, 6 Anm. 9. Zentral für Schrakamps Argumentation ist die auf Fotokollation beruhende Lesung von *Nik.* 1, 199 i 6–ii 1 šubur-^{d}ba-ba$_{6}$ ses-munus-ke$_{4}$* ba-DU „hat Šubur-Baba, der Bruder der Frau, weggebracht“ (Schrakamp 2015a, 331–332). Allerdings dürften nicht alle Träger des Namens mit dem gleichnamigen Sohn des Urukagina zu identifizieren sein (Schrakamp 2015a, 332; vgl. Selz 1995a, 62–63): *TSA* 32, wohl auf Lugalanda zu datieren, lautet: 1 gud-sig / maš-da-ri-a-a-giri$_{17}$-zal$^{!}$ / àr-dú-é-šag$_{4}$-ga-ka-kam // ensí-ke$_{4}$ / šubur-^{d}ba-ba$_{6}$ / dumu e-na-ba / itu-ezem-munu$_{4}$-gu$_{7}$ // ^{d}nin-gír-su-ka-ka / igi-zi / unù-dè ba-DU 2. „1 ganz junger Stier (vgl. Selz 1989, 439), M.-Abgabe von Agirizal, dem Bediensteten des Hausinnern ist es. Der Fürst hat (ihn) Šubur-Baba, dem Kind geschenkt. Im Monat: Fest ‚Malzessen des Ninĝirsu‘ hat (ihn) Igizi, der Rinderhirte, weggeführt. 2. Jahr.“

64 (*FAOS* 5/1 Ukg. 4 = *RIME* 1.9.9.1 vii 29–viii 6. Eine Feststellung, die sich bereits in *FAOS* 5/1 Ent. 32 = *RIME* 1.9.5.18 i 2″–3″ findet (hier ist der Gottesname abgebrochen; vgl. Selz 1995a, 231).

65 inim-lugal-ni ^{d}nin-gír-su-ke$_{4}$ e-na-dug$_{4}$-ga ba-dab$_{5}$ „Den Auftrag (= Das Wort), den sein Herr (lugal) Ninĝirsu ihm erteilte (= zu ihm sprach), hat er verwirklicht (= „übernommen“) *FAOS* 5/1 Ukg. 4 = *RIME* 1.9.9.1 viii 10–13. Vgl. dagegen die Selbstbezeichnung Enmetenas als lú-inim-diĝir-ré-ne dab$_{5}$-ba „Der den Auftrag der Götter übernommen hat“ (*FAOS* 5/1 Ent. 28–29 = *RIME* 1.9.5.1 v 30).

66 Planung ist selbstverständlich allem Wirtschaften inhärent; vgl. Wilcke 2003a, 12. Die Institutionalisierung in größeren Wirtschaftseinheiten, verbunden durch Lieferungsverpflichtungen mit Lieferungserwartungen (Haben – Soll), erreicht aber durch kontenmäßige Buchführung (vgl. Wilcke 2007b, 102–108) eine ganz neue Dimension, und das ist keinesfalls ein ‚trusism‘. Die schriftliche Fixierung ökonomischer Planung – wie es die altsumerischen Verwaltungstexte aus Lagaš belegen – verweist auf eine Planwirtschaft mit zuvor nicht belegten Handlungsmöglichkeiten; vgl. Selz 1999; 1999–2000, 5–9. Ein schönes Beispiel bietet der Text *VS* 27, 79 = *AWAB* 166, mit Parallelen *DP* 437 (Ukg. L 1), *DP* 447 (Ukg. L 2), *DP* 449 (Ukg. L 2), *DP* 452 (Ukg. L 2), *DP* 453 (o.H. 1), *DP* 470 (o.H. 2), *DP* 454 (o.H. 3?); vgl. *DP* 448 (Ukg. L 2)). *VS* 27, 79 listet: „2 Tamarisken-*Balken*(?), / 26 Holzklötze, / 26 *Umbruch*zungen, / 102 … Zungen, / 93 Zähne für Eggen: // Von der *Schöpfstelle*(?) her am Rande des ‚hohen Feldrains‘ hat er (dies) notiert; / 20 minus 3 Holzklötze, / 34 *(Pflug-)Schemel*, / 202 *wildwachsende* Hölzer, ‚Balken‘ (für) die ‚Rohrhütte‘: // vom ‚hohen Feldrain‘ her am Rande des (Reservoirs) Ur-Nanše-nasilim / hat er (dies) notiert; / 7 Holzklötze, / 122 ‚Balken‘ (für) die ‚Rohrhütte‘, / 182 Zähne für Eggen, / 15 (Pflug-) Schemel: // Vom Wasserreservoir (des) Ur-Nanše-nasilim her / am Rande der Ka-

Uruk IV und Uruk III-Zeit bis weit in die frühdynastischen Perioden noch undeutlich bleiben, so ist seit der spätsumerischen Epoche und besonders für die Ur III-Zeit die kontenmäßige Erfassung von Beständen und Verbindlichkeiten bestens bezeugt (‚balanced accounts'). Das ‚Soll' bestimmt sich dabei durch die Lieferungsverpflichtungen von Personen, Gruppen oder Institutionen, das ‚Haben' verzeichnet die tatsächliche erfolgte Lieferung der Güter (‚Bezahlung'), die im Saldo festgehaltene Differenz erscheint in der folgenden Abrechnungsperiode als Übertrag. Wie bereits Englund nachgewiesen hat, konnten nicht nur die in den Listen genannten Waren und die Ausgaben, sondern sogar der Arbeitsaufwand in Silber kalkuliert bzw. durch Äquivalenzen fixiert werden.[67] Dass vergleichbare kontenmäßige Buchführung schon in den altsumerischen Wirtschaftsurkunden belegt ist,[68] unterstützt die auch hier vertretene These, dass die Monetarisierung von Darlehen – und das Konzept ‚Schuld' überhaupt – durch diese Notationen beeinflusst wurde.[69] Für private Darlehen ist ab der Ur III-Zeit dann die Erhebung eine Zinses belegt.[70]

Obwohl in spätfrühdynastischer Zeit weite Bereiche der dazugehörenden Wirtschaft insgesamt institutionellen Autoritäten unterstanden, ist unser Begriff ‚Steuer' für diese Lieferungsverpflichtungen kaum zielführend.[71] Die Produzenten handelten in der Regel nicht oder nur (sehr) eingeschränkt auf eigene Initiative; sie hatten *planwirtschaftliche Vorgaben* zu erfüllen.[72]

Die Existenz solch marktfreier Wirtschaftsformen wird für den Alten Orient oft generalisiert, die Existenz eines marktgebundenen Austauschs sogar gelegent-

naldämme des Feldes der Inana / hat er (dies) notiert. *Lacuna* Tamarisken an den Kanaldämmen des (Feldes) GANÁ-da-kišíga – am Ort des Wachsens gezählt – (der) Baba (gehörig). En-iggal, / der Generalverwalter, / hat (sie) gezählt. Urukagina, der König von Lagaš. 1. (Jahr)."

67 Englund 1990, insbesondere 181–197 und die Zusammenfassung seiner Ergebnisse 199–205.

68 Darauf hat ebenfalls als erster Englund 1990, 96–101 hingewiesen; siehe auch Selz 1999–2000, 9–12 und vgl. Hudson 2004.

69 In unserem Zusammenhang von Bedeutung ist auch die Tatsache, dass die Ausgabe von Arbeitsmitteln im Rahmen des institutionellen Wirtschaftens ebenfalls auf Konten verbucht wurde; vgl. etwa *BIN* 8, 358 = *AWAS* 85, siehe Selz 1993, 575–578. Die Tafel wurde offensichtlich zur Vorlage bereitgehalten und die Zahlenbeträge – soweit die Gerätschaften retourniert wurden – nachträglich getilgt (‚Tilgungsausbrüche').

70 Steinkeller 2002; vgl. auch Selz 2004; zur Frühgeschichte des Zinses siehe Steinkeller 1981; Hudson 2002; vgl. Van De Mieroop 2002.

71 Vgl. den Überblick von Paoletti/Schrakamp 2012–2014.

72 Der Schuldvortrag mag gelegentlich sekundär die Funktion einer ‚Strafzahlung' angenommen haben; zu den verschiedenen Formen von Ausgleichszahlungen, z.B. lu$_5$-gu-aka, lu$_5$-gu-è-a, vgl. Pomponio 1982; Michalowski 1984; Steinkeller 1984, 10–11; Selz 1989, 417–418; 1993, 720; Meyer-Laurin 2001, 54; Attinger 2005, 208, 213 und ausführlich Selz 1996 zu *VS* 25, 32 = *AWAB* 11 und *VS* 27, 68 = *AWAB* 79: Abgaben in Naturalien, Gerste, Kleinvieh, bzw. bar-dúb-ba, vgl. Selz 1989, 524–525 zu *Nik.* 1, 295 = *AWEL* 295 und *Nik.* 1, 296 = *AWEL* 296: Abgaben in Silber. Zu lu$_5$-gu-aka mit dem Ansatz „this is what has been made to/turned into a substitution" vgl. jetzt ausführlich Schrakamp/Zólyomi 2025, 100–101. Zur Entwicklung des ‚Schuld'-Konzeptes siehe u.a. Hudson 2002; 2004; Archi 2002; Selz 1999–2000, 1–2 Anm.*, 6 Anm. 23; vgl. auch Notizia 2022 und Simonetti 2022.

lich bestritten.[73] Unseres Erachtens handelt es sich dabei aber um einen wissenschaftsgeschichtlichen Popanz von ähnlicher Validität wie die behauptete exklusive Rolle der sogenannten ‚Tempelwirtschaft', präziser: der institutionellen Ökonomien.[74] In beiden Fällen liegt deren Fragwürdigkeit darin, dass eine Fülle durchaus relevanter Beobachtungen verallgemeinert und in ein historisch-evolutionistisches Schema gepresst scheint.[75] Nach unseren schriftlichen Quellen

---

73 Am ausgeprägtesten hier ist in der Altorientalistik – in der Nachfolge Karl Polanyis – Johannes Renger, der in seinen verschiedensten Arbeiten, etwa 1984 und vor allem 1995, die Existenz *individueller* Eigentumsrechte in Frage stellt; vgl. aber Powell 1994. Einen Überblick über einige der Positionen versucht Wilcke 2007b, 72–76; siehe auch Cripps 2007, 20–22.

74 Die Begrifflichkeit mit ihren Implikationen wurde bereits besprochen in Selz 1999–2000, 1–3 mit Anm. * und 1, die das Problem aus wirtschaftsgeschichtlicher Sicht diskutiert. Einen zusammenfassenden Überblick zur „Tempelstadt" bietet Schrakamp 2013. Der Vf. hat mehrfach selbst auf die Begrenztheit des Konzeptes der „cité temple" bzw. des Oikos-Modells (Weber), hingewiesen; vgl. z.B. bereits Selz 1995a, 31 mit Anm. 90; es bietet aber – überlegt angewendet – einen überzeugenden Ansatz für das Verständnis institutioneller Ökonomien. Auch die Frage, inwieweit Land den großen Institutionen (‚Tempeln') ‚gehörte', ist nicht einfach zu beantworten, auch wenn die zahlreichen Immobilienkaufverträge der altsumerischen Epoche dem zu widersprechen scheinen; vgl. Foster 1981a; 1994; Prentice 2010, 9. Für entsprechende Diskussionen zentral ist Cripps, der überlegt „that the sellers of the properties are transferring a shared and dependent holding rather than an independently owned estate in the land" (Cripps 2007, 27) und vorsichtig bemerkt: „While not proposing that the sale documents of Early Šuruppak [= Fāra, Zs. d. Vf.] are altogether functionally similar to the 'ancient kudurrus', it is nevertheless productive to consider the notion that the so-called sale contracts *may* be as much memoranda of transfers of entitlements to income as they are transfers *inter vivos* of real property." (Cripps 2007, 104). Das Verhältnis zwischen redistributivem und marktgebundenem Güteraustausch lässt sich im Übrigen für die Frühzeit derzeit (noch) nicht bestimmen, auch wenn durch das *Edikt des Urukagina* wohl auch ein Konflikt zwischen beiden wahrzunehmen ist. Ein ähnliches Schicksal erfuhr Karl Wittfogels Modell der ‚hydraulischen Gesellschaft' (1931) und die daraus vorgeblich resultierende ‚Orientalische Despotie' (1957). Schrakamp bemerkt dazu: „Vor dem Hintergrund der in dieser Studie herausgearbeiteten Verwaltungsstrukturen und der für das Frühdynastisch IIIb- bzw. präsargonische Südmesopotamien typischen Verfasstheit des Grundeigentums erscheinen eine dezentrale Organisation und Verwaltung eines überregionalen Bewässerungssystems kaum vorstellbar; die Wittfogel'sche Annahme einer Korrelation zwischen zentralisierter Verwaltung und großflächigen Bewässerungssystemen erscheint für das frühe Südmesopotamien daher fast zwingend." (Schrakamp 2017a, 134). Gleichwohl lehnt er – sicher zu Recht – Wittfogels deterministischen Ansatz ab: „Die von Wittfogel angenommene Korrelation zwischen der Entwicklung großflächiger Bewässerungssysteme und zentralistischer Verwaltungsstrukturen und Herrschaftsformen kann (…) nicht bestätigt werden." (Schrakamp 2017a, 132); siehe bereits Cripps 2007, 27 und jetzt Schrakamp 2024.

75 *Nota bene*, beide Ansätze – wie auch Wittfogels These (siehe vorstehende Anm.) – sind heuristisch nicht ausdrücklich wertlos. Die hohe Bedeutung der institutionellen Ökonomien (‚Tempelwirtschaft') leidet aber unter ihrer Simplifizierung ebenso wie die These eines generellen marktfreien Austauschs und das deshalb, weil sie die Bedeutung gegenläufiger Tendenzen nicht oder nur ungenügend berücksichtigt. Ein besonderes Problem für die hier behandelte Epoche ist der Mangel an quantifizierten Daten und insbesondere die kaum vollzogene Integration philologischer und archäologischer Befunde; vgl. dazu etwa Benati 2022; siehe auch Benati 2015.

finden sich Geschenkhandel,[76] Tauschhandel und markorientierter Austausch bereits in der Frühzeit nebeneinander.[77] Gemeinsam ist allen drei Formen, dass sie eine soziale Bindung, eine Verpflichtung zwischen zwei Parteien begründen, die auf Reziprozität beruht.[78] Sie unterscheiden sich aber hinsichtlich der zugrundliegenden Wertzumessung deutlich. Gabe und Gegengabe sind beim Geschenkhandel relativ unbestimmt,[79] auch wenn im ‚kommerzialisierten Geschenkhandel'[80] oder Gabentausch bestimmte Erwartungen inkludiert sind. Innerhalb des Tauschhandels wird die Reziprozität, die Wertmessung, wesentlich durch die subjektiven Bedürfnisse der Parteien bestimmt. Der Ausgleich erfolgt über gegenseitige Erwartungen. Dabei führt die Loslösung von spezifischen Austauschgütern zur Herausbildung eines allgemeinen Äquivalents (‚Monetarisierung'),[81] das wiederum die Grundlage bildet für jeden marktorientierten Austausch von Gütern. In der Folge wird diese Austauschform dann auch auf Sekundärgüter übertragen, also nicht-konkrete Objekte, wie Immobilien, Arbeit oder Geld und Prestige. Diese Kommodifizierung – wie bereits Marx und Polanyi gezeigt haben – löst sie aus ihrer sozialen Bindung und führt notwendigerweise zu Gegenbewegungen, d.h. zu sozialen Konflikten.

76 Vgl. Selz 1999–2000, 8 Anm. 31 mit Literatur.

77 Vgl. zu diesen Konzepten Alster 1996; Renger 1994b; Peyronel 2014.

78 Vgl. Prentice 2010, 159–203, die zwischen „External Reciprocity" und „Internal Reciprocity" unterscheidet und völlig korrekt „reicprocity as a mode of exchange" (Prentice 2010, 198–203) beschreibt; vgl. bereits Selz 1995b, 78; jetzt auch Sallaberger 2018b und Selz in Vorbereitung. Insbesondere die Texte über die maš-da-ri-‚Abgaben' (vgl. bereits Rosengarten 1960; Beld 2002; Sallaberger 2018b; 2022) und über Schenkungen, inklusive der Texte über Weihungen (a-ru-a), sind hier zu nennen: *DP* 69 (Ukg. L 2); *DP* 70 (Ukg.(?) E/L(?) 1); *DP* 71 (Ukg. L 2); *BIN* 8, 390 = *AWAS* 390 (Ukg. L [x]); *DP* 98 (Ukg. L 4: udu-a-ru-a) bzw. *DP* 72 (Lug. 2); *VS* 14, 13 (= *AWL* 162) (Lug. 2: níĝ-a-ru-a); *DP* 71 (Ukg. L 2: a – ru) vgl. Selz 1995a, 199–200, wobei sich als Zeitpunkt solcher Schenkungen der 4. Prozessionstag der Nanše gewidmeten Feste festmachen lässt (ud níĝ-a-ru-a) siehe Selz 1995a, 195: „Tag (der) Weihegeschenke". Die entsprechenden Texte sind deshalb für eine Beurteilung der innerstaatlichen Wirtschaftsbeziehungen von besonderer Bedeutung, weil sie a) einen ritualisierten Güteraustausch – in einem besonders wichtigen Sektor, den Eliten,– belegen, und dadurch b) einen Blick auf die innerstaatlichen Strukturen ermöglichen.

79 Ihr vornehmliches Ziel ist die Schaffung und Aufrechterhaltung sozialer Bindungen, Netzwerke, was Schrakamp/Zólyomi (unter Berufung auf M. Mauss und J. Assmann) mit den komplexen Begriffen „vertical solidarity and reciprocity" zu beschreiben suchen (Schrakamp/Zólyomi 2024, 15–22).

80 Zu diesem nicht ganz glücklichen Begriff vgl. Pfälzner 2007. Oft werden Geschenkhandel (‚Gabentausch') und Tauschhandel („barter") unter dem Begriff ‚Reziprozität' zusammengefasst. Allerdings ist die Absicht beim Geschenkhandel die Etablierung oder Bewahrung sozialer Bindungen; die Vergleichbarkeit der Warenwerte ist sekundär, das Problem wird diskutiert in Peyronel 2014. So verwenden Schrakamp/Zólyomi 2024, 22 den Begriff „reciprocity" in weitem Sinne: „As a form of reciprocity (…) gift exchanges forged the social bonds and thus contributed to the coherence of society and state. While *vertical solidarity* or *reciprocity* forge social bonds, *greed* destroys them."

81 Einen Überblick über die fachspezifische Diskussion bietet Glassner 2001; siehe auch Renger 1995b; Alster 1996.

1.8 Wertezuschreibung[82] *und Wertemessung*

Wertezuschreibungen und Wertemessung lassen sich daher als für unser Thema zentrale Forschungsfelder bestimmen. Beide sind natürlich nicht isoliert zu betrachten, und Bartash, der das ‚Wägen' „as an economic practice and as a cultural phenomenon"[83] untersucht hat, zeigt deutlich, wie in den frühesten inschriftlichen Quellen sich komplexe und zunehmend standardisierte Gewichtssysteme erkennen lassen.[84] „Most of them present weighing on the level of central households: temples and palaces"[85], während sie in den Rechtsdokumenten im engeren Sinne bereits (als in gewissem Umfang) standardisierte Praxis erscheinen.[86] Auch wenn die Entstehung der (Gewichts-)Systeme lokal unterschiedlich gewesen sein mag und lokale Abweichungen aufwies,[87] für jede staatliche Autorität (und deren Institutionen) – seien es Tempel oder der ‚Palast' – besitzt eine Standardisierung für die Effizienz wirtschaftlicher Abläufe herausragende Bedeutung. Der Terminus na$_4$-si-sá „korrekter Stein" > „normiertes Gewicht" illustriert diesen Prozess – und verweist zugleich auf das Nebeneinander unterschiedlicher Wägepraktiken.[88] Die *reichsakkadisch* und später bezeugte Normierung von Längen-, Hohl- und Gewichtsmaßen durch den Zusatz a-ga-dè^{ki} „akkadisch" bzw. lugal „königlich" sind augenfällige Beispiele für das Interesse des Staates an einer solchen Normierung.[89]

82 Ein Beitrag hierzu wurde von mir im September 2024 im Rahmen des Melammu-Workshops „Big and Small, High and Low, Proud and Humble: Constructing Significance in Ancient Near Eastern and Mediterranean Cultures" in Tartu vorgestellt, dessen schriftliche Fassung derzeit vorbereitet wird.

83 Bartash 2019, 4.

84 Angesprochen wurde das Thema bereits in Selz 1995c (Hohlmaße) und Selz 1996b. Eine systematische Evaluierung der Gewichtssysteme und ihre chronologische Entwicklung bietet jetzt Bartash, mit dem Vorschlag, es sei „3000 BC (…) the earliest point at which a *standardized* system of weight measures may have appeared in Sumer" (Bartash 2019, 229).

85 Bartash 2019, 4.

86 Besonders eindrücklich in diesem Zusammenhang sind die Texte *VS* 27, 34 = *AWAB* 64 und *DP* 508; siehe Bartash 2019, 128–129.

87 In diesem Zusammenhang besonders bedeutsam ist Bartashs Feststellung: *„We cannot see the system of weight measures. We see merely how it was used by a small part of the population at the top of the social pyramid."* (Bartash 2019, 91–92; kursiv im Original). Die Lage in Mesopotamien dürfte vor der Etablierung eines Zentralstaates in der Akkade-Zeit durchaus vergleichbar gewesen sein mit dem „Pre-literate Bronze Age Europe"; vgl. Ialongo 2022.

88 Siehe dazu Bartash 2019, 127–131.

89 Vgl. den noch immer wichtigen Überblick über „Maße und Gewichte" von Powell 1987–1990, 457–517; für die Gewichtsmaße jetzt Bartash 2019, 104–111, der auch die Ursprünge der neusumerischen Reform von Maßsystemen in der Akkade-Zeit diskutiert. Bemerkenswert ist in unserem Zusammenhang Bartashs Schlussfolgerung (mit Verweis auf die Rolle von Lagaš II Ĝirsu) „We do not need to overrate the role of the centralized political power in the maintenance of metrology. In times of tumult, urban communities turn to their local practices of measurement in their daily economic activities and defy all the superficiality and bureaucratization that is a characteristic of complex political systems." (Bartash 2019, 111).

1.8.1 Herausbildung von Äquivalenzen

An dieser Stelle sei eine kurze Bemerkung über die Entwicklung der Äquivalente und die sumerische Terminologie eingefügt. sá, akkadisch *šanānu,* auch *kašādu, mašālu,* hat als Grundbedeutung „entsprechen, gleich machen, gleichkommen".[90] In der *Schreibung* sa$_{10}$ (NINDÁxŠE) erfolgt eine semantische Engführung; es hat dann die Bedeutung „etwas einander entsprechen lassen" > „kaufen",[91] akkadisch *šamû, ša'āmum.* Daraus ergibt sich eine wörtliche Konstruktion der in den Urkunden nicht seltenen Verbalform e-šè-sa$_{10}$[92] „er hat dafür für A (Gegenstand oder Person(en)), B entsprechen lassen" = „er hat für A B bezahlt".[93] Dabei verweist die Schreibung NINDÁxŠE [(SAAT)TRICHTERx GETREIDE] konzeptuell auf die Rolle des Getreides, dem mesopotamischen Grundnahrungsmittel, bei der Wertfeststellung. Damit kann es als gesichert gelten, dass Getreide (Gerste) (historisch) als Wertmesser vorzügliche Bedeutung besaß.[94] Daraus ergibt sich auch – wie nachfolgend erläutert wird –, dass ein allgemeines Äquivalent zunächst aus dieser Funktion abgeleitet wird. Dabei ist Getreide aufgrund von Haltbarkeit und Volumen für die Funktion eines allgemeinen Äquivalents jedoch nicht sonderlich geeignet. Schon in den frühesten Urkunden wird es daher teilweise durch Metall – d.h. Kupfer und Silber – ersetzt, wobei oft der tagesspezifische ‚Kurs' dieser Metalle im Verhältnis zu Getreide ausdrücklich notiert wird. Kaufurkunden der frühdynastischen und Akkade-Zeit rechnen dementsprechend den *Marktwert* von Getreide zum Zeitpunkt der verschrifte-

---

90 *ePSD2* bestimmt das semantische Feld derzeit als „to equal, compare, compete, rival; to arrive; to reach; to be square."

91 Beachte, auch im Zusammenhang der nachfolgenden Überlegungen, dass Wilcke in seinen Beobachtungen zu „Sale: Terminology" von einem separaten wort sa$_{10}$ „to buy" ausgeht (Wilcke 2003a, 77–78). Ein Kaufvorgang – ohne ausdrücklichen Bezug zu einer Kaufrelation – wird nicht selten auch ausgedrückt durch das Verb (kug) lá „anhängen, darwägen (von Silber)"; vgl. Bartash 2017, 156; ferner Maiocchi 2023, 276, 261–262. Es findet sich so auch in der Grundstückskaufurkunde *CunMon.* 50, 675–684 *AOST* 118 (Volk 2020), die aber im Subskript auch eine Kaufpreisrelation (Gerste – Silber) nennt. Vgl. ferner kug – ĝar „Silber ‚setzen'" (Maiocchi 2023, 261–262) oder lexikalisch kug-šè ba-ab-šúm-mu „es wird für Silber gegeben" (OB Nippur ki-ulutin-bi-šè Seg. 3, 129 bzw. BM 67389 (CDLI P332823) = OB Sippar ur$_5$-ra I–II Vs. ii 5: kug še ba-an-da-sá-a „das Silber, das er ihm (für) Gerste hat entsprechen lassen".

92 Siehe Edzard 1968, 224; ferner Falkenstein 1957, 132–133.

93 Diese Beobachtung ist keineswegs neu; Falkenstein 1956, 121 schrieb – allerdings ohne die hier gegebene Herleitung: „Das Verbum verbindet sich mit dem Akkusativ des Kaufgegenstandes, dem Terminativ des Verkäufers und gleichfalls dem Terminativ des Kaufpreises." Wilcke 2003a, 77–78 mit Anm. 235 setzt ein separates Verb sa$_{10}$ „to buy" an und behandelt die altsumerisch m.W. nicht belegte Konstruktion „to buy something (OBJECT, absolutive for (or with) a PRICE or commodity used as CURRENCY (ablative-instrumental))". Für meine hier vorgestellten Überlegungen vgl. auch Selz 1993, 272–273, 454–456 und ferner Cripps 2007, 115 Anm. 98.

94 Bartash 2017, 157 verweist auf die Ur III-Urkunde *ITT* 2, 627 = *TCTI* 1, 627, nach der eine Zahlung in Getreide statt in Silber erfolgte.

ten Transaktion (ud-ba) in Kupfer und Silber (auch Wolle[95]) um.[96] Diese Kursangaben hatte Edzard als „Kaufpreisrelationsklausel" bezeichnet. Dabei ist zu unterstreichen, dass diese Vermerke in Rechtsurkunden erscheinen und daher eng mit der Ausformung von Autoritäten verbunden sind. Festzuhalten ist, dass nach den Fāra-zeitlichen Kaufverträgen ein Teil des Preises, „das Entsprechende" (sa_{10}-am_6) bzw. „die entsprechende(n) Sache(n)" (níĝ-sa_{10}-am_6), standardisiert gewesen zu sein scheint, „at least for field.".[97] (Die als níĝ-diri und níg-ba bezeichneten Kaufpreisanteile, wie auch munsub – kud[r] und iš-gána, unterliegen dabei in ihrer Bedeutung zeitlichen und regionalen Veränderungen.[98]) Der als níĝ-ba bezeichnete Teil des Kaufpreises sei nach Wilcke als „ausgehandelte[r] Preis anzusehen, durch Angebot und Nachfrage, wie durch das Prestige der Vertragsparteien bestimmt."[99] Den Einheitspreis (der Steintafeln mit Kaufurkunden) versteht er dann als Ausdruck der „wirtschaftliche[n] Macht des Käufers", nicht als „bindende Rechtsnorm". Bindend oder nicht, es erscheint kaum möglich, dass ‚standardisierte' Preise nicht Ausdruck eines Normierungsvorgangs sind, ein Prozess, wie er sich auch bei genormten Gewichten erkennen lässt.

Während also sa_{10} eine Werterelation zwischen zwei Gütern herstellt, bezeichnet sa_{10}-am_3 demzufolge „das Entsprechende ist es". níĝ-sa_{10} ist also das Tauschgut, die „entsprechende Sache", in perfektiver Verwendung (níĝ-sa_{10}-a) „die Sache, die entsprochen hat", d.h. der bezahlte Preis. Wohl sekundär ist die belegte

95 Vgl. dazu Sallaberger 2014.

96 Siehe Edzard 1968, die Urkunden *SRU* 1 ix 1–2 (FD: Fāra, Getreide – Kupfer), *SRU* 11 vi 1–3 (FD: Fāra, Getreide – Wolle), *SRU* 23 i 3–4 (FD: Fāra, Getreide – Kupfer), *SRU* 31 vi 1–3 (FD: Ĝirsu, Getreide - Silber), vgl. *CUSAS* 23, 82 (FD/FSarg.: Adab, Getreide / Silber); *SRU* 55 i 2–3 (Sarg.: Nippur, Getreide – Silber), i 5 (Fett – Silber); 81 i 9 (Sarg.: Nippur?, Getreide – Silber); *CunMon.* 50, 675–684 *AOST* 118: 25–26 (Volk 2020) (Sarg.: Getreide – Silber); *CUSAS* 26, 45 Rs. 3 (Sarg.: Nippur, Gerste – Getreide); *CUSAS* 26, 54 ≈ *CUSAS* 35, 372 Vs. 3–4 (Sarg.: Isin, Getreide – Silber), *MVN* 3 (Owen 1975) 100, Rs. 6-7 (Sarg.(?), Getreide – Silber). Für weitere Texte mit Gerste und Silber als Zahlungsmittel vgl. *CUSAS* 23, 82 und *CUSAS* 35, 9–19. Vgl. weiter Cripps 2017. Siehe auch explizit *CUSAS* 26, 45 Rs. 14 (ud še kù-ga 0.1.2 al-áĝ); *CUSAS* 26, 54: 3–4 (ud še kù $giĝ_4$-[šè] / [0.1.2 al- áĝ]); *MVN* 3 (Owen 1975) 100, Rs. 6-7 (ud-ba še kù-babbar 0.0.3 ì-áĝ). Eine Liste der Preisrelationen verschiedener Güter findet sich in Gelb/Steinkeller/Whiting 1991, 287–290. Eine solche Standardisierung könnte ein weiterer Hinweis darauf sein, dass hier Verfügungsrechte, keine privaten Eigentumsrechte, übertragen werden. Ein anderer Fall sind die Zahlungen von Silber und Naturalien an die Mitglieder der Partei des Verkäufers; siehe dazu unten Anm. 121, ferner Anm. 60 und 109.

97 Siehe Wilcke 2003a, 81 mit Anm. 250 (mit Verweis auf Gelb/Steinkeller/Whiting 1991 (ohne Fundstelle): „the value of one iku of land is two pounds of copper" vgl. aber die Tabelle Gelb/Steinkeller/Whiting 1991, 265–266; also ≈ 3kg/ha). Einschränkend bemerkt er jedoch, dass „with other currencies and with (plots for) houses such a norm cannot be found. The exchange rate may have fluctuated and additional categories for the evaluation of plots may have played a role." Nach Wilcke 2003a, 83–84 bestand der nach-Fara-zeitliche Preis von Land „of standardised silver payment of 10 shekels of silver per rope of land" ≈ 30g/ha), wozu weitere Zahlungen hinzukamen. „Here, the market was completely controlled and there was no room left for negotiations."

98 Wilcke 2003a, 78.

99 Wilcke 2007b, 77.

Form *níg-sa10-ma.k, wobei es sich entweder um ein Genitivkompositum (ein genitivisch gefügtes einfaches Nominalkompositum (níĝ +{sa10-àm}+a(k)), oder vielleicht um einen regenslosen Genitiv ({níĝ+sa10}-àm+a(k)) handeln kann. In jedem Falle bezeichnet der Ausdruck die „Sache des Gegenwertes", d.h. die verhandelte Ware oder das Zahlungsmittel.[100]

1.8.2 Zum allgemeinen Äquivalent

Während die Umrechnung von Getreide in Kupferäquivalente praktischen Erwägungen folgen mag – Kupfer und Bronze sind die wichtigsten Metalle für die Herstellung einer Vielzahl von Objekten[101] –, beginnt Silber, wohl vor allem aufgrund seines symbolischen Wertes, seines Prestiges, sich als allgemeines Äquivalent durchzusetzen.[102] Dabei darf nicht übersehen werden, dass die Metalltechnologien aus den Randbereichen Mesopotamiens stammen.[103] Diese Herkunft von Metallen mag zudem auf deren Rolle im (überregionalen) Handel verweisen.[104] Äquivalentrelationen in Silber ausgedrückt bilden dann den Hintergrund einer fortschreitenden Monetarisierung in der Ökonomie.

1.9 Marktplatz und Proto-Markt

Als Terminus für den „Markt(platz)" finden sich im Sumerischen KI.LAM, wobei es sich wahrscheinlich um eine etymographische Diri-Schreibung handelt [PLATZ]+[WUSELN/GESCHÄFTIG SEIN]. Die Lesung ist wohl immer /šakanka/ < *šakan(a)ka(-k), da ganba (eine lexikalisch fixierte Verbalform) kontextuell nicht bezeugt ist.[105] Bezeichnenderweise war das/ein Torgebäude nicht nur

100 Siehe dazu ausführlich Selz 1993, 454–456 mit weiterführender Literatur.

101 Vgl. hier z.B. Mühl 2014; Palmieri/Di Nocera 2004.

102 Siehe Sheratt 2018. Interessant ist in diesem Zusammenhang *RTC* 25 (Lug. 6), das die Übergabe von 6 Minen Kupfer von Baranamtara aus dem ‚Palast' beurkundet, die vom ‚Kaufmann' Dadulu zum Kauf von Silber nach Umma verbracht werden. Auch sonst ist die Umrechnung von Gütern in Silberäquivalente belegt; vgl. z.B. Notizia/Viscato 2016, 281: Wolle, getrocknetes (ḫád) Seifenkraut und Gerste (des Hauses von Umma); für die Ur III-Zeit vgl. Paoletti 2008.

103 Vgl. Helwing 2014; 2017; Salzmann 2019 mit Karte auf S. 29; Hauptmann *et al.* 2018 und Mühl 2014.

104 Nur *en passant* sei hier notiert, dass sowohl „Bronze" /zubar/ > akk. *siparru* als auch „Kupfer" uruda > akk. *(w)erû* Wanderwörter zu sein scheinen, die eng mit einem Technologietransfer verbunden gewesen sein dürften.

105 Attinger (2008, 104) beobachtete, dass /ganba/ zwar lexikalisch, aber „*stricto senso* jamais attesté en contexte". M. E. liegt die Annahme nahe, dass /šakana(-k)/ zunächst „das Innere des Tores", den Markplatz bezeichnet, ein einfaches lexikalisiertes Genetivkompositum, das dann in der Folge als kopfloses Kompositum *šakan(a)ka(-k) „das des Torinneren" > den Marktplatz, den Markt bzw. den Preis bezeichnet. Frühdynastische Schreibungen wir é.KI.LAM-ka-ka und é-KI.LAM-ka-ta (*passim*) stützen diesen Vorschlag. Beachte, dass die akkadische Gleichung *maḫīru* sowohl „market gate, market" und „(a part/installation) of the market" (*AHw.* 583–584; *CAD* M/1, 92–93, 98–99) bedeuten kann. Entsprechend ist vielleicht in *Dialog* 1 Z. 83/79 bzw. 102/97 KI.LAM-ka als /šakankaka/ „auf dem Markt(platz)" zu lesen.

Marktplatz und Zollstation,[106] sondern auch wohl bereits altsumerisch der Ort an dem Gerichtsverfahren stattfanden, wie ein Akkade-zeitlicher Vermerk deutlich macht: „Im Torgebäude des ‚Palastes' wurde dieser Prozess geführt";[107] und Urninĝirsu II. berichtet: „An das Tor der Rechtswahrung hat er ihr (Nanše) den Tempel der (Göttin) Nanše angrenzen lassen".[108]

1.9.1 Der Proto-Markt unter Urukagina

Das Vorhandensein und die große Bedeutung der ökonomischen Wertebildung am Markt zeigt die folgende Passage aus dem *Edikt des Urukagina* deutlich:

> „Wird einem ‚Dienstmann des Königs' (RU-lugal) ein erstklassiger Esel geboren, und sein Aufseher sagt dann zu ihm ‚ich will von dir kaufen', wenn (jen)er ihn kaufen lässt und ihm daraufhin sagt: ‚Silber, das mein Herz zufriedenstellt, zahle mir!', oder wenn er ihn nicht kaufen lässt – der Aufseher darf ihn vor Zorn nicht schlagen." (*FAOS* 5/1 Ukg. 4 = *RIME* 1.9.9.1 xi 20–31).

> „Grenzt das Anwesen eines Höheren (lú-gu-la) an das Anwesen eines ‚Dienstmanns des Königs' (RU-lugal), und dieser Höhere sagt dann zu ihm ‚ich will es kaufen', wenn (jen)er ihn kaufen lässt und ihm daraufhin sagt: ‚Silber, das mein Herz zufriedenstellt, zahle mir!' (und) ‚Mein Anwesen ist ein Kasten, füll' ihn mir mit Gerste!' oder wenn er ihn nicht kaufen lässt – der Höhere darf ihn vor Zorn nicht schlagen." (*FAOS* 5/1 Ukg. 4 = *RIME* 1.9.9.1 xi 32–xii 11).

Beide Paragraphen bilden den Abschluss der von Urukagina deklarierten rechtlichen Neureglungen zur Änderung der zuvor beklagten Missstände. Es heißt dann einfach: „(Dies) hat er (Urukagina) erklärt!" (*FAOS* 5/1 Ukg. 4 = *RIME* 1.9.9.1 xii 12).

Die beiden Paragraphen setzen eindeutig die Existenz eines ökonomischen Sektors voraus, der auf der freien Preisbildung des Marktes beruht.[109] Bemer-

106 Vgl. addir$_x$ (PAD.DUG.GIŠ.SI) a-bul$_5$-la, *FAOS* 5/1 Ukg. 4 = *RIME* 1.9.9.1 vii 3, xi 11; *FAOS* 5/1 Ukg. 1 = *RIME* 1.9.9.2 vi 26′.

107 BAD abul-e$_2$-⸢gal⸣-[la-ka] di-bi si ab-sá (Sklavenkauf, Nippur, sargonisch: *BIN* 8, 173 = *SRU* 82 v 1–2). In den altsumerischen Urkunden aus Lagaš findet sich sowohl ein a-bul$_5$-la-^{d}nin-gír-su-ka „Torgebäude des Ninĝirsu" (*CT* 50, 45) wie ein é-⸢^{d}šul⸣-ša$_3$-⸢ga⸣-na-ka / a-bul$_5$-la ^{d}ba-ba$_6$-ka / dù-a (*VS* 27, 2; *Nik.* 1, 55 = *AWEL* 55; vgl. *DP* 442) „Tempel des Šulšagana, der im Torgebäude der Baba errichtet ist". Siehe auch Wilcke 2003a, 42.

108 abul(KÁ.GAL)-inim-si-⸢sá-a⸣-ke$_4$ é-^{d}⸢nanše⸣ mu-na-ús, *RIME* 3/1.1.8.3 ii 6–7.

109 Es bleibt schwer zu verstehen, weshalb in die bisherigen Diskussionen dieser eindeutige Sachverhalt nicht berücksichtigt wurde, so auch nicht in Wilcke 2007b; siehe bereits Selz 1999–2000, 19 und Selz 2010a, 12. Dem widerspricht nicht, dass sich gelegentlich eine Preisstabilität, d.h. ein festes Verhältnis des Silberpreises zur Feldfläche und zu den Naturalleistungen – etwa bei der Veräußerung von Immobilien, nachweisen lässt (vgl. Gelb/Steinkeller/Whiting 1991, 252–254; Wilcke 1996, 19–20, 38; 2003a, 81–82, 83–84; 2007b, 77–79. Wilcke vermutet, „genormte Preise" seien „wohl ein Richt- oder Minimalpreis". Auch der Kaufmann – Tauschagent – wird teilweise an bestimmte Vorgaben gebunden gewesen sein. Dies

kenswerterweise wird dieser Sachverhalt in den Missständen nicht erwähnt. Wir vermuten hier einen Übergang von konkreten Schilderungen zu exemplarischen, kasuistisch formulierten Regeln.[110] Finanzangelegenheiten sind im Übrigen, wie Rauchhaus korrekt bemerkt, der Kern der Edikte des Urukagina. [111] Sowohl er als auch Schrakamp/Zólyomi[112] konnten ihre weitgehende tatsächliche Realisierung nachweisen.

2 Zur Genese des Rechtsinstitutes ‚Eigentum' nach mesopotamischen Quellen

Zumindest umgangssprachlich wird der Begriff Eigentum und Besitz oft unscharf verwendet. Nach allgemeiner moderner Auffassung bezeichnet Eigentum die rechtliche Herrschaft über eine Sache, die nicht notwendigerweise mit dem Besitz, der tatsächlichen Herrschaft, zusammenfällt.[113] *The Law Dictionary* beschreibt dies so: „'Property' describes one's exclusive right to possess, use, and dispose of a thing, as well as the object, benefit, or prerogative which constitutes the subject

schließt, wie Wilcke zu Recht bemerkt, keinesfalls aus, dass erwirtschaftete Überschüsse, die nicht in der Buchhaltung der Verwaltung erscheinen, nicht den das Konto verwaltenden Vorgesetzten, sondern den Betroffenen selbst zur Verfügung standen (Wilcke 2007b, 104). Profitinteresse wird nicht – auch bei Urukagina nicht – generell negativ gesehen (Wilcke 2007b, 113 und vgl. bereits Steinkeller 2004a und Selz 2004a; letzterer mit der Behandlung der wirtschaftlichen Aktivitäten von me-an-né-si, dem Bruder der Frau, wahrscheinlich eines Schwagers des Urukagina).

110 Damit entsprechen sie am ehesten den Rechtssätzen der jüngeren ‚Codices'. Dabei folgt aus einer Annahme A: „gesetzt den Fall" in der Regel B: „soll". Auf die Bedeutung der unterschiedlichen logischen Konzeptionen für das Verständnis der altorientalischen Wissenschaftsverfahren hat Graßhoff 2011, 33–48 hingewiesen, mit seinen Worten „that regularities are not material conditionals. Rather, they are to be communicated in such a way that additional unknown causal factors are taken into account and because of which a predicted event might not occur". Siehe außerdem Graßhoff/Baumgartner 2003. Trifft dies auch auf die sogenannten altmesopotamischen Gesetzessammlungen zu (anders z.B. Neumann 2008, 38), dann wird ein wesentlich modifiziertes Verständnis dieser Gesetze möglich. Zum Problem vgl. ferner Adams 1975; Edgington 1995; 2022; Williamson 2020. Die ältesten Belege für konditionale Formulierungen in Rechtssätzen finden sich in Ebla: „some texts introduce the protasis with the Akkadian term *šumma* 'if', others feature instead Eblaic *ap*, or even an in-between form *'ap šumma'*, while others do not mark the protasis at all – a factor that complicates the analysis (…)." (siehe den Beitrag von Maiocchi in diesem Band, dort auch zu kontrafaktischen Konditionalsätzen). Im Staatsvertrag des E'anatum – auf der Geierstele – findet sich auch eine konditionale Konstruktion: ud-da inim-ba šu ì-bal-e „Wann / Wenn er an diesem Vertrag Veränderungen vornimmt" *FAOS* 5/1 Ean. 1 = *RIME* 1.9.3.1 xvi [30–31] // xvii [38–39] // xviii [42–43] // xx 20–21 // Rs. i 20–21 // Rs. v 2–3.

111 Vgl. Rauchhaus in diesem Band; hilfreich ist dabei seine Unterscheidung: „The first common topic is the illicit appropriation of goods – unjust income – and the second motif is the adjustment of payment levels for several services and government fees." Beide Themen behandeln also *tatsächliche* Missstände.

112 Vgl. Schrakamp/Zólyomi 2025.

113 Vgl. Lampe 1970, 84–123, „Prinzipien des Habens", besonders 114–166 zur „Elastizität" des Eigentums. Vgl. auch die unten vorgelegte Neuinterpretation von *FAOS* 5/1 Ukg. 4 = *RIME* 1.9.9.1 vii 5–11.

matter of that right."[114] Vergleichende rechtsanthropologische Zugänge haben nun gezeigt, dass „private property is a *concept* of which many different *conceptions* are possible, and that in each society the detailed incidents of ownership amount to a particular concrete conception of these abstract concepts."[115] Die hier verfolgte Hypothese ist, dass die offensichtlich krisenhafte Situation unter Urukagina mit der beginnenden Entwicklung solcher Konzepte zusammenhängt, genauer mit der Entwicklung von multiplen Verfügungsrechten zu individualisiertem ‚(Privat-) Eigentum'.[116] Eine Erörterung des Verhältnisses von Besitz und Eigentum scheint – trotz mancher Vorbehalte[117] – für das Mesopotamien der Frühzeit also weder überflüssig noch anachronistisch.[118]

Diese Entwicklung vollzieht sich natürlich über einen längeren Zeitraum; und die von Urukagina beklagten Verhältnisse, denen er entgegensteuerte, mag auf frühere oder annähernd gleichzeitige Situationen nicht unbesehen zutreffen.[119] Immobilienkauf- und Sklavenkaufurkunden, zumal aus Fāra,[120] mögen dies bestätigen. Es ist seit langem bekannt, dass „die Mehrzahl der Fāra-Verträge und viele Kaufverträge der präsargonischen und der Akkade-Zeit (..) den Kaufpreis (im weiteren Sinne) in zwei bis vier Gruppen [teilen], die nur teilweise von der

114 Gifis 1996, 399.

115 Waldron 1988, 31, zitiert in Porat 2016, 190. Waldron 2023 diskutiert historische und philosophische Aspekte von ‚Property' und ‚Ownership'.

116 Die Aussage von Gelb/Steinkeller/Whiting 1991, 17: „the vesting of land tenure in an individual as distinct from a social group is a very modern notion (…) and thus one cannot talk of purely private/indiviual ownership in third millennium Mesopotamia either" ist, nicht zuletzt aufgrund der von den Autoren behandelten Texte, sicher zu modifizieren. Fortschreitende Zentralisierung geht mit fortschreitender Individualisierung – deutlich in der Akkade-Zeit – Hand in Hand. Beides – so die hier vertretene These – führt zur Ausdifferenzierung verschiedener Verfügungsrechte.

117 Am entschiedensten ist hier Jean-Jacques Glassner in seiner Rezension von Gelb/Steinkeller/Whiting 1991, der schreibt: „À vrai, dire, les termes de « possession » ou de « propriété » s'agissant des patrimoines, son à bannir et le mot clef paraît être celui de « gérance »." (Glassner 1995, 12).

118 Zur Illustration sei auf diesbezügliche Erörterungen in der Mischna verwiesen: „Two opinions are expressed in the Mishnah regarding the idea of private property. According to the first perspective, private property is 'common' and normal, a proper foundation upon which to establish society. However, the second opinion sees private property as 'the manner of S'dom,' which is the worst condemnation that can be found in the sages' language." (Porat 2016, 189–190). Der Autor zeigt, dass die Absicht der letzteren Auffassung darin besteht, „to warn us against the potentially dangerous implications that a complete and absolutist realization of the idea of private property could yield, with emphasis on total exclusion of others." Und eine „too broad an interpretation of the right to exclude might lead to the deterioration of society." Dies aber beschreibt nach der vom mir vertretenen Hypothese genau den Hintergrund des *Ediktes des Urukagina*.

119 Besitzübertragungen von Land gegen Bezahlung gehören zu den frühesten Kaufverträgen; vgl. Wilcke 2003a, 80–86. Welche Rechte aber genau übertragen werden, ist nicht immer ganz klar, wie Cripps 2007 überzeugend herausgearbeitet hat.

120 Vgl. die Texte bei Edzard 1968 und bei Krecher 1973.

Zusammensetzung des Kaufpreises aus ‚Währung' (Metall, ersatzweise Gerste) und Naturalleistungen bestimmt sind".[121]

Klarerweise kann der Befund der Quellen des Kleinstaates Lagaš, insbesondere der des Edikts des Urukagina, nicht einfach generalisiert werden. Aufgrund lokaler ideologischer Tradition und mangelhafter staatlicher Zentralisierung sind von vorneherein beträchtliche Abweichungen wahrscheinlich. Bereits 1999–2000 habe ich aber zu zeigen versucht, dass die Ausdifferenzierung der Verfügungsrechte in Besitz und Eigentum a) in der emischen Begrifflichkeit zu fassen ist, b) diese eng mit der sozio-ökonomischen und sozio-politischen geschichtlichen Entwicklung verbunden ist und dass c) daraus resultierende Konflikte zu einer Legitimationskrise führten, die d) durch herrscherliche Deklaration (Edikt) des Urukagina abzumildern gesucht wurde. Das *Edikt des Urukagina* enthält die frühesten und deutlichsten Beispiele explizierter rechtlicher Regelungen, wobei auf seine mindestens dreifache Ausfertigung zu verweisen ist.[122]

2.1 Zur Entwicklung der emischen Begrifflichkeit

Hier ist zunächst festzuhalten, dass das Wort ú-rum nur in (adjektivischer) attributiver Stellung belegt ist.[123] Der entsprechende frühere Eigentumsvermerk „PNs eigene x/y" wird *unmittelbar mit Regierungsantritt* des Urukagina in der Regel umbenannt in „GNs eigene x/y" wobei der PN – entsprechend der Herkunft des altsumerischen Archivs aus Lagaš – der Name der Herrscherin (Dimtur oder Baranatara) durch den Namen der Göttin Baba ersetzt wird.[124] Bezeichnenderweise

---

121 Siehe Krecher 1973, 154, der solche unter dem Rubrum „Sonderleistungsempfänger" von Naturalleistungen (Krecher 1973, 165–171) behandelt. Unter diesen Empfängern finden sich nachweislich auch(!) Angehörige des Verkäufers; vgl. auch die Listen mit den Vertragsleistungen bei Kaufverträgen (Krecher 1973, 183–185, insbesondere Tabelle 2 mit den „Naturalleistungen für die Verkäufer". Den „geteilten Kaufpreis" – nach Herkunft der Urkunden geordnet – behandelt Wilcke 1996, 9–26. Zusammenfassend summiert Wilcke (1996, 26): Es „scheinen alle anderen Zusatzzahlungen im Zusammenhang mit förmlichen oder rituellen Handlungen zu stehen, sei es bei der Anbahnung des Geschäftes, sei es beim Abschluss der Transaktion. Letzteres geschieht deutlich unter Beteiligung verschiedener Mitglieder aus der Verwandtschaft oder dem Haushalt des Verkäufers, die durch ihre Teilnahme den neubegründeten Rechtszustand bezeugen und gleichzeitig auf mögliche eigene Rechte an der Kaufsache verzichten."

122 Der Haupttext des Edikts *FAOS* 5/1 Ukg. 4 = *RIME* 1.9.9.1 wurde vor (oder während) des 2. Regierungsjahres oder dem 1. Königsjahr des Herrschers ausgefertigt. Die letzte Edition (*FAOS* 5/1 Ukg. 1 = *RIME* 1.9.9.2) datiert nach seiner Niederlage gegen Lugalzagesi, d.h. nach seinem 6. Königsjahr, worauf sein geänderter Titel in dieser Inschrift, nämlich lugal ĝír-su^{ki} „König von Ĝirsu" verweist. Es kann ferner keinerlei Zweifel daran bestehen, dass Ukg. bereits im Monat seiner Regierungsübernahem als „Fürst von Lagaš" die Umsetzung des durch sein Edikt bezeugten Konzepts in Angriff nahm; vgl. Selz 1995a, 39.

123 Krispijn 2001 diskutiert den Begriff in Verbindung mit Sumerischen Verwandtschaftsbezeichnungen und schreibt: „The original meaning of the Sumerian adjective *urum as a separate word and in compounds can be best defined as 'own', e.g. belonging to the own (grand) family property."

124 Vgl. dazu ausführlich Selz 1995a, 39–96. Zur Konstruktion siehe Wilcke 2003a, 34 Anm. 55; Jagersma 2010, 122–123; Selz im Druck a. Beachte das Nebeneinander von še-ba lú-

finden sich aber auch unter Urukagina noch folgende Belege: še-ú-rum sa₆-sa₆ „eigene Gerste (der) Sasa" wird nach *DP* 563 (Ukg. L 4) für den Kauf minderwertiger(?) Wolle aufgewandt und *DP* 163 iii 3–5 (Ukg. E 1) nennt ein é-níĝ-GA é-ú-rum-uru-KA-gi-na-ka „Depot,[125] ‚eigenes Haus' des Urukagina."

Nur einmal wird in einer Urkunde, die vermutlich aus dem zweiten Königsjahr des Urukagina stammt,[126] die Inspektion von dem (Gotte) Lugal-Pasira[127] eigenen Schafe erwähnt: „Schafe, (bei) der Inspektion gezählt, / eigene Schafe / des (Gottes) Lugal-Pasira. / Lugal-dalla, der Tempelverwalter / (von) Schmalgraben, / hat deren Inspektion vorgenommen. 2. (Jahr)."[128]

Dieser Beleg ist deshalb von besonderer Bedeutung, weil er deutlich macht, dass die Formularänderung, die Urukagina unmittelbar bei Regierungsantritt vornimmt, auch auf die Heiligtümer anderer Gottheiten (außerhalb der Stadt Ĝirsu) angewendet wurde. In diesem Zusammenhang ist aber auch die Konskriptionsliste *DP* 136 (Ukg. L 4) zu nennen,[129] in der die auf verschiedene Hauptleute verteilten Mannschaften zum einen als lú-^{d}ba-ba₆-me „Leute der (Göttin) Baba sind sie" (ix 6) bzw. als lú-pa₅-sír^{ki}-ra-me „Leute von Schmalgraben sind sie" (xi 13) rubriziert werden. Beide Gruppen mit insgesamt 100 Personen werden dann

šuku.ř-dab₅-ba-é-^{d}ba-ba₆-ka (*TSA* 20 xi 3–4, Ukg. L 2/4) „Zuteilungsgetreide für die Pfründner des Baba-Tempels", še-ba (…) lú-šuku.ř-dab₅-ba lú-ú-rum ^{d}ba-ba₆ (*MVN* 3, 6 = *AWAS* 55 v' 1–5, Ukg. L 2/4) „Zuteilungsgerste (…) der Baba für die Pfründner, (ihre) eigenen Leute", še-gar zíz-ĝar sá-dug₄-itu-da ^{d}ba-ba₆ (*Nik.* 1, 64 = *AWEL* 64, Ukg. L 2/11) „Lieferungsgerste (und) Lieferungsemmer, monatliche Lieferungen der Baba" und še-ba gemé-dumu-ú-rum ^{d}bab-ba₆ (*Nik.* 1, 1 = *AWEL* 1 xvii 3–4, Ukg. L 2/12) „Zuteilungsgerste der Baba für die eigenen Mägde und Kinder".

125 D. h. „Haus (des) Besitzes", wohl zu trennen von é-ninda(-ak), siehe Selz 1993, 109–110. Im Gegensatz zu ú-rum bezeichnet níĝ-GA-r ein in der Verfügung eingeschränktes Eigentum, also den Besitz (vgl. *VS* 25, 74 = *AWAB* 172), was die Bestimmung von Wilcke „capital or goods held in a mangerial capacity" (Wilcke 2003a, 14) keineswegs ausschließt – auch wenn sich dies in unseren altsumerischen Quellen nicht beweisen lässt. *CUSAS* 35, 7 (Bartash 2017, 69–75), eine Steintafel, handelt von einem Prozess, den Diebstahl von Luxusgütern betreffend. Diese befanden sich im *Besitz* des Steinschneiders (Juweliers) Ur-Enlil (iii 11–13: níĝ-GA ur-^{d}en-líl zadim). Dass ein Teil dieser Gegenstände nicht *Eigentum im engeren Sinne*, sondern nur unter der tatsächlichen Herrschaft, d.h. im *Besitz* des Steinschneiders war, geht aus i 1–7 deutlich hervor: „x jewelry pearl of a tiara: UmuNINI, son of Urmuda, to Ur-Enlil the stonecutter, for perforating (bùr-ré-dè) he has given to him." Dagegen mag in *CUSAS* 35, 8 (Bartash 2017, 76–77) das Urteil des Gouverneurs von Kiš, Ursaĝ, in der Tat das persönliche Eigentum (Haus, Gerste, Schafe, Haussklaven sowie Silber) des Ur-Inana betreffen. In den altsumerischen Weihinschriften bezeichnet (giš) níĝ-GA(-bi) wohl einfach „(Hölzer (und)) Luxusgüter"; vgl. *FAOS* 5/1 Ean. 1 = *RIME* 1.9.3.1 Rs. vi 11; *FAOS* 5/2 LuTAR = *RIME* 1.9.10.2 ii' 5'; *FAOS* 5/2 Enšak. 1 = *RIME* 1.14.17.1 5'; *FAOS* 5/2 Enšak. 2 = *RIME* 1.14.17.2, 3.

126 Vgl. die Liste der „geweihten" Schafe in *DP* 98 (Ukg. L 4), die nach Ĝirsu überführt werden und sich nun „am Frauenort" (ki-munus-ka) befinden, sich aber zuvor(?) bei Lugal-dalla, dem Tempelverwalter, befunden hatten; weitere Belege in Balke 2017, 240.

127 Zu dieser Gottheit „König von Schmalgraben" siehe bereits Selz 1995a, 162.

128 udu gurúm šid-da / udu-ú-rum / ^{d}lugal-pa₅-sír-ka / luga-dalla / saĝĝa- / pa₅-sír-ra^{ki} / gurúm-bi e-ak 2. (*VS* 25, 27 = *AWAB* 156 iii 1–iv 2).

129 Vgl. Bearbeitung bei Schrakamp 2010, 255–261.

im Subskript des Textes als lú-ú-rum ^{d}bab-ba$_{6}$ „eigene Leute der Baba" (xii 2–3) zusammengefasst. Daraus lässt sich folgern, dass ‚Schmalgraben' und sein Heiligtum organisatorisch mit dem Baba-Tempel verbunden waren, und es ökonomisch wohl nur einen Filial-Haushalt darstellte.

Besonders wichtig für das Verständnis der Bedeutung von ú-rum ist der Text *VS* 25, 74 = *AWAB* 172 (Ukg.(?) L 6), der zwischen den Gewändern und Gerätschaften, die als níĝ-ú-rum lugal-keš^{ki} „eigene Dinge des Lugal-Keš" bezeichnet werden und von den Gerätschaften und Tieren, die dem ‚Palast' gehören (é-gal-kam), unterscheidet.[130] Im Schlussvermerk werden beide dann zusammen als im níĝ-GA lugal-keš^{ki} „Besitz (des) Lugal-Keš" befindlich bezeichnet. *VS* 25, 75 = *AWAB* 169 (Ukg. L 2) und *VS* 27, 26 = *AWAB* 170 (Ukg. L 3)[131] verzeichnen eine Fülle von Gerätschaften, aber auch erhebliche Mengen an Getreide, die als níĝ-GA gemé-^{d}ba-ba$_{6}$-kam „Besitz, der Geme-Baba gehört es" rubriziert werden. Geme-Baba ist wahrscheinlich eine Tochter des Urukagina, die sonst einem ‚Anwesen der Kindschaft' vorsteht.[132] Im Lichte von *VS* 25, 75 muss hier nicht notwendigerweise ein Widerspruch zum Herrscheredikt vorliegen. Es ist nicht unwahrscheinlich, dass die Güter zwar nominell unter der Verfügungsgewalt der Herrschertochter standen, dass aber die Verletzung göttlicher Eigentumsrechte nicht impliziert ist.

Man wird aus dieser Sachlage folgern dürfen, dass sich hier eine Ausdifferenzierung des Eigentumsbegriffs zeigt, man also füglich zwischen exklusivem Eigentum und Besitz unterscheiden muss, und dass u.a. diese Belege auf eine Ausdifferenzierung der Eigentumsrechte entlang einer Bruchlinie, zwischen rechtlicher und tatsächlicher Herrschaft über Sachen, hinweisen.[133]

Besonders informativ sind hier die mit dem Terminus šuku.r „Versorgungslos" bezeichnete Ländereien. Dieser bezeichnet Felder, die, verbunden mit Dienstpflichten (in den Milizen) (‚Frondienst'), wohl nur temporär in der tatsächlichen

---

130 Vgl. die Edition des Textes in Selz 1999–2000, 42–43.

131 Ediert in Selz 1999–2000, 38–42.

132 Bedeutsam in diesem Zusammenhang ist auch die Urkunde *BIN* 8, 388 = *AWAS* 114 (o. D.), die mit dem Rubrum níĝ-GA me-an-né-si-kam „Besitz des Me'anesi ist es" endet. Während die genannten Kleider wohl Eigentum des Me'anesi sind, ist dies für die zuvor genannten Gerätschaften, deren Aufbewahrungsort jeweils angegeben wird, allenfalls wahrscheinlich. Dieser Me'anesi ist wahrscheinlich der Tauschagent (dam-gàra) aus *TSA* 7 xi 5 // *DP* 555 iii 9 und möglicherweise dieselbe Person wie der gleichnamige Schwager des Urukagina. Er dürfte zu jenem Personenkreis gehören, der seine Interessen außerhalb der institutionellen Wirtschaft verfolgte; vgl. Selz 1993, 628–633; 2004a.

133 Wilcke 2003a, 14–15 bemerkt zwar, dass „a difference between ownership and possession may indeed be observed in OS and Oakk times". Meine Darlegungen in Selz 1999–2000, 13–15 hält er für nicht schlüssig, erwägt aber ähnliches bei seiner Beschreibung der Formularänderungen in Kaufverträgen am Ausgang der frühdynastischen Zeit. M. E. ist es genau die Unterscheidung zwischen ‚privatem' und ‚öffentlichem' Eigentum – das sich durchaus in der tatsächlichen Herrschaft, im Besitz von Individuen, befinden kann –, der für das Verständnis auch des *Ediktes des Urukagina* zentrale Bedeutung zukommt. Vgl. ferner unten S. 196–199.

Herrschaft der Pächter standen – ohne dass zunächst die Eigentumsrechte der Institutionen davon berührt wurden.[134]

Über Jahrzehnte hinweg wurden verschiedene Modelle zur Beschreibung der mit Landbesitz einhergehenden Rechte vorgeschlagen. Institutionellem Eigentum wurde kommunales bzw. familiales Eigentum gegenübergestellt.[135]

Im Jahre 1996 hat Maekawa bei seiner Diskussion der vor allem in der Ur III-Periode recht häufigen Urkunden des níĝ-GA(-r)[136]-Typus auf eine weitere Dokumentensorte verwiesen, die als é-dul-la/lá-Urkunden bezeichnet werden.[137] Dabei beobachtete er, „that é-dul-la[138] PN must have a meaning similar to níĝ-GA PN (‚property of PN')"[139] und postulierte zunächst, der Begriff bezeichne „confiscation of private property." Dies habe seinen Ursprung in einem Konflikt zwischen dem Herrscher und (Teilen) der lokalen Aristokratie besessen, und er stellt fest: „The study demonstrates that each new king of Ur, hoping to cope with the threat, began dismissing the hostile local aristocrats from their posts and confiscating their property."[140] Kurz danach konnte Heimpel dann zeigen, dass der Terminus sich nicht auf ‚Privatvermögen' bezieht, sondern dass es sich um das rückgeforderte Eigentum einer Institution handeln muss, das sich (vorübergehend) in fremdem Besitz befand, und keinen strafenden Charakter impliziere.[141] Dabei spräche insgesamt die Urkundenlage dafür, dass auch die Güter von noch lebenden Personen von der zentralen Institution reklamiert werden konnten,[142] wobei vermutlich der Terminus é-dul-la speziell die von Verstorbenen nachge-

134 Vergleichbar – nämlich mit Aufgaben bzw. Funktionen verbunden – dürfte auch die Landkategorie (GANÁ) šuku-ensí-ka „(Feld) Versorgungslos des Fürsten" gewesen sein; vgl. Diskussion und Belege in Selz 1989, 197 und auch *BIN* 8, 353 = *AWAS* 80 (Lug. 5), das die Einschüttung von Emmer und Gerste verschiedener Personen „im Markthaus" (é-šakanak-ka-ka) durch den Generalverwalter listet. Nach Cripps 2007 mag es sich bei diesen Pfründen nur um eine besondere Form von Verfügungsrecht handeln; er vermutet, dass alle frühdynastischen Übertragungen letztlich ‚institutionelles' Eigentum betreffen. šuku.r-ensí-ka ist wohl eine Spezifikation des níĝ-en-na „Herrenbesitzes", vermutlich ebenfalls mit einer Funktion verbunden.

135 Vgl. Diakonoff 1982; Gelb 1979; Gelb/Steinkeller/Whiting 1991. Auf einige wichtige Arbeiten zu dieser Diskussion kann hier nur pauschal verwiesen werden, etwa Renger 1994b; 1995a; Buccellati 1996; Ellickson/Thorland 1995; Cripps 2007; Buccellati/Helms/Tamm 2014 und vgl. Ur 2014.

136 Jetzt meist níĝ-gur$_{11}$ (= *makkūru(m), namkūru(m)*) umschrieben, nach *CAD* M/1, 133 „valuables, treasures, property, assets, estate"; vgl. Selz 1993, 111, 620–621.

137 Vgl. dazu Selz 1999–2000, 14 (mit weiterer Literatur und Zusammenfassung der Argumente von Waetzoldt 1990; Maekawa 1996; 1997; Heimpel 1997). Die akkadischen Entsprechungen sind *edullû* und *bīt ridûti*; vgl. Cohen 2023, 302 der die Übersetzung „foreclosed estate" vorschlägt.

138 Wörtlich „bedecktes Haus", im Akkadischen als Lehnwort *edullû*.

139 Maekawa 1996, 114.

140 Maekawa 1996, 154.

141 Heimpel 1997, 76–77.

142 Vgl. z.B. Heimpel 1997, 80.

lassenen Güter bezeichnen kann.[143] Entsprechend modifiziert Maekawa in seiner Antwort auf Heimpel:

> „The fact that the new king frequently donated the é-dul-la properties to the temple(s) (a-ru-a lugal: Ur sources) also suggests that the é-dul-la does not refer to the normal return or transfer of the official's belongings to the crown."[144]

Man wird also mit der Hypothese kaum fehlgehen, dass die bei Urukagina an die Oberfläche tretende Konzeptualisierung unterschiedlicher Verfügungsrechte, etwa ‚Besitz' vs. ‚Eigentum', für das wirtschaftliche Regime auch viel späterer Epochen eine erhebliche Bedeutung besaß.

Interessanterweise findet sich in den Weihinschriften zur Bezeichnung von Eigentum auch níĝ-ní-ba(-k) (*FAOS* 5/1 Ean. 1 = *RIME* 1.9.3.1 iii 20) bzw. níĝ-ní-ĝá(-k) (*FAOS* 5/1 Ean. 1 = *RIME* 1.9.3.1 iii 29–iv 2),[145] bezogen auf das Gebiet des Gu'edena bzw. seiner Erträge (Heu). Als Eigentümer lässt sich im ersten Falle der Staat(?), im zweiten Falle der Staatsgott Ninĝirsu selbst bestimmen.[146] Unter Enanatum I. ist es wahrscheinlich auch der Gott selbst, der in einer ihm in den Mund gelegte Rede von „meinem (eigenen) Innenraum" spricht.[147] Entsprechend bezieht sich diese Formulierung hier wohl auf den göttlichen Eigentumsanspruch.

2.2 Göttliches Landeigentum im Edikt des Urukagina

Bezüglich der beklagten Missstände bei den Eigentumsverhältnissen an Immobilien, konkret deren Aneignung durch die Herrscherfamilie, legen Schrakamp/Zólyomi in diesem Band nun eine neue Deutung der zentralen Passage vor:

---

143 Vgl. Heimpel 1997, 82. Ich halte dafür, dass é-dul-la in der Tat „Nachlass" bedeutet; der (auch) persönliches Eigentum umfasst haben kann. Dies zeigt die Urkunde *MVN* 10, 155; vgl. Waetzoldt 1990: Die Lieferungs-Außenstände an Milchfett und Käse des verstorbenen Kuhhirten ur-KA-na-ra werden durch die Wegführung seines Kindes und vierer Mägde aus dem é-dul-la gegengerechnet; vgl. Waetzoldt/Sigrist 1993.

144 Maekawa 1997, 275.

145 Wilcke (2003, 14) weist zu Recht daraufhin, dass von mir (Selz 1999–2000, 13) die Begriffe im Fließtext nicht korrekt zitiert sind.

146 Damit entsprechen die Verhältnisse wohl den von Urukagina eingeforderten „(göttlichen) Schicksalsentscheidungen"; vgl. unten S. 203–207.

147 Dass es sich dabei um göttliche Rede handelt, ist weitgehend unstrittig; siehe Cooper 1986, 48; Steible 1982a, 201; 1982b, 97–98 sowie Frayne 2008, 172. Die Passage lautet „é-šag$_4$-ni-ĝá-šè mu-šè-gin-na-am$_6$ / en-an-na-túm / nita-kalga-ĝu$_{10}$ / šu na-an-na-zi-zi: Ur-Luma, „der bis zu meinem (= des Ninĝirsu) Innenraum vorgedrungen ist, darf gegen Enanatum, meinen starken Mann, die Hände nicht erheben." *FAOS* 5/1 En. I 29 = *RIME* 1.9.4.2 x 1–5. Dennoch ist die Passage – gerahmt vom wiederholten Anspruch des ‚Mannes von Umma' auf das Antasura (Gebäude und Anwesen?) mit den Worten: an-ta-su-ra-ĝá-kam „Das Antasura gehört mir" – noch nicht recht verständlich, besonders die von den Übersetzern angenommene Rede-Einleitung: ^{d}nin-ĝír-su-ke$_4$ / KA-ni-a KA.REC107-a mu-ni-tak$_4$; die Deutung „spoke angrily" scheint geraten.

> „The household of the ruler and the fields of the ruler, the households of the female quarter and the fields of the female quarter, the household of the children and the fields of the children were each set aside." (*FAOS* 5/1 Ukg. 4 = *RIME* 1.9.9.1 vii 5–11)

Bisher vorliegende Deutungen erfolgten interpretativ und verstehen meist za – ús „die Seite anlegen" im Sinne von „beieinander liegen; angrenzen."[148] Die davon abweichende Deutung von Schrakamp („kontrollieren") fand ich durchaus überzeugend und ist, wie nachfolgend gezeigt wird, korrekt.[149] Schrakamp/Zólyomi gewinnen ihren neuen Ansatz „zur Seite legen, ausgrenzen" aus der wörtlichen Bedeutung „an A, B und C die Seiten anlegen." Dieser Vorschlag erlaubt zwar für die von den Autoren zitierten Passagen in *OrSP* 26, 39–40 *Wengler* 2 (Ukg. L 5)[150] und auch *VS* 25, 25 = *AWAB* 153 (Lug. 3) eine sinnvolle Übersetzung; der Ausdruck wäre allerdings quasi synonym mit zag – tag (= zà – tà) „die Seite berühren lassen" > „an die Seite legen".[151] Möglicherweise ist aber die Bedeutung von zag – ús so zu modifizieren: zag – ús „die Seite (an etwas (-e) / an jemanden (-ra)) anlegen" > „an jemanden / an etwas annähern" > „in Obhut nehmen, unter Kontrolle halten" und zwar mit sowohl positiven als auch negativen semantischen Konnotationen:[152]

148 So Cooper 1986, 71: „all abutted one another" Frayne 2008, 255, 261: „were consolidated(?)"; Steible 1982a, 297: „es grenzten" oder ähnlich Selz 1999–2000, 16: „es lagen Seite an Seite"; vgl. Selz 1995a, 30 Anm. 88, 79 Anm. 327; vgl. bereits Schrakamp 2010, 279 Anm. 1441. Cooper und Frayne haben dabei korrekt gesehen, dass jeweils Haus *und* Anwesen im Direktiv stehen – der Absolutiv ist zag „Seite"! Beachte, dass die Verbalreduplikation sich auf das direkte Objekt, „die Seiten", bezieht. Siehe weiter die neusumerische di-til-la-Urkunde *Fs. Greenfield* 614, 4 Vs. 5–8: nin-inim-gi-na-ke$_4$ / e$_2$ lu$_2$-^{d}nanna ab-ba-na-ka / ur-^{d}ba-ba$_6$-ra / zag in-na-ús-sa-àm „PN1 hat im Hause des PN2, ihres Vaters, sich dem PN3 überantwortet (= die Seite gesetzt)." Zum Eherecht in neusumerischer Zeit siehe ausführlich Falkenstein 1956a, 98–116; Wilcke 2003a, 61–66.

149 Schrakamp 2010, 279: zag – ús „Seite anlegen" im Sinne von Kontrolle / Eingriffe vornehmen > „kontrollieren", „*mustern*", vgl. Schrakamp 2013, 455 mit Anm. 55.

150 Vgl. die Edition des Textes in Schrakamp 2010, 179–185.

151 *VS* 25, 25 hat als Zusammenfassung: Rs. iii 1–v 3: šu-niĝín 20 lá 3 gud-mu-2 / ensí-°ke$_4$°/ é-gal-la / amar šu-a b[í]-gi$_4$-°a°// zag bí-ús / AN-ses-ĝu$_{10}$ / sipa-gud-ra / e-na-šid / bará-nam-tar-ra // dam-lugal-an-da / ensí- / lagas^{ki}-ka 3. „Zusammen 17 zweijährige Stiere hat der Fürst im ‚Palast', (zum Zeitpunkt,) da die Jungrinder ‚eingehändigt' werden, in Obhut genommen. AN-sesĝu, dem Ochsenhirten, hat er (sie vor-)gezählt. Bara-namtara, die Frau des Lugalanda, des Fürsten von Lagaš. 3. (Jahr)." zag – us$_2$ steht hier, wie Schrakamp/Zólyomi bemerken, anstelle des zu erwartenden zag – šuš „die Seite bedecken > brandmarken". Beide Ausdrücke bezeichnen die *Inklusion* (von Tieren in die Herde, hier die des AN-sesĝu); vgl. Selz 2024. Zu *OrSP* 26, 39–40 *Wengler* 2 = *AWAB* 149 vgl. die vorstehende Anmerkung.

152 Von daher wird auch die Semantik von zag – ús im Sinne „sich jemandes Schutz anvertrauen" (mit Dativ der Personenklasse) gut nachvollziehbar; vgl. Schrakamp/Zólyomi in diesem Band zu *Lugalbanda and Anzu* Z. 125 (*ETCSL* 1.8.2.2): ša-dug$_4$-ga-ta zi-ĝu$_{10}$ mu-ri-de$_6$ zag-ĝu$_{10}$ mu-ri-ús: „Since yesterday I have taken refuge with you, I have entrusted myself to your protection."

> ^{d}ĝá-tùm-dùg mu-kug-zu dùg-ga-àm / ĝi₆-a ma-ni-nú / ^{ĝeš}kišíg-gal-ĝu₁₀-me zag-ĝu₁₀ mu-ús „Baba, Dein strahlender Name ist süß; in der Nacht liegst Du für mich (zur Wache[153]) da! Du bist mein großer Dornbusch,[154] meine Seite hast du daran gelegt (d.h. du hast mich in Obhut genommen > Du beschützt mich)." (*RIME* 3/1.1.7.CylA iii 9–11)

Mit anderen Worten: Der Sinn der Passage im Edikt liegt nicht darin, dass diese Anwesen (von etwas nicht ausdrücklich Erwähntem zu einem nicht ausdrücklich genannten Zweck) abgesondert, d.h. aus- oder eingegrenzt werden, sondern ganz konkret darin, dass sie der Obhut/Herrschaft (der Fürstenfamilie) unterstellt waren:

> „Der Haushalt des Fürsten, die Felder des Fürsten, der Haushalt des 'Frauenhauses', die Felder des 'Frauenhauses' und der Haushalt der 'Kindschaft', die Felder der ‚Kindschaft' waren in Obhut/in Kontrolle genommen." (*FAOS* 5/1 Ukg. 4 = *RIME* 1.9.9.1 vii 5–11)

Der Zweck dieses „in Obhut Nehmens" ist offenkundig das Ausüben von Eigentumsrechten, von dinglicher Herrschaft, über das, was nach Urukaginas Rechtskonzeption als übertragen, nur unter der *Verwaltung* dieses Personenkreises, stehen durfte. Genau dieser Sachverhalt wird in der späteren Version[155] des Ediktes dann auch wie folgt beschrieben:

> é ensí-ke₄ / níĝ ensí-ke₄[156] / en-na tuku-a / ^{d}nin-ĝír-su /[l]ugal-bi / é é-MÍ / [níg é-MÍ] / [en-na tuku-a] / [^{d}ba-ba₆ / [nin-bi] // é nam-dumu] / [níĝ nam-dumu] / [en-na-tuku-a] / [^{d}šul-šà-ga-na] / [lugal-bi]
>
> „Der Haushalt, soweit ihn der Fürst (und) die Dinge, soweit sie der Fürst (bislang) hatte, Ninĝirsu (ist wieder) deren Eigentümer; der Haushalt, soweit ihn das ‚Frauenhaus' (und) die Dinge, soweit sie das ‚Frauenhaus'

153 Vgl. auch *OrSP* 26, 39–40 *Wengler* 2 = *AWAB* 149 vii 16: [gú-an-šè] [1,30]+10 [l]ú / ERÉN-zag-ús-sa /$^{•}$bàd$^{•}$-da nú-a-am₆ / [e]n-ig-gal / nu-bandà / mu-bi-šè / $^{•}$e$^{•}$-[sa]r 5. „[Insgesamt 1]00 Leute, sind gezogene Truppe (= in die Truppe Aufgenommene), Eniggal, der Generalverwalter, hat sie namentlich aufgeschrieben. 5. (Jahr)." *Nota bene*, der Text bezieht sich auf die Rekrutierung dieser 100 Personen zur Gruppe der Mauerwachsoldaten.

154 $^{(ĝeš)}$kišig, der „Dornbusch" ist einer der metaphorischen Ausdrücke für „Schutz", so bereits Edzard 1997, 91 (*RIME* 3/1.1.7.CylA); vgl. auch: a-kišíg-gal, lugal-kišíg-gal, lum-ma-kišíg-gal, ses-kišíg(-gal) „Der Vater /der Herrscher, der Lumma, / der Bruder (ist) ein (großer) Dornbusch (Balke 2017, 70 mit Anm. 36–37, 252, 373). Ur-kišíg-řú-a bedeutet wohl „der Diener (Hund) (ist) ein aufgepflanzter Dornbusch"; vgl. aber Balke 2017, 428.

155 In dieser Version des Textes werden die Missstände durch subordinierendes -a den Gegenmaßnahmen (zeitlich) untergeordnet. D. h., während sie im Haupttext noch als gegenwärtig beschrieben werden, wird der Vollzug der ‚Reform' in dieser Version bereits vorausgesetzt.

156 Beachte, gegen Frayne 2008, 268, aber mit Steible 1982a, 285 und Steible 1982b, 142 ist ensí-ke₄ Ergativ.

> (bislang) hatte, Baba (ist wieder) deren Eigentümerin; der Haushalt, soweit ihn die ‚Kindschaft'[157] (und) die Dinge, soweit sie die ‚Kindschaft' (bislang) hatte, Šulšagana (ist wieder) deren Eigentümer." (*FAOS* 5/1 Ukg. 1 = *RIME* 1.9.9.2 v 2''–vi 5)

Die frühe Edition des Ediktes (F), die die beschriebenen Missstände und die Gegenmaßnahmen getrennt schildert, illustriert zusätzlich die Bedeutung der beklagten Kontrolle der Herrscherfamilie über die Haushalte und Felder der Staatsgottheiten:

> „Die Rinder der Götter pflügten die Zwiebelpflanzung des Fürsten. Auf den guten Feldern der Götter lagen der Zwiebelboden (und) die Gurkenpflanzung des Fürsten." (*FAOS* 5/1 Ukg. 4 = *RIME* 1.9.9.1 iv 9–18)

Entsprechend den hier vorgeschlagenen Deutungen kann kaum mehr bezweifelt werden, dass alle Passagen auf einer Differenzierung von Verfügungsrecht beruhen, wobei offensichtlich zwischen Eigentum mit absoluter und Besitz mit tatsächlicher Herrschaft über Dinge unterschieden wird.

2.3 Fürstenhaus und ‚Palast'

Ergänzend festzuhalten ist allerdings noch, dass ein é-ensí-ka „Fürstenhaus" noch im 2. Königsjahr des Urukagina gut bezeugt ist. Genannt wird es im Zusammenhang mit der Verlagerung von Hölzern und hölzernen Gerätschaften.[158] Ob man den Text mit einem Abbruch des Gebäudes in Zusammenhang bringen kann, lässt sich derzeit nicht beweisen. Jedenfalls ist es wahrscheinlich, dass die (Wieder-)Errichtung der korrekten Eigentumsverhältnisse jeglicher tatsächlichen Herrschaft, also einem Besitz, nicht immer widersprach. Auch hinsichtlich des é-gal – üblicherweise mit ‚Palast' übersetzt – bedarf der Befund noch gründlicherer Behandlung, wobei wahrscheinlich zwischen der Bezeichnung eines Gebäudes und einer (ökonomischen) Institution unterschieden werden muss. Insbesondere ist derzeit nicht klar inwieweit der altsumerische ‚Palast' als Institution – wie in der Ur III-Zeit[159] – ein Zentrum wirtschaftlicher Aktivitäten des Herrschers war.[160] Festzuhalten ist jedenfalls, dass ‚Palast' nicht notwendigerweise immer

157 D. h. die Fürstenkinder.

158 Dies liegt am „Hügel (mit dem Namen) ‚Die me (kommen) aus Kulaba'": *VS* 27, 24 = *AWAB* 209 (Ukg. L 2); *Nik.* 1, 283 = *AWEL* 283 ((Ukg. L) 2) und *DP* 473 ((Ukg. L) 2). Dieses é-ensí-ka ist noch belegt in *DP* 472 ((Ukg. L) 2).

159 Siehe Paoletti 2012, Sallaberger 2013; 2018a.

160 In diesem Zusammenhang von besonderer Bedeutung sind die Beobachtungen von Schrakamp/Zólyomi 2025, 98: „Though the e2-mi2 / e2 dba-bu11 held sheep and produced wool and clothing, the wool was controlled by the palace and the ruler." Prentice (2010, 171) hat versucht, eine Reihe von Wirtschaftsurkunden den ‚Geschenkhandel' betreffend (vgl. die Tabelle Prentice 2010, 172) als zum ‚Palast' gehörend zu bestimmen, auch wenn die Transaktionen von der Herrscherin verantwortet werden: „the abscence of any reference to the e2-MI2, or its chief administrator Eniggal the nu-banda suggests that Baranamtarra is ac-

eine Institution oder eine herrscherliche Residenz bezeichnet (letztere erscheint wohl als é-ensí-ka). Als é-gal werden auch die wohl am Rande der städtischen Siedlung (Ĝirsu) gelegenen Komplexe Antasura und Tiraš benannt.[161] Offensichtlich war es sogar notwendig ein é-gal als in Ĝirsu befindlich zu bestimmen (*DP* 258 (Ukg. E 1), *RTC* 40[162] etc.); es ist als Ort der Aktivtäten von Fürsten (regelmäßig), aber auch seiner Gemahlin belegt. Der/ Ein é-gal besitzt auch einen Frauenbereich ki-munus(-ak),[163] was die Übersetzung von é-MÍ als „female quarters" problematisch erscheinen lässt. [164] Man darf vermuten, dass die é-gal vor allem mit dem lugal (bzw. dem gal-ùĝ(-ak)) als Führer der Milizen[165] verbunden waren. Interessant in unserem Zusammenhang ist *DP* 509 (Ukg. L 1) – eine Liste von Textilgewichten. Zunächst unterscheidet der Text sie als é-gal-kam „dem ‚Palast' gehören sie" bzw. sa_6-sa_6-kam „der Sasa gehören sie", die zusammen mit den „standardisierten / genormten Gewichtssteinen" (na_4-si-sá-am_6) aus dem ‚Palast' gebracht wurden,[166] was wohl auf eine Zentralisierung wirtschaftlicher Aktivitäten im ‚Palast' hinweist.[167]

ting in her role as the wife of the ruler, rather than in her role as head of the e_2-MI_2." (Prentice 2010, 171). Unter Urukagina kam dieser Handel weitgehend zum Erliegen (Selz 1993, 473–476, *AWAS* 66; vgl. dazu auch Selz 1992, 204–205). Insgesamt lässt sich sagen, dass die Interdependenzen sowohl zwischen den Institutionen als auch den ‚privaten' Haushalten in Lagaš, nicht nur des Herrscherpaares, eine detailliertere Untersuchung verdienen.

161 Siehe Selz 1995a, 232–233; 2014–2016, 58–59. Beide Gebäude scheinen auch für militärische Zwecke genutzt worden zu sein.

162 Als Ort des Schafraufens im Parallelismus zum é-PA in Lagaš.

163 *DP* 98, *DP* 170, ferner DP 312, *DP* 318, *DP* 319. Im Unterschied zu é-MÍ ist es sicher eine Genitivverbindung (*DP* 98, *DP* 170); daher muss einmaliges ki-munus-a(-šè) in *DP* 302 iii 1 als unorthographisch angesehen werden. Zu vergleichen ist hier die Schreibung É-MÍ-a-kam in *VS* 14, 23 = *AWL* 35 iii 2, die aber keine genitivische Fügung dieses Kompositums beweist.

164 Parallel gebildetes ki-ensí-ka „Ort des Fürsten" (*DP* 202 i 3) gehört in einen anderen Kontext; es ist vermutlich eine abgekürzte Schreibung für ki-a-naĝ-ensí-ka (*Nik.* 1, 161= *AWEL* 161 ii 5). Solche Orte für Totenopfer gab es nicht nur in Ĝirsu, sondern auch in Lagaš (*RTC* 47 ii 7, *TSA* 1 vii 4–5, *Nik.* 1, 23 = *AWEL* 23 ii 5–6) und in Siraran (*DP* 53 viii 5, *TSA* 1 vii 4–5 etc.). Die explizite Schreibung ki-a-naĝ-lugal $lagas^{ki}$-a „Wassertrinkort (des) Königs, in Lagaš" in der Ahnenopferliste *DP* 53 (Lug. 3) lässt eine Verbindung dieser Opfer mit früheren Herrscherresidenzen vermuten.

165 ùĝ „Leute" bezeichnet spezifisch die zu öffentlichen Aufgaben (inklusive kriegerischen Auseinandersetzungen) herangezogenen jungen Männer, die „Mannschaft"; vgl. Schrakamp 2010, 7, 74; Schrakamp 2010, 6–7, 10 spricht sogar von einer „Wehrpflichtigenarmee", was auf diese „Dienstpflichtigen" wohl nur in bestimmten historischen Situationen zutrifft; vgl. Schrakamp 2010 mit Anm. 443.

166 Edition und Bewertung des Textes und bei Bartash 2019, 127–131.

167 Bemerkenswert ist hier der Text *FAOS* 5/1 Ukg. 58 = *RIME* 1.9.9.13, der über die Weihung eines Gewichtssteins von 15 Schekeln durch Urukagina an den Staatsgott Ninĝirsu berichtet. Wie auch in späterer Zeit sind ‚Tempel' offenbar Garanten korrekter Maße.

2.4 Bedienstete und Sklaven: privat oder institutionell?

Angesichts der relativen Bedeutung der Sklavenkaufurkunden dieser Epoche, auch aus Ĝirsu,[168] muss hier kurz auf die verschiedenen Sklaventypen hingewiesen werden. Die àr-dú(-mí/munus und -nita) „(weibliche/männliche) Sklaven" sind nach den Urkunden immer von einem Individuum einer gehobenen Schicht bzw. einer Familie abhängig. Diese Sklavenkaufurkunden markieren wohl den Übergang zur Privatsklaverei. Dabei fällt aber auf, dass die àr-dú regelmäßig unter den Rationenempfängern des ‚Frauenhauses'[169] – auch unter Urukagina – genannt werden.[170] Lediglich die àr-dú(d)-é-šag₄-ga „Haussklaven des Hausinneren/des Innenraumes"[171] werden unter Urukagina nicht mehr als solche aufgeführt.[172]

Bemerkenswerterweise findet sich aber unter dem Personalstand des Baba-Tempels eine Reihe von Textil-Arbeiterinnen die als saĝ-sa₁₀-a „gekaufte Sklavinnen" rubriziert werden.[173] Diese scheinen deutlich geschieden von den gerade

168 Sklavenkauf frühdynastisch Lagaš: *RTC* 16 = *SRU* 43 – Lagaš/Ent. 19 – (Sklavin = saĝ-munus, Findelkind); *RTC* 17 = *SRU* 44 – Lagaš/Enz. – (gala); *Nik.* 1, 17 = *AWEL* 17 = *SRU* 45 – Lagaš/Lug. 3 – (igi-nu-du₈ und saĝ-nita); *Nik.* 1, 293 = *AWEL* 293 = *SRU* 42 – Lagaš/Lug. 6 – (gala); kein Vertrag im engeren Sinne; *VS* 14, 141 = *SRU* 40 = *AWL* 192 – Lagaš/Lug. (6) – (igi-nu-du₈), Entwurf für *VS* 14, 144 = *SRU* 41 = *AWL* 193 – Lagaš/Lug. 6 – (igi-nu-du₈). Vgl. auch die oft diskutierte Rolle der igi-nu-du₈ (vgl. Heimpel 2009) in den Missständen in *FAOS* 5/1 Ukg. 4 = *RIME* 1.9.9.1 vii 15–27 und den Neuregelungen *FAOS* 5/1 Ukg. 4 = *RIME* 1.9.9.1 x 38–xi 10 bzw. *FAOS* 5/1 Ukg. 6 = *RIME* 1.9.9.3 ii 0′–9′ bei Schrakamp/Zólyomi 2024, 19 Anm. 85. Die Tatsache ihrer im Edikt geschilderten Ausbeutung wird durch diese Sklavenkaufverträge deutlich. Nach den Urkunden gehören die igi-nu-du₈ (wie die Träger, íl) zur niedersten sozialen Schicht. Sie scheinen bevorzugt für (repetitive) Arbeiten an Bewässerungsinstallationen eingesetzt zu werden und waren möglicherweise, aus welchen Gründen auch immer, „Schlechtsehende" bzw. „Blinde".

169 Vgl. auch die Überblicke von Bartash 2014 und Karahashi 2016.

170 Siehe bereits Selz 1993, 209–211, besonders zur personalen Abhängigkeit und zu den àr-dú-ú-rum dìm-tur „eigene Haussklaven der (Fürstengemahlin) Dimtur" in *DP* 176 (Enz. 3); vgl. Selz 1995a, 85; siehe auch Prentice 2010, 33–34; ferner Selz 2011. *Notas bene*, die Höhe der in diesen Lohnlisten genannten (Getreide-)Beträge können *nur mittelbar* mit dem Ansehen bzw. sozialen Rang der Personen korreliert werden. Solche *Nahrungs*zuteilungen sind nur ein Teil des Einkommens, das durch andere Zuteilungen, ggf. auch durch ‚privates' Wirtschaften, ergänzt wird, wie Felix Rauchhaus in seinem Tagungsbeitrag eindrücklich herausgearbeitet hat; vgl. Selz in Vorbereitung und für den syrischen Raum Sallaberger/Pruß 2015.

171 *VS* 14, 9 = *AWL* 43 (Ukg. E 1), 82; *TSA* 32 (o. H. 2); *Nik.* 1, 230 = *AWEL* 230 (Ukg. L 2); *CT* 50, 26 (o. D.) (Darlehensmemo mit Tilgungsausbrüchen); *CT* 50, 30 (o. D.); *CTNMC* 1 (Ukg. L 6); *ITT* 5, 9233 (o. D.); *CT* 50, 32 (o. D.). In anderen Texten sind Bedienstete als lú-é-šag₄-ga „Leute (Diener) des ‚Hausinnern'" genannt.

172 Vgl. Selz 1995a, 64, 85; 1993, 209–211 und vgl. den in der vorangehenden Anmerkung zitierten Text *TSA* 32.

173 Siehe bereits Selz 1995a, 60; 1993, 209–211; 2014, 258. saĝ-sa₁₀-a als Woll- und Leinenarbeiterinnen sind belegt in *HSS* 3, 24 = *AWAS* 23) (Ukg. L 6/11); *HSS* 3, 23 = *AWAS* 22); (Ukg. L 6/12) und *TSA* 13 (Ukg. L 6/1). Es handelt sich wohl um einen Kauf seitens der Institution des Baba-Tempel (im letzten Jahr von Urukagina als König von Lagaš!); über die Hintergründe lässt sich nichts ausmachen.

genannten àr-dú-d, und eine Zuordnung zu einer Person oder einer Familie ist offenkundig nicht gegeben.

Damit ergibt sich – unabhängig von Überlieferungszufällen – der Eindruck, als wären die ‚persönlichen Sklaven' unter Urukagina in den Hintergrund gedrängt worden.

In diesem Zusammenhang ist auch auf die Urkunde *Nik.* 1, 293 = *AWEL* 293 ((Lug.) 6) hinzuweisen, die den Ankauf von Sklaven durch den Tauschagenten des ‚Frauenhauses' Ur-é-MÙŠ dam-gàra-é-MÍ dokumentiert. *VS* 25, 13 = *AWAB* 206) (Lug. 6) berichtet von Aufwendungen („aus dem ‚Palast'") für den Kauf eines Kultsängers (gala) durch Baranamtara. Bei beiden Texten handelt es sich um staatliche Verwaltungsurkunden; sie können daher wohl als Zeugnis für eine Vermischung staatlicher und ‚privater' Ressourcen aufgefasst werden. Allein *BIN* 8, 363 = *AWAS* 90) (Ukg. L 4) bezeugt den Kauf eines Kultsängers (gala) von ihrem Vater mit „eigenem Getreide der (Göttin) Baba" (še-ú-rum ^{d}ba-ba$_6$). Andere Personenkaufverträge sind bislang unter diesem Herrscher nicht bezeugt, obwohl er – in erkennbar schwieriger militärischer Lage – eine Anzahl von Textilarbeiterinnen für die (staatliche) Manufaktur gekauft hatte (s. o.). Nur wenig später, am Anfang der Akkade-Zeit, ändert sich das Bild dann, wie mehrere Personenkaufverträge unter Lugalušumgal (Luš) von Lagaš belegen.[174]

2.5 *Pfründner und Milizen*

Die Rolle der Milizangehörigen im altsumerischen Lagaš hat Schrakamp umfassend untersucht.[175] Bedeutsam scheint, dass Angehörige dieser Milizen, namentlich die in leitender Position bezeugten àga-ús und RU-lugal, unter Urukagina dem Baba-Tempel zugeordnet werden konnten.[176] Man wird sicher annehmen dürfen, dass sich diese Situation hier nicht wesentlich von den anderen schlecht oder gar nicht dokumentierten institutionellen Einheiten unterschied. Diese Pfründner erhielten Ackerland zur Bewirtschaftung, aber auch Naturalzuwendungen (monatliche Zuteilungsgerste), allerdings nur ca. 8 Monate im Jahr. Die Pfründner (lú-šuku.r-dab$_5$-ba, „Leute die Versorgungsland (als Lehen) übernommen haben")[177] sind damit deutlich geschieden von jenen, die auf monatlicher

174 Zu Lugalušumgal siehe Bauer 1987–1990. Die Verträge sind: *RTC* 80 = *SRU* 46 – Lagaš/Luš – Sklavenkauf (Sklavenfamilie) sowie *RTC* 79 = *SRU* 47; *ITT* 1, 1040 = *SRU* 48; *RTC* 81 = *SRU* 49; *ITT* 2, 4578 = *SRU* 50; *ITT* 2, 4518 = *SRU* 51; *ITT* 2, 4588 = *SRU* 52, alle Akkade-zeitlich, Luš. Zum Formular siehe Wilcke 2003a, 91.

175 Vgl. Schrakamp 2010; 2014.

176 Vgl. Schrakamp 2010, 7, der mit „rund 200 RU-lugal und àga-ús" des Baba-Heiligtums rechnet und die Stärke dieses Personals für das Ninĝirsu-Heiligtum auf ca. 3000 Mann schätzt; vgl. Schrakamp 2010, 285–295. Sein Vorschlag ist es, die 17 Mauerwachen-Oliven des Herrschers, eine Idee von Westenholz aufgreifend, als „Reste des präsargonischen Palastarchivs" zu bestimmen. Zu den RU-lugal und den agà-ús im ‚Militär' des altsumerischen Lagaš siehe auch Schrakamp 2014.

177 Siehe Yamamoto 1981; Maeda 1982; 1983; Maekawa 1987.

Basis solche Zuteilungen erhielten und als lú-itu-da „Monatsleute" bezeichnet werden konnten.

Auch wenn man vermuten kann, dass diese Versorgungslose nach und nach veräußert werden konnten, also unter dauerhafte Sachgewalt (Eigentum) übergingen, erbrechtliche Regelungen hierfür sind aus dieser Zeit noch unbekannt.[178] Von Bedeutung in diesem Zusammenhang ist der Text *DP* 138, der die Personalverluste – sicher während der kriegerischen Auseinandersetzung – wie folgt regelt: Für die 23 Gefallenen übernehmen Söhne, aber auch Brüder und Väter der Toten diese Versorgungslose.[179] Es zeichnet sich also ab, dass dieses Ackerland im Familienbesitz verbleiben konnte, und zwar ohne dass die institutionellen Eigentumsrechte davon berührt zu sein scheinen. Hierin die Wurzel für die Entstehung von Privateigentum am Produktionsmittel Ackerland zu sehen, liegt auf der Hand, bedarf aber noch eines näheren Beweises.

3 Was ist das Edikt des Urukagina: Reform, Restauration oder Korrektur?

Zentral für die Einordnung der von Urukagina in seinem Edikt beschriebenen nicht korrekten Herrschaftszustände und der Gegenmaßnahmen ist die Deutung der in den altsumerischen Texten nur zweimal belegten Verbalform e-še$_3$-ĝar (*FAOS* 5/1 Ukg. 4 = *RIME* 1.9.9.1 viii 7–9 und xii 34–35), die hier deshalb kurz besprochen werden muss.[180]

Der grammatikalischen Argumentation von Schrakamp/Zólyomi, dass das „terminative prefix -ši-, which indicates that a third participant should also be included", wird man durchaus folgen wollen, wobei „the terminative means 'to place something (= ABS) *for* something (= TERM)', i.e., 'to replace something (= TERM) with something (= ABS)'."

Die Annahme einer syntagmatischen Parallelität dieser beiden Stellen liegt auf der Hand, wörtlich also: „(für/ hinsichtlich) A setzte er B". Wesentlich ist die Bestimmung des Absolutivs (B), also nam-tar-ra-ud-bi-ta(-k) „die Schicksalsentscheidungen von früher" bzw. mu-ud-bi-ta(-k) „der Name von früher", als das, was „gesetzt wird."[181] Der erwartete Terminativ beim zweiten Teilnehmer ist in beiden Fällen nicht ausgedrückt; in seiner Position findet sich ein Nominalsatz bzw. eine subordinierte Phrase. Daraus ergibt sich syntaktisch für die Übersetzung der Datumsangabe in *FAOS* 5/1 Ukg. 4 = *RIME* 1.9.9.1 xii 29–35:

178 Siehe auch die entsprechende Hypothese von Cripps 2007, 25–26. Einen Überblick über erbrechtliche Regelungen vor der sargonischen Zeit bietet Wilcke 2003a, 68–72.

179 Vgl. Schrakamp 2010, 176–177.

180 Einen Überblick über die verschiedensten Übersetzungs- bzw. Deutungsvorschläge bieten Schrakamp/Zólyomi 2024, 14–15.

181 So bereits Selz 1999–2000, 16 mit der Übersetzung „setzte wieder in Kraft", wobei die von Schrakamp/Zólyomi (2024, 14) kritisierte interpretative Einfügung von „wieder" dem ud-bi-ta geschuldet ist (und besser in Klammern gesetzt worden wäre); inhaltlich handelt es sich dabei jedenfalls nicht um „presuppositions of the translator". Siehe ähnlich Bauer 1998, 478. Im Hintergrund meines Vorschlags standen meine Überlegungen zu der vergleichbaren Verbalform e-šè-ĝar (u.ä.).

> „In der Mitte dieses Jahres hat er den Kleinen Kanal, den Ĝirsu besitzt, ‚ausgeschachtet' und den Namen von früher (ein)gesetzt: ‚Ninĝirsu hat Autorität von Nippur her' hat Urukagina ihm als Namen genannt."[182]

So weit, so klar. Was aber war nun der „alte Name"? Folgen wir dieser Übersetzung, so kann es sich *nicht* um den Kleinen Kanal (íd-tur) handeln, auch wenn er gegenwärtig so genannt wurde. Mit anderen Worten: Mit dem Namen „Ninĝirsu hat Autorität von Nippur her" hätte Urukagina auf einen uralten Namen zurückgegriffen.[183] Er hätte diesen nur restauriert.[184]

Wenig wahrscheinlich, aber nicht völlig auszuschließen ist eine Übersetzung, nach der mu-ud-bi-ta im virtuellen Terminativ steht und der zunächst nicht ausgedrückte Absolutiv nur im Folgesatz erscheint:

> „In der Mitte dieses Jahres hat er den Kleinen Kanal, den Ĝirsu besitzt, ‚ausgeschachtet' und (für) den Namen von früher (den folgenden) gesetzt: Urukagina hat ‚Ninĝirsu hat Autorität von Nippur her' ihm als Namen genannt."[185]

Unter Annahme der Parallelität der Phrasen ist das Verständnis dieser Stelle für die Interpretation der Parallele in der Rahmung der in *FAOS* 5/1 Ukg. 4 = *RIME* 1.9.9.1 geschilderten Missstände und der Gegenmaßnahmen von entscheidender Bedeutung:[186]

> ud-ul-lí-a-ta numun-è-a-ta / ud-bi-a (…) (*Missstände* …) be$_{6}$-lu$_{5}$-da-ud-bi-ta e-me-am$_{6}$/a ud ^{d}nin-ĝír-su ur-saĝ ^{d}en-lil$_{x}$(É)-lá-ke$_{4}$ ere-inim-gi-na-ra nam-lugal lagas^{ki} e-na-šúm-ma-a šag$_{4}$ lú 36000-ta šu-ni e-ma-ta-dab$_{5}$-ba-a nam tar-ra-ud-bi-ta e-šè-ĝar inim lugal-ni ^{d}nin-ĝír-su-ke$_{4}$ e-na-dug$_{4}$-ga ba-dab$_{5}$ (*Neuregelungen* …) ì-dug$_{4}$.

182 Die Übersetzung von Schrakamp/Zólyomi 2024, 5 lässt sich mit der grammatischen Analyse nicht recht vereinbaren (das, was ersetzt wird, sollte im Terminativ stehen; nehmen wir aber einen Absolutiv an, dann wäre „with its old name" zu übersetzen!): „In the middle of that year, Urukagina erected the hoe at the small canal which belonged to Ĝirsu. He replaced its old name with it: (namely), he (re)named it 'Ninĝirsu has authority from Nippur'."

183 Siehe Zólyomi 2014–, der dort die hier diskutierte zweite Möglichkeit bevorzugt.

184 Dies lässt sich letztlich nicht beweisen, da er vor Urukagina bislang nicht belegt ist. Schrakamp 2015a, 335–336 (vgl. Schrakamp 2018, 130–131) spricht noch von einem „neuen Namen".

185 Schrakamp/Zólyomi 2024, 15: „He replaced its old name with it: he (re)named it 'Ninĝirsu has authority from Nippur'."

186 Vgl. die Tabelle 1 in Schrakamp/Zólyomi 2024, 5; 2025, 94.

Die Passage zeigt folgende Struktur:

> „Seit undenklicher Zeit – zu dieser Zeit waren diese *Missstände* ... die be₆-lu₅-da ud-bi-ta ‚Herrschaftsverhältnisse von früher'; nach seiner Erwählung hat er die nam tar-ra-du-bi-ta ‚Schicksalsentscheidungen von früher' eingesetzt und die (*Neuregelungen* ...) deklariert."

Zentral für die von Schrakamp/Zólyomi vorgenommen Deutung dieser Passage sind die Darlegungen von Steible, der ud-ul-lí-a-ta numun è-a-ta ud-bi-a als Einleitung zu be₆-lu₅-da-ud-bi-ta e-me-am₆ auffasst.[187] Die Annahme von „seit undenkbaren Zeiten" bestehender (schlechter) Herrschaftsverhältnisse steht aber in Widerspruch zur Einsetzung der „Schicksalsentscheidungen von früher".[188] Schrakamp/Zólyomi argumentieren daher überzeugend, dass sich nur ud-bi-a „zu diesem Zeitpunkt" auf die Missstände beziehe. D. h. die geschilderten (schlechten) Verhältnisse werden durch das ud-bi-a nur in der Erfahrungswelt des Urukagina zeitlich fixiert. Der Rückgriff auf die „undenkbaren Urzeiten"[189] ist daher m. E. syntaktisch anakoluthisch.[190] Es ist die einzige Auflösung der von Seminara beschriebenen „Crux" dieser satzeinleitenden Zeitbestimmungen,[191] die ich sehe.

Diese Interpretation impliziert also nicht, dass die beklagten Herrschaftsverhältnisse seit undenklichen Zeiten bestanden;[192] auch nicht, dass andere nie exis-

187 Steible 2000, 450–452.

188 Auch Schrakamp/Zólyomi 2024, 11 gehen von einer antonymischen Beziehung von be₆-lu₅-da-ud-bi-ta(k) und nam-tar-ra-ud-bi-ta(-k) aus; mit anderen Worten, die „Schicksalsentscheidungen von früher" sind *nicht* das, was ersetzt wird!

189 Diese Bedeutung ist offenkundig, wie auch Schrakamp und Zólyomi mit Verweis auf *RIME* 3/1.1.7 StB viii 26–38 zu Recht festhalten (Schrakamp/Zólyomi 2024, 9).

190 Mit Verweis auf „pastiche-like construction of Sumerian royal inscriptions" versuchen Schrakamp und Zólyomi (2024, 9) eine (inhaltliche) Neuordnung der Textteile (Table 2 und 3).

191 Seminara (2015, 415–416), offensichtlich ohne Kenntnis der Steibleschen Argumentation. Das Problem wurde bereits in Selz 1999–2000, 16 mit Anm. 90 deutlich beschrieben (allerdings ohne Rekurs auf die damals nicht vorliegende explizite syntaktische Rekonstruktion von Steible oder Schrakamp/Zólyomi): „Einige Übersetzungen implizieren allerdings mehr oder minder deutlich, es habe sich um eine echte Neuerung gehandelt. Das einzige Argument, das ich für diese Auffassung sehen kann, ist das Verständnis von *FAOS* 5/1 Ukg. 4 = *RIME* 1.9.9.1 iii 2–4: u₄-ul-lí-a-ta numun-è-a-ta u₄-bi-a: nach Cooper 1986, 71 „Since time immemorial, since life began, in those days" (es folgt die Beschreibung der Missstände). Nach der Auffassung von Cooper und anderen Autoren wird der Ursprung der Missstände hier in die mythologische Urzeit verlegt."

192 Parallel hierzu ist die Stelle *RIME* 3/1.1.7.CylB vii 27–38: igi-ni-šè nu-tuku-a / ud ul-lí-a-ta / numun i-a-ta / énsi / lagas^{ki} / é-ninnu / ^{d}nin-ĝír-su / lugal-ĝu₁₀ / ù-na-dù-a / lú níĝ-ul-e pa è-a-àm / ka-ka-ni / lú nu-ù-kur₂-e / di-kud-a-na šu nu-bala-e „der sich nicht vor Augen hält, dass seit fernen Tagen, seit Urzeiten, wenn ein Fürst von Lagaš für Ninĝirsu, meinen Herrn, das ‚Fünfzigerhaus' baute und (es) dann erstrahlen ließ, niemand seine Anordnungen umstößt (und) seine Entscheidungen ändert (...)". Vgl. die Übersetzungen bei Edzard 1997, 37 und Schrakamp/Zólyomi 2024, 9. Vgl. auch *RIME* 3/1.1.7.CylB xiii 6: ^{d}nin-ĝír-su-ke₄ èš numun i-a šag₄-ge ba-ni-pàd „Ninĝirsu hat es (= das é-ninnu) (als) Heiligtum, das Samen vorbringt, in seinem Herzen/Innern bestimmt." Die Eigenschaft des „Samen-Hervorbringens" wird auch von Göttern bzw. ganzen

tierten,[193] auch wenn sich die Phrase ud-ul-lí-a-ta numun è-a-ta nicht (mehr) auf ihre wohl ursprüngliche Referenz zur Weltentstehung (Schöpfung) beziehen mag. Auf die Existenz anderer irdischer Verhältnisse wird bemerkenswerterweise auch sonst nie explizit Bezug genommen. Folgerichtig beziehen sich dann die in der Regel als Antonyme aufgefassten Begriffe be$_6$-lu$_5$-da-ud-bi-ta und nam tar-ra-ud-bi-ta auf ganz verschiedene Ebenen: Die *heute,* wenn auch seit langem bestehenden *irdischen Verhältnisse* werden an die *alten göttlichen Entscheidungen* (wieder) adaptiert.[194] Die Neuregelungen beziehen sich also realpolitisch auf die misslichen Zustände der Jetztzeit. Anderes lag – wie der anakoluthische Bezug auf die fernste Vergangenheit andeutet – außerhalb der zeitgenössischen Erfahrungswelt. Die Konsequenz daraus könnte sein, wie es Steible – gestützt durch Beobachtungen zur Rolle der ‚Aussprüche' in späteren ‚Codices' – formuliert:

> „Während die alten Regelungen keinem Gott in den Mund gelegt werden, macht Uru'inimgina [=Urukagina] deutlich, daß er die neuen Regelungen aus dem Munde seines Herrn Ningirsu übernommen (= dab$_5$) hat; d.h. schon hier sind *die rechtlichen Regelungen ad hoc erfolgte göttliche Offenbarung* [Hervorhebung G. Selz]."[195]

Das Textverständnis von Steible, aber auch von Cooper und z.T. von Schrakamp/Zólyomi[196] erzwingt die Deutung des Ediktes als Neuerung oder ‚Reform', mit all den – durchaus möglichen – verfassungsrechtlichen Konsequenzen. Allerdings wird den in der Nahzeit (ud-bi-a) verorteten Missständen die Wiederherstellung der gesellschaftlichen Homöostase entgegengestellt, die gemäß „den (göttlichen) Entscheidungen von früher" (nam-tar-ra-du-bi-ta-k) erfolgte und von diesem

Städten vermerkt; vgl. ferner die *Nippur-Klage* Z. 253: ud numun i-i níĝ-zi-ĝál ù-tud-e-ne íb-ta-an-è-a „Er (= Enlil) brachte den Tag hervor, an dem der Same aufgeht und die Lebewesen geboren werden." Der mythische Bezug der parallelen Ausdrücke ud-ul-lí-ta und numun-è-a-ta ist nicht von der Hand zu weisen, der Parallelismus macht es sogar wahrscheinlich, dass an dieser Stelle ud-ul-lí-a-ta als Sandhi-Schreibung für *ud-ul-è-a-ta verstanden wurde. Damit wäre wörtlich zu übersetzen: „Seit die Knospen aufgingen, seit der Same spross".

193 So Zólyomi in 2014, ähnlich Schrakamp/Zólyomi 2024, 9: „So, the expression does not refer to a time when everything was different, but to a time when things very much worked like in the current time". Das lässt sich nicht einfach vereinbaren mit der Erläuterung in Schrakamp/Zólyomi 2024, 13: „Urukagina, via his role as king, claims to maintain, or, to restore, justice and harmony as part of the divine order that had been established upon the creation of the world" und auch die Bemerkung „From this emic perspective, it therefore does not make sense to speak of either restoration or reform", nebst dem Ausflug zu den altägyptischen *‚ma'at'*, bleibt für mich problematisch. Der durchaus sinnvolle Vergleich erfordert geradezu die Interpretation, dass der Herrscher *an Stelle* der „Herrschaftsverhältnisse von früher" die „Schicksalsentscheidungen von früher" setzt. Der mythologisierende Bezug auf die Anfänge der Zeit scheint unabweisbar.

194 Auch dies ist keineswegs neu (vgl. die vorstehende Anm.). Bereits Selz (1999–2000, 16) verstand die Stelle als „Rekurs auf die alte gottgewollte Ordnung".

195 Steible 2000, 451.

196 Vgl. Steible 2000; Cooper 1986, 71; Schrakamp/Zólyomi 2024.

Blickwinkel her sind die Neuerungen restaurativ.[197] In dieser Auffassung bezieht sich nur ud-bi-a geradezu adversativ auf die Zeit der Amtsmissbräuche: Das, was „seit Menschengedenken" richtig war und auf den „Schicksalsentscheidungen von früher" beruhte, setzt Urukagina (wieder) in Kraft. Inhaltlich schlage ich paraphrasierend folgende Deutung vor: Seit Menschengedenken (war es so) (sollte es so sein), (aber) nun (ud-bi-a) finden sich diese althergebrachten Herrschaftsverhältnisse; die früheren göttlichen Entscheidungen setzte er (nun wieder) in Kraft. Bis zum Zeitpunkt des Ediktes (ud-bi-a) galten die alten Herrschaftsverhältnisse,[198] der Rückgriff auf die Vergangenheit ist mythologisiert – es war einmal.[199] Aus diesem bezieht der Herrscher die Legitimation für seine Maßnahmen.[200]

---

197 In jüngerer Zeit (Gudea) scheinen die Termini nicht mehr sauber getrennt: Das Lehnwort be$_6$-lu$_5$-da wird ins Akkadische rückentlehnt als *pelludû* (PA.AN) und bedeutet dann etwa „Riten". Für PA.AN findet sich auch unter Gudea (neben syllabischem be$_6$-lu$_5$-da) auch die Lesung ĝarza (mit ähnlicher Bedeutung), das ebenfalls ein Lehnwort von akk. *parṣu* (vgl. *CAD* P 195–203) darstellt: ĝarza-ĝá mul-an kug-ba gù ga-mu-ra-a-dé „im strahlenden Sternenhimmel meiner Ordnungen /Riten will ich zu dir rufen" (*RIME* 3/1.1.7.CylA ix 10) bzw. nin ĝarza-kal-la-ke$_4$ ^{d}nanše šìr-kug inim zu é-e ba-an-dug$_4$ „die Herrin der wertvollen Ordnungen /Riten, Nanše, die die Worte der strahlenden Lieder kennt, sprach (diese) beim Haus". (*RIME* 3/1.1.7.CylB iv 6) Da auch für me (neben *ikribu* und dem Lehnwort *mû*) *parṣu* bezeugt ist, sind weiterreichende Schlüsse hier nicht möglich. Die Bedeutung „Herrschaftsordnung" bzw. „Herrschernorm" für be$_6$-lu$_5$-da im Edikt des Urukagina scheint jedenfalls gesichert; vgl. die ausführliche Diskussion in Schrakamp/Zólyomi 2024, 9–12.

198 Seminara beschreibt diese Zeitverhältnisse so: „Der Ablativ u$_4$-ul-lí-a-ta numun-è-a-ta und der Lokativ u$_4$-bi-a müsse daher zwei ganz verschiedene Zeitphasen darstellen: die Urzeit, beziehungsweise die geschichtliche Zeit, d.h. eine sozusagen mittlere Zeit, die der Krönung UruKAginas und seiner ‚Reform' voranging." (Seminara 2015, 420).

199 Auch wenn die nam-tar-ra der Götter rituell erneuert werden können, ja müssen, sind sie eng verbunden mit dem Feststehenden, dem im Prinzip Unveränderlichen, d.h., níĝ-gi-na, dem „Recht". Hier stellt sich die Frage, ob nicht auch inim-gi-na „das feststehende (unveränderliche) Wort" unauflöslich mit der Sphäre des Rechts zu verbinden ist und auf einen transzendentalen Ursprung verweist (vgl. Steible 2000, 451, 455; Selz 1998c) und siehe oben Anm. 55 zu inim(-ma)-sè-ga bzw. inim-diĝir-ré-ne dab$_5$-ba. Darauf, dass die nam-tar-ra auch materiell fixiert waren, verweist wohl der šeg$_{12}$-nam-tar-ra „Ziegel der/mit der Schicksalsentscheidung" bei *RIME* 3/1.1.7.CylA i 15, v 7, vi 7), der durch ein Bauorakel bestimmt wurde (*RIME* 3/1.1.7.CylA xiii 17) und damit šeg$_{12}$ zid „den rechten Ziegel" (*RIME* 3/1.1.7.CylA vi 8) darstellt. Der Name des Urukagina-k bzw. Eri'inimgina-k (Schrakamp 2015a, 304–310 mit nahezu erschöpfender Diskussion älterer Deutungsüberlegungen) bedeutet nach Schrakamp (in Anlehnung an Marchesi 2014, 149): „Die Stadt (ist die des) zuverlässigen Ausspruchs/Wortes"; vgl. Schrakamp/Zólyomi 2024, 2 Anm. 7 und Schrakamp/Zólyomi 2025, 98 Anm. 3 „the city is the one of the reliable word", d.h. „als Nominalsatz mit freiem" bzw. „regenslosem Genitiv" (Schrakamp 2015a, 308–309). Der Sinn des Namens ist ohne Zweifel ≈ „die Stadt gehört zum feststehenden Wort", nicht aber *„die Stadt hat das feststehende Wort", eine agrammatische Wiedergabe, die die Folge Possessum – Possessor vertauscht. Dabei scheint der Umweg über einen „freien Genitiv" keineswegs zwingend, und auch die Namensparallelen lugal/sipa/niĝir (vgl. Selz 1998a, 315–316, 318) stützen die Annahme nicht. Der Genitiv drückt ja bereits eine Possession aus: „Der Hirte des feststehenden Wortes" ist ein „Hirte, der zum feststehenden Wort gehört"; vgl. aber ama-lukur-tuku „Die (göttliche?) Mutter hat eine Priesterin erhalten"; saĝ-an-tuku „Einen Ersten hat sie (erhalten)." Innerhalb der Namensbildung bleibt es oft unsicher, ob zwischen

Eine Bestimmung der Intention des Edikts als Einführung von Neuerungen (Reform) oder als Wiederherstellung (Restauration) hängt nur vom Blickwinkel ab und mag, wie Schrakamp/Zólyomi annehmen, auf etischer Betrachtungsweise beruhen. Gegenstand des Ediktes ist eine Wiederangleichung („readjustment")[201] der bestehenden irdischen Verhältnisse an jene, die in grauer Vorzeit anzutreffen waren (und die den religiösen (ideologischen) Vorgaben entsprachen). Es zeigt sich im diskutierten Wortlaut jedoch eine gewisse Unschärfe, da jeglicher Bezug der Neuerungen auf einen bestimmten Punkt in der Vergangenheit vermieden wird. Vielleicht aber geschieht dies absichtsvoll:[202] Denn die bei Urukagina (und wohl bereits Lugalanda) erkennbaren gesellschaftlichen Veränderungen, die mit der gesellschaftlichen Krise einhergehen, werden nicht komplett abgelehnt oder geändert. Seine ideologische Fixierung auf die Staatsgottheiten von Ĝirsu (und ihre Haushalte) und sein individualisiertes Verhältnis zu diesen Göttern,[203] auch eventuelle Verschiebungen in den ökonomischen Austauschformen,[204] ändern sich nicht. Dabei

zwei Substantiven ein identifizierendes („ist") oder ein possessives („gehört zu") Verhältnis besteht. Mit anderen Worten, die auf Edzard (1984, 44) zurückgehende Auffassung bedarf einer Emendation. In den seltenen Fällen, in denen das zweite Nomen explizit als im Genitiv stehend nachweisbar ist, wird eine Possession, nicht Identifikation, ausgedrückt; vgl. nin-inim-zi-da.k „Die Herrin gehört zum gerechten Wort"; Genitiv nach *TSA* 18 v 1. (Das Problem wird näher beschrieben und erläutert in Selz im Druck b. Zum Nachweis, dass das Possessum in solchen Namen einen göttlichen Referenten impliziert, vgl. Selz 1998, 314 mit Anm. 13–14. Auch wenn die volle Namensform nicht vor Regierungsantritt des Herrschers zu belegen ist – zuvor wird er als uru-KA gal-ùĝ-k „PN, Hauptmann" geführt – bleibt die Namensnennung auffällig. Offenkundig – und das ist für zahlreiche Namen aus dem altsumerischen Onomastikon klar –, stellen vergleichbare Personennamen keine *direkte* Beziehung zum benannten Kinde her, sie sind vielmehr deklaratorische Aussagen, die den Namensträger in der verwandtschaftlichen bzw. der religiös-sakralen Sphäre verorten; vgl. Selz 2012, 67–68 oder die lugal-Namen bei Andersson 2012, 298–413 sowie zahlreiche weitere Namen mit Titeln oder Örtlichkeiten, z.B. nin-eri-da-kúš „Die Herrin kümmert sich um ihre Stadt", nin-eri-né-šè-ḫi-li „Die Herrin (ist) für ihre Stadt eine Pracht"; nin-eri-né-šè-nu-GÁN.GÁN „die Herrin schmäht ihre Stadt nicht", siehe auch Balke 2017, 26: der Namenstyp GN-ama-ĝu$_{10}$ „Die Gottheit (ist) meine Mutter" ist z.B. parallel zu AN-ama-ĝu$_{10}$, girid-R, MÍ.U$_8$-sig-R, NI-A.A-R, PAP.PAP-R, sún-R, $^{(d)}$utu-R und ušùr-R.

200 In der Regel sind geschichtliche Ereignisse als Aktualisierung mythischer Vorgaben konzipiert: Sie spezifizieren auch die Rolle und die Aufgaben mesopotamischer Herrscher, worauf wir oben bei dem Verhältnis von Text und Bild auf der Geierstele hingewiesen haben: Der außerzeitliche mythische Triumph des Staatsgottes Ninĝirsu / Ninurta präformiert den Sieg des E'anatum im historischen Konflikt. Ein solches Rollenverständnis wird dann erstmals in der Akkade-Zeit durchbrochen, zusammenhängend mit einer (teilweisen) ideologischen Neuorientierung, der Idee eines Staates, mit Individualisierung (vgl. Selz 2019) und Zentralisierung.

201 Schrakamp/Zólyomi 2024, 13.

202 Auf diesen inhärenten Widerspruch verweist auch Steinkeller 2023, 19: „rather than rejecting the concept of the authoritarian monarchic rule – the pi-lu$_5$-da of the former days – he [Urukagina] made it even stronger and more pervasive. This development also represented a radical departure from the past tradition."

203 Vgl. hierzu die grundsätzlichen Überlegungen in Selz 2012.

204 Anders als Schrakamp/Zólyomi (2024, 19–22) kann ich einen Rekurs des Urukagina auf Reziprozität nur im Zusammenhang mit der *Monetarisierung* des Geschenkaustausches er-

handelt es sich um Vorboten einer veränderten Staatsideologie, eines zunehmend zentralistisch organisierten und monarchisch verfassten Staatswesens.

4 Der Gegenstand des Ediktes des Urukagina

Es ist bekannt, dass die formularmäßigen Änderungen der Eigentumsvermerke durch Urukagina bereits im Monat seines Regierungsantritts erfolgt sind.[205] Auf deren Zusammenhang mit gesellschaftlichen Veränderungen im Bereich der legistisch zentralen Verfügungsrechte wurde bereits hingewiesen. Über die rechtsrelevanten Gegenstände des Edikts informiert der folgende tabellarische Überblick, gegliedert nach der zeitlichen Einordnung der drei Haupteditionen des Textes.[206]

Das Edikt des Urukagina: Themen und Editionen

	Missstände	F(rühe Vs.)[207] (*FAOS* 5/1 Ukg. 4 = *RIME* 1.9.9.1 / M(ittlere Vs. (?)) (*FAOS* 5/1 Ukg. 6 = *RIME* 1.9.9.3)[208] S(päte Vs.)[209] (*FAOS* 5/1 Ukg. 1 = *RIME* 1.9.9.2)	Maßnahmen	F(rühe Vs.) (Ukg. 4 = *RIME* 1.9.9.1) / M(ittlere Vs. (?) (Ukg. 6 = *RIME* 1.9.9.3 S(päte Vs.) (Ukg. 1 = *RIME* 1.9.9.2)
1.	Aneignung der Schiffe durch Obleute[210]	F+S	Entfernen dieser Personen	F+S

kennen. Der Übergang von Gabentausch zu Geschenkhandel wird sonst nicht weiter thematisiert und ist im Übrigen nur abhängig von einem funktionsbasierten Blickwinkel: Die ökonomische Funktion der Reziprozität drängt ihre soziale Funktion des Gabentauschs (zunehmend) in den Hintergrund.

205 Vgl. Selz 1995a, 307, mit dem Übergang von *HSS* 3, 30 = *AWAS* 29) (Lug. 7/1 zu *MVN* 3, 2 = *AWAS* 52 (Ukg. E 1/2).

206 Einen Überblick über die komplexe Textgeschichte bietet Schrakamp 2015a, 335–337. Er geht nunmehr von fünf Fassungen aus, „die sich auf den Zeitraum von Urukaginas zweitem (Ukg. L 1) bis wenigstens achtem Regierungsjahr (Ukg. L 7+) verteilen (Schrakamp 2015a, 337; vgl. Schrakamp/Zólyomi 2024, 3). Die Bruchstücke der späten Versionen Ukg. 63 und Ukg. 64 sind nachfolgend nicht besonders gekennzeichnet. Vgl. auch Anm. 209.

207 Wie schon Schrakamp 2015a, 335–337 und 2018, 130–131 zu Recht bemerkt hat, gehört dieser datierte Text über *TSA* 23 (Ukg. L 1) in das 2. Regierungsjahr, d.h. in sein erstes Jahr nach der Krönung zum König von Lagaš (Ukg. L 1).

208 Die Platzierung von *FAOS* 5/1 Ukg. 6 = *RIME* 1.9.9.3 ist nicht ganz sicher. Der Rückblick auf die kriegerischen Auseinandersetzungen mit Umma lassen einen Kontext der Inschriftenabfassung mit den ab dem 4. Königsjahr des Herrschers belegten Kriegen vermuten; vgl. Bauer 1998, 480 und vgl. jetzt den Überblick bei Schrakamp 2015a, 336; für *FAOS* 5/1 Ukg. 4 = *RIME* 1.9.9.1 dient als *terminus ante quem* das 1. Königsjahr des Herrschers (s. o.), während *FAOS* 5/1 Ukg. 1 = *RIME* 1.9.9.2 nach dem 6. Königsjahr entstanden sein muss. Ein Versuch zur Synoptik der Quellen findet sich bereits in Hruška 1973.

209 Hierher gehört zum einen der von Vucosavović 2008 edierte Text Ukg. 63 wie auch der „coil" AO 27621 (Foto Cooper 1985, 104 Pl. V 12, vgl. Cooper 1985, 99–100, 105 Anm. 4), nach Vukosavović Ukg. 64; vgl. Schrakamp 2015a, 337.

210 Vgl. Selz 1995d: etwa „der Vorgesetzte der Treidler"; Schrakamp/Zólyomi 2024, 19–24 geben

2.	Aneignung des Kleinviehs durch die Herdenverwalter[211]	F+S	Entfernen dieser Personen	F+S
3.	Aneignung der Fischteiche(?) durch Steuereintreiber[212]	F+M+S	Entfernen dieser Personen	F+S
4.	Gerstenabgabe der Guda-Priester	F+M+S	Entfernung des Speicherverwalters	S
5.	Monetarisierung von (Lieferungs-) Außenständen	F+M+S	Entfernung des Kommissars	F+S
6.	Einsatz der Pflugrinder des Tempels für den Fürsten	F+M+(S)	(wie nachstehend)	–
7.	Fürstenanwesen und -felder auf Tempeldomänen	F+S	Restitution von Anwesen und Besitz an die Götter	F+S
8.	Einsatz von Eselgespannen und Rindern für die Tempelverwalter	F+M	(wie vorstehend)	
9.	Die ‚Truppe' des Fürsten teilte die Gerste der Tempelverwalter zu[213]	F+S		
10.	Abgaben[214] von Tempelverwaltern an den ‚Palast'	F	Entfernung des Kommissars	F
11.	Übergriffe gegen „arme Mütter" (Arme)	F+S	Verbot	F+(M)+S
12.	Ersatzzahlung beim Schaferaufen	M		vgl. F+S

lú má DU.DU als *„man (in charge) of the boat transport"* wieder (kursiv im Original).

211 Beachte, dass im *Codex Ur-Namma* die Verfehlungen von Schiffern und Hirten nicht in den Einzelfallbeschreibungen, sondern im Rahmen der im Prolog deklarierten Amnestie erwähnt werden (Roth 1995,15–16).

212 Vgl. Greco 2021; 2022.

213 So bereits Selz 1999–2000, 17; vgl. den Beitrag von Felix Rauchhaus in diesem Band.

214 Diese Abgabe – meist dusu (ÍL) gelesen – bestand aus verschiedenen, wohl rituell verwendeten Gegenständen, auf die der ‚Palast' zugriff. Der Terminus ist hier wohl weiter zu fassen als als bei (ĝeš)dusu „corvée obligation", siehe dazu Wilcke 2003a, 35; Cripps 2007, 31; Neumann 2007, 291. Trotz der teilweise widersprüchlichen lexikalischen Evidenz kann (ĝeš/gi)dubsig (vgl. Akk. *tupšikku*) als Lesung für (ĝeš/gi)ÍL wohl als sicher gelten; siehe jetzt Paoletti/Schrakamp 2012–2014, 162.

13.	Gewaltandrohung durch Obere bei Kauf von Eseln / Immobilien	F+(M)	Herstellung von Marktverhältnissen	F
14.	Höhe / Zweckentfremdung der Beerdigungsgebühren	F+S	Senkung der Tarife; spezifiziert; (Bezahlung der Klagepriester aus dem (Tempel-) Haushalt)	F+M?+S
15.	Höhe / Zweckentfremdung der Krankheits(?)-Gebühren	F	Senkung der Gebühren	F+(S?)
16.	Gebühr(?) für Milizionäre / Maut am Stadttor[215]	F	Abschaffung	F, vgl. S
17.	Aneignung von Haushalten und Land durch die Herrscherfamilie	F+M+S	Restitution von Haushalten und Land an die Götter	F+S
18.	Übermacht der Rechtskommissare	F	Entfernung des Kommissars	F
19.	Ausbeutung (institutioneller) Arbeitskraft durch die RU-lugal; Vernachlässigung ihrer Fürsorgepflicht(?)[216]	F+M	M(?)	(M)

215 Die Passage ist nicht ganz klar; insbesondere die Bezeichnung *ĝuruš-MIN.m(a)k bleibt unverständlich. Der -/m/- bzw. -/m.ak/-Auslaut ist gesichert über *CUSAS* 11, 352 = *RA* 102, 5–9 (Vukosavović 2008) – auch als Ukg. 63 zitiert – iii′ 5′–8′: addir$_x$(|PAD.DUG.GIŠ.SI|) a-bul$_5$-la / guruš-MIN-ma-ka / inim i$_3$-gi$_4$ „der Stadttorzoll der …-Milizen wird widerrufen". Der einzige Beleg außerhalb des Edikts findet sich in der Konskriptionsliste *DP* 135 (Ukg. L 6), in der die dem Zugführer é-nam unterstellten gezogenen (sur$_x$-suḫ$_5$-ḫa) 21 Milizangehörigen als MIN:guruš bezeichnet werden, was Schrakamp (2010, 300) mit „Zweitmänner" übersetzt. Die von Selz 1995a, 80 Anm. 330 vorgeschlagene Deutung „Ersatzmänner" wird zwar abgelehnt (Schrakamp 2010, 306–307), eine abweichende Bestimmung bleibt schwierig. Da die Lesung völlig unsicher ist, lässt sich nur festhalten, dass es sich bei den so bezeichneten Personen um (gehobene) Milizangehörige handelt. Ein Bezug zu UŠ-min-na(-ba) im Feldvermessungstext *DP* 596 (Ukg. L 2) ist jedenfalls auszuschließen. Vgl. ferner Maiocchi 2023, 196 und außerdem: ⸢addir$_x$(A.GISAL.GADA.GAR.A.SI)⸣ ĝuruš$^?$-kam$_x$(ḪI×DIŠ) „(x Kor Getreide) ist das *Wegegeld* der Arbeiter" (Notizia/Visicato 2016, 281).

216 Die Rolle der RU-lugal im Edikt scheint ambivalent; auf der einen Seite werden Übergriffe (*FAOS* 5/1 Ukg. 4 = *RIME* 1.9.9.1 vii 17–19) bzw. Aufgaben-Vernachlässigung (*FAOS* 5/1 Ukg. 6 = *RIME* 1.9.9.3 ii 4′–7′) beklagt, auf der anderen Seite wird ihre ökonomische Unabhängigkeit unterstrichen (*FAOS* 5/1 Ukg. 4 = *RIME* 1.9.9.1 xi 20–22, xi 32–xii 11); ihre Rolle im Edikt wird ausführlich diskutiert in Schrakamp/Zólyomi 2024, 16–19, die die entsprechen-

20.	Gebühr bei Ehescheidung und *Amtseinführung*(?) an Fürsten und ‚Großwesir' (Kanzler), ‚Weisen'/ Scheidegeld und Gebühr für Eheschließung (?)[217]	M	Abschaffung dieser Zahlungen	M
21.	Straf- u. Zivilrecht (Diebstahl, Hehlerei, Wiederheirat?/ Schuldknechtschaft?)	M	Beseitigung dieser Handlungen?; Straferlass?[218]	M

4.1 *Zur Typologie der Regelungen im Edikt*

Typologisch betrachtet werden die Missstände nahezu ausschließlich als spezifizierte Fakten beschrieben, und die entsprechenden Eingriffe sind ebenso konkret: Die Verantwortlichen werden entfernt, Gebühren reduziert oder abgeschafft und erwartungsgemäß gibt es deutliche Hinweise dafür, dass der Herrscher entsprechend verfuhr.[219] Nur gelegentlich scheinen die Aussagen generalisierend, sind

den Regelungen als Audruck der herrscherlichen Bemühungem um „vertical solidarity" betrachten.

217 Wohl ‚öffentliche' Gebühren für Formalakte (und deren Dokumentation?); vgl. Wilcke 2003, 62–63. Der symbolische Akt des Ausgießens von Öl bzw. einer Antimonlösung über ein Haupt mag mit dem Antritt eines Amtes, oder wie vielleicht der Kontext nahelegt, mit einer Heiratszeremonie verbunden sein; so Wilcke 2003a, 62–63. Für diese These könnte auch sprechen, dass sich unter den Gegenständen, die Baranamtara ihrem Sohne Ur-sila-sír-sír-ra zur Heirat (als Widerlage) übergab, ein bur šembi$_3$ ^{na4}al-ga-mes ša$_3$ šid befand (*DP* 75 v 4). Die Bereitstellung einer Widerlage ist wohl zuerst in der Ušumgal-Stele schriftlich festgehalten (dazu und zu *DP* 75 vgl. Wilcke 2003a, 63, 65).

218 Während Diebstahl mit za-áš-da verbunden wird, bezieht sich Hehlerei auf die illegale Aneignung von verlorenen/vermissten Gütern. Im Edikt wird das „2 Männer haben" ebenfalls als za-áš-da bezeichnet, und Wilcke möchte in der Passage ein Verbot der Wiederverheiratung sehen, was rechtsgeschichtlich problematisch bleibt; siehe dazu die Diskussion bei Wilcke 2003a, 59–60. Wilcke 1991 schlug – u.a. aufgrund von Gomi/Sato 1990 – vor, zwischen zi-iš-da „Entschädigung" und šer$_7$-da „Strafe" zu differenzieren (von mir früher übersehen). Wilcke 2003a, 59 Anm. 59–60 verbindet za-áš-da, Steinkeller (1980, 178–179) folgend, als Lehnwort mit *sartum* „lie, crime". Davon zu trennen sei zíz-da, /zišda/ = *kiššātum* „deliktisch begründeter Schuldsklavenstand". 1991 übersetzte er dabei zi-iš-da mit „Entschädigung" und šer$_7$-da mit „Strafe." Mit anderen Worten, es wird eine semantische Beziehung zwischen /išda/ und /šerda/ angenommen, der Vorschlag von Steinkeller (1980, 178–179) (z)a-áš-da = *kiššātum* wäre inkorrekt. Ein ursprüngliches Lehnwort von *sartum* wäre dann durch ein Lehnwort von *šērtu* ersetzt. M. E. ist es aber keineswegs ausgeschlossen, dass /zašda/ und /zišda/ nur temporale bzw. regionale Variationen desselben Lehnwortes(?) darstellen und beides inhaltlich mit bereits Akkade-zeitlich bezeugtem *kissâtum* „debt servitude, indemnity (for a lost object)" zu verbinden ist, in welchem Falle weder von Polyandrie noch von Wiederverheiratung, sondern in der Tat von einem „deliktisch begründeten Schuldsklavenstand" die Rede ist. Der (wohl analoge) Verkauf eines Kindes durch seine Familie ist z.B. belegt in *CUSAS* 35, 372 (Bartash 2017, 342: „self-sale").

219 Schrakamp/Zólyomi 2025 sowie Rauchhaus in diesem Band.

vielleicht kasuistisch im Sinne der späteren Gesetzestexte und der eblaitischen Rechtstradition.[220] Ein Konditionalis wird in den hier erkennbaren Protasen nicht explizit ausgedrückt. Hierher gehören die oben unter Nr. 11–13 mit strafrechtlichen und insbesondere Nr. 20–21 mit eher zivilrechtlichen Themen. Der Übergang zu einem kasuistischen Verständnis der Texte wird auch dadurch unterstrichen, dass in der mittleren und späten Edition (M+S), im Unterschied zu früher (F), die Missstände unmittelbar vor den Neuregelungen genannt werden.

Die frühe Edition F ist auch deshalb besonders, da sie am Ende Generalregelungen (Gesetze) nennt, auf deren Nichteinhaltung bei den Missständen allenfalls implizit Bezug genommen wird und die deshalb mehr als eine einfache Abstraktion bedeuten:

> ì-dug$_4$ / dumu-lagas^{ki} / ur$_5$-ra ti-la / gur-gub-ba / še-si-ga / níg-zuḫ-a / saĝ-ĝiš-ra-a / é-éše-bi / e-luḫ / ama-gi$_4$-bi / e-ĝar / nu-siki / nu-ma-kuš / lú-á-tuku / nu-na-ĝá-ĝá-a / ^{d}nin-ĝír-su-da / ere-inim-gi-na-ke$_4$ / inim-bi ka / inim-bi zú e-da-kéš
>
> „(Das Vorstehende) hat er deklariert. Die Einwohner von Lagaš, die in Schuldverpflichtung lebten, *(in) das bereitgestellte Gur-Maß Getreide füllten(?),*[221] von Diebstahl und Totschlag reinigte er deren Gefängnisse[222] und bestimmte ihre Entlassung."
>
> „Dafür, dass weder Waise noch Witwe dem Mächtigen überantwortet werde, hat sich Urukagina gegenüber Ninĝirsu verpflichtet." (*FAOS* 5/1 Ukg. 4 = *RIME* 1.9.9.1 xii 12–28)

Man hat diese Generalreglungen auch als Amnestie bezeichnet, die sie mit den entsprechenden Gnadenerlässen der altbabylonischen Könige inhaltlich vergleichbar macht. Daher besteht die Wahrscheinlichkeit, dass sie auch bei Urukagina unmittelbar mit seiner Machtübernahme zu verbinden sind. Sie markieren und begleiten den gesellschaftlichen *Reset*.

Alle diese Regelungen, die sich z. T. bis weit in die späteren Gesetzestexte verfolgen lassen, nennen – im Unterschied zu den zuvor genannten Missständen – keine Verantwortlichen (siehe dazu unten). Angeprangert war dort der Machtmissbrauch der staatlichen Führungsschicht und der Amtsinhaber – bis hin zum Fürsten. Hier betreffen die Eingriffe wohl in allen Fällen das Strafrecht im Unter-

---

220 Siehe den Beitrag von Maiocchi in diesem Band.

221 Deutung unsicher; vielleicht sind zwei Vorgänge genannt, Abgabeverpflichtungen bzw. Steuern? Oder, im Kontext zum Nachfolgenden eher ein oder zwei kriminelle Akte, etwa „Betrug"? So Wilcke 2003a, 22. Frayne 2008, 264 übersetzt interpretativ „the one who had set up (a false) *gur* measure, the one who had (fraudulently), filled up the (legal) *gur* measure with barley". Andererseits lässt ein Vergleich mit der im Prolog von Lipit-Ištar verfügten Freistellung von Verpflichtungen gegenüber dem Staat die Deutung als „Abgabeverpflichtungen" nicht unmöglich erscheinen; siehe Roth 1995, 25–26. Vgl. vielleicht die še-gub-ba-Abgabe, die die Gudu-Priester im Ambar zu leisten hatten und wofür sie dort Speicher bauten; Belege in Behrens/Steible 1983, 312.

222 Siehe Steinkeller 1991.

schied etwa zu den zuvor deklarierten Gebührenminderungen im Falle von Tod, Krankheit oder Scheidung.

Bemerkenswert ist hier zudem der Schutz für die Waisen (nu-siki, d.h. für die, die keine Wollzuteilungen erhielten), bzw. für die Witwen (nu-ma-kuš, d.h. für Frauen, die ohne Versorgung oder Versorger leben mussten). Zwar erscheinen zahlreich männliche und weibliche Waisen häufig in den Rationenlisten;[223] ihre Bedürftigkeit dürfte in ihrem beschränkten Zugang zu anderen Ressourcen der Institution, etwa zu den Wollzuteilungen bestanden haben. Über die Lage der Witwen lässt sich aus dem Material der Wirtschaftsurkunden derzeit noch nichts erschließen. Die oben genannten kasuistischen Aussagen über ‚arme Mütter', die Opfer ökonomischer und wohl auch physischer Gewalt werden, machen es jedoch wahrscheinlich, dass die Lage der Witwen jener der ‚Wolllosen' durchaus vergleichbar war. Ihre eventuelle Schädigung durch einen Mächtigen war für sie sicher existenzbedrohend.

Was den Entlass der Einwohner von Lagaš aus der Schuldknechtschaft angeht, so seien an dieser Stelle die sog. *Darlehensurkunden*[224] aus Ĝirsu erwähnt, die Bauer behandelt hat.[225] Obgleich eine Datierung dieser 7+2 Texte immer fehlt,[226] dürften sie doch unter Lugalanda verfasst worden sein. Dabei wurden diese Darlehen von Amar-ezem ausgegeben, der wahlweise als kuš_7 oder ur-nu-k „Urnu"[227] bezeichnet wird.[228] Hinzu kommt nun nach *AoF* 22, 110–116 = *AWAB* 210 (Marzahn/ Neumann 1995), eine Notiz über „Bürgschaft für Silberdarlehen; Notiz über ausgegebenes Darlehenskapital?" und vielleicht der Text *AoN* 1, 2–4 = *RA* 74, 45–46 CBL CT 112.[229]

Bereits Bauer hatte vermutet, dass der Darlehensgeber „eine große Wirtschaftseinheit [war], als deren verantwortlicher Beamter Amarezem waltet" und dass vielleicht(!) „alle Darlehen aus dem Vermögen des Stadtfürsten gewährt wurden."[230] Damit befinden sich diese Texte wohl an der Grenze zwischen institutionellem und privatem ‚Eigentum'.[231] Eine generalisierende Annahme, das Darlehenskonzept habe sich aus institutionell-administrativen Anfängen entwickelt, lässt sich daraus nicht zwingend ableiten. Allerdings mag die Tatsache, dass unter Enmete-

223 Unter Urukagina lässt sich hier keine Veränderung feststellen.

224 Beachte Bauer 1975, 192: „Eine auffällige Besonderheit sind die vielen fast auf allen Tafeln vorkommenden Tilgungen der Ziffern, die die Hohe des Darlehens angeben. Erfolgte diese Löschung nach der Rückzahlung der Schuld?"

225 Siehe Bauer 1975.

226 *CT* 50, 26–32 und (mit Bauer 1976) *OIP* 14, 57 und *OIP* 14, 65 (Luckenbill 1930).

227 *VS* 14, 159 (Lug. 2) und *CT* 50, 42 (Ukg. L 4). Vermutlich kein regensloser Genitiv **„der des Urnu"; vgl. Bauer 1976; siehe auch Balke 2017, 439.

228 Belegt zwischen *VS* 14, 171 = *AWL* 177 (Lug. 2): kuš_7-maḫ und *VS* 14, 179 = *AWL* 175 (Lug. 3) bzw. *VS* 14, 170 =*AWL* 70 (Lug. 4): kuš_7-ensí-ka bzw. nur kuš_7 in *CT* 50, 44 (Ukg. L 3); vgl. Bauer 1975, 193.

229 Bauer 1976; Sollberger 1980, 45–46.

230 Bauer 1975, 193–194.

231 Siehe Steinkeller 2004a; van Driel 1995.

na dem Lagaš feindlichen Staat Umma die Nutzung des gú-eden-na (nur) gegen Zins, d.h. als „zinspflichtiges Darlehen" gestattet war,[232] eine solche Hypothese stützen. Zumindest nicht in jedem Fall reflektieren diese Darlehensurkunden also Verträge zwischen ‚privaten' Geschäftspartnern.[233]

Bei dem von Urukagina nach den Neuregelungen genannten „Leben in Schuldknechtschaft", wie auch beim Getreide-Abliefern(?)/-Betrügen(?), ist ein zivilrechtlicher Hintergrund nicht völlig auszuschließen. Die erste Erwähnung von „zinspflichtigem Darlehen" unter Enmetena allerdings betrifft, wie erwähnt, die zwischenstaatliche Ebene. Bei all diesen die Verlautbarungen des Urukagina abschließenden Maßnahmen, in jedem Fall bei Diebstahl und Totschlag, stehen strafrechtliche Aspekte im Vordergrund. Die Amnestie ist ein Eingriff in geltendes Recht.

4.2 Die Realisierung des Ediktes des Urukagina

Heute wird man kaum mehr bestreiten, dass das *Edikt des Urukagina* realpolitische Relevanz besaß und, zumindest zum Teil, umgesetzt wurde.[234] Neben der umfassenden und auch quantitativen Analyse von Felix Rauchhaus im vorliegenden Band soll hier nur auf zwei Themenbereiche eingegangen werden, die unlängst neu diskutiert wurden und die rechtsgeschichtlich von erheblicher Bedeutung sind: Der erste betrifft die wechselhafte Rolle der „Beauftragten" (maškim),[235] der zweite den Nachweis von ‚Strafzahlungen'.

4.2.1 Die ‚Beauftragten' und ihre Funktion

Schrakamp/Zólyomi untersuchten die Realisierung der von Urukagina behaupteten Änderungen ausführlich am Beispiel des/der maškim „official(s)", wobei sie zu Recht auf deren enge Verbindung mit Urkunden über Schulden und Zahlungen verweisen,[236] also zu jenen Texten, die von erheblicher rechtsgeschichtlicher Bedeutung sind.[237] Diese Untersuchung ist hier besonders wichtig, da der Entfernung der maškim eine zentrale Rolle in der von Urukagina behaupteten

232 *FAOS* 5/1 Ent. 28–29 = *RIME* 1.9.5.1 ii 19–23; vgl. ferner oben S. 179.

233 Hier ändert sich wohl im Laufe der folgenden Jahrhunderte im Rahmen einer fortschreitenden Individualisierung einiges. Wie Wilcke 2018 bestätigen konnte, griffen die Edikte der altbabylonischen Könige genau in diesen nunmehr deutlichen zivilrechtlichen Sektor ein.

234 Gegen eine Deutung als „literarischer Topos" (so in Folge des einflussreichen Artikels von Edzard 1974 noch immer die Mehrheitsmeinung (Mitteilung Schrakamp) und so noch Seminara 2015, 427–428) argumentierte bereits Selz (1995, 29–31 mit Anm. 85, 49–50 Anm. 226) aufgrund der beschriebenen umfangreichen Formularänderungen, die unmittelbar beim Regierungsantritt des Urukagina vorgenommen wurden (Selz 1995a, 39–96); vgl. ferner Hruška 1974; Foster 1995; Westbrook 1995. Ihre (zumindest partielle) faktische Realisierung ist jetzt durch die Studien von Schrakamp/Zólyomi 2025 eindrücklich bewiesen; vgl. Rauchhaus im vorliegenden Band.

235 Schrakamp/Zólyomi 2025.

236 Vgl. Schrakamp/Zólyomi 2025, 105–111.

237 Dessen Funktion im Rahmen der neusumerischen Gerichtsverfahren wurde bereits von Falkenstein 1956, 53–54 prägnant beschrieben. Der Herrscher oder andere Institutionen be-

Wiederherstellung der alten göttlichen Ordnungen zu kommt. Die von Urukagina behauptete Entfernung verschiedener(!) maškim korrespondiert in der Tat mit deren fast völligem Verschwinden in legistischen Verfahren in den sicher auf Urukagina datierbaren in Texten – bemerkenswert ist dabei, dass aus dessen Herrschaftszeit bislang auch keine Kaufverträge bezeugt sind.[238]

Festzuhalten ist dabei zunächst, dass maškim keine Berufs- sondern eine Funktionsbezeichnung ist,[239] worauf bereits die etymographische Schreibung des Wortes hindeutet.[240] Möglicherweise besaßen diese „Beauftragten" auch Sanktionsgewalt – worauf die Beobachtungen Schrakamps/Zólyomis hindeuten.[241] Dies ist wenig verwunderlich, wenn man festhält, dass es sich bei den maškim eben um (mit einer Aufgabe) „Beauftrage", „Verantwortliche", also „Kommissare" handelt. Diese seit langem bekannte Tatsache wird nun von Schrakamp/Zólyomi für die beklagten Verhältnisse bei Regierungsantritt von Urukagina so formuliert: „the maškim officials served as intermediaries between the administration on the one hand, and its shepherds, fishermen, etc., on the other, probably autho-

---

stellten einen Beauftragten, nicht nur für die Untersuchung des Streitgegenstandes, sondern seine Aussage war auch in einem späteren Prozess von entscheidender Bedeutung.

238 Diesen kaum zufälligen Befund kann man mit der Beobachtung kontrastieren, dass Urukagina gegen Ende seines 6. Königsjahres (*VS* 25, 69 = *AWAB* 4; *HSS* 3, 24; *TSA* 13 und *HSS* 3, 23; vgl. Selz 1995a, 60 und 312–313) unter den Wollarbeiterinnen zwei Gruppen anführt, die als saĝ-sa$_{10}$-a „Gekaufte SklavInnen" bezeichnet werden, die, zur Institution des Baba-Tempels gehörend, also klar von den früher bezeugten „Haussklaven" zu unterscheiden sind. Siehe dazu auch Selz 1993, 209–211, 272–273. Selz 2014, 256–258 mit Anm. 94, Karahashi/Garcia-Ventura 2016; ferner *CUSAS* 33, 285 (Umma-Region).

239 Schrakamp/Zólyomi 2025, 105: „maškim does not denote a profession, but an office or function limited to a specific legal or administrative issue"; siehe bereits Wilcke 2003a, 40.

240 Die Schreibungen maškim (PA.KAS$_4$) bzw. màškim (PA.DU) bedeuten [STAB/OBMANN]+[LAUFEN], resp. [STAB/OBMANN]+[GEHEN]; sie bezeichnen also jemanden, der mit einer Amtsgewalt versehen ist; vgl. auch die Schreibung maškim$_x$(KASKAL.PA.DU) in Lecompte/Verderame 2016 (*Nisaba* 25, 52 Vs. 2). Der in Fāra-zeitlichen Texten mehrfach bezeugte maškim-gi$_4$ ist also der (von einer bestimmten Stelle) „abgesandte Kommissar"; *CT* 50, 15 ist hier vielleicht besonders informativ: 2 túg / 2 gada u$_5$-ri nagar / maškim-gi$_4$ / èš-še$_3$ an-na DU / 1 ½ túg maškim / lugal / a!(ZA)-ḫu-ti mu-gi$_4$-a mes-lú-nu-šè mu-da-DU „2 Gewänder, 2 Leinen(gewänder) hat Uri, der Zimmermann – gesandter Kommissar – zum Heiligtum für ihn weggebracht. 1 ½ Gewänder hat der Kommissar (des) Königs, die Aḫuti zurückgebracht hatte, mit Meslunuše mitgenommen."

241 Nach Schrakamp/Zólyomi 2025, 109 gelte für die Rolle der maškim im Kontext von monetarisierten Außenständen (Ersatzzahlungen), dass „all maškim officials were 'overseers' (ugula) of the 'soldiers' (agà-ús)". Andere – auch von Schrakamp/Zólyomi erwähnte – Berufe solcher Beauftragter sind a-su „Arzt": *Nik.* 1, 149 = *AWEL* 149 (Lug. 5/8?), muḫaldim „Bäcker/Koch": *Nik.* 1, 149 = *AWEL* 149 (Lug. 5/8?), *Nik.* 1, 197 = *AWEL* 197 (Lug. 5/4), *RA* 11, 61 (Schileico 1914) (o. H. 1), sagi (šagi'a) „Mundschenk": *RA* 11, 61 (Schileico 1914), *DP* 165 (Ukg. E? 1). vgl. *AWAS* 44 (Selz 1993, 401 zur Datierung), vielleicht auch ein dub-[sar] „Schreiber" in *ITT* 5, 9229 iv' 1'–2'. Die Funktion dieser Beauftragten hatte sich offensichtlich verselbständigt und war vermutlich besonders korruptionsanfällig; vgl. Wilcke 2003a, 40–41 mit Anm. 89 zu *ITT* 5, 6753 Vs. 5–8 = *FAOS* 19 Gir 31 (Kienast/Volk 1995, 109–111): PN$_1$ (und) PN$_2$ nam-maškim-t[a] mu-dì-ni-RU-[éš] „Ich habe PN$_1$ (und) PN$_2$ aus dem Beauftragtenamt entfernt."

rized charges and were responsible for collecting penalties."[242] M. E. ist hier aber folgendes festzuhalten: Ich sehe keinen Hinweis dafür, dass die kontenmäßige Verbuchung von Lieferungsaußenständen[243] unter Urukagina aufgegeben wurde. Der Herrscher wendet sich ausdrücklich nur gegen deren Monetarisierung. Was also die Abschaffung der verschiedenen – keineswegs aller –Kommissare unter Urukagina betrifft,[244] so bezieht sich diese auf deren spezifische Funktion *zwischen* Verwaltung – den staatlichen Autoritäten – und den Produzenten, die eine Ausbeutung der letzteren für eigene Zwecke der Beauftragten zur Folge gehabt haben mag. Die Kommissare scheinen z.T. auf ‚eigene Rechnung' zu handeln, und die Verbuchung in umgerechnete Silberzahlungen befördert die schuldrechtliche Konzeption solcher Außenstände.[245]

Viele Kaufurkunden seit der Fāra-Zeit nennen einen für die rechtliche Transaktion verantwortlichen Kommissar, d.h. einen Vertreter der Administration oder der Regierung, der für die Korrektheit und wohl auch für die Durchführung der genannten Transaktionen verantwortlich zeichnet. Er sichert offensichtlich Gültigkeit und Erfüllung der respektiven Verträge (was durch seine durch Schrakamp/Zólyomi für das altsumerische Lagaš wahrscheinlich gemachten ‚polizeilichen' Befugnisse unterstrichen wird). Für die Erfüllung seiner Aufgaben wird der

242 Schrakamp/Zólyomi 2025, 109. Auch der Begriff „fees", wie er in derselben Arbeit von Schrakamp/Zólyomi quasi synonym für „penalties" benutzt wird, scheint unpräzise, da die Ersatzahlungen nicht einfach mit Gebühren gleichzusetzen sind (diese aber enthalten mögen); siehe Anm. 241. Zum hier problematischen Begriff „penalty" vgl. unten Anm. 268 und 285.

243 Um diese muss es sich bei den von Schrakamp /Zólyomi 2025 (aber auch Steinkeller 2023) sogenannten „penalities" gehandelt haben, nicht etwa um deliktisch begründete Strafen!

244 *CT* 50, 44 (Ukg. L 3) nennt in ii 4–5 eine en-úr-ni maškim. Auf die Tatsache, dass in den Urkunden des Urukagina nach seiner Niederlage gegen Lugalzagesi – also etwa gleichzeitig mit der Edition des Edikts von *FAOS* 5/1 Ukg. 1 = *RIME* 1.9.9.2 – wiederholt maškim genannt werden, hatte bereits Beld (2002, 94) hingewiesen. Im Einzelnen handelt es sich um folgende Texte: *Nik.* 1, 135 = *AWEL* 135 (Ukg. L *8) nennt einen [ur]-saĝ maškim-bi bei Mehllieferungen (dabin) an den ‚Mann von Uruk' namens lugal-[TAR/zag(?)] (vgl. Selz 1989, 353; 1994, 221). Anzuschließen sind hier *Nik.* 1, 130 = *AWEL* 130 (o. H.): ses-lú-du$_{10}$ / sagi / maškim-bi und *Nik.* 1, 131 = *AWEL* 131 (Ukg. L *8) (siehe Selz 1994, 221): e-ta / muhaldim / maškim-bi); *Nik.* 1, 132 = *AWEL* 132 (Ukg. L 7 oder 8); *Nik* 1, 133 = *AWEL* 133 (o .H.): e-ta / muhaldim / maškim-bi; [*Nik.* 1, 134 = *AWEL* 134 (Lug. 7/1, siehe Selz 1994, 221]; *Nik.* 1, 136 = *AWEL* 136 (o. D.): ur-^{d}nin-PA / maškim-bi; N*ik* 1, 93 (Ukg. L 8): [a]-lú / muhaldim / maškim-bi; *Nik.* 1, 137 = *AWEL* 137 (Ukg. L 9). Alle Texte betreffen den Empfang / Verbrauch von Gerstenmehl; einige haben als Ortsangabe é-gal-la „im ‚Palast'". Der administrative Rahmen dieser Texte – und weshalb hier „Beauftragte" eine besondere Rolle spielen – bleibt unklar.

245 Lieferungsdefizite werden natürlich weiterhin kontenmäßig verbucht, und die wenigen auch unter Urukagina bezeugten ‚Beauftragten' erhielten gewiss weiterhin eine ‚Aufwandsentschädigung' (vgl. die folgende Anm). Ihre Monetarisierung (Ersatzabgabe) aber ermöglichte offensichtlich illegitimen Profit. Hier besteht ein deutlicher Zusammenhang mit der bei anderen Missständen vorgenommenen Minderung bzw. Abschaffung solcher Gebühren.

maškim auch in Silber oder Naturalien entschädigt.[246] Offensichtlich ist es die Bezahlung in Verbindung mit einem Amt, die weithin Missfallen[247] erregte und die Urukagina anprangert.[248]

Die mit Rechtsangelegenheiten befasste Personengruppe wird spezifisch auch als maškim-di „Prozesskommisare", vielleicht besser „Rechtskommissare" bezeichnet:

> ki-sur-ra ^{d}nin-ĝír-su-ka-ta a-aba-šè maškim-di e-ĝál-lam
> „Vom Gebiet des Ninĝirsu bis zum Hor gab es Rechtskommisare." (*FAOS* 5/1 Ukg. 4 = *RIME* 1.9.9.1 vii 12–16)

Der Beschränkung des Einflusses dieser Personengruppe – sie werden im Unterschied zu anderen maškim nicht explizit entfernt – wird dann wie folgt formuliert.

> ki-sur-ra ^{d}nin-ĝír-su-ka-ta a-aba-šè maškim lú nu-e
> „Vom Gebiet des Ninĝirsu bis zu den Marschen hatten die Kommissare nichts (mehr) zu sagen." (*FAOS* 5/1 Ukg. 4 = *RIME* 1.9.9.1 ix 5–6)

Während nach Attinger[249] auch Schrakamp/Zólyomi über die Parallele der Verbalformen /di(d)/ und /e/ die maškim-di etwa als „maškim-acting" verstehen,[250] scheint mir diese Auffassung eher unwahrscheinlich:[251] Bereits *WF* 49 nennt Getreideparzellen eines maškim-di nach jenen für den Fürsten (ensí).[252] Der „Beauftrage bei für abgeschlossene Rechtsverfahren" heißt Akkade-[253] und Ur III-zeitlich maškim-di-ti-la.[254] Spätere Texte kennen einen maškim-di-kud, einen „richterlich Beauftragten",[255] bzw. vielleicht eher einen „Rechtsbeauftrag-

---

246 Vgl. Wilcke 2003a, 39 mit Anm. 78; diese werden als níĝ-nam-mašim(-ak) oder níĝ-nam-ĝirì-(-k) „Aufwendungen für das Amt / die Funktion des Kommissars/Beauftragten" bezeichnet.

247 Mit Wilcke 2003a, 40–41 Anm. 89 belegt der Brief *ITT 5* pl. 12 = *FAOS* 19 Gir 31 wohl die Entfernung zweier Personen „aus dem Kommissarsamt" (nam-maškim-t[a]); vgl. Anm. 241.

248 Man darf vermuten, dass es solche (zusätzlichen) Entlohnungen sind, die bei Scheidungen und Amtseinführungen(?) / Beschwörungen(?) als direkte Zahlungen an den Fürsten, den Groß-Wesir und den Weisen unzulässig waren (*FAOS* 5/1 Ukg. 6 = *RIME* 1.9.9.3 ii 15′–31′).

249 Attinger 2021, 294; 2023, 376.

250 Vgl. bereits Behrens/Steible 1983, 232; Rauchhaus in diesem Band übersetzt „meddling officials."

251 Zu di(-d), einem Schlüsselbegriff der frühen Rechtstraditionen, siehe Wilcke 2003a, 35–39, 43–45.

252 Auch *CUSAS* 35, 8 Rs. i 1–ii 3 belegt diese Funktion: ur-saĝ-Kèš / ensí-adab^{ki}-ke$_{4}$ di-bi si bí-sá / gaba-šu / inim-bi / maškim-bi níĝ-GA-bi téš-téš a-ne-šúm „Ursaĝ-Keš, the governor of Adab, has regulated this lawsuit. Gabašu (of) its matter, (he is) its commissioner. Its property it has been given to them together" (Bartash 2017, 76).

253 *NSGU* 30 und *MCS* 9, 250.

254 Falkenstein 1957, 140; vgl. Culbertson 2018.

255 Vgl. maškim di-kud = *rābiṣ dajjāni*. Besonders informativ ist hier z.B. ur$_{5}$-ra = *ḫubullu* Taf. 2, 31–36 (vgl. auch 17–24) (*MSL* 5, 51–53): maškim: *ra-bi-*[*ṣu*]: Beauftragter/Repräsentant / maškim-iri: ″ *a-li*: Beauftragter der Stadt / ⌜maškim⌝-lugal: ″ *šar-ri*: Beauftragter

ten",[256] der gelegentlich sogar Entscheidungsbefugnis besaß. Auf einen speziellen Subtyp der Kommissare verweist wohl auch deren Bezeichnung als maškim-UDU.[257]

Es ist nun die in jedem Falle vorhandene legistische Konnotation des maškim, die seine Bestimmung als „responsible for collecting penalties"[258] ermöglichte. Im Vordergrund ihrer Ablehnung stand aber wohl weniger ihre Sanktionsgewalt,[259] als vielmehr die Existenz eines sich verselbständigenden – und auf eigene Rechnung handelnden – Beauftragten. Die Verantwortungsebenen werden verwischt. Dies betrifft dann insbesondere die Rechtskommissare: Wenn bei Regelungen im öffentlichen wie im privaten Interesse, die Rechtswahrung (und Rechtsfindung)[260] solchen Kommissaren übertragen wird,[261] ist Missbrauch Tür und Tor geöffnet.[262]

Unter dem Gouverneur von Adab Enme(a)na wird ein Diebstahl von Luxusgütern eines Steinschneiders und seiner Frau – offenkundig auf Anordnung des Fürsten – vom(?) Oberschreiber A-diĝir-ĝu$_{10}$ persönlich (igi-ni-ta „unter seinen Augen") festgehalten.[263] Die Einschränkung eines solchen Rechtszugangs wird auch durch neusumerische Gerichtsurkunden belegt (*NSGU* 121; *NSGU* 138).

---

des Königs / maškim-di-kud: " *da-a-a-ni*: (Beauftragter des) Richters / maškim-e-ne-ne: " *-šu$_2$-nu*: Ihr (Beauftragter) / MAŠ-EN-KAK (mašga'en): *maš-ki-nu* „Untergebener/ Abhängiger". Ebenfalls im Rechtskontext erscheinen die maškim in maškim-ensí-ka, maškim-lugal, maškim-sukkal-maḫ u.a.; vgl. Falkenstein 1956b, 140. Für die Rechtsbeauftragten in der Ur III-Zeit vgl. Culbertson 2018.

256 Vgl. Wilcke 2003a, 40 Anm. 87–88, mit Verweis auf den Adab-Text *OIP* 14, 90 = *PPAC* 1, 819, bzw. auf die Akkade-zeitliche „Kaufpreisabtretung (nach Sklavenkauf)" *ZA* 63, 256–257 Nr. 25 (Krecher 1973).

257 Belegt im Feldvermessungstext *RTC* 75 (Lug. 1) als Funktion eines gewissen en-kisal-si (identisch mit dem ú-du-UDU) in der Darlehensurkunde *CT* 50, 28 vii 5'); in *DP* 59 (Enz. 3) vii 4; *Genava* 26, 48–72 Nr. 1 MAH 15855 (Lug. 3) iv 7 und *Genava* 26, 48–72 Nr. 3 MAH 15997 (Lug. 4) ii 1 (Sollberger 1948) als Funktion eines gewissen ÍL (jeweils als Lieferant von Kleinvieh und Speisen (maš-da-ri-a-Abgaben) für das Fest der Baba). Auch wenn ein Verständnis von als „Beauftragter (bei) den Schafen" nicht zu beweisen ist – möglich wäre auch maškim-lu, etwa „anwesender Kommissar" –, die Schreibung dieser Funktion mit PA.KAS$_4$ bleibt signifikant.

258 Schrakamp/Zólyomi 2025, 109.

259 Vgl. hierzu bereits oben. Wie diese im Einzelnen ausgesehen hat, wird in den Quellen nicht recht deutlich. Sie kann aber aus zwei Günden interpoliert werden: 1. Die Phrasierung der Abschaffung der Kommissare (*FAOS* 5/1 Ukg. 4 = *RIME* 1.9.9.1 ix 5–6) impliziert ihre exekutive Funktion. 2. Ihre von Schrakamp/Zólyomi nachgewiesene Verbindung zum Miliz-Personal verweist wohl gleichfalls auf die Möglichkeit, ihre Belange mit polizeimäßigen Mitteln durchzusetzen.

260 *CUSAS* 35, 5 nennt ausdrücklich einen ensí:GAR von Adab als di-bi in-ku$_5$ „urteilte (in) dieser Rechtssache".

261 Wilcke 2003a, 39 weist darauf hin, dass der maškim „receives a special payment (in silver or in kind) recorded sometimes in the court documents itself níĝ nam-maškim.k".

262 Vgl. bereits oben Anm. 241 und S. 217–218.

263 In *CUSAS* 35, 7 (Bartash 2017, 69–75), einer Steintafel, wird in gebrochenem Kontext am linken Rand auch xy inim-bi / maškim-bi „xy dieser Angelegenheit (ist) dieser Kommissar" aufgeführt; vgl. Anm. 252.

In diesen beiden Prozessen wendet sich der Kläger an den Stadtfürsten, der dann die Rechtsfindung einem maškim überträgt.

Die Abschaffung der früher in legistischen Verfahren belegten maškim ist insgesamt wenig erstaunlich, da entsprechende Urkunden aus der Regierungszeit Urukaginas nicht bezeugt sind. Im Gegenteil, Ziel der Entfernung all der unterschiedlichen Kommissare ist, m. E. zuvörderst die Beseitigung einer korrumpierbaren und korrupten Funktionärsschicht.[264] Der Herrscher übernimmt wieder die Verantwortung.[265]

Andere Beauftragte sind auch unter Urukagina bezeugt: *CT* 50, 44 (Ukg. L 3) nennt einen en-úr-ni als maškim im Rahmen der Ablieferung von Kleinvieh; *Nik.* 1, 93 =*AWEL* 93 ((Ukg. L 8) nennt im Kontext mit dem Verzehr von Mehlspeisen einen muḫaldim „Bäcker/Koch" als Verantwortlichen; ähnlich nennt *Nik.* 1, 130 = *AWEL* 130 (über *Nik.* 1, 137 ((Ukg. L) 9) auf Urukagina zu datieren) ebenfalls einen Kommissar.

4.2.2 Kranke und ungeeignete Schafe – Ersatzzahlungen oder Strafen?

Foxvog und Steinkeller haben auf die hier wichtige Tafel *JCS* 46, 11–15 hingewiesen,[266] nach der – entsprechend dem Vorschlag Steinkellers – für 5 dehydrierte/todkranke[267] Wollschafe eine „penalty" von je 5 Schekel Silber in Rechnung gestellt

---

264 In der Ur III-Zeit scheint dieser Konflikt anders gelöst worden zu sein. Bei Nicht-Erfüllung von Lieferungsverpflichtungen hafteten (gelegentlich?) die Vorgesetzten mit ihrem ‚Privatvermögen' für ihre Untergebenen; vgl. Waetzoldt/Sigrist 1993 und Wilcke 2005.

265 Mit anderen Worten, die von den Institutionen / dem Herrrscher ‚Beauftragten' besetzen systemrelevante Positionen, wodurch ihre (weitgehende) ‚Abschaffung' durch Urukagina eine Veränderung im ökonomisch-rechtlichen System dokumentiert.

266 Vgl. Foxvog 1994; Steinkeller 2023.

267 Steinkeller meint ḫád bezeichne „kranke (Schafe)", vielleicht aufgrund einer Krankheit („Austrocknung"); Steinkeller 2023, 29–30. Seine Annahme, es kennzeichne auch (tote) Schafe, ist nicht völlig ausgeschlossen, aber der Beweis gelingt ihm nicht. Hier wäre vielleicht auf die Schafkrankheit PPR („Peste des petits ruminants") zu verweisen, die zu hohem Fieber sowie Nasen- und Augenausfluss führt. „Viele der erkrankten Tiere sterben an Austrocknung des Körpers." (https://www.blv.admin.ch/blv/de/home/tiere/tierseuchen/). Andere Schafkrankeiten wie ORF („Contagious Ecthyma"), „Foot Root" oder „Rift Valley Fever" sind nicht auszuschließen. Wenn man den Überlegungen von Schrakamp/Zólyomi 2025, 101–102 folgen will, die unter Berufung auf (spätere) medizinische Texte annehmen, udu-siki ḫád bezeichne „sheep affected by the skin disease *ṣītu*", wahrscheinlich einer „Haut*entzündung*," könnten in unserem Falle ganz spezifisch „Schafpocken" (sheep pox) gemeint sein. Für tote Schafe findet sich denn auch die Bezeichnung na (-da)-de$_5$(RI) „(bei jmd.) fallen, verenden" vgl. *Nik.* 1, 179 = *AWEL* 179: 1–3: 1 maš / ki-su$_7$-GANÁ- ša$_6$-ga-tur-ra-ka na ba-RI „1 Ziegenbock ist auf der Brache des FN verendet"; nur selten einfaches ug$_7$: *Nik.* 1, 162 = *AWEL* 162 ((Lug.?) i 1–5: 1 udu-nita ba-uš$_2$ / adda(LÚxBAD)*-bi é-muhaldim-šè ba-DU „1 Schafbock starb; sein Kadaver wurde zur Küche gebracht." Dass der dehydrierte fiebernde Zustand bei der Schur besonders auffällig wird, scheint die Passage im Text *JCS* 46, 11–15 (Foxvog 1994) zu bestätigen: ii 1) énsi-k[e$_4$] 2) udu-⌈siki-ḫád⌉ ur$_4$-r[a] 3) ⌈zag⌉ šu[š-a] iii 1) kug 5 gín-ta 2) gú-ne-ne-a 3) e-ne-⌈ĝar⌉ „Der Fürst hat (für) die kranken Wollschafe – gerauft und gebrandmarkt – (jeweils) Silber im Umfange von 5 Schekel auf ihr Konto gesetzt."

wird.[268] Dieser Betrag entspricht genau jenem, der bei den von Urukagina genannten Missständen in Ukg. 6 (dazu gleich) erwähnt wird.[269] Wie Steinkeller nachgewiesen hat, ist daher die bisherige Lesung und Deutung udu-babbar(UD) als „weißes/ (kultisch) reines Schaf" abzulehnen. Er diskutiert Belege für eine Lesung udu-ḫád, die er inhaltlich als „dehydriertes Schaf" bestimmt. Problematisch bleibt jedoch eine nähere Bestimmung des parallel aufgeführten sila$_4$-gaba „Brustlamm".

Im Haupttext des Ediktes (F) werden die Missstände, die diese Schafe betreffen, in zwei getrennten Paragraphen[270] wie folgt geschildert:

> sipad udu-siki-ka-ke$_4$-ne / bar udu ḫád-ka / kug bi-ĝar-ré-éš/ lú-éš-gíd / gala-maḫ / agrig / lú-bappìr / ugula-ugula-ne / bar-sila$_4$-gaba-ka-ka) kug bi-ĝar-ré-éš
> „Die Hirten der Wollschafe mussten wegen eines ‚kranken' Schafes Silber zahlen."
> „Der Feldvermesser, der oberste Kultsänger, der Hausverwalter (und) die Obleute mussten wegen eines ‚Brustlammes' Silber zahlen." (*FAOS* 5/1 Ukg. 4 = *RIME* 1.9.9.1 iii 18–iv 5)

Die Neuregelung derselben Edition (F) fasst beide Paragraphen zusammen:

> bar udu ḫád-ka / bar sila$_4$ gaba-ka-ka / kug a-ĝá-ĝá-da / maškim-bi / e-ta-šub
> „Die Verantwortlichen dafür, dass wegen eines ‚kranken' Schafes oder wegen eines ‚Brustlammes' Silber zu zahlen war, entfernte er." (*FAOS* 5/1 Ukg. 4 = *RIME* 1.9.9.1 viii 28–ix 1)

268 Der Begriff „penalty" in diesem Zusammenhang scheint mir problematisch, da er immer ein schuldhaftes Vergehen impliziert; bei einer kontenmäßigen Verbuchung muss dies aber keinesfalls der Fall sein. Für das Vorliegen einer deliktisch begründeten Schuld gibt es jedenfalls keinerlei Hinweise, es ist eher ein Ursprung dieser Verpflichtungen im Buchhaltungssoll anzunehmen. Auch Powells Paraphrasierung von *FAOS* 5/1 Ukg. 16 = *RIME* 1.9.9.5 viii 1–ix 3 ist in diesem Rahmen zu sehen: „(Lugalzagesi) got sins on Ningirsu's account book (and) the hands brought against Ningirsu have all been cut off (…) (and) verily upon Lugalzagesi, upon his own neck, his own goddess Nisaba has laid these sins." D. h. die „Verfehlung" (nam-tág), der Feldzug gegen Urukagina, wird Lugalzagesi kontenmäßig ‚angekreidet'; siehe Powell 1996, 308.

269 Vgl. Steinkeller 2023, 29.

270 Diese Trennung der beiden ‚Schafzustände' im *Edikt (F)* sprechen gegen die Annahme von Schrakamp/Zólyomi 2025, 103 Anm. 80: „Since uda$_x$ ḫad$_2$ and sila$_4$ gaba appear in the same context, it may be inferred that sila$_4$ gaba refers to missing lambs or animals which likewise were ḫad$_2$." Auch für Steinkellers Vermutung, udu-gaba-k bezöge sich auf brustkranke Schafe (siehe Steinkeller 2023, Anm. 41), fehlt jeglicher Hinweis.

Die mittlere Edition des Ediktes (M) kombiniert die beiden Paragraphen ähnlich:

> [sipa-u]du*[271]-[siki-ka-ke₄-ne] / [lú-éš-gíd-ke₄-ne (?)] [agrig-ge-n]e / ⌜ugula⌝-ne / gala-e-ne / engar-ré-ne / lú-bappìr-ke₄-ne / udu-siki ù-mu-DU / é-gal-la ù-ur₄ / ud-da udu e-ḫád / siki-bi é-gal-la a-ba-DU / kù gín-5-am₆ e-ĝá-ĝá-ne
> „Brachten die Hirten der Wollschafe, Feldvermesser, Hausverwalter, Obleute, Kultsänger, die Bauern (oder) die Brauer Wollschafe und wurden sie im ‚Palast' gerauft – wenn ein Schaf ‚krank' war (= die ḫád-Krankheit hatte[272]), verblieb dessen Wolle im ‚Palast' (und) 5 Schekel Silber mussten sie zahlen."[273] (*FAOS* 5/1 Ukg. 6 = *RIME* 1.9.9.3 i 10'–21')

Daraus ergibt sich, auch in Verbindung mit der späteren Edition (S) (*FAOS* 5/1 Ukg. 1 = *RIME* 1.9.9.2), auch wenn der Kontext der Passage hier beschädigt ist,[274] dass udu-ḫád „kranke Schafe" wie sila₄-gaba „Brustlamm" den Mangel bei einer allgemeineren Abgabe bezeichnen muss (sicher keine deliktische ‚Strafe' für Verfehlungen von Hirten).

Ausgehend von einer auch von Steinkeller bemühten Gleichung bestimmen nun Schrakamp/Zólyomi udu-ḫa-ad/ḫád als „sheep affected by the skin disease *ṣītu*".[275] Die von Schrakamp/Zólyomi diskutierten Belege aus administrativem

271 Ergänzungsvorschlag von Schrakamp/Zólyomi 2025, 103–104, mit der dort mitgeteilten Foto-Kollation.

272 *Nota bene*: Steinkellers Hypothese, der Terminus beziehe sich auf „sheep died by heat stress", ist wenig wahrscheinlich. Im Gegenteil, diese Krankheit – mit Fieber der Schafe verbunden (‚und eventuell, aber nicht notwendigerweise tödlich') hat offenkundig die Qualität der so bezeichneten Wolle drastisch vermindert. Unter den heute bekannten Schafkrankheiten käme also eine in Frage, die mit Fieber einhergeht und die Wollproduktion oder die Wollqualität drastisch vermindert.

273 Vgl. Steinkeller 2023, 30.

274 [lú éše gíd (ḫé)] / ⌜gala ḫé⌝ / ⌜lú-bappìr ḫé⌝ / agrig ḫé / ugula ḫé / bar sila₄ gaba-ka-ka kug-a- ĝá-ĝá-a / ⌜dumu-lagas^ki⌝ […] „die Feldvermesser, Kultsänger, Brauer, Hausverwalter oder Obleute, die wegen eine ‘Brustlamms’ Silber zahlen (mussten) – Einwohner von Lagaš [Bruch]" *FAOS* 5/1 Ukg. 1 = *RIME* 1.9.9.2 iv 25–31.

275 Die lexikalische Bestimmung von *ṣētu* and *ṣītu* (unterschieden in *CAD* und *AHw.*), die Schrakamp/Zólyomi 2025, 101–102 vornehmen, wird nicht ganz klar, insbesondere nicht, ob sie die Bedeutung „dehydriert" oder „fiebrig" an unseren Stellen für ḫud ausschließen (wie es mir scheint). Weiter nehmen sie offensichtlich mit Bácskay 2018 an, dass „both derive from *waṣûm*". Sie zitieren Stol (2007, 24 Anm. 67) that „'coming out' [= *ṣītu*] in medical texts can be an excretion on the skin, which should not be confused with sun-heat [= *ṣētu*]". Die an unseren Stellen gesicherte Lesung /ḫad/ḫud/ ist aber so deutlich mit *ebbu; nabāṭu; ellu* konnotiert, dass ein Zusammenhang mit „Sonnenglut" o. ä. wahrscheinlich scheint. Inwieweit „getrocknet", mit einer möglichen Lesung UD = ḫa₅ bzw. àḫ davon differenziert werden muss, ist eine andere Frage; so Attinger 2023, 675–676 mit Anm. 2309 und Schrakamp/Zólyomi 2025, 101–102. Mit anderen Worten: Steinkellers Vorschlag, /ḫad/ bedeute ‚dehydriert', ist m. E. nicht völlig widerlegt; ob dies nur unserer mangelnden Differenzierung geschuldet ist, bleibt hier offen. Wohl nicht hierher gehört, gegen weit verbreitete Auffassung, *RIME* 3/1.1.7.CylA xix 3: ù-šub mu-dúb šeg₁₂ UD-dè ba-šub „Er schüttelte die Ziegelform und der Ziegel fiel ans Licht" (vgl. Edzard 1997, 81; für andere Interpretationen

Kontext machen aber deutlich, dass Steinkellers These ḫád „does not describe the wool but the sheep *themselves*“[276] so nicht stimmen kann.[277] Insbesondere machen es die Texte, die eine Ersatzabgabe[278] im Zusammenhang siki-ḫád-Wolle nennen (lu$_5$-gu-aka siki-ḫád), unwahrscheinlich, dass siki-ḫád für *udu-siki-ḫád **„kranke Wollschafe“[279] stehen kann. Es bezeichnet dagegen, so Schrakamp/Zólyomi, eine Woll-Qualität: „ḫad$_2$-wool“.[280] Man muss also eine semantische Engführung der Bedeutung von /ḫad/ oder eine elliptische Schreibung für *siki-udu ḫád annehmen.

Die von Schrakamp/Zólyomi besprochenen Verwaltungsurkunden zeigen deutlich, dass es sich bei den genannten Silberzahlungen um eine Ersatzleistung für ein krankes(?) Schaf handelt; als ‚Strafe‘ („penalty“),[281] die ja ein Delikt voraussetzte, sollte man diesen Vorgang eher nicht bezeichnen. Es handelt sich, so auch Schrakamp/Zólyomi, um „the non-fulfillment of delivery obligations“; die kostenmäßige Verbuchung (‚Schuldvortrag‘) ist eher eine Ersatzabgabe (lu$_5$-gu-è-a) für die schlechte Wollqualität (oder die mangelnde/mangelhafte Wolle), nicht für eingegangene Schafe.[282] Unwahrscheinlich, aber nicht völlig auszuschließen ist, dass siki-ḫád die „ausgekämmte Wolle“, offenkundig Wolle minderer Qualität, bezeichnet, d.h. ein udu-ḫád wäre dann auch ein „schlecht wollenes/wollarmes Schaf“.[283]

---

mit der Lesung DU = ḫád, siehe z.B. Cohen 2023, 286: „He shook the brick mold and a dried (brick) fell out.“

276 Steinkeller 2023, 30.

277 Schrakamp/Zólyomi 2025 weisen zu Recht darauf hin, dass die Realisierung der Reformen nach dem Vergleich von *VS* 14, 73 = *AWL* 174 (Lug. 5) und *DP* 258 (Ukg. E1, vgl. Anm. 283) ggf. einige Monate brauchte.

278 Siehe die Diskussion dieses Terminus in Schrakamp/Zólyomi 2025, 101–102.

279 Steinkeller 2023, 31: „wooly ḫad$_2$ (sheep)“.

280 Schrakamp/Zólyomi 2025, 98–103.

281 Vgl. u.a. *VS* 14, 20 = *AWL* 183 ((Lug.) 1), dessen Gegenstand Schrakamp/Zólyomi 2025, 106 korrekt bestimmt haben: Auf Veranlassung des Šubur wurde das Konto von drei Meeresfischern (inklusive das des Šubur) wegen nicht erfüllter Fischabgabeverpflichtungen mit Silberbeträgen belastet, wobei der agà-ús namens Galatur den Vorgang als maškim beurkundete.

282 Bemerkenswerterweise scheint dieser Regelung nicht unmittelbar bei Regierungsantritt umgesetzt worden zu sein, was die Diskussion der einschlägigen Belege bei Schrakamp/Zólyomi deutlich macht. Darauf deutet auch die Zahlung von 10 Schekel Silber für eine verendete (na – de$_5$) (?) einjährige Färse (gir-mu-1) an Sasa im ‚Palast‘ hin (*DP* 103, Ukg. E 1).

283 In allen diskutierten Belegen – und ohne die Annahme elliptischer Schreibungen – ist mit einem Ansatz „ausgekämmte > schlechte Wolle (habend)“ ein Verständnis der Texte *möglich*: *DP* 258 (Ukg. E 1): 20 udu-siki / udu-dub-kam / 2 udu-siki / lu$_5$-gu-aka- / siki-ḫa-ad-kam // ba-ĝar / niĝìn-mud / 20 lá 1 udu-siki / udu-dub-kam / lugal-da-nu-me-a / ensí-ke$_4$ gír-su^{ki}-a// é-gal-la e-ur$_4$ / 22 udu-siki / udu-dub-kam / en-DU / agrig-ge // lagas^{ki}-a / e-ur$_4$ // šu-niĝín 63 udu-siki / udu-ú-rum- / ^{d}ba-ba$_6$-kam / eri-inim-gi-na / ensí- // lagas^{ki}-ke$_4$ e-ur$_4$. 1.
Der Text handelt also vom „Raufen“ von Wollschafen. Dass die in i 3 – ii 1 genannten 2 Wollschafe als Ersatz für (bereits) „schlecht wollene“, d.h. zum Scheren kaum oder nicht mehr geeignete Tiere genannt werden, ist eher wahrscheinlich, als dass sich die Passage elliptisch

Weiter ist festzuhalten, dass die unterschiedlichen Lesungen von UD, nämlich /ḫad/ und /ḫud/[284] (bzw. àḫ und ḫa$_5$) bisher noch nicht endgültig differenziert scheinen. Versuchsweise werden daher folgende semantische Relationen vorgeschlagen:

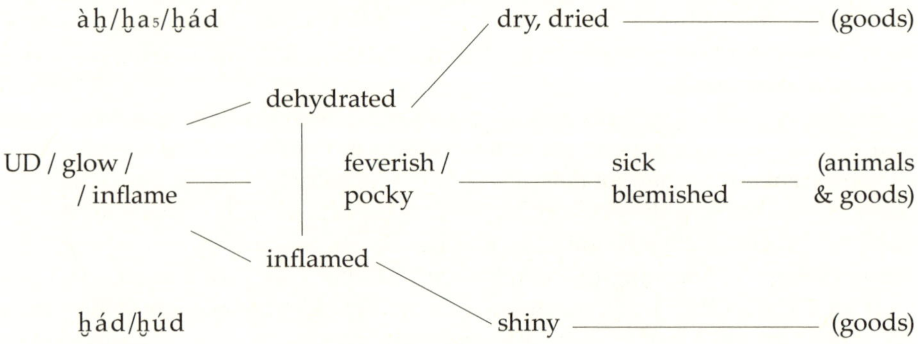

Wie oben bereits angemerkt, hat die von Steinkeller vorgeschlagene und von Schrakamp/Zólyomi differenzierte Grundbestimmung von ḫád als „krank" – mit der ich übereistimme – zumindest für die *Edition M* in *FAOS* 5/1 Ukg. 6 = *RIME* 1.9.9.3 zur Folge, dass sila$_4$-gaba ebenfalls einen schlechten Zustand der Schafe bezeichnen muss, der durch eine (Ersatz-)Zahlung ausgeglichen wird.[285]

---

auf todkranke bzw. tote Tiere bezieht (Steinkeller 2023, 31; vgl. auch Schrakamp/Zólyomi 2025, 101–102). Lexikalisch bezeugt siki-ha-da / ta-am UD = *ḫilṣu* „ausgekämmte Wolle" parallel zu siki – ga-ríg /garig$_x$ (LAK 524), das seit FD IIa belegt ist (*Pots&Garments*: Z. 139–140). Vgl. auch *RIME* 3/1.1.7.StB iv 13–19: šagina / nu-banda$_3$ / ugula / lú zìg-ga / kíĝ-a gub-ba-ba / siki ^{geš}garig, (ZUM×LAGAB)-aka / nam-ugula šu-ba mu-ĝál-àm „Gouverneure, Inspektoren, Aufseher, Rekrutierer – wer immer bei den Arbeiten dabeistand – (wie) gekämmte Wolle war die Aufsicht in ihren Händen." Das stärkste Argument für Steinkellers Ansatz findet sich in den *Instructions of Šuruppag* Z. 273 mit der Opposition von duru$_5$ „feucht" und UD (ḫád (?)) „trocken" zur Beschreibung von Feldzuständen (Alster 2005, 172). Schrakamp/Zólyomi 2025, 101 Anm. 66 verweisen (mit Foxvog 1994, 12) auf zwei frühsargonische Tafeln aus Nippur (*OSP* 1, 106 Vs. i 3–ii 2; *TMH* 5, 85 = *ECTJ* 85), die den Ansatz „dehydrated" fragwürdig machen, bzw. zumindest den Tod der Tiere nicht als krankheitsbedingte notwendige Folge erkennen lassen. Vgl. auch ĝeštin-ḫa$_5$(-a), Akk. *muzīqu* „Rosinen" (vgl. Attinger 2023, 675–676 Anm. 2309), esír-ḪÁD „trockener Asphalt (?)", ku$_6$-ḪÁD „getrocknete / entschuppte(?) Fische" etc. Die Lesungen bleiben oft unsicher; zumindest später ist die Bedeutung „getrocknet" bei allen Arten von Waren eindeutig; siehe Cohen 2023, 618.

284 *ePSD2* versammelt Belege beider Schreibungen derzeit (10.02.2025) unter einem Lemma /ḫad/.

285 Steinkeller (2023, 15 Anm. 41) diskutiert diesen Befund: „Specifically, the penalty was for the lambs which were qualified as gaba. The most likely meaning of gaba is 'weaned'"; vgl. Steinkeller 1995, 54–55. „However, it is difficult to see why such a normal condition of lambs should call for a penalty. Most likely, therefore, gaba, 'breast,' describes some medical problem affecting lambs", sodass er konsequenterweise sila$_4$-gaba nur mit „... lambs" wiedergibt. Dem Vorschlag von Steinkeller 1995, 45, es handle sich um eine Brustkrankheit

Für udu-gaba ≈ sila$_4$-gaba – in unseren Belegen sicherlich eine Genitivverbindung – finden sich nun die unterschiedlichsten Wiedergaben: „offering sheep/lamb", „weaned sheep", „sheep of the breast, „maturity designation" aber auch einfach „young sheep". In den lexikalischen Listen folgt auf udu-gaba regelmäßig der Terminus udu-gaba-ri-a, „Schaf an der Brust mitgeführt", was sicher ein „Opferschaf" bezeichnet.[286]

Für eine Deutung „entwöhnt" an unseren Stellen spricht der Kontext der parallelen Bezeichnung ^{MÍ}áš-gàr-gaba in *VS* 27, 57 = *AWAB* 84 ((Lug.) 6/1), ein Text, der Mašdari'a-Abgaben (Kleinvieh) für die Fürstentochter Geme-Nanše verzeichnet:

i	1	1 {x} ⸢u$_8$⸣	1 Mutterschaf,
		4 udu-{x}nita	4 Schafböcke,
		2 ùz	2 Zicken,
		1 ^{MÍ}áš-gàr-gaba	1 *entwöhntes(?)* (weibliches) Zicklein,
	5	1 $^{⸢\text{MÍ}⸣}$áš-gàr-šà-du$_{10}$	1 junges Zicklein,
ii	1	5 maš-šà-du$_{10}$	5 junge Ziegenböckchen:
		maš-da-⸢ri⸣-a-didli-⸢am$_6$⸣	es sind einzelne Mašdari'a-Abgaben;

Undeutlich bleibt dagegen die bruchhafte Stelle in *Nik.* 1, 156 = *AWEL* 156 (Lug.)[287], deren Summenformel iii 1–iv 5, nach Kollation Riftin, lautet: šu-niĝín 8 udu-nita / [udu] zi-zi-ga / sipa-dè-ne-kam / egir$_4$ gurúm-ma-ta / zú-si udu! gal-gal-ka // sila$_4$*-g[aba] gu$_7$*-šè / ba-dab$_5$ / de$_5$-de$_5$-dè / níg-gu$_7$-dè / ba-ra „Insgesamt 8 Schafböcke. Abgebuchte Schafe der Hirten sind es. Nach der Inspektion am (Ort) der Schur der ausgewachsenen Schafe wurden sie zu den Speiselämmern(?) genommen zum Verzehr wurden sie weggeführt."

Auch wenn es insgesamt wahrscheinlich ist, dass sila$_4$-gaba das „Brust- oder Milchlamm" bezeichnet, so bleibt doch die Frage, worin deren ‚schlechter' Zustand bestehe.[288] Einen alten Vorschlag von Josef Bauer aufgreifend,[289] mag sila$_4$

von Schafen, kann ich nicht folgen; mir bleibt unklar, wie dies von der Genitivkonstruktion „Brustlamm" grammatisch abgeleitet werden könnte. Auch Schrakamp/Zólyomi 2025 diskutieren diese Bezeichnung und die eher spekulative Deutung „(missing or ḫad$_2$(?)) offering lambs".

286 Daher kann das Genitivkompositum sila$_4$-gaba-k, im Unterschied zu früheren Überlegungen, hier kaum angeschlossen werden; vgl. Selz 1989, 379; einen Überblick über den bisherigen Forschungsstand bieten Schrakamp/Zólyomi 2025, 103 mit Anm. 80.

287 Selz 1989, 378–380.

288 Die Annahme von Steinkeller 2023, 15 Anm. 41, gaba bezeichne „most likely ‘weaned'", ist zunächst problematisch vgl. Anm. 185. Ohne auf seine Spekulationen über eine Brustkrankheit o.ä. dieser Schafe einzugehen, schlage ich folgendes vor: Da die Entwöhnung von Schafen sowohl für das Muttertier als auch für das Lamm äußerst stressig ist, könnte sila$_4$-gaba die in diesem Prozess befindlichen Schafe bezeichnen, die entweder a) statt des (geforderten) Milchlamms (wegen seiner Fleischqualität geschätzt) geliefert werden, oder b), dass während der schwierigen Entwöhnungsperiode die Lämmer nicht von ihren Mut-

gaba die *noch nicht entwöhnten Lämmer,* das heißt die Lämmer während des Entwöhnungsprozesses, bezeichnen.[290]

5 Versuch einer Bewertung des Ediktes des Urukagina

Die *Realität* der im Edikt genannten Missstände zeigt das zeitgenössische Urkundenmaterial deutlich: Sie betreffen die Nahzeit. Dabei lassen sich im Strom der mit Enentarzi und vor allem seinem Sohn und Nachfolger Lugalanda einsetzenden Verwaltungstexten eine Reihe wirtschaftlicher Reformen beobachten, etwa bei der beträchtlichen Ausweitung des Personals des ‚Frauenhauses' und sicher auch seiner Domäne,[291] für die früheres Vergleichsmaterial fast völlig fehlt. Die Fokussierung der Administration auf das ‚Frauenhaus' (und implizit wohl auch auf den ‚Palast') kann vielleicht mit den andauernden Versuchen verbunden werden, eine Zentralstelle der Herrschaftsausübung zu etablieren;[292] zu sehen ist dies auch im Kontext der überregionalen politischen Situation.[293] Die unter Urukagina deutlich werdenden ideologischen Änderungen, seine Zentrierung auf die geradezu höfisch organisierte Götterwelt von Ĝirsu, hat wohl bereits mit Lugalanda einge-

---

tertieren getrennt werden sollten. Vgl. Pfitzner 2019, 308 mit Anm. 1643 zur *Ur-Klage* Z. 67–68: urú-ĝu$_{10}$ u$_8$ zid-gen$_7$ sila$_4$-zu ba-e-da-kud / urím ki ud$_5$ zid-gen$_7$ máš-zu ba-e-da-til „Meine Stadt! Wie bei einem rechten Mutterschaf wurde dein Lamm von dir weggerissen / Urim! Wie bei einer rechten Geiß wurde dein Zicklein bei dir getötet(?) (zum Ende gebracht(?))." Die Parallele im literarischen Brief *SEpM* 7: 8 (Kleinerman 2011, 130) hat: u$_8$ sila$_4$-bi é-ubur-ra dab$_5$-ba-gen$_7$ šu ba-ab-dab$_5$-bé „Wie einem Mutterschaf, deren Lamm an der Melkstätte gepackt worden ist, hat man (mir? ihm?) die Hände gebunden (wörtlich: gepackt)".

289 Vgl. Bauer 1985. Auf ähnlichen Überlegungen basiert wohl Steinkeller (1995, 54–55) mit seinem Vorschlag: „semi-weaned lambs".

290 Vgl. https://www.sheep101.info/201/weaning.html, letzter Aufruf 10.3.2025: „Weaning is a crucial time in the management of ewes and lambs. It is when lambs are no longer allowed to nurse their dams and consume a milk diet. With the exception of artificially-reared lambs, weaning also involves separation from the dam. After weaning, lambs may consume forage, grain-based, or mixed diets. Weaning is stressful for both ewes and lambs. Thus, minimizing the stress at weaning and easing the transition are important goals. With early weaning, cull ewes can be sold earlier, sometimes for higher prices. Lambs are usually marketed earlier in the year when prices are usually higher. However, early weaning is more stressful to both the ewe and lambs. Ewes are more prone to mastitis because they are still producing milk when their lambs are removed. Lambs are more stressed, thus more susceptible to disease, if not managed properly."

291 Maekawa 1973–1974, Selz 1995a, 53 und besonders Wu 2001.

292 Vgl. auch die oben Anm. 202 zitierte Feststellung von Steinkeller.

293 Wir müssen wohl seit Mesilim von Kiš mit wiederkehrenden Versuchen rechnen, in Sumer ein „Großreich" zu etablieren, wie dies für Enšakušana (Bauer 1998, 480) und Lugalzagesi, d.h. unmittelbar vor der Etablierung des Akkade-zeitlichen Zentralstaates, deutlich wird. Die bei Lugalanda und Urukagina belegte Fokussierung der administrativen Tätigkeit auf die Herrschergemahlin (und den Herrscher), die Herrscherfamilie, spiegelt sich auch in den Verschiebungen im Pantheon, die bis in die Lagaš II-Zeit nachwirken; vgl. bereits Falkenstein 1966, 63–64, der bemerkt, dass „die Verbindung Ningirsus mit Baba wie eine in neusumerischer Zeit übliche Ehe erscheint."

setzt.[294] Allerdings ist von ihm nur eine (stark beschädigte) Weihinschrift (*FAOS* 5/1 Lug. 15, *RIME* 1.9.8.2) bekannt geworden. Die überlieferten Urkunden geben keine Hinweise auf eine grundlegende Änderung der ökonomischen Strukturen in der Zeit unmittelbar vor Urukagina.

Wie bereits bemerkt, so ist eine beschreibende Bezeichnung des *Ediktes des Urukagina* als „Reform-" oder „Restaurationstexte" im Wesentlichen den unterschiedlichen Blickwinkeln der modernen Bearbeiter geschuldet. Tatsache ist, dass die meisten der in den Texten geschilderten Fälle sowohl hinsichtlich des Missstandes als auch deren Änderung ganz konkret sind. Damit unterscheiden sie sich wesentlich von den Rechtssätzen der späteren ‚Codices', bei denen in ihrer konditionalen ‚Wenn – Dann' Formulierung eine fortgeschrittene Abstraktion fassbar wird. Diese Rechtssätze besitzen exemplarisch-hypothetischen und präskriptiven Charakter: ‚falls'.[295] Verallgemeinerungen fehlen im *Edikt des Urukagina* nicht völlig, wie schon der Rekurs auf die alten (göttlichen) Entscheidungen deutlich macht. Diese begründen das im Wesen „unabänderliche Recht" (níĝ-gi-na), beruhend auf dem „feststehenden Wort" (inim-gi-na), dessen Durchführung, die „Gerechtigkeit" (níĝ-si-sá), das Recht-Sprechen,[296] im Auftrag (inim) der Götter erfolgt. Ziel ist dabei – Anspruch aller Autoritäten – die *Stabilität* der politisch-sozialen Systeme. Alle Korrekturen, die Urukagina proklamiert, erfolgen auf dem Hintergrund einer umfassenden gesellschaftlich-politischen Krise. Im Vordergrund stehen dabei die Veränderungen in den sozio-ökonomischen Grundlagen, die – so die hier vertretene These – insbesondere mit Veränderungen bei den Verfügungsrechten deutlich wird. Von besonderem Interesse ist dabei, dass die Überlieferung um die Regierungszeit des Urukagina offensichtlich nicht einem in den Büros der Historiker entwickelten Modell einer ‚rein' distributiven Ökonomie entspricht. Er wendet sich *nicht* grundsätzlich gegen den sich entwickelnden Markt; die Tauschverhältnisse sind aber insofern sein Gegenstand, als dass die fortschreitende Monetarisierung, der Proto-Kapitalismus, wenn man so will, als Bedrohung der gesellschaftlichen Homöostase begriffen wird. Ein *Profitinteresse an sich* wird nirgendwo ausdrücklich abgelehnt.[297] Was Urukagina ändert, ist lediglich systemfremde Bereicherung – alle Formen von widerrechtlicher Aneignung aufgrund von Amtsmissbrauch, ökonomischer oder physischer Macht. Die Entfernung dieser korrupten und korrumpierbaren Staatsdiener geschieht durch eine *Verwaltungsreform*, die diese Funktionärsschicht aus ihren Positionen

294 Siehe Selz 1995a *passim*; vgl. Karahashi 2020.

295 So das Sumerische tukumbi = „nimm den Fall" > „angenommen".

296 D. h. auch Rechtsstreitigkeiten durch ein Urteil beenden; vgl. Wilcke 2003a, 42–47.

297 Entsprechend scheint die oben in Anm. 79 zitierte Einordnung des Ediktes durch Schrakamp/Zólyomi nicht ganz zutreffend: Es geht m. E. nur mittelbar um „vertical solidarity" und gegen Habgier („greed"). Im Vordergrund stehen die Regelverletzungen und Übergriffe, die das gesellschaftliche Gleichgewicht gefährden, also die unlautere und unangemessene Durchsetzung von (individualisiertem) Profitinteresse, oder nach Proudhon 1840, 12 und 18: „Eigentum ist Diebstahl".

entfernt, sowie eines durch die *Amnestie* (Generalregeln) verfügten umfassenden gesellschaftlichen Neubeginns.

Dabei sind die zu Grunde liegenden Krisen mit Sicherheit kein lokales Problem des Kleinstaates. Die schon vor Urukagina einsetzende Veränderung im Herrschaftsparadigma – die Herausbildung eines monarchisch regierten Territorialstaats – geht einher mit der zunehmenden Individualisierung, und in der Folge auch mit spezifischeren Formen von Privatrecht. Beides erreicht dann kurz nach Urukagina seine für uns prägnanteste Ausformung im Akkadischen Imperium und seiner monarchischen Staatskonzeption.

Neben der zum Teil nachweisbaren Umsetzung seiner Änderungen hat das Edikt eine historisch noch weit bedeutsamere Wirkung: Es liefert – so scheint es – die Blaupause für den Umgang mit ökonomisch-politischen Krisen durch die Herrscher der neusumerischen und vor allem der altbabylonischen Zeit.[298]

Gesellschaftliche Stabilität zu bewahren oder zu erzielen, ist aber der Kern jeder Rechtsanwendung, der Gerechtigkeit. Das im Prinzip unveränderliche Recht (níĝ-gi-na), die „Schicksalsentscheidung" der Götter, abgebildet in ihrem „feststehenden Wort" (inim-gi-na), bedarf einer kontinuierlichen Anwendung, der „Gerechtigkeit" (níĝ-si-sá). Einen ersten Ausdruck findet dies in der *Gesetzessammlung* (‚Codex') *des Ur-Namma*, eingebettet, wie das besprochene *Edikt des Urukagina*, in den Rahmen einer Weihinschrift. Dabei finden sich hier, jeweils eingeleitet durch ud-ba „zu dieser Zeit", zunächst Generalregeln.[299] Neu ist der in diesem Zusammenhang auftretende Verweis auf die ‚Ansiedlung' von Generälen und Familienmitgliedern des Herrschers,[300] die, dem Herrscher offensichtlich durch persönliche Loyalität verpflichtet, die Etablierung dieser Ordnung sichern sollten. Der anschließende Hauptteil verzeichnet eine größere Anzahl von kasuistisch formulierten Gesetzen zu unterschiedlichen Themen, die dem Straf- und Zivilrecht zuzurechnen sind. Dieser Fokus auf Individuen ist vielleicht jenes Merkmal, das sie am deutlichsten von den Regelungen des Edikts des Urukagina unterscheidet. Gleiches lässt sich bei den Edikten der altbabylonischen Könige beobachten.

298 Siehe ausführlicher bereits Selz 1999–2000, 24–27 und nunmehr Simonetti 2022, der auch kurz die Frage der Anwendung und der Effekte dieser Maßnahmen diskutiert.

299 Betreffend Fremdherrschaft, Maßverfälschung, Unsicherheit der Verkehrs- und Handelswege sowie wirtschaftliche und physische Gewaltverhältnisse zum Nachteil von ‚Witwen' und ‚Waisen', Gewalt und Rechtlosigkeit insgesamt. Auch die Aneignung von Produktionsmitteln durch bestimmte Personengruppen, etwa die Aneignung der Felder durch die *nisku*-Leute, der Kauffahrtei durch die Schiffer, des Groß- und Kleinviehs durch […] wird kritisiert; vgl. Roth 1995, 15–16. Vgl. hier noch Haase 1996. Festzuhalten ist, dass auch hier auf *konkret bestehende* Verhältnisse rekurriert wird, nicht wie bei den anschließenden Gesetzen auf hypothetisch-exemplarische Fälle: ‚falls'.

300 Wenn sich dieses Textverständnis als richtig erweist, so wäre zu erwägen, ob an diesem Punkt nicht die durch die Akkade-Zeit ausgebildeten, familialen und auf persönlichen Loyalitätsbeziehungen beruhenden Herrschaftsstrukturen weiterwirken, wobei diese bereits in der spätfrühdynastischen Zeit in Lagaš eine erhebliche Rolle spielten.

Diese Individualisierung zeigt sich, neben anderen Rechtsbereichen, im zur Ur III-Zeit und altbabylonischen Epoche gut dokumentierten Darlehenswesen. Darlehen konnten sowohl von Institutionen als auch von Privatpersonen gewährt werden. Das Gros der Schuldner jedoch (so nimmt man an) waren Leute in bitterster wirtschaftlicher Not, die sich im Falle der Nichtrückzahlbarkeit eines Darlehens sogar selbst als Sklaven verkauften. Es sind die Schuldverhältnisse, die die wirtschaftliche Basis und damit das gesellschaftliche Gleichgewicht aufs Ernste gefährden. Van De Mieroop schilderte diesen Teufelskreis so:

> „The borrowers were placed in a very bad economic situation by loans whose interest rates seem to have been exorbitant. When a loan defaulted and a field was mortgaged the creditor obtained the usufruct of the property, and usually rented the field out again to the debtor for a rental fee. When the debtor was unable to pay the rental fee with the products he grew, he had to borrow more silver and so became more indebted to the creditor."[301]

Um den durch diese Vorgänge drohenden Zusammenbruch der Ökonomie zu verhindern, ergriffen die altbabylonischen Herrscher zum Instrument der Edikte, für die Kraus den Begriff ‚Gerechtigkeitserlass' eingeführt hat.[302] Erhalten sind nun die erstaunlich parallelen *Edikte des Samsu-iluna* und das etwas spätere *Edikt des Ammi-saduqa*.[303]

Nach den Darlegungen von Kraus lassen sich in den Edikten zwei hauptsächliche Arten von Eingriffen zu unterscheiden:

a) Der Gnadenakt mit einmaliger Wirkung, die Aufhebung bestehender konkreter, individueller „privater" und „dienstlicher", d.h. „öffentlicher" Verbindlichkeiten. Dabei bleibe allerdings das herrschende Recht unangetastet.
b) „Die Annullierung bestimmter Kategorien rechtsgültig abgeschlossener privater Kaufverträge Immobilien betreffend"[304]

Hierbei entspräche, vereinfacht gesprochen, der Kategorie a) das *mīšaram šakānum* (sumerisch: níĝ-si-sá – ĝar), das von Kraus mit „die Gerechtigkeit wiederherstellen" übersetzt wird. Für die Kategorie b) habe der Terminus *ṣimdat šarrim*, „königliches Verfahren", oder die „vom König vorgenommene Bindung", Verwendung gefunden. Nur diese Rechtsakte haben deutliche Nähe zu den ‚Gesetzen'. Sie heben das bestehende Recht bzw. erworbene Rechte vorübergehend auf, sind bindend und automatisch wirksam, und sie bewirken eine einheitliche Behandlung gleichartiger Fälle.

301 Van de Mieroop 1992, 208.
302 Vgl. Kraus 1984. Das Nachfolgende ist ein verkürzter Auszug meiner Ausführungen in 1999–2000, 25–26; vgl. Renger 2002.
303 Vgl. Kraus 1984, 159. Zum *Edikt des Abī-ešuḫ* siehe Lieberman 1989, 251 und Jursa 1997, 142.
304 Siehe Kraus 1984, 13.

Der Betreff der Edikte lässt sich wie folgt tabellieren:

Betreff der von den altbabylonischen Edikten geregelten Sachen	
1. Der eigentliche Gnadenerlass mit:	
1.1	Erlass der Begleichung von Rückständen
1.2	Erlass privater Schulden
1.3	Entlassung aus der Schuldsklaverei
1.4	Erlass des Pachtzinses für Domänenland
1.5	Regelung des Nebenerwerbs für gewisse Lehnsleute
2. Zusatzbestimmungen im Edikt des Ammī-ṣaduqa:	
2.1	Verbot der Zwangseintreibung kleiner Schulden
2.2	Geschäftsbeziehungen der Regierung mit Kaufmannschaften
2.3	Strafen für gewisse Vergehen

Es ist die hier knapp ausgeführte These, dass die „*Reformtexte*" des Urukagina die Blaupause bieten, sowohl für die späteren ‚Codices' als auch für die altbabylonischen Gerechtigkeitserlasse.[305] Urukaginas Maßnahmen sind eingebunden in den Rahmen einer typischen sumerischen Weihinschrift, und die späteren Rechtssammlungen des Ur-Namma, Lipit-Eštar und Ḫammurapi gehören zu dieser Gattung. Kasuistische Formulierungen fehlen jedoch bei Urukagina (weitgehend). Missstände und Gegenmaßnahmen werden konkret benannt. Auch das *Edikt des Ammī-ṣaduqa*, so bemerkte bereits Edzard, „umschreibt keine allgemeine Situation; es formuliert scharf und versucht zugleich bestimmten – offenbar beliebten – Schlichen und Unlauterkeiten den Boden zu entziehen".[306] Der Erlass betrifft sowohl Privatschulden,[307] aber auch dem ‚Palast' geschuldete Abgaben, deren ‚Bezahlung' laut dem Edikt erlassen, erleichtert oder aufgeschoben wurde. Es ist also nicht nur die deklaratorische Form, sondern auch der sachliche Gegenstand, die die Bestimmung der sogenannten „*Reformtexte*" des Urukagina als ‚Edikt' sichern. Sowohl dieses Edikt als auch die Edikte der altbabylonischen Könige verbindet auch die Zielsetzung: Die Stabilisierung des ökonomisch-politischen Systems. Zumindest formale Gültigkeit hat der Inhalt des Ediktes bei Antritt seiner Regierung besessen. Auch dies verbindet es mit den altbabylonischen Gerechtigkeitserlassen, die im Übrigen während der Regierung eines Herrschers mehrfache Ausfertigung erfahren konnten.

Dass die Homöostase des gesellschaftlichen Systems und damit verbunden auch der ökonomischen und rechtlichen Subsysteme[308] für die altmesopotamische

305 In dieser Allgemeinheit ist diese These natürlich nicht neu; vgl. z.B. die noch immer bemerkenswerte Arbeit von Edzard 1974.

306 Edzard 1997, 152.

307 Vgl. dazu Wilcke 2018.

308 Der Ausgleich von Interessen, d.h. Vermeidung und Lösung von Konflikten, ist immer ein

Königsideologie zentral war, ist wohl bekannt: es handelt sich um Legitimation durch Effizienz.[309]

6 Zusammenfassung: Abgeleitete Hypothesen zu Umbrüchen in der Entwicklung von Regeln und Normen

Das *Edikt des Urukagina*, dessen Umsetzung in politisches Handeln jetzt in weiten Teilen außer Frage steht,[310] markiert einen Wendepunkt in der historischen Entwicklung am Vorabend der – soweit erkennbar – völlig neuen Staatsideologie in der Akkade-Zeit.[311] Die tiefgreifenden Veränderungen wurden in zahlreichen Arbeiten untersucht. Als Ausgangpunkt diente oft die Sammlung des von Liverani herausgegebenen Sammelbandes mit dem programmatischen Titel *Akkad: The First World Empire*, und mit den Arbeiten von Westenholz, Foster und Schrakamp sind jetzt auch konzise historische Einordnungen leicht greifbar.[312] Die Akkadezeitlichen Herrscher vertreten, sowohl in ihren Königsinschriften als auch entsprechend den Archivalien einschließlich der rechtsgeschichtlich bedeutsamen Texte, eine grundlegend veränderte Ideologie: Die Idee eines ‚Staates' im Sinne der von Yoffee geschilderten Voraussetzungen.[313] Realisiert wird diese Idee durch zwei grundlegende Entwicklungen: Zum einen die Zentralisierung in den Bereichen der politischen Organisation, von der Verwaltung über allfällige Normierungen, einschließlich des Rechts. Zum anderen durch die damit einhergehende Individualisierung in allen Bereichen des gesellschaftlichen Lebens, die organisatorisch Verantwortlichkeiten auf (zunehmenden) persönlichen Abhängigkeiten (Loyalität) gründet, und damit in der Folge in weiten Bereichen den Einfluss der Amtsverantwortung beschränkt. Der Pfad zu diesem ideologischen Umbruch zeichnet sich – mehr oder minder deutlich – bereits in der Spätphase der vorausgegangen frühdynastischen Zeit ab. Daraus ergibt sich als Hypothese, dass die im *Edikt des Urukagina* geschilderte Krise kaum nur lokale Verhältnisse abbildet, sondern symptomatisch ist für die politische Situation beim Aufkommen einer (neuen) Staatsidee. Bezeichnenderweise vermeidet Urukagina eine grundsätzliche Positionierung gegen wichtige Elemente der aufkommenden Veränderungen: Weder die Entwicklung eines theologisch fundierten Zentralismus noch ‚privatwirt-

---

Ziel gerechter Ordnung und das Konstituens für Gerechtigkeit, nicht nur der *ma'at* im Alten Ägypten; vgl. etwa Nader [2]1997.

309 Vgl. dazu Selz 1999–2000, 27–28 und Selz 2010b.

310 Siehe Schrakamp/Zólyomi 2024; Schrakamp/Zólyomi 2025 sowie den Beitrag von Schrakamp/Zólyomi in diesem Band.

311 Siehe dazu Schrakamp 2017b, der die grundlegenden Neuerungen in politische, sozio-ökonomische und ideologischen Ausformungen der Akkade-Zeit herausarbeitet. In unserem Zusammenhang besonders bemerkenswert: „Die sogenannte Rimuš-Stele als Zeugnis gewaltsamer Enteignung von Land in Sumer" versus „Der Maništušu-Obelisk als Zeugnis königlicher Landkäufe in Nordbabylonien" (Schrakamp 2017b, 93–95). Vgl. auch Schrakamp 2020.

312 Liverani 1993; Westenholz 1999; Foster 2016; Schrakamp 2017b; 2020.

313 Vgl. Yoffee 2005.

schaftlich' motiviertes Profitinteresse mit marktgebundenem Austausch werden hinterfragt. Stattdessen fokussiert er sich auf Amtsmissbrauch – Korruption und illegitime ökonomische und physische Machtausübung. Zentral dabei ist sein Versuch der Präzisierung und Neubestimmung von Verfügungsrechten. Erkennbar wird hier zudem die Konzeption eines theologisch begründeten Amtsverständnisses. Der Missbrauch des Amtes zur Erzielung ‚privater' Vorteile ist eine ungerechtfertigte Bereicherung, die die Einschränkung und ggf. sogar Abschaffung einer ganzen Funktionärsschicht erforderte. Ironischerweise wird dadurch, so eine weitere Hypothese, aber eine Zentrierung der Macht befördert, die kurz nach Urukaginas Scheitern zu einem zentralen Element des Akkade-zeitlichen Staates werden wird. Auch im Bereich der Ökonomie erzielt, so die nächste Hypothese, die Trennung zwischen amtsgebundenem – und nur temporär übertragenem – Besitz und voller Sachherrschaft (Eigentum) den Effekt, dass der zweite Bereich zunehmend an Bedeutung gewinnen kann. Eine Folge davon scheint die zunehmende Ausdifferenzierung von Rechtsgegenständen, die dann in den späteren ‚Codices' ihren Ausdruck findet. Obwohl Urukagina kurzfristig scheiterte, identifizierte er mit seiner Bestandsaufnahme und den Maßnahmen aber offensichtlich Probleme sozialer Homöostase, die in abgewandelter Form auch für spätere Epochen zentrale Bedeutung besaßen. Über die Überlieferung des *Edikts des Urukagina* lässt sich zwar nichts ausmachen, und die Lösungsstrategien, die die späteren Edikte der altbabylonischen Zeit behaupten, mussten im Detail den historischen Veränderungen angepasst werden; in ihrer Grundstruktur allerdings sind die Parallelen zum *Edikt des Urukagina* nicht zu bestreiten. Dem *Edikt des Urukagina* war also zumindest ein mittelbarer Erfolg beschieden.

Texte ud Texteditionen

AOST
Signatur, Altorientalische Sammlung (Tübingen).

AWAB
Siehe Selz 1996.

AWAS
Siehe Selz 1993.

AWEL
Siehe Selz 1989.

AWL
Siehe Bauer 1972.

BIN 8
Siehe Hackman 1958.

CBL
Signatur, Chester Beatty Library, Dublin.

CT 50
Siehe Sollberger 1972.

CTNMC
Siehe Jacobsen 1939.

CunMon. 50
Siehe Arkhipov/Kogan/Koslova 2020.

CUSAS 11
Siehe Visicato/Westenholz 2010.

CUSAS 19
Siehe Maiocchi/Visicato 2012.

CUSAS 23
Siehe Bartash 2013.

CUSAS 26
Siehe Westenholz 2014.

CUSAS 33
Siehe Notizia/Visicato 2016.

CUSAS 35
Siehe Bartash 2017.

CUSAS 36
Siehe George 2018.

DP
Siehe Allotte de la Fuÿe 1908–1920.

ECTJ
Siehe Westenholz 1975a.

ETCSL
Siehe Black et al. 1998–2006.

FAOS 5/1
Siehe Steible 1982a.

FAOS 5/2
Siehe Steible 1982b.

FAOS 19
Siehe Kienast/Volk 1995.

Fs. Greenfield
Siehe Zevit/Gitin/Sokoloff 1995.

HSS 3
Siehe Hussey 1912.

ITT 1
Siehe Thureau-Dangin 1910.

ITT 2
Siehe de Genouillac 1910–1911.

ITT 5
Siehe de Genouillac 1922.

MAH
Signatur, Musée d'art et d'histoire (Genf).

MCS 9
Siehe Donald 1964.

MSL 5
Siehe Landsberger 1957.

MSL SS 1
Siehe Civil/Gurney/Kennedy 1986.

MVN 3
Siehe Owen 1975.

MVN 10
Siehe Grégoire 1981.

NSGU
Siehe Falkenstein 1956a, 1956b, 1957.

Nik. 1
Siehe Nikol'skij 1908.

Nisaba 25
Siehe Lecompte 2013.

OIP 14
Siehe Luckenbill 1930.

OSP 1
Siehe Westenholz 1975b.

PPAC 1
Siehe Yang 1989.

RIME 1
Siehe Frayne 2008.

RIME 3/1
Siehe Edzard 1997.

RTC
Siehe Thureau-Dangin 1903.

SEpM
Siehe Kleinerman 2011.

SRU
Siehe Edzard 1968.

TCTI 1
Siehe Lafont/Yıldız 1989.

TMH 5
Siehe Pohl 1935.

TSA
Siehe de Genouillac 1909.

VAT
Signatur, Vorderasiatische Abteilung (Staatliche Museen zu Berlin)

VS 14
Siehe Förtsch 1916.

VS 25
Siehe Marzahn 1991.

VS 27
Siehe Marzahn 1996.

WF
Siehe Deimel 1924.

Bibliographie

Adams 1975
Adams, E. W.: The Logic of Conditionals: An Application of Probability to Deductive Logic, Dordrecht.

Allotte de la Fuÿe 1908–1920
Allotte de la Fuÿe, F. M.: Documents présargoniques, Paris.

Alster 1991
Alster, B.: Contributions to the Sumerian Lexicon. Revue d'Assyriologie et d'Archéologie Orientale 85, 1–11.

Alster 1996
Alster, B.: He Who Pays with Valid Money. On the Status of Merchants in Early Mesopotamia. In: Limet, H. (Hrsg.): Tablettes et images aux pays de Sumer et d'Akkad, Liège, 1–6.

Alster 2005
Alster, B.: Wisdom of Ancient Sumer, Bethesda.

Andersson 2012
Andersson, J.: Kingship in the Early Mesopotamian Onomasticon 2800–2200 BCE. Studia Semitica Upsaliensia 28, Uppsala.

Archi 2002
Archi, A.: 'Debt' in an Archaic Palatial Economy: The Evidence from Ebla. In: Hudson, M. / Van De Mieroop, M. (Hrsg.): Ebla and Its Archives. Texts, History, and Society. Studies in Ancient Near Eastern Records 7, Boston / Berlin, 95–108.

Arkhipov/Kogan/Koslova 2020
Arkhipov, I. / Kogan, L. / Koslova, N. (Hrsg.): The Third Millennium. Studies in Early Mesopotamia and Syria in Honor of Walter Sommerfeld and Manfred Krebernik. Cuneiform Monographs 50, Boston / Berlin.

Attinger 2005
Attinger, P.: À propos de AK « faire ». Zeitschrift für Assyriologie und Vorderasiatische Archäologie 95, 46–64, 208–275.

Attinger 2008
Attinger, P.: À propos de quelques lectures. Nouvelles Assyriologiques Brèves et Utilitaires 2008, 103–104 Nr. 72.

Attinger 2021
Attinger, P.: Glossaire sumérien-français, principalement des textes littéraires paléobabyloniens, Wiesbaden.

Attinger 2023
Attinger, P.: Glossaire sumérien-français, principalement des textes littéraires paléobabyloniens. Deuxième édition, revue et augmentée, Bern.

Bácskay 2018
Bácskay, A.: Therapeutic Prescriptions against Fever in Ancient Mesopotamia. Alter Orient und Altes Testament 447, Münster.

Balke 2017
Balke, Th. E.: Das altsumerische Onomastikon. Namensgebung und Prosopographie nach den Quellen aus Lagaš. dubsar 1, Münster.

Barta 2008
Barta, H.: Recht, Religion und Gerechtigkeit in frühen Gesellschaften – Zur Bedeutung von Herrschaft und Staat für diese Gesellschaftsphänomene. In: Barta, H. / Rollinger, R. / Lang, M. (Hrsg.): Recht und Religion. Menschliche und göttliche Gerechtigkeitsvorstellungen in den antiken Welten. Philippika. Altertumswissenschaftliche Abhandlungen 24, Wiesbaden, 1–36.

Bartash 2013
Bartash, V.: Miscellaneous Early Dynastic and Sargonic Texts in the Cornell University Collections. Cornell University Studies in Assyriology and Sumerology 23, Bethesda.

Bartash 2014
Bartash, V.: E_2-mi_2 – 'women's quarters': The Earliest Written Evidence. In: Buccellati, F. / Helms, T. / Tamm, A. (Hrsg.): Household and Household Economies in 3rd Millennium B.C. Syro-Mesopotamia. BAR International Series 2682, Oxford, 9–20.

Bartash 2017
Bartash, V.: Sumerian Administrative and Legal Documents ca. 2900–2200 BC in the Schøyen Collection. Cornell University Studies in Assyriology and Sumerology 35, Bethesda.

Bartash 2019
Bartash, V.: Establishing Value. Weight Measures in Early Mesopotamia. Studies in Ancient Near Eastern Records 23, Boston / Berlin.

Bauer 1972
Bauer, J.: Altsumerische Wirtschaftstexte aus Lagasch. Studia Pohl 9, Rom.

Bauer 1975
Bauer, J.: Darlehensurkunden aus Girsu. Journal of the Economic and Social History of the Orient 18, 189–218.

Bauer 1976
Bauer, J.: Eine neue Darlehensurkunde aus Girsu. Altorientalistische Notizen (1–4), 2–5 Nr. 1, Höchberg.

Bauer 1985
Bauer, J.: Bemerkungen zu H. Steible, Die altsumerischen Bau- und Weihinschriften, Teil 1 und 2, Wiesbaden 1982 (= Freiburger Altorientalische Studien, Bd. 5). Altorientalistische Notizen (21–30), 2–13.

Bauer 1987–1990
Bauer, J.: Lugal-ušumgal. Reallexikon der Assyriologie und Vorderasiatischen Archäologie 7, 155.

Bauer 1989–1990
Bauer, J.: Altsumerische Wirtschaftsurkunden in Leningrad. Archiv für Orientforschung 36/37, 76–91.

Bauer 1998
Bauer, J.: Der vorsargonische Abschnitt der mesopotamischen Geschichte. In: Attinger, P. / Wäfler, M. (Hrsg.): Mesopotamien. Späturuk-Zeit und Frühdynastische Zeit. Orbis Biblicus et Orientalis 160/1, Freiburg (Schweiz) / Göttingen, 429–585.

Behrens/Steible 1983
Behrens, H. / Steible, H.: Glossar zu den altsumerischen Bau- und Weihinschriften. Freiburger Altorientalische Studien 6, Wiesbaden.

Beld 2002
Beld, S. G.: The Queen of Lagash. Ritual Economy in a Sumerian State. PhD Dissertation University of Michigan.

Benati 2015
Benati, G.: Re-modeling Political Economy in Early 3rd Millennium BC Mesopotamia: Patterns of Socio-Economic Organization in Archaic Ur (Tell al-Muqayyar, Iraq). Cuneiform Digital Library Journal 2015: 2.

Benati 2022
Benati, G.: Clash of the Titans: The Economics of Early Bronze Age Mesopotamia. Between Empirical Evidence and Theoretical Models. In: Frangipane, M. / Poettinger, M. / Schefold, B. (Hrsg.): Ancient Economies in Comparative Perspective. Material Life, Institutions and Economic Thought. Frontiers in Economic History, Cham, 111–129.

Black et al. 1998–2006
Black, J. A. / Cunningham, G. / Ebeling, J. / Flückiger-Hawker, E. / Robson, E. / Taylor, J. / Zólyomi, G.: The Electronic Text Corpus of Sumerian Literature, Oxford. <https://etcsl.orinst.ox.ac.uk/>.

Buccellati 1996
Buccellati, G.: The Role of Socio-Political Factors in the Emergence of 'Public' and 'Private' Domains in Early Mesopotamia. In: Hudson, M. / Levine, B. A. (Hrsg.): Privatization in the Ancient Near East and Classical World. A Colloquium Held at New York University, November 17–18, 1994. Peabody Museum Bulletin 5, Cambridge, 129–151.

Buccellati/Helms/Tamm 2014
Buccellati, F. / Helms, T. / Tamm, A. (Hrsg.): Household and Household Economies in 3rd Millennium B.C. Syro-Mesopotamia. BAR International Series 2682, Oxford.

Camassa 1994
Camassa, G.: Verschriftung und Veränderung der Gesetze. In: Gehrke, H.-J. (Hrsg.): Rechtskodifizierung und soziale Normen im interkulturellen Vergleich. ScriptOralia 66, Tübingen, 97–111.

Civil/Gurney/Kennedy 1986
Civil, M. / Gurney, O. / Kennedy, D. A.: The Sag-Tablet. Lexical Texts in the Ashmolean Museum. Middle Babylonian Grammatical Texts, Miscellaneous Texts. Pontificium Institutum Biblicum. Materials for the Sumerian Lexicon Supplementary Series 1, Rom.

Cohen 2023
Cohen, M. E.: An Annotated Sumerian Dictionary, University Park.

Cooper 1985
Cooper, J. S.: Medium and Message. Revue d'Assyriologie et d'Archéologie Orientale 79, 97–114.

Cooper 1986
Cooper, J. S.: Sumerian and Akkadian Royal Inscriptions 1. American Oriental Series Texts 1, New Haven.

Couto-Ferreira 2016
Couto-Ferreira, M. E.: Being Mothers or Acting (like) Mothers? Constructing Motherhood in Ancient Mesopotamia. In: Budin, S. / Macintosh Turfa, J. (Hrsg.): Women in Antiquity. Real Women Across the Ancient World, London, 25–34.

Cripps 2007
Cripps, E. L.: Land Tenure and Social Stratification in Ancient Mesopotamia. Third Millennium Sumer before the Ur III Dynasty. BAR International Series 1676, Oxford.

Cripps 2017
Cripps, E. L.: The Structure of Prices in the Neo-Sumerian Economy (I). Barley:Silver Price Rations. Cuneiform Digital Library Preprints 7, 1–54.

Culbertson 2018
Culbertson, L.: The maškim in Ur III Legal Documents. In: Garcia-Ventura, A. (Hrsg.):

What's in a Name? Terminology Related to the Work Force and Job Categories in the Ancient Near East. Alter Orient und Altes Testament 440, Münster, 169–187.

Deimel 1924
Deimel, A.: Wirtschaftstexte aus Fara. Die Inschriften von Fara 3. Wissenschaftliche Veröffentlichungen der Deutschen Orientgesellschaft 45, Leipzig.

Deimel 1927
Deimel, A.: Listen über das Betriebspersonal des Tempels. Orientalia Series Prior 26, 29–62.

Diakonoff 1982
Diakonoff, I. M.: The Structure of Near Eastern Society Before the Middle of the 2nd Millennium B.C., Oikumene 3, 7–100.

Donald 1964
Donald, T.: Old Akkadian Tablets in the Liverpool Museum. Manchester Cuneiform Studies 9, Manchester, 1–36.

Edgington 1995
Edgington, D.: On Conditionals. Mind 104/414, 235–329.

Edgington 2022
Edgington, D.: Rezension zu Williamson, T.: Suppose and Tell: The Semantics and Heuristics of Conditionals, Oxford 2020. History and Philosophy of Logic 43/2, 188–195.

Edzard 1968
Edzard, D. O.: Sumerische Rechtsurkunden des III. Jahrtausends aus der Zeit vor der III. Dynastie von Ur. Abhandlungen der Bayerischen Akademie der Wissenschaften, Philosophisch-Historische Klasse, Neue Folge 67, München.

Edzard 1974
Edzard, D. O.: ‚Soziale Reformen' im Zweistromland bis ca. 1600 v. Chr. Realität oder literarischer Topos? In: Harmatta, J. / Komoróczy, G. (Hrsg.): Wirtschaft und Gesellschaft im Alten Vorderasien. Acta Antiqua Academiae Scientiarum Hungaricae 22, 145–156.

Edzard 1996
Edzard, D. O.: Private Land Ownership and its Relation to 'God' and 'State' in Early Mesopotamia. In: Hudson, M. / Levine, B. A. (Hrsg.): Privatization in the Ancient Near East and the Classical World. A Colloquium Held at New York University, November 17–18, 1994. Peabody Museum Bulletin 5, Cambridge, 109–128.

Edzard 1997
Edzard, D. O.: Gudea and His Dynasty. The Royal Inscriptions of Mesopotamia Early Periods 3/1, Toronto / Buffalo / London.

Edzard/Wiggerman 1987–1990
Edzard, D. O./ Wiggerman, F. A. M.: maškim (*rābiṣu*) „Kommissar, Anwalt". Reallexikon der Assyriologie und Vorderasiatischen Archäologie 7, 449–455.

Ellickson/Thorland 1995
Ellickson, R. C. / Thorland, C. D. A.: Ancient Land Law: Mesopotamia, Egypt, Israel. Chicago-Kent Law Review 71, 321–411.

Engels 1967
Engels, F.: 220. Engels an Joseph Bloch in Königsberg. In: Marx-Engels-Werke (MEW) Bd. 37, Berlin.

Englund 1990
Englund, R. K.: Organisation und Verwaltung der Ur III-Fischerei. Berliner Beiträge zum Vorderen Orient 10, Berlin.

Falkenstein 1956a
Falkenstein, A.: Die neusumerischen Gerichtsurkunden. Erster Teil. Einleitung und systematische Darstellung. Abhandlungen der Bayerischen Akademie der Wissenschaften, Philosophisch-Historische Klasse, Neue Folge 39, München.

Falkenstein 1956b
Falkenstein, A.: Die neusumerischen Gerichtsurkunden. Zweiter Teil. Umschrift, Übersetzung und Kommentar. Abhandlungen der Bayerischen Akademie der Wissenschaften, Philosophisch-Historische Klasse, Neue Folge 40, München.

Falkenstein 1957
Falkenstein, A.: Die neusumerischen Gerichtsurkunden. Dritter Teil. Nachträge und Berichtigungen, Indizes und Kopien. Abhandlungen der Bayerischen Akademie der Wissenschaften, Philosophisch-Historische Klasse, Neue Folge 44, München.

Falkenstein 1966
Falkenstein, A.: Die Inschriften Gudeas von Lagaš. Band I: Einleitung. Analecta Orientalia 30, Rom.

Farber 1987–1990
Farber, G.: me (ĝarza, *parṣu*). Reallexikon der Assyriologie und Vorderasiatischen Archäologie 7, 610–613.

Fikentscher 1980
Fikentscher, W.: Synepëik und eine synepëische Definition des Rechts. In: Fikentscher, W. / Franke, H. / Köhler, O. (Hrsg.): Entstehung und Wandel rechtlicher Traditionen. Veröffentlichungen des Instituts für Historische Anthropologie e. V. 2, Freiburg / München, 53–120.

Fikentscher/Franke/Köhler 1980
Fikentscher, W. / Franke, H. / Köhler, O. (Hrsg.): Entstehung und Wandel rechtlicher Traditionen. Veröffentlichungen des Instituts für Historische Anthropologie e. V. 2, Freiburg / München.

Förtsch 1916
Förtsch, W.: Altbabylonische Wirtschaftstexte aus der Zeit Lugalanda's und Urukagina's. Vorderasiatische Schriftdenkmäler der Königlichen Museen zu Berlin 14, Berlin.

Foster 1981
Foster, B. R.: A New Look at the Sumerian Temple State. Journal of the Economic and Social History of the Orient 24, 225–241.

Foster 1982
Foster, B. R.: Notes on Sargonic Legal and Juridical Procedures. Die Welt des Orients 13, 15–24.

Foster 1994
Foster, B. R.: Early Mesopotamian Land Sales. Journal of the American Oriental Society 114, 442–445.

Foster 1995
Foster, B. R.: Social Reform in Ancient Mesopotamia. In: Irani, K. D. / Silver, M. (Hrsg.): Social Justice in the Ancient World, Westport, 165–177.

Foster 2016
Foster, B. R.: The Age of Agade. Inventing Empire in Ancient Mesopotamia, London / New York.

Foxvog 1994
Foxvog, D. A.: A New Lagaš Text Bearing on Uruinimgina's Reforms. Journal of Cuneiform Studies 46, 11–15.

Frangipane/Poettinger/Schefold 2022
Frangipane, M. / Poettinger, M. / Schefold, B. (Hrsg.): Ancient Economies in Comparative Perspective. Material Life, Institutions and Economic Thought. Frontiers in Economic History, Cham.

Frayne 2008
Frayne, D. R.: Presargonic Period (2700-2350 BC). The Royal Inscriptions of Mesopotamia Early Periods 1, Toronto / Buffalo / London.

Gelb 1979
Gelb, I. J.: Household and Family in Early Mesopotamia. In: Lipinski, E. (Hrsg.): State and Temple Economy in the Ancient Near East. Proceedings of the International Conference Organized by the Katholieke Universiteit Leuven from the 10th to the 14th of April 1978. Orientalia Lovaniensia Analecta 5, Leuven, 1–97.

Gelb/Steinkeller/Whiting 1991
Gelb, I. J. / Steinkeller, P. / Whiting, R. M.: Earliest Land Tenure Systems in the Near East. Ancient Kudurrus. Oriental Institute Publications 104, Chicago.

de Genouillac 1909
de Genouillac, H.: Tablettes sumériennes archaiques. Máteriaux pour server à l'histoire de la société sumérienne, Paris.

de Genouillac 1910–1911
de Genouillac, H.: Textes de l'époque d'Agadé et de l'époque d'Ur: fouilles d'Ernest de Sarzec en 1894, 1–2. Inventaire des tablettes de Tello : conservées au Musée Impérial Ottoman 2, Paris.

de Genouillac 1922
de Genouillac, H.: Époque présargonique, époque d'Agadé, époque d'Ur. Inventaire des tablettes de Tello : conservées au Musée Impérial Ottoman 5, Paris.

George 2018
George, A. R.: Old Babylonian Texts in the Schøyen Collection 1. Selected Letters. Cornell University Studies in Assyriology and Sumerology 36, Bethesda.

Gifis 1996
Gifis, S. H.: Law Dictionary, New York.

Glassner 1995
Glassner, J.-J.: La gestion de terre en Mésopotamie selon le témoinage des kudurrus anciens. Bibliotheca Orientalis 52, 5–24.

Glassner 2001
Glassner, J.-J.: Peut-on parler de monnaie en Mésopotamie au IIIe millénaire avant notre ère? In: Testart, A. (Hrsg.): Aux Origines de la Monnaie, Paris, 61–71.

Glassner 2014
Glassner, J.-J.: L'invention de l'écriture en Mésopotamie et le Renforcement du Préstige des élites. In: Hurlet, F. / Rivoal, I. / Sidéra, I. (Hrsg.): Le Prestige. Autour des formes de la différenciation sociale, Colloques de la MAE, René-Ginouvès 10, Paris, 25–33.

Gomi/Sato 1990
Gomi, T. / Sato, S.: Selected Neo-Sumerian Administrative Texts from the British Museum, Abiko.

Goody 1986
Goody, J.: The Logic of Writing and the Organization of Society, Cambridge.

Graßhoff/Baumgartner 2003
Graßhoff, G. / Baumgartner, M.: Kausalität und Kausales Schliessen. Eine Einführung mit interaktiven Übungen. Bern Studies in the History and Philosophy of Science, Bern.

Graßhoff 2011
Graßhoff, G.: Babylonian Metrological Observations and the Empirical Basis of Ancient Science. In: Selz, G. J. / Wagensonner, K. (Hrsg.): The Empirical Dimension of Ancient Near Eastern Studies. Wiener Offene Orientalistik 6, Wien, 33–48.

Greco 2021
Greco, A.: Neglected Source of Prosperity. Marsh Resources and the Role of the enku in Third Millennium BC Southern Mesopotamia. In: Notizia, P. / Rositani, A. / Verderame, L. (Hrsg.): ^{d}Nisaba za$_{3}$-mi$_{2}$. Ancient Near Eastern Studies in Honor of Francesco Pomponio. dubsar 19, Münster, 95–115.

Greco 2022
Greco, A.: Some Considerations on Workers and Officials Involved in the Circulation of Fish in the Ur III Umma Province. In: Coppini, C. / Cyrus, G. / Golestaneh, H. (Hrsg.): Bridging the Gap: Disciplines, Times, and Spaces in Dialogue 3. Sessions 4 and 6 from the Conference Broadening Horizons 6 Held at the Freie Universität Berlin, 24–28 June 2019. Broadening Horizons 6, Oxford, 193–206.

Grégoire 1981
Grégoire, J.-P.: Inscriptions et archives administratives cunéiformes 1. Materiali per il Vocabolario Neosumerico 10, Rom.

Gulliver 1969, ²1997
Gulliver 1969, ²1997: Case Studies of Law in Non-Western Societies: Introduction. In: Nader, L. (Hrsg.): Law in Culture and Society, Berkeley / Los Angeles / London, 11–23.

Haase 1996
Haase, R.: Über allgemeine Rechtsregeln in den keilschriftlichen Rechtscorpora. Zeitschrift für Altorientalische und Biblische Rechtsgeschichte 3, 131–134.

Hackman 1958
Hackman, G. G.: Sumerian and Akkadian Administrative Texts: From Predynastic Times to the End of the Akkad Dynasty. Babylonian Inscriptions in the Collection of James B. Nies 8, New Haven.

Haring/de Maaijer 1998
Haring, B. / de Maaijer, R.: (Hrsg.): Landless and Hungry? Access to Land in Early and Traditional Societies: Proceedings of a Seminar Held in Leiden, 20 and 21 June, 1996, Leiden.

Hauptmann *et al.* 2018
Hauptmann, A. / Klein, S. / Paoletti, P. / Zettler, R. L. / Jansen, M.: Types of Gold, Types of Silver: The Composition of Precious Metal Artifacts Found in the Royal Tombs of Ur, Mesopotamia. Zeitschrift für Assyriologie und Vorderasiatische Archäologie 108, 100–131.

Heimpel 1997
Heimpel, W.: Disposition of Households of Officials in Ur III and Mari. Acta Sumerologica 19, 63–82.

Heimpel 2009
Heimpel, W.: Blind Workers in Ur III Texts. Kaskal. Rivista di storia, ambiente e culture del Vicino Oriente Antico 6, 43–48.

Helwing 2014
Helwing, B.: Silver in the Early State Societies of Greater Mesopotamia. In: Meller, H. / Risch, R. / Pernicka, E. (Hrsg.): Metalle der Macht – Frühes Gold und Silber. Tagungen des Landesmuseums für Vorgeschichte Halle 11/2, Halle (Saale), 411–421.

Helwing 2017
Helwing, B.: Networks of Craft Production and Material Distribution in the Late Chalcolithic Metallurgical Evidence from Iran and the Southern Caucasus. In: Rova, E. / Tonussi, M. (Hrsg.): At the Northern Frontier of Near Eastern Archeology. Subartu 38, Turnhout, 51–78.

Hruška 1973
Hruška, B.: Die innere Struktur der Reformtexte Urukaginas von Lagaš. Archiv Orientální 41, 4–13, 104–132.

Hruška 1974
Hruška, B.: Die Reformtexte Urukaginas. Der verspätete Versuch einer Konsolidierung

des Stadtstaates von Lagaš. In: Garelli, P. (Hrsg.): Le Palais et la royauté (Archéologie et civilisation). XIXe Rencontre Assyriologique Internationale organisée par le groupe François Thureau-Dangin, Paris, 29 juin – 2 juillet 1971, Paris, 151–161.

Hudson 2002
Hudson, M.: Reconstructing the Origins of Interest-Bearing Debt and the Logic of Clean Slates. In: Hudson, M. / Van De Mieroop, M. (Hrsg.): Debt and Economic Renewal in the Ancient Near East. A Colloquium Held at Columbia University, November 1998. International Scholars Conference on Ancient Near Eastern Economies 3, Bethesda, 7–58.

Hudson 2004
Hudson, M.: The Development of Money-of-Account in Sumer's Temples. In: Wunsch, C. / Hudson, M. (Hrsg.): Creating Economic Order: Record-Keeping, Standardization and the Development of Accounting in the Ancient Near East, Bethesda, 303–329.

Hudson/Van De Mieroop 2002
Hudson, M. / Van De Mieroop, M. (Hrsg.): Debt and Economic Renewal in the Ancient Near East. A Colloquium Held at Columbia University, November 1998. International Scholars Conference on Ancient Near Eastern Economies 3, Bethesda.

Hudson/Levine 1996
Hudson, M. / Levine, B. A. (Hrsg.): Privatization in the Ancient Near East and the Classical World. A Colloquium Held at New York University, November 17–18, 1994. Peabody Museum Bulletin 5, Cambridge.

Hudson/Levine 1999
Hudson, M. / Levine, B. A. (Hrsg.): Urbanization and Land Ownership in the Ancient Near East. A Colloquium Held at New York University, November 1996, and the Oriental Institute, St. Petersburg, Russia, May 1997. Peabody Museum Bulletin 7, Cambridge.

Hussey 1912
Hussey, M. I.: Sumerian Tablets in the Harvard Semitic Museum 1. Chiefly from the Reigns of Lugalanda and Urukagina of Lagash. Harvard Semitic Series 3, Cambridge.

Ialongo 2022
Ialongo, N.: Weight-based Trade and the Formation of a Global Network: Material Correlates of Market Exchange in Pre-literate Bronze Age Europe (c. 2300-800 BC). In: Frangipane, M. / Poettinger, M. / Schefold, B. (Hrsg.): Ancient Economies in Comparative Perspective. Material Life, Institutions and Economic Thought. Frontiers in Economic History, Cham, 207–232.

Irani/Silver 1995
Irani, K. D. / Silver, M. (Hrsg.): Social Justice in the Ancient World, London / New York Sydney / Neu Delhi.

Jacobsen 1939
Jacobsen, Th.: Cuneiform Texts in the National Museum, Copenhagen, Chiefly of Economic Contents, Kopenhagen / Leiden.

Jagersma 2010
Jagersma, A. H.: A Descriptive Grammar of Sumerian. Dissertation Universität Leiden. <https://hdl.handle.net/1887/16107>.

Jursa 1997
Jursa, M.: ‚Als König Abi-ešuḫ gerechte Ordnung hergestellt hat': Eine bemerkenswerte altbabylonische Prozeßurkunde. Revue d'Assyriologie et d'Archéologie Orientale 91, 135.

Karahashi 2016
Karahashi, F.: Some Professions with Both Male and Female Members in the Presargonic E$_{2}$-MI$_{2}$ Corpus. Orient. Bulletin of the Society for Near Eastern Studies in Japan 51, 51–62.

Karahashi 2020
Karahashi, F.: On the Cultic Aspect of the "Reforms of Urukagina". Some Changes in the Festival of the Goddess Baba. Orient. Bulletin of the Society for Near Eastern Studies in Japan 55, 63–70.

Karahashi/Garcia-Ventura 2016
Karahashi, F. / Garcia-Ventura, A.: Overseers of Textile Workers in Presargonic Lagash. Kaskal. Rivista di storia, ambiente e culture del Vicino Oriente Antico 13, 1–19.

Keetman 2021
Keetman, J.: Die Inschrift der ‚Figure aux plumes'. Revue d'Assyriologie et d'Archéologie Orientale 115, 7–20.

Keetman 2025
Keetman, J.: Blau'sche Steine: Zur Interaktion von Abbildungen und Schrift. Archiv für Orientforschung 56, 1–14.

Kienast 1994
Kienast, B.: Die Altorientalischen Codices zwischen Schriftlichkeit und Mündlichkeit. In: Gehrke, H.-J. (Hrsg.): Rechtskodifizierung und soziale Normen im interkulturellen Vergleich. ScriptOralia 66, Tübingen, 13–26.

Kienast 1996
Kienast, B.: Mündlichkeit und Schriftlichkeit im keilschriftlichen Rechtswesen. Zeitschrift für Altorientalische und Biblische Rechtsgeschichte 2, 114–130.

Kienast/Sommerfeld 1994
Kienast, B. / Sommerfeld, W.: Glossar zu den altakkadischen Königsinschriften. Freiburger Altorientalische Studien 8, Stuttgart.

Kienast/Volk 1995
Kienast, B. / Volk, K.: Die sumerischen und akkadischen Briefe des III. Jahrtausends aus der Zeit vor der III. Dynastie von Ur. Freiburger Altorientalische Studien 19, Stuttgart.

Kleinerman 2011
Kleinerman, A.: Education in Early 2nd Millennium BC Babylonia. The Sumerian Epistolary Miscellany. Cuneiform Monographs 42, Leiden / Boston.

Koller 2024
Koller, A. J.: The Scribal Turn in Biblical and Ancient Near Eastern Studies. Hebrew Studies 65, 151–162.

Kraus 1984
Kraus, F. R.: Königliche Verfügungen in altbabylonischer Zeit, Leiden.

Krecher 1973
Krecher, J.: Neue sumerische Rechtsurkunden des 3. Jahrtausends. Zeitschrift für Assyriologie und Vorderasiatische Archäologie 63, 145–271.

Krecher 1974
Krecher, J.: Die Aufgliederung des Kaufpreises. Annales Academiae Scientiarum Fennicae 22, 29–32.

Krecher 1976–1980
Krecher, J.: Kauf A. I. Nach sumerischen Quellen vor der Zeit der III. Dynastie von Ur. Reallexikon der Assyriologie und Vorderasiatischen Archäologie 5, 490–498.

Krispijn 2001
Krispijn, T. J. H.: The Sumerian Lexeme *urum, a Lexico-Etymological Approach. In: van Soldt, W. H. (Hrsg.): Veenhof Anniversary Volume. Studies Presented to Klaas R. Veenhof on the Occasion of His Sixty-Fifth Birthday, Leiden, 251–261.

Lafont/Yıldız 1989
Lafont, B. / Yıldız, F.: Tablettes cunéiformes de Tello au Musée d'Istanbul datant de l'époque de la IIIe Dynastie d'Ur 1. Publications de l'Institut Historique et Archéologique Néerlandais de Stamboul 65, Leiden.

Lampe 1970
Lampe, E.-J.: Rechtsanthropologie. Eine Strukturanalyse des Menschen im Recht. Erster Band. Individualstrukturen in der Rechtsordnung, Berlin.

Landsberger 1957
Landsberger, B.: The Series ḪAR-ra = ḫubullum, Tablets I–IV. Materialien zum sumerischen Lexikon 5, Rom.

Lecompte 2013
Lecompte, C.: Archaic Tablets and Fragments from Ur (ATFU). From L. Woolley's Excavations at the Royal Cemetery. Nisaba. Studi assiriologici Messinesi 25, Messina.

Lieberman 1989
Lieberman, S. J.: Royal 'Reforms' of the Amurrite Dynasty. Bibliotheca Orientalis 46, 241–259.

Locke 1689
Locke, J.: An Essay Concerning Human Understanding, London.

Luckenbill 1930
Luckenbill, D. D.: Inscriptions from Adab. The University of Chicago Oriental Institute Publications 14, Chicago.

de Maaijer 1998
de Maaijer, R.: Land Tenure in Ur III Lagaš. In: Haring, B. / de Maaijer, R. (Hrsg.): Landless and Hungry? Access to Land in Early and Traditional Societies. Research School CNWS, Leiden, 50–73.

de Maaijer 2001
de Maaijer, R.: Late Third Millennium Identifying Marks. In: van Soldt, W. H. (Hrsg.): Veenhof Anniversary Volume. Studies Presented to Klaas R. Veenhof on the Occasion of His Sixty-Fifth Birthday, Leiden, 301–324.

Maeda 1982
Maeda, T.: Subgroups of lú-KUR$_6$-dab$_5$-ba (I) – sag-dub and šeš-bìr-ra. Acta Sumerologica 4, 69–84.

Maeda 1983
Maeda, T.: Subgroups of lú-KUR$_6$-dab$_5$-ba (II) – šeš-gub-ba and šeš-tuš-a. Acta Sumerologica 5, 65–79.

Maekawa 1973–1974
Maekawa, K.: The Development of the É-MÍ in Lagash during Early Dynastic III. Mesopotamia. Rivista di archeologia, epigrafia e storia orientale antica 8–9, 75–144.

Maekawa 1987
Maekawa, K.: Collective Labor Service in Girsu-Lagash. The Presargonic and the Ur III Periods. In: Powell, M. A. (Hrsg.): Labor in the Ancient Near East. American Oriental Series 68, New Haven, 49–71.

Maekawa 1996
Maekawa, K.: Confiscation of Private Properties in the Ur III Period: A Study of é-dul-la and nig-GA. Acta Sumerologica 18, 103–168.

Maekawa 1997
Maekawa, K.: Confiscation of Private Properties in the Ur III Period: A Study of é-dul-la and níg-GA (2). Acta Sumerologica 19, 273–291.

Maiocchi 2023
Maiocchi, M.: Lessico delle iscrizioni reali sumeriche, Rom.

Maiocchi/Visicato 2012
Maiocchi, M. /Visicato, G.: Classical Sargonic Tablets in the Cornell University Collections 2. Cornell University Studies in Assyriology and Sumerology 19, Bethesda.

Malul 1985
Malul, M.: The *bukannum*-Clause – Relinquishment of Rights by Precious Right Holder. Zeitschrift für Assyriologie und Vorderasiatische Archäologie 75, 66–77.

Malul 1987
Malul, M.: gag--rù: *sikkatam mahāṣum/retûm.* "To Drive in the Nail" – An Act of Posting a Public Notice. Oriens Antiquus 26, 1–19.

Malul 1988
Malul, M.: Studies in Mesopotamian Legal Symbolism. Alter Orient und Altes Testament 221, Kevelaer / Neukirchen-Vluyn.

Marchesi 2014
Marchesi, G.: Toward a Chronology of Early Dynastic Rulers in Mesopotamia. In: Sallaberger, W. / Schrakamp, I. (Hrsg.): History & Philology. Associated Regional Chronologies for the Ancient Near East and the Eastern Mediterranean 3, Turnhout, 139–156.

Marchesi/Marchetti 2011
Marchesi, G. / Marchetti, N.: Royal Statuary of Early Dynastic Mesopotamia. Mesopotamian Civilizations 14, Winona Lake.

Marzahn 1991
Marzahn, J.: Altsumerische Verwaltungstexte aus Girsu/Lagaš. Vorderasiatische Schriftdenkmäler der Staatlichen Museen zu Berlin Neue Folge 9 (Heft 25), Berlin.

Marzahn 1996
Marzahn, J.: Altsumerische Verwaltungstexte und ein Brief aus Girsu/Lagaš. Vorderasiatische Schriftdenkmäler der Staatlichen Museen zu Berlin Neue Folge 11 (Heft 27), Berlin.

Marzahn/Neumann 1995
Marzahn, J. / Neumann, H.: Eine altsumerische Urkunde aus Girsu über Silberzahlungen. Altorientalische Forschungen 22, 110–116.

Meyer-Laurin 2011
Meyer-Laurin, V.: Die „Zeichenpaare" im sargonischen Akkadisch aus sumerologischer Sicht. Die Welt des Orients 41, 27–68.

Michalowski 1984
Michalowski, P.: The Sumerian Verb LUG in Old Babylonian Literary Texts. Studi epigrafici e linguistici sul Vicino Oriente antico 1, 19–22.

Milano/Westenholz 2015
Milano, L. / Westenholz, A.: The "Šuilisu Archive" and Other Sargonic Texts in Akkadian. Cornell University Studies in Assyriology and Sumerology 27, Bethesda.

Molina 2014
Molina, M.: Sargonic Cuneiform Tablets in the Real Academia de la Historia. The Carl L. Lippmann Collection. Catálogo del Gabinete de Antigüedades I.1.6, Madrid.

Montenbruck ²2010
Montenbruck, A.: Zivilisation. Eine Rechtsanthropologie. Staat und Mensch, Gewalt und Recht, Kultur und Natur, Berlin.

Mühl 2014
Mühl, S.: 'Metal Makes the Wheel Go Round': The Development and Diffusion of Studded-tread Wheels in the Ancient Near East and the Old World. In: Galanakis, Y. / Wilkinson, T. / Bennet, J. (Hrsg.): ΑΘΥΡΜΑΤΑ: Critical Essays on the Archaeology of the Eastern Mediterranean in Honour of E. Susan Sherratt, Oxford, 159–176.

Nader ²1997
Nader, L.: Styles of Court Procedures: To Make the Balance. In: Nader, L. (Hrsg.): Law in Culture and Society, Berkeley / Los Angeles / London, 69–91.

Neumann 1988
Neumann, H.: Zum Problem des privaten Bodeneigentums in Mesopotamien (3. Jt. v. u. Z.). In: Brentjes, B. (Hrsg.): Das Grundeigentum in Mesopotamien. Jahrbuch für Wirtschaftsgeschichte Sonderband 1987, Berlin, 29–48.

Neumann 1999
Neumann, H.: Grundpfandbestellung und Feldabgabe unter rechts- und sozialvergleichendem Aspekt. In: Klengel, H. / Renger, J. (Hrsg.): Landwirtschaft im Alten Orient. Ausgewählte Vorträge der XLI Rencontre Assyriologique Internationale, Berlin, 4.–8.7.1994. Berliner Beiträge zum Vorderen Orient 18, Berlin, 137–148.

Neumann 2006
Neumann, H.: Schuld und Sühne. Zu den religiös-weltanschaulichen Grundlagen und Implikationen altmesopotamischer Gesetzgebung und Rechtsprechung. In: Hengstl, J. / Sick, U. (Hrsg.): Recht gestern und heute. Festschrift zum 85. Geburtstag von Richard Haase. Philippika. Altertumskundliche Abhandlungen 13, Wiesbaden, 27–43.

Neumann 2007
Neumann, H.: „Gib mir mein Geld zurück!“ Zur rechts- und wirtschaftsgeschichtlichen Bedeutung keilschriftlicher Privatarchive des 3. Jahrtausends v. Chr. In: Wilcke, C. (Hrsg.): Das geistige Erfassen der Welt im Alten Orient. Beiträge zu Sprache, Religion, Kultur und Gesellschaft. Nach Vorarbeiten von Joost Hazenbos und Annette Zgoll, Wiesbaden 2007, 281–299.

Neumann 2008
Neumann, H.: Göttliche Gerechtigkeit und menschliche Verantwortung im alten Mesopotamien im Spanungsfeld von Normen(durch)setzung und narrativer Formulierung. In: Barta, H. / Rollinger, R. / Lang, M. (Hrsg.): Recht und Religion. Menschliche und göttliche Gerechtigkeitsvorstellungen in den antiken Welten. Philippika. Altertumswissenschaftliche Abhandlungen 24, Wiesbaden, 37–48.

Niehaus 2021
Niehaus, I.: Savages Have No Crime! Radcliffe-Brown on Social Sanctions and the Law. Journal of Legal Anthropology 5/1, 135–162.

Nikol'skij 1908
Nikol'skij, M. V.: Dokumenty chozjajstvennoj otčetnosti drevnejšsej epochi Chaldei iz sobranija N. P. Lichačeva. Drevnosti Vostočnyja. Trudy Vostočnoj Komisii Imperatorskago Moskovskago Archeologiceskago Obščestva 3/II, St. Petersburg.

North 1988
North, D. C.: Theorie des institutionellen Wandels, Tübingen.

North 1992
North, D. C.: Institutionen, institutioneller Wandel und Wirtschaftsleistung. Die Einheit der Gesellschaftswissenschaften 76, Tübingen.

Notizia 2022
Notizia, P.: Institutional Lending Practices in the Ur III Period (ca. 2110–2003 BCE). The še ur_5-ra-Loans from Ĝirsu-Lagaš. Zeitschrift für Assyriologie und Vorderasiatische Archäologie 112, 154–183.

Notizia/Visicato 2016
Notizia, P. / Visicato, G.: Early Dynastic and Early Sargonic Administrative Texts Mainly from the Umma Region in the Cornell University Cuneiform Collections. Cornell University Studies in Assyriology and Sumerology 33, Bethesda.

Obermark 1991
Obermark, P. R.: Adoption in the Old Babylonian Period. PhD Dissertation, Hebrew Union College.

Okruch 1999
Okruch, S.: Innovation und Diffusion von Normen. Grundlagen und Elemente einer evolutorischen Theorie des Institutionenwandels. Volkswirtschaftliche Schriften 491, Berlin.

Owen 1975
Owen, D. L.: The John Frederick Lewis Collection. Materiali per il Vocabolario Neosumerico 3, Rom.

Pakulski 2012
Pakulski, J.: Introduction: John Higley's Work on Elite Foundations of Social Theory and Politics. In: Pakulski, J. (Hrsg.): Elite Foundations of Social Theory and Politics. Historical Social Research 37, 9–20.

Palmieri/Di Nocera 2004
Palmieri, A. M. / Di Nocera, G. M.: Early Bronze Copper Circulation and Technology in Middle Euphrates Regions. Amurru 3, 337–388.

Paoletti 2008
Paoletti, P.: Elusive Silver? Evidence for the Circulation of Silver in the Ur III State. Kaskal. Rivista di storia, ambiente e culture del Vicino Oriente Antico 5, 127–158.

Paoletti 2012
Paoletti, P.: Der König und sein Kreis. Das staatliche Schatzarchiv der III. Dynastie von Ur. Biblioteca del Próximo Oriente Antiguo 10, Madrid.

Paoletti/Schrakamp 2012–2014
Paoletti, P./ Schrakamp, I.: Steuer. A. Mesopotamien im 3. Jahrtausend. Reallexikon der Assyriologie und Vorderasiatischen Archäologie 13, 161–164.

Peyronel 2014
Peyronel, L.: Between Archaic Market and Gift Exchange: The Role of Silver in the Embedded Economies of the Ancient Near East during the Bronze Age. In: Carlà, F. / Gori, M. (Hrsg.): Gift Giving and the 'Embedded' Economies in the Ancient World, Heidelberg, 355–376.

Pfälzner 2007
Pfälzner, P.: Das System des „Kommerzialisierten Geschenkaustausches" im 2. Jahrtausend v. Chr. in Syrien. In: Klinkott, H. / Kubisch, S. / Müller-Wollermann, R. (Hrsg.): Geschenke und Steuern, Zölle und Tribute. Antike Abgabenformen in Anspruch und Wirklichkeit, Leiden / Boston, 109–122.

Pfitzner 2019
Pftizner, J.: Zur Bildersprache in den sumerischen Erzählungen. Dissertation Universität Wien.

Pohl 1935
Pohl, S. J.: Vorsargonische und sargonische Wirtschaftstexte. Texte und Materialien der Frau Professor Hilprecht Collection of Babylonian Antiquities im Eigentum der Friedrich-Schiller-Universität Jena 5, Leipzig.

Pomponio 1982
Pomponio, F.: The Meaning of the Term lul-gu-aka. Die Welt des Orients 13, 95–96.

Porat 2016
Porat, B.: Ownership and Exclusivity: Two Visions, Two Traditions. American Journal of Comarative Law 64, 147–190.

Pospisil 1978
Pospisil, L. J.: The Ethnology of Law. Second Edition. Menlo Park / Reading / London / Amsterdam / Don Mills / Sydney.

Powell 1987–1990
Powell, M. A.: Maße und Gewichte. Reallexikon der Assyriologie und Vorderasiatischen Archäologie 7, 457–517.

Powell 1994
Powell, M. A.: Elusive Eden: Private Property at the Dawn of History. Journal of Cuneiform Studies 46, 99–104.

Powell 1996
Powell, M. A.: The Sin of Lugalzagesi. In: Ambros, A. A. / Köhbach, M. (Hrsg.): Festschrift für Hans Hirsch zum 65. Geburtstag gewidmet von seinen Freunden, Kollegen und Schülern. Wiener Zeitschrift für die Kunde des Morgenlandes 86, 307–314.

Prentice 2010
Prentice, R.: The Exchange of Goods and Services in Pre-Sargonic Lagash. Alter Orient und Altes Testament 368, Münster.

Proudhon 1840
Proudhon, P.-J.: Qu'est ce que la propriété? Ou recherches sur le principe du droit et du gouvernement. Premier Mémoire, Paris.

Radcliffe-Brown 1952
Radcliffe-Brown, A. R.: Structure and Function in Primitive Society. Essays and Addresses, Glencoe.

Rauchhaus 2025
Rauchhaus, F. M.: The Rich and the Poor. A Study on Income Inequality of Presargonic Girsu and Ur III Umma. Dissertation Ludwig-Maximilians-Universität München.

Renger 1988
Renger, J.: Das Privateigentum an der Feldflur in der altbabylonischen Zeit. In: Brentjes, B. (Hrsg.): Das Grundeigentum in Mesopotamien. Jahrbuch für Wirtschaftsgeschichte Sonderband 1987, Berlin, 49–67.

Renger 1994a
Renger, J.: Noch einmal: Was war der 'Kodex' Hammurapi – ein erlassenes Gesetz oder ein Rechtsbuch? In: Gehrke, H.-J. (Hrsg.): Rechtskodifizierung und soziale Normen im interkulturellen Vergleich. ScriptOralia 66, Tübingen, 27–59.

Renger 1994b
Renger, J.: On Economic Structures in Ancient Mesopotamia: Part One. Orientalia Nova Series 63, 157–208.

Renger 1995a
Renger, J.: Institutional, Communal, and Individual Ownership or Possession of Arable Land in Ancient Mesopotamia from the End of the Fourth to the End of the First Millennium B.C. Chicago-Kent Law Review 71, 269–319.

Renger 1995b
Renger, J.: Subsistenzproduktion und redistributive Palastwirtschaft. Wo bleibt die Nische für das Geld? Grenzen und Möglichkeiten für die Verwendung von Geld im alten Mesopotamien. In: Schelkle, W. (Hrsg.): Rätsel Geld. Annäherungen aus ökonomischer, soziologischer und historischer Sicht, Marburg, 271–324.

Renger 2002
Renger, J.: Royal Edicts of the Old Babylonian Period. In: Hudson, M. / Van De Mieroop, M. (Hrsg.): Debt and Economic Renewal in the Ancient Near East. A Colloquium Held at Columbia University, November 1998. International Scholars Conference on Ancient Near Eastern Economies 3, Bethesda, 139–162

Rosengarten 1960
Rosengarten, Y.: Le régime des offrandes dans la société sumérienne d'après les texts présargoniques de Lagaš, Paris.

Roth 1995
Roth, M. T.: Law Collections from Mesopotamia and Asia Minor. Writings of the Ancient World. Society of Biblical Literature 6, Atlanta.

Sallaberger 2013
Sallaberger, W.: The Management of Royal Treasure. Palace Archives and Palatial Economy in the Ancient Near East. In: Hill, J. A. / Jones, Ph. / Morales, A. J. (Hrsg.): Experiencing Power, Generating Authority. Cosmos, Politics, and the Ideology of Kingship in Ancient Egypt and Mesopotamia, Philadelphia, 119–255.

Sallaberger 2014
Sallaberger, W.: The Value of Wool in Early Bronze Age Mesopotamia. On the Control of Sheep and the Handling of Wool in the Presargonic to the Ur III Periods (c. 2400 to 2000 BC). In: Breniquet, C. / Michel. C. (Hrsg.): Wool Economy in the Ancient Near East and the Aegean. From the Beginnings of Sheep Husbandry to Institutional Textile Industry. Ancient Textiles 17, Oxford / Philadelphia, 94–114.

Sallaberger 2018a
Sallaberger, W.: Il tesoro reale e il suo significato economico e politico nell'Antico Oriente. In: Vallerani, M. (Hrsg.): Valore delle cose e valore delle persone. Dall'Antichità all'Età moderna, Rom, 1–24.

Sallaberger 2018b
Sallaberger, W.: Festival Provisions in Early Bronze Age Mesopotamia. Kaskal. Rivista di Storia, Ambienti e Culture del Vicino Oriente Antico 15, 71–200.

Sallaberger/Pruß 2015
Sallaberger, W. / Pruß, A.: Home and Work in Early Bronze Age Mesopotamia. "Ration Lists" and "Private Houses" at Tell Beydar/Nabada. In: Steinkeller, P. / Hudson, M. (Hrsg.): Labor in the Ancient World. International Scholars Conference on Ancient Near Eastern Economies 5, Dresden, 69–136.

Sallaberger/Schrakamp 2015
Sallaberger, W. / Schrakamp, I.: Philological Data for a Historical Chronology of Mesopotamia in the 3rd Millennium. In: Sallaberger, W. / Schrakamp, I. (Hrsg.): History & Philology. Associated Regional Chronologies for the Ancient Near East and the Eastern Mediterranean 3, Turnhout, 1–136.

Salzmann 2019
Salzmann, E.: Silver, Copper and Bronze in Early Dynastic Ur, Mesopotamia. A High Resolution Analysis Approach, Bochum.

Saunders 1989
Saunders, P.: Social Class and Stratification, London.

Schileico 1914
Schileico, W. G.: Notes Présargoniques. Revue d'Assyriologie et d'Archéologie Orientale 11, 61–68.

Schrakamp 2010
Schrakamp, I.: Krieger und Waffen im frühen Mesopotamien. Organisation und Bewaffnung des Militärs in frühdynastischer und sargonischer Zeit, Marburg. <https://doi.org/10.17192/z2010.0486>.

Schrakamp 2013
Schrakamp, I.: Die ‚Sumerische Tempelstadt' heute. Die sozioökonomische Rolle eines Tempels in frühdynastischer Zeit. In: Kaniuth, K. / Löhnert, A. / Miller, J. L. / Otto, A. / Roaf, M. / Sallaberger, W. (Hrsg.): Tempel im Alten Orient. 7. Internationales Colloquium der Deutschen Orient-Gesellschaft 11.-13. Oktober 2009, München. Colloquien der Deutschen Orient-Gesellschaft 7, Wiesbaden, 445–465.

Schrakamp 2014
Schrakamp, I.: Krieger und Bauern. RU-lugal und aga$_3$/aga-us$_2$ im Militär des altsumerischen Lagaš. In: Neumann, H. / Dittmann, R. / Paulus, S. / Neumann, G. / Schuster-Brandis, A. (Hrsg.): Krieg und Frieden im Alten Vorderasien. 52e Rencontre Assyriologique Internationale. International Congress of Assyriology and Near Eastern Archaeology Münster, 17.–21. Juli 2006. Alter Orient und Altes Testament 401, Münster, 691–724.

Schrakamp 2015a
Schrakamp, I.: Urukagina und die Geschichte von Lagaš am Ende der präsargonischen Zeit. In: Dittman, R. / Selz, G. J. (Hrsg.): It's a Long Way to a Historiography of the Early Dynastic Period(s). Altertumskunde des Vorderen Orients 15, Münster, 303–386.

Schrakamp 2015b
Schrakamp, I.: Urukagina, Sohn des Engilsa, des Stadtfürsten von Lagaš: Zur Herkunft des Urukagina, des letzten Herrschers der 1. Dynastie von Lagaš. Altorientalische Forschungen 42, 15–23.

Schrakamp 2017a
Schrakamp, I.: Das Bewässerungssystem des präsargonischen Staates von Lagaš (ca. 2475–2310 v. Chr.). Habilitationsschrift Freie Universität Berlin.

Schrakamp 2017b
Ressourcen und Herrschaft im Reich von Akkade – RessourcenKulturen im frühen Mesopotamien. In: Scholz, A. K. Bartelheim, M. / Hardenberg, R. / Staecker, J. (Hrsg.): ResourceCultures. Sociocultural Dynamics and the Use of Resources – Theories, Methods, Perspectives. RessourcenKulturen 5, Tübingen, 81–132.

Schrakamp 2018
Schrakamp, I.: Irrigation in 3rd Millennium Southern Mesopotamia: Cuneiform Evidence from the Early Dynastic IIIb City State of Lagash (2475-2315 BC). In: Berking, J. (Hrsg.): Water Management in Ancient Civilations. Proceedings of the Topoi Water Management Workshop 2016. Berlin Studies of the Ancient World 53, Berlin 117–194.

Schrakamp 2020
Schrakamp, I.: The Kingdom of Akkad: a View from Within. In: Radner, K. / Moeller, N. / Potts, D. T. (Hrsg.): The Oxford History of the Ancient Near East 1, New York, 612–685.

Schrakamp 2024
Schrakamp, I.: Die Bewässerungskultur Südmesopotamiens im Spiegel der ältesten Keilschriftquellen. In: Pohl, A. / Streck, M. P. (Hrsg.): Der altorientalische Mensch in seiner Umwelt. Colloquien der Deutschen Orient-Gesellschaft 11, Wiesbaden, 253–280.

Schrakamp/Zólyomi 2024
Schrakamp, I. / Zólyomi, G.: Reevaluating the So-Called "Reforms of Urukagina" (1). Social Justice, Vertical Solidarity and Reciprocity. Zeitschrift für Altorientalische und Biblische Rechtsgeschichte 30, 1–26.

Schrakamp/Zólyomi 2025
Schrakamp, I. / Zólyomi, G.: Reevaluating the So-called "Reforms of Urukagina" (2). Their Actual Implementation in the Case of the Maškim Official. Altorientalische Forschungen 52, 93–114.

Selz 1989
Selz, G. J.: Altsumerische Verwaltungstexte aus Lagaš Teil 1. Die altsumerischen Wirtschaftsurkunden der Eremitage zu Leningrad. Freiburger Altorientalische Studien 15/1, Stuttgart.

Selz 1992
Selz, G. J.: Enlil und Nippur nach präsargonischen Quellen. In: de Jong Ellis, M. (Hrsg.): Nippur at the Centennial. Papers Read at the 35th Rencontre Assyriologique Internationale, Philadelphia 1988. Occasional Publications of the Samuel Noah Kramer Fund 14, Philadelphia, 189–225.

Selz 1993
Selz, G. J.: Altsumerische Verwaltungstexte aus Lagaš. Teil 2. Altsumerische Wirtschaftsurkunden aus amerikanischen Sammlungen. Freiburger Altorientalische Studien 15/2, Stuttgart.

Selz 1994
Selz, G. J.: Verwaltungsurkunden in der Eremitage in St. Petersburg. Acta Sumerologica 16, 207–229.

Selz 1995a
Selz, G. J.: Untersuchungen zur Götterwelt des altsumerischen Lagaš. Occasional Publications of the Samuel Noah Kramer Fund 13, Philadelphia.

Selz 1995b
Selz, G. J.: Maš-da-ri-a und Verwandtes: Ein Versuch über da–ri „an der Seite führen“: ein zusammengesetztes Verb und einige nominale Ableitungen. Acta Sumerologica 17, 251–274.

Selz 1995c
Selz, G. J.: gur-saĝ-gal-bur-saĝ-ĝá: Eine neue Hohlmaßbezeichnung aus altsumerischer Zeit. Nouvelles Assyriologiques Brèves et Utilitaires 1995, 6–8 Nr. 8.

Selz 1995d
Selz, G. J.: Den Fährmann bezahlen! Eine lexikalisch-kulturhistorische Skizze zu den Bedeutungen von addir. Altorientalische Forschungen 22, 197–209.

Selz 1996a
Selz, G. J.: Altsumerische Verwaltungstexte aus Lagaš Teil 3. Die altsumerischen Wirtschaftsurkunden in Berlin. Unveröffentlichtes Manuskript, Freiburg.

Selz 1996b
Selz, G. J.: ne-saĝ, bur-saĝ und gú-ne(-saĝ(-ĝá)): Zu zwei Gefäßbezeichnungen, ihren Bedeutungsentwicklungen und einem sumerischen Wort für (Gefäß)Schrank. Studi Epigrafici e Linguistici sul Vicino Oriente antico 13, 3–8.

Selz 1998a
Selz, G. J.: Über mesopotamische Herrschaftskonzepte. Zu den Ursprüngen mesopotamischer Herrscherideologie im 3. Jahrtausend. In: Dietrich, M. / Loretz, O. (Hrsg.): dubsar anta-men. Studien zur Altorientalistik. Alter Orient und Altes Testament 253, Münster, 281–344.

Selz 1998b
Selz, G. J.: Von Treidlern, Schiff(bau)ern und Werftarbeitern. Archiv Orientální 66, 255–264.

Selz 1998c
Selz, G. J.: du$_{11}$-ga-ni-mu-gi-na, aber steht die Lesung von URU-KA-gi-na(-k) fest? Ein Beitrag zum Problem des göttlichen Wortes in sumerischen Personennamen. Altorientalische Forschungen 25, 312–327.

Selz 1999
Selz, G. J.: Vom „vergangenen Geschehen“ zur „Zukunftsbewältigung“. Überlegungen

zur Rolle der Schrift in Ökonomie und Geschichte. Festschrift für Johannes Renger. Alter Orient und Altes Testament 267, Münster, 465–512.

Selz 1999–2000
Selz, G. J.: Wirtschaftskrise – Legitimationskrise – Staatskrise. Zur Genese mesopotamischer Rechtsvorstellungen. Archiv für Orientforschung 46/47, 1–44.

Selz 2002
Selz, G. J.: „Streit herrscht, Gewalt droht" – Zu Konfliktregelung und Recht in der frühdynastischen und altakkadischen Zeit. Wiener Zeitschrift für die Kunde des Morgenlandes 92, 155–203.

Selz 2004a
Selz, G. J.: „Wer sah je eine königliche Dynastie (für immer) in Führung!" Thronwechsel und gesellschaftlicher Wandel im frühen Mesopotamien als Nahtstelle von *microstoria* und *longue durée*. In: Sigrist, C. (Hrsg.): Macht und Herrschaft. Alter Orient und Altes Testament 316, Münster, 157–214.

Selz 2004b
Selz, G. J. Familiäres: me-an-né-si šeš-munus. In: Waetzoldt, H. (Hrsg.): Von Sumer nach Ebla und zurück: Festschrift Giovanni Pettinato zum 27. September 1999 gewidmet von Freunden, Kollegen und Schülern. Heidelberger Studien zum Alten Orient 9, Heidelberg, 237–241.

Selz 2005
Selz, G. J.: Sumerer und Akkader. Geschichte – Gesellschaft – Kultur, München.

Selz 2010a
Selz, G. J.: 'He Put in Order the Accounts': Remarks on the Early Dynastic Background of the Administrative Reorganizations in the Ur III State. In: Kogan, L. / Koslova, N. / Loesov, S. / Tishchenko, S. (Hrsg.): City Administration in the Ancient Near East. Proceedings of the 53e Rencontre Assyriologique Internationale 2. Babel und Bibel 5, Winona Lake, 5–30.

Selz 2010b
Selz, G. J.: 'The Poor Are the Silent Ones in the Country.' On the Loss of Legitimacy; Challenging Power in Early Mesopotamia. In: Charvát, P. / Vlčková, P. M. (Hrsg.): Who was King? Who was not King? The Rulers and the Ruled in the Ancient Near East, Prag, 1–17.

Selz 2011
Selz, G. J.: Zu einer frühdynastischen Bezeichnung von „Unfreien": Ur(a)du-(d), eine Bemerkung zum „Hausgeborenen Sklaven." Nouvelles Assyriologiques Brèves et Utilitaires 2011, 83–85 Nr. 70.

Selz 2012
Selz, G. J.: Götter der Gesellschaft – Gesellschaft der Götter. Zur Dialektik von Abbildung und Ordnung. In: Neumann, H. / Paulus, S. (Hrsg.): Wissenskultur im Alten Orient. Colloquien der Deutschen Orient-Gesellschaft 4, Wiesbaden, 61–85.

Selz 2014
Selz, G. J.: Aspekte einer Sozialgeschichte der spätfrühdynastischen Zeit. Das Bei-

spiel Lagas, oder: „The Inhabited Ghosts of our Intellectual Ancestors". In: Csabai, Z. (Hrsg.): Studies in Economic and Social History of the Ancient Near East in Memory of Péter Vargyas, Budapest, 239–281.

Selz 2014–2016
Selz, G. J.: Tira('a)š/s. Reallexikon der Assyriologie und Vorderasiatischen Archäologie 14, 58–59.

Selz 2018
Selz, G. J.: Intimate Relations. Reconsidering Backgrounds of the Mesopotamian Mistress of the Animals (Ἡ Πότνια Θηρῶν). In: Kaniuth, K. / Lau, D. / Wicke, D. (Hrsg.): Übergangszeiten. Altorientalische Studien für Reinhard Dittmann anlässlich seines 65. Geburtstags. marru 1, Münster, 143–151.

Selz 2019
Selz, G. J.: 'I swear that these are no lies, it is indeed true!' On the Role of the Individual in Early Mesopotamian Historiography. In: Baines, J. / Rood, T. / Chen, Y. S. / van der Blom, H. (Hrsg.): Historical Consciousness and the Use of the Past in the Ancient World, Sheffield / Bristol, 55–86.

Selz 2023
Selz, G. J.: The Proto-Semitic Origin of Tāw and its Meaning. Hieroglyphs 1, 257–271.

Selz im Druck a
Selz, G. J.: Sumerian Word Formation: The Issue of Sumerian Nominal Compounds. In: Gundacker, R. (Hrsg.): Componendo composito, Lingua Aegyptia, Hamburg.

Selz im Druck b
Selz, G. J.: Between Identification and Possession. Nominal Compounding in Sumerian Names. Morpho-syntactic Considerations.

Selz in Vorbereitung a
Selz, G. J.: On Mesopotamian Strategies Obtaining Prestige. Value Assessment as a Cultural, Social and Economic Phenomenon. Melammu Workshop 2024: Big and Small, High and Low, Proud and Humble: Constructing Significance in Ancient Near Eastern and Mediterranean Cultures, Tartu, 13–15 September 2024.

Seminara 2015
Seminara, S.: Die Rede des Königs. Die sogenannten „Reformen" UruKAginas zwischen Politik und Theologie. In: Dittman, R. / Selz, G. J. (Hrsg.): It's a Long Way to a Historiography of the Early Dynastic Period(s). Altertumskunde des Vorderen Orients 15, Münster, 405–431.

Sheratt 2018
Sheratt, S.: Why Was (and Is) Silver Sexy? Silver during the 4th-3rd Millennia in the Near East and Mesopotamia. In. Armada, X.-L. / Murillo-Barroso, M. / Charlton, M. (Hrsg.): Metals, Minds and Mobility: Integrating Scientific Data with Archaeological Theory, Oxford, 97–106.

Sigrist 1995
Sigrist, M.: Some di-til-la Tablets in the British Museum. In: Zevit, Z. / Gitin, S. / Soko-

loff, M. (Hrsg.): Solving Riddles and Untying Knots. Biblical, Epigraphic, and Semitic Studies in Honor of Jonas C. Greenfield, Winona Lake, 609–618.

Simonetti 2022
Simonetti, C.: The Edicts of Debt Remission: A Political Tool of Economic Intervention. In: Frangipane, M. / Poettinger, M. / Schefold, B. (Hrsg.): Ancient Economies in Comparative Perspective. Material Life, Institutions and Economic Thought. Frontiers in Economic History, Cham, 283–293.

Sollberger 1948
Sollberger, E.: Documents cunéiformes au Musée d'Art et d'Histoire, Genava 26, 48–72.

Sollberger 1972
Sollberger, E.: Presargonic and Sargonic Economic Texts. Cuneiform Texts from Babylonian Tablets in the British Museum 50, London.

Sollberger 1980
Sollberger, E.: The Cuneiform Tablets in the Chester Beatty Library, Dublin. Revue d'Assyriologie et d'Archéologie Orientale 74, 43–59.

Steible 1982a
Steible, H.: Die Altsumerischen Bau- und Weihinschriften. Teil 1. Inschriften aus ‚Lagaš'. Freiburger Altorientalische Studien 5/1, Wiesbaden.

Steible 1982b
Steible, H.: Die Altsumerischen Bau- und Weihinschriften. Teil 2. Kommentar zu den Inschriften aus ‚Lagas'. Inschriften außerhalb von ‚Lagaš'. Freiburger Altorientalische Studien 5/2, Wiesbaden.

Steible 2000
Steible, H.: Zu den Nahtstellen in den altmesopotamischen Codices. In: Marzahn, J. / Neumann, H. (Hrsg.): Assyriologica et Semitica: Festschrift für Joachim Oelsner anläßlich seines 65. Geburtstages am 18. Februar 1997. Alter Orient und Altes Testament 252, Münster, 447–455.

Steinkeller 1980
Steinkeller, P.: (z)a-áš-da = *kiššātum*. Revue d'Assyriologie et d'Archéologie Orientale 74, 178–179.

Steinkeller 1981
Steinkeller, P.: The Renting of Fields in Early Mesopotamia and the Development of the Concept of 'Interest' in Sumerian. Journal of the Economic and Social History of the Orient 24, 113–145.

Steinkeller 1984
Steinkeller, P.: The Sumerian Verb lug_x(LUL). Studi epigrafici e linguistici sul vicino Oriente antico 1, 5–17.

Steinkeller 1988
Steinkeller, P.: Grundeigentum in Babylonien von Uruk IV bis zur frühdynastischen Periode II. In: Brentjes, B. (Hrsg.): Das Grundeigentum in Mesopotamien. Jahrbuch für Wirtschaftsgeschichte Sonderband 1987, Berlin, 11–27.

Steinkeller 1989
Steinkeller, P.: Sale Documents of the Ur-III-Period. Freiburger Altorientalische Studien 17, Stuttgart.

Steinkeller 1991
Steinkeller, P.: The Reforms of UruKAgina and an Early Sumerian Term for Prison. In: Michalowski, P. / Steinkeller, P. / Stone, E. C. / Zettler, R. L. (Hrsg.): Velles Paraules: Ancient Near Eastern Studies in Honor of Miguel Civil on the Occasion of His Sixty-Fifth Birthday. Aula Orientalis 9, 227–233.

Steinkeller 1993
Steinkeller, P.: Early Political Development in Mesopotamia and the Origins of the Sargonic Empire. In: Liverani, M. (Hrsg.): Akkad. The First World Empire. Structure, Ideology, Traditions. History of the Ancient Near East Studies 5, Padua, 107–129.

Steinkeller 1995
Steinkeller, P.: Sheep and Goat Terminology in Ur III Sources from Drehem. Bulletin on Sumerian Agriculture 8, 49–70.

Steinkeller 1999
Steinkeller, P.: Land-Tenure Conditions in Third-Millennium Babylonia. The Problem of Regional Variation. In: Hudson, M. / Levine, B. A. (Hrsg.): Urbanization and Land Ownership in the Ancient Near East. A Colloquium Held at New York University, November 1996, and the Oriental Institute, St. Petersburg, Russia, May 1997. Peabody Museum Bulletin 7, Cambridge, 289–329.

Steinkeller 2002
Steinkeller, P.: Money-lending Practices in Ur III Babylonia. The Issue of Economical Motivation. In: Hudson, M. / Van De Mieroop, M. (Hrsg.): Debt and Economic Renewal in the Ancient Near East. A Colloquium Held at Columbia University, November 1998. International Scholars Conference on Ancient Near Eastern Economies 3, Bethesda, 109–137.

Steinkeller 2004a
Steinkeller, P.: Toward a Definition of Private Economic Activity in Third Millennium Babylonia. In: Rollinger, R. / Ulf, C. (Hrsg.): Commerce and Monetary Systems in the Ancient World. Means of Transmission and Cultural Interaction. Oriens et Occidens 6, Stuttgart, 91–111.

Steinkeller 2004b
Steinkeller, P.: The Function of Written Documentation in the Administrative Praxis of Early Mesopotamia. In: Hudson, M. / Wunsch, C. (Hrsg.): Creating Economic Order. Record-Keeping, Standardization and the Development of Accounting in the Ancient Near East, Bethesda, 65–88.

Steinkeller 2017
Steinkeller, P.: History, Texts and Art in Early Babylonia. Three Essays. Studies in Ancient Near Eastern Records 15, Boston / Berlin.

Steinkeller 2023
Steinkeller, P.: Urukagina's Rise to Power. In: Cohen, Y. / Gilan, A. / Wasserman, N. /

Cerqueglini, L. / Sheyhatovitch, B. (Hrsg.): "Drought Will Drive You Even Toward Your Foe". Israel Oriental Studies Annual 23, Leiden / Boston, 3–36.

Stol 2007
Stol, M.: Fevers in Babylonia. In: Finkel, I. L. / Geller, M. J. (Hrsg.): Disease in Babylonia. Cuneiform Monographs 36, Leiden / Boston, 1–39.

Suter 2005
Suter, C. E.: Rezension zu Vorys Canby 2001. American Journal of Archaeology 109, 301–303.

Thureau-Dangin 1903
Thureau-Dangin, F.: Recueil de tablettes chaldéennes, Paris.

Thureau-Dangin 1910
Thureau-Dangin, F.: Textes de l'époque d'Agadé. Fouilles d'Ernest de Sarzec en 1895. Inventaire des tablettes de Tello conservées au Musée Impérial Ottoman 1, Paris.

Ur 2014
Ur, J.: Households and the Emergence of Cities in Ancient Mesopotamia. Cambridge Archaeological Journal 24, 249–268.

Van De Mieroop 1992
Van De Mieroop, M.: Society and Enterprise in Old Babylonian Nippur. Berliner Beiträge zum Vorderen Orient 12, Berlin.

Van De Mieroop 2002
Van De Mieroop, M.: A History of Near Eastern Debt. In: Hudson, M. / Van De Mieroop, M. (Hrsg.): Debt and Economic Renewal in the Ancient Near East. A Colloquium Held at Columbia University, November 1998. International Scholars Conference on Ancient Near Eastern Economies 3, Bethesda, 59–108.

van Driel 1995
van Driel, G.: 'Private or not so private?' In: Gasche, H. (Hrsg.): Cinquante-deux réflexions sur le Proche-Orient ancien, offertes en hommage de Léon De Meyer. Mesopotamian History and Environment Occasional Publications 2, Leuven, 181–191.

van Driel 1998
van Driel, G.: Land in Ancient Mesopotamia: 'That what remains undocumented does not exist'. In: Haring, R. / de Maaijer, R. (Hrsg.): Landless and Hungry? Access to Land in Early and Traditional Societies. Proceedings of a Seminar Held in Leiden, 20 and 21 June, 1996, Leiden, 19–49.

Visicato/Westenholz 2010
Visicato, G. / Westenholz, A.: Early Dynastic and Early Sargonic Tablets from Adab in the Cornell University Collections. Cornell University Studies in Assyriology and Sumerology 11, Bethesda.

Vogel 2017
Vogel, H.: ‚Gewaltszenen' in der urukzeitlichen Glyptik: Möglichkeiten und Grenzen ihrer Interpretation. In Kaniuth, K. / Lau, D. / Wicke, D. (Hrsg.): Übergangszeiten. Al-

torientalische Studien für Reinhard Dittmann anlässlich seines 65. Geburtstags. marru 1, Münster, 85–107.

Volk 2020
Volk, K.: Eine neue Akkad-zeitliche Urkunde über ein unbebautes Hausgrundstück. In: Arkhipov, I. / Kogan, L. / Koslova, N. (Hrsg.): The Third Millennium. Studies in Early Mesopotamia and Syria in Honor of Walter Sommerfeld and Manfred Krebernik. Cuneiform Monographs 50, Boston / Berlin, 675–685.

Von Dassow 1999–2000
Von Dassow, E.: Rezension zu Haring, R. / de Maaijer, R.: Landless and Hungry? Access to Land in Early and Traditional Societies: Proceedings of a Seminar Held in Leiden, 20 and 21 June, 1996, Leiden 1998. Archiv für Orientforschung 46/47, 296–301.

Vorys Canby 2001
Vorys Canby, J.: The Ur-Nammu Stela. University Museum Monographs 110, Philadelphia.

Vorys Canby 2004
Vorys Canby, J.: More on the "Ur-Nammu" Stela. Journal of the American Oriental Society 124, 323–324.

Vukosavović 2008
Vukosavović, F.: A New "Reform Text" of Uruinimgina: Ukg 63. Revue d'Assyriologie et d'Archéologie Orientale 102, 5–8.

Waetzoldt 1990
Waetzoldt, H.: é-du$_{6}$-la = *edu(l)lû* „Nachlaß". Nouvelles Assyriologiques Brèves et Utilitaires 1990, 3–4 Nr. 5.

Waetzoldt/Sigrist 1993
Waetzoldt, H. / Sigrist, M.: Haftung mit Privatvermögen bei Nichterfüllung von Dienstverpflichtungen. In: Cohen, M. E. / Snell, D. C. / Weisberg, D. B. (Hrsg.): The Tablet and the Scroll. Near Eastern Studies in Honor of William W. Hallo, Winona Lake, 271–280.

Wagner 1892
Wagner, A.: Lehr- und Handbuch der politischen Oekonomie. Erste Hauptabtheilung. Grundlegung der politischen Oekonomie. Erster Theil. Grundlagen der Volkswirtschaft, Leipzig.

Waldron 1988
Waldron, J.: The Right to Private Property, New York.

Waldron 2023
Waldron, J.: Property and Ownership. In: Zalta, E. N. / Nodelman, U. (Hrsg.): The Stanford Encyclopedia of Philosophy (Fall 2023 Edition). <https://plato.stanford.edu/archives/fall2023/entries/property/>.

Weitzel 1994
Weitzel, J.: Schriftlichkeit und Recht. In: Günther, O. / Ludwig, O. (Hrsg.): Schrift und Schriftlichkeit 7. Writing and Its Use 1/1, Berlin, 610–619.

Wesel 1985
Wesel, U.: Frühformen des Rechts in vorstaalichen Gesellschaften, Frankfurt am Main.

Westbrook 1995
Westbrook, R.: Social Justice in the Ancient Near East. In: Irani, K. D. / Silver, M. (Hrsg.): Social Justice in the Ancient World, Westport, 149–163.

Westbrook 2003
Westbrook, R. (Hrsg.): A History of Ancient Near Eastern Law. Handbook of Oriental Studies 72, Leiden / Boston.

Westenholz 1975a
Westenholz, A.: Early Cuneiform Texts in Jena. Pre-Sargonic and Sargonic Documents from Nippur and Fara in the Hilprecht-Sammlung vorderasiatischer Altertümer, Institut für Altertumswissenschaften der Friedrich-Schiller-Universität, Jena. Kongelige Danske Videnskabernes Selskab, historisk-filologiske Skrifter 7/3, Kopenhagen.

Westenholz 1975b
Westenholz, A.: Old Sumerian and Old Akkadian Texts in Philadelphia Chiefly from Nippur 1. Literary and Lexical Texts and the Earliest Administrative Documents from Nippur. Bibliotheca Mesopotamica 1, Malibu.

Westenholz 1999
Westenholz, A.: The Old Akkadian Period: History and Culture. In: Attinger, P. / Wäfler, M. (Hrsg.): Mesopotamien. Akkade-Zeit und Ur III-Zeit. Annäherungen 3. Orbis Biblicus et Orientalis 160/3, Freiburg (Schweiz) / Göttingen, 17–117.

Westenholz 2014
Westenholz, A.: A Third-Millennium Miscellany of Cuneiform Texts. Cornell University Studies in Assyriology and Sumerology 26, Bethesda.

Wilcke 1991
Wilcke, C.: Die Lesung von ÁŠ-da = kiššātum. Nouvelles Assyriologiques Brèves et Utilitaires 1991, 13–14 Nr. 16.

Wilcke 1996
Wilcke, C.: Neue Rechtsurkunden der Altsumerischen Zeit. Zeitschrift für Assyriologie und Vorderasiatische Archäologie 86, 1–67.

Wilcke 2002
Wilcke, C.: Vom göttlichen Wesen des Königtums und seinem Ursprung im Himmel. In: Erkens, F.-R. (Hrsg.): Die Sakralität von Herrschaft, Berlin, 63–83.

Wilcke 2003a
Wilcke, C.: Early Ancient Near Eastern Law. A History of its Beginnings. The Early Dynastic and Sargonic Periods. Bayerische Akademie der Wissenschaften, Philosophisch-Historische Klasse, Sitzungsberichte Jahrgang 2003, Heft 2, München.

Wilcke 2003b
Wilcke, C.: Mesopotamia: Early Dynastic and Sargonic Periods. In: Westbrook, R. (Hrsg.): A History of Ancient Near Eastern Law. Handbook of Oriental Studies 72, Leiden / Boston, 141–181.

Wilcke 2005
Wilcke, C.: The Liability of Superiors for Deficits of Their Subordinates. Nouvelles Assyriologiques Brèves et Utilitaires 2005, 79–81 Nr. 74.

Wilcke 2007a
Wilcke, C.: Early Ancient Near Eastern Law. A History of Its Beginnings. The Early Dynastic and Sargonic Periods. Revised Edition, Winona Lake.

Wilcke 2007b
Wilcke, C.: Markt und Arbeit im Alten Orient am Ende des 3. Jahrtausends v. Chr. In: Reinhard, W. / Stagl, J. (Hrsg.): Menschen und Märkte. Studien zur historischen Wirtschaftsanthropologie. Veröffentlichungen des Instituts für historische Anthropologie e. V. 9, Wien / Köln / Weimar, 71–132.

Wilcke 2018
Wilcke, C.: *ḫubullum, ṣibtum* und *melqētum*. Zu Bezeichnungen konsumptiver Kredite in den altbabylonischen Edikten. In: Kleber, K. / Neumann, G. / Paulus, S. (Hrsg.): Grenzüberschreitungen. Festschrift für Hans Neumann. dubsar 5, Münster, 781–790.

Wilcke 2020
Wilcke, C.: Zur Ušumgal-Stele: ELTS 12. In: Arkhipov, I. / Kogan, L. / Koslova, N. (Hrsg.): The Third Millennium. Studies in Early Mesopotamia and Syria in Honor of Walter Sommerfeld and Manfred Krebernik. Cuneiform Monographs 50, Berlin / Boston, 716–729.

Williamson 2020
Williamson, T.: Suppose and Tell: The Semantics and Heuristics of Conditionals, Oxford.

Wittfogel 1931
Wittfogel, K. A.: Wirtschaft und Gesellschaft Chinas. Versuch der wissenschaftlichen Analyse einer grossen asiatischen Agrargesellschaft 1. Teil: Produktivkräfte, Produktions- und Zirkulationsprozess, Leipzig.

Wittfogel 1957
Wittfogel, K. A.: Oriental Despotism. A Comparative Study of Total Power, New Haven / Oxford.

Wunsch/Hudson 2004
Wunsch, C. / Hudson, M. (Hrsg.): Creating Economic Order: Record-Keeping, Standardization and the Development of Accounting in the Ancient Near East, Bethesda.

Yamamoto 1981
Yamamoto, S.: The lú-KUR$_6$-dab$_5$-ba People in the é-mí – é-^{d}Ba-Ú in Pre-Sargonic Lagash. Acta Sumerologica 3, 93–110.

Yang 1989
Yang, Z.: Sargonic Inscriptions from Adab. Periodic Publications on Ancient Civilizations 1, Changchun.

Yoffee 1995
Yoffee, N.: Political Economy in Early Mesopotamian States. Annual Review Anthropology 14, 281–311.

Yoffee 2005
Yoffee, N.: Myths of the Archaic State. Evolution of the Earliest Cities, States, and Civilization, Cambridge.

Wu 2001
Wu, Y.: Lugalanda's Economic Reform in House of Lady in Girsu. Journal of Ancient Civilizations 16, 101–128.

Zevit/Gitin/Sokoloff 1995
Zevit, Z. / Gitin, S. / Sokoloff, M. (Hrsg.): Solving Riddles and Untying Knots. Biblical, Epigraphic, and Semitic Studies in Honor of Jonas C. Greenfield, Winona Lake.

Zólyomi 2014–
Zólyomi, G.: Corrections and Notes to RIME 1 (updated continuously). <www.academia.edu/618670/>.

The Laws of Ur-Namma and the Neo-Sumerian Legal Practice

Manuel Molina *

Abstract

The mid-20th-century publication of Ur-Namma's code drew significant interest from scholars investigating the origins of legal codification in ancient Mesopotamia. Around the same time, Falkenstein's monumental work, *Die neusumerischen Gerichtsurkunden*, was also published. Since then, the publication of new sources for the *Laws of Ur-Namma*, along with dozens of additional legal practice documents, has allowed for a deeper understanding of the legal framework that governed the Neo-Sumerian period. This article systematically examines the entire body of legal practice documentation (around 400 documents) and its relationship with the Laws of Ur-Namma, demonstrating the profound influence of these laws on private legal practice while also highlighting key divergences, particularly in matters related to the administration of justice within institutional settings.

1 Introduction

At the end of the 22nd century BC, the Gutian people, who had dominated southern Mesopotamia for several decades, were defeated by Utuḫeĝal. This king of Uruk deposed Lusaga of Ur and left the city under the rule of Ur-Namma, possibly Utuḫeĝal's brother, who founded the so-called Third Dynasty of Ur. From Uruk and Ur, Ur-Namma extended his control over other foreign territories and most of the cities of southern Babylonia, which were reorganised and structured into a single state. The social, economic and administrative reforms introduced by Ur-Namma are not well known, but it is worth mentioning his famous *Cadaster*, which reveals the design of a state structured into provinces that roughly corresponded to the old city-states, and of course his law code.

The publication of Ur-Namma's code by the middle of the 20th century strongly attracted the attention of the scientific community interested in the beginnings of

* This research was made possible thanks to the financial support granted by the Spanish *Ministerio de Ciencia, Innovación y Universidades* through the project PID2019–106923GBI00. Textual and bibliographical abbreviations follow the *Database of Neo-Sumerian Texts (BDTNS)* (http://bdtns.cesga.es) and *Reallexikon der Assyriologie und Vorderasiatischen Archäologie*. Other non-bibliographical abbreviations are: AS = Amar-Suen; IS = Ibbi-Suen; Š = Šulgi; ŠS = Šu-Suen; Ad = Adab; Ga = Garšana; Ĝi = Ĝirsu; PD = Puzriš-Dagān; Ni = Nippur; Um = Umma; U.p. = Uncertain provenance. Individual cases belonging to summaries of legal cases (*Sammelurkunden*) are identified by lower case letters (e.g. *NSGU* 202b). For each of the texts translated in this paper, additional secondary bibliography can be found in BDTNS. I am deeply grateful to Palmiro Notizia for reading the original text and providing valuable insights, and to Ingo Schrakamp for his meticulous editing and numerous suggestions for improvement.

DOI: 10.13173/9783447124522.265

legal codification and its application in ancient Mesopotamia. Its meaning continues to be the subject of study, as are other linguistic and philological questions. The very designation of the text as a "code" is a matter of controversy,[1] a relevant issue when considering whether the *Laws of Ur-Namma* were a legal source during the Third Dynasty of Ur.

The original inscription of the *Laws of Ur-Namma* (hereafter *LUN*), inscribed on a statue,[2] is not known. Its text, so far incomplete, has come down to us through later copies dated to the late Ur III and Old Babylonian periods. In all, 96 laws are currently preserved, six of which are not intelligible due to the fragmentary state of the text. The publication of the various manuscripts[3] by Kramer, Civil, Gurney/Kramer, Yıldız and Michalowski/Walker[4] enabled the production of valuable critical editions[5] and translations.[6] Later on, the publication of an exceptional document by Civil[7] made it possible to take a huge step forward in the reconstruction of the text. This is a ten-column clay cylinder, possibly from Umma, that probably came onto the market as a result of the extensive looting that Iraq suffered after the first Gulf War.

In his masterly edition of the cylinder, Civil discussed a number of relevant issues. First, on the basis of sound arguments, he rejected the idea that the textual variants of the various sources were the result of copies made from stelae placed in different locations. This conclusion would make unnecessary (though not impossible, of course) the existence of copies of the Ur-Namma statue bearing the code in various places in the territory accessible to judges or other participants in legal proceedings. And, most importantly, Civil made a huge effort to link the *Laws of Ur-Namma* with court records and other Ur III administrative documents.

This approach was further developed three years later by Wilcke.[8] In an extraordinary contribution to a volume in honour of Joachim Krecher, Wilcke presented a comprehensive critical edition of the *Laws of Ur-Namma* and the *Laws of Lipit-Ištar*. With regard to the sources, Wilcke also emphasised that the textual witnesses of the *Laws of Ur-Namma* represent divergent versions presumably rooted in different strands of tradition, but which could also be based on adaptation and argumentation in local schools. Of particular interest in this respect is his conclusion that laws were already being added to the original code by the end of the Ur III period, the date he ascribes to the cylinder edited by Civil.

1 See Claassens 2010.
2 For the mention in the prologue of the statue of Ur-Namma, dedicated to the god Enlil, see Wilcke 2013.
3 The sigla of the sources for the *Laws of Ur-Namma*, the numbering and the translations of the laws used in this paper are in accordance with Civil 2011 and Wilcke 2014.
4 Kramer 1954, source A = N1; Civil 1965, source E = N2; Gurney/Kramer 1965, source B = Ur; Yıldız 1981, source C = S1; Michalowski/Walker 1989, source D = S2.
5 Finkelstein 1969; Szlechter 1983, 9–24; Wilcke 2002.
6 Römer 1982, 17–23; Roth 1995, 13–22; 2000, 408–410; Molina 2000, 61–76.
7 Civil 2011, source X.
8 Wilcke 2014 with additional remarks and corrections in Wilcke 2015a.

Wilcke's critical edition was also accompanied by a comprehensive study of the *Laws of Ur-Namma* in the light of other Ur III legal texts, bringing together decades of research on Sumerian legal texts. Methodologically, this study and Civil's were similar in that they used each of the laws as a starting point for identifying examples of their application or relationship to legal practice. Their main conclusions on this matter will be addressed here, but it is also important to consider to what extent the *Laws of Ur-Namma* and the testimonies of legal practice share the same universe of legal problems to which they seek to find an answer.

For the purpose of this study, we have endeavoured to encompass not only those legal issues addressed by the *LUN*, but also all cases addressed in legal practice texts, a corpus comprising more than 400 texts. This corpus includes, firstly, records of cases that were investigated, judged, sentenced and closed. Such cases are frequently referenced in texts using the expressions di til-la (dumu GN) "case closed (of citizens of GN)" or di-bi ba-til "this case was closed". Furthermore, the corpus encompasses judicial decisions on cases not expressly covered by these terms, as well as texts that document the various stages of the judicial process, including preliminary protocols, investigations, testimonies, statements by or extrajudicial negotiations between the parties, oaths and other provisions by the authorities related to the legal process.[9] A similar survey was conducted on legal issues that arose in decisions made by royal or provincial authorities towards their subordinates, whether officials or workers, in the context of the service they were providing to the administration. These decisions might be based on investigations, but in most cases were apparently made out of court, or at least we know about them from legal texts with no judicial context, or indirectly from information gleaned from other types of administrative text.

2 Laws and legal practice

In order to gain a comprehensive understanding of the subject matter, and being aware that no modern classification can be entirely satisfactory, the laws and cases dealt with in the corpus of legal practice texts have been classified in the following sections: (2.1) crimes and offences; (2.2) contracts; (2.3) family law; (2.4) inheritance; (2.5) personal status; (2.6) procedural law and (2.7) administrative law.

2.1 Crimes and offences[10]

Nearly half of the *Laws of Ur-Namma* that have been preserved to date relate to criminal and other types of offences. They provide appropriate penalties for murder (§ 1), injuries causing miscarriage and death (§ 34′, § 36′), injuries causing death

9 A general assessment on the identification of this type of texts can be found in Culbertson 2009, 4–9. For the stages of Ur III legal processes, see Falkenstein 1956/1, 59–80; Culbertson 2009, 80–100; Lafont 2023, 33–39. For extrajudicial agreements, see Neumann 2017. An overview of judicial procedures in Mesopotamia can be consulted in Démare-Lafont 2023, 11–21.

10 For an insight into criminal and civil law, as well as state prosecution of primary crimes such as murder and robbery, see Neumann 2003, 65–66.

(§ 27′, § 28′, § 29′), injuries causing miscarriage (§ 33′, § 35′), injuries of various kinds (§ 17′, § 18′, § 19′, § 20′, § 21′, § 22′, § 23′, § 24′, § 25′, § 26′, § 31′), sexual offences (§ 6, § 8), robbery (§ 2, §e1) and theft (§c6a), false accusations and testimony (§ 13, § 14, § 37′, § 38′, §c6), damages and losses of animals, fields and deposits (§ 40′, §b4, §c3, §c4, §c5), deprivation of liberty (§ 3), breaking a sexual taboo (§ 12) and defamation (§ 30′). Of these, murder (§ 1) and breaking the sexual taboo of the *ereš-diĝir* priestess (§ 12) were punishable by death, as were, under certain circumstances, sexual offences (§ 6), injuries causing miscarriage and death (§ 34′), robbery (§ 2), and false testimony (§c6). The remaining offences were mostly punishable by fines, compensation for damage or loss, and more rarely by bodily injuries, embarrassing punishments or enslavement.[11] Crimes and offences are represented in the Ur III court records, but to a lesser extent: they account for only 13 % of the court cases attested so far.

2.1.1 Murder

Cases of murder, for which law § 1 provides for the death penalty, are rarely recorded in texts of legal practice.[12] Three Ur III court records are related to it, although none of them ends in a death sentence.[13] According to the first of these (¶1), the murderer was killed, but apparently not as a result of an execution, so it was established that, as compensation, the victim's heirs would receive his property and his children and wife as slaves, showing that the family of the perpetrator was liable for the offence in the event of his death.

> (¶1) [Case closed.] It was confirmed before the grand vizier that [Kuli, son of *(or: and)*] Ur-E'ana, murdered Babaĝu, the singer. Because Kuli was killed, his estate and his wife and children were given to the children of Babaĝu. *Commissioner.* (…) [*Judges. Date.*]
> [*ITT* 2, 2789 obv. 1–9 = *NSGU* 41. Ĝirsu][14]

The second trial resulted in a severe punishment for the perpetrator, although its exact nature is unknown. It is certain, however, that the punishment did not entail the death penalty.[15]

11 For a more detailed discussion of penalties in the *LUN*, see Neumann 2012; Wilcke 2014, 515–519.

12 On murder and the death penalty in the Ur III period, see Falkenstein 1956/1, 132–133; Wilcke 1992; Lafont/Westbrook 2003, 219; Civil 2011, 252–253; Neumann 2012, 165–170; Wilcke 2014, 515–517; Howard 2021.

13 *BCT* 1, 139 has been also taken as possibly dealing with a case of homicide (Lafont/Westbrook 2003, 216), but the full interpretation of the text is unclear to me.

14 For this interpretation of this much debated text, see Falkenstein 1956/1, 69; Neumann 2004, 12; Neumann 2012, 166; Wilcke 2014, 516; Howard 2021, 162. Lafont/Westbrook (2003, 219) and Lafont (2023, 89) prefer to interpret Kuli's death as an execution.

15 For this text and the type of punishment applied, see Howard 2021; see also Molina 2022.

(¶2) Lugal-ḫili (and) Lugal-abba – they were men of Umma – because they killed Lugal-ezem, his (Lugal-ḫili's?) father, they were 'destroyed' (ḫul), as punishment. *Judges. Date* (ŠS 4/ ix?).
[*ZA* 111, 158 MS Q4:6. Ĝirsu]

Two other cases related to a homicide are briefly mentioned in a summary of legal cases:

(¶3b) Saĝ-kisa, the wife of Lugal-me'a, declared: "Ur-Dumuzida killed Lugal-me'a, my husband". Ur-Dumuzida brought a witness that he did not kill him.

(¶3c) Durĝarni killed Kali. Durĝarni was questioned. He declared: "Kali was the one who struck first with the fists". He verbally confirmed the exchange.
[*TCL* 5, 6168 obv. 10–rev. 7 = *NSGU* 202b, c. Umma]

2.1.2 Abduction

Law § 3 provides for a penalty of imprisonment and a payment of 15 shekels of silver for anyone who holds someone captive against his/her will.[16] A similar case is recorded in ¶4, for which a severe punishment is prescribed, although its nature is uncertain (see n. 15).

(¶4) Ur-Enlila, the merchant – because Eštar-ili caused him to lead away the son of Šeškala – he was 'destroyed' (ḫul), as punishment.
[*MVN* 3, 342. U.p.]

2.1.3 Injuries

The infliction of injuries of varying severity with fists, blunt objects or other means is the subject of detailed casuistry in the *LUN* (see above). This is a most remarkable difference with court records, where no cases dealing with this type of offence are represented.

2.1.4 Robbery

Law § 2 punishes robbery with the death penalty. According to Ur III texts, bandits (lu₂ sa-gaz) were pursued ex officio by the authorities, as evidenced by the numerous messenger texts from Ĝirsu and Irisaĝrig recording food deliveries to royal envoys in charge of capturing or killing them.[17] Despite the frequency of these

16 Cf. Wilcke 1992, 60–62.

17 Irisaĝrig: u₄ lu₂ sa-gaz gaz-de₃ im-ĝen-na-a "when he came to kill robbers" (*Nisaba* 15/2, 641, 650, 691, etc.); u₄ lu₂ sa-gaz dab₅-ba-de₃ im-e-re-ša-a/im-ĝen-na-a "when he/they came to capture robbers" (*Nisaba* 15/2, 22, 60, 75, etc); it is also worth noting the records of the food given to the guards who were wounded while supervising the harvest: u₄ en-nu-ĝa₂ še buru₁₄-ka-še₃ im-ĝen-na-a lu₂ sa-gaz-ke₄ in-sig₃-ga "when he came

expeditions, which reveal the widespread occurrence of this crime, only five court records related to robbery cases are preserved,[18] and just one of them is explicit about the punishment. In this text, the perpetrator was forced to give his wife, daughter and slave girl to the victim as slaves; the women were later transferred to a third person in order to pay a debt, a fact that led to the legal claim reported in the document.

> (¶5) Case closed. Papa, the wife of the fisherman Urmes, Memeĝu, his daughter, (and) Geme-giguna, the slave girl of Urmes, because Urmes has committed robbery, Šulgi-lugal, the fisherman, has given them as servants to Lugal-imah and Lu-magura. Lusaga, the city elder, appeared (as witness? before) the governor. Papa, the wife of Urmes, has verbally confirmed (the matter).
> Because Lugula, the son of Eki'aĝa, had a credit of ⅓ *mana* of silver with Lugal-imah and Lu-magura, [Lugal]-imah and Lu-magura [gave Papa], the wife of Urmes, [Memeĝu, his daughter], and Ge[me-giguna, the slave girl of Urmes, to Lugula as slaves]. *Witnesses*. Papa, the wife of Urmes, rejected the witnesses. Lugula took the oath. The wife, the daughter and the slave girl of Urmes were assigned to Lugula. *Commissioner. Judges*. In Nina. *Date* (ŠS 4).
> [*ITT* 3, 5664 = *NSGU* 42. Ĝirsu]

Thus, according to the *LUN*, robbery was punishable by death, and sometimes this penalty was in fact summarily applied by bandit-hunters in the cases mentioned in the Irisaĝrig messenger texts. However, the death penalty for this crime does not seem to have been decided in public trials, or at least there is no record of it in the few texts of legal practice that we know of. In these cases, a compensation was paid to the victim, probably because the offender was not a social outcast and had property with which to compensate the victim, as in one of the murder cases mentioned above. Indeed, the death penalty is barely present in legal practice texts, a circumstance that has led Petschow and Wilcke to suggest that the frequent recourse to it in the *LUN* was actually a means of exerting pressure to enforce another type of compensation.[19] We cannot know whether this was the intention of the *LUN* (and Neumann, very judiciously, prefers to leave this question open[20]), but it

---

to guard the barley of the harvest (and) the robbers struck him" (*Nisaba* 15/2, 585, 729, 730, etc.). Ĝirsu: lu₂ sa-gaz-še₃ ĝen-na "he came (to capture) robbers" (*CUSAS* 16, 211; *HLC* 3, 203 [pl. 107]; *MTBM* 31; *MTBM* 172; *Messenger Texts* no. 528; *Nisaba* 3/2, 46; *SAT* 1, 375); lu₂ šer₇-da-še₃ ĝen-na "he came (to capture) criminals" (*TUT* 199); lu₂ la-ga dab₅-dab₅-de₃ ĝen-na "he came to capture thieves" (*MVN* 7, 98). On the problem that these gangs of bandits posed for the security of trade routes, see Wilcke 1992, 63.

18 As in law §2, we consider as robbery cases those expressed by the term sa-gaz – ak, which designates the violent appropriation of something directly from a person (Falkenstein 1956/1, 133; Civil 2011, 253; see also Molina 2022). They are *ITT* 3, 5664 = *NSGU* 42 (Ĝi); *BPOA* 1, 786 (Um); *BPOA* 1, 1196 (Um); *TCL* 5, 6165 = *NSGU* 121 (Um); *CRRAI* 4, 7 = *NSGU* 125 (u.p.).

19 Petschow 1965, 150; Wilcke 2014, 517.

20 Neumann 2012, 169–170.

is certain that the sentences concerning crimes committed by householders tended towards pecuniary compensation to the victim.

2.1.5 Theft and burglary

Regulations for cases of theft or burglary are only represented in the *LUN* by §c6a, in which payments of quantities of barley are established for stolen animals. In court records there is instead a large number of cases of theft,[21] mostly of animals,[22] but also of barley, other agricultural products and various objects,[23] burglary of houses or other buildings,[24] robbery of graves and sacred places,[25] and liability for theft by third parties.[26] Only in some cases are the penalties for the offences established, which varied depending on their magnitude, and occasionally also on the status of the culprit.

In the case of stolen animals, verdicts of compensation are awarded that are considerably higher than those prescribed by the *LUN*. A compensation of an undetermined quantity of silver, which in any case was very high, is decided for the theft of two donkeys belonging to the household of the god Nanna.

> (¶6) Šagul, a man of Irisaĝrig, has confirmed that two donkeys, branded with the mark of the god Nanna, have been stolen. As a compensation for the loss, [*n*] *mana* of silver … … the servant declared. Ṣilla-Adad, the equerry, became his pledge. In Eduru-sipadene. *Date* (ŠS 1).
> [*UET* 3, 25. Ur]

A case of theft is possibly also the background to a judicial procedure, recorded in a summary of legal texts, in which a tenfold compensation is determined for each sheep.

> (¶7) […] this matter was confirmed before the grand vizier. He will repay Ur-Ba'u tenfold for each sheep. *Commissioner.*(…)
> [*ITT* 3, 6569 = *NSGU* 186a. Ĝirsu]

21 On theft in Ur III court records and the terminology for thieves, see Falkenstein 1956/1, 134–136; Westbrook/Wilcke 1974–77, 114–118; Wilcke 1992, 57–60; Lafont/Westbrook 2003, 220–221; Civil 2011, 253; Molina 2019, 703; 2022; 2025, 86–89.

22 *ITT* 3, 6524 = *NSGU* 128 (Ĝi); *ITT* 3, 6569 = *NSGU* 186 (Ĝi); *ZA* 53, 69 no. 10 (Ĝi); *ZA* 53, 73 no. 14 (Ĝi); *CUSAS* 6, 1560 (Ga); *Iraq* 5, 168 BM 105393 = *NSGU* 120a (Um); *Nisaba* 23, 18 (Um); *SNAT* 373 (Um); *TCL* 5, 6163 = *NSGU* 120b (Um); *TCL* 5, 6164 = *NSGU* 127 (Um); *TCL* 5, 6168 = *NSGU* 202 (Um); *UET* 3, 25 (Ur).

23 *ITT* 3, 6558 = *NSGU* 129 (Ĝi); *ITT* 3, 6572 = *NSGU* 145 (Ĝi); *RTC* 295 = *NSGU* 126 (Ĝi); *Fs. Owen*, p. 210 no. 7 (Um), *Nik.* 2, 447 (Um); *NSGU* 138 (Um); *CUSAS* 40/2, 1889 (Um?); *OrSP* 47–49, 145 = *NSGU* 203 (Um?); *ZA* 55, 83 IM 54405 (Um?). Two more disputes, the background to which is unclear, deal with the ownership of linen bedding and a door: *ITT* 5, 6849 = *NSGU* 115 (Ĝi); *NSGU* 200 (Ĝi).

24 BM 106097 (unpubl.; Um); *MVN* 18, 342 (Um); *Fs. Pomponio*, p. 156, no. 1 (Um); *Fs. Pomponio*, p. 159, no. 2 (Um).

25 *AOAT* 25, 444 no. 9 = *Fs. Charpin*, p. 704 no. 2 (Um); *Fs. Charpin*, p. 698 no. 1 (Um).

26 *AOAT* 25, 447 no. 10 = *SNAT* 210 (Ĝi); *MVN* 3, 219 = *FAOS* 17, S.1 (Ni); *Fs. Owen*, p. 208 no. 6 (Um); *TCL* 5, 6169 = *NSGU* 137 (Um); *Nisaba* 33, 733 = *NABU* 2022, no. 85 (u.p.).

In relation to burglary, law §6 provides for cases of breaking into a house where barley is stored by making a hole in the wall. In such cases, the law stipulates that the owner of the house had to repay the stolen barley. A very similar situation is found in ¶8, a case where it was decided that the man in charge of the granary had to repay the barley stolen in the same way.

> (¶8) It was (the case) that AN-ga'a was on duty with the barley of the *eren*-workers. (Someone) made a hole in the granary. From the barley, (some) barley disappeared.[27] It resulted in a deficit of 15 *gur* and 60 *sila* (c. 4,560 l of barley). *Witnesses.* [PN] was taken to the oath. Once the oath is taken, AN-ga'a will repay (the barley). It was confirmed before Lu-amana. Case closed of citizens of Niĝsuda. *Date* (AS 2).
> [*Fs. Pomponio,* p. 159, no. 2. Umma]

Servitude for the benefit of the victim was another form of punishment, attested both for theft and burglary. In one case, it was a slave woman, considered guilty of the theft, who had to render her services to the owner of a stolen garment, so that the burden of punishment also fell on the owner of the slave (¶9); in a second case, a man who stole a bed was taken as 'subaltern of *eren*-workers' (nam-egir-eren$_2$-na-še$_3$) by the injured party (¶10); and in a third case, a person who may have been the son of a servant, had to render his services to someone whose house had been broken into (¶11).[28]

> (¶9) Case closed. Lu-Ḫuwawa, female slave of the physician Ur-Ba'u, stole the garment of Bazi, son of Šeššeš. He recovered it. She declared: "Lugal-durdu, male slave of Bazi gave it to me". Lugal-durdu swore in the temple of Nin-MARKI that he did not give the garment. Lu-Ḫuwawa was given as a slave to Bazi, son of Šeššeš. *Witnesses. Commissioner. Judges. Date* (ŠS6).
> [*RTC* 295 = *NSGU* 126. Ĝirsu]

> (¶10) Šu-Irra, a man of Kiš:[29] because he stole a bed of Ikšudum, Ikšudum took him with him as 'subaltern of *eren*-workers'.
> [*OrSP* 47–49, 145 obv. 2–6 = *NSGU* 203a. Umma[?]]

> (¶11) Because the house of Lu-Šara was plundered, Šešani, son of Ninkišara, was taken as a compensation for the loss. (The stolen goods) were recovered

27 The interpretation of še-a še ba-a-e$_3$ as "From the barley, (some) barley disappeared", which changes the interpretation I gave for the text in *Fs. Pomponio*, p. 159, no. 2, was kindly suggested to me by W. Sallaberger.

28 Note also the sale document *BPOA* 6, 907, which records the purchase of a slave held as a thief (lu$_2$-la-ga). For lu$_2$-la-ga, a term for thief, possibly implying the commission of the theft by force, see Molina 2022.

29 This interprtation of lu$_2$ Kiš^{ki}, instead of as a personal name, has been kindly suggested to me by P. Notizia on the basis of the identification of Ikšudum as a general of Kiš (see Borrelli/Notizia 2024, 224).

> from the house of the father. *Witnesses. Commissioner. Oath. Bystanders. Date* (AS 5/ix).
> [*Fs. Pomponio*, p. 156, no. 1. Umma]

Burglary could also be punished with mutilation, a rare corporal punishment that seems to have been reserved for slaves or lower-stratum workers.[30]

> (¶12) [PN had …] (so his/her) nostrils were cut. A second time, he/she made a hole in the roof. This was confirmed before the governor. For this reason, the second eye was removed. *Bystanders. Date lost.*
> [*MVN* 18, 342. Umma]

Liability for theft by third parties involved various punishments, depending on the circumstances and the nature of the offence. In one case, the liability of a person who had pledged himself to a person accused of complicity in the theft led to the restitution of the stolen goods (¶13), while in the case of someone who harboured thieves, the punishment received was much more severe (¶14).

> (¶13) Lu-Ninšubur bought one millstone from Luduga. Lu-Damu declared: "He (Lu-Ninšubur) had him (Luduga) steal the millstone!", (so) he has raised a claim against Lu-Ninšubur. Lu-Ninšubur declared: "I will bring you your man who stole the millstone". Ti-emahta stood as pledge for the man who stole the millstone. *Witnesses.* He (Lu-Ninšubur) was not able to bring 'the man of the personal pledge' (Luduga), (and therefore) Ti-emahta will repay the millstone. *Oath. Bystanders. Date* (AS5/ix).
> [*Fs. Owen*, p. 208 no. 6. Umma]

> (¶14) [PN]: because thieves were seized in his house, he was 'destroyed' (ḫul), as punishment.[31] Via Šeškala, *guzala*-official, man of Sumpupu, from … *Date lost.*
> [*Nisaba* 33, 733 = *NABU* 2022, 85. Prov. uncertain]

Another case reported in a sale document concerns the purchase of three sheep that turned out to have been stolen, with the guarantor of the transaction responsible for repaying the purchase price to the buyer, in addition to a compensation that amounted to almost four times the price of the sheep (*MVN* 3, 219 = *FAOS* 17, S. 1).

2.1.6 False accusation

The only clear case of someone being put to death in the context of a trial concerns the false accusation by a man against his father for an offence that would have resulted in capital punishment for the accused; the accusation was related to the embezzlement of royal offerings at the temple of Nippur (¶15).

---

30 Molina/Such-Gutiérrez 2004, 1–9; Reid 2023, 24–27.
31 For this type of punishment, see n. 15.

(¶15) Lugal-ĝiškimzi, the eldest son of the temple administrator of Inanna, brought a claim (against his father, under the authority of) Amar-Suen. He (Lugal-ĝiškimzi) proved it against him and he (the father) was sentenced to death. The temple administrator of Inanna made peace with him and the king gave him life. Aradĝu, the grand vizier, was the commissioner.
A second time he accused the temple administrator of Inanna of 'having eaten the taboo', having reduced sheep, butter and fine flour from the royal offering, having reduced butter from the regular offerings by 3 *sila* per month, and having added water to the butter from the regular offerings.
Before Aradĝu, [the grand vizier], before Dada, the governor of Nippur, before Saĝ-Nann[azu], he (Lugal-ĝiškimzi) brought a claim against him (the father). He did not prove it against him and he (Lugal-ĝiškimzi) was sentenced to death.
Furthermore, the temple administrator of Inanna gave Lugal-ĝiškimzi's status of heir to his younger son Lugal-balasaga: the status of temple administration of Inanna, the residence, the oven and the adjoining paternal estate, including royal possessions and the father's possessions.
[Lu-balasaga, Saĝ-Enlil, and Ur-Ababa] swore by the name of the king that they will not raise a claim for the [status of temple administrator] of Inanna, for the residence, the oven, the adjoining paternal estate and the father's possessions, nor his partition into three.
Before Dada, the governor of Nippur, this legal affair was closed. Date (IS 2 / iv).
Seal of Dada, governor of Nippur, and seal of Lugal-engardu, son of Enlil-amaḫ, the temple administrator of Inanna.
[*RA* 71, 126. Nippur]

Another case of proven false accusation in legal practice texts concerns a trial for robbery that ended with the accuser being sent to prison for a short period.

(¶16) PN_{1-4} (from) the household of Nanna, (who are) at Ur-Ba'u's place; PN_{5-9}, who are servants of Ninlile-maĝ, (whose) overseer is Niĝsisa'e. Aḫu'a has declared: "I have been robbed (by them)". The fact that they committed robbery was not proven, (so Aḫu'a) was taken to jail for one month and five days.
[*BPOA* 1, 786. Umma]

False accusations foreseen in the *LUN* concern witchcraft and adultery. They were revealed by river ordeals, and the sanction they entailed was of a pecuniary nature (§ 13, § 14). River ordeals are also well-known in Ur III texts, although the reasons for them are not given.[32] They are not mentioned in the context of court

32 The term for the river ordeal in Ur III texts is ⁽ᵈ⁾Id2-lu2-ru-gu2 "(divine) river which confronts the person", possibly a *diri*-compound to be read /id/ (Civil 2011, 258–259). For a dis-

records, but rather in the context of rituals of purification during the festival of Inanna at Nippur,[33] or when people either went to the ordeal river[34] or received gifts for coming out of it in good health.[35]

2.1.7 False testimony

According to the *LUN*, witnesses giving false testimony were qualified as "thieves" (lu2-ni2-zuḫ)[36] and were liable to pay 15 shekels of silver (§ 37′), while those who retracted their oath had to compensate by replacing the object of the trial (§ 38′). Similar situations are found in court records, although sanctions against perjurers are not always preserved.[37]

> (¶17) Iddin-Adad declared: "Bu'u-KA'a, my brother, has given me his garden". Bu'u-KA'a appeared. He declared: "I did not give him my garden!". Iddin-Adad brought PN_1, [PN_2], [PN_3] (and) [PN_4?] as witnesses that the garden had been given. Before the governor they became 'thieves' (perjurers). Because they became 'thieves' (perjurers), he (the governor) said: "I will interrogate them in the palace". He handed them over to Abu-ṭāb, the mayor, and said to him: "Take them to the palace!".
> [*L'uomo* 45. Umma region?]

Law § 38′ provides for compensation in favour of the defendant equivalent to the matter in dispute for a witness who has been forced to retract his oath (nam-erim2-ta – gur, lit. "to return from the oath").[38] This situation, expressed in the same way, is found in four court cases,[39] one of which records a court decision in accordance with the *LUN*. It deals with a claim made by a buyer of a slave woman and her daughter, whom he had bought but not received because they had been resold abroad. The seller was ordered to give the buyer two slave women as compensation, and the guarantor of the sale, who had withdrawn his oath, was ordered to pay the slaves' wages for the years that had elapsed since the purchase.

cussion of Ur III sources, see Sallaberger 1993, 127–129; Heimpel 2009, 57–59; Verderame 2012, 154–155. A general overview of trial by ordeal in Mesopotamia can be consulted in van Soldt 2003–2005, 124–129.

33 *TRU* 363 (PD); cf. *AUCT* 2, 378 (PD), *MVN* 3, 153 (PD), *Nisaba* 33, 541 (PD) and *Nisaba* 33, 626 (PD).

34 *OrAnt.* 16, 288 no. 2 = *SAT* 2, 709 (PD); *CST* 252 (PD).

35 *AUCT* 1, 276 (PD); *AUCT* 2, 98; *CST* 401 // *MVN* 5, 120 // *SAT* 2, 1158 (PD); *Trouvaille* 85 (PD).

36 See Wilcke 1992, 53; Civil 2011, 265; Wilcke 2014, 505–507.

37 *ITT* 3, 6539 = *NSGU* 84 (Ĝi); *SNAT* 535 (Um); *L'uomo* 45 (Um?). This term for "thief" (lu2-ni2-zuḫ) was also used for other fraudulent actions: *AnOr.* 12, 102 no. 3 = *NSGU* 69 records the case of a man who was declared a "thief" for selling his daughter to two different buyers in succession, and in *ITT* 5, 6842 = *NSGU* 76 (Ĝi) the witnesses contradict the claimant's statement in relation to the purchase of a slave girl and declare him a "thief".

38 For the interpretation of this expression, see Civil 2011, 265; Sallaberger 2015, 189–190. Cf. also the expression nam-erim2 ba-zi-ir "the oath was annulled", attested in *BDTNS* 59331.

39 *DAS* 332bis (Ĝi); *ITT* 2, 1010+ = *NSGU* 113 (Ĝi); *ITT* 5, 6727 = *NSGU* 70 (Ĝi); *TMH* NF 1–2, 271 = *NSGU* 209 // *ZA* 53, 61 no. 6 (Ĝi).

(¶18) *(Beginning lost)* … bought from Baya. It was (the case) that Lu-Lisi was the guarantor. Because Baya sold (the slave women) in a foreign country, Baya will reimburse a slave woman as long as she lives; a slave woman instead of the daughter of … [he will reimburse.] Further, the wages of the slave women [over 4$^{?}$ years], which is 12 shekels of silver, because Lu-[Lisi retract]ed the oa[th],[40] Lu-Lisi will reimburse. Lu-Lisi has sworn by the name of the king … *(rest lost).*
[*ITT* 5, 6727 = *NSGU* 70. Ĝirsu]

2.1.8 Damage to fields and houses

Damage to fields caused by the flooding of another's field, for which § 40 provides compensation in barley, is dealt with in cases that generally concern the neglect of fields managed by the provincial administration and are discussed in section 2.7.2. On the other hand, a lawsuit for damage to a house is documented in *ITT* 3, 6463 = *NSGU* 143 (Ĝi), in which it is agreed that the culprit would compensate the injured party with another house.

2.1.9 Loss of animals

The compensation for the loss of domestic animals is regulated by laws §c3–c5. They provide for the restitution of lost animals, and if these were lost from a burglarised house in the town, the town quarter would be responsible for the payment. In legal practice, cases of varying complexity involving lost animals were dealt with by the courts or brought publicly, with compensation depending on the type of animal.[41] The most notable example concerns a large number of lost sheep and goats from Uruk found in Umma, for which all free citizens living in the city of Umma were liable to pay their equivalent in silver (¶19). According to the related text *Nisaba* 26, 85, the total amount of silver due by the city was established as 2 *mana* and 9 shekels of silver for 231 animals (68 lambs included), which results in an average price of ca. ½ shekel per animal, the usual price of a sheep;[42] a second related text (*TCL* 5, 6166) establishes a compensation that, probably after the appeal of the city, was reduced to 1 *mana* and 20 ⅓ shekels, i.e. an average price of ⅓ shekel per animal:[43]

40 Here I follow Falkenstein's restorations: u$_3$ a$_2$ geme$_2$ [mu 4$^{?}$-kam] 12 gin$_2$ ku$_3$-[babbar-am$_3$], mu Lu$_2$-^{d}[Li$_9$-si$_4$-na-ke$_4$] nam-er[im$_2$-bi-ta im-ma]-ta-a-[gur-a-še$_3$], Lu$_2$-^{d}L[i$_9$-si$_4$-na-ke$_4$], ib$_2$-su-[su].

41 *ITT* 2, 944 = *NABU* 1992, no. 57 (Ĝi); *ITT* 3, 6569 = *NSGU* 186 (Ĝi); *NRVN* 1, 57 (Ni); *TAD* 58 (PD); *AnOr.* 12, 103 no. 5 = *NSGU* 132 (Um); *BPOA* 1, 972 (Um); *Fs. Milano*, p. 328 § 7 (Um); *MVN* 18, 635 (Um); *SNAT* 541 (Um).

42 Cf. for example *MVN* 3, 219 = *FAOS* 17, S.1 (3 udu niĝ$_2$-sam$_2$-bi 1 ½ gin$_2$ 15 še ku$_3$-babbar); *JCS* 54, 5 no. 33 (½ gin$_2$ ku$_3$-babbar, udu niĝ$_2$-sam$_2$-ma-bi 1-am$_3$).

43 For a discussion of *SNAT* 541 and the related texts *Nisaba* 26, 85 and *TCL* 5, 6166, see Steinkeller 2017, 537–538, 548–558.

> (¶19) 151 ewes, 6 rams, (and) 21 male goats were the lost sheep; of those, 14 ewes (and) 1 male goat were recovered (by Šia'a); a total of 137 ewes, a total of 6 rams, a total of 20 male goats, (are still missing). The recovered sheep have been taken away (by Šia'a); Šia'a is to swear an oath (confirming this). The individual households of Umma must replace them. *Twelve Judges*. When Šia'a, the man of Uruk, lost the sheep, these were the judges who tried this case. At Ur. *Date* (- / ix).
> [*SNAT* 541. Umma]

Similarly, an amount of 5 shekels of silver was fixed for the loss of a donkey (¶20),[44] which corresponded to the average price of equids.[45]

> (¶20) The man of Šeškala lost 5 donkeys, property Ur-Ningida. Of these, Ur-Nanše and Engaga recovered 4 donkeys. 5 shekels because 1 donkey has been lost. As compensation for the loss Ur-Ningida had received 25 shekels from the grand-vizier. *Witnesses*. *Date* (ŠS 9).
> [*ITT* 2, 944 = *NABU* 1992, no. 57. Ĝirsu]

In special circumstances, the compensation for the lost animals could far exceed their price. This is the case for the loss of three goats, possibly intended for some kind of ritual performed at the temple of Šara, for which nine goats were provided as compensation (*Fs. Milano*, p. 328 §7). Similarly, a case concerning the inhabitants of Garšana was settled by imposing a duplum penalty in favour of the owner of a donkey used by another man (*BPOA* 1, 602).

2.1.10 Fake losses

The *LUN* were harsh on those who falsified losses. Law §c6a stated that a person who claimed compensation for a property loss that he/she had not actually suffered would be sentenced to death and his/her property would be forfeited to the city quarter. Court records occasionally deal with fake losses, although punishments are not so severe. In one case mentioned above, a man who faked a robbery was sent to prison for one month and five days (¶16). Other cases recording fake losses are the fragmentary texts *MVN* 18, 515 (¶46, below; loss of a boat) and *BDTNS* 59331 (Ad?; loss of silver).

44 For the interpretation of this text, see Heimpel 1994, 82.

45 Cf. for example *JCS* SS 5, 28 (1 anše ĝiš, niĝ2-sam2-bi 5 gin2 ku3-babbar); *Rochester* 227 (1 dur3 ĝiš niĝ2-sam2-ma-še3 (...) 5 gin2 ku3-babbar PN2 i3-la2); *TMH* NF 1–2, 52 = *FAOS* 17, 39 (2 dur3 libir, niĝ2-sam2-bi 8 ½ gin2 ku3-bar6-bar6); *NRVN* 1, 221 = *FAOS* 17, 56 (2 eme3 1 amar ga anše 13 gin2 ku3-babbar); *JCS* SS 5, 67 (2 eme6 ĝiš, niĝ2-sam2-bi 9 ½ gin2 ku3-babbar).

2.2 Contracts

Laws on different types of contracts or agreements deal with the fixing of rates for deposits (§b6), sales (§e3a, §e3b, §e3c, §f2, §f3), loans (§d9, §d10, §d11), rents (§ 42′, § 43′, §b1, §c8, §c9, §d12, §f4), as well as for the provision of services by different types of workers (§d1a, §d1b, §d1c, §d2c, §d3, §d4, §d5, §d6, §d7a, §d7b, §d8a, §d8b, §d8c, §d8d, §e2). Only in two cases is the penalty for non-performance of the contract specified (§ 41′, §b5). To the best of my knowledge, the application of these tariffs and prices was never the subject of litigation, but this does not mean that contracts did not reach the courts. About 200 court records (half of the total corpus) deal with disputes over them, 65 % of which are sale disputes.

2.2.1 Sales and related issues of ownership

2.2.1.1 Slaves

By far the most common litigations on ownership issues involved slaves.[46] Among them, disputes over their sale and purchase were a constant source of legal proceedings, a subject dealt with in §e3a, §e3b and §e3c of the *LUN*. These laws relate to the evidence (oath, witnesses, sureties) considered necessary to claim ownership of the purchased slave in the event of illegal seizure by a third party (§e3a) or death of the owner (§e3b, §e3c).

The purchase of persons, most often children or young adults sold by their parents or other relatives due to the family's precarious economic situation,[47] is well attested in sale documents. In fact, of the 242 such documents known to date,[48] 115 concern the sale of persons. It is not surprising, therefore, that a similar proportion of the disputes relating to the sale and purchase of chattels concerned the sale of persons. Other litigations discussed below in section 2.5.1 may also have involved a dispute over the terms of sale, but this is not explicitly mentioned in the document. The extant disputes over the sale of slaves can be divided into two main types:

a) Contestation of sale by the slave or a relative.[49] These cases were initiated by the slaves themselves, their parents, siblings or other relatives, often some years after

46 For slavery in the Ur III period, see Falkenstein 1956/1, 82–95; Steinkeller 1989, 128–133; Adams 2010; Culbertson 2011; Neumann 2011; Verderame 2018; Pottorf 2022; Reid 2023.

47 Culbertson 2011; Reid 2017b.

48 Steinkeller (1989) edited 143 of these documents. Since his publication, the available corpus has grown to 242 texts.

49 *AOAT* 25, 439 no. 4 = *Fs. Greenfield*, p. 612 no. 2 (Ĝi); *ITT* 2, 830 = *NSGU* 54 (Ĝi); *ITT* 2, 925 = *NSGU* 35 (Ĝi); *ITT* 2, 2802 = *NSGU* 175a (Ĝi); *ITT* 2, 3532 = *NSGU* 45 (Ĝi); *ITT* 2, 3542 = *NSGU* 170 (Ĝi); *ITT* 3, 5269 = *NSGU* 55 (Ĝi); *ITT* 3, 5657 = *NSGU* 38 (Ĝi); *ITT* 3, 6416 = *NSGU* 46 (Ĝi); *ITT* 3, 6516 = *NSGU* 37 (Ĝi); *ITT* 3, 6517 = *NSGU* 59 (Ĝi); *ITT* 3, 6522 = *NSGU* 50 (Ĝi); *ITT* 3, 6526 = *NSGU* 56 (Ĝi); *ITT* 3, 6536 = *NSGU* 47 (Ĝi); *ITT* 3, 6538 = *NSGU* 52 (Ĝi); *ITT* 3, 6559 = *NSGU* 72 (Ĝi); *ITT* 3, 6564 = *NSGU* 53 (Ĝi); *ITT* 3, 6568 = *NSGU* 192c (Ĝi); *ITT* 3, 6613 = *NSGU* 193b (Ĝi); *ITT* 5, 6830 = *NSGU* 36 (Ĝi); *ITT* 5, 6842 = *NSGU* 76 (Ĝi); *RTC* 290 = *NSGU* 44 (Ĝi); *RTC* 293 = *NSGU* 197 (Ĝi); *AnOr.* 12, 104 no. 8 = *NSGU* 48 (Um); *AoF* 36, 363 (Um); *Fs. Owen*, p. 203 no. 2 (Um); *Fs. Pomponio*, p. 160, no. 3 (Um); *Fs. Sigrist*, p. 135 no. 7 (Um); *YOS* 4, 208 = *NSGU* 212 (Um).

the sale, and usually concerned the purchase price or the fact of the sale itself. Frequently, the context of the claim seems to have been a new circumstance, such as the death of the householder or the death of the slave's father, which could have contributed to the uncertainty of the slave's legal situation.[50]

> (¶21) Case closed. Nin-men-Ba'u, the slave girl: Diĝirsaga, son of Utu-kidu, bought her from her mother NamNIN-idu for her full price of 5 shekels of silver. Ur-Ba'u (and) Lugal-amarku are the witnesses in the tablet. Diĝirsaga brought this tablet to the place of the judges and NamNIN-idu swore by the name of the king that she will not return to (the case of) the slave girl. The slave girl was assigned to Diĝirsaga. *Commissioner. Judges. Date* (ŠS 4).
> [*ITT* 2, 3532 = *NSGU* 45. Ĝirsu]

> (¶22) Case closed. Ayakala, son of Ur-niĝar, when Ure-badu was still alive, bought Nin-zagesi, daughter of Ure-badu, from him for the full price of three shekels of silver, under the authority of governor Ur-Lamma. *Witnesses.* Nin-zagesi and her mother rejected the witnesses, (but) Ayakala took the oath (and) the slave girl was assigned to Ayakala. *Commissioner. Judges. Date* (ŠS 4).
> [*AOAT* 25, 439 no. 4 = *Fs. Greenfield*, p. 612 no. 2. Ĝirsu]

> (¶23) Ninkala, slave woman of Ur-Ninsun: Lugal-itida raised a claim (on her). "She is my sister, he (Ur-Ninsun) did not buy her", he declared. As for the purchase, Ea-šar (and) Aballašum were witnesses that Ur-Ninsun had bought the slave woman. Because the witness Lūšalim was on a journey, the woman kept living with Ur-Ninsun. Ur-Ninsun swore by the name of the king that when Lūšalim returns from his trip, the process will be undertaken. If he (Ur-Ninsun) does not engage in the process, Lugal-itida will take Ninkala with him. Before the governor; before Luduga, son of the king. *Date* (AS 6).
> [*Fs. Sigrist*, p. 135 no. 7. Umma]

b) Litigation between buyer and seller, or a third party.[51] In such cases, one of the parties, or a relative if one of them had died, would take legal action to challenge the terms

50 Cf. Culbertson 2009, 61–62.

51 *AOAT* 25, 442 no. 7' (Ĝi); *DAS* 332bis (Ĝi); *Fs. Pettinato*, p. 182 no. 1c (Ĝi); *HLC* 3, 381 (pl. 143) = *NSGU* 200b (Ĝi); *ITT* 2, 746 = *NSGU* 79 (Ĝi); *ITT* 2, 832 = *NSGU* 68 (Ĝi); *ITT* 2, 923 = *NSGU* 207 (Ĝi); *ITT* 2, 963 = *NSGU* 194 (Ĝi); *ITT* 2, 2775 = *NSGU* 196a–b (Ĝi); *ITT* 2, 3516 = *NSGU* 166b (Ĝi); *ITT* 2, 3519 = *NSGU* 71 (Ĝi); *ITT* 2, 4159 = *NSGU* 174 (Ĝi); *ITT* 3, 5276+ = *NSGU* 204a (Ĝi); *ITT* 3, 6439 = *NSGU* 80 (Ĝi); *ITT* 3, 6509 = *NSGU* 66 (Ĝi); *ITT* 3, 6514 = *NSGU* 61 (Ĝi); *ITT* 3, 6515 = *NSGU* 81 (Ĝi); *ITT* 3, 6535 = *NSGU* 172a (Ĝi); *ITT* 3, 6543+ = *NSGU* 211b = *FAOS* 17, 86 (Ĝi); *ITT* 3, 6560+ = *NSGU* 63 (Ĝi); *ITT* 3, 6561 = *NSGU* 65 (Ĝi); *ITT* 3, 6577 = *NSGU* 95 (Ĝi); *ITT* 3, 6581 = *NSGU* 90 (Ĝi); *ITT* 3, 6584 = *NSGU* 85 (Ĝi); *ITT* 3, 6593+06615 = *NSGU* 86 (Ĝi); *ITT* 3, 6613 = *NSGU* 193a, c (Ĝi); *ITT* 5, 6722 = *NSGU* 92 (Ĝi); *ITT* 5, 6727 = *NSGU* 70 (Ĝi); *ITT* 5, 6835 = *NSGU* 94 (Ĝi); *ITT* 5, 6846 = *NSGU* 198 (Ĝi); *RTC* 291 = *NSGU* 43 (Ĝi); *RTC* 292 = *NSGU* 135 (Ĝi); *RTC* 294 = *NSGU* 176a, b (Ĝi); *TUT* 164-14 = *NSGU* 208c (Ĝi); *AnOr.* 12, 102 no. 3 = *NSGU* 69 (Um);

of the sale, its legality (e.g. in the case of a second sale, or in the case of children born to a slave and a free woman, for which see below section 2.5.4), the very fact of the sale, or connected issues such as the escape of the slave from his/her new household.

(¶24) "Šagebulu bought Ninanisa, slave woman of Ilamma, from Ilamma", he (Šagebulu) declared. As for the purchase, he (Šagebulu) was not able to corroborate it. Šagebulu has sworn by the name of the king: "If on the third day I do not bring the witness(es), let it be a case closed", he declared. He could not bring the witness(es), (so Ilamma) took Ninanisa with him. *Bystanders. Date* (AS 6 / i).
[*Fs. Sigrist*, p. 136 no. 8. Umma]

(¶25) Case closed. Lu-diĝira, son of Ur-Lisi the gardener, from Ur-Ba'u, son of Ur-Nanše, bought his slave Ur-Lamma, for a total price of ten shekels of silver, ten years ago. Ur-Ba'u declared: "[I did not sell him]". [...] *(10 lines lost)* [The slave Ur-Lama was confirmed to Lu-diĝira. And because] Ur-Ba'u held the slave that he had sold to Lu-diĝira for ten years, Ur-Ba'u will repay to Lu-diĝira the slave's labour for ten years, which is [¼?] shekels (of silver) per month. *Commissioner. Judges. Date* (ŠS 6).
[*ITT* 3, 6561 = *NSGU* 65. Ĝirsu]

Sellers could be held responsible for the flight of the sold slave (¶26), at least for a specified period (¶27):

(¶26) A slave woman named Ninĝu-ušurĝu: if she flees, Lu-Inanna, gardener of Ninturtura, has sworn by the name of the king that he will make her return forever. *Witnesses. Date* (Š48 / vi).
[*Fs. Sigrist*, p. 130 no. 3. Umma]

(¶27) Geme-Ašar: Ur-Ba'u bought her from Amarsu and Lu-Enlila for 5 shekels of silver. Lu-igisasa was the guarantor. Not having completed the established period, the slave woman escaped. (Therefore) Amarsu and Lu-Enlila will repay (to Ur-Ba'u the purchase price). *Bystanders.* This case was closed. (It concerns) citizens of Umma. *Date* (AS 2 / xiid).
[*Fs. Sigrist*, p. 129 no. 2. Umma]

BPOA 1, 365 (Um); *BPOA* 1, 382 (Um); *BPOA* 1, 664 (Um); *BPOA* 1, 665 (Um); *Fs. Pomponio*, p. 160, no. 3 (Um); *Fs. Sigrist*, p. 129 no. 2 (Um); *Fs. Sigrist*, p. 130 no. 3 (Um); *Fs. Sigrist*, p. 134 no. 5 (Um); *Fs. Sigrist*, p. 134 no. 6 (Um); *Fs. Sigrist*, p. 136 no. 8 (Um); *Fs. Sigrist*, p. 136 no. 9 (Um); *Fs. Sigrist*, p. 137 no. 10 (Um); *SAT* 3, 2005 (Um); *MVN* 18, 321 = *NSGU* 49 (Um); *Nisaba* 34, 613 (Um); *SNAT* 320 (Um); *SNAT* 360 (Um); *TCL* 5, 6167 = *NSGU* 51 (Um); *TJAMC IES* 134 (pl. 68) = *FAOS* 17, 100 (Um); *YOS* 4, 208 = *NSGU* 212 (Um). It is not excluded that in some of these cases the plaintiff(s) may have had a family relationship with the slave who was the subject of the litigation.

In fact, slaves often escaped, and their recovery could be a matter of dispute settled with the adjudication of the runaway(s) to one of the parties (*ITT* 5, 6707 = *NSGU* 123 [Ĝi]; *SNAT* 333 [Um]), with an oath by the runaway not to do it again (*TCL* 2, 5481 [PD]), with the threat of a severe punishment in case of a second escape (*NRVN* 1, 1 [Ni]), or with the punishment itself (*JNES* 63, 3 [Um]).

The compensation for the return of a runaway slave is dealt with in § 16′ of the *LUN*, where it is stated that the owner would pay 2 shekels of silver to the person who returned the slave. This type of situation and compensation is the subject of two lawsuits that are difficult to interpret (*Fs. Sigrist*, p. 127 no. 1; *Fs. Sigrist*, p. 131 no. 4b). The latter (¶28) seems to establish a compensation of 10 shekels of silver for the man who found the slave far away, in the land of Anšan. The high amount of silver could be related to the long distance to Anšan,[52] although Wilcke also suggests the possibility of a compensation for the absence of a slave who was supposed to have served as a lancer.[53]

> (¶28) Lugal-urani, and Ur-Nungal, are sons of Lu-Nanna, slave of Ūta. Ūta appointed (Lu-Nanna) for lancer service (and) freed (his sons). Ūta died (and) the slave escaped. (It was believed that) [the slav]e died at Anšan, where he had escaped, (but) it was the case that Gudea, son of Gududu, saw him there; Gudea took the oath (to confirm this). Lalu, son of Ūta, was made to pay (Gudea?) 10 shekels of silver (and) to appoint (the slave) for lancer service.
> [*Fs. Sigrist*, p. 131 no. 4 rev. 1–10. Umma]

A number of other disputes concerned the ownership of chattel slaves, but little or nothing is known about the reasons for the litigation, while it is often difficult to identify the parties. Several among these cases are concisely recorded in summaries of legal texts and were usually settled by awarding the slave(s) to one of the parties.[54] Other texts recording contestations of the slave's status are discussed below under section 2.5.1.

2.2.1.2 Real estate

As expected for the Ur III period, disputes concerning sales of real estate, which are also numerous, do not deal with agricultural land, but with orchards, houses or warehouses.[55] As far as sales are concerned, the *LUN* only sets the prices for the

52 Molina 2008, 132; Reid 2015, 584–587.

53 Wilcke 2014, 504–505.

54 *AOAT* 25, 435 no. 1b (Ĝi); *AOAT* 25, 437 no. 2d, e? (Ĝi); *ITT* 2, 752 = *NSGU* 177a (Ĝi); *ITT* 2, 923 = *NSGU* 207e (Ĝi); *ITT* 2, 928 = *NSGU* 87 (Ĝi); *ITT* 2, 1034 = *NSGU* 57 (Ĝi); *ITT* 2, 2802 = *NSGU* 175b (Ĝi); *ITT* 2, 4159 = *NSGU* 174a (Ĝi); *ITT* 3, 5246+ = *NSGU* 82 (Ĝi); *ITT* 3, 6437 = *NSGU* 182b (Ĝi); *ITT* 3, 6529 = *NSGU* 58 (Ĝi); *ITT* 3, 6537 = *NSGU* 199b (Ĝi); *ITT* 3, 6541+ = *NSGU* 67 (Ĝi); *ITT* 3, 6548 = *NSGU* 64 (Ĝi); *ITT* 3, 6557 = *NSGU* 206d (Ĝi); *ITT* 3, 6601 = *NSGU* 96 (Ĝi); *ITT* 5, 6841 = *NSGU* 93 (Ĝi); *NSGU* 89 (Ĝi); *TUT* 164-14 = *NSGU* 208a (Ĝi); *ZA* 53, 54 no. 2 (Ĝi); *ZA* 53, 63 no. 7a (Ĝi); *ZA* 53, 90 no. 26 (Ni); *AnOr.* 12, 102 no. 2 = *NSGU* 60 // *Fs. Sigrist*, p. 131 no. 4a (Um).

55 *Fs. Pettinato*, p. 182 no. 1a (Ĝi); *Fs. Pettinato*, p. 183 no. 3 (Ĝi); *ITT* 2, 920 = *NSGU* 106 (Ĝi); *ITT* 2, 929 = *NSGU* 107 (Ĝi); *ITT* 2, 963 = *NSGU* 194b (Ĝi); *ITT* 2, 3542 = *NSGU* 170b (Ĝi); *ITT* 3, 5262+ =

purchase of a house and an empty plot of land (§f2, §f3), for amounts that cannot be verified in sale documents.[56] The legal texts translated below record a case concerning the ownership of a house plot, which was settled after the buyer's statement and his brother's oath (¶29), a dispute concerning the ownership of a palm grove, which was settled after the testimony of a witness (¶30), and a judgement on a claim for the ownership of a store, which was brought under three successive governors (¶31).

(¶29) Lugal-gigir, son of Lugal-magure, confirmed that he bought 4 *sar* of the house-plot of Eli from the son of Eli. *Oath. Commissioner.*
[*Fs. Owen*, p. 208 no. 5. Umma]

(¶30) Ayakala, son of Umani, bought from Adda, son of Lugal-šuba, 77 *sar* of a palm grove for the price of ⁵⁄₆ *mana* of silver. Adda swore for Ayakala, by the name of the king, (not to contest?). The seal of Adda was rolled. It was with the authorization of Umani, the elder brother of Adda, that Ayakala bought this orchard. This was confirmed by the statement of Umani. Later on, two months? …, Dadugu, son of Lugal-šuba, raised a claim against Ayakala. Ayakala had a man come forward (as witness) from the orchard. It became the orchard of Ayakala. *Governor and bystanders. Date* (AS 7 / xii).
[*Fs. Owen*, p. 206 no. 4. Umma]

(¶31) [Case closed. (Ursaga) declared: "A store (for the price of …) from] Uludi I bought"; Ur-saga could not bring the sealed tablet for the purchase of the store; (the store) was given to the heirs of Uludi: Sada was the commissioner (in the first process), (and it was) a concluded case of Nanna-zišaĝal, the governor.
Ursaga went back on the process, (but) in the case of the store he was defeated, (and the store) was confirmed to the heirs of Uludi. Sada was the commissioner (in the second process), (and it was) a concluded case of Šarakam, the governor.
The estate of the store …., in which Ur-saga had planted an orchard, Lu-TUG-MAH, the son of Ure-badu, from the heirs of the son of Uludi, has bought.

NSGU 108 (Ĝi); *ITT* 3, 5656 = *NSGU* 180a (Ĝi); *ITT* 3, 6567 = *NSGU* 105 (Ĝi); *ITT* 3, 6571 = *NSGU* 98 (Ĝi); *ITT* 3, 6580 = *NSGU* 179 (Ĝi); *ITT* 5, 6844 = *NSGU* 104 (Ĝi); *ITT* 5, 6846 = *NSGU* 198a (Ĝi); *NSGU* 109 (Ĝi); *RTC* 293 = *NSGU* 197a (Ĝi); *ZA* 53, 63 no. 7b (Ĝi); *NRVN* 1, 3 (Ni); *Fs. Owen*, p. 205 no. 3 (Um); *Fs. Owen*, p. 206 no. 4 (Um); *Fs. Owen*, p. 208 no. 5 (Um); *SNAT* 334 (Um). Other disputes relating to the ownership of immovable property, the background to which is sometimes unclear, are recorded in *Fs. Greenfield*, p. 616 no. 5 (Ĝi); *ITT* 3, 5626 = *NSGU* 139 (Ĝi); *ITT* 3, 6523 = *NSGU* 181a (Ĝi); *ITT* 3, 6537 = *NSGU* 199b (Ĝi); *ITT* 3, 6544 = *NSGU* 178a (Ĝi); *ITT* 3, 6580 = *NSGU* 179b (Ĝi); *ITT* 5, 6724+ = *NSGU* 101 (Ĝi); *TUT* 164-14 = *NSGU* 208f (Ĝi); *L'uomo* 45 (Um?). See Falkenstein 1956/1, 137–138.

56 In law §f2, the tarif for hiring 1 *sar* of a building is not preserved. For §f3 (1 *sar* of an empty lot = 1 shekel), cf. e.g. *FAOS* 17, 95 (1 *sar* and 10 *gin* of an empty house-lot = 2⅔ shekels, Um); *JCS* SS 5, 140 (4½ *sar* of an empty lot = 1 shekel, Aradĝu archive); *JCS* SS 5, 144 (5 *sar* of an empty lot = ½ shekel, Aradĝu archive).

Ur-Ba'u, the son of Ursaga, against Lu-TUGMAH has raised a claim, (but) Ur-Ba'u was defeated in the process.
[Award of the estate to Lu-TUGMAH. *Commissioner. Judges*]. *Date* (ŠS 1 or 2).
[*Fs. Pettinato*, p. 183 no. 3. Ĝirsu]

2.2.1.3 Animals

Disputes on sales of animals, in most cases recorded in summaries of legal cases (e.g. ¶32), are well known in Ur III legal practice and were usually settled with the adjudication of the animal(s) to one of the parties.[57]

> (¶32) 1 ox (was taken) from Allaĝu (and) assigned to Lu-melam. That 3 *gur* of barley (and) 1 shekel of silver (as partial payment on) the purchase price of the ox was received by Allaĝu from Lumelam, Lu-melam has sworn. Issarik has sworn that he (Lu-melam) has declared that he will pay the purchase price of the ox in full. The ox (was taken) from Allaĝu (and) a[ssigned] to Lu-melam. [*Commissioner*].
> [*ITT* 5, 6847 obv. 10–rev. 7 = *NSGU* 185b. Ĝirsu]

2.2.2 Loans

Laws §d9, §d10 and §d11 set the interest to be received on loans of beer, barley and silver, calculated on a one-year basis.[58] The interest rates are not preserved in either case, but for barley and silver loans they can be restored from the *Laws of Hammurabi* (§ 70 L) and the *Laws of Ešnunna* (§ 18A), which however do not state the period to which they refer. The rates correspond to the most common ones applied for centuries, i.e. 20 % for silver and 33.3 % for barley, which are well attested in the numerous loan contracts between individuals dated to the Ur III period.[59] These contracts attest to exceptions to these rates, but the legitimacy of the rate applied was never the subject of litigation. Rather, the purpose of the disputes or other witnessed agreements was generally to deny a debt (¶33), to confirm it (¶34), to demand additional personal pledges, e.g. slaves or members of the debtor's family (¶35), to establish penalties for late payment (¶36), or to designate a person responsible for the debt in the event of the debtor's death (¶37).[60]

57 *ITT* 2, 963 = *NSGU* 194c (Ĝi); *ITT* 2, 1008 = *NSGU* 146? (Ĝi); *ITT* 3, 6543+ = *NSGU* 211d (Ĝi); *ITT* 3, 6598 = *NSGU* 187b (Ĝi); *ITT* 5, 6840 = *NSGU* 136 (Ĝi); *ITT* 5, 6847 = *NSGU* 185b (Ĝi). Other disputes that concern the ownership of animals, the background to which is not stated, are *Fs. Veenhof*, p. 319 no. 7 (Ĝi); *ITT* 2, 923 = *NSGU* 207b (Ĝi); *BPOA* 1, 1285 (Um).

58 See Wilcke 2014, 513–514.

59 Falkenstein 1956/1, 119–120; Lutzmann 1976; Steinkeller 2002; Neumann 2003, 81; Garfinkle 2004; Garfinkle 2012, 42–65; Notizia 2021.

60 Legal texts related to issues of credit are *ITT* 3, 5286 = *NSGU* 205d (Ĝi); *ITT* 3, 5664 = *NSGU* 42 (Ĝi); *ITT* 3, 6531 = *NSGU* 140 (Ĝi); *ITT* 3, 6532 = *NSGU* 117 (Ĝi); *ITT* 3, 6547 = *NSGU* 118 (Ĝi); *ITT* 3, 6565 = *NSGU* 188b (Ĝi); *ITT* 3, 6585 = *NSGU* 119 (Ĝi); *ITT* 3, 6592 = *NSGU* 141 (Ĝi); *ITT* 5, 6754 = *NSGU* 183b (Ĝi); *ITT* 5, 6831 = *NSGU* 147 (Ĝi); *ITT* 5, 6834 = *NSGU* 142 (Ĝi); *JCS* 12, 106 = *MVN* 2, 1 (Ĝi); *RIAA* 193 = *TSDU* 14 (Ĝi); *ZA* 53, 89 no. 25 (Ĝi); *Gs. Finkelstein*, p. 159 (Ni); *NATN*

(¶33) Ursagaĝu the merchant swore by the name of the king that no sealed document of Basaga is at his place, that he (Basaga) does not owe him anything. *Witnesses. Date* (AS 1). In the house of Ki'aĝ the judge.
[*BCT* 2, 156. Umma]

(¶34) 23 *gur* and 120 *sila* of barley, from Nani, Niĝir-saĝkeš has received. It is to be repaid. He will not initiate a legal action. He (Niĝir-saĝkeš) has sworn by the name of the king that he will not raise a claim, that he will not speak to the grand vizier, that if he initiates a legal action, it will be a crime. *Date* (IS 3 / vii).
[*JCS* 12, 106 = *MVN* 2, 1. Ĝirsu]

(¶35) Case closed. Because Nammah, son of Ur-gigir, had a credit of 1 ⅔ *mana* (and) ½ shekel of silver with Ursaga, the overseer, he (Ursaga) put for him [...]-saga, the slave, (and) his son(s) (and) daughter(s) (as a pledge). [...] *(ca. 9 lines lost)* was assigned to him. *Commissioner.* Case closed of the seven king's judges. In Nippur. *Date* (ŠS 1).
[*ITT* 3, 6532 = *NSGU* 117. Ĝirsu]

(¶36) Ur-Nuska said to Šakuge, "Give me my silver". Šakuge said to Ur-Nuska, "After prison has 'destroyed (ḫul) (me)' in the month i, I will pay you your silver and its interest, 40 shekels. If I do not pay it to you, I will pay 80 shekels of silver", he declared. He swore in the name of the king.
Witnesses. Date (ŠS 6 / [...] / 18).
[*NRVN* 1, 49. Nippur]

(¶37) [Ur-dubše]n had a credit of [*n*] ⅓ shekels of silver with Bibi, son of Ur-[...]. Ur-dubšen brought the tablet of Bibi before the judges. Bibi died. Because he had no heirs, Lu-Ninšubur, brother of Bibi, [took possession] of ⅔ *sar* (and) 5 ½ *gin* of the house plot of Bibi. From the property of Bibi, [Lu-Ninšubur was committed to repay the silver] to Ur-dubšen. [*Commissioner*]. (...) *Date* (ŠS 2).
[*ITT* 5, 6754 obv. 6'–rev. 9' = *NSGU* 183b. Ĝirsu]

Failure to pay a loan could lead to being declared a criminal (¶38), to execution (¶39)[61] or to forced service in favour of the creditor (¶40).

---

493 (Ni); *NATN* 635 (Ni); *NRVN* 1, 2 (Ni); *NRVN* 1, 4 (Ni); *NRVN* 1, 49 (Ni); *AAS* 78 (Um); *AnOr.* 12, 104 no. 6 (Um); *BCT* 2, 156 (Um); *Fs. Owen*, p. 201 no. 1 (Um); *Fs. Pomponio*, p. 164, no. 5 (Um); *RA* 57, 95 no. 6 = *MVN* 11, 162 (Um); *TCL* 5, 6170 = *NSGU* 144 (Um); *YOS* 4, 29 (Um). Other legal texts that may relate to issues of credit are *AOAT* 25, 437 no. 2a (Ĝi); *ITT* 2, 923 = *NSGU* 207d (Ĝi); *ITT* 2, 936 = *NSGU* 184 (Ĝi); *ITT* 2, 2775 = *NSGU* 196 (Ĝi); *ITT* 3, 6437 = *NSGU* 182 (Ĝi); *ITT* 5, 6847 = *NSGU* 185a (Ĝi); *TUT* 164-14 = *NSGU* 208b (Ĝi); *ZA* 53, 68 no. 9 (Ĝi); *RA* 11, 27 = *AAICAB* 1/4, M.d.S. 2 (Um); *AUCT* 2, 138 (u.p.).

61 See also *MVN* 16, 1243 (Wilcke 2015b, 22 n. 33).

(¶38) Until after the harvest. (Concerning) his shortfall, Aḫi-ṭāb has declared: "I will repay it". He swore by the name of the king. If he does not repay it, it is a crime. *Witnesses. Date* (Š 45 or AS 2).
[*AUCT* 2, 138. Prov. uncertain]

(¶39) [*n*] *gur* of barley, from Balaya, Abī-atī has received. It has to be returned by the 30th day of month vii. If he does not repay it to him, he has to be executed. He has sworn by the name of the king. *Witnesses. Date* (IS 2). It is to be repaid in Nippur.
[*Gs. Finkelstein*, p. 159. Nippur]

(¶40) Ur-Dumuzida gave Handu 5 *gur* of barley as a loan. Because he could not repay the barley, Handu transferred Nin-urani to him (Ur-Dumuzida). *Witnesses.* From among them Ur-Dumuzida will take the corresponding oath and then he will take her (Nin-urani) with him. Case closed of citizens of Umma. *Date* (AS 2 / xii).
[*Fs. Pomponio*, p. 164, no. 5. Umma]

2.2.3 Pledges and suretyship

Security instruments are not dealt with in the *LUN*, but are mentioned in judicial processes and other witnessed or public arrangements, particularly personal pledges and suretyship.[62] With them the obligor put someone or himself at the disposal of the obligee in order to guarantee the fulfilment of a commitment or an obligation. They could relate to the repayment of debts (¶35, above),[63] the prevention of absconding from the obligor's service (¶41),[64] cases of theft or loss (¶42),[65] or other cases of uncertain background.[66]

(¶41) Puka, who was the slave of Alala, appeared before Alala. "By the name of the king, on the day that I run away, that will be a crime", he declared. Zanmeni, his mother, and Geme-Suen, his sister, became pledges (for him) that he will not run away. *Witnesses. Date* (ŠS 5 / xii).
[*BE* 3/1, 1. Nippur]

62 Falkenstein 1956/1, 116–119; Sauren 1970; Lafont/Westbrook 2003, 215–217; Neumann 2003, 80; Neumann 2005. For antichretic pledges involving the transfer of land or individuals, see Steinkeller 2001. For guarantors in loan and sale transactions, see Steinkeller 1989, 80–92.

63 *ITT* 3, 6532 = *NSGU* 117 (Ĝi); *ITT* 3, 6563 = *NSGU* 195a (Ĝi); *ITT* 3, 6607 = *NSGU* 116 (Ĝi); *Nisaba* 13, 63 (Ĝi); *RTC* 293 = *NSGU* 197 (Ĝi); *NRVN* 1, 58 (Ni); *NRVN* 1, 59 (Ni); *TSDU* 12 (Ni).

64 *AAS* 195 (Ĝi); *ITT* 4, 7449 = *MVN* 6, 428 (Ĝi); *ZA* 55, 68 (Ĝi); *BE* 3/1, 1 (Ni); *BE* 3/1, 4 (Ni); *NRVN* 1, 227 (Ni).

65 *ITT* 3, 6225 (Ĝi); *TCL* 5, 6168 = *NSGU* 202 (Ĝi); *ZA* 53, 73 no. 14 (Ĝi); *BPOA* 1, 878 (Um); *UET* 3, 25 (Ur).

66 BM 95184 (unpubl., (Ĝi); *ITT* 2, 2643 (Ĝi); *ITT* 4, 8134 = *MVN* 7, 526 (Ĝi); *NFT* p. 185 AO 4344 (Ĝi); *SNAT* 192 (Ĝi); *SNAT* 193 (Ĝi); *SNAT* 211 (Ĝi); *NRVN* 1, 60 (Ni); BM 110793 (unpubl., Um); BM 111045 (unpubl., Um); *MVN* 14, 227 (Um); *UET* 3, 22 (Ur); *BCT* 1, 139 (u.p.).

(¶42) For Ur-Šulpa'e, the herdsman, Ur-Nanše became his pledge. For Niĝ-Ba'u, the merchant, Dugazida, the temple administrator, became his pledge. They (debtors) are the ones who stole the ox(en) of Lu-dingira.
[*ITT* 3, 6225. Ĝirsu]

2.2.4 Gifts

A gift was a form of property transfer that gave rise to numerous legal claims.[67] The litigation surrounding such gifts, which were usually slaves or real estate, is well documented and significantly affected women, who had to defend their property rights to the gifts made by their father (¶43) or their husband (¶44) after their death, or even their right to pass them on to their sons or daughters (¶45). There were, of course, several other possible combinations of litigants and different kinds of donor. In addition to law § 15 (see below, section 2.3.1), the *LUN* also addresses gifts in law §b8, which focuses on the husband's rights to his wife's gifts after her death, a legal scenario that is not documented in the Ur III corpus of legal practice.

(¶43) Case closed. Geme-Iškur, a slave woman: Lu-Dumuzi, the mason, gave her as a gift, ten years ago, to his daughter Nintur-abba. Under the authority of Arad-Nanna, grand vizier (and) governor, Lu-Inanna went back on this. That the slave woman was a gift, before the judges, Lu-Inanna has verbally confirmed. The slave woman was assigned to Nintur-abba. *Commissioner. Judges. Date* (ŠS 4).
[*ITT* 2, 932 = *NSGU* 88. Ĝirsu]

(¶44) Dugudaga initiated a legal action against Gemegu, his mother. One milk-producing cow, whose name is Geme-Guedena; one male slave, whose name is Šuna; one female slave, whose name is Matu: "My husband gave them to me!", Gemegu declared. *Witnesses*. From among them Ur-e'ana will take the corresponding oath, and then Gemegu will recover the cattle and slaves. *Bystanders*.
[*Fs. Owen*, p. 213 no. 9. Umma]

(¶45) Case closed. 1 5/6 *sar* of an empty? house plot: Lu-Ba'u, son of Zittī-ilī, the *guda*-priest, gave to Gagaya, his wife, 20 years ago. Gagaya, wife of Lu-

67 *AOAT* 25, 435 no. 1 (Ĝi); *Fs. Pettinato*, p. 184 no. 5 (Ĝi); *ITT* 2, 932 = *NSGU* 88 (Ĝi); *ITT* 2, 3514 = *NSGU* 171 (Ĝi); *ITT* 2, 3529 = *NSGU* 103 (Ĝi); *ITT* 2, 4191 = *NSGU* 13 (Ĝi); *ITT* 3, 6447 = *NSGU* 11 (Ĝi); *ITT* 3, 6512 = *NSGU* 134 (Ĝi); *ITT* 3, 6533 = *NSGU* 10 (Ĝi); *ITT* 3, 6539 = *NSGU* 84 (Ĝi); *ITT* 3, 6557 = *NSGU* 206a (Ĝi); *ITT* 3, 6563 = *NSGU* 195b (Ĝi); *ITT* 3, 6566 = *NSGU* 102 (Ĝi); *ITT* 3, 6571 = *NSGU* 98 (Ĝi); *ITT* 3, 6573 = *NSGU* 31 (Ĝi); *ITT* 3, 6594 = *NSGU* 173b (Ĝi); *ITT* 5, 6828 = *NSGU* 91 (Ĝi); *ZA* 53, 56 no. 5b (Ĝi); *ZA* 53, 93 (Ĝi); *TMH* NF 1–2, 258 (Ni); *Fs. Owen*, p. 213 no. 9 (Um); *MCS* 2, 75 BM 105377 (Um); *SNAT* 374 (Um); *TCL* 5, 6047 = *NSGU* 214 = *Fs. Krecher*, p. 400 no. 1 rev. i 6–11 // *Fs. Krecher*, p. 405 no. 2 (Um); *UET* 3, 24+ (Ur). For the various types of gifts and the related terminology, see Falkenstein 1956/1, 128–129; Neumann/Paulus 2009–2011; Civil 2011, 270–271; further bibliography in Wilcke 2014, 557 n. 263.

Ba'u, before the judges, [gave it to] Geme-[...], her da[ughter]. [*Commissioner*]. *Judges. Date lost.*
[*ITT* 3, 6533 = *NSGU* 10. Ĝirsu]

2.2.5 Lease, rental, services and wages

2.2.5.1 Lease and rental

Law §42′ sets a fee of 2 shekels of silver per *bur* (c. 6.35 ha.) for the lease of an irrigated field, [x] plus one-third of the yield as rent paid in barley, a common landlord's share;[68] §d12 is a law of related content, but not well preserved. Law §43′ could, according to Wilcke's interpetation, set the annual wage of a ploughman at 1[?] shekel, apparently lower than others recorded in Ur III texts.[69] The rental of plough cattle is set out in law §b1, while the rental of a house is fixed by law §f4, with tariffs that are not the subject of dispute in legal practice.

Laws §c8 and §c9 set the rates for renting a boat. Law §c8 sets a payment of 10 *sila* per day for the winter season, for a standard boat of sixty *gur*.[70] Law §c9 calculates the fee according to the length of the trip, setting an average price of 1 *sila* per *tena/dana* (10.4 km) and *gur* of capacity. Rental fees for hired boats are widely attested in Ur III administrative texts, where they were usually calculated on a daily basis and take into account the size of the boat, but rarely consider the season of the year.[71] The rent for a boat of sixty *gur* of capacity was frequently of 15, 16 or 20 *sila* of barley per day.[72] These payments most probably included the cost of one sailor, which ranged between 8 and 10 *sila* per day (*NATN* 385 [Ni]; *CUSAS* 3, 561 [Ga]); in some cases, this is explicitly stated with the expression u$_3$ ma$_2$-laḫ$_5$-bi "and the sailor (of the boat)".[73] This would result in a rental fee similar to the one

68 The interpretation of this law follows Wilcke 2014, 550. On the variable rates of silver (mostly between 1 and 2 shekels per *bur*) that the tenant of a field paid to the government as irrigation tax, and the landlord's share of the yield (half or a third), see Maekawa 1977; Maekawa 1986; Steinkeller 1981; Neumann 2003–2005; Borrelli 2013, 28–30.

69 Wilcke 2014, 551 n. 237.

70 In §c8, en-te-na is interpreted by Civil (2011, 275) as an unorthographic writing for e$_2$ dan-na "boat station", while Wilcke (2014, 560 n. 282) prefers to relate it to en-te-en "winter". Here, and for addir$_{(x)}$ "fee", we follow Wilcke's interpretation (2014, 519–520).

71 There are only a few exceptions to this: *SAT* 3, 1766 (8.0.0 še gur, a$_2$ ma$_2$ ḫuĝ-ĝa$_2$ ma$_2$ buru$_{14}$), and *MVN* 18, 515 (¶46, below). The text records the cost of renting a 20 *gur* boat for the summer and winter seasons (ma$_2$ a$_2$ buru$_{14}$ a$_2$[!] en-te-bi), which is 18 *gur* of barley; if the winter and summer seasons cover the entire year here, the average daily rate would be 15 *sila*.

72 15 *sila*: e.g. *AnOr.* 1, 290 (Um), *BPOA* 1, 534 (Um), *BPOA* 6, 993 (Um), *BPOA* 7, 2615 (Um), *CUSAS* 39, 56 (Um). 16 *sila*: e.g. *AAICAB* 1/4, Bod. S 469 (Um); *AnOr.* 1, 53 (Um); *MVN* 16, 1011 (Um); *UTI* 6, 3518 (Um). 20 *sila*: e.g. *MVN* 14, 158 (Um); *MVN* 14, 232 (Um); *MVN* 16, 868 (Um); *OrSP* 47–49, 252 (Um); *RA* 25, 22 AF 2 (Um); *VicOr.* 8/1, 23 (Um). Lower or higher rates are also attested, but more rarely: *UTI* 5, 3410 (Um, 50 *sila*); *BIN* 5, 275 (Um, 50 *sila*); *BDTNS* 170672 (Um, 37 *sila*); *BDTNS* 172910: 6 (Um, 30 *sila*); *RA* 25, 20 AF 1 obv. i 17–20 (Um, 30 *sila*); *BDTNS* 168034 (Um, 13 *sila*): *BPOA* 1, 534 obv. 5 (Um, 8 *sila*).

73 *RA* 25, 20 AF 1 ii 25–28 (Um; 6 ma$_2$ 60.0.0 gur, u$_3$ ma$_2$-laḫ$_5$-bi, a$_2$ u$_4$ 1-bi 0.2.0-ta, u$_4$ 16-še$_3$, še-bi 6.2.0 gur = each boat 20 *sila* per day). Similarly, BM 111055 (unpubl., Um: 1 ma$_2$ 60.0.0 gur a$_2$ ma$_2$-laḫ$_5$-bi 0.0.1 5 sila$_3$-ta); BM 111098 (unpubl., Um: 1 ma$_2$ 60.0.0 gur u$_3$

set in law §c8. Fees calculated on the basis of the length of the trip are rare, but can be found in a few Ur III texts with the same rate as specified in §c9.[74]

Legal disputes regarding boat hire are rare and concern the loss and the rental cost of a boat of 20 *gur* of capacity (¶46), and the wreckage of a boat (¶47).

> (¶46) 1 boat of 20 *gur* (of capacity) that belongs to Zuluḫu. It was the case that he sailed it into Da-ura. [Ḫuwa]w[a, ma]n? of Zuluḫu, took it away. He (Zuluḫu) declared: "He lost my boat". Dadani, the mayor (of Da-ura), said to him: "Ḫuwawa … did not lose your boat". Dadani, the mayor, [said?] to him: "It was Simat-Adad who hired your boat. Its sailor gave it to me. … will enter it". […] *(c. 6-8 lines lost).* That […] came out, that […-Š]ara was not the sailor, on this [Zuluḫ]u? will take the oath. The rental of the boat for the summer and winter seasons is 18 *gur*; the bitumen (of the boat) is 10 *gur*; the price of the po[le? is …]. Simat-Adad will re[pay]? it. *Bystanders. Date* (AS 7 / xii).
> [*MVN* 18, 515. Umma]

> (¶47) Atu gave a boat on hire to Ata. Lu-duga was the guarantor of this (transaction). Halaya (and) Dayaga were the witnesses of the hired boat. This boat sank. The wreck of this boat was handed over to Atu. Atu said to Ata: "I did not give you the boat (on hire)". It was confirmed that Atu gave the boat (on hire). Ata and Lu-duga will have to take the oath. *Bystanders. Date* (ŠS 4 / ix)
> [*AnOr.* 12, 101 no. 1 = *NSGU* 62. Umma]

2.2.5.2 Services and wages

Remunerations are not the object of litigation in the legal practice texts so far preserved, but they are fixed for an extensive variety of services and workers in the *LUN*. Wages for artisans and other workers set by law §d1b, and for weavers by laws §d7a and §d7b, are determined on a seasonal basis. As Civil points out,[75] the distinction of wages for the winter (en-te-en) and the summer (buru14 "harvest time") seasons can be found in a few labels for tablet-baskets, where balanced-accounts were kept.[76] It is more rarely recorded in actual balanced-accounts or in

ma2-laḫ5-bi, a2 u4 1-bi 0.0.1 5 sila3-ta), and *UTI* 5, 3416 (Um), *CUSAS* 3, 233 (GA), 413 (GA), 414 (GA) and 462 (GA) for boats of different capacities. Texts in which the costs of wages and the rental fees for the boat were given separately are rare (Civil 2011, 276 n. 117): e.g. *NATN* 385 (Ni) and *CUSAS* 3, 561 (GA).

74 *OrAnt.* 16, 292 no. 5 = *JCS* 52, 14 no. 61 (Um): 1 ma2 20.0.0 gur da-na 1.0.0 gur 1 sila3-ta, kaskal-bi da-na 14-am3, še-bi 0.4.4 "One boat of 20 *gur* of capacity, (its rate for each) *dana* is 1 *sila* (of barley) per each *gur* (of capacity), its trip is 14 *dana* (151 km), its barley is 280 *sila*". Similarly, *AUCT* 2, 307 (PD), *CUSAS* 3, 561 (GA), *MVN* 14, 246 (Um), *UTI* 6, 3758 (Um) and *DCEPHE* 298 (u.p.). See Steinkeller 2010, 377–378; Civil 2011, 276; Wilcke 2014, 561 n. 289.

75 Civil 2011, 277.

76 niĝ2-ka9-aka a2 en-te a2 buru14: *ITT* 3, 6037 (Ĝi); *ITT* 3, 6047 (Ĝi); *MTBM* 248 (Ĝi); *MTBM* 251 (Ĝi).

other administrative records,[77] and in these cases the amount of wages cannot be inferred. It is nevertheless worth noting the fragmentary court record *SNAT* 321, which in its first lines records the repayment of salaries differentiated by the winter and summer seasons. If my understanding of this text is correct,[78] the winter pay here (50 *sila* of barley/month) is two-thirds of the summer pay (75 *sila* of barley/month), a ratio that corresponds to the rates found in the *LUN* (§d1b, §d7a).

> (¶48) It is 6 m[ont]hs, wages for the summer season of two years: the corresponding silver is 1½ shekels (= 450 *sila* of barley). It is 12 [months], wages for the winter season: the corresponding silver is 2 shekels (= 600 *sila* of barley). […] will repay. (…). *Bystanders*. Case closed of citizens of Umma. *Date* (AS2).
> [*SNAT* 321 obv. 1–5, 10–12. Umma]

The daily wage for artisans, as stipulated in law §d1b, was 30 *sila* of barley for the summer season and 20 *sila* for the winter season, which meant that they would receive 900 *sila* or 600 *sila*, respectively, if they were to work for the entire month. This amount is apparently inconsistent with administrative texts, which indicate that the most common remuneration for artisans was 60 *sila* per month,[79] but instances of wages much higher are not uncommon.[80]

Law §d1c sets payments to potters according to the pieces produced, a variable rarely used in Ur III administrative texts.[81]

Laws §d2c, §d3, §d4, §d5 and §d6 set different remunerations for physicians depending on the service provided, while law §e2 fixes fees for midwives and nurses. To the best of my knowledge, the remunerations for these services cannot be traced in Ur III administrative texts.

Law §d7a establishes standard wages of 30 *sila* for weavers working during the summer season, and 20 *sila* for the winter season. Laws §d7b, §d8a and §d8b fix the monthly remuneration of weavers between 10 and 20 *sila* for certain types

---

77 *TCTI* 1, 621 (Ĝi); *TCTI* 1, 742 (Ĝi); *BPOA* 7, 2116 (Um); *Nisaba* 24, 36 obv. iii 9 (Um); *SAT* 2, 450 (Um); *UET* 3, 1359 (Ur); *UET* 3, 1407 (Ur).

78 The first sign of line 1 must be read i[t]i (not [guru]š), collated in 2007. Different intepretations are given by Civil 2011, 277 and Englund 2012, 142.

79 In view of this, Wilcke prefers to interpret the first line (Source X viii 2) of this law as šitim-ma á ⌜iti!⌝-1-a-ni 0.0.3 "Eines Maurers monatlicher! Lohn ist 3 Seah (30 Liter)" (2014, 562), and points out that "das Photo zeigt eine Beschädigung; eine mögliche Innenzeichnung ist nicht erkennbar." Note, however, that a photograph now available in CDLI P250820 confirms the reading šitim-ma á u4-1-a-ni 0.0.3, and allows ITI to be ruled out (I am grateful to Palmiro Notizia for bringing this to my attention).

80 Waetzoldt 1987, 121–123.

81 One exception is the price of an oven (ⁱᵐtu-ru-na), set as 5 *sila* by §d1c and also recorded in *Babyloniaca* 8, pl. 3 Pupil 6 (Civil 2011, 278). Likewise, *BCT* 1, 134 records the price of 30 kur-KU.DU3 vessels: 30 ᵈᵘᵍkur-KU.DU3 ku3-bi 10 ½ gin2, i.e. 63 grains of silver per vessel. Unless 10 ½ gin2 is an error for 1 ½ gin2, this price is ten times higher than the price of 10 *sila* set in §d1c (considering 1 shekel of silver = 300 *sila*).

of work that are not entirely clear.[82] Apart from the fact that, as noted above, the accounting records did not use the seasonal variable to allocate remuneration, the amounts provided for in the *LUN* are somewhat lower than those documented for weavers in Ĝirsu texts. The most common monthly remunerations recorded in these documents were 40 and 30 *sila*,[83] although it should be noted that there was a great deal of variation, depending on a number of factors such as their managerial role, age, number of children, time spent at work or the quality of the product.

2.2.6 Commercial agreements

Commercial agreements are not mentioned in the *LUN* and are rarely documented in legal texts. It is worth mentioning a dispute (*NATN* 511) between two merchants from Nippur, who undertook an unsuccessful venture to export sesame oil to Zimudar, a place in the Diyala region,[84] and a contract on a loan of silver to a merchant for a commercial venture (*NATN* 322+334).

2.3 Family law

Family law is well represented in legal practice texts by more than 50 court records, and by eight laws in the *LUN*.[85] These laws address issues such as divorce (§ 9, § 10, § 11, §b7), a special case of breach of marriage contract (§ 15), adultery (§ 7), the marriage of a man to his elder brother's widow (§e5), and the marriage of a slave to his mistress (§e6). In the latter three cases, the law provides for the death penalty. For marriage gifts, see section 2.2.4 above.

2.3.1 Marriage

Nearly half of the legal texts on family matters deal with marriage agreements at any of their different stages. Marriages were initiated by an oral contract between the families, of which some terse written testimonies remain (¶49),[86] probably because they had been challenged in some way. Disputes over betrothal contracts were actually recorded in some cases,[87] and often led to the recognition of the prevalence of one contract over another and, in certain circumstances, to the imposition of a fine. This was the case of text ¶50, in which the groom's father had reached an agreement for the marriage of his son, but he married another woman. A similar offence was foreseen in law § 15, which provided for the payment of twice the bride's gifts in case of non-fulfilment of the contract by the bride's

82 See Civil 2011, 279–280; Wilcke 2014, 520–522, 565.
83 See Maekawa 1980, 101–113; Waetzoldt 1988.
84 See Steinkeller 2004, 104; Garfinkle 2012, 241.
85 On this topic, see Falkenstein 1956/1, 98–111; Wilcke 1985; Neumann 1987; Neumann 2003, 77–79; Lafont/Westbrook 2003, 200–205; Stol 2016, 60–253.
86 *ITT* 3, 6432 = *NSGU* 16 (Ĝi); *ITT* 3, 6523 = *NSGU* 181b (Ĝi); *BE* 3/1, 8 (Ni); *CST* 882 (Um); *Fs. Owen*, p. 214 no. 10 (Um).
87 *ITT* 2, 960+ = *NSGU* 18 (Ĝi); *ITT* 2, 3516 = *NSGU* 166a (Ĝi); *ITT* 3, 6444 = *NSGU* 15 (Ĝi); *ITT* 3, 6557 = *NSGU* 206c; *ITT* 3, 6610 = *NSGU* 19 (Ĝi); *NSGU* 14 (Ĝi); *NSGU* 17 (Ĝi).

father. However, the fine imposed on the father of the groom in text ¶50 seems to have been calculated on a different basis: it amounted to 1 *mana* of silver, the same amount that was to be paid by the husband in the case of divorce according to law § 9.

> (¶49) Case closed. Šeškala, the son of Anana, the gardener, has appeared (and) declared: "By the name of the king, I wish to marry Nin-abbana, daughter of Urĝar". On this $PN_{1\text{-}4}$ swore. And it was at the call of Anana, (his) father, that Šeškala married Nin-abbana. [... *Commissio*]*ner ... (rest lost).*
> [*ITT* 3, 6432 = *NSGU* 16. Ĝirsu]

> (¶50) Case closed. Niĝurum, son of Ur-Numušda, has appeared (and) declared: "By the the name of the king, my heir Ur-Igalim wishes to marry Geme-Igalim, daughter of Lugal-kigala". Lugal-igiḫuš, son of Ur-Ba'u the captain, (and) Lu-Šara, son of Niĝurum the musician, are the witnesses to this. And Niĝurum verbally confirmed this. Because the heir of Niĝurum married Inim-lugal, Niĝurum will pay 1 *mana* of silver to Geme-Igalim. *Commissioner. Judges. Date* (ŠS 2).
> [*NSGU* 17. Ĝirsu]

Another remarkable group of documents records the conclusion of the marriage with concise wording (¶51).[88] The judicial context in which these marriages are recorded suggests that there was some kind of claim or litigation in the background.

> (¶51) Case closed. Ur-Eninnu, son of Abba, the cowherd, married Geme-Nanše, daughter of Ur-še'ila, (and) swore the oath by the name of the king. *Commissioner. Judges. Lumarza-officials. Date* (ŠS 8).
> [*ITT* 3, 5263 = *NSGU* 2. Ĝirsu]

2.3.2 Support of one's wife

Text ¶52 records the case of a widow who remarried and fell ill. For this reason, she made an agreement with her husband so that he could marry another woman, in exchange for continuing to support her by paying monthly rations of barley and wool. Another fragmentary text, which probably deals with the maintenance of the wife, is *ITT* 5, 6836 = *NSGU* 8.

> (¶52) Case closed. It is the case that Lallagula, daughter of Ela, a purification-priest, was a widow. Ur-Igalim, son of Lugal-igiḫuš, a purification-priest, married her. Lallagula was struck by a disease. For this reason, she appeared for Ur-Igalim. She said to him: "Marry Geme-Ba'u, daughter of

88 *AOAT* 25, 437 no. 2b (Ĝi); *HLC* 3, 381 (pl. 143) = *NSGU* 200c (Ĝi); *ITT* 2, 3523 = *NSGU* 3 (Ĝi); *ITT* 3, 5263 = *NSGU* 2 (Ĝi); *ITT* 3, 6537 = *NSGU* 199c (Ĝi); *ITT* 3, 6543+ = *NSGU* 211c (Ĝi); *ITT* 5, 6838+ = *NSGU* 191b (Ĝi); *JCS* 8, 46 = *NSGU* 1 (Ĝi); *TUT* 125 = *NSGU* 210g (Ĝi); *ZA* 53, 52 no. 1 (Ĝi); *ZA* 53, 75 no. 17a // *ZA* 53, 75 no. 17b (Ĝi).

Lu-kirizal, the purification-priest, and I shall receive rations of barley and wool". Before the judges, Ur-Igalim swore by the name of the king not to change this. [...] (*some lines lost*). As long as Ur-Igalim lives, Lallagula will receive it from Ur-Igalim's household. *Commissioner. Judges. Date* (ŠS 5).
[*ITT* 3, 6550 = *NSGU* 6. Ĝirsu]

2.3.3 Divorce

Divorce is dealt with in some detail in four paragraphs of the *LUN* and in nineteen court records.[89] Law § 9 sets a compensation of 1 *mana* of silver for the wife in case of divorce, while § 10 and § 11 respectively establish a compensation of ½ *mana* of silver if a man divorces a widow, and no compensation in the case of concubinage. A typical court record applying the compensation set by law § 9 is ¶53 (also *ITT* 3, 6579 = *NSGU* 4), although lower penalties were also fixed: 10 shekels in the case of *RTC* 289 = *NSGU* 20, and 40 shekels in the case of *TUT* 125 = *NSGU* 210.

(¶53) Kaĝu, son of Ḫarbiše, swore by the name of the king an oath of marriage to Ba'u-izu, daughter of Urmes. Later, because he (Kaĝu) repudiated Ba'u-izu, he will pay 1 *mana* of silver to Ba'u-izu.
[*ITT* 3, 5286 rev. ii 6–12 = *NSGU* 205d. Ĝirsu]

Reasons for divorce are sometimes given: crime committed by the husband (*ITT* 2, 3547 = *NSGU* 169b), forced marriage (*SNAT* 372),[90] failure to consummate the marriage (¶54), lack of offspring (¶55), premarital infidelity by the wife (¶56),[91] or lack of a marriage contract (*ITT* 5, 6832 = *NSGU* 21). The text *Fs. Greenfield*, p. 614 no. 4 also deals with a case of divorce granted by the court because the husband was absent from his wife for three months, who was living with her parents. This is a case that Wilcke relates to law §b7,[92] which prescribes a waiting period of six months before a divorced woman can remarry.

(¶54) Case closed. Lu-Ba'u, son of Elala the wailer, repudiated Nin-munuszi, daughter of Lugal-tida the shepherd. Lu-Ba'u swore that Elala had told Lugal-tida: "Let my son marry your [daughter]", (but) that [Nin-munuszi] had not slept in a room [with Lu-Ba'u] as his wife. *Commissioner. Governor. Date* (Š 47).
[*ITT* 2, 948 = *NSGU* 22. Ĝirsu]

89 *AOAT* 25, 435 no. 1c (Ĝi); *Fs. Greenfield*, p. 614 no. 4 (Ĝi); *ITT* 2, 923 = *NSGU* 207c (Ĝi); *ITT* 2, 931 = *NSGU* 26 (Ĝi); *ITT* 2, 948 = *NSGU* 22 (Ĝi); *ITT* 2, 3547 = *NSGU* 169b (Ĝi); *ITT* 3, 5286 = *NSGU* 205b, d (Ĝi); *ITT* 3, 6555 = *NSGU* 23 (Ĝi); *ITT* 3, 6568 = *NSGU* 192a (Ĝi); *ITT* 3, 6578 = *NSGU* 167a (Ĝi); *ITT* 3, 6579 = *NSGU* 4 (Ĝi); *ITT* 3, 6603 = *NSGU* 5 (Ĝi); *ITT* 5, 6832 = *NSGU* 21 (Ĝi); *ITT* 5, 6843 = *NSGU* 25 (Ĝi); *RTC* 289 = *NSGU* 20 (Ĝi); *TUT* 125 = *NSGU* 210 (Ĝi); *NATN* 893 (Ni); *SNAT* 372 (Um).

90 See Wilcke 2014, 500.

91 See [Démare-]Lafont 1999, 55–57, 494.

92 Wilcke 2014, 512.

(¶55) Case closed. Geme-DUN, who is the daughter of [...]-nirra-atu the donkey herder: Geme-DUN appeared for Ur-Lamma (and) declared: "By the name of the king, you shall not speak to me, you shall not put my bonnet on your head!", PN_{1-4} are the witnesses to this. Geme-DUN rejected the witnesses. That while Geme-DUN was married to Ur-Lamma, she did not give birth to any children, ..., son of Ur-Lamma, has sworn. Geme-DUN waived (the claim).
[*ITT* 2, 931 = *NSGU* 26. Ĝirsu]

(¶56) (Case closed.) Ur-Lamma, son of Lu-Ba'u married Kata, daughter of Lugal-igiḫuš, the gardener. Without (her) husband Ur-Lamma knowing it, another man had slept with her: (Kata) refused to take the oath in this regard, (but) Kata verbally confirmed it. Kata was repudiated. *Commissioner.* (...) Case closed of Arad-Nanna, grand vizier (and) governor. *Lumarza-officials. Date* (ŠS 4).
[*ITT* 3, 5286 obv. ii 1–9, rev. ii 18–25 = *NSGU* 205b. Ĝirsu]

2.3.4 Adultery

According to law § 14, a man accused of adultery with a married woman must undergo a river ordeal (see above section 2.1.6), while law § 7 provides for the death penalty in the case of adultery by a woman.[93] The only court record that may deal with a case of adultery is *ITT* 5, 6948 = *NSGU* 24, a fragmentary text that records a woman's oath not to have slept with anyone but a named man.

2.3.5 Adoption

Adoption is not regulated for in the *LUN* and is documented only in a few contracts.[94] The most notable is *NATN* 131, a complex contract for the adoption of a man and his appointment as heir, together with the donation of a house to him, in return for the adoptee's repayment of the adopter's debts and the guarantee of lifelong maintenance for the adoptive father. A contract of manumission and adoption is presented below (¶67).

Litigations related to adoptions are also rare. Besides the case of the adoption of one woman by another as her sister (nam-nin₉-še₃, *ITT* 3, 6543+ = *NSGU* 211g [Ĝi]), it is worth mentioning text ¶57, in which two adopted daughters of a man are named as his heirs. The adoptive father disinherited one of them in anticipation of her marriage, leaving the unmarried adopted daughter as the sole heir. As Wilcke notes,[95] the dispute may have arisen after the death of the adoptive father and the claim of the husband of his adopted daughter.

93 See [Démare-]Lafont 1999, 78.

94 *NATN* 131, 149, 920 and perhaps *NRVN* 1, 5.

95 Wilcke 2014, 510.

(¶57) (Case closed). Nin-nammaḫni (and) Nin-ḫedu are heirs of Lugal-imru'a. They are children of Ur-DUN. Because Niĝ-Ba'u, son of Lugal-ušumgal, [said that] he would marry Nin-nammaḫni, Lugal-imru'a disinherited her. PN_{1-2} have sworn this. Niĝ-Ba'u has waived (the claim). *Commissioner.* (...). Arad-Nanna, grand vizier (and) governor, made them accept this verdict. *Date* (ŠS 5).
[*ITT* 3, 5276+ rev. i 7–ii 8= *NSGU* 204c. Ĝirsu]

It is also worth noting another legal text, which covers a claim presumably brought by the relatives of a girl fostered by a man who subsequently died. The claim was allegedly aimed at securing her maintenance by the daughters and heirs of the deceased.

(¶58) Case closed. Ayakala, s[on of ...tu]me, declared: "I took Geme-a[b ...] for upbringing". Before the [grand] vizier Geme-[..., wife of ...- tu]me, ve[rbally confirmed this]. Ḫala-[...] (and) Saĝ-[Ba'u-tuku], daughters of Ak[ala], [declared] that Geme-[ab ...] [...] (*3 lines lost*). Geme-[ab ...] ... is to be raised by the heirs of Ayakala. *Commissioner.* Case closed of the grand vizier. *Date* (ŠS 9).
[*ITT* 3, 6556 = *NSGU* 27. Ĝirsu]

2.4 Inheritance

Five laws deal with issues of inheritance.[96] Law §b2 establishes the right of the unmarried daughter to inherit if she had no brother, and Law §b3 provides for the division of the estate if there were two sisters. Similarly, two other laws concern the division of the father's house between brothers, with a special right of the eldest son (§c2), and the rights of the widow to inherit (§e4); law §b9 deals with the place of residence of the widow in the event of her remarrying.

The right of daughters to inherit if they had no brothers is treated in the court record ¶57 (see above section 2.3.5) in very similar terms to those of the *LUN*. Court records also show that, when there were no direct descendants, the natural heir was the brother (¶59; ¶37, above).

(¶59) Case closed. Lukasi, the slave of N[abasa]: Azi, the son of Nabasa, raised a claim concerning him. He has declared: "He is my slave". That for his full purchase price, 16 shekels of silver, Lu-giguna, artisan of Nindara, bought him from Nabasa, the *guda*-priest of Nindara, Alladimu (and) Habasaga have sworn. Because Lu-giguna, the brother of Kuli, the *guda*-priest, died without heirs, the slave was assigned to Kuli, the *guda*-priest. *Commissioner. Judges. Date* (ŠS 3).
[*ITT* 3, 6439 = *NSGU* 80. Girsu]

96 On inheritance in the Ur III period, see Falkenstein 1956/1, 111–114; Lafont/Westbrook 2003, 206–209; Neumann 2003, 79–80; Wilcke 2014, 510–511.

Most of the other cases involve disputes over inheritance, usually between siblings (¶60)[97] or widow and sibling (¶61).[98] In one case, the widow of one of the heirs sued her brother-in-law for her husband's share (*ZA* 70, 175 = *NATN* 302). In general, the concerns of the *LUN* and the legal texts are similar, the only difference being that inheritance disputes are of a complexity that the Ur-Namma Code was never intended to deal with.

> (¶60) Case closed. The heirs of Mašgula raised a claim against Igisaga, the slave of Mašgula. Mašgula gave the slave to his son Ku-Ba'u, before Lu-kirizal, the governor; Lugal-irida, the grand vizier, appeared as the commssioner (at the time of the gift) before Ur-Lamma, the governor: For this Ur-Ba'u, son of Lu-Alamuš, the commissioner (at the first trial), is under oath. The slave and his children were assigned to Ku-Ba'u, son of Mašgula. The (other) heirs of Masgula have waived (the claim). *Commissioner.* (…) Case closed of Arad-Nanna, grand vizier (and) governor. *Lumarza-officials. Date* (ŠS 4).
> [*ITT* 3, 5286 obv. i–17, rev. ii 18–25= *NSGU* 205a. Ĝirsu]

> (¶61) Case closed. The house of Ur-TUR, the cook, was assigned to Ur-Lamma, son of Ur-TUR, because Silatur, wife of Ur-TUR, married a stranger after Ur-TUR had died. Silatur waived (the claim).
> *Commissioner. Judges. Date* (ŠS 4).
> [*AOAT* 25, 440 no. 5 = *Fs. Greenfield*, p. 613 no. 3. Ĝirsu]

The question of the widow's place of residence after her husband's death is dealt with in law §b9, which recognises her right to live in her husband's house until she remarries. Text ¶62 also deals with the residence of a widow who lived in the house that her brother-in-law had allegedly given to her (and her husband?) and which was claimed by her brother-in-law's children.

> (¶62) […] (*beginning lost*) (To) the purchased house? Ki'aĝ brought them (his brother Ur-Suen and his wife?). It was the case that the wife of his brother Ur-Suen was living there. The children of Ki'aĝ told her: "Leave my house!". The wife of Ur-Suen declared: "Ki'aĝ gave it to me!". She did not bring witnesses to this. That when Ki'aĝ was still alive she left the house, […]-a the son of […] *(rest lost).*
> [*Fs. Pettinato*, p. 182 no. 1 obv. 1'–12'. Ĝirsu]

Three other texts deal with disinheritance. In one fragmentary text, disinheritance was decided by the father, but the reasons (if given) are not preserved (*PPAC* 5, 1784). Another case concerns disinheritance for the commission of a theft by the

97 *ITT* 3, 5286 = *NSGU* 205a (Ĝi); *ITT* 3, 6534 = *NSGU* 28 (Ĝi); *ITT* 2, 3541 = *NSGU* 83 (Ĝi).

98 *AOAT* 25, 440 no. 5 = *Fs. Greenfield*, p. 613 no. 3 (Ĝi); *ITT* 2, 2781 = *NSGU* 7 (Ĝi); *ITT* 3, 5279 = *NSGU* 99 (Ĝi); *ITT* 3, 6528 = *NSGU* 29 (Ĝi)

heir (¶63), and a third case concerns the disinheritance of an adopted daughter because of her marriage (¶57, above).

> (¶63) Alu, son of Lugal-KA, stole the oxen of Ayakala, son of Ḫurumu. Because he stole the oxen, Lugal-KA disinherited Alu. Before Ur-Mami, [before … (*5-7 lines lost*)]. Ur-Maništišu, his (Alu's) son, brought a legal case before the governor, (but Alu) was disinherited. From among them, it is Ur-Mami who will take the oath. *Bystanders. Date* (AS 4 / xiid).
> [*Fs. Owen*, p. 211 no. 8. Umma]

2.5 Personal status

Disputes over personal status on the basis of a prior contract of sale have been discussed under 2.2.1.1. Other cases in which personal status is contested on some other (or unspecified) basis, together with manumissions, redemptions and cases concerning the status of children born to slaves and free people, are presented in this section. The only laws related to this kind of judicial procedures are § 4 and § 5.

2.5.1 Contestation of slave status

Eleven texts record contestation of slave status other than those dealing with the circumstances of the sale.[99] These claims were raised by the slaves themselves or by a relative. In some cases, they were presented in a context of partition of the householder's property after his death (¶64), or could concern house-born slaves (¶65) or families who claimed to have been released (¶66). More unusual were the cases of slaves who claimed to possess the status of citizens (e r e n₂) in the context of a conflict between the provincial and the royal administration.[100]

> (¶64) Case closed. Nin-kuzu, daughter of Ur-Nanše, slave of Atu the diviner, appeared. She declared: "By the name of the king, if on the second day I produce a witness to the fact that Nabasa, son of Atu, has freed me, (that is the proof); if I do not produce (the witness), I will be the slave of the heirs of Atu". Because on the appointed day sworn by the name of the king, Nin-kuzu was unable to produce a witness to the fact that she was manumitted, the slave girl was assigned to the heirs of Atu. *Commissioner. Judges. Date* (ŠS 6).
> [*AOAT* 25, 441 no. 6 = *Fs. Greenfield*, p. 610 no. 1. Ĝirsu]

> (¶65) Case closed. Šeškala, the son of Urlama, declared: "I am not a slave of Ur-Šuš-Bau". Luduga (and) DUDUĝu have sworn that Ur-Lamma, the father

99 *CDLJ* 2002, 2 (Ad?); *AOAT* 25, 441 no. 6 = *Fs. Greenfield*, p. 610 no. 1 (Ĝi); *ITT* 2, 744 = *NSGU* 32 (Ĝi); *ITT* 2, 805 = *NSGU* 133 (Ĝi); *ITT* 2, 3547 = *NSGU* 169a (Ĝi); *ITT* 2, 3810 = *NSGU* 34 (Ĝi); *NSGU* 33 (Ĝi); *BPOA* 1, 495 (Um); *CDLN* 2015, 6 (Um); *YOS* 4, 208 = *NSGU* 212 (Um); *UET* 3, 43 = *NSGU* 39 (Ur).

100 *YOS* 4, 208 = *NSGU* 212 (Um): see Steinkeller 2013a, 361. Another similar conflict is attested in *Fs. Pomponio*, p. 166, no. 7 (Um).

of Šeškala, was given grain rations (and) wool rations from the hands of Alla, the scribe, in the house of Ur-Šuš-Bau, the son of Namu, because he was a slave, and that Ur-Lamma had begotten Šeškala, the slave, at Ur-Šuš-Bau's place. The slave was given to the heirs of Ur-Šuš-Bau. *Commissioner. Judge. Date* (ŠS 6).
[*ITT* 2, 744 = *NSGU* 32. Ĝirsu]

(¶66) Case closed. Ure-babdu the slave, Šeškala, Nammaḫ-Ba'u, Ursaga (and) Nin-aḫuššu, his children, the slaves of Ḫuru, the 'courtyard overseer', appeared before the grand vizier (and) declared: "We will bring witnesses to the fact that Ḫuru has manumitted us". They did not produce the witnesses for this. As slaves, they were given to the son of Ḫuru. *Commissioner.* (…) Arad-Nanna, grand vizier (and) governor. *Date* (ŠS 5).
[*ITT* 2, 3547 obv. 1–15, rev. 11–12 = *NSGU* 169a. Ĝirsu]

2.5.2 Manumission

Law § 4 regulates the status of a manumitted slave married to a slave girl, and the obligation for the manumitted slave to remain in the household of his wife. No clear cases of legal practice relate to this law,[101] but trials and other legal texts concerning manumissions are preserved.[102] Of particular interest is a contract of manumission and adoption (¶67) issued by a man in favour of a slave who was probably born to him by a slave woman.[103]

(¶67) In the main city-gate, the place of ju[dgement?] of Ninurta, Atu, his father, manumitted Umaniĝar, h[is?] slave, because of (his) being the heir. He (Atu) swore by the name of the king that Lu-kirizal (and) Lu-diĝira, brothers of Atu, will not contest this. *Witnesses. Date* (AS 6).
[*NATN* 920. Nippur]

Among the various processes concerning manumissions,[104] there are cases of judicial confirmation of the manumission, one example of which is ¶68. Mention should also be made of manumissions contested by the heirs of the manumitter

101 The only exceptions might be the fragmentary text *MVN* 18, 326 = *NSGU* 40 (Um) (the case would be the other way round, i.e. a woman who had been a slave and had been freed and now, after her release, had to join her husband's household), and much more doubtfully *AUCT* 3, 309 (Ni) and *ITT* 3, 5246+ = *NSGU* 82 (Ĝi): see Wilcke 2014, 491–492. Wilcke also discusses *RTC* 291 = *NSGU* 43, interpreting the father of the sold girl recorded in the text as being a ransomed slave, but this is suggested on the basis of an erroneous reading (urdu2-du8-a-ka in line 2 is actually a-igi-du8-a-ka).

102 Cf. Neumann 1989.

103 See Wilcke 1998, 53.

104 Appendix Text 2 (Ĝi); *ITT* 2, 936 = *NSGU* 184b (Ĝi); *ITT* 3, 6609 = *NSGU* 74 (Ĝi); *ITT* 3, 5286 = *NSGU* 205c (Ĝi); *ITT* 3, 6520 = *NSGU* 77 (Ĝi); *ITT* 3, 6527 = *NSGU* 78 (Ĝi); *ITT* 3, 6544 = *NSGU* 178b (Ĝi); *ITT* 3, 6569 = *NSGU* 186b (Ĝi); *ITT* 3, 6573 = *NSGU* 31 (Ĝi); *NSGU* 75 (Ĝi); *ZA* 53, 74 no. 16 (Ĝi); *NATN* 920 (Ni); *AnOr.* 12, 103 no. 4 = *NSGU* 30 (Um); Appendix Text 1 (Um).

(¶69); these manumissions were probably made on condition of service and support until the death of the manumitter.[105]

> (¶68) Case closed. It was the case that Ur-Saĝub was the slave of U'uh. Lu-Ba'u (and) Lu-Ninĝirsu, the sons of U'uh, appeared (and) declared: "By the name of the king: for Ur-Saĝub, the slave, let his freedom be established; let him be treated like the son of a (free) man". And the freedom of the slave was established. *Witnesses. Oath.* Ur-Saĝub and his children became free citizens (dumu-gi$_7$). *Commissioner. Judges. Date* (ŠS 3).
> [*NSGU* 75. Ĝirsu]

> (¶69) The heirs of Lugula raised a claim against the daughter(s) of E'urbi, the slave of Lugula. While Lugula was still alive, he appeared (and) declared: "By the name of the king, I hereby manumit the daughter(s) of E'urbi, my slave". Nin-duga, the daughter of the slave E'urbi, brought the (relevant) tablet of Lugula to the Grand Vizier. The children of E'urbi were free from the claims of the heirs of Lugula. *Commissioner.* (…) Case closed of Arad-Nanna, grand vizier (and) governor. *Lumarza-officials. Date* (ŠS 4).
> [*ITT* 3, 5286 obv. ii 11–rev. i 7, ii 18–25 = *NSGU* 205c. Ĝirsu]

2.5.3 Redemption

The best known case of redemption is recorded in a deed of manumission from Ur (¶70). It deals with a slave woman of Elamite origin who paid for her freedom and, through an additional agreement, continued to serve her owners until their death; after that, she was free to leave the household.[106]

> (¶70) Ammazaza, slave woman of A[yaduga], left A[yaduga]. He rel[eased her]. She paid him ⅓ *mana* of silver and one mature cow as her complete price. As long as Ayaduga and Nin-abbana are alive, because of their children and their spouses …, she [will stay in service]. After (the death of) Ayaduga and Nin-abbana, Ammazaza will go wherever she desires. No one will raise a claim against this. *Witnesses. Date lost. Seal of Ayaduga and Nin-abbana.*
> [*UET* 3, 51. Ur]

A few litigations dealing with redemption are also known in our corpus.[107] Freeing oneself was the background to ¶71, a fragmentary text from Umma recording the case of a slave who sued his master for not having released him after the payment.

> (¶71) Ki'aĝ, the son of Abbasaga the physician, declared: "I bought Peštur-tur, the son of Ur-Su'en, my slave". [That] the slave returned his purchase

105 Falkenstein 1956/1, 94; Neumann 1989, 227–228; Wilcke 1998, 51.

106 Cf. Neumann 1989, 229; Huber Vulliet 2019, 190.

107 *Fs. Pettinato*, p. 182 no. 2 (Ĝi); *Fs. Pettinato*, p. 183 no. 4 (Ĝi); *ITT* 5, 6952 = *NSGU* 73 (Ĝi); *ZA* 55, 79 IM 54370 (Um).

> price to Ki'aĝ, to this Ur-Šara was handed over to the oath. [*Oath*]. *Witnesses.* Case closed of citizens of Umma. *Date* (AS 2).
> [*ZA* 55, 79 IM 54370. Umma]

The following text records the case of a slave woman who had paid her owners for her release but had been sold to a third party. As a result of the trial, one of the sellers (the husband had probably died) was ordered to repay the buyer the purchase price of the slave woman, who was released.

> (¶72) [...] That TURTURA [and Ayaĝu] were given the purchase price for NIdaga, that he (NIdaga) [said] to her (TURTURA): "I want to get free from Baya's house", that NIdaga gave [to] TURTURA and [to] Ayaĝu his purchase price, which is 10 shekels of silver, PN_{1-2} swore.
> NIda[ga] was free from claims of having the status of a slave woman of Baya, the son of RIbaya. TURTURA, the wife of Ayaĝu, was bound to repay 10 shekels of silver, the purchase price of NIdaga, to Baya, the son of RIbaya. *Commissioner.* [...].
> [*ITT* 5, 6952 = *NSGU* 73. Ĝirsu]

2.5.4 Children of slaves and free people

A particular case of litigation over the status of slaves concerns claims related to children born of unions between free women and slaves.[108] These claims were dismissed because "the word of the king" (inim lugal), or "the word of the palace" (inim e_2-gal) was not dropped (šub), i.e. "revoked". According to Wilcke,[109] this expression alluded to the last sentence of law § 5, which reads:

> (§ 5) If a male slave marries a free (woman), he will present a son to his master. Every child who enters the service of his master [will share] the property of his father's house in half, according to the wealth of his father's house. Children of free (women) will not be made [(his)] slaves without the cooperation of the king.
> [Translation after Wilcke 2014, 536]

A few texts deal directly or indirectly with cases of this kind,[110] three of which are translated below. The first (¶73) records the case of a free woman married to a slave who sold her daughter; the son of her husband's master claimed the daughter, but his claim was rejected because at the time of the sale "the king's word had not been dropped", so the mother had the right to sell her daughter. Conversely, the second text (¶74) records a case in which the girl was confirmed as a slave of

108 Civil 2011, 254–255; Wilcke 2014, 495–498; Stol 2016, 205; Reid 2017b, 13–14.
109 Wilcke 2014, 495–498.
110 *ITT* 2, 752 = *NSGU* 177b (Ĝi); *ITT* 2, 3519 = *NSGU* 71 (Ĝi); *ITT* 5, 6845 = *NSGU* 97 (Ĝi); *Fs. Owen*, p. 215 no. 11 (Um); *Fs. Sigrist*, p. 132 no. 5 (Um); *Fs. Sigrist*, p. 134 no. 6 (Um).

her father's master, most probably because a royal decree was obtained by the master revoking the girl's claim. Finally, the third text (¶75) records the sale of three slaves, who were the two children and the husband of a free woman; in this case, the slaves were sold jointly by the husband's master and the mother of the children, and no special royal authorization was needed because the mother had the right to sell her own children.

> (¶73) Case closed. Ummagena, daughter of Ur-Igizibara, slave of Azmu: From Ušime, wife of Ur-Igizibara, Šeškala, the fisherman, under the authority of Alla, the son of Urzu, bought her for 5 shekels of silver. Later on, under the authority of Šarakam, the governor, Ur-diĝira, the son of Azmu, declared: "She is the daughter of my slave". That she was bought when the king's word had not been dropped, Ur-Ningizzida (and) Ba'u-andul have sworn. *Commissioner. Judges. Date* (AS 5).
> [*ITT* 2, 3519 = *NSGU* 71. Ĝirsu]

> (¶74) Nin-dubsar, daughter of Šu-Erra, the slave of Inim-Šara, has declared: "it is the case that the husband married me because the word of the king had not been dropped". It was not confirmed. Maba (and) Lugal-kuzu were handed over for the oath. Nin-dubsar was returned to the status of slave-girl. *Bystanders.*
> [*Fs. Owen*, p. 215 no. 11. Umma]

> (¶75) Lugal-itida, (and) Šeškala (and) Lugal-dubla, who are the sons of Lugal-itida, for 12 shekels of silver Lammaĝu bought from Lu-Šara, the owner of the slave, and from Eše-igizu, the mother of the children, from both of them. It is the case that Nɪᴍĝu, who was the guarantor of this (sale), has died. *Witnesses.* Ur-Dumuzida will take the oath. *Bystanders. Judge. Date* (AS 5 / vii).
> [*Fs. Sigrist*, p. 134 no. 6. Umma]

As Wilcke states,[111] in this way children were protected by the state, even from a claim by the palace itself, a situation recorded in ¶76. In this text, the son of a slave of the palace and a free woman is claimed by the palace, but the claim was rejected.

> (¶76) Ki'aĝ, son of Abba the physician, bought a male slave from the wife of Šara-andul, the slave of Munimaḫ. Ṣillī-Adad declared: "He (Šara-andul) is a palace slave". He could not prove it. Ki'aĝ recovered the male slave. *Witnesses.* Case closed of citizens of Umma. *Date* (AS 2).
> [*BPOA* 1, 365. Umma]

111 Wilcke 2014, 497.

2.6 Procedural law

Law §c7 provides for the end of the proceedings if one of the parties misses three fixed dates, a situation that is probably found in *NSGU* 209. In this text it is noted that those who had to take an oath had not come to the place where the oath was to be sworn after three days, which could be taken as a reference to the end of the judgement.[112] Several other aspects or stages of the judicial process can be identified from texts of legal practice (see n. 9), but they are not the subject of litigation.

2.7 Administrative law

One area of law that is under-represented in the *LUN* is administrative law, in terms of the rules that governed the behaviour, procedures and duties of administrators and provided citizens with an adequate level of protection against abuse. The latter aspect was addressed in the Prologue in a general way, and also through the establishment of wages for various types of workers in the body of laws; in these, however, wages for agricultural workers, the most common occupation, are barely represented (see section 2.2.5.1), at least in the text that has been preserved. In contrast, legal procedures in the field of administration are well represented in the Ur III texts. Most of the times, these procedures appear to have been outside the regular judicial circuits known for private law, but they have left a clear trail in several Ur III documents of various kinds.[113]

Among them, of course, there are numerous oaths taken in the context of the duties of officials, generally used as a means of ensuring their credibility when communicating to their superiors, for example, the availability of labour or the state of herds. More interestingly, there are several examples of proceedings involving cases of malpractice, negligence or failure to fulfil duties, which resulted in sanctions being imposed on the administrators by other provincial authorities, not infrequently by the governor himself.[114] Another important source of litigation was the confrontation between the provincial and the royal administrations, which is particularly evident in the legal texts from the provincial archives of Umma.[115]

The main areas of the economy in which this type of procedure was carried out were those relating to the administration of agriculture, irrigation, livestock and labour, although there are also cases relating to the administration of fisheries[116] or transport.[117]

112 See Wilcke 2014, 513, 526–528, who discusses other cases of self-imposed deadlines after which the judgment becomes final.

113 See Wilcke 2015b, 15–23.

114 See Molina 2016; 2020.

115 See Steinkeller 2013a, 353–356; Molina 2013, 139–141.

116 Appendix Text 3 (Um); BM 110140 (unpubl., Um); *Fs. Leichty*, p. 392 = *PPAC* 4, 266 (Um); *Iraq* 6, 185 BM 105346 = *NSGU* 189a (Um).

117 *ASJ* 11, 154 (Um); *Santag* 6, 154 (Um).

2.7.1 Land management

Land administration cases are complex and varied. They involve the transfer of allotments of royal or provincial land,[118] the misappropriation of subsistence fields and/or their produce,[119] unsuitable cultivation,[120] confiscation of crops by members of the royal sector,[121] theft of agricultural products,[122] negligence in monitoring crops (see below ¶78, ¶79, ¶80), or complaints about the quality of allotted subsistence fields.[123] These cases, often involving members of the royal sector, are known from various procedures, only a few of which were heard in open court.

Of particular interest is text ¶77, a macro case involving the assets of a merchant working for the Crown, which the Crown had recovered after his death.[124] One of the points of contention was agricultural land allegedly usurped by other members of the military. Wilcke rightly notes that the usurpation of a field and its produce is formulated in the same way in law § 39 and in text ¶77.[125] However, the latter does not specify the outcome of the case, which, according to the *LUN*, should be the loss of the rent received by the defendant. On the other hand, the legal situation envisaged by the *LUN* was undoubtedly different from the background of the case, which took place during the reign of Amar-Suen, when the conditions of land tenure in southern Mesopotamia were considerably different from those in the reign of Ur-Namma.[126]

> (¶77) The field of Abī-atī has three plots in a single field. (Concerning this,) on the command of the king's envoy, the captain of sixty men and the guard of the field found out for him (the following): of the barley of the three plots, (the barley) of one plot was (regularly) distributed, (while) they (= Ur-niĝar's officials) took over the two other plots; they assigned (the barley of the plots) to Ur-niĝar, the colonel; they declared: "It was (done) on the command of Ur-niĝar, the colonel".
> Šu-Ninmuga, the captain of sixty? (men), and Abu-šaya, the *šarrabdu*-official, declared: "Lugal-melam took over the field of the wife of Abī-atī, measuring 18 *iku* (c. 6.5 ha)". Water reservoirs and plants have been removed: Ur-Maḫašuma and E-igi-ingun, a woman: as the orchard (of Abī-atī) was destroyed, it is Abum-ilum, the second-in-command of the general, who will bring them.
> As for the five shares of subsistence, each of 18 *iku* (c. 6.5 ha.), on the command of Arad-Nanna, the colonel, Puzur-Išum found out for him (the fol-

118 *Fs. Pettinato*, p. 184 no. 6 (Ĝi); *TCL* 5, 6058 = *NSGU* 110 (Um).
119 *TCL* 5, 6047 = *NSGU* 214 = *Fs. Krecher*, p. 400 no. 1 (Um); *TCL* 5, 6048 = *NSGU* 215 (Um).
120 *ITT* 2, 924 = *NSGU* 213 (Ĝi).
121 *TCL* 5, 6059 = *NSGU* 201 (Um).
122 *PBS* 13, 34 = *AOAT* 267, 638 (Ni).
123 *Fs Greenfield*, p. 617 no. 7 (Ĝi).
124 See Molina 2014.
125 Wilcke 2014, 507–510.
126 See Steinkeller 1999; 2021, 56–58.

lowing): while that barley was on the threshing-floor, "it was Ur-niĝar, the colonel, who took it away from me", Ur-Ninmuga declared. Ur-niĝar not being available, he has not been questioned. He was on a military expedition. [*TCL* 5, 6047 obv. i 1–ii 16 = *NSGU* 214 = *Fs. Krecher*, p. 400 no. 1. Ĝirsu]

This other small group of texts relates the case of a chief administrator (šabra) who neglected a field and as a result the sheep ate the barley growing in it. For this he was fined a large sum of silver (¶78, ¶79, ¶80).[127]

(¶78) The governor entrusted (the field of) Kamari to Abbagena, (but) he remained in the city. (Therefore,) its barley with grown culms was eaten by sheep. He did not approach their side (i.e. "he did not watch them"). *Date* (ŠS 4). *Seal of Lu-Šara.*
[*AnOr.* 7, 367 = *MVN* 18, 367. Umma]

(¶79) Abbagena, although he was the prefect, did not realize that the sheep had established themselves in the barley with grown culms of the Kamari field. He did not inform the governor. *Date* (ŠS 4). *Seal of Lu-Šara.*
[*AnOr.* 7, 325 = *MVN* 18, 325. Umma]

(¶80) 2 *mana* of silver, for the full moon of the tenth month, Abbagena has promised by the name of the king that he will repay. Before PN_{1-3}. *Date* (ŠS 4). *Seal of Lu-Šara.*
[*BPOA* 1, 422 = *Fs. Milano*, p. 321 § 1.3. Umma]

2.7.2 Irrigation

Among the legal procedures on matters related to irrigation, a group of texts from Ĝirsu is particularly noteworthy. They record the oath of high-ranking officials who were ordered to control the drainage and moisture of fields under penalty of death.[128]

(¶81) Lu-Lagaš declared on the king's life that his flooded fields were drying up, that he was draining them without the grand vizier's permission, and that if they continued to dry up he would be killed. *Seal of Ur-Bagara.*
[*MVN* 10, 152. Ĝirsu]

Other cases related to irrigation or flooding concern negligence committed by people working in fields managed by the provincial administration.[129] Again, in a different context of land tenure, law § 40 provides for a penalty of 3 *gur* of barley per 1 *iku* for damage caused by flooding of another's field. Compensation was

127 For this dossier, see Molina 2016.

128 *Fs. Owen*, p. 167 L. 6005; *ITT* 2, 2730 = *TCTI* 2, 2730; *ITT* 3, 4847; *ITT* 3, 5395; *MVN* 10, 152; *RA* 88, 99 E = *TCTI* 2, 4225. See Lafont 1994, 97–103; Steinkeller 2015.

129 For damages caused by flooding, see Wilcke 1999a; 1999b; Civil 2011, 266–267.

also granted for barley in cases where the damage was likely to have been caused by land holders belonging to the royal sector in fields managed by the provincial administration (¶82).

> (¶82) The Ninḫedu-field and the Udaga-field have been carried away (i.e. flooded) by the waters. Lugal-KA majordomo of the *zabardab,* Ur-Bilgames, Lugal-ḫamati (and) Lu-Šara have been required to repay the unexpected (loss of) barley.[130] Ur-Nanše, royal envoy, commissioner. It was decided before the governor. *Date* (AS 3).
> [*BPOA* 1, 852. Umma]

Other cases of negligence concern the supervision of preparing agricultural land for irrigation (¶83), the authorization for the opening of a canal (*CT* 7, pl. 18 BM 12942 [Ĝi]; *BPOA* 1, 600 [Um]),[131] or the damage caused by flooding (*PBS* 13, 34 = *AOAT* 267, 638 [Ni]),[132] the latter settled by the restitution of barley and draining the fields. Sometimes, the conditions for compensating damages are unclear (*YOS* 4, 1).[133]

> (¶83) The Išum field is to be smoothed out by the *eren*-workers for Abbagena. The governor gave these instructions to him. (Nevertheless,) the *eren*-workers neglected to smooth out the corvée field. They (instead) smoothed out their subsistence fields. The canal that brings (water) on the Išum field, during fourteen days the *eren*-workers diverted it towards their own fields. (Abbagena) sent nobody to the governor (Ayakala) and Dadaga (to inform them). (Consequently,) their field (Ayakala and Dadaga's) was not filled with water. His (Abbagena's) cultivators (and) ox-drivers were given to him (Abbagena) to harvest the barley. Dadaga went there for an inspection, (and found out that) no more than three *eren*-workers were in service. Abbagena, Ur-Šulpa'e (and) Ayakala: not one of them was in service as the person in charge. It was confirmed in the statement of Abbagena, before the governor. At the Manu field. *Date* (ŠS 3 / iv).
> [*Fs. Milano*, p. 321 § 1.4. Umma]

---

130 For the interpretation adopted here for gu₄-e-a-na-am₃-de₆ "unexpected (loss of)", see Wilcke 2014, 549–550.

131 See Wilcke 1999a, 337–338.

132 See Wilcke 1999c, 627–628.

133 *YOS* 4, 1 (Um): "Lugena diverted water from the Isala-canal. The governor verified this for him at a trial in the palace. Lugena told him (the governor), 'I do not want to come to the palace, I will restitute the water (a ga-ab-su) of the flooded field of Lukala, the cupbearer'". The expression a ga-ab-su could refer to a commitment to provide compensation for the damage caused by the flooding, to the intention to get the water out from the field of Lukala, or perhaps to the fact that Lugena's action had prevented Lukala's field from being irrigated in time and the water was needed now to cultivate his field: see de Maaijer/Jagersma 1997–1998, 280; Wilcke 1999a, 304; Civil 2011, 267; Neumann 2017, 33–34; Rost 2022, 165–166.

Finally, other legal texts related to irrigation refer to a (rejected) petition for permission to build a new canal (*YOS* 4, 31 = *NSGU* 130 [Um])[134] and a case of diverting water to fill an illegal fishing pond (¶84).[135] In the latter case, the official, who had to deliver a quantity of smoked fish as compensation, disappeared from the accounts immediately afterwards, which probably means that he was dismissed.[136]

> (¶84) The water was diverted from the field of Kamari (and) a (fish)pond was laid out … [x] *gur*? of smoked fish are to be repaid by Ur-gigir. Date (ŠS 4). *Seal of Ur-gigir.*
> [*MVN* 18, 516. Umma]

2.7.3 Livestock management

As in land management, oaths relating to the accounting, transfer, loss and other matters involving animals, hides and carcasses, made by officials responsible for livestock, are well attested.[137] Other cases involving livestock usually concerned failure to deliver expected animals (*RA* 73, 26 no. 2 = *AEPHE* 1978–79, no. 1 [Ĝi]), and officials accused of negligence in their care.[138] One of these included the corporal punishment inflicted on an official for neglecting to look after an ox (¶85).

> (¶85) The governor entrusted Inim-Šara one plough-ox, (but) he neglected it. For three years he did not approach its side (i.e. 'he did not watch it'). The governor struck him. (Inim-Šara) has promised by the name of the king that he will not neglect an ox a second time. *Date* (ŠS 2).
> [*Fs. Milano*, p. 326 § 4. Umma]

The loss of animals by shepherds or farmers working for temples or other large households, depending on provincial or royal administration, is frequently recorded in Ur III texts, and their restitution was decided summarily and accepted by those responsible for the animals, as shown by records of the following type: 3 gu$_4$ ĝiš su-su engar u$_2$-gu de$_2$-a engar "3 draught oxen to be repaid by the farmer, they were lost by the farmer" (*CT* 7, pl. 49 BM 19775 obv. 9). In the event of

134 See Rost 2015, 232.

135 See Molina 2014, 403; 2016, 328.

136 In a similar vein, the career of Id-pa'e, a prominent official from Umma, was brought to a close following the demonstration that he had lied to the governor about the escape of a woman (*SNAT* 519 = *Fs. Milano*, p. 325 § 3).

137 E.g. *Berens* 37 (Ĝi); BM 18844 (unpubl., Ĝi); *HSS* 4, 42 (Ĝi); *ITT* 5, 6913 (Ĝi); *ITT* 5, 6929 (Ĝi); *ITT* 5, 8231 (Ĝi); *MCS* 6, 2 BM 100439 = *BPOA* 1, 225 (Ĝi); *MVN* 6, 244 (Ĝi); *TLB* 3, 48 (Ĝi); *ZA* 53, 72 no. 13 (Ĝi); *TAD* 58 = *AAICAB* 1/1, Ashm. 1910-747 (PD); *Trouvaille* 22 (PD); *AfO* 4, 23 (Um); *Aleppo* 408 (Um); *BPOA* 1, 735 (Um); *CST* 533 (Um); *CST* 764 (Um); *MVN* 1, 138 (Um); *MVN* 3, 373 (Um); *RIAA* 190 = *TSDU* 20 (Um); *SAT* 2, 920 (Um); *TIM* 6, 49 (Um); *UTI* 4, 2706 (Um).

138 *TMH* NF 1–2, 271 = *NSGU* 209a (Ĝi); *ASJ* 11, 154 (Um); *Fs. Milano*, p. 324 § 2 (Um); *Fs. Milano*, p. 326 § 4 (Um).

failure to replace the animals, corvée service could be imposed on family members (¶86).[139]

> (¶86) 1 3-year-old cow and 1 plough-ox have to be replaced; Lugal-gigire did not replace them. For this reason, his wife Nin-abbana and his daughter Amagena were transferred to the weaving mill.
> [*TIM* 6, 55 obv. ii 9–12. Umma]

2.7.4 Accountability of officials and labour management

In general, the duties of officials, who were under enormous pressure, were subject to intense scrutiny, generally in relation to the fulfilment of tax obligations. To this end, a large number of documents were drawn up, including balanced accounts. These were used to monitor the work carried out and the production obtained, and also to plan for the future. Failure to compile them could result in disproportionate fines, as is shown in Text 3 of the Appendix.

However, the greatest responsibility of the officials was to meet production or work targets. In fact, they supervised work-gangs of men and women who had to perform various tasks in agriculture, irrigation, transportation, crafts production, milling and textile production. These gangs were supposed to complete an amount of work that depended on several factors, and the overseers were forced, in the first place, to take oaths to guarantee that these were not manipulated.[140] Additionally, officials were held responsible for deficits in the amount of work or production owed to the administration, and these deficits had to be repaid, often after years of deferred payment, and calculated at rates higher than the standard ones.[141]

Failure to repay meant that they were considered as thieves (*Syracuse* 484 = *MVN* 15, 220 [u.p.]), and could result in imprisonment (¶87),[142] repayment from personal assets (*Fs. Hallo*, p. 279 [Ĝi])[143] or servitude for family members (*AAICAB* 1/1, Ashm. 1911-237a-b [Um]).[144]

> (¶87) 203 *gur* and 288 *sila* of barley, (deficit of) PN_1; 413 *gur* and 235 *sila* of barley, (deficit of) PN_2; 345 *gur* and 83$^?$ *sila* of barley, (deficit of) PN_3; 71 *gur* and 60+[*n*] *sila* of barley, (deficit of) PN_4; 325 *gur* and 20 *sila* of barley, (deficit

139 Waetzoldt 1987, 139 n. 153; Wilcke 1992, 78 n. 113.

140 E.g. *AOAT* 25, 448 no. 11 = *SNAT* 178 (Ĝi); *AOAT* 25, 448 no. 12 = *SNAT* 156 (Ĝi); *AOAT* 25, 449 no. 13 (Ĝi); *BPOA* 2, 1864 (Ĝi); *LDAS* 8, 8 no. 1 (Ĝi); *LDAS* 8, 13 no. 2 (Ĝi); *MVN* 6, 117 (Ĝi); *RevSem* 11, 180 no. 3 = *TÉL* 109 (Ĝi); *TLB* 3, 64 (Ĝi); *TLB* 3, 171 (Ĝi); *MVN* 14, 2 (Um). See Molina 2020.

141 E.g. *ASJ* 2, 19 no. 55 (Ĝi); *MVN* 7, 275 (Ĝi); *AAICAB* 1/1, Ashm. 1911-237a–b (Um); *Nisaba* 6, 28 = *Kaskal* 2, 79 (Um). See Wilcke 2005; Wilcke 2007, 105–110; Wilcke 2015b, 16–23; Koslova 2014, 163–164.

142 Also *MVN* 18, 505 (Um); *MVN* 18, 181 (Um). See Wilcke 2002, 311 n. 82; Wilcke 2007, 109 n. 128; Reid 2017a, 92–93.

143 Waetzoldt/Sigrist 1993.

144 For a thorough study of these cases, see Wilcke 2007, 106–109.

of) PN_5; 310 *gur* and 20+[*n*] *sila* of barley, (deficit of) PN_6, supervisor of the granary. It is the deficit. Gasaga seized them for prison. *Date* (Š46 / vii).
[*MVN* 12, 168. Ĝirsu]

Occasionally, deficits were cancelled after an examination of special circumstances, as stated in text ¶88.[145] In this case, the liability for restitution of the deficit, for which two persons were responsible to the administration, was transferred to a builder (šidim) because "they were killed and the house was destroyed". Presumably, their deaths were caused by the collapse of the house, for which the builder would be held responsible.[146]

(¶88) 21 *gur* and 269½ *sila* of barley is the deficit of Ur-Lamma and Ur-Ba'u. Because they were killed and the housed destroyed, the grand vizier cancelled it (lit. 'released it'). *Commissioner.* The deficit is now on the builder. PN_1 swore an oath on this. Under the responsibility of PN_3 and PN_4. *Date* (ŠS 3). *Seals of* PN_3 *and* PN_4.
[*MVN* 2, 2. Ĝirsu]

Officials were also punished for failing to carry out other duties, such as the custody of prisoners[147] and the theft of property under their responsibility,[148] cases that could lead to their imprisonment or the imposition of service as serflike UN-il₂ (¶89).[149]

(¶89) Šara-isa, son of the miller Meteani: From the place of Ur-E'e, the lamentation singer, Lu-Šara, the *guzala*-official, let him escape from custody. For this reason, Lu-Šara, the *guzala*-official, was seized by Lu-kirizal for work as a serflike UN-il₂. *Date* (AS 4 / vi).
[*ASJ* 9, 315 no. 4. Umma]

Dependent workers were also subject to punishment when they ran away or failed to carry out their work. Escape could result in the forced labour of family members. This was the case with the wives of runaway *eren*-workers, who were forced to work as weavers.[150] Alternatively, it could result in imprisonment. This was the fate of a runaway potter whose escape, imprisonment and return to work can be followed in the texts.[151] Indeed, imprisonment of dependent workers was a common occurrence, as shown by a substantial group of tablets that document their

145 Cf. also *TCTI* 2, 3318 (Wilcke 2007, 106 n. 116).
146 Neumann 1996, 163–164; Wilcke 2007, 108 n. 123.
147 E.g. *TCTI* 2, 3735 (Ĝi); *ASJ* 9, 315 no. 4 (Um); *Fs. Pomponio*, p. 162, no. 4 (Um). See Reid 2017a, 100.
148 E.g. *ZA* 55, 87 IM 54358 (Um); *BPOA* 1, 813 (Um) and related documents, studied by D'Agostino 2021.
149 Fines paid in silver for other reasons are listed in *BPOA* 2, 1883 (Wilcke 2015b, 20).
150 *HLC* 1, 30 (Ĝi); *HLC* 3, 374 (pl. 141) (Ĝi). See Reid 2015, 597–598; Reid 2023, 30.
151 *MVN* 21, 203 obv. i 13 (Um); *SAT* 3, 1502 (Um); *SAT* 3, 1597: 9 (Um). See Dahl 2010, 286 n. 34; Reid 2015, 596–597; Reid 2023, 27.

incarceration for periods ranging from a few days to three years.[152] The reasons for their imprisonment included escape (*MVN* 18, 286 [Um]) and non-payment to the provincial administration (see above, text ¶87 and n. 142), although in most cases the motives for imprisonment were not specified.

3 Conclusions

The *Laws of Ur-Namma* were written during the formative years of the state of Ur III, towards the end of Ur-Namma's reign, which lasted 18 years according to the Sumerian King List.[153] The chronological distribution of the groups of documents that are most directly related to the contents of the *LUN* is somewhat different.

The more than 400 texts that record judicial proceedings in any of the various stages of a litigation show a chronological concentration in the reigns of Amar-Suen and Šu-Suen, starting roughly from the 30th regnal year of Šulgi. This distribution is also consistent with the sale and loan contracts to which the *LUN* is related. The 242 sale documents, also attested from this regnal year of Šulgi, are concentrated in the reigns of Amar-Suen and Šu-Suen, although with a significant presence in the last years of Šulgi and the early years of Ibbi-Suen. The loan documents, which record both institutional and private loans and number several hundred, are also first attested around the 30th year of Šulgi's reign, with a higher concentration of documents from the end of his reign until the beginning of Ibbi-Suen.

Thus, at least fifty years elapsed between the writing of the *Laws of Ur-Namma* and most of the surviving legal documents that could have been influenced by it. Much happened in that time. The state of Ur III expanded considerably under Šulgi, who also undertook several fundamental reforms. On the one hand, from about his 30th regnal year, coinciding with the appearance of the first court records, a complex system of taxation was introduced, involving all levels of civil society. On the other hand, the state was transformed and structured into a pyramidal and vast royal domain in which economic resources and all households, including those of the temples, were ultimately subordinated to the king and his family.

Society was roughly divided into three strata: citizens, serflike UN-il$_2$ and slaves. It is difficult to estimate their respective weights in Neo-Sumerian society, but in his recent dissertation, Pottorf has calculated that citizens made up about 70 % of Ur III society in southern Babylonia, the serflike UN-il$_2$ were at most 20 % of the population, and slaves about 10 %.[154] As explained above, slaves are properly represented in the *LUN*, but there is no explicit mention of UN-il$_2$. In that text, only terms for citizens and slaves are used when referring to the legal status of

152 Reid 2017a, 100–105.

153 In the prologue to his code, Ur-Namma boasts of having deposed Namḫani, the ruler of Lagaš who followed Ur-abba and Ur-Mama. The three of them ruled during the latter half of Ur-Namma's reign (Sallaberger/Schrakamp 2015, 120). For a summary of the events during Ur-Namma's reign, see Flückiger-Hawker 1999, 1–8; Steinkeller 2013b; Sallaberger 2014–2016; Steinkeller 2021, 55–56.

154 Pottorf 2022, 275–278.

individuals.[155] Otherwise, individuals are referred to by the inclusive term lu2, which is used for both men and women.[156] In theory, this word covered citizens, UN-il2 and slaves, as it did in the administrative texts.[157] In reality, however, the *LUN* were concerned with the rights and duties of householders and of slaves in relation to them. This scope has a correlation with the judicial proceedings, where serflike UN-il2 are never mentioned, as if these dependents of institutional households were outside the judicial circuit. Instead, court records very often deal with slaves in one way or another. Approximately 50 % of them focus on disputes dealing with the ownership or personal status of slaves, which shows that access to the judicial system was primarily granted to householders who were wealthy enough to own slaves. These were generally indigenous people who had been sold for debts, made slaves as a result of a crime, or born into slavery.

Other areas of private law covered by the *LUN* are basically the same as those covered by legal practice texts, although, as might be expected, there are differences. For example, the *LUN* provides detailed casuistry on the infliction of bodily harm, whereas these offences are not found in the legal practice texts. Other offences such as murder, robbery, theft, burglary, false accusation, false testimony, damage to and loss of property are well represented both in the *LUN* and in legal practice texts, although the latter generally offer a richer and more complex casuistry. This observation also applies to family law and inheritance. There are approximately seventy legal practice texts dealing with these areas of law, which address similar issues to those addressed by the *LUN*. However, the legal procedures are often related to litigation based on different scenarios or more complex cases.

In general, when it is a matter of private law, the relationship between the *LUN* and legal practice texts is closer, but when the dynamics of the economy are at stake, the gap between them widens. Thus, with regard to contracts, the *LUN* are most concerned with the setting of rates for deposits, sales, loans and rents, as well as the fees and wages received by workers for different types of services. These tariffs were established in the context of a state that was emerging and required the regulation of production costs, services and transport,[158] a reality that differed from the late years of Šulgi's reign and his successors. When these tariffs are compared with those recorded in later administrative texts, it becomes evident that these show a wide variation, consistent with a very complex economic situation. In any case, there were no disputes regarding the legitimacy of the interest charged on loans, the price of houses, the rates for renting boats or the wages paid to work-

155 Free citizens are referred to with the word dumu-gir15, used both for men and women (see Koslova 2008, 152–153, 171–173; Steinkeller 2013a, 350–351; Wilcke 2014, 522–526; Pottorf 2022, 89–90). Slaves are referred to with the words arad2 (male slave) and geme2 (female slave).

156 Note, for example, law §e2, where lu2 is used for the wet-nurse: tukum-bi dumu [(x)] lu2-ra lu2 ga i3-ni-gu7 (…) "If someone nurses someone's child (…)".

157 See, for example, *ASJ* 20, 106 no. 6 (Ĝi) left edge: 207 ĝuruš, 160 geme2, lu2 didli-me "207 male workers, 160 female workers, they are individuals (with) different (statuses)".

158 Wilcke 2015b, 21.

ers, which, as might be expected, shows that the *LUN* could not be binding in this respect. In contrast, the numerous legal practice texts relating to sales, loans or gifts refer to a wide variety of claims concerning the validity, terms, performance and security instruments of the contract.

With regard to the sanctions or solutions proposed by the *LUN*, it is rare to find exact correspondence with the judicial documents. This can be explained by a number of factors, including the differing casuistry of the judicial texts with regard to the issues dealt with by the laws, the very complexity of the cases recorded in the legal practice texts, the social status of the offender, and probably also the influence of local traditions, an element that however is not easy to trace due to the scarcity of documentation. It is noteworthy that the death penalty is rarely invoked in judicial texts, despite its prevalence in the legal cases outlined in the *LUN*, where it is mentioned as a punishment in ten cases. This discrepancy has been attributed to the use of this method as a means of advocating an alternative form of compensation, although this remains an issue for further investigation.

The scarce laws related to issues of personal status concern slaves or children born to slaves and free women. Legal practice texts offer a wide variety of cases of slaves who contested their status on different bases, as well as procedures related to manumission and redemption. However, there are no cases of serflike UN-il$_2$ or *eren*-workers who litigated about their status in relation to large administrations. Instead, disputes between the administrations on their status are documented. This is in line with the observation that legal decisions concerning the relationship between administrations and their subordinates, whether workers or officials, were rarely preceded by a public judgement comparable to those cases that concerned private law, at least as far as the available texts allow us to ascertain. For a variety of reasons, dependent workers, officials and their relatives were subjected to imprisonment, beating, dismissal, the requirement to repay substantial quantities of silver or barley, or the imposition of corvée labour, most of the time without access to the judicial system.

To sum up, the *Laws of Ur-Namma* primarily legislated in the area of private law, addressing essentially the same issues as those documented in the numerous court cases preserved from the later years of his successor's reign. There are aspects of private law documented in these texts that were not addressed in the *LUN*, and there are notable discrepancies between the frequency with which some specific legal issues gave rise to litigation and the relevance given to them in the *LUN*. Furthermore, the sanctions and penalties outlined therein rarely align with those imposed in judicial decisions. Nevertheless, these are not significant concerns, as laws were not intended to be comprehensive and it is assumed that law tends to lag behind societal changes.

Indeed, the *Laws of Ur-Namma* were an extraordinary and proactive contribution to addressing important societal needs, influencing later Ur III legal practice. Its dissemination, whether through the original inscription, its treatment in schools or by other means, contributed to the establishment of a judicial dynamic in the area of private law to which slaves and citizens had access throughout the Ur III period. This was actively encouraged by the Crown, whose control over the judicial apparatus was greater than is sometimes assumed. It is true that the role of provincial governors in the judicial process was crucial, but the vigilance and presence of royal dependents at trials was constant, as was the circulation of Crown-appointed judges and bailiffs throughout the provinces of the state.

It is of significance that those individuals and branches of the law that the *LUN* had ignored tended to remain at the margins of this system. In fact, the people who worked for the institutions, from the most dependent to the most senior officials, most of the time did not have access to the judicial system when it came to resolving any conflicts they had with the administration for which they worked.

Appendix

Three unpublished legal texts[159]

Text 1 (BDTNS 170849)

Private collection, London
Umma
Contestation of manumission

1 1 In-mu-na-an-si
2 u$_3$ dumu munus-ni
3 geme$_2$ Lu$_2$-diĝir-ra-ka
4 Ama-kal-la ma-ar-⸢gi$_8$⸣ i$_3$-ĝa$_2$-ar
5 [b]i$_2$-du$_{11}$
6 [l]a-ba-ge-en$_6$
rev.
1 [x]-^{d}Nin-mug-ga
2 [x]-sa$_6$-ga
3 Ur-si-ĝar
4 lu$_2$-inim-ma im-/ta-e$_3$-eš$_2$
5 ša$_3$-ba Ur-si-ĝar-ke$_4$ nam-/erim$_2$-bi u$_3$-/ku$_5$
6 Lu$_2$-diĝir-ra-ke$_4$
7 ba-ab-la-ḫe
lo.ed.
iti Pa$_4$-u$_2$-e
le.ed.

159 I am grateful to Janet Politi for her kind permission to publish Text 1 of this Appendix, which belongs to a private collector in London, and to the Trustees of the British Museum for their kind permission to publish Texts 2 and 3; I am also grateful to them for permission to quote unpublished tablets in this article.

[mu ^{d}x]-^{d}Suen lugal-e
[…] mu-ḫul

Inmunansi and her daughter, slave women of Lu-diĝira, have declared: "Amakala manumitted us". It was not confirmed. […]-Ninmuga, […]-saga (and) Ur-siĝar have appeared as witnesses. From among them Ur-siĝar will take the corresponding (declaratory) oath and then Lu-diĝira will take them (Inumnansi and her daughter). Month xi. Year in which […]-Suen destroyed […].

Text 2 (BDTNS 067371, handcopy)
BM 95539. 1901-10-12-1192
Ĝirsu. Šu-Suen 8
Confirmation of manumission

1 di til-la
2 Lugal-Ti-ra-aš$_{2}$ dumu / Ur-eš$_{3}$-lil$_{2}$-la$_{2}$-ke$_{4}$
3 Ama-tu-da dumu arad$_{2}$-/da-ka-na
4 inim in-ni-ĝar-ra
5 [Lu]gal-Ti-ra-aš$_{2}$-e
6 [igi-ni] in-ĝar-ra
7 [mu] lugal
8 [Ama-t]u-da geme$_{2}$-ĝu$_{10}$
9 […] ⸢dumu⸣ ⸢x (x)⸣
[…] *(c. ⅓ of the obv. lost)*
rev. […] *(c. ⅓ of the rev. lost)*
1′ l[u$_{2}$]-⸢inim-ma⸣-bi-me
2′ nam-erim$_{2}$ ib$_{2}$-ku$_{5}$
3′ Ama-tu-da dumu-gir$_{15}$-ra / ba-an-ku$_{4}$ (KWU 636)
4′ Ur-^{d}Ĝa$_{2}$-tum$_{3}$-«KI»-du$_{10}$ maškim
5′ ————————
6′ Šu-i$_{3}$-li$_{2}$
7′ Ur-^{d}Ištaran
8′ Lu$_{2}$-^{d}Nin-ĝir$_{2}$-su
9′ ⸢di⸣-ku$_{5}$-bi-me
10′ Lu$_{2}$-Ĝir$_{2}$-su^{ki}
11′ Ur-^{d}Nanše$^{!}$(AB)
12′ Lu$_{2}$-kiri$_{3}$-zal
le.ed.
i 1 ⸢lu$_{2}$⸣ ⸢mar-za⸣ ki-ba gub-/ba-me
ii 1 [mu] m[a$_{2}$-gur$_{8}$ maḫ] / ba-di[m$_{2}$]

Case closed. That Lugal-Tiraš, son of Ur-ešlila, raised a claim against Amatuda, daughter of his slave; that Lugal-Tiraš [app]eared (and) [declared:] "By the name of the king, [Amat]uda, my slave girl, … daughter … […]" *(several lines lost).*
[PNs] are the witnesses to this. They took the oath. Amatuda became free citizen.
Ur-Ĝatumdu is the commissioner.
Šū-ilī, Ur-Ištaran (and) Lu-Ninĝirsu are the judges to this.
Lu-Ĝirsu, Ur-Nanše (and) Lu-kirizal are the *lumarza*-officials who were at the place.
Year the magnificent boat was built.

Text 3 (BDTNS 058052, photo and handcopy)
BM 106612. 1913-04-16-1444
Umma. Šu-Suen 3
Oath of repayment in the event of non-preparation of a balanced account

1 niĝ$_2$-ka$_9$ nam-enku
2 Ur-^{d}Utu-ka
3 mu 1 iti 6-kam
4 nu-a$_5$
5 mu en Eridu^{ki} / ba-ḫuĝ-ta
6 iti šu-numun
7 mu en Ga-eš^{ki} / ba-ḫuĝ-še$_3$
rev.
1 tukum-bi
2 iti ^{d}Dumu-zi
3 u$_4$ 15-am$_3$ im-da-/ĝal$_2$
4 nu-mu-de$_6$
5 ku$_3$ nam-enku mu / 1 iti 6-bi
6 i$_3$-la$_2$-a mu lugal-/bi in-pa$_3$
7 mu Si-ma-num$_2$^{ki} / ba-ḫul
Seal
1 Arad$_2$-ḫul$_3$-la
2 dub-sar
3 dumu Ur-^{d}Utu

Ur-Utu's balanced account of fish collection, corresponding to one year and six months, was not made. From the year in which the *en*-priestess of Eridu was installed (AS 8), to the sixth month of the year in which the *en*-priestess of Ga'eš was installed (AS 9). If he does not bring it on the 15th day of twelfth month, he has sworn in the king's name that he will pay the silver of the fish collection that corresponds to one year and six months.
Year Simanum was destroyed.
Seal: Arad-ḫula, scribe, son of Ur-Utu.

Texts and text editions

AAICAB 1/1, Ashm.
See Grégoire 1996.

AAICAB 1/4, Bod.
See Grégoire 2004.

AAS
See Grégoire 1970.

Aleppo
See Touzalin 1982.

AnOr. 1
See Schneider 1931.

AnOr. 7
See Schneider 1932.

AOAT 25
See Eichler/Heimerdinger/Sjöberg 1976.

AOAT 267
See Böck/Cancik-Kirschbaum/Richter 1999.

AUCT 1
See Sigrist 1984.

AUCT 2
See Sigrist 1988.

AUCT 3
See Sigrist/Gavin/Stein/Menard 1988.

BCT 1
See Watson 1986.

BCT 2
See Watson 1993.

BDTNS
See Molina 2002.

BE 3/1
See Myhrman 1910.

Berens
See Pinches 1915.

BIN 5
See Hackman 1937.

BPOA 1
See Ozaki/Sigrist 2006a.

BPOA 2
See Ozaki/Sigrist 2006b.

BPOA 6
See Sigrist/Ozaki 2009a.

BPOA 7
See Sigrist/Ozaki 2009b.

CRRAI 4
See Bottéro 1954.

CST
See Fish 1932.

CT 7
See King 1899.

CUSAS 3
See Owen/Mayr 2007.

CUSAS 16
See Garfinkle/Van De Mieroop/Sauren 2010.

CUSAS 39
See Dahl 2020.

CUSAS 40/2
See Sigrist/Ozaki 2019.

DAS
See Lafont 1985.

DCEPHE
See Durand 1982.

FAOS 17
See Steinkeller 1989.

Fs. Charpin
See Chambon/Guichard/Langlois 2019.

Fs. Greenfield
See Zevit/Gitin/Sokoloff 1995.

Fs. Hallo
See Cohen/Snell/Weisberg 1993.

Fs. Krecher
See Koslova/Vizirova/Zólyomi 2014.

Fs. Leichty
See Guinan et al. 2006.

Fs. Milano
See Corò/Devecchi/De Zorzi/Maiocchi 2016.

Fs. Owen
See Kleinerman/Sasson 2010.

Fs. Pettinato
See Waetzoldt 2004.

Fs. Pomponio
See Notizia/Rositani/Verderame 2021.

Fs. Sigrist
See Michalowski 2008.

Fs. Veenhof
See van Soldt 2001.

Gs. Finkelstein
See de Jong Ellis 1977.

HLC 1
See Barton 1905.

HLC 3
See Barton 1914.

HSS 4
See Hussey 1915.

ITT 2
See de Genouillac 1910–1911.

ITT 3
See de Genouillac 1912.

ITT 4
See Delaporte 1912.

ITT 5
See de Genouillac 1921.

JCS SS 5
See Studevent-Hickman 2018.

LDAS 8
See Jördens/Yiftach 2020.

L'uomo
See Pettinato 1997.

Messenger Texts
See McNeil 1970.

MS
Tablet signature, Martin Schøyen Collection (Oslo).

MTBM
See Sigrist 1990.

MVN 1
See Waetzoldt/Pettinato 1974.

MVN 2
See Sauren 1974.

MVN 3
See Owen 1975.

MVN 5
See Sollberger 1978.

MVN 6
See Pettinato 1977.

MVN 7
See Pettinato/Picchioni 1978.

MVN 10
See Grégoire 1981.

MVN 11
See Owen 1982a.

MVN 12
See Gomi 1982.

MVN 14
See Yıldız/Waetzoldt/Renner 1988.

MVN 15
See Owen 1991.

MVN 16
See Waetzoldt/Yıldız 1994.

MVN 18
See Molina 1993.

MVN 21
See Koslova 2000.

NATN
See Owen 1982b.

NFT
See Cros/Heuzey/Thureau-Dangin 1910–1914.

Nik. 2
See Nikol'skij 1915.

Nisaba 3/2
See Capitani 2003.

Nisaba 6
See al-Rawi/D'Agostino 2005.

Nisaba 13
See Notizia 2006.

Nisaba 15/2
See Owen 2013.

Nisaba 23
See al-Rawi/Verderame 2009.

Nisaba 24
See al-Rawi/D'Agostino/Taylor 2010.

Nisaba 26
See al-Rawi/Gorello/Notizia 2013.

Nisaba 33
See Ozaki 2021.

Nisaba 34
See Ozaki/Sigrist/Tang 2023.

NRVN 1
See Çığ/Kızılyay1965.

NSGU
See Falkenstein 1956/2.

OrSP 47–49
See Schneider 1930.

PBS 13
See Legrain 1922.

PPAC 4
See Ozaki/Sigrist 2010.

PPAC 5
See Sigrist/Ozaki 2013.

RIAA
See Speleers 1925.

Rochester
See Sigrist 1991.

RTC
See Thureau-Dangin 1913.

Santag 6
See Koslova 2001.

SAT 1
See Sigrist 1994.

SAT 2
See Sigrist 2000a.

SAT 3
See Sigrist 2000b.

SNAT
See Gomi/Sato 1990.

Syracuse
See Sigrist 1983.

TAD
See Langdon 1911.

TCL 2
See de Genouillac 1911a.

TCL 5
See de Genouillac 1922.

TCTI 1
See Lafont/Yıldız 1989.

TCTI 2
See Lafont/Yıldız 1996.

TÉL
See Virolleaud/Lambert 1968.

TIM 6
See Reschid 1971.

TJAMC IES
See Szlechter 1963.

TLB 3
See Hallo 1963.

TMH NF 1–2
See Pohl 1937.

Trouvaille
See de Genouillac 1911b.

TRU
See Legrain 1912.

TSDU
See Limet 1973.

TUT
See Reisner 1901.

UET 3
See Legrain 1937.

UTI 4
See Gomi/Yıldız 1997.

UTI 5
See Yıldız/Ozaki 2000.

UTI 6
See Yıldız/Ozaki 2001.

YOS 4
See Keiser 1919.

Bibliography

Adams 2010
Adams, R. McC.: Slavery and Freedom in the Third Dynasty of Ur: Implications of the Garshana Archives. Cuneiform Digital Library Journal 2010: 2.

al-Rawi/D'Agostino 2005
al-Rawi, F. N. H. / D'Agostino, F.: Neo-Sumerian Administrative Texts from Umma Kept in the British Museum 1. Nisaba. Studi Assiriologici Messinesi 6, Messina.

al-Rawi/D'Agostino/Taylor 2010
al-Rawi, F. N. H. / D'Agostino, F. / Taylor, J.: Neo-Sumerian Administrative Texts from Umma Kept in the British Museum 4. Nisaba. Studi Assiriologici Messinesi 24, Messina.

al-Rawi/Gorello/Notizia 2013
al-Rawi, F. N. H. / Gorello, F. / Notizia, P.: Neo-Sumerian Administrative Texts from Umma Kept in the British Museum 5. Nisaba. Studi Assiriologici Messinesi 26, Messina.

al-Rawi/Verderame 2009
al-Rawi, F. N. H. / Verderame, L.: Neo-Sumerian Administrative Texts from Umma Kept in the British Museum 3. Nisaba. Studi Assiriologici Messinesi 23, Messina.

Barton 1905
Barton, G. A.: Haverford Library Collection of Cuneiform Tablets or Documents from the Temple Archives of Telloh 1, Philadelphia / London.

Barton 1914
Barton, G. A.: Haverford Library Collection of Cuneiform Tablets or Documents from the Temple Archives of Telloh 3, Philadelphia / London.

Böck/Cancik-Kirschbaum/Richter 1999
Böck, B. / Cancik-Kirschbaum, E. / Richter, T. (eds.): Munuscula Mesopotamica. Festschrift für Johannes Renger. Alter Orient und Altes Testament 267, Münster.

Borrelli 2013
Borrelli, N.: Managing the Land: Agricultural Administration in the Province of Ĝirsu/Lagaš during the Ur III Period. PhD Dissertation Università degli Studi di Napoli "L'Orientale".

Borrelli/Notizia 2024
Borrelli, N. / Notizia, P.: Prestige on Display: Markers of Economic and Social Status in Ur III Babylonia. Journal of Ancient Near Eastern History 11, 199–239.

Bottéro 1954
Bottéro, J.: Le Problème des Habiru à la 4e Rencontre Assyriologique Internationale Paris, 29 Juin–1 Juillet 1953, Paris.

Capitani 2003
Capitani, M. M.: Girsu Messenger Texts in the British Museum. Nisaba. Studi Assiriologici Messinesi 3/2, Messina.

Chambon/Guichard/Langlois 2019
Chambon, G. / Guichard, M. / Langlois, A.-I. (eds.): De l'argile au numérique. Mélanges assyriologiques en l'honneur de Dominique Charpin. Publications de l'Institut du Proche-Orient Ancien du Collège de France 3, Paris.

Çığ/Kızılyay 1965
Çığ, M. / Kızılyay, H.: Neusumerische Rechts- und Verwaltungsurkunden aus Nippur 1, Ankara.

Civil 1965
Civil, M.: New Sumerian Law Fragments. In: Güterbock, H. G. / Jacobsen, Th. (eds.): Studies in Honor of Benno Landsberger on His Seventy-fifth Birthday. Assyriological Studies 16, Chicago / London, 1–12.

Civil 2011
Civil, M.: The Law Collection of Ur-Namma. In: George, A. R. (ed.): Cuneiform Royal Inscriptions and Related Texts in the Schøyen Collection. Cornell University Studies in Assyriology and Sumerology 17, Bethesda, 221–286 + Pls. XCIII–CI.

Claassens 2010
Claassens, S. J.: The So-Called 'Mesopotamian Law Codes': What Is in a Name? Journal for Semitics 19, 461–478.

Cohen/Snell/Weisberg 1993
Cohen, M. E. / Snell, D. C. / Weisberg, D. B. (eds.): The Tablet and the Scroll. Near Eastern Studies in Honour of W. W. Hallo, Bethesda.

Corò/Devecchi/De Zorzi/Maiocchi 2016
Corò, P. / Devecchi, E. / De Zorzi, N. / Maiocchi, M. (eds.): Libiamo ne' lieti calici: Ancient Near Eastern Studies Presented to Lucio Milano on the Occasion of His 65th Birthday by Pupils, Colleagues and Friends. Alter Orient und Altes Testament 346, Münster.

Cros/Heuzey/Thureau-Dangin 1910–1914
Cros, G. / Heuzey, L. A. / Thureau-Dangin, F.: Nouvelles fouilles de Tello 1–3, Paris.

Culbertson 2009
Culbertson, L.: Dispute Resolution in the Provincial Courts of the Third Dynasty of Ur. PhD Dissertation University of Michigan.

Culbertson 2011
Culbertson, L.: A Life-Course Approach to Household Slaves in the Late Third Millennium B.C. In: Culbertson, L. (ed.): Slaves and Households in the Ancient Near East. Oriental Institute Seminars 7, Chicago, 33–48.

D'Agostino 2021
D'Agostino, F.: Stealing Barley in Ur III: a Detective Story? In: Notizia, P. / Rositani, A. / Verderame, L. (eds.): ^{d}Nisaba za$_{3}$–mi$_{2}$. Ancient Near Eastern Studies in Honor of Francesco Pomponio. dubsar 19, Münster, 73–86.

Dahl 2010
Dahl, J. L.: A Babylonian Gang of Potters. Reconstructing the Social Organization of Crafts Production in the Late Third Millennium BC Southern Mesopotamia. In: Kogan, L. / Koslova, N. / Loesov, S. / Tishchenko, S. (eds.): City Administration in the Ancient Near East. Proceedings of the 53e Rencontre Assyriologique Internationale 2. Babel und Bibel 5, Winona Lake, 275–305.

Dahl 2020
Dahl, J. L.: Ur III Texts in the Schøyen Collection. Cornell University Studies in Assyriology and Sumerology 39, University Park.

Delaporte 1912
Delaporte, L.: Textes de l'époque d'Ur: fouilles d'Ernest de Sarzec en 1898 et 1900. Inventaire des tablettes de Tello conservées au Musée Impérial Ottoman 5, Paris.

[Démare-]Lafont 1999
[Démare-]Lafont, S.: Femmes, Droit et Justice dans l'Antiquité orientale. Contribution à l'étude du droit pénal au Proche-Orient ancien. Orbis Biblicus et Orientalis 165, Göttingen.

Démare-Lafont 2023
Démare-Lafont, S.: Mesopotamian Judicial Practice: An Overview. In: Démare-Lafont, S. / Fleming, D. E. (eds.): Judicial Decisions in the Ancient Near East. Society of Biblical Literature Writings from the Ancient World 43, Atlanta, 1–31.

Durand 1982
Durand, J.-M.: Catalogue et copies cunéiformes. Documents cunéiformes de la 4e Section de l'École Practique des Hautes-Études 1, Paris.

Eichler/Heimerdinger/Sjöberg 1976
Eichler, B. L. / Heimerdinger, J. W. / Sjöberg, Å. W. (eds.): Kramer Anniversary Volume. Cuneiform Studies in Honor of Samuel Noah Kramer. Alter Orient und Altes Testament 25, Neukirchen / Vluyn.

Englund 2012
Englund, R. K.: Versilberte Arbeit. Äquivalenzenfestsetzung in der Ur-III-Zeit. In: Neumann, H. (ed.): Wissenskultur im Alten Orient: Weltanschauung, Wissenschaften, Techniken, Technologien. 4. Internationales Colloquium der Deutschen Orient-Gesellschaft (20.–22. Februar 2002, Münster), Wiesbaden, 121–152.

Falkenstein 1956/1
Falkenstein, A.: Die neusumerischen Gerichtsurkunden. Erster Teil. Einleitung und systematische Darstellung. Abhandlungen der Bayerischen Akademie der Wissenschaften, Philosophisch-Historische Klasse, Neue Folge 39, Munich.

Falkenstein 1956/2
Falkenstein, A.: Die neusumerischen Gerichtsurkunden. Zweiter Teil. Umschrift, Übersetzung und Kommentar. Abhandlungen der Bayerischen Akademie der Wissenschaften, Philosophisch-Historische Klasse, Neue Folge 40, Munich.

Finkelstein 1969
Finkelstein, J. J.: The Laws of Ur-Nammu. Journal of Cuneiform Studies 22, 66–82.

Fish 1932
Fish, T.: Catalogue of Sumerian Tablets in the John Rylands Library, Manchester.

Flückiger-Hawker 1999
Flückiger-Hawker, E.: Urnamma of Ur in Sumerian Literary Tradition. Orbis Biblicus et Orientalis 166, Fribourg / Göttingen.

Garfinkle 2004
Garfinkle, S. J.: Shepherds, Merchants and Credit: Some Observations on Lending Practices in Ur III Mesopotamia. Journal of the Economic and Social History of the Orient 47, 1–30.

Garfinkle 2012
Garfinkle, S. J.: Entrepreneurs and Enterprise in Early Mesopotamia. A Study of Three Archives from the Third Dynasty of Ur. Cornell University Studies in Assyriology and Sumerology 22, Bethesda.

Garfinkle/Van De Mieroop/Sauren 2010
Garfinkle, S. J. / Van De Mieroop, M. / Sauren, H.: Ur III Tablets of the Columbia University Libraries. Cornell University Studies in Assyriology and Sumerology 16, Bethesda.

de Genouillac 1910–1911
de Genouillac, H.: Textes de l'époque d'Agadé et de l'époque d'Ur: fouilles d'Ernest de Sarzec en 1894, 1–2. Inventaire des tablettes de Tello conservées au Musée Impérial Ottoman 2, Paris.

de Genouillac 1911a
de Genouillac, H.: Tablettes de Dréhem. Textes Cunéiformes. Musée du Louvre, Département des antiquités orientales 2, Paris.

de Genouillac 1911b
de Genouillac, H.: La trouvaille de Dréhem: étude avec un choix de textes de Constantinople et Bruxelles, Paris.

de Genouillac 1912
de Genouillac, H.: Textes de l'époque d'Ur. Inventaire des tablettes de Tello conservées au Musée Impérial Ottoman 3, Paris.

de Genouillac 1914
de Genouillac, H.: Contrat en Forme. Revue d'Assyriologie et d'Archéologie Orientale 11, 27–28.

de Genouillac 1921
de Genouillac, H.: Époque présargonique, époque d'Agadé, époque d'Ur. Inventaire des tablettes de Tello conservées au Musée Impérial Ottoman 5, Paris.

de Genouillac 1922
de Genouillac, H.: Textes Économiques d'Oumma de l'époque d'Our. Musée du Louvre, Département des antiquités orientales 5, Paris.

Gomi 1982
Gomi, T.: Wirtschaftstexte der Ur III-Zeit aus dem British Museum. Materiali per Il Vocabolario Neosumerico 12, Rome.

Gomi/Sato 1990
Gomi, T. / Sato, S.: Selected Neo-Sumerian Administrative Texts from the British Museum, Abiko.

Gomi/Yıldız 1997
Gomi, T. / Yıldız, F.: Die Umma-Texte aus den Archäologischen Museen zu Istanbul 4 (Nr. 2301–3000), Bethesda.

Grégoire 1970
Grégoire, J.-P.: Archives administratives sumériennes, Paris.

Grégoire 1981
Grégoire, J.-P.: Inscriptions et archives administratives cunéiformes 1. Materiali per il Vocabolario Neosumerico 10, Rome.

Grégoire 1996
Grégoire, J.-P.: Contribution à l'histoire sociale, économique, politique et culturelle du Proche-Orient Ancien: Archives administratives et inscriptions cunéiformes de l'Ashmolean Museum et de la Bodleian Collection d'Oxford 1. Les Sources 1, Paris.

Grégoire 2004
Grégoire, J. P.: Contribution à l'histoire sociale, économique, politique et culturelle du Proche-Orient Ancien: Archives administratives et inscriptions cunéiformes de l'Ashmolean Museum et de la Bodleian Collection d'Oxford 1. Les Sources 4, Paris.

Guinan et al. 2006
Guinan, A. K. / de Jong Ellis, M. / Ferrara, A. J. / Freedman, S. M. / Rutz, M. T. / Sassmannnshausen, L. / Tinney, S. / Waters, M. W. (eds.): If a Man Builds a Joyful House: Assyriological Studies in Honor of Erle Verdun Leichty. Cuneiform Monographs 31, Leiden / Boston.

Gurney/Kramer 1965
Gurney, O. R. / Kramer, S. N.: Two Fragments of Sumerian Law. In: Güterbock, H. G. / Jacobsen, Th. (eds.): Studies in Honor of Benno Landsberger on His Seventy-fifth Birthday. Assyriological Studies 16, Chicago / London, 13–20.

Hackman 1937
Hackman, G. G.: Temple Documents of the Third Dynasty of Ur from Umma. Babylonian Inscriptions in the Collection of James B. Nies 5, New Haven / London.

Hallo 1963
Hallo, W. W.: Sumerian Archival Texts. Tabulae Cuneiformes a F. M. Th. de Liagre Böhl Collectae, Leidae Conservatae 3, Leiden.

Heimpel 1994
Heimpel, W.: Meaning 5 of ba-al. Nouvelles Assyriologiques Brèves et Utilitaires 1994, 71–72 no. 82.

Heimpel 2009
Heimpel, W.: The Location of Madga. Journal of Cuneiform Studies 61, 25–61.

Howard 2021
Howard, J. C.: Punishment for Patricide. Zeitschrift für Assyriologie und Vorderasiatische Archäologie 111, 157–173.

Huber Vulliet 2019
Huber Vulliet, F.: Le personnel cultuel à l'époque néosumérienne (ca. 2160–2003 av. J.-C.). Biblioteca del Próximo Oriente Antiguo 14, Madrid.

Hussey 1915
Hussey, M. I.: Sumerian Tablets in the Harvard Semitic Museum 2. From the Time of the Dynasty of Ur. Harvard Semitic Series 4, Cambridge.

de Jong Ellis 1977
de Jong Ellis, M. (ed.): Essays on the Ancient Near East in Memory of Jacob Joel Finkelstein. Memoirs of the Connecticut Academy of Arts & Sciences 19, Hamden.

Jördens/Yiftach 2020
Jördens, A. / Yiftach, U. (eds.): Legal Documents in Ancient Societies 8. Accounts and Bookkeeping in the Ancient World. Philippika. Altertumswissenschaftliche Abhandlungen 55/2, Wiesbaden.

Keiser 1919
Keiser, C. E.: Selected Temple Documents of the Ur Dynasty. Yale Oriental Series, Babylonian Texts 4, New Haven.

King 1899
King, L. W.: Cuneiform Texts from the Babylonian Tablets in the British Museum 7, London.

Kleinerman/Sasson 2010
Kleinerman, A. / Sasson, J. M. (eds.): Why Should Someone Who Knows Something Conceal It? Cuneiform Studies in Honor of David I. Owen on His 70th Birthday, Bethesda.

Koslova 2000
Koslova, N.: Neusumerische Verwaltungstexte aus Umma aus der Sammlung der Ermitage zu St. Petersburg, Rußland. Materiali per il Vocabolario Neosumerico 21, Rome.

Koslova 2001
Koslova, N.: Ur III-Texte der St. Petersburger Eremitage. Santag. Arbeiten und Untersuchungen zur Keilschriftkunde 6, Wiesbaden.

Koslova 2008
Koslova, N.: Bezeichnungen der Arbeitskräfte in Umma der Ur III-Zeit. In: Garfinkle, S. J. / Johnson, J. C. (eds.): The Growth of an Early State in Mesopotamia: Studies in Ur III Administration. Biblioteca del Próximo Oriente Antiguo 5, Madrid, 149–206.

Koslova 2014
Koslova, N.: Some Observations on the Organization of Labor in Ur III Umma: Lu-Dani and His Assistant Lusig. Babel und Bibel 7, 155–174.

Koslova/Vizirova/Zólyomi 2014
Koslova, N. / Vizirova, E. / Zólyomi, G. (eds.): Studies in Sumerian Language and Literature. Festschrift für Joachim Krecher. Babel und Bibel 8, Winona Lake.

Kramer 1954
Kramer, S. N.: Ur-Nammu Law Code. Orientalia Nova Series 23, 40–51 + Pls. V–VII (with an Appendix by A. Falkenstein).

Lafont 1985
Lafont, B.: Documents administratifs sumériens provenant du site de Tello et conservés au Musée du Louvre. Recherche sur les Civilisations Mémoires 61, Paris.

Lafont 1994
Lafont, B.: L'avènement de Šu-Sîn. Revue d'Assyriologie et d'Archéologie Orientale 88, 97–119.

Lafont 2023
Lafont, B.: Sumerian Judicial Decisions. In: Démare-Lafont, S. / Fleming, D. E. (eds.): Judicial Decisions in the Ancient Near East. Society of Biblical Literature Writings from the Ancient World 43, Atlanta, 33–102.

Lafont/Westbrook 2003
Lafont, B. / Westbrook, R.: Neo-Sumerian Period (Ur III). In: Westbrook, R. (ed.): A History of Ancient Near Eastern Law. Handbook of Oriental Studies 72, Leiden / Boston, 183–226.

Lafont/Yıldız 1989
Lafont, B. / Yıldız, F.: Tablettes cunéiformes de Tello au Musée d'Istanbul datant de l'époque de la IIIe Dynastie d'Ur 1. Publications de l'Institut Historique et Archéologique Néerlandais de Stamboul 65, Leiden.

Lafont/Yıldız 1996
Lafont, B. / Yıldız, F.: Tablettes cunéiformes de Tello au Musée d'Istanbul datant de l'époque de la IIIe Dynastie d'Ur 2. Publications de l'Institut Historique et Archéologique Néerlandais de Stamboul 77, Leiden.

Langdon 1911
Langdon, S.: Tablets from the Archives of Drehem, Paris.

Legrain 1912
Legrain, L.: Le temps des rois d'Ur. Recherches sur la société antique d'après des textes nouveaux. Bibliothèque de l'École des Hautes Études 199, Paris.

Legrain 1922
Legrain, L.: Historical Fragments. The University Museum Publications of the Babylonian Section, University of Pennsylvania 13, Philadelphia.

Legrain 1937
Legrain, L.: Business Documents of the Third Dynasty of Ur. Ur Excavations Texts 3, London / Philadelphia.

Limet 1973
Limet, H.: Textes Sumériens de la III Dynastie d'Ur, Gembloux.

Lutzmann 1976
Lutzmann, H.: Die neusumerischen Schuldurkunden. Teil 1: Einleitung und systematische Darstellung, Heidelberg.

de Maaijer/Jagersma 1997–1998
de Maaijer, R. / Jagersma, B.: Review of Å. W. Sjöberg, The Sumerian Dictionary of the University Museum of the University of Pennsylvania A/1–2, Philadelphia 1992–1994. Archiv für Orientforschung 44/45, 277–288.

Maekawa 1977
Maekawa, K.: The Rent of the Tenant Field (gán-APIN.LAL) in Lagash. Zinbun 14, 1–54.

Maekawa 1980
Maekawa, K.: Female Weavers and Their Children in Lagash – Pre-Sargonic and Ur III. Acta Sumerologica 2, 81–125.

Maekawa 1986
Maekawa, K.: The Agricultural Texts of Ur III Lagash of the British Museum (IV). Zinbun 21, 91–157.

McNeil 1970
McNeil, R. C.: The "Messenger Texts" of the Third Ur Dynasty. PhD Dissertation University of Pennsylvania.

Michalowski 2008
Michalowski, P. (ed.): On the Third Dynasty of Ur. Studies in Honor of Marcel Sigrist. Journal of Cuneiform Studies Supplemental Series 1, Boston.

Michalowski/Walker 1989
Michalowski, P. / Walker, C. B. F.: A New Sumerian 'Law Code'. In: Behrens, H. / Loding, D. / Roth, M. T. (eds.): DUMU-E$_2$-DUB-BA-A. Studies in Honor of Åke W. Sjöberg. Occasional Publications of the Samuel Noah Kramer Fund 11, Philadelphia, 383–396.

Molina 1993
Molina, M.: Tablillas administrativas neosumerias de la Abadía de Montserrat (Barcelona): copias cuneiformes. Materiali per il Vocabolario Neosumerico 18, Rome.

Molina 2000
Molina, M.: La ley más antigua. Textos legales sumerios. Pliegos de Oriente Textos 5, Madrid / Barcelona.

Molina 2002
Molina, M.: Database of Neo-Sumerian Texts (BDTNS). <bdtns.cesga.es>.

Molina 2008
Molina, M.: New Ur III Court Records Concerning Slavery. In: Michalowski, P. (ed.): On the Third Dynasty of Ur. Studies in Honor of Marcel Sigrist. Journal of Cuneiform Studies Supplemental Series 1, Boston, 125–143.

Molina 2013
Molina, M.: Court Officials at Umma in Ur III Times. Zeitschrift für Assyriologie und Vorderasiatische Archäologie 103, 125–148.

Molina 2014
Molina, M.: From Court Records to Sammelurkunden: A New Tablet from Umma and TCL 5, 6047. In: Koslova, N. / Vizirova, E. / Zólyomi, G. (eds.): Studies in Sumerian Language and Literature. Festschrift für Joachim Krecher. Babel und Bibel 8, Winona Lake, 399–421.

Molina 2016
Molina, M.: Cases on Malpractice by Provincial Officers at Umma. In: Corò, P. / Devecchi, E. / De Zorzi, N. / Maiocchi, M. (eds.): Libiamo ne' lieti calici: Ancient Near Eastern Studies Presented to Lucio Milano on the Occasion of His 65th Birthday by Pupils, Colleagues and Friends. Alter Orient und Altes Testament 346, Münster, 319–335.

Molina 2019
Molina, M.: Sumerian Judicial Procedures against Tomb Robbers. In: Chambon, G. / Guichard, M. / Langlois, A.-I. (eds.): De l'argile au numérique. Mélanges assyriologiques en l'honneur de Dominique Charpin. Publications de l'Institut du Proche-Orient Ancien du Collège de France 3, Paris, 693–712.

Molina 2020
Molina, M.: Who Watches the Watchers? New Evidence on the Role of Foremen in the Ur III Administration. In: Jördens, A. / Yiftach, U. (eds.): Legal Documents in Ancient

Societies 8. Accounts and Bookkeeping in the Ancient World. Philippika. Altertumskundliche Abhandlungen 55/2, Wiesbaden, 3–25.

Molina 2022
Molina, M.: Punishment for Harbouring Thieves in Ur III Times. Nouvelles Assyriologiques Brèves et Utilitaires 2022, 187–190 no. 85.

Molina 2025
Molina, M.: A Cache at the Merchant's House: New Evidence of Robbery in Ur III Texts? In: Alivernini, A. / Bramanti, A. / Greco, A. / Spada, G. (eds.): "And I Have Also Devoted Myself to the Art of Music." Ancient Near Eastern Studies in Honor of Franco D'Agostino Presented to his 65th Birthday by His Pupils, Colleagues, and Friends. dubsar 37, Münster, 85–98.

Molina/Such-Gutiérrez 2004
Molina, M. / Such-Gutiérrez, M.: On Terms for Cutting Plants and Noses in Ancient Sumer. Journal of Near Eastern Studies 63, 1–16.

Myhrman 1910
Myhrman, D. W.: Sumerian Administrative Documents from the Second Dynasty of Ur. The Babylonian Expedition of the University of Pennsylvania Series A: Cuneiform Texts 3/1, Philadelphia.

Neumann 1987
Neumann, H.: Bemerkungen zu Ehe, Konkubinat und Bigamie in neusumerischer Zeit. In: Durand, J. M. (ed.): La Femme dans le Proche-Orient Antique. Compte rendu de la 33^{e} Rencontre Assyriologique Internationale (Paris, 7–10 Juillet 1986), Paris, 131–137.

Neumann 1989
Neumann, H.: Bemerkungen zur Freilassung von Sklaven im alten Mesopotamien gegen Ende des 3. Jahrtausends v.u.Z. Altorientalische Forschungen 16, 220–233.

Neumann 1996
Neumann, H.: Der sumerische Baumeister (šidim). In: Veenhof, K. R. (ed.): Houses and Households in Ancient Mesopotamia. Papers Read at the 40th Rencontre Assyriologique Internationale, Leiden, July 5–8, 1993. Publications de l'Institut Historique-Archéologique Néerlandais de Stamboul 78, Leiden, 153–169.

Neumann 2003
Neumann, H.: Recht im antiken Mesopotamien. In: Manthe, U. (ed.): Die Rechtskulturen der Antike. Vom Alten Orient bis zum Römischen Reich, Munich, 55–122, 322–327.

Neumann 2004
Neumann, H.: Sumerische und akkadische Texte des 3. Jt. v. Chr. In: Janowski, B. / Wilhelm, G. (eds.): Texte zum Rechts- und Wirschaftsleben. Texte aus der Umwelt des Alten Testaments Neue Folge 1, Gütersloh, 1–24.

Neumann 2003–2005
Neumann, H.: Pacht. A. Präsargonisch bis Ur III. Reallexikon der Assyriologie und Vorderasiatischen Archäologie 10, 167–170.

Neumann 2005
Neumann, H.: Der Beitrag Mesopotamiens zur Rechtsgeschichte. Bürgschaft und Pfand als Mittel der Vertragssicherung. In: Barta, H. / Mayer-Maly, Th. / Raber, F. (eds.): Lebend(ig)e Rechtsgeschichte. Beispiele antiker Rechtskulturen: Ägypten, Mesopotamien und Griechenland, Münster, 181–204.

Neumann 2011
Neumann, H.: Slavery in Private Households Toward the End of the Third Millennium B.C. In: Culbertson, L. (ed.): Slaves and Households in the Ancient Near East. Oriental Institute Seminars 7, Chicago, 21–32.

Neumann 2012
Neumann, H.: Todes- und Körperstrafe versus Versklavung und Geldbuße. Überlegungen zur mesopotamischen Strafrechtspraxis im 3. und frühen 2. Jt. v. Chr. In: Rollinger, R. / Lang, M. / Barta, H. (eds.): Strafe und Strafrecht in antiken Welten. Unter Berücksichtigung von Todesstrafe, Hinrichtung und peinlicher Befragung, Wiesbaden, 163–179.

Neumann 2017
Neumann, H.: Zum außergerichtlichen Vergleich in Mesopotamien in der Zeit der Wende vom 3. zum 2. Jahrtausend v. Chr. In: Pfeifer, G. / Grotkamp, N. (eds.): Außergerichtliche Konfliktlösung in der Antike. Beispiele aus drei Jahrtausenden. Global Perspectives on Legal History 9, Frankfurt am Main, 27–42.

Neumann/Paulus 2009–2011
Neumann, H. / Paulus, S.: Schenkung. Reallexikon der Assyriologie und Vorderasiatischen Archäologie 12, 141–145.

Nikol'skij 1915
Nikol'skij, M. V.: Dokumenty chozjajstvennoj otčetnosti drecnej Chaldei iz sobranija N. P. Lichačeva 2: Epocha dinastii Agade i epocha dinastii Ura. Drevnosti Vistočnyja 5, Moskau.

Notizia 2006
Notizia, P.: Testi amministrativi Neo-Sumerici da Girsu nel British Museum. Nisaba. Studi Assiriologici Messinesi 13, Messina.

Notizia 2021
Notizia, P.: Money-Lenders and Merchants from Central Babylonia: Unpublished Ur III Documents in the Yale Babylonian Collection. In: Notizia, P. / Rositani, A. / Verderame, L. (eds.): ^{d}Nisaba za$_{3}$-mi$_{2}$. Ancient Near Eastern Studies in Honor of Francesco Pomponio. dubsar 19, Münster, 181–197.

Notizia/Rositani/Verderame 2021
Notizia, P. / Rositani, A. / Verderame, L. (eds.): ^{d}Nisaba za$_{3}$-mi$_{2}$. Ancient Near Eastern Studies in Honor of Francesco Pomponio. dubsar 19, Münster.

Owen 1975
Owen, D. I.: The John Frederick Lewis Collection. Materiali per il Vocabolario Neosumerico 3, Rome.

Owen 1982a
Owen, D. I.: Selected Ur III Texts from the Harvard Semitic Museum. Materiali per il Vocabolario Neosumerico 11, Rome.

Owen 1982b
Owen, D. I.: Neo-Sumerian Archival Texts Primarily from Nippur in the University Museum, Oriental Institute and the Iraq Museum, Winona Lake.

Owen 1991
Owen, D. I.: Neo-Sumerian Texts from American Collections. Materiali per il Vocabolario Neosumerico 15, Rome.

Owen 2013
Owen, D. I.: Cuneiform Texts Primarily from Iri-Sagrig/Al-Šarrākī and the History of the Ur III Period. Nisaba. Studi Assiriologici Messinesi 15/2, Bethesda.

Owen/Mayr 2007
Owen, D. I. / Mayr, R. H.: The Garšana Archives. Cornell University Studies in Assyriology and Sumerology 3, Bethesda.

Ozaki 2021
Ozaki, T.: The Lost and the Found. Cuneiform Collections Rediscovered. With Copies by Herbert Sauren. With Collaboration of David I. Owen and Palmiro Notizia. Nisaba. Studi Assiriologici Messinesi 33, Messina.

Ozaki/Sigrist 2006a
Ozaki, T. / Sigrist, M.: Ur III Administrative Tablets from the British Museum 1. Biblioteca del Próximo Oriente Antiguo 1, Madrid.

Ozaki/Sigrist 2006b
Ozaki, T. / Sigrist, M.: Ur III Administrative Tablets from the British Museum 2. Biblioteca del Próximo Oriente Antiguo 2, Madrid.

Ozaki/Sigrist 2010
Ozaki, T. / Sigrist, M.: Tablets in Jerusalem: Sainte-Anne and Saint-Étienne. Periodic Publications on Ancient Civilizations 4. Supplement to Journal of Ancient Civilizations 2, Changchun.

Ozaki/Sigrist/Tang 2023
Ozaki, T. / Sigrist, M. / Tang, S.: The Rosen Collection Texts at Yale Peabody Museum. Nisaba. Studi Assiriologici Messinesi 34, Messina.

Petschow 1965
Petschow, H. P. H.: Zur Systematik und Gesetzestechnik im Kodex Hammurapi. Zeitschrift für Assyriologie und Vorderasiatische Archäologie 57, 146–172.

Pettinato 1977
Pettinato, G.: Testi economici di Lagaš del Museo di Istanbul. Parte I: La. 7100–7600. Materiali per il Vocabolario Neosumerico 6, Rome.

Pettinato 1997
Pettinato, G.: L'uomo cominciò a scrivere. Iscrizioni cuneiformi della collezione Michail, Milan.

Pettinato/Picchioni 1978
Pettinato, G. / Picchioni, S. A.: Testi economici di Lagaš del Museo di Istanbul. Parte II: La. 7601–8200. Materiali per il Vocabolario Neosumerico 7, Rome.

Pinches 1915
Pinches, Th. G.: The Babylonian Tablets of the Berens Collection. Royal Asiatic Society Monographs 16, London.

Pohl 1937
Pohl, A.: Rechts- und Verwaltungsurkunden der III. Dynastie von Ur. Texte und Materialien der Frau Professor Hilprecht Collection of Babylonian Antiquities im Eigentum der Universität Jena. Neue Folge 1–2, Leipzig.

Pottorf 2022
Pottorf, A. R.: Social Stratification in Southern Mesopotamia during the Third Dynasty of Ur (ca. 2100–2000 BCE). PhD Dissertation Harvard University.

Reid 2015
Reid, J. N.: Runaways and Fugitive-Catchers during the Third Dynasty of Ur. Journal of the Economic and Social History of the Orient 58, 576–605.

Reid 2017a
Reid, J. N.: The Birth of the Prison: The Functions of Imprisonment in Early Mesopotamia. Journal of Ancient Near Eastern History 3, 81–115.

Reid 2017b
Reid, J. N.: The Children of Slaves in Early Mesopotamian Laws and Edicts. Revue d'Assyriologie et d'Archéologie Orientale 111, 9–23.

Reid 2023
Reid, J. N.: Punishment for the Coercion of Labour during the Ur III Period. In: De Vito, Ch. G. / Fagbore, A. S. (eds.): Punishing Workers, Managing Labour. International Review of Social History 68: S31, 15–32.

Reisner 1901
Reisner, G.: Tempelurkunden aus Telloh, Berlin.

Reschid 1971
Reschid, F.: Administrative Texts from the Ur III Dynasty. Texts in the Iraq Museum 6, Baghdad.

Römer 1982
Römer, W. H. Ph.: Aus den Gesetzen des Königs Urnammu von Ur. In: Kaiser, O. (Hrsg.): Rechts- und Wirtschaftsurkunden. Historisch-chronologische Texte. Texte aus der Umwelt des Alten Testaments 1/1, Gütersloh 1982, 17–23.

Rost 2015
Rost, S.: Watercourse Management and Political Centralization in Third-Millennium B.C. Southern Mesopotamia: A Case Study of the Umma Province of the Ur III Period (2112–2004 B.C.). PhD Dissertation Stony Brook University.

Rost 2022
Rost, S.: Written Sources in the Empirical Investigation of Ancient Irrigation: The Operation of the I-sala Irrigation System in the Umma Province in Late Third-Millennium BCE Southern Mesopotamia. In: Rost, S. (ed.): Irrigation in Early States. New Directions. Oriental Institute Seminars 13, Chicago, 137–172.

Roth 1995
Roth, M. T.: Law Collections from Mesopotamia and Asia Minor. Society of Biblical Literature Writings from the Ancient World 6, Atlanta.

Roth 2000
Roth, M. T.: The Laws of Ur-Namma. In: Hallo, W. W. (ed.): The Context of Scripture 2. Monumental Inscriptions from the Biblical World, Leiden / Boston, 408–410.

Sallaberger 1993
Sallaberger, W.: Der kultische Kalender der Ur III-Zeit. Untersuchungen zur Assyriologie und Vorderasiatischen Archäologie 7, Berlin / New York.

Sallaberger 2015
Sallaberger, W.: Sumerische und altbabylonische Eidesformeln in lexikalischer und kulturhistorischer Perspektive. In: Barta, H. / Lang, M. / Rollinger, R. (eds.): Prozessrecht und Eid. Recht und Rechtsfindung in antiken Kulturen. Teil 1. Philippika. Altertumswissenschaftliche Abhandlungen 86/1, Wiesbaden, 179–192.

Sallaberger 2014–2016
Sallaberger, W.: Ur-Namma. Reallexikon der Assyriologie und Vorderasiatischen Archäologie 14, 422–431.

Sallaberger/Schrakamp 2015
Sallaberger, W. / Schrakamp, I.: Philological Data for a Historical Chronology of Mesopotamia in the 3rd Millennium. In: Sallaberger, W. / Schrakamp, I. (eds.): Associated Regional Chronologies for the Ancient Near East and the Eastern Mediterranean 3, Turnhout, 1–136.

Sauren 1970
Sauren, H.: Zum Bürgschaftsrecht in neusumerischer Zeit. Zeitschrift für Assyriologie und Vorderasiatische Archäologie 60, 70–87.

Sauren 1974
Sauren, H.: Wirtschaftsurkunden des Musée d'Art et d'Histoire in Genf. Materiali per il Vocabolario Neosumerico 2, Rome.

Schneider 1930
Schneider, N.: Die Geschäftsurkunden aus Drehem und Djoha in den Staatlichen Museen (VAT) zu Berlin. Orientalia Series Prior 47–49, Rome.

Schneider 1931
Schneider, N.: Die Drehem- und Djoha-Urkunden der Strassburger Universitäts- und Landesbibliothek, in Autographie und mit systematischen Wörterverzeichnissen. Analecta Orientalia 1, Rome.

Schneider 1932
Schneider, N.: Die Drehem- und Djoha-Texte im Kloster Montserrat (Barcelona), in Autographie und mit systematischen Wörterverzeichnissen. Analecta Orientalia 7, Rome.

Sigrist 1983
Sigrist, M.: Textes économiques néo-sumériens de l'Université de Syracuse. Éditions Recherche sur les Civilisations Mémoire 29, Paris.

Sigrist 1984
Sigrist, M.: Neo-Sumerian Account Texts in the Horn Archaeological Museum. Andrews University Cuneiform Texts 1, Berrien Springs.

Sigrist 1988
Sigrist, M.: Neo-Sumerian Account Texts in the Horn Archaeological Museum. Andrews University Cuneiform Texts 2, Berrien Springs.

Sigrist 1990
Sigrist, M.: Messenger Texts from the British Museum, Potomac.

Sigrist 1991
Sigrist, M.: Documents from Tablet Collections in Rochester, New York / Bethesda.

Sigrist 1994
Sigrist, M.: Texts from the British Museum. Sumerian Archival Texts 1, Bethesda.

Sigrist 2000a
Sigrist, M.: Texts from the Yale Babylonian Collections 1. From Shulgi to Amar-Sin. Sumerian Archival Texts 2, Bethesda.

Sigrist 2000b
Sigrist, M.: Texts from the Yale Babylonian Collections 2. Sumerian Archival Texts 3, Bethesda.

Sigrist/Gavin/Stein/Menard 1988
Sigrist, M. / Gavin, C. E. S. / Stein, D. / Menard, C.: Neo-Sumerian Account Texts in the Horn Archaeological Museum. Andrews University Cuneiform Texts 3, Berrien Springs.

Sigrist/Ozaki 2009a
Sigrist, M. / Ozaki, T.: Neo-Sumerian Administrative Tablets from the Yale Babylonian Collection 1. Biblioteca del Próximo Oriente Antiguo 6, Madrid.

Sigrist/Ozaki 2009b
Sigrist, M. / Ozaki, T.: Neo-Sumerian Administrative Tablets from the Yale Babylonian Collection 2. Biblioteca del Próximo Oriente Antiguo 7, Madrid.

Sigrist/Ozaki 2013
Sigrist, M. / Ozaki, T.: Administrative Ur III Texts in the British Museum (AUTBM). Periodic Publications on Ancient Civilizations 5. Supplement to Journal of Ancient Civilizations 3, Changchun.

Sigrist/Ozaki 2019
Sigrist, M. / Ozaki, T.: Tablets from the Iri-sagrig Archive 2. Cornell University Studies in Assyriology and Sumerology 40/2, University Park.

van Soldt 2001
van Soldt, W. H. (ed.): Veenhof Anniversary Volume. Studies Presented to Klaas R. Veenhof in the Occasion of His Sixty-Fifth Birthday, Leiden.

van Soldt 2003–2005
van Soldt, W. H.: Ordal. A. Mesopotamien. Reallexikon der Assyriologie und Vorderasiatischen Archäologie 10, 124–129.

Sollberger 1978
Sollberger, E.: The Pinches Manuscript. Materiali per il Vocabolario Neosumerico 5, Rome.

Speleers 1925
Speleers, L.: Recueil des inscriptions de l'Asie antérieure des Musées Royaux du Cinquantenaire à Bruxelles. Textes sumériens, babyloniens et assyriens, Brussels.

Steinkeller 1981
Steinkeller, P.: The Renting of Fields in Early Mesopotamia and the Development of the Concept of 'Interest' in Sumerian. Journal of the Economic and Social History of the Orient 24, 113–145.

Steinkeller 1989
Steinkeller, P.: Sale Documents of the Ur-III-Period. Freiburger Altorientalische Studien 17, Stuttgart.

Steinkeller 1999
Steinkeller, P.: Land Tenure Conditions in Third-Millennium Babylonia: The Problem of Regional Variation. In: Hudson, M. / Levine, B. A. (eds.): Urbanization and Land Ownership in the Ancient Near East. A Colloquium Held at New York, November 1996, and the Oriental Institute, St. Petersburg, Russia, May 1997. Peabody Museum Bulletin 7, Cambridge, 289–329.

Steinkeller 2001
Steinkeller, P.: The Ur III Period. In: Westbrook, R. / Jasnow, R. (eds.): Security for Debt in Ancient Near Eastern Law. Culture and History of the Ancient Near East 9, Leiden, 47–62.

Steinkeller 2002
Steinkeller, P.: Money-Lending Practices in Ur III Babylonia: The Issue of Economic Motivation. In: Hudson, M. / Van De Mieroop, M. (eds.): Debt and Economic Renewal in the Ancient Near East. A Colloquium Held at Columbia University, November 1998. International Scholars Conference on Ancient Near Eastern Economies 3, Bethesda, 109–137.

Steinkeller 2004
Steinkeller, P.: Toward a Definition of Private Economic Activity in Third Millennium Babylonia. In: Rollinger, R. / Ulf, C. (eds.): Commerce and Monetary Systems in the Ancient World: Means of Transmission and Cultural Interaction. Proceedings of the

Fifth Annual Symposium of the Assyrian and Babylonian Intellectual Heritage Project Held in Innsbruck, Austria, October 3rd–8th 2002. Melammu Symposia 5. Oriens et Occidens 6, Wiesbaden, 91–111.

Steinkeller 2010
Steinkeller, P.: On the Location of the Towns of Ur-Zababa and Dimat-Enlil and the Course of the Arahtum. In: Fincke, J. C. (ed.): Festschrift für Gernot Wilhelm anläßlich seines 65. Geburstages am 28. Januar 2010, Dresden, 369–382.

Steinkeller 2013a
Steinkeller, P.: Corvée Labor in Ur III Times. In: Garfinkle, S. J. / Molina, M. (eds.): From the 21st Century BC to the 21st Century AD. Proceedings of the International Conference on Neo-Sumerian Studies Held in Madrid, July 22–24, 2010, Winona Lake, 347–424.

Steinkeller 2013b
Steinkeller, P.: Puzur-Inšušinak at Susa: A Pivotal Episode of Early Elamite History Reconsidered. In: De Graef, K. / Tavernier, J. (eds.): Susa and Elam. Archaeological, Philological, Historical and Geographical Perspectives. Proceedings of the International Congress Held at Ghent University, December 14–17, 2009, Leiden / Boston, 293–317.

Steinkeller 2015
Steinkeller, P.: A Group of Girsu/Lagaš Irrigation Texts. Nouvelles Assyriologiques Brèves et Utilitaires 2015, 98–100 no. 61.

Steinkeller 2017
Steinkeller, P.: An Estimate of the Population of the City of Umma in Ur III Times. In: Heffron, Y. / Stone, A. / Worthington, M. (eds.): At the Dawn of History: Ancient Near Eastern Studies in Honour of J. N. Postgate, Winona Lake, 535–566.

Steinkeller 2021
Steinkeller, P.: The Sargonic and Ur III Empires. In: Bang. P. F. / Bayly, C. A. / Scheidel, W. (eds.): The Oxford World History of Empire 2. The History of Empires, New York, 43–72.

Stol 2016
Stol, M.: Women in the Ancient Near East, Boston / Berlin.

Studevent-Hickman 2018
Studevent-Hickman, B.: Sumerian Texts from Ancient Iraq. From Ur III to 9/11. Journal of Cuneiform Studies Supplemental Series 5, Atlanta.

Szlechter 1963
Szlechter, E.: Tablettes juridiques et administratives de la IIIe dynastie d'Ur et de la Ire dynastie de Babylone conservées au Musée de l'Université de Manchester et, à Cambridge, et au Musée Fitzwilliam, à l'Institut d'Études Orientales et à l'Institut d'Egyptologie 1–2, Paris.

Szlechter 1983
Szlechter, E.: Les lois sumériennes. I: Le Code d'Ur-Nammu. II: Le Code de Lipit-Ishtar. Studia et Documenta 6, Rome.

Thureau-Dangin 1913
Thureau-Dangin, F.: Recueil de tablettes chaldéennes, Paris.

Touzalin 1982
Touzalin, M.: L'administration palatiale à l'époque de la troisième dynastie d'Ur. Textes inédits du Musée d'Alep. Dissertation University of Tours.

Verderame 2012
Verderame, L.: Sedie, troni e portantine nell'antica Mesopotamia. In: Notizia, P. / Pomponio, F. (eds.): Scritti in onore di Pietro Mander. Annali dell'Università degli Studi di Napoli "L'Orientale". Sezione orientale 72, Napoli, 149–168.

Verderame 2018
Verderame, L.: Slavery in Third-Millennium Mesopotamia. An Overview of Sources and Studies. Journal of Global Slavery 3, 13–40.

Virolleaud/Lambert 1968
Virolleaud, C. / Lambert, M.: Tablettes économiques de Lagash, Paris.

Waetzoldt 1987
Waetzoldt, H.: Compensation of Craft Workers and Officials in the Ur III Period. In: Powell, M. A. (ed.): Labor in the Ancient Near East. American Oriental Series 68, New Haven, 117–141.

Waetzoldt 1988
Waetzoldt, H.: Die Situation der Frauen und Kinder anhand ihrer Einkommensverhältnisse zur Zeit der III. Dynastie von Ur. Altorientalische Forschungen 15, 30–44.

Waetzoldt 2004
Waetzoldt, H. (ed.): Von Sumer nach Ebla und zurück: Festschrift Giovanni Pettinato zum 27. September 1999 gewidmet von Freunden, Kollegen und Schülern. Heidelberger Studien zum Alten Orient 9, Heidelberg.

Waetzoldt/Pettinato 1974
Waetzoldt, H. / Pettinato, G.: La collezione Schollmeyer. Materiali per il Vocabolario Neosumerico 1, Rome.

Waetzoldt/Sigrist 1993
Waetzoldt, H. / Sigrist, M.: Haftung mit Privatvermögen bei Nichterfüllung von Dienstverpflichtungen. In: Cohen, M. E. / Snell, D. C. / Weisberg, D. B. (eds.): The Tablet and the Scroll. Near Eastern Studies in Honour of W. W. Hallo, Bethesda, 271–280.

Waetzoldt/Yıldız 1994
Waetzoldt, H. / Yıldız, F.: Die Umma-Texte aus den archäologischen Museen zu Istanbul 2, Nr. 601–1600. Materiali per il Vocabolario Neosumerico 16, Rome.

Watson 1986
Watson, P. J.: Neo-Sumerian Texts from Drehem. Catalogue of Cuneiform Tablets in Birmingham City Museum 1, Warminster.

Watson 1993
Watson, P. J.: Neo-Sumerian Texts from Umma and Other Sites. Catalogue of Cuneiform Tablets in Birmingham City Museum 2, Warminster.

Westbrook/Wilcke 1974–1977
Westbrook, R. / Wilcke, C.: The Liability of an Innocent Purchaser of Stolen Goods in Early Mesopotamian Law. Archiv für Orientforschung 25, 111–121.

Wilcke 1985
Wilcke, C.: Familiengründung im alten Babylonien. In: Müller, E. W. (ed.): Geschlechtsreife und Legitimation zur Zeugung. Veröffentlichungen des Instituts für Historische Anthropologie 3, Freiburg / München, 213–317.

Wilcke 1992
Wilcke, C.: Diebe, Räuber, Mörder. In: Haas, V. (ed.): Aussenseiter und Randgruppen. Beiträge zu einer Sozialgeschichte des Alten Orients. Xenia. Konstanzer althistorische Vorträge und Forschungen 32, Konstanz, 53–78.

Wilcke 1998
Wilcke, C.: Care of the Elderly in Mesopotamia in the Third Millennium B.C. In: Stol, M. / Vleeming, S. P. (eds.): The Care of the Elderly in the Ancient Near East. Studies in the History and Culture of the Ancient Near East 14, Leiden / Boston / Köln, 23–57.

Wilcke 1999a
Wilcke, C.: Flurschäden, verursacht durch Hochwasser, Unwetter, Militär, Tiere und schuldhaftes Verhalten zur Zeit der 3. Dynastie von Ur. In: Klengel, H. / Renger, J. (eds.): Landwirtschaft im alten Orient. Ausgewählte Vorträge der XLI. Rencontre Assyriologique Internationale (Berlin, 4.–8.7.1994). Berliner Beiträge zum Vorderen Orient 18, Berlin, 301–339.

Wilcke 1999b
Wilcke, C.: Korrekturen zu "Flurschäden". Nouvelles Assyriologiques Brèves et Utilitaires 1999, 70 no. 70.

Wilcke 1999c
Wilcke, C.: Neusumerische Merkwürdigkeiten. In: Böck, B. / Cancik-Kirschbaum, E. / Richter, Th. (eds.): Munuscula Mesopotamica. Festschrift für Johannes Renger. Alter Orient und Altes Testament 267, Münster, 623–638.

Wilcke 2002
Wilcke, C.: Der Kodex Urnamma (CU): Versuch einer Rekonstruktion. In: Abusch, T. (ed.): Riches Hidden in Secret Places. Ancient Near Eastern Studies in Memory of Thorkild Jacobsen, Winona Lake, 291–333.

Wilcke 2005
Wilcke, C.: The Liability of Superiors for Deficits of their Subordinates. Nouvelles Assyriologiques Brèves et Utilitaires 2005, 79–81 no. 74.

Wilcke 2007
Wilcke, C.: Markt und Arbeit im Alten Orient am Ende des 3. Jahrtausends v. Chr. In: Reinhard, W. / Stagl, J. (eds.): Menschen und Märkte. Studien zur historischen Wirtschaftsanthropologie. Veröffentlichungen des Insituts für Historische Anthropologie e. V., Vienna / Cologne / Weimar, 71–132.

Wilcke 2013
Wilcke, C.: Dieser Ur-Namma hier … Eine auf die Darstellung weisende Statuenin-

schrift. Recueil d'études historiques, philologiques et épigraphiques en l'honneur de Paolo Matthiae: Seconde partie. Revue d'Assyriologie et d'Archéologie Orientale 107, Paris, 173–185.

Wilcke 2014
Wilcke, C.: Gesetze in sumerischer Sprache. In: Koslova, N. / Vizirova, E. / Zólyomi, G. (eds.): Studies in Sumerian Language and Literature. Festschrift für Joachim Krecher. Babel und Bibel 8, Winona Lake, 455–616.

Wilcke 2015a
Wilcke, C.: Corrigenda zu Claus Wilcke, "Gesetze in sumerischer Sprache". Nouvelles Assyriologiques Brèves et Utilitaires 2015, 6–7 no. 6.

Wilcke 2015b
Wilcke, C.: Law and Literature in the Third Millennium B.C. In: Archi, A. (ed.): Tradition and Innovation in the Ancient Near East. Proceedings of the 57th Rencontre Assyriologique Internationale at Rome, 4–8 July 2011, Winona Lake, 13–48.

Yıldız 1981
Yıldız, F.: A Tablet of Codex Ur-Nammu from Sippar. Orientalia Nova Series 50, 87–97.

Yıldız/Ozaki 2000
Yıldız, F. / Ozaki, T.: Die Umma-Texte aus den Archäologischen Museen zu Istanbul 5 (Nr. 3001–3500), Bethesda.

Yıldız/Ozaki 2001
Yıldız, F. / Ozaki, T.: Die Umma-Texte aus den Archäologischen Museen zu Istanbul 6 (Nr. 3501–3834), Bethesda.

Yıldız/Waetzoldt/Renner 1988
Yıldız, F. / Waetzoldt, H. / Renner, H.: Die Umma-Texte aus den archäologischen Museen zu Istanbul 1, Nr. 1–600. Materiali per il Vocabolario Neosumerico 14, Rome.

Zevit/Gitin/Sokoloff 1995
Zevit, Z. / Gitin, S. / Sokoloff, M. (eds.): Solving Riddles and Untying Knots: Biblical, Epigraphic, and Semitic Studies in Honor of Jonas C. Greenfield, Winona Lake.

Altbabylonische Codices und die Rechtspraxis im Spiegel der Alltagstexte – Witwen, „Strohwitwen“ und ihre Kinder

*Nele Ziegler**

Abstract

Das Gesetzeswerk Hammurabis enthält Satzungen, dank derer die Rechte und Pflichten zweier Gruppen von verheirateten Frauen geregelt wurden, deren Mann abwesend war – Witwen und „Strohwitwen“. Dem Gesetzgeber ging es vorrangig um die Sicherung des Erbes der Kinder bzw. um die Wiederherstellung der Rechte des kriegsgefangenen Vaters. Dieser Beitrag zeigt anhand von zwei außergewöhnlichen Fällen, wie das soziale Umfeld und die Autoritäten reagierten, wenn von Frauen öffentlich eingefordert wurde, den zivilen Status vaterloser Kinder zu sichern, und belegt damit eindrücklich die praktische Anwendung der in Hammurabis Gesetzeswerk niedergelegten Regelungen.

1 Die altbabylonische Witwe

Das akkadische Wort für Witwe ist *almattum*,[1] das mit dem Sumerogramm nu-mu-kuš (bzw. nu-mu-un-kuš) geschrieben werden kann.[2] Das *Assyrian Dictionary of the Oriental Institute of the University of Chicago* kommentiert das Wort *almattu* folgendermaßen:[3]

> „Woman without support, widow; from OB on; pl. *almanātu*; wr. syll. and NU.MU.SU, NU.KÚŠ.Ù (…)“
> „The term *almattu*, although usually covered by the modern term 'widow', does not denote simply a woman whose husband has died, but a married woman who has no financial support from a male member of her family – husband, adult son, or father-in-law – and who thus, on the one hand, is in

* Der Beitrag ist im Rahmen des von der Agence Nationale de la Recherche (ANR) finanzierten Projekts PCEHM „Pouvoir et culture écrite dans la Haute-Mésopotamie du 18e siècle av. J.-C.“ verfasst worden. Ich danke S. Démare-Lafont und D. Charpin, die meinen Artikel durchgelesen haben, für ihre hilfreichen Kommentare.

1 Vergleiche mit Hebräisch *almanah* bzw. Arabisch *armala*. Die Lesungen des akkadischen und sumerischen Wortes für Witwe sind bei Stol 2016–2018, 121a und Attinger 2021, 819 zusammengefasst.

2 Die soziale Realität bei Verlust des Ehepartners war grundverschieden, je nachdem ob man ein Mann oder eine Frau war. Dies sieht man u.a. daran, dass das Wort für den „Witwer“ *almānum* in der akkadischen Sprache bislang nur einmal belegt ist. Dazu Stol 2016–2018, 121a: „Das Abstraktum *almanūtu* ist neutral: der Zustand einer Witwe oder eines Witwers; m. *almānu*, kommt einmal literarisch vor, Dupl. *mutu* ‚Ehemann‘ (*TCS* 2, 44f.: 13 [= *TCS* 2, 25: 13])“.

3 *CAD* A/1, 362b und 364a.

DOI: 10.13173/9783447124522.341

> need of legal protection, and on the other hand, may freely dispose of herself, either by contracting a second marriage or by embracing a profession. See *Driver and Miles, Assyrian Laws* pp. 224ff."

Eine ähnliche Interpretation findet sich auch bei D. I. Owen:[4]

> „The term NU.MU.SU, *almattu*, that we traditionally translate as 'widow' may have had a more specific social or economic status associated with it and was probably applied only to those women who, after the death of their husbands, were left homeless or without other means of support."

Der Auffassung D. I. Owens wurde von M. T. Roth widersprochen, für die *almattum* den sozialen Status einer Frau beschrieb, die nicht mehr von einem Mann abhängig war, ohne Hinblick auf ihre materielle Bedürftigkeit.[5] Jüngst schloss M. Stol die Diskussion kurz und bündig ab:[6]

> „Die Auffassung, diese Wörter bezeichneten ausschließlich eine arme Witwe, ist falsch."

Fazit: Das Wort *almattum* beschreibt eine Frau, die keinen Ehemann mehr hatte, da dieser gestorben war. Solange sie nicht erneut heiratete, hatte sie den Status einer „Witwe". Zahlreiche Autoren haben sich mit dieser sozialen Gruppe befasst, allen voran M. T. Roth,[7] R. Westbrook,[8] M. Stol[9] und S. Démare-Lafont.[10] Erwähnt werden müssen auch F. Fensham[11] und R. Harris,[12] wobei die Auflistung hier nicht nach Vollständigkeit strebt.[13]

---

4 Owen 1980, 174. Zitat auch bei Roth 1991–1993, 3.

5 Roth 1991–1993, 3: „status of an independent woman. (...) The criterion of poverty posited by Owen [1980] and Tavares [1987] (...) does not hold at least for this MA evidence [= *MARV* 2, 6]".

6 Stol 2016–2018, 121a.

7 Roth 1991–1993 richtet ihr Augenmerk auf die neubabylonische Witwe.

8 Westbrook 1988 interessiert sich für die juristischen Ausformungen des Eherechts und geht auch auf die Sonderform der Witwenschaft und der Wiederverheiratung ein.

9 Stol 2016–2018 ist eine detaillierte Zusammenstellung mit reichen Literaturangaben. Stol 2016, 275–295 widmet das dreizehnte Kapitel seiner Synthese den Witwen. Stol 1998, 72–82 stellt eine Gruppe von Quellen zusammen, die zeigen, wie sich Nachkommen um die Versorgung ihrer verwitweten Mutter kümmern, bzw. der Ehemann zu Lebzeiten um die seiner Frau.

10 Ein interessanter Beitrag ist Démare-Lafont (in Druck). Sie stellt dort mehrere bislang nicht bekannte Belege für altbabylonische Witwen vor. Ich danke ihr herzlich, dass sie mir den Artikel bereits vor Erscheinen zur Kenntnis gebracht hat.

11 Fensham 1962.

12 Harris 2000, 288 (Index) widmet den Witwen kein eigenes Kapitel in ihrer synthetischen Studie zu „Gender und Alter", aber diskutiert diese im Zusammenhang mit den „Older Women".

13 Die Beiträge im Buch von Stol/Vleeming 1998 behandeln das Thema der Versorgung der Senioren epochenspezifisch.

2 Der Anteil der verwitweten Frauen in der Bevölkerung

Es gibt keine Bevölkerungsstatistiken für die altbabylonische Zeit.[14] In den Archiven des Palastes von Mari finden sich jedoch Verwaltungsdokumente, die die Frauen mehrerer Dörfer auflisten, die angesichts einer militärischen Bedrohung einen Treueeid leisten sollten.[15] Diese Listen nennen alle erwachsenen Frauen, die einem Haushalt vorstanden – die meisten waren Ehefrauen eines namentlich genannten Mannes. In den Texten sieht man aber mit Überraschung, dass in mehreren Dörfern fast 13 % der weiblichen Familienoberhäupter als Witwen bezeichnet wurden. Fast 10 % der Frauen hatten dort einen Status, der im *Codex Hammurabi* gar nicht genannt wird – sie waren *qaššatum* „geweihte Frauen".[16] Für eine andere Gruppe von kleinen Dörfern war der Anteil der Witwen und *qaššatum*-Frauen geringer – nur jeweils 6,5 % standen einem Haushalt vor. Drei ähnliche Texte harren noch ihrer Veröffentlichung und werden einen präziseren Einblick in die Gesellschaft des Königreichs Mari geben.[17]

	Ort[18]	**Summe**	**GÉME Ehefrau des PNm**	***almattum* Witwe**	***qaššatum* geweihte Frau**	**diverse Angaben**	**abgebrochen**
ARM 9, 291	Zarri-Rabijum	18	15	1	2		
	Ja'il	128	68	14	14	3	29
	Nara	33	24	6	2		1
	Tillazibim	7	6	1			
	Niḫad	33	31	2			
	in Zahlen in %	219 (189+[30])	144 76,19 %	24 12,7 %	18 9,52 %	3 1,59 %	30
ARM 23, 236	Zurubban	13	12	1			
	Ḫišamta	18	14	1	2	1 *aḫatum* (Schwester von PNm)	
	Ḫimmaran	15	15				

14 Harris 2000, 108 sowie 221 Anm. 141 erwägt grob den Bevölkerungsanteil, den Witwen darstellten.

15 Bonechi 1997. Einer dieser Texte ist von M. Birot als *ARM* 9, 291 veröffentlicht worden und zuvor in Birot 1958 besprochen worden. Eine Neuedition lieferte Marti 2005. Der andere ist *ARM* 23, 236, cf. www.archibab.fr/T18012.

16 Das Wort *qaššatum* ist eine Nebenform von *qadištum*. Siehe zu dieser Frauengruppe Stol 2016, 608–611 und Ziegler 2019 für Belege in den Mariarchiven.

17 Siehe Bonechi 1997. Es handelt sich um die unveröffentlichten Listen M.5215+, M.7834+ und M.8072+.

18 Die genannten Ortschaften des Königreichs Mari können in Ziegler/Langlois 2016 nachgeschlagen werden.

	Ort[18]	**Summe**	**GÉME Ehefrau des PNm**	***almattum* Witwe**	***qaššatum* geweihte Frau**	**diverse Angaben**	**abgebrochen**
	Ḫanna	15	11	2	2		
ARM 23, 236	in Zahlen in %	61	52 85,25 %	4 6,56 %	4 6,66 %	1 1,63 %	
	insgesamt	**250**	**196 78,4 %**	**28 11,2 %**	**22 8,8 %**	**4 1,6 %**	

Die Beleglage zeigt, dass nicht wenige Frauen den sozialen Status einer Witwe innehatten. In den oben genannten neun Dörfern im Königreich Mari waren ca. 11 % der Frauen, die einem Haushalt vorstanden, Witwen.

3 Hammurabis Gesetzesstele

Die Gesetzesstele des Hammurabi aus dem 18. Jh. v. Chr. ist nicht das älteste Zeugnis einer Sammlung von Rechtssatzungen, aber sie ist die berühmteste und diesen Status hatte sie auch in den mesopotamischen Schreiberschulen.[19] Sie war auch kein einmalig vorhandenes monumentales Werk. Vieles spricht dafür, dass in zahlreichen anderen städtischen Zentren Babyloniens ein Exemplar stand.[20] Das Monument, das heute im Louvre bewundert werden kann, war vor der Wegführung nach Susa wohl in Sippar aufgestellt.[21]

Die Bibliographie zur Stele Hammurabis ist so reichhaltig, dass sie hier nicht aufgelistet werden kann. Eine exzellente deutsche Übersetzung von R. Borger ist in der Reihe *Texte aus dem Umfeld des Alten Testaments* 1982 erschienen.[22] Im Jahr 2022 hat J. Oelsner seine Bearbeitung aller Exemplare und Abschriften des *Codex Hammurabi* vorgelegt und mit einer Übersetzung und reichen Kommentaren versehen.[23] Es darf wohl behauptet werden, dass Hammurabis „Codex"[24] einer der

19 Oelsner 2022, 39–103 stellt die verschiedenen Abschriften des Gesetzeswerks, ihren Fundort und ihr Abfassungsdatum vor. Die Stele im Louvre ist somit durch den Fundzufall das besterhaltene Exemplar eines weitverbreiteten, vielfach aufgestellten Monumentaltextes, aber sie ist nicht der Urtext, der in Babylon vermutet wird.

20 Siehe jüngst Charpin 2023.

21 Louvre Sb 8. Der Louvre hat mit Hilfe der *Réunion des Musées Nationaux* einen hochaufgelösten 3D-Scan unter der Adresse https://sketchfab.com/3d-models/stele-du-code-de-lois-de-hammurabi-44584936406a4879b8e054420dac7e07 zugänglich gemacht. Dieser erlaubt es, den Text in allen Details und an den unzugänglichsten Stellen nachzuprüfen.

22 Borger 1982. In meinem Beitrag basieren die Übersetzungen der Louvrestele auf R. Borgers Arbeit, ich habe mir aber kleine Abweichungen erlaubt. Unter den vielen Werken und Übersetzungen erwähne ich hier in erster Linie Roth 1995 und Finet 1973; für letzteren liegen mehrfach nachbearbeitete Editionen vor.

23 Oelsner 2022.

24 Die monumentale Stele wird gerne als Codex bezeichnet, obwohl es sich natürlich weder materiell noch im juristischen Sinne um einen solchen handelt, siehe dazu z.B. Démare-Lafont 2013, 70–71, die die Diskussion um den Gebrauch des Wortes Codex so abschließt „Parler du ‚code' de Hammurabi est impropre, mais peut se justifier par l'historiographie de la disci-

bestedierten und meistkommentierten Texte Mesopotamiens ist. Hammurabi verlautete, er habe die Stele aufgestellt:[25]

> „Damit der Starke den Schwachen nicht schädigt, um der Waise (und) der Witwe[26] zu ihrem Recht zu verhelfen, habe ich in Babel, der Stadt, deren Haupt Anu und Enlil erhoben haben, in Esagil, dem Tempel, dessen Grundfesten wie Himmel und Erde fest sind, um dem Lande Recht zu schaffen, um die Entscheidungen des Landes zu fällen, um dem Geschädigten zu seinem Recht zu verhelfen, meine überaus wertvollen Worte auf eine Stele geschrieben und vor meinem Abbild (namens) ‚König der Gerechtigkeit'[27] aufgestellt."

Vaterlose Kinder und Witwen waren es, die Hammurabi besonders schützen wollte – man findet hier ein Leitmotiv des politischen Diskurses im Orient, das von den *„Reformtexten"* des Urukagina bis hin ins Alte Testament immer wiederkehrt.[28]

Wie genau der Schutz der Witwen und Waisen vonstatten gehen sollte, wird aus dem *Codex Hammurabi* nicht immer deutlich. Nur wenige Passagen können herangezogen werden. So forderte Hammurabi die Bevölkerung seines Reichs zu folgender Handlung auf:[29]

> „Ein geschädigter Bürger, der eine Rechtssache bekommt, möge vor meine Statue (namens) ‚König der Gerechtigkeit' treten, meine beschriftete Stele möge er lesen, meine wertvollen Worte möge er hören, meine Stele möge ihm die Rechtssache klären. Seinen Richterspruch möge er ersehen. Sein Herz möge er aufatmen lassen (und sagen:)
> ‚Hammurabi, der Herr, der wie ein leiblicher Vater für die Bevölkerung da ist, hat auf das Wort seines Herrn Marduk sich bemüht und den Wunsch Marduks oben und unten erfüllt. Er hat das Herz seines Herrn Marduk erfreut. Auch hat er das Wohlergehen für die Bevölkerung auf ewig bestimmt. Dem Lande hat er zu seinem Recht verholfen'
> – dies möge er sagen und mich vor meinem Herrn Marduk (und) meiner Herrin Zarpanitum von ganzem Herzen segnen."

---

pline." So werde auch ich im Folgenden den Begriff „Codex Hammurabi" verwenden, v.a. um Wortwiederholungen zu vermeiden, und *Codex Hammurabi* mit *CH* abkürzen.

25 Epilog *CH* xlvii 59–78.

26 Epilog *CH* xlvii 61 werden „Waise (und) Witwe" nu-siki nu-mu-kuš geschrieben.

27 Die im Esagil in Babylon aufgestellte Gesetzesstele stand also vor einem Abbild Hammurabis (*CH* xlvii 76: alam-*ia*), das den Namen „König der Gerechtigkeit" trug. Es stellt sich die Frage ob alam hier auf die Darstellung anspielt, die den oberen Teil der Stele ziert, das vielleicht in Babylon ein unabhängiges Monument war. Siehe dazu jüngst Nemirovskaya 2023, 935, die vor allem der Frage nachgeht, warum Šamaš auf der Louvrestele dargestellt ist. Sie schließt damit ab, dass der ursprüngliche Aufstellungsort Sippar dafür ausschlaggebend war und nicht die Rolle des Gottes Šamaš als Oberherr des Rechtsaustrags. Siehe auch Charpin 2023, 16 Anm. 77.

28 Démare-Lafont 2018 § 16.

29 Epilog *CH* xlviii 3.

Der Bevölkerung beizustehen wie ein leiblicher Vater, derjenige zu sein, an dem es Witwe und Waisen mangelte, war der selbsterklärte Zweck der Stele und der Wunsch des babylonischen Königs. Die Aufforderung Hammurabis, der geschädigte Bürger möge vor die Stele treten, sie lesen, und die ihn erwartende Gerechtigkeit erleichtert erkennen, wurde in der assyriologischen Forschung vielfach kommentiert, manchmal aber auch übersehen oder unpräzise übersetzt.[30] Denn tatsächlich stellt sich die Frage, wie der geschädigte Bürger oder die Witwe die sie betreffenden Entscheidungen finden konnten. Die monumentale Stele im Louvre hat kein Layout, das die Suche nach Rechtssatzungen erleichtern würde. J. Oelsner zeigt aber, dass auch schon in altbabylonischer Zeit eine Gliederung des Textes bekannt war und an mehreren, wenn auch nur fragmentarisch erhaltenen Exemplaren angewandt werden konnte, die den Text in „Artikel" einteilte.[31] Diese wurden durch Leerzeilen, Trennstriche oder Ausrückungen optisch markiert. Warum aber die ursprünglich in Sippar und heute im Louvre aufgestellte Gesetzesstele keinerlei Unterteilung aufweist, bleibt unbekannt.[32]

30 Siehe oben vor allem die Stelle des Epilogs *CH* xlviii 9–14. Die Übersetzung Borger 1982, 76 erscheint mir tadellos. Finet 1973 [Zitat aus der 3. Edition 1998, 137] übersetzt „qu'il se fasse lire ma stèle écrite, qu'il entende ainsi mes précieuses ordonnances" und kommentiert *ibid.* b „Plutôt qu'un prétérit Gtn, *li-iš-ta-ás-si-ma* est le prétérit Št de la racine šs', ‚crier'; en l'occurence, la forme Št a valeur durative. Lire un texte en cunéiforme était un rare privilège; aussi l'intéressé devait-il se ‚faire lire' les articles qui traitaient de son cas. (...)". Roth 1995, 134 übersetzt ähnlich „let him have my inscribed stela read aloud to him, thus he may hear my precious pronouncements". Ebenso Oelsner 2022, 384, der übersetzt „(er) soll sich meine beschriftete Stele vorlesen lassen und meine wertvollen Worte hören" und kommentiert ibid. Anm. 3 „Die verbreitete Übersetzung ‚möge er lesen' bringt weder die akkadische Formulierung (Kausativ) zum Ausdruck noch wird sie der Realität gerecht: des Lesens und Schreibens war nur eine Minderheit der Betroffenen mächtig, und nur diese wäre somit in der Lage gewesen, der Aufforderung nachzukommen. Auch die Verbindung von Lesen und Hören zeigt, daß nicht selbst gelesen wird." Diese Interpretationen scheinen nicht stichhaltig. Cf. *CAD* Š/2 zu *šitassû* „to read", das als Gtn analysiert wird. Auch haben Wilcke 2000 und Charpin 2008a [englische Übersetzung Charpin 2010] argumentiert, dass ein nicht unbeachtlicher Teil der altbabylonischen Bevölkerung tatsächlich lesekundig war. Siehe zum Epilog *CH* xlviii 9–14 Charpin 2008a, 56–57, der übersetzt „qu'il lise ma stèle inscrite, qu'il écoute mes paroles très précieuses". Siehe auch Charpin 2023.

31 Oelsner 2022, 82–89. Mit der Bezeichnung „Artikel" soll der Unterschied zu Scheils Paragrapheneinteilung gemacht werden. Oelsner 2022, 83: „Anders als auf der Louvre-Stele wird jedoch in einer Anzahl der Textzeugen durch Leerzeilen oder durch Trennstriche bzw. Ausrückungen (*CH* aB 7 [siehe Oelsner 2022, 48–49 zu dieser Abschrift aus Larsa]) eine inhaltliche Gliederung vorgenommen. Obwohl die Abgrenzungen nur teilweise erhalten sind, lässt sich die Zahl der so entstandenen Abschnitte auf reichlich 200 bestimmen, da das im Altertum bei der Gliederung des Textes angewandte Prinzip erkennbar ist. Zur Unterscheidung dieser damals vorgenommenen Unterteilung von den eingebürgerten ‚Paragraphen' wird die Bezeichnung ‚Artikel' vorgeschlagen.". Altbabylonische Textvertreter mit Artikelgliederung waren *CH* Stfr 1, 3–6 und aB 28; dazu siehe Oelsner 2022, 42–43, 46.

32 Zhiltsova 2023 hat eine präzise gearbeitete Skizze erstellt, die es den Epigraphisten, zumal beginnenden Akkadischschülern, erleichtert, die einzelnen Paragraphen auf dem Original, auf den in zahlreichen assyriologischen Zentren vorhandenen Gipsabgüssen, oder auf dem 3D-Scan (siehe oben Anm. 21) zu finden.

Der *Codex Hammurabi* erwähnt Frauen in vielen seiner 280 Paragraphen. Sei es, dass es sich um flüchtige Sklaven beiderlei Geschlechts handelte,[33] oder um Schankwirtinnen,[34] um Ehefrauen in verschiedenen Lebenssituationen,[35] um Schwiegertöchter, die vom Schwiegervater vergewaltigt wurden,[36] um Probleme bei geplanten Hochzeiten,[37] auch Witwen und vor allem das Erbe ihrer Kinder nehmen einen nicht unbeachtlichen Teil der Rückseite der Stele ein.[38] Viele Sonderregelungen betreffen geweihte Frauen verschiedener Observanzen,[39] besondere Adoptionen,[40] sowie Gewalt an schwangeren Frauen, die zum Verlust des ungeborenen Kindes führte,[41] ehe der Codex mit Satzungen bezüglich im Ausland gekaufter Sklaven beiderlei Geschlecht endet.[42]

Wenn man nun Frauen sucht, die Witwen waren, bzw. „Strohwitwen", d.h. Frauen, die dauerhaft oder zeitweilig ohne ihren Ehemann lebten, so wird man im *Codex Hammurabi* weniger fündig. Wenige Paragraphen enthalten Regelungen bezüglich der Ehefrau des kriegsgefangenen oder flüchtigen Mannes,[43] der Schankwirtin, von der nicht klar ist, ob sie in der Regel unverheiratet war,[44] sowie der Witwe, die im Codex insbesondere im Fall ihrer Wiederverheiratung eine besondere Rechtssituation darstellte.

4 Der Schutz der Witwe im *Codex Hammurabi* – gängiges Ethos

Nur zwei Paragraphen des *Codex Hammurabi* geben Hinweise auf den Schutz der Witwe. Diese Bestimmungen sind in eine Reihe von Satzungen eingefügt, die die Nachlassenschaft eines verstorbenen Familienoberhaupts regeln. Das finanzielle Auskommen der Witwe nach dem Tod des Ehemanns wird dort geregelt und vor allem wird für sie das Wohnrecht gesichert. Hammurabi entschied:

> (*CH* § 171b) „Die (erste) Gemahlin darf ihre Mitgift (*šeriktum*) und die Ehegabe (*nudunnûm*), die ihr Ehemann ihr gegeben und auf einer Tafel verschrie-

33 *CH* § 7, 15–17.
34 *CH* § 108–109, 111. Siehe unten Anm. 44.
35 *CH* § 38–39, 117, 128–146, 148–153, 155, 175–176. Siehe auch die Regelungen bezüglich des Erbes verstorbener Ehefrauen in *CH* § 162–164.
36 *CH* § 155–156. Siehe auch den § 154 bezüglich eines Vaters, dem der Inzest mit der eigenen Tochter nachgewiesen werden konnte.
37 *CH* § 159–161.
38 *CH* § 157–158, 171–174, 176–177. Siehe auch die Sonderregelung in Bezug auf einen unverheirateten männlichen Waisen *CH* § 66.
39 *CH* § 40, 110, 137, 144–146, 178–184.
40 Ein Sonderfall sind die *sí-ik-ru-um* Frauen, deren Adoption besonders schützenswert erschien und von denen *CH* § 187, 192–193 handeln.
41 *CH* § 209–214.
42 *CH* § 280–281. Siehe auch zu anderen Fällen betreffend gekaufter Sklavinnen § 278–279.
43 *CH* § 133–136.
44 Siehe Anm. 34 und Langlois 2016, bes. S. 119–120. Besonders interessant ist *PBS* 8/2, 172, eine undatierte Liste von Bierbrauern, die nach der Auflistung von neun männlichen Kollegen den Namen einer Witwe notiert „ᶠKuritum, Witwe, Ehefrau des Sin-eriš. 10 Brauer. Dienst des Ali-waqrum, des Vorstehers".

ben hat, nehmen und in der Wohnung ihres Ehemannes wohnen bleiben. Solange sie lebt, hat sie Nutznießung davon, für Geld darf sie (diese Sachen) nicht verkaufen, ihr Nachlass gehört ihren Kindern."

(*CH* § 172) „Wenn ihr Ehemann ihr keine Ehegabe (*nudunnûm*) gegeben hat, soll man ihr ihre Mitgift (*šeriktum*) voll erstatten, und vom Besitz des Hauses ihres Ehemannes soll sie einen Anteil wie ein Erbsohn bekommen. Wenn ihre Kinder sie schikanieren, um sie aus dem Hause zu vertreiben, so sollen die Richter ihre Angelegenheit überprüfen und den Kindern eine Strafe auferlegen. Diese Frau braucht aus dem Hause ihres Ehemanns nicht auszuziehen. Wenn diese Frau plant, auszuziehen, so soll sie die Ehegabe (*nudunnûm*), die ihr Ehemann ihr gegeben hat, ihren Kindern zurücklassen, die Mitgift vom Hause ihres Vaters darf sie an sich nehmen, und ein Ehemann nach ihrem Herzen mag sie heiraten."

Ansonsten hat Hammurabi aber eher den Schutz der Waisen im Sinn, wenn er bestimmt, dass die Witwe deren Erbe nicht verschleudern darf.[45]

Es gibt gehäuft Hinweise darauf, dass es zu dieser Zeit gängiges Ethos war, die mittellose Witwe zu schonen. M. Stol und S. Démare-Lafont konnten zahlreiche altbabylonische Schriftquellen identifizieren, die zeigen, wie das Auskommen der verwitweten Mutter und ihr Wohnrecht abgesichert wurden.[46] Jüngst publizierte J.-M. Durand einen Brief, den er dahingehend interpretiert, dass der Autor das übertrieben schonende Handeln des Adressaten mit den Worten umschrieb:[47]

45 Die § 157–158 haben nicht den „Schutz" der Witwe im Sinn. § 157 setzt die Todesstrafe für inzestuöse Verbindungen zwischen verwitweter Ehefrau und dem eigenen Sohn fest, während gemäß § 158 ein Sohn aus dem Haus verstoßen wird, wenn er mit der verwitweten Mutter seiner Halbgeschwister, die aber nicht seine eigene Mutter ist, ein Verhältnis eingeht.

46 Die Suche nach Hinweisen wird dadurch erschwert, dass die Bezeichnung „Witwe" selten verwendet wird und man oft auf Indizien angewiesen ist, für die altbabylonischen privatrechtlichen Dokumente aber meistens die Archivkontexte fehlen. Dennoch gibt es mehr und mehr Hinweise in den Texten, von denen nur ein kleiner Teil hier erwähnt wird. Siehe vor allem Stol 1998, 59–118 und Stol 2016, 273–295. Erwähnenswert sind u.a. *TIM* 4, 27 (Stol 1998, 72), in dem drei Brüder für ihre (verwitwete) Mutter aufkommen. *UET* 5, 95 (http://www.archibab.fr/TT6270, cf. Stol 1998, 74) ist ein Vertrag in dem drei Brüder eine Dienerin für ihre Mutter finanzieren, die sich um letztere kümmern soll, solange sie nicht wieder heiratet. Ähnlich ist *CT* 8, 4a (Stol 1998, 72), in dem ein Teil eines Hauses, ein Garten und eine Sklavin für die Witwe vorgesehen sind. Gemäß *UET* 5, 89 (http://www.archibab.fr/T12096, cf. Stol 1998, 74–75) beauftragt Puzur-Ninḫia-adgal seine Söhne und zukünftigen Erben Abba und Munanum sich um ihre Mutter Ningal-lamassi zu kümmern. Es wird bestimmt, dass diese bis zu ihrem Tod Getreide-, Öl und Wollzuteilungen bekommen solle. *UET* 5, 115 (http://www.archibab.fr/T12136, dazu und zu *UET* 5, 603 siehe Stol 1998, 75) ist eine Erbteilungsurkunde bezüglich Ussum und Ilšu-naṣir, in der auch die Versorgung der Mutter Ummi-ṭabat geregelt wird. Weitere Beispiele sind in Stol 1998, 72–82 und in Démare-Lafont in Druck gesammelt.

47 *ARM* 33, 161: 14: [*ki-ma*] ^{mí}*al-ma-na-tim-ma-an be-lí e-pé-e*[*š*$_{15}$-*šu-nu-ti*]. Ich folge der Interpretation von Durand 2019, 358–260; er übersetzt „Mon seigneur les traite comme s'ils étaient des veuves".

„Mein Herr behandelt [sie], als wären sie Witwen!"

Auch der literarisch gestaltete Bittbrief der Prinzessin Ninšatapada an den siegreichen König von Larsa, Rim-Sin (1822–1763 v. Chr.), spricht das Thema an. Der neue König sei so voller Gnade mit der besiegten Bevölkerung von Uruk, dass Waisen und Witwen weidenden Schafen glichen, die sich im saftigen Hain ungestört sättigen könnten.[48]

5 Der Schutz der vaterlosen Waisen

Was den Gesetzgeber vor allem interessiert, ist das Geschick der Kinder von verstorbenen Vätern und die Frage des Erbes im Fall der Neuverheiratung der Mutter. Dies sieht man an den Bestimmungen wie § 171b „der Nachlass gehört ihren Kindern", oder wenn dazu aufgefordert wird, dass die Mutter im Fall der Neuverehelichung den Kindern die Ehegabe (*nudunnûm*) zurücklassen sollte, die ihr verstorbener Ehemann ihr gegeben hatte. Besonders detailliert ist der § 177 des *Codex Hammurabi*:

> „(CH § 177) Wenn eine Witwe, deren Kinder noch ganz klein sind, in das Haus eines anderen einzutreten plant, so darf sie das nicht ohne Erlaubnis der Richter tun. Wenn sie in das Haus eines anderen eintreten will, sollen die Richter die Angelegenheit des Hauses ihres früheren Ehemannes überprüfen, das Haus ihres früheren Ehemannes sollen sie ihrem späteren Ehemann und dieser Frau anvertrauen und sie (beide) eine Urkunde ausfertigen lassen. Das Haus sollen sie dann in Ordnung halten und die ganz kleinen Kinder großziehen. Die Hausgeräte dürfen sie nicht für Geld verkaufen. Ein Käufer, der Hausgerät der Kinder einer Witwe kauft, geht seines Geldes verlustig, der Besitz kehrt zu seinen Eigentümern zurück."

Die Witwe stand unter Aufsicht. Das gesellschaftliche Umfeld achtete darauf, dass Rechte und Eigentum der Nachkommen des verstorbenen Vaters bewahrt wurden.[49] Damit weder sie noch ihre Kinder geschädigt werden konnten, sollten Richter das Inventar erstellen. Die verwitwete Mutter der Kleinkinder konnte nicht über die Besitzungen verfügen, wie sie wollte; insbesondere fürchtete man im Fall der Neuverheiratung die Einflussnahme des neuen, mit den Kindern nicht blutsverwandten Ehemanns.

5.1 Beispiel 1: PBS 5, 100 – der Schutz des vaterlosen Waisenkinds durch das soziale Umfeld

Die Situation, in der sich Waisenkinder befanden, war tatsächlich fragil. Selbst wenn sich wohlmeinende Erwachsene für die Sicherung ihrer Rechte einsetzten, konnte der Aufwand dafür groß sein. M. Roth edierte und kommentierte eine un-

48 Siehe die Edition des Bittbriefs in *AOAT* 339, 246–253 Appendix 14, bes. Zeilen 29–30.
49 Zu diesem Thema Jallet Martini 2024, bes. S. 131.

gewöhnliche Urkunde aus Nippur, *PBS* 5, 100. Die vierkolumnige Tafel datiert in das 26. Regierungsjahr des babylonischen Königs Samsu-iluna (1724 v. Chr.). Lange und ausschweifend gibt sie den Wortlaut von neun gleichartigen Zeugenaussagen wieder, die alle bestätigen, dass ein gewisser Ninurta-ra'im-zeri, dessen Name treffenderweise als „Ninurta liebt den Samen" zu interpretieren ist,[50] der leibliche Sohn des vor seiner Geburt verstorbenen Enlil-bani sei. Das Kind wurde nach dem Tod seines Vaters im Haus der Großmutter geboren. An seiner rechtmäßigen Sohnesschaft sollte niemand jemals zweifeln. Die Urkunde wurde erstellt als

> „(iv 8–11) Tafel der Beweise der Zeugen und Zeuginnen, (die) in Gegenwart des Udbanu-illa-Emblems bezeugt hatten, dass Ninurta-ra'im-zeri die Sohnesschaft des Enlil-bani innehat."

und wurde an ihren Seitenrändern mit einem *ad hoc* produzierten *purkullum*-Siegel gesiegelt, auf dem die ungewöhnliche Inschrift notiert war:[51]

> „Ninurta-eriš, Ili-išme'anni: Söhne des Aḫi-šagiš. Ḫabannatum: seine Frau."

Die Urkunde gibt detailreich Einblick in das beengende soziale Umfeld, in dem ein Waisenkind, aber auch seine verwitwete Mutter leben mussten. Die folgende deutsche Übersetzung von *PBS* 5, 100 beruht auf M. Roths profunder Studie:[52]

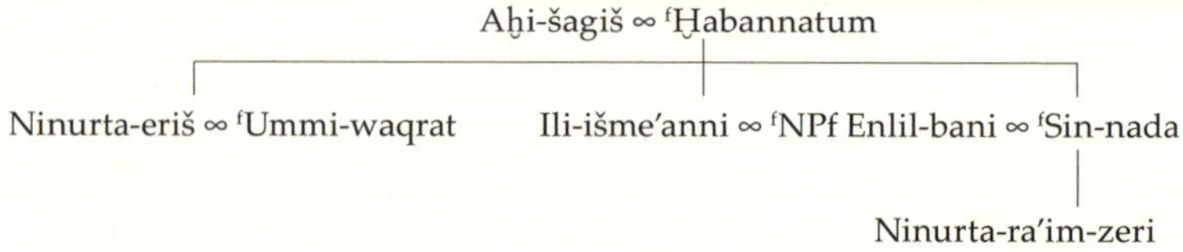

> „(i 1–14) Ninurta-ra'im-zeri, der Sohn des Enlil-bani trat (*imḫur*) vor die Beamten und die Richter von Nippur und machte folgende Erklärung (*pānīšu iškun*): ‚Mein Vater Enlil-bani, Sohn des Aḫi-šagiš starb, als ich mich im Bauch meiner Mutter Sin-nada befand (*šaknāku*). Vor meiner Geburt informierte Ḫabannatum, die Mutter meines Vaters den Hirten Luga und den Richter Sin-gamil. Sie führte eine Hebamme mit sich und sie brachte mich zur Welt.

50 Es darf durchaus angenommen werden, dass dies ein programmatischer Name war, mit dem man das Waisenkind dem Schutz des Stadtgottes von Nippur, Ninurta, anvertraute. Der Name *Ninurta-rā'im-zēri* übermittelt für diesen Fall die Botschaft, der Stadtgott Ninurta liebe und schütze den rechtmäßigen Samen des verstorbenen Vaters.

51 Das Siegel trägt die Inschrift ᵈnin-urta-apin / *ì-lí-iš-me-ni* / dumu-me *a-ḫi-ša-gi$_4$-iš* / ᶠ*ḫa-ba-na-tum* dam-a-né. Es handelt sich um Nominalsätze, die man auch mit „Ninurta-eriš, Ili-išme'anni sind/waren Söhne des Aḫi-šagiš. Ḫabannatum ist/war seine Frau" übersetzen könnte, aber ich wollte es vermeiden, auf die zeitliche Stellung des Hilfsverbs einzugehen. Zu den *purkullum*-Siegeln siehe Leemans 1982, 230.

52 *PBS* 5, 100 (www.archibab.fr/TT23828; das Photo ist unter der CDLI-Nr. P269797 unter cdli.mpiwg-berlin.mpg.de zugänglich). Die Urkunde wurde von Roth 2001 ediert und kommentiert. Stol 2000, 173–175 sowie Wilcke 1985, 278 haben Lesungsvorschläge gemacht.

Während ich heranwuchs, im Jahr (Samsu-iluna 20) [...............].' (Bruch von 8 Zeilen)
(i 24) [(Dies)] sagte er.
(i 25–34) [Ninurta-eriš und Ili]-išme'anni, [die Söhne des Aḫi-šagiš] und der Ḫabannatum, [traten vor die Beamten und Richter] und machten folgende Erklärung:
‚Ninurta-ra'im-zeri [ist wahrhaftig der Sohn] von Enlil-bani. Als [eine Tafel] in Gegenwart des Udbanu-illa-Emblems darüber ausgestellt worden ist, dass dieser ein Sohn des Enlil-bani sei, ist die Urkunde geschrieben worden, ohne dass Zeugen eine eidesstattliche Erklärung abgegeben hätten. Nun mögen die Zeugen eine eidesstattliche Erklärung abgeben.'
(Dies) sagten sie.
(i 35–ii 8) Die Beamten und Richter untersuchten ihre Angelegenheit. Sie hörten (die Verlesung) der vorigen schriftlich festgelegten eidesstattlichen Erklärung. Sie befragten ihre Zeugen. Sie diskutierten (*uštawû*) ihre Zeugenaussage und weil ihre Zeugen ‚Wir wissen, dass Ninurta-ra'im-zeri der Sohn des Enlil-bani ist!' gesagt hatten, befahlen sie das Beisein des Udbanu-illa-Emblems, das Anhören der Zeugen, die die Eigenschaft als Sohn bezüglich Ninurta-ra'im-zeri wissen, und die Wiederholung (der Aussagen bezüglich der) Angelegenheit in der Versammlung.
(ii 9–11) Das Udbanu-illa-Emblem stand am Tor von Dursagene.
(ii 11–25) Lipit-Enlil, der Sohn des Nabi-Enlil, sagte folgendes:
‚Als Enlil-bani, der Sohn des Aḫi-šagiš, Ninurta-ra'im-zeri seinen Sohn im Bauch der Sin-nada seiner Ehefrau bei seinem Ableben zurückließ, war sie schwanger und er ließ sie zurück (*inūma ... īzibu-ma imūtu āriat-ma īzibši*). [Vor] ihrer Niederkunft [informierte] Ḫabannatum, [*die Mutter des Enlil-bani*], [Lu]ga, den Hirten und Sin-[gamil den Richter]. Sie sandten Šumum-libši [den Soldaten] und Ḫaban[natum brach]te eine Hebamme, die ihr bei der Geburt beistand. Ninurta-ra'im-zeri ist wahrhaftig der Nachkomme des [Enlil]-bani. Bis sie gebar, wachte (*lū iṣṣurši*) Ḫabannatum wahrhaftig über sie. Dieser ist wahrhaftig ein Nachkomme des Enlil-bani.'
(Dies) sagte er.
(ii 26–37) Ummi-waqrat, die Ehefrau des Iddin-Ilabrat, und Šat-Sin, die *ēntum*-Priesterin, Tochter des Sin-išme'anni, sprachen folgendermaßen:
‚Als Sin-nada Ninurta-ra'im-zeri, den Sohn des Enlil-bani, zur Welt brachte, informierte Ḫabannatum, ihre Schwiegermutter, Luga den Hirten und Sin-gamil, den Richter. Sie sandten einen Soldaten. Eine Hebamme der Ḫabannatum stand ihr bei der Geburt bei. Bis sie gebar, wachten ... über sie. Wir wissen, dass Ninurta-ra'im-zeri wahrhaftig der Nachkomme des En[lil-bani] ist.'
(Dies) sagten sie.
(iii 1–17) Etel-pi-Ištar, Sohn des Šep-Sin, der Freund des Enlil-bani, sprach:

‚Als Sin-nada, die Frau des Enlil-bani, *die Schwangerschaft für ihren Mann Enlil-bani erlebte / meine Herzens(unruhe) bezüglich ihres Mannes Enlil-bani sah,*[53] war *sie / er* immer wieder krank und daher (sagte) Enlil-bani, ihr Mann:
‚Ich will sie ins Haus ihres Vaters führen, bis sie geboren hat!'
Ich (sagte):
‚In eurem Haus wird das Kummer bereiten!'[54]
Weil ich ihm das gesagt hatte, führte er sie nicht fort. Er gab mir 180 l *Äpfel*[55], um ihr auszuhelfen. Sin-nada ging nicht zu dem Haus ihrer (Familie).
Ich war anwesend, bis sie gebar. Ḫabannatum kam mit einer Hebamme und half ihr bei der Geburt. Ich weiß, dass Ninurta-ra'im-zeri der Nachkomme des Enlil-bani ist.'
(Dies) sagte er.
(iii 18–29) [NPf, die E]hefrau des Ninurta-eriš, [Tochter des … und NPf, die Ehefrau des Ili-išme'anni, Tochter des …, sprachen folgendermaßen]:
‚Als [Sin-nada, die Frau des Enlil]-bani, Ninurta-ra'im-zeri [geb]ar, nahm Ḫabannatum eine Hebamme, einen Soldaten, Luga, den Hirten, und Sin-gamil, den Richter, (als Zeugen). Sie hat über sie gewacht und als Ninurta-ra'im-zeri geboren war, nahmen sie ihn mittels eines Korbes und trugen ihn zum Haus des Sin-gamil, des Richters.'
(Dies) sagten sie.
(iii 30–33) Sin-eriš, der Leutnant, Sohn des Sin-magir, und Addu-tajjar, der Leutnant, Sohn des Ḫummurum, sprachen:
‚Wir wissen, dass Ninurta-ra'im-zeri der Nachkomme des Enlil-bani ist.'
(Dies) sagten sie.
(iii 34–iv 7) Ennugi-inaja, der Kommissar der Richter, sprach folgendermaßen:
‚Als Ninurta-eriš und Ili-išme'anni, die Söhne des Aḫi-šagiš, wegen Ninurta-ra'im-zeri die Versammlung informierten, sandte man mich mit ihnen. Als das Udbanu-illa-Emblem im Tor von Dursagene stand, sprach Ḫabannatum folgendermaßen:
‚Ninurta-ra'im-zeri ist der Sohn Enlil-banis, meines Sohnes. Die Brüder seines Vaters dürfen ihn nicht (aus der Familie) herausreißen (*nasāḫum*)!'
Ḫabannatum gab mir einen Šekel Silber für das Nicht-Herausreißen-Lassen und für den Umstand, dass sie ein Dokument ausstellen lassen mussten.'
(Dies) sagte er.

53 Diese Stelle ist mehrdeutig. Der Text lautet in col. iii (3) *ki-ma* [Id]*su'en-na-da* dam [d]en-líl-*ba-ni* (4) *li-ib-bi a-na* [d]en-líl-*ba-ni mu-ti-ša* (5) *i-mu-ru it-ta-na-ás-la-aḫ-ma*, das Verbum *salāḫum* kann sich auf beide Elternteile beziehen. Die Interpretation von *libbī … amārum* ist unklar. Stol 2000, 174: „she saw 'I am pregnant (o my belly!)'", anders Roth 2001, 258: „she realized my concern for her husband".

54 Roth 2001, 272–273 kommentierte, dass der gute Freund verhindern wollte, dass der Heimaturlaub der Schwangeren mit einem Verstoßen der Ehefrau verwechselt werden könnte. Die Initiative des Ehemanns schätzte sie als feinfühlig, aber kontraproduktiv ein.

55 Die Lesung 3 PI ḪAŠḪUR findet sich bei Wilcke 1985, 278 und Stol 2000, 174 Anm. 23. Sie scheint epigraphisch gut, ist aber ungewöhnlich. Roth 2001, 283 liest 3 PI x und übersetzt nicht.

(iv 8–11) Tafel der Beweise der Zeugen und Zeuginnen, [die in] Gegenwart des Udbanu-illa-Emblem bezeugt hatten, dass Ninurta-ra'im-zeri die Sohnesschaft des Enlil-bani innehat."

(Zeugen)

Datum: 19/xi/Si 26

5.1.1 Schutz der Rechte des Waisenkindes durch Richter und Erwachsene

Die Urkunde beginnt mit der Selbsterklärung des Waisen Ninurta-ra'im-zeri, er sei der rechtmäßige Sohn seines vor seiner Geburt verstorbenen Vaters Enlil-bani und im Haus seiner väterlichen Großmutter Ḫabannatum aufgewachsen. Ein Ereignis im 20. Regierungsjahr, das im Text abgebrochen ist, erklärt, warum die rechtmäßige Abstammung des Waisenkindes sechs Jahre später noch einmal bestätigt werden musste. Alle Zeugen beeiden dies einhellig vor einem Emblem des Stadtgottes Ninurta. Zwar war Ninurta-ra'im-zeri erst nach dem Ableben seines Vaters geboren worden, aber alles war schon vor seiner Geburt so arrangiert worden, dass keine Zweifel an seiner Identität und Herkunft aufkommen konnten. Dafür hatten vor allem seine Großmutter Ḫabannatum, aber auch der beste Freund des verstorbenen Vaters, Etel-pi-Ištar sowie die Verwaltungsorgane der Stadt Nippur gesorgt. Die Großmutter hatte die Schwangere im Haus gehütet, ihr eine Hebamme ihres Vertrauens besorgt, zum Zeitpunkt der Geburt einen Richter und einen unvoreingenommenen Zeugen kommen lassen. Nach der Geburt hatte sie das Kind in einen Korb gelegt und zum Haus des Richters bringen lassen – sie hatte alles getan, damit ihr Enkelkind nicht durch ihre anderen Söhne, seine Onkel, übervorteilt werden konnte. Diese bezeugten ihren guten Willen und siegelten mit der Mutter den langen Text.

Wie auch von *CH* § 177 vorgesehen, schützten Richter und eine offizielle Urkunde die Rechte von Waisen vor eventuell auftretenden Problemen. Ḫabannatum hatte das Ausstellen dieser Urkunde finanziert und wohl auch für das *purkullum*-Siegel gesorgt, auf dem ihr Name nach dem ihrer Söhne erscheint. Das Verhalten der Großmutter Ḫabannatum zeugt davon, dass sie wusste, was sie im Interesse des Neugeborenen tun und an wen sie sich wenden musste. Da sie handeln musste, war sie sicherlich eine Witwe. Vielleicht traf sie aus diesem Grund mehr Vorkehrungen als ein männliches Familienoberhaupt. Die Fülle der Vorsichtsmaßnahmen ist auf jeden Fall ein Hinweis auf die fragile Position des Ninurta-ra'im-zeri.

5.1.2 Sin-nada, die verwitwete und überwachte Mutter

M. Roth erstaunt das völlige Schweigen des Textes über das Geschick der Mutter des Kindes, der jungen Witwe Sin-nada.[56] War sie gleich nach der Geburt gestor-

56 Roth 2001, 276–277. M. Roth stellt fest, dass nicht nur Sin-nada, sondern auch die Großmutter

ben oder hatte sie einige Zeit später einen anderen Mann geheiratet und war aus der Familie ihres Sohnes ausgeschieden, während das Kind von der väterlichen Großmutter erzogen wurde? Wir werden es wohl nicht erfahren. Tatsache ist, dass die Mutter, sofern sie am Leben geblieben wäre, die Sohnesschaft des Ninurta-ra'im-zeri eidesstattlich hätte bestätigen können bzw. müssen. In einem anderen Fall konnte eine wiederverheiratete Frau die rechtmäßige d.h. eheliche Abstammung ihres Sohnes durch einen Schwur absichern, den sie ihrem zweiten Ehemann mit den Worten leistete:[57]

> „Ich habe ihn wahrhaftig für dich geboren!"

Dass die junge Witwe Sin-nada, Mutter des Ninurta-ra'im-zeri, in diesem Text mit keinem Wort erwähnt wird, weder ihr Ableben, noch eine eventuelle Wiederverheiratung, ist ein Hinweis auf die Geringschätzung, die dieser Frau im Haus des Ninurta-ra'im-zeri entgegengebracht wurde. Sin-nadas Schicksal war nicht relevant und hatte keinen Einfluss auf die soziale Identität des Kindes. Ein interessanter Hinweis auf die Lebenssituation der jungen Witwe findet sich im Wort *naṣārum* „jemanden hüten, bewachen", das in Bezug auf sie dreimal verwendet wird:[58]

> „Bis sie gebar, wachte Ḫabannatum wahrhaftig über sie."

Dieses Hüten kann ein liebevolles Pflegen der Schwangeren gewesen sein – es ging jedoch in Wahrheit darum, sicherzustellen, dass das Kind in ihrem Leib keinem anderen als ihrem Mann Enlil-bani nachgesagt werden konnte.

Die Gesetzeslage in altbabylonischer Zeit war eindeutig. Witwen und Waisen besaßen Rechte, die eingeklagt werden konnten. Der Fall des Ninurta-ra'im-zeri zeigt jedoch, dass es ein großes Aufgebot an Zeugen und den vollen Einsatz der Familie und der Verwaltung sowie finanzieller Zuwendungen bedurfte, um sicherzustellen, dass die Rechte auch geltend gemacht werden konnten.

6 Strohwitwen

Es gab eine zweite Gruppe von verheirateten Frauen, die auf sich alleine gestellt leben mussten. Frauen, die nicht im eigentlichen Sinne Witwen waren, sondern deren Ehemann für unabsehbar lange Zeit abwesend war. Im Deutschen hat man für ähnliche Fälle das Wort „Strohwitwe" geprägt. Obwohl der Zustand der langjährigen Abwesenheit, den wir in Mesopotamien sehen, damit nicht gemeint ist, will ich das Wort hier für die verheiratete Frau verwenden, deren Ehemann lebte, jedoch auf unvorhersehbare Dauer abwesend blieb.[59]

Ḫabannatum und die Hebamme keine Zeugenaussage liefern – vermutlich, weil sie verstorben waren. Ein Gegenargument könnte sein, dass die Siegelung Ḫabannatum explizit erwähnt und damit das Gefühl vermittelt, sie sei präsent.

57 *AbB* 14, 207, siehe www.archibab.fr/T15780 und Roth 2011. Siehe S. 362–363 für eine Neubearbeitung des Textes.

58 *PBS* 5, 100 ii 24 *Ḫabannatum lū iṣṣurši*; ii 34 … *iṣṣurūši*; iii 26 (*Ḫabannatum*) *iṣṣurši.*

59 Zur Antwort der mesopotamischen Gesetzgeber auf freiwillige oder ungewollte Abwesenheit

In den § 133–135 seines Gesetzeswerks bestimmt Hammurabi, dass die Ehefrau, die in Abwesenheit ihres kriegsgefangenen Mannes genug zum Überleben hat, unter Androhung der Todesstrafe nicht in das Haus eines anderen Mannes „eintreten" durfte. Einer notleidenden Frau hingegen dürfe kein Vorwurf gemacht werden, wenn sie das tat. Sie konnte dort bleiben, bis ihr Mann zurückkehrte. Die eventuell zwischenzeitlich geborenen Kinder wurden aber, wie es üblich war, dem leiblichen Vater zugesprochen.

> (*CH* § 133a) „Wenn ein Bürger gefangen weggeführt worden ist und in seinem Hause das, was nötig ist zum Essen, noch vorhanden ist, so soll seine [Ehe]frau sich [in Acht nehm]en, [solange] ihr [Ehemann gefangen ist] und nicht [in das Haus eines ande]ren [eintre]ten."
>
> (*CH* § 133b) „Wenn diese Frau sich nicht in Acht genommen hat und in das Haus eines anderen eingetreten ist, so soll man diese Frau überführen und sie ins Wasser werfen."
>
> (*CH* § 134) „Wenn ein Bürger gefangen weggeführt worden ist und in seinem Hause das, was nötig ist zum Essen, nicht vorhanden ist, so darf seine Ehefrau in das Haus eines anderen eintreten. Diese Frau trifft keine Schuld."
>
> (*CH* § 135) „Wenn ein Bürger gefangen weggeführt worden ist und in seinem Hause das, was nötig ist zum Essen, nicht vorhanden ist, (wenn dann) seine Ehefrau vor seiner Rückkehr in das Haus eines anderen eingetreten ist und (diesem) Kinder geboren hat, später aber ihr Ehemann in seine Stadt zurückkehrt, so soll diese Frau zu ihrem Gatten zurückkehren. Die Kinder folgen ihrem Vater."

R. Westbrook diskutiert das Phänomen der „Strohwitwe", die aus Not in einen anderen Haushalt eintreten musste, in seinem Kapitel „Absence of the husband" unter der Überschrift „Involuntary absence":[60]

> „The theoretical basis of these conflicting valid marriages was, we suggest, as follows. The second union was a valid marriage in all respects bar one, that it was voidable on the return of the first husband. It was not adultery

siehe Démare-Lafont 2009. Sie schließt ihren Beitrag mit einem Zitat, das auch die Regeln in Mesopotamien illustriert: „,L'absent n'est ni mort ni vivant' déclarait Tronchet, pour justifier les règles adoptées dans le Code civil de 1804. À certains égards, les lois mésopotamiennes entérinent cette perpétuation du doute dans un régime qui apparaît comme la traduction juridique d'une attente indéfinie." Strenggenommen beschreibt das deutsche Wort „Strohwitwe" nicht die Ehefrau, die im Unklaren ist, ob und wann ihr Ehepartner zurückkehrt. Strohwitwe/-witwer beschreibt eigentlich den Zustand des Partners während kurzzeitiger Abwesenheiten des Ehepartners. Das Bild kommt vom Strohfeuer, das kurz darauf erlischt. Das deutsche Wort Strohwitwe träfe also vielleicht am besten auf altassyrische Kaufmannsgattinnen zu, die absehbar lange Abwesenheiten des Ehemanns zu erdulden hatten.

60 Westbrook 1988, 86–88.

> because of the condition of the first marriage: the analogy is to widowhood, but the first husband is not presumed dead; his status is rather one of 'civil death', i.e. a condition which removes him from the status of husband but which is reversible. The wife is thus given a certain freedom to act in disregard of her husband's erstwhile rights, with the provision that her acts may become null and void if his civil 'death' is terminated by his reappearance."

Das Gesetz schützte die Rechte des unfreiwillig abwesenden Ehemannes und verlangte, dass seine Ehefrau sich in Acht nehme – hier wird der Ausdruck *pagarša naṣārum* gebraucht,[61] der dem oben (S. 354) diskutierten *naṣārum* nahe ist.

Ein landesflüchtiger Mann hingegen konnte seine Frau nicht zurückverlangen, selbst wenn er wieder in seine Heimatstadt zurückkehrte. Hammurabi bestrafte ihn, „weil er aus Abneigung gegen seine Stadt geflohen" sei.

> (*CH* § 136) „Wenn ein Bürger seine Stadt verlassen hat und geflohen ist und nach seinem Wegbleiben seine Ehefrau in das Haus eines anderen eingetreten ist: wenn dieser Bürger zurückkehrt und seine Ehefrau zurückfordert, so soll, weil er aus Abneigung gegen seine Stadt geflohen ist, die Ehefrau des Flüchtlings nicht zu ihrem Ehemann zurückkehren."

Soweit es aus der Quellenlage ersichtlich ist, war Flucht tatsächlich ein soziales Phänomen der altbabylonischen Zeit.[62] Meist flohen die Menschen aber nicht aus Abneigung gegen ihre Stadt,[63] sondern vor allem wegen ihrer Schuldenlast, manchmal um unangenehmer Arbeit oder der Mobilisierung zu entgehen, zuweilen auch aus Laune – wie man das besonders bei Musikern sieht – dazu kurz im Anschluss.[64]

Die Landes- bzw. Stadtflucht hatte häufig Folgen für die Familien, da die Flüchtigen meist ihre Frau und Kinder ihrem eigenen Schicksal überließen. Ein

61 *CH* xxix (18) *š*[*um-m*]*a* MUNUS *ši-i* (19) [*pa*]-*gàr-ša* (20) *la iṣ-ṣur-ma*; die Stelle in den Zeilen 14–15 ist schlecht erhalten. Oelsner 2022, 348 übersetzt die Stellen mit „enthaltsam leben". Derselbe Ausdruck wird auch in den § 142–143 verwendet. Laut § 142 erhält eine Frau das Recht auf Scheidung, wenn „sie sich in Acht genommen und keine Schuld auf sich genommen hat", gleichzeitig aber von ihrem Mann vernachlässigt worden ist. Der § 143 hingegen entscheidet, die Frau zu strafen, die „sich nicht in Acht genommen hat und außer Haus gegangen ist". Oelsner 2022, 350–351 übersetzt hier *naṣārum* mit „sich ordentlich verhalten". In beiden Fällen ist gewiss dasselbe gemeint – die Frau muss außereheliche Beziehungen meiden. In diesem Sinne auch Démare-Lafont 2009, 285. Siehe auch unten zu *CH* § 13.

62 Renger 1972; Snell 2001 und dazu die Rezension von Charpin 2008b, bes. S. 181b und Charpin 2015.

63 In diesem Sinne auch Westbrook 1988, 88 bezüglich *CH* § 136. Er interpretiert das Verb *zêrum* in diesem Kontext als „ohne gültige Begründung" und fügt hinzu „nor (…) is the desertion of his wife the offence – she is nowhere mentioned as the victim of his actions. Desertion = flight from obligations in front of the public authority a breach of public law duties could have a repercussion in private law indicates that, as in the case of involuntary absence, the basic idea is one of ‚civic death'. In this case, however, it is not reversible".

64 Ziegler 2007, 28–31.

Fall aus dem Königreich von Obermesopotamien ist in dieser Hinsicht interessant. Ein Musiker namens Lipit-Enlil war von Šubat-Enlil nach Mari geflohen, und obwohl er seinen gesamten Hausstand verprasst und seine Frau und Kinder mittellos zurückgelassen hatte, erwirkte er vom musikliebenden Herrscher von Mari, Jasmaḫ-Addu, dass ihm seine Familie nach Mari nachfolgen durfte. Die Reaktion der Autoritäten war in diesem Fall also deutlich nachsichtiger, als Hammurabi dies in seinem Reich vorschrieb. Der Obermusiker aus Šubat-Enlil schrieb Jasmaḫ-Addu:[65]

> „Lipit-Enlil beklagt sich grundlos bei meinem Herrn (wenn er sagt): ‚Meine Familie wird zurückgehalten!' Vier Jahre lang, bis zu diesem Jahr war er in der Lage, seine Familie zu ernähren [aber] dann ist er aufgebrochen und fortgegangen. Ich habe seine Frau und [seine] Kin[der] zum Palast gebracht und bis jetzt haben sie regelmäßig ihre Getreide-, Öl- und Wollrationen erhalten. Lipit-Enlil nämlich war schutzsuchend zu mir gekommen und ich hatte ihn unterstützt, ihm das Haus und die Ehefrau des (verstorbenen) Musikers Akšaja gegeben. Alles was ich ihm (damals) gegeben hatte, hat er verbraucht und ist dann aufgebrochen und geflohen. Nun aber habe ich in Gegenwart des Boten meines Herrn seine Frau zu mir gerufen und sie gefragt:
> ‚Wo sind denn das weibliche und männliche Gesinde, die Rinder, Esel und Schafe, die dir dein Mann zurückgelassen hat?'
> So antwortete sie mir: ‚Er hat mir nichts zurückgelassen!'
> Aus Respekt vor meinem Herrn schicke ich nun seine Frau (nach Mari), aber mein Herr möge sie fragen, was er ihr zurückgelassen hat."

Der Musiker hatte seine Frau, eine wiederverheiratete Witwe mit seinen eigenen Kindern mittellos in Šubat-Enlil zurückgelassen. Der Musiker war vom Palast subventioniert worden, indem man ihm eine voll ausgestattete Domäne zur Verfügung gestellt hatte. Der Palast kam für die hinterbliebene Familie aus Solidarität auf,[66] auch wenn Hausrat und Personal durch Nachlässigkeit des Musikers verloren gegangen waren. Dass der Ehefrau erlaubt wurde, ihrem Mann nach Mari nachzureisen, wird als ein Akt der Nachsicht charakterisiert, mit der der Musikchef dem König von Mari einen Gefallen erweisen wollte.

---

65 Auszug aus dem Brief des Obermusikers Samsi-Addus in Šubat-Enlil, Ibbi-Ilabrat, an Jasmaḫ-Addu von Mari, *FM* 9, 36: 4–30, siehe www.archibab.fr/T6594.

66 S. Démare-Lafont erinnerte mich daran, dass die mittelassyrischen Gesetze gleichermaßen vorschreiben, die Strohwitwe eines kriegsgefangenen Mannes müsse vom Palast versorgt werden, wenn sie nicht genug zum Überleben hat, siehe *MaG* A § 45 in der Übersetzung von Borger 1982, 89 „(…) Wenn sie eine palasthörige Dorfbewohnerin ist, so soll ihr [Palast] sie versorgen, und sie soll für ihn Arbeit leisten. (…)".

6.1 Beispiel 2: ARM 33, 98 – eine Strohwitwe kämpft für die Rechte der außerehelich geborenen Kinder

Der Brief *ARM* 33, 98 illustriert einen Fall aus dem Königreich Mari zu Beginn der Regierung Zimri-Lims. Der Text, der von J.-M. Durand erstveröffentlicht wurde, ist auf der Vorderseite einigermaßen gut erhalten, doch die Rückseite hat mehrere Probleme und eine Passage fehlt ganz. Der Brief behandelt nur eine einzige Angelegenheit – die Regelung der familiären Situation eines relativ hochrangigen sim'alitischen Bürgers angesichts seiner Stammesbrüder.

Rip'i-Lim ∞ ᶠDagan-teri
⊥
Fünf Kinder:
Abi-Erah (n°1)
Uštašni-il (n°2, „Kind der Straße")
Dagan-pilaḫ (n°3, „Kind der Straße") +
Samsi-Eraḫ (n°4)
ᶠUmmi-Nikkal (n°5)
Ein Sklave, der verkauft worden ist: Jaṣṣi-Addu

Rip'i-Lim war zehn Jahre abwesend geblieben und hatte in der Heimat seine Frau und seinen Sohn offenbar mittellos zurückgelassen. Der Brief handelt vom rechtlichen Status der während seiner Abwesenheit außerehelich geborenen Kinder. Der Gouverneur Sumu-ḫadu schrieb Zimri-Lim:[67]

> „Ich habe den Brief, den mein Herr mir bringen ließ, vernommen.
> Ich habe den Befehl gegeben und man hat mir (die Statue) des Itur-Mer von Samanum gebracht; auch waren alle seine Brüder anwesend.[68]
> So sprach ich:
> ‚*Sprecht*[69] in Gegenwart des Gottes, so dass ich eine Bestätigung der Angelegenheit meinem Herrn schreiben kann!'
> Alle Brüder, vom klein(st)en zum größ(t)en haben es für ihn bezeugt, dass (wörtl. wie) er einen Eid abgelegt hat und die verbindlichen Beschlüsse festgesetzt wurden.

67 *ARM* 33, 98, cf. www.archibab.fr/T23790. Démare-Lafont 2022, 83–85 hat diesen Text ausführlich diskutiert. Siehe auch Jallet Martini 2024, 132. Meine Interpretation hier unterscheidet sich teilweise von den beiden letztgenannten.

68 Es stellt sich die Frage ob hier in Z. 6 (*aḫ-ḫu-šu* ⸢*ka*⸣-*lu-šu-nu*) und in Z. 10 (*aḫ-ḫu ka-lu-šu-nu ṣe-eḫ-rum ù* [*ra-bu-u*]*m*) die leiblichen oder die Stammesbrüder gemeint sind? In meinen Augen spricht *ṣeḫrum u rabûm* eher für Stammesbrüder und in diesem Sinne interpretiert auch Durand 2019, 242 die Stellen. Er vermutet, es könnte sich um den sim'alitischen Clan der Jabasa handeln. Démare-Lafont 2022 hingegen hält für wahrscheinlicher, dass es sich um die leiblichen Brüder handelt.

69 Die Interpretation von KI-NE-MA(?) ist nicht sicher. Durand 2019, 243–244 interpretierte einen Plural Imperativ von *qabûm* und las *qí-be₈-ma* für *qibiā-ma* „sprecht". Ein Singular entspräche hier eher den orthographischen Gewohnheiten der Mari-Texte, und *qí-bí-ma* „sprich" wäre die Aufforderung an Rip'i-Lim im Singular.

Sie haben eine einzige Mutter.
Den Abi-Eraḫ gebar sie ihrem Mann zuerst.
Ihr Mann verließ sie und ging nach Qaṭna. (Daraufhin) gebar sie Uštašni-El und Dagan-pilaḫ für die Straße.
Im zehnten Jahr ist ihr Mann zurückgekehrt und außerdem hat er seine Ehefrau mit Uštašni-El und Dagan-pilaḫ, ihren Söhnen, die sie für die Straße geboren hat, in sein(m. Sg.) Haus zurückgebracht.
Nachdem sie in ihr(f. Sg.) Haus zurückgekehrt ist, hat sie Samsi-Eraḫ und fUmmi-Nikkal, diese beiden, geboren.
Die Mutter von ihnen allen ist Dagan-tiri.
Sie erhebt gegen ihren Mann folgende Klage (*mussa idabbab*):
‚Es ist zu bef[ürchten], dass eines zukünftigen Tages ihre(m. Pl.) anderen Brüder, die ich für die Straße geboren habe, [für Silber gegeben werden], wie du Jaṣṣi-Addu, deinen Diener verkauft (wörtl. gegeben) hast. [Adoptiere sie] alle! [*Abi-eraḫ aber ist wahrhaftig der Ältes*]*te*.'
Rip'i-Lim, …[…][70] stand auf und als ihr Vater setzte er fest, was schlecht, was liederlich, was verbindliche Beschlüsse seien indem er folgendermaßen (sprach):
‚Abi-eraḫ ist der Älteste! Die anderen sind die Jüngeren. Sie alle sind meine (rechtmäßigen) Kinder! *Das Zeichen der Sim'aliter ist festgesetzt*.'
Seit diesem [*Ta*]*g kam es zu keiner Vindikation*akk. [*und keiner Klage*]. (…)"[71]

Nach einer Bruchstelle von ca. sieben Zeilen steht am linken Rand der Tafel:[72]

„Wenn mein Herr es befiehlt, am Tag da mein Herr es befiehlt, mögen diese [Leute] losgehen und ihr Zeugnis in ihrer Sache ablegen.
Es sind Leute darunter, die Greise sind und die nicht kommen können.
Es ist zu befürchten, dass bis [Mari] der Weg zu weit ist. Das Zeugnis ist [schriftlich festgehalten[73]]."

70 Die Z. 35 ist an einer Bruchstelle. Durand 2019, 244–245 las (35) *ù ri-ip-i-li-im š*[*a*] *sú-*[*pí-ša*] *aḫ-zu* und übersetzte mit Vorbehalt „Alors Rip'i-Lîm *qui avait pris en compte sa prière*" wobei er in Kommentar h anmerkte „En supposant ici le terme *supûm* ‚prière' qui ne serait attesté cependant qu'à partir de l'époque moyenne." Der Kommentar von Démare-Lafont 2022, 86 basiert auf dieser Lesung und sieht darin das Schlüsselwort des Prozesses zwischen Rip'i-Lim und seinen Brüdern „Le texte utilise le terme *suppûm* (l. 35) qui désigne la ‚prière' mais aussi la ‚séduction'. (…) Rip'i-Lim aurait cédé aux manœuvres malhonnêtes de Dagan-teri. À force de suppliques et de cajoleries, elle aurait réussi à influencer la volonté d'un mari (…) Soucieux de garder les biens familiaux dans leur lignage, les frères de Rip'i-Lim tentent donc de faire annuler ce qu'ils considèrent comme un abus de confiance." Die Ergänzung *supûm, suppûm* ist aber nicht sicher und das Zeichen vor dem letzten ZU ist keinesfalls AH, sondern gleicht eher einem Zeichen, das in -ŠE oder -KUR endet.

71 Die Zeilen 43–45 sind zu fragmentarisch für eine Übersetzung. Der obere Rand ist ganz abgebrochen. Er enthielt wahrscheinlich drei oder vier Zeilen Text.

72 *ARM* 33, 98, linker Rand Z. 1'–9'.

73 Ich schlage vor, in der Z. 9' das Verb *šaṭārum* nach *ši-bu-tum-ma* zu ergänzen.

Die Mutter Dagan-tiri hatte fünf Kinder geboren. Nach dem ehelich geboren Sohn Abi-Eraḫ wurde sie von ihrem Mann alleine zurückgelassen und gebar zwei Söhne „für die Straße".[74] Anders als bezüglich der notleidenden Strohwitwe mit außerehelichen Kindern im *Codex Hammurabi* sind die leiblichen Väter nicht identifiziert, sei es, dass die Mutter sich prostituieren musste oder ein anderes außereheliches Verhältnis hatte, während der Mann aushäusig war.

Fünf Kinder, drei ehelich geborene – zwei außereheliche wurden alle nach der Rückkehr des Vaters wieder ein Haushalt. Doch die vormalige Strohwitwe hatte in ihren Gatten nur begrenztes Vertrauen und wollte die Rechte aller ihrer Kinder gesichert wissen. Die geschah in einem öffentlichen, unwiderruflichen Akt durch den Vater im Beisein der Stammesbrüder.

Ein Befehl Zimri-Lims hatte zur effizienten Reaktion des Gouverneurs geführt, der in Präsenz des Gottes Itur-Mer durch Zeugenaussagen der versammelten Stammesbrüder die komplizierte Familiensituation klarstellen ließ. Was war der Grund, den Fall noch einmal vom König bestätigen zu lassen? War Rip'i-Lim inzwischen verstorben[75] und mussten seine Entscheidungen noch einmal vor dem König bestätigt werden? Leider fehlen einige Zeilen des Textes um Klarheit zu schaffen.

7 Zusammenfassung

Wie in der Urkunde aus Nippur *PBS* 5, 100 war auch im sim'alitischen Stammesverband im Königreich Mari der soziale Status der Kinder eine Sache der Öffentlichkeit. In Nippur war die Versammlung *puḫrum* anwesend,[76] im Königreich Mari die „Brüder" des Familienvaters, der einen Eid leistete, ehe sich der Gouverneur und der König der Sache annahmen. In Nippur waren es glaubwürdige Zeugen und die städtischen Behörden. In beiden Fällen waren Embleme oder Statuen des Hauptgottes beim Eid präsent. In Mari wie in Nippur wurde ein schriftliches Dokument zur Absicherung der Rechte der Kinder erstellt. Der Brief Sumu-ḫadus *ARM* 33, 98 ist kein gewöhnlicher Brief, sondern ähnlich einem Rechtstext gestelzt formuliert. Er versucht klar über die Entschlüsse und den zivilen Status jedes Einzelnen Auskunft zu geben.

In beiden oben vorgestellten Fällen hatten Frauen die Initiative ergriffen.[77] In Nippur die verwitwete Großmutter, im Königreich Mari die zehn Jahre im Stich gelassene Ehefrau, die sich durchschlagen musste und während der langen Ab-

74 Démare-Lafont 2022, 84 Anm. 52. Gemeint ist, dass die leiblichen Väter keine rechtlichen Ansprüche auf die außerehelich gezeugten Kinder stellten bzw. stellen konnten.

75 Dies vermutet Démare-Lafont 2022, 83–85. Ein lebender Familienvater brauchte die Autorität der königlichen Behörden nicht, um eine Adoption zu bestätigen.

76 *PBS* 5, 100 iii 38.

77 Es bleibt unklar, warum das Misstrauen der Mutter dadurch geweckt wurde, dass Rip'i-Lim Jaṣṣi-Dagan, „einen Diener", verkauft hatte. Meine Vermutung ist, dass Jaṣṣi-Dagan ein Kind aus einer unehelichen Beziehung in Qaṭna war, sein Status in den Augen des leiblichen Vaters dem der unehelichen Söhne der Dagan-teri daher nicht unähnlich, vielleicht sogar überlegen war.

wesenheit des Ehemanns noch zwei Kinder bekommen hatte. Statt ihrem Mann dafür dankbar zu sein, dass er auch die außerehelichen Kinder bei sich aufnahm, tat sie etwas, was mit dem Verb *dabābum* beschrieben wird: sie klagte öffentlich ein Recht ein. Durch ihr Handeln wurde Zimri-Lim, der König der Sim'aliten, aufmerksam gemacht, der Gouverneur musste agieren, die Brüder als Zeugen kommen. Der Stamm der Sim'aliten bekam zwei vollwertige neue Mitglieder. In Nippur konnte Ninurta-ra'im-zeri den Anteil seines verstorbenen Vaters erben. In den beiden betrachteten Beispielen aus altbabylonischer Zeit ging es darum, Kinder, die in außergewöhnlichen Situationen geboren worden waren, als legitime Söhne von Vätern anerkennen zu lassen.

Vor zwanzig Jahren veröffentlichte K. Veenhof einen Artikel, der den Aufsehen heischenden Titel „Fatherhood is a matter of opinion" trägt. Darin geht es um die gegenteilige Situation. Die Zeiten waren unruhig geworden und die babylonische Armee brauchte Männer. Sie wollte einen jungen Mann zum Kriegsdienst einziehen, den sie als Sohn eines Soldaten identifizierte, doch die Familie des jungen Mannes, allen voran seine Tante, eine *nadītum*-Klosterfrau, wehrte sich erfolgreich dagegen. In dem sehr langen Dokument macht die Familie u.a. folgende Aussage:

> „‚Wir haben unsere Schwester Šimat-Ištar nicht zur Heirat gegeben.
> Sie ging hin und lebte ihr Leben (frei).
> Šumum-libši, der Sohn von Ana-Šamaš-liṣi, betrat häufig ihr Haus, ebenso wie andere Männer, aber er hat keinen (Ehe-)Vertrag über sie aufgesetzt, er hat keinen Umtrunk (*kasûm*) veranstaltet, und wir haben ihren Brautpreis (*terḫatum*) nicht erhalten.'
> Das ist es, was sie erklärten.
> Man bat sie (= die Vertreter des Militärs, die die Kläger waren) um Zeugen, die bei einem Umtrunk (*kasûm*) anwesend gewesen wären, aber sie konnten keine bringen."

Šimat-Ištar, die Schwester einer respektablen *nadītum*-Klosterfrau, hatte außerehelich ihr Leben geführt. Das Kind war von seiner Tante, der Klosterfrau großgezogen worden, denn es hatte keinen ehelich anerkannten Vater. Die Armee verlor ihren Prozess. Vaterschaft war aber in diesem, wie in den beiden anderen oben zitierten Fällen keine „matter of opinion". Sie wurde erstritten, musste bewiesen, gerichtlich oder sozial mit großem Aufwand abgesichert werden. Die zwei exemplarischen Fälle (*PBS* 5, 100, Roth 2001) und *ARM* 33, 98[78] zeigen, wie Frauen die Richter und die Gesellschaft mobilisieren konnten, um Kindern mit großem Aufwand etwas mehr Recht zu verschaffen, und bezeugen, dass Frauen Bescheid wissen konnten, welche konkreten rechtlichen Schritte dazu nötig waren.

78 Durand 2019, 243–246.

8 Anhang: Neuinterpretation von *AbB* 14, 207

Das hier im Anhang bearbeitete Dokument ist oben in der Diskussion um den Fall des Ninurta-ra'im-zeri angesprochen worden. Ich möchte es hier kurz vollständig wiedergeben. Es zeigt, dass es Frauen möglich war, einem Vater die rechtmäßige, eheliche Geburt eines Kindes durch einen Schwur zu bestätigen. Die junge Witwe Sin-nada, sofern sie noch lebte, hätte zu diesem Rechtsmittel greifen können, um die eheliche Abstammung des Ninurta-ra'im-zeri abzusichern.

Die Natur des Dokuments *AbB* 14, 207, das gewiss aus Larsa stammt (cf. Z. 17–19), ist unklar. Es hat den Anschein eines kleinen Briefes, der jedoch ohne Adresse geblieben ist. Die Charakterisierung als *ze'pum* ist von M. Roth mit Recht widerlegt worden.[79] Zu ihren Argumenten kann man noch das frühe Abfassungsdatum des Texts hinzufügen. Die Paläographie spricht für eine Datierung vor Hammurabi – siehe insbesondere die Formen von MU und ŠE. K. Veenhof veröffentlichte den Text in der Reihe *Altbabylonische Briefe* neu. Trotz vieler Bemühungen ist das Dokument meiner Ansicht nach bislang nicht völlig verstanden worden.[80] Meine Interpretation des Dokuments beruht auf Kollationen des Photos.[81]

Vs.

	[*aš*]-*šum di-ni*$^{(!)}$-*im*$^{(!)}$ *ša* ^{d}utu-tab-ba-*e*
2	*ša ta-aš-pu-ra-aš-ši-im*
	rá-gaba *iš-tu um-ma-šu*
4	*ez-bé-et ša-nu-um*
	i-ḫu-zu-ši-ma
6	*i-na bi-it a-ḫi-zi-i-ša*
	wa-ar-ki-im
8	*ú-li-is-sú*
	a-na mu-ti-i-ša wa-ar-ki-im
10	*ki-a-am iz-ku-ur um-ma ši-i-ma*
	a-na ka-ši-im-ma
12	[*lu*] *wa-li-da-ku*
	[*aš-šu*]*m ki-a-am iz-ku-ru*
14	[munus *ši*]-*i ez*-bé-*⸢*et*⸣ ^{d}utu-tab-ba-*e*
	[*lu-ú*] *i-ḫa-a-uz*
16	[*ù* s]ag-ìr-*su ú-up**-[*pil*]
	[*e-pe-šum*] *an-nu-um*

79 Roth 2011, 77–78.

80 *TCL* 18, 153 = *AbB* 14, 207. Cf. www.archibab.fr/T15780. Der Text wurde von Roth 2011 kollationiert und neu ediert.

81 Das Photo ist auf der Museumswebseite des Louvre unter https://collections.louvre.fr/en/ark:/53355/cl010167449 zugänglich.

Rs.
18 *i-na* larsam[ki] *ma-ti-i-ma*
ú-ul ib-ba-ši
20 *a-bi ma-ri* sag-ìr-*sú*
a-na ma-ru-ti-im
22 *ú-ul i-ša-ka-an*

„(1–2) Wegen des Urteils bezüglich Šamaš-tappe, das du ihr geschrieben hast:
(3–8) Der berittene Bote, weil seine Mutter geschieden wurde, ein anderer sie ehelichte, hat sie ihn im Haus ihres zweiten Gatten geboren. (9–10) Sie hat ihrem zweiten Mann folgendermaßen geschworen: ‚Ich habe ihn wahrhaftig für dich geboren.'
(13–15) Weil diese Frau geschworen hat und [die]se Frau geschieden war, hat Šamaš-tappe sie [wahrhaftig (gemeint ist: rechtskräftig)] geehelicht.
(16) Er aber macht seinen Sklaven zum Haupterben.
(17–19) Solch ein [Tun] hat es in Larsa noch nie gegeben! (20–22) Ein Vater von Söhnen adoptiert nicht seine Sklaven!"

Kommentar:

Vs. 4: *ezēbum* hat hier wohl den Sinn von „scheiden" (cf. *AHw.* 267b § 3), so auch Veenhof 2005, 189 („after his mother had been divorced"). Es könnte sich aber eventuell auch um „verlassen" handeln. In diesem Fall wäre es denkbar, dass eine Strohwitwe das Recht bekam, eine neue Ehe einzugehen.
Vs. 6: Der Wechsel von *mutum* zu *āḫizum* ist interessant.
Vs. 16: Die Lesung *ú-up**-[…] ist durch die Kollation des Photos gesichert, die Ergänzung des Verbs *uppulum* erscheint mir hier die beste Lösung. Sie ist schon von Veenhof 2005, 189 Anm. d erwogen, aber verworfen worden: „L. 14–16 must mention the adoption, which is suggested in l. 17ff., but the verb(?) at the end of l. 16 is unclear, hardly *ú-pil* for *uppil*, 'he appointed as heir' (attested in *CH* § 178)." Zu *CH* § 178 und dem Verb *uppulum* cf. Oelsner 2022, 360 Anm. 5.

Texte und Texteditionen

AbB 14
Siehe Veenhof 2005.

AOAT 339
Siehe Brisch 2007.

ARM 9
Siehe Birot 1960.

ARM 23
Siehe Bardet et al. 1984.

ARM 33
Siehe Durand 2019.

CH
Siehe Oelsner 2022.

CT 8
Siehe Pinches 1899.

FM 9
Siehe Ziegler 2007.

M.
Mari, Signatur der Funde.

MaG
Mittelassyrische Gesetze.

MARV 2
Siehe Freydank 1982.

PBS 5
Siehe Poebel 1914.

PBS 8/2
Siehe Chiera 1922.

TCL 18
Siehe Dossin 1934.

TCS 2
Siehe Biggs 1967.

TIM 4
Siehe van Dijk 1967.

UET 5
Siehe Figulla/Martin 1953.

Bibliographie

Attinger 2021
Attinger, P.: Glossaire sumérien-français principalement des textes littéraires paléobabyloniens, Wiesbaden.

Bardet et al. 1984
Bardet, G. / Joannès, F. / Lafont, B. / Soubeyran, D. / Villard, P.: Archives Administratifs de Mari 1. Archives Royales de Mari 23, Paris.

Biggs 1967
Biggs, R. D.: ŠÀ.ZI.GA. Ancient Mesopotamian Potency Incantations. Texts from Cuneiform Sources 2, Locust Valley.

Birot 1958
Birot, M.: Un recensement de femmes au royaume de Mari. Syria 35, 9–26.

Birot 1960
Birot, M.: Textes administratifs de la salle 5. Archives Royales de Mari 9, Paris.

Bonechi 1997
Bonechi, M.: Les serments de femmes à Mari. In: Démare-Lafont, S. (Hrsg.): Jurer et maudire: pratiques politiques et usages juridiques du serment dans le Proche-Orient ancien. Méditerranées 10/11, 97–104.

Borger 1982
Borger, R.: Akkadische Rechtsbücher. In: Kaiser, O. (Hrsg.): Rechts- und Wirtschaftsurkunden. Historisch-chronologische Texte. Texte aus der Umwelt des Alten Testaments 1/1, Gütersloh 1982, 32–95.

Brisch 2007
Brisch, N.: Tradition and the Poetics of Innovation: Sumerian Court Literature of the Larsa Dynasty (c. 2003–1763 BCE). Alter Orient und Altes Testament 339, Münster.

Charpin 2008a
Charpin, D.: Lire et écrire à Babylone, Paris.

Charpin 2008b
Charpin, D.: Rezension zu Snell, D. C.: Flight and Freedom in the Ancient Near East. Culture & History of the Ancient Near East 8, Leiden / Boston, 2001. Revue d'Assyriologie et d'Archéologie Orientale 102, 181–182.

Charpin 2010
Charpin, D.: Reading and Writing in Babylon, Cambridge / London, 2010.

Charpin 2015
Charpin, D.: State and Society: Flight in the Near East during the Old Babylonian Period (20th–17th Century BCE). In: Bartoloni, G. / Biga, M. G. / Bramanti, A. (Hrsg.): Not Only History: Proceedings of the Conference in Honor of Mario Liverani Held in Sapienza – Università di Roma, Dipartimento di Scienza dell'Antichità, 20–21 April 2009, Winona Lake, 91–104.

Charpin 2023
Charpin, D.: Hammu-rabi, ein babylonischer Herrscher, der in seinem gesamten Reich Gerechtigkeit spricht. Zeitschrift für Altorientalische und Biblische Rechtsgeschichte 29, 1–18.

Chiera 1922
Chiera, E.: Old Babylonian Contracts. The University Museum Publications of the Babylonian Section, University of Pennsylvania 8/2, Philadelphia.

Démare-Lafont 2009
Démare-Lafont, S.: L'absence dans les droits cunéiformes. In: Moatti, C. / Kaiser, W. / Pébarthe, C. (Hrsg.): Le monde de l'itinérance: En Méditerranée de l'Antiquité à l'époque moderne. <https://books.openedition.org/ausonius/1746?lang=fr>.

Démare-Lafont 2013
Démare-Lafont, S.: L'écriture du droit en Mésopotamie. In: Artus, O. (Hrsg.): Loi et

Justice dans la Littérature du Proche-Orient ancien. Beihefte zur Zeitschrift für Altorientalische und Biblische Rechtsgeschichte 20, Wiesbaden, 69–83.

Démare-Lafont 2018
Démare-Lafont, S.: Entre discours officiels et pratiques privées. In: Armani, S. / Damet, A. (Hrsg.): Les politiques familiales dans les mondes antiques, Cahiers "Mondes anciens" 10. <http://journals.openedition.org/mondesanciens/2036>, <DOI: https://doi.org/10.4000/mondesanciens.2036>.

Démare-Lafont 2022
Démare-Lafont, S.: L'aînesse au Proche-Orient ancien: droit du premier-né ou choix du père ? In: Leonard-Fleckman, M. / Monroe, L. A. S. / Stahl, M. J. / Johnson, D. R. (Hrsg.): "A Community of Peoples": Studies on Society and Politics in the Bible and Ancient Near East in Honor of Daniel E. Fleming. Harvard Semitic Studies 69, Leiden / Boston, 71–88.

Démare-Lafont in Druck
Démare-Lafont, S.: Quelques veuves paléo-babyloniennes en justice. In einer Festschrift in Druck.

van Dijk 1967
van Dijk, J. J. A.: Cuneiform Texts, Old Babylonian Contracts and Juridical Texts. Texts in the Iraq Museum 4, Wiesbaden.

Dossin 1934
Dossin, G.: Lettres de la première dynastie babylonienne 2. Textes Cunéiformes. Musée du Louvre, Département des antiquités orientales 18, Paris.

Durand 2019
Durand, J.-M.: Les premières années du roi Zimrî-Lîm de Mari. Première partie. Archives Royales de Mari 3, Leuven / Paris / Walpole.

Fensham 1962
Fensham, F. C.: Widow, Orphan, and the Poor in Ancient Near Eastern Legal and Wisdom Literature. Journal of Near Eastern Studies 21, 129–139.

Figulla/Martin 1953
Figulla, H. H. / Martin, W. J.: Letters and Documents of the Old-Babylonian Period. Ur Excavations Texts 5, London / Philadelphia.

Finet 1973
Finet, A.: Le code de Hammurapi. Littératures anciennes du Proche-Orient 6, Paris.

Freydank 1982
Freydank, H.: Mittelassyrische Rechtsurkunden und Verwaltungstexte 2. Vorderasiatische Schriftdenkmäler der Staatlichen Museen zu Berlin Neue Folge 5 (Heft 21), Berlin.

Harris 2000
Harris, R.: Gender and Aging in Mesopotamia. The Gilgamesh Epic and Other Ancient Literature, Norman.

Jallet Martini 2024
Jallet Martini, J.: Some Inheritance Issues Regarding Step-children During the Old Babylonian Period. Childhood in the Past. An International Journal 17, 126–138.

Langlois 2016
Langlois, A.-I.: The Female Tavern-Keeper in Mesopotamia. Some Aspects of Daily Life. In: Budin, S. L. / MacIntosh Turfa, J. (Hrsg.): Women in Antiquity. Real Women Across the Ancient World, London, 113–125.

Leemans 1982
Leemans, W. F.: La fonction des sceaux des contrats vieux-babyloniens. In: van Driel, G. / Krispijn, Th. J. H. / Stol, M. / Veenhof, K. R. (Hrsg.): Zikir šumim. Assyriological Studies Presented to F. R. Kraus on the Occasion of his Seventieth Birthday, Leiden, 219–244.

Marti 2005
Marti, L.: Chroniques du Moyen Euphrate. 4. Relecture de ARM IX 291. Revue d'Assyriologie et d'Archéolologie Orientale 99, 111–122.

Nemirovskaya 2023
Nemirovskaya, A. V.: Why Does Hammurapi Stand in Front of Šamaš? In: Béranger, M. / Nebiolo, F. / Ziegler, N. (Hrsg.): Dieux, rois et capitales dans le Proche-Orient ancien. Compte rendu de la LXVe Rencontre Assyriologique Internationale (Paris, 8–12 juillet 2019). Publications de l'Institut du Proche-Orient ancien du Collège de France 5, Leuven / Paris / Bristol, 929–945.

Oelsner 2022
Oelsner, J.: Der Kodex Ḫammu-rāpi. Textkritische Ausgabe und Übersetzung. dubsar 4, Münster.

Owen 1980
Owen, D. I.: Widow's Rights in Ancient Sumer. Zeitschrift für Assyriologie und Vorderasiatische Archäologie 70, 170–184.

Pinches 1899
Pinches, T.: Cuneiform Texts from Babylonian Tablets in the British Museum 8, London.

Poebel 1914
Poebel, A.: Historical and Grammatical Texts. The University Museum Publications of the Babylonian Section, University of Pennsylvania 5, Philadelphia.

Renger 1972
Renger, J.: Flucht als soziales Problem in der altbabylonischen Gesellschaft. In: Edzard, D. O. (Hrsg.): Gesellschaftsklassen im Alten Zweistromland und in den angrenzenden Gebieten – XVIII. Rencontre Assyriologique Internationale, München, 29. Juni bis 3. Juli 1970. Abhandlungen der Bayerischen Akademie der Wissenschaften, Philosophisch-Historische Klasse, Neue Folge 75, München, 167–182.

Roth 1991–1993
Roth, M. T.: Neo-Babylonian Widow. Journal of Cuneiform Studies 43–45, 1–26.

Roth 1995
Roth, M. T.: Law Collections from Mesopotamia and Asia Minor. Society of Biblical Literature Writings from the Ancient World 6, Atlanta.

Roth 2001
Roth, M. T.: Reading Mesopotamian Law Cases. PBS 5 100: A Question of Filiation. Journal of the Economic and Social History of the Orient 44, 243–292.

Roth 2011
Roth, M. T.: A Scandal in Larsa. In: Frame, G. / Leichty, E. / Sonik, K. / Tigay, J. / Tinney, S. (Hrsg.): A Common Cultural Heritage: Studies on Mesopotamia and the Biblical World in Honor of Barry L. Eichler, Bethesda, 77–88.

Snell 2001
Snell, D. C.: Flight and Freedom in the Ancient Near East. Culture and History of the Ancient Near East 8, Leiden / Boston.

Stol 1998
Stol, M.: The Care of the Elderly in Mesopotamia in the Old Babylonian Period. In: Stol, M. / Vleeming, S. (Hrsg.): The Care of the Elderly in the Ancient Near East. Studies in the History and Culture of the Ancient Near East 14, Leiden, 59–117.

Stol 2000
Stol, M.: Birth in Babylonia and the Bible. Its Mediterranean Setting. Cuneiform Monographs 14, Groningen.

Stol 2016
Stol, M.: Women in the Ancient Near East, Berlin / New York.

Stol 2016–2018
Stol, M.: Witwe. Reallexikon der Assyriologie und Vorderasiatischen Archäologie 15, 121–124.

Stol/Vleeming 1998
Stol, M. / Vleeming, S. (Hrsg.): The Care of the Elderly in the Ancient Near East. Studies in the History and Culture of the Ancient Near East 14, Leiden.

Tavares 1987
Tavares, A. A.: L'*almanah* hébraïque et l'*almattu* dans les textes akkadiens. In: Durand, J.-M. (Hrsg.): La femme dans le Proche-Orient antique. Compte rendu de la XXXIIIe Rencontre Assyriologique Internationale (Paris, 7–10 juillet 1986), Paris, 155–162.

Veenhof 2005
Veenhof, K. R.: Letters in the Louvre. Altbabylonische Briefe in Umschrift und Übersetzung 14, Leiden / Boston.

Westbrook 1988
Westbrook, R.: Old Babylonian Marriage Law. Archiv für Orientforschung Beiheft 23, Horn.

Wilcke 1985
Wilcke, C.: Familiengründung im alten Babylonien. In: Müller, E. W. (Hrsg.): Ge-

schlechtsreife und Legitimation zur Zeugung. Veröffentlichungen des Instituts für Historische Anthropologie 3, Freiburg / München, 213–317.

Wilcke 2000
Wilcke, C.: Wer las und schrieb in Babylonien und Assyrien? Überlegungen zur Literalität im alten Zweistromland. Bayerische Akademie der Wissenschaften, Philosophisch-Historische Klasse, Sitzungsberichte Jahrgang 2000, Heft 6, München.

Zhiltsova 2023
Zhiltsova, L.: Plan de repérage des paragraphes sur la stèle du Code de Hammu-rabi (Sb8, Louvre). Nouvelles Assyriologiques Brèves et Utilitaires 2023, 122–123 Nr. 62.

Ziegler 2007
Ziegler, N.: Florilegium Marianum 9. Les musiciens et la musique d'après les archives de Mari. Mémoires de N.A.B.U. 10, Paris.

Ziegler 2019
Ziegler, N.: La *qadištum* dépouillée. In: Chambon, G. / Guichard, M. / Langlois, A.-I. (Hrsg.): De l'argile au numérique. Mélanges assyriologiques en l'honneur de Dominique Charpin. Publications de l'Institut du Proche-Orient ancien du Collège de France 3, Leuven / Paris / Bristol, 1243–1260.

Ziegler/Langlois 2016
Ziegler, N. / Langlois, A.-I.: La Haute-Mésopotamie au IIe millénaire av. J.-C. Les toponymes des textes paléo-babyloniens. Matériaux pour l'étude de la toponymie et de la topographie 1/1, Paris.

Old Babylonian Royal Edicts and Real Estate Transactions

Dominique Charpin

in memory of K. R. Veenhof

Abstract

In their edicts of *mīšarum*, the Babylonian kings remitted their non-commercial debts to their insolvent subjects. However, some of these individuals had already sold land belonging to them in order to repay their debts: several archival batches show that in such cases, in application of the royal edict, the land sold was returned to its original owner. The present study analyses a new explicit case of the forced sale of land by an insolvent debtor, which has the advantage of being known from a batch of very explicit letters found in Mari. It then shows that the cancellation of land sales by insolvent debtors, absent from the most completely known edict, that of Ammiṣaduqa, did appear in royal edicts: on this subject we have an extract from an edict of Rim-Sin of Larsa and a quotation from an edict of Hammu-rabi of Babylon which has not been identified as such until now. The last part of the study analyses the cases in which this type of measure was applied by Babylonian kings, in particular Apil-Sin and Samsu-iluna.

1 Introduction

The discovery of the *Code of Hammurabi* in Susa during the winter of 1901–1902 and its subsequent publication by Vincent Scheil a few months later are widely known. However, the exact circumstances surrounding this discovery have led to numerous approximations and even errors, which I have sought to rectify in my contribution to an upcoming volume of Festschrift.[1] I use the traditional term 'Code', although its legitimacy may be questioned.[2] Hammu-rabi's Code was not the first of its kind. For the Old Babylonian period, there were two others preceding Hammu-rabi's: those of the king of Isin, Lipit-Ištar, and of a king of Ešnunna (long believed to be Daduša, but probably in fact an earlier king, Naram-Sin).[3] In the prologue of his Code, Hammu-rabi explicitly states the goal assigned to him by the gods:

> "The gods Anu and Enlil, for the enhancement of the well-being of the people, named me by my name: Hammurabi, the pious prince, who venerates the gods, to make justice (*mīšarum*) prevail in the land, to abolish the wicked

1 Charpin in preparation a. Cf. also the contribution of Nele Ziegler in the present volume.
2 See in particular Charpin in preparation b. German version: Charpin 2023.
3 See Koppen/Lacambre 2008–2009, 152 n. 12.

DOI: 10.13173/9783447124522.371

> and the evil, to prevent the strong from oppressing the weak, to rise like the sun-god Shamash over all humankind, to illuminate the land."[4]

But we also know that the Codes were not the only way for Old Babylonian rulers to intervene in the legal life of their kingdom. There were also edicts, described by the term *ṣimdatum*.[5] Until very recently, only three were known, all of which were promulgated by Babylonian kings:

- the edict of Ammi-ṣaduqa was the first to be published. The text was edited by Fritz R. Kraus, completed by Jacob J. Finkelstein and republished by Kraus[6]
- in 1965, Kraus brought to light a fragment of an edict of Samsu-iluna, another fragment of which was discovered by William W. Hallo,[7] but this remains incomplete[8]
- Kraus had also republished a fragment of an edict that he did not know of to which of Ammi-ṣaduqa's predecessors it should be attributed, but we now know that it was Ammi-ditana[9]

I have been able to show that these edicts were copied from one another, so that their wording no longer always corresponded to reality, particularly as regards the geographical extent of the kingdom of Babylon.[10] The prototype surely goes back to Samsu-iluna, perhaps as far as Hammu-rábi or even earlier.

I won't go back over the problem of the relationship between Codes and edicts, which was masterfully dealt with by Klaas Veenhof.[11] He passed away in July 2023 a few days after the Leiden *Rencontre Assyriologique* and I want to pay tribute to him in this contribution. The decrees were specifically focused on a royal action referred to as *mīšarum*, a term often translated as "justice", which literally means "making things go right." This concept draws upon the metaphor of a flock: the king, akin to a diligent shepherd, was tasked with ensuring that his subjects did not stray. This is exemplified by the case of insolvent debtors compelled to flee.

4 *Code of Hammurabi* i 27–49; translation Roth 1995, 76.

5 For this word, see in particular Kraus 1979; Kraus 1984, 8–14; Charpin 2014, 35–41. The word also refers to alliance "treaties" (Charpin 2019, 65).

6 Kraus 1958; Finkelstein 1965; Kraus 1984.

7 Kraus 1965; Hallo 1995.

8 Kraus 1984, 154–158.

9 Charpin 2010a.

10 Charpin 1987. R. de Boer has recently confirmed this interpretation in relation to the city of Malgum (Boer 2023), but with a contradiction. He rightly states in a note (p. 21 n. 43), after a reference to Ammi-ṣaduqa's edict (Kraus 1984, 218–220): "It seems unlikely that the *kārum* would still be operating into the reign of Ammi-ṣaduqa (1646–1626 BCE); the reference to Malgum in his edict is anachronistic". But in the text (p. 21), we read: "Not the entire population of Malgum was deported, however, as can be deduced from the fact that its *kārum* 'trade quarter' was still mentioned in the edicts of later Babylonian kings".

11 Veenhof 1997–2000 (reprinted in Kouwenberg 2020).

Through the issuance of edicts, the king remitted his subjects' debts, allowing them to return home.[12]

In this contribution, I would like to examine a paradox: the edict of Ammi-ṣaduqa, the text of which is entirely known, does not contain a single paragraph pertaining to land transactions. Nonetheless, archival records reveal instances where land sales were annulled by *mīšarum* edicts. How can we reconcile this apparent contradiction?

2 Archival records

We will begin by turning to archival documents, which are an increasingly rich source: the ARCHIBAB database currently records no fewer than 35,322 fully published Old Babylonian texts, not counting those that have been cited or catalogued, or are still unpublished. They form the foundations of the present research.

2.1 Link between debt and forced sale

The initial inquiry revolves around the repercussions when an individual found himself unable to repay his creditor. In such cases, the creditor had the authority to seize assets owned by the debtor, equivalent to the outstanding debt. These assets typically took one of two forms: slaves or land.[13]

2.1.1 Sale or seizure of slaves

A rescript from Samsu-iluna presents a precise case brought to the king's attention by the authorities in Sippar: a father refused to sell his property to settle a debt, prompting his creditor to seek the seizure of a slave owned by his daughter, who held the status of *nadītum*-nun. Interestingly, the edict of Samsu-iluna contains paragraphs specifically addressing matters related to slaves. In certain instances, individuals seized by creditors were subjected to an *andurārum*. In my 1987 study, I demonstrated that this term should be interpreted as "return to previous status."[14] The root DRR evokes a circular movement that takes us back to the starting point. And the Sumerian equivalent of *andurārum*, ama-ar-gi$_4$, says it explicitly: it's a "return to the mother", to the point of origin. But the object of an *andurārum* was not necessarily a person: it could also be land.

2.1.2 Sale or seizure of land

The connection between debt and the compelled sale of land in Old Babylonian Mesopotamia has long been presumed evident, yet lacks explicit testimony. However, letters from the Mari archives offer a striking illustration.[15] The central figure is Yasmah-Addu: not the son of Samsi-Addu, but his namesake, who was the chief

---

12 Charpin 2015a.

13 Exceptionally, these could also be prebends; see below section 3.1 and n. 29.

14 Charpin 1987; for a commentary on the Sumerian equivalent (ama-ar-gi$_4$), see Fiette 2013.

15 I would like to thank J.-M. Durand, through whom I was able to learn about these letters before their publication in *ARM* 35 (Durand 2024).

of a Yaminite tribe, designated on his seal's legend as "king of Yarih".[16] The case is known from three letters written by Hammištamar to King Zimri-Lim, who had lent money to Yasmah-Addu.[17] In the first letter, Hammištamar recounts how Yasmah-Addu came to him and confessed his distress:

> "What can I do? The deadline for the money I received from the king has passed!"[18]

However, the debt in question was substantial: one talent of silver! Hammištamar advised Yasmah-Addu to repay the debt. Three days later, Yasmah-Addu returned, indicating that he could only gather five minas, which amounted to less than 10 % of his total debt. Hammištamar then proposed that Yasmah-Addu could seek assistance from the population of his kingdom or alternatively sell some of his land. However, Yasmah-Addu rejected these suggestions and firmly declared:

> "I will not sell a field. As for the money, I will collect five or six minas and then I will give them away (but) I won't sell a field."[19]

In the interim, Hammištamar received a letter from Zimri-Lim, urging him to advise the debtor to settle the debt either with money or by relinquishing ownership of fields. Hammištamar responded to the king, informing him that Yasmah-Addu intended to repay five minas of silver. This information was also relayed to Zimri-Lim by another Yaminite king, Yarim-Lim (*ARM* 35, 193). The significance of the matter is evident: the king of Mari enlisted the support of two Yaminite kings to exert pressure on their counterpart. The outcome of this affair remains unknown. Nonetheless, it underscores the profound reluctance of debtors to part with their land as a means of settling debts. While it is true that we are dealing with a king in this instance, there are good reasons to believe that the attachment to land was equally strong among ordinary subjects. Moreover, our modern classifications may not always be applicable. Despite being referred to as the "king of the Yarih," one of the five Yaminite tribes, Yasmah-Addu's classification as a "nomad" by contemporary historians might be misleading. A tribal name does not necessarily mean that a person has not settled down: this is clearly the case here.

---

16 "Yasmah-Addu, son of Alpan, king of Yarih": *ia-ás-ma-*[*ah*-^{d}IŠKUR] / DUMU *al-pa-*[*an*] LUGAL *ia-r*[*i-ih*]. This seal is known from impressions on three texts: *ARM* 8, 37, *ARM* 8, 42 and *ARM* 9, 23.

17 Two debts have been preserved in the Mari palace. *ARM* 8 37 is a loan of 5 minas of silver from Zimri-Lim to Yasmah-Addu with interest, dated [...]/[...]/ZL 5. The amount of the loan in *ARM* 8, 42 has disappeared in a break; the text dates from [...]/[...]/ZL 8. There is a third text in which Yasmah-Addu appears as a debtor: a receipt for 8 shekels of silver and 5 sheep from the chief merchant Iddiyatum (*ARM* 9, 23, dated 24/?-bis/ZL 1). According to custom, these three tablets were sealed by the debtor's seal (see previous note).

18 *ARM* 35, 137: (9) *ki-i lu-pu-úš* KÙ.BABBAR *ša it-ti* LUGAL *al-qú-ú* (10) *u_4-mu-šu i-ta-ar-ku*. For this meaning of *arākum*, cf. *CAD* A/2, 224b s. v. *arāku* 2. ("to last too long", "to be (long) overdue").

19 *ARM* 35, 137: (62) … A.ŠÀ *ú-u*[*l*] *a-na-ad-di-*⸢*in*⸣ (63) [K]Ù.BABBAR-*ma* 5! MA.NA *ú-lu-ma* ⸢6⸣ MA.NA *uš-ta-ṣa-ab-ba-at-ma* (64) ⸢*ù*⸣ *a-na-ad-*[*d*]*i-in* A.ŠÀ *ú-ul a-na-ad-di-in*.

Yasmah-Addu's profound attachment to the land is noteworthy. Despite his recent settlement – or perhaps because of it – he demonstrated no inclination to liquidate his properties to settle his debt.[20]

2.2 Royal remittances

Despite their reluctance, debtors were sometimes forced to sell real estate to repay a debt.[21] The spirit of justice that motivated the kings when they proclaimed a *mīšarum* led them to take these cases into consideration.

We first learned about these provisions from their application in contracts from the kingdom of Larsa dating from the reign of Rim-Sin, which were analysed by Kraus and re-examined by myself,[22] and later by Emmanuel Bouzon.[23] There are several scenarios: those who had not paid a fair price were compelled either to return the acquired land, give another piece of land of equivalent size, or pay an additional sum of money.[24]

We can now contextualize these measures in a broader economic and social framework, thanks to the surveys and excavations conducted at Larsa between 1985 and 1989, in which I was fortunate enough to participate. These texts were written at a time when wealthy merchants in the northeastern part of Larsa were gradually acquiring adjacent small houses with the intention of demolishing them and erecting opulent mansions on the newly cleared surface area, sometimes exceeding 1,000 square meters in size.[25] Indeed, there were instances where they applied undue pressure on certain property owners to compel them to sell, prompting the royal edict to nullify several of these transactions. This exemplifies a scenario where the sovereign intervenes to safeguard the interests of the vulnerable against the powerful, aligning with the ideology expressed in royal inscriptions.

3 Texts of edicts at last!

Hence, we can observe how archival documents guided us to infer the presence of specific measures outlined in royal edicts of *mīšarum*, presumably intended to restore real estate properties to their original owners. However, one might question why the actual texts of such edicts are not extant. As is customary in Assyriology, patience is essential, and answers eventually surface.

20 This should be seen in relation to the remarkable letter (A.1146, see www.archibab.fr/T1011) in which Hammištarmar mocks Yasmah-Addu's sedentary nature, praising nomadic life instead, cf. Marello 1992.

21 Two examples are given in Charpin 2005a, 138 n. 10 (Ur) and n. 11 (Sippar). Municipalities also sometimes sold land belonging to them to clear their arrears (Charpin 2005a, 138–139).

22 Kraus 1958, 213–223; Charpin 1980, 28–34, 133; Kraus 1984, 31–50; Charpin 1986, 70–75.

23 Bouzon 1995.

24 Examples are given in Charpin 2015b, 210.

25 Charpin 2003; English adaptation in Charpin 2015b, chap. 8.

3.1 An edict from Rim-Sin

In this case, the answer came into the hands of a very good Assyriologist. But as he is not a specialist in these matters, he did not see correctly the nature of the text he was publishing. Andrew George edited the tablet in 2009 in a volume devoted to *Babylonian Literary Texts in the Schøyen Collection*. George defined *CUSAS* 10, 18 as "a set of legal prescriptions that served as models in scribal education".[26] The identification of the text as an extract from a *mīšarum* edict of the king of Larsa, Rim-Sin, was carried out independently by two younger assyriologists:

- Zsombor Földi in his 2018 thesis, due to be published shortly[27]
- Stephen Moore, who immediately published a note in *NABU*, then developed his study of the text at the *Rencontre Assyriologique* in Paris in 2019[28]

This text reproduces the part of an edict by the Larsa king Rim-Sin relating to movable property. The first provision (*CUSAS* 10, 18: 9–11) stipulates that the buyer of a house, a palm grove, an *ušallum*-field (i.e. a field located near a waterway, subject to inundation) or a prebend must return his purchase to its former owner;[29] although the word is not used, this is the exact definition of an *andurārum*, "return to the previous state". Similarly, any exchange involving these goods is cancelled (*CUSAS* 10, 18: 12–14). The next clause (*CUSAS* 10, 18: 15–18) deals with a special case: if the buyer had acquired bare land and built on it, he would only be obliged to return bare land equivalent to what was initially purchased. In other words, buyers would lose the amount of the price they had paid, just as creditors would lose the amount of the loans they had granted.

The promulgation of the royal edict must predate the partial copy given by *CUSAS* 10, 18.[30] In fact, a contract dated month i in the year 49 of Rim-Sin documents the application of the royal edict, even if the text does not explicitly refer to it.[31] In it, Ipqu-Bawa gave Amurrum-šemi a field of 2 1/2 acre in exchange for the field that Sin-ili had disputed with Amurrum-šemi. The relationship between Ipqu-Bawa and Sin-ili is unknown to us, but we get the impression that the context was that of a cancellation of a sale following the royal edict. The situation described

26 George 2009, 153b. The tablet has been re-edited as *CUSAS* 43, 65, taking into account improvements suggested by K. R. Veenhof (George/Spada 2019, 154). Cf. the contribution of Hans Neumann and Gabriella Spada in the present volume.

27 Földi 2018.

28 Moore 2018; 2023.

29 It should be remembered that in Babylonian law, prebends were considered to be immovable property; cf. Charpin 1980, 32 and Charpin 1986, 173 n. 1.

30 The date of the text is problematic: A. George has considered it to be 8/vi/Rim-Sin 50, but the figure 21 is not entirely certain (George 2018, 153). Note that the rendering of the beginning of the line (š[*a*?-*na-at* KI] 21?) is quite strange.

31 *Fs. Finet* 107–111 no. 12 (www.archibab.fr/T4395). This text, published by Limet 1989, was not taken into account by E. Bouzon, probably because it does not contain an explicit reference to *awât/ṣimdat šarrim* (Bouzon 1995); but its date cannot be due to chance if compared with that of *YOS* 8, 110 (cf. below n. 33).

in *YOS* 8, 110 is more explicit: in this contract, also dated month i in the year 49 of Rim-Sin,[32] Ubar-Šamaš buys 1/3 sar of built land from Sin-damiq. The text states that the transaction was concluded "after the king's edict".[33] The clause can be explained by the purchaser's desire to avoid his purchase being contested at a later date: as the transaction took place after the royal edict, it should remain unaffected by it. By definition, the edicts were retroactive and had no bearing on transactions carried out after their promulgation. In fact, there are exactly the same references in loan contracts.[34] There is therefore complete symmetry between the two types of transaction.

3.2 An edict from Hammu-rabi

In 2010, I ended my contribution to the Festschrift Groneberg by mentioning "the desire to one day have the text of 'an edict of king Hammu-rabi of Babylon' …". A step was taken in 2018. It was then that a letter was published referring to a *ṣimdatum*-edict proclaimed by Hammu-rabi after his annexation of the kingdom of Larsa, following his victory over Rim-Sin. The translation of A. George shows that he did not understand its significance;[35] here I have followed the improvements suggested by I. Arkhipov in his review article,[36] but my commentary will differ in part from his. Here is the letter:

> "Say to Idin-Sin: thus (speaks) Talimum. Šamaš-rim-ili spoke to me thus: 'My father (= Idin-Sin) is angry about the money (owed) since (the reign of) Rim-Sin. He has taken away 5 acre of *ušallum* land at (the price of) 13 silver shekels per acre.' The *ṣimdatum*-edict of my lord (states that) he who has not paid 10 silver shekels per acre of *ušallum* land will lose (his property). Moreover, you will be proved guilty of having claimed money (due) since (the reign of) Rim-Sin, your punishment will increase greatly: do not go near (that) *ušallum* land!"[37]

Šamaš-rim-ili owed Idin-Sin a large amount of silver (1 mina and 5 shekels). Idin-Sin, exasperated by his debtor's late payment, tried to get his money back by forcing him to give up a 5-acre plot of *ušallum* land, the agreed price being 13 silver shekels per acre. Šamaš-rim-ili complained to Talimum, who warned Idin-Sin that since the debt dated back to the reign of Rim-Sin and Hammu-rabi had since proclaimed an edict of *mīšarum*, Idin-Sin was in the most illegal of situations.

32 See www.archibab.fr/T11092.

33 *YOS* 8, 110: 7: *wa-ar-ki a-wa-at*(!) ⌜*šar*⌝-*ri-i*[*m*].

34 See for example Mari's loan contract *MARI* 6, 256–259 M.11264, edited in Charpin 1990a. Or at Sippar *CT* 48, 71 (www.archibab.fr/T16766).

35 George 2018, 156.

36 Arkhipov 2021, 215–216.

37 *CUSAS* 36, 192 (www.archibab.fr/T24126).

It appears we can delve deeper than Ilya Arkhipov's analysis by regarding the passage as a direct quotation from the text of Hammurabi's decree (here in italics):

> "The *ṣimdatum*-edict of my lord (states that): '*He who has not paid 10 shekels of silver per acre of ušallum-land will lose (his property).*'"[38]

There is an example of quotation of an edict under Samsu-iluna in a letter discovered at Lagaba:

> "Tell the man that Marduk gives life: thus speaks Awil-Sin. May Šamaš and Marduk give you life. The musician Pu-illi made a deposition before me in these terms: 'I rented out my field and he (the lessee) gave me 2 shekels of silver as a loan. He gathered and brought in the grain that was in my field but did not give me the rent for my field.' That is the deposition he made before me. As you know, as a function of the edict of my lord, *whoever has had* [*a loan*] *repaid and has taken it must return it. He is ordered not to take any legal action against the house of a soldier, a fisherman, or any other person performing the* ilkum-*service* [*of the king*]. Upon seeing my tablet, return to its owner the grain that you recovered and that you took. Is that how you carry out what the edict of my lord [prescribes]? In his absence, you deprive me of grain."[39]

The allusion to "the edict of my lord" *(ṣimdat bēlīya)* is followed by a quotation from the edict of Samsu-iluna, which the author of the letter urges his correspondent to apply. The quotation (above in italics) is not marked as such in the text, but has been established by comparison with the text of the edict of Samsu-iluna which has been preserved. We can therefore assume that *CUSAS* 36, 192, in the same way, quoted a passage from an edict of Hammu-rabi.

One point remains unclear in *CUSAS* 36, 192: it seems that sales of *ušallum* land were cancelled if a price of less than 10 shekels per acre was applied. In the text, however, the price seems to have been 13 shekels per acre, higher than the minimum set by the king.[40] Be that as it may, this passage confirms the existence of a

38 *CUSAS* 36, 192: (9) … *ṣí-im-da-at be-lí-ia* (10) *ša a-na* 0,0.1 GÁN* Ú.SAL* 10 GÍN KÙ.BABBAR *la iš-qú-lu* (11) *šu-ṣú-ú* …

39 NBC 6311 = *RA* 90, 125–126, see Tammuz 1996 and www.archibab.fr/T5584. For the link between this passage and the edict of Samsu-iluna, see Charpin 2010b, 87 and 164 n. 14. The quotation has been put in italics.

40 Here I depart from I. Arkhipov's explanation (Arkhipov 2021, 215–216): "The letter describes the consequences of the *mīšarum* decree that was proclaimed by Hammurabi after the conquest of Larsa. The addressee is Šamaš-rim-ili's 'father.' He took a lowland field (*ušallum*) from Šamaš-rim-ili as a recompense for a money debt of Rim-Sin's times, in violation of Hammurabi's decree. The letter also says that the holders of *ušallum*-fields who had not paid a certain amount of silver were to be ousted from their plots. We know that *ušallum* was considered to be the king's property and could be only a temporal holding (*ṣibtum*). Does the above passage mean that after a *mīšarum* decree, the holders of *ušallum* should pay the king to confirm their holdings? If so, the writer's idea seems to be as follows: seizing fields for pre-war debts is illegal, but seizing *ušallum*-fields is even worse because, until the compensation is paid, they belong to the king. This explanation is hypothetical." In writing that, I. Arkhipov did not take

"fair price", something that other texts had already demonstrated.[41] If this price was not applied at the time of a transaction, it could be cancelled by a later royal edict. This letter is further evidence of the existence of a *mīšarum* of Hammu-rabi when he annexed the kingdom of Larsa;[42] the debts of the Rim-Sin period were then remitted by Hammu-rabi.[43] Of course, the full text of Hammu-rabi's edict has yet to be found, as only one provision is known from a quotation, but since an edict of Rim-Sin has been found, we can remain hopeful ...

4 Evidence of the application of the edicts in the kingdom of Babylon

Finally, there is the broader issue of the enforcement of these decrees. I addressed this matter in 1990 regarding debts, and my conclusion was that the royal measures aimed at their remission were indeed effective.[44] However, *CUSAS* 36, 192 demonstrates that the royal decrees were not consistently enforced. Is there adequate evidence to suggest that the annulment of land sales stipulated in the royal decrees was indeed implemented? As we observed earlier in this paper, there is ample evidence of this practice in the kingdom of Larsa under Rim-Sin. However, what was the situation in the kingdom of Babylon?

4.1 From the reign of Apil-Sin

Traces of royal decrees concerning land can be traced back to as early as the reign of Apil-Sin, Hammu-rabi's grandfather. A contract preserved at Yale, originating from Damrum near Kiš and dating from the second year of Apil-Sin, mentions an orchard and a field, providing details regarding their surface area and cadastral location.[45] The text continues as follows: "(field) which Addu-nada son of Ahuni had bought, which was claimed according to the *ṣimdatum*-edict of the king; he bought it again and paid 10 shekels of silver." Addu-nada therefore had to give again the purchase price he had paid a few years before, since the sale was cancelled during the *mīšarum* that accompanied the advent of Apil-Sin.

into account *CUSAS* 10, 18: this text clearly shows that in the kingdom of Larsa, *ušallum* land could be freely bought and sold.

41 Charpin 1999.

42 Kraus had already collected several texts relating to the cancellation of land sales at this time (Kraus 1984, 58–62).

43 This dimension of the *mīšarum* was demonstrated in Charpin 2000, 187–188. On the other hand, we must correct what was said in this study about the MU KI-n dating of Hammu-rabi: cf. Charpin/Ziegler 2016, 28–30. For Hammu-rabi's *mīšarum* following the conquest of Larsa, see also Charpin 2005b, 411–412.

44 Charpin 1990b, translated and expanded in Charpin 2010b, 83–96 ("The 'Restoration' Edicts of the Babylonian Kings and Their Application").

45 *YOS* 14, 146; the case has already been analysed by Kraus 1984, 54–55 (but without location or dating). Edited by D. Charpin in www.archibab.fr/T17624. For the archives of Addu-nada and his daughter Hunnubtum and their location at Damrum, cf. Charpin 2005a, 171–172.

4.2 Cancellation of a property sale by Samsu-iluna on his accession

A text discovered at Nippur shows the application to real estate of the *mīšarum* proclaimed by Samsu-iluna on his accession.[46] During the reign of Hammurabi, Amurrum-šemi had bought an unbuilt plot of land from Watar-piša, on which he then built a structure. Shortly after the advent of Samsu-iluna, Watar-piša demanded the return of the land, in accordance with the royal edict (*ṣimdat šarrim*). As the land had been built on following its sale, Watar-piša demanded a bare plot of equivalent size to the one he had sold, or an amount of silver. Stephen Moore has pointed out that the first solution is exactly what was provided for in Rim-Sin's edict (*CUSAS* 10, 18: 15–18). The second solution was preferred by Amurrum-šemi, who kept this document in his archives as a title deed. The date of the initial purchase is not given: the scribe indicates only that it took place during the reign of Hammu-rabi, i.e. between year 30 and 43. It is clear that the buyer, Amurrum-šemi, did not expect the sale he had concluded to be cancelled, since he built on the 4 sar (ca. 144 m^2) of land he had acquired.

4.3 The cancellation of a property sale by Samsu-iluna in his year 17

A case quite similar to the one we have just studied took place later in Sippar.[47] Following the royal decision in year 17 to return field, house and orchard to the *rēdûm*-soldiers, *bā'erum*-fishermen and other performers of an *ilkum*-service, a house of 2 sar (ca. 72 m^2) bought in year 13 of Samsu-iluna by Mar-erṣetim from Utu-zimu was returned to the latter. Subsequently, in year 22, Utu-zimu manifested himself in some way; the text is unfortunately broken on a few lines. Finally, Mar-erṣetim again bought the house from Utu-zimu, to whom he again paid 4 1/2 shekels of silver; Utu-zimu swore not to dispute the house with Mar-erṣetim. The point that interests us is, of course, the cancellation of sales decided by Samsu-iluna in the year 17: this must have been a measure taken as part of a *mīšarum*, but so far we have no other traces of its application.

4.4 The application of Samsu-iluna's mīšarum in his year 28

One of the most astonishing texts we have is a petition relating to the application of the *mīšarum* decreed by Samsu-iluna in the year 28 of his reign:

> "(1–3) When my lord raised the golden torch for Sippar and instituted the restoration of equity (*mīšarum*) for Šamaš who loves him, (4–6) Taribatum, the chief of the soldiers (*šāpir rēdê*), made seated at Sippar the judges of Sippar and Babylon, (7–9) they reviewed the trials of the people of Sippar, 'listened'

46 *SAOC* 44, 22 (www.archibab.fr/T16984). First edition *RA* 83, 106 in Charpin 1989; see the new edition by Moore 2023, 950–952, who was able to improve the reading of lines 19 and 21 thanks to *CUSAS* 10, 18.

47 *MHET* 2/3, 462. The interest of the text was first seen by Woestenburg 1997–1998, 355 (with collations). I have re-edited the text in Archibab with a slightly different interpretation: I understand the document not as a lawsuit, but as a contract of sale which refers to the previous history of the land (www.archibab.fr/T25010).

> to the purchase tablets of fields, houses and orchards, and they broke those that were invalidated by the *mīšarum*, (10-17) a built lot of 3 sar inside Sippar-Yahrurum, purchased based on his prior property deed, … in the year 'Wall of Kiš' (= Samsu-iluna 24), this lot, me and my adversary … And the judges… the contract of sale … since they had broken the tablet … (lacuna of a dozen lines)."[48]

In the rest of the text, the author of this placet complained that the head of the commission had broken his title deeds without even examining them: he felt that he had been the victim of a serious injustice, as in his opinion his purchase did not fall into the category of transactions cancelled by the royal measure. The text ends with a beautiful plea:

> "(46) That is why I came to find you, you, O god: (47–49) may my lord render a verdict in the case where tablets were broken in the absence of judges and of the concerned party! (50–53) May all Sippar see that the weak cannot be despoiled in the sight of my lord; the strong […] to rob the weak!"

5 Conclusion

Debt posed a significant challenge for Old Babylonian kings: upon their accession and later in their reigns, when the number of individuals unable to repay their creditors reached a critical level, the rulers would institute debt cancellations. However, some debtors who owned property had already disposed of it to settle their debts; some had to sell their slaves, while others had to part with their land. Evidently, the kings believed that merely canceling outstanding debts would be unfair, so they expanded their *mīšarum* measures, decreeing the return of alienated real estate properties to their original owners. This assertion is supported by archival documents, and further substantiated by excerpts from an edict of Rim-Sin and a quotation from an edict of Hammurabi.

This highlights our reliance on fortuitous discoveries. Despite over 35,000 archival documents having been published to date spanning four centuries of the Old Babylonian period, we are merely scratching the surface of rediscovering this ancient world. New dynasties are still emerging from the shadows, such as most recently the one that ruled Malgum,[49] whose site was only identified in 2020.[50] I confess that, as a result, I do not belong to the growing club of Assyriologists who believe that the most important thing is to think on the basis of what is known rather than continue to publish new texts; in my view, both endeavors are essential.

48 *AbB* 7, 153 (www.archibab.fr/T15958). For the petition as a genre in itself, see Charpin 2013.
49 Boer 2023.
50 Ali Jawad et al. 2020.

Post-scriptum

After this contribution was written, two articles have been published, which pertain to some aspects studied here:

– p. 373 2.1.2: see now Farber 2024: Farber, H.: Forced Real Estate Sales in Babylonia – ca. 2000-1600 BCE, Akkadica 145, 107–115;

– p. 380–381 *AbB* 7, 153: see now Richardson 2024: Richardson, S.: A *mīšarum* of Abi-ešuḫ: Relief, Abuse and Petition for Redress, Revue d'Assyriologie et d'Archéologie Orientale 118, 81–90.

Texts and text editions

A.
Signature Mari tablets.

AbB 7
See Kraus 1977.

ARM 8
See Boyer 1958.

ARM 9
See Birot 1960.

ARM 35
See Durand 2024.

CT 48
See Finkelstein 1968.

CUSAS 10
See George 2009.

CUSAS 36
See George 2018.

CUSAS 43
See George/Spada 2019.

Fs. Finet
See Limet 1989.

M.
Signature Mari tablets.

MHET 2/3
See Dekiere 1995.

NBC
Tablet signature Nies Babylonian Collection.

SAOC 44
See Stone 1987.

YOS 8
See Faust 1941.

YOS 14
See Simmons 1978.

Bibliography

Ali Jawad et al. 2020
Ali Jawad, A. / Abd Al-Reza, B. / Jabarat Nasir, B. / Abbas As'id, A. / de Boer, R.: The Discovery of the Location of Malgium (Tell Yassir). Journal of Cuneiform Studies 72, 65–86.

Arkhipov 2021
Arkhipov, I.: Lexical and Other Notes on Old Babylonian Letters in the Schøyen Collection. Revue d'Assyriologie et d'Archéologie Orientale 115, 203–218.

Birot 1960
Birot, M.: Textes administratifs de la salle 5 du palais. Archives royales de Mari 9, Paris.

de Boer 2023
de Boer, R.: Malgum, A Synthesis. Journal of Cuneiform Studies 75, 13–26.

Boyer 1958
Boyer, G.: Textes juridiques. Archives royales de Mari 8, Paris.

Bouzon 1995
Bouzon, E.: Die soziale Bedeutung des *ṣimdat-šarrim*-Aktes nach den Kaufverträgen der Rim-Sin-Zeit. In: Dietrich, M. / Loretz, O. (eds.): Vom Alten Orient zum Alten Testament, Festschrift für Wolfram Freiherrn von Soden zum 85. Geburtstag am 19. Juni 1993. Alter Orient und Altes Testament 240, Neukirchen-Vluyn, 11–30.

Charpin 1980
Charpin, D.: Archives familiales et propriété privée en Babylonie ancienne : étude des documents de « Tell Sifr ». Hautes Etudes Orientales 12, Geneva / Paris.

Charpin 1986
Charpin, D.: Le clergé d'Ur au siècle d'Hammurabi (XIXe–XVIIIe siècles av. J.-C.). Hautes Etudes Orientales 22, Geneva / Paris.

Charpin 1987
Charpin, D.: Les décrets royaux à l'époque paléo-babylonienne, à propos d'un ouvrage récent. Archiv für Orientforschung 34, 36–44.

Charpin 1989
Charpin, D.: Un quartier de Nippur et le problème des écoles à l'époque paléo-babylonienne. Revue d'Assyriologie et d'Archéologie Orientale 83, 97–112.

Charpin 1990a
Charpin, D.: L'*andurârum* à Mari. MARI. Annales de recherches interdisciplinaires 6, 253–270.

Charpin 1990b
Charpin, D.: Les édits de 'restauration' des rois babyloniens et leur application. In: Nicolet, C. (ed.): Du pouvoir dans l'antiquité: mots et réalité, Paris / Geneva, 13–24.

Charpin 1999
Charpin, D.: Le juste prix. Nouvelles Assyriologiques Brèves et Utilitaires 1999, 77 no. 79.

Charpin 2000
Charpin, D.: Les prêteurs et le palais : les édits de *mîšarum* des rois de Babylone et leurs traces dans les archives privées. In: Bongenaar, A. C. V. M. (ed.): Interdependency of Institutions and Private Entrepreneurs (MOS Studies 2). Proceedings of the Second MOS Symposium (Leiden 1998). Publications de l'Institut historique et archéologique néerlandais de Stamboul 87, Leiden, 185–211.

Charpin 2003
Charpin, D.: La politique immobilière des marchands de Larsa à la lumière des découvertes épigraphiques de 1987 et 1989. In: Huot, J.-L. (ed.): Larsa. Travaux de 1987 et 1989. Bibliothèque archéologique et historique 165, Beirut, 311–322.

Charpin 2005a
Charpin, D.: Chroniques bibliographiques 5. Économie et société à Sippar et en Babylonie du nord à l'époque paléo-babylonienne. Revue d'Assyriologie et d'Archéologie Orientale 99, 133–176.

Charpin 2005b
Charpin, D.: Données nouvelles sur la vie économique et sociale de l'époque paléo-babylonienne. Orientalia Nova Series 74, 409–421.

Charpin 2010a
Charpin, D.: Un édit du roi Ammi-ditana de Babylone. In: Shehata, D. / Weiershäuser, F. / Zand, K. V. (eds.): Von Göttern und Menschen. Beiträge zu Literatur und Geschichte des Alten Orients. Festschrift für Brigitte Groneberg. Cuneiform Monographs 41, Leiden / Boston, 17–46.

Charpin 2010b
Charpin, D.: Writing, Law, and Kingship in Old Babylonian Mesopotamia, Chicago / London.

Charpin 2013
Charpin, D.: "Garde ma lettre en témoignage". Le rôle de la correspondance dans le système juridique mésopotamien de la première moitié du deuxième millénaire av. n. è. In: Yiftach-Firanko, U. (ed.): Legal Documents in Ancient Societies 1. Law, State, Society and the Epistolary Format in the Ancient World. Philippika. Altertumskundliche Abhandlungen 55/1, Wiesbaden, 45–60.

Charpin 2014
Charpin, D.: Le prix de rachat des captifs d'après les archives paléo-babyloniennes. In: Csabai, Z. (ed.): Studies in Economic and Social History of the Ancient Near East in Memory of Péter Vargyas. Ancient Near Eastern and Mediterranean Studies 2, Budapest, 33–70.

Charpin 2015a
Charpin, D.: State and Society: Flight in the Near East during the Old Babylonian Period (20th–17th century BCE). In: Bartoloni, G. / Biga, M. G. / Bramanti, A. (eds.): Not Only History: Proceedings of the Conference in Honor of Mario Liverani Held in Sa-

pienza-Università di Roma, Dipartimento di Scienza dell'Antichità, 20–21 April 2009, Winona Lake, 91–104.

Charpin 2015b
Charpin, D.: Gods, Kings, and Merchants in Old Babylonian Mesopotamia. Publications de l'Institut du Proche-Orient ancien du Collège de France 2, Leuven / Paris / Bristol.

Charpin 2019
Charpin, D.: "Tu es de mon sang!" Les alliances dans le Proche-Orient ancien. Docet omnia 4, Paris.

Charpin 2023
Charpin, D.: Hammurabi, ein babylonischer Herrscher, der in seinem gesamten Reich Gerechtigkeit spricht. Zeitschrift für Altorientalische und Biblische Rechtsgeschichte 29, 1–17.

Charpin in preparation a
Charpin, D.: Le Père Scheil et la découverte du Code de Hammu-rabi à Suse en 1901–1902. In a volume of *Festschrift* in print.

Charpin in preparation b
Charpin, D.: Hammu-rabi, un souverain babylonien qui rend la justice dans tout son empire. Revue historique de droit français et étranger 2024, 126–140.

Charpin/Ziegler 2016
Charpin, D. / Ziegler, N.: Les rois paléo-babyloniens, maîtres du temps ? In: Filliozat, P.-S. / Zink, M. (eds.): Tempus et Tempestas, Paris, 19–37.

Dekiere 1995
Dekiere, L.: Old Babylonian Real Estate Documents from Sippar in the British Museum 3. Documents from the Reign of Samsu-Iluna. Mesopotamian History and Environment, Series 3, Texts 2, Ghent.

Durand 2024
Durand, J.-M.: Les premières années du roi Zimrî-Lîm de Mari. Troisième partie. Archives royales de Mari 35, Leuven / Paris / Bristol.

Faust 1941
Faust, D. E.: Contracts from Larsa, Dated in the Reign of Rim-Sin. Yale Oriental Series, Babylonian Texts 8, New Haven / London / Oxford.

Fiette 2013
Fiette, B.: "Retour au sein maternel" : une expression nouvelle pour les édits de restauration des rois amorrites. Nouvelles Assyriologiques Brèves et Utilitaires, 127–128 no. 77.

Finkelstein 1965
Finkelstein, J. J.: Some New Misharum Material and Its Implications. In: Güterbock, H. G. / Jacobsen, Th. (eds.): Studies in Honor of Benno Landsberger on his Seventy-Fifth Birthday, April 21, 1965. Assyriological Studies 16, Chicago, 233–246.

Finkelstein 1968
Finkelstein, J. J.: Old Babylonian Legal Documents. Cuneiform Texts from Babylonian Tablets in the British Museum 48, London.

Földi 2018
Földi, Z.: The Trial Documents from Old Babylonian Larsa in their Legal, Economic, Social and Archival Contexts. Dissertation Ludwig-Maximilians-Universität München.

George 2009
George, A. R.: Babylonian Literary Texts in the Schøyen Collection. Cornell University Studies in Assyriology and Sumerology 10, Bethesda.

George 2018
George, A. R.: Old Babylonian Texts in the Schøyen Collection 1. Selected Letters. Cornell University Studies in Assyriology and Sumerology 36, Bethesda.

George/Spada 2019
George, A. / Spada, G.: Old Babylonian Texts in the Schøyen Collection 2. School Letters, Model Contracts, and Related Texts. Cornell University Studies in Assyriology and Sumerology 43, University Park.

Hallo 1995
Hallo, W. W.: Slave Release in the Biblical World in Light of a New Text. In: Zevit, Z. / Gitin, S. / Sokoloff, M. (eds.): Solving Riddles and Untying Knots. Biblical, Epigraphic, and Semitic Studies in Honor of Jonas C. Greenfield, Winona Lake, 79–93.

Koppen/Lacambre 2008–2009
Koppen, F. van / Lacambre, D.: Sippar and the Frontier between Ešnunna and Babylon. New Sources for the History of Ešnunna in the Old Babylonian Period. Jaarbericht van het Vooraziatisch-Egyptisch Genootschap "Ex Oriente Lux" 41, 151–177.

Kouwenberg 2020
Kouwenberg, N. J. C. (ed.): Law and Trade in Ancient Mesopotamia and Anatolia. Selected Papers by K.R. Veenhof, Leiden.

Kraus 1958
Kraus, F. R.: Ein Edikt des Königs Ammi-ṣaduqa von Babylon. Studia et Documenta ad Iura Orientis Antiqui Pertinentia 5, Leiden.

Kraus 1965
Kraus, F. R.: Ein Edikt des Königs Samsu-iluna von Babylon. In: Güterbock, H. G. / Jacobsen, Th. (eds.): Studies in Honor of Benno Landsberger on his Seventy-Fifth Birthday, April 21, 1965. Assyriological Studies 16, Chicago, 225–231.

Kraus 1977
Kraus, F. R.: Briefe aus dem British Museum (CT 52). Altbabylonische Briefe in Umschrift und Übersetzung 7, Leiden.

Kraus 1979
Kraus, F. R.: Akkadische Wörter und Ausdrücke, XII. — *ṣimdatum* / *ṣimdat šarrim*. Revue d'Assyriologie et d'Archéologie Orientale 73, 51–62.

Kraus 1984
Kraus, F. R.: Königliche Verfügungen in altbabylonischer Zeit. Studia et Documenta ad Iura Orientis Antiqui Pertinentia 11, Leiden.

Lebeau/Talon 1989
Lebeau, M. / Talon, Ph. (eds.): Reflets des deux fleuves. Volume de mélanges offerts à André Finet. Akkadica Supplementum 6, Leuven.

Limet 1989
Limet, H.: Amurru-šemi, propriétaire foncier à Larsa. In: Lebeau, M. / Talon, Ph. (eds.): Reflets des deux fleuves. Volume de mélanges offerts à André Finet. Akkadica Supplementum 6, Leuven, 99–111.

Marello 1992
Marello, P.: Vie nomade. In: Durand, J.-M. (ed.): Florilegium Marianum. Recueil d'études en l'honneur de M. Fleury. Mémoires de N.A.B.U. 1, Paris, 115–126.

Moore 2018
Moore, S. A.: An Edict of Rīm-Sîn I of Larsa. Nouvelles Assyriologiques Brèves et Utilitaires 2018, 112 no. 67.

Moore 2023
Moore, S. A.: New Borders, Old Laws: The Legacy of Rīm-Sîn I's Edicts and Babylon's Policy Towards Conquered Larsa. In: Béranger, M. / Nebiolo, F. / Ziegler, N. (eds.): Dieux, rois et capitales dans le Proche-Orient ancien. Compte rendu de la LXVe Rencontre Assyriologique Internationale (Paris, 8–12 July 2019). Publications de l'Institut du Proche-Orient ancien du Collège de France 5, Leuven / Paris / Bristol, 947–964.

Roth 1995
Roth, M.: Law Collections from Mesopotamia and Asia Minor. Society of Biblical Literature Writings from the Ancient World 6, Atlanta.

Simmons 1978
Simmons, S. D.: Early Old Babylonian Documents. Yale Oriental Series, Babylonian Texts 14, New Haven.

Stone 1987
Stone, E. C.: Nippur Neighborhoods. Studies in Ancient Oriental Civilization 44, Chicago.

Tammuz 1996
Tammuz, O.: Two Small Archives from Lagaba. Revue d'Assyriologie et d'Archéologie Orientale 90, 121–133.

Veenhof 1997–2000
Veenhof, K. R.: The Relation between Royal Decrees and 'Law Codes' of the Old Babylonian Period. Jaarbericht van het Vooraziatisch-Egyptisch Genootschap "Ex Oriente Lux" 35/36, 49–83.

Woestenburg 1997–1998
Woestenburg, E.: Review of L. Dekiere: Old Babylonian Real Estate Documents from Sippar in the British Museum. Mesopotamian History and Environment Series 3 Texts 2, Ghent. Part 1: Pre-Hammurabi Documents. Part 2: Documents from the Reign of Hammurabi. Part 3: Documents from the Reign of Samsu-iluna. Part 4: Post-Samsu-iluna Documents. Archiv für Orientforschung 44/45, 349–356.

Legal Education through Old Babylonian Letters

Uses and Meaning of the Expression *warkatam parāsum*

Sophie Démare-Lafont *

Abstract

The article provides a selection of Old Babylonian letters using the expression *warkatam parāsum*, "to investigate a matter" in various legal contexts. A detailed study of these occurrences allows to grasp the technical meaning of the expression, that refers to the gathering of evidence on which to base a decision. More broadly, it reveals the level of legal knowledge within the educated circles, especially among the members of the palace, whose action on the ground is consistent with the general statements of the law collections. Such a continuity between theory and practice shows that legal education extended beyond the scholarly sphere to include local officials and public figures.

1 Introduction

Legal education of the Mesopotamian scribes is quite well-known and explored, thanks to the so-called "school-tablets" and "legal handbooks", carefully published and studied for almost a century, with specific attention to the more numerous and enlightening Old Babylonian texts.[1]

Standard education allowed to write basic contracts and bookkeeping documents. The Nippur didactic material shows that Sumerian and Akkadian legal formulae were taught together with common mathematical operations.[2] Advanced students were able to memorize long series of casuistic provisions in medicine, divination or law. Although they probably specialized in one particular field,[3] they

* I wish to thank Eva Cancik-Kirschbaum and Ingo Schrakamp for their kind invitation to the conference and for inviting me to participate in the publication of the proceedings. This article is part of the project Pouvoir et Culture Ecrite en Haute Mésopotamie (PCEHM) involving the Collège de France, UMR 7192 PROCLAC and UMR 8210 ANHIMA. I am grateful to Dominique Charpin and Nele Ziegler for their careful reading of this article. Any possible mistakes are mine. The texts quoted in this article are followed by their electronic number on Archibab (www.archibab.fr) [T+no.] and CDLI (https://cdli.mpiwg-berlin.mpg.de/) [P+no.].

1 Landsberger 1937, 230–252; Roth 1979; Lieberman 1992; Neumann 2004; Démare-Lafont 2010; Spada 2018a; Spada 2018b; Reid/Spada 2020; Spada 2022. About the general formation of Mesopotamian scribes and the scribal production, see Sjöberg 1975; Civil 1985; Tanret 2002; Charpin 2010; Cancik-Kirschbaum/Kahl 2018; Gabriel 2018; see also the contributions by Hans Neumann and Gabriella Spada in this volume.

2 Démare-Lafont 2010, 15–16.

3 Lieberman 1992 assumes that future jurists went to Nippur to perfect their knowledge by copying a selection of judicial decisions issued by the local assembly.

DOI: 10.13173/9783447124522.389

were all familiar with the casuistic style common to any scientific statement[4] and were perhaps given elementary knowledge of these disciplines. Such a shared culture opened up a wide range of careers for these elites in the royal administration.[5]

The legal experts were true scholars who mastered literacy in both Sumerian and Akkadian languages and were able to realize large compositions such as the law collections.[6] They operated in the palace circles and participated perhaps in the education of the future rulers. The famous library of Ashurbanipal in the 7th century BCE is the ultimate example of the achievements of a learned king,[7] but the concern for the education of princes started much earlier. For instance, the chancery texts kept in the central archive of the Ebla palace were used as learning material for the scribes[8] but maybe also for the heir to the throne. Later, in the 18th century BCE, King Samsi-Addu sent to his son Yasmaḫ-Addu "the old tablets that had been drafted for Išme-Dagan", dealing apparently with rituals against the plague.[9] These texts were perhaps part of the curriculum taught to the young Išme-Dagan and kept in the library of the palace at Šubat-Enlil.[10]

It seems clear now that most of the Amorite kings and the people close to them as well as high officials mastered epistolary writing.[11] In addition to political, administrative, and military issues, law and legal language regularly occur in their letters and display some continuities with the vocabulary and cases of the law collections. Exploring some of these similarities gives us a better idea of the legal background of the political elites, including the king.

The main interest of this epistolary documentation is that it illuminates the general phraseology of the law collections and the terse formulation of the deeds and the hearing reports. As such, it provides a complementary source of information and a valuable insight into the perception of law within the "palace world".

Many of the legal topics addressed in the letters regard landed property, slaves and livestock, and to a lesser extent, marriage, adoption or inheritance. In terms of

4 The use of casuistic sentences as a scientific mode of expression was already noticed by Bottéro 1982. N. Heeßel has addressed the topic in his lectures given in 2023 at the Collège de France (to be published in a near future).

5 See below the example of Idin-Annu at Mari.

6 Cancik-Kirschbaum/Kahl 2018, 256–261.

7 About the education of Ashurbanipal, see Villard 1997, Livingstone 2007 and Wagensonner (in print). His self-proclaimed erudition is probably overestimated (Villard 1997, 148–149; Fincke 2003–2004, 120–122), but is part of the traditional legitimacy and authority of the Mesopotamian ruler (Durand 2007; Charpin 2010, 8–10).

8 See the contribution by Maiocchi in this volume

9 *ARM* 1, 40 [T446; P254241]. Note that Ashurbanipal's library contained mostly omen texts protecting the king against disease and divine maledictions (Oppenheim 1977, 20). Durand 2000, 111 note a thinks that these "old tablets" had been drafted for Išme-Dagan when he had to face religious issues.

10 About Išme-Dagan being able to read and write simple letters, see the unpublished dissertation by Nele Ziegler quoted by Charpin 2010, 18.

11 Charpin 2010, 13–18. About literacy of women, see Ziegler 1999 and Lion 2001 and Lion/Robson 2005.

offences, theft is the most frequently mentioned, far ahead of adultery and homicide, which in fact are quite rare also in the judicial decisions.

Public authorities are seized by individuals in a large range of situations, with no clear jurisdiction rules. Of course, allocation of *ilku*-service fields[12] or control of population and army movements[13] come within the remit of local and central government. But other various matters are brought to the attention of officials by the king himself or by a party. Although prosopographical details are often lacking, it is likely that the petitioners belong to the palace staff, or share economic or tribal interests with their interlocutor.

The present study will focus on the expression *warkatam parāsum*, "to investigate a matter", frequently used by the king or a high-ranking officer urging a subordinate to handle a case. It occurs also in several provisions of the *Code of Ḫammurabi*, that will be reviewed in the light of the information gained from the letters.

2 General meaning

The widespread expression *warkatam parāsum* appears in various contexts ranging from current administrative questions to political information and divination procedures, including of course legal issues.

All these occurrences have in common to refer to a careful inquiry conducted by someone in his area of expertise. For instance, the diviners are asked to "investigate the case" through omens regarding the transportation of grain,[14] or the interpretation of a dream.[15] The necessity of having an expert eye is clearly expressed in a letter from governor Itur-Asdu, who sends to the king a malformed sheep for investigation, meaning here an oracular interrogation that he himself is not able to perform.[16]

When it comes to administrative and political questions, the references are numerous, mostly in connection with local officials but also with unnamed secretaries.[17] Whatever the topic, they convey the idea of a field survey intended to provide reliable details and clarify a problem. It involves sometimes consulting written

12 See the abundant correspondence of Šamaš-ḫazir with King Ḫammurabi, studied by Leemans 1968 and Fiette 2018.

13 See for instance *ARM* 33, 271 [T934; P525706] (troop movements); A.2455 [T4254; P497220] (interception of possible spies); *MSCT* 16, 91 [T27338; P252422], *AbB* 10, 31 [T14140; P430825], *ARM* 1, 109 [T4527; P254310], *AbB* 10, 13 [T14123; P370825], *AbB* 10, 151 [T2874; P469475], *AbB* 14, 1 [T11; P386437] (assignment to royal service).

14 *AbB* 2, 54 [T196; P275129]: 23–27, "Let the diviners who are with you investigate the matter (*warkatam liprus*[*ūma*]) and, if in the flesh the omens are favourable, have this grain brought to Kullizum."

15 *ARM* 26/1, 229 [T901; P354786]: 14–16 "I have investigated her matter by means of cave birds. It (= the dream) has been (actually) seen."

16 A.3051 [T8995; P497269]: 10–15 and 20–21, "I must have this sheep brought to my lord so that he can investigate its matter there"; "Let my lord investigate its matter!"; see the commentary by Guichard 1997, 308.

17 *AbB* 9, 237 [T15484; P292816]: 13–15, "Write that the secretaries should investigate the matter as they wish (*kīma pānīšunu*)", in a context of incorrect assignment of a field.

documents, but more often the sending of messengers or informers who collect information on the ground and report to the officer, who in turn reports to the king or makes a decision himself.

In legal contexts, the use of *warkatam parāsum* is even more specific and has to do with the bringing of material evidence in support of a claim. About fifty letters addressing legal issues contain the expression, usually as an order from a superior.[18] Many cases are related to disputes over fields and land tenures improperly seized by the authorities or by an individual.[19] Abusive confiscations of houses are also denounced, sometimes by influential third parties who put pressure on an officer to open an investigation.[20] Questions of responsibility of herdsmen in the loss of one of their oxen fall within both the administrative and legal remit of the royal officers (see below). Other topics regard slaves (*AbB* 1, 115 [T16795; P313405]) debt (*AbB* 14, 2 [T843; P386438]), and criminal offences such as theft (*AbB* 1, 76 [T16726; P313366] and *AbB* 1, 101 [T16763; P313391]), attempted murder (*ARM* 3, 71 [T8482; P273115]) and homicide (*AbB* 13, 181 [T13697; P510877]), bribery (*AbB* 2, 11 [T96; P275086]), and abduction (*ARM* 34, 136 [T25047]; *FM* 9, 71 [T6628; P496696]).

A survey of all these documents shows that "to investigate a case" means gathering evidence on which to base the ultimate decision rendered by the superior, usually the king unless otherwise stated.[21]

3 *warkatam parāsum* in the letters

In practical terms, the enquiry consists in finding and bringing witnesses, producing a document or seizing the person accused in flagrante delicto. However, in the adversarial procedure that prevails in Mesopotamia, these elements should be provided by the claimant, who is supposed to inform the judges about the means of evidence he has against the defendant.[22] Why then resorting to a royal agent to collect evidence? The reason has to do with the topic of the dispute or the status of the parties, be they employees of the palace or public figures trying to ensure a successful outcome of their litigation.

Some letters give concrete details on how to proceed and the types of evidence required.

18 *warkassu(nu) purus* "Investigate his/their matter!"; e.g. *AbB* 2, 76 [T227; P275176]:11–12, from Ḫammurabi to Sin-iddinam.

19 See the correspondence of Hammurabi or Lu-Ninurta with Šamaš-ḫazir (mostly published in *AbB* 4) studied by Leemans 1968 and Fiette 2018 and, to a lesser extent, the letters by Ḫammurabi to Sin-iddinam (e.g. *AbB* 2, 6 [T91; P275081]).

20 See for instance *AbB* 10, 3 [T4874; P370815], sent by a woman to an administrative official of Kiš.

21 When the decision-making power is included, it is expressly indicated with the expression *dīnam šūḫuzum*; see for instance *AbB* 14, 2 [T843; P386438]:10′–12′, "Investigate the matter and render them a judgment in accordance with the (royal) decrees" (*warkatam purusma kīma ṣimdātim [dīnam šūḫi]ssunūti*).

22 Dombradi 1996/1, 310–311 §§ 411–412 and 335 § 441.

3.1 Testimonial evidence

Testimonial evidence is mentioned in a letter concerning the sale of a slave contested by the seller after 15 years:

> (1–3) To the head of the merchants, say: thus says Marduk-[…]. May Šamaš keep you in good health! (4–5) Šamaš-qarrad has told me this: "(6–8) Fifteen year ago, I bought a slave from Ibni-Išum for one mina thirteen shekels of silver. (9–11) Now, this Ibni-Išum has claimed this [slave] that [I bought] fifteen years ago. (12–14) This slave [… "…] (15–16) there is […] in Sippar." This is what he said to me. (17–18) I have sent to you Ibni-Išum and Šamaš-qarrad. (19–21) Send off to Babylon witnesses who know their case so that (21) the matter can be investigated (*šībī mūdī awatīšunu ana Bābilim ṭurdamma warkatum lipparis*).[23]

The buyer applies to Marduk-[…], who forwards him and his opponent to the head of the merchants (perhaps in Sippar). This latter is asked to find witnesses "who know their case" and to send them off to Babylon where the matter is to be investigated.

Likewise, Ḫammurabi orders Sin-iddinam, the governor of Larsa, to dispatch him the men who accepted bribes and the witnesses "who know the facts", who will be pointed at by their informer.[24]

3.2 Documentary evidence

In court, written documents are usually considered prima facie evidence that require other means of proof in order to be fully convincing.[25] Alternatively, controls could be carried out by the authorities, as shown by a letter from Ḫammurabi to Šamaš-ḫazir, manager of the royal estate in Larsa, and his deputy Marduk-naṣir:

> (1–4) To Šamaš-ḫazir and Marduk-naṣir, say: thus speaks Ḫammurabi.
> (5–6) Ibbi-Adad the wrestler brought to my attention what follows: "(7–10) Šep-Sin the deaf, son of Abiyatum, claimed against me the field of the house of my father that we have always held, and Šamaš-ḫazir, the city and the elders were present. (11) They have investigated the matter of this field (*warkat eqlim šuāti iprusūma*) and (12–14) they have proved for me that Abiyatum, the father of the deaf, never held this field (and that) this field is really our land-tenure, and they gave me a tablet. (15–17) Furthermore, on the tablet that they gave to me, Abiyatum, the father of the deaf, is inscribed as witness. (18–20) Now, the deaf, son of Abiyatum, claims the field against me and keeps the grain." (21) This is what he brought to my attention.

23 *AbB* 7, 108 [T15894; P481856]

24 *AbB* 2, 11 [T96; P275086]: 25–31, "Have the men who took bribes and the witnesses who know the facts, whom PN will point out to you, brought before me" (*awīlī ša ṭātam ilqû u šībī ša awā*[-*tim*] *idû ša* P[N] *ukallamuka* [*ana maḫ*]*rīya* [*šūr*]*iam*).

25 Démare-Lafont 2023, 17.

> (22–25) If, as Ibbi-Adad the wrestler says, Šamaš-ḫazir, the city and the elders have investigated the matter of this field and have proved the field in favour of Ibbi-Adad, (26–27) and (if) Abiyatum, the father of the deaf, is inscribed as witness on the tablet, (28) give the field and the grain back to Ibbi-Adad.
> (29–31) If the matter of this field is not (enough) investigated (*šumma warkat eqlim šuāti lā ipparis*) (and) Šamaš-ḫazir has not proved this field so that he has not given (it) to Ibbi-Adad, (32) let the weapon of the god go down to the field (*kakkum ša ilim ana eqlim līrid*) and (33-35) you, the city and the elders, should establish the case of this field before the god (*awātim ša eqlim šuāti maḫar ilim birrāma*) and (36) give the field to its permanent (holder)! [26]

The king is alerted by a man named Ibbi-Adad regarding his land-tenure, that has been claimed by a certain Šep-Sin "the deaf", son of Abiyatum. The case is investigated by Šamaš-ḫazir, the city and the elders, meaning probably that they look for any record of the allocation of the field in the administrative archives. Indeed, they establish the evidence in favour of Ibbi-Adad, namely that the disputed field was always held by his family and never belonged to Abiyatum. The piece of evidence is a tablet issued by the administration,[27] assigning the field to the family of Ibbi-Adad in attendance of Abiyatum, the father of the defendant. This document is delivered to Ibbi-Adad.

The investigation thus consisted of digging through the archives, finding the tablet that establishes Ibbi-Adad's rights to the plot, and giving it to him. But the story is not over, as Šep-Sin maintains his claim and keeps the crops, hence the application to the king.

Ḫammurabi's instructions are drafted like a provision of his Code, with two possible ways of settling the dispute: if all what Ibbi-Adad says is true, then he should recover the field and its crops; but if the matter is not (properly or sufficiently) investigated and the evidence in favour of Ibbi-Adad is not convincing enough, then the allocation of the field should be decided with the "weapon of the god".

This alternative suggests that there has been no final judicial decision but at best an administrative notification which Šep-Sin does not comply with. He could have good reasons for refusing to depart, perhaps because the name of his father is not listed among the witnesses of the tablet. This point is important to prove that he acts in good faith and cultivates the field out of ignorance rather than malicious intent. Should he be proven honest, he would restore only the field and would be allowed to keep the grain.

26 *AbB* 4, 40 [T387; P386033]; Fiette 2018, 227–228, 231–232.

27 Such a document is mentioned for instance in *AbB* 4, 79 [T433; P384863] (see below), *TIM* 1, 31 [T16953; P223674] and *YOS* 15, 37 [T6078; P235201]. It is even quoted extensively by the king in *AbB* 14, 1 [T11; P386437] listing the names of the *kaparrum*-shepherds.

The whole point therefore is to make sure that the investigation provides enough legal basis for an indisputable decision. To that end, Šamaš-ḫazir or Marduk-naṣir would probably have to summon Ibbi-Adad with the tablet he was given, so that the witness list could be double-checked. But what if Ibbi-Adad does not show up, or if the tablet is not well enough preserved? Then, Ḫammurabi says, a supernatural procedure should be performed on the field itself with the weapon of the god.

The expression appears in several other letters, mostly related to "public" assets (land, crops, flour).[28] Two of these documents, sent by Ḫammurabi to Šamaš-ḫazir, are of special interest as they associate an investigation (*warkatam parāsum*) to a divine weapon procedure (*ina kakkim ša ilim*/DN *burrum* "to establish with the weapon of the god/DN"), just like in the Ibbi-Adad case.

In the first text (*AbB* 4, 79), a shepherd complains to the king that his land-tenure has been confiscated by the governor Etel-pi-Marduk for four years, despite the sealed tablet he produced certifying his rights. "There is no worse matter than this one" declares Ḫammurabi (*AbB* 4, 79: 20–21), who then orders a two-fold procedure to solve the issue: first, a careful investigation is to be carried out to return the field to the claimant, in accordance with the words of his sealed tablet; second, the amount of grain lost by the shepherd will be assessed with the weapon of the god and given to him.[29]

Here, the two procedures are to be followed separately: one is an investigation based on the material evidence, namely the tablet assigning the field to the shepherd; the other is intended to compensate him for his loss by using a divine weapon. This last ritual will establish a fixed amount calculated according to the yield of the field.

The other letter (*Archibab* 3, 3) reports the misappropriation of the land-tenure of two cooks for eight years by an agent of the same Etel-pi-Marduk. The king sends the claimants to Šamaš-ḫazir who is ordered to investigate the matter and, if it turns out to be true, to bring evidence with the weapon of the god, return the field and the grain to the cooks.[30] Again, the inquiry will bring material evidence regarding the ownership of the field whereas the divine procedure is intended to set the amount of the loss and the corresponding compensation

28 *AbB* 2, 28 [T115; P275103], *AbB* 4, 118 [T267; P384899], *AbB* 9, 194 [T768; P292763]. For the uses of the divine weapon, see Stol 2012. For an example among merchants, see *CUSAS* 36, 152 [T24086; P251948]. Old Babylonian lawsuits and deeds rather resort to the *šurīnum*-emblem; about the difference with the "weapon" (*kakkum*), see Charpin 2019a, 39–43.

29 *AbB* 4, 79 [T433; P384863]: 22–32, "Investigate carefully the matter of this case (*warkat awātim šuāti damqiš pursāma*) and return the field to PN according to the words of the sealed tablet that has been drafted for him in the palace. Besides, establish with the weapon of the god (*ina kakkim ša ilim birrāma*) the grain that PN2 has been taking in this field for four years and give it to PN the shepherd."

30 *Archibab* 3, 3 [T22216; P417108]: 4′–10′, "Investigate the case (*warkatam purusma*) and if PN, the farmer at the service of PN2, has cultivated their field, establish (the loss) with the weapon of the god (*ina kakkim ša ilim bīrma*) and return them their field and the grain (which is the) *miksum*-share of their field." Fiette 2018, 330–331.

In these two texts, material investigation and divine interrogation are complementary means of evidence. The situation is a bit different in *AbB* 4, 40. There, the ritual is to be performed only if all the statements of Ibbi-Adad are not fully exact, including the alleged mention of Abiyatum on the document. It is probably this additional argument raised by Ibbi-Adad that has to be controlled by Šamaš-ḫazir: if he can read the name of Šep-Sin's father on the tablet, then the whole investigation is validated and the matter is settled; if not – either because the name is missing or because the tablet is damaged – the intervention of the god is necessary in order to bring indisputable evidence about the true holder of the field.

3.3 Confession/guilty plea

The confession of an offence is not clearly documented in the Old Babylonian lawsuit tablets[31] but was obviously a current practice, as shown by a Mari letter (*ARM* 34, 136 [T25047]) recording the abduction and sale as a slave of a (perhaps young) free man.

> (1–3) To my lord, thus says Idin-Annu your servant:
> (4–5) The carrier of this tablet of mine belongs to my district, dwelling in the Yumḫammum (clan). (6–7) He came to me and said: "(7–9) My brother is being abducted in your district and sold. Investigate the case!" (10–12) Upon my written order, they sought him out and seized the abductor of his brother in Zalpaḫ. (13) They brought him to me. (14) I then questioned him, saying: "(15) Why did you sell the man?" (16–17) He said: "I sold him. Do whatever you like!" (18–19) "What I like? You will go to the king!" (20–22) I have put him in handcuffs and handed him over to his opponent, saying: "(23) Go! Bring him to the king!" (24) His brother stood up and said: (25–26) "My brother will not reach the king, I want to pay (instead)." (27–29) I said: "Silver being received where there is a crime! Silver!" (29–30) I tied him up and handed him over to his opponent.
> (31) Now the man has just run away. (32–33) Upon my written order, they have gathered his people and I have given (them) as guarantee (34–36) and I have handed over his brother to his opponent and just sent them to my lord. (37–38) Let my lord do what seems good to him! (39–41) If this man is not frightened, criminals will be numerous in the district.

Idin-Annu, in charge with the district where the kidnapping took place,[32] is approached by the brother[33] of the victim and investigates the matter. He explains very carefully to the king all the steps of the procedure, in a vivid language. He

31 On the other hand, there are several Nuzi, Neo-Assyrian and Neo-Babylonian examples (*SBL WAW* 43, 111–112, 150, 161, see Lion 2023, 348–352, Villard 2023, 461–463 and Joannès 2023, 496–497).

32 About the identity and background of Idin-Annu, see Durand 2023, 277–279.

33 It is difficult to decide whether he is a true brother of the abducted person or a member of the same clan.

begins by launching a search for the kidnapper, who is located and seized in a city on the border of the Zalmaqum, then brought back to Idin-Annu who interrogates him; the abductor recognizes the facts which puts an end to the investigation but also means that he chooses the negotiated financial solution usually associated to this option. His statement, "Do whatever you like", could ironically say precisely that there is nothing Idin-Annu can do.[34] This latter however rejects the guilty pleading and refers the case to the king. To that end, the culprit is handcuffed and handed over to his opponent, who is to bring him to Zimri-Lim.

But the plaintiff prefers to negotiate a ransom rather than having a member of his clan prosecuted at the king's court, which causes an indignant reaction from Idin-Annu because a crime is not redeemable in silver. His very words echo § 48 of the *Laws of Eshnunna*, stating that "a capital case is only for the king" (*awāt napištim ana šarrim-ma*), as opposed to offences liable to a fine that are adjudicated by judges.[35] Abduction as such is not mentioned in the law collections, maybe because it often involves partial consent of the victim.[36] Only the kidnapping of a child is considered a crime liable to the death penalty.[37] Such is perhaps also the situation documented in this Mari letter.

Although duly tied up, the kidnapper manages to escape and his family is seized by Idin-Annu as a pledge, while the plaintiff and his opponent are sent to Zimri-Lim who will handle the matter as he pleases. The last sentence, urging for an exemplary punishment, sounds like a warning against any transaction and recalls the request of an angry Bedouin to have his fugitive slave impaled "so that people learn from his example."[38] It is interesting to observe that in both letters, the call for intransigence and in terrorem punishment comes from individuals who don't belong primarily to the palace circles.[39]

3.4 The lack of material evidence

When a case is impossible to settle on the basis of material evidence, the judges resort to an oath procedure (more rarely to an ordeal), that can be contested by the opposing party. This situation is described in a letter (*AbB* 11, 7 [T13925; P260985]) sent by Sin-puṭram, perhaps a merchant close to the palace under the reigns of

34 It is less likely that he entrusts the evaluation of the ransom to Idin-Annu, whose angry response shows that it is rather a provocation from the kidnapper.

35 § 48 *Laws of Eshnunna*: "And for a case involving a penalty of silver in amounts ranging from 20 shekels to 60 shekels, the judges shall determine the case against him; however, a capital case is only for the king". Roth 1997, 66.

36 See [Démare-]Lafont 2002.

37 § 14 *Laws of Hammurabi*: "If a man should kidnap the young child of another man, he shall be killed." Roth 1997, 84; for another translation, see Oelsner 2022, 313.

38 A.1945 [T4651; P497866]:18–19; [Démare-]Lafont 1997.

39 Idin-Annu was a diviner and a merchant, acting also as the head of a district upstream Saggaratum (Durand 2023, 278). In A.1945, it is a Bedouin who asks the head of the pastures to have his slave impaled.

Sin-muballiṭ and Ḫammurabi,[40] to Luga, attested in at least one other letter[41] in the judicial functions described here:

> (1–3) To Luga say: thus speaks Sin-puṭram. (4) May Enlil and Ninurta keep you in good health!
> (5–8) Lugatum has removed his oxen to Dimtum in order to prepare his sesame field for cultivation and Ubar-Lulu was following them. (9–10) His ox died and they came to me for a judgment and (11–12) I questioned the ox-drivers, his helpers, and they spoke to me as follows: "(13–14) The ox strayed away, and while he was eating grass, it fell down dead."
> (15–18) I said: "Go to Nippur, the city of judges, and let them judge the case for you!" (19–21) In Nippur, the judges judged the case for them and they gave Ubar-Lulu over to the oath at the Garden Gate. (22–23) Lugatum does not accept this judgment. (24–25) Investigate his case so that he will not be wronged (*warkassu p*[*ur*]*u*[*sm*]*a lā iḫḫabbal*).

The case is about the death of an ox[42] belonging to Ubar-Lulu during the transfer of Lugatum's own oxen, operated by his ox-drivers. The point is to decide whether these latter are responsible for the death of the animal. Ubar-Lulu and Lugatum approach Sin-puṭram, who questions the ox-drivers. Unsurprisingly, they plead fortuitous event, which cannot be proven by witnesses and has to be substantiated by an oath. Such a procedure is beyond the jurisdiction of Sin-puṭram, who thus sends the parties to Nippur, the "city of judges". The court orders that Ubar-Lulu should take an oath, which Lugatum does not accept. In the adversarial system, it is often the defendant who is offered to swear,[43] in order to keep the balance between the parties. But the claimant may object to this choice,[44] because it results in the opponent winning the case. The dispute is then referred to another authority, not necessarily higher in the hierarchy, in this instance Luga. It is likely that Lugatum came back to Sin-puṭram and asked him to appoint someone who would settle the matter in his favour.

This is clearly the meaning of the last sentence, urging Luga to "investigate the matter so that he (Lugatum) will not be wronged". The implicit order is thus to

40 He could be the one who manumits a slave woman during the reign of Sin-muballiṭ (*JEOL* 46, 35–36, 43 no. 10, edited in Veenhof 2016–2017 [T22308; P511827]) and who is sent by Ḫammurabi to Sin-iddinam in order to identify and bring back eight people (*AbB* 2, 13 [T98; P275088]).

41 *AbB* 11, 5 [T13923; P260995].

42 The topic is mentioned several times in the Old Babylonian letters; for instance, *AbB* 12, 177 [T13895; P510700] where a stray ox was injured by the field owner trying to chase him away; *AbB* 10, 15 [T14125; P370827] where two oxen starved to death; *FM* 2, 36 [T6856; P479461] where oxen were perhaps killed by a lion; this last topic is addressed in "school" tablets (see Roth 1997, 44 § 9′, 52 vi 16–22 and Spada 2018b and 2019) and in the *Code of Ḫammurabi* §§ 244 and 266 (see Roth 1997, 127 § 244 and 130 § 266).

43 Dombradi 1996/1, 330–331 § 434.

44 See *CT* 29, 42–43 [P365972] and the analysis by Fortner 1997, 51–52 and Démare-Lafont (forthcoming).

exonerate Lugatum's responsibility so that he does not compensate the loss suffered by Ubar-Lulu. This involves perhaps producing other witnesses to confirm the facts alleged by the ox-drivers, or putting pressure on Ubar-Lulu to withdraw his claim. Whatever remedy, it has to preserve the financial interests of Lugatum.

The verb *ḫabālum* N, "to be wronged, oppressed" belongs to the legal vocabulary of the palace especially in relation to the judicial power of the king. Ḫammurabi thus promises the "wronged man who has a lawsuit" (*awīlum ḫablum ša awātam iraššû*)[45] that the solution to his dispute is inscribed on the stele. The notion conveyed by this word is about morals rather than law, and refers to fairness and justice.[46] Giving satisfaction to the oppressed person means taking into account his/her personal situation, regardless the rules applicable to ordinary procedure. There is therefore an element of arbitrariness in the decision, primarily intended to protect the poor and the weak, but also used for political or clientelistic reasons.[47] Such is the situation in *AbB* 11, 7, where Lugatum seems to have enough social skills to prevail over Ubar-Lulu.

If *ḫabālum* points to a highly subjective approach to the case, *warkatam parāsum* reflects on the contrary an objective procedure. The combination of both expressions side by side shows that the investigation can be based on more or less visibly biased assumptions.

4 *warkatam parāsum* in the *Code of Ḫammurabi*

These epistolary occurrences provide a useful background to the use of *warkatam parāsum* in the Old Babylonian law collections. The expression features in several provisions of the *Code of Ḫammurabi*, namely §§ 18, 142–143, 168, 172 and 177.

In § 18, the fugitive slave who refuses to name his owner is to be taken to the palace where his case is investigated in order to identify the owner, to whom he is returned afterwards.[48] An inquiry in the place where the slave was caught is probably carried out or supervised by a local officer, informed by a letter similar to those discussed above. Upon notification, messengers are sent to collect information on the ground. Alternatively (or simultaneously), the slave is perhaps subjected to a forceful interrogation, a method attested later in Neo-Babylonian times.[49]

45 *Code of Ḫammurabi* xlviii 3–5; Roth 1997, 134; Oelsner 2022, 383–384.

46 It is similar to some occurrences of the expression *išariš apālum/diānum*, "to answer/judge rightly", for instance in a Mari letter sent to Zimri-Lim and reporting a prophecy from Addu: "When someone who has a lawsuit will appeal to you, saying: 'I have been wronged (*ḫabtāku*),' stand up and judge his case, answer him rightly" (*FM* 7, 38 [T4242; P497255]: 7′–10′).

47 See for instance a Mari letter sent to Zimri-Lim by the sheikh of Der who complains that he was sentenced to return five slaves to a merchant: "I am a servant of my lord. I must not be wronged (*arad bēlīya anāku lā aḫḫabal*)" A.2500+ rev. 20′ [T4256; P497215].

48 *Code of Ḫammurabi* § 18: "If that slave should refuse to identify his owner, he (= the man who seized him) shall lead him off to the palace, his circumstances shall be investigated (*warkassu ipparrasma*), and they shall return him to his owner." Roth 1997, 84; Oelsner 2022, 314.

49 San Nicolò 1933 about the meaning of *maš'altu* (*SBL WAW* 43, 168, see Joannès 2023, 511–513).

§§ 142–143 are about divorce by the wife.[50] Her case is to be investigated in her city quarter,[51] who put her behaviour and that of her husband under close scrutiny. Their virtue and reputation are assessed probably through a background check among neighbours and relatives, after which a decision is made. We know from a Nippur document dated to the reign of Samsu-iluna (*BE* 6/2, 58 [T12293])[52] that the conclusions are reported during an oral hearing, in attendance of witnesses and under the authority of the god. His weapon is standing to make the results of the investigation undeniable, like in the above-mentioned letters. In this manner, the material facts collected by the ward cannot be considered mere gossips and become true evidence.[53]

In §§ 168, 172 and 177, the judges investigate the motives of a father who wants to disinherit his son,[54] the children's attempts to evict their widowed mother from the family home,[55] and the composition of a dead husband's estate upon remar-

50 *Code of Ḫammurabi* §§ 142–143: "If a woman hates her husband and declares: 'You shall no longer take me (as a wife),' her circumstances shall be investigated by the authorities of her city quarter (*warkassa ina bābtīša ipparrasma*) and if she is circumspect and without fault, but her husband is wayward and disparages her greatly, that woman will not be subject to any penalty; she shall take her dowry and she shall depart for her father's house." "If she is not circumspect but is wayward, squanders her household possessions, and disparages her husband, they shall cast that woman into the water." For a different translation of the woman's statement, see Roth 1997, 108; Oelsner 2022, 350. According to Westbrook 1988, 45–47, the provision deals with the break of an inchoate marriage by the bride.

51 The exact meaning of the word *bābtum* is discussed. It might refer primarily to a group of people and by extension to the city area where these people are dwelling, under the authority of a head (UGULA), documented for instance in A.3357 quoted by Charpin 1992, and *OECT* 15, 47 [T4407; P347390] edited by Charpin 2007, 158, and Charpin 2019b, 102; see also Seri 2005, 54–65, and the detailed study by Millet Albà 2006 for Mari.

52 Westbrook 1988, 14–16, 43–44, 116; [Démare-]Lafont 1999, 253–256, 497–498.

53 For other decisions made by the *bābtum*, see for instance *VS* 7, 16 [P372239] and *VS* 7, 56 [T23218; P372279] with the mayor and the elders, (both from Kiš) in matters regarding ownership of family estate. Investigations operated by local authorities (mayor, elders, city) are well attested in the Old Babylonian letters: AO 10775 [T17135; P345032], *AbB* 4, 40 [T387; P386033] (elders and city); *AbB* 11, 159 [T14073; P262164] (elders and mayor); *AbB* 9, 52 [15152; P308014] (elders alone); *AbB* 14, 190 [T15654; P387432] (city alone). See Seri 2005 and the review by Charpin 2007, 167–182.

54 *Code of Ḫammurabi* § 168: "If a man should decide to disinherit his son and declares to the judges: 'I will disinherit my son,' the judges shall investigate his case (*warkassu iparrasūma*) and if the son is not guilty of a grave offense deserving the penalty of disinheritance, the father may not disinherit his son." Roth 1997, 113; Oelsner 2022, 357.

55 *Code of Ḫammurabi* § 172: "If her (= the widow's) husband does not make a marriage settlement in her favour, they shall restore to her in full her dowry, and she shall take a share of the property of her husband's estate comparable to that of one heir. If her children pressure her in order to coerce her to depart from the house, the judges shall investigate her case (*warkassa iparrasūma*) and shall impose a penalty on the children. That woman will not depart from her husband's house. If that woman should decide on her own to depart, she shall leave for her children the marriage settlement which her husband gave to her. She shall take the dowry brought from her father's house and a husband of her choice shall marry her." Roth 1997, 114–115; Oelsner 2022, 358.

riage of his widow.[56] Disinheritance (§ 168) requires to prove a grave offense (*arnum kabtum*), which is more than ordinary disobedience and implies recurring acts of rebellion or malicious accusation.[57] The facts are probably established by the statements of the father, corroborated by relatives or neighbours. Likewise, the hostility of the children towards their mother (§ 172) is no doubt evidenced by her own testimony supported by witnesses of her family environment. In both cases, the judges are given an active role that usually falls to the claimant, namely to provide proof of the charges. The reason might be that the witnesses brought by the father or the ungrateful children are deemed unreliable in these particular circumstances. An impartial inquiry conducted by the court is thus required, by means of an exception. Regarding the consistency of a dead husband's estate (§ 177), an inventory has to be made by the judges and recorded on a tablet, later produced in court in case of litigation. If the document is not available or if the dispute arises long after remarriage, there is still the possibility of referring the oath to the former widow.[58]

It should be noted that investigations carried out by the judges themselves are barely mentioned in the letters[59] and the judicial documents,[60] this crucial part of the procedure being, as a rule, handled by the parties. In fact, once the litigants have made their statements and indicated their means of evidence, the judges "look into" (*amārum*) the statements and the means of proofs of the parties.[61]

56 *Code of Ḫammurabi* § 177: "If a widow whose children are still young should decide to enter another's house, she will not enter without (the permission) of the judges. When she enters another's house, the judges shall investigate the estate of her former husband (*warkat bīt mutīša pānîm iparrasūma*), and they shall entrust the estate of her former husband to her later husband and to that woman, and they shall have them record a tablet. They shall safeguard the estate and they shall raise the young children. They will not sell the household goods. Any buyer who buys the household goods of the children of the widow shall forfeit his silver. The property shall revert to its owner." Roth 1997, 116; Oelsner 2022, 359–360.

57 Cardascia 1988; Démare-Lafont 2015.

58 See *BAP* 100 [T27689; P507724] where a widow is summoned by her children and swears that she has taken nothing from the house of their father; Fortner 1997, 466–467, 729.

59 *AbB* 1, 115 [T16795; P313405]: 8–9, "The [judges] should investigate the case of these men in the temple of Šamaš"; *AbB* 11, 159 [T14073; P261080]: 16–24, "Because the case is very [difficult?], we (= the mayor and the elders of Isin) did not investigate it and we did not conduct a trial for them. We have despatched them to our fathers (= the judges of Nippur). Investigate their matter and conduct a trial for them as is within your power."

60 BM 80365 [T24633; P526100]: 13, "The judges investigated the case" (regarding partnership); *CT* 47, 31 [T26116; P366166]: 18–21, "Because they (= the plaintiffs) approached the king with no knowledge and they looked upon his house with no single (reason?), they (= the mayor, the judges and the *kārum*) investigated his case."

61 See Dombradi 1996/1, 77–78 §§ 102–103, 328–329 §§ 431–433, who insists on the plural form of *awātum* in the expression *awātī- īmurū*, "they have looked into his/her/their words/arguments." A detailed example of how the judges review the arguments of the parties is provided by *PBS* 5, 100 [T23828; P269797]; see lastly Ziegler in this volume.

5 Conclusion

The many occurrences of *warkatam parāsum* in the Old Babylonian letters show that the examination of the facts is the main support for a well-argued solution. Be they administrative officers, members of the city quarter or judges, all those who are asked to look into a matter have to provide evidence on which to base a substantiated decision, often taken by another authority (except for the judges).

Texts and text editions

A.
Inventory of Mari tablets.

AbB 1
See Kraus 1964.

AbB 2
See Frankena 1966.

AbB 4
See Kraus 1968.

AbB 7
See Kraus 1977.

AbB 9
See Stol 1981.

AbB 10
See Kraus 1985.

AbB 11
See Stil 1986.

AbB 12
See van Soldt 1990.

AbB 13
See van Soldt 1994.

AbB 14
See Veenhof 2005.

AO
Tablet Signature Antiquités orientales, Musée du Louvre Paris.

Archibab 3
See Fiette 2018.

ARM 1
See Dossin 1946.

ARM 3
See Kupper 1948.

ARM 26/1
See Durand 1988.

ARM 33
See Durand 2019.

ARM 34
See Durand 2023.

BAP
See Meissner 1893.

BE 6/2
See Poebel 1909.

BM
Tablet Signature, British Museum London.

CT 29
See King 1910.

CT 47
See Figulla 1967.

CUSAS 36
See George 2018.

FM 2
See Charpin/Durand 1994.

FM 7
See Durand 2002.

FM 9
See Ziegler 2007.

MSCT 16
See Arkhipov/George 2023.

OECT 15
See Dalley 2005.

PBS 5
See Poebel 1914.

SBL WAW 43
See Démare-Lafont/Fleming 2023.

TIM 1
See Al-Zeebari 1964.

VS 7
See Ungnad 1909.

YOS 15
See Goetze/Foster 2009.

Bibliography

Al-Zeebari 1964
Al-Zeebari, A.: Old Babylonian Letters. Texts in the Iraq Museum 1, Baghdad.

Arkhipov 2023
Arkhipov, I.: Relecture des lettres de Kiš conservées au Louvre. Revue d'Assyriologie et d'Archéologie Orientale 117, 69–84.

Arkhipov/George 2023
Arkhipov, I. / George, A. R.: Old Babylonian Texts in the Schøyen Collection 3. Further Letters. Manuscripts in the Schøyen Collection Cuneiform Texts 16, Dresden.

Bottéro 1982
Bottéro, J.: Le "Code" de Hammurabi. Annali della Scuola normale superiore di Pisa. Classe di Lettere e Filosofia, III/12, Pisa, 409–444.

Cancik-Kirschbaum/Kahl 2018
Cancik-Kirschbaum, E. / Kahl, J.: Erste Philologien. Archäologie einer Disziplin vom Tigris bis zum Nil, Tübingen.

Cardascia 1988
Cardascia, G.: L'indulgence pour la première faute dans les droits du Proche-Orient ancien. In: Roset Esteve, J. (ed.): Estudios en homenaje al profesor Juan Iglesias, Madrid, 651–674.

Charpin 1992
Charpin, D.: *Kakikkum* et autres titres babyloniens dans un texte de Mari. Nouvelles Assyriologiques Brèves et Utilitaires 1992, 89–90 no. 122.

Charpin 2007
Charpin, D.: Chroniques bibliographiques 10. Économie, société et institutions paléo-babyloniennes: nouvelles sources, nouvelles approches. Revue d'Assyriologie et d'Archéologie Orientale 101, 147–182.

Charpin 2010
Charpin, D.: Reading and Writing in Babylon. Translated by Jane Marie Todd, Cambridge.

Charpin 2019a
Charpin, D.: Les symboles divins dans les archives paléo-babyloniennes. In: Römer, T. / Gonzales, H. / Marti, L. (eds.): Représenter dieux et hommes dans le Proche-Orient ancien et dans la Bible. Actes du colloque organisé par le Collège de France, Paris, les 5 et 6 mai 2015. Orbis Biblicus et Orientalis 287, Leuven / Paris / Bristol, 38–51.

Charpin 2019b
Charpin, D.: Quelques aspects méconnus du statut et du rôle des quartiers-*bâbtum* dans les villes paléo-babyloniennes. In: Valentini, S. / Guarducci, G. (eds.): Between Syria and the Highlands. Studies in Honor of Giorgio Buccellatti & Marilyn Kelly-Buccellatti. Studies on the Ancient Near East and the Mediterranean 3, Rome, 100–112.

Charpin/Durand 1994
Charpin, D. / Durand, J.-M. (eds.): Recueil d'études à la mémoire de Maurice Birot. Florilegium Marianum 2. Mémoires de N.A.B.U. 3, Paris.

Civil 1985
Civil, M.: Sur les "livres d'écoliers" à l'époque paléo-babylonienne. In: Durand, J.-M. / Kupper, J.-R. (eds.): Miscellanea babyloniaca: Mélanges offerts à Maurice Birot, Paris, 67–78.

Dalley 2005
Dalley, S.: Old Babylonian Texts in the Ashmolean Museum, Mainly from Larsa, Sippar, Kish, and Lagaba. Oxford Editions of Cuneiform Texts 15, Oxford.

[Démare-]Lafont 1997
[Démare-]Lafont, S.: Un "cas royal" à l'époque de Mari. Revue d'Assyriologie et d'Archéologie Orientale 91, 109–119.

[Démare-]Lafont 1999
[Démare-]Lafont, S.: Femmes, droit et justice dans l'Antiquité orientale. Contribution à l'étude du droit pénal au Proche-Orient ancien. Orbis Biblicus et Orientalis 165, Fribourg / Göttingen.

[Démare-]Lafont 2002
[Démare-]Lafont, S.: Enlèvement et séquestration à l'époque paléo-babylonienne. In: Charpin, D. / Durand, J.-M. (eds.): Recueil d'études à la mémoire d'André Parrot. Florilegium Marianum 6. Mémoires de N.A.B.U. 7, Paris, 69–88.

Démare-Lafont 2008
Démare-Lafont, S.: Il periodo paleo-babilonese: diritto di proprietà, testamenti et vendite di terre. In: Liverani, M. / Mora, C. (eds.): I diritti nel mondo cuneiforme (Mesopotamia e regioni adiacenti, ca. 2500–500 a.C.), Pavie, 209–245.

Démare-Lafont 2010
Démare-Lafont, S.: L'apprentissage du droit: une méthode scientifique? Droit et Cultures, Hors série 2010, 11–28.

Démare-Lafont 2015
Démare-Lafont, S.: "Manger un tabou" – sacrilège ou parjure? Une relecture des procès de Lugal-giškim-zi". In: Durand, J.-M. / Guichard, M. / Römer, T. (eds.): Tabou et transgression. Actes du colloque organisé par le Collège de France, Paris, les 11-12 avril 2012. Orbis Biblicus et Orientalis 274, Fribourg / Göttingen, 19–30.

Démare-Lafont 2023
Démare-Lafont, S.: Mesopotamian Judicial Practice: An Overview. In: Démare-Lafont, S. / Fleming, D. (eds.): Judicial Decisions in the Ancient Near East. Society of Biblical Literature Writings of the Ancient World 43, Atlanta, 1–31.

Démare-Lafont (forthcoming)
Démare-Lafont, S.: Old Babylonian Contractual Oath and the Judicial Organization. In: Nebiolo, F. (ed.): Divine Bonds, Human Obligations. La funzionalità dei vincoli orali nelle società antiche (forthcoming).

Démare-Lafont/Fleming 2023
Démare-Lafont, S. / Fleming, D. (eds.): Judicial Decisions in the Ancient Near East. Society of Biblical Literature Writings of the Ancient World 43, Atlanta.

Dombradi 1996
Dombradi, E.: Die Darstellung des Rechtsaustrags in den altbabylonischen Prozessurkunden. Freiburger Altorientalische Studien 20, Stuttgart.

Dossin 1946
Dossin, G.: Lettres. Archives Royales de Mari 1, Paris.

Durand 1988
Durand, J.-M.: Archives Épistolaires de Mari 1/1. Archives Royales de Mari 26/1, Paris.

Durand 1997
Durand, J.-M.: Les documents épistolaires du palais de Mari 2. Littératures anciennes du Proche-Orient 17, Paris.

Durand 2000
Durand, J.-M.: Les documents épistolaires du palais de Mari 3. Littératures anciennes du Proche-Orient 18, Paris.

Durand 2002
Durand, J.-M.: Le Culte d'Addu d'Alep et l'affaire d'Alahtum. Florilegium Marianum 7. Mémoires de N.A.B.U. 8, Paris.

Durand 2007
Durand, J.-M.: Le roi savant en Mésopotamie. In: Bacqué-Gramont, J.-L. / Durand, J.-M. (eds.): L'image de Salomon, sources et postérité. Actes du colloque organisé par le Collège de France et la Société asiatique, Paris, 18–19 mars 2004. Cahiers de la Société asiatique Nouvelle série 5, Paris / Louvain / Dudley, MA, 3–10.

Durand 2019
Durand, J.-M.: Les premières années du roi Zimrî-Lîm de Mari. Première partie. Archives royales de Mari 33, Leuven / Paris / Bristol, CT.

Durand 2023
Durand, J.-M.: Les premières années du roi Zimrî-Lîm de Mari. Deuxième partie. Archives royales de Mari 34, Leuven / Paris / Bristol, CT.

Fiette 2018
Fiette, B.: Le palais, la terre et les hommes. La gestion du domaine royal de Larsa d'après les archives de Šamaš-hazir. Archibab 3. Mémoires de N.A.B.U. 20, Paris.

Figulla 1967
Figulla, H. H.: Old-Babylonian Nadītu Records. Cuneiform Texts from Babylonian Tablets in the British Museum 47, London.

Fincke 2003–2004
Fincke, J.: The Babylonian Texts of Niniveh: Report on the British Museum's "Ashurbanipal's Library Project". Archiv für Orientforschung 50, 111–149.

Fortner 1997
Fortner, J. D.: Adjudicating Entities and Levels of Legal Authority in Lawsuit Records of the Old Babylonian Era. PhD Dissertation Harding University, Ann Arbor.

Frankena 1966
Frankena, R: Briefe aus dem British Museum (LIH und CT 2–33). Altbabylonische Briefe in Umschrift und Übersetzung 2, Leiden.

Gabriel 2018
Gabriel, G.: The Sumerian King List as Educational Artefact: A Preliminary Case Study on the Societal Significance of the Text and the Practices of Old Babylonian Higher Education. In: Di Paolo, S. (ed.): Implementing Meanings: The Power of the Copy between Past, Present and Future. An Overview from the Ancient Near East. Altertumskunde des Vorderen Orients 19, Münster, 71–131.

George 2018
George, A. R.: Old Babylonian Texts in the Schøyen Collection 1. Selected Letters. Cornell University Studies in Assyriology and Sumerology 36, Bethesda.

Goetze/Foster 2009
Goetze, A. / Foster, B.: Cuneiform Texts from Various Collections. Yale Oriental Series, Babylonian Texts 15, New Haven / London.

Guichard 1997
Guichard, M.: Présages fortuits à Mari. MARI. Annales de recherches interdisciplinaires 8, Paris, 305–328.

Joannès 2023
Joannès, F.: Neo-Babylonian Judicial Texts. In: Démare-Lafont, S. / Fleming, D. (eds.): Judicial Decisions in the Ancient Near East. Society of Biblical Literature Writings of the Ancient World 43, Atlanta, 485–574.

King 1910
King, L.: Cuneiform Texts from Babylonian Tablets in the British Museum 29, London.

Kraus 1964
Kraus, F. R.: Briefe aus dem British Museum (CT 43 und 44). Altbabylonische Briefe in Umschrift und Übersetzung 1, Leiden.

Kraus 1968
Kraus, F. R.: Briefe aus dem Archive des Šamaš-ḫāzir in Paris und Oxford (TCL 7 und OECT 3). Altbabylonische Briefe in Umschrift und Übersetzung 4, Leiden.

Kraus 1977
Kraus, F. R.: Briefe aus dem British Museum (CT 52). Altbabylonische Briefe in Umschrift und Übersetzung 7, Leiden.

Kraus 1985
Kraus, F. R.: Briefe aus kleineren westeuropäischen Sammlungen. Altbabylonische Briefe in Umschrift und Übersetzung 10, Leiden.

Kupper 1948
Kupper, J.-R.: Lettres. Archives Royales de Mari 3, Paris.

Landsberger 1937
Landsberger, B.: Die Serie *ana ittišu*. Materialien zum Sumerischen Lexikon 1, Rome.

Leemans 1968
Leemans, W. F.: King Hammurapi as Judge. In: Ankum, J. A. / Feenstra, R. / Leemans, W. F. (eds.): Symbolae Iuridicae et Historicae Martino David Dedicatae t. II, Leiden, 107–129.

Lieberman 1992
Lieberman, S. J.: Nippur, City of Decision. In: de Jong Ellis, M. (ed.): Nippur at the Centennial. Papers Read at the 35th Rencontre Assyriologique Internationale, Philadelphia 1988. Occasional Publications of the Samuel Noah Kramer Fund 14, Philadelphia, 127–136.

Lion 2001
Lion, B.: Dame Inanna-ama-mu, scribe à Sippar. Revue d'Assyriologie et d'Archéologie Orientale 95, 7–32.

Lion 2023
Lion, B.: The Judicial Archives of the Kingdom of Arraphe. In: Démare-Lafont, S. / Fleming, D. (eds.): Judicial Decisions in the Ancient Near East. Society of Biblical Literature Writings of the Ancient World 43, Atlanta, 297–365.

Lion/Robson 2005
Lion, B. / Robson, E.: Quelques textes scolaires paléo-babyloniens rédigés par des femmes. Journal of Cuneiform Studies 57, 37–54.

Livingstone 2007
Livingstone, A.: Ashurbanipal: Literate or Not? Zeitschrift für Assyriologie und Vorderasiatische Archäologie 97, 98–118.

Meissner 1893
Meissner, B.: Beiträge zum altbabylonischen Privatrecht. Assyriologische Bibliothek 11, Leipzig.

Millet Albà 2006
Millet Albà, A.: Le *bābtum* à Mari. In: Feliu, L. / Del Olmo Lete, G. (eds.): *šapal tibnim mû illakū*. Studies Presented to Joaquín Sanmartín on the Occasion of His 65th Birthday. Aula Orientalis Supplementa 22, Sadabell, 303–313.

Neumann 2004
Neumann, H.: Prozessführung im Edubba'a: Zu einigen Aspekten der Aneignung juristischer Kenntnisse im Rahmen des Curriculums babylonischer Schreiberausbildung. Zeitschrift für Altorientalische und Biblische Rechtsgeschichte 10, 71–92.

Oelsner 2022
Oelsner, J.: Der Kodex Ḫammu-rāpi. Textkritische Ausgabe und Übersetzung. dubsar 4, Münster.

Oppenheim 1977
Oppenheim, L.: Ancient Mesopotamia. Portrait of a Dead Civilization. Revised Edition Completed by Erica Reiner, Chicago.

Pientka 1998
Pientka, R.: Die spätaltbabylonische Zeit: Abiešuḫ bis Samsuditana. Quellen, Jahresdaten, Geschichte. Imgula 2, Münster.

Poebel 1909
Poebel, A.: Babylonian Legal and Business Documents from the Time of the First Dynasty of Babylon, Chiefly from Nippur. The Babylonian Expedition of the University of Pennsylvania Series A: Cuneiform Texts 6/2, Philadelphia.

Poebel 1914
Poebel, A.: Historical and Grammatical Texts. The University Museum Publications of the Babylonian Section, University of Pennsylvania 5, Philadelphia.

Reid/Spada 2020
Reid, J. N. / Spada, G.: From Oslo to Atlanta: An Old Babylonian Prism Collecting Model Contracts. Rivista degli Studi Orientali 93, 37–58.

Roth 1979
Roth, M. T.: Scholastic Tradition and Mesopotamian Law: a Study of FLP 1287. A Prism in the Collection of the Free Library of Philadelphia. PhD Dissertation University of Pennsylvania.

Roth 1997
Roth, M. T.: Law Collections from Mesopotamia and Asia Minor. Second edition. Society of Biblical Literature Writings from the Ancient World 6, Atlanta.

San Nicolò 1933
San Nicolò, M.: Parerga babyloniaca XI: Die *maš'altu*-Urkunden im neubabylonischen Strafverfahren. Archiv Orientální 5, 287–302.

Seri 2005
Seri, A.: Local Power in Old Babylonian Mesopotamia. Studies in Egyptology and the Ancient Near East, London.

Sjöberg 1975
Sjöberg, Å. W.: The Old Babylonian Eduba. In: Lieberman, S. J. (ed.): Sumerological Studies in Honor of Thorkild Jacobsen on the Occasion of His Seventieth Birthday June 7, 1974. Assyriological Studies 20, Chicago / London, 159–179.

Spada 2018a
Spada, G.: Sumerian Model Contracts from the Old Babylonian Period in the Hilprecht Collection Jena. Texte und Materialen der Frau Professor Hilprecht Collection of Babylonian Antiquities im Eigentum der Friedrich-Schiller-Universität Jena 11, Wiesbaden.

Spada 2018b
Spada, G.: A New Fragment of the "Laws About Rented Oxen" and the Sumerian Verb bu-us$_2$. Rivista degli Studi Orientali 91, 11–18.

Spada 2019
Spada, G.: Addenda et corrigenda to G. Spada, "A New Fragment of the 'Laws About Rented Oxen' and the Sumerian Verb bu-us$_2$", Rivista degli Studi Orientali 91 (2018): 11–18. Nouvelles Assyriologiques Brèves et Utilitaires 2019, 22–23 no. 14.

Spada 2022
Spada, G.: Sumerian Model Contracts from the Old Babylonian Period in the Rosen Collection. Revue d'Assyriologie et d'Archéologie Orientale 116, 79–112.

Stol 1981
Stol, M.: Letters from Yale. Altbabylonische Briefe in Umschrift und Übersetzung 9, Leiden.

Stol 1986
Stol, M.: Letters from Collections in Philadelphia, Chicago and Berkeley. Altbabylonische Briefe in Umschrift und Übersetzung 11, Leiden.

Stol 2012
Stol, M.: Renting the Divine Weapon as a Prebend. In: Boiy, T. / Bretschneider, J. / Goddeeris, A. / Hameeuw, H. / Jans, G. / Tavernier, J. (eds.): The Ancient Near East, A Life! Festschrift Karel Van Lerberghe. Orientalia Loevanensia Analecta 220, Louvain, 561–582.

Stol 2019
Stol, M.: Old Babylonian *kišdātum*, "What one may get." In: Chambon, G. / Guichard, M. / Langlois, A.-I. / Römer, T. / Ziegler, N. (eds.): De l'argile au numérique: Mélanges assyriologiques en l'honneur de Dominique Charpin. Publications de l'Institut du Proche-Orient ancien du Collège de France 3, Leuven / Paris / Bristol, CT, 1013–1030.

van Soldt 1990
van Soldt, W. H.: Letters in the British Museum. Altbabylonische Briefe in Umschrift und Übersetzung 12, Leiden / New York / København / Köln.

van Soldt 1994
van Soldt, W. H.: Letters in the British Museum Part 2. Altbabylonische Briefe in Umschrift und Übersetzung 13, Leiden / New York / Köln.

Tanret 2002
Tanret, M.: Per aspera ad astra. L'apprentissage du cunéiforme à Sippar-Amnanum pendant la période paléo-babylonienne tardive. Mesopotamian History and Environment, Series 3, Texts 1/2, Ghent.

Ungnad 1909
Ungnad, A.: Vorderasiatische Schriftdenkmäler der Königlichen Museen zu Berlin 7, Leipzig.

Veenhof 2005
Veenhof, K. R.: Letters in the Louvre. Altbabylonische Briefe in Umschrift und Übersetzung 14, Leiden / Boston.

Veenhof 2016–2017
Veenhof, K.: Some Old Assyrian and Old Babylonian Adoption Contracts. Jaarbericht van het Vooraziatisch-Egyptisch Genootschap "Ex Oriente Lux", 3–43.

Villard 1997
Villard, P.: L'éducation d'Assurbanipal. Ktèma. Civilisations de l'Orient, de la Grèce et de la Rome antiques 22, 135–149.

Villard 2023
Villard, P.: Neo-Assyrian Judicial Decisions. In: Démare-Lafont, S. / Fleming, D. (eds.): Judicial Decisions in the Ancient Near East. Society of Biblical Literature Writings of the Ancient World 43, Atlanta, 429–484.

Wagensonner in print
Wagensonner, K.: The Ancient Scholar at Work – Some Glimpses from the Ancient Near East. In: Écriture, Pouvoir, Légitimité. Affichage culturel, politique et identitaire en Orient & Méditerranée IIIe millénaire av. – IIe millénaire ap. J.-C.

Westbrook 1988
Westbrook, R.: Old Babylonian Marriage Law. Archiv für Orientforschung Beiheft 23, Horn.

Ziegler 1999
Ziegler, N.: Le harem de Zimrî-Lîm. Florilegium Marianum 4, Paris.

Ziegler 2007
Ziegler, N.: Les musiciens et la musique d'après les archives de Mari. Florilegium Marianum 9. Mémoires de N.A.B.U. 10, Paris.

Zur Praxisrelevanz des juristischen Curriculums der babylonischen Schreiberausbildung

Hans Neumann

Abstract
Vorliegender Beitrag befasst sich mit der babylonischen Schreiberausbildung insbesondere des frühen 2. Jahrtausends v. Chr. hinsichtlich ihrer Bedeutung für die spätere rechtspraktische und rechtstheoretische Tätigkeit der Schulabsolventen. Dabei werden sowohl das diesbezüglich relevante Textcorpus als auch die entsprechenden Ausbildungsinhalte in den verschiedenen Ausbildungsstufen des sog. Edubba'a in den Blick genommen. Dies impliziert die Thematisierung von didaktischen Spezifika und intellektuellen Implikationen im Rahmen des juristisch konnotierten Curriculums der Schreiberausbildung.

1 Einleitung

Wie allgemein bekannt, beinhaltete das Curriculum der Schreiber-, und damit letztlich auch der Gelehrtenausbildung im alten Mesopotamien die Vermittlung juristischen Wissens und rechtlicher Regelungen, verbunden mit dem Erlernen von Vertragsformularen und -klauseln sowie des entsprechenden Vokabulars. Das gilt für die gesamte Zeit der keilschriftlichen Überlieferung vom 3. bis zum 1. Jahrtausend v. Chr., auch wenn wir dies im Detail nicht für alle Perioden der altmesopotamischen Gesellschaftsgeschichte aufgrund der unterschiedlichen Quellensituation gleichermaßen fundiert nachvollziehen können. Am besten informiert sind wir durch sumerische und akkadische Texte immer noch über die diesbezüglichen Verhältnisse und Vorgänge in Babylonien in der Zeit um 2000 v. Chr., namentlich also über das Curriculum der Schreiberausbildung in altbabylonischer Zeit, einschließlich – zumeist in den entsprechenden Quellen reflektiert – der Verhältnisse in der sog. Ur III-Periode im 21. Jahrhundert v. Chr.[1]

Die Ausbildung der angehenden Schreiber erfolgte in jener Zeit im é-dub-ba-a, im „Haus, (in) dem Tafeln zugeteilt werden", wobei man unter dem Edubba'a nicht unbedingt immer ein spezielles Gebäude zu verstehen hat, sondern mit Claus Wilcke damit zunächst wohl vor allem eine „Institution der Lehre" charakterisiert wird, deren allgemeingültige Stoffinhalte man in den einzelnen Schreiberhäusern vermittelte.[2] Als Teil des Curriculums im Edubba'a sollte die juristische Ausbil-

1 Zur Schreiberausbildung und zu den Bildungsinhalten vgl. Volk 2011; Cancik-Kirschbaum/Kahl 2018, 59–62; Maul/Manasterska 2023, 1–22; zur juristischen Ausbildung speziell Neumann, H. 2004.

2 Vgl. dazu im einzelnen Neumann, H. 2004, 74–75 mit Anm. 12–16; Waetzoldt/Cavigneaux 2009–2011.

DOI: 10.13173/9783447124522.413

dung den angehenden Schreiber letztlich befähigen, Rechtsurkunden korrekt auszufertigen, als Verwaltungsfunktionär entsprechend zu agieren sowie in ausgewählten Fällen auch in richterlicher Funktion aufzutreten.[3]

Insgesamt dürfen wir davon ausgehen, dass – ganz allgemein gesprochen – der zielorientierte Praxisbezug des juristischen Curriculums der Schreiberausbildung jederzeit gegeben war. Allerdings war diese Praxis realiter durchaus recht vielfältig und wurde durch unterschiedliche Sachzusammenhänge und intellektuelle Herausforderungen charakterisiert. Dem entsprachen im Rahmen der juristischen Ausbildung wiederum differenzierte Ausbildungs- und Stoffinhalte, die in einem unterschiedlichen Zeithorizont vermittelt und geübt wurden.

2 Alltäglicher (verschrifteter) Rechtsverkehr im institutionellen und privaten Bereich

Der am weitesten gefasste Anwendungsbereich elementarer juristischer Kenntnisse und Fähigkeiten war der private und institutionelle Rechtsverkehr, vor allem im Bereich des Schuldrechts (Darlehen, Kauf, Pacht, Miete u.a.m.), aber auch auf dem Gebiet des Familien- und Familienvermögensrechts (Ehe, Adoption, Erbrecht).[4] Die Voraussetzungen für die juristisch korrekte Ausfertigung von Rechtsurkunden (in der Regel handelte es sich hier um Beweisurkunden), verbunden mit der Kenntnis von den entsprechenden vertrags- und sanktionsrechtlichen Implikationen, wurden im Rahmen des Curriculums der babylonischen Schreiberausbildung bereits in der Elementarstufe geschaffen. Während der ca. dreijährigen Ausbildungszeit wurden[5] – nachdem man zuletzt in die Metrologie und in die Grundlagen der Multiplikation und Division eingeführt worden ist – in der letzten Phase der Elementarausbildung das für die zukünftige Verwaltungstätigkeit und den zu handhabenden schriftlichen Rechtsverkehr notwendige Vokabular wie auch die entsprechenden Formulare mit ihren jeweiligen spezifischen Bestandteilen vermittelt und in ihrer Anwendung geübt.[6] Die juristisch-inhaltliche Breite des diesbezüglichen Lehrstoffs wird nicht zuletzt in dem sumerischen

---

3 Eine entsprechende Ausbildung durchliefen auch die Kinder der Herrscherhäuser jener Zeit, wie dies etwa durch die literarische Überlieferung zu Šulgi (2092–2045 v. Chr.), dem zweiten König der III. Dynastie von Ur, nahegelegt wird. Gemäß der Hymne *Šulgi B* (ETCSL 2.4.2.2; Literatur zuletzt bei Attinger 2021, 52) hatte er bereits als Kind „im Edubba'a auf den Tafeln von Sumer und Akkade die Schreibkunst erlernt" (Z. 13–14: tur-ra-ĝu$_{10}$-dè é-dub-ba-a-àm / dub-ki-en-gi-ki-uri-ka nam-dub-sar-ra mi-ni-zu, vgl. Volk 1996, 202–203 mit Anm. 148–149 [mit den Varianten]), worauf dann – wie uns der Text lehrt – neben vielen anderen Wissensbereichen und speziellen Fähigkeiten auch die juristischen Kompetenzen des rechtsprechenden Königs aufbauten (Z. 221–222): di-til-la-ĝá šà uš im-gu$_{7}$ / gal-zu nam-lugal an-ta-ĝál-bi-me-en „Wenn ich ein endgültiges Urteil fälle, wird es von Herzen begrüßt, (da) ich weise bin und eine erhabene Königswürde innehabe"; vgl. auch Vacín 2011, 187.

4 Zu den verschiedenen Rechtsbereichen der dreitausendjährigen altvorderasiatischen Rechtsgeschichte vgl. die Ausführungen von Neumann, H. 2003 und die Beiträge in Westbrook 2003.

5 Vgl. zur Ausbildungszeit Volk 2000, 8–9 mit Anm. 44.

6 Vgl. Volk 2011, 287 (Phase IV des Elementarunterrichts); Waetzoldt/Cavigneaux 2009–2011, 299.

Streitgespräch *Edubba'a D*[7] (Z. 45–48) deutlich, wo es heißt: „(Urkunden) zum Kaufen von Haus, Feld, Garten, Sklavinnen (und) Sklaven, Pfand(urkunden und) Feldpacht(urkunden), Baumgartenanpflanzung(surkunden), und auch das Schreiben von Urkunden (über Adoption) von Findelkindern beherrsche ich".[8]

2.1 Sumerische Vokabular- und Formulartexte

Eine wesentliche Textkategorie während dieser elementaren Phase der Ausbildung in altbabylonischer Zeit stellen die einsprachigen (sumerischen) juristischen Vokabular- bzw. Formulartexte dar, die sog. *Legal Phrasebooks*,[9] bei denen eine Sippar- und eine Nippurtradition zu unterscheiden ist. Die lexikalisch-juristische Überlieferung aus Sippar, der auch die entsprechende Tradition in Babylon und Kiš zuzuordnen ist, bietet Sammlungen von sumerischen Wörtern, die für die Vertragsausfertigung von Bedeutung waren. Dazu gehören z.B. Begrifflichkeiten der Darlehensvergabe, Verwandtschafts- und Sozialbezeichnungen, Felderarten, Zeitbestimmungen u.a.m. Hinzu kommen spezifische Verbalparadigmen, die in Kontrakten Verwendung fanden, verbunden mit der Vorlage von ganzen Musterverträgen. Das sog. *Sippar Phrasebook* ist Vorläufer der späteren ur$_5$-ra = *ḫubullu* Taf. 1–2-Tradition.[10]

Als Beispiele seien hier das Fragment einer altbabylonischen Übungstafel aus Sippar-Amnānum und ein Auszug aus dem Fragment einer mehrkolumnigen Keilschrifttafel aus Sippar präsentiert, die Zusammenstellungen von Sozialtermini und Verwandtschaftsbezeichnungen (zum Teil mit Possessivsuffixen versehen), verschiedene Zeitangaben und finite Formen des Verbums šu – ti „nehmen" enthalten:[11]

MHET 3/1, 38 (Di. 128)[12] (Tanret 2002)

Vs. i'

(1') ⸢nin⸣	Schwester
(2') ⸢nin⸣	Herrin
(3') ⸢nin⸣	Fürstin
(4') ⸢dumu⸣-[munus]	To[chter]
(Rest der Kolumne zerstört)	

7 Zur Klassifikation von *Edubba'a D* als Streitgespräch vgl. Mittermayer 2019, 5 mit Anm. 35.

8 *Edubba'a D*, Z. 45–48: é a-šà ^{geš}kiri$_6$ saĝ-géme-urdu sa$_{10}$-sa$_{10}$-[(x)]/kù-ta gub-ba a-šà nam-apin-l[á (x)]/^{ĝeš}kiri$_6$ ĝeš gub-bu-dè [...]⸢x⸣/ù dub dumu-túl-ta-pà-da sar-r[e-bi] mu-u[n-zu]; vgl. Civil 1985, 70 und 72; Römer 1990, 102; Volk 2011, 287 Anm. 101; zu *Edubba'a D* vgl. die bei Attinger 2021, 29 verzeichnete Literatur.

9 Vgl. Veldhuis 2014, 188–194; vgl. auch Spada 2019, 147–153; im vorliegenden Zusammenhang ergänzend auch Weiershäuser/Hrůša 2018, 2 Anm. 9.

10 Zum sog. *Sippar Phrasebook* vgl. die Ausführungen bei Veldhuis 2014, 188–193.

11 Vgl. auch Neumann, H. 2020, 125–126.

12 Vgl. auch Veldhuis 2014, 189. Die erhaltenen Einträge korrespondieren mit ur$_5$-ra = *ḫubullu* Taf. 1; vgl. Landsberger 1957, 16–17 und 21–22; Tanret 2002, 93; Veldhuis 2014, 189.

Vs. ii′

(1′) [šeš]-a-[ni]	se[in Bruder]
(2′) nin-a-[ni]	sei[ne] Schwester
(3′) ad-a-ni	sein Vater
(4′) ⌜ama⌝-a-[ni]	sei[ne] Mutter
(5′) lugal-a-ni	sein Herr
(6′) ⌜nin⌝-a-ni {NI}[13]	seine Herrin

(*Rest der Kolumne zerstört; nur noch Zeichenspuren erhalten*)

Rs. i′

(1′) [KI].KAL	Bau[grund]
(2′) [KI].KAL	harter [Boden]
(3′) u_4	Tag
(4′) u_4-1/2-àm	halber Tag
(5′) u_4-1-kam	erster Tag
(6′) u_4-2-kam	zweiter Tag
(7′) [u_4]-3-kam	dritter [Tag]
(8′) [u_4]-4-[kam]	viert[er Tag]

(*Rest der Kolumne zerstört; von der zweiten Kolumne sind nur noch Zeichenspuren zu erkennen*)

GMTR 6, 190–191 CBS 1862 (Veldhuis 2014, 190–191)[14]

Vs. ii

(25′) k[i]	Ort
(26′) nam	Schicksal
(27′) saĝ-⌜urdu⌝	Sklave
(28′) saĝ-gém[e]	Sklavi[n]
(29′) saĝ-géme-⌜urdu⌝	weibliche und männliche Sklaven
(30′) igi	vor
(31′) šu ba-an-ti	er nahm
(32′) šu ba-an-ti-e-me-eš	sie nahmen
(33′) šu ba-ab-ta-ĝe$_{26}$	er wird nehmen
(34′) šu ba-ab-ta-ĝe$_{26}$-e-me-eš	sie werden nehmen

Die parallele lexikalisch-juristische Überlieferung der altbabylonischen Zeit aus Nippur, das sog. *Nippur Phrasebook*, ist durch das sumerische Incipit ki-ulutin-bi-šè „auf Abruf zur vereinbarten Zeit“[15] gekennzeichnet und bietet neben Phra-

13 Tanret 2002, 93: „La disposition des signes montre clairement qu'il ne s'agit pas du premier signe de la troisième colonne“.

14 Zur sehr wahrscheinlichen Herkunft der Tafel aus Sippar vgl. Veldhuis 2014, 190 mit Anm. 406; Bartelmus 2016, 187 mit Anm. 725. Zu den Parallelen der ausgewählten Einträge in ur$_5$-ra = *ḫubullu* Taf. 1 vgl. Landsberger 1957, 17–18.

15 Zur Lesung vgl. Marchesi 2021, 147–148 Anm. 5; vgl. auch unten Anm. 22.

sen, die das Incipit enthalten, Zusammenstellungen von Verbalparadigmen, Zinsausdrücken und weiteren vertragsrelevanten Bezeichnungen,[16] wofür hier das Beispiel einer Übungstafel aus Nippur stehen soll:[17]

TMH 8, 14 (*HS* 1729)[18]

Vs.

(1′) ⌜ki-ulutin⌝-bi-šè	zur vereinbarten Zeit
(2′) in-da-⌜an⌝-ĝál!	ist es bei ihm (= steht ihm zur Verfügung);
(3′) ki-ulutin-bi-šè	zur vereinbarten Zeit
(4′) in-na-an-šúm	hat er (es) ihm gegeben;
(5′) ki-ulutin-bi-šè	zur vereinbarten Zeit
(6′) in-na-an-lá	hat er (es) ihm dargewogen;
(7′) ki-ulutin-bi-šè	zur vereinbarten Zeit
(8′) ì-íb-lá!-e	wird er es darwägen;
(9′) ki-ulutin-bi-šè	zur vereinbarten Zeit
(10′) ì-lá-⌜e⌝	wird er darwägen;
(11′) ki-ulutin-bi-šè	zur vereinbarten Zeit
(12′) taḫ-ḫe-dam[19]	wird hinzugefügt werden;
(13′) ki-ulutin-bi-šè	zur vereinbarten Zeit
(14′) máš! an-⌜tuku⌝	trägt es Zinsen;
(15′) [ki]-ulutin-bi-šè	zur [verei]nbarten Zeit
(16′) [gur]-⌜ru-dam⌝[20]	wird [zurückgezahlt wer]den.

(*Rest der Vs. zerstört; die zweikolumnige Rückseite der Tafel bietet eine metrologische Liste*[21])

2.2 Die zweisprachige Serie ana ittišu

Das *Nippur Phrasebook* war der Vorläufer der zweisprachigen (sumerisch-akkadischen) Serie *ana ittišu*,[22] einer aus sieben Tafeln bestehende Zusammenstellung von Kontraktklauseln, juristischen Fachtermini und anderem insbesondere aus den Bereichen des Schuld-, Ehe- und Prozessrechts, und beinhaltet zudem auch

16 Zum sog. *Nippur Phrasebook* vgl. bereits Kraus 1939, 50–51; darüber hinaus Roth 1979, 291–301; Veldhuis 2014, 193–194; Crisostomo 2019, 91–92.

17 Die erhaltenen Einträge korrespondieren zum Teil mit Einträgen in der Serie *ana ittišu*; vgl. dazu Crisostomo, 2019, 92 Anm. 117.

18 Proust 2008, 83; vgl. auch Crisostomo 2019, 91–92; Neumann, H. 2020, 126–127; zur Parallele *TMH* 8, 21 (HS 260 Vs.) vgl. Proust 2008, 83.

19 Zu taḫ „hinzufügen“ in altbabylonischen Zinsklauseln vgl. Skaist 1994, 100–101.

20 [gur]-⌜ru-dam⌝ entsprechend Paralleltext *TMH* 8, 21 (HS 260) Vs. 8; zu gur als Verb der Rückzahlung eines Darlehens in altbabylonischen Urkunden vgl. Skaist 1994, 196–198.

21 Vgl. Proust 2008, 34.

22 Nach den Anfangsworten der Serie benannt: „auf Abruf zur vereinbarten Zeit“ (*AHw.* 406b); zu ki-ulutin-bi-šè: *ana ittišu* vgl. (mit Literatur) Roth 1979, 287–303; Arkhipov 2019, 56–67; Veenhof 2021.

gesetzgeberisch formulierte Textbestandteile.[23] Auffällig ist die Tatsache, dass die fast vollständig erhaltene Serie[24] ausschließlich durch Textvertreter aus mittel- und neuassyrischer Zeit bezeugt ist.[25] Die mittelassyrischen Quellen stammen aus Assur,[26] die neuassyrischen aus Ninive und – durch die jüngste Veröffentlichung von Gianni Marchesi nunmehr bezeugt – aus Kalḫu.[27] Die Rückführung der Tradition auf Nippur steht zweifelsfrei fest, jedoch ist es schon erstaunlich und auch nicht recht erklärbar, dass wir nach wie vor keine babylonische Überlieferung der Serie nachweisen können. Mit Blick auf die Ursprünge der doch recht komplexen Serie dürfen wir aber davon ausgehen, dass sie zumindest im spätaltbabylonischen Schulbetrieb bereits Verwendung fand.[28] Auch dafür bietet sich die letzte Phase des Elementarunterrichts an, zumal das entsprechende Curriculum mit Konrad Volk „an manchen Ausbildungsstätten deutlich anspruchsvoller ausgelegt gewesen zu sein" scheint,[29] so dass wir also auch mit unterschiedlichen Qualitätsmaßstäben im Ergebnis des jeweiligen Elementarunterrichtsgeschehens rechnen dürfen. In den vorliegenden Kontext zu stellen sind zudem die Tafeln 1 und 2 der lexikalischen Serie ur$_5$-ra = *ḫubullu*.[30]

Wie Ihre Vorläufer diente die Beschäftigung mit der Serie *ana ittišu* zunächst vor allem dem Erlernen und dem Üben des Gebrauchs der sumerischen und jetzt auch akkadischen Vertragsterminologie, erweitert um die Zusammenstellung prozessrechtlicher Termini und Formulierungen, was – wie auch die gesetzgeberisch formulierten Textbestandteile – auf eine spätere Ausbildungsstufe hinweisen könnte.

Beispielhaft im vorliegenden Zusammenhang werden ausschnittsweise im Folgenden Teile der Vokabular- und Formularzusammenstellung zum Darlehen, zum „Kaufpreis" (šám/*šīmu*) als Terminus des Kaufrechts (beide Tafel 2) und zum „Extraanteil" (síb-ta/*elâtu*)[31] des ältesten Bruders am Nachlass des Erblassers als Terminus des Erbrechts (Tafel 6) präsentiert.[32]

23 Grundlegend immer noch Landsberger 1937.
24 Zur sachlich-juristischen Gliederung der Serie vgl. Landsberger 1937, XII–XVII; Korošec 1964, 83–84; Haase 1979, 10.
25 Vgl. Veldhuis 2014, 328–329.
26 Zu den mittelassyrischen Quellen aus Assur vgl. jetzt Wagensonner 2011, 664–665 und 672–673 mit 696–697 (Kopie VAT 9552); Wagensonner 2014, 460–461 und 470–471 (Kopie VAT 8875).
27 Marchesi 2021 (weiterer Textvertreter für *ana ittišu* Tafel 2 iv 1'–9').
28 Vgl. Klíma 1957–1971, 251–252; Roth 1979, 13–14; Cavigneaux 1980–1983, 631.
29 Volk 2011, 289
30 Vgl. Neumann, H. 2004, 77 mit Anm. 29.
31 Die Begrifflichkeit („Extraanteil", „extra share") folgt Meinhold 2023, 988–990.
32 Zu konkreten Anwendungsbeispielen der entsprechenden Terminologie in der vertraglichen Praxis der altbabylonischen Zeit, und zwar Darlehen und Bürgschaft betreffend, vgl. Pfeifer 2019, 8–12.

ana ittišu Taf. 2 i 34–43[33] (Teil der Vokabular- und Formularzusammenstellung zum Darlehen)[34]

(34) máš-iri-gen₇	*ṣi-ib-tu ki-ma* [URU]	Zins, wie (er in der) Stadt (üblich ist)
(35) máš ba-ra-bal	MIN *it-ta-bal-kit*	der Zins(satz) ist gefallen
(36) máš-mu-1-kam	*ṣi-bat ša-na-at*	jährliche Zinsen
(37) máš-iti-1-kam	*ṣi-bat a-ra-aḫ*	monatliche Zinsen
(38) máš-iri 1 PI še-ta-àm	*ṣi-bat* URU 1 PI.TA.ÀM	der Zins der Stadt (beträgt) jeweils 1 Scheffel Gerste (pro Kor) (= 20 %)
(39) máš-iri 1 (PI) 4 (bán) še-ta-àm	*ṣi-bat* URU 1 (PI) 4 (BÁN).TA.ÀM	der Zins der Stadt (beträgt) jeweils 1 Scheffel 4 Sea Gerste (pro Kor)[35] (= 33 1/3 %)
(40) máš-kù-bi	*ṣi-bat kás-pi*	Silberzins
(41) máš 1 giĝ₄ igi-5-ĝál še-ta-àm	MIN 1 GÍN IGI.5.!TA.ÀM	der Zins für 1 Sekel (beträgt) jeweils 1/5 (eines Sekels) (= 20 %)
(42) máš 10 giĝ₄ 2 giĝ₄-ta-àm	MIN 10 GÍN 2 GÍN.TA.ÀM	der Zins für 10 Sekel (beträgt) jeweils 2 Sekel (= 20 %)
(43) máš 1 ma-na 12 giĝ₄-ta-àm	MIN 1 MA.NA 12 GÍN.TA.ÀM	der Zins für 1 Mine (beträgt) jeweils 12 Sekel[36] (= 20 %)

ana ittišu Taf. 2 iii 36′–45′[37] („Kaufpreis" als Terminus des Kaufrechts)[38]

(36′) šám	*ši-i-mu*	Kaufpreis
(37′) šám-bi	*ši-im-šu*	sein Kaufpreis
(38′) šám-bi-šè	*a-na ši-mi-šu*	als seinen Kaufpreis
(39′) šám-bi-šè in-ĝar	*a-na ši-mi-šu iš-kun*	als seinen Kaufpreis hat er gesetzt
(40′) šám-til-la	*ši-mu ga-am-ru*	vollständiger Kaufpreis
(41′) šám-nu-til-la	*ši-mu la ga-am-ru*	nicht vollständiger Kaufpreis
(42′) šám-til-la-bi	*ši-im-šu ga-am-ru*	sein vollständiger Kaufpreis
(43′) šám-nu-til-la-bi	*ši-im-šu la-a ga-am-ru*	sein nicht vollständiger Kaufpreis

33 Landsberger 1937, 18; zu *ana ittišu* Taf. 2 i 34–43 vgl. auch *CAD* Ṣ 158b; Neumann, H. 2020, 128.

34 Vgl. im vorliegenden Zusammenhang auch Pfeifer 2019, 8–9.

35 Zu *ana ittišu* Taf. 2 i 38–39 und den Gerstezinsangaben in der Rechtspraxis vgl. Skaist 1994, 115–118 und 123–124.

36 Zu *ana ittišu* Taf. 2 i 41–43 unter dem Gesichtspunkt der Formulierungspraxis in altbabylonischen Urkunden vgl. Skaist 1994, 107–109.

37 Die Zeilenzählung folgt der von Landsberger 1937, 26–27; zu *ana ittišu* Taf. 2 i 36′–45′ (mit den Varianten) vgl. auch *CAD* Š/3 20b; Neumann, H. 2020, 129.

38 Nach Landsberger 1937, XIV „ein unorganischer Einschub" (zusammen mit „Tausch" [Taf. 3 46′–57′] nach dem Darlehen) und „sehr unvollständig behandelt".

(44′) šám-til-la-bi-šè	*a-na ši-mi-šu gam-ru-ti*	als seinen vollständigen Kaufpreis
(45′) egir-šám-nu-til-la-bi-šè	*a-na ár-kàt ši-mi-šú la-a MIN*	als Rest seines nicht vollständigen Kaufpreises

ana ittišu Taf. 6 i 1–8 (Extraanteil des ältesten Bruders am Nachlass des Erblassers als Terminus des Erbrechts [in Süd- und Mittelbabylonien])[39]

(1′) síb-ta	*e-la-a-tu*	Extraanteil
(2′) síb-ta-šeš-gal-la	*e-la-at a-ḫi* GAL-*i*	Extraanteil des ältesten Bruders
(3′) síb-ta-mu-nam-<šeš>-gal-la	KI.MIN *šu-um a-ḫi* GAL-*i*	Extraanteil wegen der Eigenschaft als ältester Bruder
(4′) síb-ta-a-ni	*e-la-tu-šu*	sein Extraanteil
(5′) síb-ta-a-ni-ta	*i-na e-la-ti-šu*	von seinem Extraanteil
(6′) síb-ta-a-ni-šè	*a-na e-la-ti-šu*	als seinen Extraanteil
(7′) síb-ta-a-ni šu bí-in-ti	KI.MIN *il-qi*	seinen Extraanteil nahm er
(8′) síb-ta-a-ni šu ba-ab-te-ĝe$_{26}$	KI.MIN *i-la-qi*	seinen Extraanteil wird er nehmen

Der folgende Auszug aus Tafel 7 zeigt einen Teil der Zusammenstellung prozessrechtlicher Termini und Formulierungen:

ana ittišu Taf. 7 i 26–34[40]

(26) di	*di-i-nu*	Rechtssache
(27) di-dab$_5$-[b]a	MIN *šu-ḫu-zu*	verhandelte Rechtssache
(28) di-dab$_5$-ba	*ṣi-mi-it-[t]u*	Rechtssatzung[41]
(29) di-til-la	*di-i-nu ga-am-ru*	abgeschlossene Rechtssache
(30) di-nu-til-la	*di-i-nu la ga-[am-ru]*	nicht abgeschlossene Rechtssache
(31) di-bi al-til	*di-in-šu ga-m[i-ir]*	die diesbezügliche Rechtssache ist abgeschlossen
(32) di-[b]i nu-al-til	MIN *la ga-mi-[ir]*	die diesbezügliche Rechtssache ist nicht abgeschlossen

39 Landsberger 1937, 75; zum vorliegenden Abschnitt vgl. auch Klíma 1940, 22 Anm. 1; Veldhuis 2014, 329; *CAD* E 78a; Neumann, H. 2020, 129.

40 Landsberger 1937, 92–93; zu Taf. 7 i 26–32 vgl. auch Falkenstein 1956, 9 mit Anm. 2 (Quellen); Neumann, H. 2020, 129–130; zur Diskussion einiger der hier vorliegenden Termini vgl. Dombradi 1996, 318–320.

41 Der mittelassyrische Textvertreter (Const. 4523 = *AOTU* 2, 70–72; vgl. Wagensonner 2014, 460–461 mit Anm. e) hat noch eine weitere Zeile (i 28a): di-til-la : ŠU-*ú* (= *ditillû*) „abgeschlossene Rechtsache".

Ana ittišu Taf. 7 iii 23–iv 22[42] bieten der Form und dem Inhalt nach gesetzgeberische Passagen (insgesamt 7 ‚Paragraphen'), die in der Literatur unter der Begrifflichkeit „Sumerische Familiengesetze" firmieren und „in § 1–4 die Rechtsfolgen (bestimmen), die an die einseitige Aufhebung der zwischen Eltern und Kindern bestehenden Beziehungen geknüpft ist",[43] während in den §§ 5 und 6 der Ehefrau bzw. dem Ehemann Strafen für den Fall der (einseitigen) Eheauflösung angedroht werden und in § 7 die Sklavenmiete unter dem spezifischen Gesichtspunkt des Arbeitskräfteausfalls (aus unterschiedlichen Gründen) thematisiert wird.[44] Der (fragmentarisch überlieferte) ‚Anhang' zu *ana ittišu* Taf. 7 enthält die sog. „Regelung von Moratorien".[45]

Möglicherweise wurde auf die Serie *ana ittišu* zu verschiedenen Zeiten der Schreiberausbildung mit jeweils unterschiedlichen Lehrinhalten zurückgegriffen. Dabei dürfte die Serie in erster Linie als Vorlagen- und Lehrmaterial für den Lehrer gedient haben, der die jeweils zur Debatte stehenden Formen nebst ihren rechtlichen Implikationen gemäß den jeweils aktuellen Unterrichtserfordernissen auswählte.

2.3 *Musterverträge*

Neben Vorschriftensammlungen und weiteren juristisch relevanten Kompilationen[46] sind auch sog. Musterverträge (*Model Contracts*) Zeugnisse für die Vermittlung juristischer Kenntnisse im Rahmen der in der Elementarstufe erfolgenden Schreiberausbildung. Mit Blick auf die didaktischen Grundprinzipien der griechisch-römischen Welt folgte man damit letztlich im übertragenen Sinn auch in der altbabylonischen Ausbildung – hier mit ihren juristischen Anteilen – dem Prinzip des sog. „Vier-Stufen-Modells" *Buchstaben – Silben – Wörter – Sätze*, worauf Konrad Volk noch einmal überzeugend hingewiesen hat.[47]

Das besagte Textcorpus[48] – überliefert auf Schultafeln unterschiedlicher Typen[49] („each of which probably represents a particular teaching method")[50] – diente dem Üben im Formulieren ganzer Verträge, wozu neben weiteren Kenntnissen im Bereich der Personennamengebung und der Metrologie gewiss auch die intellek-

42 Vgl. Landsberger 1937, 101–104.
43 David 1927, 4 Anm. 11
44 Vgl. ebd.; Klíma 1957–1971, 251; Haase 1979, 10–11.
45 Landsberger 1937, 105–106 (durch den mittelassyrischen Textvertreter Const. 4523 = *AOTU* 2, 70–72 überliefert; vgl. oben Anm. 41); vgl. zu den Bestimmungen Klíma 1957–1971, 252; Haase 1979, 10–11 („Preisrechtliches").
46 Vgl. den Überblick bei Roth 1979, 15–16; Roth 1980, 141–142 sowie die Bearbeitung entsprechender Texte bei Roth 1995a, 40–54 und 250–251 (Quellen); vgl. auch Spada 2019, 123–126 und 154 (mit Literatur). Vgl. auch den Beitrag von G. Spada in diesem Band.
47 Volk 2011, 288–289; vgl. in diesem Zusammenhang auch Maul/Manasterska 2023, 13.
48 Vgl. Spada 2014, 1 Anm. 6 (Textzusammenstellung); Nachträge bei Spada 2019, 73 Anm. 1, sowie ebd. 73–117, Spada 2022, 79 Anm. 1 und Spada/Hallo 2024, 53 Anm. 1, sowie ebd. 54–98.
49 Vgl. dazu Spada 2021, 283–284 mit Anm. 2 (Literatur).
50 Spada 2018, 3.

tuelle Durchdringung der jeweiligen rechtlichen Implikationen des verschrifteten Vorgangs gehörte. Inhaltlich handelt es sich bei den *Model Contracts* vornehmlich um Kontraktbeispiele aus den verschiedenen Bereichen des Familien(vermögens)- und Schuldrechts sowie die Sklavenfreilassung betreffend,[51] oder wie Gabriella Spada unlängst formuliert hat: „While they were not functional documents but simply didactic tools, model contracts follow the common patterns of Sumerian contract types and represent a comprehensive assortment of all possible transactions that the ancient Mesopotamian administration might have been acquired to draw up in the everyday economic life",[52] d. h. im Konkreten: „barley and silver loans, deeds of sale of movable and immovable property, field and orchard leases, creation of commercial partnerships, adoptions, marriages, manumission of slaves, and so on."[53] Wie sie zusätzlich an anderer Stelle vermerkt, sind bislang über 370 Tafeln mit Musterverträgen bekannt.[54] Das Üben im Ausfertigen von Verträgen lässt sich anhand der keilschriftlichen Überlieferung bis in die zweite Hälfte des 1. Jahrtausends v. Chr. nachweisen. So liegen uns entsprechende Beispiele etwa für das Ausfertigen von Verpflichtungsscheinen (*u'iltu*) und sog. Lehrverträgen aus neu- und spätbabylonischer Zeit vor.[55]

In den Kontext der *Model Contracts* gehörte auch der Erwerb von Kenntnissen im Gebrauch des Rollsiegels, vor allem auch hinsichtlich der rechtlichen Grundlagen und Wirkungen des Siegelns von Urkunden.[56] Darauf deutet die durch mehrere Textzeugen im Edubba'a-Kontext literarisch überlieferte und bereits mehrfach thematisierte Verlustanzeige eines Kaufmannssiegels aus Nippur hin.[57]

SEpM 14 (Kleinerman 2011, 154–155, 269–272)

(1)	kišeb mu-sar-ur-DUN-dam-gàr-ra ú-gu ba-an-dé	Das Siegel (mit) der Inschrift des Kaufmanns Ur-DUN ist verloren gegangen.
(2)	enim-*pu-úḫ-ru-um*-ma-ta	Auf das Wort der Versammlung hin
(3)	niĝir-e sila-sila-a si gù ba-ni-in-ra	blies der Herold auf den Straßen das Horn,

51 Zu sklavenrechtlichen Inhalten der entsprechenden Überlieferung vgl. auch Spada 2021 und Spada 2023.

52 Spada 2019, 73.

53 Spada 2023, 214.

54 Vgl. Spada/Hallo 2024, 53 Anm. 1.

55 Vgl. Gesche 2001, 147–148. Für die neuassyrische Schreiberausbildung (in Assur) ist dies bislang nicht belegt; vgl. Maul/Manasterska 2023, 13.

56 Vgl. dazu grundlegend immer noch Petschow 1956, 13–15 Anm. 28; ergänzend (mit Literatur) Radner 2009–2011; Démare-Lafont 2014, 22–25; mit Blick auf die Komplexität altorientalischer Siegelhandhabung vgl. im vorliegenden Zusammenhang auch Neumann, G. 2022.

57 Vgl. Kleinerman 2011, 259–272 (mit Varianten und Literatur); vgl. darüber hinaus die ergänzenden Angaben bei Földi 2021, 49 Anm. 16.

(4)	lú-na-me nì-na-me ^{u}ugu$_6$-na li-bí-in-tuku	(damit) niemand irgendeinen Anspruch gegen ihn (= den Kaufmann) habe(n kann).
(5)	^{I}lú-^{d}EN.ZU šagana	Lu-Su'ena, der ‚General',
(6)	^{I}lugal-me-lám énsi sa$\hat{g}\hat{g}$a	Lugal-melam, der Statthalter (und) Tempelverwalter
(7)	^{I}zu-zu um-mi-a	Zuzu, der ‚Meister',
(8)	^{I}si-dù dub-sar	Sidu, der Schreiber,
(9)	^{I}ad-lu$_5$ agrig	Adlu, der ‚Hausverwalter',
(10)	^{I}ba-an-sa$_6$-ge-en gala	Bansagen, der Kultsänger,
(11)	^{I}ul-lí-a *ḫa-za-nu-um*	Ullia, der ‚Bürgermeister',
(12)	ni$\hat{g}$ir lú-ki-enim-ma	(und) der Herold sind die Zeugen.[58]

In besagter Urkunde wird festgestellt, dass das Siegel mit der Inschrift eines Kaufmanns[59] verlorengegangen war. Auf Beschluss der Versammlung (enim-*pu-úḫ-ru-um*-ma-ta) wurde dies von einem Herold auf den Straßen öffentlich bekanntgemacht, so dass niemand unberechtigterweise Ansprüche gegenüber dem Kaufmann geltend machen konnte.[60] Der hier geschilderte Rechtsakt darf als authentische Wiedergabe realer und üblicher Vorgänge angesehen werden, zumal die öffentliche bzw. schriftliche Anzeige des Verlustes eines Siegels zur Abwehr von Forderungen auf Grund der unrechtmäßigen Verwendung des Siegels nach dem Zeitpunkt der Anzeige bzw. der Verlautbarung durch Texte sowohl aus der Ur III- als auch aus altbabylonischer Zeit bezeugt ist.[61] Die sich mit der Verlustanzeige verbindenden juristischen Implikationen waren dabei genauso Lernstoff wie die Anwendung des Verfahrens der öffentlichen Kundmachung des Verlustes.[62]

2.4 Gesellschaftliche Praxis

Mit dem Ende der Elementarausbildung wechselte auch das Gros der Schüler in die gesellschaftliche Praxis mit ihren jeweiligen spezifischen Anforderungen, die im Prinzip dem erreichten Ausbildungsstand entsprachen. Im Falle der staatlichen, d.h. von Palast und/oder Tempel lokal etwa auf provinzialer oder kommunaler Ebene organisierten Verwaltung mit ihren unterschiedlichen ökonomischen Anteilen (Ackerbau, Viehhaltung, Handwerk) erwarben die Jungschreiber an der

58 Zu den Zeugen vgl. im Einzelnen Kleinerman 2011, 45–46.

59 Bei dem Kaufmann Ur-DUN handelt es sich mit großer Wahrscheinlichkeit um den in der sumerischen Textüberlieferung des Ur III-zeitlichen Nippur bezeugten gleichnamigen Geschäftsmann, der offensichtlich sehr vermögend und damit zugleich wohl auch politisch nicht ohne Einfluss gewesen ist; vgl. dazu im Einzelnen die Überlegungen bei Neumann, H. 1992 und Neumann, H. 2022, 131–134.

60 Vgl. im vorliegenden Zusammenhang auch Van Koppen 2002, 157.

61 Vgl. dazu zuletzt (mit Literatur) Földi 2021.

62 Vgl. dazu auch Kleinerman 2011, 40–41.

Seite erfahrener Beamter der jeweiligen Administration weitere notwendige Fachkenntnisse in dem Bereich, in dem sie nunmehr tätig waren.[63]

Zwar erfolgten die Organisation und Kontrolle der entsprechenden ökonomischen Aktivitäten vielfach auf der Basis eines stringenten bürokratischen Dirigismus, jedoch implizierte die ökonomische Verwaltungstätigkeit der jeweiligen Administration in nicht unerheblichem Maße auch die Anwendung juristischer Mittel, und zwar insbesondere dann, wenn sie sich der ökonomischen Ressourcen außerhalb der staatlichen Wirtschaftseinheiten bediente.[64] Dies betraf zu einem nicht geringen Teil die Inanspruchnahme von fremder Arbeitskraft mittels Miete, so etwa in den Bereichen der Landwirtschaft, der Viehhaltung und der Bautätigkeit sowie im Rahmen der handwerklichen Produktion. Die Anmietung mittels entsprechender Dienstmietverträge erfolgte zum Teil individuell, vor allem wenn es um qualifizierte Fachkräfte ging. Bezeugt ist allerdings auch die Anmietung von Arbeitskräftegruppen, insbesondere für Erntearbeiten und Ziegelherstellung, vermittelt durch Einzelpersonen und festgehalten in entsprechenden Rechtsurkunden.[65] In den vorliegenden Kontext gehören auch die von der Palast- oder Tempelverwaltung ausgereichten Darlehen[66] sowie die zusätzliche Inanspruchnahme von handwerklichen Kapazitäten außerhalb der staatlichen Wirtschaftseinheiten im Rahmen von privatrechtlichen Werkvertragsverhältnissen[67].

Aus dem hier nur angedeuteten, durchaus weitreichenden Spektrum des privatrechtlichen Agierens staatlicher Institutionen insbesondere im ökonomischen Sektor werden die Sinnhaftigkeit und Bedeutung der während der schulischen Ausbildung erworbenen juristischen Kenntnisse deutlich.

Es gab aber auch Absolventen der schulischen Elementarausbildung, für die keine Verwaltungstätigkeit als Schreiber seitens der entsendenden Familie vorgesehen war. Bei dieser Personengruppe dürfte es sich vornehmlich um die Kinder von Kauf- bzw. – allgemeiner – von Geschäftsleuten gehandelt haben. Deren Ausbildungsziel bestand letztlich darin, dass sie mit entsprechenden Schreib- und Sachkenntnissen in die Lage versetzt wurden, das väterliche Geschäft weiterzuführen. Die auf der Elementarstufe des Ausbildungsgangs erworbenen Kenntnisse der Vertragsterminologie wie auch ihrer juristisch-inhaltlichen Implikationen

---

63 Vgl. in diesem Sinne Waetzoldt/Cavigneaux 2009–2011, 300; vgl. auch Volk 2000, 9 mit Anm. 46–47.

64 Vgl. im vorliegenden Zusammenhang auch den programmatischen Aufsatz von Neumann, H. 2017.

65 Vgl. dazu, auf die Ur III-Zeit bezogen, vor allem die Ausführungen von Wilcke 2007, 79–87; vgl. auch Krecher 1993–1997, 160; für die altbabylonische Zeit unter sozioökonomischem Aspekt vgl. Klengel 1971 sowie zur Dienstmiete allgemein Stol 1993–1997, 170–173.

66 Für die präsargonische und Ur III-Zeit vgl. Neumann, H. 2017, 11 mit Anm. 54–55 (Literatur); für die altbabylonische Zeit vgl. San Nicolò 1938, 125, zu den altbabylonischen Tempeldarlehen vgl. Harris 1960 und zuletzt Spada 2024; zu den sozioökonomischen Implikationen altbabylonischer Kreditgeschäfte im Bereich der institutionellen Haushalte vgl. Van De Mieroop 2002.

67 In Bezug auf die handwerkliche Produktion vgl. für die Ur III-Zeit Neumann, H. 2022, 136–137 mit Anm. 88–90 (Literatur).

bildeten dabei die Grundlage für das Schreiben von Urkunden wirtschaftlichen und juristischen Inhalts seitens der jeweils involvierten Geschäftsleute auch ohne Zuziehung professioneller Schreiber.[68] Dies spiegelt sich z.B. im privatrechtlichen Urkundenmaterial des ausgehenden 3. Jahrtausends v. Chr. aus Nippur wider. Die Ur III-zeitlichen Urkunden vor allem schuldrechtlicher Natur aus verschiedenen Kaufmannshäusern sind bereits in paläographischer Hinsicht keine Vorzeigeexemplare babylonischen Schrifttums. Darüber hinaus enthalten die Rechtsurkunden nicht wenige Fehler: So gibt es eine nicht unerhebliche Zahl von orthographischen Normabweichungen sowie Zeichenumstellungen, -verwechslungen und -auslassungen, (akkadische) Kasusfehler, fehlerhafte Namensschreibungen u.a.[69] Hier hat eindeutig die Unsicherheit der Urkundenschreiber den Griffel geführt, was zeigt, dass die Urkunden eben „nicht von professionellen Schreibern verfasst" worden sind,[70] sondern von den involvierten Geschäftsleuten selbst,[71] deren schulischer Ausbildungserfolg auf „Bachelor-Niveau" zumindest im Verschriften juristischer Vorgänge doch wohl einiges zu wünschen übrig ließ.

3 Prozessführung und Rechtsprechung

Ein geringerer Teil der Schüler setzte seine Schreiberausbildung im Rahmen des Edubba'a fort und trat nunmehr in eine Aufbauphase der erweiterten und vertiefenden „Praxisorientierung und Spezialisierung" ein und bereitete sich damit für höhere Aufgaben im Bereich der Verwaltung vor.[72] Für den juristischen Anteil am Curriculum bedeutete dies eine Erweiterung des Programms mit dem Ziel, Gerichtsverfahren sachgemäß leiten und entscheiden zu können. Auf diesen Bereich der Praxisrelevanz des juristischen Curriculums scheint auch ein Passus in einem sumerischen Schulstreitgespräch, dem sog. „Streit zweier Schulabsolventen" (*Dialog* 1),[73] Bezug zu nehmen, wonach ein Schreiber gegenüber seinem Kontrahenten geringschätzig bemerkt (Z. 49): „Führst du einen Prozess, wirst du ihn hinterher nicht abzuschließen vermögen".[74]

Eine wichtige, in der Regel sumerischsprachige[75] Textgrundlage für die entsprechenden Unterweisungen bildeten dabei die sog. literarischen Gerichts- und Prozessurkunden, die *Model Court Documents* oder *Model Court Cases*, überliefert auf Sammelurkunden, zum Teil zusammen mit Musterverträgen, oder als Einzeltexte vornehmlich aus Nippur und Isin. Die Urkunden dokumentieren zur Übung

68 Vgl. dazu bereits oben mit Anm. 8.

69 Vgl. dazu ausführlich Wilcke 2000, 34–47 mit den Tabellen ebd. 66–80.

70 Ebd. 43.

71 Vgl. in diesem Sinne ebd. 47–48.

72 Volk 2000, 9 mit Anm. 47.

73 Vgl. dazu zuletzt ausführlich Matuszak 2019.

74 *Dialog* 1, Z. 49: di ì-du₁₁ egir-bi-šè nu-mu-un-til-e; vgl. dazu bereits Volk 1996, 190 mit Anm. 75; Johnson/Geller 2015, 161; zuletzt Matuszak 2019, 16 und 24.

75 Zu einem akkadischsprachigen Beispiel der in Rede stehenden Textgruppe aus altbabylonischer Zeit vgl. George 2009, 123–152 (zu *CUSAS* 10, 17); dazu Charpin 2020, 166–168 und 179–180.

verfasste (fiktive) Rechtsfälle samt Prozessentscheidung und dienten der Vermittlung von Kenntnissen in Bezug auf die Spezifika der Prozessführung sowie hinsichtlich geltender und anzuwendender rechtlicher Regelungen,[76] insbesondere im Bereich des Strafrechts (z. B. Mord,[77] Ehebruch, [gewaltsame] Defloration einer Sklavin,[78] Einbruch und Diebstahl),[79] zum Teil aber auch hinsichtlich der Anwendung privat- oder zivilrechtlicher Regelungen (z. B. bei Erbschafts-, Kredit- und Pfründenstreitigkeiten). Hinzu kam im vorliegenden Zusammenhang das Üben im Formulieren von Gerichtsurkunden.[80]

Als Beispiel sei im Folgenden noch einmal auf eine bereits mehrfach thematisierte Urkunde aus der Regierungszeit des Königs Išme-Dagān von Isin (1953–1935 v. Chr.)[81] eingegangen, die m. E. in besonderer Weise die anspruchsvolle und sinnhafte Didaktik deutlich werden lässt, mit der man den juristischen Lehrstoff den Schülern vermittelte.[82]

ZA 55, 71 IM 28051 (van Dijk 1962)[83]

(1)	$^{[d]⌜}$*eš*$_{18}$⌝-*tár-um-m*[*i*]	Die Eštar-umm[ī],
(2)	[du]mu-munus-*ì-lí*-A.[ZU]	[To]chter des Ilī-a[sû],
(3)	$^{[d]}$*èr-ra-ma-lik*-⌜e⌝	(hat) der Erra-mālik
(4)	[na]m-dam-šè ba-an-tuku	zur [Eh]efrau genommen.
(5)	[a-r]á-1-kam	[Er]stens:
(6)	[as]aĝ-ni in-bùru	Sie brach in sein Vorrats[haus] ein;
(7)	[a-r]á-2-kam-ma-ka	[Zwei]tens:
(8)	⌜^{dug}⌝šab-ì-ĝeš-ka-ni	Sein Ölgefäß
(9)	⌜ĝál⌝ bí-in-taka$_4$-*ma*	öffnete sie und

76 Wagensonner 2023, 1004 hebt in diesem Zusammenhang darauf ab, dass „judicial documents may have been part of a specialized education and therefore were not part of the more *mainstream* curriculum".

77 Zu dem entsprechenden Text (*Homicide Trial*) vgl. zuletzt Charpin 2023a, 168–171 (*SBL WAW* 43, 50 „A Widow Sentenced to Death") mit Literatur; vgl. darüber hinaus Neumann, H. 2004, 79–82; Westbrook 2010; Neumann, H. 2011, 167–169.

78 Zu dem entsprechenden Text vgl. zuletzt Neumann, H. 2020, 131–132 (4.4.4 „Eine sumerisch-literarische Gerichtsurkunde, die Defloration einer Sklavin betreffend") mit Literatur.

79 Aus dem Bereich der sumerischen Streitgesprächsliteratur kommt noch der Tatvorwurf der Verleumdung hinzu; vgl. Matuszak 2021, 121.

80 Vgl. dazu im Einzelnen Neumann, H. 2004, 78–92 und George 2009, 142–147 (jeweils mit weiterer Literatur); oben Anm. 77–78; darüber hinaus jetzt auch Spada 2019, 95–104 (*CUSAS* 43, 40, section 4, 10, 11, 17), 120–122 (*CUSAS* 43, 58 und 59); Spada 2022, 86–87 (*RA* 116, 86–87 no. 2, section 4), 89 (*RA* 116, 89 no. 2, section 8); Spada/Hallo 2024, 72–74 (*JCS* 76, 72–74 no. 3, section 9, 10). Vgl. im vorliegenden Zusammenhang unter dem Gesichtspunkt der Rhetorik und (juristischen) Argumentation auch Sallaberger 2005, 256; vgl. in letzterem Kontext auch unten Anm. 94.

81 Vgl. die Literaturzusammenstellung bei Volk 2012, XVIII (Nr. 39); vgl. auch Schrakamp 2015, 395; Stol 2016, 237–238.

82 Vgl. bereits die Argumentation bei Neumann, H. 2004, 85–88 und Neumann, H. 2008, 42–43, auf die im Folgenden nochmals zurückgegriffen wird.

83 Vgl. auch Volk 2012, 37 (Umschrift).

(10) túg i-ni-in-dul	bedeckte es mit einem Gewand;
(11) a-rá-3-kam-ma-ka	Drittens:
(12) ^{u}ugu$_{6}$-lú-ka in-dab$_{5}$	Auf einem Mann ergriff er (= der Ehemann) sie,
(13) su-lú-ka ^{ĝeš}ĝèšnu-a	auf den Körper des Mannes auf dem Bett
(14) in-kéš	band er (sie und)
(15) *pu-úḫ-ru-um*-šè in-íl	zur Versammlung trug er sie.
(16) *pu-úḫ-ru-um*-e	Die Versammlung
(17) mu lú ^{u}ugu$_{6}$-na	– weil der Mann auf ihr
(18) al-dab$_{5}$-ba-aš	ergriffen worden ist –
(19) kù-dam-taka$_{4}$-ni [nu]-l[á-e][84]	(hat) ‚Scheidegeld für sie [wird er nicht] za[hlen]'
(20) i-ni-in-ĝar-r[e-eš]	entschied[en].
(21) ⸢^{ki}kiši$_{4}^{?}$-ni ù⸣-sur-ra galla$_{4}^{la}$ -⸢a⸣-[ni][85]	Die Hälfte ihres (Haupthaares) (und) [ihre] Schambehaarung
(22) ⸢umbin in⸣-ku$_{5}$-ru-ne	sollen sie rasieren.
(23) giri$_{17}$-ni ^{ĝeš}gag-si-sá in-bùru-uš	Ihre Nase durchbohrten sie mit einem hölzernen geraden Pflock,
(24) iri^{ki} ni$_{10}$-ni$_{10}$-e-dè	zum Herumführen in der Stadt
(25) lugal	([hat]) der König
(26) [ba]-an-šúm	sie übergeben.
(27) [di-dab$_{5}$-b]a-lugal-la-kam	[Eine Rechtsentscheid]ung des Königs ist es.
(28) [^{d}*iš-m*]*e*-^{d}*da-gan*-zi-ĝu$_{10}$	[Išm]e-Dagān-ziĝu
(29) maškim-bi-im	war der dafür zuständige Kommissär.

Gegenstand des hier dokumentierten Prozesses ist ein vollzogener Ehebruch, dem weitere Delikte seitens der ehebrecherischen Gattin zugeordnet sind. Nachdem zunächst festgestellt wird, dass die Täterin tatsächlich die Ehefrau des Klägers war, folgt die Aufzählung der Verbrechen, die sich die Ehefrau hatte zuschulden kommen lassen. So war sie

> erstens in das Vorratshaus des Ehemannes eingebrochen,
> zum zweiten hatte sie sein Ölgefäß geöffnet und es mit einem Gewand bedeckt,
> und drittens ergriff der Ehemann sie auf einem Mann liegend.

84 So mit Lafont 1999, 39 mit Anm. 41, sowie 494; anders van Dijk 1962, 72: kù-dam-taka$_{4}$-ni [x ma-na k]ù-[babbar] „[x Minen] Sil[ber] (als) ihr Scheidegeld" (vgl. auch Lafont 1999, 39 mit 40; Volk 2012, 37), was aber aus sachlichen Gründen (gegen Westbrook 1990, 558–559 Anm. 61) im vorliegenden Fall (s. sogleich) wohl weniger wahrscheinlich ist.

85 Zur Lesung und zum Verständnis der Zeile (mit dem nach wie vor nicht sicheren Anfang; vgl. Volk 2012, 37) vgl. Civil 2011, 263 mit Anm. 77; zur bisherigen Diskussion vgl. die bei Neumann, H. 2004, 85–86 Anm. 76 notierte Literatur; vgl. auch Matuszak 2021, 125 Anm. 373.

Daraufhin band der Ehemann sie auf dem Körper des Mannes an das Bett und trug sie zur Versammlung (*puḫrum*). Diese fällte, weil die Ehefrau *in flagranti delicto* ertappt worden war, das Urteil:

> Ein Scheidegeld seitens des Mannes war nicht zu zahlen,
> ferner wurden ihr Haupthaar halbseitig sowie (spiegelnd) ihre Scham geschoren,
> ihre Nase durchbohrte man mit einem hölzernen Pflock
> und als letztes wurde sie zur öffentlichen Zurschaustellung verurteilt.
> Das Urteil in Gänze galt als das des Königs.

Das schwerwiegendste Verbrechen war zweifellos der *Ehebruch*, der stets als Angriff auf den betrogenen Ehemann verstanden und grundsätzlich mit dem Tode bedroht wurde,[86] allerdings mit der Variante der Straffreiheit für den Liebhaber, was wohl auch für den vorliegenden Fall angenommen werden darf.[87] Der Tatvorwurf des Ehebruchs als Kapitaldelikt erklärt die Anwesenheit des Königs in der Verhandlung bzw. dessen abschließenden Urteilsspruch. Damit ist klar, dass allein schon der Ehebruch ausgereicht hätte, das Urteil zu begründen.[88]

Auffällig an der Formulierung der Urkunde aus Isin ist nun einerseits die beschriebene Handlung des Tragens der an das Bett gebundenen Ehebrecherin und ihres Liebhabers zur Versammlung durch den Ehemann sowie andererseits die zusätzliche Nennung weiterer Verfehlungen der Ehefrau, die – als Tatsachen genommen – schwer verständlich wirken. Als Lösung bietet sich hier an, darin die *literarische Formulierung von (verschiedenen) Tatbeständen als Metapher* zu sehen, die jeweils für sich genommen bereits bestimmte Strafsanktionen begründeten.[89]

So steht der Einbruch in das Vorratshaus des Ehemannes gewiss für die Charakterisierung der Täterin als *liederliche Hausfrau*. Als solche, die „ihren Sinn darauf setzt, außer Haus zu gehen" (*ana waṣêm panīša ištakan-ma*), und dann „sich heimlich Dinge erwirbt" (*sikiltam isakkil*), „ihren Haushalt verludert" (*bīssa usappaḫ*) und „ihren Ehemann vernachlässigt" (*mussa ušamṭa*), konnte sie entsprechend *CH* § 141 von ihrem Ehemann ohne Zahlung eines Scheidegeldes verstoßen werden,[90] wie dies auch in vorliegender Urkunde zum Ausdruck kommt.

Das zweite Delikt, das Öffnen des Ölgefäßes und die anschließende Bedeckung desselben mit einem Gewand, könnte in der hier vorliegenden Formulierung (bildhaft) einen Hinweis auf die mit Ölzeremonien verbundenen Riten bei

86 Vgl. dazu ausführlich Westbrook 1990; Lafont 1999, 29–91; Stol 2016, 234–253.

87 Vgl. Neumann, H. 2004, 86 mit Anm. 78–79; Neumann, H. 2021, 69.

88 Dass es sich dabei nicht um ein Todesurteil gehandelt hatte, sondern um eine mit besonderen Strafen verbundene (zum Teil spiegelnde) Entehrung der Täterin, zeigt die auch ansonsten belegte Möglichkeit einer zur Todesstrafe alternativen Verurteilung in der vorliegenden Art; vgl. dazu Neumann, H. 2004, 87 Anm. 81 (Literatur).

89 Vgl. im vorliegenden Zusammenhang die interessanten Parallelen in der sumerischen Dichtung *Zwei Frauen B*; dazu vgl. die zusammenfassenden Ausführungen von Matuszak 2021, 127–129.

90 Vgl. Oelsner 2022a, 350 mit Anm. 4.

Vertragsabschlüssen geben,[91] nicht zuletzt im Zusammenhang mit Eheschließungen, so dass die beschriebene Handlung der Ehefrau sozusagen sinnbildlich für *vertragswidriges Verhalten* ihrerseits steht. Dies würde dann auch die Sanktion des Durchbohrens der Nase mit einem Pflock als eine in den Verträgen angedrohte Strafe für den Fall vertragswidrigen Handelns begründen.[92]

Was nun die oben beschriebene Handlung des Ehemanns als Reaktion auf den Ehebruch betrifft, also das Tragen der an das Bett gebundenen Ehebrecherin und ihres Liebhabers zur Versammlung, so steht diese gewiss für das beweiskräftige *Ertappen der Ehefrau in flagranti delicto* und lässt sich als literarisches Bild bis in die griechische Mythologie hinein verfolgen; erinnert sei hier an das entsprechende homerische Gelächter.[93]

Damit erweist sich m. E. die vorliegende Urkunde als eine fiktive Fallbeschreibung, die zwar geltendes und praktiziertes Recht zum Gegenstand hat, dieses aber in einer besonderen literarischen Fallkonstruktion darstellt. Unter didaktischem Gesichtspunkt war in der Häufung der Straftatbestände und der entsprechenden Sanktionen eine derartig formulierte Urkunde vielleicht wohl auch besonders gut für juristische Unterweisungen bzw. Übungen geeignet, die das Ziel hatten, den Schüler mit der kausalen Kongruenz von Delikt und Sanktion vertraut zu machen.[94]

Grundsätzlich gilt wohl für alle im Rahmen des Edubba'a tradierten Rechtsfälle, dass sie als fiktiv zu charakterisieren sind.[95] Realitäts- und praxisbezogen

---

91 Die Kritik von Stol 2016, 238 Anm. 22 an Neumann, H. 2008, 42–43, „who incorrectly explains the opening of the oil jar as ceremonial" geht offensichtlich von dem Missverständnis aus, dass es hier um die Realität des Vorgangs des Öffnens und nachträglichen Bedeckens des Ölgefäßes bzw. um konkrete Riten ginge; die Kombination von Öl(gefäß) und dem geschilderten strafbaren Umgang damit sind jedoch als reine Metapher zu verstehen, d. h., das Bild sollte gedankliche (hier vertragsrechtlich konnotierte) Assoziationen auslösen. Dazu würde jedenfalls die Strafe des Durchbohrens der Nase mit einem Pflock eben sehr gut passen.

92 Vgl. dazu im Einzelnen (mit Literatur) Neumann, H. 2004, 88 mit Anm. 87–90.

93 Vgl. die im VIII. Gesang der *Odyssee* erzählte und von Ovid im zweiten Buch der *ars amatoria* wiederholten Geschichte von Hephaistos, der seine Frau Aphrodite mit ihrem Liebhaber Ares während des Liebesaktes in einem geschmiedeten Netz gefangen nahm und sie so vor die Götter brachte. Deren „homerisches" Gelächter ob des Anblicks der blamierten Liebenden ist sprichwörtlich geworden; vgl. dazu bereits Greengus 1969–1970, 37; Westbrook 1990, 557; Lafont 1999, 37–39.

94 In den vorliegenden didaktischen und inhaltlichen Kontext ist auch die von Matuszak 2021 in Bearbeitung vorgelegte sumerische Dichtung *Zwei Frauen B* (s. bereits oben Anm. 79 und 89) zu stellen, die in Z. 158–230 (dazu ausführlich ebd. 107–138) „die bis dato ausführlichste literarische Reflexion eines fiktiven bzw. idealtypischen Gerichtsprozesses in sumerischer Sprache" bietet (ebd. 107). Der Schlussteil der Dichtung kann in seiner Komplexität in gewissem Sinne „als Fortführung der 'juristischen' Ausbildung angesehen werden", indem die Schüler „grundsätzlich zu mehr Eigenverantwortung wie z.B. dem Halten von erfolgreichen Anklage- und Verteidigungsreden oder aber der Urteilsfindung" angeleitet werden (ebd. 108).

95 Dagegen spricht auch nicht, dass ein Teil der in den Texten genannten Personen tatsächlich in der Ur III- bzw. altbabylonischen Zeit im lokalen Umfeld der Textüberlieferung existiert hat, was nach Matuszak 2021, 108 Anm. 294 „entweder einen gewissen Wahrheitsgehalt andeutet oder aber bewusst geschah, um den Texten den Anschein von Historizität zu verleihen".

waren sie stets hinsichtlich des jeweils behandelten juristischen Gegenstandes als solchen und des prozessualen Umgangs damit. Die konkreten Fallformulierungen in den literarisch überlieferten Texten dürften in der Regel also nicht als Übernahmen, auch nicht in adaptierter Form, aus realen Prozessurkunden gelten,[96] sondern waren vielmehr einer im Rahmen juristischer Unterweisung und Übung im Edubba'a anzunehmenden Kreativität geschuldet.

4 Gelehrtenbasierte Rechtssetzung

Diese Kreativität war nun nicht allein auf die Vermittlung von Kenntnissen in Bezug auf geltende und anzuwendende rechtliche Regelungen gerichtet, sondern bildete gewiss auch die Grundlage für eine juristische Diskussion mit Blick auf Innovationen und möglicherweise Änderungen im Rahmen der juristischen Praxis, nicht zuletzt was den Bereich der Rechtssetzung betrifft, womit ein weiterer Praxisbezug des juristischen Curriculums deutlich wird.

Für beides – einerseits die Kenntnis der rechtlichen Regelungen als Grundlage der Rechtsprechung und andererseits die intellektuell basierte Weiterentwicklung dieser Regelungen – spielte die Beschäftigung mit den überlieferten Rechtssammlungen (in sumerischer und akkadischer Sprache) während der Schreiberausbildung in der Aufbauphase eine wichtige Rolle. Konkret handelt es sich dabei um die Rechtssammlungen des Ur-Namma von Ur (21. Jahrhundert v. Chr.), des Lipit-Eštar von Isin (20. Jahrhundert v. Chr.) und des Ḫammu-rāpi von Babylon (18. Jahrhundert v. Chr.), die (in einem allerdings noch schwer zu bestimmenden Ausmaß) zum juristischen Curriculum gehörten.

4.1 Codex Ur-Namma (CU)[97]

Die Rechtssammlung des Ur-Namma (2110–2093 v. Chr.), des Begründers der III. Dynastie von Ur, ist (fragmentarisch) ausschließlich in späteren altbabylonischen Abschriften aus Nippur, Ur und Sippar sowie auf einem gleichfalls aus (früh-)altbabylonischer Zeit stammenden Zylinder der Schøyen Collection[98] überliefert,[99] wobei die entsprechende Tradition gewiss auf den Text eines Stein-

---

Ganz gewiss ist es m. E. grundsätzlich bereits unter didaktischen Gesichtspunkten sinnvoll gewesen, die (konstruierten) Fallbeispiele in den Kontext des Agierens mehr oder weniger bekannter Persönlichkeiten zu stellen.

96 Zur diesbezüglichen Diskussion in der assyriologischen Literatur vgl. Neumann, H. 2004, 78–79; George 2009, 146–148; Matuszak 2021, 108 Anm. 294.

97 Vgl. zuletzt die ausführlich kommentierte Bearbeitung von Wilcke 2014, 459–573 und vgl. den Beitrag von M. Molina in diesem Band.

98 Zum Text aus der Schøyen Collection (MS 2064) vgl. Civil 2011, der den Schøyen-Text in die Ur III-Zeit datiert, wobei „linguistic considerations suggest that may have been written in Umma" (ebd. 223), während für Wilcke 2014, 459 der Text „in den letzten Jahren der Ur III-Zeit (oder vielleicht in den allerersten der Isin-Zeit), d.h. um das Jahr 2000 v. Chr.", entstanden ist. M. E. spricht eine Reihe von Indizien *in summa* für eine Datierung des Textes in die (früh-)altbabylonische Zeit, worauf an anderer Stelle eingegangen werden soll.

99 Zu den Quellen vgl. Wilcke 2014, 459–460.

monuments bzw. mehrerer Stelen/Statuen des Ur-Namma zurückgeht.[100] Die überlieferten Textzeugen, die „jeweils stark divergierende Versionen vertreten",[101] stammen somit alle aus dem altbabylonischen Schul- bzw. Gelehrtenkontext.[102]

4.2 Codex Lipit-Eštar (CL)[103]

Die sumerischsprachige Rechtssammlung des Lipit-Eštar von Isin (1934–1924 v. Chr.) ist durch Abschriften vornehmlich aus Nippur bezeugt, ein Text stammt aus Kiš.[104] Die überlieferten Textzeugen „stimmen ... in Wortlaut und auch hinsichtlich der Graphik in hohem Maße miteinander überein".[105] Hinzu kommen noch zwei Steinfragmente aus Nippur mit Teilen des Prologtextes (T_1 und T_2),[106] wobei der juristische Teil des *CL* nur durch Tontafelabschriften tradiert ist. Der Schul- bzw. Gelehrtenkontext der entsprechenden Überlieferung ist damit auch hier gegeben.

4.3 Codex Ḫammu-rāpi (CH)[107]

Neben der den fast vollständigen Rechtstext sowie Prolog und Epilog des *CH* enthaltenden authentischen Inschrift (in akkadischer Sprache) auf der in Susa gefundenen, heute im Louvre ausgestellten Stele und weiteren neun Stelenfragmenten aus Stein liegen uns zahlreiche (zum Teil fragmentarische) Tontafelabschriften (aus Babylonien und Assyrien) mit Auszügen aus dem *CH* vor, deren Überlieferung von der altbabylonischen bis in die spätbabylonische Zeit im 1. Jahrtausend v. Chr. reicht.[108] Letzteres verdeutlicht die große literar- und paragdigmatisch-rechtsgeschichtliche Bedeutung der Rechtssammlung des Ḫammu-rāpi (1792–1750 v. Chr.), die dazu führte, dass Teile des *CH* immer wieder zu Lehrzwecken (nicht zuletzt mit Blick auf den praktischen juristischen Gebrauch) bzw. aus literarhistorischen Gründen abgeschrieben und tradiert worden sind und damit Vorbildcharakter in Form und Inhalt für die spätere juristische Theorie und Praxis hatten.[109]

---

100 Vgl. in diesem Zusammenhang vor allem Wilcke 2013.

101 Wilcke 2014, 462.

102 Mit Blick auf die literarische Produktion im Rahmen des Edubba'a wurde diese Institution von Assmann 1992, 92–93 als Träger einer „textgestützten Form des kulturellen Gedächtnisses" im alten Mesopotamien bezeichnet. Ein wichtiger Teil davon war (im Kontext der Lehre) die gelehrtenbasierte Kreativität in Bezug auf literarische Neuschöpfungen wie auch zeit- und praxisbezogene Textadaptionen. Vgl. in diesem Zusammenhang auch George 2005, 133–134.

103 Vgl. zuletzt die Bearbeitung von Wilcke 2014, 573–602; zum historisch-politischen Hintergrund der Entstehung der Rechtssammlung vgl. Sallaberger 2009, 8–10.

104 Zu den Quellen vgl. Wilcke 2014, 573–574.

105 Wilcke 2014, 574.

106 Vgl. dazu Sallaberger 2009, 11–12 und 23–25; Wilcke 2014, 582–583.

107 Zum Text jetzt Oelsner 2022a.

108 Zu den Textzeugen vgl. ausführlich Oelsner 2022a, 39–68 mit den Ergänzungen Oelsner 2022b; zum chronologischen und geographischen Horizont der Überlieferung vgl. Oelsner 2022a, 98–103.

109 Vgl. im vorliegenden Zusammenhang Roth 1995b; Hurowitz 2005, 501–506; Cancik-Kirschbaum/Kahl 2018, 256–261.

4.4 Codex Ešnunna (CE) und Neubabylonisches Gesetzesfragment (NbGf)

Bei den aus Tell Ḥarmal, dem antiken Šaduppum, und aus Tell Ḥaddād im Ḥamrīn-Gebiet stammenden Tontafeln mit dem akkadischen Text (bzw. Textauszügen) des sog. *Codex Ešnunna* (*CE*) aus dem 18. Jahrhundert v. Chr.[110] handelt es sich gleichfalls um (Schul-)Abschriften.[111] Auch das spätere sog. *Neubabylonische Gesetzesfragment (NbGf)* aus dem 1. Jahrtausend v. Chr.[112] dürfte als eine Schultafel zu charakterisieren sein, die Auszüge aus verschiedenen Vorlagen bietet.[113]

4.5 Juristischer Gelehrtendiskurs

Die u. a. auf Innovation und Präzisierung gerichtete Diskussion der aus dem Schreiberkontext hervorgehenden Gelehrten erfolgte unter der Prämisse der Einheit von Empirie und Theorie, was zu Fortschreibungen oder Änderungen auch im Rahmen der Rechtssetzung führte. Dabei lässt schon die Gliederung der Rechtssätze „nach einem dem Denken der Zeit gemäßen Ordnungsprinzip"[114] auf entsprechende systematische Vorarbeiten seitens der Gesetzesredaktoren schließen.

Dies zeigen bereits die Anordnungsprinzipien und die interne Struktur der Gesetzesbestimmungen des Ur-Namma. Die überlieferten Textzeugen des *CU* „(wurzeln) vermutlich in unterschiedlichen Tradionssträngen ..., welche im Zuge oral-aurealer Tradition entstanden, aber auch auf Adaption und Argumentation in den lokalen Schulen beruhen können".[115] Man griff also im Rahmen der auf Ausgleich von Rechtsverletzungen durch Sühne (zwecks Wiederherstellung von Gerechtigkeit)[116] und (durch Abschreckung) auf Kriminalprävention gerichteten Kompilation des *CU* auf bereits bestehende (möglicherweise regional differenzierte) Rechtsregeln zurück, die man gewiss auch unter dem Gesichtspunkt der Rechtsvereinheitlichung unter dem Dynastiebegründer Ur-Namma zu kompilieren und weiterzuentwickeln suchte.[117] Vor dem damaligen (rechts-)praktischen und intellektuellen Erfahrungshintergrund ließen sich die Redaktoren durchaus von logisch-juristischem Denken leiten, worauf sowohl die Regelhaftigkeit des Stils und der internen grammatikalischen Struktur[118] als auch die Gliederung des Rechtstextes insgesamt (mit den sog. Primärdelikten am Anfang)[119] und innerhalb der jeweiligen Sachgruppen vom Höher- zum Geringerwertigen hinweist, wobei

---

110 Vgl. Roth 1995a, 57–70 (Text) und 251 (Literatur und Quellen).

111 Vgl. Yaron 1988, 30 (Zitat A. Goetze).

112 Vgl. Roth 1995a, 143–149 (Text) und 253 (Literatur und Quelle).

113 Vgl. Oelsner 1997; Gesche 2001, 217 („Diese Tafel ist sicher im Rahmen der Ausbildung fortgeschrittener Studenten angefertigt worden") mit Anm. 831.

114 Petschow 1968a, 3–4.

115 Wilcke 2014, 462.

116 Vgl. Neumann, H. 2008.

117 Zum Aspekt der intendierten Rechtsvereinheitlichung vgl. Wilcke 2002, 299–300 Anm. 26; Neumann, H. 2014, 18–21.

118 Vgl. Wilcke 2014, 476–484; Neumann, H. 2021, 66.

119 Vgl. Neumann, H. 2021, 67–68 mit Anm. 36–37 (Literatur).

die ‚Paragraphengruppen'-übergreifenden Anschlüsse bzw. Übergänge nicht selten Wort- bzw. Gedankenassoziationen geschuldet sind.[120]

Ähnliches konstatierte Herbert Petschow für die akkadischen Gesetze von Ešnunna, indem er hier „eine Reihenfolge vom Höher- zum Geringerwertigen, nach der zu erwartenden Häufigkeit der Fälle oder nach chronologischer Ordnung" erkannte, verbunden mit der „Erscheinung der Attraktion, verursacht durch gewisse Stichworte oder Gedankenassoziationen".[121]

Die gelehrtenbasierte Arbeit (in ihrer Einheit von Empirie und Theorie) im Rahmen der Kompilation und Redaktion rechtsetzender Texte lässt sich in besonderer Weise in Bezug auf die Überlieferung des sog. *Codex Ḫammu-rāpi* zeigen, dessen paradigmatischer Charakter über die folgenden Jahrhunderte hinweg dazu führte, dass er noch im 1. Jahrtausend v. Chr. Gegenstand gelehrter Kommentierung gewesen ist.[122]

Es war Herbert Petschow, dem es gelang, die gedanklichen Gestaltungsvoraussetzungen und Prinzipien des Aufbaus sowie der internen Ordnung des Rechtstextes überzeugend offenzulegen.[123] Neben der Aufnahme gewohnheitsrechtlicher Praktiken und der textkritischen Übernahme und erfahrungsgestützten Adaption älterer Bestimmungen[124] sind es dabei vor allem die (gewiss auf intellektuellem Diskurs beruhenden)[125] spezifischen Anordnungsprinzipien der Rechtsbestimmungen, die zur Einschätzung führen, dass der „Rechtstext des *CH* formal und inhaltlich ein zusammenhängendes, logisch aufgebautes Ganzes darstellt, dessen einzelne Teile … durch überleitende Normen in meist begründbarer Weise miteinander verknüpft sind,"[126] wobei auch hier die Rechtsvereinheitlichung im Reich des Ḫammu-rāpi intendiert gewesen sein dürfte.[127] So erfolgte nach Herbert Petschow die Ordnung der Rechtsbestimmungen

a) „nach der tatsächlichen oder möglichen chronologischen Abfolge der Ereignisse",
b) „nach der sachlichen Bedeutung der geregelten Materie",
c) „nach der sozialen Stellung der betroffenen Personen oder der Wertigkeit der Gegenstände",
d) „nach der Häufigkeit der Fälle",
e) „als Gegenüberstellung von Fall und Gegenfall",

120 Vgl. dazu im Einzelnen Wilcke 2014, 484–490; Neumann, H. 2021, 67–75.

121 Petschow 1968b, 142–143; vgl. auch Eichler 1987; Otto 1989.

122 Vgl. Oelsner 2022a, 68.

123 Vgl. vor allem Petschow 1965 sowie nochmals zusammenfassend Petschow 1986, 19–21; kritisch dazu Otto 2012, 63–68, worauf an anderer Stelle eingegangen werden soll.

124 Vgl. z.B. die unter sachlichen Gesichtspunkten adaptierte Übernahme (Präzisierung des Tatvorwurfs) des sumerisch formulierten § 10 des *CL* in den *CH*, dort als akkadisch formulierter § 59; dazu Neumann, H. 2011, 166 mit Anm. 43–44 (Literatur).

125 In diesem Sinne bereits Neumann, H. 2004, 91–92.

126 Petschow 1965, 169.

127 Vgl. in diesem Sinne Petschow 1986, 21; darüber hinaus auch Wilcke 2002, 299–300 Anm. 26; zuletzt Charpin 2023b.

f) „in möglichst einheitlicher Reihenfolge bei sachlich oder rechtlich gleichartigen Tatbeständen, wenn nicht andere Gesichtspunkte … entgegenstehen“,

wobei dabei auch Einschübe vorkommen können, „die durch – teils zeitgemäß übliche – Gedankenassoziationen und Attraktion verursacht sind.“ Hinzu kommt die Trennung von Rechtsfällen, „die im Zusammenhang mit Verträgen stehen“, von denen mit „außervertragliche(n) Rechtsbeziehungen“ als Gegenstand.[128] Dies setzte nicht nur einfach juristische Kenntnisse, sondern zum Teil sogar juristisch-dogmatisches Denken voraus,[129] dem im Rahmen des Curriculums des Edubba'a gewiss auch Übungen im Bereich der juristischen Spekulation und Improvisation dienten, womit die Voraussetzungen für die spätere (juristische) Gelehrtenpraxis geschaffen wurden.

5 Fazit

Bleibt abschließend festzuhalten, dass die juristischen Anteile der babylonischen Schreiberausbildung in ihren verschiedenen Ausbildungsphasen stets praxisorientiert gewesen sind. Die entsprechende Praxis ergab sich dabei vor allem aus den juristischen Anforderungen sowohl der (vornehmlich ökonomisch ausgerichteten) Verwaltungstätigkeit im Bereich der institutionellen Haushalte (Palast, Tempel) als auch des privaten Rechts- und Wirtschaftsverkehrs. Ein wichtiger Teil der gesellschaftlichen Praxis stellte auch die politisch-soziale Administration (Reichs- und Provinzverwaltung) dar, in deren Kontext nicht zuletzt die während der Schreiberausbildung vorbereitete Fähigkeit zu gelehrtenbasierter Diskussion und Entscheidung im Rahmen staatlicher Rechtsprechung und Rechtssetzung zu sehen ist.

Damit bildete auch für das juristische Curriculum der babylonischen Schreiberausbildung sowohl in seiner Gesamtheit als auch in seiner Differenziertheit das sprichwörtlich überlieferte (umgekehrte) Seneca-Zitat *non scholae, sed vitae discimus* „Nicht für die Schule, sondern für das Leben lernen wir“,[130] die selbstverständliche Grundlage.

128 Petschow 1965, 170–172.

129 Vgl. dazu die Bemerkungen bei Petschow 1965, 172 („juristisch-theoretische Reflexion“); Petschow 1986, 20 („'juristisch-dogmatische' Gedankenführung“).

130 Eigentlich *non vitae, sed scholae discimus* „Nicht für das Leben, sondern für die Schule lernen wir“ (*epist.* 106, 12); vgl. dazu Bartels 1992, 118–119.

Texte und Texteditionen

AOTU 2
Siehe Meissner 1920.

CBS
Signatur, Collection of the Babylonian Section (University Museum, Philadelphia).

CE
Codex Ešnunna.

CH
Codex Ḫammu-rāpi.

CL
Codex Lipit-Eštar.

CU
Codex Ur-Namma.

CUSAS 10
Siehe George 2009.

CUSAS 43
Siehe Spada 2019.

Di.
Tafelsignatur, Tell ed-Dēr (Sippar-Amnanum).

ETCSL
Siehe Black et al. 1998–2006.

GMTR 6
Siehe Veldhuis 2014.

HS
Signatur, Hilprecht-Sammlung (Jena).

IM
Signatur, Iraq Museum (Baghdad).

MHET 3/1
Siehe Tanret 2002.

MS
Signatur, Martin Schøyen Collection (Oslo).

NbGf
Neubabylonisches Gesetzesfragment.

SBL WAW 43
Siehe Démare-Lafont/Fleming 2023.

SEpM
Siehe Kleinerman 2011.

TMH 8
Siehe Proust 2008.

VAT
Signatur, Vorderasiatische Abteilung (Staatliche Museen zu Berlin).

Bibliographie

Arkhipov 2019
Arkhipov, I.: *ittum* « signe » et *ittum* « moment » en paléobabylonien. In: Chambon, G. / Guichard, M. / Langlois, A.-I., avec la participation de Römer, T. et Ziegler, N. (Hrsg.): De l'argile au numérique. Mélanges assyriologiques en l'honneur de Dominique Charpin. Publications de l'Institut du Proche-Orient Ancien du Collège de France 3, Leuven / Paris / Bristol, 47–78.

Assmann 1992
Assmann, J.: Das kulturelle Gedächtnis. Schrift, Erinnerung und politische Identität in frühen Hochkulturen, München.

Attinger 2021
Attinger, P.: Glossaire sumérien-français principalement des textes littéraires paléobabyloniens, Wiesbaden.

Bartelmus 2016
Bartelmus, A.: Fragmente einer großen Sprache. Sumerisch im Kontext der Schreiberausbildung des kassitenzeitlichen Babylonien. Untersuchungen zur Assyriologie und Vorderasiatischen Archäologie 12, Boston / Berlin.

Bartels 1992
Bartels, K.: Veni vidi vici. Geflügelte Worte aus dem Griechischen und Lateinischen, München.

Black et al. 1998–2006
Black, J. A. / Cunningham, G. / Ebeling, J. / Flückiger-Hawker, E. / Robson, E. / Taylor, J. / Zólyomi, G.: The Electronic Text Corpus of Sumerian Literature, Oxford, 1998–2006. <https://etcsl.orinst.ox.ac.uk/>.

Cancik-Kirschbaum/Kahl 2018
Cancik-Kirschbaum, E. / Kahl, J., unter Mitarbeit von Wagensonner, K.: Erste Philologien. Archäologie einer Disziplin vom Tigris bis zum Nil, Tübingen.

Cavigneaux 1980–1983
Cavigneaux, A.: Lexikalische Listen. Reallexikon der Assyriologie und Vorderasiatischen Archäologie 6, 609–641.

Charpin 2020
Charpin, D.: Un clergé en exil : le transfert des dieux de Nippur à Dur-Abi-ešuh. In: Gabbay, U. / Pérennès, J. J. (Hrsg.): Des polythéismes aux monothéismes. Mélanges d'Assyriologie offerts à Marcel Sigrist. Études Bibliques. Nouvelle Série 82, Leuven / Paris / Bristol, 149–187.

Charpin 2023a
Charpin, D.: Old Babylonian Law and Justice According to Letters and Legal Documents. In: Démare-Lafont, S. / Fleming, D. (Hrsg.): Judicial Decisions in the Ancient Near East. Society of Biblical Literature Writings from the Ancient World 43, Atlanta, 103–222.

Charpin 2023b
Charpin, D.: Hammu-rabi, ein babylonischer Herrscher, der in seinem gesamten Reich Gerechtigkeit spricht. Zeitschrift für Altorientalische und Biblische Rechtsgeschichte 29, 1–18.

Civil 1985
Civil, M.: Sur les "livres d'écolier" à l'époque paleo-babylonienne. In: Durand, J.-M. / Kupper, J.-R. (Hrsg.): Miscellanea Babylonica. Mélanges offerts à Maurice Birot, Paris, 67–78.

Civil 2011
Civil, M.: The Law Collection of Ur-Namma. In: George, A. R. (Hrsg.): Cuneiform Royal Inscriptions and Related Texts in the Schøyen Collection. Cornell University Studies in Assyriology and Sumerology 17, Bethesda, 221–286.

Crisostomo 2019
Crisostomo, C. J.: Translation as Scholarship. Language, Writing, and Bilingual Education in Ancient Babylonia. Studies in Ancient Near Eastern Records 22, Boston / Berlin.

David 1927
David, M.: Die Adoption im altbabylonischen Recht. Leipziger rechtswissenschaftliche Studien 23, Leipzig.

(Démare-)Lafont 1999
Lafont, S.: Femmes, Droit et Justice dans l'Antiquité à l'étude du droit pénal au Proche-Orient ancien. Orbis Biblicus et Orientalis 165, Freiburg (Schweiz) / Göttingen.

Démare-Lafont 2014
Démare-Lafont, S.: Identifiers and Identification Methods in Mesopotamia. In: Depauw, M. / Coussement, S. (Hrsg.): Legal Documents in Ancient Societies 3. Identifiers and Identification Methods in the Ancient World. Orientalia Lovaniensia Analecta 229, Leuven / Paris / Walpole, 13–31.

Démare-Lafont/Fleming 2023
Démare-Lafont, S. / Fleming, D. (Hrsg.): Judicial Decisions in the Ancient Near East. Society of Biblical Literature Writings from the Ancient World 43, Atlanta.

Dombradi 1996
Dombradi, E.: Die Darstellung des Rechtsaustrags in den altbabylonischen Prozeßurkunden. Halbband I. Freiburger Altorientalische Studien 20/1, Stuttgart.

Eichler 1987
Eichler, B. L.: Literary Structure in the Laws of Eshnunna. In: Rochberg-Halton, F. (Hrsg.): Language, Literature, and History: Philological and Historical Studies Presented to Erica Reiner. American Oriental Series 67, New Haven, 71–84.

Falkenstein 1956
Falkenstein, A.: Die neusumerischen Gerichtsurkunden. Erster Teil. Einleitung und systematische Darstellung. Abhandlungen der Bayerischen Akademie der Wissenschaften, Philosophisch-Historische Klasse, Neue Folge 39, München.

Földi 2021
Földi, Zs. J.: The Lost Seal of a Tax Collector. In: Baragli, B. / Dietz, A. / Földi, Zs. J. / Heindl, P. / Lohmann, P. / Schlüter, S. P. (Hrsg.): Distant Worlds and Beyond. Special Issue Dedicated to the Graduate School Distant Worlds (2012–2021). Distant Worlds Journal, Special Issue 3, Heidelberg, 47–59.

George 2005
George, A. R.: In Search of the é.dub.ba.a: The Ancient Mesopotamian School in Literature and Reality. In: Sefati, Y. / Artzi, P. / Cohen, Ch. / Eichler, B. L. / Hurowitz, V. A. (Hrsg.): "An Experienced Scribe Who Neglects Nothing". Ancient Near Eastern Studies in Honor of Jacob Klein, Bethesda, 127–137.

George 2009
George, A. R.: Babylonian Literary Texts in the Schøyen Collection. Cornell University Studies in Assyriology and Sumerology 10, Bethesda.

Gesche 2001
Gesche, P. D.: Schulunterricht in Babylonien im ersten Jahrtausend v. Chr. Alter Orient und Altes Testament 275, Münster.

Greengus 1969–1970
Greengus, S.: A Textbook Case of Adultery in Ancient Mesopotamia. Hebrew Union College Annual 40–41, 33–44.

Haase 1979
Haase, R.: Die keilschriftlichen Rechtssammlungen in deutscher Fassung. Zweite, überarbeitete und erweiterte Auflage, Wiesbaden.

Harris 1960
Harris, R.: Old Babylonian Temple Loans. Journal of Cuneiform Studies 14, 126–137.

Hurowitz 2005
Hurowitz, V. A.: Hammurabi in Mesopotamian Tradition. In: Sefati, Y. / Artzi, P. / Cohen, Ch. / Eichler, B. L. / Hurowitz, V. A. (Hrsg.): "An Experienced Scribe Who Neglects Nothing". Ancient Near Eastern Studies in Honor of Jacob Klein, Bethesda, 497–532.

Johnson/Geller 2015
Johnson, J. C. / Geller, M. J.: The Class Reunion – An Annotated Translation and Commentary on the Sumerian Dialogue *Two Scribes*. Cuneiform Monographs 47, Leiden / Boston.

Kleinerman 2011
Kleinerman, A.: Education in Early 2nd Millennium BC Babylonia. The Sumerian Epistolary Miscellany. Cuneiform Monographs 42, Leiden / Boston.

Klengel 1971
Klengel, H.: Soziale Aspekte der altbabylonischen Dienstmiete. In: Klengel, H. (Hrsg.):

Beiträge zur sozialen Struktur des alten Vorderasien. Schriften zur Geschichte und Kultur des Alten Orients 1, Berlin, 39–52.

Klíma 1940
Klíma, J.: Untersuchungen zum altbabylonischen Erbrecht. Monographie des Archiv Orientální 8, Prag.

Klíma 1957–1971
Klíma, J.: Gesetze. A. Babylonien: Altbabylonische Zeit. Reallexikon der Assyriologie und Vorderasiatischen Archäologie 3, 248–255.

Korošec 1964
Korošec, V.: Keilschriftrecht. In: Orientalisches Recht. Handbuch der Orientalistik 1, Ergänzungsband 3, Leiden / Köln, 49–219.

Kraus 1939
Kraus, F. R.: Die sumerische Entsprechung der Phrase *ana ittišu*. In: Friedrich J. / Lautner, J. G. / Miles, J. (Hrsg.): Symbolae ad Iura Orientis Antiqui Pertinentes Paulo Koschaker Dedicatae. Studia et Documenta ad Iura Orientis Antiqui Pertinentia 2, Leiden, 50–60.

Krecher 1993–1997
Krecher, J.: Miete. A. I. Fāra-Zeit bis Ur III. Mobiliarmiete (Personen, Schiffe, Tiere). Reallexikon der Assyriologie und Vorderasiatischen Archäologie 8, 156–162.

Lafont 1999 s. unter (Démare-)Lafont 1999.

Landsberger 1937
Landsberger, B.: Die Serie *ana ittišu*. Materialien zum Sumerischen Lexikon 1, Rom.

Landsberger 1957
Landsberger, B.: The Series ḪAR-ra = *ḫubullu*, Tablets I–IV. Materialien zum Sumerischen Lexikon 5, Rom.

Marchesi 2021
Marchesi, G.: A New Manuscript of Ana ittišu II from Nimrud. In: Notizia, P. / Rositani, A. / Verderame, L. (Hrsg.): ^{d}Nisaba za$_{3}$-mi$_{2}$. Ancient Near Eastern Studies in Honor of Francesco Pomponio. dubsar 19, Münster, 147–154.

Matuszak 2019
Matuszak, J.: Es streite, wer kann! Ein neuer Rekonstruktions- und Interpretationsversuch für das sumerische Schulstreitgespräch ‚Dialog 1'. Zeitschrift für Assyriologie und Vorderasiatische Archäologie 109, 1–47.

Matuszak 2021
Matuszak, J.: „Und du, du bist eine Frau?!". Editio princeps und Analyse des sumerischen Streitgesprächs ‚Zwei Frauen B'. Untersuchungen zur Assyriologie und Vorderasiatischen Archäologie 16, Berlin / Boston.

Maul/Manasterska 2023
Maul, S. M. / Manasterska, S., mit Beiträgen von Fadhil, A. A. und einer internationalen Forschergruppe: Schreiberübungen aus neuassyrischer Zeit. Wissenschaftliche

Veröffentlichungen der Deutschen Orient-Gesellschaft 162. Keilschrifttexte aus Assur literarischen Inhalts 15, Wiesbaden.

Meinhold 2023
Meinhold, W.: Different Cities, Different Customs: The Division of Inheritance in the Old Babylonian Period. In: Béranger, M. / Nebiolo, F. / Ziegler, N. (Hrsg.): Dieux, rois et capitales dans le Proche-Orient ancien. Compte rendu de la LXVe Rencontre Assyriologique Internationale (Paris, 8–12 juillet 2019). Publications de l'Institut du Proche-Orient Ancien du Collège de France 5, Leuven / Paris / Bristol, 987–1000.

Meissner 1920
Meissner, B.: Altorientalische Texte und Untersuchungen 2, 1. Assyriologische Forschungen 2, Breslau.

Mittermayer 2019
Mittermayer, C.: ‚Was sprach der eine zum anderen?' Argumentationsformen in den sumerischen Rangstreitgesprächen. Untersuchungen zur Assyriologie und Vorderasiatischen Archäologie 15, Berlin / Boston.

Neumann, G. 2022
Neumann, G.: Von göttlichen Steinen, gesegneten Werkstoffen und ärgerlichen Missgeschicken. Einige Bemerkungen zur Bedeutung von und zum Umgang mit Siegelsteinen im Alten Orient. In: Auenmüller, J. / Moustakis, N. (Hrsg.): Gesiegelt – Versiegelt – Entsiegelt. Studien zum Siegel(n) als Kulturtechnik von der Antike bis zum frühen Mittelalter. Kasion 7, Münster, 21–32.

Neumann, H. 1992
Neumann, H.: Nochmals zum Kaufmann in neusumerischer Zeit: die Geschäfte des Ur-DUN und anderer Kaufleute aus Nippur. In: Charpin, D. / Joannès, F. (Hrsg.): La circulation des biens, des personnes et des idées dans le Proche-Orient ancien. Actes de la XXXVIIIe Rencontre Assyriologique Internationale (Paris, 8–10 juillet 1991), Paris, 83–94.

Neumann, H. 2003
Neumann, H.: Recht im antiken Mesopotamien. In: Manthe, U. (Hrsg.): Die Rechtskulturen der Antike. Vom Alten Orient bis zum Römischen Reich, München, 55–122, 322–327.

Neumann, H. 2004
Neumann, H.: Prozeßführung im Edubba'a. Zu einigen Aspekten der Aneignung juristischer Kenntnisse im Rahmen des Curriculums babylonischer Schreiberausbildung. Zeitschrift für Altorientalische und Biblische Rechtsgeschichte 10, 71–92.

Neumann, H. 2008
Neumann, H.: Göttliche Gerechtigkeit und menschliche Verantwortung im alten Mesopotamien im Spannungsfeld von Norm(durch)setzung und narrativer Formulierung. In: Barta, H. / Rollinger, R. / Lang, M. (Hrsg.): Recht und Religion. Menschliche und göttliche Gerechtigkeitsvorstellungen in den antiken Welten. Philippika. Altertumskundliche Abhandlungen 43, Wiesbaden, 37–48.

Neumann, H. 2011
Neumann, H.: Bemerkungen zu einigen Aspekten babylonischen Rechtsdenkens im Spannungsfeld von Theorie und Praxis. In: Cancik-Kirschbaum, E. / Van Ess, M. / Marzahn, J. (Hrsg.): Babylon. Wissenskultur in Orient und Okzident. Topoi – Berlin Studies of the Ancient World 1, Berlin / Boston, 159–170.

Neumann, H. 2014
Neumann, H.: Identität und Gesetz im Alten Orient. In: Bons, E. (Hrsg.): Identität und Gesetz. Prozesse jüdischer und christlicher Identitätsbildung im Rahmen der Antike. Biblisch-Theologische Studien 151, Neukirchen-Vluyn, 9–28.

Neumann, H. 2017
Neumann, H.: Die Gesellschaft Mesopotamiens in der Zeit der Wende vom 3. zum 2. Jahrtausend v. Chr. zwischen Theorie und Lebenswirklichkeit. In: de Boer, R. / Dercksen, J. G. (Hrsg.): Private and State in the Ancient Near East. Proceedings of the 58th Rencontre Assyriologique Internationale at Leiden, 16–20 July 2012, Winona Lake, 3–20.

Neumann, H. 2020
Neumann, H.: Texte des juristischen Curriculums der Schreiberausbildung. In: Janowski, B. / Schwemer, D. (Hrsg.): Texte zur Wissenskultur. Texte aus der Umwelt des Alten Testaments Neue Folge 9, Gütersloh, 122–133.

Neumann, H. 2021
Neumann, H.: Zu den formalen Gliederungsprinzipien und sprachlichen Ausdrucksformen früher keilschriftlicher Rechtssammlungen unter dem Gesichtspunkt ihrer normativen Intentionen. Das Beispiel Codex Ur-Namma (§§ 1–43). In: Bawanypeck, D. / Imhausen, A. / Pfeifer, G. (Hrsg.): The Normativity of Formal Orders and Procedures in Antiquity: A Comparison of Mathematical and Legal Systems / Die Normativität formaler Ordnungen und Prozeduren in der Antike: Mathematische und rechtliche Regelsysteme im Vergleich. Kārum – Emporion – Forum 4, Münster, 61–81.

Neumann, H. 2022
Neumann, H.: Altorientalische Städte und Markt (unter besonderer Berücksichtigung der Verhältnisse im ausgehenden 3. Jahrtausend v. Chr.). In: Droß-Krüpe, K. / Ruffing, K. (Hrsg.): Markt, Märkte und Marktgebäude in der antiken Welt. Philippika. Altertumskundliche Abhandlungen 100, Wiesbaden, 121–144.

Oelsner 1997
Oelsner, J.: Erwägungen zu Aufbau, Charakter und Datierung des sog. „Neubabylonischen Gesetzesfragments". Altorientalische Forschungen 24, 219–225.

Oelsner 2022a
Oelsner, J.: Der Kodex Ḫammu-rāpi. Textkritische Ausgabe und Übersetzung. dubsar 4, Münster.

Oelsner 2022b
Oelsner, J.: Zu Joachim Oelsner, Der Kodex Ḫammu-rāpi. Textkritische Ausgabe und Übersetzung, Münster 2022 (dubsar 4). Nouvelles Assyriologiques Brèves et Utilitaires 2022, 169 Nr. 76.

Otto 1989
Otto, E.: Rechtsgeschichte der Redaktionen im Kodex Ešnunna und im „Bundesbuch". Eine redaktionsgeschichtliche und rechtsvergleichende Studie zu altbabylonischen und altisraelitischen Rechtsüberlieferungen. Orbis Biblicus et Orientalis 85, Freiburg (Schweiz) / Göttingen.

Otto 2012
Otto, E.: Nach welchen Gesichtspunkten wurden Rechtssätze in keilschriftlichen und biblischen Rechtssammlungen zusammengestellt? Zur Redaktionsgeschichte keilschriftlicher und biblischer Rechtssatzsammlungen. Zeitschrift für Altorientalische und Biblische Rechtsgeschichte 18, 63–77.

Petschow 1956
Petschow, H.: Neubabylonisches Pfandrecht. Abhandlungen der Sächsischen Akademie der Wissenschaften zu Leipzig. Philologisch-historische Klasse 48/1, Berlin.

Petschow 1965
Petschow, H.: Zur Systematik und Gesetzestechnik im Codex Hammurabi. Zeitschrift für Assyriologie und Vorderasiatische Archäologie 57, 146–172.

Petschow 1968a
Petschow, H.: Neufunde zu keilschriftlichen Rechtssammlungen. Zeitschrift der Savigny-Stiftung für Rechtsgeschichte. Romanistische Abteilung 85, 1–29.

Petschow 1968b
Petschow, H.: Zur „Systematik" in den Gesetzen von Eschnunna. In: Ankum, J. A. / Feenstra, R. / Leemans, W. F. (Hrsg.): Symbolae iuridicae et historicae Martino David dedicatae. Tomus alter: iura orientis antiqui, Leiden, 131–143.

Petschow 1986
Petschow, H.: Beiträge zum Codex Ḫammurapi. Zeitschrift für Assyriologie und Vorderasiatische Archäologie 76, 17–75.

Pfeifer 2019
Pfeifer, G.: Zur intellektuellen Infrastruktur des Rechts im Alten Orient. Sitzungsberichte der Wissenschaftlichen Gesellschaft an der Johann Wolfgang Goethe-Universität Frankfurt am Main 56/1, Stuttgart.

Proust 2008
Proust, C., Avec la collaboration de Krebernik, M. et Oelsner, J.: Tablettes mathématiques de la collection Hilprecht. Texte und Materialien der Frau Professor Hilprecht Collection of Babylonian Antiquities im Eigentum der Friedrich-Schiller-Universität Jena 8, Wiesbaden.

Radner 2009–2011
Radner, K.: Siegelpraxis (sealing practice). A. Philologisch. Reallexikon der Assyriologie und Vorderasiatischen Archäologie 12, 466–469.

Römer 1990
Römer, W. H. Ph.: Aus einem Streitgespräch zweier Tafelhausschüler. In: Kaiser, O. (Hrsg.): Weisheitstexte 1. Texte aus der Umwelt des Alten Testaments 3/1, Gütersloh, 98–102.

Roth 1979
Roth, M. T.: Scholastic Tradition and Mesopotamian Law: A Study of FLP 1287, a prism in the Collection of the Free Library of Philadelphia. PhD Disseration University of Pennsylvania, Philadelphia.

Roth 1980
Roth, M. T.: The Scholastic Exercise "Laws about Rented Oxen". Journal of Cuneiform Studies 32, 126–146.

Roth 1995a
Roth, M. T., With a contribution by Hoffner, H.A.: Law Collections from Mesopotamia and Asia Minor. Society of Biblical Literature Writings from the Ancient World 6, Atlanta.

Roth 1995b
Roth, M. T.: Mesopotamian Legal Traditions and the Laws of Hammurabi. Chicago-Kent Law Review 71/1, 13–39.

Sallaberger 2005
Sallaberger, W.: C. Literale Kulturen. I. Alter Orient. 1. Mesopotamien. In: Ueding, G. (Hrsg.): Rhetorik. Begriff – Geschichte – Internationalität, Tübingen, 255–259.

Sallaberger 2009
Sallaberger, W.: Der ‚Prolog' des Codex Lipit-Eštar. In: Achenbach, R. / Arneth, M. (Hrsg.): „Gerechtigkeit und Recht zu üben" (Gen 18,19). Studien zur altorientalischen und biblischen Rechtsgeschichte, zur Religionsgeschichte Israels und zur Religionssoziologie. Festschrift für Eckart Otto zum 65. Geburtstag. Beihefte zur Zeitschrift für Altorientalische und Biblische Rechtsgeschichte 13, Wiesbaden, 7–33.

San Nicolò 1938
San Nicolò, M.: Darlehen. Reallexikon der Assyriologie und Vorderasiatischen Archäologie 2, 123–131.

Schrakamp 2015
Schrakamp, I.: Rezension zu Volk, K.: A Sumerian Chrestomathy. Subsidia et Instrumenta Linguarum Orientis 5, Wiesbaden 2012. Archiv für Orientforschung 53, 393–395.

Skaist 1994
Skaist, A.: The Old Babylonian Loan Contract. Its History and Geography. Bar-Ilan Studies in Near Eastern Languages and Culture, Ramat Gan.

Spada 2014
Spada, G.: Two Old Babylonian Model Contracts. Cuneiform Digital Library Journal 2014: 2.

Spada 2018
Spada, G.: Sumerian Model Contracts from the Old Babylonian Period in the Hilprecht Collection Jena. Texte und Materialien der Frau Professor Hilprecht Collection of Babylonian Antiquities im Eigentum der Friedrich-Schiller-Universität Jena 11, Wiesbaden.

Spada 2019
Spada, G.: Old Babylonian Model Contracts and Related Texts. In: George, A. R. / Spa-

da, G.: Old Babylonian Texts in the Schøyen Collection 2. School Letters, Model Contracts, and Related Texts. Cornell University Studies in Assyriology and Sumerology 43, University Park, 73–154.

Spada 2021
Spada, G.: "I Want to Break Free": Model Contracts Recording Slave Self-Emancipation. In: Notizia, P. / Rositani, A. / Verderame, L. (Hrsg.): ^{d}Nisaba za$_{3}$-mi$_{2}$. Ancient Near Eastern Studies in Honor of Francesco Pomponio. dubsar 19, Münster, 283–299.

Spada 2022
Spada, G.: Sumerian Model Contracts from the Old Babylonian Period in the Rosen Collection. Revue d'Assyriologie et d'Archéologie Orientale 116, 79–112.

Spada 2023
Spada, G.: Duties, Responsibilities, and Management of Slaves in the Sumerian Model Contracts of the Hilprecht-Sammlung and Other Collections. In: Ridder, J. J. de / Stein, P. (Hrsg.): The Frau Professor Hilprecht Collection of Babylonian Antiquities. Essays dedicated to Manfred Krebernik during the Colloquium Held on March 17–18, 2022 at Friedrich Schiller University Jena. Texte und Materialien der Frau Professor Hilprecht Collection of Babylonian Antiquities im Eigentum der Friedrich-Schiller-Universität Jena 14, Wiesbaden, 213–227.

Spada 2024
Spada, G.: Old Babylonian Temple Loans: An Assessment. Rivista degli Studi Orientali 97, 149–164.

Spada/Hallo 2024
Spada, G. / Hallo, W. W.: Sumerian Model Contracts from the Old Babylonian Period in the Arkeoloji Müzeleri of Istanbul. Journal of Cuneiform Studies 76, 53–101.

Stol 1993–1997
Stol, M.: Miete. B. I. Altbabylonisch. Reallexikon der Assyriologie und Vorderasiatischen Archäologie 8, 162–174.

Stol 2016
Stol, M.: Women in the Ancient Near East, Boston / Berlin.

Tanret 2002
Tanret, M.: Per aspera ad astra. L'apprentissage du cunéiforme à Sippar-Amnānum pendant la période paléobabylonienne tardive. Mesopotamian History and Environment, Series 3, Texts 1/2, Ghent.

Vacín 2011
Vacín, L.: Šulgi of Ur: Life, Deeds, Ideology and Legacy of a Mesopotamian Ruler as Reflected Primarily in Literary Texts. PhD Dissertation University of London.

Van De Mieroop 2002
Van De Mieroop, M.: Credit as a Facilitator of Exchange in Old Babylonian Mesopotamia. In: Hudson, M. / Van De Mieroop, M. (Hrsg.): Debts and Economic Renewal in the Ancient Near East. International Scholars Conference on Ancient Near Eastern Economies 3, Bethesda, 163–173.

van Dijk 1962
van Dijk, J. J. A.: Neusumerische Gerichtsurkunden in Bagdad. Zeitschrift für Assyriologie und Vorderasiatische Archäologie 55, 70–90.

Van Koppen 2002
Van Koppen, F.: Redeeming a Father's Seal. In: Wunsch, C. (Hrsg.): Mining the Archives. Festschrift for Christopher Walker on the Occasion of His 60th Birthday, 4 October 2002. Babylonische Archive 1, Dresden, 147–176.

Veenhof 2021
Veenhof, K. R.: Once more *ana e/ittišu*, especially in Old Assyrian (OA). Zeitschrift für Altorientalische und Biblische Rechtsgeschichte 27, 17–30.

Veldhuis 2014
Veldhuis, N.: History of the Cuneiform Lexical Tradition. Guides to the Mesopotamian Textual Record 6, Münster.

Volk 1996
Volk, K.: Methoden altmesopotamischer Erziehung nach Quellen der altbabylonischen Zeit. Saeculum 47, 178–216.

Volk 2000
Volk, K.: Edubba'a und Edubba'a-Literatur: Rätsel und Lösungen. Zeitschrift für Assyriologie und Vorderasiatische Archäologie 90, 1–30.

Volk 2011
Volk, K.: Über Bildung und Ausbildung in Babylonien am Anfang des 2. Jahrtausends v. Chr. Orientalia Nova Series 80, 269–299.

Volk 2012
Volk, K., With the collaboration of Votto, S. and Baldwin, J.: A Sumerian Chrestomathy. Subsidia et Instrumenta Linguarum Orientis 5, Wiesbaden.

Waetzoldt/Cavigneaux 2009–2011
Waetzoldt, H. / Cavigneaux, A.: Schule. Reallexikon der Assyriologie und Vorderasiatischen Archäologie 12, 294–309.

Wagensonner 2011
Wagensonner, K.: A Scribal Family and Its Orthographic Peculiarities. On the Scientific Work of a Royal Scribe and His Sons. In: Selz, G. J. (Hrsg.): The Empirical Dimension of Ancient Near Eastern Studies / Die empirische Dimension altorientalischer Forschungen. Wiener Offene Orientalistik 6, Wien / Berlin, 645–701.

Wagensonner 2014
Wagensonner, K.: nam-dub-sar-ra a-na mu-e-pad$_3$-da-zu … De l'apprentissage et l'éducation des scribes médio-assyriens. In: Marti, L. (Hrsg.): La famille dans le Proche-Orient ancien: réalités, symbolismes, et images. Proceedings of the 55th Rencontre Assyriologique Internationale at Paris, 6–9 July 2009, Winona Lake, 457–479.

Wagensonner 2023
Wagensonner, K.: When Legal Case Becomes Scribal Lore. In: Béranger, M. / Nebiolo, F. / Ziegler, N. (Hrsg.): Dieux, rois et capitales dans le Proche-Orient ancien. Compte rendu

de la LXVe Rencontre Assyriologique Internationale (Paris, 8–12 juillet 2019), 1–2. Publications de l'Institut du Proche-Orient Ancien du Collège de France 5, Leuven / Paris / Bristol, 1003–1048.

Weiershäuser/Hrůša 2018
Weiershäuser, F. / Hrůša, I.: Lexikalische Texte 1: ur$_5$-ra = *ḫubullu*, mur-gud = *imrû* = *ballu*, Lú-Listen. Teil 1: Einleitung, Katalog, Textbearbeitungen, Verzeichnisse. Teil 2: Glossare und Keilschriftautographien. Wissenschaftliche Veröffentlichungen der Deutschen Orient-Gesellschaft 153/1–2. Keilschrifttexte aus Assur literarischen Inhalts 8, Wiesbaden.

Westbrook 1990
Westbrook, R.: Adultery in Ancient Near Eastern Law. Revue Biblique 97, 542–580.

Westbrook 2003
Westbrook, R. (Hrsg.): A History of Ancient Near Eastern Law. Handbook of Oriental Studies 72, Leiden / Boston.

Westbrook 2010
Westbrook, R.: A New Look at the Nippur Homicide Trial. In: Horowitz, W. / Gabbay, U. / Vukosavović, F. (Hrsg.): A Woman of Valor: Jerusalem Ancient Near Eastern Studies in Honor of Joan Goodnick Westenholz. Biblioteca del Próximo Oriente Antiguo 8, Madrid, 195–200.

Wilcke 2000
Wilcke, C.: Wer las und schrieb in Babylonien und Assyrien. Überlegungen zur Literalität im Alten Zweistromland. Bayerische Akademie der Wissenschaften, Philosophisch-Historische Klasse, Sitzungsberichte Jahrgang 2000, Heft 6, München.

Wilcke 2002
Wilcke, C.: Der Kodex Urnamma (CU): Versuch einer Rekonstruktion. In: Abusch, T. (Hrsg.): Riches Hidden in Secret Places. Ancient Near Eastern Studies in Memory of Thorkild Jacobsen, Winona Lake, 291–333.

Wilcke 2007
Wilcke, C.: Markt und Arbeit im Alten Orient am Ende des 3. Jahrtausends v. Chr. In: Reinhard, W. / Stagl, J. (Hrsg.): Menschen und Märkte. Studien zur historischen Wirtschaftsanthropologie. Veröffentlichungen des Instituts für Historische Anthropologie e.V. 9, Wien / Köln / Weimar, 71–132.

Wilcke 2013
Wilcke, C.: „Dieser Ur-Namma hier …" Eine auf die Darstellung weisende Statueninschrift. Revue d'Assyriologie et d'Archéologie Orientale 107, 173–186.

Wilcke 2014
Wilcke, C.: Gesetze in sumerischer Sprache. In: Koslova, N. / Vizirova, E. / Zólyomi, G. (Hrsg.): Studies in Sumerian Language and Literature. Festschrift für Joachim Krecher. Babel und Bibel 8, Winona Lake, 455–616.

Yaron 1988
Yaron, R.: The Laws of Eshnunna. Second revised Edition, Jerusalem / Leiden.

Between Legal Theory and Practice: the Sumerian Model Contracts from the Old Babylonian Period

Gabriella Spada

Abstract

This article examines the significance of Sumerian model contracts within the educational framework of Old Babylonian Mesopotamia. Serving as instructional aids, these contracts closely resembled authentic ones, facilitating the hands-on application of scribal training. They empowered scribes to skillfully draft diverse contracts, including loans, marriages, property transactions, leases, adoptions, and more. Beginning with an overview of Old Babylonian education and scribal curriculum, the article then explores the characteristics, origins, and varieties of model contracts. Through elucidative examples, it examines the interconnectedness of model contracts with other textual genres, such as legal phrasebooks, model court cases, legal collections, and real-life contracts.

1 Introduction

This article delves into the fascinating world of Sumerian model contracts, a pivotal element in Mesopotamian education during the Old Babylonian period (2002–1595 BCE). These contracts played a crucial role in the training of aspiring scribes, providing them with a platform to apply their writing and linguistic skills to real-world legal and administrative scenarios. Throughout this analysis, we will explore how these educational tools effectively bridged the gap between theoretical knowledge and practical application.

Sumerian model contracts, along with model court cases, legal phrasebooks, and excerpts from ancient law codes, constituted integral components of the scribal curriculum. Encompassing personal names, metrology, commodities, and legal expressions, these instruments efficiently consolidated the knowledge acquired during the initial training of the scribes, serving a dual purpose: offering writing practice and acquainting students with essential forms and expressions used in administrative and legal contexts.

Despite their exclusively pedagogical nature, model contracts closely mirrored the structure of authentic Sumerian contracts. Their compilation equipped apprentice scribes to compose a variety of contracts essential for various aspects of daily economic life, both in state administration and private affairs.

Of particular significance is an Old Babylonian school composition known as *Edubba D*, or *Scribal Activities*, which delineates the competencies a scribe needed to acquire during his education. The extract below vividly encapsulates the scribe's

DOI: 10.13173/9783447124522.447

proficiency, illustrating the ability to draft tablets relating to loans of barley and silver; marriage contracts; partnership agreements; property deeds for houses, fields, and gardens; slave sales; security pledges; field rentals; contracts for date-palm cultivation; and adoption contracts:

> Let me write tablets! Tablets (with loans) from one to 600 *gur* of barley, tablets (with loans) from one shekel to ten minas of silver, as well as marriage contracts someone might bring, partnership contracts – I can specify verified weights up to one talent, deeds of house, field, garden, and slave sales, (tablets) of security pledges, leases for fields, contracts for date-palm growing, […] and adoption contracts: I can write all these! (*Edubba D*, ll. 40–48;[1] translation after Civil 1985, 70–72).

2 The Old Babylonian school system

Before delving into the intricacies of Sumerian model contracts, it is essential to provide an overview of the educational system in Mesopotamia during the Old Babylonian period.

2.1 The Sumerian term for school

The Sumerian term for school is e2-dub-ba-a, literally translating to "house in which tablets are distributed".[2] A simplified translation, "tablet house", aligns with the Akkadian expression *bīt ṭuppi*. The first occurrences of this term are found in royal hymns of the late second millennium BCE, although schools likely existed much earlier. The term e2-dub-ba-a simultaneously encompasses the meanings of school, library, and *scriptorium*. Eleanor Robson argues that the *Edubba'a* can also be seen as "the tablet house" in another sense.[3] Archaeological investigations in some scribal schools in Nippur revealed that school tablets were integrated into the floors, walls, and furniture of the rooms.

2.2 Archaeological insights: unveiling the "tablet houses"

Insights into Mesopotamian scribal schools come from excavations in the cities of Nippur, Ur, Sippar-Amnānum, Uruk, and Kiš. These findings illuminated the nature and organization of these educational institutions, often situated within private residences. Teachers utilized spaces in their own homes as classrooms, accommodating no more than three to five students at a time. Occasionally several such private buildings formed clusters, akin to a dedicated "scribal quarter."

---

1 dub sar-re-de3 ga-gin / dub 1 še gur-ta zag 600 gur-še3 / dub 1 giĝ4-ta zag kug 10 ma-na-še3 / ki nam-dam-t[a] lu2 ḫu-mu-un-du-[x] / nam-tab-ba 1 gu2 kurum2 igi ḫu-mu-da-zag3-[x] / e2 a-šag4 {ĝeš}kiri6 saĝ-geme2-arad sa10-sa10-[(x)] / kug-ta gub-ba a-šag4 nam-apin-l[a2 (x)] / {ĝeš}kiri6 ĝeš gub-bu-de3 […] / u3 dub dumu-tul2-ta-pad3-da sar-r[e-bi] mu-u[n-zu].

2 Volk 2000, 3.

3 Robson 2001, 44.

Lessons likely took place in the main courtyard, leveraging direct sunlight for reading and writing cuneiform inscribed on clay tablets.

An emblematic exemplar of an Old Babylonian scribal school is "House F",[4] excavated during the archaeological campaign conducted jointly by the universities of Philadelphia and Chicago in 1951–1952. This small building (approximately 45 square meters), located in the heart of urban Nippur,[5] yielded nearly 1500 fragments of tablets, primarily recording Sumerian literature or school exercises. Notably, three baked-brick boxes were found, one containing a large storage jar filled with small pots, and another with tablet fragments and clay, interpreted as recycling bins, where old tablets could be thrown for soaking, reshaping, and re-use.

Despite lacking documented information about the ages of students, some scholars suggested that initiation into education began at a very young age, possibly around five years old. However, contextual evidence, such as bite marks found on tablets,[6] hints at a more probable starting age of around eleven. Considering the extensive material to be mastered, it can be inferred that scribal education spanned several years, with specialist training possibly extending into adulthood.

2.3 The importance of Sumerian in Old Babylonian education

From the outset of the Old Babylonian period, Sumerian was no longer a spoken language, having likely become extinct by the end of the third millennium BCE, with Akkadian taking its place. Despite this shift, Sumerian continued to exert significant influence in various domains of culture, including literature, scholarship, and religion – similar to the enduring role that Latin played in medieval and early modern Europe. During the initial two and a half centuries of the second millennium, historically designated as the Isin-Larsa period (2002–1763 BCE), Sumerian maintained a presence in the daily administrative affairs of Southern Babylonian cities. To achieve mastery of the cuneiform script, the most distinctive feature of Mesopotamian tradition, it became necessary to establish educational programs aimed at teaching Akkadian-speaking students the art of reading and writing Sumerian. This marked the inception of the very first curriculum designed to instruct a foreign, and essentially extinct, language.

4 For an overview of House F, both from an archaeological perspective and in terms of the educational materials found within it, see MacMahon 2023 and Díaz Herrera et al. 2023; see also Delnero 2019, 174–179.

5 It was located in Area TA, "in the East Mound at Nippur, south-east of the Enlil temple […] because of the abundance of tablets in this part of the site, early excavators dubbed it 'Tablet Hill'" (McMahon 2023, 32).

6 See, for example, N 5326B (University of Pennsylvania Museum of Archaeology and Anthropology), featuring an excerpt from the *OB Ea* list, which provides evidence of these bite marks. Dental analysis of the imprints indicates that the biter was likely a child aged twelve or thirteen. Given that the *Ea* sign list was probably mastered by students towards the conclusion of their first year in scribal school, it can be inferred that scribal students embarked on their education at approximately eleven years old (Guinan/Leichty 2010, 49–50).

This is particularly evident in the case of the city of Nippur, located in Southern Babylonia, known for its scribal tradition during the Old Babylonian period. Nippur exhibited an element of elitism among its scribes. Emphasizing complete mastery of the Sumerian language, Nippur's scribes were distinct in their near absence of written Akkadian. This does not imply a lack of skill in Akkadian, but suggests prior knowledge before commencing scribal training. This was in contrast to other cities like Kiš, where early and advanced education involved copying a significant number of Akkadian texts.[7]

2.4 *School tablets and their formats*

The study of thousands of school tablets discovered through archaeological excavations is paramount in reconstructing the Sumerian scribal curriculum of the Old Babylonian period. The foundation of this reconstruction is primarily based on school records from Nippur, often considered as Babylonia's cultural capital.

The classification system, initiated by Miguel Civil in the 1960s and refined by Steve Tinney,[8] categorizes school tablets into five types, each with a specific pedagogical purpose. It should be noted that this classification may have served distinct pedagogical objectives in different cities.

Type	Description	Content
I	Large, multi-columned tablet	Literary or lexical composition, or collection of model contracts or proverbs
II	Medium-sized, multi-columned tablet	Teacher's model (left-hand column) copied by the student (right-hand column) on the obverse side; the reverse side features a previously learned composition
III	Single-column tablet	Excerpt from a lexical or literary composition
IV	Lentil-shaped tablet	Teacher's model (2–4 lines) copied by the student
P	4–6 face prism	Same content as Type I tablet

2.4.1 Type I tablets

Type I tablets are large, multi-column tablets, typically featuring two to six columns per side. They contain either complete literary compositions or lexical texts, or a collection of model contracts or proverbs. These tablets were usually prepared by advanced students and often included colophons. Colophons, found on the reverse side, provided "para-textual" information, including the name of the apprentice scribe (dub-sar tur in Sumerian), his patronymic, the number of lines or sections, and sometimes a date. They could be accompanied by a doxology

7 About scribal education in Kiš, see Bowen 2017.

8 Civil 1979, 5. See also Civil 1969, 27–28 and Civil 1995, 2308, which includes additional "types" to describe the sources from later periods; cf. also Tinney 1999, 160.

Fig. 1: Example of a Type I tablet (CBS 13934, University of Pennsylvania Museum of Archaeology and Anthropology, Philadelphia; photo courtesy of CDLI (P230624))

praising Nisaba, the goddess of grain, writing, and wisdom, worshiped in Uruk, Umma, and other Southern Mesopotamian cities.

Some Type I tablets featured a unique subset known as "micro-tablets". Despite their small size (approximately 5–6 cm per side), these micro-tablets exhibited all the formal characteristics of multi-column tablets, featuring meticulous-

Fig. 2: Example of a Type II tablet: partially preserved on the obverse are both the teacher's model (left column) and the student's copy (right column) (CBS 5912 + N 4966, University of Pennsylvania Museum of Archaeology and Anthropology, Philadelphia; photo courtesy of CDLI (P228991)).

ly crafted, microscopic cuneiform signs. The ancient method used by scribes to inscribe micro-tablets remains uncertain, with theories suggesting the use of magnifying glasses, or a distinct drying process. While clay shrinkage during drying is a regular occurrence in the production of ceramic objects and cuneiform tablets, the typical reduction in length ranges from one-tenth to one-fifth of the original size. However, for micro-tablets, the longitudinal shrinkage would have needed to be approximately 50 percent, equivalent to a reduction to one-eighth of the original volume.[9]

Fig. 3: Example of a Type III tablet (SC 3, 24d, Cotsen Collection, Los Angeles, see Wilson 2008, 53; photo courtesy of CDLI (P388287)).

2.4.2 Type II tablets

Type II tablets, known as "teacher-student tablets," are of medium size and present different exercises on both obverse and reverse sides. The left column on the obverse holds the model text, written by the instructor, while the student's task is to copy it into the prepared blank columns on the right. Few examples exist in which the pupil's copy has been preserved: the student's copy was deliberately erased and rewritten multiple times. Consequently, the right-hand half of the obverse is often unwritten and significantly thinner than the left. Additionally, tablets were sometimes deliberately broken in two to preserve the teacher's model. The reverse side usually features three to five columns, revisiting previously learned compositions.

2.4.3 Type III tablets

Type III tablets (called im-gid$_2$-da in Sumerian, "long tablet") are characterized by single columns and contain brief sections (10–15 lines) of longer compositions. They sometimes include a catch-line, i.e., the first line

9 For a discussion about the making of a "micro-tablet" in antiquity, refer to Sperl 1967.

of the next section, untranscribed. These tablets, often bearing lower script quality, are attributed to students and may have been copied from the teacher's example in the left column of a Type II tablet, typically representing a single day's lesson.

2.4.4 Type IV tablets

Type IV tablets are lentil-shaped and distinct among school records, featuring a few lines from various compositions, such as lexical lists, mathematical problems, or proverbs, which are written by the teacher and then copied by the pupil. Patterns may vary depending on the city of origin. In Nippur, the most common type consists of a two-line model text, immediately followed – on the same side – by the student's copy, with the reverse left blank. In Ur, however, the reverse may contain calculations. Additionally, a common type found outside Nippur is a three-line inscription on the obverse, repeated by the student on the reverse (cf. Fig. 4 below).

It is not clear what functional differences existed between Type IV and Type II tablets since both were used as practice tablets in the early stages of learning. Niek Veldhuis has suggested that lentils might have been "the tablets that were brought home to demonstrate progress at school to the parents",[10] though this remains hypothetical.

2.4.5 Prisms

Prisms are three-dimensional objects with four to eight faces, each accommodating one to four columns of text, with the same content as Type I tablets. Notably, Old Babylonian prisms feature a pierced hole for mounting on a stick to facilitate their handling.[11] The quality of text on prisms is often inferior to that found on other exercise tablets, suggesting diverse pedagogical purposes.[12]

2.5 Reconstruction of the scribal curriculum

The reconstruction of the Sumerian elementary curriculum in Nippur heavily relies on the content of Type II tablets.[13] These tablets present a unique format, featuring a brand-new exercise on the obverse side and a previously studied one on the reverse, offering insights into the educational development.

---

10 Veldhuis 1997, 39.

11 This ingenious design might have also been used to prevent damage to the large surface caused by the natural expansion and contraction of clay during the cooking and drying process.

12 Niek Veldhuis (1997, 31) has suggested that prisms might have been created for special occasions, such as school exams, which could explain their relative rarity. For further support of this hypothesis, see also Crisostomo 2015, 127–128.

13 It should be emphasized that outside Nippur, Type II tablets are less frequent. As Veldhuis (1997, 37) observed, "There may be several reasons why non-Nippur examples are so rare. This type of exercise is meant for recycling. The examples from Sippar-Amnānum were found in and around a basin filled with clay. The basin was used to keep the clay wet. Old tablets were thrown in it, and the clay was re-used. In the second place, type II tablets are unattractive. They are usually broken or mutilated, full of erasures and deformed signs. […]

Fig. 4: Example of a Type IV tablet (SC 3, 22, Cotsen Collection, Los Angeles, see Wilson 2008, 151; photo courtesy of CDLI (P388357)).

Fig. 5: Example of a four-sided prism (MS 2341, Schøyen Collection, Oslo = *CUSAS* 43, 38, published in Spada 2019a, 74–90; photo courtesy of CDLI (P251564)).

While some curricular variation occurs – both regionally and between different schools within the same city – an argument can be made for the general similarity of the structure of scribal education throughout Babylonia. In other words, the contents of the scribal curriculum could generally remain consistent without following a rigid sequence. This consistency was not enforced by any central authority but rather resulted from a shared understanding of what proper scribal education entailed, its goals, and how these goals could be achieved. Therefore, it is reasonable to consider that the purpose of the Sumerian curriculum was to

Type II tablets compare unfavourably with the often well-formed lentils (type IV […]) or with type I tablets and prisms. Type II pieces that escaped recycling in their own time may have been regarded as unfit for commercial purposes, and thus dismissed at illicit excavations. Moreover, those deriving from regular excavations may belong to an unattractive rest portion that remains unpublished. This is certainly the case for tablets from Nippur and Kiš".

establish an exclusive scribal class, whose identity was based on sharing specialized knowledge. Sumerian education focused on teaching a tradition that emphasized the unity of the Southern Babylonian cities. This helps explain why the curriculum had geographic, diachronic, and synchronic similarities, even though Sumerian scribal training was in private hands. The Old Babylonian scribal school thus acted as a uniform and coherent institution, representing a model of social behavior guided by conventional rules and endowed with intellectual, moral, and political authority.

Scholars have postulated the existence of two distinct educational stages within the Old Babylonian scribal curriculum: the elementary phase and the advanced phase.[14]

2.5.1 Elementary phase: foundational skills

The elementary phase, serving as the foundational stage, focused on equipping students with essential skills in cuneiform script, Sumerian vocabulary, grammar, and syntax. Teachers played a crucial role in guiding their young charges. To facilitate learning, they provided model texts as templates for students to copy, along with dictation exercises. These carefully crafted examples aimed to establish a solid foundation, enabling students to further develop their proficiency in script and linguistic nuances. The elementary phase laid the groundwork for prospective scribes, nurturing their linguistic abilities and preparing them for more advanced studies in the realm of cuneiform and Sumerian literature.

2.5.2 Advanced phase: immersion in Sumerian literary compositions

In contrast, the advanced phase marked a significant departure from the traditional "teacher-student tablets" approach, representing a notable leap for students into a diverse array of Sumerian literary compositions. Instead of the customary teacher-led format, students in this stage engaged in a challenging process of memorization and replication, showcasing their growing expertise in Sumerian literature. This advanced curriculum required students to commit entire literary works to memory and reproduce them, section by section, on multi-column tablets, following a specific curricular sequence.

It is important to highlight that not all apprentice scribes pursued this advanced curriculum. Many, particularly those specializing in administrative roles, opted for more pragmatic and function-specific courses of study. The advanced phase thus remained a distinctive choice, attracting those driven by a deep passion for preserving and continuing Sumerian literary heritage.

14 However, recent studies, such as Crisostomo 2015, have underscored the profound interconnection between these two phases of scribal education.

3 Model contracts: guiding the transition

As we move into the latter part of the elementary phase, the importance of practical training becomes evident. It was during this phase that instruction in model contracts played a pivotal role.

Apprentice scribes began acquiring specialized qualifications suited to fulfilling distinct societal roles, which demanded not only writing proficiency but also expertise in various technical skills. For instance, scribes engaged in administrative functions within palace or temple settings had to achieve mastery over specific terminologies and legal-administrative procedures, and often bore substantial responsibilities within bureaucratic institutions.

This phase marked the transition from foundational linguistic and script proficiency to more vocational training. As aspiring scribes prepared to take on their roles, they were guided in acquiring the precise knowledge and skills required for work in the administrative, legal, and religious contexts.

Model contracts served as key educational tools, providing templates and guidance for navigating the intricacies of legal documents.

3.1 Quantifying the model contracts

The corpus of tablets containing model contracts currently exceeds 370 – to be precise, 374. It should be stated that this number serves as a conservative estimate. Notably, some Type I tablets and four-sided prisms can accommodate up to fifty distinct contracts within a single artifact.

At present, only a fraction of this corpus, approximately a quarter, has been published in scholarly volumes and articles. However, more than half of the entire collection is now readily accessible online through the "Old Babylonian Model Contracts" database, part of the ORACC initiative.[15] This database offers a searchable and annotated edition of the Sumerian model contracts.

Several scholars have made significant contributions to the study of model contracts through their editions. Among them, Martha Roth played a pioneering role by publishing a school prism as part of her doctoral thesis in 1979. This prism served as a compendium of contracts, contractual clauses, legal provisions, and isolated phrases.

Another notable endeavor, the "Manual of Sumerian Legal Forms" (MSLF) project, was initiated by the late Stephen Lieberman in collaboration with the late William Hallo. It aimed to publish all extant model contracts and model court cases, but was unfortunately interrupted by Lieberman's untimely passing in 1992.

Walter Bodine, a postdoctoral student of Hallo, has continued this academic tradition by publishing selected model contracts from the Yale Babylonian Collection. In a more recent development, Klaus Wagensonner published four additional Yale tablets.[16]

15 http://oracc.org/obmc/.

16 See Roth 1979; Bodine 2015 (see also Spada 2017); Wagensonner 2022a; 2022b.

Over the past thirteen years, the present author has also contributed by publishing several editions of model contracts. Of particular note, the model contracts from the Hilprecht Collection in Jena found a place in the *TMH* series (= *TMH* 11),[17] those from the Schøyen Collection in Oslo are included in the *CUSAS* series (= *CUSAS* 43),[18] and the model contracts of the Rosen Collection were published in the *Revue d'Assyriologie*.[19] An article recently published in the *Journal of Cuneiform Studies* builds upon William Hallo's work and presents the edition of twenty fragmentary multi-column tablets from Nippur, part of the Istanbul collection.[20] In addition to these endeavors, various model contracts from private collections have been featured in other articles.[21]

3.2 Model contracts: their origins and varieties

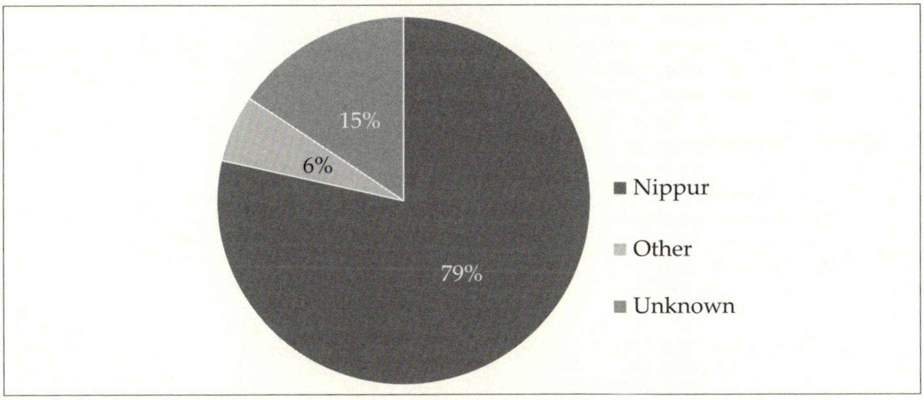

Chart 1: The city of origin of model contracts.

The majority of known model contracts, nearly 80 % of the total, trace their origins back to the city of Nippur. This remarkable concentration of model contracts in Nippur is unsurprising, given that the city serves as the primary source for our understanding of Sumerian scribal education.

In the "other" category, there is an array of tablets from various cities, including Ur, Uruk, Sippar, Isin, Larsa, and Tulul Khattab (whose ancient name remains unknown). This diverse category provides a glimpse into the widespread distribution of such instructional materials across the Mesopotamian landscape. Each

17 Spada 2018a.
18 Spada 2019a.
19 Spada 2022a.
20 Spada/Hallo 2024.
21 See Spada 2011; 2012; 2014; Reid/Spada 2020; Spada 2021a; 2021b; 2022b; 2023a; 2023b; 2023c.

of these tablets reflects the influence of different centers of learning, preserving unique regional variations and insights into the education of aspiring scribes.[22]

The "unknown" category comprises tablets that lack specific archaeological context, encompassing those sourced from private collections such as Schøyen, Cotsen, and Rosen. Despite the absence of direct archaeological provenance, these tablets remain invaluable pieces of the scholarly puzzle, each offering a distinct perspective on Sumerian model contracts and their significance in the broader landscape of ancient scholarship.

3.3 Prominent types of model contracts

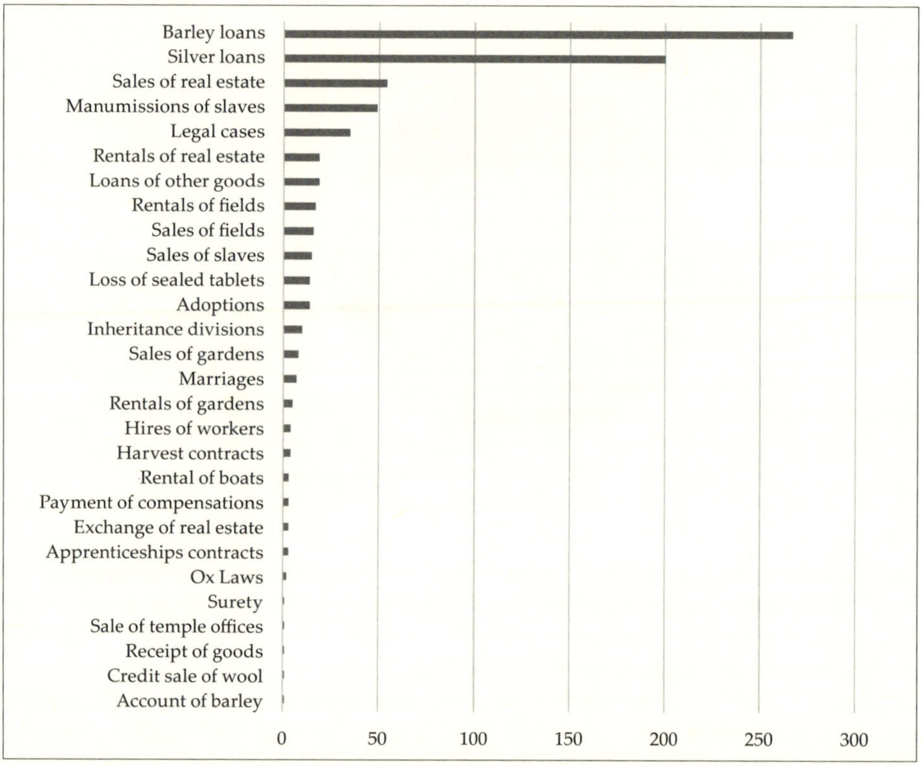

Chart 2: Typologies of contracts.

According to Chart 2, school tablets exhibit a wide variety in the types and prevalence of contracts. Among the most frequently represented were contracts for loans involving barley and silver, deeds of sale for real estate, manumission doc-

22 For a discussion comparing and contrasting Sumerian scribal curricula across Mesopotamia during the Old Babylonian period, see Gadotti/Kleinerman 2021, 23–35.

uments for slaves, agreements for the rental of real estate, contracts for adoptions, marriages, and even legal cases – often referred to as model court cases or literary legal decisions. Additionally, a specific group of legal provisions, known as the "*Laws about Rented Oxen*" or "*Ox Laws*", could be intertwined with model contracts on Type I tablets or prisms, adding a layer of complexity and diversity to the array of educational exercises.

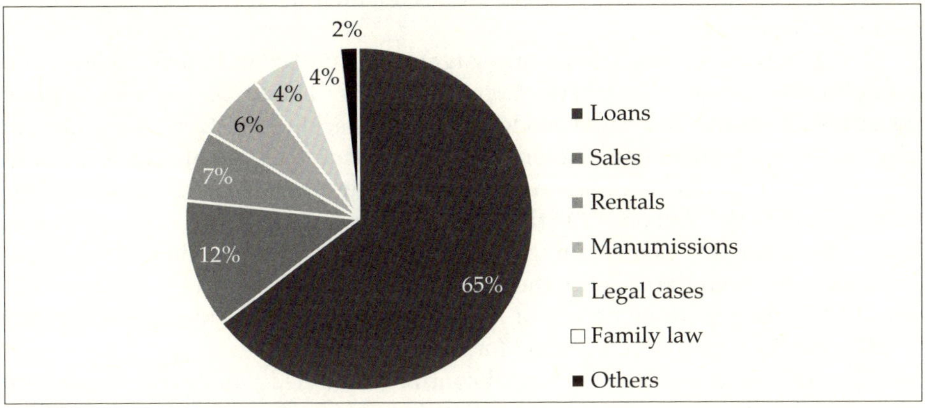

Chart 3: Macro-groups of contracts.

For a comprehensive overview, these contracts can be categorized into broader macro-categories, as shown in Chart 3. The most commonly encountered contract type in these school settings was represented by loan contracts. Following closely behind were deeds of sale of properties such as houses, fields, orchards, and slaves. Additionally, rentals or leases for houses, fields, boats, and orchards, along with manumission documents for slaves, legal cases, and family law matters, which encompassed adoptions, marriages, and inheritance divisions, completed the comprehensive spectrum of model contracts.

The prevalence of loan contracts in school settings is quite logical, as they were less complex than contracts for property sales, which required detailed descriptions. This suggests that loan contracts likely occupied a prominent position among the initial contracts taught to aspiring scribes. Moreover, they were the most common contract type in the financial practices of ancient Mesopotamia during the third and second millennia BCE.

3.4 Formal features of model contracts

When examining the formal characteristics of Sumerian model contracts, a distinct difference from genuine administrative and legal documents becomes evident. Model contracts lacked essential elements that were crucial for legal validity in real-life documents, such as a list of witnesses and dates. Instead, some model contracts incorporated the phrase lu$_2$-ki-inim-ma iti-bi mu-bi, which translated to "(its) witnesses, its month, its year," while others omitted this information entirely.

An exception to this characteristic can be found in a prism belonging to the Schøyen Collection, MS 2341 (= *CUSAS* 43, 38; see Fig. 5).[23] In this unique case, all seventeen contracts concluded with a list of one to three witnesses (often with the scribe serving as the final witness) and a date. However, it is important to note that this feature remains relatively rare and does not alter the fundamentally didactic nature of these texts.

Model contracts were frequently organized into compilation tablets, and thoughtfully arranged for instructional purposes. These compilations usually consisted of groups of related model contracts that differed from each other in the values assigned to one or more contractual variables. For instance, a group of barley loan contracts might have focused on the ascending progression in the quantities of barley lent out.[24] On the other hand, in a series of real estate contracts, the main distinctive elements might have included the description of the house (size, location, boundaries, etc.), the price paid, and the names of the individuals involved.[25] The repetitive nature of these texts was valuable for explaining and reinforcing Sumerian sentences and formulas.

Other distinctive features of model contracts included the absence of seal impressions, a common practice in authentic documents to ensure their legal validity. Additionally, they contained uninscribed portions, leaving significant parts of the tablets blank, in some instances having the entire reverse side left empty. This feature was common in school tablets but not in functional documents, where both sides of the tablet were typically inscribed. Many model contracts existed in multiple copies, a characteristic often found in educational materials to facilitate practice.

Furthermore, model contracts shared common traits with school documents in general, including the presence of a colophon and a doxology dedicated to the goddess Nisaba. Colophons, typically found at the end of tablets,[26] provided information about the tablet's origin and content, while doxologies offered praise to Nisaba, the patron deity of scribes.[27] Model contracts also often featured a catch-line, typically positioned as the last line on the tablet but functioning as the first line of the next contract (which was not copied), ensuring the proper order of the texts within a collection. These catch-lines were common in Type II and Type III tablets.

23 Published in Spada 2019a, 74–90.

24 See, for example, *ZA* 101, 210–215 side 1 i 1′–ii 12′ (published in Spada 2011, 210–215) or HS 2500a obv. i 1–ii 19 (= *TMH* 11, 4 §§ 1–4, published in Spada 2018a, 45–47).

25 See, for example, CBS 13934 obv. i–iii or N 4073 obv. i′–ii′. For the transliteration and translation of these unpublished tablets and all the unpublished tablets mentioned in the article, please refer to the Old Babylonian Model Contracts project (http://oracc.org/obmc/).

26 In Nippur, colophons were typical of Type I tablets and prisms, but occasionally, outside Nippur, they also appeared in single-column tablets (see, for example, YBC 6830 = *NABU* 2022, 197–198, published in Wagensonner 2022b; MS 3319 = *CUSAS* 43, 49, published in Spada 2019a, 112).

27 Doxologies typically read ^{d}nisaba za$_{3}$-mi$_{2}$, which translates to "Nisaba be praised!".

4 Model contracts: between theory and practice

In the Old Babylonian scribal curriculum, a strong emphasis was placed on legal tradition. Students underwent comprehensive training in formal administrative and legal rhetoric through the study of model contracts, model court cases, legal phrasebooks, collections of legal principles, as well as law codes copied from public monuments. Notably, two influential legal codes during this period were the *Laws of Lipit-Ištar*, written in Sumerian, and the *Laws of Hammurapi*, in Akkadian.

These instructional materials were meticulously designed to display a high degree of intertextuality, connecting various legal texts. This approach served a dual purpose: it prepared students for the task of contract writing and also imparted knowledge of legal procedures. In addition, it honed their skills in legal discussions and argumentation, crucial for future participation in court proceedings.

A significant aspect of the Old Babylonian curriculum was the incorporation of model contracts and model court cases, constituting a mode of instruction termed "pattern practice" by Stephen Lieberman. This involved the replication of complete legal documents and records, providing students with hands-on experience in managing legal matters. In contrast, lexical series and law collections followed a "paradigmatic approach," teaching a series of words, phrases, and clauses – similar to the modern study of legal terminology and definitions.[28]

4.1 Model contracts, model court cases, and law provisions

The emphasis on formal legal training is further underscored by the presence of model court cases and law provisions, particularly what is known as the *Laws about Rented Oxen*, which are interwoven with model contracts recorded in prisms or Type I tablets.

For instance, a prism recording multiple model contracts (Fig. 6) includes three provisions from the *Laws about Rented Oxen*,[29] addressing liability issues related to the injury or loss of oxen. These provisions were formalized by instructors of the Old Babylonian *Edubba'a* and repeatedly copied by students.[30]

Martha Roth (1980) noted similar provisions in other school exercises (such as the *Sumerian Laws Handbook of Forms*, and *YOS* 1, 28), in the lexical list *Ana ittišu* (IV Appendix), as well as in the *Laws of Lipit-Ištar* (§§ 34–37), and the *Laws of Hammurapi* (§§ 244–249). These occurrences in different legal and school documentation

28 Cf. Lieberman 1992, 129–130.

29 (*beginning missing*) ba-an-kud / igi 3-ĝal$_2$ / [s]am$_2$-ba-kam / i$_3$-la$_2$-e / tukum-bi / gud sa-sal-bi / ab-bu-us$_2$ / igi 4-ĝal$_2$ / sam$_2$-ba-kam / i$_3$-la$_2$-e / tukum-bi / ^{ĝeš}gi-a / tir-ra-ni / ^{gi}en$_3$-bar (*rest missing*), "(If the renter) cuts off (the horn of the ox), he will pay one-third of its value (in silver). If he tears out the hoof tendon of the ox, he will pay one-fourth of its value (in silver). If in the reed thicket his (of the renter) forest young reed … (*rest of provisions missing*). See Spada 2018b; 2019b; 2022a, 96–98.

30 The first reconstruction of the *Laws about Rented Oxen* was published by M. Civil in 1965. M. Roth further organized them into a single sequence in her works from 1980 and 1997. For an up-to-date overview of this law collection, refer to Spada 2018b; 2019b.

Fig. 6: Side B of CUNES 52-10-148 (*RA* 116, 96–98, published in Spada 2022a and Spada 2018b).

further highlight the deep-seated emphasis on legal training in the Old Babylonian educational system.

Collections of model contracts on prisms or Type I tablets often included legal cases, serving as illustrative court settlements designed to train aspiring scribes in the art of creating functional court records. These cases, though lacking details like witnesses and dates, covered a range of legal scenarios from common cases – for example, inheritance disputes and barley loans – to more sensational and attention-grabbing trials, such as the famous *Nippur Homicide Trial* or incidents involving crimes like the rape of a female slave. Interestingly, many of these fictional records are notable for their vivid and colorful details, which were included to provide a more immersive and instructive experience for students.[31]

It is worth mentioning that model court cases were closely associated with Nippur, not only because the majority of known copies were discovered there but also because many directly referenced the "Nippur assembly," in Sumerian pu-uḫ$_2$-ru-um nibru^{ki}. Some of these cases even mentioned the kings of the Isin

31 For the latest discussion on this educational genre, see Milstein 2021, 28–38, along with the previous literature on the topic.

dynasty,[32] to whom petitioners appealed, adding a historical dimension to the instructional material.

Despite their value in an educational context, questions persist about the frequency with which model court cases were used. Their relative scarcity, compared to the hundreds of preserved model contracts, suggests the possibility that they might have been sporadic inclusions in the curriculum. This raises interesting questions about the practicality of these cases as a means of training scribes, and the extent to which they were used in the education of aspiring legal professionals in the Old Babylonian period.

4.2 Model contracts and the Old Babylonian Legal Phrasebooks

In the realm of cuneiform legal literature, model contracts often shared significant legal terminology and formulae with didactic lexical texts like *Ana ittišu* and, to a somewhat lesser extent, *Ura* I–II.

During the Old Babylonian period, two versions of a legal phrasebook circulated, alongside some more local recensions: the Northern version, primarily known as coming from the city of Sippar, and the Nippur version.[33] These texts were meticulously crafted to focus on contract terminology and short verbal paradigms. The *Sippar Legal Phrasebook* found its place as the first two chapters of the thematic list *Ura* and served as a fundamental elementary exercise in all cuneiform writing centers during the Middle Babylonian period and beyond. In contrast, the *Nippur Legal Phrasebook*, during the Middle and Neo-Assyrian periods, evolved into the rare and scholarly seven-tablet compilation known as *Ana ittišu*.

4.2.1 Analysis of a model contract

The following contractual example demonstrates the incorporation of formulas and expressions typical of legal phrasebooks into model contracts. It was written on a Type III tablet (Fig. 7) and pertained to the rescue and adoption of an abandoned baby by a *nugig*-priestess.

32 The mentioned kings are Išme-Dagan (1955–1937 BCE), Ur-Ninurta (1925–1898 BCE), Būr-Sîn (1897–1876 BCE), and Enlil-bāni (1862–1839 BCE).

33 See Veldhuis 2014, 188.

Fig. 7: SC 3, 24a (Cotsen Collection, Los Angeles, see Wilson 2008, 78, published in Spada 2014, 3–7; photo courtesy of CDLI (P388305)).

The translation of the contract reads as follows:

> One suckling male child, found at a well, rescued from the street, Simat-Adad, the *nugig*, has snatched from the mouth of a dog, has made a raven drop from its mouth. Simat-Adad, the *nugig*, has adopted him as her son (and) established him as her heir. In the future, if Simat-Adad, the *nugig*, says to him, "You are not my son!" she shall forfeit house, field, orchard, slaves, possessions, and utensils, as much as there may be. She has sworn by the name of Nanna, Šamaš, and of the king Rīm-Sîn.[34]

Notably, this contract begins with a declaration of adoption, followed by a clause establishing penalties for contract violations. It concludes with an oath invoking the gods Nanna, Šamaš, and the king Rīm-Sîn of the Larsa dynasty.[35]

Throughout history, various societies have practiced the exposure of unwanted infants. In this practice, parents who did not want or could not care for their child exposed the infant, thereby renouncing all rights and obligations to the baby, who was

34 1 dumu-nita$_2$ gaba / tul$_2$-ta pad$_3$-da / sila-ta kur$_2^!$-ra / me-^{d}iškur nu-gig / ka ur-gir$_{15}$-ra-ta ba-da-kar / ka uga-ta ba-da-an-šub / ^{I}me-^{d}iškur nu-gig / nam-dumu-ni-še$_3$ šu ba-an-ti / nam-ibila-a-ni-še$_3$ in-ĝar / ud kur$_2$-še$_3$ tukum-bi / ^{I}me-^{d}iškur nu-gig / dumu-ĝu$_{10}$ nu-me-en ba-an-na-dug$_4$ / e$_2$ a-šag$_4$ ^{ĝeš}kiri$_6$ geme$_2$ arad$_2$ / niĝ$_2$-gur$_{11}$-ra u$_3$ ^{ĝeš}šu-kar$_2$ / *a-na* ĝal$_2$-la-am$_3$ / ba-ra-an-ed$_3$-de$_3$ / mu ^{d}nanna ^{d}utu ^{d}*ri-im*-^{d}suen lugal in-pad$_3$

35 The combination of these two deities and the name of the ruler in the oath formula leads us to hypothesize that this tablet might have originated from the city of Larsa or one of the cities under its direct control.

now in "an outside, ownerless and lawless area where the dogs roam, which is outside the legal borders of the community".[36]

What is particularly intriguing about this contract is its use of picturesque language to describe the status of an abandoned child. It refers to the child as being found at a well (tul2-ta pad3-da – it is interesting to note that tul2-ta-pad3-da was a common Sumerian name), rescued from the street (sila-ta kur2-ra, literally "brought (home) from the street"), snatched from the mouth of a dog (ka ur-gir15-ra-ta ba-da-kar), and dropped from the mouth of a raven (ka uga-ta ba-da-an-šub).

The vivid and symbolic language used in this and other model contracts[37] significantly differs from the straightforward terminology employed in actual adoption contracts of the Old Babylonian period.[38] Such figurative phrasing was more commonly found in *Ana ittišu* and ur5-ra = *ḫubullu*:

Ana ittišu III 32–37	ur5-ra = *ḫubullu* II 3–5
tul2-ta pad3-da *ina bur-ti a-tu-šu*	tul2-ta pad3-da *ina bur-tum a-tu*
sila-ta ba-an-ku4-ra *ina su-qi2 šu-ru-ub*	sila-ta i3-kur-ra *ina su-u2-qi2 šu-ru-ub*
ka ur-gir15-ta ba-an-da-kar *i-na pi-i kal-bi e-ki-im-šu*	ka ur-gir15-a-ni-še3 ba-an-da-kar *ina pi-i kal-bi e-kim*
ka uga-ta mi-ni-ib2-ta-šub *ina pi-i a-ri-bi u2-šad-di*	

4.2.2 The expression lugal-a-ni-še3-am3

Another formula specific to educational documents emerges in liability clauses which often conclude model contracts relating to antichretic pledges. In these instances, debtors pledged a slave for the creditor's service instead of paying interest on a loan. This formula, termed the "warranty against flight", addresses the owner's accountability for the permanent absence of the slave due to flight, death, or disappearance. Its purpose was to safeguard the creditor, with the debtor obligated to compensate for the loss of the pledged slave.

In numerous model contracts, the warranty against flight concluded with the formula lugal-a-ni-še3-am3, translating to "it is (the responsibility) of his/her

36 Malul 1990, 104.

37 In this context, see also CBS 11324 § 1 (*ZA* 97, 4–9, published in Klein/Sharlach 2007), NBC 7800 iv 30–v 6 (published in Bodine 2015, 28–30 and 97–103) and MS 2341 side C iii 1–D i 14 (= *CUSAS* 43, 38 § 12, published in Spada 2019a, 85–87).

38 In this regard, it is important to note a Neo-Babylonian legal document (BM 77461; see Wunsch 2003–2004, 219–221) that recorded the staged exposure of a baby by his mother, using similar language of casting him "to the dog" (*a-na kal-bi ta-as-su-ku*) and being lifted "from the dog's mouth" (*ul-ta pi-i kal-bi iš-šu-u2-ma*).

(= of the slave's) owner alone". This expression conveyed, in a somewhat general manner, the owner's responsibility for the slave's absence, without specifying the precise terms of compensation to the creditor.[39]

Consistently appearing in educational documents, it is found in an unpublished source from the Old Babylonian Nippur *Ki-ulutin-bi-še*$_3$ (Ist. Ni. 10307, D i 1′–5′) which reads: "If the slave dies, flees, disappears, is devoured by a lion, it is the responsibility of his owner alone".[40] It is also present in a school exercise (*YOS* 1, 28 § 9′) and in a proverb (*UET* 6, 275).

In contrast, real-life documents were typically more explicit, demanding the immediate return of the borrowed capital by the debtor in the event of the slave's permanent absence.[41]

The exclusive use of the formula lugal-a-ni-še$_3$-am$_3$ in the school setting suggests that it functioned similarly to lu$_2$ ki-inim-ma iti-bi mu-bi, marking it as an exercise within the scribal curriculum rather than an actual document. This distinction establishes a clear boundary between educational exercises and real-life transactions within the Old Babylonian context.

4.3 Model contracts and the law codes

References to themes discussed in the paragraphs of the Old Babylonian law codes, notably the *Laws of Lipit-Ištar* and the *Laws of Hammurapi*, frequently emerge within the context of model contracts. One instance is when certain model contracts address the intricate matter of the legal status of children born from a second marriage and the associated divisions of inheritance. This particular scenario remarkably mirrors the legal provisions outlined in the *Laws of Lipit-Ištar* (§§ 24–26) and the *Laws of Hammurapi* (§§ 148, 167, 170–171).

4.3.1 Analysis of a model contract

A concrete example is provided by a contract recorded on a prism that deals with a second marriage and the subsequent division of inheritance among the offspring of the first and second wives.[42] The contract reads as follows:

> Nin-ḫeĝal, the wife of Šulgi-adlal, the gardener …, passed away. Subsequent (to the demise of) his wife, he contracted a marriage with Ninlil-amaĝu, his

---

39 For an in-depth examination of this formula and its occurrences in educational documents, refer to Spada 2021b. Additionally, see Spada 2023a and 2023b.

40 tukum-bi ba-uš$_2$ / tukum-bi ba-zaḫ$_2$ / tukum-bi u$_2$-gu ba-an-de$_2$ / tukum-bi ur-maḫ gu$_7$-a / lugal-a-ni-še$_3$-am$_3$. For this interpretation see Spada 2021b, 255 and 2021c, 518–519. For the complete transliteration of the tablet, see DCCLT, https://oracc.museum.upenn.edu/dcclt?q=P230150 (accessed March 13, 2026).

41 Refer to *JCS* 9, 60 no. 3 obv. 7–8, rev. 1–2 (= Harris 1955, 60) for an example illustrating this point: "should (the slave) die or disappear … (the creditor) will take the silver from Ku-Aya (= the debtor)" (*i-mu-*[*a*]*t i-ḫa-li-iq-ma* … ki *ku-a-a* kug *e-le-qe*$_2$).

42 MS 2341 side D ii 25–iii 18 (= *CUSAS* 43, 38 § 15), published in Spada 2019a, 88–89. For the image of this prism see Fig. 5.

> female slave. In the presence of judges and city elders, he smashed her slavery pot (*some lines missing*). In the future, the children of Nin-ḫeĝal, when referring to the children of Ninlil-amaĝu, will not say "They are slaves." They have equally divided the inheritance in mutual consent: they have sworn on the king's name.[43]

After the death of his first spouse, Šulgi-adlal took Ninlil-amaĝu, his female slave (who had likely already borne him children), as his second wife and duly liberated her from servitude by ceremonially destroying her slavery pot. The contract addresses the legal status of the offspring born from this second union, affirming their freedom and ensuring their equitable participation in the division of the paternal estate. This is consistent with the general principle, attested in § 167 of the *Laws of Hammurapi*, whereby the sons from both marriages equally divide the property of the paternal estate.[44]

4.4 Model contracts and real-life documents

The study of Sumerian model contracts not only provides insights into their instructional aspects but also prompts reflections on their relationship with real-life counterparts. Specifically, questions arise regarding the reciprocal influence between model contracts and actual legal documents, as well as their temporal relationship. While definitive answers to these inquiries remain elusive, an examination of these educational tools suggests that the contracts taught to apprentice scribes during their training were designed to encompass a wide range of scenarios relevant to everyday economic and legal life. Notably, the legal terminology and formulae in Sumerian model contracts aligned with those of Old Babylonian legal procedures, suggesting a deliberate effort to prepare scribes for the intricacies of real-life transactions. Although some exercises might contain unusual details not commonly found in real documents, the overall alignment suggests a deeper connection between the educational curriculum and the pragmatic requirements of the time.

43 ^{Id}šul-gi-ad-l[al3] / santana DAM DIĜIR / nin-ḫe2-ĝal2 dam-a-ni / ba-uš2 / egir dam-a-ni-ta / ^{d}nin-lil2-ama-ĝu10 geme2-n[i] / nam-dam-še3 ba-an-tuku / igi di-kud-bi-me-eš / u3 ab-ba-iri^{ki}-me-eš / dug nam-geme2-a-ni in-gaz / (*two lines missing*) / ud kur2-še3 / dumu nin-ḫe2-ĝal2 / dumu ^{d}nin-lil2-ama-ĝu10-še3 / geme2 arad-me-eš / nu-ub-be2-a / ḫa-la teš2 sig5$^{!}$-ga-bi / i3-ba-e-eš / mu lugal-bi in-pad3-de3-eš.

44 *šumma awīlum aššatam īḫuzma mārī ūlissum sinništum šī ana šīmtim ittalak warkīša sinništam šanītam ītaḫzma mārī ittalad warkānum abum ana šīmtim ittalku mārū ana ummātim ul izuzzū šerikti ummātīšunu ileqqûma makkūr bīt abim mitḫāriš izuzzū*, "If a man marries a wife and she bears him children, and later that woman goes to her fate, and after her death he marries another woman and she bears children, after which the father then goes to his fate, the children will not divide the estate according to the mothers; they shall take the dowries of their respective mothers and then equally divide the property of the paternal estate" (transl. in Roth 1997, 113).

4.4.1 Analysis of two tablets in the Schøyen Collection

One particularly intriguing case shedding light on these questions involves two tablets from the Schøyen Collection, offering insights into the nature of scribal learning.

The first tablet appears to be an authentic contract, complete with a list of witnesses and, crucially, seal impressions, both essential for the legal validity of such documents. However, this original contract lacks a preserved date due to a missing corner. The upper-left corner of the tablet was artificially restored with clay bearing an imitation of cuneiform, added in modern times. This tablet pertains to the sale of a female slave, whose name has not been preserved, from Ubarum, the *gudug* priest, to a certain Ipqu-Adad. The contract read as follows:

> Ipqu-Adad bought [a female slave na]med [PN from Ubaru]m, the priest; he paid its full price, (and) she was made to cross over the pestle. (Since) they were living in times of famine, he (= Ipqu-Adad) handed over the silver, according to the weighed *gur* and to the fluctuating market (*lit.* being the market high or low). He (= Ubarum) swore on the king's name that they would meet (in) the city of Raḫabum (in order to hand over the slave) at the …, that in the future the one would not go back (on the agreement) against the other (and) that he would not say to him "(She is) my slave!", "My daughter!", or "My wife!" (List of seven witnesses, date lost).[45]

This contract reveals that the sale occurred during a period of famine, affecting the value of the silver used for payment. It also mentions that the two contracting parties were to meet in the city of Raḫabum, near Larsa, presumably to finalize the transaction.

Notably, the tablet bears the seal of Ilān-šemeā, the father of Bēlum, one of the witnesses mentioned in the contract at the beginning of the list.

Importantly, both Ubarum, the seller, and Ipqu-Adad, the buyer, also appear in other real-life tablets from the Schøyen Collection, confirming their identities in real economic and legal contexts. Ubarum, designated as a *gudug* priest, is featured in eight tablets recording loan contracts where he serves as the creditor, all dated to the years 22–29 of Sumu-El of Larsa (1894–1866 BCE).[46] This strongly suggests that the authentic contract under study could likely be dated to a year within this timeframe, potentially in the year 28, as indicated by the second tablet.

45 (*1 line missing*) / [… mu]-ni-im / [ki *u-bar-ru-u*]*m* gudug / *ip-qu*$_{2}$-^{d}iškur / in-ši-sa$_{10}$ / sam$_{2}$ til-la-bi-še$_{3}$ / in-na-la$_{2}$ / ĝeš-gan-na ib$_{2}$-ta-bala / ud šag$_{4}$-ĝar-ra-bi til$_{3}$-la-e-ne / šag$_{4}$ gur la$_{2}$-la$_{2}$-ke$_{4}$ / šakanka gal tur-ra / kug šu bi$_{2}$-in-šum$_{2}$ / ^{uru}*ra-ḫa-bu-um*^{ki} / ^{ĝeš}ig peš$_{3}$-bi d[ug$_{3}$] / teš$_{2}$-še$_{3}$ lu$_{2}$-lu$_{7}$ nu-mu-un-gi$_{4}$<-gi$_{4}$>-de$_{3}$ / geme$_{2}$-ĝu$_{10}$ dumu-munus-ĝu$_{10}$ dam-ĝu$_{10}$ / nu-un-na-ab-be$_{2}$-a / mu lugal-bi in-pad$_{3}$ / igi *be-lum* dumu DIĜIR.DIĜIR.DIĜIR-*še-me-a* / igi *šu*-^{d}kab-ta dumu *an-ni-ia* / igi *be-la-nu-um* dumu *bu-la-lum* / igi puzur$_{4}$-^{d}da-gan dub-sar / igi *zu-ur*$_{2}$*-zu-ru-um* dumu *iš-me*-^{d}KA.DI / [igi *ḫa*]*-zi-ru-um* dumu *i-din*-^{d}mar-du$_{2}$ / [igi x-x]-^{d}*a-a* šu-i / [kišib lu$_{2}$-inim-m]a-bi-meš ib$_{2}$-raḫ$_{2}$ (*date missing*).

46 MS 1947/18, MS 1949/1, MS 1949/2, MS 1949/3, MS 1950/4, MS 1950/5, MS 1950/7, and MS 1950/8.

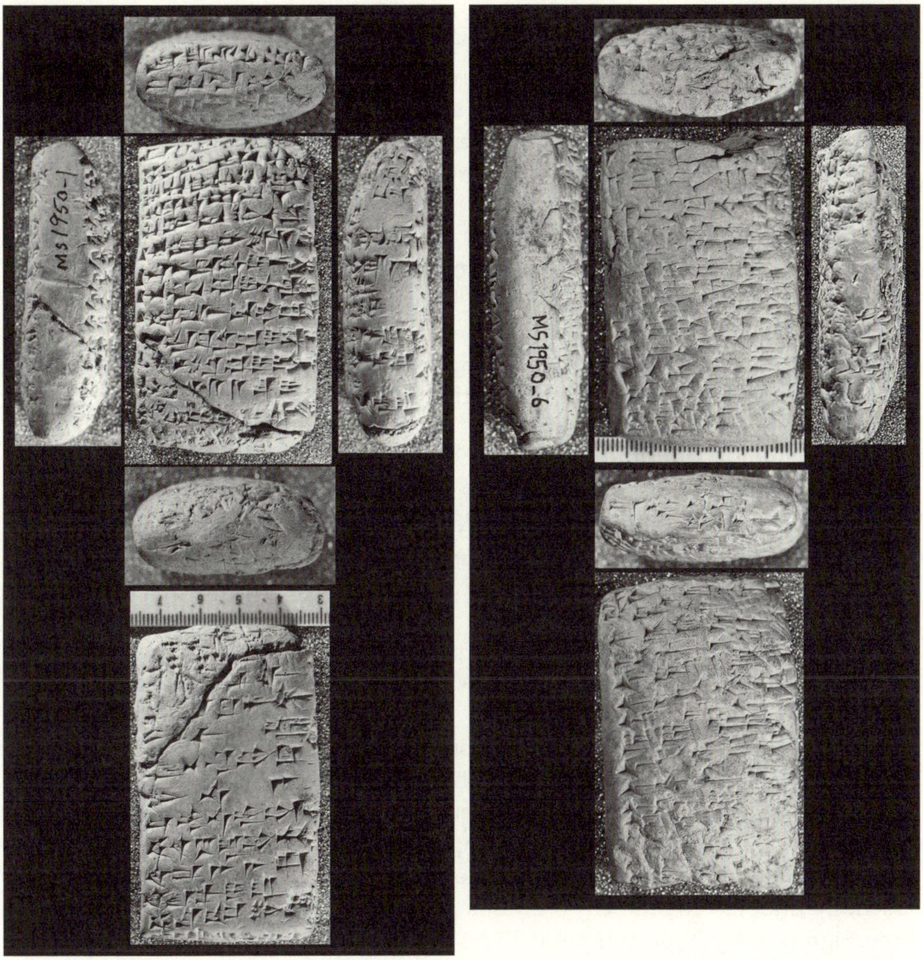

Figs. 8 and 9: MS 1950/1 = *CUSAS* 43, 56 and MS 1950/6 = *CUSAS* 43, 57 (published in Spada 2019a, 117–120; photo courtesy of CDLI (P250663 and P250669)).

The second tablet appears to be a kind of duplicate of the first,[47] but was written by a less-than-proficient student. It differs in the order of some legal clauses (sometimes abbreviated) and presents variations in personal names compared to the original document, except for a few names in the list of witnesses. In this tablet, Ubarum is identified as the buyer rather than the slave's owner, as in the

47 1 saĝ-geme$_2$ / *a-zu-ga-a-a* mu-ni / ki ^{d}suen-*nu-ri* dam-a-ni / ud šag$_4$-ĝar-ra til$^{!}$-la-ne / šag$_4$ gur la$_2$-la$_2$-ke$_4$ / [šak]anka gal tur-ra / [t]eš$_2$-teš$_2$ lu$_2$-lu$_7$ / teš$_2$ ba-pad$_3$-de$_3$ / kug ba-ab-šum$_2$-ma / ki ^{d}suen-*nu-ri* dam-a-ni / ^{I}*u-bar-ru-um* / sam$_2$ til-la-ni-še$_3$ / kug

previous text. Moreover, the name of the city where the contracting parties would meet, Raḫabum, is written incorrectly (^{uru}*ru-um-ḫa-bu*^{ki} instead of the correct ^{uru}*ra-ḫa-bu-um*^{ki}). Most significantly, any trace of sealing, which is essential for legal validity, is absent. As such, despite containing a list of witnesses and a date (Sumu-El 28), this tablet is considered a scribal exercise: the scribe did not intend to replicate the real-life contract but aimed to produce a similar contract, making several mistakes in the process.

These tablets offer valuable insights into the intricacies of scribal education, emphasizing the relationship between model contracts and their real-life counterparts. They illuminate the interplay between these instructional documents and underscore their significant role in shaping the legal landscape of the time, highlighting the nuanced training of apprentice scribes and the delicate balance between imitation and actual legal practice.

5 Conclusions

The Old Babylonian scribal curriculum placed a profound emphasis on legal tradition, underscoring the central role of legal knowledge in ancient Mesopotamia. Apprentice scribes underwent comprehensive training that involved the meticulous copying of model contracts, model court cases, legal phrasebooks, collections of legal principles, and law codes. This training was instrumental in equipping them with the skills and knowledge necessary for participating in court proceedings, handling formal administrative tasks, and navigating the intricate realm of legal rhetoric.

Nippur, situated in Southern Babylonia, emerged as a prominent center for learning Sumerian, standing out as a hub for a strong legal focus within the scribal curriculum. This prominence is evident in the vast number of model contracts originating from this city, constituting approximately 80 percent of all known examples. Moreover, the presence of model court cases referencing Nippur and its assembly underscores the city's unique role in the educational landscape of the time. Significantly, Nippur housed a version of the *Old Babylonian Legal Phrasebook*, known as *Ki-ulutin-bi-še*$_3$, which later evolved into the scholarly compilation *Ana ittišu* during the Middle and Neo-Assyrian periods. Furthermore, Nippur's connection to the *Laws about Rented Oxen* is notable, with exercise tablets from the city containing these provisions.

Sumerian model contracts occupy a space that bridges theoretical instruction and practical application. They often coexist within compilation tablets or prisms alongside model court cases and law provisions, particularly the *Laws about Rented Oxen*. Remarkably, they share legal terminology and formulae with legal phrase-

šu bi$_2$-ib-šum$_2$ / ^{uru}*ru-um-ḫa-bu*^{ki} / ĝeš-gan-na ib$_2$-ta-bala / ud kur$_2$-še$_3$ lu$_7$ mu-gi$_4$ / mu lugal-bi in-pad$_3$ / igi *be*$^!$*-lum* dumu DIĜIR.DIĜIR-*še-me-*[*a*] / igi kug-^{d}nanna / igi *ia-a* dumu *nu-ur*$_2$-^{d}KA.DI / igi *i-bi-ir*$_3$*-ra* gudug / igi *a-ḫa-mar-ši* dumu *a-ia-ak-ku-um* / igi *ḫa-an-ba-tum* / igi *nu-ru-um*$^!$ / igi *puzur*$_4$-^{d}*da-*[*gan*] / igi *a-pil*$_2$-^{d}[…] / kišib lu$_2$-ini[m-ma]-bi / iti ^{ĝeš}apin-du$_8$ / mu us$_2$-sa 6-bi [e]n ^{d}nanna ba-ḫuĝ-[ĝa$_2$].

books. Moreover, they delve into legal subjects covered in the Old Babylonian law collections, particularly the *Laws of Ḫammurapi* and *Laws of Lipit-Ištar.*

The complex interplay between Sumerian model contracts and their real-life counterparts raises a series of unresolved questions. Nevertheless, these instructional documents were crafted to cover a diverse spectrum of legal scenarios and economic transactions relevant to everyday life in ancient Babylonia. While some exercises may exhibit unusual or vivid details not commonly found in actual documents, the overarching alignment of legal terminology and formulae in them closely corresponds to those employed in Old Babylonian legal procedures.

The study of Sumerian model contracts offers valuable insights into the educational system, legal practices, and the cultural milieu of Babylonia. As we continue to decipher and analyze these ancient artifacts, the line between theory and practice becomes clearer, shedding light on the development of law and education in ancient Mesopotamia.

Texts and text editions

BM
Tablet signature, British Museum London.

DCCLT
Digital Corpus of Cuneiform Lexical Texts. <http://oracc.org/dcclt>.

CBS
Tablet signature, Collection of the Babylonian Section, University Museum, Philadelphia.

CUNES
Tablet signature, Cornell University of Near Eastern Studies, Ithaca.

CUSAS 43
See Spada 2019a.

HS
Tablet signature, Hilprecht-Sammlung Jena.

Ist. Ni.
Tablet signature, Istanbul Archaeological Museum.

MS
Tablet signature, Martin Schøyen Collection, Oslo.

N
Nippur tablet, University Museum, Philadelphia.

NBC
Tablet signature, Nies Babylonian Collection, Yale University, New Haven.

SC
Tablet signature, Cotsen Collection of Cuneiform Tablets, Special Collections, UCLA, Los Angeles.

TMH 11
See Spada 2018a.

UET 6
See Gadd/Kramer 1966.

YBC
Tablet signature, Yale Babylonian Collection, Yale University, New Haven.

YOS 1
See Clay 1915.

Bibliography

Bodine 2015
Bodine, W. R.: How Mesopotamian Scribes Learned to Write Legal Documents: A Study of the Sumerian Model Contracts in the Babylonian Collection at Yale University, Lewiston.

Bowen 2017
Bowen, J. A.: A Preliminary Study of the Sumerian Curricular and Lamentational Texts from the Old Babylonian City of Kish. PhD Dissertation Johns Hopkins University.

Civil 1965
Civil, M.: New Sumerian Law Fragments. In: Güterbock, H. G. / Jacobsen, Th. (eds.): Studies in Honor of Benno Landsberger on His Seventy-Fifth Birthday, April 12, 1965. Assyriological Studies 16, Chicago, 1–12.

Civil 1969
Civil, M.: The Series lú = *ša* and Related Texts. Materials for the Sumerian Lexicon 12, Rome.

Civil 1979
Civil, M.: Ea A = *nâqu*, Aa A = *nâqu*, with their Forerunners and Related Texts. Materials for the Sumerian Lexicon 14, Rome.

Civil 1985
Civil, M.: Sur les "Livres d'écolier" à l'époque paléo-babylonienne. In: Durand, J.-M. / Kupper, J.-R. (eds.): Miscellanea Babylonica. Mélanges offerts à Maurice Birot, Paris, 67–78.

Civil 1995
Civil, M.: Ancient Mesopotamian Lexicography. In: Sasson, J. M. (ed.): Civilizations of the Ancient Near East, New York, 2305–2314.

Clay 1915
Clay, A. T.: Miscellaneous Inscriptions in the Yale Babylonian Collection. Yale Oriental Series, Babylonian Texts 1, New Haven.

Crisostomo 2015
Crisostomo, C. J.: Writing Sumerian, Creating Texts: Reflections on Text-building Practices in Old Babylonian Schools. Journal of Ancient Near Eastern Religions 15, 121–142.

Delnero 2019
Delnero, P.: Archives and Libraries in the Old Babylonian Period, c. 1900–1600 BCE. In: Ryholt, K. / Barjamovic, G. (eds.): Libraries before Alexandria. Ancient Near Eastern Traditions, Oxford, 168–191.

Díaz Herrera et al. 2023
Díaz Herrera, M. / Gordon, J. / Levy, D. / Ouimet, M. / Paulus, S. / Siegmund, C.: School Life in House F. In: Paulus, S. (ed.): Back to School in Babylonia. ISAC Museum Publications 1, Chicago, 217–258.

Gadd/Kramer 1966
Gadd, C. J. / Kramer, S. N.: Ur Excavations Texts 6. Literary and Religious Texts, Second Part, London.

Gadotti/Kleinerman 2021
Gadotti, A. / Kleinerman, A.: Elementary Education in Early Second Millennium BCE Babylonia. Cornell University Studies in Assyriology and Sumerology 42, University Park.

Guinan/Leichty 2010
Guinan, A. / Leichty, E.: Tasteless Tablets. In: Stackert, J. / Nevling Porter, B. / Wright, D. P. (eds.): Gazing on the Deep: Ancient Near Eastern and Other Studies in Honor of Tzvi Abusch, Bethesda, 49–50.

Harris 1955
Harris, R.: The Archive of the Sin Temple in Khafajah (Tutub) (Continued). Journal of Cuneiform Studies 9, 59–88.

Klein/Sharlach 2007
Klein, J. / Sharlach, T. M.: A Collection of Model Court Cases from Old Babylonian Nippur (CBS 11324). Zeitschrift für Assyriologie und Vorderasiatische Archäologie 97, 1–25.

Lieberman 1992
Lieberman, S.: Nippur: City of Decisions. In: de Jong Ellis, M. (ed.): Nippur at the Centennial. Papers Read at the 35e Rencontre Assyriologique Internationale, Philadelphia 1988. Occasional Publications of the Samuel Noah Kramer Fund 14, Philadelphia, 127–136.

Malul 1990
Malul, M.: Adoptions of Foundlings in the Bible and Mesopotamian Documents: A Study of Some Legal Metaphors in Ezekiel 16.1-7. Journal for the Study of the Old Testament 46, 97–126.

McMahon 2023
McMahon, A.: The Archaeology of Nippur's House F and Its Neighborhood. In: Paulus, S. (ed.): Back to School in Babylonia. ISAC Museum Publications 1, Chicago, 31–37.

Milstein 2021
Milstein, S. J.: Making a Case: The Practical Roots of Biblical Law, Oxford.

Reid/Spada 2020
Reid, J. N. / Spada, G.: From Oslo to Atlanta: An Old Babylonian Prism Collecting Model Contracts. Rivista degli Studi Orientali 93, 37–58.

Robson 2001
Robson, E.: The Tablet House: A Scribal School in Old Babylonian Nippur. Revue d'Assyriologie et d'Archéologie Orientale 95, 39–66.

Roth 1979
Roth, M. T.: Scholastic Tradition and Mesopotamian Law: A Study of FLP 1287, a Prism in the Collection of the Free Library of Philadelphia. PhD Dissertation University of Pennsylvania.

Roth 1980
Roth, M. T.: The Scholastic Exercise 'Laws about Rented Oxen'. Journal of Cuneiform Studies 32, 127–146.

Roth 1997
Roth, M. T.: Law Collections from Mesopotamia and Asia Minor. Second Edition. Society of Biblical Literature Writings from the Ancient World 6, Atlanta.

Spada 2011
Spada, G.: A Handbook from the Eduba'a: An Old Babylonian Collection of Model Contracts. Zeitschrift für Assyriologie und Vorderasiatische Archäologie 101, 204–245.

Spada 2012
Spada, G.: I modelli di contratto nell'*edubba* paleo-babilonese. Un esempio di contratto di adozione. Annali dell'Istituto Universitario Orientale di Napoli 72, 133–148.

Spada 2014
Spada, G.: Two Old Babylonian Model Contracts. Cuneiform Digital Library Journal 2014: 2.

Spada 2017
Spada, G.: Review of Bodine, W.: How Mesopotamian Scribes Learned to Write Legal Documents: A Study of the Sumerian Model Contracts in the Babylonian Collection at Yale University, Lewiston 2015. Zeitschrift für Assyriologie und Vorderasiatische Archäologie 107, 290–306.

Spada 2018a
Spada, G.: Sumerian Model Contracts from the Old Babylonian Period in the Hilprecht Collection Jena. Texte und Materialien der Frau Professor Hilprecht Collection of Babylonian Antiquities im Eigentum der Friedrich-Schiller-Universität Jena 11, Wiesbaden.

Spada 2018b
Spada, G.: A New Fragment of the 'Laws About Rented Oxen' and the Sumerian Verb bu-us$_2$. Rivista degli Studi Orientali 91, 11–18.

Spada 2019a
Spada, G.: Old Babylonian Model Contracts and Related Texts. In: George, A. R. / Spada, G.: Old Babylonian Texts in the Schøyen Collection 2. School Letters, Model Con-

tracts, and Related Texts. Cornell University Studies in Assyriology and Sumerology 43, University Park, 97–199.

Spada 2019b
Spada, G.: Addenda et corrigenda to G. Spada, "A New Fragment of the 'Laws About Rented Oxen' and the Sumerian Verb bu-us$_2$". Rivista degli Studi Orientali 91 (2018): 11–18. Nouvelles Assyriologiques Brèves et Utilitaires 2019, 22–23 no. 14.

Spada 2021a
Spada, G.: 'I want to break free'. Model Contracts Recording Slave Self-emancipation. In: Notizia, P. / Rositani, A. / Verderame, L. (eds.): ^{d}Nisaba za$_3$-mi$_2$. Ancient Near Eastern Studies in Honor of Francesco Pomponio. dubsar 19, Münster, 283–299.

Spada 2021b
Spada, G.: The Expression lugal-(l)a-ni-še$_3$-am$_3$, 'it is (the loss/responsibility) of his owner alone' in the Old Babylonian School Texts. Nouvelles Assyriologiques Brèves et Utilitaires 2021, 254–258 no. 108.

Spada 2021c
Spada, G.: If a Lion Eats Him … Archiv Orientální 89, 513–529.

Spada 2022a
Spada, G.: Sumerian Model Contracts from the Old Babylonian Period in the Rosen Collection. Revue d'Assyriologie et d'Archéologie Orientale 116, 79–112.

Spada 2022b
Spada, G.: The Adventures of a Fugitive Slave in the Old Babylonian Period. Nouvelles Assyriologiques Brèves et Utilitaires 2022, 198–201 no. 89.

Spada 2023a
Spada, G.: Duties, Responsibilities, and Management of Slaves in the Sumerian Model Contracts of the Hilprecht-Sammlung and Other Collections. In: de Ridder, J. J. / Stein, P. (eds.): The Frau Professor Hilprecht Collection of Babylonian Antiquities. Essays Dedicated to Manfred Krebernik during the Colloquium Held on March 17–18, 2022 at Friedrich Schiller University Jena. Texte und Materialien der Frau Professor Hilprecht Collection of Babylonian Antiquities im Eigentum der Friedrich-Schiller-Universität Jena 14, Wiesbaden, 213–227.

Spada 2023b
Spada, G.: A New Old Babylonian Antichretic Pledge. Oriens Antiquus Series Nova 5, 115–118.

Spada 2023c
Spada, G.: The Adventures of a Fugitive Slave in the Old Babylonian Period: New Data. Nouvelles Assyriologiques Brèves et Utilitaires 2023, 119–121 no. 60.

Spada/Hallo 2024
Spada, G. / Hallo W. W.: Sumerian Model Contracts from the Old Babylonian Period in the Arkeoloji Müzeleri of Istanbul. Journal of Cuneiform Studies 76, 53–101.

Sperl 1967
Sperl, G.: Diskussionsbeitrag zur Herstellung der „Mikrotontafeln". Orientalia Nova Series 36, 339–344.

Tinney 1999
Tinney, S.: On the Curricular Setting of Sumerian Literature. Iraq 61, 159–172.

Veldhuis 1997
Veldhuis, N.: Elementary Education at Nippur: The List of Trees and Wooden Objects. PhD Dissertation University of Groningen.

Veldhuis 2014
Veldhuis, N.: History of the Cuneiform Lexical Tradition. Guides to the Mesopotamian Textual Record 6, Münster.

Volk 2000
Volk, K.: Edubba'a und Edubba'a-Literatur: Rätsel und Lösungen. Zeitschrift für Assyriologie und Vorderasiatische Archäologie 90, 1–30.

Wagensonner 2022a
Wagensonner, K.: Another Sumerian Model Contract. Nouvelles Assyriologiques Brèves et Utilitaires 2022, 193–194 no. 14.

Wagensonner 2022b
Wagensonner, K.: A Bunch of New Sumerian Model Contracts. Nouvelles Assyriologiques Brèves et Utilitaires 2022, 195–198 no. 88.

Wilson 2008
Wilson, M.: Education in the Earliest Schools. Cuneiform Manuscripts in the Cotsen Collection, Los Angeles.

Wunsch 2003–2004
Wunsch, C.: Findelkinder und Adoption nach neubabylonischen Quellen. Archiv für Orientforschung 50, 174–244.

Arbeit am Recht:
Rechtspraxis und Episteme in Assur in mittelassyrischer Zeit

Eva Cancik-Kirschbaum

Abstract

Die Geschichte einer Gesellschaft ist immer auch Geschichte ihres Rechts, Geschichte der damit einhergehenden Konzepte und Vorstellungen, der Rechts-Institutionen, der Praktiken und Akteure, die diese gesellschaftliche Ebene gestalten, und damit auch Geschichte des Normativitätswissens. Gegenstand dieses Beitrags sind Interdependenzen zwischen Praxis und systematischem Wissen im Bereich des Rechtes im spätbronzezeitlichen Assyrien. Betrachtet wird die Rolle der sogenannten „*Mittelassyrischen Gesetze*" als Beispiel für eine systematische Arbeit am Recht vor dem Hintergrund des Verhältnisses von ‚Rechtstheorie' und ‚Rechtspraxis' im Land Assur in der zweiten Hälfte des 2. Jt. v. Chr.

1 Einleitung

Nach der Mitte des 2. Jt. v. Chr. erstand mit dem territorial expansiven Königtum der Stadt Assur eine politische Kraft, die sich neben Hatti, Karduniaš und Mittani als politischer Akteur im nördlichen Zweistromland etablierte. Dieser Prozess verlief weder linear noch kontinuierlich oder gerichtet und er lässt sich in der Rückschau angesichts der Grenzen historischer Forschung allenfalls näherungsweise erfassen. Dies liegt vor allem daran, dass die Quellen für die Ereignishorizonte um die Stadt Assur für den Zeitraum zwischen dem Ende des 18. bis zum Ende des 15. Jh. v. Chr. außerordentlich lückenhaft sind. Wir wissen nicht, wie viel an juridischem Wissen und rechtlichen Gepflogenheiten des altassyrischen Stadt- und Handelsstaates Assur des 19. und 18. Jh. v. Chr. um 1450 v. Chr. noch Bestand hatte oder bekannt war. Ebenso unklar ist, welchen Einfluss möglicherweise die Phasen der amurritischen und später der mittanischen Suprematie auf das Rechtswesen des ehemaligen Stadtstaates hatten. Doch die strukturellen Veränderungen, die mit der territorialen Expansion des Staates seit dem 14. Jh. v. Chr. einhergingen, müssen doch Auswirkungen auf ‚das' Recht und seine Infrastrukturen im Land Assur gehabt haben. Dies gilt für die Ausgestaltung von Hierarchien, Zuständigkeiten, Verfahren und Entscheidungsprozessen im Inneren des Staates. Dies gilt aber natürlich auch für die Anpassung an die Erfordernisse einer großräumigen hegemonialen Territorialherrschaft und die Konfrontation mit fremden Rechtssystemen.

DOI: 10.13173/9783447124522.479

Auch wenn die notwendigen Konfigurationsprozesse auf ganz unterschiedlichen Ebenen des Normativitätswissens[1] innerhalb einer Gesellschaft ansetzen, wird dadurch nicht zuletzt die Frage nach dem Verhältnis von Gewohnheitsrecht und Rechtsgewohnheiten berührt.[2] In den Blick treten damit die Wege dieses Wissens, die Formen seiner Materialität (mündlich, schriftlich, performativ, verkörpert), Funktionshorizonte, Gestaltungsräume und, *last but not least*, die Akteure.

Das verfügbare schriftliche Quellenmaterial zum Rechtswesen des mittelassyrischen Reiches umfasst einen Zeitraum von gut dreieinhalb Jahrhunderten vom späten 15. bis zum Ende des 12. Jh. v. Chr.[3] Die Texte stammen zum größten Teil aus der Hauptstadt Assur, Texte aus Fundorten in den Provinzen des Reiches spiegeln regionale und lokale Verhältnisse in den Peripherien. Die verfügbaren Quellen zum Recht der mittelassyrischen Zeit stehen quantitativ weit hinter denen anderer Perioden wie z. B. der Ur III-Zeit, der altbabylonischen, der neuassyrischen oder der neubabylonischen Zeit zurück. In der Gruppe der ephemeren Textzeugnisse liegen etwa 500 Rechtsurkunden vor, einiges davon ist dem ‚Privatrecht' zuzurechnen; circa 1400 Texte aus dem Bereich der staatlichen Verwaltung spiegeln geübte Rechtspraxis; gelegentlich wird in der spärlich erhaltenen Korrespondenz auf Rechtliches Bezug genommen. Über die rechtsbezogene Ausbildung ist für die mittelassyrische Zeit mangels aussagekräftiger Zeugnisse so gut wie nichts bekannt. Zwar haben sich in Assur einschlägige Materialien wie die lexikalischen Serien *ana ittīšu* und u r$_5$-r a = *ḫubullu* gefunden; doch diese gehören der babylonischen Rechtstradition an und die aufgefundenen Exemplare stehen vermutlich im Zusammenhang mit einer im späteren 13. Jh. v. Chr. einsetzenden Reflektion babylonischer Gelehrsamkeit in Assur. In welchem Umfang zuvor Materialien der babylonischen Schultradition überhaupt Wirkung in der Ausbildung von Schreibern und Rechtsgelehrten für die mittelassyrische Rechtspflege und Rechtskonzeption entfaltet haben, ist unklar. Diese Frage wäre auch mit Blick auf die Anteile altassyrischer bzw. hurrisch-mittanischer Rechtstraditionen aus dem frühen 2. Jt. v. Chr. zu betrachten. Textgebundene Formate der Ausbildung in Rechtssachverhalten wie beispielsweise die aus altbabylonischer Zeit gut bekannten *Model Contracts* sind mittelassyrisch bislang nicht nachgewiesen. Dieser negative Befund ist jedoch mit ziemlicher Sicherheit auf die nach wie vor sehr geringe Zahl von Schriftzeugnissen der mittelassyrischen Zeit zurückzuführen und könnte sich bei entsprechenden Neufunden rasch verändern. Unterschiedliche Stadien systematisierten juridischen Wissens wiederum repräsentieren die sogenannten *„Hof- und Haremserlasse"* und andere Sammlungen von königlichen Edikten, sowie die sogenannten *„Mittelassyrischen Gesetze"* (*MaG*). Ungeachtet der kargen Quellensituation stellt sich jedoch auch für die mittelassyrische Zeit die

1 Den Begriff Normativitätswissen führt Duve 2021 für die rechtshistorische Forschung ein; vgl. Pfeifer 2018 zum Konzept der normativen Ordnungen.

2 Pfeifer 2012 zu diesen beiden Begriffen im Kontext der Rechtsgeschichte.

3 Überblicksdarstellungen zu den Quellen zum mittelassyrischen Recht bieten Lafont 2003; Neumann 2003, 113–119; Saporetti 2008.

Frage nach dem Verhältnis zwischen den mittelbaren Rechtsquellen, dem Urkundenmaterial und möglichen unmittelbaren Rechtsquellen, den ‚Gesetzen'.

2 Die „*Mittelassyrischen Gesetze*"

Bei den heute in der Forschung unter der Bezeichnung „*Mittelassyrische Gesetze*" bekannten Texten handelt es sich um eine Gruppe von Tontafeln und Tontafelfragmenten mit Zusammenstellungen von Rechtssätzen in mittelassyrischer Sprache und Schrift, die größtenteils zu Beginn des 20. Jh. n. Chr. während der deutschen Grabungen in Assur geborgen wurden. Die ersten Stücke hat Otto Schroeder 1920 in Autographie unter der Überschrift „Altassyrische Gesetze" in dem Band *Keilschrifttexte aus Assur verschiedenen Inhalts* vorgelegt.[4] Sie haben sofort ungeheure Aufmerksamkeit erregt, wie sich an raschen Editionen in englischer und französischer Sprache und an einer Vielzahl von Kommentierungen gleich im ersten Jahrzehnt nach Erscheinen von *KAV* ablesen lässt.[5] Im Anschluss an diese erste Phase der Forschung an den Texten stehen juristische Kommentierungen des gesamten Werkes wie auch einzelner Regelungen im Vordergrund. Von besonderer Bedeutung sind hier die Arbeiten von Godfrey Rolles Driver und John C. Miles aus dem Jahre 1935 (mit Nachträgen 1975).[6]

1937 hat Ernst Weidner dem Corpus weitere in Assur gefundene Stücke hinzugefügt, einige Verbesserungen vorgenommen und einen Zusammenschluss (Fragmente C+G) aufgezeigt.[7] Die Zugehörigkeit von Fragment K, das im Übrigen in einem Privathaus und nicht wie die meisten anderen Stücke im Bereich des Südwesthofs des Assurtempels bzw. den unmittelbar angrenzenden Gebieten

---

4 *KAV* 1–6, 143, 144, 193. Die von Schroeder 1920 verwendete zeitliche Qualifizierung „altassyrisch" signalisierte zum damaligen Zeitpunkt einen gegenüber der gutbekannten „neuassyrischen" Ausprägung des Akkadischen signifikant älteren Sprachstand. Die heue geläufige Nomenklatur „mittelassyrisch" für die assyrische Überlieferung des spätbronzezeitlichen Assyrien war damals noch nicht in Gebrauch. Aus der Fundsituation der Tafeln sind kaum Schlüsse zu ziehen, da sie sich bei Auffindung offenbar nicht mehr in ihrem ursprünglichen Kontext befanden, vgl. dazu die vorläufigen Überlegungen bei Pedersén 1985, 31–42, bes. 34 sowie unter den Nrn. 15, 17, 35; ferner Pedersén 1986, 22 Nrn. 11, 47. Wichtige Kollationen bietet Freydank 1994. Seither ist neben editorischen und kommentierenden Arbeiten eine breite Sekundärliteratur erschienen, vgl. z.B. Paul 1990; Otto 2008c; Démare-Lafont 2015. Als Basisedition dient hier die Ausgabe von Roth 1997 (*SBL WAW* 6, 10). Eine forschungsgeschichtliche Besonderheit verbindet sich mit dieser Textgruppe: Die „*Mittelassyrischen Gesetze*" sind das erste keilschriftliche Textcorpus, das systematisch mithilfe einer digitalen Methodik untersucht worden ist. Die Ergebnisse, der Versuch einer Charakterisierung der Graphemverteilung, wurden 1984 in der Reihe „Cybernetica Mesopotamica – Electronic Data Processing of Mesopotamian Materials" publiziert. Die Anfänge dieser Initiative gehen zurück auf das Projekt „Computer Aided Analysis of Cuneiform Texts", das im Jahr 1968 die Arbeit aufnahm. Vgl. Saporetti 1979; 1984.

5 Vgl. Jastrow 1921; Scheil 1921; Cuq 1922; Langdon 1922; Luckenbill 1923; Cavaignac 1924; Ring 1926; Cruveilhier 1927; Herzog 1927; San Nicolò 1931; Korošec 1932.

6 Forschungsgeschichtlich wichtige Etappen markieren Driver/Miles 1935; Cardascia 1957, bes. 60–63; Haase 1965, 34.

7 Weidner 1937–1939, 46–54.

gefunden wurde,[8] die Zugehörigkeit dieses Fragments also zur Gruppe der *MaG* wurde u.a. von Cardascia aufgrund der Stilistik des Textes bezweifelt. Diesem Argument hat sich Freydank nach Kollation des Originals angeschlossen: Nach seiner Einschätzung aufgrund der Autopsie lässt VAT 14388 „(…) an eine möglicherweise von den Gesetzen abzugrenzende Gattung von Vorschriften denken".[9] Andererseits gehört möglicherweise VAT 13807 als „Fragment X" in den Umkreis der Kollektion mittelassyrischer Rechtssätze.[10]

Als zeitlichen Entstehungshorizont der *MaG* hatte Ernst Weidner die Regentschaft Tiglatpilesar I. (ca. 1114–1076 v. Chr.) postuliert.[11] Neben der Fundvergesellschaftung mit anderen Tontafeln aus der Zeit dieses Herrschers zog Weidner hierfür das auf der Tafel A erhaltene Eponymendatum heran: ITU*Šá-sa-ra-te* U4 2-K[ÁM] *li-mu* m*Sa*-[*gi*]-*ú* (*KAV* 1 Rs. viii 64–65). Weidners chronologische Einordnung einer Abfassung der *MaG* um 1100 v. Chr. muss allerdings aufgrund der in den letzten Jahrzehnten gewonnenen Erkenntnisse zu den Eponymen der mittelassyrischen Zeit modifiziert werden. Denn das Eponymat des Saggiʾu fällt, wie man heute weiß, in die Regentschaft des assyrischen Königs Ninurta-apil-Ekur (ca. 1191–1175 v. Chr.).[12] Zumindest Tafel A wurde also im ersten Viertel des 12. Jh. v. Chr. ausgefertigt und damit mehrere Jahrzehnte vor der Herrschaft des Tiglatpilesar I. Auf diese zeitliche Verschiebung wird noch zurückzukommen sein.

Die heute gebräuchliche alphabetische Ordnung der Stücke von A bis O respektive Y geht in ihren Anfängen auf Driver/Miles zurück und beruht auf Erhaltungszustand und Zugehörigkeitswahrscheinlichkeit. Allerdings lädt auch die alphabetische Nomenklatur zu Missverständnissen ein, nicht nur hinsichtlich der Zusammengehörigkeit der Tafeln und Fragmente, sondern auch hinsichtlich ihrer Anordnung. Es gibt überhaupt keinen Grund zu der Annahme, dass Tafel A, der sogenannte Frauenspiegel, den Auftakt der Sammlung bildete, ebenso wenig handelt es sich um unterschiedlich gut erhaltene Teile eines einzigen Manuskripts. Dies wird schon aus den Beschreibungen der einzelnen Tafeln und Tafelfragmente nebst Angaben zu den Fundsituationen deutlich, die Weidner *in extenso* dargelegt hat.[13] Die einzelnen Stücke zeigen unterschiedliche Layouts und Ausführungsqualitäten, Verschiedenheiten im Duktus, sowie vereinzelt Fundlagen jenseits des Gebietes zwischen Palast und Anu-Adad-Tempel, in dem die Mehrzahl der Tafeln gefunden wurden. Die in moderner Nomenklatur als Fragment O bezeichnete Tafel zeigt ein Duplikat zu dem als Tafel B bezeichneten Text. Das heißt, die in Assur gefundenen Fragmente mit Rechtssätzen gehörten zu mindestens zwei unterschiedlichen Editionen. Die Bezeichnung *„Mittelassyrische Gesetze"* suggeriert,

8 Siehe dazu oben Anm. 4.
9 Freydank 1994, 211.
10 VAT 13807 = *KAL* 17, 32 ist ein Fragment mit der Fundnummer Ass05725g, siehe dazu Pedersén 1985, 32 Anm. 5 sowie zuletzt Schaudig 2023, 101–102, 193.
11 Weidner 1937–1939, 49.
12 Freydank 2016, 169.
13 Weidner 1937–1939, 47–48.

dass es sich hier um ein einheitliches Werk handelt – vergleichbar dem *Codex Hammurabi*. Doch auch hier ist Zurückhaltung geboten. Denn es ist keineswegs klar, ob es sich bei den in Assur gefundenen Text(teil)en um ursprünglich ‚vollständige' Ausgaben eines abgeschlossenen Rechtswerkes handelte, oder ob man es vielleicht mit mehr oder weniger umfangreichen Exzerpten zu tun hat. Die Ästhetik der großen vierkolumnigen Tafel A, die durch ihr Layout und ihre handwerkliche Machart besticht, darf nicht darüber hinwegtäuschen, dass diese Tafel in der letzten Kolumne der Rückseite eine getilgte Passage von über mehr als 20 Zeilen aufweist, die der Schreiber zudem mit einem großen Auslassungszeichen markiert hat.[14] Auch der für kasuistische Werke typische Einsatz von Trennstrichen zur Separierung einzelner Sachverhalte erweckt den Anschein einer fortgeschrittenen Bearbeitung, die *de facto* keineswegs gegeben ist, worauf beispielsweise Martha Roth hingewiesen hat:

> „Almost all the paragraphs begin with *šumma* and are clearly marked on the cuneiform tablets by single incised horizontal lines. The rationale for such divisions is not, however, always clear; some separate provisions are variations or alternative situations which should be considered together as one legal situation, and in other cases longer paragraphs include multiple subparagraphs that might logically be separated."[15]

Im Verein mit der Tatsache, dass Einschübe, Kommentierungen, Mehrfachverhandlungen identischer Sachverhalte und die Zusammenstellung von analogen Situativen das Ensemble charakterisieren, kann offensichtlich nicht von einem vollendeten Werk gesprochen werden.

Es gibt also nicht *die „Mittelassyrischen Gesetze"*, sondern es liegen hier allenfalls teilweise kanonisierte Zusammenstellungen von Rechtssätzen vor, die im weitesten Sinne die gesellschaftlichen Verhältnisse der späten Bronzezeit im Königreich Assur spiegeln. Der ursprüngliche Umfang dieser Zusammenstellung ist aufgrund des fragmentarischen Erhaltungszustandes unklar, die innere wie äußere Systematik nur in Teilen deutlich.

Dass zumindest Teile der Zusammenstellung von Rechtssätzen der mittelassyrischen Zeit zumindest noch im 8. bzw. 7. Jh. v. Chr. verfügbar waren, ist erwiesen durch das Fragment X.[16] Diese stark beschädigte linke obere Ecke einer Tontafel, beschrieben in mittelassyrischem Duktus, dupliziert Teile der §§ 1–3 von Tafel A und fand sich unter den Tafeln der Assurbanipal-Bibliothek in Ninive.[17]

---

14 In *KAV* 1 Rs. viii hat der Schreiber oberhalb von Z. 64 mehrere Abschnitte mit Querstrichen abgeteilt; in der obersten Abteilung befindet sich eine Figur, die wie ein gleichschenkliges Dreieck mit leicht geschwungenen Seiten aussieht. Siehe dazu den Kommentar von Weidner 1937–1939, 50, der auf Tafel IV die noch sichtbaren Reste der radierten Z. 63 a–v sowie die von Schroeder ebenfalls nicht markierten sogenannten Brennlöcher autographiert hat.

15 Roth 1997, 154.

16 K 10135 = *Iraq* 35, 20–21 Nr. 4, Pl. XII (Postgate 1973); *DSCT* 2, 181.

17 Einen guten Überblick über die Textkollektion der Assurbanipal-Bibliothek bietet Fincke

Die Fundsituation der Tafeln in Assur ist so unübersichtlich, dass man nach heutigem Kenntnisstand mit einer Vermutung zur Weiternutzung der Texte in der Rechtsprechung der neuassyrischen Zeit aufgrund des Fundkontextes allerdings zumindest zurückhaltend sein sollte.[18] Ernst Weidner stellte die Textfunde in einen unmittelbaren Funktionszusammenhang mit der mächtigen Toranlage zwischen dem Anu-Adad-Tempel und dem Alten Palasttor, die als Gerichtsstätte gedient habe. Weidner schreibt:

> „In der mit einem Basaltobelisken und einer Basaltstatue ausgeschmückten Toranlage war dann gewiss auch eine kleine ‚juristische Bibliothek' aufgestellt, die die Richter in Zweifelsfällen befragen konnten. Zu dieser ‚Bibliothek' gehörten gewiss unsere Texte A und B."[19]

Auch wenn die sogenannte „Bibliothek Tiglatpilesars I."[20] in dieser Form wohl nicht existiert hat,[21] so fällt doch auf, dass das Tafelmaterial mit mittelassyrischen Kollektionen von Rechtssätzen bei seiner Auffindung mit einer ganzen Reihe von Texten vergesellschaftet war, die ebenfalls dem Bereich des Rechtswissens zuzuschreiben sind. Es fanden sich dort unter anderem: Manuskripte einer Sammlung von mittelassyrischen Palastedikten (*„Hof- und Haremserlasse"*),[22] ein Fragment einer mittelbabylonischen (Teil-)Abschrift des *Codex Hammurabi*[23] sowie Tafeln der

2003–2004. Der Artikel gilt zwar schwerpunktmäßig den babylonischen Tafeln in der Bibliothek des Assurbanipal, klärt jedoch zugleich das Interesse des Königs an ‚alten Tafeln', zu denen vermutlich auch die Bestände an mittelassyrischem Material in der Bibliothek zu rechnen sind. Der Fundort Ninive ist nicht, wie man aus der Formulierung von Otto (2008c, 193 mit Anm. 13) schließen könnte, ein Indikator für die Verbreitung der *MaG* in der späten Bronzezeit über die Stadt Assur hinaus. In der sogenannten Assurbanipal-Bibliothek fanden sich eine ganze Reihe von mittelassyrischen Tafelwerken. Die meisten von ihnen stammen wohl ursprünglich aus Assur und sind vermutlich erst im 7. Jh. v. Chr. in die Kollektion in Ninive gelangt.

18 Einen Eindruck von den Schwierigkeiten vermitteln die Ausführungen von Pedersén 1985, 31–42 zu M2 „A reconstructed library" und Pedersén 1986, 11–28 zu der von ihm als N1 bezeichneten „Library with archive in the Aššur temple". Tafel A wurde laut Fundjournal im Planquadrat eE5IV „Turm östlich Ecke Tempel" geborgen, siehe Werner 2016, 87 unter Nr. 695.

19 „(…) mit anderen Worten: die Toranlage zwischen Anu-Adad-Tempel und Altem Palast war die Hauptgerichtsstätte von Assur." (Weidner 1937–1939, 48). Otto 2008a, 69 Anm. 77 sieht im „neuassyrischen Kontext" ein Indiz dafür, „daß sie [d.h. die mittelassyrische Rechtssatzsammlung] neuassyrisch im Rahmen einer Gerichtsinstitution genutzt wurde."

20 Nach Weidner 1952–1953.

21 Vermutlich geht das Textmaterial auf mehrere kleinere Textsammlungen zurück, die einzelnen Gelehrten zuzuordnen sind, vgl. Pedersén 1985, 31–42; 1998, 83–84; Heeßel 2011.

22 Nrn. 37, 123, 134 in N1 nach Pedersén 1986, 21, 26; Weidner 1954–1956 (= *AfO* 17, 265–292); Roth 1997 (= *SBL WAW* 6, 11).

23 „Aus den Gesetzen Ḫammurabis" *KAV* 7 sowie *KAV* 190–192 (Schroeder 1920, 22, 105–106). Geführt als Nr. 8 in M2 nach Pedersén 1985, 38; in Assur wurden neben Tafeln mit archaisierender Schreibung auch Abschriften bzw. Auszüge des *Codex Hammurabi* gefunden, die in mittelassyrischer bzw. mittelbabylonischer Schrift abgefasst worden sind, siehe unten Anm. 40.

Serien u r₅-r a = *ḫubullu*[24] und *ana ittīšu*.[25] Weidners Eindruck einer interessanten Konzentration von juristischem Material, und zwar systematisiertem Material, das der Konsultation durch Richter gedient haben könnte, ist also durchaus zutreffend, doch möglich erscheint auch, dass wir es mit der Handbibliothek eines Rechtsgelehrten zu tun haben.[26]

3 Der Sitz im Leben der „*Mittelassyrischen Gesetze*" – ein Zeugnis wissenschaftlicher Arbeit am Recht in Assur im 12. Jh. v. Chr.

Für die „*Mittelassyrischen Gesetze*" wird die Situierung zwischen privater Gelehrsamkeit und staatlicher Gesetzgebung von Anbeginn an kontrovers diskutiert. Der Erstkommentator Paul Koschaker formulierte das in dieser Hinsicht entscheidende Problem im Jahr 1921 wie folgt:

> „Um so wichtiger ist aber eine andere Frage, weil sie präjudiziell ist für die zukünftige Benutzung und Wertung des Textes [d.h. der „*Mittelassyrischen Gesetze*"]. Was stellen seine Rechtssatzungen dar?"[27]

Koschaker, Begründer der Leipziger Schule der Keilschriftrechtsforschung, verfolgt von Anfang an die Idee, dass die „*Mittelassyrischen Gesetze*" in der vorliegenden Form ein Dokument privater Jurisprudenz seien. Diese Annahme bleibt nicht unwidersprochen,[28] und tatsächlich verliert sich dieser m. E. bemerkenswerte Ansatz in der Folgezeit hinter der interpretierenden, exegetischen und kommentierenden Arbeit an den Textquellen. Da aber Koschakers Ansatz den Weg für die Würdigung der „*Mittelassyrischen Gesetze*" als Zeugnis von juristischer Episteme in Assur bereitet hat, seien seine Ausführungen hier etwas ausführlicher referiert. Zwei Argumentationslinien prägen Koschakers Ansatz: 1. Die Rolle des *Codex Hammurabi* als ‚Vorbild' für die „*Mittelassyrischen Gesetze*" und 2. die „*Mittelassyrischen Gesetze*" sind das Ergebnis einer wissenschaftlichen Kompilation, die ältere und jüngere Rechtsvorstellungen verbindet.

3.1 Der Codex Hammurabi – das Referenzwerk für die „Mittelassyrischen Gesetze"?

Mit der Betitelung der als *KAV* 1–6, *KAV* 143–144 und *KAV* 193 veröffentlichten Texte als ‚Gesetze' folgte der Ersteditor Schroeder einer Fachkonvention des späten 19. und frühen 20. Jh. n. Chr., sich hinsichtlich der Textsortenbezeichnungen

24 Pedersén 1985, 34–35 mit den zugehörigen Nummern. Alle zu u r₅-r a = *ḫubullu* zu rechnenden Stücke aus Assur sind publiziert in *KAL* 8/1. Die Fragmente, die mit Rechtstermini befasst sind, finden sich dort unter *KAL* 8/1, 5 (S. 33–36, 487–488); 8/1, 6 (S. 36–37, 489) und 8/1, 8 (S. 39–40, 490), die Fundorte sind teils andere als der Hof des Assur-Tempels bzw. die Tor-Region, das heißt die mit den Rechtstexten vergesellschafteten Teile von u r₅-r a = *ḫubullu* sind nicht unbedingt dem Bereich des Rechts gewidmet.

25 In Schroeder 1920 als *KAV* 6 (S. 23) unter der Rubrik „Sumerische Gesetze" (= *ana ittišu*), siehe auch *KAL* 11/1, 128 und 129 (S. 49–63).

26 Für die Rekonstruktion solcher Gelehrtenbibliotheken in Assur vgl. z.B. Maul 2010.

27 Koschaker 1921, 16.

28 Z.B. durch Oppenheim 1934.

im Bereich des Keilschriftrechts an der abendländischen Nomenklatur bzw. der Romanistik zu orientieren.[29] Der *„Codex"* des Hammurabi ist ein typisches Beispiel für diese Konvention, die sich auch auf das Urkundenwesen und die darin niedergelegten Rechtsgeschäfte erstreckt. Um Fragen der Nomenklatur wird in der Altorientalistik seit ihren Anfängen gerungen – das Problem ist durch Benno Landsbergers Überlegungen zur Eigenbegrifflichkeit zum Thema gemacht worden, und spiegelt sich heute in Differenzierungen zwischen emischer und etischer Begrifflichkeit. Eine die altorientalische Rechtsgeschichte im 20. Jh. n. Chr. prägende Debatte, was denn nun eigentlich der *Codex Hammurabi* seiner Natur nach sei – kodifiziertes Gesetz, Präzedenzrecht, Herrscherinschrift, Rechtsbuch, um nur einige Stichworte zu nennen[30] – ist inzwischen weitestgehend verstummt. Und doch ist es eine Frage, die sich natürlich auch für die *„Mittelassyrischen Gesetze"* stellt.

Seit ihrer Erstedition sind die *„Mittelassyrischen Gesetze"*, und hier vor allem die am besten erhaltenen Tafeln A und B, Gegenstand assyriologischer, rechtshistorischer und rechtsvergleichender Betrachtungen. Bereits ein Jahr nach Publikation der Autographien durch Schroeder veröffentlicht Koschaker mit *Quellenkritische Untersuchungen zu den „altassyrischen Gesetzen"* eine erste ausführliche Würdigung der Texte aus rechtshistorischer Perspektive. Er leitet seine ausführliche Kommentierung wie folgt ein:

> „In den ‚Keilschrifttexten aus Assur verschiedenen Inhalts' (…) hat O. Schroeder in keilschriftlichen Autographien und unter dem Titel ‚altassyrische Gesetze' ein eigenartiges Rechtsdenkmal veröffentlicht, das, wenngleich an Umfang des Erhaltenen und wohl auch an rechtsgeschichtlicher Bedeutung an das Gesetz Ḫammurapis nicht heranreichend, doch als wissenschaftliche Erkenntnisquelle für das Recht seiner Zeit hinter ihm nicht zurück steht."[31]

Zur Bestimmung der ‚Qualität' und der funktionalen Natur der *„Mittelassyrischen Gesetze"* wird der *Codex Hammurabi* als Bezugspunkt eingeführt. Indem letzterer als stilistisch und sprachlich herausragender Maßstab für „Gesetze" im Stile des keilschriftlichen Rechts herangezogen wird, fällt die Sammlung mittelassyrischen Rechtsvorschriften stark ab. So erklärt Koschaker am Beispiel von Taf. A § 47, dass man es hier „nicht mit einem Gesetze, d.h. einer generellen Rechtsregel, sondern

29 Die ‚Romanisierung' des altorientalischen Rechts – um eine Formulierung von E. Otto aufzunehmen – beginnt lange vor der romanistisch geprägten Taxonomie von Westbrook 2003a. Wenn eine durchaus berechtigte Kritik an solcher ‚Romanisierung' freilich mit der Vorstellung einhergeht, dass eine „spezifische(n) Interaktion von Recht und Religion" ein kulturhistorisches Proprium der altorientalischen Rechtssysteme sei, und dass nur aufgrund dieser Tatsache die Altorientalische Rechtsgeschichte es wert sei „Teil des kulturellen Gedächtnisses in der Moderne zu bleiben (…)" (Otto 2008b, 191) – wird m. E. die Rolle der Religion in anderen Rechtssystemen der Alten Welt drastisch unterschätzt und zugleich damit die Rolle von Religion in (und für) die keilschriftlich überlieferten Rechtssysteme drastisch überschätzt.

30 Siehe hierzu Renger 1994.

31 Koschaker 1921, 7.

mit dem Berichte über einen konkreten Kriminalfall zu tun habe<n>".[32] Er kommt zu dem Schluss:

> „Kurz, ich glaube, wir haben es hier mit einem konkreten Fall zu tun, der – nicht sehr geschickt – in einen Rechtssatz umgeformt wurde."[33]

Koschakers Resümee markiert einen scheinbaren Widerspruch:

> „Wenngleich einzelne Paragraphen des Textes an konkrete Rechtsfälle anknüpfen, so ist ihr Charakter als Rechtsregeln natürlich nicht zu bezweifeln. Sie sind nicht etwa bloß Berichte über gerichtliche Entscheidungen, sondern wollen eine Norm für die Zukunft aufstellen."[34]

Andererseits wieder findet Koschaker in den *„Mittelassyrischen Gesetzen"* Textbestände, die

> „das Produkt bewußter gesetzgeberischer Arbeit sind. Das gilt vor allem für den größten Teil des Eherechts (§ 25f.), nicht minder aber auch für eine Anzahl strafrechtlicher Bestimmungen. (...). Wenngleich die Klarheit der Disposition des Kodex Hammurapi nicht erreicht ist, so ist doch wenigstens der Versuch gemacht, einen bestimmten Tatbestand erschöpfend zu regeln."[35]

In den Widersprüchen, die Koschaker in den unterschiedlichen Stadien der Ausarbeitung vom Rechtsfall zum Rechtssatz konstatiert, deutet sich zugleich die Erklärung für den funktionalen Horizont der Texte an. Die mittelassyrische Sammlung dokumentiert Arbeit am Recht, Auseinandersetzung mit vorliegenden Rechtsfällen, mit dem Ziel allgemeinere Regelungen zu errichten. Für Koschaker spiegeln die Arbeitsspuren an dem Text der *„Mittelassyrischen Gesetze"* eine systematische wissenschaftliche Auseinandersetzung mit dem älteren Werk:

> „Es gibt Zusätze, welche den überlieferten Tatbestand durch Hinzufügung verwandter Fälle erweitern oder auf solche Gestaltungen verweisen, oder es wird in einen Paragraphen ein anderer Rechtssatz, der eine verwandte Frage regelt, eingearbeitet. Es fehlt endlich nicht an Zusätzen, die auf eine vergleichende Bearbeitung mit dem Kodex Hammurapi schließen lassen."[36]

Zurückhaltender äußert sich Jastrow:

> „It is probably fair to assume that the new Assyrian Code represents a codification of existing usage in legal decisions and procedures at the time of the codification, as is the case with the Hammurabi Code."[37]

32 Koschaker 1921, 18, ähnlich zu den §§ 12 bzw. 39 der Taf. A.
33 Koschaker 1921, 29.
34 Koschaker 1921, 22.
35 Koschaker 1921, 24–25.
36 Koschaker 1921, 80.
37 Jastrow 1921, 6.

Die vergleichende Gegenüberstellung der *„Mittelassyrischen Gesetze"* mit dem mehrere Jahrhunderte älteren Rechtsdenkmal des Hammurabi von Babylon begleitet die Texte seit dieser Zeit. Der Vergleich betrifft wesentlich zwei Ebenen: die gegenüber dem *Codex Hammurabi* deutlich abfallende literarische Qualität der *„Mittelassyrischen Gesetze"*[38] und die Rolle des *Codex Hammurabi* als Vorbild oder zumindest Bezugspunkt für die *„Mittelassyrischen Gesetze"*.[39] Wie immer man das Verhältnis zwischen den *„Mittelassyrischen Gesetzen"* und dem *Codex Hammurabi* einschätzt, man muss sich vor Augen halten, dass die (Rechts)-Gelehrten in Assur im 12. Jh. v. Chr. über genaue Kenntnisse dieses Textes verfügten; man hat sowohl mittelassyrische Ausführungen des Textes gefunden, wie auch zumindest ein Bibliotheks-Exemplar, das offensichtlich aus Babylonien nach Assur gebracht wurde.[40]

3.2 Die „Mittelassyrischen Gesetze" als Produkt wissenschaftlicher Arbeit am Text

Aufgrund von textkritischen Beobachtungen zu Sprache, Inhalt und Systematik schließt Koschaker, dass die *„Mittelassyrischen Gesetze"* mindestens zwei unterschiedliche redaktionelle Schichten aufweisen und die deutlich sichtbaren Brüche und inhaltlichen Doubletten auf eine „Kompilation aus sehr verschiedenartigen Quellen" zurückzuführen sei.[41] Seine eindrückliche Argumentation aus dem Jahr 1921 sei im Folgenden in Paraphrase und Zitat wiedergegeben. Er stellt fest,

> „(…) daß unser Text kein Werk einheitlicher Faktur sei, sondern Bestandteile aus verschiedener Zeit enthält, sei es, daß ganze Paragraphen später hinzugefügt wurden, sei es, daß einzelne Bestimmungen durch Zusätze nachträglich eine Erweiterung erfuhren. Derartige Zusätze (Glossen) durchziehen nun den ganzen Texte und stelle eine seiner charakteristischen Eigentümlichkeiten dar."[42]

Er unterscheidet zwischen paraphrasierenden Glossen (z.B. in Taf. A § 41) und exegetischen Glossen (z.B. Taf. A § 54). Ferner erkennt er „harmonisierende Glossen" (z.B. in Taf. A §§ 3 und 4)[43] und schließlich „verweisende oder ergänzende Glossen".[44] Im 11. Abschnitt seiner Ausführungen[45] fasst er schließlich die Ergebnisse zu der Frage nach der Natur des vorliegenden Textes zusammen:

---

38 „Die mittelassyrischen Gesetze haben nicht das literarische Niveau des Codex Hammurapi. Sie sind oft schwer verständlich." Borger 1982, 80.

39 „The Assyrian laws are a series of amendments of the existing laws which were either the Babylonian code itself or a body of laws of a closely related character." Driver/Miles 1935, 15.

40 Dazu im Detail Oelsner 2022, 53–56 (A.2.3.5), sowie Maul 2012. Besonders interessant ist natürlich *KAV* 7, ein lt. Oelsner „sorgfältig ausgeführtes, mit einem weißlichen Überzug versehenes Bibliotheksexemplar" (Oelsner 2022, 56), das ein Beispiel für Werke babylonischer Tradition im mittelassyrischen Assur darstellt.

41 Koschaker 1921, 11.

42 Koschaker 1921, 25.

43 Koschaker 1921, 29–30.

44 Koschaker 1921, 43–44.

45 Koschaker 1921, 79–84.

„Wir finden eine Mischung aus noch sehr dicht am Einzelfall liegenden Regelungen und schon sehr weit ausformulierte ‚Gesetze'. Wir finden eine Vielzahl von Interpolationen und Zusätze – (…) Eine solche Arbeitsweise ist aber nicht die des Gesetzgebers, sondern der Jurisprudenz."[46]

Koschaker sieht zwei unterschiedliche Fassungen von Glossen, welche „sozusagen schichtenweise an den Urtext ansetzten".[47] Aber das Ganze sei, so Koschaker, auch kein kommentiertes Gesetzbuch.

Im Zentrum von Koschakers Rekonstruktion steht die Arbeit eines Redaktors, der Quellen sichtet und scheidet – er sieht darin die „Arbeitsweise eines Gelehrten".[48] Er schließt:

„Der Rechtsgeschichte sind private Aufzeichnungen und Darstellungen des Rechts nicht unbekannt und die deutsche Rechtssprache kennt dafür das Wort ‚Rechtsbuch' oder ‚Rechtsspiegel', wobei allerdings in erster Linie an literarische Bearbeitungen des Rechts gedacht wird. Ein altassyrisches Rechtsbuch scheint mir demnach in der Fassung der Tafeln 1 und 2 vorzuliegen. Sein literarischer Charakter ist allerdings cum grano salis zu werten. Denn es ist im wesentlichen Kompilation, und literarisch sind nur die Gesichtspunkte, nach denen der Redaktor sein Material ordnete. Daß das Rechtbuch, obwohl zunächst als gelehrte Arbeit und aus Motiven entstanden, die nicht unmittelbar praktische waren, doch auch als Handbuch in der Praxis der Gerichte Verwendung fand, war natürlich sehr wohl möglich, zumal sein Material zu erheblichem Teil aus der gerichtlichen Praxis herrührte."[49]

Dieser kompilatorische Charakter der *„Mittelassyrischen Gesetze"*, kenntlich vor allem in den unterschiedlichen Stadien der inneren Ausarbeitung und ihrer sprachlichen Umsetzung, wird in der Forschung in der Folgezeit nicht bestritten, im Gegenteil. Er kann überzeugend aus dem unterschiedlichen Alter der zugrundeliegenden Normen erklärt werden. So argumentiert beispielsweise Ernst Weidner:

„Niemand wird behaupten wollen, dass alle diese Gesetzesnormen erst unter Tiglatpileser I. entstanden seien. Dagegen wird man wohl annehmen dürfen, dass zur Zeit und gewiss auch im Auftrage des grossen assyrischen Königs Kompilatoren am Werke waren, die die älteren und jüngeren Bestimmungen zusammenfassten. Dabei sind, so scheint es mir, manche dieser Bestimmungen in der altertümlicheren Schreibung ihrer Zeit aufgenommen worden. Die grossen Rechtssammlungen als Sammlungen dürften also unter Tiglatpileser I. angelegt worden sein, die einzelnen

46 Koschaker 1921, 80.
47 Koschaker 1921, 82.
48 Koschaker 1921, 82.
49 Koschaker 1921, 83.

> Bestimmungen, die sie enthalten, aber wird man wenigstens zu einem erheblichen Teil aus kleinen und kleinsten älteren Vorlagen übernommen haben."[50]

Über diesen kompilatorischen Charakter ist die Forschung heute weitgehend einig,[51] auch wenn die Gewichtung der einzelnen Indizien durchaus strittig war und ist. Noch immer versucht man, die Logik der Redaktion(en) und die Arbeitsweise der Kompilatoren rechtshistorisch zu erschließen.[52]

Sehr viel wichtiger erscheint aber im Rahmen dieses Beitrages die Konsequenz aus der unterschiedlichen Bewertung der Unzulänglichkeiten der *„Mittelassyrischen Gesetze"*. Hierin nämlich gründet ähnlich wie im Falle des *Codex Hammurabi* ein Dissens hinsichtlich ihres *Sitzes im Leben*. Während Koschaker die *„Mittelassyrischen Gesetze"* als wissenschaftliche Arbeit eines Rechtsgelehrten betrachtete, sehen andere darin einen Auftrag des (staatlichen) Gesetzgebers, so u.a. auch Driver/Miles in ihrem einflussreichen Kommentarwerk:

> „Although it is easy to understand that a jurist might collect his country's laws, it is difficult to believe that he would make a compilation solely or mainly concerned with married women, since it could serve no practical end, as Koschaker indeed admits; nor is this book in the form of a textbook suitable for an educational purpose. It seems easier then to suppose that it is the work of a legislator who wished for some reason to amend the laws relating to women and more especially married women."[53]

Interessant ist in diesem Zusammenhang die mentalitätsgeschichtliche Einordnung der *„Mittelassyrischen Gesetze"* durch Wolfram von Soden im Jahr 1954. Von Soden schreibt:

> „Eine Literatur in assyrischer Sprache entwickelte sich hingegen nur auf ganz wenigen Gebieten; u.a. schrieb man seit etwa 1350 kleinere Gesetzeswerke auf Assyrisch nieder, die eine im Vergleich mit den Gesetzen Hammurabis und des Alten Testaments besonders barbarische Strafpraxis und eine sehr niedrige Stellung der Frau bezeugen. Für den harten und brutalen Charakter des assyrischen Staates ist beides sehr kennzeichnend. Die von Babylonien abweichende, viel stärker agrarische Struktur Assyriens und die in mancher Hinsicht herrschende Stellung des Landadels, der Assyrien die Offiziere seiner Armee stellte, finden in diesen Gesetzen und anderen Urkunden ebenfalls ihren Ausdruck. Offenbar blieb in der Sozialstruktur

50 Weidner 1937–1939, 50.

51 Roth 1997 6, 153: „(...) we have a series of tablets with law provisions, rather than a single systematic, reconstructed composition."

52 Vgl. zuletzt die Ausführungen von Otto 2008c.

53 Driver/Miles 1935, 14. Die Einschätzung von Driver/Miles setzt Tafel A gewissermaßen *pars pro toto*, was methodisch zumindest problematisch erscheint.

Assyriens das Erbe des Mitanni-Reiches, das stark lehnsstaatlich aufgebaut war, noch lange lebendig."[54]

3.3 Die „Mittelassyrischen Gesetze" und die Tradition monumentaler Rechtssatzsammlungen

Die Frage nach dem *Sitz im Leben* stellt sich jedoch nicht nur mit Bezug auf den Autor und Auctor dieser Sammlungen, sie stellt sich auch mit Blick auf die Adressaten – einen Verwendungszusammenhang, den Koschaker und dann Weidner in den Raum gestellt hatte, als er an ein Konsultationswerk für praktizierende Richter dachte. Man könnte aber natürlich auch fragen, ob die Sammlungen nicht die Vorlage für eine monumentalisierte Ausführung von mittelassyrischen Rechtssatzungen bildeten. Es ist keineswegs ausgeschlossen, dass der *Codex Hammurabi* hier auch in Assyrien als unmittelbare Anregung gedient hat. Die heute noch erhaltene Steinstele muss bis zu ihrer Verschleppung nach Susa durch Šutruk-Naḫḫunte in Babylon in irgendeiner Form aufgestellt gewesen sein; bereits in altbabylonischer Zeit sind die Rechtssätze und Teile des Prologs Bestandteil des Schreibercurriculums. Für die langfristige Archivierung bestimmt und als mögliche Vorlagen für weitere Abschriften gelangten Kopien der Rechtssätze im letzten Drittel des 2. Jt. v. Chr. – vermutlich im Gefolge der Eroberung Babylons durch Tukultī-Ninurta I. – auch nach Assyrien. Im *Tukultī-Ninurta-Epos* findet sich eine Beuteliste, in der die nach Assyrien verschleppten Texte zumindest in groben Gruppen kategorisiert sind.[55] Leider ist die Liste fragmentarisch, aber ihr Umfang zeigt, dass ganz unterschiedliche Sachgebiete berücksichtigt wurden, und so ist es sehr gut denkbar, dass in diesem Kontext auch Abschriften der *dināni ša Ḫammurapi* ihren Weg nach Assur gefunden haben – möglicherweise eben auch jene oben erwähnte mittelbabylonische Bibliothekstafel (*KAV* 7).

Andererseits gab es auch in der Stadt Assur selbst im 19. bzw. 18. Jh. v. Chr. offensichtlich mindestens eine Stele, auf der Rechtsnormen verzeichnet waren.[56] Das Monument ist nicht gefunden worden, doch einige Male wird in altassyrischen Briefen und Schiedssprüchen für bestimmte rechtliche Entscheidungen auf den „Wortlaut der Stele" Bezug genommen, wie Klaas Veenhof gezeigt hat. Inzwischen sind weitere Belegstellen bekannt geworden, es gibt erste Ansätze diese Verweise nicht als „Zitat", sondern im Sinne einer inhaltlichen Rückversicherung zu verstehen sind und Veenhof schließt:

---

54 von Soden 1954, 66.

55 Die entsprechende Passage des *Tukultī-Ninurta-Epos* vi' 1'–12' lautet nach der Edition von Machinist 1978 übersetzt: „Tafeln aus […]; die Gesamtheit der Lehr-Text[e…]; die Gesamtheit der Beschwörungs-Text[e…]; die Herzberuhigungsklagen, die gemäß […]; die Gesamtheit der divinatorischen Texte […] mit den Zeichnungen von Himmel und Erde; medizinische Texte, die Maßnahmen für die Festigung des […]; die Listen seiner Vorfahren […]; die Aufzeichnungen über die …, die Aufseher, die Krieger […]; nicht ein (Text) wurde zurückgelassen im Land Sumer und Akkad!" Zur Praxis der ‚Entführung' von wissenschaftlichen, literarischen und kultischen Texten siehe Frahm 2002.

56 Veenhof 1995.

> „The references in letters suggest that the stele contained more and perhaps more specific rules, which traders were expected to know and to follow. Some references in the verdicts of the City Assembly are short and read rather as a reminder than as a full quotation of a rule of law and when we meet fuller versions there is some variation."[57]

Und weiter:

> „The references also prove that the judges of the City Assembly in their verdicts (…) could and did refer to and succinctly quote 'the law', presumably to remind the parties that the verdict was nothing else than the application of an existing legal rule that should not surprise them."[58]

Es gab also in der Stadt Assur die Tradition der öffentlichen Exposition von rechtlichen Regelungen. Ob dieses Wissen in mittelassyrischer Zeit noch verfügbar war, ist aufgrund der dunklen Jahrhunderte zwischen den altassyrischen und den mittelassyrischen Zeugnissen unbekannt. Aus den bisher veröffentlichten ephemeren Texten, in denen rechtliche Sachverhalte kommentiert oder erklärt werden, ist bislang kein Verweis auf ein ‚öffentliches' Monument bekannt. Das will nicht viel heißen, berücksichtigt man die Tatsache, dass z.B. in der zahlenmäßig sehr viel umfangreicheren altassyrischen Korrespondenz bislang auch nur eine Handvoll solcher Verweise bekannt geworden ist.

4 Die „*Mittelassyrischen Gesetze*" im Verhältnis zur Rechtspraxis

Die Frage nach möglichen Quellen stellt sich seit jeher für die keilschriftlichen Rechtssatzsammlungen. Sie betrifft einerseits die Ebene der Systematik, grob gesagt die Prinzipien und Kriterien für die Anordnung der Rechtssätze in einer gegebenen Sammlung. Diese Perspektive hat Eckhart Otto mit Blick auf mögliche Unterschiede in Bezug auf vorhergehende Zusammenstellungen und die für den Zieltext gefundene Anordnung unter anderem für den *Codex Ešnunna* diskutiert, ein Ansatz der aus der Exegese alttestamentlicher Schriften gut bekannt ist.[59] Da die „*Mittelassyrischen Gesetze*" eher das Zwischen-, denn das Endstadium in der Erarbeitung einer mittelassyrischen Rechtssatzsammlung darstellen, erscheint ein solcher Ansatz nur als bedingt produktiv. Andererseits lässt dieses Arbeitsmanu-

57 Veenhof 2008, 264.

58 Veenhof 2008, 265.

59 „Wird anerkannt, dass bei der Zusammenordnung der Rechtssätze Quellen von vorgegebenen Rechtssatzsammlungen benutzt wurden, differenziert sich die Frage nach der Systematik der keilschriftlichen Rechtssatzsammlungen methodisch zur Redaktionsgeschichte auf den zwei Ebenen der Anordnung der Rechtssätze in den literarisch vorgegebenen Quellentexten und ihrer Anordnung in der sie integrierenden Rechtssatzsammlung." Otto 2012, 67 mit Blick auf Petschow und die Versuche, die juristische Systematik des *CḪ* (und älterer keilschriftlicher Rechtssammlungen) zu erklären.

skript wiederum Rückschlüsse auf die ursprünglichen Quellen der gesammelten Rechtssätze zu, auf das Material aus der Praxis.

4.1 Rechtsurkunden als Quelle für die „Mittelassyrischen Gesetze"?

Schon Koschaker setzte einige Hoffnungen auf die zusammen mit den *„Mittelassyrischen Gesetzen"* gefundenen Rechtsurkunden (u.a. *KAV* 209–212, ECK):

> „Vielleicht werden sie einst bei der Interpretation unseres Textes dieselben Dienste leisten wie die altbabylonischen Rechtsurkunden bei der Erklärung des K<odex> H<ammurapi>."[60]

Für die altassyrische Zeit hat Veenhof diese Verbindung bereits plausibel gemacht:

> „They in fact refer to earlier verdicts that had been raised to the status of written and published law. The OA quotations of rules of written law are also understandable because they apply perfectly to the cases treated by the City Assembly. This shows that the links between 'the laws' and the realities of (commercial) life were close, no doubt because Assur was a trading city and many members of the Assembly must have been involved in the trade, whose legal problems they had to sort out in their sessions. This was different with OB laws, which embodied more traditional legal lore and scholarship which made their application (and therefore quotation) in actual lawsuits more difficult."[61]

Eine vergleichbare Bestätigung wie für die altassyrische Zeit ist in Ermangelung direkter Verweise auf einen (wie auch immer gearteten) Referenztext in mittelassyrischen Urkunden oder Briefen kaum zu erlangen. Natürlich spiegeln sich bestimmte Rechtsgeschäfte, die in den *„Mittelassyrischen Gesetzen"* behandelt werden, auch im Material der Rechtsurkunden; darauf wird in den Kommentierungen zu den einzelnen Abschnitten der *„Mittelassyrischen Gesetze"* eingegangen. Eine Möglichkeit sind sprachliche Übereinstimmungen in der Phrasierung wie z.B. A § 37 *ra-qu-te-e-sa tu-ú-us-sa* vgl. mit *šum-ma a-na* [*mu-ti*] *tu-us-sa-ab ra-qu-ti-*[*sa tu-ú-us-sa*] *KAJ* 9: 30; oder A § 54 und DAM^{MEŠ}*-ia um-ta-ṣi-ʾ-ú-ma* DUMU.SAL^{MEŠ}*-ja il-te-qe-ú* in *KAV* 217: 12. Diesen Annäherungen sind freilich durch ein generell fachsprachliches Repertoire der Urkunden, das eben in der Begrifflichkeit mit den Formulierungen in den *„Mittelassyrischen Gesetzen"* übereinstimmt, Grenzen gesetzt.

4.2 Prozedurales Wissen in den „Mittelassyrischen Gesetzen"

Für die Frage nach der ‚Natur' der *„Mittelassyrischen Gesetze"* ist der hohe Anteil darin enthaltenen prozeduralen Wissens von Interesse. Derartiges prozedurales Wissen findet sich, wenig überraschend, z.B. in den sogenannten gerichtlichen Ladungen. Es handelt sich dabei um Briefe, in denen Verfahrensbeteiligte genaue

60 Koschaker 1921, 11 Anm. 3.

61 Veenhof 2008, 265.

Angaben zur Vorlage von Beweismitteln und den bevorstehenden Verfahrensschritten erhalten.[62] Entsprechende Angaben finden sich auch in königlichen Erlassen, z.B. dem Erlass zur Entschuldung des Aššur-tišamme.[63]

Umso interessanter scheint die Tatsache, dass auch in die *„Mittelassyrischen Gesetze"* umfangreiche Passagen zum konkreten Procedere in einer Rechtssache in die Rechtssätze eingeschrieben sind. Manchmal sind es kleine Referenzen auf konkrete Rechtspraktiken, wie z.B. das Ausstellen von Adoptionsurkunden in A §28: Hier geht es u.a. um die Erb- und Schuldverantwortlichkeit im Falle eines Kindes, das im Hause des Stiefvaters aufwächst, aber nicht offiziell adoptiert wurde: (…) *u ṭuppu ša mārūtīšu la šaṭrat* „aber eine Tafel über seine Sohnschaft wurde nicht ausgefertigt" heißt es da. Oder indem in A §46 auf die Notwendigkeit der schriftlichen Beurkundung von Immobilienübertragungen hingewiesen wird, ein Mittel, das in B §6 aufgegriffen wird, wenn Eigentümer ihre Ansprüche auf eine Immobilie nachweisen müssen. Diese Referenzen auf gegebenenfalls vorhandenes schriftliches Belegmaterial, also auf die Urkunden- bzw. Beurkundungspraxis, stellen bereits einen engen Sachbezug zur Rechtspraxis her.[64] Doch die Hinweise zur konkreten Umsetzung von rechtlichen Regelungen können außerordentlich umfangreich sein. Es sei an dieser Stelle nur auf ein Beispiel verwiesen, nämlich der bereits angesprochene Abschnitt B §6, der insgesamt 51 Zeilen umfasst. Dieser Paragraph enthält extrem ausführliche Beschreibungen, wie im Falle einer Immobilienübertragung schriftlich agiert werden muss. In diesem Zusammenhang kommt ein zweites Instrument aus dem Rechtsalltag ins Spiel, die mündliche Proklamation, genauer die Ausrufung von Sachverhalten, die innerhalb einer bestimmten Frist Rechtsverbindlichkeit erlangen werden. So heißt es in B §6:

> (…) *iltēn uraḫ ūmāte nāgira 3-šu ina libbi āl Aššur usassa 3-su-ma ina libbi āl eqle u bēte ša ilaqqeuni usassa* (…) „Innerhalb eines Monats Tagen soll ein Herold drei Mal in der Stadt Assur ausrufen und drei Mal in der Stadt, in der er Feld oder Haus erwerben wird, soll er ausrufen (…)"

– gefolgt von dem langen exakten Text, den der Herold wiederzugeben hat. Dieser Einschub stammt unmittelbar aus der Rechtspraxis – er ist nicht anders zu erklären. Und nicht nur das, diese Proklamationen haben in Anwesenheit von Vertretern des Königs bzw. der Stadt stattzufinden, die wiederum die Tatsache der Proklamation schriftlich niederlegen müssen. Der Hinweis auf die Notwendigkeit einer Ausrufung durch den Herold wird in Rechtsurkunden erwähnt, zum Beispiel in königlichen Edikten.[65] Das heißt, hier besteht eine unmittelbare Verbindung zwischen der rechtlichen Praxis und den im Rahmen des Systematisie-

62 Cancik-Kirschbaum 2013.

63 *MARV* 4, 151. Zum Text siehe Freydank 1997 und Freydank 2005, 64–66. Cancik-Kirschbaum 2020, 95–97.

64 Neben den beiden genannten Stellen verweisen folgende §§ auf Tontafeln als Rechtsdokumente: A §39, 45, 57, 59; B §§6, 17, 18; O §5.

65 Vgl. hierzu ausführlich Cancik-Kirschbaum 2020, 102–104.

rungsprozesses bearbeiteten Rechtsregelungen. Hinzu kommt für dieses Beispiel noch die Angabe der Inventarurkunde *KAJ* 310: 20 *1 quppu ša sāsu nāgiri ša bītāti ša āl Aššur* „1 Korb mit den Proklamationen des Herolds zu (den) Häusern/Haushalten der Stadt Assur".

Andererseits – und dies ist gewiss ein Hinweis auf die redaktionelle Durchdringung des Textes – finden sich Kurzformeln, die auf den ersten Blick scheinbar widersprüchliche Anweisungen enthalten und die Bearbeiter vor deutliche Interpretationsprobleme stellen. Ein solcher formelhafter Ausdruck ist *ubtaʾʾerū uktaʾʾinū*, der in leicht unterschiedlichen Ausführungen knapp 20 Mal in den „*Mittelassyrischen Gesetzen*" auftritt und von Raymond Westbrook näher untersucht wurde.[66] Er kommt zu dem Ergebnis, dass hier offensichtlich zwei unterschiedliche Wege der Beweisführung angesprochen werden, die im Rahmen eines Prozesses herangezogen werden können: einerseits der von Westbrook als „suprarational" bezeichnete Weg durch Ordal und andererseits der „rationale" Weg mithilfe von Indizien oder Zeugen. Die Formel verkürzt die in anderen Paragraphen der *MaG* ausführlich geschilderten Prozeduren der Beweisführung auf diese beiden Verbformen.

4.3 Kasuistische Formulierungen in ephemeren Texten

Dass Rechtssätze auf Entscheidungen im Prozessgeschehen zurückgehen können, scheint plausibel,[67] kann aber für die mittelassyrische Zeit derzeit noch nicht nachgewiesen werden. Gelegentlich aber finden sich in anderen Urkunden kasuistische Formulierungen für Sachverhalte, die in ihrer Struktur an die Rechtssätze der Sammlungen erinnern. Zwei Beispiele seien hier angeführt. Die gesiegelte Urkunde *MARV* 4, 119 stammt aus dem vorletzten Jahrzehnt des 13. Jh. v. Chr. und enthält eine königliche Verpflichtung für *Bēr-išmanni*, den Statthalter des Distriktes *Katmuhhi*.[68] Der rechtliche Charakter dieser Verpflichtung wird durch das Verb *rakāsu* zum Ausdruck gebracht (Z. 5: *šarru urtakkissu*). Es geht um das Verhalten des Statthalters gegenüber Soldaten, die sich nach Rückkehr von einem (königlichen) Feldzug unbotmäßig verhalten. Die Tafel ist teilweise beschädigt, doch die Regelung scheint für diese Fälle die rechtliche Zuständigkeit des Statthalters festzuschreiben. Es heißt dort (Z. 25–32):

> *šumma* 1 LÚ *āliku ša ḫurādi ina pāḫitīšu lū āla iṣbat ulu kī raqāʾe ana māt Katmuḫḫi ērub šarru napšāte ša* ᴰ*Aššur ilīšu ittama* ᵐᴰ*Bēr-išmanni amar dīni*(DI)[69] *uššuru*.
> „Wenn ein Mann, der vom Feldzug kommend in seinem (i.e. Bēr-išmannis Distrikt, ECK) Distrikt entweder eine Stadt ‚ergriffen' hat oder um sich zu verstecken in das Land Katmuḫu eingedrungen ist, – der König hat ge-

66 Westbrook 2003b.

67 Hierzu siehe z.B. Otto 2008a, 58 Anm. 15 mit einer Zusammenstellung der älteren Literatur.

68 Freydank 2012; Cancik-Kirschbaum 2020, 97–99.

69 Der Text weist an dieser Stelle eine Schwierigkeit auf, vgl. Freydank 2012, 233 zu Z. 32. Es ist allerdings auch vorstellbar, dass das Zeichen DI hier als Lexigramm für *dīnu* steht.

schworen beim Leben Assurs, seines Gottes –, wird man Bēr-išmanni die Betrachtung der Rechtssache überlassen."

In Tell Fekherije wiederum fand sich eine kleine Urkunde, die eine kasuistisch formulierte Regelung zu verschiedenen Sachverhalten im Bereich Diebstahl enthält – und die Beziehungen zu den *„Mittelassyrischen Gesetzen"* wie auch zum *Codex Hammurabi* aufweist.[70]

4.4 *Das Wort des Königs – die königlichen Edikte als Quelle für die* „Mittelassyrischen Gesetze"

Schließlich ist noch eine weitere mögliche Quelle für die Kompilation von Sammlungen wie die *„Mittelassyrischen Gesetze"* zu nennen, die königlichen Edikte.[71] Hier sind es vor allem die Kollektionen von Erlassen, die gewiss nicht zufällig Ende des 13. und im Verlaufe des 12. Jh. v. Chr. gehäuft auftreten, durch die mit der Zusammenstellung von ‚Einzelfällen', in diesem Fall königliche Rechtsentscheide, juristische Systematisierungsarbeit dokumentiert wird. Auch hier wird in mittelassyrischer Zeit eine Arbeitsweise fortgeführt, die nicht nur aus altbabylonischer, sondern auch aus altassyrischer Zeit bekannt ist.[72]

5 Fazit

Rückblickend seien die Überlegungen zu den *„Mittelassyrischen Gesetzen"* als Beispiel für die juristischen Arbeits- und Erkenntnisprozesse, für die Ausbildung und Verhandlung rechtlicher Episteme noch einmal zusammengefasst:

1. Viele Anzeichen weisen darauf hin, dass es sich bei den *„Mittelassyrischen Gesetzen"* um ein Zeugnis eines im Fluss befindlichen Arbeitsprozesses im Bereich des juristischen Wissens handelt. Das Textmaterial zeigt deutliche Ansätze zur Systematisierung, aber eben auch genügend Hinweise auf einen noch nicht abgeschlossenen Arbeitsprozess, wie z.B. inhaltlich als Kommentierungen aufzufassende Fallerweiterungen, ungenaue Untergliederungen in Sachabschnitte, aber auch z.B. die umfangreiche gelöschte Passage auf Tafel A.
2. Die *„Mittelassyrischen Gesetze"* sind nicht erst gegen Ende des 12. Jh. v. Chr. entstanden, sondern sie gehen auf dessen Anfänge zurück. Hier sind sie vielleicht als Reaktion auf die Herausbildung von neuen Rechtspraktiken und als Versuch der Systematisierung einer gerade Ende des 13. Jh. v. Chr. besonders dynamischen Entwicklung neuer rechtlicher Sachverhalte zu sehen. Denn nicht nur bringt die Regentschaft von Tukultī-Ninurta I. – von 1230 bis 1197 v. Chr. nach gängiger Chronologie – eine erste Phase maximaler Ausdehnung des mittelassyrischen Reiches mit sich, in der für kurze Zeit ganz Obermesopotamien zwischen Euphrat und Tigris und Teile Nordbabyloniens unter assyrischer Herr-

70 Cancik-Kirschbaum 2019b.
71 Hierzu ausführlich Cancik-Kirschbaum 2020.
72 Veenhof 1997–2000.

schaft steht. Diese historisch-politische Situation ist auch gekennzeichnet durch die Begegnung mit zahlreichen anderen Rechtskulturen innerhalb und außerhalb der Grenzen des Reiches. Auch müssen neue Rechtsstrukturen gefunden werden, die sich mit den Modi von territorialer Herrschaft verbinden. Ein Problem ist beispielsweise die rechtliche Rolle der Provinzgouverneure, die im Auftrag des Königs begrenzte Regionen verwalten und diesen dort auch in bestimmten Fällen rechtlich vertreten. Es ist völlig unklar, wie diese Gouverneure bestellt werden, aber wir können in einzelnen Fällen sehen, dass es sich offenbar vielfach um Mitglieder einflussreicher Familien aus dem assyrischen Kernland und vor allem um Mitglieder aus der Königsfamilie handelt. Die Regelung ihrer Machtbefugnisse und rechtlichen Möglichkeiten, das scheint in dieser Zeit z.B. in Form von königlichen Erlassen neu verhandelt zu werden. Nach dem Tod des Tukultī-Ninurta I. erschüttern innere Machtkämpfe und das Ringen um die Nachfolge auf dem Thron von Assur die über ein Jahrhundert stabilen Herrschaftsverhältnisse. Es ist sicher kein Zufall, dass schließlich mit Ninurta-apil-Ekur ein Mitglied des assyrischen Königshauses aus dem ‚babylonischen Exil' den Thron ergreift und über eine Dekade das Land Assur beherrscht.

3. Die Entstehung der „*Mittelassyrischen Gesetze*" ist vielleicht einer neuen Aufgeschlossenheit der Könige von Assur gegenüber den Traditionen babylonischer Gelehrsamkeit geschuldet. Spätestens unter Tukultī-Ninurta I. scheint sich der Einfluss babylonischer Gelehrter in Assyrien zu verstärken. Auch die Verbringung offenbar nicht unerheblicher Bestände babylonischer Traditionsliteratur nach Assur im Zuge der zeitweisen Herrschaft über Nordbabylonien ist in diesem Kontext zu betrachten. Ob die Sammlung und Systematisierung mittelassyrischer Rechtspraxis nach dem Vorbild babylonischer Tradition bereits unter Tukultī-Ninurta I. initiiert wurde, oder ob erst unter Ninurta-apil-Ekur die Arbeit an den „*Mittelassyrischen Gesetzen*" aufgenommen wird, muss derzeit offen bleiben.
4. Damit stehen die „*Mittelassyrischen Gesetze*" auch für sehr viel allgemeinere Fragen an jene Prozesse, die wir hier unter „Arbeit am Recht" fassen. Zu fragen ist nach der Rolle der politisch-sozialen Situative für die Herausbildung der systematisierten Wissensbestände, nach möglichen Auslösern solcher Systematisierungsprozesse, nach der Rolle älterer lokaler Traditionen einerseits und zeitgenössisch praktizierter Kulturkontakte andererseits – um nur einige Aspekte zu benennen.

Offenkundig liegt diese Arbeit am Recht in den Händen von rechtskundigen Gelehrten. Es ist forschungsgeschichtlich ausgesprochen interessant zu sehen, dass ungeachtet der Anerkennung dieser in den „*Mittelassyrischen Gesetzen*" vorliegenden juristischen Arbeitsweise dem Zweistromland eine „Rechtswissenschaft" im eigentlichen Sinne nicht zuerkannt wird. Stellvertretend sei hierfür die Einschätzung von Marian San Nicolò zitiert:

„Wesentlich höher als diese kautelare und kommentierende Jurisprudenz ist die am mittelassyrischen Rechtsbuche von den einheimischen Rechtskundigen geleistete Arbeit einzuschätzen. Denn sie besteht nicht allein in der Anordnung des überlieferten Rechtsstoffes unter einheitlichen systematischen Gesichtspunkten, wie das vor allem im Frauenspiegel auf der ersten Tafel erfolgt ist, sondern sie äußert sich auch in der Umgestaltung konkreter Rechtsfälle der Vorlagen zu Rechtsregeln, sowie in den Glossen und Paraphrasen, welche, trotz ihrer formellen Mängel, vielfach eine Fortbildung des Rechtes durch Juristenhand bekunden. Wenn uns auch diese verschiedenen Zeugnisse noch nicht berechtigen von einer Rechtswissenschaft des Zweistromlandes im eigentlichen Sinne des Wortes zu sprechen, so genügen sie andererseits vollauf, um den Nachweis zu erbringen, dass die Tätigkeit der dortigen Rechtskundigen über das Aufsetzen von rechtsgeschäftlichen Formularen und die lediglich Überlieferung des rohen Rechtssätzematerials hinausgegangen ist und auch bescheidene Anfänge zu einer darstellenden Verarbeitung der Normen gemacht hat."[73]

San Nicolòs Ausführungen verweisen auf einen Konflikt, den schon Koschaker angedeutet hat, nämlich die Frage nach dem Wesen der Arbeit am Recht im Alten Orient:

„Das Rechtsbuch ist aber (…) zugleich ein wichtiges Zeugnis für die Jurisprudenz jener Zeiten. Freilich nicht das älteste. Juristen waren schon jene Urkundenschreiber, welche die ältesten Kontraktsschemata erdachten und ein interessantes Denkmal dieser ältesten Jurisprudenz ist uns in den zweisprachig (sumerisch und akkadisch) überlieferten juristischen Phrasen der aus altbabylonischer Zeit stammenden Serie *ana ittišu* erhalten, die wahrscheinlich einem zum Gebrauche der Urkunden Schreiber dienenden Formularienbuch entstammen. Demgegenüber weist uns das Rechtsbuch eine höhere Stufe juristischer Tätigkeit nach. Die Juristen, welche das dem Rechtsbuche zugrunde liegende Material bearbeiteten, haben nicht mehr bloß Rechtsurkunden verfaßt, sondern überlieferte Rechtssätze kommentiert und auf diese Weise das Recht fortgebildet."[74]

73 San Nicolò 1931, 112–113.
74 Koschaker, 1921, 84.

Texte und Texteditionen

DSCT 2
Siehe Saporetti 1979.

K
Signatur, Kouyunjik-Sammlung, British Museum (London).

KAJ
Siehe Ebeling 1927.

KAL 8/1
Siehe Weiershäuser/Hrůša 2018.

KAL 11/1
Siehe Weiershäuser/Hrůša 2020.

KAL 17
Siehe Hätinen 2023.

KAV
Siehe Schroeder 1920.

MARV 4
Siehe Freydank 2001.

SBL WAW 6
Siehe Roth 1997.

VAT
Signatur, Vorderasiatische Abteilung, Staatliche Museen zu Berlin.

Bibliographie

Borger 1982
Borger, R.: Akkadische Rechtsbücher. In: In: Kaiser, O. (Hrsg.): Rechts- und Wirtschaftsurkunden. Historisch-chronologische Texte. Texte aus der Umwelt des Alten Testaments 1/1, Gütersloh 1982, 32–95.

Cancik-Kirschbaum 2013
Cancik-Kirschbaum, E.: Middle Assyrian Summonses: The Epistolary Format in Judicial Procedures. In: Yiftach-Firanko, U. (Hrsg.): Legal Documents in Ancient Societies 1. The Letter: Law, State, Society and the Epistolary Format in the Ancient World. Philippika. Altertumskundliche Abhandlungen 55/1, Wiesbaden, 61–81.

Cancik-Kirschbaum 2019a
Cancik-Kirschbaum, E.: ^{D}GU$_4$-DUMU-^{D}UTU in Assur in mittelassyrischer Zeit. In: Chambon, G. / Guichard, M. / Langlois, A.-I. (Hrsg.): De l'argile au numérique. Mélanges assyriologiques en l'honneur de Dominique Charpin. Publications de l'Institut du Proche-Orient Ancien du Collège de France 3, Leuven / Paris / Bristol, 175–187.

Cancik-Kirschbaum 2019b
Cancik-Kirschbaum, E.: „Wenn ein Mann …" – ein mittelassyrischer Text aus Tall Faḫarīja. In: Prechel, D. / Neumann, H. (Hrsg.): Beiträge zur Kenntnis und Deutung

altorientalischer Archivalien. Festschrift für Helmut Freydank zum 80. Geburtstag. dubsar 6, Münster, 33–45.

Cancik-Kirschbaum 2020
Cancik-Kirschbaum, E.: Regere lege artis: Mittelassyrische königliche Edikte und die Verschriftung staatlicher Rechtssetzung. In: Maul, S. M. (Hrsg.): Hundert Jahre Assurforschungen. Symposium zu Ehren von J. Renger. Assur-Forschungen 2, Wiesbaden, 87–108.

Cardascia 1957
Cardascia, G.: La codification en Assyrie. Revue internationale des droits de l'Antiquité 4, 53–71.

Cavaignac 1924
Cavaignac, E.: Le Code Assyrien et le Recrutement. Revue d'Assyriologie et d'Archéologie Orientale 21, 59–64.

Cruveilhier 1927
Cruveilhier, P.: Le droit de la femme dans la Genèse et dans le Recueil de Lois assyriennes. Révue Biblique 36, 350–376.

Cuq 1922
Cuq, É.: Un recueil de lois Assyriennes. Revue d'Assyriologie et d'Archéologie Orientale 19/1, 46–65.

[Démare-]Lafont 2003
[Démare-]Lafont, S.: Middle Assyrian Period. In: Westbrook, R. (Hrsg.): A History of Ancient Near Eastern Law. Handbook of Oriental Studies 72, Leiden / Boston, 521–563.

Démare-Lafont 2015
Démare-Lafont, S.: Middle Assyrian Laws. In: Strawn, B. A. (Hrsg.): The Oxford Encyclopedia of the Bible and Law (Online), Oxford. <https://www.oxfordreference.com/view/10.1093/acref:obso/9780199843305.001.0001/acref-9780199843305-e-92>.

Driver/Miles 1935
Driver, G. R. / Miles, J. C.: The Assyrian Laws. Edited with Translation and Commentary, Oxford (Nachdruck: with Supplementary Additions and Corrections by G. R. Driver, Aalen 1975).

Duve 2021
Duve, T.: Rechtsgeschichte als Geschichte von Normativitätswissen? Rechtsgeschichte – Legal History 29, 41–68.

Ebeling 1927
Ebeling, E.: Keilschrifttexte aus Assur juristischen Inhalts. Wissenschaftliche Veröffentlichungen der Deutschen Orient-Gesellschaft 50. Ausgrabungen der Deutschen Orient-Gesellschaft in Assur E/4, Leipzig.

Fincke 2003–2004
Fincke, J. C.: The Babylonian Texts of Nineveh. Report on the British Museum's "Ashurbanipal Library Project". Archiv für Orientforschung 50, 111–149.

Frahm 2002
Frahm, E.: Headhunter, Bücherdiebe und wandernde Gelehrte: Anmerkungen zum altorientalischen Wissenstransfer im 1. Jahrtausend v. Chr. In: Neumann, H. (Hrsg.): Wissenskultur im Alten Orient. Weltanschauung, Wissenschaften, Techniken, Technologien. Colloquien der Deutschen Orient-Gesellschaft 4, Münster, 15–30.

Freydank 1994
Freydank, H.: Nachlese zu den mittelassyrischen Gesetzen. Archiv für Orientforschung 21, 203–211.

Freydank 1997
Freydank, H.: *bitqī batāqu* ‚Abschneidungen abschneiden'? Archiv für Orientforschung 24, 105–114.

Freydank 2001
Freydank, H.: Mittelassyrische Rechtsurkunden und Verwaltungstexte 4. Tafeln aus Kār-Tukultī-Ninurta. Mit einem Beitrag zu den Siegelabrollungen von Claudia Fischer. Wissenschaftliche Veröffentlichungen der Deutschen Orient-Gesellschaft 99, Saarbrücken.

Freydank 2005
Freydank, H.: Beispiele von Kulturkontakten aus mittelassyrischer Zeit. In: Prechel, D. (Hrsg.): Motivation und Mechanismen des Kulturkontaktes in der späten Bronzezeit. Eothen. Collana di studi sulle civiltà dell'Oriente antico 13, Florenz, 59–76.

Freydank 2012
Freydank, H.: MARV IV 119 – ein Vertrag? Archiv für Orientforschung 39, 226–234.

Freydank 2016
Freydank, H.: Assyrische Jahresbeamte des 12. Jh. v. Chr. Eponymen von Tukultī-Ninurta I. bis Tukultī-apil-ešarra I. Alter Orient und Altes Testament 429, Münster.

Haase 1965
Haase, R.: Einführung in das Studium keilschriftlicher Rechtsquellen, Wiesbaden.

Hätinen 2023
Hätinen, A.: Texte verschiedenen Inhalts. Wissenschaftliche Veröffentlichungen der Deutschen Orient-Gesellschaft 164. Ausgrabungen der Deutschen Orient-Gesellschaft in Assur. E: Inschriften. Keilschrifttexte aus Assur literarischen Inhalts 17, Wiesbaden.

Heeßel 2011
Heeßel, N. P.: Die divinatorischen Texte aus Assur. Assyrische Gelehrte und babylonische Traditionen. In: Renger, J. (Hrsg.): Assur – Gott, Stadt, und Land. Colloquien der Deutschen Orient-Gesellschaft 5, Wiesbaden, 371–384.

Herzog 1927
Herzog, v. D.: Rezension zu Ring, E.: Israels Rechtsleben im Lichte der neuentdeckten assyrischen und hethitischen Gesetzesurkunden, Stockholm / Leipzig. Orientalistische Literaturzeitung 30, 570.

Jastrow 1921
Jastrow, M.: An Assyrian Law Code. Journal of the American Oriental Society 41, 1–59.

Korošec 1932
Korošec, V.: Rezension zu San Nicolò, M.: Beiträge zur Rechtsgeschichte im Bereiche der keilschriftlichen Rechtsquellen. Instituttet for Sammenlignende Kulturforskning, Serie A: Forelesninger XIII, Oslo. Zeitschrift der Savigny-Stiftung für Rechtsgeschichte. Romanistische Abteilung 52, 447–453.

Koschaker 1921
Koschaker, P.: Quellenkritische Untersuchungen zu den „altassyrischen Gesetzen". Mitteilungen der Vorderasiatisch-Aegyptischen Gesellschaft 26/3, Leipzig.

Langdon 1922
Langdon, St.: Rezension zu Scheil, V.: Recueil de lois assyriennes : texte assyrien en transcription avec traduction française et index, Paris. The Journal of the Royal Asiatic Society of Great Britain and Ireland 1922/4, 613–621.

Luckenbill 1923
Luckenbill, D. D.: The Assyrian Law Code Reviewed. Rezension zu Scheil, V.: Recueil de lois assyriennes : texte assyrien en transcription avec traduction française et index, Paris. The American Journal of Semitic Languages and Literatures 40, 72–73.

Machinist 1978
Machinist, P.: The Epic of Tukulti-Ninurta I: A Study in Middle Assyrian Literature. PhD Dissertation Yale University.

Maul 2010
Maul, S. M.: Die Tontafelbibliothek aus dem sogenannten „Haus des Beschwörungspriesters". In: Maul, S. M. / Heeßel, N. P. (Hrsg.): Assur-Forschungen. Arbeiten aus der Forschungsstelle „Edition literarischer Keilschrifttexte aus Assur" der Heidelberger Akademie der Wissenschaften, Wiesbaden, 189–228.

Maul 2012
Maul, S. M.: Tontafelabschriften des ‚Kodex Hammurapi' in altbabylonischer Monumentalschrift. Zeitschrift für Assyriologie und Vorderasiatische Archäologie 102, 76–99.

Neumann 2003
Neumann, H.: Recht im antiken Mesopotamien. In: Manthe, U. (Hrsg.): Die Rechtskulturen der Antike. Vom Alten Orient bis zum Römischen Reich, München, 55–122, 322–327.

Oelsner 2022
Oelsner, J.: Der Kodex Ḫammu-rāpi. Textkritische Ausgabe und Übersetzung. dubsar 4, Münster.

Oppenheim 1934
Oppenheim, A. L.: Zur Quellenfrage des mittelassyrischen Rechtsbuches. Wiener Zeitschrift für die Kunde des Morgenlandes 41, 221–260.

Otto 2008a
Otto, E.: Das keilschriftliche Prozeßrecht in Babylonien und Assyrien. In: Otto, E. (Hrsg.): Altorientalische und Biblische Rechtsgeschichte. Gesammelte Studien. Beihef-

te zur Zeitschrift für Altorientalische und Biblische Rechtsgeschichte 8, Wiesbaden, 54–73.

Otto 2008b
Otto, E.: Recht ohne Religion. Zur „Romanisierung“ der altorientalischen Rechtsgeschichte im „Handbuch der Orientalistik“. In: Otto, E. (Hrsg.): Altorientalische und biblische Rechtsgeschichte. Gesammelte Studien. Beihefte zur Zeitschrift für Altorientalische und Biblische Rechtsgeschichte 8, Wiesbaden, 185–191.

Otto 2008c
Otto, E.: Die Rechtsgeschichte der Mittelassyrischen Gesetze (KAV 1). In: Otto, E. (Hrsg.): Altorientalische und biblische Rechtsgeschichte. Gesammelte Studien. Beihefte zur Zeitschrift für Altorientalische und Biblische Rechtsgeschichte 8, Wiesbaden, 192–309.

Otto 2012
Otto, E.: Nach welchen Gesichtspunkten wurden Rechtssätze in keilschriftlichen und biblischen Rechtssammlungen zusammengestellt? Zur Redaktionsgeschichte keilschriftlicher und biblischer Rechtssatzsammlungen. Zeitschrift für Altorientalische und Biblische Rechtsgeschichte 18, 63–77.

Paul 1990
Paul, S. M.: Biblical Analogues to Middle Assyrian Law. In: Firmage, E. B. / Weiss, B. G. / Welch, J. W. (Hrsg.): Religion and Law. Biblical-Judaic and Islamic Perspectives, Winona Lake, 333–350.

Pedersén 1985
Pedersén, O.: Archives and Libraries in the City of Assur. A Survey of Material from the German Excavations 1. Acta Universitatis Upsaliensis, Studia Semitica Upsaliensia 6, Uppsala.

Pedersén 1986
Pedersén, O.: Archives and Libraries in the City of Assur. A Survey of Material from the German Excavations 2. Acta Universitatis Upsaliensis, Studia Semitica Upsaliensia 7, Uppsala.

Pedersén 1998
Pedersén, O.: Archives and Libraries in the Ancient Near East 1500–300 BC, Bethesda.

Pfeifer 2012
Pfeifer, G.: Gewohnheitsrecht oder Rechtsgewohnheit(en) in altbabylonischer Zeit oder: Was war die Grundlage des „Codex“ Ḫammurapi? Zeitschrift für Altorientalische und Biblische Rechtsgeschichte 18, 127–132.

Pfeifer 2018
Pfeifer, G.: Das Recht im Kontext normativer Ordnungen der Welt des Alten Orients. Zeitschrift der Savigny-Stiftung für Rechtsgeschichte. Romanistische Abteilung 135, 1–20.

Postgate 1973
Postgate, J. N.: Assyrian Texts and Fragments. Iraq 35, 13–36.

Renger 1994
Renger, J.: Noch einmal: Was war der „Kodex" Ḫammurapi – ein erlassenes Gesetz oder ein Rechtsbuch? In: Gehrke, H.-J. (Hrsg.): Rechtskodifizierung und soziale Normen im interkulturellen Vergleich. ScriptOralia 66, Tübingen, 27–59.

Ring 1926
Ring, E.: Israels Rechtsleben im Lichte der neuentdeckten assyrischen und hethitischen Gesetzesurkunden, Stockholm.

Roth 1997
Roth, M. T.: Law Collections from Mesopotamia and Asia Minor. Second Edition. Society of Biblical Literature Writings from the Ancient World 6, Atlanta.

San Nicolò 1931
San Nicolò, M.: Beiträge zur Rechtsgeschichte im Bereiche der keilschriftlichen Rechtsquellen. Instituttet for Sammenlignende Kulturforskning, Serie A: Forelesninger XIII, Oslo.

Saporetti 1979
Saporetti, C.: Le leggi medio-assire. Cybernetica Mesopotamica. Data Set: Cuneiform Texts 2, Malibu.

Saporetti 1984
Saporetti, C.: The Middle Assyrian Laws. Cybernetica Mesopotamica. Graphemic Categorization 2, Malibu.

Saporetti 2008
Saporetti, C.: Giurisprudenza medioassiria. In: Mora, C. / Liverani, M. (Hrsg.): I diritti del mondo cuneiforme (Mesopotamia e regioni adiacenti, ca. 2500–500 a. C.), Pavia, 457–472.

Schaudig 2023
Schaudig, H.: Varia II (Texte Nr. 62–74, bearbeitet von Hanspeter Schaudig). In: Hätinen, A.: Texte verschiedenen Inhalts. Mit Beiträgen von Hanspeter Schaudig. Wissenschaftliche Veröffentlichungen der Deutschen Orient-Gesellschaft 164. Keilschrifttexte aus Assur literarischen Inhalts 17, Wiesbaden.

Scheil 1921
Scheil, J.-V.: Recueil de lois assyriennes : texte assyrien en transcription avec traduction française et index, Paris.

Schroeder 1920
Schroeder, O.: Keilschrifttexte aus Assur verschiedenen Inhalts: autographiert, mit Inhaltsübersicht und Namenlisten. Wissenschaftliche Veröffentlichungen der Deutschen Orient-Gesellschaft 35, Leipzig.

von Soden 1954
von Soden, W.: Herrscher im Alten Orient, Berlin / Heidelberg.

Veenhof 1995
Veenhof, K. R.: "In Accordance with the Words of the Stele". Evidence for Old Assyrian Legislation. Chicago Kent Law Review 70, 1711–1744.

Veenhof 1997–2000
Veenhof, K. R.: The Relation between Royal Decrees and 'Law Codes' of the Old Babylonian Period. Jaarbericht van het Vooraziatisch-Egyptisch Genootschap "Ex Oriente Lux", 35/36, 49–83.

Veenhof 2008
Veenhof, K. R.: Aspects of Old Assyrian Commercial Law. Treaties and Legislation. In: Mora, C. / Liverani, M. (Hrsg.): I diritti del mondo cuneiforme (Mesopotamia e regioni adiacenti, ca. 2500–500 a.C.), Pavia, 247–269.

Weidner 1937–1939
Weidner, E.: Das Alter der mittelassyrischen Gesetzestexte. Studien im Anschluss an Driver and Miles, The Assyrian Laws. Archiv für Orientforschung 12, 46–54.

Weidner 1952–1953
Weidner, E.: Die Bibliothek Tiglatpilesers I. Archiv für Orientforschung 16, 197–215.

Weidner 1954–1956
Weidner, E.: Hof- und Haremserlasse assyrischer Könige aus dem 2. Jahrtausend v. Chr. Archiv für Orientforschung 17, 257–293.

Weiershäuser/Hrůša 2018
Weiershäuser, F. / Hrůša, I.: Lexikalische Texte 1. ur$_5$-ra = *ḫubullu*, mur-gud = *imrû* = *ballu*, Lú-Listen. Teil 1. Einleitung, Katalog, Textbearbeitungen, Verzeichnisse. Wissenschaftliche Veröffentlichungen der Deutschen Orient Gesellschaft 153/1. Keilschrifttexte aus Assur literarischen Inhalts 8/1, Wiesbaden.

Weiershäuser/Hrůša 2020
Weiershäuser, F. / Hrůša, I.: Lexikalische Texte 2. Wortlisten, Formularbücher, grammatikalische Texte. Teil 1. Einleitung, Katalog, Textbearbeitungen Verzeichnisse. Wissenschaftliche Veröffentlichungen der Deutschen Orient Gesellschaft 157/1. Keilschrifttexte aus Assur literarischen Inhalts 11/1, Wiesbaden.

Werner 2016
Werner, P.: Der Anu-Adad-Tempel in Assur. Wissenschaftliche Veröffentlichungen der Deutschen Orient-Gesellschaft 145. Ausgrabungen der Deutschen Orient-Gesellschaft in Assur. A: Baudenkmäler aus assyrischer Zeit 15, Wiesbaden.

Westbrook 2003a
Westbrook, R.: A History of Ancient Near Eastern Law. Handbook of Oriental Studies 72, Leiden / Boston.

Westbrook 2003b
Westbrook, R.: Evidentiary Procedure in the Middle Assyrian Laws. Journal of Cuneiform Studies 55, 87–97.

Nochmals zur Überlieferung der sog. „Hethitischen Gesetze"

Jörg Klinger

Abstract

Against the backdrop of a critical commentary on the history of research, this paper advocates for a fundamental revision of the transmission of the Hittite Laws. The prevailing view – that the extant manuscripts are primarily Neo-Hittite period copies of Old Hittite originals, which, with the exception of the so-called "parallel text", remained unchanged – fails to accurately reflect the actual state of the textual evidence. A thorough consideration of palaeographic evidence and the formal structure of the tablets allows for a significantly more nuanced understanding of the Hittite Laws than previously assumed. The reassessment of the textual tradition and its form of transmission is essential for any substantive evaluation of this corpus and represents a pressing scholarly desideratum.

1 Die „Entdeckung" der *Hethitischen Gesetze*

§ 1 Neben den Briefen, Verträgen und anderen Texten in akkadischer Sprache gehörten zu den ersten spektakulären Entdeckungen unter den in den Ruinen der hethitischen Hauptstadt Ḫattuša gefundenen Tontafeln und Tafelfragmenten, bemerkenswerterweise schon zu einem Zeitpunkt, als man die Texte selbst gar nicht verstehen konnte, da ihre Sprache noch unverständlich war, die Beobachtung, daß sich unter diesen vielen Tausenden welche befinden, die sich allein aufgrund ihrer formalen Charakteristik als Rechtstexte oder genauer sogar als „Gesetze" (Codex) identifizieren ließen. F. Hrozný machte diese verblüffende Entdeckung bereits im Jahre 1914 während seiner ersten Arbeit mit dem noch weitgehend unerforschten Material aus Boğazköy, das von den Grabungen in Ḫattuša durch H. Winckler und Th. Makridi Bey vor allem 1906/7 und 1911/12 stammte und nun im Museum in Konstantinopel aufbewahrt wurde. Natürlich konnte er zu diesem Zeitpunkt die Texte selbst inhaltlich noch gar nicht verstehen;[1] doch seit einem Jahrzehnt war der *Codex Ḫammurapi* veröffentlicht, und vermutlich jeder Assyriologe dieser Zeit hatte ihn wohl mehr oder weniger intensiv studiert, so daß Hrozný die formale Übereinstimmung, die vor allem in dem praktisch jeden neuen Abschnitt eröffnenden hethitischen *takku* als Parallele zum *šumma* des babylonischen Gesetzestextes bestand, wohl nicht verborgen blieb. Geradezu eifersüchtig wachte Hrozný darüber, daß ihm Hugo H. Figulla, der zu der Zeit ebenfalls in Konstanti-

1 Darauf hat bereits H. Otten in seiner Besprechung der späteren Bearbeitung durch J. Friedrich (Otten 1963, 273) aufmerksam gemacht, der dazu einen Brief Hroznýs vom 16.6.1914 zitiert; der Brief in Transkription bei Alaura 2015, 60–62.

DOI: 10.13173/9783447124522.507

nopel eher neben als mit ihm an den Funden arbeitete, dieses Material nicht streitig machen konnte.[2] Unter der Überfülle der Textfunde, die ihm hier als einem der ersten zur Verfügung standen, waren es gerade diese Tafeln, denen seine ganz besondere Aufmerksamkeit galt, von denen er die Autographien veröffentlichte und die er einige Jahre später dann in einer Bearbeitung vorlegte, die freilich zum Zeitpunkt ihrer Veröffentlichung schon erkennen ließ, daß andere ihn, was das Verständnis des Hethitischen und von hethitischen Texten anbelangte, deutlich überflügelt hatten.[3]

§ 2 Noch bevor man also überhaupt die Texte, deren Sprache noch unbekannt war, verstehen konnte, drängte sich also die Vermutung auf, daß auch die Hethiter in gewisser Weise Teil der Koine des Keilschriftrechtes waren und über einen eigenen Codex verfügten, selbst wenn dieser nicht in so repräsentativer Form aufgezeichnet worden war wie der keilschriftliche Rechts-Codex par excellence, der *Codex Ḫammurapi* mit seiner Ausfertigung auf einer eindrucksvollen Steinstele.

2 Hugo H. Figulla war Ende 1913 in Konstantinopel eingetroffen, F. Hrozný sollte im Frühjahr 1914 hinzustoßen; vgl. Alaura 2015 und speziell seinen Brief an O. Weber, in dem er schon versucht, für den Fall vorzubauen, daß Hugo H. Figulla nicht bereit wäre, die Fragmente, die zu den Gesetzen gehören könnten, sich aber womöglich unter dem Material befanden, das Figulla bearbeiten sollte, ihm zu überlassen. Hrozný war die Gruppe B zugeteilt, Figulla die Gruppe C. Bekanntlich gab es eine Absprache, wonach die beiden sich getrennten Komplexen widmen sollten, die, so zumindest die Darstellung der Beteiligten, sich in Gruppen von Kisten, insgesamt sollen es 23 gewesen sein, befanden und die entsprechend nach Fundbereichen getrennt waren; diese waren der Hang von Büyükkale, der Große Tempel, also Tempel 1, sowie aus dem Bereich, in dem dann das später sog. Haus am Hang zur Gänze freigelegt werden sollte. Gerade letzteres bildete aber von Anfang an schon keinen geschlossenen Komplex; anders zuletzt freilich Torri 2022, vgl. dazu aber vorerst Klinger im Druck a sowie später noch ausführlicher, wo gezeigt wird, daß die Annahme, die Funde, die man heute dem Haus am Hang zuschreibt, würden einen geschlossenen Fund, gar eine organische Sammlung bieten, in keiner Weise haltbar ist. Jedenfalls zeigt dieses Beispiel gut, wie strategisch Hrozný agierte und wie sehr er versuchte, möglichst den ganzen Ruhm für sich einzuheimsen; das sollte sich später wieder bei der Veröffentlichung der Texte, die er sich reserviert hatte und die er in *KBo.* 5 und *KBo.* 6 dann vorlegen sollte, besonders bei seinem Versuch einer ersten Übersetzung zeigen. In gewisser Weise war er ja gezwungen, sich auf das hethitische Material zu konzentrieren, da Weber wiederum Figulla, der mit seiner Arbeit in Konstantinopel schon vor Hrozný begonnen hatte, den Auftrag gegeben hatte, sich vor allem auf das verständliche, d.h. das akkadischsprachige Material zu konzentrieren, was dieser zumindest weitgehend tat; eine Ausnahme freilich bildete der *Telipinu-Erlaß KBo.* 3, 1, den ebenfalls Figulla autographierte. Hrozný kann sich aber in seinen Mitteilungen an Weber kleine Seitenhiebe nicht verkneifen, so „wundere" er sich, daß Figulla die Gesetzestexte übersehen habe: „Auch Dr. Figulla hat sie nicht erkannt, trotzdem er zwei gute und ein winziges Fragment in seiner Serie (C) hat." (Alaura 2015, 60). Außerdem drängt er, seine Entdeckung schon möglichst schnell publik zu machen: „Dann möchte ich mir auch die Priorität sichern." (Alaura 2015, 61). Weiteres dazu noch unten §§ 16–17.

3 Und nicht nur das – die Andeutungen, er habe sich bei seiner Bearbeitung in einer nicht ganz redlichen Weise an den Vorarbeiten anderer bedient, waren mehr als deutlich. Kein Einzelfall, was Hroznýs Arbeiten angeht, was ihm bzw. seinem Ruhm aber nicht geschadet hat (s. dazu auch die folgende Anmerkung). In seinem Bericht zur „Lösung des hethitischen Problems" nennt er es dann schon ein „indogermanisches Gesetzbuch in Keilschrift im vorhomerischen Kleinasien" (Hrozný 1915, 48).

Trotzdem, oder gerade deshalb, d.h. wegen der vermeintlich schon formal gegebenen Parallelen zum Aufbau des *Codex Ḫammurapi* wurde immer wieder vermutet, daß dieser, in welcher Weise auch immer, Vorbildcharakter für die hethitische Version rechtlicher Regelungen gehabt haben müßte, doch gibt es dafür bis heute keine belastbaren Hinweise. Insofern ist das große Interesse gerade an diesem Teil der hethitischen Überlieferung wenig überraschend, und daß Übersetzungen der bald so genannten *„Hethitischen Gesetze“* zu den ersten Texten überhaupt zählten, neben den historiographisch interessanten, die überhaupt vorgelegt wurden, zeugt davon.[4] So ist es nicht weiter verwunderlich, daß alle Untersuchungen zum Recht bei den Hethitern zunächst von dieser Sammlung rechtlicher Regelungen ihren Ausgangspunkt nahmen, wobei die Frage einer möglichen Abhängigkeit von Mesopotamien einerseits bzw. andererseits eine Unabhängigkeit aufgrund der „Fremdheit“ der hethitischen Kultur im Vergleich zu denen ihrer Nachbarn eine wesentliche Rolle einnahmen. Andere, in rechtshistorischer Hinsicht durchaus vergleichbar interessante Texte, sehen wir mal von den Staatsverträgen ab, sollten erst viel später, wenn überhaupt, eine Rolle spielen, so daß man den Eindruck gewinnt, die Existenz dieser so besonderen Texte oder dieses Werkes hätten wiederum den Blick auf anderes in gewisser Weise verstellt. Dabei mag die Frage der Kenntnis dieser anderen Quellen und ihre Zugänglichkeit für die Forscher, die überwiegend, wenn es um die inhaltliche Interpretation ging, eher aus dem Bereich der Rechtsgeschichte kamen und dementsprechend nicht originären Zugang zu diesem Material hatten, eine Rolle gespielt haben.

§ 3 Die Existenz von „Gesetzen“, die schriftlich fixiert wurden, einmal beiseitegelassen, wie zutreffend diese Bezeichnung im Fall der hethitischen Überlieferung ist, stellt freilich bereits eine relativ elaborierte Entwicklung hinsichtlich rechtlicher Regelungen in einer Gesellschaft dar, da klärlich bereits sehr früh Regeln existiert haben müssen, die ein Zusammenleben einer größeren Anzahl von Menschen überhaupt erst möglich machen, vor allem wenn diese konzentriert an einem Ort zusammenleben. Von da ist aber noch ein weiter Weg bis zu einer Kodifizierung und schriftlichen Aufzeichnung solcher Regeln, so daß man durchaus mit verschiedenen Zwischenstufen rechnen kann zwischen Regeln, die vor allem auf Tradition beruhen, und einem Rechtscodex, wie es im Alten Orient dann verschiedene Beispiele zu unterschiedlichen Zeiten gab.[5] Freilich, der

4 Zimmern/Friedrich 1922; Hrozný 1922. Ein eigenes Thema ist, wie unabhängig diese ersten Bearbeitungen voneinander tatsächlich waren. Zimmern in seiner Rezension des Hrozný-Buches läßt doch mehr oder weniger deutlich durchblicken, daß er davon ausgeht, Hrozný habe seine Übersetzung durchaus in Kenntnis der eigenen vorgenommen; mit dem Verweis auf die zwischenzeitlich von Friedrich veröffentlichten Nachträge zur ersten Übersetzung ist er sehr selbstbewußt der Ansicht, daß diese der Hrozný'schen jedenfalls deutlich überlegen sei; vgl. Zimmern 1924.

5 Im Sinne von M. Weber setzt „Recht“ auch keineswegs einen „Staat“ voraus, sondern das Recht entwickelt sich parallel zu den Strukturen der Vergesellschaftung und bildet nur einen Teil der handlungsleitenden Regeln oder Konventionen; vgl. Weber 2010, 210–238. Die Deutung, welchen Status die *„Hethitischen Gesetze“* eigentlich haben und wie man sie im Kontext

grundsätzliche Gedanke, daß ein Rechtscodex nicht am Anfang, sondern eher am Ende einer historischen Entwicklung steht, dürfte vor allem bei disziplinär einschlägig sozialisierten Wissenschaftlern, die nicht selbst in der Lage waren, originär mit der entsprechenden Überlieferung zu arbeiten, die überdies, was die Frage von Überlieferungsgeschichte und Texttraditionen anging, selbst noch sozusagen in den Kinderschuhen steckte, die Idee nahegelegt haben, sich auf die Suche nach Reflexen einer solchen Entwicklungsgeschichte innerhalb der vorhandenen schriftlichen Quellen zu machen. So war bald in Interpretationen der *Hethitischen Gesetze* die Rede von diversen „Schichten" rechtlicher Regelungen bis zurück zu „archaischen" Praktiken, die man glaubte, den Texten selbst entnehmen zu können, nicht etwa auf der Basis einer philologisch-textkritischen Analyse, sondern anhand der Regelungen selbst, vermeintlicher den Regeln zugrunde liegender Vorstellungen oder Prinzipien u.ä.m. Daß aber dennoch gerade die vielfältigen Informationen, die sich im Zusammenhang oder als Hintergrund der einzelnen Regelungen erkennen lassen als Quellen hinsichtlich politischer, ökonomischer oder gesellschaftlicher Rahmenbedingungen gerade der hethitischen Frühzeit erstaunlich wenig Berücksichtigung fanden sowie für die hethitische Geschichte im Allgemeinen, ist dann doch wiederum erstaunlich.

§4 Der Wechselbeziehung, die zwischen diesen historisch-kulturgeschichtlichen Informationen, den damit vorauszusetzenden Strukturen und Prozessen und dem Zeitpunkt der Niederschrift, die damit ja eigentlich einen Terminus post quem liefern sollten, sowie deren allgemeinem historischem Kontext besteht, wird m. E. noch zu wenig Beachtung geschenkt. Einzelne Paragraphen beziehen sich offensichtlich auf durchaus elaborierte Regelungen, z.B. von Besitzverhältnissen, Vergabepraktiken von Ländereien, Abgaben und Besteuerungen, die Nutzung von Dokumentationsmitteln, die Existenz von Institutionen und Verfahren u. a. m., die geeignet sind, ein vielschichtigeres Bild z.B. des frühen hethitischen Königtums zu zeichnen, als dies allein aufgrund von im engeren Sinne historisch relevanten Texten der Fall ist und die zumindest in einem gewissen Grade solche Textgruppen ersetzen können, die in der hethitischen Überlieferung fehlen. Und dies gilt umso mehr, je früher man die erste Version der *Hethitischen Gesetze* datiert. Doch geht man von einem weitgehend homogenen, gar über Jahrhunderte praktisch unveränderlich bleibenden Grundbestand dieser Regeln aus, wie dies vor allem die rechtshistorische Interpretation entsprechend ihrem Verständnis der Überlieferungsgeschichte der Texte tat, dann entfällt natürlich auch die Möglichkeit einer Rückkopplung an historisch-politische Entwicklungen oder sozial-ökonomische Veränderungen. Oder anders formuliert: einerseits gibt es in der hethitologischen Forschung durchaus die Vorstellung einer nachhaltigen Veränderung des hethitischen Königtums und seiner Herrschaftspraxis einschließlich entsprechender administrativer Strukturen, andererseits wird die Entwicklung des Rechts aber

einer Entwicklung der Kodifizierung von Recht in den Keilschriftkulturen gegebenenfalls zu interpretieren hat, geht freilich weit über das hinaus, was hier behandelt werden soll.

ab seiner ersten Verschriftlichung als weitgehend statisch interpretiert, ohne daß, soweit ich sehe, dies in irgendeiner Weise als potentieller Widerspruch reflektiert worden wäre.

§5 Woher das hethitische Recht stammt bzw. wer konkrete rechtliche Regelungen beschließen oder verändern konnte, das ist nicht leicht zu beantworten; dagegen kann vor dem Hintergrund der gesamten hethitischen Überlieferung, die eben im weitesten Sinne eine offizielle und nicht private ist, m. E. kaum ein Zweifel daran bestehen, in welchem Kontext ihre Verschriftung erfolgte.[6] So nehmen die *Hethitischen Gesetze* in ihrer verschrifteten Form eindeutig Bezug auf einen „König"[7], so daß man davon ausgehen kann, was bei dem grundsätzlichen Charakter nicht weiter erstaunlich ist, daß die Niederschrift der hethitischen Gesetzessammlung auf den König selbst zurückgeht bzw. von diesem veranlaßt wurde und in dessen Interesse lag – offen ist hier die Frage, um welchen Herrscher es sich dabei gehandelt hat, ganz abgesehen davon, welche Ziele oder Zwecke mit dieser Aufzeichnung womöglich verbunden waren.[8] Die immer wieder vertretene Auffassung, es sei Telipinu gewesen, dem wir die Initiative für eine erste Niederschrift zu verdanken hätten, stützt sich allerdings eher auf Vermutungen bzw. schmale, interpretationsbedürftige Indizien, während unabhängig von der inhaltlich-historischen Frage die Form der ältesten Textzeugen als Hinweis für eine frühere Entstehung gedeutet wurde, weshalb wir dies noch eingehender diskutieren werden (vgl. §§ 9–12).

§6 Damit ist aber keineswegs der *eigentliche* Ursprung der konkreten rechtlichen Regelungen geklärt, sondern bestenfalls deren Verschriftlichung, was an sich ja ein bemerkenswertes Faktum für sich darstellt, aber nichts darüber aussagt, welche Quelle das hethitische Recht generell hat, ob es sich also, wie immer wieder vertreten wurde, um eine „Entscheidungssammlung" handelt oder ob man gar von so etwas wie einem „Gesetzgeber" sprechen kann. Immerhin ist bemerkenswert, daß die *Hethitischen Gesetze* zwar eine besondere Form der schriftlichen Festlegung rechtlicher Regelungen darstellen, daß diese aber nicht isoliert stehen, sondern, worauf hier nicht eingegangen werden kann, in verschiedenen Texten formal ähnliche Regelungen zu finden sind oder aber Verfahren beschrie-

6 Eine davon deutlich abweichende Sicht, wie sie sich etwa bei Cancik 1993 findet hinsichtlich der Beteiligung einer Art Öffentlichkeit, die selbst an der Abfassung von rechtlich relevanten Regelungen beteiligt gewesen sei, teile ich schon eben aufgrund der Natur der hethitischen Überlieferung nicht.

7 Es ist hier nicht der Ort zu diskutieren, wie dieses Königsamt im Einzelnen ausgestaltet war, wieweit eine solche Begrifflichkeit überhaupt ihre Berechtigung hat, ob es sich von anderen Formen monarchischer Herrschaft unterschied, so, wie etwa häufig ein „hethitisches" von einem (alt)orientalischen Königtum abgesetzt wurde u. a. m.

8 Dazu gibt es selbstverständlich eine ganze Reihe sehr grundsätzlicher Erklärungen; insbesondere in diversen Arbeiten von R. Haase (vgl. etwa Haase 1995; 2003a; 2003b; 2011) finden sich dazu z.T. sogar sehr konkrete Ausführungen, doch sind diese m. E. in weiten Teilen nicht evidenzbasiert, sondern folgen aus ganz allgemeinen Überlegungen, was hier nicht weiter kommentiert sei.

ben werden, die sich auf die Klärung von rechtlichen Fragen beziehen, die sich wie Umsetzungen solcher Regelungen, wie sie in den *Hethitischen Gesetzen* fixiert sind, lesen.

§ 7 Die Bedeutung der Texte, die unter der Bezeichnung „*Hethitische Gesetze*" bekannt sind, reicht insofern weit über den engeren Bereich des eigentlichen Rechts hinaus, da die einzelnen Regelungen wiederum vor dem Hintergrund so vieler ganz allgemeiner Phänomene, sei es gesellschaftlicher, ökonomischer, politischer Art oder anderer mehr, gesehen werden müssen und wir aus kaum einer anderen Quelle über die hethitische Kultur im allgemeinsten Sinne so viel erfahren, wie es hier der Fall ist. Dies wäre schon an sich erstaunlich genug, doch gehören diese Informationen ja nicht ans Ende der hethitischen Überlieferung, sondern sie geben uns bereits einen Einblick in eine frühe, vielleicht gar ganz frühe Phase der hethitischen Geschichte, wie sie uns in den Quellen sonst nicht bezeugt ist, was allein Anlaß genug wäre, den Beginn eben dieser Geschichte grundsätzlich neu zu denken. Selbst wenn die *Hethitischen Gesetze* in ihrer ältesten Fassung schon ein erstaunliches Erzeugnis wären, wenn man sie ans Ende der historischen Phase datiert, die konventionell als die althethitische Zeit bezeichnet wird, so wird dies noch erstaunlicher, wenn sie bereits in den Beginn dieser Epoche gehörten, d.h. in die Zeit von Ḫattušili I. oder Muršili I., mit denen ja nach dem gängigen Narrativ die „eigentliche" hethitische Geschichte beginnen soll. Die *Hethitischen Gesetze* freilich wären dann nur zu verstehen, wenn man für diesen „eigentlichen" Beginn, wie für die schriftliche Tradition selbst, einen deutlich längeren Vorlauf in Rechnung stellen würde, als dies bisher in konventioneller Weise getan wird, denn viele inhaltlichen Aspekte der Regelungen, man denke nur an die diversen Bestimmungen über Abgabenleistungen und die in diese Prozesse involvierten Akteure und Institutionen, sind hier ja bereits thematisiert. Diese sind freilich wiederum so nur verständlich, wenn man annimmt, daß es sich dabei um Strukturen handelt, die über einen längeren Zeitraum gewachsen sind und nicht erst mit einer gerade erst erfolgten vermeintlichen Gründung eines (neuen) hethitischen Königtums etabliert wurden, zumal man ja noch mitbedenken muß, daß die älteste (!) uns zur Verfügung stehende Version schon zwischen einem älteren und dem Zustand zur Zeit der Verschriftung unterscheidet.[9]

2 Die Publikation und die Anfänge der Forschungsdiskussion

§ 8 Es ist also nicht überraschend, wenn die *Hethitischen Gesetze* zweifellos zu den schriftlichen Zeugnissen aus den Sammlungen der hethitischen Hauptstadt[10] gehören, denen von Beginn der Forschung an eine enorme Aufmerksamkeit galt,

---

9 Diese traditionelle Sichtweise ist primär der Quellenlage bzw. dem Blick auf die Überlieferung geschuldet, kann aber heute bei weitem nicht mehr als adäquat gelten; vgl. dazu Klinger 2022 bzw. vorläufig Klinger im Druck b.

10 Es gibt bisher keinerlei Hinweise darauf, daß von den *Hethitischen Gesetzen* außerhalb der Hauptstadt Ḫattuša Exemplare bekannt gewesen wären, was hier deshalb nochmals erwähnt sei, weil immer wieder darauf abgehoben wurde, daß die *Hethitischen Gesetze* (auch) einen

von deren Erforschung Impulse für die gesamte Überlieferung ausgingen, so daß, anders als bei anderen wichtigen Textgenres, immer wieder neue Übersetzungen und Bearbeitungen[11] publiziert wurden, denen auch heute noch immer ein großes Interesse entgegengebracht wird, und für die aber, allerdings eher die Ausnahme in der hethitologischen Forschung, ein weitgehender Konsens in der Bewertung und der Interpretation besteht. Damit soll nicht gesagt sein, daß nicht noch zahlreiche Aspekte entweder offen sind oder sogar noch gar nicht intensiver behandelt wurden, ausgehend von dem methodischen Grundsatz, daß für viele, wenn nicht für alle Fragen der inhaltlichen Interpretation unabdingbare Voraussetzung die Klärung der philologisch-editorischen Gegebenheiten ist. Man kann, ja, man soll meiner Ansicht nach, sicherlich über inhaltlich-interpretatorische Aspekte durchaus auch spekulieren oder weitergehende Thesen in den Raum stellen, man sollte aber vorher (!) die materielle Grundlage soweit als möglich gesichert haben.[12]

§ 9 Naheliegenderweise, nicht zuletzt aus Gründen, wie den eben angesprochenen, lag von Beginn an ein besonderer Fokus auf der Datierung bzw. der Entstehungszeit der *Hethitischen Gesetze*. Wer war der „Verfasser" dieses exzeptionellen Werkes bzw. unter welchem hethitischen König entstand die erste oder die älteste schriftlich fixierte Fassung, da, anders als bei den schon erwähnten mesopotamischen Codices häufiger, die diversen Fassungen der hethitischen Sammlung über keinen Prolog[13] oder Epilog mit direkten Hinweisen auf eine Urheberschaft verfügen und auch innerhalb des Textes zumindest sich keine klaren Indizien aus-

praktischen Zweck als Referenz etwa bei Gerichtsstreitigkeiten gehabt hätten. So spricht etwa R. Haase immer wieder davon (vgl. etwa Haase 2002, 67; 2006–2008, 285), daß sie für „Untergerichte" als Handhabe gedient hätten, doch gibt es hierfür, weder für die Existenz außerhalb von Ḫattuša noch für eine Verwendung von „Untergerichten" oder überhaupt irgendwelchen Gerichten in der Praxis, irgendwelche Indizien, ganz im Unterschied etwa zu Festritualtexten, die sehr wohl an verschiedenen Orten gefunden wurden – vermutlich doch, weil sie eben vor Ort von Relevanz waren. Vergleichbares dürfte man doch dann auch für die unterstellten Handreichungen in rechtlichen Fragen erwarten, läge Haase mit seinen Vermutungen richtig.

11 Im Folgenden werden wir Ausgaben, die vor allem nur die Texte in Übersetzung bieten, dementsprechend nicht berücksichtigen, da sie philologisch zur Diskussion nichts beitragen.

12 Dies gilt, diese grundsätzliche Anmerkung sei mir gestattet, m. E. unabhängig von Texten und Themen generell. Insofern ist es doch bis zu einem gewissen Grade erstaunlich, wie sehr letzteres in jüngerer Zeit zwar ein großes Interesse findet, dagegen selbst altbekannte, aber immer noch zentrale Texte seit Jahrzehnten einer ausreichenden philologischen (Neu-) Bearbeitung harren. Ob das am Interesse oder der Expertise liegt, wage ich allerdings nicht zu beurteilen, habe aber durchaus eine Vermutung. Ein, leider enttäuschendes, Beispiel für diesen Trend der Sammelband von Giusfredi/Matessi/Pisaniello 2023, wo die meisten Beiträge gerade der Hauptautoren doch erhebliche Defizite in der Kenntnis des Materials und des Forschungsstandes aufweisen, andererseits aber doch teilweise sehr weitgehende Thesen geäußert werden.

13 Es sei immerhin angemerkt, daß aus meiner Sicht der Beginn des Paralleltextes *KBo.* 6, 4 in Kol. I eigentlich mehr Raum bietet, als für die wenigen fehlenden Zeilen der ersten Paragraphen nötig wäre. Der § 1 umfaßt in A und B 3 Zeilen, in PT sind Reste mindestens einer Zeile vor dem 2. Paragraphen erhalten (die verwendeten Siglen folgen Hoffner 1997, 16–164; vgl. auch Friedrich 1959, 48 c. Anm. 18), der obere Tafelrand und Beginn des Textes müßte aber

machen lassen, wann oder gar warum diese Niederschrift erfolgte. Noch in seiner ersten Bearbeitung der *Hethitischen Gesetze* ließ z.B. F. Hrozný die Frage nach der Entstehung des Textes selbst bzw. nach dem König, der die Aufzeichnung veranlaßt haben könnte, völlig offen.[14] Es fehlten dafür noch Anhaltspunkte aus anderen Quellen, da die Texte selbst sie nicht lieferten, doch war man erst am Beginn einer Aufarbeitung des gesamten Materials, und die Entwicklung und Überlieferung hethitischer Schriftlichkeit war insgesamt allenfalls ansatzweise bekannt, folglich war weder ein Überblick über das Material gegeben, noch dessen Datierung in einem historischen Rahmen möglich. Mit der Veröffentlichung der von ihm seit längerer Zeit vorbereiteten Autographien von Texten aus den Winckler-Makridi-Grabungen im Jahre 1921, die, wie die Bo-Nummern belegen, vor allem das Material enthielten, das Hrozný bei seiner Arbeit in Istanbul aufgefallen war[15],

---

eigentlich Platz für mehr Zeilen geboten haben, wie besonders das Randfoto der Tafel vermuten läßt; vgl. noch § 60.

14 Hrozný 1922, 1 spricht nur davon, man könne vermuten, daß es Šuppiluliuma, sein Sohn Muršili oder, weniger wahrscheinlich, Ḫattušili gewesen sein könne, doch stützt sich dies auf keinerlei Argumente; damit dürfte er vor allem nur die damals bereits bekannten Königsnamen genannt haben, daß es gleich mehrere Träger dieser Namen gab, war noch kein Thema. Der Kommentarteil zu seiner Bearbeitung, die im Wesentlichen eine Umschrift mit Übersetzung darstellt und lediglich einige Details in den Anmerkungen näher erläutert, ist nie erschienen und vermutlich war sie, wie in anderen Fällen bei Hrozný, zu der Zeit bestenfalls geplant, aber es ging ihm wohl vor allem darum, da bereits die Übersetzung von Zimmern und Friedrich publiziert war, eine Priorität für sich wahren zu wollen.

15 Wie schon oben ausgeführt haben H.H. Figulla und F. Hrozný nebeneinander an unterschiedlichen Fundkomplexen gearbeitet und dabei offenbar parallel erst die Fundnummern bestimmten Tafeln zugeteilt, wobei Hrozný mit den Nummern ab 2000 begann; daher die auffällige Sequenz der entsprechenden Fragmente hinsichtlich ihrer Inventarnummern. Wie an anderer Stelle ausführlicher begründet werden wird, spricht vieles dafür, daß die Funde der frühen Kampagnen nicht von Anfang an, etwa noch vor Ort bei der Grabung, inventarisiert wurden, sondern daß die Vergabe der bekannten „Bo-Nummern" erst später, d.h. zum Teil in Konstantinopel, zum größeren Teil allerdings erst dann in Berlin erfolgte. Das bedeutet, daß die Fundnummern, gerade was das Material zu den *Hethitischen Gesetzen* angeht, nur bedingt aussagekräftig sind, was die Fundorte betrifft, zumal die ursprüngliche Separierung wenigstens der größeren Fundzusammenhänge nach der Überstellung des Materials nach Berlin endgültig verloren ging, die Tafeln und Fragmente aber noch immer nicht durchgängig mit Fundnummern versehen waren. So erklärt sich der „Zufall", daß in *KBo.* 2 fast komplett die ersten 50 Bo-Nrn. zusammen veröffentlicht wurden; es ist klar, daß diese so nicht gleich zu Beginn der Arbeiten in Boğazköy alle in dieser Reihenfolge aufgesammelt worden sein können. Zwar beschäftigten sich beide mit Material aus unterschiedlichen Fundkomplexen, das zu dieser Zeit noch in getrennten und markierten Kisten aufbewahrt wurde, unterteilt in die Gruppen A–C, doch dürfte Hrozný, der von Anfang an nach einschlägigen Texten im gesamten, auch dem eigentlich Figulla zur Sichtung bereitgestellten Material fahndete, dabei ebenfalls fündig geworden sein, was sich heute allerdings nicht mehr verifizieren läßt. Damit ist die Trennung der Fundkomplexe vermutlich nicht mehr eingehalten worden, so daß man nicht ausschließen kann, daß er zu „seinem" Material auch Funde aus anderen Fundkomplexen dazugenommen hat. Ein Archivzusammenhang für die Aufbewahrung der *Hethitischen Gesetze*, gar der einzelnen Versionen zu rekonstruieren, ist damit für einen Großteil des Materials reichlich illusorisch, was freilich nicht allein, aber, aufgrund der geschilderten Umstände, besonders hier gilt.

und das waren eben die Tafeln und Fragmente zu den *Hethitischen Gesetzen* wie eine Reihe weiterer sehr gut erhaltener Tafeln, war überhaupt erst eine breitere Diskussion möglich, besonders, als kurz darauf im Jahre 1922 dann bereits zwei unterschiedliche Übersetzungen veröffentlicht wurden.[16] Nachvollziehbar ist das Interesse für solche Texte, zumal ja noch erst kleine Ausschnitte der riesigen Fundmenge bekannt waren[17], so daß kaum eine der frühen historischen Abhandlung sie nicht erwähnt. Einer der ersten, der schon recht klare Vorstellungen von Entstehung und Funktion der „Gesetze" hatte, war A. Goetze, der von Beginn an mit seinen Veröffentlichungen das Fach und seine Forschungsfragen prägte; er schrieb schon 1925[18], gleichzeitig damit auch illustrierend, welch enormer Erkenntnisfortschritt in diesen wenigen Jahren seit dem Beginn der Veröffentlichung der Texte gelungen war:

> Die Kodifizierung des Rechtes geht mindestens bis auf Telepinusch zurück, im jüngeren Reiche ist eine Rechtsreform durchgeführt worden, die die Abschaffung vieler altertümlicher Bräuche, eine Milderung der Strafmaße und die Ablösung zahlreicher Leibesstrafen durch Geldstrafen bedeutet.

§ 10 Erstaunlich sind vor allem die zeitlichen Eckpunkte, die hier genannt wurden und die von vielen bis heute noch so vertreten werden, obwohl einige der Grundannahmen über die hethitische Überlieferung insgesamt schon längst nicht mehr gültig sind und Goetzes Kenntnis der hethitischen Geschichte insgesamt noch relativ begrenzt war zu so einem frühen Zeitpunkt, so daß man sich doch fragen kann, wie er zu diesen erstaunlichen Aussagen kommen konnte. Eine eigentliche Begründung liefert Goetze nicht, aber es läßt sich vermuten, daß Telipinu, in dem Goetze den großen Reformator sah, der die innerdynastischen Konflikte beendet und durch seinen Erlaß ein „Staatsgrundgesetz" geschaffen habe, schlicht deshalb für ihn auch derjenige gewesen sein muß, der für die Niederschrift einer Rechtssammlung verantwortlich war. Allerdings, und das wird leicht übersehen, hält er ihn eben nicht für den „Verfasser" der Version, die wir als erste greifen, sondern darin sieht er ganz eindeutig ja bereits die Reform der ursprünglichen Fassung, denn es ist ganz klar, daß das, was in den *Hethitischen Gesetzen* als Änderung gegenüber älteren Regelungen, sei es hinsichtlich der Form der Strafe oder des Strafmaßes, explizit angesprochen wird, und das ist ja die älteste für uns greifbare Fassung, die er erst der „Rechtsreform" im „jüngeren Reiche" zuschreibt. Diese Interpretation war aus Goetzes Sicht zunächst durchaus schlüssig, denn er ging

16 Dazu s. noch § 17.

17 Wobei diese Angabe relativ zur Menge von bis zu 10.000 Inventarnummern zu sehen ist, denn tatsächlich war das Tempo der Edition zumindest in Autographie, was ja noch keine inhaltliche Erschließung bedeutet, geradezu rasant. Als Goetze seinen frühen Überblick veröffentlichte (Götze 1925a) lagen immerhin schon *KBo.* 1–6, *KUB* 1–11, 2 *BoTU*, *HT* und eine Reihe der Vokabularfragmente vor (Delitzsch 1914), auf die man ja zu Beginn große Hoffnungen gesetzt hatte, die diese aber nicht erfüllen konnten.

18 Götze 1925a, 22.

zu diesem Zeitpunkt ja noch von einer viele Generationen umfassenden Überlieferungslücke zwischen dem „Alten" und dem „jüngeren Reiche" aus und schrieb alle Textfunde, wie es lange üblich war, eben dieser jüngeren Überlieferung zu. D. h., Goetze datierte also die vorliegende Version der *„Hethitischen Gesetze"* keineswegs in die Zeit des Telipinu, wie es später üblich wurde, sondern auf dessen Zeit sollte die oder eine der älteren Schichten zurückgehen, wie sie dann aus inhaltlichen Gründen postuliert wurden, die vorhandene Niederschrift mußte aber nach seiner und der Meinung der überwiegenden Anzahl der Hethitologen aus einer viel späteren Zeit stammen.

§ 11 Goetze selbst hat dann relativ schnell diese seine Position revidiert und versucht, sie dem zunehmend komplexer werdenden Bild von der Beschaffenheit der hethitischen Überlieferung insgesamt anzupassen; seine ursprüngliche Zuschreibung an Telipinu hat er explizit widerrufen, sich aber weiterhin für eine Datierung „ungefähr in diese Zeit" ausgesprochen, u. a. aus sprachlichen Gründen, für die erste schriftliche Fassung, die er jetzt nicht mehr mit der ältesten Stufe gleichsetzte.[19] Für die erhaltenen schriftlichen Fassungen geht er dann von älteren, nicht erhaltenen, und einer jüngeren schriftlichen Fassung als Kopie aus, sowie als letzte und vierte Stufe ein „alleinstehendes Bruchstück (…): sog. Novellen zu einzelnen Stücken", womit die heute unter dem Namen Paralleltext bekannte Tafel *KBo.* 6, 4 gemeint ist. Klar ist für ihn, das erklärt sich aus den grundsätzlichen Annahmen, daß auch die älteste Version eine Abschrift darstellt, „die vielleicht zum Gebrauch in der Staatskanzlei gedient" habe.[20] Die Idee, daß es sich bei dieser Fassung um ein „Original" handeln könnte, war zu diesem Zeitpunkt noch ausgeschlossen und blieb dies ja noch für längere Zeit.[21]

§ 12 Erst mit der Erkenntnis, daß es sehr wohl „originale" hethitische Texte aus den Anfängen des althethitischen Königtums gab und daß zu diesen „Originalen" überraschenderweise bereits Versionen der *Hethitischen Gesetze* gehören, wurde sogar eine noch frühere Entstehung als Telipinu für möglich gehalten, wobei man bis an die Anfänge, oder das, was dafür gehalten wurde, zurückging, so daß neben Telipinu nun noch, wenn auch von einer Minderheit, Ḫattušili I.

19 In Götze 1928, 21 hatte er seine ursprüngliche Position noch wiederholt, dann aber wenige Jahre später, ganz offensichtlich auch unter dem Einfluß der ersten Arbeiten von V. Korošec (Korošec 1930; 1932), die eben geschilderte These formuliert; gegen eine Datierung spreche vor allem die Erwähnung des „Vaters des Königs", was nach Götze sich nicht damit verträgt, daß Telipinus Vater nicht König gewesen sei, vgl. Götze 1933a, 103 c. Anm. 7.

20 Götze 1933a, 103 c. Anm. 8.

21 In Goetze 1957, 110–111 wurde der ursprüngliche Text bis auf winzige Änderungen und den einen oder anderen aktuelleren Literaturhinweis übernommen. Interessant aber die folgende Variante: „Zur Beurteilung des Alters ist auch die Sprache heranzuziehen; sie hält die Mitte zwischen der des Älteren und der des Jüngeren Reiches." (Götze 1933a, 103) gegenüber „Die Sprache der Gesetze ist archaisch und hält die Mitte zwischen der des Älteren und der des Jüngeren Reiches." (Goetze 1957, 110), wobei vor allem die Charakterisierung jetzt als „archaisch" für eine „mittlere" Sprachstufe etwas verwundert, was immer Goetze zu dieser Wortwahl bewogen haben mag, die ihm doch offenbar so wichtig war, daß er hier von der ursprünglichen Formulierung abwich.

oder Muršili I. als möglicher Anlaßgeber ins Spiel gebracht wurden, während sich die Argumentation pro Telipinu nicht signifikant veränderte; d.h. eigentlich neue zusätzliche Indizien gab es nicht, und so ist die Diskussion bis heute nicht entschieden, sondern die Datierung auf Telipinu folgt weitgehend der traditionellen Position und ihren Argumenten.[22]

§ 13 Was Form und Inhalt der *Hethitischen Gesetze* angeht, hatte A. Goetze ebenfalls schon recht präzise Vorstellungen[23], etwa was die Aufteilung oder auch die Frage möglicherweise fehlender Regelungen betraf. Für ihn stellten die beiden Tafeln, wie man die Überlieferung zunächst verstand, als ein Werk ein „Königsgesetz“ dar, jedoch nicht die eigentliche repräsentative Version, wie die Ḫammurapi-Stele als das bekannteste Beispiel eines solchen Textes, sondern eine Abschrift zum praktischen Gebrauch; d.h. er hielt noch lange an der Idee fest, daß es noch eine andere, eben vollständige und womöglich repräsentative Fassung eines solchen „Königsgesetzes“ gegeben haben müsse.[24] Die Idee, daß der König gleichzeitig die Rolle eines Gesetzgebers einnimmt[25], war für Goetze zu selbstverständlich, als daß er das überhaupt hinterfragt hätte, was natürlich nicht ohne Konsequenzen bleiben konnte für die Frage nach Entstehung und Funktion der erhaltenen Texte. Es mußte demnach der König selbst gewesen sein, der die schriftliche Fi-

22 Vgl. etwa zuletzt Shields 2022, 235 c. Anm. 9 mit nur sehr knappen Hinweisen, die den Eindruck erwecken, die Diskussion sei spätestens 1968 beendet gewesen. Auch bei van den Hout 2020, 89, für den die Datierung der ältesten schriftlichen Fassung der *Hethitischen Gesetze* vor dem Hintergrund seiner Thesen zu einer erst späten hethitischsprachigen Texttradition ein ganz eigenes Problem darstellt, findet sich der Verweis auf die Position von H. A. Hoffner pro Telipinu, weil sie im selben „Geist“ wie der Erlaß abgefaßt seien, während van den Hout selbst eher von einer längeren mündlichen (!) Tradition der *Hethitischen Gesetze* ausgeht, die dann in einer bewußten Entscheidung, weil sie sich zumindest theoretisch ja an die gesamte Bevölkerung richten würden, als einer der ersten Texte ausschließlich in hethitischer Sprache aufgezeichnet worden seien, wobei er das sowohl für die Zeit des Telipinu, womöglich aber gar schon unter einem seiner Vorgänger für denkbar hält (vgl. van den Hout 2020, bes. 93; vgl. dazu schon ders. 2009, 78–80). Gegen eine frühere Niederschrift spräche nach van den Hout, daß es unter den vielen Manuskripten keine akkadischsprachige Version gäbe (ebd.), freilich postuliert er selbst ja für alle als althethitisch datierten Texte solche akkadischsprachigen Vorlagen, obwohl sich lediglich für zwei Texte des Ḫattušili I., aber für keine anderen Könige vor Telipinu solche nachweisen lassen. Man könnte also doch wohl mit gleichem Recht behaupten, weil es von all diesen Texten keine akkadischsprachigen Versionen gibt, müsse man davon ausgehen, daß sie alle ursprünglich in Hethitisch geschrieben wurden, was wiederum mit van den Houts Modell nicht vereinbar ist. Wie schon des Öfteren ausgeführt, erscheint mir die gesamte These eines erst späten Übergangs von einer akkadischsprachigen zu einer hethitischsprachigen Überlieferung zu viele recht komplizierter Annahmen zu erfordern, daß ich sie für nicht plausibel genug begründet erachte; die Entstehung der *Hethitischen Gesetze* gehört ebenfalls dazu.

23 Vgl. Götze 1925b; 1928; trotz des Titels vor allem eine lexikalische Arbeit ist 1925b.

24 So noch Goetze 1957, 110 mit dem Hinweis auf *ABoT* 1, 52 als Etikett einer vermeintlichen weiteren, einer dritten Tafel zu den *Hethitischen Gesetzen*.

25 Er spricht von „Rechtspflege“ als Aufgabe des Königs und der „Kodifizierung des Rechtes“; Götze 1925a, 22; ob hier bewußt noch ein Unterschied gesehen wird zu Ḫammurapi, der explizit als „Gesetzgeber“ bezeichnet wird (ebd., 15), scheint mir nicht zwingend.

xierung dieser Regelungen in Auftrag gegeben hat, eine andere Möglichkeit, etwa eine reine Sammlungsarbeit eines Schreibers, wurde nicht einmal als Alternative erwogen.[26]

§ 14 Da also der hethitische König, der die Abfassung der *Hethitischen Gesetze* vermeintlich in Auftrag gegeben hat, jedenfalls nicht direkt genannt ist, bleiben bestenfalls indirekte Hinweise auf eine historische Einordnung und Datierung, wie etwa durch die Nennung von bestimmten Ortsnamen oder auch bestimmten Regelungen, wie die Vergabe von Land, die der Praxis der Landschenkungsurkunden zu entsprechen scheint[27], und damit also mindestens zeitgleich mit diesen Urkunden, die sich ihrerseits datieren lassen, sein müssten. Freilich ist ein direkter Zusammenhang nicht zwingend gegeben in dem Sinne, daß das eine, historisch gesehen, dem anderen vorausgehen muß; außerdem gilt auch in diesem Zusammenhang der Grundsatz, daß Korrelation nicht Kausalität bedeutet, gerade und besonders bei historischen Ereignissen. Ähnlich verhält es sich bei den Ortsnamen, die sicherlich gut in den Kontext der althethitischen Geschichte passen, aber für sich genommen sich ebenfalls nicht wirklich einem ganz bestimmten historischen Zusammenhang zuweisen lassen, selbst dann nicht, wenn wir einmal außen vor lassen, daß unsere Kenntnis historischer Zusammenhänge weit davon entfernt ist, vollständig zu sein. Die Argumentation verläuft damit schnell zirkulär, wenn man etwa die Aufhebung der Abgabenfreiheit, wie sie in den *Hethitischen Gesetzen* thematisiert wird, zuerst damit begründet, daß diese ur-

26 Unbeschadet der Frage, wessen Initiative die Entstehung der schriftlichen Fassung sich verdankt, tendierte die Meinung zunehmend mehr zu einer deskriptiven Sammlung von bereits einmal gefällten Entscheidungen „für den Gebrauch von Juristen" und weniger zu einer Vorschrift im eigentlichen Sinne, in bewußter Absetzung vom *Codex Ḫammurapi* als „offizielle Gesetzessammlung"; vgl. etwa nur Friedrich 1959, 1. Daß es sich dabei um Eigeninitiativen von Schreibern oder Gelehrten gehandelt haben könnte, wurde verschiedentlich von R. Haase explizit etwa für den sog. Paralleltext angenommen (Haase 2011, 39–40; private Initiative durch einen „Ober-Schreiber", der „in einem juristischen Referat" tätig gewesen sei). Die Interpretation von Shields (2022) für denselben Text halte ich schon aus Gründen der Überlieferung für reichlich unwahrscheinlich; Shields erwägt nicht einmal, daß es sich bei diesem Text um eine Abschrift eines älteren Textes handeln könnte, womit sie freilich in guter Gesellschaft ist. Dem Versuch aufzuzeigen, daß solche Interpretationen sich gerade nicht mit der Form der Überlieferung vereinbaren lassen, die die *Hethitischen Gesetze* bei genauerer Betrachtung so charakteristisch machen, dient u.a. der vorliegende Beitrag.

27 Dazu jüngst etwa Torri 2023, 28–29; allerdings wird nicht weiter der Frage nachgegangen, bei welcher Form von Text das Prius liegt und ob die Regelungen der *Hethitischen Gesetze* z.B. explizit eine schriftliche Dokumentation von Landvergabe voraussetzen, ob also das Faktum der Landvergabe eine entsprechende schriftliche Quelle tatsächlich voraussetzt. Zwar scheint klar zu sein, jedenfalls nach den uns bisher zur Verfügung stehenden Quellen, daß der Typus Landschenkungsurkunde erst relativ gesehen jünger bezeugt ist, doch gilt dasselbe ebenso für Siegel der Könige. Und will man wirklich annehmen, daß selbst anonyme Herrschersiegel erst mehrere Generationen nach Ḫattušili I. in Gebrauch kamen, trotz einer fehlenden Dokumentation? Hier, wie auch in anderen Fällen, könnte es sich vielmehr sogar um noch weiter zurückreichende Traditionen halten, wenn man sich etwa nur die schon erscheinungsmäßig erstaunlichen Ähnlichkeiten etwa zu den *iqqātē*-Urkunden der altassyrischen Zeit vor Augen hält.

sprünglich in einer Art „Frontlage" der genannten Städte begründet gewesen sei und aufgehoben werde, weil inzwischen das hethitische Königtum seinen Einfluß noch weiter ausgedehnt haben könnte.[28] Doch bleibt das weitgehend Spekulation, von der alles andere als klaren historischen Geographie einmal ganz abgesehen; man kann das so sehen, muß es aber beileibe nicht; zwingend ist es in keinem Fall.

§ 15 Goetzes Vorschlag mit dem „Reformer" Telipinu schien freilich so attraktiv, daß er von vielen übernommen wurde, und noch rezente Äußerungen bewegen sich in diesem Kontext, ohne daß wirklich signifikante zusätzliche Argumente hinzugekommen wären, vielmehr sind die Positionen in der Folgezeit eher noch diverser geworden, doch kam die Diskussion nicht wirklich von der Stelle, da zunächst noch die Voraussetzungen fehlten, die Entstehungszeit der *Hethitischen Gesetze* auf anderem Wege weiter einzugrenzen, da etwa das Verständnis der diachronen Sprachentwicklung des Hethitischen erst noch wachsen mußte; an die Möglichkeiten einer paläographischen Datierung der verschiedenen Textversionen war noch nicht zu denken. Die Verweise auf den „Vater des Königs" oder „meine Majestät" ließen sich ebenfalls ganz unterschiedlich deuten; das änderte sich erst durch die breitere Kenntnis anderer Texte, die sich in die Frühzeit datieren ließen, gilt aber bis heute noch immer nicht als ein klares Indiz (vgl. noch § 27). So blieb es bei eher vagen Hinweisen auf sprachliche Eigenheiten, die etwa die *Hethitischen Gesetze* mal mit dem Testament des Ḫattušili, das aber selbst nur in einer Abschrift aus viel späterer Zeit erhalten war, mal aber auch mit dem Erlaß des Telipinu[29] gemeinsam haben sollten. Erst die Neuvorlage aller bis dato bekannten Tafeln und Fragmente zu den *Hethitischen Gesetzen* durch J. Friedrich sollten dann genau dieser Forschungsthematik den entscheidenden Impuls geben und geradezu ideales Material liefern – Friedrich selbst hat sich aber dem selbst nicht angenommen, sondern vielmehr sein ursprüngliches Manuskript der Bearbeitung vor allem hinsichtlich des zunächst weitaus ausführlicher gehaltenen sprachlichen Kommentars gekürzt.[30] Die Forschung war also in dieser Frage seit

28 So eine Deutung von Astour 1997; da aber gar nicht klar ist, daß tatsächlich die u. U. bedrohte Lage den Grund für die Ausnahmeregelung geliefert hat, kann ihre Aufhebung schwerlich ein Hinweis auf eine entsprechende veränderte politische Situation darstellen, die ihrerseits ja ebenfalls kaum den verfügbaren historischen Quellen entnommen werden kann.

29 So heißt es bei Götze 1928, 21: „Nach der Sprache, in der sie abgefaßt ist, gehört in etwa in die Zeit des Telepinusch die uns erhaltene Version der hethitischen Gesetze." Näher ausgeführt wird dies freilich nicht. Später modifiziert er dies dann noch zu „archaisch"; vgl. oben Anm. 21.

30 Vgl. Friedrich 1959, 1, wo er gerade „die Frage der Abfassungszeit und der Sprache der Gesetze" als zukünftig dringend zu behandelndes Thema nennt. Seine eigenen Hinweise bleiben entsprechend knapp; so verweist er etwa auf den asyndetischen Anschluß von Vorder- und Nachsatz als charakteristisch für die althethitische Sprache mit Verweis auf die Bemerkungen in seinem eigenen grammatischen Abriß (ebd., 88).

Goetze[31], der seine Position in der Zwischenzeit mehrmals wiederholt hatte[32], nicht wirklich weiter.[33]

§ 16 Wie bereits erwähnt beginnt die Forschungsgeschichte der *Hethitischen Gesetze* eigentlich schon, bevor man überhaupt in der Lage war, Texte in hethitischer Sprache zu verstehen, da F. Hrozný bei seiner ersten Sichtung des Materials die formale Gestaltung einiger Texte aufgefallen war und er sich schnell dafür entschieden hatte, sich vor allem auf dieses Material zu konzentrieren. So blieben es insbesondere diese Tafeln und Fragmente, die er schließlich in der Reihe *KBo.* 5 und vor allem 6 zusammen mit einigen historischen oder anderen, gut erhaltenen Tafeln allerdings erst im Jahre 1921 edierte. Im Jahr darauf folgte dann sein Versuch einer Bearbeitung. Gleichzeitig war dies in gewissem Sinne bereits nahezu der Abschluß von Hroznýs philologischen hethitologischen Arbeiten im engeren Sinne.[34] Die Arbeit erschien in Frankreich und war offenbar aufgrund der wirtschaftlichen Situation für viele in Deutschland kaum erschwinglich.

§ 17 Wohl deutlich breiter rezipiert wurde die im selben Jahr publizierte Übersetzung der *Hethitischen Gesetze*, die Zimmern und Friedrich veröffentlichten[35],

---

31 Es darf an dieser Stelle der Hinweis nicht fehlen, daß gerade die politisch mehr als prekäre Situation in Deutschland nach 1933 und die Folgen, die sie besonders für das persönliche Schicksal von A. Goetze hatten, dabei eine gewisse Rolle gespielt haben können, wenn etwa Goetze in seiner Rezension von K. Bittels „Die Ruinen von Boğazköy" (1937) zu Recht beklagt, daß seine eigenen letzten Arbeiten dort zwar offenbar verwertet, aber nicht zitiert wurden (Götze 1938, 310–311).

32 So z.B. Götze 1938, 103 c. Anm. 7; Goetze 1951, 20–21.

33 Vor Friedrichs eigener Neubearbeitung war eine Neuübersetzung mit ausführlichen Kommentaren von Ephraim Neufeld (Neufeld 1951) erschienen, der bis dato nicht als Hethitologe in Erscheinung getreten war und dem die notwendigen philologischen Voraussetzungen für ein solches Unterfangen eigentlich fehlten (vgl. die ausgesprochen kritischen Rezensionen von Friedrich 1952, der nicht nur moniert, daß offenbar Neufeld die Unterstützung, die ihm von Seiten Friedrichs zuteil wurde, nicht erwähnt und sonstige Hinweise nicht aufgegriffen hat, oder Otten 1952). So geht er zwar ebenfalls auf die Datierung der *Hethitischen Gesetze* ein, doch argumentiert er vor allem inhaltlich-historisch, sich auf die bisherige Forschung (selektiv – wie vor allem Friedrich anmerkt) stützend, plädiert er für eine Entstehung unter Ḫattušili I. und eine „Reform" unter Telipinu, also in der Sache nicht weiterführend (Neufeld 1951, 112–115).

34 Hrozný 1922; die Arbeit wurde explizit als „1re partie" bezeichnet, doch folgte nie ein 2. Teil, dafür meist nur noch kürzere Artikel zum einen oder anderen sprachlichen Detail; im Vordergrund standen aber Arbeiten, so sie sich nicht im engeren Sinne mit seinen archäologischen Aktivitäten beschäftigten, die vor allem allgemeineren historischen Themen wie der Ausbreitung der „Indogermanen", „Völkerwanderungen" im weiteren Sinne oder kulturvergleichenden Themen gewidmet waren, die im Laufe der Zeit sich aber immer weiter von im engeren Sinne wissenschaftlichen Arbeiten entfernten und zunehmend Spekulatives boten.

35 Zimmern/Friedrich 1922 bzw. Friedrich 1923; zur Arbeit von Hrozný veröffentlichten beide Rezensionen (Zimmern 1924; Friedrich 1925), wobei vor allem Zimmern es sich offenbar nicht versagen wollte, zumindest in Andeutungen auf auffällige Übereinstimmungen zwischen ihrer und der Hrozný'schen Übersetzung hinzuweisen. Auch Friedrich wird deutlich, wenn er in seiner Besprechung des ersten, Umschrift und Übersetzung, aber noch nicht den Kommentar enthaltenden Teil schreibt: „Doch kann man heute schon sagen, daß der Kommentar, wenn er einmal erscheint, die Übersetzung an sehr vielen Punkten wird berichtigen müs-

was wohl nicht nur am Preis von Hroznýs Arbeit lag, sondern wohl auch an der Qualität; dennoch hatte diese gegenüber der deutschen Übersetzung einen wesentlichen Vorteil, denn sie bot vor allem eine Umschrift der diversen Keilschrifttexte. Allerdings war die Arbeit, wie das bei Hrozný öfters zu beobachten ist, zur Veröffentlichung gebracht worden, bevor sie gänzlich abgeschlossen war. Der von ihm angekündigte Kommentar, der sicherlich nötig und hilfreich gewesen wäre, um sein Textverständnis nachvollziehbarer zu machen, ist nie erschienen. So blieb vor allem die Präsentation der Texte in Umschrift, die für die weitere Forschung von Nutzen waren, weniger die inhaltliche Auswertung. Zumal die wenig später von Friedrich veröffentlichten Nachträge zur ersten Übersetzung nochmals einen deutlichen Fortschritt im Textverständnis darstellten. Was aber fehlte, war eine Umschrift des stetig weiter angewachsenen Materials nach den inzwischen etablierten Umschriftkonventionen und, natürlich, ein Kommentar, der nicht allein die sprachlichen Aspekte gerade dieser Texte, sondern besonders die vielen inhaltlichen und dabei nicht nur die rechtshistorischen Informationen angemessen erschließen hätte helfen können.

3 Die Bedeutung der Bearbeitung von J. Friedrich für die weitere Forschungsgeschichte

§ 18 Naheliegenderweise verfolgte Friedrich, der sich in den 20er Jahren zu einem der führenden Hethitologen entwickeln sollte, genau diesen Plan und hatte jedenfalls in den 30er Jahren bereits ein umfangreiches Manuskript einer solchen gründlichen Neubearbeitung dieses zentralen Korpus der hethitischen Überlieferung vorbereitet, doch veröffentlichte er daraus nur wenige ausgewählte Teile, stellte das Manuskript aber offenbar anderen zur Verfügung.[36] So erschienen zwar in der Folge eine ganze Reihe von weiteren Übersetzungen in den verschiedensten Sprachen auf einer allerdings beschränkten Textbasis, doch das Material selbst harrte weiter einer Bearbeitung, die dem rasanten Fortschritt im Verständnis hethitischer Texte und ihrer Überlieferung gerecht geworden wäre.[37]

§ 19 Als J. Friedrich endlich seine Bearbeitung der bis dato bekannten Texte veröffentlichte (1959), geschah das freilich wiederum in einer unvollständigen Form. Aufbauend auf einer ersten, zunächst gemeinsam mit H. Zimmern erarbeiteten Übersetzung, die er erst kurz darauf um einige Verbesserungen ergänzt hatte, war er offenbar weiter mit dem Material befaßt.[38] Geplant war eine umfangreiche Be-

sen." (Friedrich 1925, Sp. 476). Der Kommentar erschien freilich nie; und Hrozný erwähnt erst im Nachtrag („Additions et corrections", Hrozný 1922, 155) die Publikation von Zimmern und Friedrich; vgl. noch seine Reaktion auf Sommer (ebd., 158).

36 Über diese Details hat er später selbst informiert, so schon in Friedrich 1952, 102–103 und ders. 1971, VII–VIII.

37 Einen Eindruck von der Beschäftigung mit den *Hethitischen Gesetzen* bis zum Erscheinen von Friedrichs Bearbeitung gibt die Übersicht bei Goetze 1957, 109–110; im Wesentlichen sind dies vor allem Übersetzungen, die aber bestenfalls in Details Verbesserungen bieten, überwiegend aber von den frühen Vorarbeiten abhängig sind.

38 So verwendeten Sommer und Falkenstein in *HAB*, das 1938 erschien, ein Manuskript einer

arbeitung, die neben der philologischen Behandlung der Texte auch einen rechtshistorischen Kommentar von P. Koschaker beinhalten sollte, wozu es aber wegen dessen Tod auch nach Ende des 2. Weltkrieges nicht mehr kam.[39] In den folgenden Jahren blieb das Manuskript dann offenbar liegen, doch wurde vor allem eine brauchbare Umschrift der Texte schmerzlich vermißt, während inzwischen eine ganze Reihe neuerer Übersetzungen erschienen, bei denen nicht immer im Detail klar ist, auf welcher Grundlage sie letztlich entstanden sind.[40] So entschloß sich Friedrich dazu, sich vor allem auf die Vorlage des Textmaterials in einer Umschrift mit umfassenden Variantenapparat zu konzentrieren, ergänzt um eine aktualisierte Übersetzung aber mit gekürztem Kommentar.[41]

§ 20 Obwohl damit die Voraussetzungen für eine weitere Beschäftigung mit den *Hethitischen Gesetzen* geschaffen waren, wenn auch wieder nicht in der ursprünglich geplanten vollständigeren Form, bleibt es erstaunlich, wie wenig die Überlieferungsgeschichte dessen, was wir gewohnt sind als die *Hethitischen Gesetze* zu bezeichnen, zunächst in philologischer Hinsicht tatsächlich berücksichtigt wurde, obwohl im Nachgang zur Publikation von J. Friedrichs Bearbeitung genau dieses Thema, nämlich die grundsätzliche Debatte über Form und Entwicklung der hethitischen Überlieferung insgesamt ganz oben auf die Tagesordnung rückte. Dies betraf einerseits die sehr schnell und breit akzeptierte Erkenntnis, daß es tatsächlich doch unter den hethitischen Texten sogenannte althethitische „Originale" gibt[42], d.h. also Textniederschriften, die auf die älteste Phase der hethitischen Geschichte zurückgehen, und daß solche Texte, das betraf bis dahin vor allem die historiographische Überlieferung, nicht nur in späteren Abschriften „überlebt" haben, was wiederum ganz neue Perspektiven für die Erforschung hinsichtlich diachronischer Aspekte etwa der Sprache, aber auch für anderes, bedeutete. Für

Bearbeitung, das so aber nie in Druck gebracht wurde; weiteres Material veröffentlichte Friedrich selbst (Friedrich 1939).

39 In seinem Vorwort von 1959 heißt es, daß der Plan dazu „über 25 Jahre zurück" lag und in die gemeinsame Zeit von Friedrich und Koschaker in Leipzig datiert (Friedrich 1971, VII), bevor Koschaker im Jahre 1936 den Ruf an die Universität in Berlin annahm, im selben Jahr also, als Friedrich endlich ordentlicher Professor in Leipzig wurde. Die Arbeit wird hier nach dem identischen Nachdruck aus dem Jahr 1971 zitiert, den A. Kammenhuber betreute.

40 Friedrich 1971, VII Anm. 1 zählt nur die wichtigsten auf, versieht diese aber mit dem Hinweis, daß sie sich lediglich „weitgehend in alten Bahnen" bewegen. Dazu noch die vollständigere Liste bei Korošec 1960, 415.

41 Aufgrund des Fortschritts im Verständnis des Hethitischen und den inzwischen vorhandenen lexikalischen Hilfsmitteln hielt Friedrich seinen ursprünglichen in dieser Hinsicht wohl besonders detaillierten Kommentar für nicht mehr notwendig (vgl. Friedrich 1971, VIII).

42 Es sei hier nur für diejenigen, die mit der Forschungsgeschichte nicht so vertraut sind, erläutert, daß die Verwendung von Anführungszeichen bei dem Wort Original verdeutlichen soll, daß damit nicht Original im eigentlichen Sinne gemeint ist, sondern nur, daß der Text aus der Zeit stammt, der auch für seine erste Abfassung angenommen wird – d.h., strenggenommen kann in diesem Sinne also ein „Original" auch eine Abschrift sein, dann eben eine in althethitischer Zeit angefertigte Abschrift eines althethitischen Originals (ohne Anführungszeichen); eine Unterscheidung, auf die vor allem A. Kammenhuber eine Zeitlang großen Wert gelegt hat, die aber heute, soweit ich sehe, keine große Rolle mehr spielt.

Friedrichs neue Textvorlage kam diese Erkenntnis zu spät, was sicherlich mit an der erwähnten langen Entstehungsgeschichte lag, so daß bei der Präsentation des Materials die Überlieferungsgeschichte gegenüber dem Erhaltungszustand der einzelnen Versionen zurücktrat, wie es eben noch dem hethitologischen Ansatz eher der 1930er Jahre entsprach.[43] Gleichwohl präsentierte er damit jedoch eine Fülle an Material für die Diskussion der hethitischen Sprachgeschichte, die, wenig überraschend, darauf intensiv zurückgreifen sollte und eine Reihe weiterer Arbeiten direkt oder indirekt initiierte. Weniger leicht nachzuvollziehen ist dagegen, daß die diversen Fassungen bzw. die verschiedenen Niederschriften zu den *Hethitischen Gesetzen* in der Paläographiediskussion eine erstaunlich geringe Rolle spielen sollten, obwohl sie in gewisser Weise ja den Auslöser dazu darstellten, dann aber nicht mehr weiter berücksichtigt wurden, weil, so scheint es, der Fall hier vermeintlich klar war.[44]

§ 21 Friedrich selbst hat zwar bei der Neuvorlage des gesamten damals bekannten Materials der *Hethitischen Gesetze* gerade die Datierungsfrage ausgespart, doch wirkte seine Arbeit wie eine Initialzündung für eine eigentlich schon lange überfällige Debatte: das Jahrzehnte gültige Paradigma von den fehlenden Texten aus der Zeit des Alten Reiches bzw. ihrer Existenz nur in Abschriften der Großreichszeit beruhte ja vor allem auf einem inzwischen obsolet gewordenen chronologischen Gerüst der hethitischen Geschichte insgesamt und bedurfte deshalb ohnehin einer gründlichen Revision. Der Fund eines Fragmentes aus einer althethitischen Schicht, das inzwischen vielfach diskutierte Zukraši-Fragment[45], tat ein Übriges, so daß man Zweifel, die etwa schon durch die gesiegelten Landschenkungsurkunden bestanden, die man nur mit Mühe mit diesem traditionellen Bild vereinbaren konnte, nicht mehr länger zurückstellen konnte.[46] War es doch, ganz objektiv betrachtet, eigentlich nicht wirklich plausibel, davon auszugehen, daß es zwar eine frühe hethitische Schriftlichkeit gegeben habe, daß aber die Unbillen der Zeitläufte dazu geführt haben sollten, daß sich kein einziges „Original" aus dieser Zeit, dafür diverse Abschriften erhalten haben sollten – welche Zufälle auch immer dafür verantwortlich zeichnen sollten. Mit den *Hethitischen Gesetzen*

43 So verwendet Friedrich z.B. als Haupttext für die 1. Tafel das jüngere Exemplar *KBo.* 6, 3 (= B), so daß die „originalen" Varianten aus der ah. Tafel *KBo.* 6, 2 (= A) nur in den Anmerkungen registriert werden, wodurch die „Aktualisierung" des Textes durch den Kopisten weniger augenfällig wird.

44 Zur grundsätzlichen Rolle der *Hethitischen Gesetze* für die Paläographie vgl. noch Klinger 2022, 264–266 mit Anm. 25.

45 Zuletzt Klinger 2022, 273–285 zu der in Teilen irreführenden Diskussion um den Fund.

46 Wenn sich keine Texte aus dem „Alten Reich" erhaltenen haben, wie sollte man dann gerade die Landschenkungsurkunden erklären, die vermeintlich den Abdruck von Siegeln von Königen aus dieser Zeit trugen, also dann ja eigentlich im Wortsinne Originale sein sollten; die Behelfserklärung, man habe „alte" Siegel wiederverwendet, war ja nun nicht besonders plausibel, und noch ging man davon aus, daß die auf den Siegeln genannten Könige vor Telipinu regiert haben mußten. Die Debatte um die namensgleichen Könige der Zeit nach Telipinu sollte erst in den folgenden Jahren aufkommen.

lag nun aber in einer mustergültigen kritischen Ausgabe ein umfangreiches Korpus an Texten vor, das offenbar die Überlieferung eines Werkes über nahezu den gesamten Zeitraum der Existenz des hethitischen Königtums widerspiegelte und anhand dessen sich entsprechende Entwicklungen nun geradezu idealtypisch beobachten ließen. Die Zeit für eine grundsätzliche Revision liebgewonnener Vorstellungen war endgültig reif geworden – ein Paradigmenwechsel bahnte sich an.

4 Die *Hethitischen Gesetze* vor dem Hintergrund eines neuen Verständnisses der Textüberlieferung überhaupt

§ 22 In gleich mehreren Rezensionen wurde dieses Faktum nun unter verschiedenen Aspekten beleuchtet, zu evident war die Materialbasis, und dies, obwohl Friedrich bei seiner Anordnung des Textmaterials noch der Konvention folgte, die besterhaltene Fassung zum Haupttextvertreter zu machen, wodurch sich sozusagen das Interessanteste im Variantenapparat niederschlug.[47] Aus forschungsgeschichtlicher Perspektive ist freilich überraschend, wie die schon in den Reaktionen auf Friedrichs Werk wesentlichen Fortschritte in dieser Richtung dann doch nicht weitergeführt wurden[48] und, das muß man leider so konstatieren, vielmehr eher wieder in Vergessenheit gerieten und in ihrem Potential nicht ausgeschöpft wurden. Doch zunächst war es A. Kammenhuber, die sich dezidiert für das von Friedrich vorgelegte Material um eine traditionsgeschichtliche Ordnung bemühte und dabei schon die von Friedrich vernachlässigte Form der jeweiligen Fassungen, d.h., ob es sich um Ein- oder Zweitafelversionen handelte, berücksichtigte[49]; ein wesentliches Differenzierungskriterium, das später, gerade auch in H. A. Hoffners Bearbeitung, keine Beachtung mehr finden sollte. Vor allem konzentrierte sich Kammenhuber auf den sprachlichen Aspekt; sie versuchte, eine mögliche Chronologie der Redaktionen auf dieser Grundlage zu rekonstruieren und machte dabei bereits einige bemerkenswerte Beobachtungen, obwohl ein solches methodisches Unterfangen noch ganz in den Anfängen steckte, da als vermeintlich „originale" althethitische Texte eigentlich nur *HAB* und der *Telipinu-Erlaß* zur Verfügung standen und das zusätzliche Problem der Unterscheidung von originalen

47 Vgl. dazu die treffende Beschreibung von Kammenhuber 1961a, 78, die sich große Mühe gibt, dies nicht als Kritik an Friedrichs Arbeit aussehen zu lassen; außerdem Güterbock 1961, 65a.

48 Besonders hervorzuheben sind hier die Rezensionen von Kammenhuber 1961a und 1961b sowie von Güterbock 1961 und 1962, die, berücksichtigt man noch, daß solche Untersuchungen hinsichtlich der Komplexität der Überlieferung hethitischer Texte noch ganz am Anfang standen, schon erstaunliche Einsichten lieferten. Warum vieles davon dann, und das gilt besonders für Hoffner 1997, nicht mehr aufgegriffen wurde, ja, sogar sträflich vernachlässigt wurde, ist schwer zu beantworten. Für die Frage der Entwicklung der *Hethitischen Gesetze* war dies zweifellos ungünstig und wirkt bis heute nach, wie sich etwa an Jauss 2015 oder Shields 2022 beobachten läßt.

49 Eine Entdeckung, die bereits E. Laroche gemacht hatte; dazu besonders Kammenhuber 1961a, 78 c. Anm. 4. Ohne die Möglichkeit zur Kollation mußten Laroche und, ihm folgend, Kammenhuber (ebd., 81), davon ausgehen, daß im Kolophon von Exemplar F ein Fehler vorliegt – der Fehler liegt jedoch bei der Edition, nicht dem Text selbst; vgl. unten § 51.

Texten und Abschriften noch keine Rolle spielte bzw. als Problem noch nicht wirklich in den Griff zu bekommen war.[50] Immerhin kam sie auf diesem Wege zu dem Ergebnis, daß es sich bei der ältesten Redaktion der *Hethitischen Gesetze* (Ex. A und B) tatsächlich um eine althethitische Fassung handeln solle, entstanden in der Zeit zwischen Ḫattušili I. und Telipinu[51], C eine sehr viel jüngere Redaktion enthalte, bei der sie schon erkannte, daß diese noch jünger sein müsse als die des sog. Paralleltextes[52]. Auf den ersten Blick mag dieses Ergebnis wenig überraschend gewesen zu sein, entspricht es doch in etwa dem, was man bis dahin bereits vermutet hatte, doch das entscheidende ist, daß dieses Ergebnis ohne Bezug auf historische Annahmen und inhaltliche Interpretationen erzielt wurde und insofern in der Tat einen ganz entscheidenden Fortschritt darstellte – war doch Goetzes Datierung auf Telipinu letztlich nur eine bisher nicht wirklich begründete Hypothese, die sich allein auf Annahmen zum historischen Kontext stützte.

§ 23 Noch folgenreicher waren aber die Beiträge, mit denen H. G. Güterbock auf die Arbeit von Friedrich reagierte, allerdings weniger für dieses Material selbst[53],

50 Unabhängig von der Arbeit A. Kammenhubers hatte kurz darauf in seiner Rezension von Friedrich O. Carruba, gestützt vor allem auf orthographische Konventionen der Verbalformen, sich für eine Datierung des ältesten Exemplars auf Ḫattušili I. ausgesprochen (Carruba 1962).

51 Kammenhuber 1961a, 80; die konkreten Zeitangaben (Telipinu „Mitte des 15. Jhds."; Ḫattušili I. „um 1600") beziehen sich auf die in der Zeit von Hethitologen favorisierte Kurzchronologie unter Aufgabe der lange von A. Goetze vertretenen „Lücke", die allerdings eine wichtige Rolle dabei spielte, daß man davon ausging, ein historischer Bruch sei verantwortlich dafür, daß sich aus dem „Alten Reich" keine Texte erhalten hätten, worauf A. Kammenhuber in ihrem Beitrag nicht weiter einging. Für ihre Vorstellungen zur hethitischen Chronologie vgl. den kurz zuvor veröffentlichten Beitrag Kammenhuber 1958, besonders ebd., 136–137 c. Anm. 2a.

52 Vgl. besonders Kammenhuber 1961a, 79a sowie die Übersicht ebd., 81a. Wichtig auch die Beobachtung, daß die Unterschiede bei A, B und C dagegensprechen, daß es sich jeweils um eine Abfolge von Abschriften handeln könne, etwas, was leider wenig Aufmerksamkeit gefunden hat. Daß zu dieser Zeit noch nicht daran zu denken war, eventuell auch Unterschiede zwischen A und B hinsichtlich des Zeitpunktes der Redaktion auszumachen, sollte klar sein; an ein „Mittelhethitisch" war noch gar nicht zu denken. Bemerkenswerterweise hat dann A. Kammenhuber später in der Frage der Datierung hethitischer Texte eine zunehmend kritischere Position eingenommen und war nur noch bereit, die Existenz lediglich einer geringen Anzahl althethitischer „Originale" einzuräumen, die als solche aufgrund paläographischer Kriterien datiert (und von späteren Ab- wie Niederschriften unterschieden) werden könnten, was sie auf die Verwendung eines anderen Griffeltyps zurückführte. Dafür verwies sie dann auf die hier herangezogene Untersuchung, in der von ihr gezeigt worden sei, daß die althethitischen „Originale" der *Hethitischen Gesetze* in der Zeit Ḫattušilis I. geschrieben worden seien, was aber so gar nicht wirklich zutraf, wie wir gesehen haben. Zudem sprach sie sich jetzt dafür aus, daß Ex. B eine Abschrift aus der Zeit Telipinus sei (was man nach heutigem Stand der paläographischen Forschung eher nicht annehmen wird); vgl. dazu Kammenhuber 1968, 258–259. Allerdings änderte sie in dieser Hinsicht mehrfach ihre eigene Position, vgl. etwa noch Kammenhuber 1982, 151, wo einerseits gesagt wird, sie habe in ihrer Untersuchung von 1961 die althethitischen „Originale" nachgewiesen, was so nicht zutrifft, denn es war ja nur die Rede von Redaktionsstufen, die z. B. bei A und B als identisch datiert wurden, andererseits wird Ex. B jetzt als „um 1400 geschrieben" bestimmt, und zwar allein aufgrund der Schreibung von Arzawa in § 37; dazu noch, wenig plausibel, *HW*[2] A, 152–153.

53 Viele der wirklich wichtigen Beobachtungen, die H. G. Güterbock hier und in dem folgenden

vielmehr vor allem für die grundsätzliche Diskussion um das Alter hethitischer Texte und die Möglichkeit, sie anhand schriftgeschichtlicher (paläographischer) Kriterien zu datieren. So geht er auf die Frage, wann, d.h. in der Regierungszeit welches hethitischen Königs die älteste oder überhaupt eine der Versionen geschrieben wurde, gar nicht weiter ein.[54] Dafür wird nun erstmals mit Bezug auf die Schriftform von einem „Old Hittite ductus" gesprochen, den er zusammen mit H. Otten erkannt haben will, ohne näher auszuführen, was diese Schriftform, oder besser Schriftstufe, eigentlich auszeichnet.[55] Dennoch stand damit eine wichtige methodische Erweiterung zur Verfügung, die, hätte man sie konsequent genutzt, in Verbindung mit den sprachlichen, den formalen und dann den inhaltlichen Elementen zu einem ganz neuen Blick auf die *Hethitischen Gesetze* geführt hätte. Hierfür war noch eine weitere Beobachtung wichtig, auf die Güterbock hinwies und die sich in Andeutungen ebenso bei Kammenhuber findet, nämlich, daß Ex. B keineswegs nur eine, gegebenenfalls leicht modifizierte Abschrift von Ex. A bzw. einer vergleichbaren Vorlage darstellt, sondern daß die Veränderungen deutlich weitergingen, bis hin zur Umstellung ganzer Paragraphen usw.[56]

§ 24 Somit war man in zweifacher Hinsicht nun schon deutlich weiter, was die Themen betraf, die Friedrich selbst als noch dringend näher zu untersuchen angemahnt hatte. Einerseits konnte man nun davon ausgehen, daß es tatsächlich schon in althethitischer Zeit zu einer Verschriftung der Regelungen gekommen war, dafür gab es sowohl sprachliche als auch paläographische Argumente. Und es zeichnete sich ebenfalls bereits ab, daß die Entwicklung der *Hethitischen Gesetze* hinsichtlich der verschiedenen Versionen komplexer war, als es bis dahin den Anschein hatte. Doch so wichtig diese Beobachtungen waren, sie wurden nicht so

---

Beitrag (Güterbock 1961 bzw. 1962) machte, und die umso wertvoller waren, da er sie großteils an den Originalen machen konnte, sind unerklärlicherweise in die spätere Diskussion kaum eingegangen, dabei hätten sie den Ausgangspunkt für eine grundsätzlich revidierte Sicht nicht nur auf die Überlieferung der *Hethitischen Gesetze*, sondern auf deren Entwicklung insgesamt liefern können. Es bleibt schwer nachzuvollziehen, daß selbst H. A. Hoffner das nicht getan hat.

54 Tatsächlich scheint ihn das sowie die gesamte Überlieferungsgeschichte an dieser Stelle eher weniger interessiert zu haben; in Details irrte er sich wohl. So stellt er zwar fest, daß Ex. C tatsächlich wohl näher am Paralleltext *KBo.* 6, 4 ist als an Ex. A oder B, doch trifft wohl nicht zu, daß es sich um eine Zwischenstufe zwischen diesen handelt, obwohl sich Elemente von PT tatsächlich dann in C finden lassen – oder doch umgekehrt? Rosenkranz 1938, 213–214, den Güterbock hier (Güterbock 1961, 64 c. Anm. 11) korrigieren möchte, hat wohl doch das Richtige gesehen.

55 Weil dies forschungsgeschichtlich so wichtig wurde, sei es hier zitiert: „I noticed that copy q is written in the type of handwriting that Otten and I have come to regard as Old Hittite. We shall elaborate on this 'Old Hittite ductus' elsewhere." (Güterbock 1961, 64b) Zu der hier angekündigten gemeinsamen (!) Einlassung zur Entdeckung eines althethitischen Schrifttypus ist es freilich nicht gekommen, auch sonst geht Güterbock nicht weiter auf die Umstände ein, wie es dazu kam, sondern es werden nur die Tafeln bzw. Fragmente aufgelistet, die nach Güterbocks (und Ottens?) Meinung dazu zählten. Vgl. zum Hintergrund noch ausführlicher Klinger 2022, 261 Anm. 16, 264 Anm. 25 und 265 Anm. 26.

56 Dazu besonders Güterbock 1961, 65–66 c. Anm. 13a.

aufgegriffen, wie es schlüssig gewesen wäre, vielmehr folgte bis in die jüngste Zeit die Diskussion ganz überwiegend den alten, d.h. nicht die philologischen Fakten berücksichtigenden, sondern den von den Rechtshistorikern wie Koschaker oder Korošec beschrittenen Pfaden einer Differenzierung nach „Textschichten", die gerade nicht philologisch, sondern rein inhaltlich bestimmt wurden.[57] Das trifft weitgehend auf eine weitere ausführliche Bearbeitung des gesamten Materials ebenso zu, die nur wenige Jahre später erschien, wobei man den Eindruck haben kann, daß speziell die Beiträge von Kammenhuber und Güterbock nur noch ansatzweise berücksichtigt werden konnten und die dadurch angestoßene methodische Neuausrichtung der Erforschung der hethitischen Überlieferung noch nicht zum Tragen kam.

§ 25 Eigentlich war es erstaunlich, daß nach so relativ kurzer Zeit bereits eine weitere ausführliche Bearbeitung der *Hethitischen Gesetze* von F. Imparati erschien; sie enthielt wie die von Friedrich ebenfalls alle bis dahin bekannten Quellen in Umschrift und Übersetzung, doch lag das eigentliche Gewicht auf einem umfangreichen inhaltlichen Kommentar, also dem, worauf Friedrich zunächst verzichtet hatte, und stellte insofern eine wichtige Ergänzung dar.[58] Hinsichtlich der Datierungsfrage ergeben sich aber keine neuen Einsichten, vielmehr schließt sich Imparati, ohne detaillierter darauf einzugehen, den älteren Vorschlägen an und datiert die erste Abfassung auf Telipinu I., die Spätfassung des Paralleltextes auf das Ende der Großreichszeit.[59] Die Entdeckung, daß es für beide Tafeln oder Serien[60] bereits

57 Exemplarisch Korošec 1960, 419, der davon ausgeht, daß die beiden Tafeln, die „erhebliche Unterschiede aufweisen", kaum zeitgleich entstanden seien (vgl. noch ders., 1964, 182–183). Eine Auseinandersetzung mit oder wenigstens Wahrnehmung philologischer Hinweise vermißt man, so bleibt es bei spekulativen Aussagen zur Datierung bzw. Verschriftung. Korošec 1963, 130–131 wiederholt dann die bekannte (inhaltliche) Argumentation, Telipinu als Reformer des hethitischen Rechts favorisierend (vgl. schon Korošec 1950 bzw. ders. 1964, 183, wieder mit Bezug auf den *Telipinu-Erlaß*), bzw. den Paralleltext dann als die jüngste gültige Version. Im Anschluß daran wird wieder versucht, ältere „Schichten" rechtlicher Regelungen zu identifizieren (ebd., 132–136). Der Text solle eine Kompilation älterer Regelungen und neu erlassener durch einen „Gesetzgeber" darstellen, bei dem es sich um Telipinu gehandelt habe, dessen Fassung dann in jüngerer Zeit weiter reformiert wird (vgl. noch ebd., 144). Korošec 1964, 184–185 bietet eine knappe Zusammenfassung der von ihm identifizierten mindestens vier unterschiedlich alten Schichten, die in der ersten Fassung schon zu unterscheiden seien und die so mehr oder weniger dann bis in die jüngste Zeit beibehalten wurden; vgl. etwa Jauss 2015.

58 Darüber hinaus berücksichtigte Imparati die inzwischen hinzugekommenen Lese- oder sonstigen Korrekturvorschläge bzw. diskutierte diese in ihrem Kommentar, so daß die Bearbeitung an der einen oder anderen Stelle noch etwas über den ansonsten sehr sorgfältigen Text von Friedrich hinausging.

59 Vgl. Imparati 1964, 6–7; die Begründung wiederholt die bekannten Argumente, ergänzt um eine vermeintliche Abschaffung der „Versammlung" (*tulija-*), was die *Hethitischen Gesetze* mit dem *Telipinu-Erlaß* gemeinsam hätten (ebd., 8 c. Anm. 1–2). Neu ist dagegen, mit Bezug auf die Einfügung von Arzawa ab dem Ex. B dessen Entstehung historisch näher zu fassen, da nach Imparati ein unabhängiges Arzawa nur etwa in der Regierung Šuppiluliumas I. oder Muršilis II. denkbar sei (ebd., 10), womit sie sich der Position von A. Kammenhuber (vgl. oben Anm. 52) annäherte.

60 Ich verwende zur besseren Unterscheidung, wovon jeweils die Rede ist, hier einem Vorschlag

althethitische Exemplare gibt, wird ebenfalls übernommen[61]; nützlich außerdem der differenzierte Überblick zu den einzelnen Textzeugen, der sich von den älteren positiv dadurch unterscheidet, daß der Form der jeweiligen Versionen, also ob sie den Text auf einer oder auf zwei Tafel präsentieren, die notwendige Aufmerksamkeit geschenkt wird.[62]

§ 26 Eine Ausnahme in der Beschäftigung mit den *Hethitischen Gesetzen* stellt dann wiederum die Untersuchung von A. Archi dar[63], da er sich nicht nur deziediert mit dem Problem der Datierung bzw. der Frage nach dem Zeitpunkt der ersten Niederschrift der *Hethitischen Gesetze* auseinandersetzte[64], sondern durchaus kritisch vor allem dem methodischen Ansatz von P. Koschaker u.a. gegenüberstand[65]. So läßt er die diversen Vorschläge zur Datierung vor allem der ältesten Fassung der *Hethitischen Gesetze* Revue passieren, diskutiert die vorgebrachten Argumente kritisch und kommt, vor allem gestützt einerseits auf sprachliche, andererseits auf die inhaltlichen Indizien wie die Erwähnung des „Vaters des Königs"

von F. Imparati folgend, die für eine Bezeichnung als „I Serie" und „II Serie" plädiert hat, die Bezeichnungen „Tafel I" bzw. „Tafel II", wenn jeweils der entsprechende Teil der *Hethitischen Gesetze* gemeint ist zur Unterscheidung von „1. Tafel" und „2. Tafel", wenn damit auf die auf mehrere Tafeln verteilte Version Bezug genommen wird, also im Sinne von „1. Tafel" oder „2. Tafel" von „Tafel I". Das wird im Folgenden noch eine Rolle spielen.

61 Dabei übernimmt Imparati die Beobachtungen besonders von Kammenhuber und Güterbock, fügt ihnen aber in der Regel nichts weiter hinzu, vgl. etwa Imparati 1964, 15 c. Anm. 1 und 4.

62 Außerdem gibt Imparati zusätzlich an, wann die Fragmente gefunden wurden und wo sie sich heute befinden, und vermerkt zusätzlich, wo sie jeweils gefunden wurden, wenn auch nicht immer zuverlässig; es wird aber nicht der Versuch gemacht, daraus weitere Rückschlüsse auf Überlieferung und mögliche Funktion bzw. Aufbewahrung der Texte zu ziehen. Eine derartige Übersicht wäre hilfreich, fehlt aber bis heute. Wie wichtig dies sein könnte, zeigt schon allein ein Blick auf die althethitische Tafel der Tafel II, Ex. aa, für die üblicherweise auf Gebäude A auf Büyükkale als Fundort verwiesen wird; allerdings soll ein Fragment der Tafel (360/f = *KUB* 29, 30) in der Fußbodenstampfung (!) von Raum 6 gefunden worden sein, was doch die Frage aufwirft, ob es sich bei dieser sehr fragmentierten Tafel nicht schon um ein längst „ausgemustertes" Exemplar gehandelt haben müßte, das spätestens zum Zeitpunkt dieser Bauphase schon gar nicht mehr Teil einer Tafelsammlung gewesen sein könnte.

63 A. Archi konnte bereits auf die wichtigsten der oben erwähnten Reaktionen, einschließlich der Neubearbeitung von F. Imparati, zurückgreifen (vgl. Archi 1968, 55 c. Anm. 1–3), was er ausführlich kommentierend tat, womit der Beitrag eigentlich eine sehr gute Quintessenz der bisherigen Diskussion darstellt und darüber hinaus versucht, in der Kombination der verschiedenen Ansätze selbst zu neuen Einsichten zu kommen. Mein Eindruck ist jedoch, daß dies, gerade was die Diskussion um die verschiedenen „Schichten" und deren philologische Nachweisbarkeit (dies gilt vor allem für den zweiten, umfangreicheren Teil ebd., 66–89) angeht, nicht in der Weise rezipiert wurde, wie es wert gewesen wäre.

64 Dabei bezieht er die Vorarbeiten intensiv ein und versucht, alle Kriterien – Schrift, Sprache und Inhalt – zu berücksichtigen.

65 Archi 1968, 69–70 c. Anm. 52, wobei er sich die Kritik von G. Cardascia vor allem an Koschakers Interpretation der *Mittelassyrischen Gesetze* zu eigen machte und diese auf die hethitischen Verhältnisse, m. E. durchaus zu Recht, zu übertragen versuchte; vgl. etwa Cardascia 1960. G. Cardascia hat sich verschiedentlich auch zu den *Hethitischen Gesetzen* geäußert, so etwa zu den Übersetzungen von Neufeld oder Haase (Cardascia 1956 bzw. 1985), aber, wenn ich richtig sehe, hier nicht eingehender zu überlieferungsgeschichtlichen Fragen.

oder verschiedener Ortsnamen und deren möglichem Hintergrund, zu einer von der Mehrheit etwas abweichenden Position.[66] Im Ergebnis tendiert er eher zu einer Datierung schon auf Ḫattušili I. oder Muršili I. als auf Telipinu, räumt aber ein, daß sich dies nicht definitiv entscheiden läßt.[67]

5 Die Beschäftigung mit den *Hethitischen Gesetzen* seit den 1980er Jahren und die Rolle der paläographischen Textdatierung

§ 27 Danach scheint das Interesse an der Entstehungsfrage der *Hethitischen Gesetze* weitgehend nachgelassen zu haben. Eine frühe, d.h. mehr oder weniger in der althethitischen Zeit entstandene erste schriftliche Fassung galt nun als allgemein akzeptiert[68], mit der Tendenz mehrheitlich diese Niederschrift in der Zeit der Regierung des Telipinu zu verorten.[69] Selbst H. A. Hoffner scheint der Meinung gewesen zu sein, daß hierzu mehr oder weniger alles gesagt ist, was man den Quellen entnehmen kann, diskutiert die Frage selbst nicht weiter und bleibt letztlich eher unentschieden, nachdem er sich kurz zuvor noch zunächst auf Telipinu festgelegt hatte, dies aber so nicht wiederholte.[70] Den immer wieder herangezoge-

66 Vgl. Archi 1968, 55–61; daß man aus heutiger Sicht nicht mehr jedem Argument folgen wird, liegt in der Natur der Sache, da die Kenntnis der heute als althethitisch gewerteten Texte noch nicht auf dem heutigen Stand sein konnte und manche, wie etwa die wichtige Ergänzung zum *Zalpa-Text* durch *KBo.* 22, 2, noch gar nicht bekannt waren; dafür immerhin die *Ḫattušili-Annalen KBo.* 10, 1 und 2.

67 Einer paläographischen Argumentation, die insgesamt eher noch vorsichtig vorgebracht wurde, scheint er dagegen eher skeptisch gegenüberzustehen, hält sie jedenfalls nicht für entscheidend; vgl. die Bemerkung zu Ottens Aussage, daß Ex. A dem *Zukraši-Text* näher stünde als dem *Telipinu-Erlaß* (Archi 1968, 58 Anm. 12), was zwar zweifellos richtig ist, doch konnte man damals natürlich noch nicht erkennen, daß es von *CTH* 19 keine zeitgenössische Niederschrift gibt bzw. *KBo.* 3, 1 sogar eine sehr späte Abschrift darstellt, ein paläographischer Vergleich dieser Art also wenig aussagekräftig sein konnte; bei dieser Ausgangslage mußte die Nähe von Ex. A zum *Zukraši-Text* größer sein. Zur Überlieferung des *Telipinu-Erlasses* vgl. vorerst Klinger im Druck b.

68 Eine Ausnahme bleibt dabei V. Korošec; so referiert er zwar in seinem Beitrag für das *Reallexikon der Assyriologie* (Korošec 1957–1971) ausführlich die „Rekonstruktion" der diversen (hypothetischen) Redaktionsschichten der *Hethitischen Gesetze*, beläßt es aber, trotz Kenntnis der Neubearbeitung von Friedrich und einschlägiger Rezensionen dazu, bei der schlichten Behauptung, daß über „Zeit und Art der Entstehung" keine Nachrichten vorlägen (ebd., 288b), was strenggenommen nicht falsch ist, aber kaum den Verlauf der Diskussion zu dieser Frage adäquat wiedergibt, und geht weiter darauf nicht ein.

69 So spricht von Schuler 1982, 96 lediglich von „den Anfängen des alten Reichs (um 1600 v. Chr.)", ähnlich Bryce 2002, 34 vom „Old Kingdom, around 1650 BC". Durchaus typisch etwa Haase 2003a, 623, der wiederum die gesamte vorhergehende Diskussion ausblendet und nur Telipinu aufgrund seiner „Reformtätigkeit" als Urheber nennt. Andererseits werden die *Hethitischen Gesetze* bei dem Eintrag zu Telipinu im Reallexikon aber nicht erwähnt (vgl. Wilhelm 2011).

70 Das sei hier nochmals ausdrücklich betont, gerade weil dies in der Literatur nicht immer korrekt wiedergegeben wurde; es heißt bei Hoffner 1997, 229–230 ausdrücklich bezüglich einer Datierung auf die Anfänge der althethitischen Zeit: „This is, of course, quite possible, but – alas – not yet proven." Er hat sich also mitnichten klar für Telipinu ausgesprochen; dazu Klinger 2021, 38 Anm. 66.

nen Beleg für den „Vater des Königs" hielt er letztlich für nicht wirklich belastbar.[71] Weder die paläographischen, noch die sprachlichen Argumente werden bei ihm ausführlicher behandelt, von dem Versuch, zwischen der paläographischen Datierung der althethitischen „Originale" der *Hethitischen Gesetze* und den sonstigen Datierungsargumenten abzuwägen, gar nicht erst zu reden.[72] Eventuell trug dazu bei, daß er der Ansicht war, daß selbst die althethitischen „Originale" eben keine solchen waren[73], sondern daß es sich aufgrund der vorhandenen Fehler bereits um Abschriften handeln müsse, so daß für ihn vermutlich gar nicht mehr so entscheidend war, wann dann die entsprechenden vorauszusetzenden wirklichen Originale niedergeschrieben wurden, ob nun unter Ḫattušili I. bzw. Muršili I. oder unter Telipinu. So blieb es mehr oder weniger bei dem, was bereits als ein gewisser Konsens bezeichnet werden kann, d.h. sicher althethitisch, aber nicht eindeutig zu entscheiden, wie genauer die ältesten erhaltenen Versionen datieren.[74]

§ 28 Ohne dies näher zu begründen oder zu diskutieren gibt z.B. dementsprechend T. Bryce für die Entstehung der ältesten Fassung der *Hethitischen Gesetze* das Jahr 1650 v. Chr. an, was, ausgehend von dem von ihm verwendeten chronologischen Gerüst der mittleren Chronologie bedeutet, daß er die erste Schriftfassung auf Ḫattušili I. datieren dürfte. Dafür spricht ebenfalls, daß er aus den Hinwei-

71 Nicht weiter überraschend, daß auch Th. van den Hout dem folgt, doch scheint mir seine Begründung nicht wirklich sehr belastbar (vgl. van den Hout 2012, 78); daß die Datierung einiger althethitischer Texte mit dieser Phrase auf Muršili I. aufzugeben sei (van den Hout 2020, 89), läßt sich im Lichte neuerer Fortschritte bei der Textrekonstruktion inzwischen so nicht mehr aufrecht erhalten, sondern hat sich vielmehr eher bestätigt, womit das Argument einer Datierung auf Muršili I. zusätzlich an Gewicht gewonnen hat – im übrigen analog zur paläographischen Datierung. Daß die Phrase „Vater des Königs" gerade in den althethitischen Texten keinen konkreten Bezug habe, sondern rhetorisch im Sinne eines (fiktiven) Bezugs auf eine unspezifische Vergangenheit zu verstehen sei, wie P. Dardano vorgeschlagen hat (Dardano 1997, 10), wäre m. E. bestenfalls für die sog. Palastchronik denkbar, gerade aber im von ihr ebenfalls genannten *Zalpa-Text* erscheint mir das nur wenig plausibel und in den inzwischen ziemlich sicher auf Muršili I. zu datierenden Texten als geradezu ausgeschlossen.

72 Man sollte sich schon klar machen, wo man Ende der 90er Jahre des letzten Jahrhunderts in der Paläographiediskussion eigentlich stand: E. Neu hatte das Korpus der althethitischen Ritualtexte mit der Unterscheidung dessen, was er Duktustyp I und II nannte, mehr als ein Jahrzehnt früher vorgelegt; dazu verschiedene Arbeiten zu mittelhethitischen Texten (Neu 1983 und 1986); mit F. Starkes Korpus der luwischen Texte (Starke 1985a) und vor allem seinen wichtigen Bemerkungen gerade zum *Telipinu-Erlaß* (Starke 1985b) wurden weitere Aspekte gerade der früheren Schrift- und Sprachentwicklung thematisiert, um nur diese wenigen Beispiele zu nennen, doch demgegenüber blieb der Ansatz von H. A. Hoffner doch noch eher konservativ und auf ein eher gröberes Raster einer diachronen Differenzierung beschränkt.

73 Explizit Hoffner 1997, 229 bzw. 245; dazu allerdings kritisch z.B. Singer 2001, 289.

74 Es sei an dieser Stelle nur erwähnt, daß für eine solche Entscheidung letztlich auch die grundsätzliche Vorstellung von der Entwicklung der hethitischen Schriftlichkeit, die ja in jüngerer Zeit wieder kontrovers behandelt wurde, eine Rolle spielt. Wenn man die erhaltenen „Originale" in die erste Phase der Überlieferung datiert, dann stellt sich natürlich die Frage, auf welche „früheren" Regelungen hier Bezug genommen wird, insbesondere, ob diese ebenfalls schon als schriftlich fixiert vorauszusetzen sind, doch bewegen wir uns hier bei der geltenden Quellenlage (noch) weitgehend im Bereich der Spekulation, weshalb dies hier nicht weiter verfolgt werden soll.

sen auf eine Überarbeitung früherer Regelungen dieses „Originals" Labarna zuschreibt, da dieser der erste bekannte hethitische König gewesen sei.[75]

§ 29 Daran änderte sich selbst rezent nichts, als mit einer ganz anderen Sicht auf die frühe hethitische Schriftlichkeit eine Revision traditioneller Sichtweisen eigentlich unumgänglich wurde – doch wurde diese Chance aus meiner Sicht nicht genutzt, weil man offenbar nicht bereit war, eben diese selbst zu hinterfragen. Eine Position, die grundsätzlich der Auffassung ist, daß es in der Zeit von Ḫattušili I. bis mindestens Telipinu überhaupt nur eine begrenzte Schriftlichkeit gab, die wenn, dann sich des Akkadischen bediente, ist freilich schon mit einer Entstehung eines derart spezifischen Textgenres, wie es nun mal kodifizierte rechtliche Regelungen darstellen, unbeschadet davon, ob man sie als Gesetze bezeichnet oder nicht, nur schwer vereinbar. Negiert man das eine, ergibt sich die Notwendigkeit, das andere zu erklären – doch ob mündliche Traditionen dafür ein schlüssiges Modell liefern, erscheint doch fraglich.[76] Sind kasuistisch gehaltene, in vielen Fällen durchaus komplexe Sachverhalte und daraus abgeleitete Folgerungen abbildende Formulierungen doch eigentlich von solchen exemplarischen Fallschilderungen, wie sie beispielhaft in den Episoden der sog. *Palastchronik* zu finden sind, deutlich zu unterscheiden und eher typisch für ein bereits ausgebildetes Verständnis der spezifischen Anforderungen an die Gattung Text. Selbstverständlich, und die hethitische Überlieferung liefert selbst gute Beispiele dafür, kann eine Geschichte, ein durch eine Erzählung illustrierter Sachverhalt dazu dienen, (auch) rechtliche Vorstellungen, wie auch moralisch u.a., zu vermitteln, doch ist m. E. der entscheidende Unterschied eben die sprachliche Form dieser Vermittlung. Man nehme nur als Beispiel die Geschichte vom Haar in der Waschschüssel des Königs in *CTH* 265, ein m. E. ebenfalls bereits auf die althethitische Zeit zurückgehender Text, der gerade deshalb so interessant ist, weil von der exemplarischen Episode in diesem Text ebenfalls zwei Versionen existieren, von denen eine offenbar das rechtliche Problem differenzierter zu fassen versucht, durchaus vergleichbar dem, was wir als Weiterentwicklung von Regelungen in den *Hethitischen Gesetzen* beobachten können. Die an narrativen Gepflogenheiten einer möglicherweise ursprünglich mündlich vorgetragenen Episodensammlung erprobte frühe Schriftlichkeit, wie sie dagegen die Palastchronik darstellen dürfte, wäre also kaum ein taugliches Vorbild für das, was die *Hethitischen Gesetze* uns bieten. Eine möglicherweise später erfolgte Verschriftung hätte dann in einem Falle die typische, am mündlichen Vortrag orientierte Form beibehalten, von der aber bei den *Hethitischen Gesetzen* nichts (mehr) erkennbar ist. Hier von einer mündlichen Tradition auszugehen, er-

75 Bryce 2002, 34; nicht nur aus heutiger Sicht, wo immer mehr die Tendenz besteht, vor diesem Labarna mit einem König Ḫuzzija zu rechnen, gab es keine wirklichen Indizien, das hethitische Königtum quasi als eine Art Neugründung unter Labarna oder auch Ḫattušili I. zu sehen, wie es lange üblich war. Interessanter wäre eine Antwort auf die Frage gewesen, wie sich Bryce dieses „Original" vorgestellt hat, wenn er, wie ja die allermeisten Hethitologen bis heute, die Einführung der Schrift erst auf Ḫattušili I. datiert.

76 Dazu grundsätzlich van den Hout 2020, 92–94.

scheint mir mit der Textform, die doch ganz offensichtlich an formalen Schemata und der Variation spezifischer Elemente orientiert ist, kaum vereinbar zu sein.[77]

§ 30 Was m. E. bisher zu wenig Beachtung gefunden hat, ist, welches bemerkenswerte Zeugnis allein die Existenz einer solchen Tafel, wie sie mit *KBo.* 6, 2+ vorliegt, eigentlich darstellt.[78] Immerhin sprechen wir hier von einem Beispiel einer, jedenfalls nach konventioneller Auffassung, sich gerade erst in den Anfängen befindenden schriftlichen eigenständigen Tradition. Nirgends im näheren Umfeld, das gilt gerade auch für die in etwa zeitgleichen spät-altbabylonischen „Archive" Nordsyriens, gibt es Vergleichbares oder gar etwas, was man als mögliches Vorbild und anregendes Beispiel in Anschlag bringen könnte.[79] Schon formal ist diese Tafel mit ihren zwei Kolumnen pro Seite, ihrer formalen Einteilung der einzelnen Abschnitte und den jeweils ca. 60–65 Zeilen pro Kolumne schon ein (handwerkliches) Meisterwerk, und dabei ist der Inhalt noch gar nicht berücksichtigt. Daß die Schriftform ebenso charakteristisch ist, sei hier nur der Vollständigkeit halber erwähnt; auch wenn der Schreiber immer wieder mal Abstände läßt, sind die Zeichen überwiegend sehr gedrängt, fast ligaturartig geschrieben, während vor allem Schlußsenkrechte überdeutlich ausfallen, was in der Summe ein Bild ergibt, von den Details der Zeichenformen selbst ganz abgesehen, das aus meiner Sicht selbstverständlich nichts mit dem zu tun hat, was man in mittelhethitischen Texten findet.[80] Dasselbe gilt, fast noch eine Spur ausgeprägter, für das althethiti-

77 Van den Hout 2012, 78 kehrt dieses Argument gleichsam um und fragt, ob man nicht vielmehr in der Palastchronik eine „frühe Form von Gesetzgebung" sehen könne und verweist darauf, „in noch schriftlosen, oralen Kulturen haben Gesetze oft eine sprichwortartige oder anekdotische Form". Selbst wenn dies zutreffen sollte, was hier gar nicht in Abrede gestellt sei, so erklärt das gerade nicht, wie dann die *Hethitischen Gesetze* als vermeintlich einer der ersten hethitischsprachigen Texte überhaupt m. E. gerade so wenig von einem solchen angenommenen oralen Hintergrund zeigen.

78 Und es gab daneben eine zweite Version mit Ex. M = *KBo.* 19, 2 + *KUB* 29, 16; soweit sich das bei dieser doch viel fragmentarischeren Version sagen läßt, scheint die Tafel ähnlich ausgesehen zu haben, da die Zeilenverteilung der erhaltenen Paragraphen sich weitgehend mit Ex. A deckt und auch praktisch keine graphischen Varianten dazu aufweist. Die Schriftstufe beider Tafeln ähnelt sich ebenfalls sehr stark, man vergleiche nur die ganz charakteristische Schreibung der Zeichenfolge E–A, besonders in der häufigen Wendung *parnaššea*, bei der die beiden Zeichen fast als eines geschrieben sind, und das E zudem nur einen winzigen ersten Senkrechten hat.

79 Man hat bekanntlich immer wieder auf den *Codex Ḫammurapi* als ein mögliches Vorbild verwiesen, aber das war selbstverständlich lange bevor die überlieferungsgeschichtlichen Zusammenhänge deutlich waren. Wo am Ende der spät-altbabylonischen Zeit in der Peripherie der Codex aus Babylon bekannt war, läßt sich nicht sagen; Hinweise darauf wären mir nicht bekannt. Und daß hethitische Schreiber während Muršilis I. Babylonzug womöglich das Original gesehen haben könnten, scheint mir doch eine recht phantasievolle Annahme, obwohl selbst das natürlich nicht per se ausgeschlossen werden kann. Freilich wäre dann der Weg zu einer eigenen Rechtssammlung noch immer recht weit.

80 Wie bereits früher schon einmal festgestellt (Klinger 2022, 286 Anm. 85), halte ich eine Aussage wie die von van den Hout 2009, 74: „we can no longer be sure: for all we know, OS records could theoretically stem from anywhere between 1650 and 1400 BC" für weder ausreichend begründet noch sachlich haltbar. Van den Hout läßt zwar das „New Kingdom" mit Tutḫalija

sche „Original" zur Tafel II (Ex. aa), das sowohl formal als auch der Schriftform nach dem in nichts nachsteht.[81]

6 Die Genese der *Hethitischen Gesetze*: Entwicklungs- oder Redaktionsstufen?

§ 31 Es sollte deutlich geworden sein, daß die Diskussion um die *Hethitischen Gesetze* nicht von ihrer Geschichte, d.h. ihrer Entstehung und Weiterentwicklung, zu trennen ist und daß dies eigentlich nur angemessen im Zusammenhang mit der Klärung der Überlieferungsgeschichte des gesamten Korpus und jedes einzelnen Fragmentes behandelt werden kann. Dies war zu Beginn ihrer Erforschung noch bei weitem nicht so klar, da der Gedanke, es könnte sich um eines der frühesten Textwerke der hethitischen schriftlichen Tradition handeln, obwohl kein anderes bisher bekanntes althethitisches Werk schlicht einen solchen Umfang erreicht, damals eher fern lag, die Menge des zugehörigen Materials nicht klar war, von der zeitlichen Dauer der Überlieferung gar nicht zu reden, und dies, obwohl man kein Problem damit hatte, eine ganze Reihe unterschiedlicher Redaktions- bzw. Entwicklungsstufen der Texte und damit der Gesetze selbst zu rekonstruieren. Doch, wie schon ausgeführt, dies geschah eben zunächst unabhängig von der konkreten Textüberlieferung, sondern primär nach inhaltlichen Erwägungen, was sich nicht mit, sondern eben erst nach der Veröffentlichung[82] der lange erwarteten Bearbei-

---

I. um 1420 v. Chr. beginnen und nicht erst mit Suppiluliuma I. (van den Hout 2020, XXII), aber welcher auf Tutḫalija I. oder Arnuwanda I. datierbare Text ist hinsichtlich seiner Schriftform von dem Ex. A der *Hethitischen Gesetze* nicht zu unterscheiden, vom althethitischen „Original" des *Anitta-Textes* gar nicht erst zu reden? Wären sie aber überwiegend, wie es van den Houts Modell vorsieht, erst um 1400 v. Chr. niedergeschrieben worden als Übersetzungen von ursprünglich akkadischsprachigen Versionen, sollten sie keine Unterschiede hinsichtlich Schrift und Sprache aufweisen; genau das ist aber offensichtlich der Fall. Nach seinen zeitlichen Ansätzen umfaßt die Zeitspanne zwischen Ḫattušili I. und Šuppiluliuma I. ganze drei Jahrhunderte, also das, was konventionell unter alt- und mittelhethitisch zusammengefaßt wird; die Vorstellung, in dieser gesamten Epoche, die doppelt so lange dauert als die zwischen Šuppiluliuma I. und dem Ende der hethitischen Überlieferung, hätte sich die Schriftform praktisch nicht weiterentwickelt, wäre m. E. aber eine recht ahistorische Vorstellung.

81 Als ein Charakteristikum unter vielen sei hier nur auf den ersten Senkrechten beim Zeichen E verwiesen, der manchmal fast zu übersehen ist; er findet sich ähnlich bei vergleichbaren Zeichenstrukturen, z.B. bei KÙ, während umgekehrt dazu die eigentlichen ersten kleineren Senkrechten bei TA übergroß ausfallen. Doch diese Diskussion soll hier gar nicht geführt werden; allein auf dem vergleichbar kleinen Foto des Fragmentes *KUB* 29, 29, um nur dieses als Beispiel anzuführen, finden sich derart viele aussagekräftige Zeichenvarianten, daß dies eigentlich auch gar nicht nötig sein sollte; glücklicherweise ist ja niemand mehr auf die im Prinzip genaue, aber doch den Eindruck nicht ganz adäquat wiedergebende Autographie von H. Ehelolf angewiesen. Auf die ganze Problematik, wo diese Tafeln u. U. aufbewahrt gewesen waren und zu welchem Zweck kann hier nicht eingegangen werden; jedenfalls wird Ex. A dem Tempel 1, Ex. aa dem vermeintlichen „Archiv" von Gebäude A zugewiesen; beachte freilich, daß das zugehörige Anschlußstück *KUB* 29, 30 in (!) der Fußbodenstampfung gefunden worden sein soll, was sich doch schwerlich damit verträgt, daß die Tafel Teil eines hier befindlichen „Archivs" oder gar einer „Bibliothek" war (vgl. bereits oben Anm. 62).

82 In seiner Besprechung der Arbeit, die 1963 erschien, klassifiziert H. Otten dann bereits ganz

tung von J. Friedrich im Jahre 1959 ändern sollte, der zwar die Notwendigkeit einer solchen Fragestellung sah, sie selbst aber eben nicht in Angriff genommen hatte (vgl. dazu schon oben §§ 18–19). Diese Entkoppelung der Entstehungszeit bzw. schriftlichen Fixierung der Gesetze bzw. der Redaktionsstufen der einzelnen Paragraphen von der Überlieferungsfrage an sich prägte allerdings nicht nur die Phase ihrer Interpretation bis dahin, sondern diese endete damit nicht etwa, dauerte weiter an und wirkt sich teilweise noch heute auf die Diskussion um die Entstehung aus.[83]

§ 32 Diese Vorgehensweise war ursprünglich noch durchaus nachvollziehbar, da man ja generell nur mit „jungen" Nieder- bzw. Abschriften rechnete, so daß es eines methodischen Instrumentariums bedurft hätte, Redaktions- und Überlieferungsstufen zu korrelieren. Das stand aber nicht zur Verfügung, von sporadischen Bemerkungen zu einer möglicherweise älteren Sprachform abgesehen, was noch eher eine „gefühlte" denn eine wirklich begründete Evidenz war[84], ähnlich den „historischen" Argumenten, die ebenfalls den Versuch darstellten, die Überlieferung mit einer zeitlichen Entwicklung in Verbindung zu bringen, wie dies schon ganz früh A. Goetze tat.[85] Nicht wirklich nachvollziehbar ist jedoch, daß dieses Problem nicht angegangen wurde, als man genau die dafür notwendigen Werkzeuge zur Verfügung hatte in Form einer weitaus differenzierteren Kenntnis sprachlicher sowie orthographischer und sonstiger textgeschichtlicher Eigenheiten sowie die davon unabhängige Kenntnis der Schriftentwicklung als unabdingbare Voraussetzung, Entstehungszeit und Niederschrift einer Textversion diffe-

---

selbstverständlich, als wäre es gar nicht mehr notwendig, dies eigens zu begründen, das Tafelexemplar *KBo.* 6, 2 als „das altheth. Exemplar" (Otten 1961, 274 Anm. 3).

83 Exemplarisch kann man hier auf V. Korošec verweisen, der in seiner Besprechung von Friedrichs Neubearbeitung weder irgendwelche sprachlichen noch historischen Argumente heranzieht, sondern allein ausgehend vom Text argumentiert und dies auch in seinen späteren Arbeiten so beibehalten sollte (vgl. nur Korošec 1957–1971), was wiederum von anderen dann rezipiert wurde, insbesondere die Arbeiten von R. Haase stehen eigentlich bis zuletzt in dieser Tradition. Vgl. dazu noch Korošec 1960, 419: „Die imperative und abstrakte Fassung der überwiegenden Mehrzahl der Bestimmungen sowie die Tatsache, daß sich die beiden Tafeln, die zwar in mancher Hinsicht erhebliche Unterschiede aufweisen und kaum gleichzeitig entstanden sind, doch inhaltlich ergänzen, all dies spricht meines Erachtens dafür, daß diese Rechtssätze wenigstens im letzten Jahrhundert, wenn nicht während des ganzen jüngeren Hethiterreiches als hethitische Gesetze gegolten haben dürften." Auf die Entstehung geht er dabei gar nicht ein.

84 Schon erstaunlich früh wurde eine Nähe der Sprache der *Hethitischen Gesetze* zu den Texten, die man der althethitischen Zeit zuschrieb, festgestellt; vgl, etwa Götze 1928, 21. Goetze gibt dafür keine Begründung oder keinen Hinweis, doch wenn man berücksichtigt, mit welcher verblüffenden Intuition vor allem E. Forrer so früh schon in der Lage war, „alte" Texte zu identifizieren, so mag es unter der kleinen Gruppe von Hethitologen darüber vielleicht schon einen Austausch gegeben haben, doch kann ich davon nichts belegen.

85 Hier nochmals als Beispiel Götze 1925a, 22: „Die Kodifizierung des Rechtes geht wohl mindestens auf Telepinusch zurück", ohne Angabe irgendwelcher Gründe; vgl. dann Götze 1928, 21: „Sie [die HG, JK] würden ja zu der Vorstellung, die wir von Telepinusch gewonnen haben, ganz ausgezeichnet passen und verbürgen, daß die erstarkte Zentralgewalt die Handhabung der Justiz übernommen hatte.".

renzieren zu können, also etwas, was bisher in der gesamten Diskussion außen vor blieb.

§ 33 An dieser Stelle ist es sicherlich angeraten, sich nochmals vor Augen zu führen, um was es sich bei den sog. *Hethitischen Gesetzen* eigentlich handelt: Es galt – und gilt noch immer – für die Texte, die gemeinhin unter dieser Bezeichnung bekannt sind, daß es sich um ein Textgenre oder ein Werk der Überlieferung der Tafelsammlungen aus Ḫattuša[86] handelt, dessen Aufbau bereits seit den Anfängen der Beschäftigung als weitgehend geklärt gilt.[87] In der Regel wird wie selbstverständlich davon ausgegangen, daß es sich um ein zusammengehöriges Textkorpus handelt, das grundsätzlich aus zwei Tafeln besteht, die nach entsprechenden Kolophonvermerken unter der Bezeichnung „Wenn ein Mann …“ für die erste und für die zweite „Wenn ein Weinstock …“ bekannt sind, wobei jede der Tafeln jeweils 100 Paragraphen enthalten haben soll. Zumindest war das das Bild, das zuerst F. Hrozný gezeichnet hat[88], doch hat man später im Falle der Tafel II die Anzahl der Paragraphen nicht mehr so konsequent beibehalten.[89] Weder über die Reihenfolge, noch über den formalen Aufbau oder die Tatsache, daß es sich um zwei Teile eines als ein Ganzes gedachten Werkes handelt, gibt es nennenswerte kontroverse Meinungen, obwohl letztlich keiner dieser Punkte als wirklich gesi-

86 Tatsächlich sind bisher, anders als bei anderen Textgruppen, von den *Hethitischen Gesetzen* keine Textvertreter außerhalb Ḫattušas aufgetaucht, was angesichts der teilweise vertretenden Auffassungen zur Funktion dieser Texte immerhin bemerkenswert ist.

87 Stellvertretend sei hier auf eine der Arbeiten von R. Haase verwiesen (Haase 2011), der zahlreiche Detailstudien, aber ebenso die Beiträge zum hethitischen Recht in einer Reihe maßgeblicher Sammelbände oder Handbücher verfaßt hat, für den aber offenbar diese Fragen als weitestgehend geklärt gelten; trotzdem – oder deshalb – sind seine eigenen Angaben nicht immer so wirklich klar, vgl. etwa die kurze Beschreibung in Haase 2003a, 620–621; die Angaben zu den Tafelanzahlen bzw. deren Aufteilung sind teilweise widersprüchlich, gleichzeitig wird der Eindruck erweckt, es handle sich mehr oder weniger um eine stabile Fassung dieser beiden „Tafeln“, zu denen lediglich eine etwas abweichende Version zur Tafel I existiere, womit der sog. Paralleltext gemeint ist. Damit steht er freilich durchaus repräsentativ für zahlreiche ähnliche Einlassungen; vgl. etwa jüngst Giusfredi/Matessi/Pisaniello 2023, 175–177.

88 Die Unterteilung auf zwei Tafeln oder Serien geht auf die ersten Arbeiten zu den *Hethitischen Gesetzen* zurück, ist aber nicht so eindeutig, wie häufig der Eindruck erweckt wird, denn Hrozný meinte noch, einen direkten inhaltlichen Übergang zwischen der einen und der anderen Tafel feststellen zu können, was ihn zu seiner Anordnung führte, doch ist dies inzwischen als ein Irrtum erkannt (zur Reihenfolge schon Friedrich 1971, 1). Vor diesem Hintergrund ist die Beobachtung von H. G. Güterbock, daß nach Einblick in die Originale in keinem Falle die Handschrift einer Tafel I dieselbe zu sein scheint wie die einer Tafel II der *Hethitischen Gesetze* bemerkenswert; dies könnte nahelegen, daß beide gar nicht zusammen als Teile eines Werkes, in welcher Fassung auch immer, tradiert wurden (Güterbock 1962, 21); Fund- oder Aufbewahrungsorte sind in dieser Hinsicht ebenfalls nicht aussagekräftig.

89 Tatsächlich sind beide Zahlen nicht zutreffend, wenn auch im Falle der Tafel I die Zahl ungefähr hinkommt, doch gibt es Schwankungen in der Texteinteilung, Veränderungen hinsichtlich der Aufteilung auf „Paragraphen“ und eine ganze Reihe weiterer Details, so daß man davon ausgehen kann, daß mit der vermeintlichen Anzahl von genau 100 Paragraphen keine Intention verbunden war, da die Überlieferung in dieser Hinsicht weder eindeutig noch stabil ist.

chert gelten kann. Insbesondere, was den letzten Punkt betrifft, gibt es m. E. kein wirklich klares Indiz, daß die hethitische Überlieferung selbst diese beiden Texte als zusammengehörig gesehen hat. Die Kolophone jedenfalls, soweit sie erhalten sind, beziehen sich grundsätzlich immer nur auf eine Tafel bzw. auf die Aufteilung des ursprünglich eintafeligen Textes auf deren zwei.[90]

§ 34 Natürlich ist es aufgrund des Inhaltes und der Form der Texte bzw. der beiden „Tafeln" naheliegend, sie als ein Werk zu betrachten, doch stehen dem andererseits einige Aspekte entgegen. So ist m. E. ziemlich sicher, daß es trotz der sehr unterschiedlichen Gestaltung der Tafeln und der Verteilung von ursprünglich einer auf jeweils mindestens zwei, womöglich gar drei[91] getrennten Tafeln, soweit wir wissen, nie Überschneidungen zwischen beiden Tafeln bzw. Tafelserien, weder in inhaltlicher, noch in überlieferungsgeschichtlicher Form gab – in keinem Fall wäre erkennbar, daß beide zusammen kopiert oder tradiert oder womöglich archiviert wurden.[92] Außerdem zeigen die Kolophone, die sich erhalten haben, daß, bei aller Ähnlichkeit des „Titels ", beide unterschiedliche Bezeichnungen hatten, nämlich als „Wenn ein Mann …" und „Wenn ein Weinstock …", was zum Verständnis als ein Werk ja eigentlich im Widerspruch steht.[93]

§ 35 Zwar gibt es immer wieder Kritik an der Bezeichnung als „Gesetze", die ganz unterschiedlich begründet wird, etwa, daß ein Name des „Gesetzgebers", also des Königs[94], der die Ausfertigung veranlaßt hat, fehlt oder daß es sich um keine „offizielle Gesetzessammlung"[95] handle. Doch haben sich alternative Bezeichnungen bisher nicht durchgesetzt; selbst J. Friedrich blieb bei dieser Bezeich-

90 Vgl. dazu unten § 49.

91 Dazu s. unten ausführlicher § 52.

92 So heißt es zwar noch bei Korošec 1964, 180, daß ein „direkter Beweis" noch fehle, doch sei das wahrscheinlich, „da sich ihre Bestimmungen inhaltlich ergänzen".

93 Dazu jetzt die Übersicht bei Waal 2015, 258–260, die völlig zu Recht darauf hinweist, daß dies eben einen Unterschied zu anderen Texten ausmacht, die Teile einer Serie sind. Nicht ganz korrekt sind die Angaben hier unter „C. Title" (ebd., 260). Der Titel auf den drei ausreichend erhaltenen Kolophonen ist ja gerade nicht immer „Wenn ein Mann …" und es handelt sich ebenfalls nicht immer um die ersten Zeilen der Tafel, sondern nur bei den (ursprünglichen) Eintafelversionen bezog sich der Titel jeweils auf die erste Zeile, die aber eben unterschiedlich war, und später wurde daraus der Titel der „Serie", auch wenn der Kolophon auf der 2. Tafel stand, die also nicht mit dem Titel als erster Zeile begann. Das ist, wie Waal korrekt feststellt, aber genau das, was man bei Serienwerken generell findet – und damit müßte man eigentlich, hethitischen Schreiberkonventionen folgend, in der Tat in Tafel I und II zwei unterschiedliche bzw. getrennte Werke sehen. Das hätte freilich Konsequenzen für alle Fragen, sowohl inhaltlich wie überlieferungsgeschichtlich.

94 Haase 2011, 37: „In unseren zwei Tafeln fehlt der Name eines Herrschers, also sind *ex definitione* die Tafeln 1 und 2 kein Gesetz.". Ob eine solche recht formale Definition zielführend ist, und die dann herkömmlich als „Edikte" bezeichneten Texte, die, weil sie einleitend einen Namen nennen, dann explizit zu Gesetzen zu erklären (ebd. mit Bezug auf *KUB* 13, 9+), erscheint doch fraglich – zumal in einem der Kolophone ja doch direkt auf den König, wenn auch ohne Nennung des Eigennamens, Bezug genommen wird, was sich durch eine gewisse Tradition vergleichbarer Texte begründen ließe.

95 So etwa Friedrich 1971, 1, der jedoch nicht weiter präzisiert, was die Sammlung zu einer offiziellen macht, doch könnte man vermuten, da als Unterschied auf den *Codex Ḫammurapi*

nung, obwohl er die Ansicht vertrat, daß die Texte eben nicht Gesetzescharakter hätten, weil sie nicht präskriptiv gedacht, sondern vielmehr bereits konkret gefällte und hier gesammelte Gerichtsentscheidungen für den „Gebrauch der Juristen“ seien.[96] Die Vorstellung freilich, daß es sich bei diesem über Jahrhunderte hinweg in einer bestimmten, wenn auch im Vergleich zu anderen Texten oder Werken durchaus abweichenden Form tradierten Textkorpus um das „private“ Produkt einer Einzelperson gehandelt haben könnte, wird freilich dem Charakter der Tafelsammlungen in Ḫattuša kaum gerecht. Dem steht vor allem entgegen, daß es sich eben nicht um ein einmal verfaßtes und dann tradiertes Werk – oder deren zwei – handelt, sondern daß ein wiederholter Prozeß der Überarbeitung vorliegt, der sich grundsätzlich von dem unterscheidet, was bei anderen Texten zu beobachten ist, ein tatsächlich fundamentaler, aber m. E. unterschätzter Aspekt. Hinzu kommt, daß, worauf noch einzugehen sein wird, gerade die Art der Veränderungen einzelner Paragraphen im Zuge der Texttradition m. E. dafür sprechen, daß hier eben nicht die Dokumentation von einzelnen faktischen Gerichtsentscheidungen vorliegen dürfte.[97] Eine begriffliche Bestimmung dessen, was mit den *„Hethitischen Gesetzen“* eigentlich vorliegt, jenseits einer pragmatischen Benennung, setzt m. E. erst ein Verständnis für das voraus, was dieses Korpus überhaupt erst ausmacht – und dies umfaßt eine intensive Rekonstruktion der synchronen und diachronen Entstehungsbedingungen, die hier nicht geleistet werden kann. Gleichwohl, als ein erster Schritt zu solch einer umfassenden Untersuchung ist es durchaus sinnvoll, sich zunächst einmal grundsätzlich mit der Überlieferungssituation gerade dieses Werkes auseinanderzusetzen. Denn ohne ein adäquates Verständnis genau

verwiesen wird, eventuell dessen Form als Stele oder das Fehlen einer dessen Prolog vergleichbaren Einleitung gemeint gewesen sein könnte.

96 Friedrich 1971, 1 mit Verweis, daß dies erst noch in einem Kommentar ausführlicher zu erörtern sei. Daran anschließend, allerdings mit einigen eigenwilligen Thesen etwa zur Rolle von Schreibern oder der Funktion der Tontafelsammlungen in Ḫattuša, kommt R. Haase, unter Aufgabe älterer eigener Vorschläge, zu einer Bezeichnung als „hethitische Rechtssammlung“ oder „Entscheidungssammlung“, die Ḫanikkuili als Schreiber aber aus privatem Antrieb angefertigt hat: „der Verfasser der ‚Gesetze‘ könnte ein Ober-Schreiber am königlichen Hof gewesen sein, der während seiner Arbeit in einem juristischen Referat im Rahmen seiner Zuständigkeit die Notwendigkeit, gerichtliche Leitsätze den Untergerichten zu vermitteln, erkannte und verwirklichte“ (Haase 2011, 39–40). Freilich wissen wir über die Existenz von „juristischen Referaten“ am Königshof ebenso wenig wie über die Existenz von „Ober“- oder „Untergerichten“ u.a.m. Daß die Form der Überlieferung der Ausgangsthese einer „Entscheidungssammlung“ m. E. sowieso entgegensteht, weil sie eben eher für einen präskriptiven Charakter spricht, sei hier nur noch ergänzt.

97 Vielleicht liegt es daran, daß mir die juristische Vorbildung fehlt, allerdings erschließt sich mir nicht, wie etwa Detaildiskussionen, wie sie sich z.B. bei Haase 2002 finden, mit der Interpretation als dokumentierte Fallentscheidungen vereinbar sein sollen; von den diversen historischen Voraussetzungen, wie etwa einer behaupteten „Verwaltungsreform“ und dem Verschwinden der „Alten“, die eine „Art Gemeindebehörde“ gewesen sein sollen (ebd., 64–65), ganz zu schweigen. Gerade die Veränderung von § 45 gegenüber § XXXV zeigt doch, daß es um eine Differenzierung und Klärung von Eventualitäten geht und nicht um unterschiedliche Entscheidungen nach einem konkreten Vorfall.

dieser Umstände ist eine inhaltliche Interpretation von Struktur und Funktion, zu der auch die Beantwortung der Frage gehört, ob es sich denn um „Gesetze" handelt, m. E. nicht wirklich zu leisten.

§ 36 Schon auf V. Korošec geht die Vorstellung zurück, daß sich in der Überlieferung der *Hethitischen Gesetze* verschiedene Schichten oder Entwicklungsstufen erkennen lassen, die deutlich über das hinausgehen sollen, was im Text mit der Unterscheidung von „früher" und „jetzt" bei einzelnen Regelungen bereits angelegt war.[98] Korošec selbst beschrieb vier solcher Stufen, bezog sich dabei aber in erster Linie auf inhaltliche Kriterien bzw. auf „vermögensrechtliche Bestimmungen".[99] R. Haase hat denen noch eine weitere hinzugefügt, die aber so schon bei Korošec angedacht war, doch blieb dieser ja noch recht vage in dieser Hinsicht.[100] Bemerkenswerterweise datiert er die 4. Stufe auf die Zeit Telipinus, der wiederum überwiegend als derjenige König gilt, in dessen Regierung die erste Niederschrift der *Hethitischen Gesetze* überhaupt erfolgt sein sollte. Selbst Th. van den Hout plädiert für diese Datierung, wenn er auch, vor dem Hintergrund seiner These eines „späten" Beginns hethitischer Schriftlichkeit generell, offenbar mit einer ersten Phase einer mündlichen Tradition rechnet[101], führt aber, jedenfalls nach meinem Eindruck, nicht wirklich deutlich aus, wie man sich dann diese in einer mündlichen Tradition bewahrten unterschiedlichen Schichten vorstellen soll.

§ 37 Zuletzt hat sich der Frage der Entwicklung einer hethitischen „Rechtstechnik" nochmals St. Jauss explizit gewidmet und kommt dabei zu einem durchaus positiven Ergebnis, freilich ist seine Untersuchung in Hinblick auf das gerade Ausgeführte geradezu exemplarisch. So sieht er, wie die meisten Autoren vor ihm, vor allem im Paralleltext eine „konsequentere Anwendung von Regelungsprinzipien und eine Systematisierung nach juristischen Gesichtspunkten" am Werk.[102] Jauss verfolgt damit den durchaus plausiblen Ansatz, Überlegungen von Korošec

---

98 Darauf bezog man sich, wenn dann von einer „Rechtsreform" o.ä. die Rede war, wie etwa bei Götze 1925a, 22 u.a.m.

99 Ausführlich dazu Korošec 1956, 22–25; 1957–1971, 290–292 sowie die kurze Übersicht ders. 1964, 184–185 mit weiterer Literatur. Auch sonst meint Korošec unterschiedliche Regelungen als sehr „altertümlich" oder „zweifellos" als Übernahmen „aus dem Stadtrecht von Ḫattuša" erkennen zu können (Korošec 1964, 183). Ein konkreter Bezug zur Überlieferungslage wird dabei nicht hergestellt, lediglich *KBo.* 6, 4 wird, wie üblich und ohne Diskussion sprachlicher oder sonstiger Indizien, als die „jüngste Redaktion" charakterisiert (ebd.).

100 Haase 2003b, 623; dabei bezieht sich Haase auf das Exemplar *KBo.* 6, 4, das auch Veränderungen in, wie er es nennt, Protasis und Apodosis aufweise; weder Korošec, was zu der Zeit kaum zu erwarten war, noch Haase berücksichtigen die konkrete Überlieferungslage in Hinblick auf eine mögliche Datierung von Abfassungszeit und Niederschrift, beziehen also textliche Kriterien ein, sondern beschränken sich auf die inhaltlichen Elemente. Das gilt weitgehend auch für Jauss 2015, dessen Angaben zum Alter der verschiedenen Textzeugen zudem nicht immer korrekt ist; so existiert selbstverständlich eine ah. Version zur Tafel II, anders, als dort behauptet.

101 Dazu jetzt die Kritik von Giusfredi/Matessi/Pisaniello 2023, 173–175, die allerdings am Kern des Problems m. E. vorbeigeht.

102 Vgl. Jauss 2015, 202.

und anderen zu den „Textschichten"[103] in den *Hethitischen Gesetzen* mit einer Untersuchung ihrer „Technizität" in Hinblick auf die Existenz einer spezifischen Rechtstechnik, die in der Form der Regelungen selbst und ihrer Modifikation zum Ausdruck kommen soll, zu kombinieren. Das Problem besteht freilich darin, daß Jauss nicht über die philologische Expertise verfügt, die Komplexität der Überlieferungsgeschichte der *Hethitischen Gesetze* zu überschauen, vielmehr hält er diese eigentlich schon seit Friedrichs Arbeit im Prinzip für geklärt und muß sich weitgehend unkritisch auf Hoffners Einteilung der jeweiligen Textzeugen verlassen.[104] Wie schnell dies in die Irre führt, wenn man einerseits die konkrete Textüberlieferung vernachlässigt und andererseits meint, es ließe sich so ohne weiteres anhand von „Brüchen und Ungereimtheiten" die Textentwicklung rekonstruieren[105], ist durchaus lehrreich, zeigt es doch die ungenügende Forschungslage hinsichtlich genau solcher Fragestellungen, wie gleich am ersten von Jauss näher diskutierten Beispiel der §§ 57–69 deutlich wird. Erstaunlicherweise wird die offensichtliche redaktionelle Veränderung, insbesondere zwischen der althethitischen Fassung (A) und der in einer jüngerhethitischen Niederschrift (B)[106] vorliegenden Version überhaupt nicht thematisiert. Tatsächlich sind aber die „Rechtsfolgeverweisungen" in den §§ 64, 65 und 68 wie auch die Paragraphen §§ 60–62 und 66, die angeblich den „Eindruck eines Fremdkörpers" machen[107], alle schon Bestandteil der althethitischen Version und werden im Zuge der weiteren Überlieferung so gut wie nicht verändert, was ja sogar eher die Ausnahme darstellt. Jauss meint aber nun, hieran eine Änderung der Regelungstechnik erkennen zu können, die die zuletzt

103 Unter „Textschichten" versteht Jauss freilich gerade nicht das, was man textchronologisch darunter verstehen würde, sondern vielmehr die Überarbeitungsstufen der Regelungen im Sinne von V. Korošec bzw. dann den Paralleltext wiederum als eigene und letzte „Textschicht", die freilich mit den angeblichen „Textschichten" in den diversen Versionen des Standardtextes nur wenig zu tun haben. Vgl. dazu bei Jauss 2015, 186 den Versuch, die „Textschichten" von Korošec und Hoffner zueinander in Beziehung zu setzen, was schwerlich möglich ist, weil beide letztlich ganz verschiedene Ansätze vertreten, was diese vermeintlichen „Textschichten" angeht, was Jauss aber offensichtlich gar nicht klar ist.

104 Jauss 2015, 186 bezogen auf Friedrichs Bearbeitung „Im Grundsatz haben die so gewonnenen Einsichten bis heute Gültigkeit." – mit Verweis auf Hoffner 1997, 229–230. Abgesehen von dem fehlenden Verständnis für die spezifische Problematik unterläuft Jauss dann auch noch das eine oder andere Mißverständnis, etwa wenn er meint, es gäbe keine althethitische Version zur Tafel II u. a. m.

105 Jauss 2015, 187.

106 Völlig ausgeblendet wird die grundsätzliche Problematik, das gilt aber für die gesamte bisherige Diskussion, wieweit man hier von einer Ab- oder einer Niederschrift ausgehen muß, sprich, in welchem Verhältnis der Zeitpunkt, zu dem diese redaktionellen Eingriffe erfolgt sind, zu dem Zeitpunkt steht, in dem z. B. die hier relevante Version B der Tafel I entstanden ist. Es ist ja keineswegs selbstverständlich, obwohl das überwiegend so aufgefaßt wird, daß Textfassung und Niederschrift gleich datieren. Was doch eigentlich schon seit langem ein Grundprinzip der hethitischen Philologie ist, dies nicht schlicht vorauszusetzen, sondern in jedem konkreten Fall möglichst erst zu prüfen, darauf wird aber, aus mir nicht nachvollziehbaren Gründen, gerade bei den *Hethitischen Gesetzen* in aller Regel verzichtet, wie sich ja am Paralleltext geradezu paradigmatisch zeigen läßt; dazu ausführlicher unter §§ 58–60.

107 Jauss 2015, 188.

genannten Paragraphen deutlich als jüngere Zusätze kenntlich machen sollen.[108] Daß aber z.B. erst Exemplar B eine solche Rechtsfolgeverweisung gegenüber A einführt, und um dies tun zu können, sogar die Reihenfolge der Paragraphen ändert, also eine vergleichbare Regelungstechnik hier in einer nach-althethitischen Fassung eingefügt wird, die als solche aber offenbar schon bekannt war, wird in diesem Zusammenhang nicht erwähnt.

§ 38 Insofern führt der Ansatz von Jauss nicht wirklich weiter, wie man anhand seiner Interpretation der reduzierten Strafsätze in dieser Paragraphengruppe feststellen kann. So geht er davon aus, daß die Ersatzleistung von 7 Tieren in § 60 sich so erklären würde, daß es sich dabei um (knapp) die Hälfte des reduzierten Satzes der vorhergehenden Paragraphen mit jeweils 15 Tieren handeln würde, deshalb müsse dieser Paragraph erst eingefügt worden sein, nachdem diese Reduktion erfolgt sei. Abgesehen davon, daß zwischen den Beträgen der Ersatzleistung kein kausaler Zusammenhang besteht und es rein spekulativ ist anzunehmen, die Höhe der einen so direkt von der der anderen abhängig zu machen, finden sich ja alle Regelungen schon in der ältesten uns erhaltenen Fassung. Die „Reform" der Regelungen bzw. die entsprechende „Textschicht" wird also irgendwo in der Sphäre eines vagen „früher" verortet, was wenig plausibel ist, abgesehen davon, daß sich gerade anhand der Quellentexte, und das ist ja vermeintlich das eigentliche Anliegen dieser Untersuchung, nichts davon verifizieren läßt, sondern dies fußt hier weitestgehend auf theoretischen Überlegungen zur Genese der Regelungen, ohne daß deren Validität irgendwie belegbar wäre.[109] Vielmehr bleibt Jauss bei seinen Überlegungen letztlich, trotz des explizit formulierten Zieles, die Vorgehensweise von Korošec einer kritischen Überprüfung zu unterziehen, genau in dessen methodischen Fahrwasser, indem hier wieder „Textschichten" bereits innerhalb der althethitischen Überlieferung aufgrund

108 Vgl. noch ebd., 190.

109 Abgesehen davon, daß die kausale Abhängigkeit der verschiedenen Regelungen, die Jauss meint, erkennen zu können, rein auf seiner Interpretation beruht („kaum ein Zufall", „kann vermutet werden", „dürfte also (…) voraussetzen", „besteht wenig Anlass" usw.; Jauss 2015, 190), erscheinen sie auch nicht wirklich zu Ende gedacht. Folgt man alleine seiner Rekonstruktion der „Textschichten" in den §§ 57–65, so ergäbe sich eine 1. Textschicht = „früher" und 2. Textschicht = „jetzt" in §§ 57–59, darauf folgt eine 3. Textschicht = neu eingefügte §§ 60–62, auf die erst wiederum die §§ 63–65 folgen sollen, die aber in sich wiederum mit „früher" und „jetzt" arbeiten, also eigentlich damit eine 4. und 5. Textschicht repräsentieren müßten – und alle diese sind aber ja bereits in der ältesten uns erhaltenen Niederschrift erhalten; doch lassen sich diese fünf unterschiedlichen Textschichten sprachlich oder sonst irgendwie formal nicht differenzieren, sondern sie werden ausschließlich aufgrund weitgehend hypothetischer Annahmen postuliert. Charakteristisch in diesem Zusammenhang die Behauptung (ebd., im Anschluß an Korošec 1963, 134, daß die Verwendung des Begriffes *išḫa-* eine „abstrakte Kategorie" darstelle, was ebenfalls für eine jüngere „Textschicht" spreche – weder wird näher begründet, was daran „abstrakt" sein soll, noch wird in diesem Zusammenhang gefragt, was das für andere Paragraphen der *Hethitischen Gesetze* bedeutet, wo ebenfalls *išḫa-* verwendet wird, oder wie sich dies überhaupt aus der Verwendung des Wortes als spezifischer Begriff in der sonstigen hethitischen Überlieferung belegen ließe.

theoretischer Überlegungen zu einer vermeintlich inhärenten Logik postuliert werden[110], für die es gerade keine philologischen oder überlieferungstechnischen Indizien gibt und für deren Nachweis faktisch die konkrete Datierung des Quellentextes für Jauss eben keine Rolle spielt.[111]

§ 39 Wenn überhaupt auf die Texthistorie der *Hethitischen Gesetze* eingegangen wird, so beschränkt sich dies darauf, den Paralleltext als die jüngste Textschicht anzusehen und ansonsten wiederum über eine Entstehung und Funktion der jeweiligen Versionen zu spekulieren, ohne dabei wiederum konkret die Überlieferungslage zu thematisieren.[112] Insofern erscheint es doch reichlich überraschend, wenn, nachdem Textschichten der verschiedensten Art und Abfolge postuliert werden, im Resümee dann festgestellt wird: „Textstufen lassen sich nur in den durch unterschiedlich datierende Textzeugen überlieferten Fassungen der Hethitischen Rechtssätze sicher identifizieren". Dem ist zwar m. E. als methodisches Prinzip nur zuzustimmen, freilich wird exakt das in der ganzen Untersuchung weitestgehend ignoriert, was freilich nicht ohne entsprechende Konsequenzen für die „Ergebnisse" bleiben kann.[113]

§ 40 Das eben besprochene Beispiel illustriert ein grundsätzliches Manko der unterschiedlichen Versuche, diverse Reformstufen oder Textschichten innerhalb

---

110 Exemplarisch die Ausführungen zu § 70 (Jauss 2015, 190–191), die sich völlig auf unbelegte Spekulationen gründen und in die folgende „Erklärung" münden: „Er könnte seinen Ursprung etwa in einem anatolischen Fürstentum haben, das schon früh im Hethiterreich aufging" – wie und warum das so sein könnte, bleibt freilich völlig ohne nähere Erläuterung, ebenso, warum der Paragraph dann als wiederum jüngere „Textschicht" (wann eigentlich?) doch in erheblich überarbeiteter Form, einer „abstrakten Regelung" angenähert, Eingang in diese Fassung der *Hethitischen Gesetze* gefunden haben soll. Vgl. dazu noch die Bemerkungen ebd., 191 Anm. 36 mit noch weitergehendem spekulativem Charakter und veralteter Deutung der „Ältesten".

111 Es sei hier daran erinnert, daß eine solche Rekonstruktion von „Textschichten", die u. U. weit vor die Zeit zurückreichen, in der die vorliegende Textfassung datiert, in der forschungsgeschichtlichen Phase der Hethitologie, in der die Arbeiten von Korošec entstanden sind, noch weitgehend unproblematisch war, da man ja dachte, der Beginn der hethitischen Schriftlichkeit reiche weit vor die Zeit zurück, in der die Texte aus den vermeintlich noch „lebenden" Archiven kommen sollten, die man bei den Ausgrabungen gefunden hatte. Doch wirft eine solche Rekonstruktion, wie Jauss sie vorschlägt, so viele Fragen hinsichtlich der konventionellen Vorstellung zur hethitischen Überlieferung im Jahre 2015 auf, vom späten Beginn einer hethitischsprachigen Tradition im Sinne der Thesen Th. van den Houts gar nicht erst zu reden, daß ihre Plausibilität doch sehr stark gegen Null tendiert. Doch ist Jauss aufgrund seiner mangelnden Vertrautheit mit dem Stand der hethitischen Philologie offensichtlich gar nicht bewußt, wie voraussetzungsreich seine Interpretationen eigentlich sind.

112 Als ein weiteres Problem erweist sich, daß Jauss kaum über die historischen oder kulturgeschichtlichen Hintergründe informiert ist, etwa bei der Diskussion der §§ 81–89, also nicht weiß, daß Schwein und Hund oft in hethitischen Texten gemeinsam behandelt werden, wodurch sich schon ein inhaltlicher Zusammenhang auch dieser Paragraphen ergibt, der hier nicht erkannt ist.

113 Jauss 2015, 203–204; vgl. ebd., 203 die Einschätzung der eigenen Ergebnisse: „Im Ergebnis können Korošec' Ergebnisse somit nur zum Teil bestätigt werden." – m. E. sind diese nicht einmal ansatzweise zu bestätigen, was freilich ebenso auf die Arbeit von Jauss selbst zutrifft.

der *Hethitischen Gesetze* zu identifizieren, da dies in der Regel nicht auf der Basis eines Vergleichs der diversen Textversionen erfolgt, sondern primär auf der Grundlage von vermeintlich inhaltlichen Entwicklungen, die an einer zunehmenden Komplexität der Regelungslogik oder abstrakteren Rechtsprinzipien ablesbar seien. Wenn es sich denn, wie verschiedentlich vorgeschlagen, lediglich um eine Sammlung von Beispielfällen oder beispielhaften Rechtsentscheidungen handeln würde, so könnte dies nicht erklären, weshalb die Formulierungen einzelner Paragraphen Überarbeitungen zeigen, die über die reine Aufzeichnung hinausgehen, sondern eindeutig eine Arbeit an der Formulierung selbst, in aller Regel den Versuch, diese klarer und nachvollziehbarer zu gestalten, aufweisen sollten. Es stehen hier also ganz offensichtlich zwei Prinzipien zueinander im Widerspruch. Letztere Beobachtung spricht freilich m. E. dafür, daß die Überarbeitungen darauf zielen, die Anwendung der in den Paragraphen formulierten Regelungen zu verbessern, indem die Regelungen selbst differenzierter oder jedenfalls klarer verständlich gefaßt werden, doch werden genau diese (redaktionellen) Eingriffe in den Text nicht in ausreichender Weise gewürdigt, unabhängig von der Frage, ob man darin einen Bezug zu einer Rechtspraxis sehen kann oder will.

§41 Man sollte sich nochmals wirklich klarmachen, was die hier etwas näher erläuterten Positionen eigentlich implizieren. Obwohl man also spätestens seit den 1970er Jahren davon ausging, daß die erhaltene (!) schriftliche Überlieferung einen Zeitraum von mehreren Jahrhunderten umfaßt und die primär rechtshistorische Interpretation meint, mindestens vier, wenn nicht gar bis zu fünf aufeinanderfolgende Entwicklungsstufen in den Regelungen feststellen zu können, wird davon ausgegangen, daß diese „Textschichten" nahezu alle bereits in der ältesten Fassung vorliegen, danach aber keine wirkliche Weiterentwicklung stattgefunden habe, obwohl sich das hethitische Königtum und seine Herrschaftspraxis erheblich entwickelt haben soll, weil die faktisch belegbaren Änderungen als weitgehend irrelevant oder marginal eingestuft werden – bis auf eine Ausnahme, nämlich den sogenannten Paralleltext *KBo.* 6, 4, dessen Status innerhalb dieser Entwicklung aber wiederum sehr unterschiedlich eingeschätzt wird, das reicht von der abschließenden jüngsten gültigen Fassung bis hin zu der eher intellektuellen Spielerei eines Schreibers. Daß bei einer solchen Vorstellung von der Entwicklung der *Hethitischen Gesetze* die Frage der konkreten Überlieferungsgeschichte naheliegenderweise eher von sekundärer Bedeutung gewesen sein muß, sollte nicht überraschen – und genau dies ist die Situation, der wir uns gegenübersehen, denn auch die letzte Bearbeitung änderte an diesem grundsätzlichen Urteil nichts.

7 Das Bild der Überlieferung der *Hethitischen Gesetze* bei H. A. Hoffner

§42 Nun hätte man eigentlich erwarten können, daß eine Arbeit, die sich diesem Textkorpus widmet, das für die gesamte, gerade in der Hethitologie so intensiv, ja, teilweise geradezu hitzig geführten Debatte zu den Möglichkeiten und Grenzen überlieferungsgeschichtlicher Fragestellungen geradezu paradigmatische

Bedeutung hatte, daran nicht vorbeigehen kann. Doch, wie sich schnell erweist, interessierte dies H.A. Hoffner bei seiner Neubearbeitung der *Hethitischen Gesetze* allenfalls peripher. Auf das Thema der möglichen „Schichten" im Text wird lediglich knapp eingegangen; er unterscheidet nur die beiden bekannten Phasen der „früher"- und „jetzt"-Angaben einer Hauptfassung („main recension") sowie marginale Veränderungen zwischen der althethitischen Fassung und den jüngeren Abschriften, die sich in der ältesten Fassung und in beiden Tafeln finden und sich auf die Höhe oder Art der Strafen beziehen; meist eine Reduktion der Strafsumme um etwa 50 %, in wenigen Fällen werden Körperstrafen durch Kompensationszahlungen ersetzt.[114] Zunächst entspricht das der textimmanenten Unterscheidung zwischen „früher" und „jetzt", also einer Zeit mit Regelungen, die vor der ältesten Textfassung liegen und dem, was zum Zeitpunkt dieser Abfassung gelten soll. Als zweite Überarbeitungsstufe werden dann die Veränderungen zwischen der althethitischen Fassung und den jüngeren Abschriften benannt, sowie dann schließlich, als abschließende Version, die sogenannte Parallelversion, die allerdings nur für die erste Serie der Gesetze, die Tafel I, bisher nachgewiesen ist.[115] Nur diese Version unterscheide sich deutlicher von allen anderen und repräsentiere im Gegensatz zur gesamten Überlieferung der „main recension" eine wirkliche „Reform".[116] Offenbar gibt es jedoch teilweise weiterhin Übereinstimmungen zwischen der junghethitischen Standardversion und der Parallelversion, die also eine identische Redaktionsstufe repräsentieren müßten, jedenfalls in einigen Punkten.[117] Dennoch, so kann man den unterschiedlichsten Äußerungen zur Redaktionsgeschichte der *Hethitischen Gesetze* entnehmen, gilt ihm die Parallelversion unbestritten als die jüngste und letzte Version.[118] Eine detaillierte Be-

114 Vgl. Hoffner 1997, 6 mit wenigen Beispielen; von einer generellen Tendenz zu einer „humanitäreren" Auffassung von Bestrafung läßt sich dabei schwerlich sprechen, da die Bestrafungen, die meist mit dem Tode des Verurteilten enden, eher eigenwillige Strafformen, wie die Hinrichtung durch die Aussetzung den Stichen eines Bienenschwarms oder durch einen Pflugochsen, wenn denn so zu deuten, o. ä., darstellen.

115 Hoffner 1997, 6–7 geht dann nur noch auf die Frage der Strafzahlungen und die möglichen Gründe für die Veränderungen ein; eine weitergehende Diskussion zu den Redaktionsstufen, speziell im Verhältnis zu den konkret erhaltenen Nieder- bzw. Abschriften in Hinblick auf deren jeweilige Datierung bietet er gerade nicht.

116 Hoffner 1997, 6: „The second stage is represented by slight changes between the OH and NH manuscripts of the main recension, and the third by differences between the main recension and the late Paralllel (sic) Text." – welcher Art diese leichten Veränderungen zwischen der alt- und der junghethitischen Fassung sind, also z.B. inhaltliche oder lediglich die üblichen Anpassungen, die hethitische Schreiber beim Kopieren vornehmen, darauf geht er an dieser Stelle nicht ein.

117 Darauf hatte schon Archi 1968, 75–76 hingewiesen, also zu einer Zeit, als die paläographische Datierung der Texte noch nicht so detailliert erfolgen konnte, wie später dann.

118 Hoffner 1997, 6: Diese Darstellung ist bestenfalls in einem sehr allgemeinen Sinne zutreffend, denn die Verhältnisse sind im Detail deutlich komplizierter; allerdings differenziert Hoffner in seiner Bearbeitung die einzelnen Überlieferungsstufen nur relativ ungenau. Ähnlich dann etwa bei Haase 2002, 63: „Der jüngste Paralleltext der hethitischen Rechtssatzung weist gegenüber den Tafeln I und II Besonderheiten auf." – offenbar erscheint ihm

gründung, die das etwa aufgrund der Paläographie oder einer detaillierten Auseinandersetzung mit den diversen Textvertretern belegen würde, fehlt aber. Was in der Untersuchung von Hoffner gar nicht versucht wird, das ist, einen direkten Bezug zur konkreten Texttradition herzustellen; dementsprechend wird im Laufe der Untersuchung den Varianten, Ergänzungen usw. in den Texten keine größere Aufmerksamkeit hinsichtlich ihrer Diachronie gewidmet. Lediglich den vieldiskutierten Modifikationen der Strafformen bzw. der Höhen von Straf- oder Kompensationszahlen gönnt er größere Aufmerksamkeit.[119]

§ 43 Was diese ausführliche und bisher letzte Bearbeitung der *Hethitischen Gesetze* also zwar von allen vorhergehenden unterscheidet, ist zumindest vom Ansatz her die faktische Überlieferungslage zu berücksichtigen, also die unterschiedlichen Entwicklungsstufen der Textfassungen der Gesetze nicht nur anhand inhaltlicher Kriterien, sondern ausgehend von dem Alter der jeweils erhaltenen Niederschrift zu differenzieren. Dazu werden gerade diese Phasen der Überlieferung, wie sie konkret durch die erhaltenen Tafeln und Fragmente repräsentiert sind, wiederum nach dem Alter ihrer Niederschrift klassifiziert, es wird also auf die Methode der paläographischen Textdatierung entsprechend dem damaligen Forschungsstand explizit zurückgegriffen – oder zumindest scheint das auf den ersten Blick der Fall zu sein. Damit wäre eigentlich die Möglichkeit gegeben gewesen, das bis dato immer noch bestehende Defizit in Bezug auf die Korrelierung von innerer Textentwicklung und konkreter Überlieferungslage endlich zu beseitigen, denn die notwendige Bedingung dafür ist eine von den inhaltlich-konzeptionellen Annahmen zunächst unabhängige Chronologie des erhaltenen Materials, wofür mit der Methode der paläographischen Textdatierung im Verbund mit den sprachlichen und orthographischen Elementen entsprechende Werkzeuge vorlagen, die in den Jahren nach den Bearbeitungen von J. Friedrich und F. Imparati, wenn auch nach teilweise sehr kontroversen Diskussionen, in der Hethitologie eigentlich bestens etabliert waren. Doch tatsächlich löst die Arbeit von H. A. Hoffner, entgegen offenbar der weitgehenden Wahrnehmung seiner Arbeit, dies eben nicht wirklich ein, wie im Folgenden deutlich gemacht werden soll.

§ 44 Angesichts der Überlieferungsgeschichte der *Hethitischen Gesetze*, die sich in der Tat komplizierter darstellt, als gemeinhin angenommen wird und als dies bei den meisten sonstigen Texten oder Textgruppen der Fall ist, selbst denen, die ebenfalls über eine relativ breite und lange Tradition verfügen, ist umso unabdingbarer, daß alle methodischen Möglichkeiten auch wirklich ausgeschöpft wer-

---

die Stellung der Version in der Überlieferungsgeschichte als so selbstverständlich, daß auf jegliche Begründung oder nähere Hinweise verzichtet wird. Das ist dann das Bild der Überlieferung, das sich allgemein verfestigen wird, wie noch deutlich werden wird, also eine immer wieder kopierte Standardversion, entsprechend dem, was wir von anderen Texten wie etwa historischen, gewohnt sind, und eine davon auch inhaltlich abweichende, aber weitgehend isolierte Version, die nur durch einen einzigen Textvertreter repräsentiert wird.

119 Dazu Hoffner 1997, 5–15; dies stellt eine nützliche, aber eher allgemeine Diskussion dar, die wiederum die textchronologischen Entwicklungen eher peripher berücksichtigt.

den. Zumal es ja eigentlich auf der Hand lag, jetzt das einzulösen, was J. Friedrich in seiner Bearbeitung selbst schon als Manko registriert hatte[120] und womit er geradezu den Auslöser für die Entwicklung der paläographischen Textdatierung in der Hethitologie geliefert hatte. Und so wurde – und wird wohl überwiegend bis heute – die Arbeit von H. A. Hoffner auch wahrgenommen, zumal er diesen Anspruch durchaus selbst zu erheben schien.[121] Man muß allerdings konstatieren, daß das eigentlich große Verdienst von H. A. Hoffner vor allem in der sorgfältigen und durch die für die Präsentation als Partitur der verschiedenen Fassungen übersichtlichen Textvorlage besteht[122], während der Anspruch, die überlieferungsgeschichtlichen Probleme ebenso überzeugend zu behandeln, m. E. nicht eingelöst wird. Was H. A. Hoffner tatsächlich nicht bietet, ist einerseits eine noch differenziertere Untersuchung der paläographischen Gegebenheiten, die allein erst erlaubt, einen Einblick in die Versionengeschichte zu gewinnen, und dann die redaktionellen Eingriffe ebenso nachvollziehbar zu machen.[123] Zur Verdeutlichung der Versuch einer graphischen Darstellung der Überlieferungssituation, wie sie H. A. Hoffner selbst beschrieben hat[124]:

120 Friedrich selbst weist gleich zweimal auf die Notwendigkeit einer solchen Untersuchung hin (Friedrich 1971, S. VIII und nochmals ebd., 1), die er hoffte, zu einem späteren Zeitpunkt nachliefern zu können. Dazu kam es nicht, allerdings haben sich dazu in der Folgezeit eine ganze Reihe von Autoren geäußert, wie z.B. Carruba/Souček/Sternemann 1965, doch fehlt bis heute eine systematische Zusammenfassung der Diskussion, die vor allem die Möglichkeiten einer paläographischen Datierung voll umfänglich nutzt.

121 Bezeichnenderweise spielt diese Frage in den Rezensionen ebenfalls keine große Rolle; vgl. etwa Goedegebuure 1999; Hess 1999 oder Oettinger 2001; insbesondere die paläographische Datierung scheint bis auf Marginalien für alle überzeugend gewesen zu sein. Lediglich auf die bekannte Diskussion zu der Erwähnung des „Vaters des Königs" und dem historischen Hintergrund kommt Singer 2001, 289 nochmals zurück, da er diese als klar für eine Datierung auf die ersten Könige sprechend wertet, dies aber nur für die Entstehung, nicht aber für die Niederschrift gelten lassen will. Ansonsten scheinen die (paläographischen) Datierungsfragen für die Rezenten weitgehend ausreichend behandelt worden zu sein.

122 Hinzu kommen natürlich neben der präzisen Übersetzung eine Fülle von wertvollen Detailbeobachtungen, ein wichtiger Kommentar mit Übersichten zu Varianten, einer Zeichenliste und vielem mehr. Es soll hier nicht der Eindruck entstehen, daß der Wert dieser zu Recht bis heute als Standardwerk geltenden Bearbeitung in irgendeiner Form geschmälert werden soll.

123 Implizit versucht er, dem zwar Rechnung zu tragen, indem er Abweichungen usw. registriert, teilweise zwar nur in den Anmerkungen zu den jeweiligen Übersetzungen; doch bietet er die einzelnen Versionen sonst nicht getrennt nach ihren Abhängigkeiten, sondern präsentiert lediglich PT als eigene Version, der sonst die gesamte übrige Überlieferung wie eine Fassung mit „Aktualisierungen" gegenübergestellt ist. Letztlich löst er sich damit nicht von dem überkommenen Narrativ eines „Originals" und zahlreicher späterer, vermeintlich identischer Abschriften.

124 Hoffner 1997, 6; vgl. das Zitat oben Anm. 116.

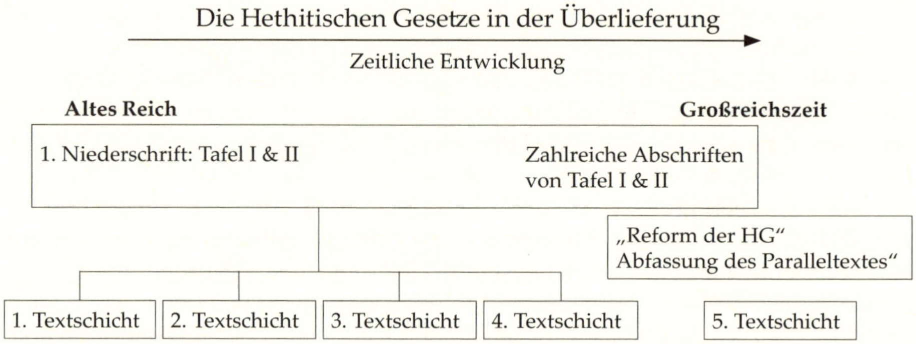

Was das bedeutet, kann man gut anhand einiger der Datierungsangaben zu zentralen Textvertretern zu den *Hethitischen Gesetzen* präzisieren, wie sie sich, konform mit Hoffners Untersuchung, dann etwa im von ihm lange Zeit verantwortlich herausgegebenen *Chicago Hittite Dictionary* finden:

Ex. A	*KBo.* 6, 2	OH/OS
Ex. B	*KBo.* 6, 3	OH/NS
Ex. C	*KBo.* 6, 5	OH/NS
Ex. PT	*KBo.* 6, 4	NH/NS

Anm: Widersprüchlich bleibt allerdings, daß sowohl Hoffner als auch das *CHD* Ex. C = *KBo.* 6, 5 als „NS“ klassifizieren, Hoffner selbst aber den Text als „latest writing“ beschreibt (Hoffner 1997, 161 Anm. 578); tatsächlich sind die Angaben zur Datierung gerade der spätesten Textvertreter in der Bearbeitung nicht immer schlüssig.

§ 45 Es ergibt sich also das Bild, wie im obigen Schaubild schon dargestellt, daß im Prinzip nach Hoffner die meisten erhaltenen Texte zu den *Hethitischen Gesetzen* als Abschriften von einer oder mehreren in der althethitischen Zeit entstandenen Fassungen zu werten sind, was dem Prinzip entspricht, das generell für viele Texte oder Werke der hethitischen Überlieferung vorausgesetzt wird, d.h., daß es eine „originale“ Textfassung gibt und diese gegebenenfalls zu unterschiedlichen Zeiten immer wieder abgeschrieben werden konnte; im Falle der *Hethitischen Gesetze* soll lediglich die „Parallelversion“ davon abweichen und in gewisser Weise eigenständig sein.[125] Es ist dann den Unbillen der Zeitläufte geschuldet, was

125 Wie sehr diese Vorstellung Konsens ist, zeigt m. E. ein weiteres Beispiel sehr gut. In seiner ausführlichen und umfassenden Arbeit zur gesamten schriftlichen Überlieferung schreibt Th. van den Hout etwa: „The many later copies show only minor changes, mostly just modernizing the language but not revising the Laws' wording or intent nor adding to it.“ Und ergänzt dies sogar noch mit folgender Erläuterung: „Only in the thirteenth century BC do we find a significantly altered version of §§ 1–49, the so-called Parallel Text.“ (van den

wir von diesem Prozeß noch fassen können; wobei das in Verbindung mit dem etablierten Narrativ gesehen werden muß, die hethitische Überlieferung, jedenfalls in der Hauptstadt selbst, die wir noch greifen können[126], wäre alles noch Teil von „lebenden Archiven" gewesen, in denen die Tafeln aufbewahrt waren bis zu dem Zeitpunkt, als die hethitische Hauptstadt vom König und seinen Eliten irgendwann bald nach 1200 v. Chr. verlassen wurde.[127] Daß dies so kaum den realen Gegebenheiten entspricht, zeigt sich schon daran, daß nach diesem Modell die Tafel C der *Hethitischen Gesetze* als „OH" in später Abschrift, der Paralleltext aber als „NH" in mehr oder weniger zeitgenössischer „NS" Niederschrift klassifiziert wird, obwohl ein Vergleich der orthographischen, sprachlichen, aber auch der paläographischen Eigenheiten schwerlich Argumente liefern dürfte für so eine unterschiedliche Einschätzung.

§46 Welche Folge das aber für das Bild der Gesamtüberlieferung der *Hethitischen Gesetze* hat, läßt sich anhand eines weiteren Schaubildes verdeutlichen; folgt man den Datierungsangaben von Hoffner, so ergäbe das die folgende relative Statistik nach Anzahl der Textvertreter:

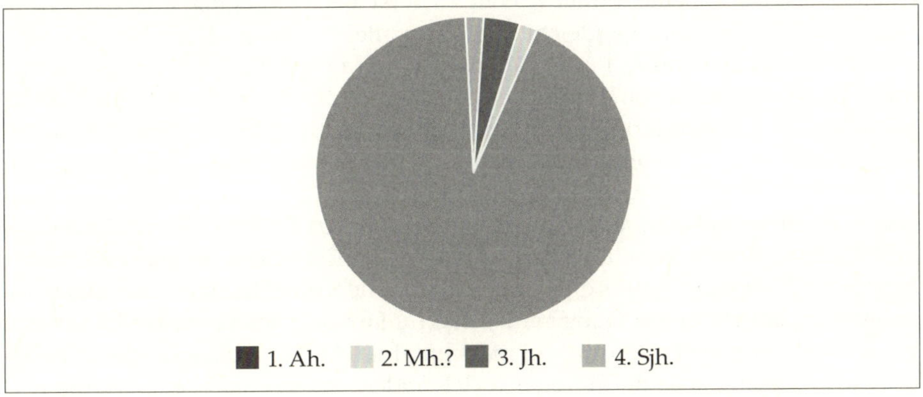

Hout 2020, 90 c. Anm. 92) – eine m. E. nicht adäquate Beschreibung der tatsächlichen Überlieferungslage, die aber ziemlich genau dem entspricht, was H. A. Hoffner und mit ihm eine Reihe anderer bis heute vertreten und vertreten haben.

126 Ein knapper Überblick über die Verhältnisse außerhalb der Hauptstadt bei van den Hout 2020, 169–171 sowie, mit einer teilweise davon abweichenden Sicht, vgl. demnächst Klinger im Druck c.

127 Sollte in Verbindung mit der Aufgabe der Stadt durch den König und seine Administration tatsächlich ein womöglich größerer Teil der Texte mitgenommen worden sein, wie schon verschiedentlich vermutet wurde (z.B. van den Hout 2020, 238), dann stellt sich natürlich die Frage, in welchem Verhältnis dazu das steht, was zurückblieb. Träfe diese These zu, dann wären gleichzeitig alle Überlegungen zu Umfang, Aufbewahrung usw. der hethitischen Überlieferung freilich weitgehend Makulatur, denn ein wie auch immer zufälliger Überrest erlaubte kaum Aussagen zum vermeintlichen Ganzen.

Es kann aber keine Rede davon sein, daß dieses Resultat die faktischen Verhältnisse wirklich adäquat wiedergibt, vielmehr ist es eine einseitige Verzerrung einer in Wahrheit weitaus komplexeren Situation. Wie aber kommt es dazu?

§ 47 Zum einen wird die konkrete textliche Situation dabei vernachlässigt, indem sie generell als „alt" verstanden wird, analog dem, was man etwa von der Überlieferung von Festritualen kennt;[128] doch wirklich unübersichtlich wird die Überlieferungssituation vor allem dadurch, daß man eben nicht von dem hier unterstellten einfachen Szenario ausgehen kann, daß alle Versionen quasi auf eine Art Archetyp zurückgehen, sondern wir haben es m. E. dagegen mit einer kontinuierlichen Fortschreibung unter stetigen Veränderungen zu tun, die sich eben nicht einfach nur auf die üblichen „Modernisierungen" beschränken, sondern deutlich darüber hinausgehen, eben wirkliche redaktionelle Eingriffe darstellen, und wobei die paläographisch jeweils jüngste Niederschrift auch nicht immer die jeweils „jüngste" Textversion repräsentiert, womit sich generell die Frage nach dem zeitlichen Verhältnis der jeweiligen Textfassung zu ihrer Niederschrift neu stellt – etwas, das keine Rolle spielt, wenn man, wie etwa im *CHD*, schlicht unterstellt, es gäbe nur eine immer wieder zu verschiedenen Zeiten abgeschriebene „originale" Textversion. Vergleicht man etwa allein, ohne groß ins Detail zu gehen, die Fassungen von A, B und C, wovon A die althethitische, B eine jüngerhethitische Abschrift (davon?) und C eine weitere, sehr junge Niederschrift der 2. Hälfte des 13. Jahrhunderts ist, wird dies schnell deutlich. Es verhält sich nämlich nicht so, daß B lediglich eine orthographisch und sprachlich jüngere Version von A darstellt, sondern vielmehr finden sich hier und da auch textliche Veränderungen zu A, die nicht allein redaktionell-schriftlicher Art sind, sondern z. B. kleinere inhaltliche Ergänzungen darstellen oder Umformulierungen bis hin zu Umstellungen und Reorganisation einzelner Paragraphen oder Paragraphenfolgen. Es findet also eine Textbearbeitung gerade auch auf inhaltlicher Ebene statt. Dasselbe gilt nun für C, wobei allerdings C manchmal solche Ergänzungen hat, die sich in A und B nicht, aber dafür sogar in PT finden, manchmal aber präsentiert C denselben Text, den auch B hat, aber in Abweichung von A. Hinzu kommt das Problem, daß man nicht schlicht unterstellen kann, daß entsprechende Modifikationen an einer Textfassung zeitgleich mit der jeweils vorliegenden Niederschrift erfolgt sind, wie dies geradezu apodiktisch beim „Paralleltext" unterstellt wird,

128 Dies ist gängige Praxis im *CHD*, das z. B. Festrituale eher danach beurteilt, welcher „Schicht" sie zuzuweisen sind; d. h. praktisch jeder Festritualtext gilt als „OH", d. h. also im Kern auf die althethitische Zeit zurückgehend, und dann, wie die Masse der erhaltenen Textvertreter ja zeigen, in jüngerer Abschrift. Es sei denn, der Text zeigt z. B. Elemente, die auf einen hurritischen Kulteinfluß schließen lassen, dann unterbleibt die Datierung „OH" oder es findet sich „NH". Es ist aber doch offensichtlich, daß nicht jeder Festritualtext tatsächlich schon in althethitischer Zeit verschriftet wurde, es also auch in diesen Fällen einer differenzierten Betrachtung erfordert; daß dies freilich im Rahmen eines Wörterbuches und beim Stand der Aufarbeitung dieser Menge an Material nicht geleistet werden kann, ist ebenso klar; dennoch entsteht so ein Eindruck, der der eigentlichen Überlieferungslage nicht adäquat ist.

was aber selbstverständlich für jede andere Nieder- oder Abschrift ebenso gilt. Je genauer man die unterschiedlichen Fassungen miteinander vergleicht, umso unübersichtlicher wird die Lage, was natürlich die Textfassung ebenso tangiert, so daß man solche Passagen nicht einfach unhinterfragt als „original Althethitisch" klassifizieren kann.[129]

§ 48 Ein weiterer, bisher m. E. nicht ausreichend berücksichtigter Aspekt ist, daß ja keineswegs sicher ist, daß Tafel I und II als ein Werk verstanden wurden (vgl. §§ 33–34), trotzdem werden sie gerade bei Redaktions- oder Überlieferungsfragen so behandelt, als wäre dies der Fall, dabei zeigt ein genauerer Vergleich schnell, daß die redaktionellen Bearbeitungen nicht beide Tafeln im gleichen Umfang betreffen.[130] Insgesamt scheint Tafel II deutlich weniger Veränderungen in inhaltlicher Hinsicht erfahren zu haben, als dies bei der Tafel I der Fall ist, selbst dann, wenn man nur die jüngeren Versionen außer dem Paralleltext heranzieht und selbst wenn diese z.B. in Ex. B, C oder D deutlich geringer sind als bei PT. Überhaupt werden diese „Aktualisierungen" häufig so behandelt, als entsprächen sie dem, was man sonst von der hethitischen Überlieferung kennt, gleichwohl gibt es, besonders bei Tafel I, Änderungen am Text, die über das deutlich hinausgehen, was im Rahmen der üblichen Kopiertätigkeit an „Modernisierungen" zu beobachten ist. Es lassen sich, wie eben schon angesprochen, gerade nicht nur Aktualisierungen in der Verwendung von Zeichen beobachten[131] sowie orthographische oder sprachliche Anpassungen bis hin zum Austausch etwa von einzelnen Ausdrücken oder Verben, sondern Umstellungen, Ergänzungen bis hin zur (teilweisen) Neuformulierung oder Umstellung einzelner Regelungen, also deutlich weitergehenden Überarbeitungen auf der textlichen Ebene.[132] Es gibt zumindest

129 Je mehr Textvertreter sich erhalten haben, umso komplexer das Bild, und tatsächlich ist eine „lineare" Fortschreibung sogar eher der Ausnahmefall, doch wurde bisher der Versuch gar nicht erst unternommen zu klären, welche Version denn möglicherweise welche Vorlage hatte. Das wäre eine dringend noch zu unternehmende Aufgabe, für die die Arbeit von Hoffner 1997 einen guten Ausgangspunkt bietet, aber eben nur einen Ausgangspunkt, denn die Arbeit selbst läßt dies nahezu völlig offen.

130 Es versteht sich von selbst, daß solche Aussagen immer nur auf der Basis des bekannten Materials gemacht werden können. So kann natürlich nicht mit Sicherheit gesagt werden, daß es nicht eine dem Paralleltext vergleichbare Version von Tafel II gegeben hat. Aber natürlich kann man nur über die Texte sprechen, die tatsächlich vorhanden sind oder für deren Existenz es gute Gründe gibt, sie vorauszusetzen. Zum jetzigen Zeitpunkt ist freilich reine Spekulation, ob es eine PT vergleichbare Fassung von Tafel II gab, ebenso, ob es eine solche der 2. Tafel von Tafel I gab, was allerdings m. E. immerhin eine höhere Wahrscheinlichkeit hat. Belegt werden kann allerdings weder die eine noch die andere Hypothese.

131 Womit hier nicht die Verwendung für den Zeitpunkt der Niederschrift gemäßer Zeichenformen gemeint sind, sondern z.B. Änderungen im Syllabar, Ersatz von phonetischen Schreibungen durch Sumerogramme u. a. m.

132 Es sei als Beispiel nur auf den Abschnitt §§ 32-33 verwiesen, der in Ex. B gegenüber A umgestellt wird, damit die Möglichkeit besteht, jeweils auf einen analogen vorhergehenden Fall zu verweisen. D. h. derjenige, der für die Fassung in B verantwortlich zeichnete, setzte sich eindeutig auf einer inhaltlichen Ebene mit seiner Vorlage auseinander und suchte nach einer eleganteren Lösung im Aufbau (vgl. Hoffner 1997, 40–43; beachte, daß § 35 aus A ei-

partiell eine Fortschreibung der einzelnen Regelungen, die eine bewußte inhaltliche Überarbeitung bezeugen und die vor allem kontinuierlich erfolgte, also gerade nicht dem entspricht, was das eben geschilderte vermeintliche Bild der Überlieferung suggeriert (vgl. § 44), vielmehr erfaßt dies eben diesen kontinuierlichen Prozeß m. E. nicht.

8 Zu den Tafelformaten in der Überlieferung der *Hethitischen Gesetze*

§ 49 Schon zu dem Zeitpunkt, als H. A. Hoffner seine Untersuchung vorlegte, hätte man die Möglichkeiten der paläographischen Datierung deutlich besser ausschöpfen können, doch ist er selbst in dieser Hinsicht sehr zurückhaltend, nicht nur, was die Differenzierung innerhalb dessen betrifft, was er unter „junghethitisch" zusammenfaßt, sondern ebenso in der Differenzierung der vor-junghethitischen Niederschriften.[133] Da er, aus nicht nachvollziehbaren Gründen, einen weiteren Aspekt komplett vernachlässigt, nämlich die grundsätzliche Form, in der die Textfassungen überliefert wurden, verzichtet er auf eine weitere Möglichkeit, mehr Struktur in die Überlieferungssituation zu bringen. Hatte man doch schon früh festgestellt, daß es zwar die Tafel I und II der Gesetze gab, daß eben diese jeweiligen Versionen mal auf einer Tafel, mal aber getrennt auf zwei Tafeln überliefert wurden. Es gibt also jeweils Eintafel- und Zweitafelversionen der Tafel I und II, was nicht nur in Hoffners Textdarbietung, sondern besonders auch in seiner Übersicht über die Textvertreter vernachlässigt wird, so daß schon die Anzahl der potentiellen „Kopien" der *Hethitischen Gesetze* niedriger ausfällt, als wenn man, wie es bisher oft gemacht wurde, lediglich seine Textvertreter insgesamt separat

---

gentlich nicht an dieser Stelle in der Textreihenfolge steht, wo sie jetzt in der Umschrift der Versionen geboten wird). Solche und ähnliche Eingriffe vor allem in die Formulierung der einzelnen Paragraphen lassen sich auf verschiedenen Ebenen beobachten; eine differenzierte Untersuchung dieser Varianten, die vor allem dann z. B. orthographische und sprachliche Aspekte ebenso mitberücksichtigt, ist m. E. längst überfällig.

133 Dies müßte freilich noch viel detaillierter ausgeführt werden, was hier aber nicht möglich ist; generell ist aber doch, obwohl er sich einerseits durchaus zur Paläographie als Methode bekennt, eine gewisse Skepsis oder Unsicherheit erkennbar, die sich besonders bei seiner Diskussion der bereits als mittelhethitisch datierten Versionen zeigt; vgl. Hoffner 1997, 230, wo er grundsätzlich die Möglichkeit einer mittelhethitischen Schriftstufe zu bezweifeln scheint; dazu noch ebd., 161 Anm. 579 die Bemerkungen zu Ex. J = *KUB* 26, 56. Eine mh. Datierung ist m. E. sicher. Die paläographische Übersicht zu den Zeichenvarianten (Hoffner 1997, 230–238) stellt die von ihm althethitisch datierten Texte einerseits dem Ex. B, andererseits dem Paralleltext gegenüber, wobei B „typical NS manuscript" repräsentieren soll, andererseits, so heißt es ebenda (230), hätte diesen Zweck auch C erfüllen können, das aber gleichzeitig als „later copy" bezeichnet wird. Einerseits unterscheiden sich also diese beiden Versionen hinsichtlich ihrer Schrift, andererseits sollen sie aber beide die „typisch junge Schrift" repräsentieren? Daß diese Entscheidung von Hoffner etwas unglücklich ist, da er selbst hier ja schon drei chronologisch unterschiedliche Schriftstufen unterscheidet, denen man noch eine mittelhethitische hinzufügen könnte, ist offensichtlich, denn B ist keineswegs repräsentativ für die größere Zahl der erhaltenen, meist jüngeren Versionen, insofern ist die gebotene Zusammenstellung der Zeichenvarianten nur bedingt aussagekräftig und die Chance zu einer besseren Differenzierung wird verpaßt.

zählt. Tatsächlich gehören verschiedene unterschiedliche Textvertreter aber zu einer Fassung, die aber aus zwei Tafeln besteht, d.h. die Zahl insgesamt ist niedriger als man durch die Übersicht bei Hoffner den Eindruck bekommt. Setzt man beide Möglichkeiten um, so ergibt sich doch ein etwas anderes Bild, wie hier nur anhand einiger der wichtigsten Textvertreter der Tafel I gezeigt werden soll:

Datierung	Ex.	Text	Format
16. Jhd.	A: M:	*KBo.* 6, 2 + *KUB* 29, 16 +	Tafel I Tafel I
15. Jhd.	J:	*KUB* 26, 56	Tafel I
14. Jhd.	B:	*KBo.* 6, 3 +	Tafel I
13. Jhd. Anf.	G: PT:	*KBo.* 6, 9 *KBo.* 6, 4	2. Tafel v. Tafel I PT (1. Tafel)
13. Jhd. Ende	C: D+E:	*KBo.* 6, 5 *KBo.* 6, 6 + 7	1. Tafel v. Tafel I 2. Tafel v. Tafel I

§ 50 Es ergibt sich so ein differenzierteres Bild der Versionen und deren Überlieferung; dennoch bleibt ein Schwerpunkt, jedenfalls was das Alter der jeweiligen Niederschriften angeht, in der Großreichszeit, was an und für sich nicht überraschend ist, doch lassen sich selbst diese noch innerhalb dieses Zeitfensters weiter klassifizieren, und dabei sind die orthographischen und sprachlichen Kriterien noch gar nicht mitberücksichtigt; das Bild einer „originalen" Fassung und davon zu verschiedenen Zeiten angefertigter mehr oder weniger identischer Kopien wird dabei aber offenbar konterkariert. In methodischer Hinsicht bleibt es ein Manko, daß die in der Hethitologie eigentlich gut etablierte Praxis, zwischen Alter der Niederschrift und Abfassung bzw. Entstehung des Textes zu unterscheiden, bei den *Hethitischen Gesetzen* jedoch bisher weitgehend unterblieben ist, da pauschal eine frühe Datierung des Textes vorausgesetzt wird, womit die einzelnen Überarbeitungsstufen, womit nicht die „Textschichten" von V. Korošec gemeint sind, unbeachtet bleiben. Außerdem fällt für die Eintafelversionen auf, daß sie überwiegend, wie immer man die Details hinsichtlich einer teilweise mittelhethitischen Datierung einzelner Tafeln beurteilt, offenbar althethitische bzw. vorgroßreichszeitliche Versionen repräsentieren. Damit spricht viel dafür, daß, zumindest was die Frage der Textverteilung auf eine oder zwei Tafeln betrifft, es keine teilweise nebeneinander laufende Tradition gab, sondern irgendwann eher zu Beginn der Großreichszeit ein Übergang von der Eintafel- zur Zweitafelfassung erfolgte und der PT eine dazu parallele Fassung darstellt, deren Funktion damit noch unklarer wird, als schon nach der bisherigen Interpretation als abschließende jüngste Fassung. Unbestritten sind A und M als althethitische Niederschriften; K ist teilweise als mh., teilweise als Niederschrift eventuell aus der Zeit bis Šuppiluliuma I. datiert worden; B ist, wie auch J, ebenfalls als mh.

vorgeschlagen worden, wogegen sich Hoffner gewandt hat.[134] Der relativ gesehen jüngste Vertreter könnte F[135] sein. Das sind die Textvertreter, die wiederum mit einiger Sicherheit als Version einer Eintafelfassung identifizierbar sind. Daß hier ein Zusammenhang bestehen könnte, ist m. E. bisher nicht gesehen worden[136], kann aber angesichts dieser erkennbaren Tendenz kaum Zufall sein, zumal sich dieselbe Tendenz auch bei Tafel II der *Hethitischen Gesetze* beobachten läßt.[137] Das ist insofern eine relevante Beobachtung, denn, trifft dies zu, müßte man davon ausgehen, daß eine Zweitafelversion nicht auf eine althethitische Vorlage zurückgeht, sondern mit großer Wahrscheinlichkeit auf eine vermutlich frühestens vor- oder frühgroßreichszeitliche Version.[138] Dies müßte natürlich hinsichtlich von Überarbeitungen und Varianten berücksichtigt werden, was bisher nicht gemacht wurde.[139]

§ 51 Wie wenig Beachtung diese eigentlich schon lange bekannte Beobachtung der Textverteilung auf eine oder zwei Tafeln fand, zeigt sich an einem kleinen Beispiel. In der Edition von *KUB* 13, 11 findet sich in dem nicht vollständig erhaltenen Tafelkolophon eine dennoch noch gut zu erkennende Zählung der Tafel.

---

134 Vgl. die Diskussion bei Hoffner 1997, 230. J ist m. E. ziemlich sicher als mittelhethitische Niederschrift anzusprechen und repräsentiert eine Eintafelversion; B ist dagegen m. E. jünger, repräsentiert aber (noch) ebenfalls eine Eintafelversion.

135 Diese Tafel datiert Hoffner 1997, 161 in seiner Übersicht als „Late NS" als einziges Exemplar überhaupt. Das widerspricht aber eigentlich seiner Aussage, daß C = *KBo.* 6, 6+7 die späteste Niederschrift darstellen soll (ebd., Anm. 587). Die Tafel ist tatsächlich nicht einfach zu datieren – einerseits konservativer mit ŠAR mit tiefem 1. Senkrechten, aber keine wirklich eindeutigen sjh. Zeichenvarianten. Der Kolophon nennt Schreiber und „Aufseher", aber beide Namen sind angebrochen, doch hat man versucht, die Zeichenspuren auf *KUB* 29, 15 als Ḫanikkuili zu lesen (vgl. Friedrich 1971, 48), was aber sehr unsicher ist.

136 Zur Einteilung der Versionen, nachdem Laroche auf die unterschiedlichen Fassungen hingewiesen hatte, Güterbock 1961, 63, noch ohne Hinweis auf das Alter der jeweiligen Niederschriften, was zu diesem Zeitpunkt auch noch nicht möglich war, da lediglich der „alte Duktus" gerade erst registriert worden war (vgl. noch ebd., 64–65).

137 Wie wenig Aufmerksamkeit H. A. Hoffner dieser Frage der Textverteilung geschenkt hat, zeigt sich auch daran, daß er den alten Fehler der Edition von *KUB* 13, 11 fortschreibt, den schon Güterbock 1961, 63 Anm. 5 nach Kollation der Tafel zu „2" korrigiert hatte, wonach es sich um eine „1. Tafel" handeln soll. Dazu noch sogleich.

138 Natürlich kann man theoretisch nicht ausschließen, daß selbst im 13. Jahrhundert ein Schreiber noch eine viel ältere Eintafelversion als Vorlage benutzte und diese beim Kopieren aus eigenem Antrieb in eine Zweitafelversion umwandelte, aber das wäre dann doch ein Zufall, zumal es tatsächlich keine solche wirklich junge Abschrift auf eben nur einer Tafel gibt. Die Vorstellung, daß in den „Archiven" immer Tafeln seit den Anfängen der Überlieferung kontinuierlich aufbewahrt gewesen seien, gehört zwar zu den Standardparadigmen der Hethitologie, ist aber wie so manches andere Paradigma hinsichtlich der Textüberlieferung und „Speicherung" aus meiner Sicht revisionsbedürftig. Dazu demnächst ausführlich.

139 In Hoffner 1997, 239–250 z. B. werden zwar orthographische Varianten gegenübergestellt, aber die Tabelle differenziert nur zwischen „OS manuscripts" und „post-OS (almost all NS) manuscripts" (ebd., 239); vgl. dazu noch die Anmerkung ebd., 245 Anm. 26.

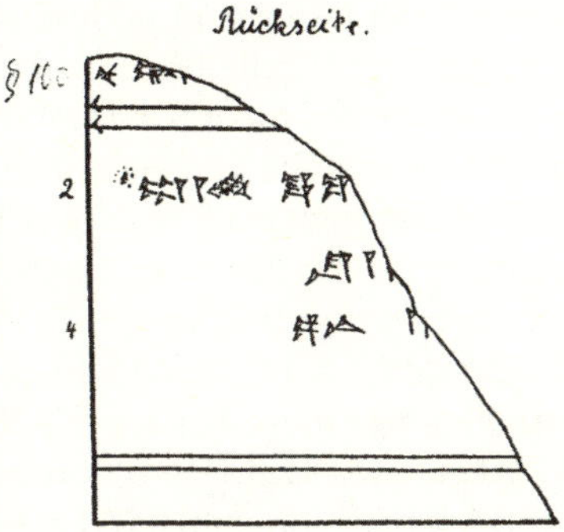

Danach soll es sich um eine „1. Tafel" handeln; wie das Foto aber zeigt, ist auf der Tafel tatsächlich eine „2" geschrieben. Dieser Fehler zieht sich nun seit Jahrzehnten durch die verschiedenen Bearbeitungen, was natürlich immer mal passieren kann. Entscheidend hier ist aber, daß der Text auf der Tafel mit § 53 erst einsetzt, d.h., es hätte eigentlich sofort auffallen müssen, daß an dieser Stelle etwas nicht stimmt, wenn man dem Format der Überlieferung mehr Aufmerksamkeit geschenkt hätte.[140] Das hat außerdem Konsequenzen für die Rekonstruktion der erhaltenen Versionen generell; so müßten natürlich gerade in den Fällen, in denen klar ist, daß wir von einigen Fassungen die 1. und die 2. Tafel besitzen, und einige davon tatsächlich direkt zusammengehören, diese auch als eine Version behandelt werden, was bisher ebenfalls nicht gemacht wird.[141]

§ 52 Ein ganz anderes Problem wiederum stellt ein kleines Etikett dar, das sich mit dem Titel auf Tafel I der *Hethitischen Gesetze* bezieht, nach dem der Text aber erst mit einer 3. Tafel endet[142], was zwar in der Literatur verschiedentlich erwähnt wurde, doch konnten bisher, soweit ich sehe, für eine solche 3-Tafel-Serie keine Exemplare identifiziert werden.[143] Kolophone mit Tafelzählung gibt es lediglich für Tafel I auf Ex. F mit der Zählung „2.(!) Tafel" bzw. auf Ex. D+E mit der Zählung

140 Die fehlerhafte Umschrift bei Friedrich 1971, 48 und noch bei Hoffner 1997, 98, trotz der Korrektur bereits bei Güterbock 1961, 63 Anm. 5. Dazu jetzt auch Waal 2015, 258 Anm. 764, die ebenfalls darauf hinweist, daß diese Zählung eigentlich ja durch den Inhalt der Tafel schon nahegelegt wird.

141 In der Konkordanz bei Hoffner 1997, 160–164 wird dem nicht Rechnung getragen; es wird auch nicht der Versuch gemacht zu bestimmen, ob es sich bei einer Zweitafel-Serie um eine 1. oder eine 2. Tafel handelt, obwohl das in den allermeisten Fällen möglich ist; eine Information, die gerade für Fragen nach Textabhängigkeiten m. E. durchaus von Relevanz ist.

142 *ABoT* 1, 152.

143 Nicht weiterführend Waal 2015, 260–261; daß es sich hierbei um den Vermerk einer Version handeln könne, die eine Zweitafel- mit einer Eintafelversion kombiniere, halte ich für wenig wahrscheinlich, vor allem, weil mir nicht klar ist, worauf sich das bezieht – soll sich dann der Text wiederholen oder sollen Tafel I und II kombiniert worden sein?

„2. Tafel – vollständig“ einer Zweitafelversion und für Ex. e = *KBo.* 6, 13 als „2. Tafel“ der Tafel II-Serie. Eine differenziertere Betrachtung der Textverteilung liefert aber zumindest Indizien, daß es eine solche Fassung gegeben haben könnte, allerdings wiederum nicht für Tafel I, sondern vielmehr für Tafel II. Ein Kandidat dafür ist m. E. das Ex. x = *KBo.* 9, 71 +. Der erhaltene Text setzt hier mit den Preisparagraphen ein, genauer mit dem Schluß von § 178.[144] Allerdings befindet sich dieser Teil am Ende von Kol. I der Tafel, die noch den Text bis einschließlich § 182 enthält. Vs. II enthält den Text von § 187–190, wobei noch einige, aber weniger als 10 Zeilen bis zum unteren Tafelrand fehlen. Vergleicht man das mit Exemplar p = *KBo.* 6, 26, dann benötigt diese Version für den Text, der in Ex. x in der Kol. II stand, nur gut 20 Zeilen. Gleichzeitig müßten, wenn es sich bei Ex. x um eine Zweitafelversion gehandelt hätte, obwohl auf der 2. Tafel – oder gerade weil – nur relativ wenig Text untergebracht war, mindestens ¾ des Gesamttextes auf der vorhergehenden Tafel gestanden haben. Das wäre nur denkbar, wenn es zwei ganz unterschiedlich große Tafeln gewesen wären, was aber bisher m. W. in keinem Fall beobachtet werden konnte, oder eben, der noch vorangehende Text war auf zwei vergleichbar kleinen Tafeln verteilt; aber das ist bis jetzt noch Spekulation.

§ 53 Vergegenwärtigt man sich selbst bei den weniger gut erhaltenen Textvertretern, wo auf der Tafel – Vs. oder Rs., linke oder rechte Kol. usw. – sich welche Paragraphen des Gesamttextes erhalten haben, berücksichtigt dazu noch die Zeilenlängen, dann läßt sich tatsächlich in den meisten Fällen auch entscheiden, ob es sich um Eintafel- oder Zweitafelversionen handelt und, im letzteren Falle, ob das fragliche Fragment zu einer 1. oder einer 2. Tafel einer Serie gehört. Man kann das gut etwa an dem gerade erwähnten Beispiel des fehlerhaften Kolophons erläutern – auch die Textverteilung zeigt, daß es sich um die 2. Tafel einer Zweitafel-Serie handeln muß.[145]

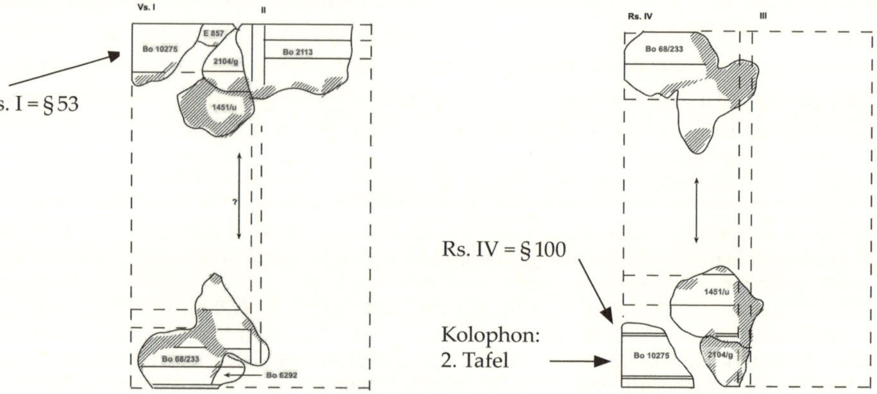

144 Hoffner 1997, 164 gibt an „Obv. § 181–182, Rev. § 200“, was etwas ungenau ist.

145 Die Joinskizze ist der Mainzer Konkordanz entnommen. Gleichzeitig wird deutlich, wieviel von der Tafel bisher nicht entdeckt wurde.

§ 54 Versucht man bei den Zweitafelversionen u. U. zugehörige Tafelexemplare zu identifizieren, so reduziert sich die Anzahl der Versionen insgesamt und es ergibt sich ein etwas übersichtlicheres Bild, da sich einerseits die Versionen, die sich auf einer Tafel befanden, von denen, die den Text auf zwei verteilen, unterscheiden lassen, wobei in einigen Fällen sich sogar zusammengehörige 1. und 2. Tafeln einer Tafel I- oder Tafel II-Serie identifizieren lassen. So sollen L (*KUB* 29, 14) und P (*KUB* 29, 19) als Fassung von Tafel I zusammengehören[146]. Eine 1. Tafel einer Tafel I-Serie stellt C = *KBo.* 6, 5 dar. Von Tafel II gehören demnach b (*KBo.* 6, 11) und d(+)n (*KBo.* 6, 13 und *KUB* 13, 30) als Zweitafelversion zusammen, sowie i (*KBo.* 6, 17) +? k (*KUB* 29, 24) und p (*KBo.* 6, 26).[147] Was in letzterem Falle zunächst überrascht, da der kleine Rest der Rs. auf *KBo.* 6, 17[148], der von etwa der Mitte der Tafel stammen soll, genau dem Beginn von *KBo.* 6, 26 I mit § 157 entspricht, womit also ein Paragraph auf beiden Tafeln vorhanden wäre.[149]

§ 55 Dies ist in der Tat ein weiteres interessantes Phänomen, das bisher wenig Beachtung gefunden hat.[150] Diese Beobachtung kann man nämlich durchaus öfter machen, z. B. auch bei d (*KBo.* 6, 11 IV), das mit § 168 zu enden scheint[151], aber, aufgrund des unterschiedlichen Duktus, wohl keinen direkten Anschluß zu *KBo.* 6,

146 Folgt man Güterbock 1962, 21–22, so ist doch erstaunlich, daß lediglich C (*KBo.* 6, 5) als jüngere Abschrift der 1. Tafel, dagegen zahlreiche Versionen (D+E, F, G, H, I, N+V, R und W) Abschriften der 2. Tafel repräsentieren, so, als wäre dieser zweite Teil der Tafel I von deutlich größerem Interesse gewesen – oder doch nur alles Zufall der Überlieferung?

147 In Hinblick auf die Texttradition ist außerdem interessant, daß es zwei kleine Fragmente gibt, ihrem Duktus nach sjh. und damit spätere Niederschriften als *KBo.* 6, 26, die dazu zwar Duplikate darstellen, aber sowohl *KBo.* 65, 169, das // zu *KBo.* 6, 26 I 14–19 verläuft, wie auch *KBo.* 63, 19, das wiederum // zu IV 19–24 verläuft, nicht die dort gebotene Paragrapheneinteilung übernehmen, die sowohl in Kol. I als auch in Kol. IV bei *KBo.* 6, 26 offenbar nicht dem entspricht, was intendiert war. Das heißt, sie wurden von einer Fassung kopiert, die noch „korrekter“ war, oder haben, was weniger plausibel scheint, dies selbständig korrigiert. Beachte, daß die ebenfalls sjh. Niederschrift f = *KBo.* 6, 18 die „falsche“ Aufteilung der §§ 165–166 von p = *KBo.* 6, 26 I, §-Strich zwischen I 30 und 31 ebenfalls nicht aufweist, also hier ebenfalls „korrekter“ ist. Wenn f tatsächlich eine 1. Tafel darstellt, dann könnte *KBo.* 65, 169, das ja § 161 enthält, Teil der Kol. III von f sein; *KBo.* 63, 19, das ganz ans Ende der Paragraphen gehört, wäre dann Teil der 2. Tafel dieser Tafel II-Serie in sjh. Schrift.

148 Bei Hoffner 1997, 163 in der schematischen Übersicht sind die Zeilen der Rs. bei Exemplar i (*KBo.* 6, 17) nicht verzeichnet, lediglich die §§ 106–109 der Vs.

149 Berücksichtigt man dies und betrachtet man darüber hinaus die kleineren Fragmente nach Duktus, Zeichenformen und Schreibergewohnheiten und rekonstruiert die Stelle, die sie in einer Gesamttafel ursprünglich eingenommen haben, dann liefert dies weitere Hinweise zu möglicherweise zusammengehörenden Fragmenten, womit sich die Gesamtzahl der Versionen weiter reduziert, so daß m. E. keineswegs mehr so eindeutig ist, daß gerade die *Hethitischen Gesetze* das am meisten kopierte Werk darstellen (vgl. van den Hout 2020, 90: „the most frequently copied text ensemble“), zumal, wie ja schon mehrfach ausgeführt, diese Vorstellung der zahlreichen Kopien weniger Vorlagen so nicht zutreffend ist, sondern wir es mit einer Art gestaffelter Texttradition zu tun haben.

150 Wenn ich nichts übersehen habe, dann ist das ein Thema, das bei Waal 2015 nicht berücksichtigt wird, wie überhaupt das Phänomen von Serien und die damit verbundenen „diplomatischen“ Aspekte bisher noch weitgehend unerforscht sind.

151 Kurz vor dem Bruch ist ein Doppelstrich erkennbar.

14 + darstellt[152], sondern eine ziemlich identische Textverteilung wie dieses hat, also eventuell sogar dessen Vorlage darstellt; und mit demselben § 168 setzt wiederum e1 (*KBo.* 6, 13 I 1) ein.[153] Wollte man nun annehmen, daß es sich hier lediglich um einen Zufall handelt, daß also jeweils eine Version existiert, die den entsprechenden Paragraphen nicht mehr bzw. noch nicht auf der Vorgänger-Tafel enthält, müßte man also davon ausgehen, daß es sich jeweils um unterschiedliche Versionen handelt, von denen jeweils dann vom Gegenstück kein Exemplar sich erhalten hat. Das ist zwar prinzipiell denkbar, verkompliziert die Überlieferungslage aber nochmals, so daß doch plausibler sein dürfte, davon auszugehen, mit der Wiederholung eines Paragraphen sollte der Übergang zwischen den beiden Tafeln einer Version deutlich gemacht werden.[154] Vermutlich liegt hier eine Schreibertechnik vor, um den jeweils korrekten Anschluß bei Tafelserien sicherzustellen, ein der Kustode im frühen Buchdruck verwandtes Verfahren. Eine solche Technik ist umso wichtiger, weil man schon bei den Beispielen der *Hethitischen Gesetze* beobachten kann, daß die Verteilung eines Textes auf verschiedene Einzeltafeln keineswegs immer identisch sein muß. Wie das im Einzelfall ausgestaltet war, lag vermutlich im Ermessen des Schreibers, denn es lassen sich auch Unterschiede in der Vorgehensweise beobachten. Im Detail könnten die Schreiber dabei offenbar durchaus kreativ verfahren, wie ein Beispiel aus der weitaus umfangreicheren AN.TAḪ.ŠUM-Serie zeigt:

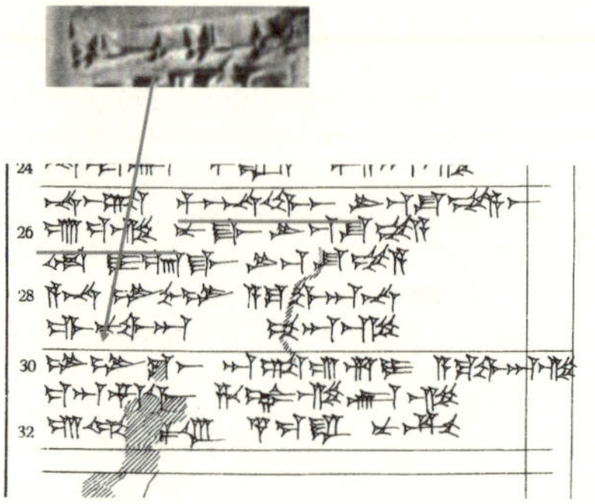

KBo 4.9 Rs. VI – Tafelende

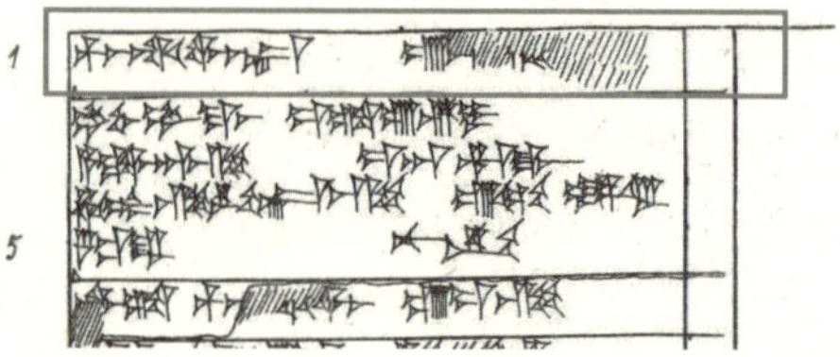

KUB 2.5 Vs. I – Tafelbeginn

152 Durch das bei Hoffner noch nicht bekannte Anschlußstück *KBo.* 31, 66 ist sowohl die Herkunft aus dem Bereich von Tempel 1 gesichert, als auch die Fortsetzung der Beschriftung in Kol IV noch nach § 165, so daß *KBo.* 6, 11 sowohl auf der Vs. wie auf der Rs. gut in dieser Tafel einzuordnen ist. Allerdings scheint *KBo.* 6, 11 vom Duktus her nicht so spät zu sein, wie *KBo.* 6, 14+; gehört das Fragment nicht zu der Tafel, dann dürfte es allerdings u. U. die Vorlage für eben die noch spätere Abschrift geliefert haben, denn daß beide Tafeln dann mit dem § 168 enden, das ist schon sehr erstaunlich. *KBo.* 19, 9 schreibt das ŠAR-Zeichen wie *KBo.* 6, 11 mit tiefsitzenden ersten Senkrechten.

153 Da in *KBo.* 6, 13 der Kolophon erhalten ist, der die Tafel als die 2. ausweist, die den Text insgesamt damit abschließt, ist auch klar, daß sich also der gesamte Text der Tafel II auf diesen beiden Tafeln findet, wo er dann aber relativ ungleichmäßig verteilt ist, d.h. die 2. Tafel enthält deutlich weniger Paragraphen als die 1. Tafel. Eventuell könnte man das wiederum als Hinweis verwenden, welche Tafeln auf welche Vorlagen zurückgehen.

Der Schreiber verkürzt hier den vorletzten Paragraphen auf die Minimalaussage *paršnauwaš=kan uizzi* bevor er den allerletzten Paragraphen dann vollständig wiederholt.[155]

§ 56 Die Variationen bei der Überlieferung der *Hethitischen Gesetze* betrifft also nicht nur die Veränderungen am Text selbst, sondern ebenso die Verteilung auf die jeweiligen Tafeln, die ebenfalls nicht identisch ist; es ist also keineswegs so, daß mit dem Übergang von einer auf zwei Tafeln eine feste Konvention verbunden wäre. Variieren die Zeilenlängen und Paragrapheneinteilungen schon bei den Eintafelversionen, so gilt dies ebenso bei den Zweitafelversionen, die zudem den Text insgesamt auch unterschiedlich verteilen; d.h. der Übergang von der 1. zur 2. Tafel einer Serie schwankt. Bei der Tafel I-Serie läßt sich feststellen, daß der Übergang z.B. bei Ex. D+E = *KBo.* 6, 6 + 7 und Ex. G als jeweils 2. Tafel von Serie I mit § 51 erfolgt, dagegen setzt Ex. F mit § 53 ein.[156] Bei der Tafel II-Serie bietet e (*KBo.* 6, 13+), wie gesehen, den Beginn der Kol. I mit § 168, die sehr gut erhaltene Version der 2. Hälfte der Tafel II in p (*KBo.* 6, 26) setzt aber schon mit § 157 ein; beide enthalten dann den gesamten 2. Teil bis zum Ende. Es handelt sich also um zwei Versionen mit sehr unterschiedlicher Verteilung des Textes auf die beiden Tafeln. Insofern stellt sich wiederum die Frage, in welchem Verhältnis diese beiden Versionen zueinander stehen bzw. zu einer oder den älteren Vorlagen. Dabei ist es vermutlich plausibel, zum Vergleich zunächst die jüngeren Eintafelversionen, also a und b (nach Hoffner) heranzuziehen. Auch wenn die Indizien schmal sind, scheint sich doch eine Entsprechung zu unterschiedlichen Vorlagen zu ergeben, wenn man die Zweitafelversionen damit vergleicht. Das wäre insofern durchaus vorstellbar, denn die so unterschiedliche Verteilung in den Zweitafelversionen spricht ja eher dagegen, daß die eine direkt auf die andere zurückgeht, sondern der Unterschied

154 So bereits Güterbock 1962, 21, der nach Autopsie der Originale der Ansicht ist, daß die Tafeln jeweils dieselbe Handschrift zeigen und ebd., Anm. 5 für weitere solche Fälle auf die Erwähnung in Güterbock 1961, 64 Anm. 10 verweist.

155 Die Autographie von Forrer enthält offensichtlich einen Fehler in *KBo.* 4, 9 Rs. VI 30. Hinsichtlich der Aufzeichnungstechnik der Festrituale wirft dieses kleine Beispiel überdies die Frage auf, ob man, dem Beispiel in *KUB* 2, 5 I 1 folgend, nun davon ausgehen soll, daß auch in I 6 nur verkürzt notiert wurde, also auch hier eigentlich der ganze Absatz wie in *KBo.* 4, 9 VI 25–30 gemeint ist.

156 Ex. L soll mit § 50 enden, doch ist tatsächlich nicht das Ende der Tafel erhalten; es ist schwer zu entscheiden, ob noch ein Paragraph oder eventuell mehr gefolgt ist; wäre es nur noch der § 51, dann könnte diese Tafel zu einer Serie gehören, deren 2. Tafel ebenfalls mit § 51 beginnt wie die oben genannten Beispiele. Eine erste Orientierung zur Paragraphenverteilung kann die Übersicht bei Hoffner 1997, 161–164 bieten, allerdings sind die Angaben mehrfach nicht vollständig, d.h. es werden nicht immer alle tatsächlich auf einem Fragment enthalten Paragraphen verzeichnet (z.B. fehlen bei H(+)I die Paragraphen der Rs.), oder korrekt (bei M finden sich die angegebenen §§ 58–63 nicht in Kol. I, sonst müßte es sich ja bei diesem ah. Exemplar bereits um eine Zweitafelversion handelt, sondern in Kol. III, womit sich eine schlüssige Textverteilung ergibt; auch dieser Fehler hätte nicht passieren können, hätte man den Tafelformaten mehr Aufmerksamkeit geschenkt).

könnte so entstanden sein, daß sie jeweils unabhängig von einer Eintafel- zu einer Zweitafelversion „umformatiert" wurden.

§ 57 Weitere Indizien für die Abhängigkeit einzelner Versionen voneinander kann die Textverteilung auf die einzelnen Paragraphen liefern, die keineswegs immer identisch ist. So hat man z.B. bei Exemplar x = *KUB* 29, 33 II eine Version mit sehr kurzen Zeilen, die deshalb den Text §§ 187–189 leicht jeweils auf eigene Paragraphenabschnitte verteilen kann. Dieselbe Verteilung fällt Exemplar y = *KUB* 29, 34 IV schon schwerer; so wird etwa § 189, der eigentlich drei Regelungen enthält, zwar mit *takku* zu Beginn der Zeile noch übersichtlich präsentiert, die Paragraphenstriche zur Unterteilung fehlen aber; Exemplar p hat denselben Text dann einfach als durchgehenden Paragraphen (III 26–28). Die Liste der Unterschiede zwischen den verschiedenen Versionen ließe sich noch weiter verlängern; nachvollziehbarerweise konzentrierte sich die Aufmerksamkeit überwiegend auf die orthographischen und sprachlichen Varietäten, eine systematischere Untersuchung solcher formalen Aspekte wäre sicherlich ähnlich lohnend.

9 Zur Stellung des Paralleltextes in der Überlieferung der *Hethitischen Gesetze*

§ 58 Unbestritten ist aber, daß selbst vor dem Hintergrund dessen, was verschiedene Textvertreter an Veränderungen aufweisen, diese sich in Summe wohl signifikant noch deutlicher in einem einzelnen Textvertreter, dem sog. *Paralleltext* (Ex. PT = *KBo.* 6, 4), finden, der aufgrund seiner scheinbar sicheren späten Datierung häufig als die späteste, für manche sogar als die einzig wirkliche oder jedenfalls die letzte Überarbeitungsstufe der *Hethitischen Gesetze* gilt, was ganz überwiegend mit eben dieser herausgehobenen Stellung begründet wird. Dies ist zwar auf den ersten Blick durchaus plausibel, doch wird dabei die konkrete Textform weitgehend vernachlässigt; man verweist auf den Kolophon mit der Erwähnung eines bekannten Schreibers, doch wie erklärt sich dann die spezifische Form in sprachlicher, orthographischer und auch in paläographischer Hinsicht denn eigentlich?

§ 59 Da die Tafel *KBo.* 6, 4 einen weitgehend vollständigen Kolophonvermerk auf dem Rand trägt, in dem der Schreiber sich selbst ausführlich nennt, war und ist man überwiegend der Ansicht, diese Tafel sei, im Unterschied zu den allermeisten anderen Textvertretern, weitgehend klar chronologisch einzuordnen. Strenggenommen trifft dies jedoch nur auf die konkrete Niederschrift, aber nicht auf den textlichen Gehalt der Tafel zu. Ja, man hat die Tafel sogar „zu den letzten der hethitischen Texte überhaupt zählen" wollen.[157] Mit dieser Datierung mag

157 Carruba/Souček/Sternemann 1965, 1 mit Datierung des Schreibers Ḫanikkuili auf Arnuwanda III. oder Tutḫalija IV., was bereits der erst damals seit wenigen Jahren gültigen reformierten Königsfolge entsprach. Vgl. aber die Bemerkung bei Hoffner 1997, 161 Anm. 578, daß „C exhibits the latest orthography and writing of all exemplars of the laws", was ja zumindest seiner eigenen Aussage, daß PT die letzte Überarbeitungsstufe darstellt, so explizit z.B. ebd., 6, wo PT der „main recension" gegenübergestellt wird, in gewisser Weise widerspricht. Man sollte dabei ebenfalls nicht übersehen, daß dieser Eindruck einer so

auch zusammenhängen, daß kaum ein Zweifel daran geäußert wurde, daß es sich hier um die allerjüngste Fassung, ja eine „Neuredaktion" handelt, die „gegen alle anderen Fassungen der Gesetze" steht, d.h. die textlichen Abweichungen gehen in dieser Version, und nur in dieser, weiter als bei den diversen Fassungen, die sich sonst von Tafel I und II erhalten haben, obwohl auch hiervon manche relativ spät datieren.[158] Das mag erklären, daß, jenseits der inhaltlichen Ebene, bisher keine Untersuchungen vorliegen, die den Status der Tafel *KBo.* 6, 4 und ihres Verhältnisses zur Hauptlinie der Überlieferungstradition der *Hethitischen Gesetze* versuchen zu klären, insbesondere nicht zur Frage, wie genau sie sich darin einordnen läßt.[159] Zwar ist durch den Kolophon das Entstehungsalter der Tafel selbst relativ gut zu fassen, doch, und das zeigt ja die Anzahl an unterschiedlichen Fassungen zu den althethitischen Versionen, heißt dies keineswegs zwingend, daß diese, die sog. Parallelversion, erst zu dieser Zeit entstanden ist, wie ganz allgemein immer unterstellt wird. Daß in einer so jungen Niederschrift sprachliche und orthographische Varianten auftreten, die man mit dem 13. Jahrhundert verbinden kann, besagt ja keineswegs, daß die Textfassung selbst erst in dieser Zeit entstanden sein muß.[160] Betrachtet man die Niederschrift erst einmal ergebnisoffen, so zeigen sich durchaus einzelne Indizien, die vielmehr eher auf eine Abschrift hindeuten, wie der Wechsel von Zeichenvarianten bei z.B. AK, IG, KÙ und LI, die alle in der jüngeren und der älteren Version vorkommen; hinzu kommen (ortho-)graphische oder sprachliche Eigenheiten[161], die ein Schreiber des 13. Jahrhunderts so doch

---

starken Veränderung noch gravierender ist, wenn man PT mit der althethitischen Version vergleicht, aber die diversen potentiellen Zwischenstufen ausblendet.

158 Carruba/Souček/Sternemann 1965, 1, verweist in diesem Zusammenhang ausdrücklich auf die Tafel *KBo.* 6, 5 als Beispiel eines „späten Textes", doch bestehen offenbar dennoch keine Zweifel, daß der „Paralleltext" die letzte und jüngste Fassung repräsentieren soll.

159 Eine, allerdings noch nicht den paläographischen Befund berücksichtigende Diskussion bei Güterbock 1961, 64, der Ex. C als eine Fassung „from a time between the composition of the main text and that of the New Kingdom redaction" einstuft, womit nach dem Kontext der Paralleltext gemeint ist. Dabei „korrigiert" er eine frühere Einschätzung von Rosenkranz (1938, 213–214), der sich für die umgekehrte Entwicklung ausgesprochen hatte. Tatsächlich hat m. E. die Einschätzung Güterbocks, geht man rein vom sprachlich-(ortho-)graphischen Eindruck aus, sehr viel für sich; d.h. die Einschätzung z.B. von Shields 2022 teile ich nicht. Eine eingehende Diskussion würde aber den Rahmen dieses Beitrags bei weitem sprengen.

160 So wird, unbeschadet zahlreicher Graphien und Formen, die man in einem Text des 13. Jahrhunderts kaum erwarten würde, dieses Exemplar z.B. auch im *CHD* generell als „NH" klassifiziert, während in der Regel alle anderen Versionen der *Hethitischen Gesetze*, selbst Ex. C = *KBo.* 6, 3, dem von Hoffner bescheinigt wird, die jüngste „Orthographie" aller erhaltenen Fassungen zu haben (Hoffner 1997, 161 c. Anm. 578; im *CHD* wird aber *KBo.* 6, 2 als „OS", *KBo.* 6, 3 und *KBo.* 6, 5 als „NS" klassifiziert, also kein Unterschied zwischen den beiden jüngeren Textvertretern gemacht; z.B. *CHD* Š, 326) als „OH/NS" (*CHD* Š, 587a) eingestuft. Inwiefern die eine Version, die doch ebenso deutlich auf ältere Vorlagen zurückgeht wie die andere, eine andere Sprachstufe zeigen soll, wäre m. E. aber doch kaum zu begründen. Ganz offensichtlich spielen hier also Vorannahmen eine Rolle, nicht die konkrete sprachliche Fassung des Textes selbst.

161 Nur einige eher zufällige Beispiele aus den ersten Paragraphen: woher stammt die Form É*-er-ši* (*KBo.* 6, 4 I 23), ein endungsloser Lokativ mit enklitischem Possessivpronomen, die

wohl kaum gewählt hätte. Vielleicht ist in diesem Zusammenhang nicht uninteressant, daß eine weitere Tafel, die Ḫanikkuili verfaßt hat, eine Kopie des Rituals darstellt, das ausgeführt wurde, als Tutḫalija, der Sohn Arnuwandas I., den Thron bestieg – also ein Ritual aus der mittelhethitischen Zeit, das er ebenfalls kopierte und mit einem ausführlichen Kolophon versah, für welchen Zweck auch immer. Wir kennen den Schreiber also eigentlich recht gut, gerade durch seine Abschriften älterer Texte.[162] Warum sollte das in diesem Fall aber ausgeschlossen sein? Nun steht außer Frage, daß der Grundbestand der Paragraphen der *Hethitischen Gesetze* recht alt ist, doch ist die Frage, ob dies allein ausreicht, die Form des Textes, so wie er in *KBo.* 6, 4 nun vorliegt, zu erklären oder ob nicht mindestens genauso plausibel wäre anzunehmen, daß auch der Paralleltext in dieser Version bereits eine ältere Vorlage besessen hat, und zwar gerade auch für die „neuen" Passagen, also eine der Versionen, die zwischen der althethitischen Zeit und dem 13. Jahrhundert offenbar ja stetig entstanden sind; zumindest wäre es m. E. durchaus wert, das erst einmal zu diskutieren. Ob dem so ist oder nicht, darf aber m. E. nicht einfach vorausgesetzt werden.[163] Naheliegenderweise hätte dies wiederum erhebliche

---

so in keiner anderen erhaltenen Version, auch nicht in der althethitischen Fassung (dort der übliche Lokativ É-*ri-iš-ši, KBo.* 6, 2 I 17), belegt ist. Hat Ḫanikkuili hier „archaisiert", was ich grundsätzlich für nicht plausibel halte; woher hätte er das Wissen über eine solche Form haben und warum hätte er sie überhaupt hier verwenden sollen? Wie erklärt man die diversen Varianten beim Ausdruck „(wörtl.) seine Hand sündigt": ŠU-*aš-šet* (*KBo.* 6, 4 I 2), *kešširaš-ma* (I 7, in keiner Vorlage erhalten, sondern hier in § III gegenüber § 5 ergänzt); oder die partitivische Apposition in § VIII LÚ-*an* SAG.DU-*an* (*KBo.* 6, 4 I 20), obwohl wiederum selbst *KBo.* 6, 2 I 13 den vorangestellten Genitiv mit Wiederaufnahme durch das enkl. Possessivpronomen verwendet. Wenn der Paralleltext eine Neuredaktion durch einen Schreiber des 13. Jahrhunderts darstellen soll, weshalb verwendet er solche Sprachformen, die ja geradezu ein sprachhistorisches Bewußtsein voraussetzen, „modernisiert" aber dafür an anderer Stelle massiv? Und warum, und das ist doch die entscheidende Frage, werden diese Indizien allein im Falle des Paralleltextes so ganz anders interpretiert als bei den anderen „Kopien" – allein aufgrund des Kolophons?

162 Zu der Arbeit des Ḫanikkuili sei hier auf Gordin 2015, 180–182 verwiesen.

163 Eine Frage, die in Shields 2022 nicht einmal gestellt wird. Abgesehen von manchen Aspekten, die die Überlieferung von hethitischen Texten generell betrifft, die m. E. in dieser Untersuchung nicht ausreichend berücksichtigt werden, bleiben auch in den Details manche der Einschätzungen m. E. fraglich. Überhaupt ist die Ansicht, daß eigentlich die gesamte Überlieferung sehr stabil sei und nur PT hier eine Ausnahme darstelle, wie gesehen, so nicht zutreffend, entspricht freilich dem weitgehenden Konsens; (vgl. ebd., 236: „A handful [sic!] of Old Script (OS) copies (…) show that the content of the text largely remained stabel, with the exception of the ‚Parallel Text'" – dem ist m. E. ganz sicher nicht so). So betont K. Shields ausdrücklich, daß die in allen (!) sonstigen Fassungen häufige Verwendung der „früher … jetzt"-Formel nur im Paralleltext nie auftaucht und sieht darin eine bewußte Entscheidung des Schreibers Ḫanikkuili, den sie auch für den Verfasser des Textes hält (vgl. u. a. Shields 2022, 236, 243). Tatsächlich sind die allermeisten Beispiele für diese Wendung in den *Hethitischen Gesetzen* aber in Paragraphen belegt, die im Paralleltext gar nicht vorkommen; lediglich die § 7 und § 9 kämen überhaupt in Frage. Doch sind diese so grundsätzlich umformuliert, daß dafür gar kein Bedarf mehr bestand. Der Befund ist also keineswegs so einschlägig, wie von Shields dargestellt. In ihrer Untersuchung einiger sprachlicher Veränderungen in den *Hethitischen Gesetzen* im Laufe der Überlieferung setzt K. Shields voraus,

Konsequenzen für die gesamte Überlieferungsgeschichte der *Hethitischen Gesetze*. Letztlich bleibt doch zu erklären, warum, wenn denn mit der Parallelversion eine neue und vermeintlich jetzt gültige Neufassung existierte, dennoch davon keine weiteren Abschriften oder Weiterentwicklungen entstanden, aber gleichwohl eine „ältere", aber ebenfalls großreichszeitliche Version dafür noch weiter kopiert wurde[164], jedenfalls spricht dafür der paläographische Befund z.B. der Version in Tafel *KBo.* 6, 5, die doch noch etwas jünger wirkt als *KBo.* 6, 4.[165]

§ 60 Es ist also m. E. gar nicht so einfach festzustellen, welche Position der sog. Paralleltext innerhalb der Überlieferung der *Hethitischen Gesetze* einnimmt, denn deren Abschluß, das kann man wohl feststellen, ist er in der Tat nicht. Schon der Anfang des Textes, wie in der Kol. I erhalten ist, läßt sich nicht so ohne Weiteres mit dem Beginn der Tafel I der sonstigen Überlieferung in Einklang bringen.[166] Hinzu kommt, daß der obere Rand von *KBo.* 6, 4 nicht erhalten ist und, wie etwa das Foto vom Rand der Tafel zeigt, deutlich mehr als nur 1–2 Zeilen fehlen. Es stellt sich also zudem die Frage, wie der Text auf der Tafel eigentlich begann, da keine der erhaltenen Versionen der Tafel I eine Einleitung oder gar etwas einem Prolog Vergleichbares enthalten.[167] Der gegen Ende der Kolumne IV noch vorhandene Text entspricht in etwa § 49 der Version der ah. Fassung von *KBo.* 6, 2, doch scheinen, soweit dies der fragmentarisch erhaltene Kontext erkennen läßt, alle Überlieferungen hier vom Ausgangstext der althethitischen Fassung mehr oder weniger stark abzuweichen.[168] Die Textverteilung auf der Tafel spricht grundsätz-

daß Ḫanikkuili nicht nur der Kopist, sondern auch der „Verfasser" seiner Version ist, also in dem Sinne, daß er für die Modifikationen, inhaltlich wie sprachlich, verantwortlich ist. Ja, sie geht sogar davon aus, daß er bewußt „archaische" sprachliche Elemente verwendet hätte, allerdings, soweit ich sehe, ohne dies weder zu begründen noch die grundsätzliche Problematik des Konzepts zu reflektieren. Der Gedanke, es könnte sich auch hierbei um eine Abschrift eines älteren Textes handeln, wird nicht einmal erwogen, dafür eher auf schwierige Konzepte wie das des „Archaisierens" gesetzt. Bemerkenswert ist aber, daß sie zu dem Ergebnis kommt, daß diese Fassung nie für einen praktischen Zweck gedacht gewesen sei, sondern daß man darin „an intellectual or scholarly exercise" sehen könne (Shields 2022, 243) – man wüßte gerne, woran man das festmachen kann.

164 Rein technisch stellt sich dann ja die Frage, wenn die Texte eine praktische Funktion hatten, wie man z.B. mit den unterschiedlichen Höhen der Strafmaße umgegangen ist.

165 Nach Hoffner 1997, 161 Anm. 578 zeige C (= *KBo.* 6, 5) „the latest orthography and writing of all exemplars", wird von ihm aber als „NS" gelabelt, während F (= *KBo.* 6, 8+) als „Late NS (13th Century)" eingestuft wird, und zwar als einziges von allen Exemplaren. Da der Paralleltext in dieser Übersicht nicht aufgeführt ist, fehlen entsprechende Angaben, es ist also nicht ganz klar, wie Hoffner diese Version gegenüber C oder F eingestuft hätte.

166 Vgl. Hoffner 1997, 17.

167 Daß hier durchaus Platz für mehr Text ist, zeigt sich auch am Übergang von Kol. I zu II; das Ende von *KBo.* 6, 4 I entspricht in etwa der Zeile *KBo.* 6, 3 I 44; es folgen dort aber noch ca. 30 Zeilen bis zum Kolumnenende. Der Übergang von *KBo.* 6, 3 I zu II erfolgt innerhalb des § 27; der erste einigermaßen rekonstruierbare Paragraph in *KBo.* 6, 4 Kol. II (ab Z. 8) wird als § XX gezählt und entspricht dem § 28 der Standardversion; das spricht eigentlich dafür, daß die Tafeln durchaus eine vergleichbare Größe hatten und gibt damit immerhin einen gewissen Hinweis, wieviel Text in *KBo.* 6, 4 abgebrochen ist.

168 Man vergleiche etwa in Ex. PT = *KBo.* 6, 4 die Textverteilung nach IV 21; Ex. C = *KBo.* 6, 5 hat

lich für eine Version, die nicht auf einer Tafel untergebracht war. Bis auf vermutlich wenig zu Beginn ist die 1. Kolumne sehr gut erhalten; der letzte Paragraph (I 42–43) entspricht dem § 18 der Standardversion, das ist in B = *KBo.* 6, 3 I 43–44, das eine Eintafelfassung darstellt, in der die erste Kolumne wohl 75 Zeilen enthalten hat. Die letzten erhaltenen Passagen auf *KBo.* 6, 3 Kol. IV 41–43 (gezählt als § XLI) entsprechen in etwa dem Ende von *KBo.* 6, 3 II[169], so daß für die 2. Hälfte der 1. Tafel auf der Rs. von *KBo.* 6, 3 eine weitere Tafel der Parallelversion notwendig wäre, von der sich aber nichts erhalten hat. Ob es eine entsprechende Version der Tafel II der *Hethitischen Gesetze* gab, ist ebenso unbekannt. Wollte man also nach einer Vorlage des Paralleltextes suchen, so läge es nahe, hier erst einmal unter den Zweitafelversionen zu suchen, wie sie z. B. C = *KBo.* 6, 5 darstellt. Diese scheidet als Vorlage aber wohl aus, da aus paläographischer Sicht diese Fassung noch jünger ist als der Paralleltext[170], während die ebenfalls zweitafelige Version von L, zu der das Fragment P als Fortsetzung die 2. Tafel bilden soll[171], früher, wohl auch früher als PT, geschrieben wurden, und damit eher in Frage käme. Eine noch ältere Fassung einer Zweitafelversion der Tafel I der *Hethitischen Gesetze* scheint bisher nicht nachweisbar, so daß die Entstehung dieser Version bisher noch im Dunkeln liegt, was aber vor allem mit daran liegt, daß der Frage bisher niemand nachgegangen ist – was, wie gesehen, bei doch noch erstaunlich vielen Aspekten hinsichtlich der Form und der Überlieferung der *Hethitischen Gesetze* der Fall ist.

10 Schluß

§ 61 So manches konnte in diesem Beitrag nur eher angerissen werden, da speziell die philologischen und überlieferungsgeschichtlichen Details eines so speziellen, aber gerade deshalb auch so faszinierenden Textkorpus, wie sie die *Hethitischen Gesetze* darstellen, noch bei weitem nicht ausgeschöpft sind und eine intensivere Untersuchung erfordern, als dies im Rahmen eines Artikels geleistet werden kann. Dennoch ist damit die Hoffnung verbunden, immerhin gezeigt zu haben, daß die Diskussion darüber, um was es sich denn eigentlich bei diesem Werk handelt, welche Zwecke und Intentionen damit verbunden waren und welche Rolle gerade diese Texte in und für die hethitische Überlieferung generell spielten, noch sehr viel grundlegende philologische Arbeit an den Texten selbst erfordert. Vie-

---

dafür die identische Zeilenverteilung, verbunden mit der übersichtlicheren Gliederung der einzelnen Kola, dafür gibt es sprachliche Details, die PT wieder näher an B rücken, denn an C. Insgesamt finden sich aber zahlreiche Varianten quer durch alle erhaltenen Textvertreter.

169 Die letzten Zeilen dort nicht erhalten, aber PT IV 36–40 (= § XL) entspricht B = *KBo.* 6, 3 II 69–71.

170 Auch die Zweitafel-Version von D+E = *KBo.* 6, 6+7 stellt eine spätjunghethitische Niederschrift dar; ebenso F = *KBo.* 6, 8+.

171 Güterbock 1962, 17: „Copies L and P (KUB XXIX 14 and 19, 39/e and 266/c, in Ankara) have the same clay and the same handwriting; thus they form tablets I and II, respectively, of one two-tablet manuscript." *KUB* 29, 14 und 19 sollen beide aus dem Bereich von Gebäude A auf Büyükkale stammen; zu *KUB* 29, 14 wird als indirektes Anschlußstück *KBo.* 12, 49 gestellt, das allerdings merkwürdigerweise aus dem Bereich vom Haus am Hang stammen soll.

le der bisher vertretenden Deutungen werden insofern eigentlich dem Material nicht gerecht und können ihm auch gar nicht gerecht werden, da sie nicht wirklich quellenspezifisch evidenzbasiert sind. Das betrifft viele der allgemeinen Aussagen dazu, sei es hinsichtlich der Überlieferung selbst, sei es, was die inhaltliche Interpretation angeht. Insbesondere sollte gezeigt werden, daß es eine ganze Reihe von unterschiedlichen Ansatzpunkten gibt, Abhängigkeiten und Unterschiede bei den verschiedenen Fassungen und Versionen herauszuarbeiten, die hilfreich sein können, die Genese des Korpus besser zu analysieren sowie die auf den ersten Blick verwirrende Vielfalt der Textvertreter weiter zu systematisieren. Eine solche Untersuchung wäre vielleicht noch ertragreicher als bei anderen Korpora oder den Vertretern anderer Textgenres gerade aufgrund der sehr eigenen Struktur der *Hethitischen Gesetze*, die sich so kaum bei einem vergleichbaren Werk findet. Freilich ist dabei unabdingbar, daß alle methodischen Möglichkeiten ausgeschöpft werden[172] und nicht, wie es in der Vergangenheit doch geschehen ist, zu sehr von der inhaltlichen Seite ausgegangen wird. Wenn es gelungen ist, für diese aus meiner Sicht unabdingbare philologische Grundlagenarbeit einige Anregungen gegeben zu haben, dann hat dieser Beitrag seinen Zweck erfüllt. Ich selbst werde mich jedenfalls in absehbarer Zeit dem leider nicht zuwenden können.

Texte und Texteditionen

ABoT 1
Siehe Balkan 1948.

BoTU
Siehe Forrer 1922 und Forrer 1926.

CHD Š
Siehe Goedegebuure/Güterbock/Hoffner/van den Hout 2002–2019.

CTH
Siehe Laroche/Košak/Müller/Görke/Steitler 1971–.

HAB
Siehe Sommer/Falkenstein 1938.

Hethitische Gesetze
Siehe Hoffner 1997.

172 Eine ganz wichtige Funktion nimmt dabei m. E. gerade die paläographische Datierung jedes einzelnen Fragmentes ein, aber selbstverständlich ebenso das sonstige Instrumentarium einer differenzierten Untersuchung von Syllabar, Orthographie, diachroner sprachlicher Analyse bis hin zu Vokabular und Stilistik. Eine solche Untersuchung müßte damit deutlich über das hinausgehen, was Hoffner 1997 möglich war, unbeschadet der Tatsache, daß diese Arbeit für sich genommen einen wesentlichen Fortschritt darstellte, auf dem leider nicht weiter aufgebaut wurde.

HW² A
Siehe Friedrich/Kammenhuber 1975–1984.

KBo. 2
Siehe Figulla/Forrer/Weidner 1923.

KBo. 3
Siehe Figulla/Forrer/Weidner 1923.

KBo. 4
Siehe Figulla/Forrer/Weidner 1923.

KBo. 5
Siehe Hrozný 1921.

KBo. 6
Siehe Hrozný 1921.

KBo. 9
Siehe Otten 1957.

KBo. 10
Siehe Güterbock/Otten 1960.

KBo. 12
Siehe Otten 1963.

KBo. 19
Siehe Otten 1970.

KBo. 22
Siehe Otten/Rüster 1974.

KBo. 31
Siehe Otten/Rüster 2000.

KBo. 63
Siehe Fuscagni 2015.

KBo. 65
Siehe Trémouille 2015.

KUB 2
Figulla 1922.

KUB 6
Siehe Walther/Weber 1923.

KUB 13
Siehe Ehelolf 1925.

KUB 26
Siehe Götze 1933b.

KUB 29
Siehe Ehelolf 1938.

Bibliographie

Alaura 2015
Alaura, S.: Figullas und Hroznýs Arbeit an den Boğazköy-Tafeln im Kaiserlich-Ottomanischen Museum in Konstantinopel 1914. Mitteilungen der Deutschen Orient-Gesellschaft 147, 25–69.

Archi 1968
Archi, A.: Sulla formazione del testo delle leggi ittite. Studi Micenei ed Egeo-Anatolici 6, 54–89.

Astour 1997
Astour, M.: Haššu and Haššuwan. A Contribution to North Syrian History and Geography. Ugarit-Forschungen 29, 1–66.

Balkan 1948
Balkan, K.: Ankara Arkeoloji Müzesinde bulunan Bogazköy Tabletleri: Bogazköy-Tafeln im archäologischen Museum zu Ankara. Eski Eserler ve Müzeler Genel Müdürlügü yayinlarindan 3/3, Istanbul.

Bittel 1937
Bittel, K.: Die Ruinen von Boğazköy, der Hauptstadt des Hethiterreiches, Berlin.

Bryce 2002
Bryce, T.: Life and Society in the Hittite World, Oxford.

Cancik 1993
Cancik, H.: „Herrschaft“ in historiographischen und juridischen Texten der Hethiter. In: Raaflaub, K. (Hrsg.): Anfänge politischen Denkens in der Antike. Die nahöstlichen Kulturen und die Griechen. Schriften des Historischen Kollegs 24, München, 115–134.

Cardascia 1956
Cardascia, G.: Rezension zu Neufeld 1951. Revue internationale des droits de l'Antiquité 3, 541–545.

Cardascia 1960
Cardascia, G.: La transmission des sources juridiques cunéiformes. Revue internationale des droits de l'Antiquité 7, 31–50.

Cardascia 1985
Cardascia, G.: Rezension zu Haase, R.: Die keilschriftlichen Rechtssammlungen in deutscher Fassung, Wiesbaden 1979; Kaiser, O. / Borger, R. / Lutzmann, H. / Römer, W. H. Ph. / von Schuler, E: Rechtsbücher. Texte aus der Umwelt des Alten Testaments 1, Gütersloh 1982; Saporetti, C..: Le leggi della Mesopotamia. Studi e manuali di archeologia 2, Florenz 1984. Revue historique du droit français et étranger 63, 187–190.

Carruba 1962
Carruba, O.: Rezension zu Friedrich 1959. Kratylos 7, 155–160.

Carruba/Souček/Sternemann 1965
Carruba, O. / Souček, V. / Sternemann, R.: Kleine Bemerkungen zur jüngsten Fassung der hethitischen Gesetze. Archiv Orientální 33, 1–18.

Dardano 1997
Dardano, P.: L'aneddoto e il racconto in età antico-hittita: la cosiddetta „Cronaca di Palazzo". Biblioteca di Ricerche Linguistiche e Filologiche 43, Rom.

Delitzsch 1914
Delitzsch, F.: Sumerisch-akkadisch-hethitische Vokabularfragmente, Berlin.

Ehelolf 1925
Ehelolf, H.: Keilschrifturkunden aus Boghazköi 13, Berlin.

Ehelolf 1938
Ehelolf, H.: Keilschrifturkunden aus Boghazköi 29. Texte verschiedenen Inhalts vorwiegend aus den Grabungen seit 1931, Berlin.

Figulla 1922
Figulla, H. H.: Keilschrifturkunden aus Boghazköi 2, Berlin.

Figulla/Forrer/Weidner 1923
Figulla, H. H. / Forrer, E. / Weidner, E. F.: Keilschrifttexte aus Boghazköi 1–4. Wissenschaftliche Veröffentlichungen der Deutschen Orient-Gesellschaft 30, Leipzig.

Forrer 1920
Forrer, E.: Keilschrifttexte aus Boghazköi 4, Leipzig.

Forrer 1922
Forrer, E. O.: Die Boghazköi-Texte in Umschrift 1. Wissenschaftliche Veröffentlichung der Deutschen Orient Gesellschaft 41, Leipzig.

Forrer 1926
Forrer, E. O.: Die Boghazköi-Texte in Umschrift 2. Wissenschaftliche Veröffentlichung der Deutschen Orient Gesellschaft 42, Leipzig.

Friedrich 1923
Friedrich, J.: Nachträge zu „Zimmern-Friedrich, Hethitische Gesetze aus dem Staatsarchiv von Boghazköi", Leipzig.

Friedrich 1925
Friedrich, J.: Rezension zu Hrozný 1922. Orientalistische Literaturzeitung 28, 476–478.

Friedrich 1939
Friedrich, J.: Zu einigen umstrittenen Paragraphen der hethitischen Gesetze. In: Folkers, Th. / Friedrich, J. / Lautner, J. G. / Miles, J. (Hrsg.): Symbolae ad jura orientis antiqui pertinentes Paulo Koschaker dedicatae. Studia et Documenta ad Iura Orientis Antiqui Pertinentia 2, Leiden, 1–10.

Friedrich 1952
Friedrich, J.: Rez. zu Neufeld 1951. Oriens. Zeitschrift der internationalen Gesellschaft für Orientforschung 5, 101–106.

Friedrich 1959
Friedrich, J.: Die hethitischen Gesetze. Transkription, Übersetzung, sprachliche Erläuterungen und vollständiges Wörterverzeichnis. Documenta et monumenta Orientis antiqui 7, Leiden.

Friedrich 1971
Friedrich, J.: Die hethitischen Gesetze. Transkription, Übersetzung, sprachliche Erläuterungen und vollständiges Wörterverzeichnis. Photomechanischer Nachdruck der Erstausgabe mit einer Vorbemerkung von A. Kammenhuber, Leiden.

Friedrich/Kammenhuber 1975–1984
Friedrich, J. / Kammenhuber, A.: Hethitisches Wörterbuch. Zweite, völlig neubearbeitete Auflage auf der Grundlage der edierten hethitischen Texte, Band 1: A, Heidelberg.

Fuscagni 2015
Fuscagni, F.: Keilschrifttexte aus Boghazköi 63. Texte aus dem Bezirk des großen Tempels 14 und Nachlese von Texten anderer Fundorte, Berlin.

Giusfredi/Matesso/Pisaniello 2023
Giusfredi, F. / Matessi, A. / Pisaniello, V.: Contacts of Languages and Peoples in the Hittite and Post-Hittite World 1: The Bronze Age and Hatti. Ancient Languages and Civilizations 4, Leiden / Boston.

Goedegebuure 1999
Goedegebuure, P.: Rezension zu Hoffner 1997. Journal of the American Oriental Society 119, 705–707.

Goedegebuure/Güterbock/Hoffner/van den Hout 2002–2019
Goedegebuure, P. / Güterbock, H. G. / Hoffner, H. A. / van den Hout, Th. P. J.: The Hittite Dictionary of the Oriental Institute of the University of Chicago, Volume Š, Chicago.

Götze 1925a
Götze, A.: Die Hethiter, ihr Reich und ihre Kultur. Eine zusammenfassende Übersicht über den Stand der Forschung. Neue Heidelberger Jahrbücher, 11–27.

Götze 1925b
Götze, A.: Ausgewählte hethitische Texte historischen und juristischen Inhalts. Kleine Texte für Vorlesungen und Übungen 153, Bonn.

Götze 1925c
Götze, A.: Zur Interpretation der hethitischen Gesetze. Zeitschrift für Assyriologie und Vorderasiatische Archäologie 36, 254–266.

Götze 1925d
Götze, A.: Hattušiliš. Der Bericht über seine Thronbesteigung nebst den Paralleltexten. Mitteilungen der Vorderasiatisch-Ägyptischen Gesellschaft 29/3, Leipzig.

Götze 1928
Götze, A.: Das Hethiter-Reich. Seine Stellung zwischen Ost und West. Der Alte Orient 27, Leipzig.

Götze 1933a
Götze, A.: Kulturgeschichte des Alten Orients: Kleinasien. Handbuch der Altertumswissenschaft III/1/3, 3/1, München.

Götze 1933b
Götze, A.: Keilschrifturkunden aus Boghazköi 26. Historisch-politische Texte, Berlin.

Götze 1936
Götze, A.: Hethiter, Churriter und Assyrer. Hauptlinien der vorderasiatischen Kulturentwicklung im 2. Jahrtausend v. Chr. Geb., Oslo.

Götze 1938
Götze, A.: Rezension zu Bittel 1937. American Journal of Archaeology 42, 310–311.

Goetze 1951
Goetze, A.: The Problem of Chronology and Early Hittite History. Bulletin of the American Schools of Oriental Research 122, 18–25.

Goetze 1957
Goetze, A.: Kulturgeschichte Kleinasiens. Handbuch der Altertumswissenschaft III/2, München.

Goetze 1958
Goetze, A.: Rezension zu Schmökel 1957. American Journal of Archaeology 62, 109–110.

Gordin 2015
Gordin, S.: Hittite Scribal Circles. Scholarly Tradition and Writing Habits. Studien zu den Boğazköy-Texten 59, Wiesbaden.

Güterbock 1961
Güterbock, H. G.: Rezension zu Friedrich 1959. Journal of Cuneiform Studies 15, 62–78.

Güterbock 1962
Güterbock, H. G.: Further Notes on the Hittite Laws, Rev. of: Friedrich J. 1959b. Journal of Cuneiform Studies 16, 17–23.

Güterbock/Otten 1960
Güterbock, H. G. / Otten, H.: Texte aus Gebäude K, 1. Teil. Keilschrifttexte aus Boghazköi 10. Wissenschaftliche Veröffentlichungen der Deutschen Orient-Gesellschaft 72, Berlin.

Haase 1995
Haase, R.: Beobachtungen zur hethitischen Rechtssatzung nebst einem bibliographischen Anhang, Leonberg.

Haase 2002
Haase, R.: Marginalien zur Tafel KBo VI 4. Altorientalische Forschungen 29, 63–67.

Haase 2003a
Haase, R.: The Hittite Kingdom. In: Westbrook, R. (Hrsg.): A History of Ancient Near Eastern Law. Handbook of Oriental Studies 72, Leiden / Boston, 619–656.

Haase 2003b
Haase, R.: Recht im Hethiter-Reich. In: Manthe, U. (Hrsg.): Die Rechtskulturen der Antike: Vom Alten Orient bis zum Römischen Reich, München, 123–150.

Haase 2005
Haase, R.: Darf man den sog. Telipinu-Erlaß eine Verfassung nennen? Die Welt des Orients 35, 56–61.

Haase 2006–2008
Haase, R.: Recht. B. Bei den Hethitern. Reallexikon der Assyriologie und Vorderasiatischen Archäologie 11, 285–288.

Haase 2011
Haase, R.: Die Entscheidungssammlung von Ḫatti, das Rechtsleben eines Hethiters in seinem Königreich (1650 bis 1180 v. Chr.). Zeitschrift für Altorientalische und Biblische Rechtsgeschichte 17, 34–77.

Hess 1999
Hess, R.: Rezension zu Hoffner 1997. Journal of Biblical Literature 118, 171–172.

Hoffner 1997
Hoffner, H. A.: The Laws of the Hittites. A Critical Edition. Documenta et Monumenta Orientis Antiqui 23, Leiden / New York / Köln.

Hrozný 1915
Hrozný, F.: Die Lösung des hethitischen Problems: Ein vorläufiger Bericht. Mitteilungen der Deutschen Orient-Gesellschaft 56, 17–50.

Hrozný 1921
Hrozný, F.: Keilschrifttexte aus Boghazköi 5–6. Wissenschaftliche Veröffentlichungen der Deutschen Orient-Gesellschaft 36, Leipzig.

Hrozný 1922
Hrozný, F.: Code Hittite provenant de l'Asie Mineure (vers 1350 av.J.-C.) 1re partie: transcription, traduction française, Paris.

Imparati 1964
Imparati, F.: Le leggi ittite. Con prefazione di G. Pugliese Carratelli. Incunabula Graeca 7, Rom.

Jauss 2015
Jauss, St. M.: Kasuistik – Systematik – Reflexion über Recht. Eine diachrone Betrachtung der Rechtstechnik in den Hethitischen Rechtssätzen. Zeitschrift für Altorientalische und Biblische Rechtsgeschichte 21, 185–206.

Kammenhuber 1958
Kammenhuber, A.: Die hethitische Geschichtsschreibung. Saeculum 9, 136–155.

Kammenhuber 1961a
Kammenhuber, A.: Rezension zu Friedrich 1959. Bibliotheca Orientalis 18, 77–82.

Kammenhuber 1961b
Kammenhuber, A.: Zur Textüberlieferung der II. Tafel der Hethitischen Gesetze. Bibliotheca Orientalis 18, 124–127.

Kammenhuber 1968
Kammenhuber, A.: Die Arier im Vorderen Orient, Heidelberg.

Kammenhuber 1982
Kammenhuber, A.: Das Ende des typisch alten Duktus im Hethitischen. In: Dandamayev, M. / Gershevitch, I. / Klengel, H. / Komoróczy, G. / Postgate, J. N. (Hrsg.): Societies

and Languages of the Ancient Near East. Studies in Honour of I. M. Diakonoff, Warminster, 150–159.

Klinger 2021
Klinger, J.: Die Tradierung keilschriftlicher Rechtssammlungen – Zur Frage der Migration von Rechtstexten im Alten Orient und der Sonderstellung der Hethitischen Gesetze. In: Czeguhn, I. / Möller, C. / Quesada Morillas, Y. / de Molina Delgado, J. H. (Hrsg.): Circulación de manuscritos en la Península Ibérica durante las épocas romana, visigoda y musulmana / Wanderung und Migration von Handschriften auf der Iberischen Halbinsel während der römischen, westgotischen und islamischen Zeit, Córdoba, 15–50.

Klinger 2022
Klinger, J.: Zu den Anfängen der hethitischen Überlieferung überhaupt und zur Methode der paläographischen Textdatierung. In: Cancik-Kirschbaum, E. / Schrakamp, I. (Hrsg.): Transfer, Adaption und Neukonfiguration von Schrift- und Sprachwissen im Alten Orient. Episteme in Bewegung. Beiträge zu einer transdisziplinären Wissensgeschichte 25, Wiesbaden, 255–340.

Klinger im Druck a
Klinger, J.: Die Beschwörungsritualtexte der hethitischen Tafel(an)sammlungen. In: Dyma, O. / Niehr, H. / Nihan, Chr. (Hrsg.): The Ritual Texts of Ugarit in Their Archival Contexts. Kasion, Münster.

Klinger im Druck b
Klinger, J.: Zur Diskussion um eine hethitische „Verfassung". Melammu Symposium 2023 „Concepts of Governance and the Study of Ancient Near Eastern Societies". 12.–14.07.2023 an der Freien Universität Berlin.

Klinger im Druck c
Klinger, J.: Nerik and the Spread of Literacy in Hittite Anatolia.

Korošec 1930
Korošec, V.: Sistematika prve hetitske pravne zbirke (KBo VI 3) [Die Systematik der ersten hethitischen Rechtsammlung (KBo VI 3)]. Zbornik znanstvenih razprav 7, 65–75.

Korošec 1932
Korošec, V.: Das hethitische Privatrecht, seine Stellung unter den altorientalischen Rechten. Zeitschrift der Savigny-Stiftung für Rechtsgeschichte. Romanistische Abteilung 52, 146–156.

Korošec 1950
Korošec, V.: Die Kollektivhaftung im hethitischen Recht. Ein Beitrag zu ihrer Entwickelungsgeschichte. Archiv Orientální 18, 187–209.

Korošec 1956
Korošec, V.: Das hethitische Recht in seiner Stellung zwischen Osten und Westen. Südost-Forschungen 15, 22–40.

Korošec 1957–1971
Korošec, V.: Gesetze. D. Ḫatti. Reallexikon der Assyriologie und der Vorderasiatischen Archäologie 3, 288–297.

Korošec 1960
Korošec, V.: Rezension zu Friedrich 1959. Zeitschrift der Savigny-Stiftung für Rechtsgeschichte. Romanistische Abteilung 77, 414–421.

Korošec 1963
Korošec, V.: Les lois hittites et leur évolution. Revue d'Assyriologie et d'Archéologie Orientale 57, 121–144.

Korošec 1964
Korošec, V.: Keilschriftrecht. In: Spuler, B. (Hrsg.): Orientalisches Recht. Handbuch der Orientalistik. Erste Abteilung. Der Nahe und der Mittlere Osten Ergänzungsband 3, Leiden / Köln, 49–219.

Laroche/Košak/Müller/Görke/Steitler 1971–
Laroche, E. / Košak, S. / Müller, G. G. W. / Görke, S. / Steitler, Ch. W: Catalogue des textes hittites – Catalog of Hittite Texts. E. Laroche, fortgeführt von S. Košak und G. G. W. Müller unter Mitarbeit von S. Görke und Ch. W. Steitler. <http://www.hethport.uni-wuerzburg.de/CTH/>.

Neu 1983
Neu, E.: Überlieferung und Datierung der Kaškäer-Verträge. In: Boehmer R. M. / Hauptmann, H. (Hrsg.): Beiträge zur Altertumskunde Kleinasiens. Festschrift für Kurt Bittel, Mainz, 391–399.

Neu 1986
Neu, E.: Zum mittelhethitischen Alter der Tutḫalija-Annalen (CTH 142). In: Meid, W. / Trenkwalder, H. (Hrsg.): Im Bannkreis des Alten Orients. Studien zur Sprach- und Kulturgeschichte des Alten Orients und seines Ausstrahlungsraumes. Karl Oberhuber zum 70. Geburtstag gewidmet. Innsbrucker Beiträge zur Sprachwissenschaft 24, Innsbruck, 181–192.

Neufeld 1951
Neufeld, E.: The Hittite Laws, translated into English and Hebrew with Commentary, London.

Oettinger, N. 2001
Oettinger, N.: Rezension zu Hoffner 1997. Kratylos 46, 92–95.

Otten 1952
Otten, H.: Rezension zu Neufeld 1951. Zeitschrift der Savigny-Stiftung für Rechtsgeschichte. Romanistische Abteilung 69, 449–455.

Otten 1957
Otten, H.: Keilschrifttexte aus Boghazköi 9. Vorwiegend Texte der Grabungen 1955 und 1956. Wissenschaftliche Veröffentlichungen der Deutschen Orient-Gesellschaft 70, Berlin.

Otten 1961
Otten, H.: Rezension zu Friedrich 1959. Zeitschrift für Assyriologie und Vorderasiatische Archäologie 54, 273–275.

Otten 1963
Otten, H.: Keilschrifttexte aus Boghazköi 12. Texte aus Planquadrat L/18, 1. Teil. Wissenschaftliche Veröffentlichungen der Deutschen Orient-Gesellschaft 77, Berlin.

Otten 1970
Otten, H.: Keilschrifttexte aus Boghazköi 19. Aus dem Bezirk des großen Tempels. Wissenschaftliche Veröffentlichungen der Deutschen Orient-Gesellschaft 84, Berlin.

Otten/Rüster 1974
Otten, H. / Rüster, C.: Keilschrifttexte aus Boghazköi 22. Aus dem Bezirk des großen Tempels. Wissenschaftliche Veröffentlichungen der Deutschen Orient-Gesellschaft 90, Berlin.

Otten/Rüster 2000
Otten, H. / Rüster, C.: Keilschrifttexte aus Boghazköi 31. Tafelkataloge, Inventare u. A., vorwiegend von Büyükkale, Berlin.

Rosenkranz 1938
Rosenkranz, B.: Zur Chronologie der hethitischen Gesetze. Zeitschrift für Assyriologie und Vorderasiatische Archäologie 44, 210–214.

Schuler 1982
Schuler, E. von: Hethitische Rechtsbücher. In: Kaiser, O. (Hrsg.): Rechts- und Wirtschaftsurkunden. Historisch-chronologische Texte. Texte aus der Umwelt des Alten Testaments 1/1, Gütersloh 1982, 96–123.

Shields 2022
Shields, K.: Rewriting the Law: Diachronic Variation and Register in Greek and Hittite Legal Language. In: Bianconi, M. / Capano, M. / Romagno, D. / Rovai, Fr. (Hrsg.): Ancient Indo-European Languages between Linguistics and Philology, Leiden / Boston, 234–253.

Singer 2001
Singer, I.: Rezension zu Hoffner 1997. Journal of Near Eastern Studies 60, 286–289.

Sommer/Falkenstein 1938
Sommer, F. / Falkenstein, A.: Die hethitisch-akkadische Bilingue des Ḫattušili I. (Labarna II). Abhandlungen der Bayerischen Akademie der Wissenschaften, Philologische-historische Abteilung, Neue Folge 16, München.

Starke 1985a
Starke, Fr.: Die keilschrift-luwischen Texte in Umschrift. Studien zu den Boğazköy-Texten 30, Wiesbaden.

Starke 1985b
Starke, Fr.: Der Erlaß Telipinus. Zur Beurteilung der Sprache des Textes anlässlich eines kürzlich erschienenen Buches. Die Welt des Orients 16, 100–113.

Torri 2022
Torri, G.: The Haus am Hang at Ḫattuša. A Late Hittite State Scriptorium and Its Tablet Collections. Studien zu den Boğazköy-Texten 67, Wiesbaden.

Torri 2023
Torri, G.: The Hittite King as Administrator of the Land. In: Mora, Cl. / Torri, G. (Hrsg.): Administrative Practices and Political Control in Anatolian and Syro-Anatolian Polities in the 2nd and 1st Millennium BCE. Studia Asiana 13, Florenz, 25–36.

Trémouille 2015
Trémouille, M.-C.: Keilschrifttexte aus Boghazköi 65. Texte aus dem Bezirk des großen Tempels 17, Berlin.

van den Hout 2009
van den Hout, Th.: Reflections on the Origins and Development of the Hittite Tablet Collections in Hattuša and Their Consequences for the Rise of Hittite Literacy. In: Pecchioli Daddi, F. / Torri, G. / Corti, C. (Hrsg.): Central-North Anatolia in the Hittite Period – New Perspectives in Light of Recent Research. Acts of the International Conference Held at the University of Florence (7–9 February 2007). Studia Asiana 5, Rom, 71–96.

van den Hout 2012
van den Hout, Th.: Die Rolle der Schrift in einer Geschichte der frühen hethitischen Staatsverwaltung. In: Wilhelm, G. (Hrsg.): Organization, Representation, and Symbols of Power in the Ancient Near East, Proceedings of the 54th Rencontre Assyriologique Internationale at Würzburg, 20–25 July 2008, Winona Lake, 73–84.

van den Hout 2020
van den Hout, Th.: A History of Hittite Literacy: Writing and Reading in Late Bronze-Age Anatolia (1650–1200 BC), Cambridge.

Waal 2015
Waal, W.: Hittite Diplomatics. Studies in Ancient Document Format and Record Management. Studien zu den Boğazköy-Texten 57, Wiesbaden.

Walther/Weber 1923
Walther, A. / Weber, O.: Keilschrifturkunden aus Boghazköi 6, Berlin.

Weber 2010
Weber, M.: Max Weber-Gesamtausgabe. Band I/22-3. Recht. Herausgegeben von W. Gephart und S. Hermes, Tübingen.

Wilhelm 2011
Wilhelm, G.: Telipinu B. Großkönig. Reallexikon der Assyriologie und Vorderasiatischen Archäologie 13, 511–513.

Zimmern 1924
Zimmern, H.: Rezension zu Hrozný 1922. Zeitschrift für Assyriologie und Vorderasiatische Archäologie 35, 72–73.

Zimmern/Friedrich 1922
Zimmern, H. / Friedrich, J.: Hethitische Gesetze aus dem Staatsarchiv von Boghazköi (um 1300 v. Chr.). Der Alte Orient 23/2, Leipzig.

Neo-Babylonian Legal Practice in the Mirror of Laws and Royal Edicts

*Kristin Kleber**

Abstract

The article begins with an overview of the three available normative sources of the Neo-Babylonian period: the *Codex Hammurapi,* which was still copied and studied in Neo-Babylonian scribal education, the references to royal edicts (*dīnātu / dātu ša šarri*), and the *Neo-Babylonian Law Fragment.* In the second part, an up-to-date summary is given of which regulations of the law fragment find an equivalent in the legal practice documents.

1 Introduction

Legal and administrative texts from the Neo-Babylonian period are abundant. We also possess many texts deriving from legal proceedings at local courts, even if the number of tablets containing verdicts is smaller. This wealth of documentation allows us to gain detailed insights into the legal practice of the period. By contrast, normative sources, whether royal decrees or customary law in written form, are very scarce. These include the *Codex Hammurapi*[1] and the *Neo-Babylonian Law Fragment,* as well as mentions of *dātu,* decrees issued by Persian kings, which have not been handed down to us anywhere in their wording. We only know of them from legal practice texts referring to them. The workshop asked the question how normative texts relate to the legal practice of a given period. In the following, I will try to answer this question for the Neo-Babylonian and early Achaemenid periods.

2 Normative sources

2.1 The Codex Hammurapi in First Millennium Babylonia

The text of the *Codex Hammurapi* was still being copied in the first millennium. Oelsner lists 17 Neo- and Late Babylonian fragments of the *Codex Hammurapi,* and a commentary to §§ 2–3 and §§ 23–25.[2] Interestingly, most of the copies concern the prologue, and two pieces are written in an archaising style. In any case, the *Codex Hammurapi* was part of scribal training, and thus part of the education of those

* This contribution was written under the auspices of the project "Governance in Babylon – Negotiating the Rule of Three Empires" (2021–2026, University of Münster) funded by the European Research Council within the Horizon 2020 research and innovation programme (Grant agreement no. 101001619).

1 For the discussion of the nature of the "Law Codes", see Westbrook 2009, 73–95.

2 Oelsner 2022, 63–68.

DOI: 10.13173/9783447124522.575

people who administered justice in first-millennium Babylonia. "Judge" was not a profession requiring special legal training. Rather, local administrators such as city governors, and temple and palace officials, had local jurisdiction over their own realm in addition to – or rather as part of – their administrative functions. In addition, there were royal judges who worked in panels. Some of these stayed in Babylon and possibly worked in the court building, the *bīt dīni*. Others travelled around the country to decide legal disputes in the periphery.[3] Men of honour from public life were appointed royal judge at an advanced age.[4] The scribal training of the dignitaries who administered justice in various capacities included learning both the principles of legal justice and also concrete legal rules. For example, one of the Neo-Babylonian copies of the *Codex Hammurapi* comes from the house of the governor (*šākin ṭēmi*) of Babylon, together with some documents which do not prosopographically belong to the family archive; this could be an indication of his activity as a notary or judge.

The regulation of § 8 of the *Codex Hammurapi*, namely the payment of 30 times the amount in the case of temple theft, is frequently documented in Neo-Babylonian legal practice.[5] This only proves that legal practise in the first millennium was based on very old traditions. This will also become clear below in the discussion of the *Neo-Babylonian Law Fragment*, which has many parallels to the *Codex Hammurapi*, but also deviations constituting new legal regulations.

2.2 Royal edicts (dīnātu / dātu ša šarri)[6]

Dātu is a Persian loanword into Akkadian, which is usually coupled with *ša šarri*. A *dātu ša šarri* is therefore a decree or a law of the king. In Darius' Bisotun inscription, *dātu* in the Persian version is translated as *dīnātu* "laws" in the Akkadian version. Moreover, in a text from legal practice (*VS* 6, 99 = *NRVU* 700), which dates from the 3rd year of Cyrus' reign, the penalty for the failure to appear in court is a tenfold compensation payment, *akī dīnāti ša šarri* "according to the laws of the king". There is a high probability that this still refers to the laws promulgated by a Neo-Babylonian king, but it could of course also refer to a decree of Cyrus. After that, the Persian word *dātu* became a genuine loanword in Akkadian. All other examples have *dātu ša šarri* and originate from the reign of Darius I (the first evidence dates to his second year of reign) and from the Seleucid period. In one of the Seleucid records, reference is once made to "what is written in the *diagramma*", which is then explained as *ṭēmu ša šarri*, "instruction of the king". Hence, the Greek word for a royal decree was used here. As mentioned above, we do not know the word-

3 Holtz 2008.

4 See Wunsch 2000.

5 Particularly numerous are conditional judgements that come into force if the thief is successfully convicted (e.g. *TCL* 12, 106, edited by San Nicolò 1932, 331). An example of a judgement (the payment of thirty sheep for a stolen one) is *TCL* 13, 147 (San Nicolò 1932, 339–340).

6 I collected and discussed all the attestations of *dātu ša šarri* in Kleber 2010. In this paragraph, I summarize and update these results.

ing of any of these decrees, but we can at least partially reconstruct the issues they regulated from legal contracts and records of litigation.

The most exciting text is no. 1 in Jursa/Paszkowiak/Waerzeggers 2003–2004.[7] It concerned the abduction of a female slave from a house by a man who claimed that the slave was his sister. After interrogation, the man recanted this claim. The text concludes with the statement:

> 14) ⌜$^{\text{lú.d}}$30⌝-*ma-gi-ir ù* [^{lú}DI].⌜KUD^{meš}⌝ ^{lú}*ki-na-at*^{meš}*-šú da-a-ti ip-tu-ú-ʾ-i* 15) [*u*]*l-tu da-a-ti* [4]*-ta* ^{lú}*a-me-lut-tu*$_4$ *ina muḫ-ḫi* PN 16) [*pa-a*]*r-*⌜*sa-ni-iš-šu*⌝?
> "The *simmāgir*-official and the judges, his colleagues, opened the laws. On the basis of the law, PN was imposed (the payment of) four slaves."

The royal law apparently regulated the penalty for burglary or kidnapping. We can also infer from this text that the *dātu* were circulated in written form and could be consulted by the judges when passing judgement. The fact that a panel of judges "opened the laws" hints at a collection in form of a scroll or a wax-covered board.

Another case, text *Dar.* 53,[8] concerned the eviction of an escaped slave. The judges still had to establish the actual ownership of the slave. The man who claimed that the slave belonged to him was ordered to bring the slave here. If he had secretly made the slave work for himself, he would have to pay the days "according to the king's law" (*a-ki-i da-a-ta šá* LUGAL). The king's law apparently regulated the payment of *mandattu*, the traditional compensation for slaves that were hired out.

Other texts show that the *dātu* also regulated the level of tariffs in the royal domain, such as freight duties, certain levies, military taxes, and the administrative fee in connection with the transfer of ownership of a house.[9] Several texts refer to deposits. Among other things, one *dātu* seems to regulate that deposits were paid out to the person who could produce the promissory note, while others seem to regulate the level of the penalty for misuse.

The multiple occurrences of a fourfold compensation payment are striking, e.g. in the case of the theft of the slave in the first example, in the unlawful collection of taxes, and in the unlawful passing on of documents.[10] The *Code of Hammurapi* and the *Neo-Babylonian Law Fragment* mention multiple compensation as a punishment, but nowhere is the number 4 found.

The question arises as to what the *dīnātu* and the *dātu* really looked like. Were they specific individual decisions made by the king in court cases over which he presided? An individual royal ruling is described in the biblical story of Esther (1, 19–22), after Vašti, the wife of Ahasuerus, refused to appear at a banquet. The story says that the king became angry and issued a royal decree that Vašti was no longer allowed to appear before the king. The order was spread throughout the

7 *AfO* 50, 255–259, BM 25098.
8 *Iraq* 70, 208–209, edition in Magdalene/Wells/Wunsch 2008.
9 See *ZABR* 16, 54–57 (Kleber 2010) nos. 3–7 and 12 (including the text edition by J. Hackl in the appendix). Deposits: *ZABR* 16, 58–59 nos. 9–11.
10 *ZABR* 16, 53, 54–57 (Kleber 2010) nos. 1, 4, 8.

kingdom by writing letters to all the provinces. The generalisation was that all wives should honour their husbands. Regardless of the origin of this rule, namely the king's divorce, it is not inconceivable that a law regulating the punishment for 'disobedient' wives existed. More interesting than the matter itself is the process of dissemination, that is, that individual decisions by the king were sent to all provinces, "to every province in its own script and to every people in its own language" (Esther 1, 22).

The panel of judges in example no. 1 "opened" the laws, so perhaps the *dātu* were also a collection of laws, in this case possibly on wax-covered wooden writing boards in Akkadian. The passage from Esther demonstrates that translations into Akkadian are conceivable. The individual provisions in this collection may reflect contemporary customary law, with additions by individual royal decisions which had been generalised.

The text of the *Codex Hammurapi* mentions the stele on which the laws were written, but the publicly displayed stele was not the only form in which the text was disseminated. In one of the Neo-Babylonian, probably early Achaemenid, cuneiform tablet fragments containing the text of the *Codex Hammurapi*, handed down in archaising style, the colophon states that a stele in Susa served as a model.[11] Regardless of whether it was the stele of which we know or another one which was still accessible somewhere in Susa in the early Achaemenid period, this statement is naturally very important for the question of the first-millennium reception of older royal "legislation". Of course, we do not know whether the Neo-Babylonian and / or Achaemenid kings emulated Hammurapi's example. However, the text "King of Justice",[12] which is attributed to either Nebuchadnezzar or Nabonidus, states that the king wrote down "laws and decisions" (*di-i-nu u* EŠ.BAR-*a*), thereby laying down statutes for the city for the good (*rik-sa-a-tú* URU *a-na* SIG$_5$-*tú ú-rak-ki-is*). He also had a judgement house (*bīt dīni*) built in Babylon, where he erected a stele (*ṣalam šarrūtišu*). This royal stele may have contained an inscription with the legal regulations mentioned immediately before it. Furthermore, the attestations for the Persian loanword *dātu* show that Persian kings enacted laws, and perhaps collected laws in Babylonia. Darius is described by Diodorus Siculus (1.95.4) as a "lawgiver" in Egypt. Indeed, this is confirmed by a papyrus from Egypt with a text stating that Darius had instructed the satrap of Egypt to send Egyptian scholars to Susa to collect and write down the laws in force in Egypt, and there are also demotic manuscripts extant containing such collections of laws.[13] A similar undertaking cannot be proven for Babylonia, but cannot be excluded, given that the content of royal *dātu* were well-known in Babylonia.

11 Charpin 2003; Oelsner 2022, 34.

12 Schaudig 2001, 579–588 (P2.II, especially lines 22′–27′) with further literature.

13 Lippert 2017.

3 The *Neo-Babylonian Law Fragment*

The *Neo-Babylonian Law Fragment* is a fragmentary tablet with originally six columns containing legal provisions similar to the *Codex Hammurapi*. The tablet (BM 56606 = 82-7-14, 988) is catalogued in the British Museum in a collection with numerous tablets from Sippar, so it probably comes from Sippar and dates to the Neo-Babylonian period, sometime between the late 7th and the 5th century, according to the appearance of the signs.[14] The text contains numerous scribal errors, which is why it is referred to as a school tablet.[15] According to Joachim Oelsner's argumentation,[16] the very fragmentary parts probably did not contain further paragraphs, but rather parts of other texts, perhaps model contracts, because the tablet may contain a royal name in two places, namely on the destroyed left margin in col. i and on the reverse in col. vi. The context is completely unclear on both occasions. Col. i lines 17–18 is indeed a date: it mentions Year 2 of a king of Babylon. The signs [T]IR^{ki} also appear in col. vi line 2. Line 1 above ends in ⌜X⌝-A. The damaged sign before A indeed resembles DÙ most, and therefore it was suggested that Assurbanipal, king of Babylon, was mentioned here. This was rejected on historical grounds.[17] Furthermore, there is enough space in the gap at the beginning of line 2 that may have contained a full royal name, but the broken passage on the reverse may not be a date at all. A date in a colophon is rather unlikely,[18] but the passage on the obverse where a date – the second year of a king of Babylon – is mentioned, may be an exercise in drafting legal documents, as Oelsner suggested.[19]

The text contains a comment at the beginning of column iii, which is separated from the rest by spaces and lines. The note reads: *di-in-šú ul qa-ti u ul šá-ṭir* "its legal sentences are not finished, but not copied". This is followed by further legal sentences on a different topic. This clearly demonstrates that it was a typical student's excerpt from a more extensive collection of legal propositions. The following topics are covered:[20]

§ 2: Destruction of crops by allowing animals to graze
§ 3: Destruction of crops due to flooding
§ 4: (too little of the text is preserved)
§ 5: Direct agency
§ 6: Eviction of a slave by a third party

14 Oelsner 1997, 219 with n. 6.
15 Petschow 1959, 43 with older literature; Oelsner 1997.
16 Oelsner 1997, 221–224.
17 Assurbanipal was suggested by Peiser 1889, but see Petschow 1959, 40 with n. 16 and Oelsner 1997, 220 with further literature. Assurbanipal has no second year as king of Babylon. It is not likely that the passage in col. i and the passage in col. vi are identical. The beginning of line 18 on the obverse, where a royal name must have stood, is completely broken. The sign LUGAL is clear, and the traces thereafter fit ⌜TIN.TIR^{ki}⌝. A photograph is available on the website of the British Museum.
18 Oelsner 1997, 221 and 225, contra Roth 1995, 148.
19 Oelsner 1997, 225.
20 I follow Martha Roth's (1995) edition. Petschow 1959 used a different paragraph numbering.

§ 7: Sorcery (Remark: *dīnšu ul qati u ul šaṭir* "its legal sentences are not finished, but not copied")
§§ 8–13: Matrimonial property law
§ 14: (too little of the text is preserved)
§ 15: Male inheritance in case of remarriage of the father and birth of later sons, dowry for sisters

The detailed provisions on the subject of dowries and inheritance rights suggest that the text was originally far more extensive, and similar to the *Codex Hammurapi* in that it dealt with a number of different cases in succession. The question central to this colloquium, namely the relationship between legal principles and legal practice, was already posed early on in relation to this *Neo-Babylonian Law Fragment*. Bruno Meissner (1918) already sought to prove that the Neo-Babylonian laws were consistent with contemporary legal practice.[21] Herbert Petschow then dedicated a long article to the *Law Fragment*,[22] citing more relevant examples from legal practice corresponding to the cases in the law fragment. He discusses a plethora of documents, many pertinent, but others with specifics rendering them unsuitable to prove the validity beyond doubt. In her study of inheritance laws, Cornelia Wunsch (2020) quoted extensively from the *Neo-Babylonian Law Fragment* and successfully documented the validity of matrimonial property section by citing pertinent legal practice documents. In the following, I will also discuss the individual paragraphs in the order of the fragment of the law,[23] and use both the examples already cited by Petschow and Wunsch, wherever they were completely relevant, and few new ones, where we now have pertinent examples.

21 Petschow (1959, 39 n. 10) criticised that Meissner did not reach his goal. Meissner (1918, 281) believed that the legal statutes of the *Codex Hammurapi*, although copied, had become incomprehensible in the first millennium („in der großen Masse gewiß unverständlich"). He thought that it was therefore necessary to edit and modernise them („sie in einer modernen, dem Publikum verständlichen Sprache zu redigieren, sie zu ergänzen und, wo sich die Rechtsnormen geändert hatten, auch zu modifizieren"). According to Meissner (1918, 295), the *Neo-Babylonian Law Fragment* was not a copy of older laws, but a draft of a new code of law. The reasons which he gives are a) of a formal nature (introduction of the paragraphs by LÚ *ša*), b) the order (different from that in the *Codex Hammurapi*); c) the contemporary terminology, d) the deviations in content from the *Codex Hammurapi*; e) the conformity with Neo-Babylonian legal practice.

22 Petschow 1959.

23 The translations cited are those of Martha Roth in Roth 1995, 144–148 with the exception of my own stated changes. I follow Oelsner 1997 in interpreting Section 1 not as a paragraph of the law, but rather as a different kind of student exercise.

§§ 2 and 3: Crop damage caused by negligence

> § 2: "[A man who …] field […] pastures […] he pastures […] the testimony which he will provide … of the field […], he shall give [grain] in accordance with the (yields of his) neighbor to the owner of the field; [as much as] he pastured, he shall give grain in accordance with the (yields of his) neighbor."
> § 3: "[A man who opens] his well to the irrigation outlet but does not reinforce it, and who thus causes a breach and thereby [floods] his neighbor's field, shall give [grain in accordance with the (yields of his)] neighbor [to the owner of the field]."

The paragraphs regulate the compensation which a person has to pay who had caused damages to someone else's field, in § 2 by grazing animals, in § 3 by flooding. The content of the paragraphs corresponds roughly to §§ 53–58 of the *Codex Hammurapi*.[24] Compensation for the loss of harvest should be proportional to the damage caused by the grazing and in full in the case of flooding, according to what the neighbours have harvested. The simple compensation is certainly related to the fact that the damage was not caused by intent, but by negligence. The legal concept of fairness is behind the estimation of damages which cannot be precisely quantified – the payment should be fair and appropriate to the situation of the individual case. I could not find an exact equivalent of such cases in the Neo-Babylonian court documents. However, the idea that the situation of the neighbours of the property is a good measure is certainly present. We find this idea, for example, in the land lease deed *OIP* 122, 16, where someone is to build a cane hut on the land, and then pay rent corresponding to that of the neighbours (KÙ.BABBAR *i-di qaq-qa-ru a-ki-i* ÚS.SA.DU *i-nam-din*). Of course, this example is not entirely apt, as it does not pertain to indemnity.

§ 5: Direct agency

Before citing the wording of the paragraph, a few words on agency are in order. In law, we distinguish between direct and indirect agency:[25]

- The direct agent or proxy acts in the name and for the account of another person. The legal effects accrue directly to the represented party.
- The indirect agent (or proxy) acts in his own name but for the account of a third party. The legal effects accrue to the indirect agent. To transfer them to the represented party, further legal acts are required (e.g. the assignment of the property or the assumption of the debt).

24 Petschow 1959, 44 with reference to Driver and Miles.

25 Neither indirect nor direct agency are innovations of the Neo-Babylonian period, but the increased travelling and volume of business may have led to an increase in the use of agency in the Neo-Babylonian period.

Agency can be expressed in Akkadian by *ina našparti* "on behalf of", perhaps meaning acting on a power of attorney. Other expressions are *ina qībi* "on command", frequently used for agents who are in a dependant or subordinate position to the represented, and *ina ṣibûti* "upon request". Cases are documented, e.g. in a dossier where a husband acquired a plot of land for his wife with her dowry silver. In the purchase contract *VS* 5, 105, we see only him acting. The subsequent deed *VS* 6, 157 explains that he acted at his wife's request, expressed here by *ana našê ṣibûti,* and that he paid with her dowry silver; therefore, the land belonged to her. If we only had the purchase contract, we would not be informed about the indirect agency which had taken place during the act of buying. When subordinates act on behalf of their superiors, their role as agent can be documented in the contract, even if only by mentioning the title "majordomus" of a high-standing person.

Direct agency, i.e. when a proxy acts in the name of the represented party, would normally not be discernible at all, because the issue of a deed such as *VS* 6, 157 was not necessary. Both the purchase contract and the promissory note for the purchase price are in the name of the represented party. Only contextual information enables us rarely to recognise cases of direct agency. According to *Camb.* 305, drafted on the 30th of Nisan of the 6th year of Cambyses in Babylon, a debtor takes out a loan from Itti-Marduk-balāṭu, the head of the Egibi family at that time. However, only 16 days later, the creditor Itti-Marduk-balāṭu bought a slave family in Ḫumadēšu, a town near Persepolis, according to *Camb.* 309.[26] There are more than 1100 kilometres between Babylon and Ḫumadēšu, a distance that is impossible to cover on foot and partly by boat in just 15 days. A subordinate in Babylon probably issued the loan in mandate position on behalf of Itti-Marduk-balāṭu.[27]

The § 5 of the *Neo-Babylonian Law Fragment* refers quite clearly to direct agency in the case of a property acquisition:

> "A man who seals a tablet as owner of (i.e., who bought) a field or a house in another's name, but does not make out a contract of proxy for the matter or does not take a copy of the tablet – it is the man in whose name the (purchase) tablet and promissory note[28] are written who shall take the field or house."

The paragraph seems to protect the buyer against any claims by the proxy. This, however, is surprising, because the matter is quite clear in the case of direct agency. If the name of the actual buyer is on the purchase contract and on the promissory note for the purchase price, what claims could the proxy credibly make?[29]

26 *Camb.* 309 was drafted on 15th Ayyar of the same year, only 16 days later, in Ḫumadēšu.

27 This was also suggested by Stolper 1984, 307.

28 I have altered Roth's translation of ^{im}DUB *u ú-ìl-tì* from "tablet and sale document" to "(purchase) tablet and promissory note", because this is what is meant. An *uʾiltu* is a debt / promissory note, never a title deed. The promissory note in this case records (part of) the credited purchase price.

29 Petschow 1959, 48 also noticed this oddity. He explained it by assuming that the representa-

Possibly, § 5 simply stipulates that direct agency was legally possible, even if the authorisation of the agency was merely oral. In Roman law, for example, direct agency was not possible.

The idea that the legality of a legal practice would be regulated in a law seems quite modern at first glance. However, it must be borne in mind that direct agency in the acquisition of property by an independent person who is not a subordinate of the represented is unusual. The prerequisite is that the representative is openly and justly (upon oral or written request) acting on behalf of the represented party. Yet, because of the physical absence of the represented, the agent has to perform the speech act which creates a binding obligation.[30] The practice may have caused doubts and fears as to the validity of the document, and may have led to the few attested cases where the agent and the represented party appear as buyers in the document.[31] These cases should not lead us to assume that direct and indirect agency were not conceptually distinguished in Babylonian law. Rather, § 5 suggests that this distinction existed, and that the validity of the title thus acquired could be trusted and relied upon in business transactions.[32]

Interestingly, § 5 only mentions fields and houses, i.e. properties which were purchased up to the late Achaemenid period using the traditional form, which is stylised from the buyer's point of view. The purchase contract could serve as a title deed or proof of ownership for immobile property for the buyer. Furthermore, it regulates only the case in which the buyer is represented, not the seller. The regulation must also be viewed in light of the fact that real estate acquisition was desirable, while the sale of it was undesirable, and often a sign of dire financial straits.

Sales of moveable property, such as a slave, are stylised from the seller's point of view, mainly documenting the fact that the seller relinquished his ownership. An example of a direct agency which was not legally valid comes from the Egibi

---

tive had certain rights to the object of purchase if he had counterclaims, „Andernfalls wäre die ausdrückliche Bestimmung des Wegnahmerechts des Vertretenen in § 5 unverständlich."

30 The wording of the pertinent passage, *awēlu ša ṭuppi … iknuku-ma*, "a man who … sealed a tablet" is not necessarily to be understood literally, it can also mean: "A man who … issued a document".

31 Petschow 1959, 62 and 65 argues that direct and indirect agency was not strictly distinguished. He lists documents where the representative had his and the buyer's name written in the purchase contract. In this case, the representative could assert claims on the basis of the purchase contract. However, such a case is not pure direct agency, and § 5 says nothing about two names appearing in the purchase contract. It furthermore says that the proxy did *not* take a copy of the purchase contract. Perhaps the latter is quite interesting: if there were two buyers, they should both be given a copy of the purchase contract. The importance of duplicates was already emphasised by Driver and Miles *apud* Petschow 1959, 47.

32 One may argue that claims by the proxy may arise if the means used for the purchase were credited to the represented party by the agent. However, a general rule in Babylonian contract law is that the debt note is another legal matter, independent of the property acquisition. If the buyer does not pay the debt, the creditor, whether agent, seller, or a third party, cannot claim the purchased property, but rather can only claim the money. Moreover, such an interpretation is nowhere suggested by the wording of § 5.

archive.[33] It concerns a female slave, not real estate, and an agency on behalf of the seller. The dossier consists of three texts. According to the sale deed (*Camb.* 143), Itti-Marduk-balāṭu sold his slave Mizātum in the city of Opis. The buyer issued a promissory note (*Camb.* 144) for part of the purchase price (37 *šiqil* of silver) on the same day. The third text (*Liverpool* 19) attests that the sale was reversed, and it gives us very interesting detail, why: Iddin-Nabû, the brother of Itti-Marduk-balāṭu, had sold Itti-Marduk-balāṭu's slave Mizātu "in secret" (*ina puzri*) and "in absentia" (*ina lā qerbi*) of Itti-Marduk-balāṭu, but in the latter's name as seller. Itti-Marduk-balāṭu now returns the part of the purchase price already paid by the buyer. He shall reclaim the money from his brother. As the deed of sale of the slave looks quite normal, including the formula *ina ḫūd libbišu* "out of his own free will" with the name of the owner Itti-Marduk-balāṭu, we would never have learnt of the – in this case unlawful – agency without this additional archival document. Normally, the buyer is protected from cancellation on part of the seller by the formula *ina ḫūd libbišu*,[34] but since the agency was unauthorised, the purchase could be cancelled.

§ 6: Eviction of a slave by a third party

Coincidentally, the subsequent Section 6 of the *Neo-Babylonian Law Fragment* follows on nicely from the last example. It is about the eviction of a slave who was taken away due to claims:

> "A man who sells a slave woman against whom a claim arises so that she is taken away – the seller shall give the buyer the silver (of the purchase price) in its capital amount according to the sale document. Should she bear children (while in the possession of the buyer), he shall give half a shekel of silver for each."

The paragraph states that the seller must simply refund the purchase price to the buyer, plus half a shekel of silver for each child born in the meantime. The standard Neo-Babylonian form for the sale of movable goods stipulates that the seller clears the claims of third parties. Nothing is said about what happens if the third-party claims were justified. However, a few contracts contain additional clauses stating exactly what § 6 regulates, namely the reimbursement of the purchase price in the event of vindication.[35] In any case, the content of § 6 is not surprising. The contractual clauses alone prove that legal practice complies with it. Petschow also noted this, and suggested that the birth of children in the meantime is perhaps the crucial point.[36]

33 Also treated by Petschow 1959, 50–54.

34 For the legal interpretation of the phrase *ina ḫūd libbišu*, see Kleber/Kirchhefer-Lauber 2024.

35 The dossier consisting of the slave purchase contract *Nbk.* 386 and the second document *BRM* 1, 51, which Petschow 1959, 69 dealt with, is not relevant, as the vindicant reimburses the purchase price.

36 Petschow 1959, 73. This may indeed be the crucial point as the wording of the eviction and

§ 7: Magic/Ritual [37]

> "A woman who performs a ritual (*nēpešu*) or a ritual purification (*takpertu*) in a man's field from the street, or in a boat, or in a kiln, or wherever, shall give the owner of the field three times the yield of the trees between which she performs (the ritual). If she performs the ritual in a boat, in an oven or elsewhere, she shall give three times the loss caused to the property (lit. field). If she is caught [spilling] the ritual's (waste)water in the doorway of a man's house, she shall be killed."

Martin Lang demonstrated that the Section does not pertain to witchcraft but to the improper disposal of magical matter.[38] Greta Van Buylaere has recently linked this difficult passage to a ritual[39] that pregnant women perform in order to avoid stillbirths. In the course of this ritual, a woman embraces a kiln and asks that the kiln's ability to produce sound pots be transferred to her, her unsound condition taken from her, so that she can give birth to a healthy child. The growth of the child in the womb is likened to pots in a kiln. The ritual continues with the pregnant woman embracing a palm tree and asking it to take away her troubles. After transferring her magical pollution to a mouse placed on the street, she then slips under a pregnant jenny and conjures that the jenny's baby should die while hers is allowed to live. The purification rite leaves behind magically contaminated waste, both physical and immaterial, which could be transferred to the oven, the palm tree and the animals. While the fire in the kiln is supposed to destroy the evil residue, the exchange of the life of the donkey's foal for the child demonstrates that the damage to the animal was intentional. It was believed that the transfer of the negative condition and the ritual residue could negatively affect productive assets such as fields, orchards, boats, ovens and animals and cause losses to the owner of these properties. The logic behind the triple indemnity prescribed in § 7 is most likely that the damage was caused knowingly, as opposed to, for example, to the single indemnity for property damage caused by negligence as described in §§ 2 and 3. The killing probably corresponds to the talion principle: if she discards of the polluted material at the door of somebody's house, it may affect the life of its inhabitants. There are no documents from legal practice dealing with witchcraft or the potentially dangerous effects of purification rituals.

---

defence clauses of the sale contract does not regulate the value of children born in the meantime.

37 The difficult paragraph has recently been re-edited by Lang 2012 and by Greta Van Buylaere (in preparation). I thank G. Van Buylaere for providing me with her new translation which is used here. It deviates from Roth's edition.

38 Lang 2012, 55; he also cited (2012, 48) a Hittite law, according to which it was a capital crime to dispose of the residues of a purification ritual in the field or in someone else's house.

39 *AMD* 8/3, 5.5. G. Van Buylaere will publish a separate treatment of the link between this ritual and § 7, the manuscript of which she kindly made available to me. An example of a ritual to undo a spell against a house is *AMD* 8/2, 8.19.

After the end of § 7 comes the note *dinšu ul qati u ul šaṭir* "its law is not complete but not copied further". It means that the original master copy contained more, and that our text has a gap here in comparison with the original *Vorlage*.[40] Yet, does this also mean that the previous paragraphs were consecutive? Some of the jumps in content are also present in the *Codex Hammurapi*, but the fact that only one case was dealt with for each of these topics would be very unusual. It is more likely that our §§ 1–7 was a random choice of paragraphs, rather than the consecutive text of a collection of Neo-Babylonian laws.

The following paragraphs are thematically related, and concern matrimonial property law:

§ 8: Ban on changing inheritance and dowry promises

> "A man who gives his daughter in marriage to a member of the *amēlu*-class, and the father (of the groom) commits certain properties in his tablet and awards them to his son, and the father-in-law commits the dowry of his daughter, and they write the tablets in mutual agreement – they will not alter the commitments of their respective tablets. The father will not make any reduction to the properties as written in the tablet to his son's benefit which he showed to his in-law. Even should the father, whose wife fate carries away, then marry a second wife, and should she then bear him sons, the sons of the second woman shall take one third of the balance of his estate."

Section 8 deals with the case of two fathers who draw up marriage agreements for their children and thereby make promises of property. The agreements may not be changed afterwards; in particular, the groom's father may not reduce his son's share of the inheritance, even if the father later remarries. Any sons of the second marriage may only receive 1/3 of the remainder of his estate. The last provision is also repeated in § 15.[41] There is no recorded legal dispute dealing with the attempt to reduce the inheritance, but the distribution of 2/3 to the eldest son from the first marriage and 1/3 to the sons from the second marriage is attested (*AchHist.* 15, 7),[42]

40 Various interpretations have been brought forward, also with respect to the obscure suffix -*šu*. Petschow 1959, 43 deliberated that the original was damaged or illegible here, and therefore the apprentice scribe did not copy further, or, following Landsberger, that he simply left out some regulations and continued the *Vorlage* with the regulations on matrimonial property law. Roth 1995, 149 wrote that "The antecedent of "its" is not clear; the reference could be, for example, a defective original exemplar from which this tablet was copied, or to a court case that has not yet been decided." The suffix -*šu* "its" would be explicable if the note pertained to the topic of § 7, in the sense that the regulations concerning magical matters may have been longer in the original. However, the line that ends § 7 and the spacing of the note (at the top of column III) makes this interpretation less likely.

41 For a discussion of the duplication, see Petschow 1959, 78.

42 Wunsch 2020, 462 with n. 31, text *AchHist.* 15, 7: the eldest son from first marriage receives 2/3 of his father's estate; the three younger sons from the father's second marriage receive 1/3, apparently in equal shares.

and thus confirms the second part of the regulation in § 8. The fact that all younger sons were disadvantaged by this regulation was obviously accepted. The eldest son, who is supposed to continue the family tradition, was favoured by inheritance law anyway.

§ 9: Permission to reduce the dowry in the event of impoverishment

> "A man who makes an oral promise of the dowry for his daughter, or writes it on a tablet for her, and whose estate later decreases – he shall give to his daughter a dowry in accordance with the remaining assets of his estate; the father-in-law (i.e. the bride's father) and the groom will not by mutual agreement alter the commitments."

Section 9 deals with the case where a father who has promised his daughter a dowry impoverishes later. He may reduce the dowry in proportion to the losses, despite the marriage agreement with a dowry promise. Nevertheless, the groom's family may not make any changes to the agreements. The reason for this unequal treatment is the protection of the bride's brothers.[43] As they inherit all of their father's assets and the debts, they could be severely disadvantaged by their sister's unchanged dowry. The continuation of the male line therefore took precedence here.

A case in which this rule probably forms the legal basis is recorded in *YOS* 7, 59. A man named Ibnāya is asked by the temple administration to hand over the slave girl of Kalbāya to the temple. Kalbāya was the father-in-law of Ibnāya's son, and had given the slave girl as a dowry with his daughter to Ibnāya's household. Kalbāya, the bride's father, was in debt to the temple and was insolvent. Interestingly, the slave girl is still referred to as Kalbāya's slave, which suggests that the young couple did not yet have any children. The handover of the slave girl – quite obviously as a *datio in solutum* for Kalbāya's debt to the temple – had legal consequences for his daughter's dowry. Although the dowry had already been transferred, the temple was able to seize it because, according to § 9, a reduction of the dowry by the bride's father was possible in the event of impoverishment. In this case, it was even enforced. Creditors, in this case the temple, obviously had priority. § 9[44] therefore not only protected the bride's father and his sons from impoverishment, but also protected creditors.

43 According to Petschow 1959, 77–78, a „mittelbare Sicherung der Frau" would also be intended, but cf. Petschow 1959, 79–80, where he cites the avoidance of impoverishment of the paternal family as a reason.

44 *TCL* 12, 32, another case from legal practice which has been cited several times in connection with § 9 (Petschow 1959, 80–82; Wunsch 2020, 481) corresponds at least approximately to the normative regulation. Marduk-šākin-šumi from the Nūr-Sîn family married a woman named Bunnanītu and received a considerable dowry promise from her father, which had not yet been fulfilled. He was to receive a plot of land, slaves, and 10 *mina* of silver with her. Bunnanītu died later; no children are mentioned. Marduk-šākin-šumi had now married Bunnanītu's sister Ḫipāya. The brides' father had also died because Marduk-šākin-šumi now asks Ḫipāya's brother what dowry he would receive with Ḫipāya. The brother replied that

§ 10[45]: Return of the dowry in the case of premature death of the bride

> "A man who gives a dowry to his daughter, and she has no son or daughter, and fate carries her away – her dowry shall revert to her paternal estate."

Section 10 regulates the return of the dowry if the bride dies childless. This traditional inheritance pattern, namely that spouses do not inherit from each other, but only the children, is already known from *Codex Hammurapi* §§ 163–164. If there are children, they – both sons and daughters – inherit their mother's dowry. In her article on inheritance law, Cornelia Wunsch quotes a document (BM 54719) reflecting precisely this case.[46] According to this text, a brother had ordered a dowry for his sister. The sister died without having borne children. The brother-in-law then returned the dowry to her brother.

§ 11: Death of the children

> "[A wife who…] fate [carries her away…] because of a son […] – she shall give her dowry to her husband or to whomever she wishes."[47]

The fragmentarily preserved Section 11 is again about someone who has died, and about children. Presumably, it regulates what happens if the children die before the mother.[48] In this case, the dowry does not revert to her family of origin. The birth of children is occasionally the time when the dowry is handed over in full.[49] Perhaps the case must be considered from the point of view of inheritance law.

when his father gave him his sister Bunnanītu in marriage, there was wealth in their father's house, but now, after his death, there was nothing left. Nevertheless, the brother gave Marduk-šākin-šumi a piece of land. They agree that the bridegroom will not sue for the slaves and 10 mines of silver promised with the first dowry. He also waives 4 mines of silver that the bride's father still owed him. Perhaps the sworn waiver of claim is a legally unnecessary agreement demonstrating Marduk-šākin-šumi's good will towards his brother-in-law. If there were no children, he would have no claim to Bunnanītu's dowry, and no claim to receive exactly the same dowry with her sister. Neo-Babylonian law did not specify how high dowries for daughters had to be. There were probably unenforceable but socially established traditions, unwritten rules, that dowries should be in keeping with the status of the family. However, socially established rules – as regulated by § 9 – probably also included the reduction of a dowry in the event of impoverishment.

45 Petschow 1959, 83 counted this paragraph as § 11.

46 Wunsch 2020, 486.

47 Roth's translation is "to a son" for *ana muḫḫi māri*. I changed it to "because of a son".

48 This was also considered by Meissner 1918, 290 and Petschow 1959, 85–86.

49 Wunsch 2020, 481; on p. 488 (with n. 126) she cites *VS* 6, 95, according to which a mother who had promised her dowry as an inheritance to her daughter must not make a reduction or give it to someone else. The property would be transferred to her daughter after the birth of a child by the daughter.

The dowry coming from the bride's parental home is only given to the father-in-law or husband for management. Whoever holds it has a duty of care towards the woman. If the woman dies childless, then the dowry lost its purpose and is returned to her father's house. If children are born, they later take over the obligation to provide for their mother in old age, and therefore they normally inherit the dowry. The entitlement to this inheritance apparently arises with the birth of the children. The maternal family's right of ownership then expires. If the children all die, the entitlement is 'inherited' by the children's mother whose capital for old age it represents. Since there are no entitlements to inheritance, this is probably the only case in which a woman is really the full owner of her dowry, and not just the holder of rights (with the exception of the *quppu* silver, *mulūgu* slaves, and possibly gifts she had received).[50] She can decide for herself who will provide for her in her old age, and reward this person with the inheritance. I am not aware of a case from legal practice relating to the dowry of a woman whose children had died before her.

§ 12: Payment of the dowry in the event of the husband's death

> "A wife whose husband takes her dowry, and who has no son or daughter, and whose husband fate carries away – a dowry equivalent to the dowry (which her husband had received) shall be given to her from her husband's estate. If her husband should award to her a marriage gift, she shall take her husband's marriage gift together with her dowry, and thus her claim is satisfied. If she has no dowry, a judge shall assess the value of her husband's estate, and shall give to her some property in accordance with the value of her husband's estate."

Section 12 regulates the case of a childless widow whose dowry had been merged into her late husband's estate. Since his brothers inherit, they have to separate property in the value of her former dowry and give this to her. It is remarkable that this law stipulates a pension for a widow without dowry: it is an exception to the rule that spouses do not inherit from each other. Cornelia Wunsch quotes an unpublished document (BM 109858)[51] demonstrating the application of the first part of § 12 in practice. According to this text, the widow, apparently after a legal dispute with her husband's heirs, received compensation for a piece of land that she had brought into the marriage as a dowry.

There is no evidence of a judicial decision regarding a widow without dowry who would receive a share from her husband's estate. Most of our texts come from the archives of the wealthy classes whose daughters received dowries.

50 For a brief summary of the wife's separate property of which she disposes, see Wunsch 2020, 497–498.

51 Wunsch 2020, 486 n. 120.

§ 13: Inheritance of the dowry in the event of re-marriage of a widow

> "A man marries a wife, and she bears him sons, and later on fate carries away that man, and that woman then decides to enter another man's house – she shall take (from her first husband's estate) the dowry that she brought from her father's house and anything that her husband awarded to her, and the husband she chooses shall marry her; as long as she lives, they shall have the joint use of the properties. If she should bear sons[52] to her (second) husband, after her death, the sons of the second and first (husbands) shall have equal shares in her dowry."

Section 13 regulates that a widow with children can take her dowry and the gifts of her first husband into a second marriage. The purpose of this paragraph is to give her the power of disposition over her assets even if she remarries. Her children from her first and second marriage inherit after her death.

An example from legal practice for the distribution of the dowry upon remarriage of the wife is *TCL* 13, 174.[53] The woman Ḫubiṣītu, who is mother of a son named Iddin-Nabû, later married the brother of her deceased husband. She now transferred half of her dowry and of all her other possessions – an explicit distinction is made between the two – to the son from her first marriage, and the other half to her second husband. The latter gave a share of one mina of silver out of his own accord to a certain Turinnītu, probably a daughter from the new marriage. The legal and social customs are thus observed very closely here: the new husband receives part of the dowry, probably to manage the assets. To ensure that this part is not lost in the new household and the son from the first marriage is not left empty-handed, he is given half of it. A daughter receives a share signed over by her father.

There are numerous examples of the transfer of dowry components from a mother to her children.[54] Sometimes, the order of inheritance is obviously followed according to the order of birth, but sometimes the daughters are given special consideration in order to increase their dowries. Particularly wealthy women distribute their property in addition to the dowry to provide their daughters with financial resources that are not under the management of their husbands. The distribution could vary, especially if a younger child took over the care obligations which would otherwise lie with the first-born son. A new, very complex case comes from Babylon, VAT 13254 = N13, 209,[55] which concerns a legal dispute between the

52 It is uncertain whether DUMU must be translated as "sons", or rather "children" here. See also Wunsch 2020, 493 who discussed possible inheritance rights of daughters to their mother's dowry.

53 Also cited by Wunsch 2020, 495 with n. 146.

54 Evidence can be found in Wunsch 2020, 487–488 n. 121 and 123 (*Cyr.* 128).

55 Boivin 2025.

descendants of two daughters.[56] Their mother Aḫātu had transferred her dowry to her elder daughter Bābunu. Sons are not named; apparently there were none. As the eldest daughter and heiress of her mother's dowry, Bābunu was responsible for providing for her ageing mother. However, Bābunu and her husband treated the elderly mother badly, did not look after her and even drove her out of her home, as the text tells us. As a result, the younger daughter Kabtāya and her husband took Aḫātu in and looked after her. For this reason, Aḫātu changed her will and transferred part of her dowry to her younger daughter Kabtāya, in addition to the dowry she had apparently already received from her paternal home. This change to the will is now being contested by the elder daughter's son. However, the judges declared the change to be legal on the grounds that the younger daughter had provided for her mother. Two things are noteworthy: 1) that the elder daughter was not completely disinherited despite the explicitly mentioned bad treatment – apparently, Aḫātu respected her elder daughter's inheritance rights – and 2) the transfer of the dowry is not unconditional, but linked to the obligation to provide for the mother.

§ 14 is too fragmentary for interpretation.

§ 15: Inheritance of children from consecutive marriages, dowries for unmarried sisters

> "A man who marries a wife who bears him sons, and whose wife fate carries away, and who marries a second wife who bears him sons, and later on the father goes to his fate – the sons of the first woman shall take two-thirds of the paternal estate, and the sons of the second shall take one-third. Their sisters, who are still residing in the paternal home [...]"

Only the first part of § 15 has been preserved. The provision that the children from the first marriage inherit 2/3 and the children from the second marriage 1/3 is already known from § 8, where it appears as an addition to the main regulation.[57] Here, the regulation is established as a rule, followed by the broken-off subsequent sentence, which names the sisters who still live in their father's house. The text probably said that brothers had to provide a dowry for their sisters. We have already mentioned above (n. 44) *TCL* 12, 32, according to which a man who had married his deceased wife's sister now asks her brother to hand over a dowry. Whether a difference was made between daughters from the first and second marriage remains unclear.

56 The text is edited in Boivin 2024, and will also appear in the series of text publications by the GoviB project.
57 Evidence for the validity of this rule was collected by Wunsch 2020, 462–464.

4 Summary and conclusions

Following the work of Petschow (1959), Wunsch (2020), and what has been recapitulated above, there can be no doubt that the sections of the *Neo-Babylonian Law Fragment* reflect contemporary legal practice. Although many of the legal concepts are in the tradition of the *Code of Hammurapi*, there are important innovations and detailed additions, reflecting the changed social and legal norms of the first millennium. This is visible, in particular, in the regulations concerning matrimonial property, e.g., the dowry (*nudunnû*) which replaced the *terḫatum* of the Old Babylonian period.

The *Neo-Babylonian Law Fragment* is a student's copy, and belongs within the realm of scribal education. This would simultaneously serve as the education of those who later sat in and presided over judicial bodies. It is unlikely that the school tradition, transmitting customary law, deviated from legislation in the form of royal decrees.[58] We have sufficient evidence for Neo-Babylonian and Achaemenid royal legislation. The Akkadian terminology is *dīnātu* ("laws, edicts"), *riksātu* ("binding regulations"), and *purussû* ("legal decisions"), and, from the reign of Darius onwards, the Persian loanword *dātu* ("law, edict") was also adopted. Neo-Babylonian legal documents occasionally refer explicitly to royal legislation (*dīnātu* / *dātu ša šarri*) when they stipulate that compensation or a fine is to be paid for breach of contract. Although the mention of written laws in court is rare, we see that panels of judges can consult these laws and pass judgement according to them. The *Neo-Babylonian Law Fragment* does not mention royal legislation, and it is well possible that this school text, like the *Codex Hammurapi*, wrote down law as it was practised. It may have been a copy of a royal promulgation of practised law but we currently lack proof of it.

Texts and text editions

AchHist. 15
See Waerzeggers 2010.

AMD 8/2
See Abusch/Schwemer 2016.

AMD 8/3
See Abusch/Schwemer/Luukko/Van Buylaere 2020.

BM
Tablet Signature, British Museum London.

BRM 1
See Clay 1912.

58 Oelsner 1997, 225 suggested a "zweifache Überlieferung der Rechtstradition", but also wrote that the royal legislation is ultimately fed into the school tradition.

Camb.
See Strassmeier 1890b.

Cyr.
See Strassmeier 1890a.

Dar.
See Strassmeier 1892–1897.

Liverpool
See Strassmeier 1885.

Nbk.
See Strassmeier 1889.

NRVU
See San Nicolò/Ungnad 1929–1935.

OIP 122
See Weisberg 2003.

TCL 12
See Contenau 1927.

TCL 13
See Contenau 1929.

VAT
Tablet Signature, Staatliche Museen zu Berlin, Vorderasiatische Abteilung.

VS 5
See Ungnad 1908.

VS 6
See Ungnad 1908.

YOS 7
See Tremayne 1925.

Bibliography

Abusch/Schwemer 2016
Abusch, T. / Schwemer, D. with M. Luukko and G. Van Buylaere: Corpus of Mesopotamian Anti-Witchcraft Rituals 2. Ancient Magic and Divination 8/2, Leiden / Boston.

Abusch/Schwemer/Luukko/Van Buylaere 2020
Abusch, T. / Schwemer, D. / Luukko, M. / Van Buylaere, G.: Corpus of Mesopotamian Anti-Witchcraft Rituals 3. Ancient Magic and Divination 8/3, Leiden / Boston.

Boivin 2024
Boivin, O.: Taking Care of a Widowed Mother: Legal and Social Aspects Based on a Court Case in Sixth Century Babylon. Zeitschrift für Altorientalische und Biblische Rechtsgeschichte 30, 47–76.

Charpin 2003
Charpin, D.: Les soldats d'Assurbanipal ont-ils détruit le Code de Hammu-rabi lors du sac de Suse? Nouvelles Assyriologiques Brèves et Utilitaires 2003, 87–88 no. 77.

Clay 1912
Clay, A. T.: Babylonian Business Transactions of the First Millennium B.C. Babylonian Records in the Library of J. Pierpont Morgan 1, New York.

Contenau 1927
Contenau, G.: Contrats Néo-Babyloniens I, de Tiglath-phalasar III à Nabonide. Textes Cunéiformes. Musée du Louvre, Département des antiquités orientales 12, Paris.

Contenau 1929
Contenau, G.: Contrats Néo-Babyloniens II, Achéménides et Séleucides. Textes Cunéiformes. Musée du Louvre, Département des antiquités orientales 13, Paris.

Holtz 2008
Holtz, Sh.: The Career of a Neo-Babylonian Court Scribe. Journal of Cuneiform Studies 60, 81–85.

Jursa/Paszkowiak/Waerzeggers 2003–2004
Jursa, M. / Paszkowiak, J. / Waerzeggers, C.: Three Court Records. Archiv für Orientforschung 50, 255–268.

Kleber 2010
Kleber, K.: *dātu ša šarri*: Gesetzgebung in Babylonien unter den Achämeniden. Zeitschrift für Altorientalische und Biblische Rechtsgeschichte 16, 49–75.

Kleber/Kirchhefer-Lauber 2024
Kleber, K. / Kirchhefer-Lauber, A.: Die Herzmetaphorik im babylonischen Vertragsrecht *Ina ḫūd libbišu* und der freie Wille beim Kaufvertrag. Zeitschrift der Savigny-Stiftung für Rechtsgeschichte. Romanistische Abteilung 141, 1–28.

Lang 2012
Lang, M.: Von der Unordnung der Zauberei und von der Ordnung des Rechts: ratio legis und „Sitz im Leben" eines lange bezeugten Tatbestandes. Zeitschrift für Altorientalische und Biblische Rechtsgeschichte 18, 37–61.

Lippert 2017
Lippert, S. L.: La codification des lois en Égypte à l' époque perse. In: Nihan, C. (ed.): Writing Laws in Antiquity. L'écriture du droit dans l'Antiquité, Wiesbaden, 78–98.

Magdalene/Wells/Wunsch 2008
Magdalene, R. / Wells, B. / Wunsch, C.: Pre-trial Negotiations: The Case of the Runaway Slave in Dar. 53. Iraq 70, 205–213.

Meissner 1918
Meissner, B.: Ein Entwurf zu einem neubabylonischen Gesetzbuch. Sitzungsberichte der Preussischen Akademie der Wissenschaften 1918, 280–297.

Oelsner 1997
Oelsner, J.: Erwägungen zu Aufbau, Charakter und Datierung des sog. „Neubabylonischen Gesetzesfragments". Altorientalische Forschungen 24, 219–225.

Oelsner 2022
Oelsner, J.: Der Kodex Ḫammu-rāpi. Textkritische Ausgabe und Übersetzung. dubsar 4, Münster.

Peiser 1889
Peiser, F. E.: „Anhang". Sitzungsberichte der Königlich Preussischen Akademie der Wissenschaften 1889, 823–828.

Petschow 1959
Petschow, H.: Das neubabylonische Gesetzesfragment. Zeitschrift der Savigny-Stiftung für Rechtsgeschichte. Romanistische Abteilung 76, 37–96.

Roth 1995
Roth, M.: Law Collections from Mesopotamia and Asia Minor. Society of Biblical Literature Writing from the Ancient World 6, Atlanta.

San Nicolò 1932
San Nicolò, M.: Parerga Babylonica *VII*. Der § 8 des Gesetzbuches Hammurapis in den neubabylonischen Urkunden. Archiv Orientální 4, 327–344.

San Nicolò/Ungnad 1929–1935
San Nicolò, M. / Ungnad, A.: Rechts und Verwaltungsurkunden der Berliner Museen aus vorhellenistischer Zeit. Neubabylonische Rechts- und Verwaltungsurkunden 1, Leipzig.

Schaudig 2001
Schaudig, H.: Die Inschriften Nabonids von Babylon und Kyros' des Großen samt den in ihrem Umfeld entstandenen Tendenzschriften. Alter Orient und Altes Testament 256, Münster.

Stolper 1984
Stolper, W.: The Neo-Babylonian Text from the Persepolis Fortification. Journal of Near Eastern Studies 43, 299–310.

Strassmeier 1885
Strassmeier, J. N.: Die babylonischen Inschriften im Museum zu Liverpool nebst anderen aus der Zeit von Nebukaadnezzar bis Darius, Leiden.

Strassmeier 1889
Strassmeier, J. N.: Inschriften von Nebuchodonosor, König von Babylon (604–561 v. Chr.): von den Tontafeln des Britischen Museums copirt und autographirt 1–2. Babylonische Texte 5–6, Leipzig.

Strassmeier 1890a
Strassmeier, J. N.: Inschriften von Cyrus, König von Babylon (538–529 v. Chr.): von den Tontafeln des Britischen Museums copirt und autographirt. Babylonische Texte 7, Leipzig.

Strassmeier 1890b
Strassmeier, J. N.: Inschriften von Cambyses, König von Babylon (529–521 v. Chr.): von den Tontafeln des Britischen Museums copirt und autographirt, 1–2. Babylonische Texte 8–9, Leipzig.

Strassmeier 1892–1897
Strassmeier, J. N.: Inschriften von Darius, König von Babylon (521–435 v. Chr.): von den Tontafeln des Britischen Museums copirt und autographirt 1–3. Babylonische Texte 10–12, Leipzig.

Tremayne 1925
Tremayne, A.: Records from Erech, Time of Cyrus and Cambyses (538–521 B.C.). Yale Oriental Series, Babylonian Texts 7, New Haven.

Ungnad 1908
Ungnad, A.: Neubabylonische Kontrakte. Vorderasiatische Schriftdenkmäler der Königlichen Museen zu Berlin 5–6, Leipzig.

Waerzeggers 2010
Waerzeggers, C.: The Ezida Temple of Borsippa: Priesthood, Cult, Archives. Achaemenid History 15, Leiden.

Weisberg 2003
Weisberg, D. B.: Neo-Babylonian Texts in the Oriental Institute Collection. The University of Chicago Oriental Institute Publications 122, Chicago.

Wunsch 2000
Wunsch, C.: Die Richter des Nabonid. In: Marzahn, J. / Neumann, H. (eds.): Assyriologica et Semitica: Festschrift für Joachim Oelsner. Alter Orient und Altes Testament 252, Münster, 567–574.

Wunsch 2020
Wunsch, C.: Grundzüge des babylonischen Eherechts in neubabylonischer und frühachämenidischer Zeit. In: Baldwin, J. / Matuszak, J. (eds.): *mu-zu an-za$_3$-še$_3$ kur-ur$_2$-še$_3$ ḫe$_2$-ĝal$_2$*. Altorientalistische Studien zu Ehren von Konrad Volk. dubsar 17, Münster, 453–509.

Abkürzungsverzeichnis

Die nachfolgend aufgeführten Abkürzungen richten sich im Wesentlichen nach M. P. Streck (Hrsg.): Reallexikon der Assyriologie und Vorderasiatischen Archäologie 15, Berlin / Boston 2016–2018, III–XLII. Abkürzungen. 1. Festschriften, Gedenkschriften, Körperschaften, Kompositionen, Monographien, Reihen, Signaturen, Zeitschriften.

A	Signatur, Mari-Briefe, Musée du Louvre (Paris)
AAICAB	Grégoire, J.-P.: Archives administratives et inscriptions cunéiformes de l'Ashmolean Museum et de la Bodleian Collection d'Oxford: contribution à l'histoire sociale, économique, politique et culturelle du Proche-Orient Ancien 1–4, Paris, 1996–2002
AAICAB 1/1	Grégoire, J.-P.: Contribution à l'histoire sociale, économique, politique et culturelle du Proche-Orient Ancien: Archives administratives et inscriptions cunéiformes de l'Ashmolean Museum et de la Bodleian Collection d'Oxford 1. Les Sources 1, Paris, 1996
AAICAB 1/4	Grégoire, J. P.: Contribution à l'histoire sociale, économique, politique et culturelle du Proche-Orient Ancien: Archives administratives et inscriptions cunéiformes de l'Ashmolean Museum et de la Bodleian Collection d'Oxford 1. Les Sources 4, Paris, 2004
AAS	Grégoire, J.-P.: Archives administratives sumériennes, Paris, 1970
AbB	Altbabylonische Briefe in Umschrift und Übersetzung, Leiden / New York / Kopenhagen / Köln / Boston
AbB 1	Kraus, F. R.: Briefe aus dem British Museum (CT 43 und 44). Altbabylonische Briefe in Umschrift und Übersetzung 1, Leiden, 1964
AbB 2	Frankena, R: Briefe aus dem British Museum (LIH und CT 2-33). Altbabylonische Briefe in Umschrift und Übersetzung 2, Leiden, 1966
AbB 4	Kraus, F. R.: Briefe aus dem Archiv des Šamaš-ḫāzir in Paris und Oxford (TCL 7 und OECT 3). Altbabylonische Briefe in Umschrift und Übersetzung 4, Leiden, 1968
AbB 7	Kraus, F. R.: Briefe aus dem British Museum (CT 52). Altbabylonische Briefe in Umschrift und Übersetzung 7, Leiden, 1977
AbB 9	Stol, M.: Letters from Yale. Altbabylonische Briefe in Umschrift und Übersetzung 9, Leiden, 1981
AbB 10	Kraus, F. R.: Briefe aus kleineren westeuropäischen Sammlungen. Altbabylonische Briefe in Umschrift und Übersetzung 10, Leiden, 1985
AbB 11	Stol, M.: Letters from Collections in Philadelphia, Chicago and Berkeley. Altbabylonische Briefe in Umschrift und Übersetzung 11, Leiden, 1986
AbB 12	van Soldt, W. H.: Letters in the British Museum. Altbabylonische Briefe in Umschrift und Übersetzung 12, Leiden / New York / Kopenhagen / Köln, 1990

DOI: 10.13173/9783447124522.597

AbB 13	van Soldt, W. H.: Letters in the British Museum Part 2. Altbabylonische Briefe in Umschrift und Übersetzung 13, Leiden / New York / Köln, 1994
AbB 14	Veenhof, K. R.: Letters in the Louvre. Altbabylonische Briefe in Umschrift und Übersetzung 14, Leiden / Boston, 2005
ABoT	Ankara Arkeoloji Müzesinde bulunan Boğazköy Tabletleri. Boğazköy-Tafeln im Archäologischen Museum zu Ankara, Istanbul / Wiesbaden
ABoT 1	Balkan, K.: Ankara Arkeoloji Müzesinde bulunan Boğazköy Tabletleri: Bogazköy-Tafeln im archäologischen Museum zu Ankara. Eski Eserler ve Müzeler Genel Müdürlügü yayinlarindan 3/3, Istanbul, 1948
AchHist.	Achaemenid History, Leiden
AchHist. 15	Waerzeggers, C.: The Ezida Temple of Borsippa: Priesthood, Cult, Archives. Achaemenid History 15, Leiden, 2010
AEPHE	L'Annuaire de l'École Pratique des Hautes Études, IVème section, Sciences historiques et philologiques (Paris [1872/]1873–)
AfO	Archiv für Orientforschung, Berlin / Wien
AHw.	von Soden, W.: Akkadisches Handwörterbuch 1–3, Wiesbaden, 1965–1981, ^{2}1985
Aleppo	Touzalin, M.: L'Administration palatiale à l'époque de la troisième dynastie d'Ur. Textes inédits du Musée d'Alep. Thèse de doctorat de troisième cycle soutenue à l'Université de Tours, Tours, 1982
AMD	(Studies in) Ancient Magic and Divination, Groningen / Leiden / Boston
AMD 8/2	Abusch, T. / Schwemer, D. with Luukko, M. and Van Buylaere, G.: Corpus of Mesopotamian Anti-Witchcraft Rituals 2. Ancient Magic and Divination 8/2, Leiden / Boston, 2016
AMD 8/3	Abusch, T. / Schwemer, D. / Luukko, M. / Van Buylaere, G.: Corpus of Mesopotamian Anti-Witchcraft Rituals 3. Ancient Magic and Divination 8/3, Leiden / Boston, 2020
AnOr.	Analecta Orientalia. Commentationes scientificae de rebus orientis antique, Rom
AnOr. 1	Schneider, N.: Drehem- und Djoha-Urkunden der Strassburger Universitäts- und Landesbibliothek, in Autographie und mit systematischen Wörterverzeichnissen. Analecta Orientalia 1, Rom, 1931
AnOr. 7	Schneider, N.: Drehem- und Djoha-Texte im Kloster Montserrat (Barcelona), in Autographie und mit systematischen Wörterverzeichnissen. Analecta Orientalia 7, Rom, 1932
AnOr. 12	Miscellanea Orientalia dedicata Antonio Deimel annos LXX complenti. Analecta Orientalia 12, Rom, 1935
AO	Signatur, Antiqués orientales, Musée du Louvre (Paris)
AOAT	Alter Orient und Altes Testament, Kevelaer / Neukirchen-Vluyn / Münster
AOAT 25	Eichler, B. L. / Heimerdinger, J. W. / Sjöberg, Å. W. (Hrsg.): Kramer Anniversary Volume. Cuneiform Studies in Honor of Samuel Noah Kramer. Alter Orient und Altes Testament 25, Kevelaer / Neukirchen-Vluyn, 1976
AOAT 256	Schaudig, Hanspeter: Die Inschriften Nabonids von Babylon und Kyros' des Großen samt den in ihrem Umfeld entstandenen Tendenzschriften. Alter Orient und Altes Testament 256, Münster, 2001
AOAT 267	Böck, B. / Cancik-Kirschbaum, E. / Richter, Th. (Hrsg.): Munuscula Me-

	sopotamica. Festschrift für Johannes Renger. Alter Orient und Altes Testament 267, Münster, 1999
AOAT 339	Brisch, N. M.: Tradition and the Poetics of Innovation. Sumerian Court Literature of the Larsa Dynastie (c. 2003–1763 BCE). Alter Orient und Altes Testament 339, Münster, 2007
AoF	Altorientalische Forschungen, Berlin / Leipzig
AoN	Altorientalische Notizen, Würzburg
AOST	Signatur, Altorientalische Sammlung (Tübingen)
AOTU	Altorientalische Texte und Untersuchungen, Leiden / Breslau
AOTU 2	Meissner, B.: Altorientalische Texte und Untersuchungen 2, 1. Assyriologische Forschungen 2, Breslau, 1920
Archibab	Archives Babyloniennes, Paris
Archibab 3	Fiette, B.: Archibab 3. Le palais, la terre et les hommes. La gestion du domaine royal de Larsa d'après les archives de Šamaš-hazir. Mémoires de N.A.B.U. 20, Paris, 2018
ARET	Archivi reali di Ebla. Testi, Rom / Wiesbaden
ARET 7	Archi, A.: Testi amministrativi: registrazione di metalli e tessuti (archivio L.2769). Archivi reali di Ebla. Testi 7, Rom, 1988
ARET 13	Fronzaroli, P.: Testi di cancelleria: I rapporti con le città (Archivio L.2769). Archivi reali di Ebla. Testi 13, Rom, 2003
ARET 16	Catagnoti, A. / Fronzaroli, P.: Testi di cancelleria. Il re e i funzionari, Vol. I (L.2769). Archivi reali di Ebla. Testi 16, Rom, 2010
ARET 18	Catagnoti, A. / Fronzaroli, P.: Testi di cancelleria. Il re e i funzionari. Vol. II (L.2875). Archivi reali di Ebla. Testi 18, Wiesbaden, 2020
ARM	Archives Royales de Mari, Leuven / Paris / Bristol
ARM 1	Dossin, G.: Lettres. Archives Royales de Mari 1, Paris, 1946
ARM 3	Kupper, J.-R.: Lettres. Archives Royales de Mari 3, Paris, 1948
ARM 8	Boyer, G.: Textes juridiques. Archives Royales de Mari 8, Paris, 1958
ARM 9	Birot, M.: Textes administratifs de la salle 5 du palais. Archives Royales de Mari 9, Paris, 1960
ARM 23	Bardet, G. / Joannès, F. / Lafont, B. / Soubeyran, D. / Villard, P.: Archives Administratifs de Mari 1. Archives Royales de Mari 23, Paris, 1984
ARM 26/1	Durand, J.-M.: Archives Épistolaires de Mari I/1. Archives Royales de Mari 26/1, Paris, 1988
ARM 33	Durand, J.-M.: Les premières années du roi Zimrî-Lîm de Mari. Première partie. Archives Royales de Mari 33, Leuven / Paris / Bristol, 2019
ARM 34	Durand, J.-M.: Les premières années du roi Zimrî-Lîm de Mari. Deuxième partie. Archives Royales de Mari 34, Leuven / Paris / Bristol, 2023
ARM 35	Durand, J.-M.: Les premières années du roi Zimrî-Lîm de Mari. Troisième partie. Archives Royales de Mari 35, Leuven / Paris / Bristol, 2024
ASJ	Acta Sumerologica, Hiroshima
AUCT	Andrews University Cuneiform Texts, Berrien Springs
AUCT 1	Sigrist, M.: Neo-Sumerian Account Texts in the Horn Archaeological Museum. Andrews University Cuneiform Texts 1, Berrien Springs, 1984
AUCT 2	Sigrist, M.: Neo-Sumerian Account Texts in the Horn Archaeological Museum. Andrews University Cuneiform Texts 2, Berrien Springs, 1990

AUCT 3	Sigrist, M. / Gavin, C. E. S / Stein, D. / Menard, C.: Neo-Sumerian Account Texts in the Horn Archaeological Museum. Andrews University Cuneiform Texts 3, Berrien Springs, 1988
AWAB	Selz, G. J.: Altsumerische Verwaltungstexte aus Lagaš Teil 3. Die altsumerischen Wirtschaftsurkunden aus Berlin, Freiburg, 1996
AWAS	Selz, G. J.: Altsumerische Verwaltungstexte aus Lagaš Teil 2. Altsumerische Wirtschaftsurkunden aus amerikanischen Sammlungen, Abschnitt 1+2. Freiburger Altorientalische Studien 15/2, Stuttgart, 1993
AWEL	Selz, G. J.: Altsumerische Verwaltungstexte aus Lagaš Teil 1. Die altsumerischen Wirtschaftsurkunden der Eremitage zu Leningrad. Freiburger Altorientalische Studien 15/1, Stuttgart, 1989
AWL	Bauer, J.: Altsumerische Wirtschaftstexte aus Lagasch. Studia Pohl 9, Rom, 1972
Babyloniaca	Babyloniaca. Études de philologie assyro-babylonienne, Paris
BAP	Meissner, B.: Beiträge zum altbabylonischen Privatrecht. Assyriologische Bibliothek 11, Leipzig, 1893
BCT	Birmingham Cuneiform Tablets, Warminster
BCT 1	Watson, P. J.: Neo-Sumerian Texts from Drehem. Catalogue of Cuneiform Tablets in Birmingham City Museum 1, Warminster, 1986
BCT 2	Watson, P. J.: Neo-Sumerian Texts from Umma and Other Sites. Catalogue of Cuneiform Tablets in Birmingham City Museum 2, Warminster, 1993
BDTNS	Database of Neo-Sumerian Texts. Project of the Centro de Ciencias Humanas y Sociales of the Consejo Superior de Investigaciones Científicas, < http://bdtns.cesga.es>, 2002–
BE	The Babylonian Expedition of the University of Pennsylvania, Series A: Cuneiform Texts, Philadelphia
BE 3/1	Myhrman, D. W.: Sumerian Administrative Documents from the Second Dynasty of Ur. The Babylonian Expedition of the University of Pennsylvania Series A: Cuneiform Texts 3/1, Philadelphia, 1910
BE 6/2	Poebel, A.: Babylonian Legal and Business Documents from the Time of the First Dynasty of Babylon, Chiefly from Nippur. The Babylonian Expedition of the University of Pennsylvania Series A: Cuneiform Texts 6/2, Philadelphia, 1909
Berens	Pinches, T. G.: The Babylonian Tablets of the Berens Collection. Royal Asiatic Society Monographs 16, London, 1915
BIN	Babylonian Inscriptions in the Collection of James B. Nies, Yale University, New Haven / London
BIN 5	Hackman, G. G.: Temple Documents of the Third Dynasty of Ur from Umma. Babylonian Inscriptions in the Collection of James B. Nies 5, New Haven / London, 1937
BIN 8	Hackman, G. G.: Sumerian and Akkadian Administrative Texts: From Predynastic Times to the End of the Akkad Dynasty. Babylonian Inscriptions in the Collection of James B. Nies 8, New Haven, 1958
BM	Signatur, British Museum (London)
BoTU 1	Forrer, E. O.: Die Boghazköi-Texte in Umschrift 1. Wissenschaftliche Veröffentlichung der Deutschen Orient Gesellschaft 41, Leipzig, 1922

BoTU 2	Forrer, E. O.: Die Boghazköi-Texte in Umschrift 2. Wissenschaftliche Veröffentlichung der Deutschen Orient Gesellschaft 42, Leipzig, 1926
BPOA	Biblioteca del Próximo Oriente Antiguo, Madrid
BPOA 1	Ozaki, T. / Sigrist, M.: Ur III Administrative Tablets from the British Museum 1. Biblioteca del Próximo Oriente Antiguo 1, Madrid, 2006
BPOA 2	Ozaki, T. / Sigrist, M.: Ur III Administrative Tablets from the British Museum 2. Biblioteca del Próximo Oriente Antiguo 2, Madrid, 2006
BPOA 6	Sigrist, M. / Ozaki, T.: Neo-Sumerian Administrative Tablets from the Yale Babylonian Collection 1. Biblioteca del Próximo Oriente Antiguo 6, Madrid, 2009
BPOA 7	Sigrist, M. / Ozaki, T.: Neo-Sumerian Administrative Tablets from the Yale Babylonian Collection 2. Biblioteca del Próximo Oriente Antiguo 7, Madrid, 2009
BRM	Babylonian Records in the Library of J. Pierpont Morgan 1–4, New York / New Haven
BRM 1	Clay, A. T.: Babylonian Business Transactions of the First Millennium B.C. Babylonian Records in the Library of J. Pierpont Morgan 1, New York, 1912
CAD	Oppenheim, A. L. / Reiner, E. / Roth, M. T. (Hrsg.): The Assyrian Dictionary of the University of Chicago, Chicago / Glückstadt, 1956–2010
Camb.	Strassmeier, J. N.: Inschriften von Cambyses, König von Babylon (529–521 v. Chr.): von den Tontafeln des Britischen Museums copirt und autographirt, 1–2. Babylonische Texte 8–9, Leipzig, 1890
CBL	Signatur, Chester Beatty Library (Dublin), Cuneiform Texts
CBS	Signatur, Collection of the Babylonian Section, University Museum (Philadelphia)
CDLI	Cuneiform Digital Library Initiative, <https://cdli.earth/>, 1998/2000–
CDLJ	Cuneiform Digital Library Journal, <https://cdli.mpiwg-berlin.mpg.de/articles/cdlj>
CDLN	Cuneiform Digital Library Notes, <https://cdli.earth/articles/cdln>, 2003–
CE	Codex Ešnunna
CḪ	Codex Hammurabi
CHD	Goedegebuure, P. / Güterbock, H. G. / Hoffner, H. A. / van den Hout, Th. P. J.: The Hittite Dictionary of the Oriental Institute of the University of Chicago, Chicago, 2002–2019
Christie's Erlenmeyer	Christie, Manson & Woods: Ancient Near Eastern Texts from the Erlenmeyer Collection, London, 1988
CL	Codex Lipitištar
CRRAI	Compte rendu de la …^{e} Rencontre Assyriologique Internationale, Paris
CRRAI 4	Bottéro, J.: Le Problème des Habiru à la 4e Rencontre Assyriologique Internationale Paris, 29 Juin–1 Juillet 1953, Paris, 1954
CST	Fish, T.: Catalogue of Sumerian Tablets in the John Rylands Library, Manchester, 1932
CT	Cuneiform Texts from Babylonian Tablets in the British Museum, London
CT 7	King, L. W.: Cuneiform Texts from Babylonian Tablets in the British Museum 7, London, 1899

CT 8	Pinches, T.: Cuneiform Texts from Babylonian Tablets in the British Museum 8, London, 1899
CT 29	King, L.: Cuneiform Texts from Babylonian Tablets in the British Museum 29, London, 1910
CT 47	Figulla, H. H.: Old-Babylonian Nadītu Records. Cuneiform Texts from Babylonian Tablets in the British Museum 47, London, 1967
CT 48	Finkelstein, J. J.: Old Babylonian Legal Documents. Cuneiform Texts from Babylonian Tablets in the British Museum 48, London, 1968
CT 50	Sollberger, E.: Presargonic and Sargonic Economic Texts. Cuneiform Texts from Babylonian Tablets in the British Museum 50, London, 1972
CTH	Laroche, E. / Košak, S. / Müller, G. G. W. / Görke, S. / Steitler, Ch. W.: Catalogue des textes hittites – Catalog of Hittite Texts. E. Laroche, fortgeführt von S. Košak und G. G. W. Müller unter Mitarbeit von S. Görke und Ch. W. Steitler, <http://www.hethport.uni-wuerzburg.de/CTH/>, 1971–
CTNMC	Jacobsen, Th.: Cuneiform Texts in the National Museum, Copenhagen, Chiefly of Economical Contents, Kopenhagen / Leiden, 1939
CU	Codex Ur-Namma
CUNES	Signatur, Cornell University of Near Eastern Studies (Ithaca)
CunMon.	Cuneiform Monographs, Boston / Berlin
CunMon. 50	Arkhipov, I. / Kogan, L. / Koslova, N. (Hrsg.): The Third Millennium. Studies in Early Mesopotamia and Syria in Honor of Walter Sommerfeld and Manfred Krebernik. Cuneiform Monographs 50, Boston / Berlin, 2020
CUSAS	Cornell University Studies in Assyriology and Sumerology, Bethesda
CUSAS 3	Owen, D. I. / Mayr, R. H.: The Garšana Archives. Cornell University Studies in Assyriology and Sumerology 3, Bethesda, 2007
CUSAS 6	Owen, D. I.: Garšana Studies. Cornell University Studies in Assyriology and Sumerology 6, Bethesda, 2010
CUSAS 10	George, A. R.: Babylonian Literary Texts in the Schøyen Collection. Cornell University Studies in Assyriology and Sumerology 10, Bethesda, 2009
CUSAS 11	Visicato, G. / Westenholz, A.: Early Dynastic and Early Sargonic Tablets from Adab in the Cornell University Collections. Cornell University Studies in Assyriology and Sumerology 11, Bethesda, 2010
CUSAS 16	Garfinkle, S. J. / Van De Mieroop, M. / Sauren, H.: Ur III Tablets of the Columbia University Libraries. Cornell University Studies in Assyriology and Sumerology 16, Bethesda, 2010
CUSAS 17	George, A. R. (Hrsg.): Cuneiform Royal Inscriptions and Related Texts in the Schøyen Collection. Cornell University Studies in Assyriology and Sumerology 17, Manuscripts in the Schøyen Collection 4, Bethesda, 2011
CUSAS 19	Maiocchi, M. / Visicato, G.: Classical Sargonic Tablets in the Cornell University Collections, Part II. Cornell University Studies in Assyriology and Sumerology 19, Bethesda, 2012
CUSAS 23	Bartash, V.: Miscellaneous Early Dynastic and Sargonic Texts in the Cornell University Collections. Cornell University Studies in Assyriology and Sumerology 23, Bethesda, 2013
CUSAS 26	Westenholz, A.: A Third-Millennium Miscellany of Cuneiform Texts. Cornell University Studies in Assyriology and Sumerology 26, Bethesda, 2014

CUSAS 33	Notizia, P. / Visicato, G.: Early Dynastic and Early Sargonic Administrative Texts Mainly from the Umma Region in the Cornell University Cuneiform Collections. Cornell University Studies in Assyriology and Sumerology 33, Bethesda, 2016
CUSAS 35	Bartash, V.: Sumerian Administrative and Legal Documents ca. 2900–2200 BC in the Schøyen Collection. Cornell University Studies in Assyriology and Sumerology 35, Bethesda, 2016
CUSAS 36	George, A. R.: Old Babylonian Texts in the Schøyen Collection 1. Selected Letters. Cornell University Studies in Assyriology and Sumerology 36, Bethesda, 2018
CUSAS 39	Dahl, J. L.: Ur III Texts in the Schøyen Collection. Cornell University Studies in Assyriology and Sumerology 39, University Park, 2020
CUSAS 40/2	Sigrist, M. / Ozaki, T.: Tablets from the Iri-sagrig Archive 2 Cornell University Studies in Assyriology and Sumerology 40/2, University Park, 2019
CUSAS 43	George, A. R. / Spada, G.: Old Babylonian Texts in the Schøyen Collection 2. School Letters, Model Contracts, and Related Texts. Cornell University Studies in Assyriology and Sumerology 43, Bethesda, 2019
Cyr.	Strassmeier, J. N.: Inschriften von Cyrus, König von Babylon (538–529 v. Chr.): von den Tontafeln des Britischen Museums copirt und autographirt. Babylonische Texte 7, Leipzig, 1890
Dar.	Strassmeier, J. N.: Inschriften von Darius, König von Babylon (521–435 v. Chr.): von den Tontafeln des Britischen Museums copirt und autographirt 1–3. Babylonische Texte 10–12, Leipzig, 1892–1897
DAS	Lafont, B.: Documents administratifs sumériens provenant du site de Tello et conservés au Musée du Louvre. Édition Recherche sur les Civilisations Mémoire 61, Paris, 1985
DCCLT	Digital Corpus of Cuneiform Lexical Texts, <https://oracc.museum.upenn.edu/dcclt/index.html>, 2003–
DCEPHE	Durand, J.-M.: Catalogue et copies cunéiformes. Documents cunéiformes de la 4e Section de l'École Practique des Hautes-Études 1, Paris, 1982
DCS	Charpin, D. / Durand, J.-M.: Documents cunéiformes de Strasbourg, conservés à la Bibliothèque Nationale et Universitaire, Paris, 1981
Di.	Signatur, Tell ed-Dēr (Sippar-Amnanum)
DP	Allotte de la Fuÿe, F. M.: Documents présargoniques, Paris, 1908–1920
DSCT	Data Set: Cuneiform Texts. Cybernetica Mesopotamica: Electronic Data Processing of Mesopotamian Materials, Malibu
DSCT 2	Saporetti, C.: Le leggi medio-assire. Cybernetica Mesopotamica. Data Set: Cuneiform Texts 2, Malibu, 1979
ECTJ	Westenholz, A.: Early Cuneiform Texts in Jena. Pre-Sargonic and Sargonic Documents from Nippur and Fara in the Hilprecht-Sammlung vorderasiatischer Altertümer, Institut für Altertumswissenschaften der Friedrich-Schiller-Universität, Jena. Kongelige Danske Videnskabernes Selskab. Historisk-filologiske Skrifter 7/3, Kopenhagen, 1975
ePSD2	Tinney, S. / Jones, P. / Veldhuis, N.: The Electronic Pennsylvania Sumerian Dictionary 2, Pennsylvania, <oracc.museum.upenn.edu>, 2017–
Erm.	Signatur, Eremitage (St. Petersburg)

ETCSL	Black, J. A. / Cunningham, G. / Ebeling, J. / Flückiger-Hawker, E. / Robson, E. / Taylor, J. / Zólyomi, G.: The Electronic Text Corpus of Sumerian Literature, Oxford, <https://etcsl.orinst.ox.ac.uk/>, 1998–2006
FAOS	Freiburger Altorientalische Studien, Wiesbaden / Stuttgart
FAOS 5/1	Steible, H.: Die Altsumerischen Bau- und Weihinschriften Teil 1. Inschriften aus ‚Lagaš'. Freiburger Altorientalische Studien 5, Wiesbaden, 1982
FAOS 5/2	Steible, H.: Die Altsumerischen Bau- und Weihinschriften Teil 2. Kommentar zu den Inschriften aus ‚Lagas'. Inschriften außerhalb von ‚Lagaš'. Freiburger altorientalische Studien 5/2, Wiesbaden, 1982
FAOS 15/2	Selz, G. J.: Altsumerische Verwaltungstexte aus Lagaš. Teil 2, Altsumerische Wirtschaftsurkunden aus amerikanischen Sammlungen, Abschnitt 2. Freiburger Altorientalische Studien 15/2, Stuttgart, 1993
FAOS 17	Steinkeller, P.: Sale Documents of the Ur-III-Period. Freiburger Altorientalische Studien 17, Stuttgart, 1989
FAOS 19	Kienast, B. / Volk, K.: Die sumerischen und akkadischen Briefe des III. Jahrtausends aus der Zeit vor der III. Dynastie von Ur. Freiburger Altorientalische Studien 19, Stuttgart, 1995
FM	Florilegium Marianum, Paris
FM 2	Charpin, D. / Durand, J.-M. (Hrsg.): Recueil d'études à la mémoire de Maurice Birot. Florilegium Marianum 2. Mémoires de N.A.B.U. 3, Paris, 1994
FM 7	Durand, J.-M.: Le Culte d'Addu d'Alep et l'affaire d'Alahtum. Florilegium Marianum 7. Mémoires de N.A.B.U. 8, Paris, 2002
FM 9	Ziegler, N.: Les musiciens et la musique d'après les archives de Mari. Florilegium Marianum 9. Mémoires de N.A.B.U. 10, Paris, 2007
Fs. Abusch	Stackert, J. / Nevling Porter, B. / Wright, D. P. (Hrsg.): Gazing on the Deep. Ancient Near Eastern Studies and Other Studies in Honor of Tzvi Abusch, Bethesda, 2010
Fs. Birot	Durand, J.-M. / Kupper, J.-R. (Hrsg.): Miscellanea Babylonica: Mélanges offerts à Maurice Birot, Paris, 1985
Fs. Charpin	Chambon, G. / Guichard, M. / Langlois, A.-I. (Hrsg.): De l'argile au numérique. Mélanges assyriologiques en l'honneur de Dominique Charpin. Publications de l'Institut du Proche-Orient Ancien du Collège de France 3, Paris, 2019
Fs. Finet	Lebeau, M. / Talon, Ph. (Hrsg.): Reflets des deux fleuves: volume de mélanges offerts à André Finet. Akkadica Supplement 6, Leuven, 1989
Fs. Greenfield	Zevit, Z. / Gitin, S. / Sokoloff, M. (Hrsg.): Solving Riddles and Untying Knots. Biblical, Epigraphic, and Semitic Studies in Honor of Jonas C. Greenfield, Winona Lake, 1995
Fs. Hallo	Cohen, M. E. / Snell, D. C. / Weisberg, D. B. (Hrsg.): The Tablet and the Scroll. Near Eastern Studies in Honour of W. W. Hallo, Bethesda, 1993
Fs. Krecher	Koslova, N. / Vizirova, E. / Zólyomi, G. (Hrsg.): Studies in Sumerian Language and Literature. Festschrift für Joachim Krecher. Babel und Bibel 8, Winona Lake, 2014
Fs. Leichty	Guinan, A. K. / de Jong Ellis, M. / Ferrara, A. J. / Freedman, S. M. / Rutz, M. T. / Sassmannshausen, L. / Tinney, S. / Waters, M. W. (Hrsg.): If a Man

	Builds a Joyful House: Assyriological Studies in Honor of Erle Verdun Leichty, Leiden / Boston, 2006
Fs. Milano	Corò, P. / Devecchi, E. / De Zorzi, N. / Maiocchi, M. (Hrsg.): Libiamo ne' lieti calici: Ancient Near Eastern Studies Presented to Lucio Milano on the Occasion of His 65th Birthday by Pupils, Colleagues and Friends. Alter Orient und Altes Testament 346, Münster, 2016
Fs. Owen	Kleinerman, A. / Sasson, J. M. (Hrsg.): Why Should Someone Who Knows Something Conceal It? Cuneiform Studies in Honor of David I. Owen on His 70th Birthday, Bethesda, 2010
Fs. Pettinato	Waetzoldt, H. (Hrsg.): Von Sumer nach Ebla und zurück. Festschrift Giovanni Pettinato zum 27. September 1999 gewidmet von Freunden, Kollegen und Schülern. Heidelberger Studien zum Alten Orient 9, Heidelberg, 2004
Fs. Pomponio	Notizia, P. / Rositani, A. / Verderame, L. (Hrsg.): ^{d}Nisaba za$_3$-mi$_2$. Ancient Near Eastern Studies in Honor of Francesco Pomponio. dubsar 19, Münster, 2021
Fs. Sigrist	Michalowski, P. (Hrsg.): On the Third Dynasty of Ur. Studies in Honor of Marcel Sigrist. Journal of Cuneiform Studies Supplemental Series 1, Boston, 2008
Fs. Veenhof	van Soldt, W. H. (Hrsg.): Veenhof Anniversary Volume. Studies Presented to Klaas R. Veenhof on the Occasion of His Sixty-Fifth Birthday, Leiden, 2001
Genava	Genava. Revue d'histoire de l'art et d'archéologie, Musée d'art et d'histoire, Genf
GMTR	Guides to the Mesopotamian Textual Record, Münster
GMTR 6	Veldhuis, N.: History of the Cuneiform Lexical Tradition. Guides to the Mesopotamian Textual Record 6, Münster, 2014
Gs. Finkelstein	de Jong Ellis, M. (Hrsg.): Essays on the Ancient Near East in Memory of Jacob Joel Finkelstein. Memoirs of the Connecticut Academy of Arts and Sciences 19, Hamden, 1977
HAB	Sommer, F. / Falkenstein, A.: Die hethitisch-akkadische Bilingue des Ḫattušili I. (Labarna II). Abhandlungen der Bayerischen Akademie der Wissenschaften, Philologische-historische Abteilung, Neue Folge 16, München, 1938
HG	Hoffner, H. A.: The Laws of the Hittites. A Critical Edition. Documenta et Monumenta Orientis Antiqui 23, Leiden / New York / Köln, 1997
HLC	Haverford Library Collection of Cuneiform Tablets or Documents from the Temple Archives of Telloh 1–3, Philadelphia / London
HLC 1	Barton, G. A.: Haverford Library Collection of Cuneiform Tablets or Documents from the Temple Archives of Telloh 1, Philadelphia / London, 1905
HLC 3	Barton, G. A.: Haverford Library Collection of Cuneiform Tablets or Documents from the Temple Archives of Telloh 3, Philadelphia / London, 1914
HS	Signatur, Hilprecht-Sammlung (Jena)
HSS	Harvard Semitic Series, Cambridge
HSS 3	Hussey, M. I.: Sumerian Tablets in the Harvard Semitic Museum 1. Chief-

	ly from the Reigns of Lugalanda and Urukagina of Lagash. Harvard Semitic Series 3, Cambridge, 1912
HSS 4	Hussey, M. I.: Sumerian Tablets in the Harvard Semitic Museum 2. From the Time of the Dynasty of Ur. Harvard Semitic Series 4, Cambridge, 1915
HW^2	Friedrich, J. / Kammenhuber, A. / Cotticelli-Kurras, P. / Giusfredi, F. / Hagenbuchner-Dresel, A. / Hazenbos, J. / Hoffmann, I. / Sallaberger, W.: Hethitisches Wörterbuch. Zweite, völlig neubearbeitete Auflage auf der Grundlage der edierten hethitischen Texte, Heidelberg 1975–
IM	Signatur, Iraq Museum (Baghdad)
Iraq	Iraq. Journal of the British School of Archaeology in Iraq; seit 2007: British Institute for the Study of Iraq, London
Ist. Ni.	Signatur, Nippur-Sammlung, Archäologisches Museum Istanbul
ITT	Thureau-Dangin, F. / de Genouillac, H. / Delaporte, L.: Inventaire des tablettes de Tello : conservées au Musée Impérial Ottoman, 1–5, Paris, 1910–1921
ITT 1	Thureau-Dangin, F.: Textes de l'époque d'Agadé. Fouilles d'Ernest de Sarzec en 1895. Inventaire des tablettes de Tello : conservées au Musée Impérial Ottoman 1, Paris, 1910
ITT 2	de Genouillac, H.: Textes de l'époque d'Agadé et de l'époque d'Ur: fouilles d'Ernest de Sarzec en 1894, 1–2. Inventaire des tablettes de Tello : conservées au Musée Impérial Ottoman 2, Paris, 1910–1911
ITT 3	de Genouillac, H.: Textes de l'époque d'Ur. Inventaire des tablettes de Tello : conservées au Musée Impérial Ottoman 3, Paris, 1912
ITT 4	Delaporte, L.: Textes de l'époque d'Ur: fouilles d'Ernest de Sarzec en 1898 et 1900. Inventaire des tablettes de Tello : conservées au Musée Impérial Ottoman 5, Paris, 1912
ITT 5	de Genouillac, H.: Époque présargonique, époque d'Agadé, époque d'Ur. Inventaire des tablettes de Tello : conservées au Musée Impérial Ottoman 5, Paris, 1922
JCS	Journal of Cuneiform Studies, New Haven / Boston
JCS SS	Journal of Cuneiform Studies Supplemental Series, Boston / Atlanta
JCS SS 5	Studevent-Hickman, B.: Sumerian Texts from Ancient Iraq. From Ur III to 9/11. Journal of Cuneiform Studies Supplemental Series 5, Atlanta, 2018
JEOL	Jaarbericht van het Vooraziatisch-Egyptisch Genootschap "Ex Oriente Lux", Leiden
JNES	Journal of Near Eastern Studies, Chicago
K	Signatur, Kouyunjik-Sammlung, British Museum (London)
KAJ	Ebeling, E.: Keilschrifttexte aus Assur juristischen Inhalts. Wissenschaftliche Veröffentlichungen der Deutschen Orient-Gesellschaft 50. Ausgrabungen der Deutschen Orient-Gesellschaft in Assur E/4, Leipzig, 1927
KAL 8	Weiershäuser, F. / Hrůša, I.: Lexikalische Texte 1. ur_5-ra = *ḫubullu*, murgud = *imrû* = *ballu*, Lú-Listen. Teil 1: Einleitung, Katalog, Textbearbeitungen, Verzeichnisse. Teil 2: Glossare und Keilschriftautographien Wissenschaftliche Veröffentlichungen der Deutschen Orient Gesellschaft 153/1. Keilschrifttexte aus Assur literarischen Inhalts 8, Wiesbaden, 2018
KAL 11/1	Weiershäuser, F. / Hrůša, I.: Lexikalische Texte 2. Wortlisten, Formularbücher, grammatikalische Texte. Teil 1: Einleitung, Katalog, Textbearbei-

tungen, Verzeichnisse. Wissenschaftliche Veröffentlichungen der Deutschen Orient Gesellschaft 157/1. Keilschrifttexte aus Assur literarischen Inhalts 11/1, Wiesbaden, 2020

KAL 17 — Hätinen, A.: Texte verschiedenen Inhalts. Mit Beiträgen von Hanspeter Schaudig. Wissenschaftliche Veröffentlichungen der Deutschen Orient-Gesellschaft 164. Keilschrifttexte aus Assur literarischen Inhalts 17, Wiesbaden, 2023

Kaskal — Kaskal. Rivista di storia, ambiente e culture del Vicino Oriente Antico, Padua / Florenz

KAV — Schroeder, O.: Keilschrifttexte aus Assur verschiedenen Inhalts: autographiert, mit Inhaltsübersicht und Namenlisten. Wissenschaftliche Veröffentlichungen der Deutschen Orient-Gesellschaft 35, Leipzig, 1920

KBo. — Keilschrifttexte aus Boghazköi, Leipzig / Berlin

KBo. 1 — Figulla, H. H. / Forrer, E. / Weidner, E. F.: Keilschrifttexte aus Boghazköi 1–4. Wissenschaftliche Veröffentlichungen der Deutschen Orient-Gesellschaft 30, Leipzig, 1923

KBo. 2 — Figulla, H. H. / Forrer, E. / Weidner, E. F.: Keilschrifttexte aus Boghazköi 1–4. Wissenschaftliche Veröffentlichungen der Deutschen Orient-Gesellschaft 30, Leipzig, 1923

KBo. 3 — Figulla, H. H. / Forrer, E. / Weidner, E. F.: Keilschrifttexte aus Boghazköi 1–4. Wissenschaftliche Veröffentlichungen der Deutschen Orient-Gesellschaft 30, Leipzig, 1923

KBo. 4 — Figulla, H. H. / Forrer, E. / Weidner, E. F.: Keilschrifttexte aus Boghazköi 1–4. Wissenschaftliche Veröffentlichungen der Deutschen Orient-Gesellschaft 30, Leipzig, 1923

KBo. 5 — Hrozný, F.: Keilschrifttexte aus Boghazköi 5–6. Wissenschaftliche Veröffentlichungen der Deutschen Orient-Gesellschaft 36, Leipzig, 1921

KBo. 6 — Hrozný, F.: Keilschrifttexte aus Boghazköi 5–6. Wissenschaftliche Veröffentlichungen der Deutschen Orient-Gesellschaft 36, Leipzig, 1921

KBo. 9 — Otten, H.: Keilschrifttexte aus Boghazköi 9. Vorwiegend Texte der Grabungen 1955 und 1956. Wissenschaftliche Veröffentlichungen der Deutschen Orient-Gesellschaft 70, Berlin, 1957

KBo. 10 — Güterbock, H. G. / Otten, H.: Texte aus Gebäude K, 1. Teil. Keilschrifttexte aus Boghazköi 10. Wissenschaftliche Veröffentlichungen der Deutschen Orient-Gesellschaft 72, Berlin, 1960

KBo. 12 — Otten, H.: Keilschrifttexte aus Boghazköi 12. Texte aus Planquadrat L/18, 1. Teil. Wissenschaftliche Veröffentlichungen der Deutschen Orient-Gesellschaft 77, Berlin, 1963

KBo. 19 — Otten, H.: Keilschrifttexte aus Boghazköi 19. Aus dem Bezirk des großen Tempels. Wissenschaftliche Veröffentlichungen der Deutschen Orient-Gesellschaft 84, Berlin, 1970

KBo. 22 — Otten, H. / Rüster, C.: Keilschrifttexte aus Boghazköi 22. Aus dem Bezirk des großen Tempels. Wissenschaftliche Veröffentlichungen der Deutschen Orient-Gesellschaft 90, Berlin, 1974

KBo. 31 — Otten, H. / Rüster, C.: Keilschrifttexte aus Boghazköi 31. Tafelkataloge, Inventare u. A., vorwiegend von Büyükkale, Berlin, 2000

KBo. 63 — Fuscagni, F.: Keilschrifttexte aus Boghazköi 63. Texte aus dem Bezirk

	des großen Tempels 14 und Nachlese von Texten anderer Fundorte, Berlin, 2015
KBo. 65	Trémouille, M.-C.: Keilschrifttexte aus Boghazköi 65. Texte aus dem Bezirk des großen Tempels 17, Berlin, 2015
KH	siehe CḪ
KUB	Keilschrifttexte aus Boghazköi, Berlin
KUB 2	Figulla, H. H.: Keilschrifturkunden aus Boghazköi 2, Berlin, 1922
KUB 13	Ehelolf, H.: Keilschrifturkunden aus Boghazköi 13, Berlin, 1925
KUB 26	Götze, A.: Keilschrifturkunden aus Boghazköi 26. Historisch-politische Texte, Berlin, 1933
KUB 29	Ehelolf, H.: Keilschrifturkunden aus Boghazköi 29. Texte verschiedenen Inhalts vorwiegend aus den Grabungen seit 1931, Berlin, 1938
LDAS	Legal Documents in Ancient Societies, Wiesbaden
LDAS 8	Jördens, A. / Yiftach, U. (Hrsg.): Legal Documents in Ancient Societies 8. Accounts and Bookkeeping in the Ancient World. Philippika. Altertumswissenschaftliche Abhandlungen 55/2, Wiesbaden, 2020
Liverpool	Strassmeier, J. N.: Die babylonischen Inschriften im Museum zu Liverpool nebst anderen aus der Zeit von Nebukadnezzar bis Darius, Leiden, 1885
LUN	Siehe CU
L'uomo	Pettinato, G.: L'uomo cominciò a scrivere. Iscrizioni cuneiformi dalla collezione Michail, Mailand, 1997
M	Signatur der Mari-Funde
MaG	Mittelassyrische Gesetze
MAD 4	Gelb, I. J.: Sargonic Texts in the Louvre Museum. Materials for the Assyrian Dictionary 4, Chicago, 1970
MAH	Signatur, Musée d'art et d'histoire (Genf)
MARI	MARI. Annales de recherches interdisciplinaires, Paris
MARV	Mittelassyrische Rechtsurkunden und Verwaltungstexte, Berlin / Wiesbaden
MARV 2	Freydank, H.: Mittelassyrische Rechtsurkunden und Verwaltungstexte 2. Vorderasiatische Schriftdenkmäler der Staatlichen Museen zu Berlin Neue Folge 5 (Heft 21), Berlin, 1982
MARV 4	Freydank, H.: Mittelassyrische Rechtsurkunden und Verwaltungstexte 4. Tafeln aus Kār-Tukultī-Ninurta. Mit einem Beitrag zu den Siegelabrollungen von Claudia Fischer. Wissenschaftliche Veröffentlichungen der Deutschen Orient-Gesellschaft 99, Saarbrücken, 2001
MCS	Manchester Cuneiform Studies, Manchester
Messenger Texts	McNeil, R. C.: The "Messenger Texts" of the Third Ur Dynasty, PhD Dissertation University of Pennsylvania, 1970
MHET	Mesopotamian History and Environment Series 3, Texts, Gent
MHET 2/3	Dekiere, L.: Old Babylonian Real Estate Documents from Sippar in the British Museum 3. Documents from the Reign of Samsu-Iluna. Mesopotamian History and Environment, Series 3, Texts 2/3, Gent, 1995
MHET 3/1	Tanret, M.: Per Aspera ad Astra. L'apprentissage du cunéiforme à Sippar-Amnānum pendant la période paléobabylonienne tardive. Mesopotamian History and Environment, Series 3, Texts 1/2, Gent, 2002

MS	Signatur, Martin Schøyen Collection (Oslo)
MSCT	Manuscripts of the Schøyen Collection Cuneiform Texts, New York / Bethesda
MSCT 16	Arkhipov, I. / George, A. R.: Old Babylonian Texts in the Schøyen Collection 3. Further Letters. Manuscripts in the Schøyen Collection Cuneiform Texts 16, Dresden, 2023
MSL	Materialien zum sumerischen Lexikon. Materials for the Sumerian Lexicon, Rom, 1937–2004
MSL 1	Landsberger, B.: Die Serie *ana ittišu*. Materialien zum sumerischen Lexikon 1, Rom, 1937
MSL 5	Landsberger, B.: The Series ḪAR-ra = ḫubullum, Tablets I–IV. Materialien zum sumerischen Lexikon 5, Rom, 1957
MSL SS 1	Civil, M. / Gurney, O. / Kennedy, D. A.: The Sag-Tablet. Lexical Texts in the Ashmolean Museum. Middle Babylonian Grammatical Texts, Miscellaneous Texts. Materials for the Sumerian Lexicon Supplementary Series 1, Rom, 1986
MTBM	Sigrist, R. M.: Messenger Texts from the British Museum, Potomac, 1990
MVN	Materiali per il Vocabolario Neosumerico, Rom
MVN 1	Waetzoldt, H. / Pettinato, G.: La collezione Schollmeyer. Materiali per il Vocabolario Neosumerico 1, Rom, 1974
MVN 2	Sauren, H.: Wirtschaftsurkunden des Musée d'Art et d'Histoire in Genf. Materiali per il Vocabolario Neosumerico 2, Rom, 1974
MVN 3	Owen, D. I.: The John Frederick Lewis Collection. Materiali per il Vocabolario Neosumerico 3, Rom, 1975
MVN 5	Sollberger, E.: The Pinches Manuscript. Materiali per il Vocabolario Neosumerico 5, Rom, 1978
MVN 6	Pettinato, G.: Testi economici di Lagaš del Museo di Istanbul. 1, La. 7100–7600. Materiali per il Vocabolario Neosumerico 6, Rom, 1977
MVN 7	Pettinato, G.: Testi economici di Lagaš del Museo di Istanbul. 2, La. 7600–8200. Materiali per il Vocabolario Neosumerico 7, Rom, 1978
MVN 10	Grégoire, J.-P.: Inscriptions et archives administratives cunéiformes 1. Materiali per il Vocabolario Neosumerico 10, Rom, 1981
MVN 11	Owen, D. I.: Selected Ur III Texts from the Harvard Semitic Museum. Materiali per il Vocabolario Neosumerico 11, Rom, 1982
MVN 12	Gomi, T.: Wirtschaftstexte der Ur III-Zeit aus dem British Museum. Materiali per il Vocabolario Neosumerico 12, Rom, 1982
MVN 14	Yıldız, F. / Waetzoldt, H. / Renner, H.: Die Umma-Texte aus den archäologischen Museen zu Istanbul 1, Nr. 1–600. Materiali per il Vocabolario Neosumerico 14, Rom, 1988
MVN 15	Owen, D. I.: Neo-Sumerian Texts from American Collections. Materiali per il Vocabolario Neosumerico 15, Rom, 1991
MVN 16	Waetzoldt, H. / Yıldız, F.: Die Umma-Texte aus den archäologischen Museen zu Istanbul 2, Nr. 601–1600. Materiali per il Vocabolario Neosumerico 16, Rom, 1988
MVN 18	Molina, M.: Tablillas administrativas neosumerias de la Abadía de Montserrat (Barcelona): copias cuneiformes. Materiali per il Vocabolario Neosumerico 18, Rom, 1993

MVN 21	Koslova, N.: Neusumerische Verwaltungstexte aus Umma aus der Sammlung der Ermitage zu St. Petersburg, Rußland. Materiali per il Vocabolario Neosumerico 21, Rom, 2000
N	Signatur, Nippur-Sammlung, University Museum (Philadelphia)
N13	Archivnummer nach Pedersén, O.: Archive und Bibliotheken in Babylon. Die Tontafeln der Grabung Robert Koldeweys 1899–1917. Abhandlungen der Deutschen Orient-Gesellschaft 25, Saarbrücken, 2005
NABU	Nouvelles Assyriologiques Brèves et Utilitaires, Paris / Rouen
NATN	Owen, D. I.: Neo-Sumerian Archival Texts Primarily from Nippur in the University Museum, the Oriental Institute and the Iraq Museum, Winona Lake, 1982
NBC	Signatur, Nies Babylonian Collection (Yale University, New Haven)
NbGf	Neubabylonisches Gesetzesfragment
Nbk.	Strassmeier, J. N.: Inschriften von Nebuchodonosor, König von Babylon (604–561 v. Chr.): von den Tontafeln des Britischen Museums copirt und autographirt 1–2. Babylonische Texte 5–6, Leipzig, 1889
NFT	Cros, G. / Heuzey, L. / Thureau-Dangin, F.: Nouvelles fouilles de Tello 1–3, Paris, 1910–1914
Nik. 1	Nikol'skij, M. V.: Dokumenty chozjajstvennoj otčetnosti drevnejšsej epochi Chaldei iz sobranija N. P. Lichačeva. Drevnosti Vostočnyja. Trudy Vostočnoj Komisii Imperatorskago Moskovskago Archeologiceskago Obščestva 3/II, St. Petersburg, 1908
Nik. 2	Nikol'skij, M. V.: Dokumenty chozjajstvennoj otčetnosti drecnej Chaldei iz sobranija N. P. Lichačeva 2: Epocha dinastii Agade i epocha dinastii Ura. Drevnosti Vistočnyja 5, Moskau, 1915
Nisaba	Nisaba. Studi Assiriologici Messinesi, Messina
Nisaba 3/2	Capitani, M. M.: Girsu Messenger Texts in the British Museum. Nisaba. Studi Assiriologici Messinesi 3/2, Messina, 2003
Nisaba 6	al-Rawi, F. N. H. / D'Agostino, F.: Neo-Sumerian Administrative Texts from Umma Kept in the British Museum 1. Nisaba. Studi Assiriologici Messinesi 6, Messina, 2005
Nisaba 13	Notizia, P.: Testi Administrativi Neo-Sumerici da Girsu nel British Museum. Nisaba. Studi Assiriologici Messinesi 13, Messina, 2006
Nisaba 15/2	Owen, D. I.: Cuneiform Texts Primarily from Iri-Saĝrig/Al-Šarrākī and the History of the Ur III Period. Nisaba. Studi Assiriologici Messinesi 15/2, Bethesda, 2013
Nisaba 23	al-Rawi, F. N. H. / Verderame, L.: Neo-Sumerian Administrative Texts from Umma Kept in the British Museum 3. Nisaba. Studi Assiriologici Messinesi 23, Messina, 2009
Nisaba 24	al-Rawi, F. N. H. / D'Agostino, F. / Taylor, J.: Neo-Sumerian Administrative Texts from Umma Kept in the British Museum 4. Nisaba. Studi Assiriologici Messinesi 24, Messina, 2010
Nisaba 25	Lecompte, C.: Archaic Tablets and Fragments from Ur (ATFU). From L. Woolley's Excavations at the Royal Cemetery. Nisaba. Studi assiriologici Messinesi 25, Messina, 2013
Nisaba 26	al-Rawi, F. N. H. / Gorello, F. / Notizia, P.: Neo-Sumerian Administrative

	Texts from Umma Kept in the British Museum 5. Nisaba. Studi Assiriologici Messinesi 26, Messina, 2013
Nisaba 33	Ozaki, T.: The Lost and the Found. Cuneiform Collections Rediscovered. With Copies by Herbert Sauren. With Collaboration of David I. Owen and Palmiro Notizia. Nisaba. Studi Assiriologici Messinesi 33, Messina, 2020
Nisaba 34	Ozaki, T. / Sigrist, M. / Tang, S.: The Rosen Collection Texts at Yale Peabody Museum. Nisaba. Studi Assiriologici Messinesi 34, Messina, 2023
NRVN 1	Çığ, M. / Kızılyay, H.: Neusumerische Rechts- und Verwaltungsurkunden aus Nippur 1, Ankara, 1965
NRVU	San Nicolò, M. / Ungnad, A.: Rechts- und Verwaltungsurkunden der Berliner Museen aus vorhellenistischer Zeit. Neubabylonische Rechts- und Verwaltungsurkunden 1, Leipzig, 1929–1935
NSGU	Falkenstein, A.: Die neusumerischen Gerichtsurkunden. Abhandlungen der Bayerischen Akademie der Wissenschaften, Philosophisch-Historische Klasse 39–40, 44, München, 1956–1957
NSRU	Krecher, J.: Neue sumerische Rechtsurkunden des 3. Jahrtausends. Zeitschrift für Assyriologie und Vorderasiatische Archäologie 63, 145–271, 1973
OECT	Oxford Editions of Cuneiform Texts, London / Oxford
OECT 15	Dalley, S.: Old Babylonian Texts in the Ashmolean Museum, Mainly from Larsa, Sippar, Kish, and Lagaba. Oxford Editions of Cuneiform Texts 15, Oxford, 2005
OIP	(The University of Chicago) Oriental Institute Publications, Chicago
OIP 14	Luckenbill, D. D.: Inscriptions from Adab. Cuneiform Series 2, The University of Chicago Oriental Institute Publications 14, Chicago, 1930
OIP 122	Weisberg, D. B.: Neo-Babylonian Texts in the Oriental Institute Collection. The University of Chicago Oriental Institute Publications 122, Chicago, 2003
ORACC	Open Richly Annotated Cuneiform Corpus, <https://oracc.museum.upenn.edu>, 2014–
OrAnt.	Oriens Antiquus. Rivista del Centro per la antichità e la storia dell'arte del Vicino Oriente, Rom
OrSP	Orientalia Series Prior, Rom
OrSP 47–49	Schneider, N.: Die Geschäftsurkunden aus Drehem und Djoha in den Staatlichen Museen (VAT) zu Berlin. Orientalia Series Prior 47–49, Rom, 1930
OSP	Westenholz, A.: Old Sumerian and Old Akkadian Texts in Philadelphia, Chiefly from Nippur
OSP 1	Westenholz, A.: Old Sumerian and Old Akkadian Texts in Philadelphia Chiefly from Nippur 1, Kopenhagen, 1975
PBS	The University Museum Publications of the Babylonian Section, University of Pennsylvania, Philadelphia
PBS 5	Poebel, A.: Historical and Grammatical Texts. The University Museum Publications of the Babylonian Section, University of Pennsylvania 5, Philadelphia, 1914
PBS 8/2	Chiera, E.: Old Babylonian Contracts. The University Museum Publica-

	tions of the Babylonian Section, University of Pennsylvania 8/2, Philadelphia, 1922
PBS 13	Legrain, L.: Historical Fragments. The University Museum Publications of the Babylonian Section, University of Pennsylvania 13, Philadelphia, 1922
PPAC	Periodic Publications of Ancient Civilizations, Changchun
PPAC 1	Yang, Z.: Sargonic Inscriptions from Adab. Periodic Publications on Ancient Civilizations 1, Changchun, 1989
PPAC 4	Ozaki, T. / Sigrist, M.: Tablets in Jerusalem: Sainte-Anne and Saint-Étienne. Periodic Publications on Ancient Civilizations 4. Supplement to Journal of Ancient Civilizations 2, Changchun, 2010
PPAC 5	Ozaki, T. / Sigrist, M.: Administrative Ur III Texts in the British Museum. Periodic Publications on Ancient Civilizations 5. Supplement to Journal of Ancient Civilizations 3, Changchun, 2013
PSD	Sjöberg, Å. W.: The Sumerian Dictionary of the University Museum of the University of Pennsylvania, Philadelphia 1984–1998
RA	Revue d'Assyriologie et d'Archéologie Orientale, Paris
RevSem.	Revue Sémitique d'Épigraphie et d'Histoire Ancienne, Paris
RIAA	Speleers, L.: Recueil des inscriptions de l'Asie antérieure des Musées Royaux du Cinquantenaire à Bruxelles: textes sumériens, babyloniens et assyriens, Brüssel, 1925
RIME	The Royal Inscriptions of Mesopotamia Early Periods, Toronto / Buffalo / London
RIME 1	Frayne, D. R.: Presargonic Period (2700–2350 BC). The Royal Inscriptions of Mesopotamia Early Periods 1, Toronto / Buffalo / London, 2008
RIME 3/1	Edzard, D. O.: Gudea and His Dynasty. The Royal Inscriptions of Mesopotamia Early Periods 3/1, Toronto / Buffalo / London, 1997
RIME 3/2	Frayne, D. R.: Ur III Period (2112–2004 BC). The Royal Inscriptions of Mesopotamia Early Periods 3/2, Toronto / Buffalo / London, 1997
Rochester	Sigrist, R. M.: Documents from Tablet Collections in Rochester, New York / Bethesda, 1991
RSO	Rivista degli Studi Orientali, Rom / Pisa
RTC	Thureau-Dangin, F.: Recueil de tablettes chaldéennes, Paris, 1903
Santag	Santag. Arbeiten und Untersuchungen zur Keilschriftkunde, Wiesbaden
Santag 6	Koslova, N.: Ur III-Texte der St. Petersburger Eremitage. Santag. Arbeiten und Untersuchungen zur Keilschriftkunde 6, Wiesbaden, 2001
SAOC	Studies in Ancient Oriental Civilization, Chicago
SAOC 44	Stone, E. C.: Nippur Neighborhoods. Studies in Ancient Oriental Civilization 44, Chicago, 1987
SAT 1	Sigrist, M.: Texts from the British Museum. Sumerian Archival Texts 1, Bethesda, 1994
SAT 2	Sigrist, M.: Texts from the Yale Babylonian Collections 1. From Shulgi to Amar-Sin. Sumerian Archival Texts 2, Bethesda, 2000
SAT 3	Sigrist, M.: Texts from the Yale Babylonian Collections 2. Sumerian Archival Texts 3, Bethesda, 2000
SBL WAW	Society of Biblical Literature Writings from the Ancient World, Atlanta
SBL WAW 6	Roth, M. T.: Law Collections from Mesopotamia and Asia Minor. Socie-

ty of Biblical Literature Writings from the Ancient World 6, Atlanta, 1995 / Second edition, Atlanta, 1997

SBL WAW 43 Démare-Lafont, S. / Fleming, D. (Hrsg.): Judicial Decisions in the Ancient Near East. Society of Biblical Literature Writings from the Ancient World 43, Atlanta, 2023

SC Signatur, Cotsen Collection of Cuneiform Tablets, Special Collections, University of California (Los Angeles)

SEpM Kleinerman, A.: Education in Early 2nd Millennium BC Babylonia. The Sumerian Epistolary Miscellany. Cuneiform Monographs 42, Leiden / Boston, 2011

SHCANE Studies in the History and Culture of the Ancient Near East, Leiden

SHCANE 14 Stol, M. / Vleeming, S. (Hrsg.): The Care of the Elderly in the Ancient Near East. Studies in the History and Culture of the Ancient Near East 14, Leiden, 1998

SNAT Gomi, T. / Sato, S.: Selected Neo-Sumerian Administrative Texts from the British Museum, Chuo-Gakuin University, Abiko, 1990

SRU Edzard, D. O.: Sumerische Rechtsurkunden des III. Jahrtausends aus der Zeit vor der III. Dynastie von Ur. Abhandlungen der Bayerischen Akademie der Wissenschaften, Philosophisch-Historische Klasse, Neue Folge 67, München, 1968

Syracuse Sigrist, M.: Textes Économiques Néo-Sumeriens de l'Université de Syracuse, Éditions Recherche sur les Civilisations 29, Paris, 1983

TAD Langdon, S.: Tablets from the Archives of Drehem, Paris, 1911

TCL Textes Cunéiformes. Musée du Louvre, Département des antiquités orientales, Paris

TCL 2 de Genouillac, H.: Tablettes de Dréhem. Textes Cunéiformes. Musée du Louvre, Département des antiquités orientales 2, Paris, 1911

TCL 5 de Genouillac, H.: Textes économiques d'Oumma de l'époque d'Our. Musée du Louvre, Département des antiquités orientales 5, Paris, 1922

TCL 12 Contenau, G.: Contrats Néo-Babyloniens I, de Tiglath-phalasar III à Nabonide. Textes Cunéiformes. Musée du Louvre, Département des antiquités orientales 12, Paris, 1927

TCL 13 Contenau, G.: Contrats Néo-Babyloniens II, Achéménides et Séleucides. Textes Cunéiformes. Musée du Louvre, Département des antiquités orientales 13, Paris, 1929

TCL 18 Dossin, G.: Lettres de la première dynastie babylonienne 2. Textes Cunéiformes. Musée du Louvre, Département des antiquités orientales 18, Paris, 1934

TCS Texts from Cuneiform Sources, Locust Valley

TCS 1 Sollberger, E.: The Business and Administrative Correspondence Under the Kings of Ur. Texts from Cuneiform Sources 1, Locust Valley, 1966

TCS 2 Biggs, R. D.: ŠA.ZI.GA. Ancient Mesopotamian Potency Incantations. Texts from Cuneiform Sources 2, Locust Valley, 1967

TCTI 1 Lafont, B. / Yıldız, F.: Tablettes cunéiformes de Tello au Musée d'Istanbul datant de l'époque de la IIIe Dynastie d'Ur 1. Publications de l'Institut Historique et Archéologique Néerlandais de Stamboul 65, Leiden, 1989

TCTI 2 Lafont, B. / Yıldız, F.: Tablettes cunéiformes de Tello au Musée d'Istanbul

	datant de l'époque de la IIIe Dynastie d'Ur 2. Publications de l'Institut Historique et Archéologique Néerlandais de Stamboul 77, Leiden, 1996
TÉL	Virolleaud, C. / Lambert, M.: Tablettes économiques de Lagash (époque de la IIIe dynastie d'Ur): copiées en 1900 au Musée impérial ottoman. Cahiers de la Société Asiatique 19, Paris, 1968
TIM	Texts in the Iraq Museum, Baghdad / Wiesbaden
TIM 1	Al-Zeebari, A.: Old Babylonian Letters. Texts in the Iraq Museum 1, Baghdad, 1964
TIM 4	van Dijk, J. J. A.: Cuneiform Texts, Old Babylonian Contracts and Juridical Texts. Texts in the Iraq Museum 4, Wiesbaden, 1967
TIM 6	Reschid, F.: Administrative Texts from the Ur III Dynasty. Texts in the Iraq Museum 6, Baghdad, 1971
TJAMC IES	Szlechter, E.: Tablettes juridiques et administratives de la IIIe dynastie d'Ur et de la Ire dynastie de Babylone: conservées au Musée de l'Université de Manchester et, à Cambridge, et au Musée Fitzwilliam, à l'Institut d'Études Orientales et à l'Institut d'Egyptologie 1–2, Paris, 1963
TLB	Tabulae Cuneiformes a F. M. Th. de Liagre Böhl Collectae Leidae Conservatae, Leiden
TLB 3	Hallo, W. W.: Sumerian Archival Texts. Tabulae Cuneiformes a F. M. Th. de Liagre Böhl Collectae, Leidae Conservatae 3, Leiden, 1963
TMH	Texte und Materialien der Frau Professor Hilprecht Collection of Babylonian Antiquities im Eigentum der Friedrich-Schiller-Universität Jena, Leipzig / Wiesbaden
TMH 5	Pohl, S. J.: Vorsargonische und sargonische Wirtschaftstexte. Texte und Materialien der Frau Professor Hilprecht Collection of Babylonian Antiquities im Eigentum der Friedrich-Schiller-Universität Jena 5, Leipzig, 1935
TMH 8	Proust, C., Avec la collaboration de Krebernik, M. et Oelsner, J.: Tablettes mathématiques de la collection Hilprecht. Texte und Materialien der Frau Professor Hilprecht Collection of Babylonian Antiquities im Eigentum der Friedrich-Schiller-Universität Jena 8, Wiesbaden, 2008
TMH 11	Spada, G.: Sumerian Model Contracts from the Old Babylonian Period in the Hilprecht Collection Jena. Texte und Materialien der Frau Professor Hilprecht Collection of Babylonian Antiquities im Eigentum der Friedrich-Schiller-Universität Jena 11, Wiesbaden, 2018
TMH NF	Texte und Materialien der Frau Professor Hilprecht Collection of Babylonian Antiquities im Eigentum der Universität Jena. Neue Folge, Wiesbaden
TMH NF 1–2	Pohl, A.: Rechts- und Verwaltungsurkunden der III. Dynastie von Ur. Texte und Materialien der Frau Professor Hilprecht Collection of Babylonian Antiquities im Eigentum der Universität Jena. Neue Folge 1–2, Leipzig, 1937
Trouvaille	de Genouillac, H.: La trouvaille de Dréhem: étude avec un choix de textes de Constantinople et Bruxelles, Paris, 1911
TRU	Legrain, L.: Le temps des rois d'Ur: recherches sur la société antique d'après de textes nouveaux. Bibliothèque de l'École des Hautes Études 199, Paris / Genf, 1912

TSA	de Genouillac, H.: Tablettes sumériennes archaiques. Máteriaux pour server à l'histoire de la société sumérienne, Paris, 1909
TSDU	Limet, H.: Textes Sumeriens de la III Dynastie d'Ur, Gembloux, 1973
TUT	Reisner, G.: Tempelurkunden aus Telloh: mit Wörter- und Namenverzeichnis. Mitteilungen aus den Orientalischen Sammlungen 16, Berlin, 1901
UET	Ur Excavations Texts. Publications of the Joint Expedition of the British Museum and of the University Museum of the University of Pennsylvania (Philadelphia) to Mesopotamia, London
UET 3	Legrain, L.: Business Documents of the Third Dynasty of Ur. Ur Excavations Texts 3, London / Philadelphia, 1937
UET 5	Figulla, H. H. / Martin, W. J.: Letters and Documents of the Old-Babylonian Period. Ur Excavations Texts 5, London / Philadelphia, 1953
UET 6	Gadd, C. J. / Kramer, S. N.: Literary and Religious Texts, Second Part. Ur Excavations Texts 6, London, 1966
UTI 4	Gomi, T. / Yıldız, F.: Die Umma-Texte aus den Archäologischen Museen zu Istanbul 4 (Nr. 2301–3000), Bethesda, 1997
UTI 5	Yıldız, F. / Ozaki, T.: Die Umma-Texte aus den Archäologischen Museen zu Istanbul 5 (Nr. 3001–3500), Bethesda, 2000
UTI 6	Yıldız, F. / Ozaki, T.: Die Umma-Texte aus den Archäologischen Museen zu Istanbul 6 (Nr. 3501–3834), Bethesda, 2001
VAT	Signatur, Vorderasiatische Abteilung, Staatliche Museen zu Berlin
VicOr.	Vicino Oriente. Annuario dell'Istituto di studi del Vicino Oriente dell'Università di Roma, Rom
VS	Vorderasiatische Schriftdenkmäler der Staatlichen Museen zu Berlin, Leipzig / Berlin
VS 5	Ungnad, A.: Neubabylonische Kontrakte. Vorderasiatische Schriftdenkmäler der Königlichen Museen zu Berlin 5, Leipzig, 1908
VS 6	Ungnad, A.: Neubabylonische Kontrakte. Vorderasiatische Schriftdenkmäler der Königlichen Museen zu Berlin 6, Leipzig, 1908
VS 7	Ungnad, A.: Vorderasiatische Schriftdenkmäler der Königlichen Museen zu Berlin 7, Leipzig, 1909
VS 14	Förtsch, W.: Altbabylonische Wirtschaftstexte aus der Zeit Lugalanda's und Urukagina's. Vorderasiatische Schriftdenkmäler der Königlichen Museen zu Berlin 14, Berlin, 1916
VS 25	Marzahn, J.: Altsumerische Verwaltungstexte aus Girsu/Lagaš. Vorderasiatische Schriftdenkmäler der Staatlichen Museen zu Berlin Neue Folge 9 (Heft 25), Berlin, 1991
VS 27	Marzahn, J.: Altsumerische Verwaltungstexte und ein Brief aus Girsu/Lagaš. Vorderasiatische Schriftdenkmäler der Staatlichen Museen zu Berlin Neue Folge 11 (Heft 27), Berlin, 1996
WF	Deimel, A.: Wirtschaftstexte aus Fara. Die Inschriften von Fara 3, Wissenschaftliche Veröffentlichungen der Deutschen Orientgesellschaft 45, Leipzig, 1924
YBC	Signatur, Yale Babylonian Collection, Yale University (New Haven)
YOS	Yale Oriental Series, Babylonian Texts, New Haven / London / Oxford
YOS 1	Clay, A. T.: Miscellaneous Inscriptions in the Yale Babylonian Collection. Yale Oriental Series, Babylonian Texts 1, New Haven, 1915

YOS 4	Keiser, C. E.: Selected Temple Documents of the Ur Dynasty. Yale Oriental Series, Babylonian Texts 4, New Haven, 1919
YOS 7	Tremayne, A.: Records from Erech, Time of Cyrus and Cambyses (538–521 B.C.). Yale Oriental Series, Babylonian Texts 7, New Haven, 1925
YOS 8	Faust, D. E.: Contracts from Larsa, Dated in the Reign of Rim-Sin. Yale Oriental Series, Babylonian Texts 8, New Haven / London / Oxford, 1941
YOS 14	Simmons, S. D.: Early Old Babylonian Documents. Yale Oriental Series, Babylonian Texts 14, New Haven, 1978
YOS 15	Goetze, A.: Cuneiform Texts from Various Collections. Yale Oriental Series, Babylonian Texts 15, New Haven / London, 2009
ZA	Zeitschrift für Assyriologie und Vorderasiatische Archäologie, Berlin / Leipzig
ZABR	Zeitschrift für Altorientalische und Biblische Rechtsgeschichte, Wiesbaden

Textstellenverzeichnis

Im Verweis auf die Belegstellen folgen wir unabhängig von der Schreibweise in den Einzelbeiträgen den Abkürzungen in: M. P. Streck (Hrsg.): Reallexikon der Assyriologie und Vorderasiatischen Archäologie 15, Berlin / Boston 2016–2018, III–XLII.

DOI: 10.13173/9783447124522.617

Autorinnen und Autoren

Eva Cancik-Kirschbaum ist Professorin für Altorientalistik an der Freien Universität Berlin. Sie leitet diverse Forschungsprojekte, darunter die DFG-Kollegforschungsgruppe 2615 *Rethinking Oriental Despotism – Strategies of Governance and Modes of Participation in the Ancient Near East*, und das Teilprojekt *Episteme als Konfigurations-Prozess: Wissensbestände zwischen Theorie und Praxis am Beispiel des Keilschriftrechts* am SFB 980. Zu ihren Schwerpunkten zählen die politische Geschichte, Sozial-, Wirtschafts-, Rechts- und Wissensgeschichte sowie die mittelassyrische Überlieferung.

Dominique Charpin ist Professor für Assyriologie am Collège de France. Er ist Epigraphist der Textfunde der französischen Ausgrabungen in Mari und leitet das Datenbankprojekt *Archibab*, das die mehr als 40.000 Textzeugnisse aus der 1. Hälfte des 2. Jt. v. Chr. zusammenfassend aufarbeitet. Seine Forschungen basieren schwerpunktmäßig auf den aus Mesopotamien und Syrien stammenden Textzeugnissen der ersten Hälfte des 2. Jt. v. Chr. und umfassen unter anderem die politische Geschichte, die historische Geographie, die Sozial-, Wirtschafts- und Rechtsgeschichte sowie die Geschichte der Altorientalistik bzw. Assyriologie.

Sophie Démare-Lafont ist Professorin für am Institut für Rechtsgeschichte an der Universität Paris Panthéon-Assas und der École Pratique des Hautes Études. Sie forscht über die antike Rechtsgeschichte, wobei das Keilschriftrecht Mesopotamiens mit Bereichen wie dem Prozessrecht, dem Strafrecht und der rechtlichen Stellung der Frau den Schwerpunkt bildet. Sie hat zahlreiche Sammelbände zur antiken Rechtsgeschichte des Vorderen Orients und des Mittelmeerraumes herausgegeben und an zahlreichen rechtsgeschichtlichen Lehrbüchern und Enzyklopädien mitgewirkt.

Kristin Kleber ist Professorin für Altorientalistik an der Universität Münster. Sie leitet diverse Forschungsprojekte, darunter das ERC Consolidator-Projekt *Governance in Babylon* (GoviB) sowie das DFG-Projekt *Bibliotheken in Babylon*, in deren Rahmen die während der frühen Grabungen in Babylon in Tempeln und Privathäusern aufgefundenen Texte des 1. Jt. v. Chr. ediert werden. Neben der Erschließung archivalischer Textzeugnisse aus der neubabylonischen und achämenidischen Zeit gehören die Sozial-, Wirtschafts- und Rechtsgeschichte Babyloniens im 1. Jt. v. Chr. zu den Schwerpunkten ihrer Forschung.

Jörg W. Klinger war bis zu seiner Emeritierung 2026 Professor für Altorientalistik mit dem Schwerpunkt Hethitologie an der Freien Universität Berlin. Er leitet diverse Forschungsprojekte, darunter die DFG-Kollegforschungsgruppe 2615 *Rethinking Ori-*

DOI: 10.13173/9783447124522.649

ental Despotism – Strategies of Governance and Modes of Participation in the Ancient Near East. Zu seinen Forschungsschwerpunkten gehören die schriftliche Überlieferung, Geschichte und Kultur der Spätbronzezeit, die Geschichte der Wissensformen und ihrer keilschriftlichen Überlieferung sowie die Keilschriftpaläographie.

Massimo Maiocchi ist assoziierter Professor für Geschichte des Alten Orients an der Universität Ca' Foscari in Venedig. Er leitet das Projekt *Urban Economy Begins* und ist Mitherausgeber der Datenbank *Ebla Digital Archives*, die die frühen Textfunde aus dem syrischen Ebla erfasst. Seine Forschungsschwerpunkte umfassen die politische Geschichte, Sozial- und Wirtschaftsgeschichte Mesopotamiens und Syriens im ausgehenden 4. und 3. Jt. v. Chr., die Schriftgeschichte, die Edition archivalischer Texte sowie Anwendung digitaler Methoden auf die keilschriftliche Überlieferung der älteren Perioden.

Manuel Molina ist Professor am Institut für Sprachen und Kulturen des Mittelmeerraums und des Nahen Ostens des CSIC in Madrid. Er ist Herausgeber der *Database of Neo-Sumerian Texts* (BDTNS), die über 100.000 Texte des 21. Jh. v. Chr. erfasst. Seine Forschungsschwerpunkte liegen auf der mesopotamischen Überlieferung des 3. Jt. v. Chr. und umfassen neben der Edition archivalischer Texte staatliche Strukturen und Verwaltung, Recht und Rechtspraxis sowie Lexikographie und materielle Kultur nach keilschriftlichen Textzeugnissen insbesondere des 21. Jh. v. Chr.

Hans Neumann war bis zu seiner Emeritierung 2020 Professor für Altorientalische Philologie und Direktor des Instituts für Altorientalistik und Vorderasiatische Archäologie an der Universität Münster. Er ist seit 2025 Mitglied der Leibniz-Sozietät der Wissenschaften zu Berlin e.V. Zu seinen Forschungsschwerpunkten gehören die keilschriftliche Überlieferung Mesopotamiens im 3. Jt. v. Chr., die Wirtschafts-, Sozial- und Rechtgeschichte des 3. und 2. Jt. v. Chr. sowie die Geschichte der Assyriologie bzw. Altorientalistik in Deutschland im späten 19. und frühen 20. Jh. sowie in der DDR.

Felix Rauchhaus ist wissenschaftlicher Assistent am Institut für Assyriologie und Hethitologie der Ludwig-Maximilians-Universität München und Mitarbeiter im Akademie-Projekt *KIŠIB. Digital Corpus of Ancient West Asian Seals and Sealings.* Er wurde 2025 in München mit der Dissertation *The Rich and the Poor. A Study on Income Inequality of Presargonic Girsu and Ur III Umma* promoviert und erforscht die Sozial- und Wirtschaftsgeschichte des 3. Jt. v. Chr., wobei Armut, Reichtum, ökonomische und soziale Ungleichheit einen Schwerpunkt bilden.

Joachim Schaper ist Inhaber des Lehrstuhls für Hebräisch und Semitische Sprachen an der Universität Aberdeen. Er hat an den Universitäten Cambridge und Tübingen gelehrt und war in verschiedenen Funktionen an der Universität Heidelberg, der Freien Universität Berlin und anderen Institutionen tätig. Von 2016 bis 2019 war er Präsident der *International Organization for the Study of the Old Testament*

(IOSOT) und leitete den 23. IOSOT-Kongresses in Aberdeen. Er forscht schwerpunktmäßig zum Alten Testament, der Geschichte Israels, dem Priestertum und Rechtsvorstellungen.

Ingo Schrakamp ist Privatdozent für Altorientalistik an der Freien Universität Berlin und war Mitarbeiter im SFB 980. Er leitet die altorientalistische Forschungsgruppe des SNF-Sinergia-Projektes *Hydrography of Mesopotamia* (HyMes) und vertritt derzeit den Lehrstuhl für Altorientalistik in Würzburg. Seine Forschungen konzentrieren sich auf die sumerische und akkadische Überlieferung des 4. und 3. Jt. v. Chr. und umfassen politische Geschichte, Chronologie, historische Geographie, Sozial- und Wirtschaftsgeschichte sowie Realienkunde und altorientalische Militärgeschichte.

Gebhard J. Selz war bis zu seiner Emeritierung Professor für Altorientalistik und Vorderasiatische Archäologie an der Universität Wien. Seine Forschungsschwerpunkte liegen auf der keilschriftlichen Überlieferung des späten 4. bis frühen 2. Jt. v. Chr. Neben der Edition insbesondere sumerischer Primärquellen erforscht er die Geschichte mesopotamischer Glaubenssysteme, die Entwicklung von Herrschaft und Institutionen, die Sozial- und Wirtschaftsgeschichte sowie den Charakter und die Entwicklung der frühen Keilschrift des 4. und 3. Jt. v. Chr.

Gabriella Spada forscht am am Institut für Orientalistik (ISO) der Universität La Sapienza in Rom. Sie leitet das Datenbankprojekt *Old Babylonian Model Contracts* (OBMC), das sämtliche Modellverträge der 1. Hälfte des 2. Jt. v. Chr. digital aufarbeitet, und ist Mitherausgeberin der Zeitschrift Oriens Antiquus Series Nova. Ihre Forschungsschwerpunkte umfassen die Edition keilschriftlicher Primärquellen, das Keilschriftrecht sowie die Wirtschafts- und Sozialgeschichte Mesopotamiens im späten 3. und frühen 2. Jt. v. Chr.

Nele Ziegler ist leitende Forscherin am Centre National de la Recherche Scientifique (CNRS) und lehrt an der École du Louvre. Sie ist Epigraphistin der Textfunde der französischen Grabungen in Mari und wirkt am Datenbankprojekt *Archibab* mit, das 40.000 archivalische Texte der ersten Hälfte des 2. Jt. v. Chr. zugänglich macht. Sie forscht schwerpunktmäßig zur politischen Geschichte, historischen Geographie, Wirtschafts- und Sozialgeschichte sowie Kulturgeschichte Mesopotamiens und Syriens in der ersten Hälfte des 2. Jt. v. Chr.

Gábor Zólyomi ist Professor für Assyriologie am Institut für Altertumswissenschaften der Loránd Eötvös-Universität Budapest. Er ist Mitherausgeber des *Electronic Text Corpus of Sumerian Literature* (ETCSL) und leitet diverse Forschungs- und Datenbankprojekte, darunter das *Electronic Text Corpus of Sumerian Royal Inscriptions* (ETCRSI). Der Fokus seiner Forschungen ist das Sumerische, wobei die Grammatik, das Lexikon, der synchrone und diachrone Sprachwandel sowie die literarische Überlieferung Schwerpunkte bilden.

Episteme in Bewegung. Beiträge zu einer transdisziplinären Wissensgeschichte

Herausgegeben von Gyburg Uhlmann im Auftrag des Sonderforschungsbereichs 980 „Episteme in Bewegung. Wissenstransfer von der Alten Welt bis in die Frühe Neuzeit"

41: Martin Urmann

« L'Olympe même de nos lumières est jaloux »

Die Preisfragen der französischen Akademien (1670–1794) als Medium der Wissensreflexion

2025. XII, 240 Seiten, gb
170x240 mm
ISBN 978-3-447-12417-1 *€ 58,– (D)*
DOI: 10.13173/9783447124171

Die Preisfragen der französischen Akademien entwickelten sich im 18. Jahrhundert zu einem populären Medium der europäischen Gelehrtenrepublik. Durch die ungewöhnlich inklusiven Zugangsbedingungen mobilisierte der *concours académique* eine beträchtliche Teilnehmer*innenschaft über den herkömmlichen Gelehrtenstand hinaus. Dieses öffentlichkeitswirksame Genre erschließt die Breite des zeitgenössischen Wissenstransfers abseits der bekannten Autoren und etablierten Debattenforen.
Martin Urmann geht in seiner Studie der Frühgeschichte des *concours académique* seit 1670 nach und rekonstruiert die wissens- und mediengeschichtlichen Voraussetzungen dieser vielbeachteten, aber noch immer wenig erforschten Gattung. Die Preisfragenpraxis gründet tief in den Langfristtraditionen von Dialektik und Rhetorik und verbindet die frühneuzeitlichen Akademien entgegen deren historischer Selbstdarstellung mit den scholastischen Wissenstechniken an den Universitäten. Der *concours académique* wirft somit ein anderes Licht auf die Gelehrtenkultur der Sozietätsbewegung und legt deren agonale Wurzeln frei. Vor diesem Hintergrund wird sodann der sich wandelnde Geltungsanspruch greifbar, den die Preisfragenliteratur im Laufe des 18. Jahrhunderts bekundet. Nun werden speziell die *prix d'éloquence* zu einem Reflexionsmedium der prägenden epistemischen Verschiebungen innerhalb der Gelehrtenrepublik seit dem 17. Jahrhundert. Sie gehen den tiefgreifenden Veränderungen, die mit der Umstellung auf Distanzkommunikation im Medium der Schrift und mit dem Wissensmodus der Akkumulation von Fakten verbunden sind, kritisch auf den Grund.

In Vorbereitung

42: Hanna Zoe Trauer

Das Wissen der Imagination

Schlaf, Traum und Vorstellungskraft in hebräischen Enzyklopädien des 13. Jahrhunderts (Shem Tov Ibn Falaqueras *De'ot ha-Filosofim* und Gershon ben Solomons *Sha'ar ha-Shamayim*)

2026. Ca. 462 Seiten, gb
170x240
ISBN 978-3-447-12451-5
E-Book ISBN: 978-3-447-39738-4 *je ca. € 89,– (D)*

Die Imagination (hebräisch: *dimyon*) galt den hebräischen Philosophen des 13. Jahrhunderts als ambivalente seelische Kraft. Unentbehrlich für viele psychische Vorgänge war sie nicht zuletzt aufgrund ihrer Fähigkeit, Vorstellungsgebilde zu kreieren. Doch gerade von diesem besonderen Vermögen konnte auch die Gefahr ausgehen, dass Kreationen der Phantasie real erscheinen und die intellektuelle Urteilsfähigkeit kompromittieren. Im Kontext der Erklärung wahrer Träume kommt diese Ambivalenz besonders zum Tragen: Die Philosophen gingen davon aus, dass (medizinisches, prophetisches, philosophisches) Wissen im Traum erworben werden kann; als Urheberin der Träume galt jedoch gemeinhin die (unzuverlässige) Imagination.
Hanna Zoe Trauer widmet sich in ihrer Studie den Enzyklopädisten Shem Tov Ibn Falaquera (*De'ot ha-Filosofim*) und Gershon ben Solomon (*Sha'ar ha-Shamayim*), die unter Rückgriff auf psychologische Konzepte aus der arabischen und judäo-arabischen Philosophie neue Traumtheorien entwickelten, um den epistemischen und prophetischen Status von Träumen zu validieren. Sie unterschlugen zugleich deren Innovativität, indem sie die Theorien durch kompilatorische und übersetzerische Eingriffe als Zitate in ihre Schlaf- und Traumkapitel einflochten. Trauer zeigt auf, in welch hohem Maße die vermeintlich unoriginellen kompilatorischen Enzyklopädien am Wandel des von ihnen transferierten Wissens beteiligt waren.

Episteme in Bewegung.
Beiträge zu einer transdisziplinären Wissensgeschichte

Herausgegeben von Gyburg Uhlmann im Auftrag des Sonderforschungsbereichs 980
„Episteme in Bewegung. Wissenstransfer von der Alten Welt bis in die Frühe Neuzeit"

44: Linda Gennies, Horst J. Simon (Eds.)

Politeness Crossing Times and Spaces

2026. VIII, 214 pages, 7 ill., hc
170x240 mm
ISBN 978-3-447-12551-2 *€ 58,– (D)*
DOI: 10.13173/9783447125512

Based on the view that politeness is not a fixed set of rules but a social practice that adapts to changing historical conditions, the collective volume *Politeness Crossing Times and Spaces* examines how norms of appropriate verbal and nonverbal behavior emerge, shift and are renegotiated over time.
The contributions show that changes in politeness rarely take the form of sudden breaks but instead develop through gradual and often subtle processes grounded in specific communicative situations. By analyzing interactions in a variety of historical settings, from Classical Antiquity to contemporary Oceania, the case studies demonstrate how speakers and writers continually adjust linguistic forms and interactional practices to new social realities, including contexts of cultural contact and transfer.
In this way, the volume offers fresh perspectives on politeness research and opens up broader insights into historical pragmatics, while remaining accessible to readers interested in the dynamics of social interaction across time and cultures.

In Vorbereitung

45: Tilo Renz (Hg.)

wunder in Serie

Akkumulation und Variation von Mirakeln und Mirabilienerzählungen

2026. XII, 262 Seiten, 25 Abb., gb
170x240 mm
ISBN 978-3-447-12455-3 *ca. € 68,– (D)*
DOI: 10.13173/9783447124553

Vormoderne *wunder*-Darstellungen können verschiedenartig gestaltet sein und unterschiedlichen Wissensbereichen zugehören, insbesondere der Religion, aber auch der Natur oder der Kunst. Sie alle verbindet die Eigenschaft, denjenigen, die sie wahrnehmen, außerordentlich zu erscheinen und sie in Erstaunen zu versetzen. Gleichwohl sind Darstellungen von *wundern* in Texten und auch in Bildern maßgeblich durch das Wiederholen von Ähnlichem und durch die Herausbildung von Reihen gekennzeichnet. Die Analysen des Sammelbands gelten der Ästhetik und auch den Funktionen von Phänomenen, die im Mittelalter und in der Frühen Neuzeit im deutschen Sprachraum als *wunder* bezeichnet werden. Gegenstand der Beiträge ist das Spannungsverhältnis zwischen Fremdheit und Verwunderung auf der einen sowie Wiederholung und Serialität auf der anderen Seite, das das mittelalterliche *wunder* grundlegend auszeichnet.